Prag
Moldau
Brünn
March
Thaya
Kamp
Donau
Linz
Wien
St. Pölten
Preßburg
Traun
Ybbs
Erlauf
Traisen
Leitha
Neusiedler See
Eisenstadt
Ödenburg
Rabnitz
Budapest
Enns
Raab
Niedere Tauern
Mur
Graz
Lavant
Wörther See
Klagenfurt
Karawanken
Marburg
Drau
Save
Laibach
Agram
Triest
Kulpa
Fiume
Una
Pola

Österreichische Geschichte
378–907

Hg. von Herwig Wolfram

Grenzen und Räume

Geschichte Österreichs vor seiner Entstehung

Herwig Wolfram

Ueberreuter

Das Zustandekommen dieses Projekts einer zehnbändigen Österreichischen Geschichte wird ermöglicht durch die Unterstützung

des Bundesministeriums für Wissenschaft und Forschung,
der Kulturabteilungen der österreichischen Bundesländer
Burgenland, Kärnten, Niederösterreich, Oberösterreich, Salzburg, Steiermark, Tirol, Vorarlberg, Wien,
durch die Österreichische Bischofskonferenz
und den Jubiläumsfonds der Oesterreichischen Nationalbank.

Die Deutsche Bibliothek – CIP-Einheitsaufnahme

Österreichische Geschichte. – Wien : Ueberreuter.
ISBN 3-8000-3532-4 (Gewebe)
ISBN 3-8000-3547-2 (Ldr.)

378 – 907 : Grenzen und Räume ; Geschichte Österreichs vor seiner Enstehung / Herwig Wolfram. – 1995
ISBN 3-8000-3524-3
NE: Wolfram, Herwig

AU 240/1

Umschlaggestaltung: Anneliese Stoy; Abbildung: Epistolae Paulus, Mondsee, um 780/90, fol. 1r (Österreichische Nationalbibliothek, Cod. Ser. n. 2065)
Lektorat: Fanny Esterházy und Brigitte Merta

Printed in Austria
1 3 5 4 2

Inhalt

Gewidmet dem Institut für Österreichische Geschichtsforschung,
wofür es sich zu leben und arbeiten lohnt

Einleitung

Im Jahre 1987 erschien unter dem Verlagsleiter Gerhart Langthaler bei Kremayr & Scheriau, Wien, und bei Siedler, Berlin, »Die Geburt Mitteleuropas. Geschichte Österreichs vor seiner Entstehung 378–907«. Das Buch fand bei sehr vielen Lesern eine ebenso freundliche Aufnahme wie in den Rezensionen und Zitaten der Fachkollegen. Diese Reaktion ermunterte eine Gruppe von Autoren, sich die Abfassung einer zehnbändigen »Österreichischen Geschichte« zur Aufgabe zu machen. Daß damit auch eine der Erwartungen erfüllt würde, die der Gründungsauftrag des Instituts für Österreichische Geschichtsforschung enthielt, kann mit Genugtuung vermerkt werden.

Allerdings betraf die allgemeine Zustimmung weniger den Titel und die Einleitung des Buches. Wahrscheinlich lag der Grund dafür in der allzu aktuellen Mitteleuropa-Diskussion der letzten Jahre, so daß Mißverständnisse nicht ausbleiben konnten. Wahrscheinlich hätte es genügt, auf die hier abgebildete Karte des Frankenreichs im 9. Jahrhundert zu verweisen, um das Gemeinte zu veranschaulichen: Durch den Vorstoß Karls des Großen und seiner Nachfolger in den pannonisch-illyrischen Raum wurde ein Gebiet erfaßt, dessen jeweilige Außengrenzen fast gleich weit von Byzanz wie von Aachen entfernt lagen. Auch trafen in diesem Raum das fränkisch-alamannisch-bayerische, romanische und slawisch-reiternomadische Element aufeinander, so daß für Europa einmalige Kontaktzonen entstanden. Allein schon die großen Entfernungen zwangen die zwischen dem Böhmerwald und der Fruška Gora sowie zwischen der March und Istrien tätigen fränkisch-bayerischen Herrschaftsträger zu einer eigenständigen, den Beson-

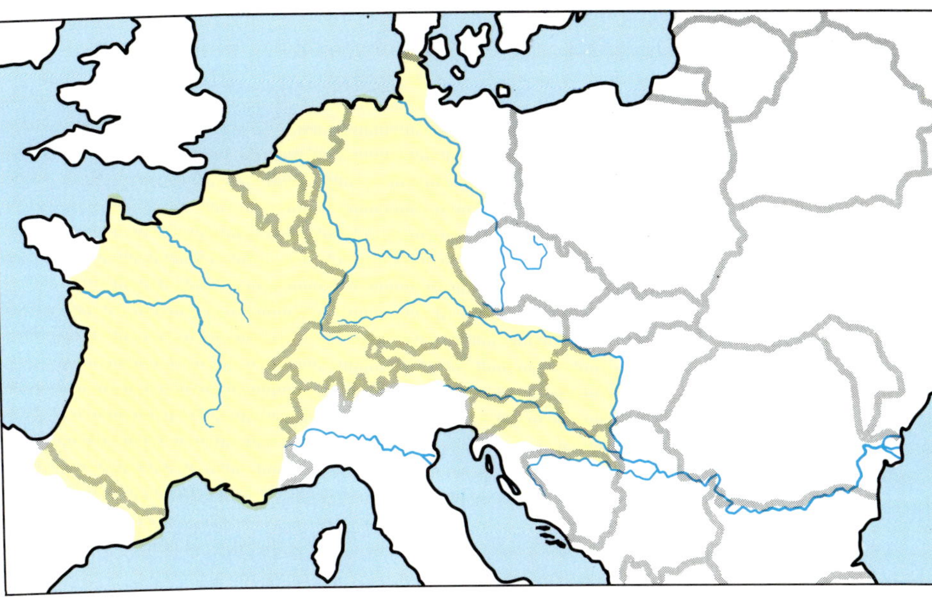

Die Ausdehnung des Frankenreichs im 9. Jahrhundert

derheiten ihrer Aufgabe entsprechenden Politik, die sich als erste europäische Alternative zwischen dem Osten und dem Westen des Kontinents darstellte.

Diese Worte sollen den Titel »Die Geburt Mitteleuropas« jedoch keineswegs rechtfertigen oder für weiteren Gebrauch empfehlen, sondern bloß seine seinerzeitige Wahl erklären. Wenn die vorliegende Arbeit daher als »Grenzen und Räume. Geschichte Österreichs vor seiner Entstehung 378–907« vorgestellt wird, so handelt es sich dabei zweifellos um einen Titel, der dem Gegenstand aus seiner Zeit heraus entspricht und jeden Anachronismus – mit Ausnahme des unvermeidlichen Wortes »Grenze« – vermeidet. Der Großteil des heutigen Österreichs bestand im Frühmittelalter aus Räumen, in denen alte durch neue Grenzen aufgehoben, und zwar im doppelten Sinne des Wortes, sowohl verdrängt wie für neue Synthesen vorbereitet wurden. Als »Grenzen und Räume« paßt der Band auch gut in die Reihe der vier Mittelalter-Bände der »Österreichischen Geschichte«, deren Titel den Weg von den offenen Anfängen bis hin zur Entstehung und zum Ausbau der österreichischen Länder veranschaulichen.

Ein größeres Problem als die Frage von Titel und Einleitung bildete freilich der Einbau des Mitteleuropa-Buches in die genannte Reihe, was Inhalt und Umfang betraf. So war zu kürzen, was besonders dort leicht fiel, wo eigenständige Beiträge auszugliedern waren. Wolfgang Hahns numismatischer Fundkatalog erschien bereits 1990 in überarbeiteter Form und wurde hier nicht mehr in den Anhang aufgenommen.[1] Vor allem sollte aber die umfangreiche Forschungsarbeit, die im Zusammenhang mit der frühmittelalterlichen Geschichte unseres Raums geleistet wurde, weder untergehen noch das neue Buch belasten. Daher galt es, den wissenschaftlichen Diskurs auszulagern, der im Text und vor allem in den Anmerkungen des Mitteleuropa-Buches entwickelt wurde. Die Möglichkeit dazu bot in großzügiger Weise der Oldenbourg-Verlag, der – mit einer kleinen Subvention zufrieden – die Abfassung eines Buches vorschlug, das unter dem Titel »Salzburg, Bayern, Österreich. Die Conversio Bagoariorum et Carantanorum und die Quellen ihrer Zeit« als 31. Ergänzungsband der Mitteilungen des Instituts für Österreichische Geschichtsforschung gleichzeitig mit dem vorliegenden Werk erscheint. Vom Mitteleuropa-Buch waren folgerichtig die Kapitel 1, 4 und 6 stärker, die drei anderen Abschnitte in entsprechendem Ausmaß umzuarbeiten. »Grenzen und Räume« ist daher im Zusammenhang mit »Salzburg, Bayern, Österreich« als stark überarbeitete und erweiterte Neuauflage des Mitteleuropa-Buches zu betrachten. Unverändert blieb für beide Arbeiten die Gesamtschau des Themas.

Rom und die Barbaren, die durch Gesetze geregelte Ordnung der Res publica und die chaotische Willkür der »Könige und Völker«, die allumfassende Oikumene und die Beschränktheit gentiler Partikularität – so oder ähnlich sahen Theoretiker und Intellektuelle der Antike, Heiden wie Christen der Alten Welt, einen Dualismus, den sie nur zu gerne mit den Prinzipien »gut« und »böse« gleichsetzten. Im letzten Viertel des 4. Jahrhunderts beschleunigte sich jedoch der Prozeß, der den vertrauten Gegensatz auflöste. Die Andere Welt, der *alter orbis*, veränderte die Alte Welt, gestaltete sie um und bereitete eine neue Synthese vor. Dem Imperium Romanum folgten im Westen die lateinisch-barbarischen Regna und im Osten Byzanz, das Reich der Rhomäer. Dieses weltgeschichtliche Phänomen, auf dessen scheinbarer Abgeschlossenheit und bestechender Beispielhaftigkeit alle geschichtlichen Systeme und Ideologien beruhen, kann auf die verschiedenste Weise untersucht, erforscht und beschrieben werden.

Zwei Fragestellungen, die einander bedingen und ergänzen, stehen dabei im Vordergrund: Man kann entweder fragen nach der Geschichte von Völkern oder, genauer, von Trägern bestimmter Volksnamen, die aus der Anderen Welt kamen, die Reichsgrenzen überschritten und auf römischem Boden Staaten gründeten. Oder man behandelt die Geschichte eines Raums, der aus einem Bestandteil des Römerreichs zur Heimat von »Königen und Völkern« und damit zu einer neuen, politisch gegliederten Region wurde. Der vorliegende Band stellt sich die zweite Aufgabe.

Beachtliche Teile der einstigen rätisch-norditalischen und westillyrisch-pannonischen Provinzen samt ihrem barbarischen Vorfeld nördlich der Donau bildeten Grenzen und Räume, die sich für eine derartige Untersuchung besonders gut eignen. Diese Region lag im Schnittpunkt zwischen den Kulturen. Hier trafen aufeinander das abendländische Reich und Byzanz, die Reitervölker der östlichen Steppe und die Barbaren des europäischen Nordens wie Westens. Der österreichische Raum konnte daher allein schon aufgrund dieser Konstellation nicht seit jeher feststehen, so daß sich die Republik, die jetzt Österreich heißt, darauf und daraus – gott- und naturgegeben – entwickeln mußte. Gerade der Vergleich mit den römischen und frühmittelalterlichen Voraussetzungen zeigt, wie wenig dauerhaft die meisten modernen Grenzen unseres Landes in Wirklichkeit waren.

Dagegen verlaufen Grenzen von großer Beständigkeit innerhalb Österreichs; sie umfangen es nicht, sie sind ihm eingeschlossen. In Krisenzeiten werden diese Nahtstellen deutlich erkennbar. Wer über die Enns nach Osten ging, kam einst zu den »Hunnen«. Ob nun zum Volk Attilas oder zu den ihm nachbenannten Awaren und Ungarn, der Reisende zog wie Krimhild und die Nibelungen in eine fremde, unheimliche, von Schamanen-Zauber gefangene Welt. Umgekehrt ist es aber nicht anders: Für die Pannonier begrenzt die Enns das Land der Menschen, und westlich von ihr beginnen Chaos und Verlassenheit. Bis dahin kamen ihre Reiter, ohne sich zu verlieren. Mit ihrer Überschreitung wurde die Enns aber nur zu oft ein Fluß ohne Wiederkehr. So ereignet sich das »Es war einmal«, das Nirgendwo und Nirgendwann des ungarischen Märchens, »hinter dem Glasberg, hinter dem obderennsischen Meer« oder einfach *túl, túl, Encián túl*, »jenseits, jenseits, jenseits der Enns«. Heute liegt hier das Land der Schildbürger, wenn man den ungarischen Wortgebrauch recht versteht. Was bedeutet die wundersame Vorstellung, wonach im Oberösterreich unserer Tage der magyarische Ozean des Märchens beginnt?

Der verhältnismäßig kurze Süd-Nord-Lauf, den die Enns zwischen dem Gebirge und ihrer Mündung in die Donau zurücklegt, bildete seit eineinhalb Jahrtausenden eine stets wiederkehrende Grenze. Bis an diesen Fluß reichen die Mächte des Ostens: Attilas Hunnenreich scheint die Enns ebenso begrenzt zu haben, wie sie um 700 und um 800 einen »sicheren Limes« zwischen Bayern und Awaren bildete. Und um 900 nahmen die Ungarn das Gebiet östlich des Flusses zum ersten Mal in Besitz; sie kehrten unter Friedrich III. und Matthias Corvinus wieder. Aber wie sie kamen auch die Türken des 16. und 17. Jahrhunderts nicht wesentlich über die Enns hinaus. Und noch von 1945 bis 1955 verlief an diesem Fluß wieder die alte Grenzlinie.

Die beiden Jahreszahlen, die das Buch begrenzen, sind eine Herausforderung, müssen Emotionen wecken. Im Jahre 378 ereignete sich die Schlacht von Adrianopel, in der die oströmischen Elitetruppen unter Kaiser Valens durch gotisch-hunnische Völker vernichtet wurden. Und 907 ging der bayerische Heerbann bei Preßburg zugrunde, da er den ungarischen Reitern unterlag. Wie kann man aber heute eine Geschichte nach Schlachten periodisieren? Man kann es tatsächlich nicht, wenn man sie als militärgeschichtliche Ereignisse sieht. Die beiden Jahreszahlen gewinnen jedoch Berechtigung, ja Notwendigkeit, wenn die Geschichte des Raums unter ethno-sozialen Gesichtspunkten erforscht und dargestellt wird. Die wichtigsten Kategorien der herkömmlichen Ethnographie waren »wilde Lebensart und Bewaffnung«. Von beidem ist vornehmlich die Rede, wenn unsere Quellen über Schlachten berichten. Die Andere Welt der Gentes lebt aus dem heroischen Pathos der »tapferen Taten«. Eine Vorstellung der ethnogenetischen Prozesse, der herkömmlichen Strukturen und ihrer radikalen Veränderungen läßt sich zumeist allein aus Schlachtenschilderungen gewinnen. Insofern markieren die beiden Jahreszahlen jeweils eine Epoche.

Aber auch zwischen 378 und 907 ist viel – zu viel für unseren Geschmack – von Kampf, Krieg und Tod die Rede. Nun könnte man sagen, die Quellen berichten eben in erster Linie davon, und eine wissenschaftliche Darstellung der Geschichte habe diejenigen Quellen zu interpretieren, die vorhanden sind. Ob das nun dem Publikum paßt oder nicht. Das ist sicher richtig. Aber doch nur die halbe Wahrheit. Für den je entsprechenden Umgang mit der Geschichte bedarf es einer bestimmten Haltung: Verfasser und Leser müssen mitleiden. Die Sympathie mit »dem duldenden, strebenden, handelnden Menschen, wie er ist und immer war und sein wird« (Jacob Burckhardt), ist die beste, ja einzige Legitimierung, Geschichte zu schreiben.

So stellt man sich am Ende des Schreibens eines Buches die Sinnfrage und möchte – gleich der interessierten Öffentlichkeit – die Lehren aus der erzählten Geschichte ziehen. Die Antwort kann keine Rechtfertigung des Bestehenden, sondern bloß die Analyse des Gewordenen sein. Das Wort des Babenbergers Otto von Freising: *nemo autem a nobis sententias aut moralitates expectet*, übersetzte Alphons Lhotsky einmal in unübertrefflicher Weise mit dem Satz: »Erwarten Sie von mir weder staatsrechtliche Aphorismen noch patriotische Sittensprüche«.[2] Aber die Frage, woher wir kommen, sollte diejenige Antwort finden, die für eine uns ferne Zeit innerhalb eines uns nahen Raums die je richtige scheint. Eine solche Wahrheit – so möchte man im Sinne des sokratischen Optimismus hoffen – führt die Menschen zusammen, ohne daß ihr Wir-Gefühl die Nicht-Dazugehörigen ausschließt oder gar diskriminiert.

Das vorliegende Buch wäre schon in seiner ursprünglichen Fassung niemals geschrieben worden, gäbe es nicht das Institut für Österreichische Geschichtsforschung und den Internationalen Arbeitskreis, der sich seit 1978 in unregelmäßigen Abständen, zuletzt 1993, zu einem Zwettler Symposion trifft.[3] Diese Tagungen werden gemeinsam vom Institut für Österreichische Geschichtsforschung und der Kommission für Frühmittelalterforschung der Österreichischen Akademie der Wissenschaften durchgeführt. Den beamteten wie nichtbeamteten Mitarbeitern der beiden Einrichtungen sowie dem

Zisterzienserstift Zwettl gebührt großer Dank für vielfache Hilfe und Unterstützung. Im besonderen ist der Autor jedoch – in alphabetischer Reihenfolge – Fanny Esterházy, Brigitte Merta, Brigitte Pohl-Resl und vor allem Tamara Winkler zu Dank verpflichtet. Wenn die »Grenzen und Räume« *suo tempore* erscheinen, ist es ihr Verdienst.

Wien, im Mai 1995 Herwig Wolfram

Die Umgestaltung der römischen Staatlichkeit (378–536/68)

In den rätischen, norischen und pannonischen Provinzen wurde die allgemeine römische Staatlichkeit, die *res publica,* das *imperium Romanum,* nicht mit einem Schlage aufgegeben.[1] Die Ereignisse um 400, die Machtergreifung Odoakers 476 oder seine beiden Rugierkriege 487/88 bewirkten einschneidende Veränderungen am Donau-Limes. Im Donau- und Ostalpenraum herrschte aber dennoch so lange eine unmittelbare oder abgeleitete römische Staatlichkeit, als das Gebiet zu Italien zählte und entweder von regionalen Amtsträgern weltlichen wie geistlichen Standes oder von römischen Föderatenfürsten verwaltet wurde. Dieser Zustand ging im rätisch-westnorischen Abschnitt 536/37 zu Ende, als das Gebiet von den reichsangehörigen Goten, die der Kaiser angegriffen hatte, an die reichsfremden Franken, die seine Verbündeten waren, vertraglich abgetreten wurde.[2] Der ostnorisch-westpannonische Raum, der aufgrund einer kaiserlichen Schenkung 547/48 offiziell an die Langobarden überging, schied 568 durch deren Abzug nach Italien als römisches Reichsgebiet aus. Es bestanden zwar Verträge zwischen den Langobarden und den nachfolgenden Awaren, die den Besitz Pannoniens und Ostnorikums regeln sollten.[3] Aber von römischer Herrschaft konnte doch keine Rede mehr sein, obwohl das Awarenreich die spätantiken Organisationsformen des Raums bis zu seinem eigenen Untergang getreulich bewahrte. Als slawische Gruppen unter awarischer Führung die norischen Täler der Drau, Mur und Enns aufwärts vorstießen, kamen sie in ein Land, das bereits die Franken von Italien getrennt hatten.[4]

I. Die schriftlichen Quellen

In den letzten Büchern seiner *Res Gestae* hielt Ammianus Marcellinus den dramatischen Beginn unserer Geschichte fest. Der lateinisch schreibende Syrer griechischer Muttersprache beendete sein Werk mit der Schlacht bei Adrianopel am 9. August 378 und deren Folgen. Ammianus Marcellinus verfaßte seinen Bericht in den neunziger Jahren des 4. Jahrhunderts und besaß als ehemaliger Offizier genaue Kenntnisse der römischen Armee wie der Reichsadministration. Er war Heide und stand Kaiser Julian mit

Sympathie, wenn auch nicht kritiklos gegenüber. Für lange Zeit sind die Res Gestae des Ammianus Marcellinus das einzige lateinische Geschichtswerk, das diesen Namen verdient.[5]

Die Zeit Stilichos und seine Politik zwischen 395 und 404 behandelt die panegyrische Geschichtsdichtung des Ägypters Claudius Claudianus, der noch 404 gestorben sein dürfte.[6] Der weltgeschichtliche Abriß des Spaniers Paulus Orosius enthält für unseren Raum zwar vereinzelte, dafür aber wichtige Nachrichten aus den Jahrzehnten zwischen 378 und 417,[7] eine Zeit, mit der sich auch der späte Heide Zosimos beschäftigte. Der Autor schrieb an der Wende vom 5. zum 6. Jahrhundert. Sein Werk ist fast zur Gänze erhalten; doch fällt es schwer, darüber ein gerechtes Urteil zu fällen. Man könnte wesentlich mehr Antworten auf offene Fragen geben, wäre die Geschichte des – etwa eine Generation älteren – Priskos erhalten geblieben. Er kannte den polyethnischen Attila-Hof aus eigener Anschauung, wo er 448/49 als byzantinischer Gesandter weilte. Er erwähnt den letzten norischen Praeses, aber auch den letzten militärischen Befehlshaber Norikums, den man mit Sicherheit kennt. Es gibt keinen zweiten Autor des 5. Jahrhunderts, der besser über barbarische Überlieferungen Bescheid wüßte als dieser Verfasser einer »Geschichte von Byzanz und Attila«.[8]

Der Vandale Stilicho als römischer Feldherr, Elfenbeinrelief, um 396 n. Chr. Auf dem Schild sind Büsten der beiden Kaisersöhne Arcadius und Honorius zu sehen. Stilicho führte von 395 bis 408 die Regierungsgeschäfte für Honorius.

Gegenüber den versprengten Erwähnungen unseres Raums durch den Gallier Sidonius Apollinaris und spärlichen Eintragungen in Consularverzeichnissen[9] nimmt sich das – an sich unscheinbare – Werkchen des Eugippius wie ein Riese unter Zwergen aus. Seine Lebensbeschreibung des heiligen Severin kann man nicht hoch genug einschätzen. Ihretwegen »ist man über den Zustand Nieder- und Oberösterreichs am Ausgang der Spätantike in einer Weise gut unterrichtet, die den Neid aller anderen Länder Europas, selbst Italiens, erwecken könnte«.[10]

Eugippius ist Severin zumindest in dessen letzten Lebensjahren nahegestanden. Nach dem Tod des Heiligen am 8. Januar 482 blieb er im Lande, bis die Severin-Gemeinschaft, der Eugippius angehörte, 488 nach Italien übersiedelte. Eugippius zählte hier zur antigotischen Minderheit im römischen Klerus und wurde schließlich Abt des severinischen Traditionsklosters im Castellum Lucullanum bei Neapel, wo er um 530 starb. Der Autor schrieb seine Vita Severini im Jahre 511, das heißt etwa eine Generation nach dem Tod des Heiligen. Ein gutes halbes Jahrzehnt älter ist die Vita des heiligen Antonius von Lérins, die Bischof Ennodius von Pavia spätestens im September 506 verfaßte. Seine Jugend verbrachte Antonius, der aus einer donauländischen Notabelnfamilie stammte, bei Severin und lebte danach bei seinem Onkel, Bischof Constantius von Lauriacum. Kaum ein Jahr jünger als die Vita Antonii ist der Panegyricus, den Ennodius 507 auf Theoderich den Großen hielt und in dem er auch dessen Eingreifen in unserem Raum preist.[11]

Im ersten Jahrzehnt des 6. Jahrhunderts zeichnete sich das Scheitern der gentilen Politik Theoderichs ab; sein Tod im Jahre 526 leitete im Donau- und Ostalpenraum die Umgestaltung der politischen Landschaft ein. Die Entwicklung begann mit dem gotisch-fränkischen Vertrag von 536/37 und endete 568, als die langobardischen Föderaten Ostroms rebellierten und aus Pannonien nach Italien zogen.[12] Die wichtigste Quelle für diese entscheidenden Jahrzehnte hinterließ der Palästinenser Prokopios, von dessen Werken vor allem »Die Kriege« zu nennen sind. Der um etwa 500 zu Kaisareia geborene Prokopios wurde 527 Rechtsberater und Sekretär Belisars, des kaiserlichen Feldherrn im »Kampf um Rom«. Viele Berichte des Autors beruhen auf eigener Anschauung; daneben benützte er offizielle Dokumente und Informationen. »Ein beachtliches Maß an Objektivität beweist Prokopios in der Einschätzung der Barbaren, besonders in der Würdigung der Gotenkönige.«[13]

Das Geschichtswerk seines erklärten Nachfolgers Agathias (um 530–581/82) erreicht zwar nicht das Niveau der Prokopios-Berichterstattung, ist jedoch keineswegs ohne Wert. Sein Interesse für die Vorgänge im Westen beschränkt sich auf die Zeit vom Herbst 552 bis zum Jahre 559. Von Bedeutung ist der Agathias-Exkurs über die Franken, denen der Autor im Vergleich zu den Langobarden sehr positiv gegenübersteht. Allerdings entstand dieser Exkurs erst in den siebziger Jahren, als die Langobarden schon in Italien eingefallen waren und sich hier äußerst schlecht benahmen.

Als Fortsetzer des Agathias verstand sich seinerseits Menandros Protektor, der sein Geschichtswerk nach 582 und vor 602 geschrieben haben muß. Die *Historia,* von der nur mehr Fragmente erhalten sind, reichte vom Auftauchen der Awaren 558 bis zur awarischen Einnahme von Sirmium im Jahre 582. Von besonderem Wert sind seine Nachrichten über Ereignisse und Verträge, die zur awarischen Niederlassung im Karpatenbecken führten.[14]

Ein Zeitgenosse von Prokopios wie Agathias war der Byzantiner und Halbgote Jordanes, der 551 in Konstantinopel die *Getica,* eine – nach eigener Aussage – Kurzfassung der Gotengeschichte Cassiodors, schrieb. Das Werk, eine *origo gentis,*[15] ist in vieler Hinsicht von größter Bedeutung, und zwar in gleicher Weise seiner proamalischen Tendenz wie auch seiner Berichterstattung wegen. So bringt Jordanes die – wohl auf Cassiodor zurückgehende – erste oder zweite Erwähnung der Bayern.[16] Cassiodor hatte 533 den Grundstock seiner Gotengeschichte in zwölf Büchern veröffentlicht und dabei dem traditionellen antiken Genus eine neue Zielsetzung gegeben: »Er machte aus der gotischen Herkunftsgeschichte eine römische Universalgeschichte«, *originem Gothicam historiam fecit esse Romanam.*[17] Jede gentile Partikularität sollte in die Historia Romana, in die Geschichte der Oikumene, übertragen und darin aufgehoben werden. Eine derart gerichtete Herkunftsgeschichte macht aus der ursprünglich heidnischen Gens den christlichen Populus der amalischen Goten. Cassiodors Werk geht noch auf eine Anregung Theoderichs zurück, enthält dessen amalische Hausüberlieferung und wurde wahrscheinlich vom Autor selbst bis gegen 551 in Konstantinopel ergänzt. Cassiodor hinterließ außerdem in seinen *Variae* eine umfangreiche Sammlung derjenigen Staatspapiere, für die er in ostgotischen Diensten verantwortlich gezeichnet hatte. In den Variae kommen sowohl der ostalpine wie der donauländische Raum vor. Jordanes und der späte Cassiodor schreiben zu einem Zeitpunkt, da die endgültige Niederlage der italischen, von den Amalern und dem Reich »abgefallenen« Ostgoten nur mehr eine Frage der Zeit ist.[18]

In den Jahrzehnten zwischen 490 und 568 geriet der Osten des heutigen Österreichs in zunehmendem Maße unter den Einfluß der Langobarden und die Herrschaft ihrer Könige. Von dieser Zeit berichtet die *Historia Langobardorum,* die der friulanische Langobarde Paulus Diaconus im letzten Jahrzehnt des 8. Jahrhunderts, wahrscheinlich vor 796 in Monte Cassino verfaßte. Trotz des großen Zeitabstandes zu den Ereignissen besitzt das Werk außerordentlichen Wert, da sein Autor bis 612 die Arbeit des Secund(in)us von Trient verwendete und auch der *Origo gentis Langobardorum* folgte, die 670 endete. Nach Paulus Diaconus entstand zwischen 807 und 810 die *Historia Langobardorum codicis Gothani,* die zwar nur wenig eigenständige, jedoch um so interessantere Nachrichten bringt.[19]

Das inschriftliche Material stammt im wesentlichen aus der Antike. Von churrätischen Denkmälern abgesehen, die das Bündner Urkundenbuch enthält, sind die entsprechenden Inschriften im Corpus Inscriptionum Latinarum Band III und seinen Nachträgen veröffentlicht.[20] Unter den administrativen Quellen sind die Kaisergesetze zu nennen, die die spätantiken Kodifikationen überliefern.[21] Auch die einzige erhaltene Königsurkunde Odoakers betrifft mittelbar den österreichischen Raum; der durch das Reskript begünstigte Comes Pierius war der zweite Kommandant des italischen Heeres, das 488 das Rugierreich zerstörte und den teilweisen Abzug der Romanen erzwang.[22]

Die *Notitia dignitatum,* das »offizielle Staatshandbuch des ost- und weströmischen Reichs«, schließt für den Westen mit 427/28; doch gibt es Nachträge bis 437. Jüngste Forschungen suchen wahrscheinlich zu machen, daß die Quelle »vielleicht sogar noch für das dritte Jahrzehnt des 5. Jahrhunderts« Gültigkeit besaß. Besondere Informationen bietet die *Tabula Peutingeriana.* Sie ist »eine bis ins 2. Jahrhundert zurückreichende, vielleicht sogar auf die Weltkarte des Agrippa zurückgehende Straßenkarte« und nennt die Städte und Poststationen mit den entsprechenden Entfernungsangaben. Außerdem ist das *Itinerarium Antonini Augusti* zu nennen, »ein Straßenverzeichnis mit Listen von Stationen und Entfernungsangaben«.[23]

II. Vom Hunnensturm (375) bis zur Mitte des 5. Jahrhunderts

1. Raumordnung und allgemeine Entwicklung

Stets hatte Rom mit fremden Königen und Völkern zu tun gehabt und sie nach und nach seiner mittelbaren oder unmittelbaren Herrschaft unterworfen. So waren die Grenzen des Reichs immer weiter vorgeschoben worden, bis sie in Kontinentaleuropa an Rhein und Donau festgemacht wurden. Am Mittellauf unseres Stromes waren die drei Provinzkomplexe Rätien, Norikum und Pannonien eingerichtet worden. Hier bildete die Donau die Nordgrenze der römischen Staatlichkeit. Zugleich bestand der Auftrag, das linksufrige Vorfeld im Interesse der Reichsregierung und zum Schutz des Reichs zu sichern und zu organisieren.

Das Vermächtnis des Augustus hatte jahrhundertelang die römische Grenz- und Militärpolitik bestimmt. Die Grundlage seiner Doktrin war die Entscheidung, die römische Armee mit ihren Legionen, Hilfstruppen und irregulären Einheiten, etwa 300 000 Mann, so gut wie ausschließlich an den Grenzen des Reichs zu stationieren. »Ein blühendes Städtewesen, eine geordnete Verwaltung, eine hochgradig arbeitsteilige Wirtschaft, ein lebhafter Verkehr in dem gesamten Raum zwischen Nordsee und Rotem Meer – derartiges hatte die Alte Welt noch nicht erlebt. Die Städte standen unbefestigt im Lande, kaum ein Prozent der Reichsbevölkerung trug Waffen, das Heer lag an Rhein, Donau und Euphrat und sicherte die *pax Romana.*« Mit diesen Worten beschrieb der Berliner Althistoriker Alexander Demandt nach Aelius Aristeides das zweite nachchristliche Jahrhundert, das bis heute als Höhepunkt und Glanzzeit des Römerreichs und der antiken Zivilisation, ja sogar der ganzen Menschheitsgeschichte gilt.[24]

Den Glanz des 2. Jahrhunderts beendeten in unserem Raum die Markomannenkriege; auf sie folgte die schwere Reichskrise des 3. Jahrhunderts, die nur durch die Aufgabe von als unaufgebbar geltenden Traditionen politischer, institutioneller und religiöser Natur gemeistert werden konnte.[25] Zwei Neuordnungen wirkten sich besonders aus: die Heeresreform und die Neugliederung der Provinzen. Im Zuge der diokletianisch-konstantinischen Reform wurde am Beginn des 4. Jahrhunderts das Heer geteilt: Die Eliteeinheiten wurden als Bewegungs- oder Hofarmee von den Grenzen abgezogen und an strategisch wichtigen Punkten innerhalb des Römerreichs stationiert, während die weniger schlagkräftigen Truppen an den Grenzflüssen verblieben und hier großteils ansässig wurden. Beginnend unter Diokletian wurde die Zahl der Provinzen durch vielfache Teilungen nahezu verdoppelt. Mehrere solcher Neuprovinzen formten eine Diözese, das heißt einen Verwaltungskörper, dessen Name heute noch in der katholischen Kirchenorganisation fortlebt.

Entgegen der römischen Tradition sah die Reichsreform vom Beginn des 4. Jahrhunderts eine funktionale Trennung zwischen ziviler und militärischer Gewalt vor.[26] Galten die zivile Bürokratie, *militia officialis,* und die Hofbürokratie, *militia palatina,* weiterhin

Fußbodenmosaik mit Szenen der Theseus-Sage aus der römischen Villa in Loig bei Salzburg, 4. Jahrhundert

als *militia Romana,*[27] die nur den Reichsbürgern mit womöglich juristischer Ausbildung zugänglich war, so wurde die bewaffnete Macht, *militia armata,* in weit stärkerem Maße als bisher den inneren wie äußeren Barbaren geöffnet. Viele von ihnen machten hier Karriere, ja fanden in der Armee ihre Heimat.[28]

Der von Konstantin dem Großen in diesem Sinne geförderte Ausgleich zwischen der antiken und der nichtantiken Welt[29] hatte das Reich militärisch wie wirtschaftlich gestärkt und die Misere des schrecklichen 3. Jahrhunderts fast vergessen gemacht. Das Christentum wurde nicht nur toleriert, sondern aktiv in Staat und Gesellschaft eingegliedert.[30] Die römische Armee schlug die äußeren Barbaren in spektakulären Vernichtungsschlachten, die römische Diplomatie traf mit ihnen vorteilhafte Abmachungen und Verträge.[31] Selbst in den vor kurzem so bedrohten Grenzgebieten wurden wieder Überschüsse produziert. Riesige Gutshöfe, wie die *villa* in Loig unmittelbar neben dem

Salzburger Flughafen und die im burgenländischen Bruckneudorf-Parndorf, bezeugen mit ihren Mosaiken den kulturellen Standard und die Finanzkraft ihrer Erbauer. Zu den Gutshöfen gehörten überdimensionierte Getreidespeicher, die eine beachtliche wirtschaftliche Stärke verraten.[32] Allerdings war die relative Blüte des 4. Jahrhunderts um einen hohen Preis erkauft: Gegenüber der »goldenen Zeit« der Adoptivkaiser hatte das Heer den doppelten Stand erreicht und verschlang den Großteil der Steuern.[33] Die öffentlichen Haushalte verarmten, doch eine privilegierte Oberschicht verfügte über ungeheuren Reichtum.[34] Die sozialen Spannungen nahmen zu und äußerten sich in Steuerrevolten wie in religiösen Unruhen, die durch das Militär unterdrückt werden mußten. Daraus erklärt sich jene Besonderheit der spätantiken Verfassung, wonach Kirchenangelegenheiten in die Kompetenz der Heermeister, der kommandierenden Armeegeneräle, fielen.[35] Es gab genügend Leute, die bereit waren, »in den Wald zu gehen«[36] und sich den inneren Barbaren, den Bagauden und Skamaren, anzuschließen oder mit den auswärtigen Barbaren gemeinsame Sache zu machen, sobald diese die Reichsgrenzen überschritten hatten.[37] Aber alle diese Krisen und Probleme konnten zumeist regional beschränkt und hier auch gelöst werden. Den äußeren wie inneren Schwierigkeiten zum Trotz schien das Imperium Romanum nach der diokletianisch-konstantinischen Restauration den vergilischen Ewigkeitsanspruch weiterhin glänzend zu erfüllen.[38]

Rekonstruktion eines römischen Gutshofes aus dem 4. Jahrhundert

Während des 4. Jahrhunderts wurden die Aufgabenbereiche der einzelnen Prätorianerpräfekten, der höchsten römischen Zivilbeamten, territorialisiert. So bestand das gesamte Römerreich zunächst aus drei, seit dem Ende des 4. Jahrhunderts aus vier Präfekturen, von denen je zwei Großeinheiten zum Westen und zum Osten gehörten. Die Präfekturen waren in Diözesen gegliedert, die ihrerseits aus einer verschieden großen Anzahl von Provinzen bestanden und von Vikaren geleitet werden sollten.[39] In unserem Raum entsprach dieser Verfassungstheorie sehr bald keine Wirklichkeit mehr. Nach dem Tode des Theodosius wohl 396 um die neugegründete westillyrische Diözese erweitert,[40] besaß die italische Präfektur ihren Vorort zunächst in Mailand, übersiedelte aber mit dem kaiserlichen Hof nach Ravenna, als Honorius seine bisherige Hauptstadt aufgab. Während die westillyrische Diözese bereits bei ihrer Gründung einen Immediatbezirk des Präfekten gebildet haben dürfte,[41] verlor offenkundig auch die Italia annonaria ihren Vikar, nachdem Mailand als Sitz der Zentralbehörden ausgeschieden war.[42] Gleichzeitig nahm die Bedrohung der italisch-illyrischen Präfektur vom Norden wie vom Osten her derart zu, daß hohe Militärs im Rang von Comites an die Stelle der zivilen Vikare traten. Solche Würdenträger sind sowohl für Italien wie für Illyrien bezeugt. Sie befehligten Eliteeinheiten, die im Landesinneren stationiert waren und feindlichen Einbrüchen aus der Tiefe des Raums zu begegnen hatten. Ihnen waren die Duces, die Befehlshaber der kampfschwächeren Grenzsoldaten, unterstellt. Mit der westillyrischen Diözese wurde bald darauf das für unseren Raum so wichtige Amt des Comes Illyrici geschaffen.[43]

Am Ende des 4. Jahrhunderts hatte der österreichische Raum Anteil an den fünf römischen Provinzen Raetia I und II, Noricum ripense und Noricum mediterraneum sowie Pannonia I. Die beiden rätischen Provinzen gehörten zur Diözese Italia (annonaria) mit der Hauptstadt Mailand, während alles Land östlich des Inns zur pannonisch-westillyrischen Diözese mit der Hauptstadt Sirmium zählte. Illyrien bildete eine Untergliederung der prätorischen Präfektur Italien, die neben dem Kernland Italien und seinen Inseln auch Afrika umfaßte.[44]

Vorarlberg und der größte Teil Tirols nördlich wie südlich des Brenners waren rätisch. Das Arlberggebiet und die Münstertaler Alpen teilten die Raetia I mit der Hauptstadt Curia-Chur von der Raetia II. In der wesentlich größeren, wegen ihrer exponierten Lage aber um so gefährdeteren Raetia II übte Augusta Vindelicum-Augsburg die Hauptstadtfunktion aus. Der alpine Süden der Raetia II bestand aus der Brennerfurche, das heißt aus dem Sill- und Wipptal sowie aus dem Eisacktal oberhalb von Sublavione-Kollmann, und grenzte in der Mühlbacher Klause oberhalb von Neustift bei Brixen an das binnennorische Pustertal. Das Zentrum der »österreichischen« Raetia II mit dem vermutlichen Vorort Teriolis-Zirl bildete das Tiroler Inntal unter Einschluß des Paznauntals bis zum Zillertal auf beiden Seiten des Flusses. Ab der Zillermündung begann das ufernorische Inntal, wobei die rätische Ostgrenze parallel zum Fluß am linken Talrand verlief.[45]

Ufernorikum, Noricum ripense, umfaßte den Norden der alten Provinz, die entlang des Alpenhauptkamms geteilt war. Daher bestand Ufernorikum aus dem östlichen Nordtirol, dem gesamten Bundesland Salzburg mit Ausnahme des Lungaus, aus Oberösterreich südlich der Donau zusammen mit dem steirischen Ennstal und dem niederösterreichischen Viertel ober dem Wienerwald. War zunächst noch Ovilava-Wels die ufernorische Hauptstadt, so übte Lauriacum diese Funktion spätestens zur Severinszeit aus. Binnennorikum, Noricum mediterraneum, bestand aus dem Südtiroler Pustertal, aus Osttirol und dem gesamten Bundesland Kärnten, aus dem Lungau, aus der Steiermark ohne das Ennstal sowie aus der Untersteiermark, dem nordostslowenischen Gebiet mit den Städten Celeia-Cilli und Poetovio-Pettau. Letzteres wurde erst im 4. Jahrhundert von Pannonien abgetrennt und mit Binnennorikum vereinigt. Die ältere Hauptstadt der Provinz war Virunum auf dem Zollfeld; zur Severinszeit galt Teurnia-Tiburnia-St. Peter im Holz (bei Spittal an der Drau) als *metropolis Norici.* Ein weltlicher Machthaber wird hier aber erst zur Gotenzeit bezeugt.[46]

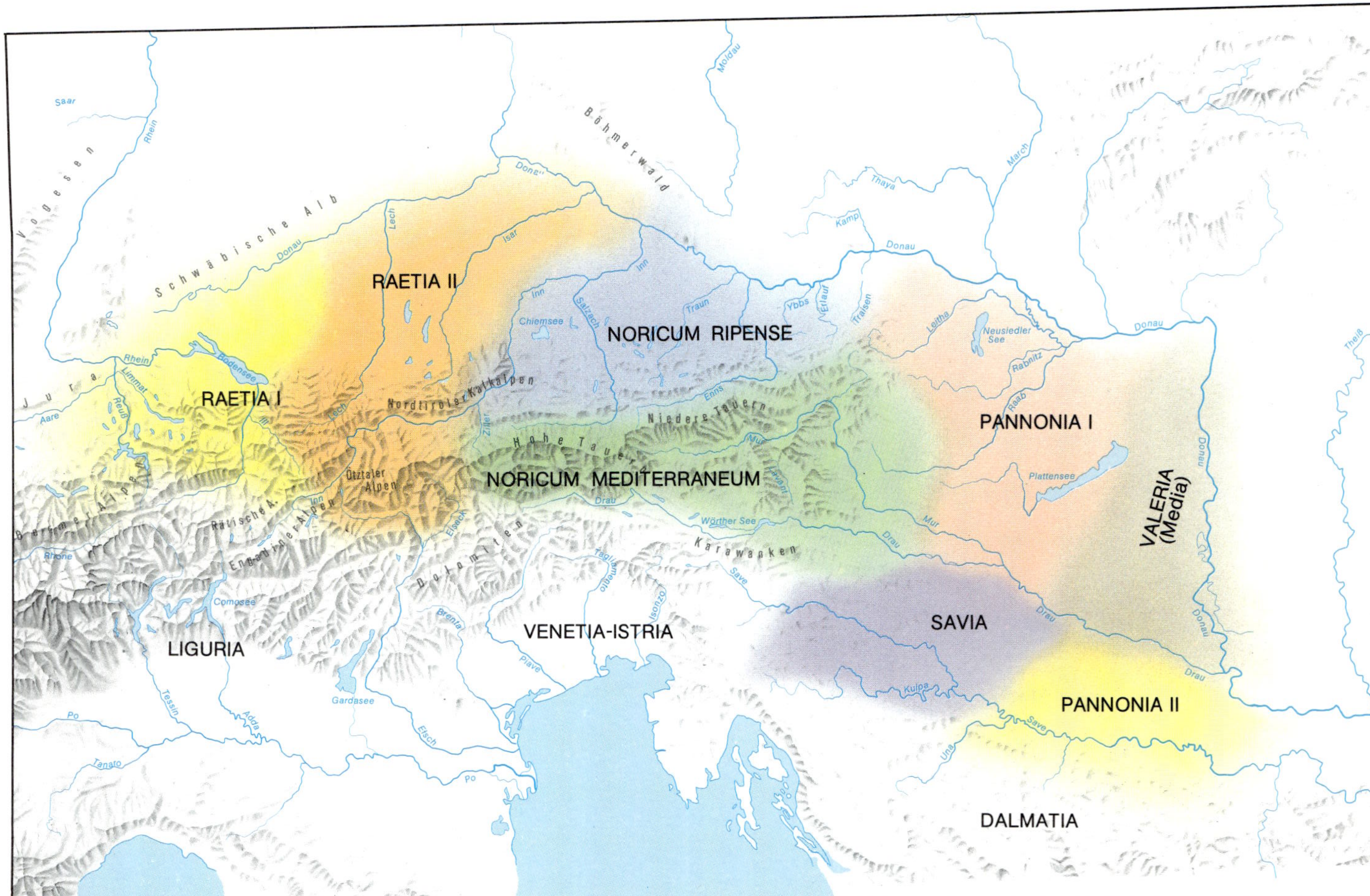

Spätantike Provinzen

Die Pannonia I, die das südöstliche Niederösterreich und das Burgenland umfaßte, besaß ihren Vorort in Savaria-Steinamanger und bildete zusammen mit Ufernorikum eine militärische Verwaltungseinheit, die der *dux Pannoniae I et Norici ripensis* kommandierte.[47]

2. Der Einbruch der Hunnen und Goten

Am 26. Juni 363 erlag Kaiser Julian »der Abtrünnige« seinen Verletzungen, die er auf einem Perserfeldzug erlitten hatte. Weder der verhandlungsbereite Feind noch die römische Armee hatten den Krieg gewollt. Die römischen Offiziere forderten vielmehr – nach eindrucksvollen Siegen über Franken und Alamannen am Rhein – eine Offensive an der unteren Donau gegen die Goten. Der Wunsch der römischen Generäle nach einer Politik der Stärke gegenüber den nördlichen und östlichen Nachbarn sollte sich bald erfüllen; ihren letzten Höhepunkt fand sie unter der Regierung der Brüder Valentinian I. (364–375) und Valens (364–378). Im Frühsommer 364 hatten sie in Nisch Heer und Reich geteilt; der ältere Kaiser übernahm Mailand und den Westen einschließlich der Diözese Illyrien-Pannonien, der jüngere Bruder Konstantinopel mit dem Osten.[48]

Nach der Verstärkung der Grenzbefestigungen an der Donau wurde eine erste Linie nördlich des Stroms angelegt. Darauf begann Valentinian I. seinen Quaden-Sarmaten-Krieg, wozu er – wie so mancher Kaiser vor ihm – Carnuntum als Basis wählte. Der Ort, mittlerweile ein »halbverfallenes, dreckiges Nest«, wurde nun verhältnismäßig stark ausgebaut. Gestützt auf Savaria im Inneren der Pannonia I, eröffnete Valentinian seine Offensive. Da geschah es, daß unverschämte quadische Gesandte anläßlich der Friedensverhandlungen von 375 den Kaiser derart erregten, daß ihn der Schlag traf. Trotz des frühzeitigen Todes des älteren Augustus behielt die mittlere Donau ihre Funktion als Nordgrenze des Reichs.[49]

Der jüngere Bruder Valens hatte in den Jahren 367/69 einen Gotenkrieg geführt und seine Angriffe ins Barbaricum, ins heutige Bessarabien und Rumänien, vorgetragen. Ein Triumphzug in der Hauptstadt Konstantinopel und die Annahme des Siegestitels *Gothicus* waren die bescheidene Ausbeute des dreijährigen Kriegs.[50] Im Jahre 375, als Valentinian I. starb, überschritten hunnische Reiter und von ihnen unterworfene Alanen den Don, der als Ostgrenze Europas galt. Die Folge war, daß innerhalb kurzer Zeit das ostgotische Ermanarich-Reich unterging, worauf ein Großteil der Donaugoten, die westlich des Dnestr wohnten, ihre Heimat aufgaben und im Herbst 376 ins Römerreich aufgenommen wurden.[51] Bereits zwei Jahre später, am 9. August 378, fand Valens, der »Gotensieger« von 369, den Tod in der Schlacht von Adrianopel-Edirne. An der heutigen türkisch-bulgarischen Grenze vernichtete ein Heer aus Donaugoten, berittenen Ostgoten, iranischen Alanen und abgespaltenen Hunnen die östliche Hofarmee; außer dem Kaiser fielen die meisten Generäle und Offiziere im Obersten-Rang. Die Schlacht entschied eine Blitzattacke der Kavallerie, die ein ostgotischer Fürst anführte. Kampftechnik und Lebensart der gotischen Reiter wurden nun beispielgebend für alle Barbaren innerhalb wie außerhalb des Reichs.[52]

Schon im Jahr nach Adrianopel machte der Westkaiser Gratian den Spanier Theodosius (379–395) zum Nachfolger seines Onkels Valens im Osten.[53] Unter schweren Opfern und mit viel Geschick rettete Theodosius der Große, wie ihn die Nachwelt bis heute nennt, das von außen wie innen bedrohte Reich, das er schließlich in seiner Hand vereinigte.[54] Das Werk des Theodosius blieb allerdings unvollendet. Vor allem war die Ursache der europäischen Völkerbewegungen, der Vorstoß der Hunnen, nicht auszuschalten. So kam es immer wieder zu neuen Einbrüchen ins Römerreich durch diejenigen Völkerschaften, die sich der Hunnenherrschaft entziehen wollten.[55] Im Jahre 380 hatte Gratian im Einvernehmen mit Theodosius die ostgotischen Reiter mit ihren alanischen und hunnischen Verbündeten zu Vertragspartnern, Föderaten, des Reichs, gemacht und sie in der Pannonia II sowie in den angrenzenden pannonischen Provinzen Savia und wohl auch Valeria angesiedelt. Damit war für den Vertrag vom 3. Oktober 382, das wohl folgenschwerste Foedus der römischen Geschichte, der Präzedenzfall gegeben. Der Vertrag, den der Ostkaiser Theodosius I. mit den Donaugoten schloß, gewann epochemachende Bedeutung. Die Goten unter ihrem Fürsten Fritigern bildeten ein ganzes Volk und dementsprechend eine politische Einheit, während die pannonischen Föderaten niemals den Status einer militärischen Konföderation überwanden. Gegenüber den bisherigen Foedera besaß der Vertrag von 382 die völlig neue Bestimmung, wonach die Goten auf dem ihnen zugewiesenen römischen Hoheitsgebiet zwischen Donau und Balkangebirge autonom bleiben sollten. Sie hatten Waffenhilfe für die Reichsregierung zu leisten, standen jedoch unter eigenen Fürsten. Dazu erhielten sie Steuerfreiheit und römische Jahrgelder zur Erhaltung der Kampfkraft des Gotenheeres, das die Fähigkeit verloren hatte, sich selbst zu ernähren. So entstand im heutigen Nordbulgarien innerhalb des Römischen Reichs ein gotisches Gemeinwesen mit großer Beispielwirkung für die Zukunft.[56]

Im Januar 395 starb Theodosius I. Nachdem der Kaiser in der Schlacht am Frigidus (Wippach-Vipava) im Herbst 394 das Römerreich nochmals geeint und dem Christentum zum Sieg verholfen hatte, erfolgte die Teilung in einen reicheren Osten, den der ältere Sohn Arcadius erhielt, und in einen ärmeren Westen, der Honorius zufiel. Den Westen und seinen schwachen Kaiser regierte der allmächtige Reichsfeldherr Stilicho. Ihm ist auch die Stabilisierung der Verhältnisse an der Donau zu verdanken,[57] als der Tod des Theodosius alle Föderatenverträge brach. Innere wie äußere Barbaren fühlten sich nur so lange an ein Foedus gebunden, als der kaiserliche Vertragspartner lebte.[58] Wie Markomannen, Quaden und Sarmaten wurden auch die reichsangehörigen gotisch-vandalischen Gentes unruhig.

Unter der Führung Alarichs I. (392/95–410)[59] verließen im Spätwinter 395 mehrere tausend Gotenkrieger die in Norditalien vereinigten Hofarmeen, um in ihre nordbulgarische, von den Hunnen aufs schwerste bedrohte Heimat zurückzukehren. Arcadius und seinen Hofleuten gelang es jedoch, das Gotenproblem zu lösen. Geschickte Diplomatie, größere Ressourcen und konsequenter Widerstand führten zum Ziel: Die Alarich-Goten zogen in den Westen ab.[60] Die gotischen Reiter waren nach der Schlacht von Adrianopel 378/79 »bis zum Fuß der Julischen Alpen« gekommen, das heißt bis in das später Karnien, *Carniola-Carnich,* genannte Gebiet an der oberen Save, das zwischen

Onyx-Prunkfibel aus Osztropataka-Ostrovany, zweite Hälfte 4. Jahrhundert

Italien, Norikum und Pannonien lag.[61] Auch der heilige Hieronymus nennt die Julischen Alpen im Abstand von 13 Jahren zweimal als Westgrenze der von den Barbaren heimgesuchten römischen Provinzen. Dabei nimmt er freilich je einen aktuellen Barbarenkrieg zum Anlaß seiner Betrachtungen: Im Jahre 396 schreibt Hieronymus, alles Land zwischen Konstantinopel und den Julischen Alpen sei durch Goten, Sarmaten, Quaden, Alanen, Hunnen, Vandalen und Markomannen verwüstet worden, und zwar über zwanzig Jahre hindurch.[62] Der zweite Brief stammt aus dem Jahre 409 und bezieht sich auf den Vandalen-Alanen-Sueben-Einfall ins winterliche Gallien 406/07. Diesmal behauptet Hieronymus einen dreißigjährigen Krieg, der nach Zusammenbruch des Donau-Limes mitten im Römerreich zwischen dem Schwarzen Meer und den Julischen Alpen tobe.[63] Nimmt man Hieronymus wörtlich und rechnet die zwanzig bzw. dreißig Jahre vom Datum des jeweiligen Briefes zurück, so kommt man im zweiten Fall auf 378/79, womit Ammianus Marcellinus übereinstimmt,[64] im ersten Fall in die Zeit des gotischen Donauübergangs von 376.[65] Dazwischen liegt die Angabe von Marcellinus Comes, der zu 427 die Rückgewinnung Pannoniens nach etwa fünfzigjähriger hunnischer Besetzung berichtet, was ebenfalls bedeuten würde, daß er den Einbruch der Hunnen nach Pannonien als Teil der gotisch-alanischen Völkergruppe noch vor der Schlacht von Adrianopel am 9. August 378 annimmt.[66]

Zeitgenössische Berichte vermitteln den Eindruck, als hätte die Reichsregierung spätestens 380 die pannonischen Provinzen aufgegeben. Aber wie viele zeitgenössische Berichte gibt es tatsächlich? Wenn man einen allgemeinen Zusammenbruch des Donau-

Limes und verheerende Einfälle vornehmlich von Markomannen, Quaden und Sarmaten zu 395 annimmt,[67] stützt man sich auf Hieronymus, der aber nicht bloß die Julischen Alpen als Westgrenze des verwüsteten Gebiets bezeichnet, sondern dieses zugleich auch *cunctae Pannoniae* nennt.[68] Daher können »alle Pannonien« bloß die vier Provinzen und nicht die gleichnamige Diözese unter Einschluß Norikums gewesen sein.[69] Außer Hieronymus erwähnt nur Claudianus die *plaga Pannoniae* als von den Barbaren heimgesuchtes Gebiet, und zwar in einem Zusammenhang, der ebenfalls eher auf die Provinzen denn auf die Diözese schließen läßt.[70] Damit sind aber alle schriftlichen und datierbaren Quellen für die angeblich allgemeine und totale Katastrophe von 395 genannt. Wenn daher Archäologen ihre Brandschichten mit 395 datieren, so besteht die Gefahr des Zirkelschlusses.[71] Dazu kommt, daß Teile der angeblich so zügellosen Markomannen sowohl in das römische Grenzheer eingegliedert wurden[72] als auch als Elitetruppen in der Hofarmee dienten.[73]

Porphyr-Torso einer Prinzenstatue. Auf der Schulter ist eine Onyx-Fibel zu sehen, wie sie der Kaiser den barbarischen Föderaten zum Geschenk machte.

Überdies werden die Schreckensmeldungen durch weitere Tatsachen widerlegt, die nicht zuletzt auch von Hieronymus berichtet werden. Nicht nur das voralpine Rätien, sondern auch das scheinbar so ausgesetzte Pannonien produzierten im Jahre 383 einen nennenswerten Ernteüberschuß.[74] Im Jahre 397 fand Hieronymus einen Käufer für das väterliche Vermögen im norddalmatinischen Stridon, das angeblich knapp vorher dem Erdboden gleichgemacht worden war,[75] und noch in den letzten beiden Jahrzehnten des 4. Jahrhunderts hatte dic Stadt Iovia-Hétenypuszta, die in der schwer bedrohten pannonischen Valeria lag, einen Bischof, mag dieser sein Leben auch in Venetien beendet haben.[76]

Avers-Seite eines fast halbkiloschweren Goldmedaillons aus dem Schatz I von Szilágy Somlyó mit der Aufschrift *Gloria Romanorum,* vor 400

Noch mehr als Pannonien blieb Norikum von größeren Katastrophen verschont. Möglicherweise war der relative Friede markomannischen Föderaten zu danken, die knapp vor 397 in der Pannonia I, das heißt im Viertel unter dem Wienerwald, im Burgenland und in Westungarn, angesiedelt wurden. Die Chronologie der Ereignisse stützt sich auf den Briefwechsel, den eine markomannische Königin Fritigil mit dem heiligen Ambrosius geführt hatte, bevor der Bischof von Mailand am 4. April 397 starb. Die Fürstin hatte sich mit dem Kirchenvater in Verbindung gesetzt, um die Bekehrung ihrer Gens zum Katholizismus zu erreichen. Zugleich konnte sie auch ihren ungenannten Gemahl überreden, sich und sein Volk den Römern zu unterwerfen.[77] Wie die stammesverwandten Quaden gaben auch die Markomannen sehr bald den Sondernamen auf, sobald sie südlich der Donau ansässig geworden waren, und galten seither als Sueben. Obwohl diese Gruppen von 400 an starken Aderlässen durch Abwanderungen unterworfen waren, hielten sich pannonische Sueben nachweisbar bis 568, als die Langobardenherrschaft in Pannonien endete.[78]

Im Frühjahr 401 verließen donauländische Vandalen, Sueben aus Pannonien und aus den Gebieten nördlich der Donau, Alanen und pannonische Unterschichten, *hostes Pannonii,*[79] ihre Heimat und zogen in Richtung Rhein. Im Herbst 401 besetzte Alarich I. mit seinen Goten den Süden Pannoniens, um von dort aus Italien anzugreifen. Als die Goten schon in Oberitalien standen, gelang es Stilicho, in Rätien vandalisch-alanische Kontingente einzufangen, sie unter Vertrag zu nehmen, in die Reichstruppen einzugliedern und nach Norditalien zu führen.[80] Mit ihrer Hilfe vermochte Stilicho die Alarich-Goten 402 in zwei großen Schlachten beinahe zu vernichten. Sollten Rom und das Westreich auch für dieses »beinahe« sehr bald teuer bezahlen, so waren die Goten Alarichs zunächst als Bedrohung Italiens und der angrenzenden Provinzen ausgeschaltet.[81]

Die Gefährdung der römischen Donaugrenze blieb jedoch nur kurze Zeit gebannt. Im Jahr 405 überquerten die Massen des wohl ostgotischen Radagaisus die Donau und verwüsteten alles Gebiet bis tief nach Italien hinein. Pannonien und Norikum wurden zunächst getroffen. Was hier jedoch geschah, welche Städte zugrunde gingen und wie die pannonischen Föderaten auf ihre wilden Verwandten reagierten, darüber gibt es bloß Vermutungen. Wie 395 dient der Archäologie auch der Radagaisus-Einbruch von 405/06 als Datierungsmöglichkeit spätantiker Brandschichten. Die Tatsache, daß man in diesen Brandschichten die letzten größeren Münzfunde macht, stellt jedoch jene Datierungen nicht auf einen sicheren Boden. Allgemein ging um 400 der Münzumlauf stark zurück. Ab diesem Zeitpunkt müssen daher andere Datierungsmerkmale, wie etwa geglättete Keramik, eingesetzt werden. Jedenfalls gilt derzeit die Auffassung, nachvalentinianische Bauten seien – selbst in Carnuntum – »mindestens bis in die Mitte des 5. Jahrhunderts in Benützung gewesen«.[82]

In den Jahren 408 und 409 versuchten die Alarich-Goten im norisch-westpannonischen Raum Fuß zu fassen. Zunächst marschierten sie nach Emona, das in der venetisch-istrischen Provinz und daher in Italien lag. Danach rückten sie ins »steirisch-slowenische« Binnennorikum ein. Erstens war Alarich hier der Straße über den Birnbaumer Wald am nächsten, das heißt derjenigen Einfallsroute nach Italien, die er bereits 401 erprobt hatte. Zweitens stand in Pannonien sein Schwager Athaulf, der hier gotisch-hunnische Reiterkrieger kommandierte. Drittens bot Alarich Ende August, Anfang September 408 die Räumung Norikums und den Rückzug seiner Truppen nach Pannonien an, was ebenfalls darauf schließen läßt, daß der König den Großteil seines Heeres im östlichen Binnennorikum konzentriert hatte. Als jedoch alle Angebote abgelehnt wurden, verließen die Alarich-Goten Anfang Oktober 408 ihre norischen Quartiere, zogen sich aber nicht nach Pannonien zurück, sondern fielen in Italien ein. Mit mehrmonatiger Verspätung folgten Athaulf und die pannonischen Föderaten, um sich mit dem gotischen Hauptheer in Italien zu vereinigen. Obwohl keine der beiden Gruppen in unseren Raum zurückkehrte, wurde 409 noch zweimal über eine gotische Niederlassung in den norischen Provinzen verhandelt.[83]

Auf den Fortbestand staatlicher Institutionen wie einer verhältnismäßig gut wirksamen Infrastruktur läßt nicht zuletzt die Errichtung eines Generalkommandos an der mittleren Donau schließen. Unmittelbar nach dem Abzug Athaulfs, diesen womöglich bewirkend oder beschleunigend, wurde der heidnische Barbar Generidus als Heermeister oder *comes rei militaris* von Ravenna eingesetzt. Sein Sprengel umfaßte zunächst nur die nordalpinen und voralpinen Provinzen bis zur Donau, nämlich Rätien, Norikum und die beiden oberen pannonischen Provinzen; doch wurde diesem Kommando noch im Jahre 409 Dalmatien hinzugefügt. Auf diese Weise kommandierte Generidus nicht bloß den Großteil der westillyrischen Diözese, sondern auch die beiden zur italischen Diözese zählenden Rätien.[84] Wenn also die Goten Alarichs in Norikum und Westpannonien angesiedelt worden wären, ohne daß ihr Anführer ein Heermeisteramt erhalten hätte, wäre dieser Generidus ebenso unterstellt gewesen wie 394 dem Goten Gainas. Gerade diese Abhängigkeit von einem regulären römischen Offizier hatte jedoch 395 einen der vornehmsten Gründe für die Rebellion der Alarich-Goten gebildet.[85] Der neue Sprengelgeneral Generidus konnte einige Erfolge erzielen; doch war dem von ihm geleiteten Militärbezirk insgesamt keine lange Dauer beschieden. Allerdings dürfte dieser – um Rätien verkleinert – in der weströmischen *comitiva Illyrici* seine Fortsetzung gefunden haben.[86] Falls der Welser Ursa-Grabstein am Beginn des 5. Jahrhunderts gesetzt wurde, dann wäre sein Stifter Flavius Ianuarius ein Soldat des Generidus gewesen.[87]

III. Vom Ende des Attilareichs bis zum zweiten Rugierkrieg Odoakers (454/55–488)

1. Die Völker an der mittleren Donau

Knapp nach 400 nahmen die Anzeichen zu, daß sich die hunnische Staatlichkeit am linken Ufer der unteren Donau zu organisieren begann. Weit davon entfernt, ein eigenes Reich unter einheitlicher Führung zu bilden, waren doch die Herren der einzelnen Gruppen durchaus bereit, mit den Römern gegen gotische Rückwanderer und Ausbrecher zusammenzuarbeiten. So bekämpfte der Reichsfeldherr Aetius, der in seiner Jugend hunnische Geisel war, mit hunnischer Hilfe erfolgreich die Hofclique von Ravenna, hielt in Gallien Westgoten und Bagauden im Zaum, warf 430/31 die aufständischen Noriker nieder und zerschlug nur wenig später das Wormser Burgunderreich.[88] Im ersten Drittel des 5. Jahrhunderts kam die Niederlassung der hunnischen Völker innerhalb des Karpatenbogens zum Abschluß. Der hunnische Einflußbereich umfaßte Pannonien schon vor 427, da zu diesem Jahr die römische Wiedereroberung Pannoniens nach langjähriger hunnischer Besetzung gemeldet wird. Diese Nachricht unterscheidet freilich nicht zwischen den einzelnen, einander sogar verfeindeten Gruppen der Hunnen. Jedenfalls war der römische Erfolg nur von kurzer Dauer, und ein konsolidiertes Hunnenreich, dessen Zentrum zwischen Donau und Theiß lag, erstreckte sich auch über illyrisches Gebiet, ob man nun für 433 eine formelle Abtretung Pannoniens annimmt oder nicht. Mit der Ermordung seines Bruders Bleda errang Attila im Jahre 445 die Alleinherrschaft. Danach konzentrierte er die hunnische Militärmacht in seiner Person. Es waren bloß die letzten acht Regierungsjahre bis 453, die Attilas Bild für Zeit und Nachwelt prägten: Er blieb als Weltherrscher und Geißel Gottes in Erinnerung.[89]

Attilas Alleinherrschaft hatte im Donauraum klare Verhältnisse geschaffen und damit eine Zeit relativer Ruhe gebracht, mag man diese Stabilität auch um den Preis doppelter Loyalitäten erkauft haben. So kennt man aus 448/49 höchste zivile wie militärische Vertreter der Verwaltung Norikums. Ihre Namen und ihre Funktionen sind einzig und allein deshalb überliefert, weil sie der oströmische Gesandte Priskos am Hofe Attilas traf. Darunter befand sich auch der Comes Romulus aus Poetovio, der Schwiegervater des späteren Patricius Orestes und Großvater des letzten weströmischen Kaisers Romulus Augustulus.[90] Offenkundig bedeutete selbst das Jahr 451 keine katastrophale Belastung der römischen Strukturen unseres Raums. Damals muß ein riesiges Hunnenheer die Donaustraße benützt haben, um sowohl nach Gallien zu ziehen wie – nach der verlorenen Schlacht auf den Katalaunischen Feldern – von dort wieder heimzukehren. Zwei Jahre später starb Attila, und bald nach 453 hatten seine zahlreichen Söhne die hunnische Macht und Herrlichkeit verspielt. Zugleich brachen wieder Unordnung und Friedlosigkeit über den Donauraum herein.[91]

Die Gepiden stellten sich an die Spitze einer gentilen Koalition, die um die Selbständigkeit kämpfte. Die Entscheidung für oder gegen die Hunnen spaltete die einst von ih-

Hunnisches Golddiadem und goldene Schnallen aus der ersten Hälfte des 5. Jahrhunderts. Der kaiserliche Gesandte Priskos berichtete von den Würdenträgern am Hof Attilas, sie seien ganz in Gold gekleidet gewesen.

nen unterworfenen Völkerschaften, als es am Fluß Nedao 454, spätestens 455 zur Schlacht kam. Der Ort der Auseinandersetzung soll in Pannonien gelegen sein, und dementsprechend wird der Fluß Nedao hier überall gesucht. Vielleicht war er ein Nebenfluß der Save in der gleichnamigen Provinz Savia. Sieger wie Besiegte des Tages am Nedao wurden in gleicher Weise römische Föderaten. Die siegreichen Stämme blieben, als würden sie Attilas Beispiel folgen, außerhalb der Reichsgrenzen; die Verlierer mußten diesseits der Donau ihre Zufluchtsstätte finden. So breiteten sich die Gepiden nach gewonnener Schlacht bis ins trajanische Dakien, nach Siebenbürgen, aus. Hingegen nahm Pannonien allen voran die Ostgoten der Vatergeneration Theoderichs des Großen auf, die bis zuletzt den Hunnen treu geblieben waren. Von kleineren Gruppierungen und Formationen abgesehen, entstanden am linken Donauufer, das heißt jenseits der Reichsgrenzen: das Rugierreich am Ostrand des niederösterreichischen Waldviertels und im Weinviertel; ein erulisches Königtum nordöstlich davon in Südmähren und auf beiden Seiten der March mit Ausläufern bis zur Donau und zu den Kleinen Karpaten; bis 470 ein pannonisches Regnum derjenigen Sueben, die nicht mit Vandalen und Alanen die Heimat verlassen hatten. Was die Skiren betrifft, so gibt man heute ihre Lokalisierung nördlich des Donauknies zugunsten des Mittelteils des Donau-Theiß-Zwischenstromlands auf. Das sogenannte Adelsgrab von Bákodpuszta ist »wohl mit der skirischen Fürstenfamilie zu verbinden«. In der Nachbarschaft der Skiren gab es Sarmaten. Beide zuletzt genannten Formationen hielten sich im Vorfeld der mächtigen Gepiden, die die Kernlande des einstigen Attila-Reichs in Besitz nahmen. Wie die »Kremser« Rugier nördlich der Donau siedelten, jedoch von den Provinzialen südlich des Stroms lebten, so griffen auch die übrigen außerrömischen Donaubarbaren auf das Reichsgebiet über, um ihre ökonomische Grundlage zu sichern.[92]

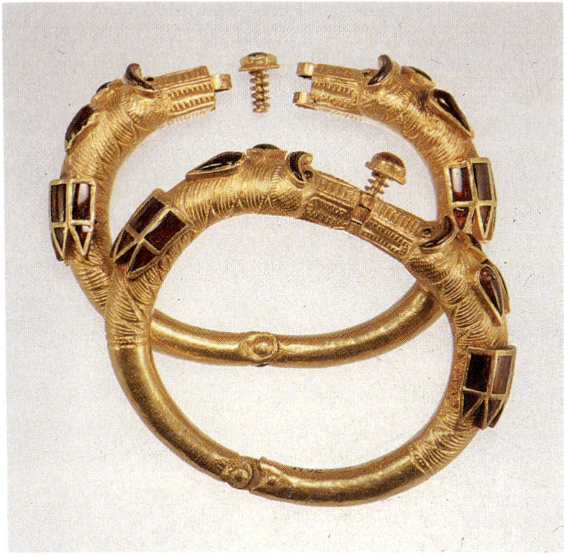

Goldenes Armringpaar einer Skirenfrau, zweites Drittel des 5. Jahrhunderts

Obwohl die norischen Provinzen zum Westreich zählten, bewirkten die Wirren, die dem Ende der theodosianischen Dynastie folgten, daß der Einfluß Ravennas an der mittleren Donau stark zurückging. Allerdings versuchte der Gallier Avitus, der 455 mit westgotischer Hilfe zum Kaiser erhoben wurde, sich nicht bloß in Italien durchzusetzen, sondern auch in der westillyrischen Diözese einzugreifen. Man hört sogar von einer *revocatio Pannoniarum,* von einer »Wiedergewinnung der pannonischen Provinzen«. Aber der Mann, der dieses Wort sprach, war der Avitus-Schwiegersohn Sidonius Apollinaris, als er dem Kaiser einen Panegyricus, eine Lobrede, hielt. Man registrierte zwar in Italien noch im Herbst 456, als Avitus das Spiel um das Kaisertum bereits verloren hatte, ein pannonisches Erdbeben. Allerdings hat dies kaum bedeutet, daß Ravenna 456/57 in Pannonien präsent war. So hieß der Kaiser, der den Goten unter Valamir, dem Onkel Theoderichs des Großen, die Ansiedlung in Pannonien gestattete und mit ihnen ein Foedus schloß, Markianos und residierte in Konstantinopel. Aus dem Vertrag folgt die ostgotische Niederlassung spätestens vor Ende Januar 457, als Markianos starb.[93] Zwei Bleisiegel, die in Flavia Solva-Leibnitz gefunden wurden, tragen seinen Namen und bezeugen den Einfluß Konstantinopels auch in Binnennorikum.[94]

Im Jahre 458 gelang aber Maiorianus, dem wohl fähigsten weströmischen Kaiser des 5. Jahrhunderts, die Rekrutierung eines großen Barbarenheeres an der Donau. Die Darstellung dieser Streitmacht spiegelt ein halbes Jahrtausend antiker Ethnographie wider. Man darf daher den Bericht, den ebenfalls der Gallier Sidonius Apollinaris verfaßt hat, nicht auf die Goldwaage legen. Die Teilnahme donauländischer Kontingente, wie die der Ostgoten, Rugier, Sueben, pannonischer Grenzsoldaten und anderer Einheiten, steht jedoch fest. Im Jahre 458 muß Ravenna aus unserem Raum starken Zuzug erhalten haben, zumal Maiorianus – zum Unterschied von Avitus – auch die Anerkennung Konstantinopels besaß. Die organisatorische Präsenz des Westens wird einem ungenannten Heermeister verdankt, der vielleicht an der Donau eine Art mittelbarer Nachfolger des Generidus war.[95] Die Überlegung, jener *magister militum* sei der *illustrissimus vir Severinus* vor seiner Bekehrung gewesen, ist nicht mehr, aber auch nicht weniger als eine Hypothese, ein legitimes Mittel methodischen Vorgehens.[96]

Kaiser Anthemius (467–472), der die Goten in Ost und West konsequent, obgleich

Goldsolidus des Kaisers Anthemius, gefunden in der Linzer Innenstadt

mit abnehmendem Erfolg, bekämpfte, dürfte gegen sie Verbündete auch an der Donau gesucht haben. Hier endete der Münzumlauf mit dem 423 verstorbenen Kaiser Honorius; aber drei Goldsolidi des Anthemius, davon je einer aus Linz und Wels, zeugen davon, daß man Föderatengold nach Ufernorikum sandte, um den Valamir-Goten Paroli bieten zu können. Obwohl kaum als Zahlungsmittel verwendet, sind die Stücke die einzigen Münzen der Zeit Severins, die man aus Ufernorikum kennt. Ein weiterer Anthemius-Solidus wurde im binnennorischen Augsdorf südöstlich von Velden am Wörthersee gefunden. Konstantinopel hatte Anthemius in den Westen gesandt, um den erprobten Heerführer zum Herrn Ravennas und Überwinder der okzidentalen Misere zu machen. Schon 467, am Beginn der Herrschaft des neuen Kaisers, gelang es »seinem« Heermeister Rikimer, Halbgote und königlicher Balthe von der Mutterseite, Norikum gegen die amalischen Goten Pannoniens zu schützen. Frühestens zu diesem Zeitpunkt könnte es gewesen sein, daß eine ostgotische Streifschar bis zur binnennorischen Hauptstadt Teurnia-Tiburnia vorstieß und diese hart bedrängte. Da den Goten die Einnahme des Ortes nicht gelang, schlossen sie nach längeren Verhandlungen mit den Städtern ein Foedus und ließen sich nicht zuletzt mit einem Naturaltribut aus Kleidungsstücken abfertigen. Am 1. Januar 468 wurden in Rom die ostgotischen Mißerfolge und die glückliche Verteidigung Norikums als aktuelle Ereignisse gefeiert.[97] Damit gewinnt man auch eine ungefähre Zeitbestimmung des Gesprächs zwischen Severin und dem Rugierkönig Flaccitheus. Der Heilige riet dem Rugierkönig dringend von einem Marsch nach Italien ab und verhinderte so Verwicklungen mit den – trotz der Rückschläge – mächtigen ostgotischen Nachbarn.[98]

Die römischen Abwehrerfolge des Jahres 467 dürften wie ein Signal gewirkt haben. Das letzte halbe Jahrzehnt, das die Goten in Pannonien verbrachten, war erfüllt von schweren Kämpfen nach allen Seiten. Die Goten bestanden zwar die Herausforderung ihrer gentilen Umwelt; doch liefen sie Gefahr, sich zu Tode zu siegen. Noch 468 erfolgte der letzte Versuch der Hunnen, ihre einstigen gotischen Untertanen wieder zu unter-

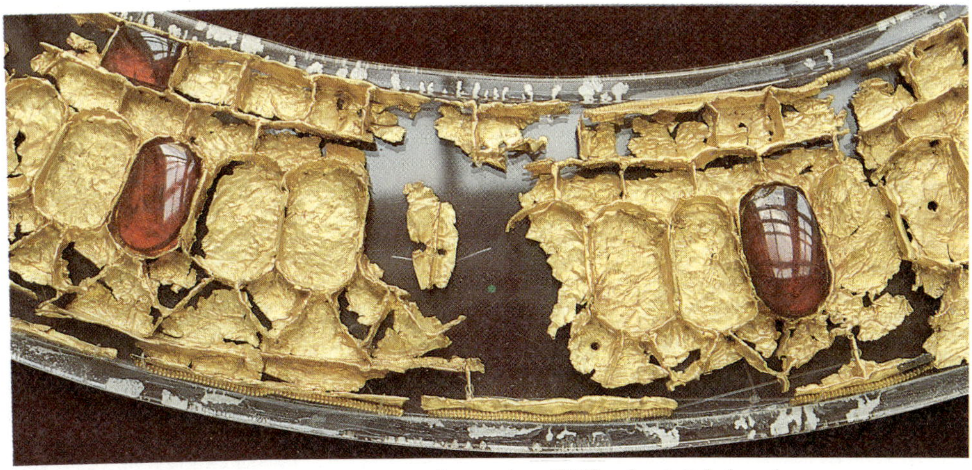

Die goldene Schildrahmenverzierung aus der zweiten Hälfte des 5. Jahrhunderts stammt vielleicht vom Schild des Skirenkönigs Edika, der in der Schlacht am Fluß Bolia fiel.

werfen. Valamir, der Onkel Theoderichs des Großen, schlug die alten Feinde. Währenddessen unternahmen nordwestpannonisch-transdanubische Sueben einen Plünderungszug nach Dalmatien. Als sie beutebeladen und mit den Herden der Goten den Heimweg antreten wollten, stellte sie Thiudimir, der Vater Theoderichs, in der Nähe des Plattensees und nahm sie samt ihrem Anführer Hunimund gefangen. Um wieder freizukommen, ließ sich der Suebenkönig zum Waffensohn Thiudimirs machen, begann aber sofort nach seiner Freilassung gegen die Goten zu konspirieren. Hunimund vereinigte seine Truppen mit den Kriegern eines suebischen oder erulischen Alarich sowie mit den Skiren unter Odoakers Vater Edika und dessen älterem Bruder Hunulf. Auch die Sarmatenkönige Beuka und Babai sowie gepidische und rugische Abteilungen schlossen sich der gentilen Koalition an. An einem unbekannten Fluß Bolia kam es wohl 469/70 zu einer Schlacht, die wie eine Reprise des Tages am Nedao wirkt; doch diesmal siegten die Valamir-Goten. Darauf löste sich das Lager der Verlierer auf. Zunächst zogen die Söhne des gefallenen Skirenkönigs Edika ab; der ältere Hunulf trat in oströmische Dienste, der jüngere Odoaker ging nach Italien, wobei er Severin in Favianis besuchte und sich angeblich seine zukünftige Herrschaft weissagen ließ. Zahlreiche Eruler und Rugier folgten dem skirischen Prinzen, so daß Odoaker in den Augen römischer Beobachter als König der Eruler wie der Rugier galt. Im Winter 469/70 oder 470/71 bekriegte Thiudimir erneut die suebischen Nachbarn, den Kern der antigotischen Koalition.[99] Nun hatte Hunimund genug; er und sein Anhang übersiedelten donauaufwärts nach Westen und schlossen sich den Alamannen an. Spätestens zu diesem Zeitpunkt muß Hunimund sein Königtum verloren haben. Zwischen 476 und 480 überfiel er die Stadt Batavis-Passau; damals kamen er und seine Krieger bereits aus dem Westen.[100] Andere germanische Gruppen der Bolia-Koalition traten nach 470 in das Heer des Anthemius ein und zählten zu den Kontingenten, die 471 von den gallischen Goten vernichtend geschlagen wurden.[101]

Von den daheimgebliebenen Barbaren überstanden die niederösterreichisch-mährischen Eruler die gotische Nachbarschaft am besten. Bald dürften sie auch diejenigen Sueben unterworfen haben, die es immer noch in der donaunahen Slowakei und im nördlichen Oberpannonien gab. Vielleicht hängt auch die völlig unerwartete Zerstörung von Ioviaco-Aschach durch die Eruler mit ihrer Ausbreitung über die Donau zusammen.[102] Nun schwenkten auch die »Kremser« Rugier auf die gotische Linie ein. Es dürfte ebenfalls bald nach 470 gewesen sein, daß der rugische Königssohn Feletheus-Fewa die Amalerin Giso, eine Verwandte Theoderichs des Großen, heiratete. Drei Jahre später, im Herbst 473, sind dann die Goten aus Pannonien abgezogen; Thiudimir mit seinem Sohn Theoderich in den Osten, die Gruppe des jüngeren Thiudimir-Bruders Vidimir über Italien nach Gallien zu den tolosanischen Vettern.[103]

2. Alamannen und Thüringer

Der Westen des heutigen Österreichs war spätestens seit Mitte des 5. Jahrhunderts sich selbst überlassen, was das Überleben römischer Strukturen wesentlich erschwerte.[104] Der binnennorische Süden profitierte von seiner günstigeren geographischen Lage; man war hier der italischen Zentrale näher und konnte auf eine – gegenüber Ufernorikum und der voralpinen Raetia – ungleich stärkere Kirchenorganisation zurückgreifen. Kamen feindliche Heerhaufen, wie Goten und Alamannen, nach Binnennorikum, dann wurden sie erfolgreich abgewehrt. Dazu reichten entweder die eigenen Kräfte, oder Italien schickte – wie im Jahre 467 – seine Truppen.[105] Der donauländische Westen hatte hingegen zuletzt in den Jahren 430 und 431 ein römisches Bewegungsheer gesehen, und zwar in einem höchst unangenehmen Zusammenhang. Zuerst war dieses Gebiet von den alamannischen Juthungen überrannt worden. Als aber Aetius mit seinen gallischen Truppen den Einfall der Barbaren bekämpfte, da gingen seine Soldaten auch gegen die Noriker vor und behandelten sie als Rebellen.[106]

In der Folgezeit kamen keine römischen »Befreier« mehr aus dem Westen; dafür setzten die Alamannen ihre Eroberung des oberen Donauraums fort. Genaueres berichtet erst die Vita Severini: Knapp vor 476 bedrohte ein König Gibuld mit seinen Alamannen das rätische Batavis-Passau. Severin gelang es, sich mit dem König in vertragsähnlichen Formen dahingehend zu einigen, daß Passau und damit auch das westliche Ufernorikum eine Zeitlang ungeschoren blieben. Außerdem erhielten verschleppte Römer ihre Freiheit zurück. Severin überwachte die Einhaltung des Friedens durch eine Art Nachrichtendienst; so konnte er rechtzeitig die wichtige Information erhalten, daß Alamannen einen Vorstoß nach Binnennorikum planten. Entsprechend dem chronologischen Aufbau der Vita Severini könnte diese Bedrohung in die Zeit unmittelbar nach der Machtergreifung Odoakers datiert und damit als Antwort Gibulds auf den Umsturz in Italien verstanden werden. Jedenfalls markierte das Jahr 476 das Ende der regulären Verteidigung des norischen Donau-Limes. Dank der Vorsorge der von Severin gewarnten Bevölkerung lief sich der alamannische Einfall bald tot; ja, man darf das Unternehmen als ausgesprochenen Mißerfolg bezeichnen. Vielleicht lag darin die Ursache für die

Westorientierung der alamannischen Expansion. So tritt ein König Gebavult vor der französischen Stadt Troyes auf. Dieser Alamannenkönig verhandelt hier mit Bischof Lupus, der um 478 starb, und gilt der Überlieferung als römischer Föderat. Gebavult und Gibuld sind zwei Schreibungen desselben Namens; ob seine Namensträger auch dieselbe Person waren, läßt sich nicht erweisen, hat aber einiges für sich.[107] Von Gibuld ist jedenfalls nicht mehr die Rede, als Hunimund bald nach 476 – seines Königtums ledig – ebenfalls von Westen her Passau überfiel und einnahm. Die Bewohner, die sich auf das Gibuld-Abkommen verließen und die Ernte einbrachten, wurden durch das Hunimund-Unternehmen völlig überrascht. Vierzig Mann blieben zwar zur Bewachung der Stadt zurück, weil man stets mit Überfällen kleinerer, von keiner Zentralgewalt kontrollierter Gruppen rechnen mußte. Aber der Hunimund-Gruppe war die Passauer Rest-Besatzung nicht gewachsen. Obwohl sich die »neuen« Alamannen nicht viel besser als die heidnischen Eruler benahmen, bedeutete die Einnahme Passaus nicht den Untergang der Stadt.[108]

Erst gegen Ende des mit 480 begrenzten Zeitraums wurde der alamannische Druck auf Quintanis-Künzing im Vorfeld Passaus wieder unerträglich. Dem kleinen rätischen Kastell konnten freilich schon lokale Alamannengruppen gefährlich werden. Auf Rat Severins zogen die bedrohten Bewohner nun von Quitanis in ein durchaus noch funktionierendes Passau. Als nämlich dieselben Alamannen versuchten, gegen Passau vorzugehen, holten sie sich blutige Köpfe. Die bald darauf erfolgte zweite Einnahme Passaus gelang daher auch nicht den Alamannen, sondern einem neuen gentilen Element an der oberen Donau: Diesmal kamen die Thüringer, deren Südostexpansion auch vor der Inngrenze nicht haltmachte. Sie zerstörten die Stadt an der Mündung des Flusses, trafen aber nur mehr auf eine zahlenmäßig geschwächte Bevölkerung, von der große Teile bereits nach Lauriacum ausgewichen waren. Allen Tartarenmeldungen und Katastrophenschilderungen zum Trotz hielt sich aber gerade am Zusammenfluß von Inn und Donau eine romanische Minderheit bis ins 8. Jahrhundert.[109] Eher Thüringer als Alamannen waren auch die Feinde, die von den in Lauriacum vereinigten Romanen zurückgeschlagen wurden. Danach bewirkte die Bedrohung der Stadt durch beide Stämme, daß der Rugierkönig Feletheus nun seinerseits auszog, um Lauriacum einzunehmen.[110]

3. Die Kirchenordnung

Im Jahre 451 wird erstmals das Bistum Chur als Suffragan Mailands bezeugt.[111] Diese Unterordnung hielt sich, wenn auch mit Unterbrechungen, bis in die Mitte des 9. Jahrhunderts.[112] Die rätischen Provinzen unterstanden entsprechend der kirchlichen Ordnung, die sich im 4. Jahrhundert entwickelt hatte, dem Bischof von Mailand.[113] Außerdem war Ambrosius (374–397) erfolgreich bemüht, Mailand – in Analogie zu Konstantinopel – zu einer Art Reichsbistum des Westens zu machen. Sein Einfluß überstieg die Grenzen der eigentlichen Diözese. Ambrosius setzte sogar den Bischof von Sirmium ein und beschäftigte sich mit der Rechtgläubigkeit von dessen Suffraganen. Ganz besonders verdächtig machte sich der Pettauer Bischof Iulianus Valens. Knapp vor 381 legte er angeblich gotische Tracht an und gab sich nicht bloß wie ein Arianer, sondern wie ein Heidenpriester.[114] Die machtvolle Persönlichkeit des heiligen Ambrosius veranlaßte auch den Bischof Vigilius von Trient (385–400/05), vom Mailänder Bischof die »Abzeichen seines Amtes« zu erbitten.[115] Die späte Vita Vigilii behauptet zwar, ihr Heiliger sei vom Bischof von Aquileia geweiht worden. Es gibt jedoch eindeutige Zeugnisse, daß sich der Bischof von Trient als Untergebener der Mailänder Kirche fühlte. Allerdings verlor Mailand noch am Beginn des 5. Jahrhunderts zunächst in weltlichen, dann in geistlichen Dingen seine beherrschende Stellung. Daher holte Aquileia gegenüber Mailand auf und wurde nicht bloß das kirchliche Oberhaupt der venetisch-istrischen Provinz, sondern griff weit darüber hinaus.[116]

Es ist eine Binsenweisheit, daß die politische Gliederung die Grundlage der römischen Kirchenordnung bildete. Daher nimmt man auch Sirmium als Mutterkirche der norisch-westpannonischen Bistümer an.[117] Tatsächlich bezeichnete sich der Bischof Anemius von Sirmium stolz als der Bischof derjenigen Stadt, die das »Haupt Illyriens«, *caput Illyrici,* war. Anemius gebrauchte diese Selbstaussage in Anwesenheit des heiligen Ambrosius, der ihn vorher eingesetzt hatte, und überdies 381 auf der Synode von Aquileia, auf einer Kirchenversammlung, die der zuständige Metropolit von Aquileia einberufen hatte.[118] Wie aber die Änderungen im politischen Bereich den Rang Mailands minderten, so bewirkten auch die Teilung Illyriens und die Ereignisse der nächsten Jahrzehnte, daß Sirmium für unseren Raum nicht die vielfach angenommene Bedeutung erlangte. Ja, im Gegenteil. Die historischen Quellen bezeugen keine wie immer geartete Abhängigkeit der »österreichischen« Bischöfe vom westillyrischen Metropoliten. Allerdings kennt man aus dem 5. Jahrhundert auch keinen Beleg für die Unterordnung norischer Bischöfe unter die Jurisdiktion Aquileias.[119]

Gut bekannt sind als Zeitgenossen Severins die beiden Bischöfe Paulinus von Teurnia (nach 472) und Constantius von Lauriacum (nach 472/76 bis nach 482). Der letztere entstammte einer Familie, die sowohl in Ufernorikum wie in der Valeria ansässig war. Constantius hatte noch enge Beziehungen zu diesem pannonischen Land an der Donau, aus dem sich die Reichsregierung bereits am Beginn des Jahrhunderts zurückgezogen hatte.[120] Vielleicht machten die Leute von Favianis-Mautern ihren Mitbürger Mamertinus, den letzten bekannten Militärbefehlshaber Ufernorikums, in dem Augenblick zum Bischof, da Ravenna 476 die Limes-Verteidigung auch an der mittleren Donau aufgab und der ehemalige Tribun und tatsächliche Zivilgouverneur am ehesten als Stadtbischof seiner bisherigen Aufgabe nachkommen konnte.[121]

Um diese Zeit wurde auch Severin die Bischofswürde angetragen, ohne daß man wüßte, wer die Initiative dazu ergriff. Die Eugippius-Stelle reiht nämlich das Angebot wie seine Ablehnung unter die Tugenden des Heiligen; daher kam es nur auf die Beispielwirkung und nicht auf Einzelheiten an. Es sieht jedoch so aus, als ob ihn die Bewohner Ufernorikums und nicht bloß die der Stadt Favianis-Mautern zum Bischof wählen wollten. Demnach hätten die Provinzialen an der Donau beabsichtigt, Severin gleichsam zum ufernorischen Gegenstück des heiligen Valentin, »des einstigen Bischofs von Rätien«, zu machen.[122] Tatsächlich gab es an der untersten Donau eine bischöfliche Provinzherrschaft, die im Jahre 484 die allerhöchste Billigung erfuhr. Kaiser Zenon er-

Grundmauern der 1986 entdeckten Bischofskirche von Teurnia, der *metropolis Norici*

ließ damals ein Ausnahmegesetz für die Provinz Scythia minor-Dobrudscha: Die dortigen Kirchen sollten weiterhin unter der Regierung des Bischofs der skythischen Hauptstadt Tomi stehen. Die Sonderstellung wird mit der Tatsache begründet, daß allein die »Fürsorge« des Bischofs die Provinz vor den zahlreichen Barbareneinfällen schützen könne.[123] Indem sich die römische Verwaltung von der Donau zurückzog oder – wie von Attila ausdrücklich gefordert[124] – zurückziehen mußte, traten die Bischöfe das Erbe des römischen Staates an. Sie galten Provinzialen wie Barbaren in gleicher Weise als Repräsentanten Roms. So bot man Severin das Bischofsamt an und wählte den ehemaligen Tribunen von Favianis, Mamertinus, zum Bischof. Ob aber Constantius, Mamertinus oder Paulinus, sie waren wie Severin von einer Civitas aus für ein Territorium zuständig. Bei Paulinus von Teurnia kommt dafür der Ausdruck »Diözese« vor, und zwar im Sinne von »Stadtbezirk« oder »Provinzteil«. Kaum war damit ganz Binnennorikum unter Einschluß von Poetovio-Pettau gemeint.[125]

4. Religion, Ethnos und soziale Gruppe

Zwischen der Schlacht von Adrianopel 378 und der Ankunft Severins nach dem Tode Attilas 453 hatten sich in den Provinzen an der mittleren Donau einschneidende Veränderungen vollzogen, ohne daß sich im einzelnen das Vergehen alter und das Entstehen neuer Lebensformen erkennen ließen. Aber trotz aller Wirren und Umbrüche hielten sich bodenständige Traditionen stärker, als man gemeinhin annimmt. Es bleibt das unschätzbare Verdienst des Eugippius, für unseren Raum ein Bild der Zustände entworfen zu haben, das in seiner Art und für seine Zeit ein europäisches Unikat darstellt. Daß dies nicht in der Absicht des Autors lag, schmälert nicht den Wert der Vita Severini.[126]

Die Romanen

Südlich der Donau standen fremde Völker als Söldner oder Föderaten,[127] und dennoch blieben Land und Leute römisch. Die reguläre römische Verwaltung hatte sich weitgehend aufgelöst, und dennoch gab es die beiden norischen Provinzen als politisch deutlich geschiedene Einheiten, trug die Raetia II ihren herkömmlichen Namen, meinte der Begriff »Pannonien« sowohl die größere Einheit Diözese wie die Provinzen.[128] Nach wie vor bildeten die *Romani,* die Provinzialen, die Mehrheit der Bevölkerung.[129] Sie galten als freie Bürger, die ihre Freiheit nur in barbarischer Knechtschaft verloren. Es gab allerdings auch Sklaven, und zwar in der Umgebung der Oberschicht; über ihre ethnische Zugehörigkeit schweigen die Quellen. Der freie Provinziale arbeitete »nach Landessitte« selbst auf den Feldern.[130] Der Großgrundbesitz, in den die Oberschicht des 4. Jahrhunderts stark investiert hatte,[131] war aber keineswegs verschwunden. Noch gab es eine Nobilität in Ufernorikum, deren Getreidespeicher ausreichten, um ganze Städte zu ernähren. Obwohl die Nobiles der barbarischen Bedrohung am meisten ausgesetzt waren, hatten verfolgte Vornehme gerade im Land an der Donau Zuflucht gesucht und gefunden. Unter ihnen befanden sich Anhänger des Orestes-Clans, die nach Odoakers Machtergreifung 476 Italien verlassen mußten.[132] Zur Spitze der einheimischen Oberschicht zählte die Familie des heiligen Antonius, dessen Vater Secundinus hieß und dessen Onkel Constantius der Bischof von Lauriacum war. Sie gehörten einem »glanzvollen Geschlecht« an; ihre Herkunft wird mit Begriffen gepriesen, die selbst barbarischen Königen und römischen Senatoren zur Ehre gereicht hätten.[133] Senatorischen Standes, und zwar wohl italischer Herkunft, war wohl nur Severin selbst; denn wie immer man auch seinen Lebenslauf vor der Bekehrung beurteilt, seine Bezeichnung als *illustrissimus vir* ordnet ihn dieser Schicht zu.[134]

Die einheimischen Großen hatten Diener und Sklaven; sie besaßen die Möglichkeit, Getreide in größeren Mengen zu horten.[135] Sicher, der donauländische und ostalpine Grundbesitz kann nicht mit den Latifundien Italiens, Galliens, Spaniens und der afrikanischen Provinzen verglichen werden. Aber die norischen Notabeln verhielten sich nicht anders als die Senatoren der okzidentalen Kernländer: Noch um 440 verlor der Geistliche die »Ehre des Adels«, seine senatorische Standesqualität; eine Generation später galt nicht bloß der Bischof mehr als der Senator, sondern der einfache Kleriker mehr als der höchste weltliche Würdenträger. Der häufige Übertritt von wichtigen Mitgliedern der Oberschicht in den geistlichen Stand, ihre Bereitschaft, »die Locken zu verlieren« und Bischöfe zu werden, heilte auch den sozialen Konflikt zwischen ihnen und der Mehrheit der Bevölkerung. Sie sind nun die Häupter und Führer ihrer Stadtbezirke geworden. Paulinus von Teurnia und Constantius von Lauriacum stehen für diese Entwicklung in unserem Raum.[136]

Sprachen

Wenn jemand, wie Severin, das Latein der Senatoren Italiens sprach, dann galt er an der Donau als *homo omnino Latinus,* als ein »durch und durch lateinischer Mensch«.[137] Unterschiede zwischen der Hochsprache und dem einheimischen »romanischen« Dialekt gab es sicher; aber daß irgend jemand keltisch oder gar illyrisch gesprochen hätte, schließt die Vita Severini aus.[138] An barbarischen Idiomen konnte man im Lande Suebisch-Alamannisch und Thüringisch hören; vor allem aber beherrschten die »gotischen Sprachen« der Rugier, Eruler, Skiren und eigentlichen Goten die Szene.[139] Wenn jedoch Severin mit dem Alamannenkönig Gibuld brieflich verkehrte, so schrieb er Latein; denn am Hofe des Barbaren gab es einen römischen *internuntius,* der die Funktion des Übersetzers und wohl auch Notars ausübte.[140] Mit den Angehörigen des rugischen Königshauses dürfte sich der Heilige ebenfalls lateinisch unterhalten haben, sofern nicht Eugippius aus unbekannten Gründen barbarische Sprachkenntnisse Severins verschwieg.[141]

Religionen und Völker

Wie üblich, bekannten die norisch-rätischen Provinzialen das katholische Christentum. Um 400 hatte es noch auf dem Nonsberg, bloß wenige Stadien von Trient entfernt,

Der Ursa-Grabstein von Wels (vor/um 400) weist die einzige vollständig erhaltene Grabinschrift des frühen Christentums in Österreich auf.

»gar schröckliche« Heiden gegeben. Hier konnten christliche Missionare leicht das Martyrium erleiden, wie es den Kappadokiern Sisinnius, Martyrius und Alexander erging, die der Tridentiner Bischof Vigilius dorthin gesandt hatte. Danach soll auch Vigilius selbst einer heidnischen Bauernschar zum Opfer gefallen sein, nachdem er ihr Idol gestürzt hatte. Möglicherweise ist die Geschichte aber bloß eine Dublette der Nonsberger Heiligenlegende.[142]

Ungefähr aus derselben Zeit stammt ein ufernorisches Zeugnis für den friedlichen Übergang von der heidnischen zur christlichen Religion. In Ovilava-Wels starb wohl am Beginn des 5. Jahrhunderts die Christin Ursa, die »Bärin«, im Alter von 38 Jahren. Von ihr kündet folgende Inschrift:

»Der Soldat Flavius Ianuarius setzte [diesen Grabstein] zu seinen Lebzeiten. / Geborgen im Grab ruht hier Ursa, / eine treue Christin, 38 Jahre alt. Bei einer Geburt führte sie unvermutet ein heilloses Schicksal hinweg und übergab sie der tiefsten Unterwelt / und ließ mich plötzlich zurück, den Gatten, der ihr fürs Leben / verbunden war. Ich Unglücklicher irre umher und suche sie, die ich selbst / auf ewig in die Erde gebettet habe. Oh, was könnte das Schicksal noch zuteilen, / das junge Menschen, die einander zärtlich lieben, trennt, so daß es uns nicht erlaubt war, / gemeinsam auf Erden uns der Liebe zu erfreuen. / Dies sage ich den Lesern und lasse den Worten Tränen folgen: / In Liebe verbundene Menschen sollen sich immer glücklich preisen, / weil es nichts Süßeres geben wird als die erste Jugend.«

Ursa war Christin. Ob nun ihr trauernder Gatte denselben Glauben bekannte oder nicht, er wußte um den Wert, den das Christentum für seine Frau besessen hatte. Heidnisch ist aber die Sprache seiner Totenklage; heidnisch ist die Vorstellung vom unerbittlichen Fatum, vom Tartarus und von der ewigen Grablege im Schoß der Mutter Erde. Noch fehlt jede Hoffnung auf die Auferstehung von den Toten. Jahrhundertealte Tradition und neuer Glaube sind jedoch eine enge Verbindung eingegangen, stellen sich als ein Synkretismus dar, für den es nicht weit von Wels ein anderes Beispiel gibt. So wurde »über einem der Niveaus der frühchristlichen Kirche unterhalb von St. Laurenz zu Lorch« ein marmornes Relieffragment gefunden. Es zeigt ein höchst aufschlußreiches Motiv der Taten des Herkules: Der Halbgott besiegt den Drachen

Lorcher antikes Hesperidenfragment (2. Jahrhundert) in Zweitverwendung als Deckel für eine steinerne Reliquienkiste des 5. Jahrhunderts

Ladon, der im Dienste der Hesperiden den Baum mit den goldenen Äpfeln, das Hochzeitsgeschenk der Mutter Erde an die Göttermutter Hera, hütet. Die Christen von Lauriacum erblickten darin die Schlange, die sich um den Baum der Erkenntnis windet und das Menschenpaar verführt. Das alte Bild blieb im christlichen Verständnis erhalten. Zu Severins Zeiten kommt römisches Heidentum nur mehr in alpinen Rückzugsgebieten vor und wird selbst dort als Normbruch empfunden. Krypto-Heiden gab es in der Nähe des Kuchler Georgenbergs am Fuße von Schlenken und Schmittenstein.[143]

Die Römer sind Katholiken, die Goten und Rugier Arianer.[144] Sie sind darum noch keine Feinde der katholischen Kirche, obwohl sie in der Heiligen Dreifaltigkeit nicht bloß die Verschiedenheit der Personen, sondern auch die der Substanz bekennen. Für sie ist Christus weniger als der Vater und der Heilige Geist nicht Gott. Ferderuch, der Bruder des Königs Feletheus, hat jedoch nichts gegen die Severin-Gemeinschaft, wenn er ihr Kloster ausplündern läßt. Er meint nur, nach dem Tode des Heiligen auf alle Wertgegenstände des Gotteshauses Anspruch zu besitzen, und nimmt sie als Spolien über die Donau mit. Bloß die Gotin Giso denkt an Proselyten-Macherei und versucht, die Römer ihrer Umgebung wiederzutaufen. Die Maßnahme, die man von afrikanischen Vandalen kennt, scheitert jedoch am Widerstand Severins.[145] Die Alamannen und Thüringer dürften noch mehrheitlich heidnisch gewesen sein, obgleich arianische Minderheiten, besonders innerhalb der Oberschicht, denkbar sind.[146] Zu den pannonischen Sueben war vielleicht das katholische Christentum bereits vor 400 gekommen, als der Markomannen-Name noch lebte. Welche tatsächlichen Auswirkungen auf ein markomannisches Christentum der Briefwechsel hatte, der zwischen dem heiligen Ambrosius und der Königin Fritigil vor dem 4. April 397 stattfand, bleibt jedoch ungewiß.[147] Die Sueben Hunimunds benahmen sich jedenfalls bei ihrem Überfall auf Passau nicht weniger heidnisch als Alamannen und Thüringer.[148] Allerdings erreichte kein Volk die ausgesuchte Wildheit der Eruler, die am Presbyter von Ioviaco das heidnische Hängeopfer des besten Beutestücks vollzogen. Sie waren es auch, die nach 488 – angeblich zusammen mit Franken und Sachsen – die »pannonischen Provinzen« dem Erdboden gleichmachten.[149]

Eine Gruppe besonderer Art bildeten die *Scamarae.* »Das Volk nannte sie so« und gebrauchte damit einen Namen, der dem Wort »Schemen« verwandt ist und das »Verhüllende« ihrer Tracht meinte. Heute würden sie »Kapuzenmänner« heißen. Sie galten als Barbaren, waren Räuber von Profession, aber offenkundig nicht ausschließlich Germanen, obwohl sie ihren Namen von germanisch sprechenden Menschen erhalten hatten. Jedenfalls zogen sie einmal mit ihrer Beute, die sie zwei Meilen von Favianis entfernt gemacht hatten, über die Donau und fanden dort in unmittelbarer Nähe der Rugier Zuflucht. Was man sonst noch von diesen Menschen weiß, ist wenig genug. Leute, die vom christlichen Glauben abgefallen waren, schlossen sich ihnen an. Die Skamaren könnten daher eine kultische Gemeinschaft gewesen sein; doch waren auch soziale, wirtschaftliche und ethnische Faktoren an ihrer Entstehung beteiligt. Die donauländischen Skamaren wären demnach den besser und länger bezeugten gallisch-hispanischen Bagauden zu vergleichen. Skamaren und Bagauden unterschieden sich deutlich von den Föderatenverbänden der »äußeren Völker« wie von den »ehemaligen römischen Soldaten«. Sie erhielten niemals irgendeine offizielle Anerkennung, galten stets als Räuber und waren Römern wie Germanen in gleicher Weise verhaßt. Dies lehren »Glück und Ende« von Mundo, der sowohl ein Enkel Attilas wie des Gepidenkönigs Arderich war und sich nach 500 im serbischen Morava-Tal zum Skamarenkönig machte. Seine Herrlichkeit war von kurzer Dauer.[150]

Nach dem Scheitern des Restaurationsversuchs des Kaisers Avitus schloß Ravenna an die Erfahrungen der Generidus-Episode am Beginn des Jahrhunderts an. Ein Heermeister des Kaisers Maiorianus brachte an der Donau ein beachtliches Kontingent von Stammeskriegern und Föderaten auf die Beine. Kaiser Anthemius (471–472) schickte Gold, um für den Eintritt in die römische Armee zu werben.[151] Man nahm auch »ehemalige römische Soldaten«, die allerorten zu ethnosozialen Gruppen wurden.[152] Die Machtergreifung Odoakers bedeutete 476 das »Ende des Römerreichs« an der Donau; bis dahin versahen reguläre Grenztruppen ihren Dienst.[153] Als Ravenna die Soldzahlungen einstellte, unternahm die Passauer Garnison noch einen letzten Versuch, die ihr zustehenden Gelder in Italien abzuholen. Diese aussichtslose Aktion befahl aber kein Offizier, sondern »Kameraden« handelten als genossenschaftlicher Verband.[154] In solchen Formationen kämpften die Grenzsoldaten noch eine Zeitlang – nicht selten unter bischöflichem Kommando[155] – gegen die Barbaren, bis sie in die Abhängigkeit barbarischer Großer gerieten. So besaß Ferderuch, der Bruder des Rugierkönigs, Favianis gleichsam als Apanage. Als ein den Rugiern tributpflichtiger Ort hatte Favianis seinen Status als Civitas verloren; hier schaffte nun Ferderuchs grundherrlicher Beauftragter an. Als dieser Verwalter, der ein Römer war, den Auftrag erhielt, das Severin-Kloster auszuräumen, verweigerte er einfach den Befehl seines Herrn. Hingegen konnte sich der römische *miles* Avitianus des gotteslästerlichen Auftrags nicht entziehen, sondern mußte ihn als kriegerischer Gefolgsmann Ferderuchs ausführen. Danach zeigt sich jedoch, daß Avitianus immer noch ein Freier war; er verließ das Land und vertauschte »auf einer einsamen Insel den Militärdienst mit seiner Hingabe an die Waffen des Himmels«.[156] Wer aber im Lande blieb, zählte alsbald zur ethno-sozialen Gruppe der *milites,* wie sie an der Innmündung, in Churrätien oder im Tiroler Romanenland nördlich wie südlich des Brenners bis ins 9. Jahrhundert vorkommen.[157]

5. Severinus von Norikum

Nach der Schlacht am Flusse Nedao sollte 454/55 das donauländische Machtvakuum gefüllt werden, das der Zusammenbruch des Attila-Reichs in der sensiblen Rand- und Teilungszone des Römerreichs geschaffen hatte. Zwischen dem ostgermanisch dominierten und mit dem Reich föderierten Nedao-Völkern und den westgermanischen Thüringern und Alamannen lag das Gebiet, das sich in der zweiten Hälfte des 5. Jahrhunderts als römische Pufferzone halten konnte.[158] Dies ermöglichte nicht zuletzt das Wirken Severins: Der Heilige betreute unmittelbar einen Raum, der den Nordostzipfel der Raetia II zwischen Künzing und Passau sowie Ufernorikum entlang der Donau und die Salzach aufwärts bis zum Kuchler Georgenberg umfaßte, und stand in enger Verbindung mit dem binnennorischen Teurnia.[159] Der römische Widerstand stützte sich auf eine reduzierte einheimische Verwaltung, auf die Reste der regulären Grenztruppen sowie auf Föderaten, mit denen freilich nicht mehr die Zentralen Ravenna und Konstantinopel, sondern regionale und lokale Repräsentanten die entsprechenden Verträge schlossen. Trotzdem blieb Ostösterreich nördlich wie südlich der Donau bis 487/88 Gegenstand des politischen wie historiographischen Interesses der Römer.[160]

Der Mensch Severinus

Severin war ein Heiliger, ein Gottesmann, Mann und Knecht des Herrn.[161] Aber war er auch ein Geistlicher? Knapp vor der Mitte des 6. Jahrhunderts nannte ihn eine italische Quelle den »Mönch in Pannonien«. Aber die Vita Severini erlaubt diese Zuordnung ebensowenig wie die Behauptung, der Heilige sei Priester gewesen.[162] Wenn Severin daher taktische Anweisungen gab, strategische Konzepte entwickelte und mit den von der Zentrale Ravenna aufgegebenen Föderatenkönigen Verträge schloß, wenn ihn Barbaren, darunter Odoaker, auf dem Weg nach Italien besuchten, wenn er die »Fürsorge für die Provinz« übernahm und sich die Provinzialen nicht bloß seiner »Leitung« anvertrauten, sondern sogar Anspruch darauf erhoben, der Heilige möge seine Weisungsbefugnis ausüben,[163] dann will sich der moderne Historiker nicht mit dem Heiligen des Eugippius zufriedengeben, sondern fragt nach dem »eigentlichen« Severin. Wer war also Severinus von Norikum?

Der Streit der Fachleute hat zwei »Severine der Historie« geschaffen. Ist man aber bereit, die Überlieferung nicht zu überfordern und gleichzeitig die Ausschließlichkeit modernen bürokratischen Denkens aufzugeben, dann läßt sich der *vir illustrissimus Severinus* des Ennodius mit dem Gottesmann des Eugippius sehr wohl auf einen Nenner bringen.[164]

Aus den vorhandenen Quellen ist zwar kein ausführlicher *cursus honorum,* keine Ämterlaufbahn Severins, zu rekonstruieren. Gut vorstellbar wäre aber ein Severin, der mit den Familien des Boethius und vielleicht auch Symmachus verwandt war, der eine glänzende weltliche Karriere gemacht hatte und eines Tages einfach ausstieg. Severinus erlebte eine Bekehrung und ging in irgendeine »Wüste des Morgenlandes«. Sein Aufenthalt im Osten war Gesprächsthema in der engsten Umgebung Severins; er selbst erwähnte Städte des Orients. »Nach Attilas Tod« begab sich Severin »auf göttliches Geheiß« in das bedrängte Ufernorikum.[165] Severins Wirken kann hier im wesentlichen auf die Jahre zwischen 467 und 482 datiert werden. Nur wenige Ereignisse lassen sich – jedoch keines mit Sicherheit – in die Zeit zwischen 455 und 467 ansetzen.[166] Vielleicht löst sich das Problem auf folgende Weise: Severin kam Mitte der fünfziger Jahre als Fremder ins Land. Seine verstärkte Aktivität, sein *regimen,* begann aber erst mit 467, da Konstantinopel mit der Entsendung des Anthemius und dessen Bestellung zum Kaiser alle Kräfte des Westens zu mobilisieren suchte.[167] Der Heilige besaß jedoch weder den Charakter eines römischen Magistrats noch das Mandat eines patrimonialen Beamten. Severin ist institutionell nicht mit seinem Zeitgenossen Marcellinus zu vergleichen, der eine Art dalmatinisches Sonderreich geschaffen hatte.[168] Er war auch kein König einer regentilisierten Einheit, wie etwa der Bretonenkönig Riothamus an der Loire oder der Römerkönig Syagrius von Soissons.[169]

Severinus war ein Charismatiker, der die Ausübung seiner Autorität innerhalb eines Gebietes, das sehr wohl von dieser Welt war, als einen ungewollten, jedoch in Demut anzunehmenden göttlichen Auftrag verstand.[170]

Was kann diese Nacherzählung von Worten der Vita heute bedeuten? Aus eigener Erfahrung weiß man von der Fähigkeit bestimmter Menschen, in radikalen Umbruchszeiten durch persönliches Auftreten, Sachverstand und einfaches Handeln zu wirken, ohne von einer Behörde eingesetzt zu sein oder ein offizielles Amt zu besitzen. Severin nützte seine Möglichkeiten in reichem Maße und nahm die Legitimierung dazu aus Gott und sich selbst. So erlebten die Zeitgenossen, daß Severins innere Kraft das Heil der Gentes und Könige übertraf, mit denen sie zu tun hatten: Der Alamannenkönig Gibuld begann in Anwesenheit des Heiligen zu zittern und gestand später, sich niemals in seinem Leben, weder in der Schlacht noch sonstwo, derart gefürchtet zu haben wie bei der Begegnung mit Severin.[171] Auch der Rugierkönig Feletheus bekam es mit der Angst zu tun, als er Severin entgegenzog; Ferderuch erschrak über die prophetischen Worte des Heiligen. Jedesmal, wenn die Rugierkönige und die Königin Giso den Wunsch oder Rat Severins mißachteten und »allein auf sich selbst vertrauten«, war das Unglück schon geschehen.[172] Der Heilige steht in der Nachfolge Christi und besitzt daher die Gabe der Vorsehung und Wundertat.[173] Er ist vom Geist erfüllt, hat um Christi willen auf Familie, Heimat und Standeszugehörigkeit verzichtet, befindet sich auf dem Weg zum ewigen Vaterland.[174] Er kann allerdings diese Dinge nur aufgegeben haben, wenn er sie einst besaß, wenn er Familie hatte, gebildet war, eine Standesperson darstellte und an öffentlichen Aufgaben geschult war. Und dafür hat Severin den Beweis geliefert, sei es durch die Art seines Auftretens, seines Handelns oder durch seine Redeweise, wie etwa durch die Antwort auf die Frage nach seiner Herkunft: Wenn man ihn für einen entlaufenen Sklaven ansehe, so möge man rechtzeitig eine Kollekte halten, um ihn freizukaufen und seine Auslieferung zu verhindern.[175]

Severin als charismatischer Einzelgänger und wundertätiger Gottesmann, der sich nach einer hervorragenden Ämterlaufbahn bekehrte und den ufernorischen Provinzialen – aus welchen Gründen auch immer – zu Hilfe kam, erklärt zwar vieles und ist in sich durchaus schlüssig. Das Wissen um die natürliche Autorität läßt aber dennoch viele Fragen offen. So ist Severins Persönlichkeit und Wirken durch das Medium einer hagiographischen Überlieferung gegangen.[176] In keinem Gegensatz dazu stehen Aktivitäten wie die Gründung von monastischen Stützpunkten, der Einsatz der Mönche als Kuriere, Unterhändler und Transportleiter, die energische Durchsetzung des Zehents. Auch der hierarchische Widerstand, mit dem Severin tatsächlich zu kämpfen hatte, gehört zur Heiligenlegende.[177] Viele Wunder und Prophezeiungen lassen sich erklären, auch ohne einem platten Euhemerismus zu huldigen.[178] Trotzdem kann man als moderner Mensch und Historiker nicht alles verstehen, was Severinus von Norikum und sein Wirken betrifft; es bleibt ein ungeklärter Rest, den man als Herausforderung an den »europäischen Verstand« anerkennen, aber auch annehmen muß.

Der Alltag und seine Bewältigung

Die Bevölkerung hatte ehemalige Römerlager wie alte Fluchtburgen zu befestigten Siedlungen ausgebaut. Sie sind gemeint, wenn von Stadt und Kastell, *oppidum vel castellum,* die Rede ist.[179] So befand sich das Kuchl der Severinszeit sicher nicht in der gleichnamigen antiken Poststation, sondern lag östlich davon auf dem Konglomerathügel des Georgenbergs.[180] Die wichtigste Aufgabe dieser Städte bestand darin, den Bewohnern wie den Umwohnern Schutz und Zuflucht zu bieten. Man trieb zwar noch Handel,[181] lebte aber gleichsam als Ackerbürger von den Getreidefeldern und Viehweiden, den Obstgärten und Weinbergen vor den Stadtmauern. Severin ließ sich ursprünglich auf einem Platz in der Nähe von Favianis-Mautern nieder, wo es »Zu den Weinbergen« hieß.[182] Besondere Gefahr drohte einer solchen Burgstadt zur Zeit der Ernte, wenn alle Hände gebraucht wurden und man nur allzuleicht den Wachdienst vernachlässigte. Jedenfalls kämpfte die gesamte männliche Bevölkerung der Stadt, gleichgültig ob sie Cives oder Milites waren.[183]

Neben den Burgstädten gab es auch unbefestigte Ansiedlungen. Die Vita Severini erwähnt bloß ein einziges Dorf, das in der Nähe von Favianis lag. Seine Bewohner waren völlig schutzlos der rugischen Willkür ausgeliefert.[184] »Außerhalb der Mauern« befand sich auch die Passauer Innstadt Boiotro, ebenso die Künzinger Kirche, die in Donaunähe aus Holz erbaut war. Man hatte dieses wenig beständige Material aber nicht wegen der feindlichen Überfälle, sondern wegen der häufigen Überschwemmungen gewählt.[185] Der Alltag war nicht nur von den Barbaren bedroht: Im rätischen Niederbayern wurde am Ende der sechziger Jahre Überschuß an Getreide produziert, das die Schiffsleute den Inn und die Donau abwärts ins untere Ufernorikum transportieren wollten; eine Zeitlang war aber der Schiffsverkehr blockiert – nicht durch barbarische Räuber, sondern durch einen gewöhnlichen Eisstoß.[186] Gekocht und beleuchtet wurde mit Olivenöl, und man erwartete wie selbstverständlich, daß die Versorgung durch Fernhändler sichergestellt werde. Selbst um 480, als dieses Produkt an der Donau nur schwer zu erhalten war, blieb die Bevölkerung noch ganz auf die römisch-mittelmeerische Kochsitte eingeschworen.[187]

Gern gingen die Römer zu den »häufig besuchten Wochenmärkten« der Rugier, die unweit von Favianis nördlich der Donau abgehalten wurden. Man erreichte den Handelsplatz vom römischen Ufer aus zu Schiff, so daß dessen Standort zwischen Krems und der Kampmündung gelegen sein muß. Hier gab es so viele Buden, daß es schon des Zweiten Gesichts eines Heiligen bedurfte, um zu wissen, wo sich der Mann aufhielt, den man sprechen wollte. Der Handelsplatz stand unter dem Schutz des Königs, der den Besuch gestatten mußte. So benötigten die Passauer eine Handelserlaubnis, weil sie außerhalb der rugischen Einflußzone lebten. Auf dem Wochenmarkt wurde menschliche Ware gehandelt.[188] Die Provinzialen dürften besonders Lebensmittel angeboten haben.[189] Dagegen verzichtete die Rugierkönigin Giso, hier ihren Schmuck einzukaufen, da sie sich dafür gefangene barbarische Goldschmiede hielt.[190]

Nichts berichtet die Vita Severini über den Bergbau oder die Salzproduktion im Raum von Reichenhall. Ebensowenig ist von Genossenschaften der Fuhrleute oder

Schiffervereinigungen die Rede, obwohl Lauriacum und Favianis noch nach 400 als Häfen der Donauflottille dienten. Auch gab es damals in Lorch eine Schild- und Waffenfabrik; doch wird in der Vita Severini weder davon noch von einem anderen Gewerbe gesprochen.[191]

Das kirchliche Leben

Das einstige Legionslager Lauriacum war wohl die letzte zivile Hauptstadt Ufernorikums und bewahrte danach seinen Vorrang als einzige Bischofsstadt an der Donau.[192] So überlebte Lauriacum sogar den Aderlaß, den die von Severin organisierte Abwanderung ins rugische Herrschaftsgebiet bewirkte. Selbst nach dem Tod des Heiligen blieb Bischof Constantius im Amt.[193] Um 490 war freilich das Ende der kirchlichen Organisation gekommen. Die Erinnerung an das Bistum Lauriacum riß aber niemals ab und wurde vor allem in Passau und seinen Kirchen treu bewahrt. Die geschichtsmächtige Lorcher Tradition ermunterte die Passauer Bischöfe nicht bloß, gewaltige kirchenpolitische Ansprüche zu stellen, sondern bewirkte auch, daß die Vita Severini im mittelalterlichen Österreich unvergessen blieb.[194]

Die Vita Severini unterscheidet klar zwischen Gemeindekirchen, *ecclesiae,* und klösterlichen *basilicae*.[195] Als Bischofskirche von Lauriacum gilt allgemein St. Laurentius. Eugippius spricht so von »einer« Basilika in der Stadt, daß Lauriacum mindestens zwei Klosterkirchen besessen haben müßte. Archäologisch ist aber bloß eine weitere frühchristliche Kirche im ehemaligen römischen Garnisonsspital gesichert.[196] Außerhalb der

Frühchristliche Doppelkirchenanlage auf dem Hemmaberg, Kärnten

Bischofsstadt erwähnt die Vita Severini Klosterkirchen in Boiotro und wahrscheinlich bei Iuvavum, vor allem aber als ältesten und vornehmsten Stützpunkt Severins die Basilika von Favianis. Alle diese Kirchen »heben sich von den Gemeindekirchen schon dadurch ab, daß sie stets vor den Mauern der dazugehörigen Ortschaften liegen und daß sich Severinus jeweils an diesen Orten längere Zeit aufhält«.[197] Gemeindekirchen gab es in Quintanis-Künzing, Batavis-Passau, wahrscheinlich in Iuvavum-Salzburg, sicher in Cucullis-Kuchl, Ioviaco (?), Comagenis-Tulln und Asturis (?). Nicht von Eugippius erwähnt, aber durch Grabungen bestens dokumentiert sind die – um nur einige wenige zu nennen – binnennorischen Kirchen auf dem untersteirischen, heute slowenischen Rifnik, auf dem Kärntner Hemmaberg mit seiner überreichen Ansammlung von eher drei als zwei Doppelkirchen, auf dem Ulrichsberg, in Duel bei Feistritz an der Drau, in Laubendorf nördlich von Millstatt sowie im Osttiroler Lavant und Patriasdorf (Lienz). Seit langem bekannt ist die kleinere Kirche von Teurnia-St. Peter im Holz mit dem wundervollen Mosaik. Im Jahre 1986 wurde die Bischofskirche der *metropolis Norici* entdeckt: ein Riesenbau von rund 27 mal 13 Metern, wo an die 500 Menschen Platz fanden. Im rätischen Inntal sind die Kirchen von Imst, Pfaffenhofen, Zirl und Ampass zu nennen, im Vorarlberger Walgau die Martinskirche von Nenzing. Eindrucksvoll wirken die Überreste der Säbener Bischofskirche, die im 6. Jahrhundert gebaut wurde.[198] Erstaunlich viele Geistliche versahen ihren Dienst selbst an einer so kleinen Kirche wie der von Quintanis-Künzing. Man liest hier von wenigstens zwei Priestern, einem Diakon, einem Subdiakon sowie von zwei *ostiarii,* Türhütern. Außerdem gehörte zur Künzinger Kirche noch eine »Gott geweihte Jungfrau«.[199]

Reich waren die Ausdrucksformen des religiösen Lebens: Mit Beten, Fasten, Almosengeben konnte man irdisches Wohlergehen und himmlischen Lohn sichern.[200] Drohte Unheil, dann verrichtete man gute Werke, fastete, hielt Bittgottesdienste ab und ging zur Kommunion.[201] Viel bedeutete das Weinen; Tränen galten als Charisma, Tränen verstärkten die Wirkung des Gebets.[202] Wichtig war der Besitz von Reliquien; deren Echtheit mußte allerdings genau geprüft werden, damit sich nicht der Teufel darin verberge. Der böse Feind konnte selbst Priester befallen, was Severin mitunter bewußt zuließ und gleichsam als Therapie gebrauchte.[203] Nicht selten empfanden die Leute die religiösen Forderungen Severins als unerträglich hart; der Heilige wurde nicht selten von der lokalen Geistlichkeit sabotiert. Einer solchen Tat folgte freilich die Strafe auf dem Fuße, die selbst dann nicht ausblieb, wenn der Ungehorsam gegenüber Severin in gutem Glauben geschah.[204] »Heilig«, *sanctus,* war allerdings der gerechte Geistliche, gleichgültig ob er als weltlicher oder monastischer Priester wirkte oder als Bischof das höchste Priestertum besaß.[205] Die Bischöfe wurden – entsprechend der kirchlichen Tradition – von Volk und Klerus, das heißt von den Einwohnern einer Stadt wie Teurnia oder Lauriacum, gewählt.[206] Täglich fanden Abendgottesdienste statt;[207] man beging Feste wie etwa Epiphanie und feierte Sterbetage in Totengedenkmessen.[208] Die Fastenzeiten wurden entsprechend beachtet.[209] Die Leiche eines Verstorbenen bahrte man in der Kirche auf und sang bei den nächtlichen Totenwachen Psalmen wie zum üblichen Gottesdienst.[210]

Die Klosterangehörigen der Severin-Gemeinschaft heißen entweder Mönche, *monachi,* oder Geistliche, *spiritales.*[211] An der Spitze der Klostergemeinschaften stehen

Älteste, *presbyteri;* die Bezeichnung *abbas* kommt bei Eugippius nur ein einziges Mal vor und bedeutet hier »geistlicher Vater« und nicht »Abt« im hierarchischen Sinn.[212] Als Vorsteher der Severin-Gemeinschaften wirkte zuerst der Räter Lucillus, dem der Kuchler Marcianus folgte, der seinerseits von Eugippius selbst abgelöst wurde. Lucillus dürfte noch zu Lebzeiten Severins der Vorsteher »zumindest des Hauptklosters in Favianis« gewesen zu sein, weil ihn der Heilige selbst als solchen anredete. Hingegen war Severin kein monastischer Presbyter und daher – gleich dem Klostergründer Cassiodor – nicht der »Abt« seiner Konvente.[213] Die Severin-Gemeinschaften beobachteten bestimmte Gebetszeiten, von denen Severin die feierlichen Morgengebete und den abendlichen Psalmengesang mitmachte. Sonst lebte er außerhalb der Gemeinschaft in einem verlassenen Wachturm, *burgus,* wo er auch einen Betraum eingerichtet hatte.[214]

In dem Gebiet, in dem Severin persönlich wirkte,[215] kümmerte er sich um die Aufrechterhaltung der öffentlichen Ordnung, organisierte die Lebensmittel- und Kleiderversorgung, die Aufbringung und Verteilung von Hilfsgütern, den Freikauf von Verschleppten, baute einen Nachrichtendienst auf und nahm militärische wie diplomatische Aufgaben wahr. Ein biblisch begründeter Zehent der Erträge, den der Heilige als erster einhob, verschaffte die unbedingt nötigen Mittel und wurde vornehmlich als Naturalabgabe geleistet. Bei seiner Tätigkeit unterstützten Severin die letzten römischen Beamten, einige Barbarenkönige, aber auch die kirchliche Hierarchie. Allerdings war die Zusammenarbeit mit der Amtskirche nicht immer spannungsfrei. Zum Wohle Ufernorikums erstreckte Severin seinen Einfluß auch auf die südliche Schwesterprovinz.[216] Bei der Einsetzung des Bischofs von Teurnia dürfte er seine Hand im Spiel gehabt haben.[217]

Die Menschen, die bei Severin Heilung, Trost und Rat suchten und in seiner Nähe bleiben wollten, kamen mitunter von weit her, aus dem Barbaricum ebenso wie aus Mailand, einem Zentrum des Reichs.[218] Hohe italische Flüchtlinge fanden politisches Asyl in der Severin-Gemeinschaft, die aber auch Anhänger der jeweiligen Regierungspartei aufnahm. Hier trafen einander Orestes-Leute und Befürworter des Königtums Odoakers.[219] Severin ließ sich eine günstige Prophezeiung auf die Herrschaft des Skiren mit der Begnadigung eines Orestes-Mannes bezahlen.[220] Nicht alle Pilger und Trostsuchenden aus fernen Landen traten in das Kloster zu Favianis oder in eine andere Severin-Gemeinschaft ein; doch ist zumindest ein Mönch bekannt, der barbarischer Herkunft war.[221]

Nachdem Severins erster Versuch gescheitert war, »Zu den Weinbergen« einen Rest des Ideals des großen monastischen Lehrers Antonius zu verwirklichen, wonach ein heiligmäßiges Leben nur in der Wüste, im Eremos, zu erreichen sei, suchte er jedesmal, wenn er im Gebiet von Favianis weilte, die Einsamkeit einer verlassenen Befestigung auf. In der Lehrtradition der Wüstenväter stehen auch Severins Übungen der »entsühnenden Tugenden« der Askese, der Fastenpraxis sowie die Fähigkeit, Tränen zu vergießen.[222]

Severins Tod und Nachfolger

Gestorben ist der heilige Severin am 8. Januar 482.[223] Lucillus verlegte die Gemeinschaft – unter Mitnahme der sterblichen Überreste Severins – nach Italien, als die Truppen Odoakers im Sommer 488 die unterderennsischen Provinzialen evakuierten.[224] Auf Lucillus folgte Marcianus, dem die adelige Witwe Barbaria die Übersiedlung des Klosters sowie die Translation der Gebeine Severins nach Lucullanum bei Neapel anbot. Barbaria und ihr ungenannter Gemahl waren zu Lebzeiten Severins in engem Kontakt mit dem Heiligen gestanden und zählten zur Orestes-Romulus-Partei, wenn sie nicht Orestes und seine Gemahlin selber waren. Papst Gelasius I. (492–496) gab seine Zustimmung zur Verlegung, und der Bischof von Neapel führte die feierliche Beisetzung Severins durch. So verließen der tote Heilige und seine gut darauf vorbereitete Gemeinschaft die »ägyptische Gefangenschaft«, wie er zu seinen Lebzeiten prophezeit hatte.[225] Es waren aber »die im Lande verbliebenen Romanen, die das Vermächtnis des Severinus besser als seine Mönche bewahrt haben, indem sie die christliche Lehre und die fortlebenden kulturellen Traditionen der Antike an die einwandernden Germanen weitergaben«. Das gleiche gilt für die awarisch-slawischen Neuankömmlinge.[226] Aus dem unteren Ufernorikum, dem eigentlichen Severin-Land, entstand ein Durchzugs- und Aufmarschgebiet gentiler Verbände. Es sollte rund ein halbes Jahrtausend dauern, bis der Raum zwischen Enns und Wiener Becken dieses Schicksal endgültig überwunden hatte. Dann war aber auch die Donau aus einem Grenzstrom zur Achse eines neuen Kernlandes geworden.

6. Das »Kremser« Rugierreich (454/55–487/88)

In der langen Geschichte des Rugier-Namens und in der noch längeren seines Nachlebens nahm das »Kremser« Rugierreich bloß die kurze Zeitspanne einer Generation ein und umfaßte bei weitem nicht alle Angehörigen des Volkes.[227] Nachdem das Hunnenreich in der Schlacht am Nedao 454/55 zerfallen war, ließ sich die Mehrheit der Rugier im Weinviertel und östlichen Waldviertel nieder. Dieses Land lag zwar außerhalb der römischen Reichsgrenzen, hatte aber eine jahrhundertelange Abhängigkeit vom Imperium Romanum erlebt. In dieser barbarisch-römischen Mischkultur konnte ein ostgermanisches Föderatenreich, wie das der Rugier, gut gedeihen. Man hatte hier von den Römern gelernt, wohnte in prächtigen Steinhäusern mit Zentralheizungen und lebte ein römisches Leben, wovon die jüngsten Ausgrabungen in Niederleis und auf dem Oberleiserberg ein beredtes Zeugnis ablegen. Das linke Donauufer, das der Strecke Mautern-Tulln gegenüberliegt, bildete die Südgrenze der rugischen Siedlungsgebiete.[228]

Die Rugier kamen wahrscheinlich schon als römische Föderaten ins nördliche Niederösterreich; doch sagt keine Quelle, welche Reichsregierung wann und mit welchem König den oder die Verträge schloß. Der erste Föderatenkönig könnte bereits Flaccitheus gewesen sein; allerdings ist von ihm erst um 467 die Rede. Die Rugier werden wohl Föderaten des Westreichs gewesen sein. So war ihre Politik von den fünfziger Jahren bis zum Ende des Reichs nach Italien ausgerichtet und hing von Ravenna ab. Die Rugier erfüllten ihre Föderatenpflicht 458 und dürften 467 den Patricius Rikimer gegen die in Norikum eingedrungenen Ostgoten unterstützt haben. Nicht unmöglich, daß danach zwischen dem Herrn Italiens und dem Rugierkönig Flaccitheus vereinbart wurde, das »Kremser« Föderatenreich aufzulösen und nach Italien zu verlegen. Diese Absicht vereitelten die Ostgoten; sie kontrollierten nach wie vor die außeralpinen Straßen, die durch Westpannonien führten und besser als die norischen Bergwege für den Abzug eines ganzen Volkes geeignet waren. Lange Zeit hatte Flaccitheus die »Rache« der pannonischen Goten zu fürchten. Etwa 469/70 nahm der König Verbindung mit Konstantinopel auf. Danach kämpften rugische Kontingente an der Bolia gegen die Goten und teilten das Schicksal ihrer Verbündeten; sie wurden geschlagen. Trotzdem blieben die Rugier – zum Unterschied von Sueben und Skiren – in ihren Sitzen, dürften aber ihrerseits auf einen progotischen Kurs umgeschwenkt sein.[229]

Der Abzug der Ostgoten im Jahre 473[230] erlaubte Flaccitheus die Erweiterung seines Reichs im ufernorischen Gebiet östlich der Enns. Da sich das Wort Severins erfüllte, Flaccitheus werde den Abzug der pannonischen Goten heil überstehen und in Ruhe seine Tage beschließen,[231] könnte dessen Sohn Feletheus-Fewa um 475 König geworden sein.[232] Als Nachfolger seines Vaters setzte der neue König dessen Politik fort und vergrößerte nach 480 die Zahl seiner römischen Untertanen. Unter Feletheus wird das Voralpengebiet zwischen dem Wienerwald und dem Dunkelsteiner Wald, vielleicht sogar bis zu den Strengbergen, Teil des Rugilands. Jedenfalls blieb Lauriacum an der Ennsmündung jenseits der rugischen Einflußzone. Die Romanenfestung war durch die Flüchtlinge »aus den oberen Kastellen« beträchtlich verstärkt worden. Ob aber nun Alamannen oder Thüringer die Bischofsstadt Lauriacum eroberten, sie würden eine ideale Ausgangsposition besitzen, um das Rugierreich anzugreifen. Daher ging Feletheus nun seinerseits gegen Lauriacum vor. Dem rugischen Vorstoß bis an die Enns brach aber Severin dadurch die Spitze, daß er »seine« Leute dem König entgegenführte und sie – vielleicht im Bereich zwischen Amstetten und Ybbs – unter dessen Schutz stellte. Darauf wurden die Severin-Romanen im heutigen Tullnerfeld und in Mautern angesiedelt. Feletheus gab sich offenkundig schon mit der Verdünnung der romanischen Schwerpunktbildung von Lauriacum zufrieden, da selbst nach dem Zeugnis der Vita Severini nicht alle Romanen die Stadt verlassen hatten.[233]

Als Gemahl der Amalerin Giso steuerte Feletheus einen gotischen Kurs,[234] der jedoch sein Volk spaltete und es schließlich in einen folgenschweren Gegensatz zu Odoaker, dem einstigen Verbündeten,[235] brachte. Die prekäre Situation zwischen Konstantinopel und dem italischen Königreich verschlimmerte sich, als Odoaker die byzantinische Opposition gegen Kaiser Zenon unterstützte. Zur Abwehr des drohenden Zweifrontenkriegs mobilisierte der Kaiser die »Kremser« Rugier. Diese waren um so leichter zu gewinnen, als sich Feletheus mit gotischer Hilfe stark genug glaubte, in die große Politik einzugreifen. Vielleicht war auf diese Weise der alte Wunsch seiner Leute zu erfüllen, wie ihre Vorgänger nach Italien zu ziehen. Odoaker aber reagierte rasch. Eine blutige Auseinandersetzung innerhalb der rugischen Königssippe bot den Anlaß. Der Feletheus-Sohn Friderich hatte seinen Vaterbruder Ferderuch getötet, der wohl die

Odoaker freundliche Gruppe unter den Rugiern anführte. Darin sah Ravenna einen Vertragsbruch. Nun marschierte die letzte italische Armee an die Donau, um barbarische Föderaten zu züchtigen. Ziel des Präventivkriegs war aber auch die Ausschaltung der römischen Opposition, die an der norischen Donau nach 476 Zuflucht gefunden hatte. Entweder am 15. November oder 18. Dezember 487 tobte am rechten Donauufer im heutigen Tullnerfeld eine für beide Seiten verlustreiche Schlacht; die Rugier und ihre römischen Verbündeten wurden geschlagen. König Feletheus-Fewa und seine Gemahlin Giso fielen in die Hand des Siegers und fanden in Italien den Tod. Der Königssohn Friderich konnte sich zwar mit versprengten rugischen Resten retten; doch mißglückte sein Versuch, im nächsten Jahr das angestammte Reich zurückzuerobern. Odoaker schickte wieder ein Heer, das im Frühsommer 488 den rugischen Restaurationsversuch vereitelte. Die italischen Truppen standen unter dem Oberbefehl des Comes Pierius und seines Vorgesetzten Hunulf, der nach 479 aus oströmisch-kaiserlichen in die Dienste seines königlichen Bruders Odoaker übergetreten war. Diejenigen Provinzialen, die der heilige Severin gesammelt und unter die rugische Schutzherrschaft gestellt hatte, wurden von den Siegern gezwungen, die Heimat zu verlassen und nach Italien auszuwandern.[236]

Seither fehlte im östlichen Ufernorikum die ökonomische Grundlage für jede weitere ostgermanische Reichsbildung. Erst siebzehn Jahre nach der militärischen Aufgabe Galliens hatte sich Italien auch von der mittleren Donau zurückgezogen. Ferderuch war gerächt, Friderich vertrieben. Letzterem gelang es aber trotz zweimaliger Niederlage, mit beachtlichen Teilen des Stammesheeres zu überleben. Er selbst ging nach Thrakien zu Theoderich dem Großen, der darauf seinen Marsch nach Italien nicht zuletzt auch als Rachefeldzug für den Tod seiner rugischen Verwandten propagierte. Im Sommer 488 schlossen sich die Rugier, die offenkundig in Pannonien auf Wartestellung gegangen waren, dem westwärts ziehenden Gotenheer an. So war 488 mit der Zerstörung des »Kremser« Rugierreichs der westlichste Außenposten des mitteleuropäischen Nedao-Systems gefallen.[237]

Die Rugier Friderichs, die mit Theoderich dem Großen nach Italien gekommen waren, hatten noch eine bewegte Geschichte vor sich; ja, einer der Ihren wurde im Frühjahr 541 sogar ein Halbjahres-König der Goten.[238] Auch in Italien beachteten sie ein strenges Connubium-Verbot.[239] Diese seltene und daher besonders betonte Eigenheit der Rugier war sicher keine Neuerung, sondern wohl schon in der »niederösterreichischen« Heimat üblich gewesen, mag die Bestimmung auch nicht für den König Feletheus und seine gotische Gemahlin gegolten haben. Auch läßt sich schwer sagen, wie sich dieser Brauch, nur innerhalb der Gens zu heiraten, mit der zahlenmäßigen Schwäche der Rugier vertrug. Jedenfalls machte ihr Stammesheer bloß einen Bruchteil der – auf 18 000 Mann geschätzten – Gotenkrieger im benachbarten Pannonien aus.[240] Gleich den Goten hatten aber die Rugier eine starke, die Stammestradition verkörpernde Königssippe.[241] Bekannt sind der König Flaccitheus, seine beiden Söhne Feletheus und Ferderuch, von denen der – wohl ältere – Feletheus mit dem Beinamen Fewa der Nachfolger seines Vaters wurde. Ohne jemals König zu werden, blieb der landflüchtige Flaccitheus-Enkel Friderich der anerkannte Führer seiner Stammes-

Bügelfibelpaar aus dem Grab einer »Fürstin«, Anfang 5. Jahrhundert, gefunden in Untersiebenbrunn, Niederösterreich

gruppe im Gotenheer. Noch vor Odoakers Ende kam Friderich 492/93 in offener Rebellion gegen Theoderich ums Leben. Fast fünfzig Jahre später spielte ein Erarich bei den italischen Rugiern eine Rolle, die der Friderichs glich und wohl die Voraussetzung für seine Erhebung zum Gotenkönig bildete. Nicht unmöglich, daß Erarich ein Nachkomme des rugischen Königshauses war.[242]

Das Königtum war gefestigt, da die Erbfolge wie selbstverständlich vom Vater auf den Sohn überging.[243] Die Großen galten als »Vornehme des Königs«, der offenkundig über ihren Rang entschied.[244] Bezeugt sind Rugier der freien Mittelschicht; sie besaßen durchaus die wirtschaftlichen Möglichkeiten, reiche Almosen zu geben.[245] Die Königssippe herrschte über zahlreiches Personal, über freie Gefolgsleute barbarischer wie römischer Herkunft, über Knechte und Sklaven beider Volkszugehörigkeit. Auf den Wochenmärkten der Rugier wurde der diesbezügliche Bedarf gedeckt.[246] Aber auch ohne die Römer zu verknechten, lebten die Rugier von den Tributen der Provinzialen südlich der Donau. Diesbezüglich unterschied sich das rugische Föderatenreich in nichts von seinem größeren pannonisch-gotischen Feind. Allerdings gelang es Severin, den unvernünftigen Raubbau an der römischen Substanz auch im Interesse der rugischen Herrschaft selbst einzudämmen.[247] Aus den Tagen Attilas dürfte der Reichtum an Gold stammen, über den die Rugier verfügten. Odoaker hielt Teile der erbeuteten Rugierschätze für wertvoll genug, um sie Kaiser Zenon zu verehren. Der Schmuck der Königin Giso stammte von barbarischen Künstlern. Anscheinend konnten nur solche Goldschmiede dem pontisch-gotischen Geschmack der Amalerin genügen und »königliche Schätze« von der Art herstellen, wie sie etwa die Grabbeigaben aus Untersiebenbrunn so eindrucksvoll bezeugen. Die Goldschmiede der Königin waren Gefangene; sie wurden ihrer Zwangsarbeit müde, nahmen den kleinen Friderich als Geisel und erzwangen so ihre Freilassung. Die Geschichte enthält Motive, die sich später zur Wielandssage verdichteten.[248]

Trotz der Versuche der Rugierkönige, ein krisenfestes und ruhiges Regiment an der Donau zu führen, wirkt ihre Herrschaft wenig stabil, ständig bedroht und leicht verwundbar. Sie und ihr Volk waren wohl Arianer, was ihr Verhältnis zu den Romanen zusätzlich belastete.[249] Die Rugier konnten sich an der Donau nicht auf Dauer einrichten, wie die ständigen Versuche lehren, das niederösterreichische Siedlungsgebiet zu verlassen und nach Italien zu ziehen. Südlich der Alpen standen bereits beachtliche Kontingente ihrer Krieger.[250] So wurden die Rugier keine frühmittelalterliche Gens. Obwohl aber ihr Aufenthalt im nördlichen Niederösterreich nur kurze Zeit dauerte, lebte hier ihr Name fort. Noch im späten 8. Jahrhundert sprach man vom Rugiland als geographischem Begriff und konnte am Beginn des 10. Jahrhunderts sogar Kamptaler Slawen als Rugier bezeichnen.[251]

IV. Das italische Ostgotenreich (490/93–536/37)

Mit dem schnellen Sieg, den Odoaker im Frühwinter 487 über die Rugier erfocht, verspielte der König den Frieden Italiens wie seine eigene »ungestörte Herrschaft«, deren Dauer schon die jüngeren Zeitgenossen mit »dreizehn oder vierzehn« Jahren bemessen hatten. Am 28. August 489 überschritten die ostgotischen Truppen den Isonzo und fügten Odoaker eine schwere Niederlage bei. Damit begann ein dreieinhalbjähriger Krieg um Italien; erst im Frühjahr 493 hatte der Gotenkönig Theoderich der Große – nach wechselvollen Kämpfen und der Ermordung Odoakers – gesiegt.[252] Während der langwierigen und blutigen Auseinandersetzungen, in die auch Westgoten, Burgunder und Vandalen eingriffen,[253] blieben die italischen Nebenländer, darunter der österreichische Raum, sich selbst überlassen. Erst nach der Festigung seiner Herrschaft reorganisierte Theoderich der Große die südlichen Teile der rätisch-westillyrischen Provinzen und vereinigte sie wieder mit Italien.[254]

1. Höhepunkt und Ende des Erulerreichs an March und Donau (480/90–508)

Im ersten Jahrzehnt nach dem Untergang der Rugier erreichten die March-Eruler den Höhepunkt ihrer Machtentfaltung. Nach der Schlacht am Nedao 454/55 war östlich und nordöstlich des Rugierreichs ein erulischer Herrschaftsmittelpunkt entstanden, der sich in den folgenden Jahrzehnten verfestigte und eine – in der Geschichte der Gens einmalige – Reichsbildung ermöglichte.[255] Fast gleichzeitig bildeten zahlreiche Stammeskrieger einen namengebenden Bestandteil der italischen Föderatenarmee, die Odoaker zum König erhob.[256]

Gegen 480 überfielen heidnische Eruler das Donaukastell Ioviaco-Aschach oberhalb von Linz. Sie kamen wie aus heiterem Himmel und waren vielleicht unmittelbar aus dem böhmisch-mährischen Raum an die Donau vorgestoßen.[257] Nachdem die donauländischen Föderatenreiche der Sueben, Skiren, Sarmaten, der pannonischen Goten und zuletzt der Rugier verschwunden waren, nützten die Eruler das gentile Vakuum und dehnten ihre Macht nach allen Seiten aus. Zu den unterworfenen »Sklavenvölkern« zählten auch die böhmischen Langobarden, die in ihren sudetenländischen Sitzen den Erulern untertan wurden. Teile dieser elbgermanisch-suebischen Gens wurden bald nach 488 in das einstige Rugiland verlegt, um die Westflanke des erulischen Herrschaftsgebiets gegen die Barbarenvölker an der oberen Donau zu sichern. Tatsächlich treten die ältesten archäologischen Funde, die den Langobarden in ihrer neuen Heimat zugeschrieben werden, bloß im östlichen Waldviertel und im westlichen Weinviertel auf, also genau dort, wo die Rugier gewohnt hatten. Das Material stimmt mit dem Böhmens wie Mitteldeutschlands überein und läßt thüringische Komponenten erkennen. Die ins Rugiland einwandernden Langobarden waren »Leute aus Böhmen«. Um 505 muß es gewesen sein, daß die Langobarden erstmals die Donau überschritten. Sie besetzten das

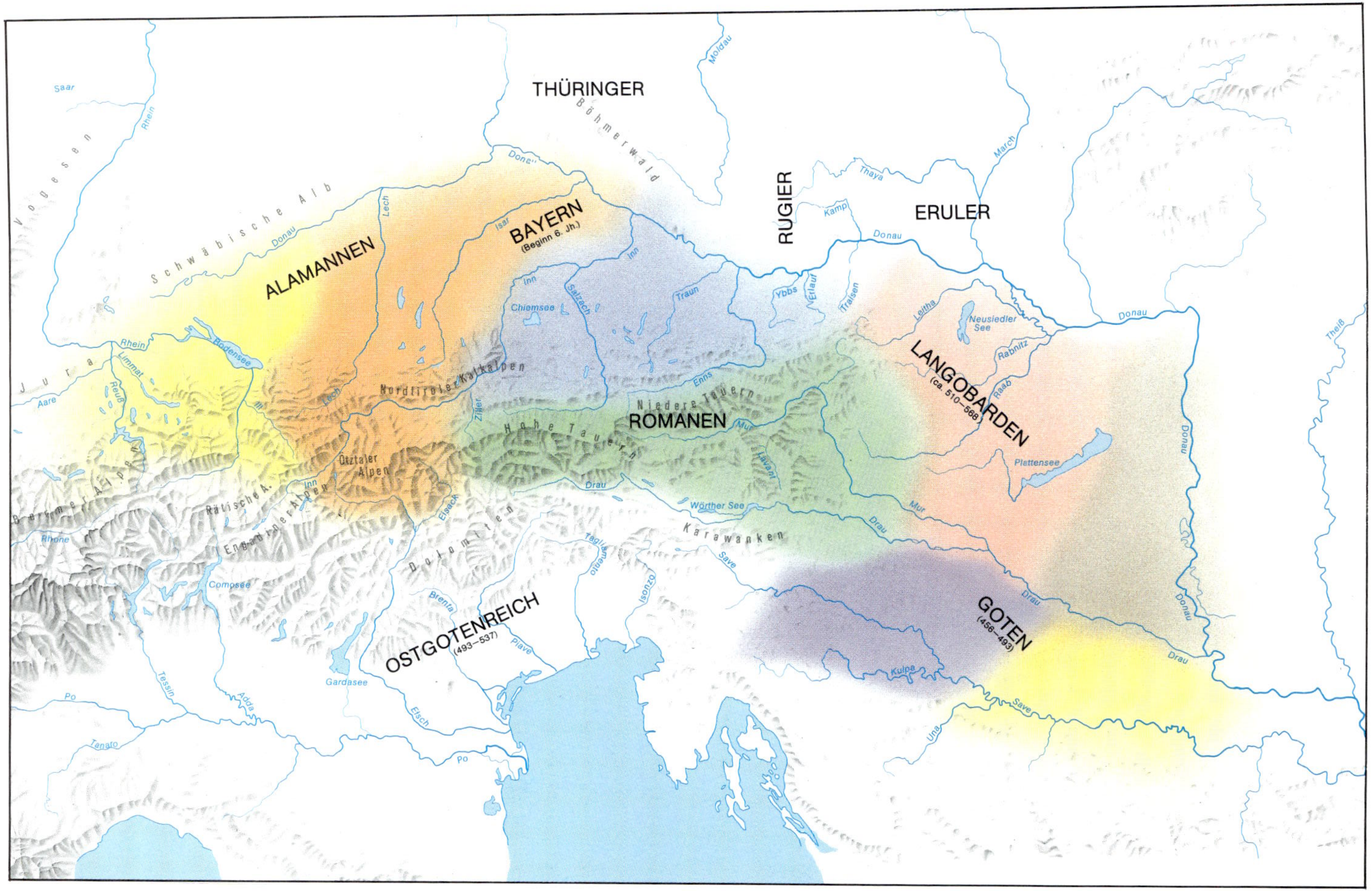

Völker im 5. und 6. Jahrhundert

Tullnerfeld südlich des Stroms, wo die römischen Städte lagen, die den Rugiern nach 480 tributpflichtig geworden waren. Möglicherweise hatte eine neuerliche böhmisch-thüringische Zuwanderung eingesetzt und die Ausbreitung bedingt. Es entspricht der Exodus-Topik der Ethnographie, gentile Wanderbewegungen stets als Gewinn neuen Landes bei gleichzeitiger totaler Räumung der alten Siedlungsgebiete darzustellen. Daher hat man das *feld,* wohin die langobardische Überlieferung das Volk nach der Aufgabe des Rugilands ziehen läßt, bis vor kurzem mit Gegenden identifiziert, die mehr oder weniger weit davon entfernt liegen. Lokalisiert man aber das *feld* im Marchfeld oder gar im Donau-Theiß-Zwischenstromland, so erhält man zwar eindrucksvollere »Felder« als das Tullnerfeld. Sie leiden jedoch alle unter dem Nachteil, daß sie nicht nur keine langobardische Hinterlassenschaft enthalten, sondern überhaupt so gut wie fundleere Räume darstellen. Die große Wende in der Geschichte der Langobarden, die 508 zum Sturz des Erulerreichs führte, muß daher vom zentralen Niederösterreich und von den südlichen Sudetenländern ausgegangen sein.[258]

Die erfolgreiche Konsolidierung seiner Macht erlaubte Theoderich 504/05 den einzigen Angriffskrieg, den er von Italien aus führen sollte. Der Gotenkönig meinte, eine noch offene Rechnung begleichen zu müssen, und setzte ein Heer die Save abwärts in Bewegung, um das gepidische Sirmium und damit die Pannonia II zu erobern. Die gotischen Truppen errangen einen leichten Sieg und drangen anschließend auf byzantinisches Gebiet vor. Theoderich verzichtete auf keine seiner Eroberungen, die sich bis nach Obermösien hinein erstreckten. Dadurch befand er sich automatisch im Kriegszustand mit Kaiser Anastasius (491–518). Konstantinopel ergriff zwar an der Donau keine direkten militärischen Gegenmaßnahmen; trotzdem kamen die raschen Erfolge des sirmiensischen Krieges Ravenna teuer zu stehen. Die kaiserliche Diplomatie wog die territorialen Verluste von 505 reichlich dadurch auf, daß sie Theoderichs gentile Politik zum Scheitern brachte.[259]

Goldmedaillon mit dem Porträt des Gotenkönigs Theoderich des Großen

Unter den Leidtragenden befanden sich auch die Eruler. Theoderich hatte den Erulerkönig Rodulf, mit dem er in Pannonien eine gemeinsame Grenze besaß, zum Waffensohn angenommen und ihm nach barbarischer Sitte Pferde, Schilde und anderes Kriegsgerät gesandt. Dadurch sollten er und seine Eruler nun »unter den Völkern den ersten Platz einnehmen«.[260] Davon hatten die Eruler allerdings wenig, als es zum Krieg mit den Langobarden kam. Scheinbar ohne Grund, tatsächlich aber als Präventivschlag gegen die offenkundig unkontrollierbar gewordene Zuwanderung ihrer langobardischen Untertanen, wagten die Eruler den Krieg und verloren ihn. Ja, die langobardische »Saga« scheint anzudeuten, der Bruder des Erulerkönigs habe persönlich die Durchführung von Tributleistungen der Langobarden überwacht und sei dabei von ihnen getötet worden. Was immer von dem langobardischen »Heldenlied« zu halten ist, die Eruler verloren 508 ihre beherrschende Stellung, ihren König und ihre Einheit. Zunächst dürften sie ihrerseits versucht haben, donauaufwärts auszuweichen. Sie sollen dabei die einstigen Sitze der Rugier eingenommen haben. Jedenfalls bewirkte die Niederlage der Eruler, daß sie ihre bekannt unstete Lebensart wieder aufnahmen und das Donauland durchstreiften, wie Ravenna bestürzt zur Kenntnis nehmen mußte. Theoderich der Große konnte bloß einem Teil der Überlebenden – sein Waffensohn Rodulf war in der Schlacht gefallen – politisches Asyl gewähren. Auf die Not und Verzweiflung der Eruler in der niederösterreichischen »Einöde«, das heißt im langobardenfreien Teil des Rugilands, bezieht sich wohl die 511 niedergeschriebene *prophetia ex eventu* Severins: »Die jetzt dicht besiedelten Orte werden in eine so öde Wüste verwandelt, daß die Feinde in dem Glauben, sie könnten etwas Gold finden, selbst die Gräber der Toten aufwühlen werden.« Tatsächlich kennt die Archäologie in unserem Raum so gut wie kein ungestörtes Langobardengrab; nicht wenige der Leichen wurden noch im Fleischverband beraubt. Eine solche Vorgangsweise verrät eine grundlegende Änderung der Bevölkerung und ist eher den geschlagenen Erulern zuzutrauen als den slawischen Neuankömmlingen zwei bis drei Generationen später, das heißt zu einem Zeitpunkt, da die toten Langobarden längst schon verwest waren.[261]

2. Westillyrien unter gotischer Herrschaft

Theoderich hatte Dalmatien von Odoaker geerbt, verband diese große und reiche Provinz mit der pannonischen Savia und übertrug sie einem höchstrangigen militärischen Comes.[262]

Die 504/05 den Gepiden abgenommene Pannonia II, die an die Savia im Osten anschloß und sich bis zur Mündung der Save in die Donau erstreckte, wurde ebenfalls als eigener gotischer Comitatus eingerichtet. Die Provinz heißt in den königlichen Erlässen entweder die sirmiensische oder die Pannonia schlechthin. In der wiedererrichteten Provinz dürfte der barbarische Anteil den der Savia noch übertroffen haben. Um 510 schloß Theoderich mit Kaiser Anastasius Frieden; der Preis war die Teilung der Pannonia II, deren Ostteil, der Stadtbezirk Bassianae, an Byzanz abgetreten wurde.[263] Im Jahre 530 versuchten die Gepiden das gotische Pannonien anzugreifen; doch wurde ihr Vorstoß durch ein Heer unter dem späteren König Vitigis abgefangen. Die Gegenoffensive Ravennas stieß wieder weit auf oströmisches Territorium vor. Cassiodor feierte diese Ereignisse 533 als Sieg der Königin Amalasuintha, unter deren Auspizien das Gotenheer »die Donau gegen den Willen des Ostkaisers römisch machte«. Spätestens 537, nachdem die letzte gotische Offensive in Dalmatien gescheitert war, gingen die Savia wie die sirmiensische Pannonia an den Kaiser verloren; allerdings blieb Justinian nicht lange im Besitz von Sirmium, wo sich wieder die Gepiden niederließen. Ihnen folgten – nach einem byzantinischen Zwischenspiel – 582 die Awaren.[264]

Die gotische Herrschaft über die einstige westillyrisch-pannonische Diözese hatte demnach folgende Formen angenommen: Zwei Goten-Comites befehligten die dalmatinisch-südpannonische Bastion Italiens, um das Reich Theoderichs des Großen gegen Konstantinopel und dessen barbarische Verbündete zu schützen. Die Valeria, die Pannonia I und das voralpine Ufernorikum lagen dagegen außerhalb der unmittelbaren Herrschaft Ravennas.[265] Nördlich von Italien und im Nordwesten der Savia gab es jedoch weiterhin eine italische Provinz Norikum. Sie bestand aus dem alten Binnennorikum, dürfte aber auch über die Alpenpässe nach Norden bis etwa zur Linie Kufstein–Salzburg gereicht haben.[266] Dieses Norikum wurde von Theoderich zwar nicht formell wiederhergestellt, wohl aber institutionell verändert. Bisher war die norische Südprovinz, der Kern des norischen Verwaltungsbezirks der Gotenzeit, stets als zivile Einheit organisiert gewesen.[267] Theoderich teilte dem Land jedoch eine neue Aufgabe zu. Norikum hatte sowohl Italien wie die Flanke des gotischen Pannoniens und Dalmatiens zu schützen. Dazu mußte die Kommandostruktur geändert werden; Norikum wurde als Militärbezirk, *ducatus,* eingerichtet. Enthielte nicht das wundervolle Mosaik der kleineren Kirche von Teurnia eine Stifterinschrift, müßte das Gesagte reine Hypothese bleiben. So aber liest man hier von einem *Urs(u)s v(ir) s(pectabilis)* und seiner Gemahlin Ursina. Das Mosaik wird in das erste Viertel des 6. Jahrhunderts datiert. Demnach muß Ursus ein militärischer Amtsträger Theoderichs des Großen gewesen sein. Sein Rangtitel *vir spectabilis* weist ihn als Grenzgeneral, *dux,* aus, und zwar gleich dem *dux vir spectabilis Servatus* in Rätien. Die Einheiten der beiden setzten die Tradition des römischen Grenzheeres fort, wie die Goten die Rolle der einstigen Hofarmee übernommen hatten.[268] Wie das Beispiel der »Alten Barbaren« der Savia zeigt, be-

Fußbodenmosaik in der ehemaligen Friedhofskirche von Teurnia, Kärnten, um 500 n. Chr.

fanden sich unter den Einheimischen der außeritalischen Provinzen starke nichtrömische Bevölkerungsteile. Ähnlich könnte es im gotischen Norikum gewesen sein. Archäologische Funde sind zwar selten historisch einwandfrei zu datieren. Aber die zwei oder eher drei Kirchenpaare auf dem Kärntner Hemmaberg dürften doch den Schluß erlauben, daß hier neben römischen Katholiken auch barbarische Arianer ihre Heiligtümer hatten.[269]

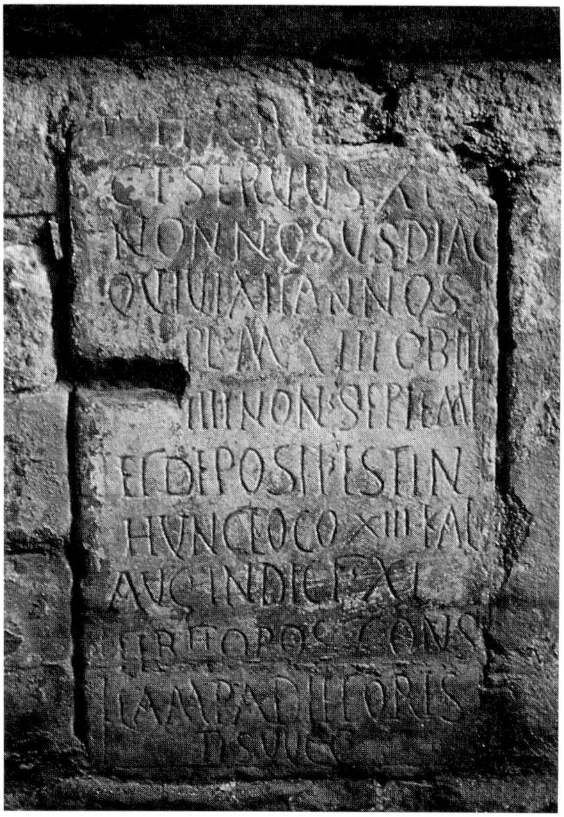

Nonnosus-Stein aus Molzbichl, Kärnten, mit der Inschrift: »Hier ruht der Diener Christi, der Diakon Nonnosus, der ungefähr 103 (oder 53) Jahre lebte, am 2. September starb und an diesem Platz am 20. Juli begraben wurde, in der 11. Indiktion und im 3. Jahr nach dem Konsulat der glanzvollen Männer Lampadius und Orestes.«

Die norischen Provinzialen werden jedenfalls 507 aus einem besonderen Anlaß erwähnt. Theoderich trägt ihnen auf, das Vieh der durchziehenden Alamannen gegen ihr eigenes umzutauschen, da jenes sonst vor Erschöpfung sterben müsse. Die Romanen hätten davon keinen Nachteil, da die alamannischen Rinder größer als die der Noriker seien. Aus der Spätzeit der Gotenherrschaft stammt die letzte datierte römische Grabinschrift des gesamten österreichischen Raums, der Nonnosus-Stein aus Molzbichl. Am 2. September spätestens 532 starb der Diakon Nonnosus und wurde am 20. Juli 533 »an diesem Platz« beigesetzt. »Dieser Platz« muß freilich nicht die frühmittelalterliche Kirche von Molzbichl gewesen sein. Aber die Verbringung des Steines an diesen Ort spricht für eine deutliche Kontinuität, woran das tassilonische Tiburtius-Kloster anknüpfen konnte.[270]

3. Das ostgotische Rätien und das nördliche Alpenvorland

Provoziert von alamannischen Übergriffen, gingen die Franken Chlodwigs um das Jahr 506 wieder gegen die alten Feinde vor. Der fränkische Vorstoß bedrohte die Nordgrenze Rätiens und damit Italiens. Theoderich der Große wurde diplomatisch aktiv und erreichte eine gewisse Stabilisierung der militärisch-politischen Grauzone zwischen Bodensee, Donau und Rhein. Die Franken sollten alamannischen Flüchtlingen die Rückkehr in die Heimat erlauben. Dafür erklärte sich Ravenna bereit, durch den Abzug unruhiger Gruppen den gentilen Druck auf die fränkischen Grenzen zu verringern und so die Vorbedingung für Chlodwigs Friedensbereitschaft zu erfüllen. Der Ostgotenkönig dürfte Alamannen im Thurgau, im nördlichen Vorarlberg sowie im heutigen Oberschwaben angesiedelt haben. Wie weit die tatsächliche Schutzherrschaft Ravennas in das Gebiet nördlich des Bodensees und zu beiden Seiten der Iller reichte, ist freilich kaum zu entscheiden. Alamannen wurde über Norikum hinweg in die pannonische Savia und das italische Venetien verpflanzt. Das Gros des Stammes blieb zweifellos nördlich des Bodensees zurück und war mit Ravenna föderiert. Andernfalls hätte König Vitigis 536/37 in einem Vertrag mit den Franken nicht ausdrücklich auf die Herrschaft über die Alamannen verzichten müssen.[271]

Die alamannische Krise hatte die Stellung Rätiens als Bollwerk Italiens mehr als deutlich gemacht. Hier kommandierte der Räter Servatus über romanische Truppen, die zum Gotenheer Theoderichs zählten. Dieser rätische Dux residierte entweder im rätischen Chur oder in einem rätselhaften The(o)dericopolis und setzte in der Raetia I den spätantiken, für beide Provinzen zuständigen Dukat seines Augsburger Amtsvorgängers fort. Der Aufsicht des Servatus waren in der alpinen Raetia II die föderierten Breonen unterstellt. Und das gleiche galt wohl auch von den Bayern im voralpinen Teil der Provinz. Die gotisch-thüringische Allianz setzte nämlich voraus, daß Ravenna das Alpenvorland bis zur Donau kontrollierte. Solange diese Allianz hielt, blieb der Raum zwischen Donau und Alpen den Franken versperrt. Daher gelang es Theoderich – im Verein mit den thüringischen Verbündeten – »seinen« Alamannen den nötigen Schutz zu gewähren und östlich davon zwischen Iller und Enns das neue Volk der Bayern entstehen zu lassen. Die niederösterreichische »Einöde« Norikums östlich der Enns blieb sicher außerhalb des ostgotischen Herrschaftsbereichs.[272]

Wie weit Ravennas Einfluß über die rätischen Alpen nach Norden reichte, ist schwer zu entscheiden. Landeskundliches Interesse will die Grenzen des Ostgotenreichs selbst den Lauf der oberen Donau und des Rheins erreichen lassen. Die Argumentation stützt sich dabei auf die Namen zweier Fische, der *carpa,* des Karpfen, von der Donau und der rheinischen *anchorago.* Beide wurden zwischen 533 und 537 als »reichsangehörige« Fische an der königlichen Tafel zu Ravenna gereicht. Die Donaukarpfen kamen wohl von der pannonischen Donau; die Anchorago kann hingegen nicht an der Ostgrenze des Gotenreichs zu Hause gewesen sein. Handelte es sich dabei um den Lachs, dann muß der Fisch im Rhein unterhalb des Schaffhausener Falls gefangen worden sein, und dieses Gebiet wäre demnach unter der Herrschaft Ravennas gestanden. War aber die Anchorago ein anderer Flußbewohner, etwa die Rheinforelle, die auch den Oberlauf bevölkerte, dann schwamm der Fisch in den Gewässern der alpinen Provinz Raetia I, deren Zugehörigkeit zum Ostgotenreich ohnehin feststeht.[273]

Die gegensätzlichen Auffassungen über die Nordausdehnung des italischen Gotenreichs haben wohl mit unterschiedlichen Definitionen des Begriffs »Grenze« zu tun. Das Regnum Theoderichs besaß als Teil des Römerreichs feste Grenzen mit dessen

Nachfolgestaaten, den lateinisch-barbarischen Königreichen ebenso wie mit Byzanz. An diesen Grenzen hielten ostgotische Truppen Wache; ihre Verletzung bedeutete einen Kriegsgrund oder zumindest schwerste diplomatische Verwicklungen. Gegenüber dem nördlichen Barbaricum, wozu auch das von Italien nicht unmittelbar verwaltete römische Gebiet zählte, wurde das Reich Theoderichs nicht durch eine Grenze, sondern durch einen dreifach gegliederten Grenzsaum abgeschirmt. Im voralpinen und nordalpinen Bereich standen Föderaten, in den Alpen einheimische Milizformationen, an den befestigten Südausgängen der Alpen das reguläre Gotenheer und ebenfalls romanische Milizen. Die Bewohner der Provinzen Raetia I und Norikum hatten den Status von Provinzialen, während bereits die Breonen der Inntaler Raetia II wahrscheinlich Föderaten Ravennas waren. Alles in allem stand diese Ordnung noch durchaus in der römischen Tradition. Erst als sich das italische Gotenreich 536/37 aus seinen Nordprovinzen zurückziehen und den Franken das Feld überlassen mußte, endete hier die antike Geschichte.[274]

V. Die Langobarden von Wacho bis Alboin (um 510–568/72)

Die italischen Langobarden wußten zu erzählen, daß die Eruler sie gezwungen hätten, ins Rugiland einzuziehen. Ihr damaliger König, den sie als den fünften ihrer Herrscherreihe zählten, habe Gudeoc geheißen. Dieser Gudeoc und sein Sohn Claffo gehörten zur langobardischen Königsfamilie der Lethinger. Tato, der Sohn Claffos und siebenter König, nahm gegen 508 die Herausforderung der erulischen Herren an und konnte sie erfolgreich bestehen. Die Schlacht fand an der niederösterreichischen oder südmährischen March statt und veränderte die ethnische Zusammensetzung der Sieger. Die Langobarden hatten als abhängiges Bauernvolk mit ihren Leuten sehr gut im Rugiland gelebt, das den besiegten Erulern kurz darauf als brotlose Wüste vorkam. Nun wurden die Langobarden selbst die Erben des erulischen Herrenvolks und dessen Königtums.[275] Gegen alle gentile Logik war der Mann, der die Chance nützte, nicht der siegreiche Heerkönig Tato,[276] sondern dessen Brudersohn Wacho, dem es um 510 gelang, die herrschende Linie zu verdrängen.

1. Wacho (um 510–540)

Wacho galt der langobardischen Überlieferung als Usurpator; doch wurden seine großen Erfolge niemals vergessen. Wachos Residenz, wohl der eroberte Herrschaftsmittelpunkt des Erulerreichs, lag in Südmähren. Von hier wie von der niederösterreichischen Zentrallandschaft aus erweiterte der Langobardenkönig seine Herrschaft über das heutige Ostösterreich und Westungarn. Als erste wurden die Donausueben unterworfen.[277] Bis zum Tode Theoderichs des Großen hielt Wacho respektvollen Abstand von den gotischen Grenzen. Erst mit 526 rückten die Langobarden in Pannonien vor, ohne jedoch die gotischen Reichsgrenzen von Binnennorikum bis zur Pannonia Sirmiensis zu bedrohen.[278] Und dabei blieb es auch bis zum großen »Gotischen Krieg«; denn keine Quelle berichtet über gotisch-langobardische Verwicklungen, solange Ravenna seine westillyrischen Provinzen beherrschte.[279] Allerdings muß Wacho sehr bald nach Theoderichs Tod das erste langobardische Bündnis mit Konstantinopel geschlossen haben, um seine Erwerbungen im östlichen Ufernorikum und im Pannonien nördlich der Drau abzusichern. Diesem Foedus blieb er nämlich 539 treu, als ihn die gotischen Gesandten ihrerseits um Hilfe gegen den Kaiser baten.[280]

Das immer tiefere Eindringen der Langobarden in Pannonien bedingte die Neuorientierung ihrer Politik und spiegelt sich in den drei Ehen Wachos wider. Um 510 heiratete er Ranigunda, die Tochter des thüringischen Königspaares Bisin und Menia. Die Thüringer waren die Nachbarn der Langobarden in Böhmen. Außerdem hatte gerade damals Theoderich der Große seine Freundschaft mit dem neuen Thüringerkönig Herminafrid auf eindrucksvolle Weise verstärkt und ihm seine Nichte Amalaberga zur Frau gegeben. Einmal fest im Sattel, konnte Wacho auf das thüringisch-gotische Wohlwollen verzichten, so daß Ranigunda nur kurze Zeit Langobardenkönigin blieb. Bereits um 512 suchte nämlich Wacho die Verschwägerung mit dem gepidischen Königshaus und heiratete die Prinzessin Austrigusa-Ostrogotho. Diese Entscheidung war sicher nicht zur Freude Ravennas, besaß jedoch eher defensiven Charakter, war Ausdruck einer Tendenz, die Königreiche der Langobarden und Gepiden gemeinsam gegen die gotische Übermacht zu schützen. Die Schwerpunktverlagerung der langobardischen Interessen in den Osten erlaubte Wacho, innerhalb der nächsten ein, zwei Jahrzehnte mit den Franken zu paktieren. So blieben die Langobarden in den fränkisch-thüringischen Kriegen von 531 und den folgenden Jahren neutral und tolerierten auch 536/37 die fränkische Ausbreitung über die gotisch-italischen Provinzen Rätien und Norikum. Mehrfache Ehepläne und Eheverbindungen segneten die junge langobardisch-fränkische Freundschaft ab: Noch zu Lebzeiten des Thüringersiegers Theuderich I. (511–533) verlobte Wacho seine ältere Tochter Wisigarda, die ihm die Gepidin geboren hatte, mit dem Theuderich-Sohn und späteren Frankenkönig Theudebert (533–547/48). Wahrscheinlich wurde dieser erste langobardisch-fränkische Vertrag 532/33 geschlossen. Der Merowinger ließ freilich die langobardische Braut sieben Jahre lang warten und wurde erst als König 539 durch seine Franken zum Vollzug der Ehe gezwungen. Auch wollte Theudebert gerade damals die Langobarden wie die Gepiden für ein geplantes Unternehmen gegen Byzanz gewinnen. So machte er die langobardisch-gepidische Prinzessin nun wirklich zu seiner Frau. Daher scheute sich Wacho nicht, noch eine andere Tochter an die Merowinger zu verheiraten. Theudeberts Sohn Theudebald (547/48–555), den ihm die Römerin Deoteria geboren hatte, heiratete Waldarada, die Schwester oder Halbschwester seiner Stiefmutter. Wisigarda starb kurz nach Vollzug ihrer Ehe mit Theudebert, während Waldarada die fränkisch-langobardische Verbindung über den Tod ihres Vaters hinaus – mit wechselndem Erfolg – bekräftigte. Wann Austrigusa starb, ist unbekannt. Ihr Tod störte jedoch weder die gepidischen noch die fränkischen Beziehungen der Langobarden. Wacho heiratete zum dritten Mal und nahm die Erulerin Silinga zur Gemahlin. Als Tochter des um 508 gefallenen Königs Rodulf legitimierte sie den Anspruch auf die Fortsetzung des erulischen Königtums durch die Langobarden.[281]

2. Audoin (540/47–560/61)

Während seiner etwa dreißigjährigen Herrschaft hatte Wacho in den Konflikten zwischen den Großmächten der Zeit Neutralität bewahrt, isolierte Gruppen, wie die Donausueben, unterworfen und sein Volk zu Föderaten Konstantinopels gemacht. Dabei war vor allem die Pannonia I langobardisch geworden. Wachos Nachfolger wurde Audoin, zunächst als Vormund des unmündigen Sohns der Erulerin und etwa sieben Jahre danach als König. »Er führte nicht viel später die Langobarden nach Pannonien.«[282] Was bedeutet der Satz des Paulus Diaconus, und was war geschehen?

Vom byzantinisch-gotischen »Kampf um Rom« hatte zunächst der Merowingerkönig Theudebert profitiert. Nach dem Erwerb der Ostalpenländer war ihm gegen 545 auch Venetien zugefallen. Totila hatte ihm die Provinz abgetreten, um den Rücken frei zu be-

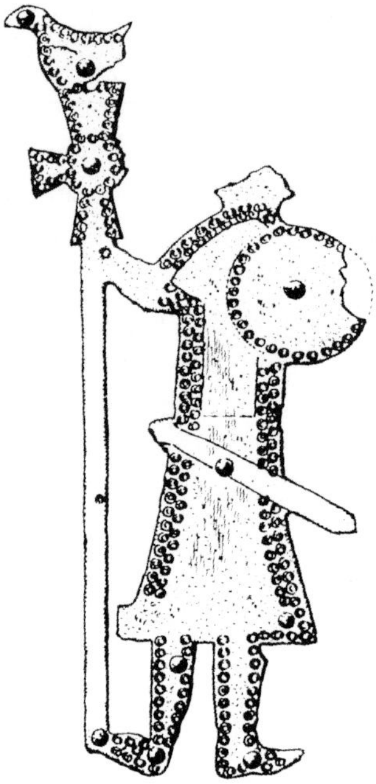

Schildverzierung in Form eines langobardischen Fußkriegers mit Kreuzstandarte, Schild und Schwert. Lucca/San Romano, 6. Jahrhundert

kommen. Darauf stand Theudebert mit seinen Franken an den Grenzen Pannoniens und führte selbst einem Justinian I. gegenüber eine mehr als überhebliche Sprache. Im Gegenschlag nützte Konstantinopel die Bereitschaft der Audoin-Langobarden, sich gegen die Franken einsetzen zu lassen. So schloß der Kaiser 547/48 mit dem Langobardenkönig einen Vertrag und übergab ihm »die Stadt Noricum sowie die Befestigungen Pannoniens, viele andere Plätze und eine Menge Geld«. Was der Kaiser den Langobarden gab, war aber nicht das Gebiet unmittelbar südlich der Donau, sondern waren das gotische Pannonien vornehmlich zwischen Drau und Save sowie dasjenige norische Gebiet, über das er noch verfügen konnte. Norikum war – wohl mit Ausnahme des einst pannonischen Stadtbezirks von Poetovio – seit einem Jahrzehnt in fränkischem Besitz. Audoin hatte somit die Langobarden tatsächlich »nach Pannonien geführt«; das heißt, in das bis vor kurzem noch gotische Pannonien südlich der Drau, das der Kaiser dem Reich nominell wiedergewonnen hatte und nun den neuen Föderaten übertrug. Die Franken standen dagegen »ohne Recht« in Venetien, und die Gepiden hatten durch die Einnahme Sirmiums ohnehin das Foedus gebrochen.[283]

So wurden die Langobarden als Musterschüler des Kaisers zu den »Todfeinden« der Franken. Im Heer Justinians, das Narses im Frühjahr 552 über Istrien nach Italien führte, befanden sich nicht weniger als 5500 Langobarden. Aus diesem Grund verweigerten die Franken den Durchzug der Römer durch Venetien, worauf Narses das Unvorstellbare unternahm und mit seinen Truppen die Küste entlang nach Ravenna zog. Am Tag von Gualdo Tadino bildeten die Langobarden mit den Erulern das Zentrum der Schlachtreihe und waren entscheidend daran beteiligt, daß zu Sommerbeginn 552 Totila und sein Ostgotenreich zugrunde gingen.[284] Im selben Jahr 552 gelang es Audoin, mit Unterstützung seines Schwagers Amalafridas, des thüringischen Königssohns in kaiserlichen Diensten, den Gepiden eine schwere Niederlage beizufügen. Audoin hatte ein für gentile Verhältnisse riesiges Föderatenheer aufgeboten und den Römern gegen die Goten zur Verfügung gestellt. Dafür hatte Konstantinopel versprochen, Reichstruppen zu senden, falls Audoin seinerseits die Gepiden angriffe. Als der König dies tat und damit die erste langobardisch-gepidische Auseinandersetzung begann, kam ihm Amalafridas – Justinian I. hatte dessen Schwester wohl 547/48 dem Langobardenkönig zur Frau gegeben – als einziger der kaiserlichen Offiziere zu Hilfe; die übrigen byzantinischen Kommandeure blieben auf Geheiß des Kaisers im Landesinneren stehen. Schon damals mußten die Langobarden erfahren, wie wenig sie sich auf ein Bündnis mit Konstantinopel verlassen konnten. Aber das Jahr 552 hatte gelehrt, daß die

Langobarden kein kleines Volk mehr waren, sondern eine beachtliche militärische Macht darstellten, wenn sie zwei Kriege zur gleichen Zeit führen und gewinnen konnten.[285] Die institutionelle Möglichkeit der Massenfreilassung von Sklaven wie die Offenheit der Stammestradition gegenüber fremden Ethnika kennzeichneten die langobardische Geschichte und waren dafür verantwortlich, daß die von Wacho eingeleitete neue Ethnogenese die Audoin-Langobarden zu einem großen Volk machte. Spätestens in den vierziger Jahren hatten sich ihnen auch Noriker und Pannonier sowie Sarmaten angeschlossen.[286]

3. Alboin (560/61–568/72)

In der Mitte der fünfziger Jahre verbesserten sich die fränkisch-langobardischen Beziehungen, was sich in der Wiederaufnahme einer gegenseitigen Heiratspolitik ausdrückte. Nach dem frühen Tod Theudebalds 555 sollte seine Witwe Waldarada die Gemahlin von dessen Großonkel Chlothar I. werden. Aber noch im selben Jahr mußte sich der Merowinger von ihr wegen zu naher Verwandtschaft trennen, worauf er sie an den agilolfingischen Bayernherzog Garibald I. weitergab. Gleichzeitig tat Chlothar I. alles, um die Langobarden nicht zu verstimmen. Bereits 552 hatte sich der Königssohn Alboin im Kampf gegen die Gepiden hervorgetan; ja, die »Saga« berichtet sogar, er habe den feindlichen Königssohn erschlagen. Im Jahre 555 wurde er durch die Heirat mit der fränkischen Prinzessin Chlodosuintha, der Tochter Chlothars I., ausgezeichnet. Als Audoin 560/61 starb, bestand kein Zweifel, daß ihm der Sohn nachfolgen werde. Trotzdem schritten die Langobarden – abweichend von der lethingischen Tradition – zur Wahl des neuen Königs, der freilich ohnehin Alboin hieß. Im Jahre 567 errang Alboin seinen großen Sieg: »Der Stamm der Gepiden aber kam so herab, daß sie seitdem nicht einmal einen eigenen König hatten.«[287] Bereits im Jahr darauf begann der siegreiche Langobardenkönig den geordneten und gut vorbereiteten Abzug der Langobarden aus der Heimat nach Italien. Neben pannonischen und norischen Provinzialen, unter ihnen wohl der eine oder andere hohe katholische Geistliche, neben Donausueben, Sarmaten, Bulgaren, Erulern und Gepiden schlossen sich den Langobarden auch beachtliche thüringisch-sächsische Kontingente an.[288] Früh bemächtigte sich die Sage der Person Alboins; selbst bayerische und sächsische Heldenlieder feierten seine Waffen, sein Kriegsglück und seine Tapferkeit. Noch zu Lebzeiten des Paulus Diaconus stieg der Langobarden-Dux von Verona in das Grab Alboins, um dessen Schwert und andere Beigaben an sich zu nehmen. Dabei will er Alboin gesehen haben.[289]

Die Langobarden konnten die gepidischen Feinde deswegen so vernichtend schlagen, weil sie das »neue« Volk der Awaren zu Verbündeten gewannen. Alboins Sieg bestätigte seine Fähigkeit als Heerkönig und vergrößerte die langobardische Macht. Aber die awarische Nachbarschaft kostete die Langobarden ihre Wohnsitze. Ein Vertrag mit den Awaren sollte 200 Jahre lang die Rückkehr der Langobarden nach Pannonien ermöglichen und zugleich die awarische Unterstützung in Italien garantieren.[290] Die fortgesetzte Schaukelpolitik Konstantinopels, das eine Gens gegen die andere ausspielte

Schmuck aus einem langobardischen Frauengrab in Mödling bei Wien mit silbervergoldeten Bügelfibeln, silbernen Rosettenfibeln, silbernen Schnallen und Gürtelhaften sowie Glas- und Chalcedonperlen von einem Gürtelgehänge, zweites Drittel des 6. Jahrhunderts

und um kurzfristiger Vorteile willen jede Stabilisierung verhinderte, trug wohl auch zur Entscheidung Alboins bei. Und die Heimkehrer aus dem Gotenkrieg dürften das immer noch reiche Italien in den höchsten Tönen gepriesen haben.[291] So wiederholte Konstantinopel den alten Fehler, reichsangehörige, weitgehend assimilierte und die römische Staatlichkeit fortsetzende Barbaren an Völker auszuliefern, die mit der römischen Tradition gebrochen hatten oder sie nicht einmal aufzunehmen versuchten.

Wie Justinian die Franken gegen das gotische Italien mobilisierte,[292] so tat sein Nachfolger Justinus II. (565–578) das gleiche mit seiner Duldung, ja Förderung des Untergangs der Gepiden. An ihre Stelle traten die Awaren und ihre slawischen Untertanen; und mit dem Abzug der Langobarden aus Pannonien hatte der Kaiser den Frieden und die Einheit Italiens verspielt.[293] Von Rätien und Norikum im antiken Sinn war von nun an kaum mehr die Rede.[294]

Die Zeit der Agilolfinger (vor 555–788/94)

Während des 6. Jahrhunderts wurde der Ostalpenraum von Italien getrennt. Den letzten Versuch, die Entwicklung aufzuhalten, unternahm Aquileia, das seine Jurisdiktion über die Täler der norischen Drau und des rätischen Eisacks zu wahren trachtete. Nach der Jahrhundertwende fehlen hingegen jegliche Hinweise, die einen organisatorischen Zusammenhang mit Italien erkennen ließen. Obwohl nicht alle Verbindungen mit dem Süden abgerissen sein können, teilten sich nun der fränkische Westen und die donauländischen Awaren in die äußere Beherrschung des Raums. Die einheimischen Alamannen, Bayern und Slawen gestalteten ihre Geschicke um so eigenständiger, je mehr diese äußeren Machtzentren an Stärke und Ausstrahlung verloren. So konnte es den Agilolfingern gelingen, die Herrschaft von Bayern und Alamannen in weiten Teilen des Raums durchzusetzen. Die beiden Völker blieben jedoch – selbst zu Zeiten größter agilolfingischer Selbständigkeit – in wesentlichen Bereichen von den Franken abhängig. Dies gilt vor allem für die Entwicklung des christlichen Lebens, die Gesetzgebung, das Urkundenwesen und nicht zuletzt die große Politik.

I. Die schriftlichen Quellen

Für die Geschichte bis zur Mitte des 8. Jahrhunderts gibt es zweisprachige Quellensammlungen, eine bescheidenere des bayerischen Materials und eine umfangreiche, aber wenig kritische Bearbeitung der alamannischen Überlieferung. Beide Sammlungen enthalten weder Urkunden noch Rechtsquellen.[1] Zunächst sind zu nennen die Werke der Byzantiner Agathias, Menandros und Jordanes, der in seiner Getica als erster oder zweiter Historiograph die Bayern erwähnt.[2] Dann folgen die langobardischen Quellen mit Paulus Diaconus an der Spitze.[3] Neu sind die fränkischen Geschichtsquellen. Erfahrungen des Westens und Italiens verbinden die Dichtungen des Venantius Fortunatus; er stammte aus Venetien, ging jedoch um das Jahr 565 an den Hof Sigiberts I. (561–575) und blieb auch nach dem Tod des Merowingerkönigs im Frankenreich.[4]

Die Frankengeschichte Gregors von Tours († 594) und die sogenannte Fredegar-Chronik, die bis in die vierziger Jahre des 7. Jahrhunderts reicht, sind die wichtigsten

Werke der fränkischen Geschichtsschreibung; beide Autoren interessiert unser Gebiet allerdings bloß am Rande. Sie berichten davon nur bei der Darstellung der Auseinandersetzungen des Frankenreichs mit Langobarden, Awaren und Slawen.[5] Die Fredegar-Chronik fand bis 768 mehrere Fortsetzungen, die im 8. Jahrhundert Teil der karolingischen Hofhistoriographie wurden.[6] Den Aufstieg der Karolinger beschreiben auch der Liber Historiae Francorum und die fränkische Annalistik, allen voran die Metzer Annalen, die sich den beiden agilolfingischen Herzogtümern Alamannien und Bayern als Zentren der antikarolingischen Opposition widmen.[7] Von besonderer Bedeutung für das 7. und frühe 8. Jahrhundert sind die Heiligenlegenden, von denen die meisten aus dem Gebiet nördlich der Alpen stammen. Eine Ausnahme macht das – wohl 642 entstandene – Columban-Leben des Piemontesen Jonas von Susa; der Autor besitzt einmalige Informationen über den Bregenzer Bodenseeraum und bietet eine »pseudologische« Gleichsetzung der Bayern mit den Boiern, die bis zur Gegenwart ihre Adepten findet.[8] Neben der langobardischen Geschichtsschreibung beschäftigt sich auch der »Vinschgauer« Arbeo von Freising (764–782/83) mit den Vorgängen nördlich wie südlich des Brenners und behandelt Ereignisse an der bayerischen Südgrenze im heutigen Süd- und Osttirol. Nachdem Arbeo die Reliquien des heiligen Corbinian 765 für Freising erworben hatte, verfaßte er, »wohl noch vor 769, dessen Leben auf Ansuchen des Bischofs Virgil von Salzburg; die Passio Haimhrammi folgte um 772«. Das jüngere Werk erwähnt den letzten bayerisch-awarischen Zusammenstoß, der um 715 an der Enns stattfand.[9]

Die Krone gebührt der Salzburger Überlieferung des 8. und 9. Jahrhunderts, die es zum ersten Mal nach dem Ende der Römerzeit wieder erlaubt, eine Geschichte unseres Raums zu schreiben. Die wichtigsten Quellen sind in der Reihenfolge ihrer Entstehung bzw. ihrer erhaltenen Redaktion: der *Liber confraternitatum* (das Verbrüderungsbuch) von St. Peter (784);[10] die *Notitia Arnonis* (788/90);[11] die beiden Fassungen einer Rupert-Vita, deren Versio X eher 746/47 als 774 auf Betreiben Virgils entstanden war, die jedoch nur als *Gesta s. Hrodberti episcopi confessoris* (A nach 791) sowie als erstes Kapitel der *Conversio Bagoariorum et Carantanorum* (B von 870) erhalten blieben;[12] die *Breves Notitiae* (798/800);[13] die Kapitel 2 bis 6 der *Conversio Bagoariorum et Carantanorum*[14] sowie die frühe Salzburger Annalistik.[15]

Das Verbrüderungsbuch ist das »Verzeichnis der Lebenden und Toten«, mit denen sich Kloster und Bistum Salzburg in Gebetsverbrüderung wußte. Der Liber vitae von St. Peter geht auf ältere Vorarbeiten zurück und diente liturgischen Zwecken. Sein Grundstock wurde im Todesjahr Bischof Virgils 784 angelegt und ist heute noch im Original erhalten. Das Verbrüderungsbuch, die drittälteste datierbare Handschrift der karolingischen Minuskel im Stil von Saint-Denis, enthält zahlreiche Namen, darunter diejenigen von geistlichen und weltlichen Großen, von Königen und Königinnen, von Herzogen und Herzoginnen, Bischöfen, Äbten und Äbtissinnen.[16]

Neben dem Salzburger Verzeichnis besitzt das vor November 824 entstandene Reichenauer Verbrüderungsbuch, das auch Material der Zeit um 760 verwendete, besonderen Wert, zumal seine Erschließung vorbildhaft gelungen ist.[17]

Die Notitia Arnonis und die Breves Notitiae sind voneinander unabhängige Bearbeitungen derjenigen reichen Urkundenschätze Salzburgs, die mit Ruperts Wirken beginnen und im großen und ganzen mit dem Sturz Tassilos III. enden. Wahrscheinlich stützte sich die Notitia Arnonis, eine Bestandsaufnahme des Salzburger Anteils am agilolfingischen Fiskalbesitz, der 788 an den Frankenkönig fiel, nicht auf ein bereits vorhandenes Traditionsbuch, sondern auf Einzelurkunden wie nichturkundliche Dokumentationen. Anläßlich der Erhebung Salzburgs zum Erzbistum und einer Immunitätsverleihung durch Karl den Großen wurde wohl »eine Zusammenfassung des Besitzes des neuen Erzbistums« als Breves Notitiae angelegt, wobei man die rupertinische Gründungslegende einfügte.[18] Eher Ende 793 als 791 bestätigte Karl der Große alle Schenkungen, die »Könige und Königinnen, Herzoge und andere gottesfürchtige Menschen« dem Stift gemacht hatten. Das Diplom spezifizierte wohl die generelle königliche Anerkennung des Besitzes der bayerischen Kirchen im Jahre 793.[19]

Die Breves Notitiae verzeichnen in ihrem älteren ersten Teil vornehmlich die herzoglichen, aber auch zeitgleiche nichtherzogliche Schenkungen und machen aus dem heiligen Rupert den »Apostel Bayerns«. Man findet hier aber nicht bloß aktualisierte und ausgeschmückte Traditionen der Frühzeit, sondern auch einzigartige Nachrichten vom Beginn des Jahrhunderts. So wurden Aufzeichnungen Bischof Virgils viel ausführlicher und wortgetreuer als in der Notitia Arnonis verarbeitet, ja geradezu als Libellus Virgilii übernommen. Der zweite Teil der Breves Notitiae enthält einige wenige Nachträge, die Arn bereits als Erzbischof nennen und damit in die Zeit nach 798 gehören.[20]

Die beiden Fassungen der Rupert-Vita stellen das quellengeschichtliche Problem, daß die jüngere Überlieferung (B) den Beginn des Textes aktualisierte, während sie gegen Ende die ursprüngliche Form treuer bewahrte als die noch im 8. Jahrhundert entstandenen Gesta s. Hrodberti (A). Die letzteren zeigen hier nämlich eine deutliche Tendenz zur Auflösung konkreter, ereignisgeschichtlicher Zusammenhänge. Am Beginn ist in der Fassung A noch keine Rede davon, daß Rupert den Herzog, die Adeligen und das Volk taufte und bekehrte, zum ersten Mal in Bayern Kirchen und Klöster gründete, mit einem Wort als Apostel Bayerns zu gelten habe. Um 798 dringen jedoch datierbare Interpolationen in die Rupert-Vita A ein und verändern sie zur legendenhaften Salzburger Rupert-Tradition. Dagegen klingt noch der Schluß der Rupert-Vita B ungleich geschichtlicher: Die Interpolationen der Gesta unterbleiben zum Teil, und Rupert kehrt vor dem Ende seines Lebens in die Heimat, nach Worms, zurück.[21]

Die Salzburger und bayerische Annalistik, liturgische Aufzeichnungen und Bischofslisten, bilden die Vorlagen für die Conversio Bagoariorum et Carantanorum, einer Schrift, die als »das Haupt- und Glanzstück der ruhmvollen Salzburger Historiographie«[22] gilt. Man kann sie auch als Dokumentation, Denk- und Streitschrift oder als Farbbuch bezeichnen.[23] Wohl zur Information seines Königs Ludwig des Deutschen (817–876) hatte der Salzburger Erzbischof Adalwin (859–873) das Werk von einem unbekannten Salzburger Kleriker schreiben lassen, wenn er es nicht selbst verfaßte. Aus Conversio cc. 6 und 14 errechnet man 870 als Entstehungsjahr der Bekehrungsgeschichte der Bayern und Karantanen. Adalwin hatte sich im Methodios-Streit anders als seine stärker betroffenen Suffragane von Passau und Regensburg auffallend zurückgehalten. Diese Politik spiegelt der sachliche und fast unterkühlte Ton der Conversio wider. Es ist ihre Tendenz, die Salzburger Ansprüche auf Unterpannonien zu legitimieren und hier die griechische Slawenmission zu bekämpfen. Aus diesem Grund wird das unterpannonische Slawenland als ein erweitertes Karantanien dargestellt. Drei verschiedene Päpste des 8. Jahrhunderts hatten nämlich Karantanien der Salzburger Kirche als Missionsgebiet zugewiesen. Danach hatte Karl der Große den Salzburger Anspruch auf Karantanien nördlich der Drau anerkannt. Um diese Rechtstitel auch geschichtlich argumentativ abzusichern, behandelte die Conversio die Ethnogenese der Karantanen sowie ihre Mission durch die Bischöfe Virgil und Arn.[24]

Neben den Salzburger Quellen sind die Urkunden der bayerischen Hochstifte Regensburg, Passau und vor allem Freising von großer Bedeutung für den österreichischen Raum. Freising betätigte sich besonders im heutigen Tirol, wo seine Stützpunkte zugleich wichtige bayerische Zentren bildeten. Ähnliches gilt, obgleich in abgeschwächter Form, auch für Kärnten. Was die klösterliche Überlieferung betrifft, so sind in erster Linie die Urkundenschätze von Mondsee und St. Gallen zu nennen.[25] Großen Wert besitzt auch der echte Kern der Kremsmünsterer Gründungsurkunde.[26]

Über die kirchlichen Verhältnisse vom 6. Jahrhundert bis zum Ende der Agilolfingerzeit gibt es nur höchst unvollständige und überdies weit verstreute Nachrichten. So sind die Unterschriftenlisten der Synode von Grado 572/vor 577 sowie die der angeblichen Synode von Grado 579 erhalten.[27] In Zusammenhang damit steht ein Schreiben der oberitalienischen Bischöfe, die sich im Jahre 591 an den Kaiser Maurikios wandten. Byzanz wurde aufgefordert, gegen Papst Gregor den Großen in der Frage des Drei-Kapitel-Streits einzugreifen. Andernfalls drohe der Zerfall des Metropolitanverbandes von Aquileia, sollten sich die Bischöfe im langobardischen Herrschaftsgebiet abspalten. Als Beispiel wird an die widerrechtlichen Amtshandlungen fränkischer Bischöfe in Norikum erinnert. In der Unterschriftenliste finden sich die Namen der Bischöfe von Säben und Trient.[28] Für beide Hochkirchen gibt es späte Bischofslisten mit reichem Namenmaterial, die als Ganzes sicher nicht echt sind, aber dennoch wertvolle Überlieferungen enthalten.[29] Letzteres gilt vielleicht für einen Marcellus, der 559 Bischof von Säben gewesen sein soll.[30]

Vier Generationen lang fehlen jegliche Nachrichten, daß kirchliche Zentren Italiens mit der ostalpinen Gentilitas in Verbindung getreten wären. Erst nachdem Herzog Theodo mit seiner Romreise das lebhafte Interesse bekundet hatte, eine bayerische Kirchenordnung zu errichten, wurde das Papsttum in der Person Gregors II. (715–731) aktiv. Mit 15. Mai 716 wies der Papst einen Bischof Martinian an, die bayerische Diözesanordnung zu etablieren. Dieser Plan wurde nicht verwirklicht, dürfte aber die Vorstufe zur bonifatianischen Ordnung des Jahres 739 gebildet haben. Darüber sowie über das bayerische Christentum und dessen Organisationsformen informieren ausführlich die Briefsammlung des heiligen Bonifatius und seine Lebensbeschreibung.[31]

Unter den Rechtsquellen sind zu nennen: die bayerische Lex und ihre Zusätze, die sogenannten Decreta Tassilonis, erlassen auf den Synoden von Aschheim vor 757, zu Neuching im Oktober 771 und Dingolfing 776/77, die Lex Alamannorum und die sogenannte Lex Romana Curiensis. Obwohl kein Zweifel bestehen kann, daß die Churräter nach einer eigenen Lex Romana lebten, sind Aktualität und Effektivität des überlieferten Romanenrechtes fraglich. Von großer Bedeutung für die Ausgestaltung der Lex Baiwariorum sind sowohl die gotischen wie die langobardischen Leges. Die Frage nach Zeit wie Art der Entstehung des Bayern-Rechts – als Einheit oder in verschiedenen Entwicklungsstufen – gehört zu den schwierigsten Problemen der germanistischen Rechtsgeschichte. Wahrscheinlich hat König Dagobert I. (623–639) auf die Kodifizierung der »Volksrechte« der Alamannen und Bayern Einfluß genommen; doch gab es wohl ältere fränkische Vorstufen. Die Schlußredaktionen beider Rechte erfolgten jedenfalls erst vor der Mitte des 8. Jahrhunderts.[32]

II. Die agilolfingischen Bayernherzoge (vor 555–788/94)

1. Garibald I., Tassilo I. und Garibald II.

Die Quellen nennen einen Garibald als ersten Herzog oder gar König der Bayern. Dieser Garibald I. gilt als Agilolfinger. Im Jahre 555 oder kurz danach wurde er Gemahl der jüngeren Wacho-Tochter Waldarada. Die Begleitumstände der Eheverbindung mit der langobardischen Prinzessin und Witwe nach einem fränkischen König werden bloß angedeutet; trotz ihrer Wortarmut läßt aber die Überlieferung keinen Zweifel, daß Waldarada und ihre ältere Schwester oder Halbschwester Wisigarda politische Bedeutung besaßen und als besondere Heilsträgerinnen galten. Der Merowinger Chlothar I. wäre nur zu gerne bereit gewesen, die – nach dem Tode seines Großneffen – freigewordene Waldarada zu heiraten, wenn sich dagegen nicht kirchlicher Widerstand erhoben hätte. Indem aber der Merowingerkönig die Langobardin an Garibald verheiratete, schob er sie nicht an irgendeinen Stellvertreter ab, sondern gab sie »einem der Seinen«, *unus ex suis,* zur Frau.[33]

Nachdem die Langobarden das Foedus mit Konstantinopel gebrochen und ihr Königreich 568 von der Donau und Drau an den Po verlegt hatten, beschränkten sie ihre Kriegszüge nicht nur auf Italien. Vielmehr drangen plündernde Haufen bis nach Südfrankreich vor, das sie – zusammen mit ihren sächsischen Verbündeten – zwischen 569 und 575 verheerten. Dort mußten die Langobarden schließlich mehrere so schwere Niederlagen hinnehmen, daß sie weitere Invasionen einstellten.[34] Im Jahre 574 verzichteten sie auf die Wiederbesetzung des Königtums; darauf folgte ein zehnjähriges Interregnum. Dadurch verstärkten sich Macht und Handlungsfreiheit der einzelnen Duces, unter denen Eoin von Trient eine besondere Stellung einnahm. Vielleicht schon 575 oder aber 578 hatte Eoin eine Tochter Garibalds und Waldaradas geheiratet. In dieser Zeit wurden die Langobarden selbst zu Angegriffenen; allerdings erfolgte der fränkische Gegenstoß nicht aus der Provence, sondern kam aus dem Norden. Das merowingische Ostreich hatte sich mit Byzanz verbunden und schickte seine Heere über die churrätischen Pässe nach Italien. Gekämpft wurde vor allem im Tiroler Etschtal von Meran bis vor die Tore Trients. Nach anfänglichen Erfolgen der Franken gelang es Eoin, die Angreifer bei Salurn vernichtend zu schlagen. Ob die Verbindung zwischen dem Bayernherzog Garibald und seinem Tridentiner Schwiegersohn vor oder nach dessen großartigem Sieg zustande kam – sie hatte jedenfalls eine deutlich antifränkische Spitze. Zugleich erhöhte die Ehe mit einer Enkelin des Langobardenkönigs Wacho aus dem Geschlecht der Lethinger das Ansehen und die Legitimität Eoins, des langobardischen Dux von Trient.[35]

Als die Franken 584 im byzantinischen Sold neuerlich nach Italien marschierten, hatten die Langobarden nicht bloß ihr Königtum in der Person Autharis wiederhergestellt, sondern konnten sich der Feinde wegen deren Uneinigkeit leicht erwehren.[36] Der näch-

Agilolfinger I

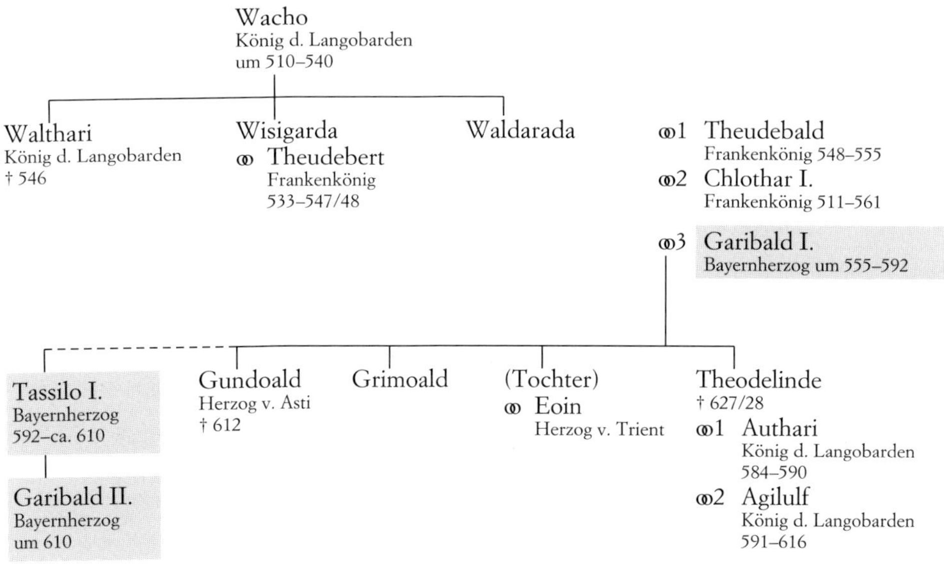

ste fränkische Vorstoß wurde 588 wohl nicht zuletzt deswegen ein totales Fiasko, weil diesmal der Bayernherzog Garibald eindeutig auf langobardischer Seite stand. Vor den Toren Veronas feierte Authari am 15. Mai 589 seine Ehe mit Theodelinde, der wohl jüngeren Tochter Garibalds und Waldaradas. Allerdings befand sich die Braut damals bereits auf der Flucht vor den Franken, die ihren Vater wegen dessen Haltung im Vorjahr angriffen und seine Herrschaft als Bayernherzog auf eine nicht näher bekannte Weise beendeten. So war Garibalds Sohn Gundoald, der Bruder der zukünftigen Königin wie der Herzogin von Trient, gemeinsam mit Theodelinde zu den Langobarden geflohen, wo ihn der königliche Schwager Authari zum Herzog von Asti machte. Im darauffolgenden Jahr 590 kam es zum großen Rachefeldzug der Franken, die auch diesmal aus Churrätien die Etsch abwärts vordrangen und zahlreiche langobardische Kastelle oberhalb wie unterhalb der Eisackmündung in Besitz nahmen. Obwohl sie bis tief in die Poebene vorstießen, lief sich ihr Angriff sehr bald wieder tot. Es spricht für die unverminderte Macht Herzog Eoins von Trient, daß er einen nun dauerhaften Frieden zwischen Langobarden, Franken und wohl auch Bayern vermitteln konnte. Bis zu diesem Jahr 591 blieb das noch rätische Bistum Säben und damit das obere Eisacktal nach Italien ausgerichtet. Dies zeigen die Aktivitäten des Bischofs Ingenuinus zugunsten einheimischer Gefangener. Auch setzte der letzte spätantike Bischof von Säben seine Unterschrift unter den Brief, den Mitglieder des Metropolitanverbands von Aquileia an Kaiser Maurikios sandten.[37]

Der langobardisch-fränkische Verständigungsfriede von 591 kam bereits Agilulf, dem ehemaligen Herzog von Turin, zugute, der als König wie als Gemahl Theodelindes der Nachfolger Autharis wurde.[38] Theodelindes Vater Garibald wird zu diesem Zeitpunkt nicht mehr erwähnt; von ihrem Bruder Gundoald liest man, er habe »mit seinem ganzen Besitz« die Schwester nach Italien geführt. Die bayerische Nachfolge tritt aber auch nicht der andere Bruder Grimoald an, von dem man nur den Namen kennt,[39] sondern ein Tassilo. Wahrscheinlich zum Jahre 592 gehört die Nachricht, Tassilo I. sei von Childebert II. »in Bayern als König eingesetzt worden«.[40] Man bezeichnet diesen »königlichen« Bayernherzog deswegen als Sohn seines Vorgängers, da er selbst einen Sohn hatte, der Garibald hieß und damit dem Großvater nachbenannt sein könnte; darüber hinaus gibt es keinen Beweis für Tassilos I. Verwandtschaft mit Garibald.[41]

Offenkundig noch im Jahr seiner Einsetzung feierte der neue Bayernherzog einen Slawensieg. Auf diesen ersten bayerisch-slawischen Zusammenstoß von 592 folgte drei Jahre später eine neuerliche Auseinandersetzung zwischen den Nachbarn. Diesmal erlitten die Bayern eine schwere Niederlage; Tassilo wird nicht als Besiegter genannt, muß aber noch regiert haben, da sein Tod nicht lange vor 610 erfolgt sein kann. Der Krieg von 595 gestaltete sich deswegen zu einem so großen Aderlaß für die Bayern – sie verloren mit 2000 Mann fast ein ganzes Stammesheer –, weil der awarische Khagan mit seiner Reiterei die Schlacht entschied.[42] Es ist ziemlich sicher, daß die beiden bayerisch-slawischen Kriege der neunziger Jahre im norischen Drautal stattfanden. Die Lokalisierung leitet man aus dem dritten Zusammenstoß zwischen Bayern und Slawen ab, in die Garibald II., der Sohn Tassilos I. und mögliche Enkel Garibalds I., verwickelt wurde. Der dritte und letzte Agilolfinger-Herzog der Frühzeit, dessen Namen man kennt, wurde um oder nach 610 von den Slawen bei Aguntum-Lavant geschlagen. Darauf

Langobardenzeitlicher Münzschatzfund von Aldrans, vermutlich 590 als Lösegeld für Etschtaler Romanen gedacht

stießen die Sieger nach und verheerten die Grenzgebiete der Bayern. Diese ermannten sich, nahmen den Slawen die Beute wieder ab und vertrieben die Feinde aus ihrem Land. Das Ereignis stand wahrscheinlich in Zusammenhang mit großräumigen Konflikten[43] und setzt bereits die Präsenz der Bayern südlich des Brenners und im Pustertal voraus. Im Anschluß an den langobardisch-fränkischen Frieden von 591 wurden wohl die Bayern für das Tiroler Romanenland zuständig. Das heißt, rätisches Gebiet nördlich wie südlich des Brenners und das altnorische Pustertal unterstanden seither militärisch dem Bayernherzog. Die Grenze zu Italien könnte zunächst aber noch einige Zeit bei Kollmann-Sublavione verlaufen sein.[44]

Gleichzeitig mit dem Vorstoß Garibalds II. ins einstige Binnennorikum brachen die Awaren mit slawischen Hilfstruppen in Friaul ein, eroberten Cividale und töteten den zuständigen Langobardenherzog. Trotz der verheerenden Niederlage der Friulaner kam ihnen aber weder ihr König Agilulf zu Hilfe, noch nützten die Angreifer den Erfolg für ein weiteres Vordringen in das langobardische Italien. Agilulf könnte daher im Einvernehmen mit dem Awarenkhagan gestanden sein, um den unbotmäßigen Herzog von Friaul zu strafen. Die awarisch-slawische Bindung in Friaul hätte nun dem Agilolfinger-Herzog Garibald II., dem Neffen oder nahen Verwandten der Langobardenkönigin Theodelinde, die günstige Gelegenheit geboten, in das alte Norikum einzufallen.[45]

Ein solcher Zusammenhang wäre denkbar. Nun gibt es aber jene merkwürdigen Briefe, die der westgotische Statthalter von Septimanien an einen fränkischen Bischof schrieb. Der Verfasser, der noch dazu Bulgar hieß, zeigte sich entsetzt über die Nachricht, Königin Brunichilde und der Merowingerkönig Theuderich II. hätten die Awaren gegen ihren Todfeind, den Austrasierkönig Theudebert II., gehetzt. Bulgar, der 610/12 schreibt, bietet – im Auftrag seines Königs – geistliche und materielle Unterstützung an, wie dies der Beistandspakt zwischen Westgoten und Austrasiern vorsah. Weder der Bulgar-Brief noch die Schlacht bei Aguntum sind eindeutig zu datieren, so daß sich kein genauer Kausalzusammenhang herstellen läßt. Wenn aber etwas Wahres an der Geschichte ist, dann hätte Garibald II. für seinen König die Front nicht ohne Erfolg gehalten. Die dabei erlittene Niederlage wirkte sich nämlich bloß regional aus und betraf nicht Austrasien selbst. Noch herrschte hier unangefochten Theudebert II., der auch Columbans Tätigkeit am Bodensee so tatkräftig unterstützt hatte. Wenn der irische Heilige damals in Bregenz nicht den entsprechenden Traum gehabt hätte, wäre er als Missionar zu den Slawen aufgebrochen. Sollte aber Columban die Aussichtslosigkeit einer derartigen Mission am Bodensee gerade zu der Zeit geträumt haben, da die Bayern bei Aguntum geschlagen wurden, dann würde man verstehen, warum er die ursprüngliche Absicht aufgab und zu den Langobarden ging.[46]

Wie dem auch sei, die bayerischen Niederlagen der Jahre 595 und 610 bewirkten die Verfestigung einer Grenzzone, die jahrhundertelang den Ostalpenraum spaltete. Damit war eine fränkisch bestimmte Westhälfte vom awarisch-slawischen Osten geschieden: Die Trennungslinie entwickelte sich im Norden entlang des kurzen voralpinen Süd-Nord-Laufs der Enns vor ihrer Mündung in die Donau, verwandelte sich flußaufwärts in einen breiten Grenzsaum, den die steirisch-oberösterreichisch-salzburgischen Kalkalpen bis zum Tennengebirge bildeten, durchquerte dann das Wald- und Bergland des

»Agilulf-Platte« aus Val di Nievole, Anfang 7. Jahrhundert: Auf der bronzenen Stirnplatte eines Lamellenhelms thront König Agilulf, ausgewiesen durch eine punzierte Inschrift, zwischen Schildträgern, Viktorien und Helmträgern

Enns-Pongaus nach Süden, erreichte den Alpenhauptkamm, dem sie nach Westen bis etwa zur Dreiherrenspitze, jedenfalls aber bis zur Wasserscheide zwischen dem Ahrntal und dem Virgental folgte, bog von dort nach Süden ab und stieß östlich von Innichen auf die Karnischen Alpen und damit auf die Grenze des langobardischen Italiens.[47]

Eine der Töchter des gegen die Awaren gefallenen Herzogs von Cividale wurde die Gemahlin eines »Fürsten der Bayern«, *princeps Baioariorum,* der wohl Garibald II. war.[48] Danach schweigt die Überlieferung drei Generationen lang über die Agilolfingerherzoge, und auch die Quellen zur bayerischen Geschichte versiegen fast völlig. Im Jahre 626 scheiterten die Awaren vor Konstantinopel: ein Ereignis, das die erste große Krise ihres Reichs auslöste. Allerdings waren weder die fränkischen Völker noch die Langobarden imstande, den Niedergang der awarischen Herrschaft zu nützen. In diesem Machtvakuum gründete Samo ein Slawenreich, das seinen Einfluß auch über die Alpenslawen ausdehnen konnte und die Franken an der Westgrenze wie die Langobarden an seiner Südflanke zu den ersten gemeinsamen militärischen Maßnahmen nördlich der Alpen veranlaßte. Der Schwerpunkt des Samo-Reichs lag aber im Sudetenraum; wie weit sein Erbe etwa auch in Niederösterreich, vor allem in der *Slavia* an Melk und Pielach, fortlebte, ist höchst umstritten.[49]

Den Niedergang des Awarenreichs hatten nicht bloß die West- und Alpenslawen, sondern auch bulgarische Gruppen zum Abfall genutzt. Der awarische Gegenschlag traf zunächst die einstigen Untertanen im Osten. So kamen 631/32 an die 9 000 bulgarische Flüchtlinge zu den Bayern; jedoch wurde ein Großteil von ihnen auf Befehl König Dagoberts I. (623–639) getötet. Der Frankenkönig zog diese ebenso brutale wie scheinbar unvernünftige Lösung dem Einsatz der verhältnismäßig großen Gruppe gegen die Awaren vor. »Die Völker, die an der Grenze zu den Awaren und Slawen wohnen«, allen voran wohl die Bayern, erwarteten, König Dagobert möge »die Awaren und Slawen und andere Völker bis zum Römischen Reich« unterwerfen. Aber der Merowinger hatte sich längst schon gegen den Krieg und für eine berechenbare Koexistenz mit dem Awarenreich entschieden. Dieses respektierte seit etwa zwei Generationen feste Grenzen und konnte somit als Gegengewicht gegen den gemeinsamen Feind, das gefährliche Samo-Reich, dienen. Einige der Bulgaren entkamen mit ihrem Fürsten Alciocus, »Sechs Pfeile«, über alpenslawisches Gebiet zu den Langobarden und fanden schließlich in Benevent eine neue Heimat. Der bulgarische Fluchtweg zeigt, daß die Alpenslawen, die unter einem Fürsten mit dem sprechenden Namen Wallucus, »Herrscher«, standen, selbst mit Samos Tod nach 660 nicht wieder unter awarische Botmäßigkeit zurückkehrten. Aber auch die Bayern dürften den Befehl Dagoberts zumindest teilweise ignoriert haben, wie etwa der Ortsname Pulgarn nordöstlich von Linz und die Mönchsnamen *Pulgar* in St. Peter und Mattsee verraten könnten. Allerdings besteht für alle chronologischen Auswertungen von Namen ein großer Unsicherheitsfaktor. Bulgarisch-bayerische Beziehungen gab es auch im 9. Jahrhundert, so daß etwa der Ursprung der Mühlviertler Siedlung in diese Zeit fallen könnte.[50]

2. Theodo und seine leiblichen Nachkommen (vor 696–736/37)

Im Jahre 680 griffen die bayerischen Agilolfinger in die langobardischen Thronkämpfe ein und intervenierten zugunsten ihrer Linie, der Nachkommen des Garibald-Sohns Gundoald. Dabei kam es zu Kämpfen im Raum von Bozen, die für die Bayern unglücklich endeten. Mehr erfährt man nicht.[51] Angeblich wurden die Bayern 688 und 691 von Pippin dem Mittleren und seinen Franken angegriffen.[52] Damit kommt man in die Zeit Herzog Theodos, der vor 696 die Herrschaft antrat und diese bis 717/18 entweder als der einzige oder der wichtigste Bayernherzog ausübte.[53]

Theodo hatte mit mehreren fränkischen Glaubensboten zu tun: Von ihnen ging als erster der heilige Rupert nach Salzburg, als zweiter suchte der heilige Emmeram in Regensburg eine Art Landesbistum zu errichten, während der Freisinger Gründerheilige Corbinian dem Agilolfingerherzog noch knapp vor dessen Tod begegnete. Der vierte Glaubensbote Erhard ist Regensburg zuzuordnen; die Erinnerung an sein Wirken verblaßte jedoch so sehr, daß von ihm wenig mehr als der Name bekannt blieb.[54] Im Jahre 702 nahm entweder Theodo selbst oder, was wahrscheinlicher ist, sein ältester Sohn, der »Salzburger« Herzog Theotpert, die italienische Politik wieder auf: Der minderjährige Agilolfinger Liutpert war Langobardenkönig gewesen; sein Verwandter Ansprand führte für ihn die Vormundschaft. Der Herzog von Turin stürzte und tötete den König, worauf Ansprand und sein einziger überlebender Sohn Liutprand zu den bayerischen Verwandten ins Exil gingen. Beide verbrachten neun volle Jahre bei Theotpert. Wurde letzterer nicht mit seinem Vater verwechselt, so könnte Theotpert bereits um 702 in Salzburg als eigener Herr residiert haben. Dann hätten aber auch die langobardischen Flüchtlinge hier gelebt, und die »Rupert-Stadt« wäre der Ort gewesen, an dem die Grundlage für die spätere Heirat der Theotpert-Tochter Guntrud und des zum Langobardenkönig aufgestiegenen Liutprand – etwa durch gemeinsame Erziehung – geschaffen wurde. Jedenfalls intervenierte Theotpert 712 mit einem bayerischen Heer, zwar nicht ohne Schwierigkeiten, aber schließlich doch mit Erfolg in Italien und führte sei-

Agilolfinger II

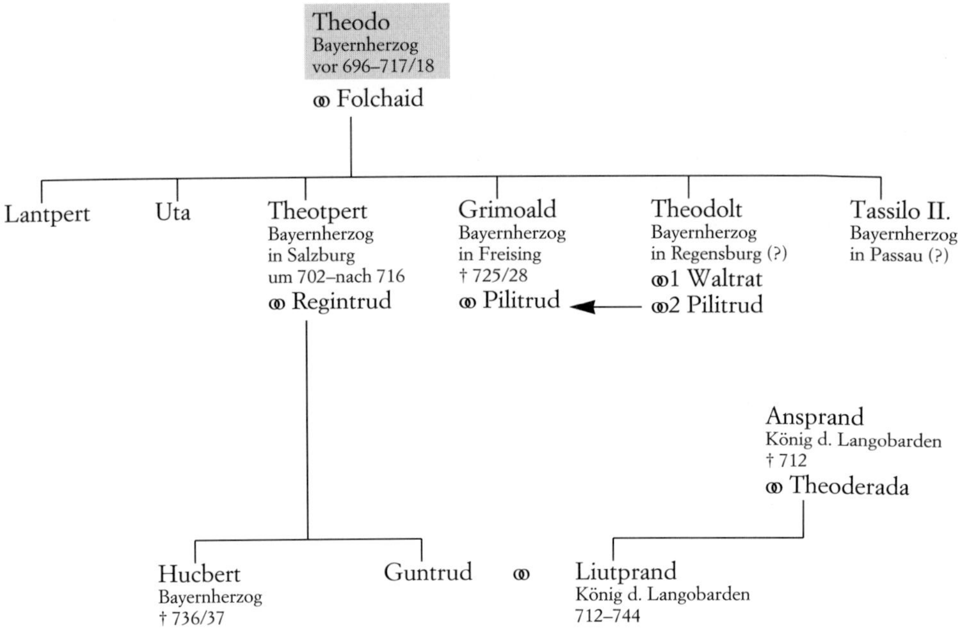

nen zukünftigen Schwiegersohn wie dessen Vater in die Heimat zurück. Die Franken dürften die bayerische Aktion als höchst unfreundlichen Akt empfunden haben. Gegen 715 heiratete Liutprand die bayerische Prinzessin.[55]

Bevor Theotpert 711/12 gegen Italien marschierte, zog sich Theodo wegen Krankheit von der Herrschaft zurück und übertrug ihm das Herzogtum Bayern. Theodo blieb jedoch nur vorübergehend regierungsunfähig und dürfte noch 712 die Zügel wieder in die Hand genommen haben. Vielleicht hatte ihn der awarische Überfall auf Lorch dazu bewogen. Danach und vor der Ankunft Corbinians in Bayern teilte er das Herzogtum »zwischen sich und seinen Söhnen« in vier Herrschaftsbereiche.[56] Als der Herzog 715 oder 716 nach Rom ging, bemühte er sich dort um die Errichtung einer bayerischen Kirchenprovinz.[57]

Der älteste Theodo-Sohn Theotpert gehört nach Salzburg; ebenso sicher war sein jüngerer Bruder Grimoald für Freising zuständig. Die Salzburger Überlieferung reiht Grimoald nach Theotpert und vor Theodolt, dem dritten der gesicherten und mehr als einmal erwähnten Theodo-Söhne. Demnach wäre Theodolt der drittälteste der Brüder gewesen. Allerdings heiratete Grimoald die Witwe Theodolts, Pilitrud, die möglicherweise bereits die zweite Frau des Verstorbenen war. Nach der Statistik der Lebenserwartung würde daher Theodolt vor Grimoald stehen; doch kann der historische Einzelfall durchaus so ausgesehen haben, wie ihn das Salzburger Verbrüderungsbuch darstellt. Hier liest man vor dem Theotpert-Sohn Hucbert noch den Namen eines Tassilo, der entweder als vierter Sohn Theodos oder als älterer Bruder Hucberts zu deuten ist. Für den sonst unbekannten Tassilo würde die Passauer Burg als Residenz übrigbleiben, sofern Theodolt mit oder unter seinem Vater in Regensburg herrschte. Wenn dies der Fall war, könnte man vielleicht den Grund nennen, warum Grimoald die Witwe des »Regensburger« Unterherzogs heiratete. Während nämlich die ältere Linie mit Hucbert (gestorben um 736/37) in Salzburg herrschte, bemächtigte sich Grimoald bald nach dem Tod des Vaters 717/18 von Freising aus der bayerischen »Hauptstadt« Regensburg. Dies dürfte Arbeo gemeint haben, wenn er den Herzog »den Fürsten des ganzen (Landes oder Stammes)« nannte. Auch berichtet er von der zeitweiligen Verlegung des Hofes von Freising an »einen anderen Ort«, der durchaus Regensburg gewesen sein könnte.[58]

Bereits 716 hatte Papst Gregor II. die Weisung erteilt, bischöfliche Sedes im Lande zu errichten, wie sie sich »aus den drei, vier oder mehreren Residenzen« der bayerischen Herzoge ergeben. Der Plan kam nicht zur Ausführung.[59] Bloß Grimoald und sein Neffe Hucbert überlebten Theodo. Die beiden waren miteinander verfeindet, ein Umstand, der das zweigeteilte Bayern zusätzlich schwächte und Franken wie Langobarden zu Interventionen einlud. Waren um 720 das Kastell Mais bei Meran und benachbarte Plätze noch im Besitz Grimoalds, so konnte Corbinian wenig später dorthin ins Langobardische flüchten, als er sich den Freisinger Herzog und seine Gemahlin zu Feinden gemacht hatte. Nicht unmöglich, daß König Liutprand, der Schwager des Salzburger Hucbert, in der Zwischenzeit einige Orte im oberen Etschtal besetzte. Die genaue Datierung der Ereignisse innerhalb der zweiten Hälfte der zwanziger Jahre hängt davon ab, ob man die Ermordung Grimoalds zum ersten Bayernfeldzug Karl Martells im Jahre 725 oder zur zweiten fränkisch-bayerischen Auseinandersetzung des Jahres 728 stellt. Die »böse« Herzogin Pilitrud, die aus dem Frankenreich stammte, kehrte jedenfalls bereits 725 in die Heimat zurück. Und Arbeo erwähnt zuerst die Ermordung Grimoalds und danach die Wegführung seiner Gemahlin ins Frankenreich. Wie dem auch sei, Corbinian starb erst nach Grimoalds gewaltsamem Ende.[60]

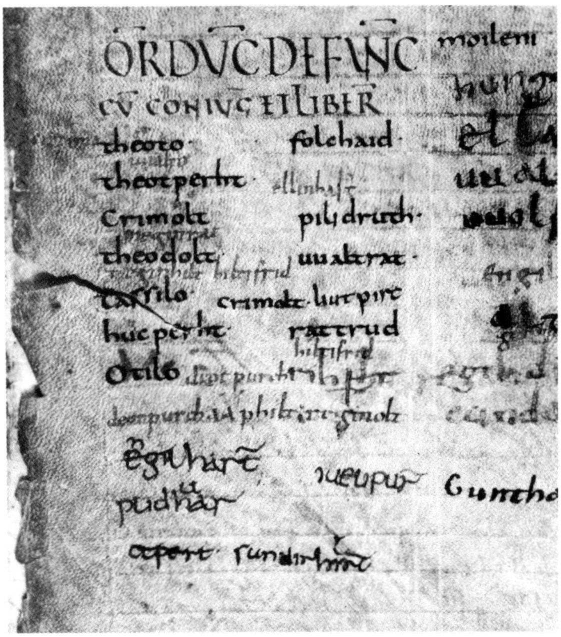
Die Namen der Agilolfinger Herzoge und Herzoginnen im Verbrüderungsbuch von St. Peter in Salzburg

Einzelheiten aus der Geschichte Hucberts sind kaum bekannt; die Salzburger Güterverzeichnisse erwähnen seine umfangreichen Land- und Forstschenkungen an das Hochstift. Er dürfte sich aber auch in Passau durchgesetzt haben, da von Hucbert die älteste Schenkung an St. Stephan stammt. Wie seinen Onkel Grimoald, so überlebten auch Hucbert keine männlichen Nachkommen.[61] Er starb vor Mitte Februar 737, da spätestens damals Odilo sein Nachfolger wurde.

3. Die »treulosen Männer« Odilo (ca. 736/37–748) und Tassilo III. (748–788/94)

Odilo

Odilo kam eher im Laufe des Jahres 736 als in den ersten sechs Wochen von 737 zur Herrschaft und starb am 18. Januar 748.[62] Seine Anfänge liegen im dunkeln. Die karolingische Haustradition behauptet, der Bayernherzog sei von Karl Martell eingesetzt worden; doch wird dasselbe auch über den aquitanischen Fürsten gesagt, und trotzdem konnte Karl Martell weder über den einen noch den anderen »Außendukat« verfügen, als er sein Reich unter die Söhne teilte.[63] Tatsächlich dürfte Odilo ein gutes Verhältnis zum allmächtigen fränkischen Hausmeier gehabt haben, woran seine Verwandte, die Agilolfingerin Swanahild, sicher nicht unschuldig war. Der Karolinger hatte sie aus dem Bayernfeldzug des Jahres 725 mitgebracht; als Karl Martells zweite Gemahlin wurde sie die Mutter seines Sohnes Grifo.[64] Der landfremde Odilo – er gilt als Sohn des schwäbischen Agilolfingerherzogs Gotfrid[65] – wurde zwischen August 740 und März 741 aus Bayern vertrieben, worauf er bei Karl Martell Zuflucht suchte und fand. Während seines Aufenthalts am Hofe des Hausmeiers erwies er dessen Tochter Hiltrud, der Schwester Karlmanns und Pippins, eine außerordentlich eindrucksvolle Reverenz. Bevor noch Hiltrud mit ihrem Kind niederkam, organisierte Swanahild nach dem Tod ihres Gemahls – Karl Martell war am 22. Oktober 741 gestorben – die Flucht der Stieftochter zu Odilo, der wieder nach Bayern heimgekehrt war. Bereits als Gemahlin des Herzogs brachte Hiltrud noch im Jahre 741 den späteren Tassilo III. zur Welt. Dieser karolingisch-agilolfingische Familienskandal barg enorme politische Implikationen. Das Andenken daran bestimmte noch einen Ludwig den Frommen, Aachen nach dem Tod des Vaters 814 von der lockeren Gesellschaft seiner weiblichen Familienangehörigen und deren Liebhaber zu säubern. Die unmittelbare Konsequenz der Politik Swanahilds wie ihrer agilolfingischen Verwandtschaft war die schwere Belastung der fränkisch-bayerischen Beziehungen, die über den Tod Odilos hinaus nachwirkte und das gesamte Leben Tassilos überschattete.[66]

Als Odilo aus Bayern vertrieben wurde, war kaum ein Jahr vergangen, nachdem der Erzbischof von Mainz, Bonifatius, 739 in enger Zusammenarbeit mit dem Herzog vier bayerische Bistümer errichtet hatte. Die auffallende Zeitnähe der beiden Ereignisse gibt Anlaß zur Frage, ob zwischen ihnen ein kausaler Zusammenhang besteht. Waren alte Rechte verletzt worden? Mußte Odilo deswegen flüchten, weil Bonifatius zu rigoros durchgriff? Man weiß es nicht.[67]

Agilolfinger III

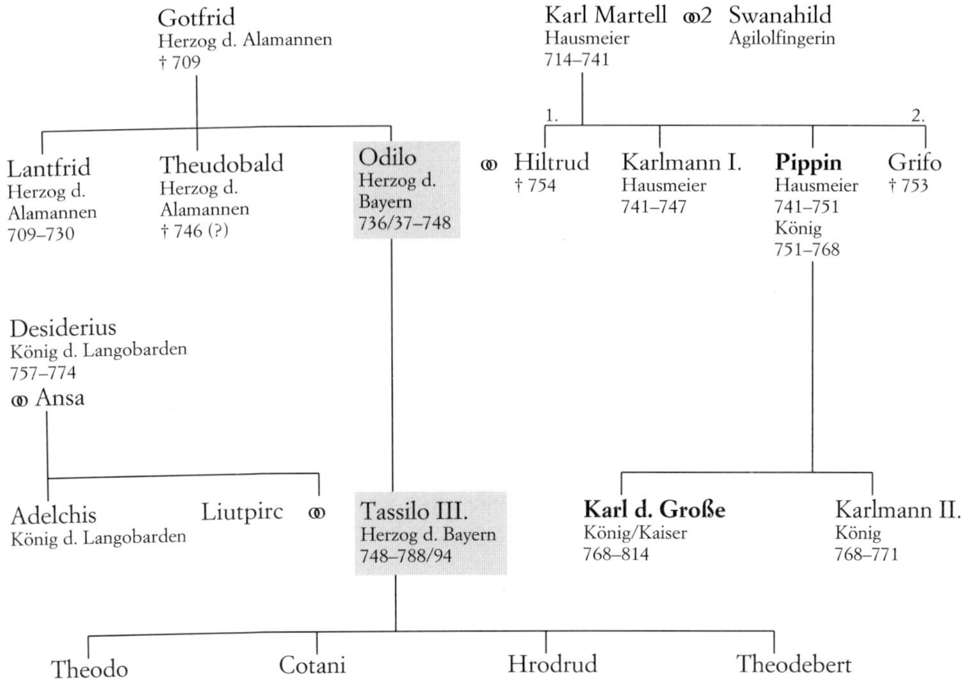

Nach dem Tode Karl Martells trat Odilo als Sachwalter seines Neffen Grifo auf. Damit hatte der Widerstand gegen Karlmann und Pippin, die ihren Halbbruder von der Herrschaft ausschlossen, zwar nicht die Ursache, dafür aber einen um so glaubwürdigeren Anlaß gefunden; selbst ein Bonifatius war davon überzeugt, daß Grifo erbberechtigt sei.[68] Nun wurde das Bayern Odilos zum Zentrum der antikarolingischen Opposition. Im Widerstand gegen die werdende Königsherrschaft der Hausmeier vereinigten sich unter Odilos Führung die »äußeren Völker« des alten Merowingerreichs, die Aquitanier, Sachsen, Alamannen, Bayern und Slawen.[69] Auch hatte der Bayernherzog die frühagilolfingische Expansionspolitik[70] gegenüber Binnennorikum wieder aufgenommen und dabei den ersten großen Erfolg gegen die Awaren erzielt. Ihre Niederlage besiegelte den Anschluß der slawischen Karantanen an das bayerische Regnum.

Nach dem Vorspiel des Jahres 742, als die Kämpfe um Grifos Erbe noch auf das Gebiet außerhalb Bayerns beschränkt blieben, gab es 743 Krieg zwischen den Schwägern wider Willen; trotz päpstlicher Unterstützung und der Hilfe überregionaler Kräfte, aber auch trotz des Bündnisses mit den Aquitaniern wurde Odilo von Karlmann und Pippin besiegt. Gerade in Bayern und Alamannien hatte man an der Idee eines merowingischen Königtums in dem Augenblick ostentativ festgehalten, da es praktisch nicht mehr existierte. Wie ernst aber die Betonung der fränkischen Legitimität durch die bayerischen und alamannischen Agilolfinger genommen wurde, zeigt die Tatsache, daß sich Karlmann gezwungen sah, das Interregnum, das seit 737 dauerte, zu beenden und den Merowinger Childerich III. (743–751) als König einzusetzen. Die bayerisch-fränkischen Kämpfe wurden am Lech eröffnet, wo sich die Bayern eingruben und zwei Wochen lang »drôle de guerre« spielten. Dann machten die Franken Ernst, schlugen die Bayern und trieben die Überlebenden samt ihrem Herzog bis über den Inn. Selbst die karolingische Hausüberlieferung spricht von schweren fränkischen Verlusten, ein Sachverhalt, der einiges über die Erbitterung aussagt, mit der dieser Krieg geführt wurde. Während das Frankenheer die üblichen 52 Tage lang im Lande blieb, konnte sich Odilo in Bayern östlich des Inns, das heißt im wesentlichen auf heute österreichischem Boden, halten. Vielleicht diente damals Salzburg als vorübergehende Hauptstadt Bayerns.[71] Aufgrund eines regelrecht geschlossenen Vertrags, den Karlmann mit deutlicher Spitze gegen seinen Bruder Pippin einging, dürfte aber Odilo ganz Bayern bis zur Donau wiedererlangt haben; hingegen wurde wohl damals der Nordgau links der Donau fränkisch.[72]

Als Folge der bayerischen Niederlage erwirkte Pippin die Einsetzung des Iren Virgil in Salzburg, sei es, daß er als politisches Gegengewicht zu Bonifatius gedacht war oder einfach Odilos Unabhängigkeit in Kirchenfragen sichtbar beschneiden sollte. Pippin konnte nämlich kaum vergessen haben, daß sich unter den bayerischen Gefangenen von 743 nicht bloß der Bischof der bayerischen »Hauptstadt« Regensburg, sondern auch der päpstliche Legat Sergius befunden hatten. Letzterer hatte am Tag vor der Schlacht auf Betreiben Odilos bei Karlmann und Pippin interveniert, ja ihnen sogar kraft päpstlicher Autorität den Krieg gegen die Bayern untersagt.[73] Als Odilo Anfang 748 starb, hinterließ der Awarensieger und von den Franken Besiegte seiner karolingischen Gemahlin und dem unmündigen Sohn Tassilo ein polyethnisches Herrschaftsgebiet, in dem hoffnungsvolle Möglichkeiten und gefährliche Widersprüche einander die Waage hielten.[74]

Tassilo III.

Mit dem Tode des Vaters am 18. Januar 748 beginnt die Ära Tassilos III. Obwohl der siebenjährige Bub unter der Vormundschaft seiner Mutter stand, trat er sofort als Herzog der Bayern auf und »bekräftigte Schenkungsurkunden mit eigener Hand«.[75] Frühestens in der zweiten Jahreshälfte 748 war Tassilos Herrschaft fürs erste einmal zu Ende; es schien, als ob die »Gegner«, die seinen Vater aus Bayern vertrieben und mittelbar seine Existenz bewirkt hatten,[76] nun auch Tassilo das Herzogtum nehmen könnten. Von ihrer Seite gewann Grifo, der Halbbruder Hiltruds, so starken Zulauf, daß er aus seinem sächsischen Exil nach Bayern kommen und sich hier festsetzen konnte. Der Agilolfinger, der gegenüber dem kleinen Tassilo als »geeignet« gelten mußte, fand in der Heimat seiner Mutter auch die Unterstützung des Alamannenherzogs Lantfrid II. sowie des Nordgau-Grafen Suitger. Selbst Angehörige der fränkischen Opposition schlossen sich Grifo an. Dieser bemächtigte sich Hiltruds und ihres Söhnchens, um jeden Widerstand im Keim zu ersticken. Pippin war aber seit 747 Alleinherrscher der Franken; er nahm die Herausforderung seines Halbbruders an und marschierte 749 gegen Bayern. Im Unterschied zu 743 hatte sich diesmal der bayerische Widerstand erst am Inn formiert, wo er allerdings schneller noch als seinerzeit am Lech zusammenbrach. Die Koalition aus fränkischen Unzufriedenen und agilolfingischer Opposition fiel auseinander. Die Rädelsführer gerieten in Gefangenschaft, der etwa acht Jahre alte Tassilo wurde unter der Vormundschaft seiner Mutter wieder als Bayernherzog eingesetzt. Fünf Jahre später starb Hiltrud, und Tassilo gelangte 754 unter die unmittelbare Vormundschaft seines Onkels.[77]

Spätgotischer Wappengedenkstein für Herzog Tassilo III. an der Außenwand der Stiftskirche Mattsee. Die Inschrift lautet: *Anno domini DCCLXXVII. Tassilo dux primum post rex monachus sed ad ymum. idibus in terris discesserat iste decembris. Matse fundavit plura templaque dotavit,* »Im Jahre 777. Tassilo, zuerst Herzog, dann König, schließlich aber Mönch. Er schied von der Erde am 13. (recte 11.) Dezember. Er hat Mattsee gegründet und viele andere Kirchen ausgestattet.«

Im Jahre 755 kam Tassilo III. zum ersten Mal auf die Jahresversammlung des Frankenheeres. Das Ereignis machte großen Eindruck und wurde auch an entfernten Orten zur Kenntnis genommen; die Reichsannalen erwähnen davon nichts.[78] Im Jahr darauf erfüllte Tassilo die – auch von der Bayern-Lex geforderte – Heerfahrtspflicht und nahm am zweiten Krieg Pippins gegen den Langobardenkönig Aistulf teil.[79] Damit hatte der Bayernherzog seine Fähigkeit unter Beweis gestellt, »auf Heereszug zu gehen, männlich aufs Pferd zu steigen und seine Waffen kräftig zu führen«.[80] Und dann behaupten nur die Reichsannalen, er sei 757 zu Compiègne aus der Vormundschaft entlassen worden und habe dafür seinem Onkel und dessen Söhnen Karl und Karlmann II. den Lehenseid geleistet. Mit ihm hätten zahlreiche bayerische Große das gleiche getan.[81] Als dramatisches Gegenstück dazu liefert dieselbe Quelle zum Jahre 763 die Geschichte von Tassilos Heerflucht: Der Herzog wurde mit seinen Bayern zum vierten Zug des Königs gegen den aquitanischen Prinzipat aufgeboten.

Tassilo kam mit bayerischen Truppen zum Sammelplatz Nevers an der Loire; doch im Verlauf des fränkischen Aufmarsches entschuldigte er sich wegen Krankheit und ging mit seinen Leuten heim, ohne die königliche Erlaubnis abzuwarten.[82]

So kann sich die Geschichte allerdings nicht ereignet haben: Der Lehenseid von 757 ist erfunden, vielleicht sogar Compiègne eine Doublette von 755. Aber 763 muß etwas geschehen sein, das zum dauernden Bruch zwischen Onkel und Neffen führte.[83] Jedenfalls datierte Arbeo von Freising bereits eine Urkunde vom 29. Juni 763 einzig und allein nach den Herrschaftsjahren Tassilos und titulierte seinen Herzog als *summus princeps noster,* als »unseren höchsten Fürsten«.[84] Pippin konnte 763 nichts mehr gegen Tassilo unternehmen und mußte sich auf dem Wormser Reichstag des nächsten Jahres damit begnügen, »die Affäre Tassilo eingehend zu besprechen«.[85] Die erstaunliche Ruhe von 764 dürfte eine Naturkatastrophe größten Ausmaßes erzwungen haben: Auf den Sommer 763 folgte ein außergewöhnlich strenger Winter; die gesamte Jahreseintragung der Salzburger Annalen lautet: *hiemps magna fuerat,* »es war ein großer Winter gewesen«. In fast allen Gebieten des Frankenreichs brach eine entsetzliche Hungersnot aus, die jeden Heereszug aus Lebensmittel- und Futtermangel verhinderte. Der vom Frankenkönig selbst als Strafgericht Gottes empfundene Rückschlag schuf einen Zeitverlust, der zu Lebzeiten Pippins nicht mehr aufgeholt werden konnte und Tassilos erklärte Absicht begünstigte, »niemals mehr das Angesicht des Königs zu sehen«.[86]

Tassilo nützte den Zeitgewinn zum Ausbau seiner Position. Frühestens 764 sollte Papst Paul I. auf Bitten des Agilolfingers bei König Pippin vermitteln; doch scheiterte der Versuch daran, daß der Langobardenkönig Desiderius den päpstlichen Gesandten die Durchreise verwehrte. Es muß wohl danach gewesen sein, daß Tassilo die Desiderius-Tochter Liutpirc heiratete und damit ganz auf die langobardische Karte setzte.[87] Dann starb 768 der König, und damit begann die erste große Krise des jungen karolingischen Königtums. Die – gleich den Bayern – Widerstand leistenden Aquitanier wurden allerdings trotzdem besiegt; doch hatte gerade dieser Krieg das schwere Zerwürfnis zwischen den Brüdern Karl und Karlmann II. offenbart. Um den Ausbruch eines heißen Kriegs zu verhindern, aber auch um den fränkischen Dualismus zu erhalten, erfolgte in den Jahren 769 und 770 eine ausgedehnte Reisediplomatie, in die sich vor allem die Königinmutter Bertrada selbst einschaltete. Sie vermittelte zwischen ihren Söhnen und verhandelte im Ausland mit den potentiellen Gegnern der Franken, die davon Aufwertung wie Erfüllung ihres Sicherheitsbedürfnisses erhofften. Sie besuchte Tassilo in Bayern, reiste danach zu Desiderius und schließlich nach Rom. Ihr »Vorreiter« bei Tassilo war der Fuldaer Abt Sturmi, der im Auftrag Karls die beiden feindlichen Vettern miteinander versöhnen sollte. Sehr zum Leidwesen, ja zum Entsetzen des Papstes versuchte gleichzeitig Bertrada, an die agilolfingische Ehepolitik anzuknüpfen und auch ihren Sohn Karl mit einer Tochter des Langobardenkönigs zu verheiraten. Dies geschah offenbar nur wenige Monate, nachdem Tassilo selbst bei Desiderius gewesen war.[88] Auf der Heimreise, *rediente de Italia,* gebrauchte 769 der Bayernherzog in Bozen zum ersten Mal in einer Urkunde den Titel *dux Baiouarorum vir inluster,* der Pippins königliche Intitulatio kopierte.[89]

769 und in den folgenden Jahren erreichte Tassilo den Höhepunkt seiner Macht. Dies

veranschaulichen im Vergleich die Protokolle der Synoden von Aschheim vor 757 (?), von Neuching, datiert auf den 14. Oktober 771, und von Dingolfing um 776/77. Stand der »an Alter ganz besonders zarte« Tassilo in Aschheim gleichsam unter der Kuratel der bayerischen Kirche, so ist er sowohl in Neuching wie in Dingolfing der »Fürst und Herr«, unter dessen Vorsitz die Synoden ergänzende Gesetze zur bayerischen Lex erließen.[90] Tassilo war so sehr Herr der bayerischen Landeskirche geworden, daß sie vielleicht auch deswegen keinen Erzbischof benötigte.[91]

Im vierten Herrschaftsjahr Karls des Großen (771/72) besiegelte der Fuldaer Abt Sturmi einen Freundschaftsvertrag, *amicitia,* zwischen dem Frankenherrscher und Tassilo III. Zu Pfingsten 772 wurde der kleine Herzogssohn Theodo in Rom von Hadrian I. getauft und gesalbt. Der Agilolfinger war der erste nichtkönigliche und nichtkarolingische Prinz, dem ein Papst das Sakramentale der Tauf-Salbung spendete. Da Tassilo schon 771 mit Rom verhandelt haben dürfte, liegt der Schluß nahe, er habe damals bereits die Weihe seines Sohnes zugesagt erhalten.[92] Das Jahr 772 brachte aber dem Herzog vor allem seinen großen Karantanensieg, den man sowohl in Salzburg wie in Regensburg der Zerstörung der Irminsul, des heidnischen Heiligtums der Sachsen, durch Karl den Großen gleichstellte. Ein Ire pries den herzoglichen Slawensieger als neuen Konstantin. Damit rückte Tassilo in die Reihe der höchsten christlichen Herrscher auf und zog auch auf diesem Gebiet mit Karl dem Großen gleich.[93]

Die Erfolge der Jahre 771/72 dürfen jedoch nicht darüber hinwegtäuschen, daß sich eine gefährliche Änderung der politischen Konstellation anbahnte. Ende 771 war Karlmann II. gestorben, und die Teilung des Frankenreichs, auf der das Bündnis zwischen Desiderius und Karl beruhte, wurde gegenstandslos. Rasch bildeten sich neue Fronten: Gemahlin, Kinder und Getreue des verstorbenen Frankenkönigs, der die antilangobardische Politik seines Vaters fortsetzen wollte, fanden ausgerechnet beim Langobardenkönig Zuflucht, dessen Stellung ein geeintes Frankenreich auch dann aufs stärkste bedrohte, wenn dessen Herrscher sein Schwiegersohn blieb. Der Versuch des Desiderius, den fränkischen Dualismus zu bewahren, mußte daher darauf abzielen, den Söhnen Karlmanns II. ihr Erbe zu erhalten. Dieses Vorgehen führte zum Bruch mit Karl dem Großen; er löste das Bündnis mit dem Langobardenkönig und sandte dessen Tochter zurück. Etwa zweieinhalb Jahre später hatte Desiderius Reich und Freiheit verloren; vor Mitte 784 muß der Langobardenkönig gestorben sein, was man bloß im Salzburg Bischof Virgils registrierte.[94]

Während Karl der Große 773/74 das Langobardenreich eroberte, blieb Tassilo III. im Einklang mit dem Freundschaftsvertrag von 771/72 ruhig; weder kam er seinem Schwiegervater zu Hilfe, noch marschierten Bayern im fränkischen Heer nach Italien, das bezeichnenderweise – offensichtlich stand auch Karl der Große zur *amicitia* – nicht über das churrätisch-bayerische Etschtal, sondern über die Westalpen angegriffen wurde.[95] Keine vier Monate, nachdem Karl der Große zum ersten Mal als *gratia Dei rex Francorum et Langobardorum* aufgetreten war,[96] weihte Virgil – wohl am Rupertitag 774 – eine Kirche zu Ehren des heiligen Rupert.[97] Die Gründung von Kremsmünster 777 bewies, daß der Herzog über die Großen seines Regnum ohne Einschränkung gebot.[98] Gleichzeitig anerkannte Tassilo seinen Vetter Karl den Großen als militärischen Oberbefehlshaber, wie dies die Bayern-Lex vorschrieb. So nahmen bayerische Krieger 778 an einem Feldzug teil, der das Frankenheer über Aquitanien hinaus bis nach Spanien führte und mit einer schweren Niederlage des sieggewohnten Frankenherrschers endete.[99]

Während seines Aufenthalts in Rom 781 verständigte sich jedoch Karl mit Papst Hadrian I., dem »Gevatter Tassilos«, über ein gemeinsames Vorgehen gegen den Herzog. Eine bayerische Gesandtschaft wurde teils nicht zugelassen, teils kaum angehört. Konkrete Anschuldigungen sind nicht bekannt. Die Reichsannalen sagen bloß, Tassilo habe seine Verpflichtungen nicht erfüllt. Einige Glaubwürdigkeit besitzt der Vorwurf Karls, der Vetter habe mit seinen Feinden, den Sachsen, Slawen und Awaren, gegen ihn konspiriert. Die konzertierte Aktion von Papst und König, die beide nun ihrerseits Gesandte zu Tassilo schickten, hatte raschen Erfolg. Tassilo nahm den angebotenen Geiseltausch an und kam noch 781 nach Worms, um dort nicht näher bekannte Friedensgespräche zu führen, die kurzfristig Erfolg versprachen.[100]

Zum ersten heißen Krieg zwischen Karl und Tassilo kam es 784; es ging dabei um ererbte langobardische Gebietsansprüche. Der Graf von Trient stieß nach Südtirol vor, wobei er die Etschtaler Besitzungen zurückerobern wollte, die König Liutprand gewonnen und Desiderius an seinen bayerischen Schwiegersohn als Mitgift gegeben hatte.[101]

Danach hört man nichts mehr von Kämpfen noch von diplomatischen Konflikten, bis Tassilo 787 seine Stellung derart gefährdet sieht, daß er den Papst abermals um Vermittlung anruft. Wieder läßt sich kein konkreter Anlaß für die drohende Auseinandersetzung nennen. Die Ursache dürfte jedoch in der großräumigen Strategie Karls gelegen sein, der 786 die Eigenständigkeit des alten thüringischen Adels gebrochen hatte und nun auch im Osten und Süden seines Reichs eine Flurbereinigung großen Stils plante. So revidierte der Frankenkönig 787 seine bisherige Politik gegenüber Byzanz und hatte damit auch die bayerische neben der langobardischen Frage zu lösen. Gegen eine byzantinisch-langobardische Koalition konnte Karl der Unterstützung Hadrians I. sicher sein, der diese Politik wohl schon am Beginn der achtziger Jahre gerne gesehen hätte und auch bereit war, dafür die traditionell papstfreundlichen Bayern zu opfern.

Karl ging jedenfalls gegen seine drei ehemaligen Schwäger, gegen Adelchis, den nach Byzanz geflohenen Desiderius-Sohn und langobardischen Mitkönig (759–774), gegen den beneventanischen Herzog und Fürsten Arichis II. (758/74–787) und gegen Tassilo III. nach einem klaren strategischen Konzept vor: Zu Jahresanfang 787 traf der König in Rom ein. Schon damals war ein Zug gegen das junge Fürstentum und alte Herzogtum Benevent geplant. Bei Karls Anrücken zog sich Arichis II., »Fürst des Volkes der Langobarden«, in seine Festung Salerno zurück und bot Verhandlungen an. Der Herzogssohn Grimoald wurde – im Austausch gegen seinen Bruder – mit zwölf anderen Großen vergeiselt. Arichis mußte sich fügen, die Beneventaner leisteten – wie im Jahr zuvor die Thüringer – den Treueid.

Zu Ostern 787 ist Karl wieder in Rom. In Anwesenheit des Papstes empfängt er abermals zwei Gesandte Tassilos, den Salzburger Bischof Arn und Abt Hunrich von Mondsee. Die Verhandlungen enden wie 781 rasch mit einem Eklat; Papst und König erklären, die Gesandten verfügten über keine ausreichenden Vollmachten. Sodann werden die beiden Bayern mit dem Auftrag des Papstes heimgesandt, Tassilo unter Androhung des Kirchenbanns zur Einhaltung seiner Treueverpflichtung zu ermahnen. Die Folgen eines möglichen Angriffskriegs der Franken kämen über ihn. Danach eilt Karl der Große nach Norden. Auf einem Reichstag zu Pavia ergreift er präventive Maßnahmen gegen einen Restaurationsversuch des Langobardenkönigs Adelchis, der 774 noch rechtzeitig aus der alten Königsstadt entkommen war. Zahlreiche langobardische Große werden ins Frankenreich deportiert. Damit war nach Arichis II. der andere Gegner, hinter dem unmittelbar die byzantinische Großmacht stand, ausgeschaltet. Alle späteren Versuche des landlosen Adelchis blieben an die Peripherie der langobardischen Staatlichkeit, nach Unteritalien, verbannt. Der Bruch zwischen Byzanz und den Franken manifestierte sich 787 auch am gescheiterten Eheprojekt zwischen der Karlstochter Hrodrud und Eirenes Sohn Konstantin.

Nach Pavia ging Karl in die Francia zurück und ordnete von dort aus – nach Scheinverhandlungen mit Tassilo – den konzentrischen Angriff dreier Heersäulen auf Bayern an. »Wie nun Tassilo erkannte, daß er von allen Seiten umschlossen war, und mit ansah, wie die Bayern alle dem König Karl treuer waren als ihm und das Recht des erwähnten Königs anerkannten, [...] da kam er, von allen Seiten gezwungen, persönlich [auf das Lechfeld], gab sich dem König als Vasall in die Hände, erstattete ihm das von König Pippin übertragene Herzogtum zurück und gestand, in allem gefehlt und übel getan zu haben. Dann erneuerte er wieder den Eid, stellte zwölf auserlesene Geiseln und seinen Sohn Theodo als Dreizehnten.« So berichten die Reichsannalen, und Annalen aus dem benachbarten Alamannien wissen noch, Tassilo habe sein Land zusammen mit einem Szepter oder Stab ausgeliefert, der oben in der Darstellung einer Menschenfigur endete. Dabei dürfte es sich um ein Heiltum der Agilolfinger gehandelt haben; mit der Menschendarstellung am Stabende war wohl der Spitzenahn der Sippe und des Volkes gemeint. Die Übergabe des Stabes an den sippen- und stammesfremden Karolinger bedeutete jedenfalls die totale Unterwerfung Tassilos, seiner Gens und seiner Patria und den Verzicht auf jede eigenständige Ableitung agilolfingischer Herrschaftsrechte; nun war er tatsächlich der Vasall Karls geworden. Der Frankenkönig belehnte Tassilo mit dem Herzogtum Bayern; erstmals ging der Agilolfinger eine vasallitische Bindung ein, die ihm – nach eigener Aussage – das Leben unerträglich machte.[102]

Das kommende Jahr 788 brachte das Ende. Karls geschickte Politik hatte Tassilo nahezu aller Rückhalte beraubt.[103] Die traditionell guten Beziehungen der bayerischen Herzoge zum Papst, die vielleicht noch 781 wirksam waren,[104] hatte Tassilo spätestens 787 verspielt. Das Langobardenreich war längst fränkisch geworden. Byzanz und die Reste der langobardischen Staatlichkeit in Süditalien befanden sich außer Reichweite. Sachsen und Thüringer waren ausgeschaltet. So blieb nur das Bündnis mit den Awaren. Man versteht diese Politik auch heute noch als Verzweiflungstat Tassilos und als Landesverrat, wofür er selbst nach bayerischem Recht den Tod verdient hätte.[105] Nun gab es aber alte Verbindungen mit den Awaren, ja man war ihnen sogar über die Grenze hinweg durch Eide verpflichtet.[106] Kein Wunder, daß Tassilos Awarenbündnis selbst den offiziösen Reichsannalen bloß als »Illustrationsdelikt« und nicht als Hauptpunkt der

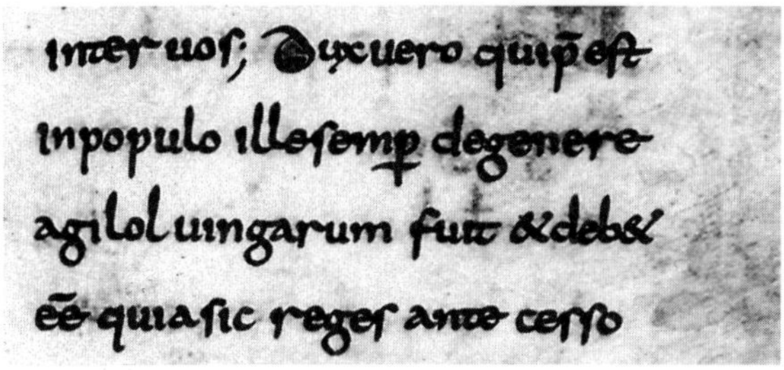
inter uos; Dux uero qui p est
in populo ille semp de genere
agilol uingarum fuit & debet
ee quia sic reges ante cesso

Ausschnitt aus der Lex Baiwariorum III 1: »Der Herzog aber, der dem Volk vorsteht, war immer aus dem Geschlecht der Agilolfinger und soll es sein.«

Anklage diente. Auch den Zeitgenossen muß die agilolfingisch-awarische Allianz durchaus als ein Mittel der Politik gegolten haben, deren größter Mangel wohl nur darin bestand, daß sie erfolglos blieb.[107]

Die Lehensauftragung Bayerns war Karl dem Großen offenkundig nicht genug. Er lud 788 Tassilo auf die Reichsversammlung von Ingelheim, und der Bayernherzog kam seiner Pflicht wie alle anderen Lehensträger nach. Dort traten die »treuen Bayern« gegen ihn auf und klagten ihn an: Er habe mit den Awaren ein Bündnis geschlossen, versuche die Königsvasallen in Bayern zu vernichten und habe seinen Leuten befohlen, dem König gegenüber stets nur falsch zu schwören. Außerdem wolle Tassilo lieber zehn Söhne verlieren, als sich an die Abmachungen mit Karl zu halten. Der Angeklagte wurde überführt und hatte dafür den Tod verdient, zumal die versammelten »Franken und Bayern, Langobarden und Sachsen sich an seine früheren Untaten erinnerten und auch daran, wie er den Herrn König Pippin auf dem Heereszug verließ und dabei das beging, was man in der Volkssprache den *harisliz* nennt«.[108]

Aber Tassilos Verurteilung reichte nicht aus, um die Agilolfinger als Herzogssippe und den Herzog und Mitregenten Theodo aus Bayern zu verdrängen. Kein fränkisches Volksrecht enthielt einen Artikel, der den Karolingern das fränkische Königtum oder wenigstens den Prinzipat über die Franken garantiert hätte. Die bayerische Lex aber hatte das agilolfingische Herzogtum ausdrücklich verbrieft.[109] Daher mußte nicht bloß Tassilo III. zum Tode und Besitzverlust verurteilt werden, sondern auch seine Kinder und Gemahlin wurden in dieselbe Lage versetzt. Die Verurteilung Tassilos wurde in einen »Klostertod« umgewandelt, das heißt, der Herzog wurde auf »Bitten« Karls des Großen zur lebenslangen Klosterhaft als Mönch »begnadigt«. In gleicher Weise erging es seiner Familie: Der Sohn und Erbe Theodo wurde wohl deswegen »vermöncht«, weil er als Geisel die Rechtsfolgen des Geiselgebers, seines Vaters, zu ertragen hatte, ohne daß ihn eine persönliche Schuld traf oder ihm nachgewiesen werden konnte. Tassilos Gemahlin Liutpirc galt hingegen als Anstifterin und Mittäterin der tassilonischen Treulosigkeit, was die Verhängung der Klosterhaft auch über sie hinlänglich erklären konnte. Über Theodos jüngeren Bruder Theodebert und die beiden Schwestern Cotani und Hrodrud, die ebenfalls im Kloster verschwanden, fällt kein Wort. Für ihre lebenslange Verwahrung bestand kein Grund. Anscheinend wurde die Vorgangsweise Karls des Großen nicht überall widerspruchslos hingenommen.[110] »Einige Bayern, die in Feindschaft gegen König Karl verharren wollten, wurden verbannt.«[111] Die Ausschaltung der gesamten bayerischen Herzogsfamilie war ohne ordentliches Verfahren erfolgt und konnte nicht anders denn als Rechtsbruch gelten. Daher wurde Tassilo nochmals vor eine Reichsversammlung zitiert: Auf der Synode, die im Juni 794 zu Frankfurt stattfand, bat er seinen Vetter Karl um die Wiedererlangung der königlichen Huld und verzichtete dafür auf alles, was »ihm, seinen Söhnen und Töchtern im Herzogtum der Bayern rechtmäßig zustand«. Darüber wurde ein Schriftstück in dreifacher Ausfertigung angelegt. Dann ging Tassilo mit einem der drei Pergamente – die beiden übrigen wurden in der Hofkapelle und beim Pfalzrichter hinterlegt – in sein Kloster zurück, wo er an einem 11. Dezember starb. Erst 794 endete das agilolfingische Herzogtum der Bayern,[112] und auch der nach 788 in die Lex eingefügte Absetzungsparagraph war hinfällig geworden.[113]

III. Die frühmittelalterlichen Alamannenherzoge (nach 600–749)

In der Merowingerzeit war bloß das nördliche Vorarlberg bis in die Höhe der Altstätter Bucht von alamannischen Herrschaftsformen erfaßt.[114] Die Frankenkönige hatten das alamannische Herzogtum als vorwiegend linksrheinisches Mandatsgebiet eingerichtet. Auf dieser Basis sollte über das Bodenseegebiet hinweg auch Inneralamannien erfaßt werden. In den Augen des Langobarden Paulus Diaconus wirkte ein solcher Beauftragter, wohl der Schwager des Bayernherzogs Garibald II., durchaus als »König der Alamannen«; in gleicher Weise hatte der Autor auch die beiden ersten Bayernherzoge als Könige bezeichnet.[115] Erst vom ausgehenden 7. bis zur Mitte des 8. Jahrhunderts sind die Alamannenherzoge sicher Agilolfinger gewesen; der vorletzte Bayernherzog Odilo, an dessen Agilolfingertum niemand zweifelt, war wohl ein Sohn des 709 verstorbenen Alamannenherzogs Gotfrid.[116]

Die Bedeutung des Rheins als Kultur- und Herrschaftsgrenze[117] kennt auch die Columban-Vita: Sie spricht von einer »Stadt mit dem Namen Bregenz, die zwar noch innerhalb der Grenzen Germaniens liegt, aber doch schon dem Rhein benachbart ist«. Als der heilige Columban um 610/11 auf königlichen Wunsch nach Bregenz kam, entsprach freilich der Ort keineswegs seinen Vorstellungen. Hier gab es allzu viele Heiden, die seinen handgreiflichen Bekehrungsversuchen Widerstand leisteten.[118] Columbans Gegner wandten sich an einen Herzog Gunzo, der auf der anderen Seite des Bodensees in Überlingen saß, und erwirkten von ihm den Ausweisungsbefehl für den Iren und dessen heilige Schar. Es steht allerdings in Frage, ob Gunzo am Beginn des 7. Jahrhunderts richtig eingeordnet ist. Es könnte sich bei ihm auch um den Herzog gehandelt haben, der um 635/50 im Bodenseegebiet tätig war, der zum austrasischen Königshof von Metz gute Beziehungen besaß und die Galluszelle an der Steinach förderte.[119] Der alamannische Bodenseeraum bildete eine politische Einheit, wozu die gute Verkehrslage – wie selbstverständlich wird vom Schiffsverkehr gesprochen[120] – beitrug.

Der nächste Alamannenherzog, dessen Namen man kennt und der mit einiger Wahrscheinlichkeit auch über das östliche Bodenseegebiet herrschte, war Gotfrid. Er gilt als Vater Odilos und damit Großvater Tassilos III. In einer um 700 ausgestellten Urkunde führte Gotfrid den spätmerowingischen Dux-Titel. Außerdem datierte er – es ist aus seiner Zeit kein zweites Beispiel bekannt – nicht nach der Ära eines fränkischen Herrschers, sondern nach eigenen Herzogsjahren. Die für St. Gallen gedachte Schenkung übergibt den Ort Biberburg nahe von Stuttgart und ist in Cannstatt, heute ein Stadtteil Stuttgarts, ausgestellt. Unter den Duces, die den Karolingern den Gehorsam aufsagten, weil sie die Merowingerkönige entmachteten, wird Gotfrid als einziger mit Namen genannt. Seine Hervorhebung läßt die führende Rolle Gotfrids als Haupt der antikarolingischen Opposition erkennen. Als er im Jahre 709 starb, eröffnete der fränkische Hausmeier Pippin der Mittlere den alamannischen Krieg, der jedoch keine Entscheidung brachte.[121] Daher konnte Lantfrid I. (709–730), der mächtigste Alamannenherzog, als Erbe seines Vaters Gotfrid die Krise nützen, in die die Karolinger nach dem Tod Pippins 714 stürzten. So erneuerte der Herzog 724/25 das Alamannenrecht, das als Lex Alamannorum vom Pactus des frühen 7. Jahrhunderts unterschieden wird. Erwähnte das ältere Königsrecht mit keinem Wort den Alamannenherzog, so nimmt dieser in der erneuerten Lex die zentrale Stellung ein. Seine Herrschaft heißt, wie in Bayern, Regnum und kann, wie bei den östlichen Nachbarn, unter die Herzogssöhne geteilt werden.[122]

Herzog Lantfrid I. fiel um 730 als Empörer gegen die Karolinger. Als Karl Martell 741 starb, konnte er Alamannien seinem Sohn Karlmann als Erbgut hinterlassen. Die Versuche von 742 und 743, sich gemeinsam mit den Bayern Odilos der Karolinger zu erwehren, waren zum Scheitern verurteilt. Der fortgesetzte alamannische Widerstand, den der Lantfrid-Bruder Theudobald bis 744 nachweisbar leistete, führte 746 zum Blutgericht von Cannstatt, nachdem sich die Alamannen – vom Frankenheer umzingelt – ergeben hatten. Aber noch 749 war ein Alamannenherzog Lantfrid II. bereit, mit dem Karl-Martell-Sohn und Agilolfinger Grifo gegen die offizielle fränkische Politik zu rebellieren.[123]

IV. Das Christentum, seine Einbußen und sein Wiedererstarken (536/37–739)

Eine zweifelsfreie Kontinuität der spätantiken Institutionen gab es nur in Churrätien. Allerdings hielt sich das romanische Christentum auch an anderen Orten, ohne daß seine Organisationsformen im einzelnen faßbar wären. Die Zeiten der Isolation und des Substanzverlustes konnten weder die im 6. Jahrhundert ausgebildeten Glaubensrichtungen ernstlich stören noch verhindern, daß spätantike Heilige weiterhin verehrt wurden. In Mais bei Meran lebte der Kult des heiligen Valentinus fort. Im Pongauer Bischofshofen ging die Erinnerung an den heiligen Maximilian nicht unter, und das gleiche gilt für die heilige Afra zu Augsburg und den heiligen Florian im Umkreis von Lorch.[124]

Als die Bayernprinzessin Theodelinde 590 nach Italien kam, bezweifelte man ihre Katholizität ebensowenig, wie es offenkundig war, daß sie nicht die römisch-katholische Observanz bekannte, sondern sich nach Aquileia hin orientierte. Diese Ausrichtung entsprach der romanischen Tradition im Lande; ein ungehorsamer Mönch aus Luxeuil geriet in Bayern unter den Einfluß der norditalischen »Abweichler« und schloß sich in Aquileia der antirömischen Richtung im Drei-Kapitel-Streit an. Die Kontroverse, die sich 553 in Konstantinopel an einer übereilten Entscheidung des fünften Ökumenischen Konzils entzündet hatte, wurde erst gegen 700 beigelegt und berührte nicht nur Norditalien, sondern auch die Nachbarn im Norden.[125] Hier trug der Streit sogar wesentlich dazu bei, daß eine wirksame Reorganisation des kirchlichen Lebens unterblieb. Als aber an der Wende vom 7. zum 8. Jahrhundert der Bayernherzog Theodo die Chance der wiedererlangten Einheit nützte, knüpfte die kirchliche wie religiöse Restauration an den Punkten an, wo romanisches Christentum überlebt hatte. Dies war sowohl in Lauriacum-Lorch wie Iuvavum-Salzburg der Fall; ja, selbst unter den heidnischen Karantanen begann die Mission an den Punkten, die auch in der Spätantike von erster Bedeutung waren.

Noch Erzbischof Bonifatius hatte seine liebe Not mit alamannischen und bayerischen Häretikern.[126] Waren sie die Nachkommen derjenigen Leute, die die »gotische Mission« Oberdeutschlands erreicht hatte? So ist jüngst ein eucharistischer Runenlöffel aus alamannischer Frühzeit bekannt geworden, der von etwa 600 stammt und die bibelgotische Runeninschrift *dulth* trägt.[127] Die Einsicht, daß die feucht-fröhliche Dult, die »Wies'n«, ihren Ursprung im christlich-gotischen Wort für Fest und eucharistische Feier hat,

Krone der Königin Theodelinde aus dem Domschatz von Monza

wirkt ebenso wertvoll wie das Zeugnis der Wochentagsnamen. Allein die bayerisch-österreichischen Mundarten verwenden *Ergetag* für Dienstag und *Pfinztag* für Donnerstag. In althochdeutscher Zeit war auch *Pherintag* für Freitag in Gebrauch. Geht der Ergetag auf einen griechisch-gotischen Ares-Tag zurück, so war der Pfinztag ursprünglich der griechische »fünfte Tag«, während der *Pherintag* gar der lateinisch-griechische »Rüsttag« gewesen sein könnte. Die Schwierigkeit liegt jedoch in der historischen Auswertung der philologischen Zusammenhänge. Möglicherweise waren die Namen für die drei Wochentage »in Verbindung mit einem wohl nur äußerlichen Christentum über den Donauweg« zu den Bayern gekommen. Hingegen »setzt die gotische Festbezeichnung *Dult* bereits ein intensiviertes Christentum voraus und wird deswegen auf dem Alpenweg durch langobardische Vermittlung« um 600 nach Oberdeutschland gelangt sein.[128] Dafür sprechen nicht bloß die geographische Nähe, sondern auch die politisch-gentile Gemeinsamkeit sowie die Tatsache, daß es unter den Agilolfingern sowohl Katholiken wie Arianer gab.[129]

1. Bistümer und Bischöfe im 6. und 7. Jahrhundert

Der Metropolitanverband von Aquileia

In den Jahren und Jahrzehnten nach dem Einfall der Langobarden in Italien erlebte der spätantike Metropolitanverband von Aquileia schwerwiegende Einbußen und tiefe Spaltungen: Rätien und Norikum gingen an Franken, Bayern und Slawen verloren. In Pannonien ließen sich die Awaren nieder. Der Einfall der Langobarden bewirkte 568 die Flucht des Patriarchen Paulinus I. nach Grado. Die zweifellos nicht als Dauerlösung gedachte Entscheidung führte noch am Beginn des 7. Jahrhunderts zur endgültigen Spaltung des Patriarchats. Dessen festländischer Inhaber residierte nun im langobardischen Cormons, während der gradensische Patriarch in der von Byzanz gehaltenen Lagune saß. Norditalien war zwischen Langobarden und Konstantinopel geteilt; eine Spaltung, die der leidige Drei-Kapitel-Streit noch vertiefte.[130]

Der drohende Zerfall des aquileischen Metropolitanverbands und die Gefährdung seiner alpinen wie pannonischen Außenposten erweckten ein so starkes Interesse sowohl der Zeitgenossen wie auch der Nachwelt, daß eine verhältnismäßig reiche Überlieferung erhalten blieb. Daher weiß man, daß dem Patriarchen, als er 572/vor 577 in Grado eine Synode abhielt, Venetien und Istrien, die Raetia II und Binnennorikum sowie die Pannonia I unterstanden.[131]

Im einzelnen werden als Teilnehmer der Synode genannt:

Bischof Vigilius von Scarabantia-Ödenburg, der die Pannonia I damals wohl schon verlassen hatte; nicht unmöglich, daß er 568 mit den Langobarden nach Italien ging. Unter den Völkern, die sich Alboin anschlossen, werden ausdrücklich Pannonier und Noriker erwähnt.[132]

Die Bischöfe Johannes von Celeia-Cilli und Patricius von Emona-Laibach, die wegen des Vordringens der Awaren und Slawen spätestens am Beginn der neunziger Jahre nach

Istrien geflohen waren. Damit hatte auch in diesem Teil Binnennorikums und des nordöstlichen Italien oder der Savia die spätantike Kirchenorganisation ihr Ende gefunden.[133]

Die ebenfalls binnennorischen Bischöfe Leonianus von Teurnia und Aaron von Aguntum-Lavant. Hierher hatte sich »einige Jahre vor 567« Vitalis von Altinum geflüchtet. Der Bischof, der mit Narses in Konflikt geriet, war wohl der erste Patron von Venantius Fortunatus.[134]

Schließlich waren Materninus von Sabiona-Säben aus der Raetia II sowie der venetische Flaminius von Trient nach Grado gekommen.[135]

Im Jahre 591 baten einige »langobardische« Bischöfe Aquileias den Kaiser um Hilfe. Gregor der Große hatte soeben seinen Pontifikat angetreten und beabsichtigte, im aquileischen Schisma scharf durchzugreifen, wofür ihm Konstantinopel grünes Licht gab. Dagegen wandten sich alle Suffragane Aquileias, und die Bischöfe unter langobardischer Herrschaft gaben nachdrücklich zu bedenken: Wenn sich der Papst durchsetzte, würde »die letzte institutionelle Klammer fallen, die das langobardische Gebiet mit Grado und dem Oströmischen Reich verband. Die Bischöfe beriefen sich auf den Eid, den jeder bei seiner Ordination abgab, dem Reich die Treue zu wahren.« Sie seien nun die »Kirche außerhalb des Reichs«, *ecclesia in gentibus.* Sie hofften auf eine Restauration; bis dahin könne Konstantinopel durch sie jenseits der Reichsgrenzen Einfluß ausüben.[136] Sollte der Kaiser jedoch anders entscheiden, so würde man sich von den benachbarten Bischöfen des Frankenreichs die Weihen holen. So etwas sei früher schon im Falle von Virunum, Teurnia und Aguntum geschehen. Hätte damals nicht Kaiser Justinian entsprechende Befehle erteilt, dann wären in diesen Bistümern nicht bloß fränkische Priester von fränkischen Bischöfen eingesetzt, sondern der aquileische Metropolitanverband gänzlich aufgelöst worden. Gerade das drohe nun zu geschehen.[137] Die Identifizierung der drei Bistümer des binnennorischen Drautals blieb nicht ohne Widerspruch; sie dürfte dennoch das Richtige treffen, obwohl das Bistum Virunum sonst nirgends vorkommt.[138]

Den Brief an den Kaiser unterschrieben auch Ingenuinus von Säben und Agnellus von Trient, die schon deswegen gut bekannt sind, weil sie im langobardisch-fränkischen Krieg so tapfer ihren Mann gestanden hatten.[139]

Wenig mehr als ein Jahr vor dem ersten bayerisch-slawischen Zusammenstoß im Drautal waren sich die festländischen Suffragane Aquileias bloß ihrer Gefährdung durch die Franken bewußt. Von den Slawen war noch nicht die Rede.[140] Bald darauf ging aber ganz Binnennorikum gerade an sie verloren, und nirgends überlebte die spätantike Kirchenorganisation. Die Nachrichten über ihre Existenz stammen buchstäblich aus letzter Minute.

Säben und Trient

Sind von den binnennorisch-oberpannonischen Suffraganen Aquileias kaum mehr als Namen und die Gerade-noch-Existenz ihrer Bistümer bekannt, so weiß man über Trient und Säben wesentlich mehr; ja, ausführliche Bischofskataloge behaupten die institutionelle Kontinuität sowohl Trients wie Säbens, einen Sachverhalt, den »der archäologische Befund [...] jedenfalls nicht ausschließt«.[141]

Sabiona-Säben ist dem heiligen Kassian geweiht. Sein Kult breitete sich von Ravenna aus, woher wohl auch die Gründer gekommen waren. Dies könnte frühestens an der Wende vom 4. zum 5. Jahrhundert geschehen sein; doch wird die Sedes erst nach 550 bezeugt. Ob ein 559 genannter Marcellus nach Säben gehört, ist fraglich, obwohl sein Name im Bischofskatalog der Kirche steht. Der erste sicher bezeugte Bischof unterschrieb 572/vor 577 als *Materninus Sabionensis* die Konzilsakten von Grado. Daneben soll er aber auch noch zahlreiche andere Aktivitäten gesetzt und dabei Namensänderungen, wie Martinus, Marinus oder Martianus, »erlitten« haben. Als Maturinus nennt ihn der Säbener Bischofskatalog; eine Namensform, die der Gradenser Überlieferung näher als alle anderen kommt.[142]

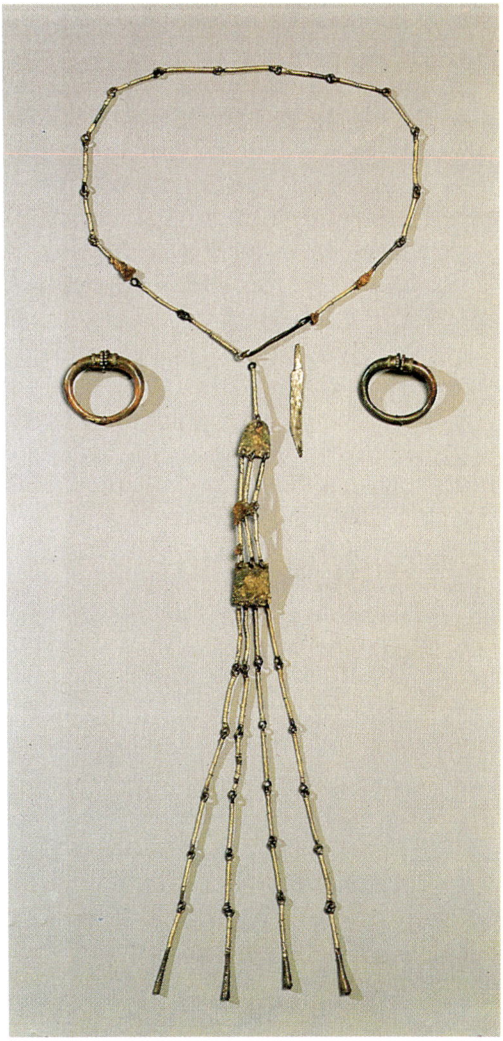

Gürtel mit Gürtelgehänge und bronzene Armreifen, gefunden im Gräberfeld rund um die frühchristliche Kirche in Säben

Gut bekannt ist dagegen der Nachfolger Ingenuinus (vor 577–nach 591); er wurde spätestens vom Beginn des 10. Jahrhunderts an als Heiliger verehrt. Man konnte stets bei Paulus Diaconus nachlesen, wie sich der Säbener Bischof 589/90 zusammen mit Agnellus von Trient im Kirchenstreit »korrekt« verhalten habe, *ab hoc schismate (cohibuit),* und wie beide 590/91 für die von den Franken bedrängten Etschtaler Romanen eingetreten waren. Im Jahr 591 unterzeichneten allerdings Ingenuinus und Agnellus den Brief an den Kaiser Maurikios und bekräftigten damit ihren schismatischen Standpunkt, den Paulus Diaconus ebenso mißverstand wie er keine Vorstellung mehr vom Wesen des Drei-Kapitel-Streits hatte.[143] Nach 591 verstummen die Nachrichten über Säben; erst 769 wird der nächste Bischof zweifelsfrei bezeugt.[144] Die Namen des Bischofskatalogs, deren Reihenfolge wohl in Unordnung geriet, beweisen allein noch keine institutionelle Kontinuität der Säbener Sedes.[145] Auch die eindrucksvollen archäologischen Funde der jüngsten Zeit[146] sind nicht ganz exakte Quellen, die Antwort auf verfassungsgeschichtliche Fragen geben könnten. Aber ohne

Zweifel überlebte Säben als politischer und geistlicher Vorort der Eisacktaler Romania.[147]

Noch aus der Trienter Gotenzeit ist ein Bischof Eugippius bekannt, der wohl um 530 auf dem Doss Trento eine Kirche zu Ehren von Cosmas und Damian weihte. Sein Name kommt im Trienter Bischofskatalog vor; hingegen fehlt der des Flaminius, des Teilnehmers an der Synode von Grado. Von spätestens Frühjahr 577 bis mindestens 591 war Agnellus Bischof von Trient und trat mehrfach gemeinsam mit Ingenuinus von Säben auf.[148] Ohne seinen Amtsbruder reiste er auf Befehl König Agilulfs ins Frankenreich, um gefangene Romanen freizubekommen. Seine Mission hatte insofern Erfolg, als sich die fränkische Königin Brunichilde persönlich um den Loskauf einiger Verschleppter bemühte. Agnellus und Ingenuinus übten als »langobardische« Bischöfe eine spirituell-karitative Tätigkeit aus. Den Frieden mit dem Frankenreich schloß 591 aber nicht der romanische Bischof, sondern der langobardische Herzog von Trient.[149] Im selben Jahr konnten Agnellus wie Ingenuinus dem Kaiser dennoch mit Recht sagen, daß es ihren Bemühungen zu verdanken sei, wenn die Kirche im Langobardenreich weiterhin mit dem Römerreich in Verbindung stünde.[150]

Vielleicht war Agnellus der Erbauer des großartigen Doms, der in den letzten Jahrzehnten – mit wachsendem Erfolg – ausgegraben wird.[151] Unter Agnellus, und zwar in seinem dritten Bischofsjahr 580, vollendete Secund(in)us von Trient sein Geschichtswerk. Der Verfasser war Abt eines in oder bei der Stadt gelegenen Klosters. Der Konvent kann entweder als die erste frühmittelalterliche oder letzte spätantike Mönchsgemeinde des Ostalpenraums gelten. Secund(in)us griff auch in die große Politik ein; er taufte 603 Adaloald, den Sohn Agilulfs und der Theodelinde, und machte ihn damit zu einem katholischen Christen, der den Bischöfen von Rom stets wohlgefällig blieb. Der Abt dürfte daher im norditalienischen Schisma eine mittlere Position bezogen haben, obwohl er sich mit seinem Ordinarius offenkundig immer gut verstand. Auch datierte er noch 580 nach Kaiserjahren.[152]

Nach Agnellus zählt der Bischofskatalog viele Namen auf, die – mögen sie nun echt oder falsch sein – keine »Geschichte« haben. Erst im 9. Jahrhundert wird der nächste Bischof einwandfrei als handelnde Person bezeugt. Trotzdem dürfte die Kontinuität der Tridentiner Sedes außer Zweifel stehen.[153]

Der churrätische Kirchenstaat und der Mailänder Metropolitanverband

Der Bischof von Chur blieb der einzige ostalpine Suffragan Mailands. Seine Sedes überlebte die Stürme der Völkerwanderung ohne Unterbrechung.[154] Dies war nicht zuletzt deshalb möglich, weil in Chur das Bistum und die spätrömische Provinzialverwaltung vereinigt wurden und so ein Kirchenstaat entstand, der als Notabeln- und Familienherrschaft bis ins 9. Jahrhundert fortdauerte.[155] Der spätantike Dukat erlosch spätestens am Ende der Ostgotenzeit. Hingegen sind churrätische Praesides, die in der Tradition des zivilen Provinzstatthalters standen, bis ins 8. Jahrhundert bezeugt.[156] Obwohl keine Quelle des 6. und 7. Jahrhunderts die Praeses-Titulatur erwähnt, gibt es eine echte Grabinschrift vom Beginn des 8. Jahrhunderts, die für die Zeit um 600/20 von einem *(ver!) claresimus* spricht. Dieser Rang gebührte genau dem Praeses.[157] Spät ist auch die Vereinigung von Bischofsamt und Praesidiatus bezeugt; erst Tello – sein Testament stammt von 765 – war sicher Bischof und Praeses in einer Person.[158] Aber beide Gewalten waren lange schon im Besitz seiner Vorfahren, die mit einem Kunstausdruck als Victoriden bezeichnet werden. Für einen echten Leitnamen ist Victor freilich zu wenig belegt. Wie immer man auch diese Familie nennt, sie hatte anscheinend in Churrätien zunächst die weltliche Herrschaft errungen, bevor sie gegen Ende des 7. Jahrhunderts den ersten Bischof stellte.[159]

Am 7. Januar 548 setzte dem Bischof Valentianus sein Verwandter Paulinus ein Grabmal. Die Inschrift hebt die Trauer des Räterlandes, der *Retica tellus,* hervor und preist die Sorge des Verstorbenen um Arme und Gefangene. Dies entsprach dem typischen Bischofslob ebenso wie der Wirklichkeit, der sich etwa Agnellus von Trient und Ingenuinus von Säben zu stellen hatten. Möglicherweise folgte Paulinus seinem Onkel im Bischofsamt nach; doch kann diese Bischofsfamilie noch nicht als Victoriden gelten.[160]

Sowohl im Sommer 599 als auch im Mai 603 bereitete ein Bischof Theodorus so große Ungelegenheiten, daß sich Papst Gregor I. selbst einschaltete. Theodorus war Suffragan des Mailänder Erzbischofs, hatte aber seine Diözese fluchtartig verlassen und hielt sich bei den Franken im Raum von Autun auf. Der Papst forderte seine Auslieferung an Mailand. Vier Jahre später wandte sich Gregor I. an Mailand, wo inzwischen ein neuer Erzbischof residierte, um eine Untersuchung einzuleiten: Ein Bischof Theodorus fühlte sich von seinem Metropolitan hintergangen und hatte deswegen beim Papst Beschwerde geführt. In keinem der beiden Schreiben wird die Diözese des Unruhestifters genannt. Da aber unter allen Bischöfen des Mailänder Sprengels ein Theodor allein in Chur nachzuweisen ist und auch der Name im Bischofskatalog vorkommt, ist seine Zuständigkeit für das rätische Bistum wahrscheinlich. Allgemein liest man, Theodorus sei wegen des Drei-Kapitel-Streits in Schwierigkeiten geraten. Warum ging er aber deswegen ausgerechnet nach Gallien und setzte sich nicht zu den »langobardischen« Bischöfen Aquileias ab, die seine Gesinnungsgenossen gewesen wären? Wie dem auch sei, die Zugehörigkeit Churs zu Mailand wäre damit für die Zeit um 600 zu erschließen.[161]

Als der heilige Columban 610/11 nach Bregenz kam, fand er weder diesen Ort noch dessen Bewohner sonderlich angenehm. Die hier ansässigen Heiden und Halbchristen weigerten sich, ihn und seine Begleiter zu versorgen, so daß die irischen Fremdlinge bald großen Hunger litten. Als Sofortmaßnahme geschah zunächst ein Wunder; aber am vierten Tag sandte ein ungenannter Bischof »aus den benachbarten Städten eine Menge Getreide«.[162] Dieser Bischof gilt zumeist als Gaudentius von Konstanz. Das Bistum dürfte damals jedoch kaum schon bestanden haben. Jedenfalls war Gaudentius erst um 630 Bischof der Stadt. Auch konnte Konstanz den Churer Einfluß vom Südostufer des Bodensees nur allmählich zurückdrängen. Am Beginn des 7. Jahrhunderts war hier die Position des Romanenbistums, das seine Leute selbst zu Bischöfen von Konstanz machte, noch ungebrochen. Der ungenannte Bischof, dessen »Hilfszug« aus der unmittelbaren Umgebung kam, residierte daher wohl in Chur. Demnach war er entweder der unmittelbare Vorgänger Bischof Victors I. oder dieser selbst.[163]

Bischof Victor nahm an der großen Synode des unter König Chlothar II. (584–629) wiedervereinigten Frankenreichs teil; ihre Schlußakte wurden am 10. Oktober 614 promulgiert.[164] Das Dokument nennt keinen Konstanzer Vertreter.[165] Bischof Victor I. von Chur war Suffragan des Mailänder Metropolitanverbands und erschien trotzdem auf einer Versammlung der fränkischen Reichskirche. Wie sein Vorgänger Theodorus fühlte er sich an den Westen gebunden; ja, er unterstützte wahrscheinlich sogar die von den Merowingerkönigen ausgesandten Glaubensboten, obwohl sie sich im alamannisch-romanischen Grenzgebiet seiner Diözese sehr unbeliebt gemacht hatten.[166] Bischof Victor muß auch ein Zeitgenosse des namenlosen Praeses von 600/20 gewesen sein, den die Victoriden des 8. Jahrhunderts als ihren Vorfahren ehrten.[167] Die frühen Victoriden waren vielleicht fränkischer Herkunft, jedenfalls aber merowingische Mandatsträger. Obwohl Victor I. nicht dieser zugewanderten Familie zugezählt wird, dürfte er ihre Politik unterstützt haben und vielleicht mit ihr verschwägert gewesen sein. Sein Name lebte dann in der bedeutendsten churrätischen Familie fort.[168]

Die Churer Bistumsgrenzen beschreiben das »Reichsguturbar« im 9. Jahrhundert und zum Teil ein Barbarossa-Diplom im 12. Jahrhundert. Beide Quellen beziehen sich auf frühere Zustände; ja, die Königsurkunde nennt sogar den Merowinger Dagobert I. (623–639) als Urheber der Grenze zwischen Chur und Konstanz.[169] Demnach reichten die Churer Grenzen vom Vorarlberger Walgau bis zum Bergell und vom Vorderrheingebiet bis zum Vinschgau. Das Bistum umfaßte den heutigen Kanton Graubünden, das Tiroler Etschtal bis Meran, das Samnaun- und obere Paznauntal in Nordtirol, das Montafon sowie das Kloster- und Illtal vom Arlberg bis Rankweil und damit den größten Teil Vorarlbergs sowie das Fürstentum Liechtenstein.[170] Die inneralpine Ostgrenze Churs deckte sich weitgehend mit der alten Provinzgrenze zwischen der Raetia I und Raetia II.[171] Hingegen ging der Vorarlberger und Schweizer Anteil, den die Raetia I südlich des Bodensees besaß, an die Alamannen und »ihr« Bistum Konstanz verloren.[172]

Konstanz und Augsburg

Die Bistümer Konstanz und Augsburg verdanken ihre erste entscheidende Förderung dem Merowingerkönig Dagobert I. Der Columban-Schüler Gallus erlebte Konstanz bereits »als festgefügte Institution«. Eine Gründung des Bistums nach 614 unter Chlothar II. wirkt sehr wahrscheinlich. Der Bischofskatalog nennt Gaudentius an vierter Stelle. Dieser Bischof lebte um 630 zur Zeit des Alamannenherzogs Gunzo. Sein Nachfolger sollte der heilige Gallus selber werden; doch lehnte er ab und bereitete seinen Diakon Johannes drei Jahre lang auf dieses Amt vor. Die daraus entstandene Sedisvakanz füllte angeblich ein Bischof Martianus, der in der ersten Hälfte der dreißiger Jahre von König Dagobert I. das Waldgebiet südlich des Bodensees als Dotation erhielt. Auch soll damals die Grenze gegenüber Augsburg an der Iller festgelegt worden sein. Schließlich erfährt man aus einer späten Quelle, Dagobert habe das Bistum von Vindonissa-Windisch nach Konstanz verlegt. Den unmittelbar vor Gaudentius genannten Ursinus bezeugt tatsächlich eine Inschrift aus Windisch. Die Namen Ursinus, Gaudentius und Martianus sind romanisch; der Räter Johannes stammte aus Quaradaves-Grabs im Rheintal südlich des Säntis. Das Bistum Konstanz ist also ohne »die rückwärtige Verbindung mit der Romania in Chur« nicht denkbar.[173] Allerdings wurde Johannes bereits von fränkischen Bischöfen geweiht, ohne daß der Churer Oberhirte mitgewirkt hätte.[174]

Der »österreichische« Anteil des Augsburger Bistums umfaßte bloß das Tiroler und Vorarlberger Lechtal. Dieser schmale Keil grenzte im Westen an Konstanz, im Süden an Chur und im Osten an Säben. Das obere Lechtal war im Frühmittelalter noch kaum oder wenig besiedelt; aus dem 6. und 7. Jahrhundert fehlen alle Nachrichten. Das Quellgebiet des Lechs wurde erst von den spätmittelalterlichen Walsern erschlossen. Die Behandlung von Augsburg würde daher in diesem Rahmen einen glatten Anachronismus bedeuten, hätte nicht Venantius Fortunatus um 565 die Verehrung der heiligen Afra erwähnt und damit eine für den gesamten Donau- und Ostalpenraum wichtige Kontinuität bezeugt. Die Kulttradition dürfte, wie die jüngsten Ausgrabungen eindrucksvoll lehren, niemals abgerissen sein und scheint selbst im 7. Jahrhundert das Zentrum monastischen Lebens gebildet zu haben. Hierher kam die burgundische Luxeuil-Mission, und hier erfolgte, wie Bestattungen der Zeit Dagoberts I. zeigen, ein Wiederanknüpfen an den spätantiken Kult. Kein Wunder, daß dieser Merowingerkönig selbst als Gründer eines Bistums Augsburg überliefert wird. Es wäre denkbar, »daß sich an der Memorien- und Wallfahrtskirche von St. Afra schon sehr früh eine Mönchsgemeinde gebildet hatte und daß deren Abt zugleich Bischof von Augsburg war«. Dazu paßt die, obgleich späte, Überlieferung, wonach ein Tagapreht, der die Augsburger Bischofsliste anführt, bei St. Afra gelebt habe.[175]

2. Glaubensboten des 7. Jahrhunderts

Columban

Von seiner Gründung Luxeuil vertrieben, kam der heilige Columban »mit den Seinen« frühestens im Sommer 610, wahrscheinlich aber im Frühjahr 611 nach Bregenz, den ersten Ort des heutigen Österreichs, der nach den Stürmen der Völkerwanderung wieder genannt wurde. Der Ire hatte auf königlichen Befehl das Ziel seiner – unterhalb von Mainz begonnenen – Rhein-Reise erreicht. Bregenz östlich des Rheins gilt dem Columban-Biographen als ein Ort der Germania; eine geographische Zuordnung, die von der antiken Terminologie abweicht, jedoch im Einklang mit der Wirklichkeit des 7. Jahrhunderts steht: Bregenz befand sich an einer Grenze zwischen Heiden und Christen, zwischen Alamannen und Romanen. Hier geschah es, daß Heiden und Christen gemeinsam den Bierhumpen zu Ehren Wodans hoben. Kein Wunder, daß Columban dagegen vorging und den Zechern das Bier samt dem Kessel verdarb. Diese bekehrten sich zwar scheinbar rasch zum Christentum, dürften sich aber insgeheim dadurch gerächt haben, daß sie den Heiligen und seine Leute hungern ließen. Columban gab sehr bald – spätestens im Frühsommer 612 – seine Bodensee-Zelle auf, ging nach Italien und gründete dort Bobbio. Sein Abzug – eine geplante Slawenmission stellte sich als undurchführbar heraus – war politisch durch den Sieg Theuderichs II. über seinen Bruder Theudebert II. notwendig geworden.

Beim Alamannenherzog Gunzo beschwerten sich die Bregenzer über die irische Invasion, die das herrschaftliche Jagdgebiet verletze. Auch die bodenständigen Dämonen und Teufel hatten Grund zur Klage über die »Fremden«, die sie aus ihren Heimstätten vertrieben hätten und ihnen die Verehrer abspenstig machten. Columban hatte nämlich drei Götzenbilder aus einer ehemaligen Aurelia-Kirche entfernt und das Heiligtum seiner ursprünglichen Bestimmung zurückgegeben. Wahrscheinlich waren die Aurelia-Reliquien zur Hand und wurden sogar in der profanierten Kirche neben den drei Götzenbildern aufbewahrt. Die Gegnerschaft zwischen Einheimischen und irischen Missionaren steigerte sich bis zur offenen Feindschaft; zwei Iren wurden getötet. Darauf zog sich Gallus nach Arbon zurück. Hier wußte er den guten Priester Willimar, der schon die anreisenden Iren aufs tatkräftigste unterstützt hatte. Obwohl es Fremde und Bregenzer nicht leicht miteinander hatten, wollten doch viele Iren – gegen den Willen des Meisters – am Bodensee bleiben und nicht nach Bobbio weiterziehen. Gallus wurde für seine Entscheidung sogar mit dem Verbot bestraft, zu Lebzeiten Columbans jemals die Messe zu lesen.[176]

Eustasius

Unter den Begleitern Columbans befand sich auch Eustasius, der spätere Abt von Luxeuil.[177] Zu Bregenz lernte er aus eigener Anschauung, wie notwendig eine konsequente Christianisierung des Raums zwischen Hochrhein, Donau und Alpen war. Zugleich erkannte er aber auch die Schwierigkeiten, die einem solchen Werk entgegenstanden. Daher befürwortete Eustasius eine Missionspolitik der kleinen Schritte und begann damit zunächst in der Umgebung des burgundischen Klosters. Sein erstes Ziel waren die waraskischen Nachbarn Luxeuils, unter denen es Heiden, aber auch »Arianer« der photinischen und bonosianischen Spielarten gab. Eustasius hatte Erfolg und ging darauf ins bayerische Hauptland. Den Abt von Luxeuil begleitete sein Schüler Agilus, vielleicht ein burgundischer Agilolfinger, der sich den bayerischen Verwandten verpflichtet fühlte. Die bayerische Luxeuil-Mission könnte bereits um 615 geschehen sein; sie wird jedenfalls in zeitlicher Nähe zum Tod Columbans überliefert. Luxeuil übernahm nach der Rückkehr seiner Glaubensboten sowohl die Verehrung der heiligen Afra wie die des heiligen Florian. Demnach hätten Eustasius und die »klugen Männer, die das begonnene Werk eifrig fortsetzen sollten«, den Bayern nicht bloß etwas gebracht, sondern auch deren spätantike Kulte übernommen.[178]

Das Eustasius-Unternehmen hatte ein bezeichnendes Nachspiel. Agrestius, ein ehemaliger königlicher Notarius, wurde Mönch in Luxeuil. Eines Tages verlangte er, als »Verkünder unter den Heidenvölkern« eingesetzt zu werden. Eustasius verweigerte die Erlaubnis, da er Agrestius dafür Eignung wie Festigkeit im Glauben absprach. Was an dieser Geschichte eine nachträgliche Prophezeiung, was Menschenkenntnis des Abtes war, was vielleicht sogar politische Gründe hatte – Agrestius war ein Parteigänger des Ende 612 verstorbenen Theuderich II. gewesen, der Columban so heftig verfolgt hatte –, ist schwer zu entscheiden. Agrestius verließ jedenfalls gegen den Willen seines Abtes das Kloster, ging vor 626 zu den Bayern und von dort nach Aquileia, wo er sich der antirömischen Richtung im Drei-Kapitel-Streit anschloß. Da er auch auf andere Weise der römisch-fränkisch-katholischen Sache schadete, bewahrte man Agrestius in Luxeuil kein gutes Andenken und kommentierte böse sein bayerisches Wirken.[179] Der Agrestius-Skandal beleuchtet die schwierige Lage des bayerischen Christentums.[180]

Amandus

Bald nach Agrestius ereignete sich das Intermezzo des Amandus. Dieser ruhelose Aquitanier hatte im Raum von Gent wenig Erfolg; darauf entschloß er sich zur Slawen-Mission. Die indolenten Objekte seines Eifers wußten aber nicht, daß Glaubensboten zu töten seien. Daher fand Amandus – zu seinem größten Bedauern – keine Gelegenheit, das Martyrium zu erleiden. Amandus »überschritt« die Donau, um sein Ziel zu erreichen. Da der Heilige aus den Niederlanden kam, muß er in Bayern die Donau überquert haben und in östlicher oder südöstlicher Richtung weitergezogen sein. Anscheinend stand Amandus mit Augsburg in Verbindung; in diesem Falle hätte er die Donau vielleicht bei der Lechmündung überschritten.[181] Jedenfalls muß Amandus die Slawen auf dem Boden des heutigen Österreichs und im Herrschaftsbereich Samos kennengelernt haben. Der Columban-Biograph Jonas, der von einer geplanten Heidenmission seines Meisters wußte,[182] befand sich von 643 an in der engsten Umgebung des Amandus.[183] Damit ist alles Wißbare gesagt. Die Verehrung des heiligen Amandus in Salzburg läßt sich mühelos aus der Tatsache erklären, daß Bischof Arn auch Abt von Saint-Amand war.[184]

3. Die Kirchenpolitik Herzog Theodos

Rupert, Emmeram, Corbinian

An der Wende vom 7. zum 8. Jahrhundert herrschte in Bayern Herzog Theodo (vor 696–717/18). Der Agilolfinger war als erster willens und imstande, kirchenpolitisch die »Dinge nicht mehr so gehen zu lassen, wie sie eben gingen«.[185] Während seiner Regierungszeit kamen drei oder vier linksrheinische Franken nach Bayern, um hier das Christentum zu erneuern und eine Kirchenorganisation zu schaffen. Nach einer bis ins Hochmittelalter zurückreichenden Überlieferung hätten in Bayern zuerst Bischof Emmeram von Poitiers, danach der Wormser Bischof Rupert und schließlich ein Bischof Corbinian gewirkt, wobei letzterer seine Weihe in Rom empfing. Tatsächlich dürfte Rupert vor Emmeram ins Land gekommen sein und Emmeram im Regensburger Erhard einen Vorgänger gehabt haben. Jedem der drei Glaubensboten Rupert, Emmeram und Corbinian wurde noch im 8. Jahrhundert eine Vita gewidmet. Aber die Biographen berichten so, als habe es weder einen Vorgänger noch einen bischöflichen Zeitgenossen in Bayern gegeben. Vielmehr behaupten die Verfasser für jeden ihrer Helden eine allgemeine bayerische Zuständigkeit selbst dann, wenn er bloß in einem Teil des Herzogtums, wie Rupert, oder in einem Teilherzogtum, wie Corbinian, tätig war. Eine solche

»unkoordinierte« Darstellungsweise entspricht zwar der gattungsgeschichtlichen Absicht. Sie wirkt jedoch etwas merkwürdig, da die Legenden Emmerams und Corbinians denselben Verfasser haben und die Rupert-Vita aus demselben geistigen Ambiente stammt. Ebenso beschreiben die ursprünglichen Fassungen aller drei Legenden das agilolfingische Bayern als ein bereits bekehrtes Land, dessen Christentum aber jung, von Heiden wie Häretikern bedroht und daher unterstützungsbedürftig sei.[186]

In zwei Punkten unterscheidet sich jedoch Ruperts Wirken in Salzburg von dem seiner beiden Amtsbrüder in Regensburg und Freising. Zunächst sind Emmeram und Corbinian – wie Rupert – durchaus willkommene Gäste im Lande.[187] Die Präliminarien ihres Kommens halten jedoch keinen Vergleich mit Theodos Bemühungen um den Wormser Bischof stand. Der Bayernherzog »hört« von Rupert und lädt ihn persönlich ein. Darauf sendet dieser zunächst seine Beauftragten, *legati,* und macht sich erst dann selbst auf den Weg. Aus der Sprache der Legende in die unserer Tage übertragen, heißt das: Theodo bemühte sich intensiv und längere Zeit um den fränkischen Bischof, der keineswegs bereit war, die Katze im Sack zu kaufen.[188] Und zum andern bezeugen die urkundennahen Quellen, daß sich Ruperts Umsicht in höchstem Maße bezahlt gemacht hat. Die rechtlich-institutionelle Ausstattung, die Rupert in Salzburg und Umgebung erhielt,[189] übertraf bei weitem die Möglichkeiten der beiden anderen Glaubensboten.[190] Der Wormser Bischof verfügte in Salzburg über so außergewöhnlich reiche wirtschaftliche Mittel, daß bloß der Schluß bleibt, der Herzog habe ihn unbedingt für Bayern gewinnen wollen, um mit ihm die »erste Kirchenreform« im Lande durchzuführen.[191]

Von den Salzburger Computisten des 12. Jahrhunderts bis zur Geschichtswissenschaft unserer Tage sind die beliebtesten Fragestellungen erstaunlich gleichgeblieben: Man will wissen, wann Rupert von Worms nach Salzburg ging, warum er dies tat, wann er starb und ob er seinen Tod in Salzburg oder in Worms fand. Die Antworten auf die vier Fragen lassen sich heute folgendermaßen zusammenfassen: Der Wormser Bischof Rupert kam spätestens im Jahre 696 nach Bayern und ließ sich schließlich im einst römischen Salzburg nieder, wo er eine vorhandene Kulttradition erneuerte und eine schöne große Peterskirche errichtete. Der Grund für die unkanonische Aufgabe des Bistums Worms könnte in politischen Schwierigkeiten mit Pippin II. gelegen sein; doch wäre auch die überlieferte Einladung durch den Bayern-Herzog Theodo, der mit den Rupertinern verschwägert war, für sich allein schon Grund genug. Bischof Rupert wurde in Bayern weder Landesbischof noch ein Salzburger Abtbischof, sondern war ein Reformer des bayerischen Christentums an der Slawen- und Awarengrenze. Der heilige Rupert war auf dem Höhepunkt der Machtentfaltung Pippins II. und seiner Söhne aus erster Ehe in Bayern tätig. Im Jahre 708 starb der Pippin-Sohn Drogo. Die alamannischen Feldzüge der Jahre 709/12 führte der bisher allmächtige Hausmeier Pippin nicht mehr selbst durch; sie blieben auch weitgehend erfolglos. Anfang 714 starb Grimoald, der zweite legitime Sohn Pippins, und am Ende des Jahres starb der Frankenherrscher selbst. Die große arnulfingische Sukzessionskrise hatte begonnen. Gestorben ist Rupert nicht in Salzburg, sondern in Worms, das er am Ende seines Lebens wieder aufsuchte, nachdem er für sein Salzburger Wirken einen Nachfolger bestimmt hatte. Sein Tod fiel auf einen 27. März; das Jahr ist nicht überliefert und läßt sich nur ungefähr erschließen.

Es wäre denkbar, daß die augenscheinliche Abnahme der arnulfingischen Macht einen fränkischen Exilierten zur Rückkehr aus der Fremde veranlaßte. Eine solche Rückkehr muß im Falle Ruperts vor 715/16 erfolgt sein, da er zum Zeitpunkt des päpstlichen Organisationsplans vom 15. Mai 716 sicher nicht mehr in Bayern weilte. Ruperts Todesjahr könnte daher frühestens 716, eher aber danach gewesen sein.[192]

Rupert in Salzburg

Als Rupert spätestens 696 an die Salzach kam, erhielt er vom Herzog die »Stadt«, *oppidum,* Salzburg mit dem *castrum superius,* der Oberburg auf dem Festungsberg. Beides zusammen bildete die zentrale grundherrschaftliche Einheit des Salzburggaus. In der Oberburg stand bereits eine Martinskirche; sie war dem vornehmsten Merowingerheiligen geweiht. Gerade mit dem Niedergang der Königssippe setzte eine starke Verbreitung des Martinspatroziniums in den fränkischen Außendukaten ein; selbst Rätien wurde an der Wende vom 7. zum 8. Jahrhundert davon erreicht.[193] In der Romania des Salzburggaus lag auf dem Georgenberg die »Kuchler Burg«, das *castrum Chuchil,* das der heilige Severin einst aufgesucht hatte.[194] Außer den politisch-militärischen Zentren, an denen Rupert zumindest die Nutzung zugestanden wurde, erhielt der Bischof reichen Grundbesitz sowie Anteil an der gewinnträchtigen Salzerzeugung von Reichenhall.[195] Die Schenkungen von Land und Leuten, Produktionsstätten und Steuerleistungen stammten aus herzoglichem Besitz.[196] Damit war auch die Herrschaft über Menschen verbunden, die sich in differenzierten rechtlichen Formen darstellte.

Es heißt, Rupert sei an die Salzach gezogen, um von hier aus die Slawenmission zu beginnen.[197] Daß dieser Gedanke hinter Ruperts Beauftragung stand, mag stimmen, aber seine tatsächlichen Erfolge auf diesem Gebiet hielten sich in Grenzen; so ist nirgends überliefert, daß er selbst aktive Mission getrieben hätte. Was immer daher Ruperts kirchenpolitische Aufgaben waren, er hatte auch einen eindeutig weltlichen Herrschaftsauftrag zu erfüllen: Der »Herr Rupert« – die ältesten Quellen nennen ihn *domnus* und nicht *episcopus Hrodbertus*[198] – sollte den bayerisch-altnorischen Raum zwischen Chiemsee und Attersee organisieren. Hier kam es zur gezielten Erfassung des romanischen Elements. Als Rupert damit Erfolg hatte, errichtete Herzog Theotpert spätestens 711/12, wahrscheinlich aber schon sehr viel früher in Salzburg seine Residenz.[199] Oder mit anderen Worten: Rupert hatte deswegen an der Salzach eine so hervorragende Stellung aufbauen können,

Der heilige Rupert tauft Heiden. Miniatur aus dem Antiphonar von St. Peter in Salzburg, um 1160

weil er die agilolfingische Herrschaft im Südosten Bayerns wesentlich stärkte und die Wiedergewinnung Binnennorikums, die rund drei Generationen zuvor militärisch gescheitert war,[200] administrativ-kirchenpolitisch vorbereitete. Als Verwandter der Agilolfinger und aus bester Familie, war der »politische« Bischof, der bereits mit zahlreichen Helfern ins Land kam und sich auch später um Nachschub bemühte,[201] wie kein zweiter für die ihm zugedachte Aufgabe geeignet.

Die Betonung des Herrschaftsauftrags steht nicht im Widerspruch zu den kirchlichen Aufgaben Ruperts. Er begann seine Aktivitäten in Lorch an der Enns und ging dann über Seekirchen am Wallersee nach Iuvavum, was man als Erfüllung kanonischer Vorschriften bei der Errichtung eines Bistums verstehen könnte. So berichtet die Rupert-Vita, der Heilige habe sich in seinem Handeln durch den *canonicus ordo* leiten lassen.[202] Daß er einen Abt als seinen Nachfolger einsetzte,[203] steht dazu nicht im Widerspruch. Rupert war offenkundig der monastischen Tradition verpflichtet. Auch hatte er – nach beiden Fassungen seiner Vita – weder ein Bistum Salzburg vorgefunden noch ein solches gegründet. Rupert konnte daher für ein nicht vorhandenes Bistum auch keinen Nachfolger einsetzen. Tatsächlich hätte die Nachfolgeregelung durch den Vorgänger in einem richtigen Bistum der päpstlichen Auffassung und den kanonischen Vorschriften widersprochen, wie dies selbst ein Bonifatius 743 erfahren mußte.[204] Zum Unterschied von Emmeram und Corbinian sah Rupert keine Veranlassung, noch hegte er den unstillbaren Wunsch, nach Rom zu gehen und den Papst zu besuchen.[205]

Gegen Ende seines Salzburger Aufenthalts unternahm Rupert in enger Verbindung mit dem Herzog zwei Neugründungen; es entstanden die Maximilianszelle im Pongauer Bischofshofen und das Frauenkloster Nonnberg. Die Maximilianszelle geht auf die Zeit der bayerischen Intervention in Italien 711/12 zurück: Tonazan und Ledi, die Häupter der Leute von Albina-Oberalm, gingen salzachaufwärts, um dort zu jagen und Gold zu gewinnen. Ihre Expedition gab den Anstoß zur Entstehung der Maximilianszelle durch die »Wiederentdeckung« eines lokalen Maximilian-Kults. Davon unterrichtet, sicherte sich Rupert die Erlaubnis des Herzogs, »in Pongau« eine Kirche zu bauen, und leitete selbst die Arbeiten. Da Theodo kränkelte und Theotpert das Herzogtum übergab, stattete schon der Nachfolger die Zelle mit einer großen Waldschenkung aus. Danach gaben auch die Albina-Leute Besitz in Puch-Oberalm, das heißt gut kultiviertes Fiskalland, das im Obereigentum des Herzogs stand. Damit war die Stiftung im Gebirge wirtschaftlich abgesichert. Eine Kirche und Wohngebäude wurden errichtet, wo die von Rupert abgeordneten Mönche und Kleriker den vorgeschriebenen Gottesdienst hielten. Als die eigentliche Gründerfamilie übten die Leute von Albina weiterhin Einfluß auf die Zelle aus; Ledi und sein Bruder Urso sandten zwei ihrer Sprößlinge nach St. Peter, damit sie dort eine geistliche Erziehung erfuhren. Auch diese beiden waren Brüder; sie erhielten nach ihrer Ausbildung von Rupert die Hälfte des Oberalmer Familienbesitzes zur lebenslangen Nutzung. Das Wirken einer weiteren Albina-Generation wurde durch den Überfall heidnischer Slawen, die ausdrücklich Grenznachbarn genannt werden, mit einem Schlag beendet; die zerstörte Zelle lag bis in die vierziger Jahre wüst.[206]

Zwischen 712 und 715 kehrte Rupert in sein Bistum Worms zurück, um weitere Helfer zu holen. Da die seligen Chuniald und Giselhari 711/12 die Gründung der Maximilianszelle bereits miterlebten, dürften sie der ursprünglichen Begleitung Ruperts angehört haben. Unter den Neuankömmlingen wird bloß Ruperts Nichte Erintrudis namentlich hervorgehoben.[207] Mit ihr als erster Äbtissin und der wirtschaftlichen Unterstützung des Salzburger Herzogpaares Theotpert und Regintrud gründete Rupert das bis heute blühende Frauenstift Nonnberg. Nicht unmöglich, daß hier Regintrud nach dem Tod Theotperts die vierte Äbtissin wurde.[208]

Bischof Rupert von Worms reformierte das Christentum im bayerisch-romanischen Südosten an der Grenze zu Slawen und Awaren. Untrennbar verbunden war damit die Beauftragung des mit den Agilolfingern verschwägerten Rupertiners, die bayerische Herrschaft im altnorischen Gebiet zu stärken.[209] Der regelrechte *episcopus et abbas* Rupert steht dagegen erst im Salzburger Verbrüderungsbuch.[210] Als Leiter eines Bistums Salzburg kennen ihn die Breves Notitiae; sie erweitern 798/800 die Angaben des Verbrüderungsbuchs von 784 und der Notitia Arnonis von 788/90 zur Rupert-Legende.[211] Auch soll Rupert den einen oder anderen Ort benannt haben.[212] Tatsächlich bestimmte sein Wirken ein Leitmotiv, das die Zeitwörter »wiederherstellen, erneuern, roden und reinigen« ankündigen.[213] Rupert hat daher in Salzburg eher eine vorhandene geistliche Kommunität als Kloster St. Peter wiederbelebt oder reorganisiert, als sie von Grund auf neu gebildet. Für diese – aus Mönchen wie Weltgeistlichen bestehende – Gemeinschaft erbaute Rupert eine »wunderschöne Kirche«, ein dem heiligen Petrus geweihtes Gotteshaus. Kirche wie Kloster standen im Bereich des späteren Virgil-Doms.[214] Hingegen klafft am Ort der heutigen Erzabtei eine bauliche Lücke, die vom 5. bis ins 11. Jahrhundert reicht. Die Tradition St. Peters als älteste geistliche Kommunität Österreichs knüpft freilich mit demselben Recht wie das Bistum an Ruperts Wirken an, da beide Institutionen aus einer Wurzel stammen.

Der Bistumsplan von 716

Bischof Emmeram wollte um 715 von Regensburg aus den Papst aufsuchen, um bei den Apostelgräbern zu beten. Der Bruder der Herzogstochter, die Emmeram angeblich verführt hatte, bedrohte ihn an Leib und Leben. Da verlangte der Bischof die Gelegenheit, sich in Rom vor dem Papst und einem Vertreter seines Gegners zu rechtfertigen. Sie wurde ihm nicht geboten; der Herzogssohn ließ Emmeram unter Martern töten.[215] Diese Geschichte verbirgt kaum irgendwelche »eigentliche« Ereignisse oder Handlungsmotive; sie darf als Erzählgut eines kirchenrechtlich gebildeten Autors gelten. Das Bayern-Recht legte fest, daß nach der Gestalt des erschlagenen Bischofs, »den der König eingesetzt oder das Volk sich zum Bischof gewählt hat«, eine Bleitunika angefertigt und diese mit Gold aufgewogen werden solle. Die unrealistisch hohe Strafe für die Tötung eines Bischofs war wohl eine Art Lex Emmeram. Schon bevor man das Martyrium Emmerams mit neuen Argumenten auf die Zeit um 715 festgelegt hatte, galt Theodos Romreise als Bußfahrt für die Tötung des Bischofs.[216] Der bayerische Herzog kam nämlich 715/16 »als Erster seines Stammes« nach Rom, wie päpstliche und langobardische Quellen aufmerksam registrierten.[217] Allerdings steht Theodos Fahrt *ad limina* so sehr in Zusammenhang mit dem päpstlichen Responsum vom 15. Mai 716, daß die Errichtung einer romverbundenen und von den Franken unabhängigen bayerischen Kirche das eigentliche und vornehmste Ziel des Herzogs gewesen sein muß. Unter jenem Datum wies nämlich Gregor II. den Bischof Martinian, den Presbyter Georg und den Subdiakon Dorotheus an, eine bayerische Landeskirche zu gründen und Bistümer an denjenigen Orten einzurichten, wo bayerische Teilherzoge residierten. Am Sitz des Oberherzogs sollte das Erzbistum geschaffen werden. Von Anfang an war vorgesehen, den bayerischen Stamm in einer einzigen Kirchenprovinz zusammenzufassen.[218]

Der Plan kam nicht zustande; Theodo starb kurz darauf, und unter seinen beiden Nachfolgern teilte sich Bayern in zwei feindliche Lager.[219] Trotzdem interessierte sich Rom weiterhin für Bayern. So war Corbinian in Rom, bevor er zu Theodo nach Regensburg kam, was vor 717/18 gewesen sein muß. Aus dem Freising Grimoalds ging Corbinian am Beginn der zwanziger Jahre und noch vor seinem Zwist mit den Herzogspaar nochmals nach Rom, um dort die Bischofsweihe zu empfangen.[220]

4. Bonifatius und die bayerische Bistumsorganisation von 739

Im Frühsommer 719 betrat Bonifatius, ausgestattet mit der päpstlichen Missionsvollmacht vom 15. Mai des Jahres, zum ersten Mal »das unbekannte und Germanien benachbarte Land der Bayern«.[221] Mehr als diese Bemerkung ist nicht überliefert. Man weiß nicht, ob er einen Herzog aufgesucht und ob er Corbinian getroffen hat. Der Angelsachse kam zwischen 732 und vor 736/37 zum zweiten Mal nach Bayern, doch diesmal nicht als gewöhnlicher Presbyter, sondern bereits als *der* Missionserzbischof des Nordens. Gregor III. hatte ihm 732 mit dem Pallium auch das Recht der Bischofsweihe verliehen. Darauf dürfte ihn Herzog Hucbert eingeladen haben, in Bayern zu predigen und Kirchen zu visitieren. Hier stieß Bonifatius mit einem »Häretiker« namens Eremwulf zusammen. Dieser war wohl »ein einheimischer Kleriker, der in Lebens- und Amtsführung besonders schwer gegen die kanonischen Grundsätze verstieß und sich hartnäckig gegen jeden Zuspruch sperrte«.[222]

Erst beim dritten Bayern-Besuch 739 konnte der Angelsachse den ersten Teil des Bistumsplans von 716 verwirklichen. Gregor III. hatte ihn 737/38 als *universalis ecclesiae legatus Germanicus et archiepiscopus* zu seinem »unmittelbaren und mit allen Rechten versehenen Stellvertreter« gemacht. Auf Betreiben und mit Zustimmung Odilos wie der bayerischen Großen, aber selbstverständlich auch im Einvernehmen mit dem Papst richtete der Legat vier Bistümer ein. Dabei setzte er als ersten Johannes (739–746/47) in Salzburg, als zweiten Erembert (739–748) in Freising und als dritten Gaubald (739–761) in Regensburg ein.[223] Das vierte Bistum, Passau, besaß bereits in Vivilo (bezeugt 737/38) einen Bischof, der vom Papst selbst die Weihe empfangen hatte. Obwohl es ihn schmerzte, mußte Bonifatius die kanonische Rechtmäßigkeit Vivilos anerkennen.[224] Odilo hätte den Angelsachsen wahrscheinlich gerne als Erzbischof Bayerns gesehen, und auch dieser schien dem Plan nicht abgeneigt. Der Papst mußte Bonifatius ausdrücklich verbieten, »an einem Platz zu bleiben«,[225] was die Verwirklichung der bayerischen Pläne ausschloß.

Bonifatius hatte 739 erklärt, außer Vivilo gebe es keinen Bischof in Bayern. Bloß kurze Zeit vorher – wohl 738 – hatte Gregor III. aber an fünf »von uns sehr geliebte Bischöfe im Lande der Bayern und in Alamannien« geschrieben. Vivilo befand sich unter den Adressaten. Nimmt man Bonifatius wörtlich, dann hätten alle anderen vier Bischöfe in Alamannien oder zumindest nicht in Bayern residiert. Tatsächlich muß sich die Feststellung des Bonifatius auf die Rechtmäßigkeit bezogen haben, die außer Vivilo keiner der bayerischen Adressaten des Papstbriefes nachweisen konnte. Der Papst wandte sich nämlich auch an einen Liudo.[226] Dieser Bischof war wohl der *episcopus vacans* Liuti, der noch im Salzburg des frühen Virgil so großes Ansehen besaß, daß ihn die Leute von Oberalm gegen den noch nicht zum Bischof geweihten Iren ins Spiel brachten. Nicht unmöglich, daß Liuti 739 von Bonifatius in Salzburg nicht anerkannt wurde und Johannes weichen mußte. In diesem Fall hätte allerdings die bonifatianische *damnatio memoriae* so nachhaltig gewirkt, daß die Salzburger Tradition Liuti als fremden Bischof registrierte. Das Verbrüderungsbuch nennt nämlich seinen Namen im Ordo der vor 784 verstorbenen Bischöfe Bayerns, die nicht St. Peter angehörten. Die relative Chronologie der Eintragung läßt vermuten, daß Liuti in den späten vierziger, frühen fünfziger Jahren gestorben ist.[227]

V. Bistümer und Klöster im bayerischen Altsiedelland

Die bayerische Agilolfingerzeit ging mit einem Furioso zu Ende. Aber außer der Absetzung des Herzogsgeschlechts veränderte sich wenig im Lande, blieben die meisten Strukturen ungebrochen erhalten, setzten sich viele Entwicklungen fort. Es sind daher in erster Linie formale Gründe, die die Aufgliederung des folgenden Abschnitts bedingen. Die Darstellung wird übersichtlicher und kann besser aufgebaut werden.

Ebenso ist die Unterscheidung in Bistümer und Klöster zu erklären: St. Peter war nämlich zugleich eine monastische Gemeinschaft und der Sitz des Bistums Salzburg; eine Verbindung, die bis zum Ende des 10. Jahrhunderts bestand. Ähnlich verhielt es sich in Regensburg und Freising, wird aber auch in Passau kaum anders gewesen sein. Das Institut der Kloster- und Abtbischöfe bildete eine unentbehrliche Organisationsform überall dort, wo echte städtische Zentren fehlten. Diese Ordnung war daher keine »irische« Verirrung, sondern gehörte ebenso zum Erfahrungsschatz des romtreuen Angelsachsen Bonifatius.[228]

1. Salzburg zwischen Rupert und Virgil (ca. 716–746/47)

Zwischen Rupert und Virgil standen nacheinander je drei Äbte und Abtbischöfe dem Kloster St. Peter vor. Die älteste Überlieferung kennt die Reihenfolge: Abt Anzogolus, Abtbischof Vitalis, Abt Sauolus, Abt Izio, Abtbischof Flobrigis und Abtbischof Johannes. Die jüngere Tradition setzt Vitalis an die erste Stelle nach Rupert; doch dürfte dieser – entsprechend den kanonischen Vorschriften – keinen Bischof zum Nachfolger eingesetzt haben.[229] Versuche, die Namenliste mit dem päpstlichen Organisationsplan von 716 in Zusammenhang zu bringen, scheitern am Fehlen jeglicher Paralleltradition.[230] Auch nennen die Salzburger Güterverzeichnisse und Urkunden erst Abtbischof Johannes als Vorsteher St. Peters und Empfänger von Schenkungen.[231] Abtbischof Flobrigis kommt als *Flobarquardus* im Totenbuch von Michaelbeuern vor, was man mit der Entstehung des Klosters in Verbindung gebracht hat. Ein oder der Vorgänger des Johannes muß die große Waldschenkung Herzog Hucberts erhalten haben. Die wenig bekannten Männer vor Johannes bewahrten die rupertinische Tradition und somit den Vorsprung, den die Salzburger Kirche im Lande der Bayern besaß. Man sollte auch ihrer Namen – und viel mehr als diese werden nicht überliefert – in Dankbarkeit gedenken.[232] Wesentlich ausführlicher wird vom »überzähligen« Bischof Liuti berichtet; aber seine Tätigkeit »vergaß« die offizielle Tradition und blieb als fremde Memoria in St. Peter erhalten.[233]

2. Virgil als Abt und Bischof von Salzburg (746/47–784)

Virgils Werdegang bis 745

Am 10. Juni 747 oder vielleicht schon 746 war Abtbischof Johannes, der erste Salzburger Diözesan, gestorben.[234] Sein Nachfolger wurde Virgil, der von Quierzy nach Bayern gekommen war. Der Ire hatte ungefähr zwei Jahre am Hof des Hausmeiers Pippin III. verbracht und ging nun in dessen Namen zum Bayernherzog Odilo, »der damals Pippin unterworfen war«.[235] Virgil hatte mit mehreren Begleitern seine Heimat verlassen. Mit ihm hatten sich auf die Wanderschaft, *peregrinatio,* begeben: ein ihm untergebener Bischof Dobdagrecus und ein Presbyter Sidonius, von denen der eine als Ire bezeugt sowie als Dub-dá-Crích erschlossen wird, während der andere wohl auch ein Ire war und Sétnae geheißen haben könnte. Überdies erfährt man noch die Namen von mindestens vier Iren, die mit Virgil in Salzburg wirkten. Drei von ihnen zählten im Sommer 784 bereits zu den Toten;[236] der vierte, Dupliterus-Dublitti(e)r, beteiligte sich als Presbyter an der Karantanenmission, hinterließ aber sonst keine Spuren in Salzburg.[237] Die noch vor Virgil verstorbenen drei irischen Mönche dürften zu dessen ursprünglicher Umgebung gezählt haben. Dagegen war wohl Dublittir ein Nachzügler, der Namensvetter des berühmten Abtes von Finglas und eines der beiden Häupter der Célí-Dé-Bewegung. Die Identität des irischen Abtes mit dem karantanischen Missionar ist aus chronologischen Gründen nicht auszuschließen, da sich die früheste datierbare Nennung des Dublittir von Finglas auf die Synode von Tara bezieht, wo er 780 den Vorsitz führte. Aber wegen der ablehnenden Haltung, die die Célí-Dé-Bewegung der *peregrinatio* gegenüber einnahm, wirkt diese Gleichsetzung nicht sehr wahrscheinlich.[238]

Irischer Wanderprediger, Bronzerelief aus Aghaboe, Irland

Die »Bekehrungsgeschichte« bezeichnet Virgil als *vir sapiens et bene doctus.* Das Salzburger »Weißbuch« verwendet den Begriff *vir sapiens* einzig und allein an dieser Stelle. Wurde Virgil deshalb als weiser und sehr gelehrter Mann hervorgehoben, weil man in Salzburg nicht vergessen hatte, daß er ein irischer *sapiens* oder *suí* war? Der Ehrenname blieb zwar keineswegs einem *magister,* einem »Kloster-Professor«, vorbehalten; auch den Abt, den Bischof oder einen königlichen Laien konnte man damit auszeichnen. Trotzdem besitzt *sapiens* oder *suí* in irischen Quellen eine zählbare und meßbare Bedeutung und wurde nicht wie der Professorentitel unserer Tage jedermann verliehen.[239]

Erst aus Bayern stammen zwei urkundliche Quellen, die Virgil als Abt bezeugen; die ältere Salzburger Nachricht wurde wohl noch 747 niedergeschrieben, die jüngere Freisinger Carta entstand im ersten Halbjahr 748.[240] Allerdings scheint Virgil schon als Abt ins Land gekommen zu sein. Wie hätte man sonst den ihn begleitenden Klosterbischof Dobdagrecus seinen Untergebenen, seinen *proprius episcopus,*[241] nennen können? Gesichert ist jedenfalls, daß Virgil und Sidonius bereits Priester waren, bevor sie ihr Wirken in Bayern begannen.[242]

Großes Interesse erregte seit jeher die Frage, aus welchem irischen Kloster Virgil und sein Kreis kamen. Noch knapp vor dem Tod im Sommer 784 ließ Virgil die gesamte Abtliste des schottischen Inselklosters Iona-Hy in das Salzburger Verbrüderungsbuch eintragen. Wenn aber Iona Virgils geistige und geistliche Heimat war und er bereits als Abt auf den Kontinent kam, dann stellt sich die Frage, welches irische Kloster er in der Zwischenzeit geleitet hatte; denn ein Abt von Iona war er zweifellos nicht. Die Gleichsetzung Virgils mit Abt Ferg(h)il von Aghaboe-Achad Bó ist heute aufgegeben. Neuerdings scheint aber die Herleitung seiner Abtwürde aus Mittelirland, wenn auch in etwas modifizierter Weise, wieder zu Ehren zu kommen.[243]

Bleibt der Schluß: Virgil kam 743/44 mit einer Gruppe irischer *peregrini* auf den Kontinent. Er war ihr Haupt und sogar Vorgesetzter eines Bischofs, woraus seine Abtwürde folgt. Des weiteren besaß er die Priesterweihe und wegen seiner Gelehrsamkeit den Rang eines »Weisen«. Virgils genaue Herkunft ist nicht auszumachen; doch bestehen deutliche Beziehungen zu Iona und vielleicht eine gewisse Verbindung mit Aghaboe. Unbekannt bleibt schließlich der Grund seiner *peregrinatio.* Vielleicht war daran das Schisma schuld, das Iona lange Zeit heimsuchte; so enthält das Salzburger Verbrüderungsbuch auch die Namen der Gegen-Äbte. Möglich, daß Virgil die Heimat im Unfrieden verlassen hatte.[244]

Virgils Wirken in Bayern und Salzburg

Bereits Ende 745, Anfang 746 wirkten Virgil und sein Gefährte Sidonius in Bayern.[245] Als Priester erhielten sie von Erzbischof Bonifatius den Auftrag, an denjenigen Bayern eine neuerliche Taufe vorzunehmen, denen ein einheimischer Geistlicher das Sakrament *In nomine patria et filia et spiritus sancti* gespendet hatte.[246] Am 5. November 744 hatte Papst Zacharias dem Angelsachsen die Beauftragung für Bayern bestätigt und gleichzeitig seine Legation von Germanien auf ganz Gallien ausgedehnt.[247] Damit nahm Bonifatius »eine Stellung ein, die ihn nach dem Vorbild der alten Vikare zur vermittelnden Instanz zwischen Papsttum und fränkischer Kirche machte«.[248] Trotzdem verweigerten Virgil und Sidonius die Erfüllung des Befehls, rekurrierten nach Rom und behielten recht. Zacharias gab mit 1. Juni 746 seinem Legaten eine ausführliche Belehrung über die Ungesetzlichkeit des Auftrags, dessen Erfüllung eine unkanonische Wiedertaufe bedeutet hätte. Die nach der verderbten Formel Getauften mögen durch Handauflegung gereinigt werden, da doch selbst die Taufe im Namen der Dreieinigkeit gültig sei, wenn sie von ausgesprochenen Häretikern gespendet würde.[249]

Die Zurechtweisung scheint auf den ersten Blick um so berechtigter, als schon Gregor III. das Sprachenproblem erörtert und eine ähnliche Vorgangsweise empfohlen hatte.[250] Liest man aber die Weisungen, die Bonifatius von den Päpsten – beginnend mit Gregor II. über Gregor III. bis zu Zacharias – erhalten hatte, dann versteht man besser, warum er in der Tauffrage eine gewisse Unsicherheit zeigte.[251] Ohne Zweifel kannte der Angelsachse die kanonischen Konsequenzen aus dem Ketzertaufstreit der Alten Kirche. Aber es ging darum, und die päpstlichen Antworten auf seine Anfragen schienen Bonifatius zu bestätigen, daß eine Taufe ohne die Anrufung der Trinität in jedem Fall ungültig sei. Das bayerische Latein des einheimischen Priesters konnte der Angelsachse als »Im Namen Vaterland, Tochter und des Heiligen Geistes« verstehen, eine Formel, die – wörtlich genommen – jedenfalls nicht die Heilige Dreifaltigkeit meinte. Und nun mißachteten die beiden, eben erst angekommenen irischen Priester seinen erzbischöflichen Befehl.[252] Virgil und Sidonius waren aber keine Ketzer. Nach den Gesetzen und Gebräuchen ihrer irischen Heimat waren sie als Priester autonom für die Spendung und Gültigkeit der Taufe verantwortlich, und kein Bischof hatte ihnen dabei etwas dreinzureden.[253] Auch war es einem Gelehrten wie Virgil ein leichtes, zu erkennen, daß der bayerische Priester eben nicht richtig Latein konnte und keineswegs eine neue Lehre verkünden wollte. Bleibt noch zu fragen, ob nicht Bonifatius aus den Worten eines bayerischen Romanen jene sonderbare, heute lächerlich wirkende Taufformel heraushörte.

Bonifatius ließ jedenfalls die Angelegenheit nicht auf sich beruhen, sondern entwarf eine differenzierte Rechtfertigung seiner angelsächsisch-römischen Position.[254] Aus der Sammelantwort, in der Zacharias mit 1. Mai 748 nicht weniger als fünf Bonifatius-Briefe behandelte,[255] geht klar hervor, daß der Papst von seiner ursprünglichen Unterstützung der beiden Iren deutlich abrückte. Vielmehr verwarnte Zacharias nicht bloß Virgil, sondern auch Sidonius und rief beide zur Verantwortung nach Rom. Ebenso erging an den – inzwischen allerdings verstorbenen – Herzog Odilo von Bayern ein päpstliches Schreiben mit der Aufforderung, Virgils Romreise zu veranlassen. Einschränkend warnte aber Zacharias seinen Legaten vor jeder Übereilung und riet zur Versöhnung, und zwar trotz der bedenklichen Kosmologie Virgils; vertrat er doch auch diese »verderbte und unbillige Lehre, die er gegen Gott und seine eigene Seele verkündete«, nämlich »eine andere Welt und andere Menschen unter der Erde sowie eine zweite Sonne und einen zweiten Mond«. Demnach muß Virgil nicht bloß die Kugelgestalt der Erde, sondern auch die Existenz der Antipoden gelehrt haben. Die Vorstellung von der Kugelgestalt der Erde widersprach zwar nicht grundsätzlich den Lehren der Kirche. Es bestand jedoch stets die Gefahr, das ptolemäische Weltbild mit der Ansicht von der Scheibengestalt der Erde zu vermischen. Wurde dieser Lehre die Vorstellung von einem undurchdringlichen Okeanos oder Feuerreifen entlehnt, so mußte die Erdkugel aus zwei Hälften bestehen, die miteinander keine Verbindung hatten. Die logische Konsequenz davon war die bedrohte Überzeugung von der Einheit des Menschengeschlechts, von dessen gemeinsamer Verfluchung wie Erlösung. Weder konnten Adam und Eva für die Menschen der anderen Hemisphäre gesündigt haben, noch hätte der Heiland die nicht vorhandene Erbschuld dieser Menschen getilgt, noch würden sie zu »all den Völkern« gehören, die das Evangelium erreichen sollte. So hatte der Angelsachse Beda, der große Lehrer des

8. Jahrhunderts, die Kugelgestalt der Erde vertreten, über die Antipoden jedoch kein Wort verloren. Wenn es nicht – entsprechend einer irischen Überlieferung – »Bewohner unter der Erde« waren, an die Virgil glaubte, dann muß ihn Bonifatius wegen einer Antipodenlehre und deren häretischen Konsequenzen in Rom angeklagt haben.[256]

Als der Papst darauf antwortete, war Virgil schon einige Zeit im Besitz des Salzburger Bistums. Daran änderte sich auch in Zukunft nichts; ob und welche Maßnahmen Bonifatius ergriff, ist nicht bekannt. Obwohl sich Zacharias von Virgil distanzierte, kann kein Zweifel bestehen, daß der Papst sehr wohl zugestimmt hatte, als der Ire das erste vakante bayerische Bistum einnahm. Demnach besaß dieser die aktive Unterstützung aller für die Besetzung Salzburgs maßgeblichen Männer – bei gleichzeitiger Umgehung des päpstlichen Legaten. Es lagen vor: die »Erlaubnis«, *concessio,* des Frankenherrschers Pippin, wie es der politischen Lage seit der bayerischen Niederlage von 743 und den Bestimmungen der bayerischen Lex entsprach; eine päpstliche »Zustimmung«, *licentia,* die Pippin oder Odilo oder beide erwirkt hatten; die »Verleihung«, *donatio,* durch Herzog Odilo, die Virgil selbst bezeugt, aber auch mittelbar der Zacharias-Brief belegt, worin von der guten Zusammenarbeit des Bayernherzogs und des Iren gegen Bonifatius die Rede ist.[257]

Virgil folgte auf Johannes nur als Abt von St. Peter. Damit war eine Situation eingetreten, wie sie vor 739 schon mehrmals bestanden hatte,[258] wie sie die Salzburger Überlieferung aber auch für die Zeit vor Arns Amtsantritt 785 und nach dessen Tod 821 behauptete.[259] Allerdings besteht ein Unterschied zwischen Virgil und seinen nichtbischöflichen Vorgängern. Diese mußten vor 739 keine Diözese Salzburg leiten. Dagegen meinte Virgil zunächst, in Salzburg als Abt im Sinne eines irischen Klostervorstehers wirken zu können, indem er Dobdagrecus, der die absolute Bischofsweihe besaß, das *episcopale officium* als relative Zuständigkeit für die Diözese Salzburg übertrug. Eine kanonisch vielleicht gerade noch mögliche Lösung, die aber der Zeit nicht mehr entsprach, wie Virgil selbst sehr rasch erkannte; wohl am 15. Juni 749 hat er die Bischofsweihe empfangen.[260]

Eine irische Regel betont zwar die Verantwortung des Abtes für die Rechte des Klosters.[261] Aber Abt Virgil verteidigte die Ansprüche St. Peters auf völlig unirische Art und Weise. Er bekämpfte eine einheimische Familie, die ihren Erbbesitz der Kirche von Bischofshofen zur Verfügung gestellt hatte und darüber – wie es auch in Irland Brauch und Gesetz war – durch ihre Familienangehörigen verfügen wollte. Der Vergleich mit Columban drängt sich auf, der ohne Ansehung der irischen Gewohnheiten den Frankenkönig wegen dessen »Konkubinen« angriff.[262]

Noch fränkischer benahm sich Virgil 749 in Otting. Eben erst Bischof geworden, suchte Virgil zu verhindern, daß Graf Gunther in Otting am Waginger See ein Eigenkloster gründete. Ganz fränkischer Bischof und in genauer Kenntnis der fränkischen Konzilsentscheidungen der jüngsten Zeit ebenso wie bis zurück an den Beginn des 6. Jahrhunderts, verweigerte Virgil so lange die erbetene Weihe des Klosters und dessen Abtes, bis Gunther die Kirche zum heiligen Stephan übergeben, auf die Einsetzung eines Abtes verzichtet und dem Salzburger Bischof die Gewalt über das Kloster abgetreten hatte. An keiner Stelle des Protokolls ist von Salzburg als Kloster die Rede, sondern nur von der kanonischen *Salzburgensis sedes episcopatus* und ihren Rechten über »die Kirchen ihrer Diözese«. Aber ebensowenig erfährt man von dem tatsächlichen Ausgang des Streits, wen Virgil als Abt von Otting wirklich einsetzte und welche Leute dort den Konvent bildeten, außer daß sie Salzburger »Mönche und Kanoniker« waren. Graf Gunther dürfte wohl dem, die adeligen Eigenklöster einsammelnden Diözesan nicht allzusehr nachgegeben haben. Aber als ein solcher Bischof hat sich Virgil selbst dargestellt, und so behielt ihn die Salzburger Überlieferung in Erinnerung, obwohl oder gerade weil er weder in Otting noch in Bischofshofen viel Erfolg hatte.[263]

Virgil gelang die Schaffung oder Erhaltung mehrerer Wirtschaftszellen, wie Seekirchen, Elsenwang, Zell am See und Kufstein, möglicherweise sogar Raitenhaslach. Dazu kamen zahlreiche bischöfliche Kirchen, von denen an die siebzig *ecclesiae parrochiales* namentlich bekannt sind.[264] Von den adeligen Eigenklöstern, um die Virgil stritt, dürfte er aber bloß Gars am Inn tatsächlich erworben haben.[265] Sein bleibender Erfolg war schließlich die Karantanenmission, die er begann und weit vorantrieb.[266] Dafür setzte Virgil einen *episcopus missus* Modestus ein, der wohl den bayerischen Romanen entstammte, jedenfalls aber kein irischer Klosterbischof war. Allerdings scheint ihn Virgil nach irischer Art ohne Mitwirkung der *conprovinciales episcopi* geweiht zu haben.[267]

Entsprechend der rupertinischen Tradition kam Virgil besondere politische Bedeutung zu. Noch als Abt bezeugte er 748 eine Seelgerätstiftung für Herzog Odilo. Virgils Name wird auf Synoden genannt und an hervorragender Stelle in die Zeugenlisten mehrerer Urkunden eingetragen. So war Virgil am 8. September 776 in Wels, als Graf Machelm, einer der mächtigsten Männer nicht bloß Bayerns, sondern östlich des Rheins, eine große Schenkung an Freising beurkunden ließ. Virgils Name führte aber auch 777 die Zeugenliste der herzoglichen Dotationsurkunde für Kremsmünster an.[268]

Nach Ausweis des Salzburger Verbrüderungsbuchs bezog Virgil im »Spiel der Mächtigen« eine durchaus eigenständige Position. Wie er in der Salzburger Äbteliste von Iona die Gegner vereinigte, so ließ er seine Pietät und schuldige Dankbarkeit von niemandem und in keiner Richtung beschränken, sondern gedachte – unbeirrt vom tagespolitischen Kampf – der toten und lebenden Herrscher wie deren Familien. Virgil anerkannte Karl den Großen als König des Reichs, in dem er einem Bistum und Kloster vorstand. Daher enthält der Ordo der toten Könige die Namen von Karl Martell, Pippin, Bertrada und Karlmann II.; das heißt vom Großvater, von den Eltern, aber auch vom jüngeren Bruder Karls des Großen, mit dem der Frankenkönig in dessen letzten Lebensjahren freilich seine liebe Not gehabt hatte. Auch wird nicht Karls Großmutter, sondern die zweite, die bayerische Gemahlin Karl Martells, die »böse« Agilolfingerin Swanahild, genannt. Und im Anschluß an diesen Namensblock, den ein überzeugter Karl-Anhänger des Jahres 784 schon nicht ganz zimmerrein finden mochte, folgte gar der Name des 774 abgesetzten Langobardenkönigs Desiderius, des Vaters der Bayernherzogin Liutpirc.

Das Verzeichnis der lebenden Herrscher setzt diesen Aufbau fort: Karl der Große und seine vier Söhne, Pippin der Bucklige, die Hildegardkinder, Karl der Jüngere, Ludwig der Fromme und Pippin von Italien, die 783 von Karl geheiratete Fastrada und die Karl-Tochter Hrodrud finden sich in Gesellschaft nicht bloß von Ansa, der Gemahlin des Desiderius und damit Mutter Liutpircs, sondern es wird auch Adelchis, der Bruder der Herzogin, genannt. Er war seit 759 zusammen mit dem Vater Desiderius Langobardenkönig gewesen, entkam 774 rechtzeitig aus Pavia, versicherte sich der byzantinischen Unterstützung und hatte 784 noch keineswegs auf die Wiedergewinnung seines angestammten Reichs verzichtet. Kein Wunder, daß Virgil bei einer solchen Offenheit auch der Agilolfinger-Herzoge in einmaliger Vollständigkeit gedachte. Im Ordo der toten Herzoge und ihrer Gemahlinnen stehen die Namen von Theodo I. bis Odilo. Daß darin die Karolingerin und Tassilo-Mutter Hiltrud fehlt, wird wohl mit Recht damit erklärt, daß ihr Name unter den toten Äbtissinnen zu suchen ist. Das Verzeichnis der lebenden Bayernherzoge umfaßt Tassilo III. und Liutpirc sowie deren ältesten Sohn Theodo und die beiden Töchter, Cotani und Hrodrud. Vor 794 dürfte dann ein jüngerer Schreiber den Namen Liutpircs der Liste der toten Herzoge beigefügt haben. Ein Nachtrag ist auch die Nennung Grifos, des Sohnes Karl Martells und der Swanahild, dessen Name hinter dem seines Vaters eingereiht wurde.[269]

Virgils langjährige und erfolgreiche Salzburger Regierung schuf die Voraussetzungen für die erste Blütezeit des Hochstifts und damit für das älteste eigenständige Kulturschaffen auf heute österreichischem Boden. Noch in den sechziger Jahren regte Virgil seinen Amtsbruder Arbeo von Freising zur Abfassung der Lebensbeschreibung Corbinians an. Dieser galt als Freisinger »Gründerheiliger«; sein Leichnam wurde eher 765

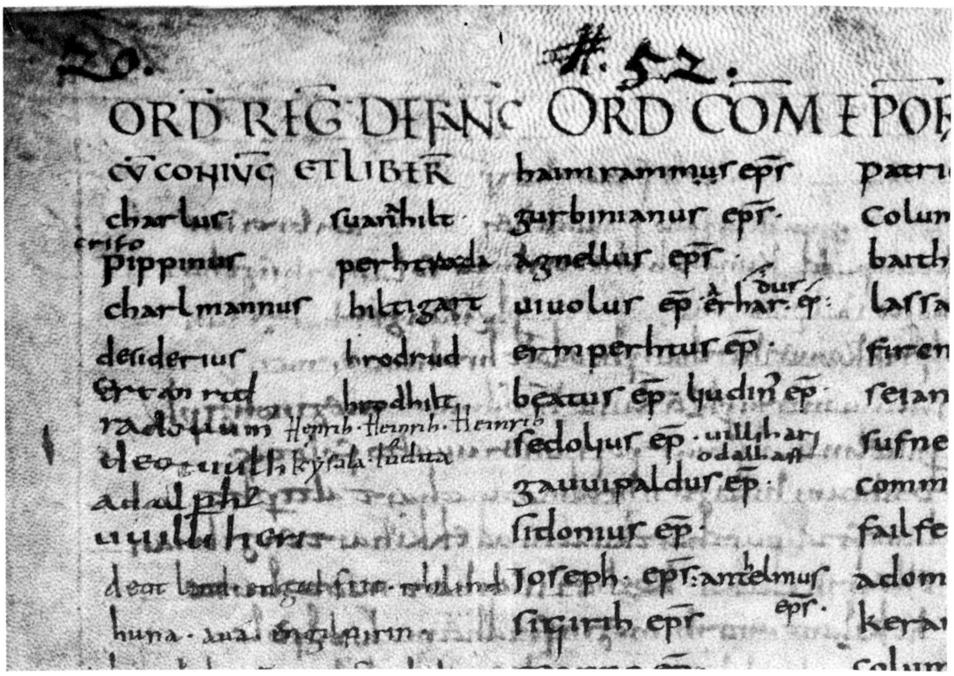

Die Namen der toten Könige, ihrer Frauen und Kinder im Verbrüderungsbuch von St. Peter in Salzburg

als 768 in die Bischofsburg an der Isar überführt. Gute Beziehungen bestanden zwischen Salzburg und Freising auch auf mittlerer Ebene. Eine anonyme Nonne der Freisinger Diözese wandte sich in einem Brief an Bischof Virgil, pries seine Gelehrsamkeit und bat um Unterstützung in materieller wie geistiger Hinsicht. Dabei berief sie sich auf ihren Vorgesetzten Wicrat, einen ehemaligen Schüler Virgils und nun Priester der Freisinger Diözese.[270]

Mit großer Wahrscheinlichkeit geht auch die heute verlorene Urfassung einer Rupert-Vita auf eine Anregung oder eigene Arbeit Virgils zurück. Den Anlaß boten eher Virgils Nachforschungen, die er 746/47 im Streit um Bischofshofen anstellte, als die Überführung der Gebeine Ruperts aus Worms nach Salzburg, der hier – freilich erst nach der Überlieferung des 13. Jahrhunderts – am 24. September 774 mit seinen Gefährten Chuniald und Giselhari beigesetzt wurde. Die Verehrung »Ruperts mit seinen Genossen« bezeugt allerdings schon der Libellus precum, dessen Handschrift aus dem Salzburger Umkreis des frühen 9. Jahrhunderts stammt. Ebenso dichtete Alcuin von Altären der Heiligen Rupert und Giselhari; der Angelsachse wußte, daß der *pater egregius Hrodperctus* eine Peterskirche erbauen ließ, und bezeichnete die monastische Gemeinschaft, der sein Freund Arn vorstand, als Kloster des heiligen Rupert.[271]

An einer *dedicatio ecclesiae sancti Rodpercti* des Jahres 774 ist nicht zu zweifeln. Archäologisch erwiesen ist eine Riesenkirche des 8. Jahrhunderts mit einer Länge von 66 Metern und einer Breite von 33 Metern. Sie wird nun wieder Virgil zugeschrieben. Davon konnte aber – so machte man jüngst mit guten Gründen wahrscheinlich – nach einer siebenjährigen Bauzeit 774 bloß die Unterkirche fertiggestellt und eingeweiht worden sein. Wie dem auch sei, die Diskussion um den Virgil-Bau hat eines gelehrt: Es muß endlich von der Vorstellung einer Zweiheit – hier Kloster St. Peter, dort Dom des heiligen Rupert – Abschied genommen werden. Die ehrwürdige und liebgewordene Wirklichkeit des geistigen und geistlichen Salzburg geht nicht auf die Zeit Virgils zurück. Virgils Rupert-Dom war die Kirche von St. Peter, und die Hauptkirche des Klosters St. Peter war vor und nach 774 der Dom.[272]

Möglicherweise hat Virgil den Beginn der ältesten Salzburger Annalistik angeregt. Hingegen entstand das Verbrüderungsbuch von St. Peter sicher unter seiner Leitung. Noch 784, in Virgils letztem Lebensjahr, wurde dieses »Buch des Lebens« angelegt, um der Lebenden und Toten zu gedenken, denen sich die Salzburger Klostergemeinschaft im Gebet verbunden wußte. Virgil war insoweit Ire geblieben, als er den Oberen und Angehörigen St. Peters in der »gottgewollten Ordnung« die ersten Ränge zuteilte und dann die Listen der weltlichen Herrscher wie die geistlichen Ordines außerhalb Salzburgs *vita communis* folgen ließ. Das erhaltene Original bildet die drittälteste datierte Handschrift der neuen karolingischen Minuskel und kann daher nicht von Virgil, der eine irische Schrift verwendet hätte, verfaßt worden sein.[273]

Mit dem Gebetsgedenken stehen ein Brief des wohl Tegernseer Abtes Adalbert an Virgil sowie die Beschlüsse der Dingolfinger Synode in Verbindung. Das Saint-Denis des Abtes Fulrad, der 784 bloß einige Monate vor Virgil starb, muß wenigstens eine geschulte Kraft für das Salzburger Skriptorium zur Verfügung gestellt haben. Und zwar »reichen die Anfänge der Alt-Salzburger Schrift vor dieses Datum zurück. Denn die so dauerhafte Saint-Denis-Tradition kann nicht erst im letzten Lebensjahr Fulrads begründet worden sein. Welche der erhaltenen Stücke noch unter Virgil geschrieben sein könnten, läßt sich freilich nur vermuten; es wird vor allem an die irischen Texte und die Kopien nach irischen Vorlagen zu denken sein.«[274]

Eine ehemals Salzburger, nun Wiener Handschrift enthält die beiden ausführlichsten und wichtigsten irischen Bußbücher. Die Handschrift wurde zwar erst unter Arn knapp vor 800 geschrieben, zählt aber noch zur »Alt-Salzburger Gruppe«. Allerdings zeigt ihre karolingische Minuskel, daß eine irische Vorlage benützt wurde.

Daß diese Vorlage Virgils »Handexemplar« gewesen sei, kann man selbstverständlich bloß vermuten. Jedenfalls bedurfte der Abt von St. Peter derartiger Ordnungen, um seine Brüder zu leiten. Die Lektüre der Pönitentialien, insbesondere der irischen Bußbücher, ist wahrlich nicht nach jedermanns Geschmack. Aber dann findet man – mitten unter der taxativen Aufzählung der abstrusesten menschlichen Verirrungen – einen Satz des wahren Christentums: Dem Ehemann wird verboten, seine unfruchtbare Frau zu entlassen. Selbst ein Gregor II. hatte noch seinem Legaten Bonifatius mitgeteilt, daß er darin einen möglichen Scheidungsgrund erblicke.[275]

Der Tassilo-Kelch von Kremsmünster, vor 777

Unter Virgil blühte in Salzburg erstmals auch die »kostbare Kunst des kleinen Formats«.[276] Der berühmte Tassilo-Kelch dürfte in Salzburg entstanden sein. Das oberösterreichische Kloster Kremsmünster, gegründet 777, birgt das Heiltum bis heute als seinen vornehmsten Schatz. Der Kelch bildet das größte und schönste frühmittelalterliche Stück seiner Art. Die Zimelie diente wahrscheinlich als Spendekelch, das heißt als ein liturgisches Gerät, das bei der Meßfeier verwendet wurde. Die Außenseite des Stücks zieren ein in neun Medaillons gegliedertes Bildprogramm sowie Ornamente aus Tiergestalten, Pflanzen und geometrischen Formen. Die reiche Verschiedenartigkeit der Motive entspricht der Vielfalt ihrer Herkunft und Tradition. Im geometrischen Ornament des Zirkelschlags rund um den Nodus lebt die italienische

Spätantike fort. Das Weinstockmotiv am Mundsaum und in den Zwickeln unter den Cuppa-Medaillons kommt – wahrscheinlich über Italien – aus dem angelsächsischen Northumbrien, während das Tiergeflecht irisch-keltischen Ursprungs ist. Die Bilder beruhen auf einer, obgleich noch jungen, bodenständigen Tradition und besitzen Verwandtes in der gleichzeitigen Buchmalerei.

Unter den fünf Bildern der Cuppa nimmt die Darstellung des Erlösers, dem Kremsmünster geweiht ist, den ersten Rang ein. Das Medaillon trägt neben den Christus-Charakteren Alpha und Omega den auf die Initialen IS gekürzten Text I(ESUS) S(ALVATOR) oder S(OTHER). Die vier anderen Medaillons enthalten die Evangelisten samt ihren Symbolen. An die Cuppa schließt ein drehbarer Perlring an; darauf folgen in einem Stück Knauf und Fuß, dessen unterer Rand die Inschrift + TASSILO DVX FORTIS + LIVTPIRC VIRGA REGALIS, »Tassilo tapferer Herzog, Liutpirc königliches Reis«, trägt. Darüber sind vier Büstenmedaillons auf dem Kelch-Fuß verteilt. Sie enthalten die Bilder von Heiligen, die ebenfalls durch Initialen gekennzeichnet sind. Darunter befinden sich Johannes Baptista und Maria die Gottesgebärerin. Allerdings ist die Auflösung des zuletzt genannten Medaillons nur dann möglich, wenn das Programm griechisch gedacht war, wenngleich es mit lateinischen Buchstaben dargestellt wurde. Es besteht große Wahrscheinlichkeit, daß dies tatsächlich der Fall war. Dann könnte aber das Programm des Kelchs nicht aus dem zeitgenössischen Byzanz stammen, wo die bilderfeindliche Richtung gerade die Oberhand gewonnen hatte. Vielmehr gehört eine solche Form der Darstellung in die Welt irischer Gelehrsamkeit, die gerne mit ihren Griechisch- und Hebräischkenntnissen prunkte. Ein sonderbarer Brief der Salzburger Sammlung zeigt genau diesen Umgang mit den ehrwürdigen Sprachen. Auch machte die bayerische Überlieferung aus dem Virgil-Gefährten Dub-dá-Chrích den »Griechen Dubda«. Nicht unmöglich, daß er seinen Namen nicht über eine naive Volksetymologie, sondern mit gutem Grund erhielt. Selbstverständlich kann man allein des Namens wegen nicht behaupten, Dub-dá-Chrích habe das Programm des Tassilo-Kelchs entworfen. Aber Leute wie er oder der irische Tassilo-Verehrer Clemens könnten daran mitgewirkt haben. Allerdings ist unter dem wenigen, was wir von Dobdagrecus wissen, eine Tatsache sehr gut bezeugt: Der irische Klosterbischof wurde nicht bloß von Tassilo, sondern auch von Liutpirc nachdrücklich unterstützt und gefördert. Die langobardische Prinzessin wird aber in der Stifterinschrift des Kelchs in besonderer Weise hervorgehoben und geehrt.[277]

Das in Northumbrien entstandene Rupertus-Kreuz könnte von Virgil für 774 erworben worden sein, um zunächst als Prozessionskreuz und danach als Altarkreuz des Domes zu dienen. Damit wäre auch der Ansatz zur Namengebung erklärt, die sich dann im hochmittelalterlichen Aufbewahrungsort Bischofshofen verfestigte. Rupert hat dort ein Kreuz errichtet, als er die Maximilianszelle wiederentdeckte, wie man in den Breves Notitiae jederzeit nachlesen konnte.[278]

Virgil gilt als Verfasser einer sagenhaften Kosmologie, des Aethicus Ister. Diese Annahme beruht auf einer kühnen Kombination, die viele Anhänger gefunden hat, aber auch auf Ablehnung gestoßen ist. Die Diskussion wird sicher weitergehen.[279]

Am 27. November 784 starb Virgil. Während Rupert in der Krypta oder in der Ap-

Das sogenannte Rupertus-Kreuz aus Bischofshofen

sis hinter dem Altar ruhte, wurde Virgil in der Südmauer des Domschiffes beigesetzt – und vergessen. Als Arn im Jahre 785 sein Amt antrat, da bekannte er sich – bezeichnenderweise vor langobardischen Bischöfen – noch stolz als Nachfolger und Erbe Virgils. Aber nach dem Untergang Tassilos änderten sich die Dinge. Im karolingischen Salzburg erwähnte man Virgils Namen meistens nur dann, wenn es sich nicht vermeiden ließ. Schon die 845 entstandene Liupram-Kapelle überbaute rücksichtslos das Grab Virgils. Erst als Erzbischof Konrad III. seinen großen Dombau begann, wurde 1181 der verschollene Bestattungsplatz in der Südmauer wiederentdeckt und Virgils Leib erhoben. Rund ein halbes Jahrhundert später hatten die Salzburger Bemühungen den gewünschten Erfolg: Am 18. Juni 1233 wurde dieser außerordentliche Mann von Rom heiliggesprochen. Aber eine dem volkstümlichen Rupert-Kult vergleichbare Virgil-Verehrung konnte – trotz starker Förderung seitens der Erzbischöfe – nicht entstehen. Heute hat Virgil sein eigenes Fest am 27. November verloren und wird am 24. September, zu Herbst-Ruperti, mit dem Salzburger Landespatron mitgefeiert.[280]

Virgils Größe bestand darin, daß er sich von seinen Voraussetzungen löste, um seine Umgebung richtungweisend für die Zukunft zu gestalten. Unter Virgil traten zum erstenmal nach den Stürmen der Völkerwanderung hinter anonymen Strukturen Menschen aus Fleisch und Blut hervor und machten benennbare Geschichte in einem Raum, der mitteleuropäische Formen anzunehmen begann. Virgils Karantanenmission, die erste Christianisierung eines slawischen Volkes, bildete die Probe aufs Exempel.

3. Salzburgs Karantanenmission

Gegen 741/42 hatte der Karantanenfürst Boruth die Bayern um Hilfe gegen die Awaren gebeten. Die Krieger Herzog Odilos kamen, erfochten gemeinsam mit den Karantanen einen Sieg über die gefährlichen Feinde, unterstellten aber gleichzeitig die Alpenslawen ihrer eigenen Botmäßigkeit. Um diese zu sichern, wurden der Boruth-Sohn Cacatius und dessen Vetter Cheitmar zusammen mit anderen Geiseln nach Bayern gebracht, wo sie eine christliche Erziehung erfahren sollten.[281] Im Jahre 811 konnte Erzbischof Arn von Salzburg nachweisen, daß die Päpste Zacharias (741–752), Stephan II. (752–757) und Paul I. (757–767) Karantanien seinen Vorgängern zugesprochen hatten. Der Plural »Vorgänger« schließt aber Abtbischof Johannes ein, so daß die erste päpstliche Zuteilung Karantaniens an Salzburg und damit an die bayerische Kirche zu dessen Lebzeiten, vielleicht sogar noch vor der Niederlage Odilos 743 erfolgt sein muß.[282]

Um 752 wurde Cheitmar Fürst der Karantanen. Er hatte fast zehn Jahre in Bayern verbracht und war auf der Insel Herrenchiemsee vom Salzburger Priester Lupo zum Christen erzogen worden. Als Cheitmar nach Karantanien heimkehrte, folgte ihm als geistlicher Berater Lupos Neffe Maioranus, der ebenfalls Salzburger Priester war. Die beiden Verwandten trugen romanische Namen und agierten sehr selbständig. Chiemsee war zwar kein Salzburger Stützpunkt, Onkel wie Neffe zählten aber zur Salzburger Kirche; jedoch noch um 752 hatte Virgil in der Frage der Heimkehr Cheitmars offenkundig wenig oder nichts mitzureden. Wahrscheinlich erhielt Lupo seine Befehle unmittelbar vom Frankenkönig Pippin, der damals – gemeinsam mit seiner Schwester – eine Art Vormundschaft über den jungen Bayernherzog Tassilo III. ausübte. Lupo dürfte allerdings sein Taufkind Cheitmar so nachdrücklich auf den Gehorsam gegenüber der Salzburger Kirche verpflichtet haben, daß der Karantanenfürst »nach einiger Zeit« Verbindung mit Bischof Virgil aufnahm. Cheitmar bat den Iren, in eigener Person zu missionieren, was der Salzburger Bischof jedoch ablehnen mußte. An Virgils Stelle und als dessen Beauftragter, *episcopus missus,* kam der Chorbischof Modestus ins Land, wo er bis zu seinem Tode um 763 blieb.[283] Dieses Ereignis löste die erste heidnische Reaktion der Karantanen aus; ein Zusammenhang mit Tassilos Bruch mit seinem königlichen Onkel im Jahre 763 wirkt nicht unwahrscheinlich.[284]

Obwohl die Salzburger Missionen zahlreiche Kirchen geweiht haben sollen, erfährt man bloß die Namen dreier Kirchenorte, deren Nennung wohl eine Art Rangordnung ausdrückt: Auf Maria Saal, dem geistlichen Zentrum gegenüber der Karnburg, folgt eine zweite Missionskirche »in der Burg Liburnia«, *in Liburnia civitate.* Die dritte Kirche wurde *ad Undrimas* geweiht. Der Name des zweiten Kirchenorts lebt im Lurnfeld bei Spittal an der Drau fort und wird mit Recht von Teurnia, der letzten norischen Hauptstadt, hergeleitet, während die dritte Kirche sich im oder am Aichfeld befand, das heißt in einem Gebiet, das im Westen das Pölshalsplateau und im Osten St. Margarethen bei Knittelfeld begrenzen. Großen Anklang fand die Lokalisierung der fraglichen Kirche am Pölshals bei Pöls ob Judenburg, und zwar nicht zuletzt wegen des dort gelungenen Nachweises einer römischen Kontinuität.[285]

Nachdem Modestus um 763 gestorben war, lud Cheitmar neuerdings Virgil ein, das Missionswerk persönlich fortzusetzen. Der Bischof lehnte wieder ab, zumal ein Aufstand ausbrach. Virgil wartete, bis sich die karantanischen Unruhen gelegt hatten, und sandte dann den Priester Latinus, der schon Modestus begleitet hatte. Latinus blieb bis etwa 765 in Karantanien, dann brach ein neuerlicher Aufstand aus. Als auch dieser

Flechtwerkstein aus Molzbichl, Kärnten

Rückschlag überwunden war, entsandte Virgil nacheinander die Priester Madalhoh und Warmannus als Leiter der karantanischen Mission. Ihr Wirken fiel in die letzten Jahre Cheitmars, wohl zwischen 765 und 769. Der Tod Cheitmars löste die dritte heidnische Reaktion aus. Danach wurde die Salzburger Mission für mehrere Jahre unterbrochen. Der Widerstand der Karantanen war ein regelrechter Krieg geworden, der von 769 bis 772 dauerte. In diesem Jahr feierte Tassilo III. seinen großen Karantanensieg. Ein Dynastiewechsel könnte die Kämpfe verstärkt haben. Tassilos Triumph wurde mit Karls des Großen Sachsensieg, der Herzog selbst mit dem Heidensieger, Konstantin dem Großen, verglichen. Die abgerissene Verbindung mit Salzburg nahm der Karantanenfürst Waltunc wieder auf, indem er Virgil um die Entsendung von Missionspriestern bat. Von diesem Zeitpunkt an bis zum Tode des Bischofs 784 zählt die »Bekehrungsgeschichte« sechs christliche Missionen.[286]

Nach Virgils Tod setzte Bischof Arn die von seinem Vorgänger nach dem Tod des Modestus angewandte Methode fort und betraute mit der Karantanenmission zunächst keinen Chorbischof. Er sandte 14 Missionspriester unter der Leitung eines Presbyters Ingo, dessen langjähriges und erfolgreiches Wirken ihm allerdings bischofsgleichen Status bescherte.[287] Erst mit seiner Erhebung zum Erzbischof änderte Arn 798/99 die Salzburger Missionsorganisation des Slawenlandes, in dem Karantanien weiterhin den ersten Platz einnahm. Im Jahre 799 wurde dafür der Chorbischof Theoderich geweiht und von der weltlichen Gewalt wie von Erzbischof Arn in sein Amtsgebiet eingeführt.[288]

Die Verdienste Salzburgs um die Karantanenmission stehen außer Zweifel. Daneben sind aber auch Aquileia und Freising zu nennen, deren Anteil die tendenziöse Berichterstattung des 9. Jahrhunderts fast vergessen machte.[289] Besondere Bedeutung muß aber das wohl von Pfaffmünster (Diözese Regensburg) gegründete Tiburtius-Kloster besessen haben, das sich in Molzbichl unterhalb von Spittal an der Drau befand. Mit großer Wahrscheinlichkeit geht diese Gründung auf Tassilo III. zurück und hängt mit seinem Karantanensieg von 772 zusammen. Eine große Zahl qualitätvoller Flechtbandsteine erinnert heute noch an die einstige Größe.[290]

4. Freising und der österreichische Raum

Corbinian, die Anfänge Freisings und Mais bei Meran

Bevor Corbinian zum zweiten Mal nach Rom ging, hielt er sich einige Zeit in Bayern auf, wo er noch Theodo I. antraf, aber schon die Bekanntschaft des Freisinger Herzogs Grimoald machte. Dieser herrschte damals auch über den Tiroler Raum, da er den »Bergwächtern« im Inntal und an der Etschtaler Langobardengrenze Befehle erteilen konnte.[291] Als Corbinian wieder nach Bayern zurückkehrte, war Grimoald bereits »der Fürst von allem«; das heißt, der ehemalige Freisinger Teilherzog war seinem – 717/18 verstorbenen – Vater in der Oberherrschaft und in Regensburg nachgefolgt. Corbinian betrat in Mais bei Meran das Territorium Grimoalds.[292] Danach wirkte er – mit einer einzigen Unterbrechung – von etwa 719/20 bis zur Mitte der zwanziger Jahre in Freising.[293] Von Anbeginn an gestaltete sich Corbinians Verhältnis zum Herzogspaar schwierig. Corbinian griff Grimoald und dessen »böse« Gemahlin Pilitrud wegen ihrer Ehe an, da der Herzog die Witwe seines Bruders Theodolt geheiratet hatte.[294] Es kam jedoch noch nicht sofort zum Bruch; im Gegenteil, Corbinian konnte den Herzog bestimmen, Mais von seinen Eigentümern zu kaufen und ihm den Besitz zu schenken. Der Heilige erbaute dort ein Haus und eine steinerne Kirche, legte Wein- und Obstgärten an und übernahm auch die Verwaltung der Güter, die bisher schon der Verehrung der Heiligen Valentinus und wohl auch Zeno gedient hatten. Offenkundig gab es hier nicht bloß eine einfache Kultstätte, an der ein frommer Pilger beten konnte, sondern bereits Ansätze zu einer – von lokalen Wohltätern gestifteten – kirchlichen Gemeinschaft.[295]

Grimoald wollte Corbinian stets bei sich haben, so daß der Bischof beim Marienheiligtum der Freisinger Burg einen »klösterlichen Verband« errichtete.[296] Gegenüber der Freisinger Burg stand ein – ebenfalls vorcorbinianisches – Gotteshaus, das dem heiligen Stephan geweiht war und wo der Bischof sein Morgengebet zu verrichten pflegte.[297] Bald verschlechterte sich wieder Corbinians Verhältnis zum Herzogspaar: Eine Auseinandersetzung um geweihte Brote konnte noch beigelegt werden; dann kam es wegen Pilitruds Vertrauen in magische Praktiken zum endgültigen Bruch. Corbinian floh nach Mais und kehrte erst nach Grimoalds Katastrophe auf Einladung Hucberts wieder nach Freising zurück.[298] Hier dürfte der Bischof nicht mehr lange gewirkt haben; kurz nach 725/28 ist er in Freising gestorben. Darauf wurde sein Leichnam wunschgemäß in das nun langobardische Mais überführt.[299] Angeblich erwarb der Heilige auch sonst noch viele Landgüter; er scheint aber »den Reichtum, den er nicht liebte«, persönlich und nicht für eine Institution erworben zu haben.[300] Nachrichten über eine Ausstattung Freisings, die jener des rupertinischen Salzburgs geglichen hätte, fehlen zur Gänze;[301] doch müssen das Marienheiligtum in der Burg wie die Stephanskapelle auf dem gegenüberliegenden Berg entsprechend dotiert gewesen sein.[302] Es waren wenige, aber ausreichende Mittel vorhanden, als Bonifatius 739 das Freisinger Bistum errichtete. Der päpstliche Legat anerkannte insofern die Bedeutung des Ortes, als er mit Erembert ein Mitglied der regionalen wie überregionalen Führungsschicht zum Bischof der neugeschaffenen Diözese einsetzte.[303] Die Verbindung Freisings zum Tiroler Raum geht auf die Tage Corbinians zurück und ergab sich aus den weltlichen Machtverhältnissen im ersten Jahrhundertviertel. Offenkundig war das bonifatianische Bistum zunächst für die Alpentäler bis zur italienischen Grenze zuständig. Um diesen Anspruch zu rechtfertigen, bedurfte es weiterer Stützpunkte im Lande.

Scharnitz-Schlehdorf und Innichen

Am 29. Juni 763 gründeten die beiden Brüder Reginpert und Irminfrid – als Repräsentanten einer Gruppe von Verwandten – »ihr« Kloster Scharnitz. Ursprünglich war die Stiftung nördlich der heutigen Tiroler Landesgrenze und des Ortes Scharnitz wohl bei Mittenwald-Klais geplant. Bereits neun Jahre später kam es jedoch zur Verlegung nach Schlehdorf am Kochelsee. Die Grundausstattung umfaßte neben Gütern in Niederbayern vor allem Besitz im Oberinntaler Gau Poapintal bis hinauf nach Imst.[304] Der spätere Bischof Arbeo wurde als Archipresbyter der erste Vorsteher des Klosters. Er gab den Rat zur Verlegung, weil die Gründung in der »Einöde« – der benachbarte Walgau galt als »verlassen« – nicht lebensfähig schien. Wie später auf dem Freisinger Bischofssitz, so folgte Atto zunächst Arbeo als Abt von Scharnitz nach.[305]

Noch vor der Verlegung des Klosters nach Schlehdorf gelang es Abt Atto und seinen Verwandten, von Scharnitz aus das Kloster Innichen zu gründen. Er besaß das Vertrauen des Herzogs, der eine reiche Schenkung im Quellgebiet von Drau und Rienz vornahm. Gegeben wurde alles Gebiet zwischen dem Taistener- oder Gsies(s)erbach, der bei Welsberg von rechts in die Rienz mündet, und dem linksseitigen Anraser- oder Margarethenbach, der vom hochgelegenen Osttiroler Dorf Anras herabkommt und bei Abfaltersbach in die Drau mündet. Innichen-India nannte das Volk *Campo Gelau,* das »Eisfeld«; ein Name, den die bodenständige romanische Bevölkerung einem wohl eher wenig ausgebauten Gebiet gab. Die Ostgrenze des Klosterbesitzes fiel im Osttiroler Drautal mit der Grenze zu den Alpenslawen, den *termini Sclauorum,* zusammen, woran wohl der sprechende Ortsname Mittewald erinnert. Die Gründung erfolgte, »um das ungläubige Geschlecht der Slawen auf den Weg der Wahrheit zu führen«. Das Gründungsjahr war 769, als die dritte heidnische Reaktion die Salzburger Karantanenmission ernstlich in Frage gestellt hatte und Tassilo bis zu seinem Sieg von 772 mit offenem Widerstand im Lande rechnen mußte. Wie in Scharnitz, so galt auch das Gründungsland um Innichen als »seit alten Zeiten leer und unbewohnbar«.[306] Das war weder ein bloßer Topos noch wörtlich gemeint. Wie das Beispiel Scharnitz und der benachbarte Walgau lehren, können sich Verlassenheit und Einöde auch auf geringer organisierte oder schwächer besiedelte Gebiete beziehen.[307] Aber es gab an der Slawengrenze offenkundig keine Grundbesitzer, die mit dem Herzog konkurrieren konnten. Trotzdem benötigte er für »seine« Gründung ebenso die Zustimmung der bayerischen Großen, wie diese für »ihr« Kloster der Carta des Herzogs bedurften. Die Zeugenliste enthält klingende Namen, darunter den Alims, des Bischofs von Säben.[308]

Innichen ist heute das Kloster des heiligen Candidus. Gleich ihrer Mutterstiftung Scharnitz war aber auch die Neugründung zunächst allein dem Apostelfürsten Petrus geweiht. Schon vor dem 18. August 772 hatte jedoch einer der Stifter den Katakombenheiligen Tertuli(a)nus von Papst Hadrian I. erworben und die Reliquien nach Scharnitz gebracht. Einige Zeit später kam dessen »Kollege« Candidus nach Innichen. Tertulinus und Petrus teilten sich die Patronanz über Scharnitz noch mit dem fränkischen Dionysius, dem Patron des Reichsklosters Saint-Denis. Die Wahl der Heiligen hatte auch politische Bedeutung; die fränkische Ausrichtung stand in einem gewissen Gegensatz zur agilolfingischen Zuordnung. Noch aber hatten die Bayernherzoge eine direkte Verbindung nach Rom.[309]

Wie immer auch die ursprünglichen Intentionen waren, weder Scharnitz noch das mit ihm verbundene Innichen blieben ein adeliges Eigenkloster. Bereits Bischof Arbeo regelte 772 die Bestellung des Scharnitzer Abtes, so daß ihm und seinen Nachfolgern die Auswahl aus dem Konvent zustand.[310] Als Atto, Abt von Scharnitz-Schlehdorf und Innichen, Arbeos Nachfolger wurde, machte er seine beiden Konvente endgültig zu Freisinger Eigenklöstern.[311]

Freising östlich von Inn und Salzach

Gegenüber der starken Ausbreitung Freisings im Tiroler Raum wirkt die erste und für lange Zeit einzige Schenkung, die östlich von Inn und Salzach an das Hochstift ging, eher bescheiden. Allerdings war der Schenkgeber kein Geringerer als der »Welser« Graf Machelm. Im Spätsommer 776 erhielt Freising dessen Polsinger Erbbesitz, der aus einer Gabe Herzog Odilos stammte. Machelm hatte die besten Beziehungen zu den Freisingern; als Atto noch Abt von Scharnitz-Schlehdorf und Innichen war, schrieb er einmal sogar Machelms Urkunde. Virgil von Salzburg, der dem Grafen und seiner Sippe ebenfalls Schenkungen im Raum von Wels verdankte, trat für Machelms Schenkung an Freising als Zeuge auf. Sonst leistete Virgil diesen Dienst einzig und allein dem Bayernherzog.[312]

Arbeo von Freising (764–783)

Neben dem Bistum Salzburg bildete Freising unter Arbeo das zweite Zentrum des frühen bayerischen Geistes- und Kulturlebens. Ja, der »Südtiroler« Arbeo gilt überhaupt als »erste namentlich und biographisch faßbare bayerische Schriftstellerpersönlichkeit«. Man kennt ihn als Verfasser der Viten Emmerams und Corbinians und führt die Ursprünge des glanzvollen Freisinger Skriptoriums auf ihn zurück.[313] »Das Bild von Arbeos Persönlichkeit und Wirksamkeit bleibt unscharf, auch dann, wenn man den politischen und gesellschaftlichen Kontext der späten Agilolfingerzeit auszuleuchten versucht. Arbeo hatte als Bischof von Freising mitten in einem Spannungsfeld zu wirken; als Exponent hat er sich in seiner eigenen Zeit nicht geeignet; als Kronzeuge eignet er sich auch heute nicht.«[314]

5. Säben

Zwischen 591 und 769 fehlt jede Erwähnung eines Bischofs von Säben, die einwandfrei zu datieren wäre.[315] Trotzdem spricht vieles für die Kontinuität zwischen der spätantiken Sedes und dem Bistum des 8. Jahrhunderts. Von den vielen Namen einer spät überlieferten Bischofsliste sind bloß die Bischöfe Mastulo und Johannes durch eine zeitnahe Quelle bezeugt. Die beiden Männer dürften einheimische Romanen gewesen sein, ohne daß man wüßte, wer sie wann geweiht und eingesetzt hätte. Wahrscheinlich steht wenigstens Mastulo am Beginn einer Reihe, die nicht mehr unterbrochen wurde. Auf Johannes folgte ein Bischof Alim, der noch vor Virgil von Salzburg, das heißt spätestens vor dem 15. Juni 749, zum Bischof geweiht wurde.[316] Allerdings tritt der Säbener Bischof nicht vor dem Jahre 769 in Erscheinung. Zwischen diesem Zeitpunkt und zumindest dem Jahre 800 wird Alim immer wieder in der bayerischen Überlieferung genannt. Der Bischof, der alles andere als einen bayerischen Namen trug, ordnete sein Bistum endgültig der bayerischen Kirche zu. Er nahm an deren Bischofssynoden teil und wurde im Salzburger Liber confraternitatum an erster Stelle unter den 784 lebenden Bischöfen genannt. Ebenso führte Alim die Reihe der bayerischen Ordinarien an, denen im Jahre 798 die Erhebung Arns zum Erzbischof und somit die Gründung der bayerischen Kirchenprovinz mitgeteilt wurden. Im Protokoll der Reisbacher Synode von 799 unterschrieb Alim sogar vor seinem Erzbischof Arn.[317] Zu bedenken wäre, ob nicht Alim – gleich Dobdagrecus – die absolute Bischofsweihe vor 749 empfangen hatte und erst später Diözesanbischof von Säben wurde. Das würde erklären, warum die Quellen ihn ab 769 regelmäßig erwähnen, nachdem sie vorher mehr als zwanzig Jahre über ihn geschwiegen hatten. Wie dem auch sei: Eine, allerdings höchst zweifelhafte, Quelle behauptet, Alim habe 781 eine Gesandtschaft angeführt, die in Rom zugunsten Tassilos III. im Streit mit Karl dem Großen vermitteln sollte. Der Säbener Bischof könnte auch der Empfänger einer Immunitätsverleihung durch Karl gewesen sein.[318]

Aus dem Jahre 800 stammen zwei Briefe Alcuins, in denen er den Freund Arn bittet, »unseren liebsten Vater Alim« vor allen anderen bayerischen Mitbischöfen grüßen zu lassen. Die namentliche Nennung des Säbener Ordinarius zeigt die Wertschätzung und Verehrung für den Methusalem des bayerischen Episkopats und steht im Einklang mit der auch sonst belegten Praxis. Daß aber ausgerechnet Alcuin der Verfasser dieser Zeilen ist, könnte vielleicht einen besonderen Grund gehabt haben. Alims Name ist weder bayerisch noch keltisch zu deuten. Auf wenig sicherem Boden steht auch der Versuch, aus ihm einen Angelsachsen zu machen. Aber Alcuins zweimalige Hervorhebung des »Vaters Alim« spricht vielleicht für eine derartige Zuordnung.[319]

6. Chiemsee

Die erste Nennung einer Gruppe von Geistlichen auf der Insel Chiemsee steht in Zusammenhang mit dem Beginn der Salzburger Karantanenmission und bezieht sich auf eine Zeit, die von den letzten Jahren des Bischofs Johannes bis zu den Anfängen Virgils reicht. Schon vor 743 lebte der Salzburger Presbyter Lupo auf der Insel und war hier zusammen mit seinem Neffen und ebenfalls Salzburger Presbyter Maioranus bis zum Beginn der fünfziger Jahre tätig, als er um 752 seinen Zögling und Taufsohn Cheitmar nach Karantanien entließ. Dabei verpflichtete er ihn, der Salzburger Kirche stets treu zu bleiben. Chiemsee muß demnach ein geistlicher Stützpunkt gewesen sein, wo mehrere Priester zusammenlebten. Von einem Kloster, das hier bereits um 750 bestanden hätte, weiß aber die Quelle nichts.[320] Und danach senkt sich zunächst tiefes Schweigen über das weitere Schicksal Chiemsees. Die Salzburger Güterverzeichnisse verlieren darüber kein Wort. Nun wurden aber die Notitia Arnonis wie die Breves Notitiae nicht bloß deswegen angelegt, um den aktuellen Besitzstand zu erheben, sondern auch um Verlorenes wiederzugewinnen. Im Salzburg des Bischofs und seit 798 Erzbischofs Arn hatte man offenkundig nicht das Gefühl, Chiemsee widerrechtlich oder überhaupt verloren zu haben.[321] Duckten sich also alle vor dem Machtwort des großen Karl, der bereits am 25. Oktober 788 ein Männerkloster Chiemsee an den Bischof von Metz übertragen hatte?[322] Wohl kaum. Die Narratio des Diploms berichtet die glückliche Erwerbung des bayerischen Herzogtums, das die »bösen« Männer Odilo und der königliche Verwandte Tassilo lange Zeit treulos entfremdet hatten.[323] Kein Wort von Salzburg. Dafür hört man, ein *Doddogrecus peregrinus* habe einst – vor einem Ambrosius – das Salvatorkloster im Chiemsee und seine *parrochia,* einen bistumsfreien Klostersprengel, unrechtmäßig und gegen die Canones besessen. Dieser Mann war aber niemand anderer als Virgils irischer Gefährte Dobdagrecus gewesen, der bis zur Weihe seines Abtes dessen bischöfliche Aufgaben wahrgenommen hatte.[324]

Zum besseren Verständnis der Narratio des Diploms verhelfen zwei Gerichtsurkunden. Unter dem Vorsitz Erzbischof Arns und auf kaiserlichen Befehl hatte am 13. Januar 804 zu Bad Aibling ein Placitum getagt. Dabei sollte ein langwieriger Streit zwischen Freising und Chiemsee beigelegt werden. In der Gerichtsnotiz heißt es, der »fremde und schottische Bischof Dobdagrecus« habe einen Sprengel und Kirchen, *parrochia et ecclesiae,* Freising entfremdet.[325] Der Streit zwischen Freising und Chiemsee überlebte Karl den Großen, und man trat am 20. Dezember 816 nochmals zu Beratungen zusammen. Diesmal erwähnten die Freisinger als Gründe ihrer Enteignung bloß ganz allgemein Vorgänge aus der Zeit der Herzogin Liutpirc, sonst nichts und niemanden.[326] Im Jahre 816 ging es allerdings nur um Besitztümer, nicht mehr um Kirchen oder gar um einen bistumsfreien Klostersprengel.

Der scharfe Angriff gegen Tassilo und Odilo in der Narratio des Königsdiploms, die Verurteilung des bistumsfreien Klostersprengels und seines Besitzes durch den Iren Dobdagrecus und der Hinweis auf Unregelmäßigkeiten aus der Zeit der Herzogin Liutpirc, was die jüngere Freisinger Überlieferung zu einer Feindschaft zwischen Bischof Arbeo und Herzog Tassilo wie seiner Gemahlin machte,[327] dies alles gibt dann Sinn, wenn Chiemsee ein Herzogskloster war, ein Konvent, den Tassilo gegründet und wo er und die Herzogin ihre Leute plaziert hatten. Im besonderen trifft dies für den sonst nirgendwo erwähnten Ambrosius zu, der vielleicht aus der langobardisch-romanischen Umgebung der langobardischen Königstochter Liutpirc stammte. In den siebziger Jahren, und zwar sicher um 777, hatte Chiemsee einen Abt Hrodhart, wobei es ungeklärt bleibt, wie dieser hinsichtlich des Ambrosius einzuordnen ist.[328] Und noch ein Hinweis: In drei Freisinger Urkunden des Jahres 808 führt ein Liutfrid, Mitglied der Freisinger Kirche, die Bezeichnung *vocatus episcopus.* Kann man diesen Bischof, der im Rang unmittelbar nach seinem Ordinarius steht, mit dem Chiemseer Abt und Namensvetter gleichsetzen, und wenn ja, was hat dieser Sachverhalt zu bedeuten?[329]

Das Chiemseekloster ist jedenfalls ohne sichtbare Verbindung zu Salzburg entstanden. Nach der Abhängigkeit von Metz und der Belehnung Erzbischof Theotmars mit Chiemsee gelangte das Kloster unter König Arnulf an Salzburg. Es ist freilich kein Zufall, daß eines der Bistümer, die im 13. Jahrhundert gegründet wurden und dem Erzbischof *in spiritualibus et temporalibus* unterstanden, »beim Kloster Herrenchiemsee geplant war«.[330] Heute ist der Chiemseehof in der Stadt Sitz der Salzburger Landesregierung.

7. Mondsee, Kremsmünster und Mattsee

Mondsee, Kremsmünster und Mattsee lagen alle drei in der hochmittelalterlichen Diözese Passau, und so blieb es noch bis in die Neuzeit. Dagegen dürfte diese Zuordnung kaum schon für das 8. Jahrhundert gegolten haben. Sicher übte der Salzburger Ordinarius keine Diözesanrechte im Mattiggau und Traungau aus. Aber auch der Bischof von Passau ist in diesen Landschaften kaum nachzuweisen, bevor Karl der Große die Awaren-Offensive begann. Mondsee, Kremsmünster und Mattsee sollen über weitgehend exemte Klosterbezirke verfügt haben, über Kirchen und Räume, die in Chiemsee wie in Irland *parrochiae* hießen. »So dürfte für die drei Klöster die Diözesanzugehörigkeit in rechtlicher Beziehung eine sehr unwichtige Rolle« gespielt haben, solange Tassilo III. Herzog der Bayern war.[331]

Mondsee

Auf österreichischem Boden war Mondsee das älteste und reichste Kloster, das nicht zugleich Sitz eines Bistums wurde.[332] Der Gründungsvorgang war beim Tode Herzog Odilos am 18. Januar 748 bereits abgeschlossen.[333] Das Kloster lag im Mattiggau, der den Salzburggau im Norden und Nordosten umschloß. Allerdings erwarb das Kloster sehr bald Besitzungen in gut einem Dutzend bayerischer Gaue, die sich vom Gebiet südlich von Kufstein bis zur Donau und von hier bis zu den oberösterreichisch-salzburgischen Kalkalpen erstreckten.[334] Eine späte Klostertradition läßt den Gründungskonvent aus Monte Cassino kommen. Um den Wahrheitsgehalt der Nachricht zu erhärten, werden viele Gründe angeführt. Einiges Gewicht besitzen folgende Überlegungen: Erstens enthält die eindrucksvolle Dotationsurkunde, die Odilo für seine Stiftung ausstellte, eine Titulatur, die einer Intitulatio der beneventanischen Herzoge nachgebildet sein könnte.[335] Dazu würde zweitens das Mondseer Michaelspatrozinium passen.[336] Der Erzengel wurde besonders auf dem beneventanischen Monte Gargano verehrt. Nun war aber der heilige Michael bei den späten Agilolfingern allgemein sehr beliebt;

auch blieb dessen Verehrung keineswegs auf ihr Einflußgebiet beschränkt.[337] Drittens ging von allen bayerischen Äbten bloß der Mondseer Hunrich mit Bischof Arn nach Rom; ein Sachverhalt, den man mit einer besonderen Beziehung des Klosters zu Mittelitalien erklären wollte.[338]

Dagegen richtet sich die Argumentation der Paläographen und Skriptorienforscher: Noch unter Tassilo III. brachte Mondsee Werke der Buchkunst hervor, deren Qualität sogar Salzburg in den Schatten stellte. Mondsee wirkte als Vorbild bei der Entwicklung einer hervorragenden Unzialschrift. Davon blieb eine Dreier-Gruppe von Manuskripten erhalten; deren ältestes war ein Mondseer Evangeliar, worauf das Salzburger Cutbercht-Evangeliar und schließlich der Codex Millenarius aus Kremsmünster folgten. Inhaltlich beruhen die drei Handschriften auf oberitalienischen Textvorlagen und nicht auf solchen der Mitte oder des Südens der Halbinsel. Aufgrund des kodikologischen Befunds wirkt die Besiedlung Mondsees durch Monte Cassino eher unwahrscheinlich. Vielmehr könnte St. Peter das Mutterkloster von Mondsee gewesen sein. Kein Argument dafür ist freilich die Meinung, das Kloster habe ursprünglich zur Salzburger Diözese gehört. Diese Behauptung ist nämlich eine ebenso alte wie freie Erfindung.[339] Hingegen verbindet die beiden Kirchen ein starker irischer Einfluß; das Salzburg des heiligen Virgil könnte bei der Gründung Mondsees Pate gestanden sein. Die Mondseer verehrten im heiligen Petrus denselben Patron wie Salzburg. Ob jedoch die sehr allgemeine und weitverbreitete Verehrung des Apostelfürsten ein Argument für die Abhängigkeit Mondsees von Salzburg ist, sei dahingestellt. Alles in allem besitzt jedoch eine – wie immer geartete – Salzburger Unterstützung des Mondseer Stiftungsgeschehens große Wahrscheinlichkeit.[340] Im Sommer 1990 warf Adolf Hahnl im Gespräch die Frage auf, ob nicht Mondsee eine Regensburger

Die Darstellung des David aus dem Psalter von Montpellier, Mondsee, vor 788

Gründung sei, zumal schon der frühe Klosterbesitz einen eindeutig niederbayerischen Schwerpunkt aufweist und die Stiftung Odilos – nach einem Kölner Zwischenspiel – 833/37 regensburgisch wurde.[341]

Der erste Abt hieß Oportunus; er könnte ein Romane gewesen sein. Die ältere Mondseer Mönchsliste nennt jedenfalls mehrere Romanen. Wie mancher seiner Amtsbrüder, so erfreute sich auch Oportunus lange Zeit des gesunden Alpenklimas. Bereits am 10. Juli 748 nennt ihn eine Urkunde als Empfänger einer tassilonischen Schenkung. Schon auf der Synode von Dingolfing nahm er 776/77 als Dienstältester den ersten Rang unter den bayerischen Äbten ein. Sein Name steht daher auch 777 in der Kremsmünsterer Gründungsurkunde allen voran. Gestorben ist Oportunus spätestens im Frühjahr 784.[342] Der Nachfolger war Hunrich, der 784 erstmals urkundlich genannt wird, dabei gemeinsam mit Tassilo III. auftrat und sich 787 mit Bischof Arn für den Herzog in Rom bemühte.[343] Bald nach dem Sturz Tassilos wurde eine der berühmtesten Mondseer Handschriften, der Psalter von Montpellier, in den Westen verschleppt. Vielleicht hatte dafür der bischöfliche Beauftragte gesorgt, den Karl der Große 788 nach Bayern sandte, um die Herzogstochter Cotani ins gallische Klosterexil zu bringen.[344]

Der Mondseer Traditionscodex enthält Urkunden, die in jeder Hinsicht merkwürdige Zeugnisse der spätagilolfingischen Herrscherdarstellung sind. So beginnt die älteste Mondseer Urkunde nach der einfachen Anrufung des Herrn mit *regnante domno Hotiloni inclito duci gentis nostre Bauuariorum,* »unter der Herrschaft von Herrn Odilo, des hervorragenden Herzogs unseres Volkes der Bayern«. Eine Haustradition schreibt das Stück dem Todesjahr Odilos zu. Die Carta von 748 verwendet den Majestätsplural in einer Weise, wie dies unter den gleichzeitigen Herzogsurkunden bloß die der langobardischen Herrscher von Benevent und Spoleto tun. Langobardisch ist auch fast die gesamte Eingangsdatierung. Vor der Mitte des 8. Jahrhunderts hatten unter den Großen des Frankenreichs nur dessen wahre Beherrscher, nämlich die karolingischen Hausmeier, derart königliche Prärogative beansprucht und durchgesetzt. Getreu der agilolfingischen Tradition machte Odilo seiner karolingischen Verwandtschaft die *imitatio regis* streitig.[345] Auf dieser Linie liegt auch ein herzogliches Mandat, das in Mondsee erhalten blieb. Im Jahr 772, als Tassilo über die Karantanen wie ein neuer *rex Constantinus* siegte, sandte er an Abt Oportunus ein Mandat, dessen Intitulatio *Gloriosissimus atque precellentissimus Tassilo dux Bauuariorum vir inluster,* »der glorreichste und ausgezeichnetste Tassilo, Herzog der Bayern, der glanzvolle Mann«, lautete. Erneut gebrauchte Tassilo den Majestätsplural so vollkommen, wie dies in den nordalpinen Herzogsurkunden der Zeit kein Beispiel hat. Damit und mit einem Titel, der seinen Träger den langobardischen wie den fränkischen Königen gleichsetzt, markiert der Bayernherzog den Höhepunkt seiner Macht.[346] Es fällt auf, daß die großartigsten Titel Tassilos III. alle von den Randzonen seines Herrschaftsgebiets, aus Bozen, Mondsee und Kremsmünster an der Ostgrenze stammen.[347]

Kremsmünster

Es war eine illustre Gesellschaft, die sich im Herbst 777, wahrscheinlich am 9. November des Jahres, im Traungauer Kremsmünster einfand, um hier die erste Gründungsphase des Klosters abzuschließen.[348] Das Salvatorkloster an der oberösterreichischen Krems war wohl mit Mönchen aus Mondsee besiedelt worden.[349] An ihre Spitze trat der herzogliche Kaplan Fater.[350] Kremsmünster muß als ureigenste Stiftung Tassilos gelten. Als der Herzog seine Schenkung verbriefte, versammelte er hier geistliche und weltliche Große mit klingenden Namen. Die Zeugenliste der Urkunde beginnt mit den Namen der Bischöfe Virgil von Salzburg, Sindbert von Regensburg und Waltrich von Passau, der eben erst sein Amt angetreten hatte. Darauf werden fünf Äbte genannt, Oportunus von Mondsee, Wolfbert von Niederalteich, Atto von Scharnitz-Schlehdorf, der auch zur Formgebung der Urkunde beitrug, sowie Gaozrih und Hrodhart; der letztere dürfte Abt von Chiemsee gewesen sein. Unter den sechs weltlichen Zeugen befinden sich nicht weniger als drei Grafen. Darauf folgt das in Herzogsurkunden häufige Paar Reginolf und Adalger. Als letzter Weltlicher unterschrieb ein Hartnid, der Träger eines zukünftigen Leitnamens in der Geschichte des Raums.

Außer den Bischöfen von Neuburg und Säben fehlte auch Arbeo von Freising, und man weiß nicht, warum. Eine politische Protesthaltung war daran sicher nicht schuld. So bildete Arbeos Bischofsburg das Ziel der nächsten überregionalen Veranstaltung, zu der ein Gutteil der in Kremsmünster versammelten Gesellschaft geladen war. Und überdies hatte Arbeo dem Herzog ohnehin hochrangige Vertreter gesandt. Außer Abt Atto war auch der Freisinger Presbyter Arn, der zukünftige Salzburger Bischof, gekommen. Arn hatte zusammen mit Fater, dem Abt von Kremsmünster, mit dem Grafen Hleodro, der schon 769 bei der Dotation Innichens dabei war, sowie mit einigen anderen Herren die noch offenen Grenzen einer Slawendekanie abgeschritten, die Tassilo seiner Gründung zuweisen wollte. In ähnlicher Mission war Graf Saluhho zusammen mit zwei anderen Männern, darunter Wenilo, dem Bruder des Grafen Machelm, zu Eberstalzell tätig gewesen. Beide Grenzfestlegungen müssen vor der Ausstellung der Tassilo-Urkunde erfolgt sein, da sie die Carta im Perfekt erwähnt.

Was hatte nun alle diese Leute nach Kremsmünster geführt? Ein später Hinweis ließ vermuten, daß eine Synode im Traungau abgehalten wurde, wobei man auch die Weihe Kremsmünsters vornahm. Die zeitgenössischen Quellen geben dafür keinen Anhaltspunkt. Sie zeigen hingegen, daß in den Jahren 776 und 777 vermehrte Anstrengungen unternommen wurden, um die herrschaftliche Basis des Herzogs wie seiner Leute im linksufrigen »Oberen Gau«, im »Ufgau«, zu sichern. So hatte gerade damals Graf Machelm die Hochstifte Regensburg, Freising und Salzburg, vielleicht auch das Kloster Niederalteich mit Traungauer Besitz beschenkt. Nun sollte auch der rechtsufrige Traungau herrschaftlich erfaßt werden. Unkontrollierter Zuzug und »freie« Siedlung waren zu unterbinden. Tassilos Karantanensieg des Jahres 772 hatte den Weg dazu eröffnet und die Südflanke gesichert. Nun ging es darum, die bereits begonnene Einbeziehung der bayerischen Ostgrenze in das Herzogsgut zum Abschluß zu bringen.[351]

Im Zentrum eines Raums, der zwar keine menschenleere Einöde, aber doch ein Waldgebiet war, lag Kremsmünster. Selbstverständlich sollte und mußte das Kloster zunächst einmal lebensfähig ausgestattet werden. Aber die dafür notwendigen Dotationen dürften zum Zeitpunkt der Urkundenausstellung weiter zurückliegen als die Bestimmung bisher strittiger oder überhaupt noch offener Besitzgrenzen. Das gleiche gilt auch für die geplante Ansiedlung von Kolonisten. Daher wird die Schenkung des Grundes, auf dem Kremsmünster steht, überhaupt nicht mehr behandelt, sondern stillschweigend vorausgesetzt. Nicht viel ausführlicher werden die Orte Sulzbach, Sipbach(zell) und Leombach erwähnt, alles -bach-Namen, die für den agilolfingischen Landesausbau typisch sind. Das Dorf mit dem sprechenden Namen Sulzbach ist wohl das heutige Bad Hall, wo drei Männer für das Kloster »Salz kochten«. Zwischen den Ipfbächen sollten 40 Kolonisten angesiedelt werden.[352]

Nach diesem Schenkungsabschnitt liest man von der Zuweisung einer Slawendekanie, die zwei herzogliche Beauftragte, *actores,* verwalten. Die beiden, Taliup und Sparuna, sind Slawen, ihre Funktionsbezeichnung weist sie als herzogliche Mandatsträger aus. Ihr Aufgabenbereich ist eine unbestimmt große Wirtschaftseinheit des Herzogsguts. Die Dekanie soll um »dreißig Slawen und ihr Land« an der Dietach erweitert werden. Dafür waren jedoch nicht die herzoglichen Verwalter zuständig. Eine solche Vereinbarung konnte der Herzog bloß mit dem gentilen Fürsten der Gruppe treffen. Als nun die dreißig Slawen und ihr Dietacher Territorium an Kremsmünster geschenkt werden sollten, da mußte vorher der Župan Physso die Grenzen beschwören, worauf Abt Fater, Arn, Graf Hleodro und andere den Besitz abschritten. Als Rechtsgrund der Übertragung gilt die Tatsache, daß die dreißig Slawen in den herzoglichen Forst eingedrungen waren und das Land zwischen Dietach und Sierning ohne Erlaubnis Tassilos gerodet hatten. Wahrscheinlich waren aber auch die Leute von Eberstalzell im Westen Kremsmünsters slawischer Herkunft. Vielleicht hatten alle drei Gruppen, die Physso-Leute, die Slawen der Dekanie und die Siedler von Eberstalzell, ursprünglich eine gentile Einheit gebildet, die – unter Führung ihres Župans – vor den Awaren in den unteren Traungau geflüchtet waren. Hier wurden sie offenkundig aufgeteilt: Die Slawen der Dekanie waren 777 bereits in die herzogliche Grundherrschaft eingegliedert. Die Slawen an der Dietach hatten ohne Erlaubnis im herzoglichen Forst gerodet und waren in dem Augenblick Tassilos Untertanen geworden, als dieser seine grundherrlichen Rechte auch hier durchsetzte. Die Siedler von Eberstalzell hatten gerade noch die Wahl, entweder zu bleiben und das Schicksal der beiden anderen Gruppen zu teilen oder als Freie abzuziehen. So dürften die Slawen im Umkreis Kremsmünsters kaum mehr als eine Generation im unteren Traungau gesiedelt haben.[353]

Die weiteren Schenkungen Tassilos lagen im Altsiedelland. So stellte er – wohl im Ufgauer Alkoven – ein herzogliches Dorf auf Zeit zur Verfügung; und zwar so lange, bis er dafür anderswo einen gleichwertigen Herrenhof anbieten konnte. Des weiteren schenkte er Weinberge und Winzer, Imker, Schmiede und Fischer. Der erste Wein Kremsmünsters kam von Aschach und von der Rodl jenseits der Donau, wo er nördlich von Ottensheim wuchs. Die Fischer dürften an der Traun im rechtsufrigen Ansfelden gelebt haben. Wichtig waren die Schmiede; sie stellten den Eisenbedarf für die Bauten wie die Landwirtschaft her. Die Schlußbestimmungen der Tassilo-Urkunde betreffen drei Kirchen samt ihrem Besitz, von denen sich eine im niederbayerischen Donaugau befand.[354] Anders als in Innichen[355] enthält die Gründungsurkunde Kremsmünsters keinen Missionsauftrag. Dafür vermittelt sie den Eindruck, Tassilo habe seine Stiftung selbst geweiht. Waren nicht drei Bischöfe anwesend, denen ein solches Geschäft zukam? Wahrscheinlich liegt hier keine Verschreibung oder spätere Verkürzung vor, sondern die »herzogliche Weihe« ist mit den Eigenheiten des agilolfingischen Benefizialwesens zu erklären.[356]

Kremsmünster hat seinen Wohltäter bis heute nicht vergessen: Es feiert sein Gedenken an jedem 11. Dezember, der als Todestag Tassilos III. gilt. Diesen »Stiftertag« begeht die Abtei mit glanzvollen Gottesdiensten als ein »Freudenfest am Trauertag« (Adalbert Stifter). Auch heute noch dient dabei als liturgisches Gerät ein Kelch, der an Herzog Tassilo und seine Gemahlin Liutpirc, eine Tochter des letzten Langobardenkönigs Desiderius, erinnert.[357] Der Kelch muß einst dem Herzogspaar gehört haben. Wie aber kam er nach Kremsmünster? Gelang es Abt Fater, das wertvolle Stück für Kremsmünster zu retten, als Karl der Große nach 788 die Herzogsfamilie im Kloster verschwinden und ihre Schätze beschlagnahmen ließ?[358] Oder hatten Tassilo und Liutpirc »ihren« Kelch 777 Kremsmünster gestiftet? Sein großartiger, ja für seine Zeit einmaliger Dekor und seine Inschrift verströmen ein Hochgefühl der Besitzer, das jedoch das Gründungsgeschehen an der oberösterreichischen Krems weit übersteigt. In den sechziger Jahren, jedenfalls vor 768/69 hatte der Agilolfinger die langobardische Königstochter geheiratet.[359] Die Inschrift am Fußende des Kelchs nennt Tassilo einen tapferen Herzog, Liutpirc aber »königliches Reis«. Gut denkbar, daß die Formel jeweils den Rang und die Würde des anderen verkünden sollte, als der Kelch bei der Feier von Hochzeitsmesse und Segnung des Brautpaars als liturgisches Gerät diente.[360]

Alle diese Überlegungen stellen bloß tastende Versuche dar, die wunderbaren Rätsel zu enthüllen, die den Stifter-Kelch von Kremsmünster umgeben. Und so muß man sich denn mit dem Paradoxon abfinden, daß der wohl bekannteste Kunstgegenstand des österreichischen Frühmittelalters auch oder gerade heute noch viel Unbekanntes birgt.

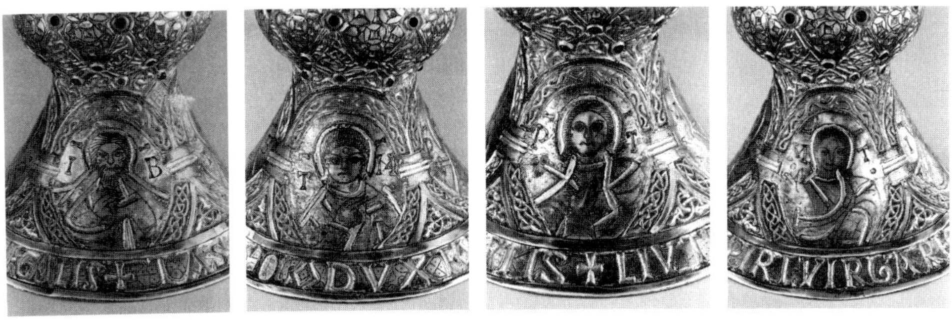

Die vier Büstenmedaillons auf dem Fuß des Tassilo-Kelchs. Die umlaufende Inschrift lautet: + *Tassilo dvx fortis + Livtpirc virga regalis,* »Tassilo tapferer Herzog, Liutpirc königliches Reis«.

Mattsee

Mattsee hatte so viel mit Mondsee gemeinsam, daß es dessen Gründung sein könnte: Beide Kirchen lagen an einem See des Mattiggaus, waren dem heiligen Michael geweiht und als agilolfingische Eigenklöster entstanden. Vergleicht man das Verbrüderungsbuch St. Peters mit dem der Reichenau, so muß ein Albuinus vor dem Sommer 784 Abt des Klosters Mattsee geworden sein. Ein *Alpuni abbas* unterschrieb aber an siebenter Stelle bereits den sogenannten Dingolfinger Gebetsbund aus den späten siebziger Jahren. Der Konvent Albuins bestand anscheinend bloß aus 15 Mitgliedern, darunter zwei Romanen. Wenig nach 784 folgte als Abt ein Johannes und wurde um 800 mit seinen Mitbrüdern in das Reichenauer Verbrüderungsbuch eingetragen. Damals besaß der Mattseer Konvent bereits fast dreimal so viele Angehörige wie in der Gründerzeit.[361]

8. Passau

Die alte Römerstadt Passau war eine der wichtigsten bayerischen Herzogsburgen;[362] deswegen entstand hier auch ein Bistum. Ein sonst unbekannter Tassilo (II.) könnte 711/12 Passau als Residenz erkoren haben.[363] Der päpstliche Bistumsplan von 716 folgte der politischen Gliederung Bayerns und sah vor, an drei, vier oder mehr herzoglichen Burgen jeweils ein Bistum zu errichten.[364] Die theodonische Teilung hatte jedoch, wenn überhaupt, nur vorübergehend Bestand. Den Herzog überlebten bloß ein Sohn und ein Enkel. So dürfte sich der Freisinger Grimoald auch in Regensburg festgesetzt haben, während sein Neffe Hucbert zu Salzburg anscheinend Passau gewann. Von ihm, der 736/37 starb,[365] stammte die älteste Schenkung an die Kirche des heiligen Stephan. Demnach besaß die Passauer Sedes ihr ehrwürdiges Patrozinium bereits vor der bonifatianischen Diözesanordnung.[366] Die Verbindung des Bistums zu den Agilolfingern blieb in der Folgezeit gut und eng. Auch Tassilo III. setzte diese Politik fort.[367] Ihn unterstützte Graf Machelm; in seinen Schenkungsurkunden wie in Tassilos ältester Carta kommt zum ersten Mal der neu-alte Patron Valentinus vor. Seine Reliquien hatte der Herzog Anfang der sechziger Jahre nach Passau überführen lassen. Der Agilolfinger erwirkte dafür die Zustimmung des Langobardenkönigs Desiderius. So konnte der heilige Valentin aus dessen »Südtiroler« Herrschaftsbereich nach Passau »heimkehren«. So wenig der Räterbischof Valentin aus der Vita Severini und der gleichnamige Heilige aus dem Vinschgau identisch gewesen sein und mit Passau zu tun haben mögen, so sehr bezeugt die Valentinus-Verehrung von Passau, daß man dort das Werk des Eugippius nie vergessen hatte.[368]

Als Bonifatius im Jahre 739 die bayerischen Diözesen einrichtete und ihnen kanonisch einwandfreie Bischöfe gab, besaß Passau als einzige Sedes einen ordnungsgemäß geweihten Oberhirten. Dieser Bischof war Vivilo. Und obwohl er den Vorstellungen des glaubenseifrigen Angelsachsen nicht ganz entsprach und vornehmlich in der Frage der Taufe korrigierenden Zuspruchs bedurft hätte, mußte ihn Bonifatius im Amt bestätigen. Vivilo war von Gregor III. in Rom geweiht worden; er stand damit in der Freisinger Corbinian-Tradition. Die Weihe lag – nach Aussagen des Papstes – 739 schon einige Zeit zurück, kann also frühestens nach Gregors eigenem Regierungsantritt im Jahre 731 erfolgt sein. Vivilo befand sich 738 unter den Adressaten des Briefes, den Gregor III. an die Bischöfe Bayerns und Alamanniens gerichtet hatte.[369] Etwa zwei Jahre vor dem großen Reinemachen von 739 kommt er auch in einer Urkunde vor, die an der Spitze der bischöflich-passauischen Überlieferung steht und zu den ältesten bayerischen Stücken zählt.[370] Nach 739 sucht man hingegen vergebens nach einer Nennung des Bischofs.[371]

Die Überlieferung des 8. wie 9. Jahrhunderts kennt Vivilo als ersten Passauer Bischof. Auf ihn folgt ein Beatus, von dem man bloß den Namen weiß. Er könnte ein Romane gewesen sein, wofür auch die enge Verbindung Passaus mit den Romanen an der Innmündung sprechen würde. Ihnen schreibt man das vielbeachtete »Rottachgau-Fragment« zu. Die verstümmelte Urkunde mag vielleicht einst auf Holztäfelchen geschrieben gewesen sein und wirkt auf weite Strecken hin wie eine Carta des 5. Jahrhunderts, obwohl sie im 8. Jahrhundert entstand.[372]

Der dritte Passauer Bischof war der Virgil-Gefährte Sidonius. Der Skandal, daß die beiden Iren dem päpstlichen Legaten Bonifatius Widerstand geleistet hatten, interessierte mehr als der Passauer Episkopat des Sidonius. Außer der Salzburger Überlieferung kennt seinen Namen eine einzige Passauer Urkunde vom 8. August 754.[373]

Nach Sidonius und einem – bloß dem Namen nach bekannten – Anthelm[374] nahm Wisurich die Passauer Sedes ein. Allerdings ist auch dieser bloß zwischen dem 26. September 770 und der ersten Hälfte des Jahres 777 bezeugt. Wisurich vertrat seine Diözese auf der Dingolfinger Synode, machte gute Geschäfte mit seinem Herzog und faßte Fuß im Passauer Wald, im Sauwald nordöstlich von Schärding. Die erhaltenen Quellen zeigen Wisurich in engem Kontakt mit den geistlichen und weltlichen Großen seiner Zeit, mit dem Herzog, mit dem Grafen Machelm und nicht zuletzt mit dem Salzburger Bischof Virgil. Dieser hat denn auch Wisurichs Namen 784 in den Ordo der verstorbenen bayerischen Bischöfe eintragen lassen.[375]

Im Herbst 777 trat Waltrich von Passau bei der Weihe der tassilonischen Stiftung Kremsmünster auf;[376] er dürfte mit seinem Vorgänger verwandt gewesen sein. Waltrich ist der Leitname einer »Bischofssippe«, deren Angehörige in Bayern, in Burgund und am Rhein wirkten. Ein Waltrich gründete Schäftlarn und wurde Bischof von Langres, stand aber auch den Karolingern nahe. Die ebenso oft versuchte wie verworfene Identifizierung des Passauers Waltrich mit seinen »westlichen« Namensvettern besitzt symptomatische Bedeutung für Möglichkeiten wie Gefahren der genealogischen Methode. So wirkt die Gleichsetzung der beiden Bischöfe von Passau und Langres höchst unwahrscheinlich. Die politische Bedeutung verwandtschaftlicher Beziehungen wird leicht überschätzt. Nicht erst heute finden die meisten Bluttaten unter Verwandten statt. Von allen genealogischen Spekulationen abgesehen, lehrt die Person des Passauer Bischofs, daß Tassilo III. selbst auf dem Höhepunkt seiner Macht solche Bayern als Bischöfe akzeptieren mußte, die sich enger Beziehungen zu den Karolingern erfreuten.[377] Dieser Umstand sowie die lange Regierungsdauer Waltrichs, der die Jahrhundertwende überlebte und erst gegen 804 starb, garantierten die karolingische Zukunft des Donau-Bistums.[378] Gut stand sich Waltrich auch mit Arn von Salzburg, der für ihn und seine Kirche als Schiedsrichter auftrat. Sowohl im März 788[379] wie anscheinend auch im Oktober 802 findet man den Passauer Bischof an der Salzach.[380] Über Freising hatte Passau – nach dem heiligen Stephan – seinen zweiten Diözesanpatron Valentin erhalten. Arbeo war zwar über die noble Geste seines Vorgängers Joseph, die nicht ohne herzogliche »Nachhilfe« erfolgte, ein wenig verstimmt. Er ließ sich dadurch aber eher zur Überführung Corbinians anregen, als daß er den Passauer Bischöfen Wisurich und Waltrich nachhaltig gegrollt hätte.[381]

Passauer Klöster

Das nach dem Salzburger Nonnberg älteste Frauenkloster des Raums stand im niederbayerischen Kirchbach-Chiripah – heute Kühbach oder Rotthalmünster. Kirchbach gründete ein Wilhelm, ein Angehöriger desjenigen Geschlechts, das für das donauländische Bayern sowie das Ostland des 9. Jahrhunderts so bedeutsam wurde. Die Stiftung, das älteste adelige Eigenkloster Bayerns, reichte bis auf die Zeit Hucberts zurück. Odilo anerkannte das Kloster, das an die Wilhelm-Tochter Irminswind kam. Kurz nach 788 bestimmte diese *venerabilis matrona* auf dem Totenbett, daß der Konvent nacheinander auf zwei Nonnen, auf ihre Nichte Sapientia und eine Imma, übergehen und schließlich ein Passauer Eigenkloster werden solle. Die darüber ausgestellte Urkunde wurde von Karl dem Großen bestätigt. Unklar bleibt, wie lange Kirchbach, das angeblich sehr früh schon nach der Benediktinerregel lebte, als adeliges Eigenkloster existierte. Die Passauer Bischöfe ließen es jedenfalls bald eingehen.[382]

Das einzige Lebenszeichen der Mattiggauer Marienkirche in Pischelsdorf am Engelbach bei Mattighofen stammt aus den Anfängen Odilos. Das Gotteshaus, das eine stattliche Reihe von Heiligenreliquien barg, wurde von Bischof Vivilo geweiht. Die Kirche empfing ihre Grundausstattung von den Eltern und Verwandten einer »unter schwarzem Schleier verhüllten« Cotalind. Auch dabei handelte es sich um eine adelige Eigenkirche, die den Kern eines Nonnenklosters gebildet haben könnte. Jedenfalls gelangte sie zu einem späteren Zeitpunkt in den Besitz Passaus und büßte so ihre – wie immer auch gedachte – ursprüngliche Bestimmung ein.[383]

Größere Bedeutung als die beiden kurzlebigen Konvente besaß das Kanonissinnenstift Niedernburg zu Passau am linken Ufer der Innmündung. Obwohl die früheste Erwähnung des Konvents erst aus der späteren Karolingerzeit stammt, besteht die Hausüberlieferung auf einer agilolfingischen Gründung. Vielleicht enthält sie »einen echten Kern; mehr als eine Vermutung wird man hier nicht äußern können«.[384] Der Breviarius des Niederalteicher Abtes Urolf erwähnt Leute einer Äbtissin Adalburga, die seinem Kloster widerrechtlich Besitz entzogen. Die Dame ist im Grunde nicht einzuordnen. Vielleicht hat sie mit Passau gar nichts zu tun und war Vorsteherin des Regensburger Niedermünsters.[385]

Weder St. Florian noch St. Pölten wurden in der Agilolfingerzeit gegründet; ihre Existenz als klösterliche Gemeinschaften wird vor 788 durch nichts wahrscheinlich gemacht.

Die Karolingerzeit westlich von Traun und Enns (744/88–907/11)

Auf dem Theater beginnt das »Spiel der Mächtigen« mit dem Heben des Vorhangs und schließt mit seinem Senken. Anders die Geschichte – sie kennt weder einen klaren Anfang noch ein sicheres Ende. Jedes historische Geschehen besitzt ein Vorspiel und ein Nachspiel, und niemand kann sagen, wann das eine begann und das andere aufhören wird. Noch weniger ist auf Jahreszahlen Verlaß, will man klar umrissene Epochen feststellen, an deren Anfang wie Ende die Zeit gleichsam den Atem anhält. Es ist daher eine Ausnahme, wenn die bayerische Karolingerzeit von zwei Großereignissen begrenzt wird, von der Absetzung Tassilos III. 788 und dem Untergang des bayerischen Heerbannes 907 in der Ungarnschlacht von Preßburg. Vier Jahre später ist dann der letzte ostfränkische Karolinger noch als Kind gestorben.

I. Die schriftlichen Quellen

Der alamannisch-churrätische Westen wurde mehr als vier Jahrzehnte früher karolingisch als das Land östlich des Lechs. Schon 741 konnte Karl Martell seinem Sohn Karlmann I. die *Suavia que nunc Alamannia dicitur* als eines der Regna des für ihn bestimmten Teilreichs vererben. Daher stellt die fränkische Historiographie die Ereignisse von 744 und 746 als alamannische Rebellionen und deren Bestrafung dar. Tatsächlich bewirkten aber erst die Feldzüge Pippins III. und danach die seines älteren Bruders Karlmann I., daß der letzte Widerstand im Lande erlosch. Die neue Zeit bedurfte neuer Formen der Rechtssicherung. So ist es kein Zufall, daß die Zahl der St. Galler Urkunden in den vierziger Jahren stark zunimmt.[1] Hingegen dauerte es noch eine ganze Generation, bis die ersten Königsurkunden das alamannisch-churrätische Gebiet erreichten.[2] Mit dem Jahre 788, als der Frankenkönig »das Bayernland seiner Herrschaft unterstellte«,[3] nahm Karl der Große den gesamten Raum in seine unmittelbare Verwaltung. Darauf bestimmten hier die Diplome[4] der Karolinger wie ihre Gesetzgebung in zunehmendem Maße die öffentliche Ordnung. Zu den Königsgesetzen, *capitularia,* zählen geplante und durchgeführte Reichsteilungen, wie die Divisio regnorum von 806, die Ordinatio imperii von 817 und 843 der Vertrag von Verdun.[5]

Den königlichen Standpunkt verkünden die Erzeugnisse der Hofhistoriographie und der offiziösen Annalistik.[6] Das Erbe der 829 auslaufenden *Annales regni Francorum* treten die Fuldaer Annalen an, die in zunehmendem Maße »als Werk der Hofkapelle erkennbar und demgemäß als Ostfränkische Reichsannalen zu betrachten sind«. Der Kampf um das bayerische Ostland, der Aufstieg des Mährerreichs und die Ankunft der Ungarn werden in einzigartiger Ausführlichkeit geschildert. Allerdings dürften die Fuldaer Annalen unangenehme Nachrichten absichtlich unterdrückt haben, wovon sich jedoch manches in westfränkischen Annalen findet.[7]

Einhards Lebensbeschreibung Karls des Großen, die *Vita Karoli Magni,* bildet die mit Abstand beste Biographie des lateinischen Frühmittelalters. Die Auseinandersetzung mit Tassilo III. und die Niederwerfung des Awarenreichs haben ihren Verfasser besonders gefesselt.[8] Das Niveau Einhards können die beiden Biographen Ludwigs des Frommen nicht erreichen; doch verdankt man ihnen wichtige, mitunter recht farbige Berichte über unser Gebiet, das ihr Held bloß 791 auf Geheiß des Vaters betreten hat.[9]

Der Briefwechsel Alcuins mit seinem Freund, dem Bischof und seit 798 Erzbischof Arn von Salzburg, enthält die wertvollsten Nachrichten für die Zeit um 800. Persönliches wechselt darin mit der Sorge um die beginnende Awaren- und Slawenmission ab.[10] Dieses Thema behandeln auch gute friulanische Quellen, wie der *Rhythmus de Pippini regis victoria Avarica* von 796 und das Gedicht, das der Patriarch Paulinus von Aquileia auf den Tod Herzog Erichs 799 verfaßte. Bevor die Truppen Pippins von Italien 796 die Donau überschritten hatten, hielt der junge König eine Bischofssynode ab, die über die zukünftige Vorgangsweise beraten sollte.[11] Mit der Schaffung der bayerischen Kirchenprovinz wurde es Arns vornehmste Aufgabe, seinen Metropolitanverband der fränkischen Kirche anzugleichen. Dazu berief er Synoden ein. Obwohl dabei den bayerischen Diözesanbischöfen eingeschärft wurde, gemäß den chalkedonischen Beschlüssen jährlich zwei Synoden zu feiern, sind nach 807 keine ausführlichen Protokolle derartiger Zusammenkünfte mehr bekannt.[12]

Im Jahre 832 war Adalram von Salzburg für die Ausstellung einer Königsurkunde mit herangezogen worden. Allerdings überbrachte damals der Erzbischof bloß den Beurkundungsbefehl, und zwar in eigener Sache wie in der des königlichen Notars Liupram, der sein Nachfolger wurde.[13] Zum Erzkaplan stieg erst Theotmar von Salzburg im Reich Karlmanns auf; eine Regelung, die Karlmanns Sohn und mittelbarer Nachfolger Arnulf übernahm.[14]

Ein Ire hatte Tassilos Karantanensieg von 772 gepriesen,[15] ein Ire feierte die Unterwerfung des Herzogs, die Karl der Große 787 auf dem Lechfeld entgegennahm.[16] Mit Tassilos Sturz setzte der Frankenkönig seine unmittelbare Herrschaft im gesamten Ostalpenraum durch. Die Folge war, daß man mehr oder weniger umfangreiche Urkundensammlungen und Urkundenbearbeitungen anlegte. So entstanden die Salzburger Besitztitelverzeichnisse, *Notitia Arnonis* (788/90) und die *Breves Notitiae* (798/811), der *Breviarius Urolfi* Niederalteichs, eine formlose Passauer Aufzeichnung ähnlichen Inhalts, aber auch 791 eine Königsurkunde, deren Narratio die tassilonische Gründungsurkunde Kremsmünsters wiederholte.[17] Der übersichtlichen Verwaltung diente ein jüngerer Typ von Urkundensammlungen, die Traditionscodices, wie sie vor allem in Freising und Mondsee, aber auch in Passau und Regensburg entstanden. An Ausführlichkeit des Materials und Vollständigkeit der Wiedergabe übertrifft der Freisinger alle anderen *Codices traditionum*: In Regensburg und Passau sind Überlieferungsverluste zu beklagen, in Mondsee wurde auf die vollständige Abschrift der einzelnen Cartae verzichtet.[18] Andere Voraussetzungen und besonderes Glück bewahrten den reichen Originalbestand der St. Galler Urkunden, die für den alamannisch-romanischen Westen unschätzbare Bedeutung besitzen.[19] Das gleiche gilt vom Churer Reichsguturbar, das in Hinblick auf die Reichsteilung von 843 als regionale Bemessungsgrundlage verfaßt wurde und dementsprechend der Feststellung des Ertrags diente.[20] Dabei entstand 842/43 »die wertvollste mittelalterliche Geschichtsquelle Rätiens und ganz besonders die des Vorarlberger Oberlandes«.[21]

Der Großteil der Salzburger Überlieferung, die bereits die ausgehende Agilolfingerzeit behandelte, wurde bruchlos ins 9. Jahrhundert fortgeführt. Das gleiche gilt von den Rechtsquellen, die ihre Verbindlichkeit auch nach 788 behielten. Im besonderen sind neben den Kapiteln 6 bis 14 der *Conversio Bagoariorum et Carantanorum* von 870 die Salzburger, bayerischen und alamannischen Annalen zu nennen.[22] Aus der Zeit Erzbischof Liuprams (836–859) stammen die *Carmina Salisburgensia* und eine wichtige Formularsammlung, deren Salzburger Kern auch Urkunden für St. Peter enthält und als *Formulae Salzburgenses* gilt. Diese sind jünger als die wohl von Arn in seine Sedes gebrachte westfränkische Vorlage, aufgrund deren die Salzburger Handschrift der *Formulae Salicae Lindenbrogianae* entstand.[23]

Eine Bestandsaufnahme der ausgehenden Karolingerzeit bringt die Raffelstettener Zollordnung von 903/06, ein Weistum, das Abgaben und Abgabenfreiheit des Warenverkehrs aus dem Traungau in das Gebiet unterhalb der Enns »wie seit alters her« festlegen soll. Das aus der Passauer Überlieferung stammende Dokument wurde unter dem Markgrafen Arbo aufgezeichnet. Das Zollweistum wird von der modernen Geschichtsschreibung sogar mit der Vita Severini verglichen, denn »hier wie dort fällt ein heller Lichtstrahl in das Dunkel der untergehenden Kultur« einer Spätzeit.[24] Mag dieser Vergleich auch ein wenig hinken, so steht doch fest, daß man zur gleichen Zeit in Passau das Werk des Eugippius nicht bloß besaß, sondern in der Raffelstettener Zollordnung zur Interpretation einer ethnischen Einheit heranzog.[25] Von besonderer Bedeutung war der Briefverkehr der bayerischen Bischöfe mit den Päpsten. Der Großteil des Materials verdankt seine Erhaltung dem Umstand, daß die päpstlichen Responsa ins kanonische Recht aufgenommen wurden.[26]

Wie das bayerische und alamannische Recht, so behielt auch die churrätische Lex Romana ihre Gültigkeit. Darüber hinaus betätigte sich Bischof und Rector Remedius kurz nach 802 als Gesetzgeber. Stützen sich die *Capitula Remedii* auch auf die Bußbücher der Kirche, so war doch das fränkische Vorbild übermächtig geworden. Das Recht der Capitula ist »nur Episode geblieben«. Die Bischöfe von Chur nahmen seit ihrer Unterstellung unter Mainz regelmäßig an ostfränkischen Reichsversammlungen teil.[27]

Unmittelbar für den Osten und Nordosten Österreichs von Belang, darüber hinaus aber von weltgeschichtlicher Bedeutung war die Slawenmission der Brüder Konstantin-Cyrill und Method. Über ihr Wirken berichten vor allem die zeitgenössischen Biographien: die kirchenslawisch geschriebene Vita Constantini, »zwischen 869 (Tod Cyrills in Rom) und 882 (Tod des Papstes Johannes VIII.) im Kreise der byzantinischen Gesandten in Rom oder in Mähren verfaßt«, sowie die *Vita Methodii,* die bald nach Methods Tod 885 entstanden ist. Ihr Autor könnte Kliment von Ohrid gewesen sein, dessen *Vita Clementis* zwar wesentlich später und dann auf griechisch niedergeschrieben wurde, aber höchst wichtige Informationen über das Ende der Slawenmission in Mähren enthält.[28]

Im einzelnen schwer zu bestimmen sind Umfang und Inhalt der volkssprachigen Literatur, die in althochdeutschen Dialekten abgefaßt wurde und unseren Raum im 9. Jahrhundert erreichte. Das Ostarrîchi, in dem Otfrids Evangelienbuch nach Wunsch des Dichters hätte Verbreitung finden sollen, war das gesamte Reich Ludwigs des Deutschen. Der altsächsische Heliand wird an der Donau und in den Ostalpen kaum verstanden worden sein.[29] Aber der Tiroler Raum dürfte doch gotisch-langobardisches Erbe vermittelt haben, wovon in erster Linie das Hildebrand-Lied zeugt. Die erhaltene Überlieferung wurde zwar im Fulda des 9. Jahrhunderts aufgezeichnet. Hier entstand eine Liedfassung, in der hochdeutsch-bayerische Wortformen zu etwa einem Sechstel in niederdeutsch-sächsische Ausdrücke verändert wurden. Wenn aber das hochmittelalterliche Tirol einen besonderen Anteil an der Entstehung der deutschen Heldenepik hat, wenn Dietrich von Bern und König Laurin hier »zu Hause« sind, dann dürfte es dafür schon frühmittelalterliche Voraussetzungen gegeben haben. Mit aller Vorsicht könnte man diese als Ergebnis des Freisinger Wirkens in Tirol verstehen; die Überlieferung blieb freilich vorwiegend in St. Gallen erhalten.[30]

II. Churrätien bis zur Immunitätsverleihung von 831

1. Angliederung und Gleichschaltung

Bischof-Praeses Tello von Chur, dessen Testament in seinem echten Kern aus dem Jahre 765 stammt, war der letzte Victoride. Diese Familie vereinigte das geistliche Amt des Bischofs mit der weltlichen Gewalt des Praeses und übte die erbliche Herrschaft im churrätischen Kirchenstaat aus.[31] Den frühesten Hinweis auf die Anerkennung eines Königs gibt die Lex Romana Curiensis. Sie interpretiert ein spätantikes Kaiserreskript, das die Staatsfeiertage, *publica gaudia,* behandelt. Der Text versteht darunter aktualisierend die Schilderhebung des Königs, eine königliche Hochzeit und die erste Bartschur, das heißt die Wehrhaftmachung, des Königssohns. Die Bestimmungen können einzig und allein den Frankenkönig und seine Familie betreffen, sei es, daß damit noch die Merowinger oder schon die Karolinger gemeint sind.[32]

Es war Karl der Große, der als erster Frankenkönig in die Verfassung Churs eingriff. Die 772/74 ausgestellte Königsurkunde besitzt kaum ein vergleichbares Gegenstück. Karl nahm darin den Bischof Constantius und das Volk Rätiens unter seinen Schutz. Constantius, der offenkundig dem letzten Vertreter der ausgestorbenen Victoriden nachgefolgt war, wurde als Rector anerkannt. Somit unterblieb die traditionelle Bezeichnung des Bischofs als Praeses. Wenn auch Constantius in den Augen seiner regionalen Zeitgenossen weiterhin als solcher galt und vom Volk gewählt wurde, leiteten doch seine königliche Einsetzung zum Rector sowie die Forderung, der König müsse die Volkswahl bestätigen, eine Minderung der churrätischen Selbständigkeit ein. Ebenso wurde das Karolingerdiplom nicht in Form eines Vertrags, sondern als Privileg erlassen. Trotzdem hebt man mit Recht hervor, »daß der Empfänger außerhalb der Reichsverwaltung steht«, daß zwar nicht formaldiplomatisch, aber dem Inhalt nach ein Vertrag »zwischen König einerseits, Rector und Volk von Raetien andrerseits« geschlossen wurde. Damit war ein Beispiel gesetzt, dem sich noch Ludwig der Fromme und sein Sohn Lothar I. anschließen sollten.[33]

Am 6. Februar 806 traf Karl der Große die Erbregelung für den Fall seines Todes. Diese *Divisio regnorum* sah vor, daß König Pippin von Italien auch Herr des churrätisch-alamannischen wie bayerischen Gebiets bis zur Donau werden sollte.[34] Bisher weniger berücksichtigte Nachrichten geben zu bedenken, »ob nicht der Reichsteilungsplan von 806 zu Lebzeiten Karls des Großen bereits in Verwirklichung begriffen war«.[35] Ja, Pippin hatte schon 804 seinen Vertreter gesandt, als ein Rechtsstreit zwischen Freising und Chiemsee ausgetragen wurde, den der Metropolit Arn als Vorsitzender zu schlichten suchte.[36] Urkunden aus St. Gallen zeigen tatsächlich zweierlei: Erstens datierte man hier 806/07 nach Pippins Königsjahren, die den mehrfachen Herrschaftsjahren des Vaters folgten. Zweitens war aber für Pippins Ära nicht der Tag maßgebend, an dem im Spätwinter 806 das Reichsteilungsgesetz erlassen wurde. Ob nun die sehr verschiedenen Urkundenschreiber eine bestimmte Ära beachteten oder nicht, die St. Galler Königsjahre Pippins begannen frühestens im Herbst 806, spätestens aber ein

Jahr danach. Außerdem setzen sie wahrscheinlich gar keinen Stichtag, keine Epoche, voraus, sondern spiegeln den Prozeß wider, der die Annahme des Reichsteilungsplans durch das »Volk« darstellt. Analog und in Verbindung dazu verlief die Aufhebung der churrätischen Verfassung, erfolgte die Enteignung bischöflichen Besitzes zugunsten des Königs- und Grafengutes.[37] Tatsächlich spricht die Divisio regnorum noch von einem *ducatus Curiensis* und gebraucht damit einen Begriff, den man entweder im Sinne eines fränkisch-langobardischen Herzogtums, wie dies etwa Friaul war, oder als Bezeichnung für ein gentiles Fürstentum verstehen kann.[38] Im einzelnen sind die Ereignisse und Vorgänge schwer zu durchschauen; die Tage der churrätischen Sonderstellung waren jedenfalls gezählt.

Karl der Große machte einen Hunfrid (I.) zum ersten Grafen der Räter. Der alamannische Große konnte das königliche Mandat nur dann erfüllen, wenn er die entsprechenden wirtschaftlichen Machtmittel erhielt. So blieb der neue Graf bloß am Rande seines Mandatsbezirks; er wollte oder konnte seinen Sitz nicht in Chur selbst nehmen, sondern machte den unterrätischen Vorort Rankweil-Vinomna zu seiner Residenz. Dieser Umstand ist im Grunde dafür verantwortlich, daß man aus dieser Zeit erstaunlich viel über das heutige Vorarlberg weiß.[39] Zum erstenmal wurde *Unfredus vir inluster Reciarum comis* genannt, als er wohl am 7. Februar 807 auf der Rankweiler Müsinerwiese Gericht hielt. Dabei ging es um die Rückerstattung von Besitz, den man einheimischen Romanen, von denen einer schon einen germanischen Namen führte, widerrechtlich entfremdet hatte. Karl der Große setzte aber Hunfrid bereits 808 als Gesandten in Italien ein, wo er in enge Beziehung zu König Pippin trat.[40] Dieser machte ihn –

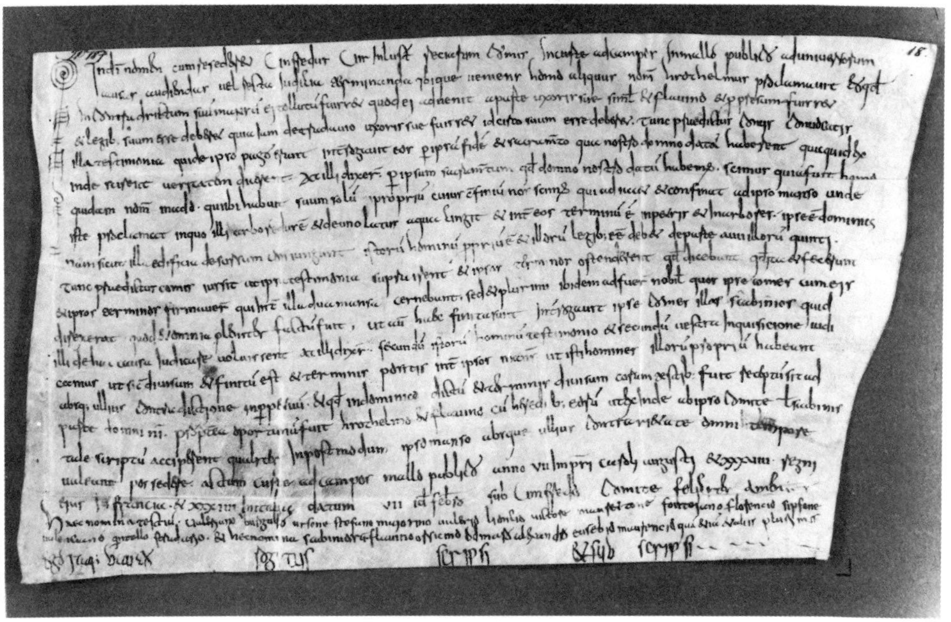

Hunfrid-Urkunde vom 7. Februar 807

sicher im Einverständnis mit dem Vater – zum Nachfolger des istrischen Dux Johannes, der sich offenkundig zu stark kompromittiert hatte, um seine Stellung zu behalten oder gar zu vererben.[41]

Eineinhalb Jahrzehnte nach Hunfrids Auftreten in Italien ist erneut ein Hunfrid (II.) als rätischer Graf bezeugt. Kaiser Lothar I., als erster Karolinger in Vorarlberg nachweisbar, stellt in Rankweil, in der *villa Unfredi comitis,* am 4. Juni 823 eine Urkunde aus;[42] und kurz vorher oder nachher wird dieser Hunfrid als *comes Curiensis* mit einer kaiserlichen Gesandtschaft nach Rom betraut. Derselbe Hunfrid dürfte seine Stellung in Rätien über das Jahr 824 hinaus innegehabt haben. Groß ist der Zeitabstand zwischen den beiden Hunfrid-Nennungen; sie könnten daher Vater und Sohn gemeint haben. Dazwischen ereignete sich folgende Geschichte: Während der 807/08 genannte Hunfrid (I.) in Istrien ein zweites Standbein des »Familien-Unternehmens« aufbaute und dazu einen gleichnamigen Sohn heranzog, folgte ihm der Sohn Adalbert in Rätien nach. Dieser muß wie sein Vater ein Anhänger Pippins von Italien gewesen sein und blieb nach dessen Tod 810 dem Königssohn Bernhard treu. Wie man in St. Gallen mit Bernhard als legitimem Nachfolger Pippins rechnete, so zählten auch die »Hunfridinger« zu den Leuten des italischen Bernhard. Daher kam es, wie es kommen mußte: Das Vorspiel zur Rebellion des Jahres 817 fand auf mittlerer Ebene statt und forderte hier die ersten Opfer. Adalberts nördlicher Nachbar war der auch im Argengau tätige Graf Ruadpert. Er ergriff die günstige Gelegenheit, den anscheinend bereits kompromittierten Adalbert aus Rätien zu verdrängen. Die Ludwig dem Frommen erwiesene Treue zahlte sich aus: Adalbert setzte sich rechtzeitig zu seinem Bruder nach Istrien ab, Ruadpert erhielt die Grafschaft Rätien. Zum ersten Mal seit der Spätantike bildete Vorarlberg, wenn auch nur für kurze Zeit, wieder eine Verwaltungseinheit. Im Zuge der offenen Rebellion von 817 kehrte Adalbert mit bewaffneter Macht nach Rätien zurück und erschlug seinen Widersacher. Mit der Unterwerfung Bernhards und seinem Ende im April 818 muß aber auch Adalberts rätische Herrschaft rasch zu Ende gegangen sein. Jedenfalls schweigen die Quellen über ihn, während der eine oder andere alamannische Große wieder die kaiserliche Huld erlangte. Spätestens 823 war dann auch ein Hunfrid (II.), Adalberts istrischer Bruder, als rätischer Graf in Amt und Würden; aber auch er hat sich hier nicht lange gehalten.[43]

Zwischen 817 und 825/26 agierte in Rankweil und Umgebung ein Schultheiß oder *minister,* einmal auch *centenarius* genannter Mann namens Folcwin. Seine Tätigkeit war – entgegen der Bedeutung seines Namens – keineswegs »volksfreundlich«. Was die Grafen im großen Stil betrieben oder betreiben mußten, versuchte der Rankweiler Stellvertreter in einem wirtschaftlichen Kleinkrieg von Acker zu Acker. Das Ergebnis dieses Wirkens macht die Besonderheit des St. Galler »Folcwin-Archivs« aus: Unter den Umstürzen und Nachfolgewirren zwischen 806/07 und 817 hatten die kleinen romanischen Besitzer schwer zu leiden.[44] Aber ihre Cartae blieben rätische Urkunden; daher enthält keines der Stücke die alamannische *sub comite* N.-Formel.[45] Man kann also daraus nicht auf das Verhältnis Folcwins zu den rätischen Grafen schließen. Hingegen zeigt die Eintragung im Verbrüderungsbuch von St. Gallen, wie nahe Folcwin welchen Mächtigen der Zeit stand. Sein Name findet sich in einer Reihe, die mit dem älteren Grafen Hunfrid beginnt, dann Adalbert und dessen Sohn Oadalrich nennt und schließlich noch das Paar Hunfrid-Hitta enthält.[46] Folcwin dürfte daher den »Hunfridingern« nähergestanden sein als deren Gegner Ruadpert, obwohl die Reihe der Urkunden zugunsten des Rankweiler Schultheißen im Mai 817 einsetzt.[47] Jedenfalls blieb Folcwin über alle Wirren hinweg bis gegen 826 im Amt und erlebte darin sowohl die Rückkehr der »Hunfridinger« wie das Wirken des Grafen Roderich samt seines Helfers Herloin.[48]

2. Die Einführung der Grafschaftsverfassung in Churrätien

Jüngste personengeschichtliche Untersuchungen haben der so festgefügten Lehre von der Einführung der Grafschaftsverfassung in Churrätien einiges an Sicherheit genommen.[49] Man ging früher davon aus, die Grafschaftsverfassung sei im Anschluß an die Reichsteilung entweder im Herbst 806 oder Anfang 807 eingeführt worden, und zwar nach einem Wechsel im Churer Episkopat. Der verdiente Bischof Remedius sei gestorben, und der neue Bischof Victor III. habe sich mit einem Machtwort Karls des Großen und der dadurch geschaffenen Situation abfinden müssen.[50] Was aber, wenn Remedius noch in der zweiten Hälfte des zweiten Jahrzehnts gelebt und damit Karl den Großen überlebt hat?[51] Auch verlautet nichts von einem Gnadenverlust des Bischofs. Kann aber dann in seiner Amtszeit eine derart einschneidende Veränderung, wie die *divisio inter episcopatum et comitatum,* angeordnet worden sein?

Will der Erzähler den Faden nicht verlieren, so muß er hier abbrechen und feststellen: Wie einschneidend die von Karl dem Großen angeordnete »Teilung zwischen bischöflichem und gräflichem Besitz« auch immer gewesen sein mochte, sie wurde in Churrätien zunächst hingenommen und erst von der Mitte der zwanziger Jahre an bekämpft. Damals war Hunfrid (II.) von einem Grafen Roderich abgelöst worden. Mag sein, daß der »geschickte Diplomat« Victor III. das Auftreten des neuen Mandatsträgers zum Anlaß nahm, verlorenes Terrain wiederzugewinnen.[52] Aber Roderich könnte tatsächlich ins Zentrum des einstigen Kirchenstaates vorgestoßen sein, während sich die Hunfride noch mit den churrätischen Grenzräumen begnügt hatten. Der Bischof wandte sich jedenfalls in nicht weniger als vier Klageschriften an Kaiser Ludwig den Frommen, um die Restitution des verlorenen Besitzes zu erwirken. Seine jahrelangen Bemühungen zeitigten jedoch bloß das magere Ergebnis vom 9. Juni 831, als der Kaiser einen Bruchteil der Entfremdungen zurückstellte und damit eine allgemeine Schutz- und Immunitätsverleihung verband.[53]

Bereits in seiner zweiten Denkschrift beklagte sich der Churer Bischof jedoch nicht bloß über Roderich, sondern auch über dessen »verworfenen Gesellen« Herloin. Deshalb spricht man diesem »Harlekin« die Grafenwürde ab und vergleicht ihn mit dem Schultheißen Folcwin. Seine Bezeichnung als *socius* schließt aber nicht aus, daß er ein Roderich zugeordneter Graf von der Art war, die man bestellte, um die Grafschaftsverfassung in bisher nur lose abhängigen Gebieten einzuführen und durchzusetzen.[54]

Die großen Verluste Churs, die Victor III. so heftig beklagte, waren jedoch grundsätzlich nicht das Werk Roderichs und Herloins. Die beiden schädigten den Bischof. Sie raubten ihm die Reliquien von nicht weniger als fünf Heiligen, darunter die des Churer Gründerheiligen Lucius. Aber diejenigen, die dem Bistum rund sieben Achtel von mehr als 230 Kirchen nahmen und die drei Männerklöster Disentis, Pfäfers und Müstair entfremdeten, waren bereits ihre Vorgänger gewesen.[55]

3. Müstair und der Vinschgau

Obwohl an seinem äußersten Rande gelegen, erlangte Müstair große Bedeutung für den churrätischen Vinschgau. Wie immer man auch aus dem Engadin ins obere Etschtal ging, ob nun von Zernez unmittelbar über den Ofenpaß oder doch eher über Ardez, Scuol, das S-charltal und die Cruschetta, man mußte Müstair passieren.[56] Die Gründung erfolgte von Pfäfers aus. Sucht man dafür nach einem politischen Grund, so könnte man an die Eroberung des Langobardenreichs im Jahre 774 denken, wodurch die Müstair-Route an Bedeutung gewann. Deshalb nahm man auch lange Zeit Karl den Großen als Gründer des Klosters in Anspruch, wofür Entstehungszeit wie Formenschatz der karolingischen Wandmalerei sprechen. Jüngste Ausgrabungen von Hans Rudolf Sennhauser haben jedenfalls ergeben, daß das Klosterareal in der Karolingerzeit eine gegenüber heute viermal so große Verbauung umfaßte. Um 800 lebten 30 Mönche im Kloster; wenig später umfaßte der Konvent 45 Mönche und Kleriker. Um die Jahrhundertwende entstand hier die einzige frühmittelalterliche Gesamtausmalung, die man kennt. Die nördliche Seitenapsis zeigt die Traditio legis; neben der dominierenden Jesus-Darstellung in der Hauptapsis und der ausführlichen Behandlung des Herrenlebens fallen die David-Szenen auf, die Karl den Großen meinen. In Nachahmung der byzantinischen Hofsprache gilt der Frankenkönig als ein zweiter David, als eine Verkörperung des beispielhaften Priesterkönigs.[57] Sosehr Müstair heute ein Juwel der karolingischen Kunst darstellt, sowenig verdankt es diese Rolle dem Vorbild karolingischer Kunstzentren.[58] Der regionalen Romanitas verpflichtet, blieb das Kloster nach Süden ausgerichtet. Dies gilt auch für die beiden vergleichbaren Wandmalereien von St. Benedikt zu Mals wie die der Kirche des heiligen Proculus bei Naturns.

Der Wandschmuck von St. Proculus gehört noch dem 8. Jahrhundert an. Die Figurendarstellungen sind die ältesten ihrer Art im gesamten deutschen Sprachraum. Daher sind sie vornehmlich mit Werken der Buchmalerei zu vergleichen, sei es mit denen des churrätischen Klosters Pfäfers, mit denen von St. Gallen oder von Salzburg. Die Kirche ist dem legendenhaften vierten Bischof von Verona geweiht. Der Dedikation entspricht das Hauptbild, das den heiligen Proculus zeigt, den drei Getreue nach Art einer Klettermannschaft von den Mauern der Bischofsstadt abseilen. Weitere Helfer, Männer wie Frauen, stehen zu seiner Rechten; sie halten für ihren Bischof den Wanderstab und anderes Reisegerät bereit. Proculus befindet sich auf der Flucht, und zwar in einer Weise, die der aus Damaskus so sehr ähnelt, daß der »Heilige auf der Schaukel« früher mit dem eben bekehrten Saulus gleichgesetzt wurde. Paulus hat jedoch nichts mit dem Vinschgauer St. Proculus zu tun, so daß die Bildgeschichte aus der Legende des Veroneser Bi-

Der heilige Proculus auf dem Fresko von Naturns, Südtirol, 8. Jahrhundert

schofs zu erklären ist. Dort heißt es, Proculus sei Bischof der Stadt gewesen, als die diokletianische Christenverfolgung wütete. Zwei Männer seiner Gemeinde wurden verurteilt und sollten getötet werden. Aus Furcht vor den Heiden versteckte sich der schon altersschwache Proculus in einem Kloster »nicht weit von den Stadtmauern«. Nach einem nächtlichen Gebet ermannte er sich jedoch, ging wieder in die Stadt und bekannte vor den kaiserlichen Beamten seinen Glauben, um mit den Gefährten zu sterben. Richter und Büttel verspotteten ihn als Tattergreis und warfen ihn zur Stadt hinaus. Proculus hatte aber noch die Kraft, nach Pannonien zu gehen, wo er ein Quellwunder wirkte. Dabei erfährt man ausdrücklich, er habe einen langen Bart getragen.

Die Geschichte paßt und paßt nicht zu den Bildern von der Südwand der Kirche. Der lange Bart hebt Proculus deutlich von seiner Umgebung ab, in der jedermann bartlos ist. Das Quellwunder, in einem überaus trockenen Landstrich vollbracht, erklärt, warum der Heilige, dessen Fest am 23. März gefeiert wird, als Patron der Tiere gilt. Trockenheit ist auch heute noch eine Geißel der Südtiroler Weidewirtschaft, die vielfach künstliche Bewässerung einsetzen muß, um Vieh halten zu können. Die beiden Hirten der Westwand treiben denn auch eine bunte Schar von Rindern zum wundertätigen Heiligen. Einer von ihnen trägt ein Kreuz; ein Hirtenhund begleitet sie. Von einer Flucht ist allerdings in der Legende nicht die Rede; der Heilige geht offen aus der Stadt, bevor er sich auf die lange Wanderschaft macht, wozu er Stock und Reiseproviant benötigt. Denkbar wäre, daß die Bildgeschichte die Ereignisse verkürzte: Der Heilige versteckte sich zunächst außerhalb der Stadt, wozu er diese heimlich verlassen mußte und von der Stadtmauer abgeseilt wurde. Danach bekennt er seinen Glauben, wird als Schwächling verhöhnt und hinausgeworfen. Daß Proculus-Verehrer dieses Motiv vermieden und ihn sofort als rüstigen Wanderer ins ferne Pannonien schickten, kann man sich sehr gut vorstellen. Man benötigte im alpinen Vinschgau einen starken Viehheiligen, der für genügend Wasser sorgen mußte und dem man selbst das Abseilen von einer Felswand zutraute, wie es Hirten anstand, die das Hüten des Viehs ernst nahmen.[59]

Obwohl damals rechtlich noch von Müstair unabhängig, verdankt doch St. Benedikt zu Mals dem nahen Kloster geistliche wie künstlerische Inspiration.[60] Die Kunsthistoriker betonen die stilistische und zeitliche Gemeinsamkeit der Ostwand-Fresken mit Wandmalereien in der Abtei Müstair. St. Benedikt besitzt drei Altarnischen. An den Pfeilern links und rechts der zentralen Salvator-Nische stehen zu Füßen des Heilands zwei Männer, ein weltlicher Herr und ein hoher Geistlicher. Rechteckige Aureolen hinter ihren Häuptern kennzeichnen die beiden als Lebende, heben aber zugleich deren besondere Bedeutung hervor. Außerdem ist die übliche Rangordnung der Stände in beziehungsvoller Weise umgekehrt. Der Geistliche, der eine Kirche in Händen hält, steht zur Linken des Heilands, halb diesem, halb seinem weltlichen Gegenüber zugewandt. Die bessere rechte Seite beherrscht hingegen ein waffengewaltiger Herr, der den Beschauer en face anblickt.[61] Er wendet sich an eine Öffentlichkeit, an den Populus, an das rechts- und waffenfähige adelige »Volk«, in dessen Beisein und unter dessen Mitwirkung ein Rechtsgeschäft vollzogen wird. Dieses betrifft die Übereignung der Kirche, die der Geistliche zur Linken in Händen birgt und zugleich dem Heiland darbringt. Wie die Beschreibung des Bildes klingt eine bayerische Urkunde der Zeit, wo es heißt: Ein edler Mann beriet sich mit seinen Getreuen und sandte an den Bischof von Freising, er möge kommen, um eine Kirchenschenkung zu empfangen. Zur rechtsgültigen Übergabe lud der Edle seine Nachbarn und Verwandten und befragte sie, ob er die Macht habe, die Gabe zu geben. Und nach dreifacher Befragung wollte noch konnte ihm keiner widersprechen. Er selbst aber stand »männlich mit dem Schwert umgürtet«, *virili-*

»Schwertmann« und geistlicher Stifter auf den Fresken von St. Benedikt in Mals, Südtirol, nach 800

ter circumcinctus gladio, in der Halle seines Hauses und vollzog die Schenkung einer Kirche an den Bischof.[62]

Wer aber ist der »Schwertmann« von St. Benedikt, und warum vollzieht er ein derart wichtiges Rechtsgeschäft in einem so kleinen Kirchlein an der einsamen Bergstraße zum Reschen? Man nimmt für die Entstehung der Wandmalereien die ersten Jahre nach Karls des Großen Kaiserkrönung an, das heißt mit anderen Worten, das erste Jahrzehnt des 9. Jahrhunderts. In das erste Jahrzehnt des 9. Jahrhunderts fällt die Reichsteilung von 806, die jedem der drei erbberechtigten Söhne Karls nicht bloß das zukünftige Herrschaftsgebiet zumaß, sondern auch bestimmte Alpenübergänge garantierte. König Pippin von Italien, der alles Land bis zur Donau haben sollte, wurden die churrätischen Pässe und der Brenner vorgeschrieben.[63] Wenn die kunsthistorische Einordnung wie Datierung halten, dann könnte das Malser Krieger-Porträt ein Herrscherbildnis Pippins von Italien sein. Bald nach 806 wurde er in St. Gallen als König anerkannt.[64] Gleichzeitig könnte sich der Sohn Karls des Großen an der ihm zugesprochenen Paßstraße einen Markstein gesetzt haben. Dabei ließ er in einer vielleicht älteren Kirche die Taten des Vaters als David-Vergleich darstellen.[65] Pippin selbst und der Bischof von Chur sollten aber in dem Augenblick abgebildet werden, da die Kirche mit den neuen Wandmalereien übergeben und geweiht wurde. Diese müßten demnach aus der Zeit zwischen 806 und 810 stammen, da Pippin am 8. Juli 810 gestorben ist.[66] Diese Erklärung kann nicht mit Sicherheit die ältere Überlegung verdrängen, wonach es der Churer Wohltäter Karl III. (876–887) gewesen sei, den der Malser Künstler meinte. Anfang 881 gab nämlich der König das Kloster Müstair samt einigen Vorarlberger Pfarren dem Bistum Chur zurück; eine Entscheidung, die König Arnulf zu Beginn seiner Regierung bestätigte.[67]

Wie dem auch sei, daß der weltliche Stifter kein gewöhnlicher Graf war, dafür sprechen seine Darstellung auf der Evangelienseite und die rechteckige Aureole. Daß aber der »Schwertmann« ein Karolinger gewesen sein muß, zeigt die hochfeine Tracht, die er trägt. Die Hofpropaganda mochte dieses Gewand als betont einfach, ja »altvaterisch« darstellen, sie war doch die Tracht des großen Karl. »Kleidung und Schmuck waren dergestalt: Schuhe, die außen mit Gold besetzt waren und in drei ellenlange Riemen übergingen; scharlachfarbene Binden um die Schienbeine. Darunter trug man auf dem Leib ein leinernes Hemd und leinerne Unterhosen; darüber ein Wams, das mit einem seidenen Streifen verbrämt war. Dann kam ein Mantel, und stets ein Schwert. Der Mantel bestand aus einem graublauen Tuch, viereckig, doppelt gefaltet, so daß er, auf die Schultern gelegt, vorn und hinten die Füße berührte, auf den Seiten aber kaum die Knie bedeckte.«[68]

In Müstair blieben rätische Privaturkunden erhalten, die sich in einem Churer Chartularfragment der Zeit um 800 fanden, mit dem Kloster selbst jedoch nichts zu tun haben.[69] Sie zählen zum »Verbreitungsgebiet des rätischen Schriftstils, der kurz vor 800 für wenige Jahrzehnte in Erscheinung tritt«. Innerhalb dieser Gruppe »wird in der Zeit Karls nur das Skriptorium von Chur sicher faßbar«. Unter Bischof Remedius entstanden hier neben dem Chartularfragment das St. Galler Sakramentar und die Lex Romana Curiensis mit den Capitula Remedii.[70] Aus Müstair selbst dürften Canones-Fragmente noch des 8. Jahrhunderts sowie ein um 800 geschriebenes Evangeliar stammen.[71]

4. Das Vorarlberger Unterland unter den frühen Karolingern

Die älteste regionale Gliederung, der das alamannische Gebiet Vorarlbergs nachweisbar angehörte, bildete der um 770 erstmals genannte Argengau. Dieser führt seinen Namen nach dem Fluß Argen, der beim württembergischen Langenargen in den Bodensee mündet. Bloß der Südosten des Gaus lag auf heute österreichischem Boden und reichte etwa bis Hard und Lauterach am rechten Ufer des Alpenrheins.[72] Frühestens drei Generationen später fällt die erste Nennung eines kleinen Rheingaus, der sich um den Vorort und Königshof Lustenau zu beiden Seiten des Flusses erstreckte. Es dürfte sich dabei um eine jüngere Namengebung gehandelt haben, um eine Analogie zum älteren und bedeutenderen Rheingau zwischen Worms und Mainz. Die Entstehung des oberen Rheingaus ging wohl in erster Linie auf Kosten des Thurgaus, könnte aber auch den Argengau betroffen haben.[73] Im Südosten des Argengaus lag das Castrum Bregenz, das eine gewisse Vorrangstellung im Ministerium des amtierenden Grafen besaß.[74] Damit stimmt der wenig jüngere Lobpreis des Ortes und seiner unmittelbaren Umgebung überein, den Walahfrid Strabo verfaßte. Allerdings begrenzten die »fruchtbare Ebene« hohe Berge und ein »ausgedehnter Urwald«. Demnach war der Bregenzer Wald noch in der ersten Hälfte des 9. Jahrhunderts weitgehend unbesiedelt und lag daher weder in einem Pagus noch Comitatus.[75]

Es dauerte einige Zeit, bis die Karolinger ihre Herrschaft in Alamannien durchgesetzt hatten. Das Vorgehen der Franken führte im Jahre 759 zur Krise St. Gallens. Obwohl zu diesem Zeitpunkt das Vorarlberger Unterland noch außerhalb der Grundherrschaft des Klosters lag,[76] blieb doch der Raum rechts des Alpenrheins vom Schicksal St. Gallens nicht unberührt. Die Ereignisse veranschaulichen das Handeln wie die Haltung der Akteure: Wohl im Jahre 719 übernahm der Alamanne Otmar die unbedeutende, vielleicht schon verfallene Zelle am Gallus-Grab im Steinachtal. Otmar hatte in Chur seine geistliche Erziehung und schließlich die Priesterweihe erhalten. Der Wiederbegründung oder eigentlichen Gründung St. Gallens ging die Zusammenarbeit des Alamannen Waltram, des Tribunen von Arbon, mit Praeses Victor von Chur voraus. Otmar konnte daher romanische Mönchspriester nach St. Gallen mitnehmen und blieb dort 40 Jahre lang Vorsteher einer aufblühenden monastischen Gemeinschaft. Die Mehrung seines Besitzes verdankte St. Gallen nicht zuletzt dem Umstand, daß die Geschlagenen der Jahre 744/46 ihre Güter dem Kloster übergaben, um sie vor dem Zugriff der siegreichen Franken zu schützen. So fiel Otmar die undankbare Rolle zu, ein Zentrum der antikarolingischen Opposition zu leiten, das zwar weiterhin Rückhalt in Chur fand, sonst aber mehr und mehr in die Isolation geriet. Die Folgen waren abzusehen: Zwei Grafen Pippins setzten Otmar 759 ab und nahmen ihn gefangen. Der Abt erhielt zwar sehr bald Hafterleichterung, aber nie mehr die Freiheit. Er starb am 16. November 759 im Alter von ungefähr 70 Jahren. Besonders taten sich bei Otmars Verfolgung Warin und Ruthard hervor, »die damals die Leitung, *cura,* ganz Alamanniens ausübten«.[77] Graf Ruthard verwaltete auch den Argengau, wo er zum letzten Mal im Frühjahr 769 urkundlich genannt wurde.[78]

Die älteste erhaltene Originalurkunde nicht nur Vorarlbergs, sondern von ganz

Österreich wurde am 15. Mai 802 im Castrum Bregenz ausgestellt. Die Carta verbriefte St. Gallen einige Schenkungen von Land, das zwischen Bregenz und dem jetzigen Grenzort Hohenweiler lag. Das Gebiet zählte zum Herrschaftsbereich des zuständigen Argengau-Grafen.[79] Fest in seiner Hand war Bregenz, wo die wichtige Straße nach Chur ihren Anfang nahm. Sowohl im Liechtensteiner Schaan wie im Bündner Maienfeld saßen die Fährleute, die den Rhein-Übergang besorgten und damit den Anschluß zu den westlichen Straßenverbindungen herstellten.[80] Die beiden Brüder Dingmund und Radmund müssen 802 zum Castrum, zum befestigten Sitz des Grafen, in die Bregenzer Oberstadt hinaufgegangen sein, um dort eine ältere, heute verlorene Schenkung zu wiederholen. Beide waren Priester, die »allen unseren Erwerb, den wir seit der früheren Schenkung gemacht und erarbeitet haben«, fromm und fleißig, wie es Vorarlbergern ansteht, dem heiligen Gallus vermachten. Der wohl jüngere Bruder »Radmund verstand einiges von der Urkundenschreiberei: Die Textschrift zeigt keine Buch-, sondern eine Urkundenminuskel mit kursiven Relikten, die Schreiberzeile wurde, was bei den St. Galler Urkunden selten ist, in vergrößerter Schrift geschrieben. Einzigartig in St. Gallen ist die abschließende, an Notarszeichen gemahnende Zeichnung zweier konzentrisch angeordneter Rechtecke, deren Äußeres von kleinen Arkaden eingerahmt ist.« »Ausführliche Bestimmungen dienen der Sicherung des geschenkten Gutes gegen Veräußerung oder Hingabe als Lehen durch die *rectores,* Leiter von St. Gallen, Abt Werdo und Bischof Egino von Konstanz. Wenn auch das Verhältnis zwischen beiden gut war, scheint doch Vorsicht gegenüber dem Diözesanbischof angebracht gewesen zu sein. In der Datierung spricht die im wesentlichen korrekte Wiedergabe des Herrschertitels Karls des Großen für eine gewisse politische Bildung des Priesters Radmund, der wohl dem lokalen Klerus des Argengaus angehörte.«[81]

Es steht nicht ganz zweifelsfrei fest, ob die Urkunde vom 22. Juni 808 zum Vorarlberger Höchst gehört oder nicht; die darin ausgedrückte Sorge um Zeit und Ewigkeit ist jedenfalls allgemein gültig, sie könnte ebensogut ein Zeitgenosse südöstlich wie nördlich des Bodensees ausgesprochen haben, und das gleiche gilt auch für ein elf Jahre jüngeres Stück:[82] Die ältere Urkunde nennt als Aussteller einen alten Vater, den nicht bloß das eigene Seelenheil, sondern auch das Schicksal seines noch kleinen Sohnes Albini kümmert. So schenkt er denn St. Gallen ein schuldenfreies Gut unter der Bedingung, daß der Bub im Kloster zeit seines Lebens tägliche Speise und jedes Jahr die volle Bekleidung erhalte. Auch solle dieser nicht irgendwo an einem Katzentischchen sitzen, sondern sofort Zutritt zum Refektorium der Brüder haben und wie einer von ihnen gehalten werden. Erlangt Albini die nötige Reife und scheine er dazu würdig, soll er gemäß der Regel in die Gemeinschaft der Mönche aufgenommen werden. Auch möge man ihm keinen frommen Wunsch versagen. Dafür werde der Schenker seinen Besitz ohne jede Auflage räumen, sobald ein unfreier Beauftragter des Klosters diesen betrete. Der heilige Benedikt hätte derartige Bedingungen allerdings nicht anerkannt; seine Regel sah keine Einflußnahme der Eltern vor. Dafür beschreibt die Urkunde einen Übereignungsakt, wie er schon in der klassischen Römerzeit hätte geschehen können.[83]

Die jüngere Urkunde stellte 819 ein Ehepaar aus, das kinderlos war, aber immer noch auf Nachkommenschaft hoffte. Die beiden Leute schenkten an St. Gallen unter der Bedingung, daß sie auf Lebenszeit ihren Besitz gegen eine jährliche Zinszahlung behielten. Wer den anderen überlebte, sollte das Gut ungeschmälert besitzen. Blieben sie ohne Erben, dann solle der Besitz nach ihrem Tod an St. Gallen gehen. Groß ist die Sorge, ihre Schenkung könne durch freie Lehensträger ohne Zustimmung der Schenker entfremdet werden.[84] Die gleiche Befürchtung äußerte ein Argengauer Großer, der 815 von seinem weitverstreuten Besitz, der bis in das Gebiet von Hörbranz reicht, an St. Gallen schenkte. Er hatte sogar einen Priester zu versorgen und gewann als Schreiber der Urkunde den Diakon Bernwic, der es bis zum Abt von St. Gallen bringen sollte.[85]

III. Die Erwerbung des Volkes der Bayern

Im Frühsommer 788 verlor Tassilo III. das Herzogtum der Bayern. Sein König und Vetter ersten Grades, Karl der Große, hatte ihn auf dem Reichstag zu Ingelheim verurteilen lassen und abgesetzt. Bayerische Große waren dem Franken dabei behilflich.[86] Herzogtum, Regnum und Volk der Bayern hatten aber darum nicht zu bestehen aufgehört. Der Frankenkönig mußte weiterhin mit einer politischen Einheit Bayern, ja selbst mit einem Herzog der Bayern rechnen. Dafür sprechen seine eigenen Königsurkunden wie eine berühmte Ergänzung der bayerischen Lex, die zwischen 788 und 794 entstand, weil sie Karl der Große offenkundig für nötig hielt. Selbst in Freising berief man sich noch 789 auf die Zustimmung Tassilos und datierte nach dessen 42. Herrscherjahr. Auch hielt man dafür, Karl der Große habe 788 »das Volk der Bayern erworben«,[87] setze das bayerische Herzogtum fort[88] und nehme »das Bayernland in seine unmittelbare Verfügungsgewalt«. Tassilo sei nur »aus seinem Reich transferiert worden«, und Karl habe ihn zum Kleriker gemacht.[89]

Angeblich waren es bloß »wenige Bayern«, die Widerstand leisteten. Man schickte sie ins Exil.[90] Die meisten wurden jedenfalls gebraucht, um gegen die Awaren zu ziehen. In völliger Verkennung ihrer militärischen Möglichkeiten hatten die östlichen Nachbarn für ihren Verbündeten Tassilo Partei ergriffen; doch reichte es bestenfalls zur Beunruhigung der Südostgrenze des Frankenreichs. Die Offensive der Awaren war schon zu Ende, bevor sie noch die Grenzen ihres Reichs überschreiten konnten.[91] Die Kämpfe boten eine günstige Gelegenheit, die Vorteile der fränkisch-bayerischen Waffenbrüderschaft zu demonstrieren. Die Siege lehrten, über welch ausgezeichnete Generäle der Frankenkönig verfügte. Außerdem hielt es Gott auch diesmal mit den stärkeren Bataillonen: Bei allen Schlachten »waren König Karls Beauftragte dabei, und mit des Herrn Schutz fiel der Sieg an die Christen«. Im Herbst 788 ging Karl der Große nach Regensburg und traf dort entsprechende Anordnungen für die Organisation des Grenzschutzes.[92]

Wann Gerold I. mit Bayern betraut wurde, steht nicht genau fest. Ebensowenig ist von sonstigen Maßnahmen Karls des Großen bekannt, sieht man von einer einzigen nachweisbaren Besitzübertragung ab. So gab der Frankenkönig am 25. Oktober 788 das Männerkloster Chiemsee seinem Erzkaplan, dem Erzbischof Angilram von Metz. Bei dieser Gelegenheit erläuterte der Karolinger mit nicht zu überbietender Deutlichkeit seinen Standpunkt: Die Agilolfingerherrschaft sei abgetan, aber das bayerische Herzogtum bestehe als politische Einheit fort. Die Narratio des Diploms nennt als Anlaß der Schenkung, »weil das Herzogtum Bayern unserem Reich der Franken vor einiger Zeit treulos durch die bösen Männer Odilo und unseren Verwandten Tassilo entzogen und entfremdet wurde, das wir nun mit Hilfe unseres Gottes, des Wahrers der Rechte, unserer eigenen Herrschaft wieder unterstellt haben«. Die starken Worte zum Anbruch einer »Neuen Zeit« betreffen zwar eine Hochburg der tassilonischen Politik; sie begründen jedoch keine Enteignung agilolfingischer Parteigänger. Chiemsee muß frei geworden sein, da von seinen Vorbesitzern nur so gesprochen wird, daß sie nichts verloren haben können.[93]

Karl der Große hielt sich 788 bloß kurz im Lande auf: Die bayerische Frage schien erledigt. Und außerdem konnte man sich darauf verlassen, daß der schwelende Konflikt mit den Awaren seine Schuldigkeit tun würde. Die Bedrohung von außen und die Aussicht auf reiche Beute, sollte der König den Angriff befehlen, mußten auch den widerspenstigsten Bayern bei der Stange halten. Man rechnete in Karls Umgebung schon seit geraumer Zeit mit der Möglichkeit eines Präventivschlags, und als 790 die Verhandlungen mit den Awaren platzten, war der Krieg beschlossene Sache. In diesem Falle mußte der Traungau zum Aufmarschgebiet der rechtsrheinischen Stammeskontingente werden. Das hieß mit anderen Worten, Abt Fater hatte den Frankenkönig und sein Heer in unmittelbarer Nachbarschaft Kremsmünsters zu erwarten. Wenn aber irgendein bayerisches Kloster tassilonisch war und seine Entstehung dem abgesetzten Agilolfingerherzog verdankte, dann war es die Stiftung an der oberösterreichischen Krems. Karls bevorstehender Zug nach Pannonien bedrohte zunächst einmal Tassilos Gründung. So packte denn dessen ehemaliger Vertrauter Fater den Stier bei den Hörnern, nahm die Urkunde von 777 und ging mitten im Winter zum königlichen Heerlager nach Worms am Rhein. Wie seinerzeit dem Sestiner Abt Beatus, der eine Schenkung des vertriebenen Langobardenkönigs Adelchis zur Bestätigung einreichte, so wurde auch Fater von Kremsmünster klargemacht, was der große Karl von alten Rechtstiteln hielt. Daher konnte auch »in unserem Wald« eine Klostergründung »aufgrund der Urkunde des genannten Tassilo keineswegs als fest und sicher gelten«. Trotzdem erklärte sich Karl bereit, nach der Prüfung der Tassilo-Carta ihren Wortlaut zu übernehmen und darüber ein königliches Privileg auszustellen. Damit gerüstet, war jedenfalls Kremsmünster auf die fränkische Invasion besser vorbereitet als die Awaren östlich der Enns.[94]

Die bronzene Reiterstatuette galt lange als einzige zeitgenössische Darstellung Karls des Großen.

Im Spätsommer 791 griff Karl der Große das Awarenreich an der Donau wie an der Karstfront an; die fränkischen Heere trafen entweder auf keinen Widerstand oder errangen leichte Siege. Am 20. September 791 fand im Feldlager zu Lorch eine wichtige Gerichtsverhandlung statt, an der Gerold I. als Königsbote teilnahm. Die darüber ausgestellte Urkunde enthält die älteste Nachricht von dessen bayerischer Präfektur. Einhards berühmter Satz, Tassilos »Land wurde künftig keinem Herzog, sondern Grafen zur Leitung übertragen«, bezieht sich auf einen größeren Zeitraum, der aber nicht notwendig schon im Herbst 788 begann.[95] Zur Erfüllung seiner bayerischen Aufgabe mußte Gerold königliche Lehen erhalten, von denen ihm einige auf Kosten eines Grafen Helmuni verliehen wurden. Dieser Mann war mit allen Großen Bayerns seiner Zeit verwandt und stand auch Tassilo III. nahe; ja, möglicherweise zählten er und seine Familie sogar zur Hahilinga-Genealogie. Der Umsturz von 788 dürfte ihm einige Schwierigkeiten bereitet haben; im Jahre 793 wurde dieses Problem gelöst.[96] All das benötigte Zeit. Auch mag man sich in Bayern da und dort gefragt haben, ob es 788 zu Ingelheim mit rechten Dingen zugegangen sei, als der Frankenkönig die angestammte Herzogsfamilie hinter Klostermauern verschwinden ließ.

Zwei Jahre lang blieb Karl der Große in Bayern; noch nie hatte er sich so lange an einem Ort aufgehalten wie zwischen Herbst 791 und Frühwinter 793 in Regensburg und Umgebung. Erst in dieser Zeit wurde Bayern tatsächlich wieder ein Regnum des Frankenreichs. In Regensburg fand während des Sommers 792 die Synode statt, die Felix von Urgel und dessen Eintreten für den Adoptianismus Elipands von Toledo verurteilte. Die Lehre von der bloß »adoptierten« Sohnschaft Christi erregte auch in Salzburg großes Aufsehen. Während seines Regensburger Aufenthalts erfuhr Karl vom Aufstandsversuch seines buckligen Sohns Pippin; von hier aus ergriff er erfolgreiche Gegenmaßnahmen.[97]

Ein vordringliches Problem bildete auch die Frage, wie Karl der Große bezüglich des bayerischen Kirchenbesitzes entscheiden werde. In dem Jahrfünft zwischen 788 und 793 gingen Mondsee, Kremsmünster und Mattsee in den Besitz des Frankenkönigs über. Das gleiche gilt von anderen Gründungen der Agilolfinger wie ihres Adels. Einzig und allein vom Kloster Berg im Donaugau weiß man, wie die Auftragung an den König erfolgte. Die Geschichte begann damit, daß ein Wolchanhard von seinem Vater mit einer schönen Schenkung den Salzburgern übergeben wurde, um in St. Peter seine geistliche Erziehung zu erhalten. Damals muß der Vater das Kloster Berg gegründet haben. Bereits 776/77 nahm Wolchanhard als Abt an der Synode von Dingolfing teil. Nach Tassilos Absetzung übertrug Wolchanhard sein Kloster dem Frankenkönig und bat in der darüber ausgestellten Urkunde um die Verleihung von Schutz und Immunität.[98] In ähnlicher Weise kamen wohl auch die beiden Adelsgründungen Metten und Tegernsee in königlichen Besitz. Allerdings überragte Tegernsee die Wirtschaftskraft von Berg und Metten[99] um ein Vielfaches. Während diese zur dritten Dienstkategorie der Aachener Klosterliste zählten und tatsächlich steuerfrei blieben, weil sie nur für »Kaiser und Reich« zu beten hatten, trug man Tegernsee in die erste Gruppe noch vor Mondsee ein. Diese beiden monastischen Gemeinschaften waren die einzigen Klöster Bayerns, die außer dem Gebet für den »Staat« nicht nur Abgaben leisteten, sondern auch Truppen stellten.[100] Die enorme Wirtschaftskraft Tegernsees wurde noch vor Ende des 8. Jahrhunderts zur Gründung St. Pöltens eingesetzt, während kein anderes bayerisches Kloster im Ostland ein Filialkloster errichtete.[101]

Am Ende seines bayerischen Aufenthalts setzte der Frankenkönig 793 einen entscheidenden Schritt zur Befriedung des Landes wie zu dessen tatsächlicher Besitzergreifung. Er garantierte die Güter aller bayerischen Hochkirchen und sicherte sie damit vor dem Zugriff der weltlichen Großen. Sowohl seine Beauftragten wie die alten Gründerfamilien hätten sich sonst nur allzu gerne bedient. Außerdem dürfte der König Bestimmungen bezüglich des bayerischen Herzogsgutes, der *causa dominica,* erlassen haben, die auch den weltlichen Inhabern sehr weit entgegenkamen.[102]

Im Spätherbst 793 verließ Karl der Große das bayerische Regensburg, zog an den Main und fuhr zu Schiff nach Würzburg, wo er das Weihnachtsfest feiern wollte. Wenige Tage vor dem 25. Dezember erreichte er sein Ziel. Hinter ihm lag ein weitgehend befriedetes Bayern, das er nicht ohne Zugeständnisse erworben hatte. Als Karl der Große nach Weihnachten 793 Frankfurt erreichte,[103] konnte er hier getrost die Vorbereitungen für das Ende der Tassilo-Tragödie treffen. Die Inszenierung mußte klappen; Widerstand war nicht zu erwarten, dafür schien der Applaus sicher.

Anfang Juni 794 hob sich der Vorhang zum letzten Akt. Als erstes Agendum der »Innenpolitik« kam der Fall Tassilos III. auf die Tagesordnung der Frankfurter Synode. Der ehemalige Bayernherzog »stand in der Mitte des hochheiligen Konzils und bat um Gnade für sein schuldhaftes Verhalten« seit den Tagen König Pippins wie für seinen Treubruch gegenüber König Karl. Darauf verzichtete Tassilo in seinem und im Namen seiner Söhne und Töchter auf sein Recht am Herzogtum der Bayern wie auf alles Eigentum im Lande. Die Kinder empfahl er der Gnade des Königs; seine Gemahlin Liutpirc erwähnte er mit keinem Wort. Wahrscheinlich lebte sie zu diesem Zeitpunkt nicht mehr, so daß der getreue Salzburger, der ihren Namen im Verbrüderungsbuch der Liste der toten Herzoge einfügte, diesen Akt der Pietät vor Juni 794 gesetzt haben dürfte. Nach seinem Auftritt kehrte der Mönch Tassilo nach Lorch zurück, wo er an einem 11. Dezember unbekannten Jahres starb.[104]

Zur vollständigen Erwerbung Bayerns fehlte nur noch die Einrichtung einer Kirchenprovinz: Der Bischof von Salzburg wurde bayerischer Metropolit, und die bayerische Gens bildete als einzige der bonifatianischen Germania einen fast geschlossenen Metropolitanverband. Dieser entstand allein auf Betreiben Karls des Großen, der auch die Person des neuen Erzbischofs wie dessen Amtssitz bestimmte. Nicht unmöglich, daß die Entscheidung vom 20. April 798, als Arn in Rom das Pallium empfing, den Tod Tassilos III. voraussetzt. Hatte doch die bayerische Stammeskirche den Agilolfingerherzog so eindrucksvoll als ihr Haupt anerkannt. Leo III. begründete seine Entscheidung in zweifacher Weise und teilte sie den bayerischen Bischöfen mit: Erstens hätten sie ihn darum gebeten. Zweitens habe er deswegen gehandelt, »weil dieses Land« von König Karl so »wunderbar und vollständig, wie es sich gehörte, geordnet wurde«.[105]

IV. Reichsteilungen, geteilte Reiche, Ostfrankenreich (806–907/11)

1. Das geplante Reich Pippins von Italien (806–810)

Im Hochwinter 806 verkündete Karl der Große die »Teilung der Reiche«, die nach seinem Tode gelten sollte. Dabei hätte Pippin, der zweitälteste der erbberechtigten Söhne, eine beträchtliche Vergrößerung seines italischen Königreichs erfahren: Alles Land von den Südausläufern der Alpen bis zur Donau war ihm zugedacht. Alamannien südlich des Stroms, Bayern im Umfang des Herzogtums Tassilos III. sowie das bayerische Ostland zwischen Donau und Drau hätten das erweiterte Herrschaftsgebiet des fränkischen Langobardenkönigs gebildet.[106] Schon 796 und 797 hatte Pippin nicht bloß italische Truppen, sondern auch bayerisch-alamannische Kontingente befehligt.[107] Nun sah der alternde Vater für Pippin ein Reich vor, das wie die Wiederherstellung der ostgotischen Italia, der italischen Präfektur der Zeit um 500, mit ihren rätisch-norisch-pannonischen Provinzen anmutet.[108] Doch blieb die Divisio regnorum ein Stück Pergament, da der Tod Pippins 810 und der seines älteren Bruders Karl 811 den aquitanischen Ludwig zum Alleinerben des Frankenreichs machten.[109] Wie ernst aber die Betroffenen den Reichsteilungsplan von 806 nahmen, zeigen Datierungen nach Pippins Königsjahren,[110] aber auch das Auftreten von Pippins Beauftragten in den Ländern nördlich der Alpen.[111]

Die historische Methode kennt keine Kategorie »was wäre geschehen, wenn?«, obwohl sich diese Frage immer aufdrängt.[112] Die Verwirklichung des karolingischen Teilungsplans hätte kaum die Re-Romanisierung des gesamten germanisch-slawischen Raums bis zur Donau bewirkt. Allerdings wäre die ostalpine Romanitas dadurch gestärkt worden und hätte wohl nicht nur in kleinen Resten überlebt. Tatsächlich verlief aber die Entwicklung gerade in entgegengesetzter Richtung. Kaum ein Jahr nach Pippins Tod wurde der Streit um die Grenzen der Diözesen Salzburg und Aquileia endgültig beigelegt. Der Patriarch und damit ein Kirchenfürst Italiens mußte sich mit der Drau als Nordgrenze seines Jurisdiktionsgebiets begnügen.[113] Die erfolglose Rebellion des Pippin-Sohns Bernhard war ein weiteres Symptom für die Schwäche Italiens, das in der nächsten Generation keinen Herrscher von der Bedeutung Pippins hervorbrachte und im Jahre 828 das friulanische Ostland an Bayern verlor.[114]

2. Die Ordinatio imperii von 817

Auf der Reichsversammlung, die am 1. August 814 in Aachen begann, disponierte Ludwig der Fromme über seine abhängigen Regna, unter die zum ersten Mal auch Bayern aufgenommen wurde. Der Kaiser anerkannte Bernhard in Italien, übergab dem zweitgeborenen Sohn Pippin sein eigenes aquitanisches Königreich und setzte seinen

Karolinger

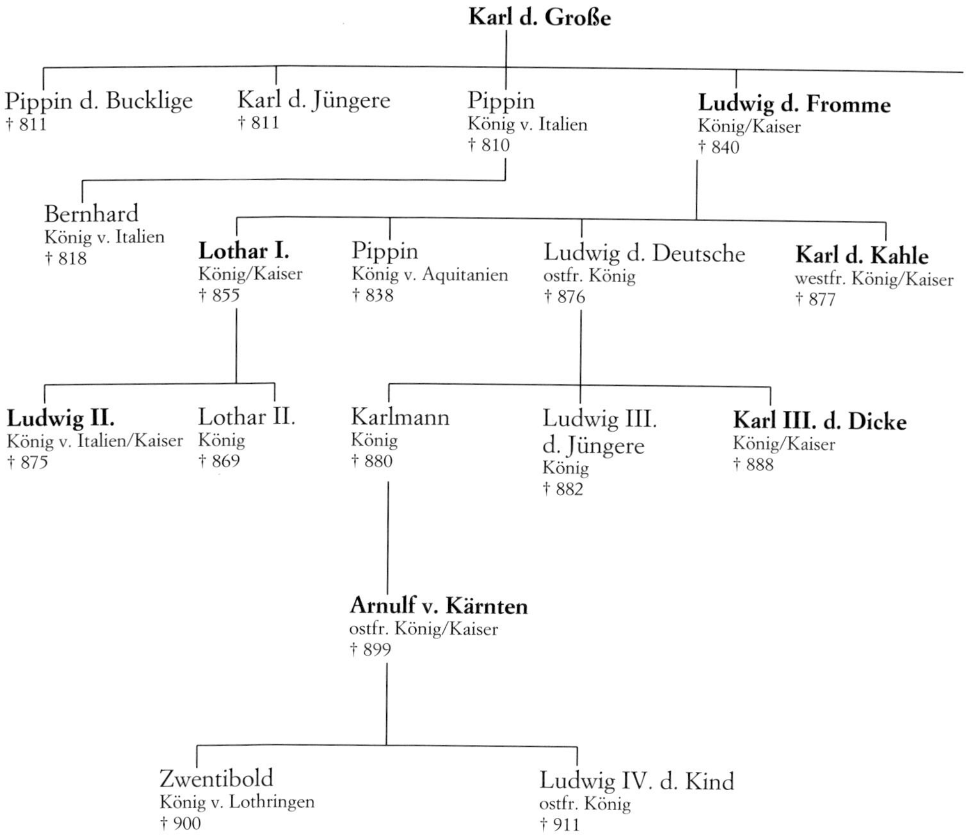

Ältesten, Lothar, als König der Bayern ein.[115] Der junge König kam im Frühjahr 815 ins Land, ein Ereignis, das die Urkundenschreiber in der für Unterkönige üblichen Form vermerkten: Die Datierungen enthalten mitunter auch Lothars Regierungsjahre, die denen des kaiserlichen Vaters folgten.[116]

Lothar hielt sich nicht lange in Bayern auf, was weder nötig noch möglich war, denn hier regierte schon seit langem Graf Audulf im Vollbesitz herrscherlichen Vertrauens: Er »hatte kräftig und ehrenhaft von weiland Kaiser Karl und dann von Ludwig die Macht erhalten, dieses Land der Bayern zu leiten und zu verwalten und darin nach dem Rechten zu sehen«. So lautete der Nachruf, den seine Witwe und der gleichnamige Sohn an keinem geringeren Ort als in Aachen urkundlich festmachen ließen, um in der Nähe des Kaisers ihre Stellung zu legitimieren.[117] Obwohl der ältere Audulf erst 802 als Bayern-Präfekt nachzuweisen ist, dürfte er schon früher seinem 799 gefallenen Vorgänger Gerold I. nachgefolgt sein. So blieb er denn nahezu zwanzig Jahre – allein oder gemeinsam mit Erzbischof Arn – an der Spitze Bayerns. Es tat seinem mächtigen Wirken keinen Abbruch, daß der Kaiser zwischen 802 und 807 anscheinend versuchte, Bayern als regionales Missaticum einzurichten, und vornehmlich Arn damit beauftragte.[118] Diese Hervorhebung könnte durchaus auch der höhere Rang des bayerischen Metropoliten bedingt haben. Ebenso heißt es von den meisten westfränkischen Missatica, sie seien unter der Leitung von Erzbischöfen gestanden. In diesem Sinne schrieb Alcuin vor dem Awarenfeldzug des Jahres 796 an Arn und erwähnte dabei »das Heer, das mit Dir geht«, während man nichts von den weltlichen Anführern erfährt.[119] Als 815 bayerische Kontingente aufgeboten wurden, um im Verband des Frankenheeres vorwiegend repräsentative Aufgaben in Sachsen wahrzunehmen, blieben die Namen ihrer Kommandanten ebenfalls ungenannt. Dagegen weiß man, daß der Salzburger Erzbischof an dem Zug von Aachen nach Paderborn teilnahm, womit der neue Kaiser Ludwig der Fromme seinen Herrschaftsantritt darstellte. Daher gewinnt man den Eindruck, daß die dazu »eingeladenen« Bayern unter Arns Leitung standen.[120] Ebensowenig verringerte Audulfs Macht die Tatsache, daß gleichzeitig mit seiner Bestellung die Ostland-Präfektur eingerichtet wurde. Ja, Audulf trat mit Werner, seinem ersten Kollegen östlich der Traun, in einer Weise auf, die eine gemeinsame Beauftragung der beiden nahelegt. Wenn sie ihre missatische Gewalt als Richter ausübten, wurden sie nacheinander, zuerst Audulf und dann Werner, genannt. Das gleiche galt für die Überwachung des Grenzhandels und die Führung des Bayernheeres, das ihrem gemeinsamen Befehl unterstand.[121]

Im Juli 817 erließ Ludwig der Fromme eine Reichsordnung, die seine Vorstellungen von der Beteiligung der Söhne am Reichsregiment entwarf. Dem gleichnamigen Jüngsten gab der Kaiser folgende Einheiten als Königreich: »Bayern, die Karantanen, die Böhmen und die Awaren wie die Slawen, die im Osten Bayerns wohnen.« Das heißt, Ludwig der Deutsche erhielt das Bayern Tassilos III. unter Einschluß der Nordgauer Königshöfe Lauterhofen und Ingolstadt als territoriale, das Königreich benennende Einheit. Dazu kam das gesamte bayerische Ostland mit halbautonomen slawischen Völkerschaften sowie mit dem abhängigen Awarenkhaganat zwischen Sabaria und Carnuntum.[122] Es dauerte jedoch fast ein Jahrzehnt, bis der um das Jahr 806 geborene Ludwig der Deutsche in sein bayerisches Königreich ging.[123]

3. Ludwig der Deutsche (817/26–876)

Als der etwa zwanzigjährige König 826 nach Bayern kam, da begleitete ihn sein Onkel Gerold II., ein ebenso mächtiger und einflußreicher Graf, wie dies der ältere Audulf einst gewesen war. Gerold blieb in der Nähe Ludwigs, obwohl sein Mandatsgebiet das bayerische Ostland war. Im Jahre 818 war der Bayern-Präfekt Audulf gestorben. Seine Position blieb nach seinem Tod leer; und zwar weniger, um den kleinen Ludwig aufzubauen, als wegen des Patts, das in Bayern nach dem Tod des starken Mannes herrschte. Weder konnte sich Audulfs gleichnamiger Sohn noch ein anderer Adeliger als Nachfolger qualifizieren. Auch erschütterten die fast gleichzeitigen »Aufstände« Bernhards von Italien und Liudewits von Siscia die Befehlsstrukturen im Donau- und Ostalpenraum. Die großen Herren schienen sich für einen Kampf aller gegen alle zu rüsten.[124] Als der Kaiser 826 seinen gleichnamigen Sohn »abschichtete«, war dieser alt genug, auf eigenen Füßen zu stehen, 827 Hemma, die jüngere Schwester seiner Stiefmutter, zu heiraten[125] und ein eigenes Königtum zu beherrschen. Auch die Lage in Bayern und an seiner Süd- und Südostgrenze hatte sich einigermaßen geklärt.

Mit der Entscheidung des Jahres 826 zeichnete sich jedoch die Möglichkeit ab, daß Bayern und der alamannisch-churrätische Bereich verschiedenen Regna angehörten. Diese Tendenz verstärkte sich 829, als der Kaiser seinem nachgeborenen Sohn Karl dem Kahlen einen Teil Burgunds, Alamannien und Rätien zuteilte. Im Beisein seiner Halbbrüder Lothar I. und Ludwig der Deutsche erhielt der Sohn der Judith einen Reichsteil, der auf Kosten des ältesten Kaisersohns ging. Lothar I. hatte 823 auf dem Weg zum Vater, wie es einem Herrscher Italiens zukam, die churrätischen Pässe überquert und in Rankweil Station gemacht. Danach hatte er in Frankfurt den kleinen Karl aus der Taufe heben dürfen und als Taufgeschenk versprochen, für dessen Versorgung Opfer zu bringen. Als der Kaiser sechs Jahre später die Einlösung des Versprechens verlangte, hatte er seiner eigenen Ordnung des Reichs den Todesstoß versetzt: Ein vierzehnjähriges blutiges Ringen – unterbrochen von Verhandlungen, Zusagen und neuen Plänen – stand bevor. Drei erbberechtigte Söhne waren in der Ordinatio imperii von 817 bedacht worden; seitdem Karl der Kahle auf der Welt war, mußte man zusehen, wie entweder aus vier Söhnen wieder drei oder aus drei Teilreichen deren vier würden. Bereits 831 glaubte Ludwig der Fromme, Lothar auf Italien beschränken und den transalpinen Komplex zwischen Pippin von Aquitanien, Ludwig von Bayern und Karl von Alamannien teilen zu können.[126] Von 830 bis 833 datierten St. Galler Schreiber einige wenige Male nach König Karl, während es Ludwig der Deutsche in derselben Zeit immerhin zu einem Urkunden ausstellenden *rex Baioariorum* brachte.[127]

Dann änderte sich alles: Die drei älteren Brüder erhoben sich gegen den Vater, und Ludwig der Deutsche erwarb 833 das *regnum in orientali Francia.* Im wesentlichen lag das werdende Staatsgebilde östlich des Rheins und deckte sich mit der klassisch-literarischen Bezeichnung *Germania.* Die politische Theorie des Königs verwarf jedoch die antike Großland-Terminologie. Dafür gebrauchte Ludwig der Deutsche die geographische Gliederung der Francia als politischen Begriff und nannte sein Herrschaftsgebiet »das Reich im östlichen Franken«, das Ostfrankenreich. Bereits am 19. Oktober 833 kamen Gesandte von St. Gallen nach Frankfurt, um die Bestätigung ihrer Rechte von Ludwig dem Deutschen zu erbitten. Dann stellten sich Lorsch und Fulda ein, so daß es im Hochwinter 834 schien, als hätte sich Ludwig der Deutsche mit einem Schlag in der gesamten *Francia orientalis* durchgesetzt.[128] Tatsächlich folgte aber ein Jahrzehnt wechselvoller Kämpfe und mühevollen Taktierens, bis Ludwig der Deutsche sein Ziel erreicht hatte. So verstärkte der Reichsteilungsplan vom 30. Mai 839 die Bindung des churrätisch-alamannischen Raumes an Lothar I. Ludwig der Deutsche ließ aber nicht locker und setzte seinen Kanzleivorsteher, den Weißenburger Abt Grimald, in St. Gallen ein. Grimald erhielt die Abtei gegen Anerkennung ihrer Freiheiten im Jahre 841, da der Ausgang des Streits um das Erbe Ludwigs des Frommen noch durchaus offen war. Dann gab allerdings selbst Chur seinen Widerstand auf; ja, das Bistum schloß sich der Rheinmetropole Mainz an und beendete so seine Mailänder Verbindung – von gelegentlichen Reminiszenzen abgesehen – für alle Zukunft.[129]

Im August 843 schlossen Kaiser Lothar I. und König Ludwig der Deutsche – der aquitanische Pippin I. war Ende 838 gestorben – mit ihrem um vieles jüngeren Halbbruder, König Karl dem Kahlen, den Vertrag von Verdun.[130] Für das ostfränkische Reich bedeutete diese Entscheidung weder seine Begründung – die Ära Ludwigs des Deutschen begann im Herbst 833[131] – noch dessen dauernde Beschränkung auf bestimmte Grenzen. Die Erwerbung weiterer Teilreiche lag durchaus im Bereich der Möglichkeit, »wenn uns Gott mehr als bisher von den Reichen unserer Neffen geben sollte« und sobald sich Ludwig über das *acquirere ac dividere* mit einem anderen Karolingerkönig zu verständigen wußte.[132]

Der Donau- und Ostalpenraum blieb zwar unmittelbar von Erbstreitigkeiten verschont. Ludwigs »Drang nach dem Westen« förderte jedoch die Entstehung einer bayerischen Statthalterschaft. So rückte Graf Ernst in die Position des *secundus a rege,* des »Zweiten nach dem König« auf. In dieser Eigenschaft kommandierte er das Bayernheer, das im Spätwinter 855 in Böhmen einfiel, saß in Anwesenheit seines Königs einem Schiedsgericht vor, das zwischenstaatliche Streitigkeiten beilegte, und wurde schließlich der Schwiegervater des ältesten Königssohnes Karlmann.[133]

Im bayerischen Ostland war es zunächst nicht anders: Auf Gerold II. folgte der ebenso starke Ratpot, der aber den Bogen überspannte und gestürzt wurde. Nun war der Weg frei für Karlmann und seine »Abschichtung«, die allerdings im Gleichklang mit der seiner beiden jüngeren Brüder erfolgte und damit die Weichen für eine zukünftige Reichsteilung nach des Vaters Tod stellte. Der älteste Königssohn erreichte im Jahre 856, daß ihm der Vater die Verwaltung des gesamten bayerischen Ostlandes übertrug. Dadurch erhielt Karlmann die Möglichkeit, sich eine Machtbasis zu schaffen, von der aus die Errichtung einer eigenen Herrschaft gelang. Das »Sprungbrett« Karantanien besaß zwar noch nicht die gleiche Wirksamkeit wie dann unter Arnulf und Luitpold, aber sein Besitz entschied schon in den sechziger Jahren darüber, wer im Donau- und Ostalpenraum herrschen sollte. Jedenfalls konnte Ludwig der Deutsche die schweren Kämpfe, die zwischen 861 und 865 um sein Erbe tobten, erst dadurch beenden, daß er nun seinerseits für den Fall des Todes eine verbindliche Reichsteilung »publik machte«.

Offenkundig hatten die jüngeren Brüder allen Grund, eine geplante »Individualsukzession« Karlmanns zu fürchten.[134] Bereits beim Ausbruch des Streits hatte Karlmann 861 alles Gebiet östlich des Inns besetzt;[135] ihm sollte, so wurde 865 für die Zukunft verkündet, Bayern mit allen seinen Grenzen gegenüber den Slawen in Nord und Ost sowie gegenüber den Langobarden im Süden zustehen. Für Ludwig den Jüngeren waren Franken, Thüringen, Sachsen, Friesland und der größere nördliche Teil Lothringens vorgesehen. Gleichzeitig erhielt der jüngste Sohn Karl III. die Anwartschaft auf Alamannien und Churrätien. Die Söhne blieben zwar noch ohne Königstitel; trotzdem bedeutete die Entscheidung von 865 mehr die Festschreibung des Status quo als eine grundsätzliche Neuregelung.[136] Die formal gleichen Voraussetzungen verdeckten aber bloß den inhaltlichen Unterschied: Mit dem Friedensschluß von 865 errang Karlmann die dauernde Herrschaft über Bayern östlich des Inns. Hatte sich Ludwig der Deutsche bis 864, wenn auch mit großen Unterbrechungen, immer wieder im öster-

Sarkophag Ludwigs des Deutschen, Vorkirche von Lorsch

reichischen Donauland, aber auch am Bodensee aufgehalten, so betrat er von 865 an niemals mehr unser Gebiet.[137] Die Entwicklung spiegelt sich in den Diplomen wider: Von den zwölf erhaltenen Urkunden, die Ludwig der Deutsche als Bayernkönig ausstellte, behandeln genau zwei Drittel »österreichische« Belange. Diese Intensität konnte Ludwig zwar nicht beibehalten, nachdem er im Oktober 833 König im Ostfrankenreich geworden war; doch noch gut ein Drittel seiner Diplome betraf weiterhin den Donau- und Ostalpenraum. Nach dem Friedensschluß zwischen Ludwig dem Deutschen und Karlmann änderte sich der Befund mit einem Schlag. Von 865 bis zum Tode des Vaters 876 wurde keine Königsurkunde für das bayerische Ostland ausgestellt.[138] In derselben Zeit bemühten sich aber viele Leute aus dem Bodenseeraum, Diplome Ludwigs des Deutschen zu erwirken.[139]

4. Karlmann von Bayern (876–879/80) und Ludwig der Jüngere in Bayern (879/80–882)

Im Jahre 872 wurden weitere Einzelheiten der zukünftigen Reichsteilung festgelegt, wobei die beiden jüngeren Söhne »im Angesicht des ganzen Heeres« Ludwig dem Deutschen die Treue schworen.[140] Im Herbst 876, nach des Vaters Tod, trafen einander Karlmann, Ludwig der Jüngere und Karl im Ries, um die Teilung durchzuführen und eidlich zu bekräftigen. Der Wortlaut des Eides wurde in fränkischer Sprache niedergeschrieben und an einigen Orten hinterlegt. Das Reich des ältesten Bruders bestand aus Bayern, Karantanien und Pannonien sowie aus den Fürstentümern der böhmischen und mährischen Slawen.[141] Davon spaltete der Bayernkönig das gesamte Ostland ab und übertrug es seinem Friedelsohn Arnulf, der damals etwa 26 Jahre alt war.[142]

Noch vor des Vaters Tod hatte Karlmann in Italien eingegriffen, um das versprochene Erbe gegen Karl den Kahlen zu gewinnen. Der Erfolg hielt sich in Grenzen.[143] Im Sommer 877 wiederholte Karlmann seinen Versuch, zumindest das Langobardenreich zu erringen. Der kaiserliche Onkel Karl der Kahle verließ fluchtartig Italien und starb unterwegs an Dysenterie. Der Griff Karlmanns nach der Kaiserkrone schien nur mehr eine Frage der Zeit. Da befiel das bayerisch-slawische Heer eine schwere Virus-Erkrankung, und auch Karlmann selbst war dem Tode nahe. Seine Krankheit schaltete den Bayernkönig auch in der lothringischen Frage aus, die Ludwig der Jüngere auf seine Weise löste.[144] Karlmanns Gesundheit besserte sich in den nächsten Monaten; doch im Hochwinter 879 verschlimmerte sich seine Krankheit. Ein Schlaganfall nahm ihm die Sprache; am 22. März 880 war er tot.[145]

Nun waren zwei, wenn man will, drei fränkische Regna frei. Karlmann hatte noch im Sommer 879 zugunsten Karls III. auf Italien verzichtet. Wenig später empfing Ludwig der Jüngere unzufriedene bayerische Große, die Arnulfs Vordringen nach Bayern bedrohte, ließ sich von ihnen zur Annahme der Herrschaft bitten und gewann dazu auch Karlmanns schriftliches Einverständnis. Unter den ersten bayerischen Großen, die dem neuen König zu Regensburg huldigten, befand sich auch Karlmanns Erzkaplan, der Salzburger Erzbischof Theotmar. Die Besitznahme Bayerns stand freilich unter keinem guten Stern. Während Ludwigs Regensburger Aufenthalt fällt sein einziger Sohn aus einem Fenster der Frankfurter Pfalz und stirbt. Das geschah im Herbst 879; noch vor Weihnachten verließ Ludwig der Jüngere wieder Bayern, nicht ohne jedoch vorher Arnulf in dessen karantanisch-pannonischem Regnum anzuerkennen. Ein Großteil des österreichischen Raums war damit weiterhin als eine politische Einheit bestätigt.[146] Ludwigs Herrlichkeit dauerte nicht lange; am 20. Januar 882 ereilte ihn selbst der Tod.[147]

5. Karl III. in Alamannien und Bayern (876/82–887)

Nach dem Tod Ludwigs des Deutschen setzte sich Karl III. ohne Schwierigkeiten in seinem Erbe durch; er wurde 876 allgemein anerkannt. Ihm selbst galt sein Regnum aber nicht als ein alamannisch-churrätisches Königreich; er zählte – gestützt auf ein Stück Lothringen – seine Herrscherjahre seit 876 *in Francia,* seit dem Verzicht Karlmanns 879 auch *in Italia.*[148] Im Februar 881 wurde Karl III. als erster ostfränkischer König in Rom zum Kaiser gekrönt; kein ganzes Jahr später hatte er die Erbschaft seines Bruders Ludwig angetreten.[149]

Und noch ein Reichsteil wurde 882 ledig; diesmal aus der Hinterlassenschaft des westfränkischen Onkels, Karls des Kahlen. Es dauerte drei weitere Jahre, bis auch das zweite westfränkische Regnum an Karl III. kam. Die Art und Weise, wie Ludwig III., der Enkel Karls des Kahlen, sein Leben beendete, kennzeichnet die karolingische Tragödie. Die Angehörigen der Königssippe verwüsteten ihr Leben und fanden auch ohne die ererbte Epilepsie ein ebenso frühes wie unrühmliches Ende. Dieser Ludwig war König des nördlichen Westfrankenreichs und besiegte 881 die Normannen bei Saucourt. Im Jahr darauf hetzte er zu Pferd im Scherz ein Mädchen, ritt dabei in vollem Galopp gegen die Türpfosten des Hauses, in das sich die Adelstochter flüchtete, und erlitt tödliche Verletzungen.[150]

Im selben Jahr 882 kam es vor Asselt zum Treffen Karls III. mit den Normannen. Ein aus allen Stämmen des Reichs aufgebotenes Riesenheer hatte die Normannen an der mittleren Maas eingeschlossen; doch der Kaiser erreichte bloß einen Vertrag mit den Feinden, der von den Gegnern Karls III. mit Schimpf und Schande bedacht wurde. Mag das Ergebnis der Abmachungen von Asselt auch nicht so negativ gewesen sein, wie es die Mainzer Opposition darstellte, mit Ruhm bedeckt hatte sich der Kaiser wahrlich nicht, denn allerorten regte sich Kritik. Die Bayern hatten unter der Führung Arnulfs an dem Heereszug teilgenommen. Sie brachten die »Pest« mit nach Hause, die vor Asselt ausgebrochen war, vielleicht aber auch schon die Meinung, Arnulf sei der letzte fähige der lebenden Karolinger.[151]

Noch vor dem Feind fand Karl III. Zeit, Privilegien an geistliche Institutionen zu verleihen. Er bestätigte und vermehrte Schenkungen im Bayerischen Wald, die sein Urgroßvater Karl der Große und sein Bruder Ludwig der Jüngere an das Kloster Metten gegeben hatten.[152] Bereits auf dem Rückzug erwirkten die Mönche aus St. Gallen die Übertragung des irischen Klösterleins auf dem Vorarlberger Viktorsberg samt Besitz in Rankweil und dazu einen Weinberg zu Röthis.[153] Wie hier St. Gallen gestärkt wurde – Röthis bildete bald den Vorort der St. Galler Grundherrschaft dieses Raums –, so hatte Karl III. noch als König die Besitzstruktur Churs verbessert. Das Bistum trat zu Jahresbeginn 881 nicht unbeträchtliche Güter im entfernten Elsaß an den königlichen Erzkaplan und Erzkanzler Liutward von Vercelli ab, wofür es von diesem Müstair, Rankweil und einige andere Vorarlberger Kirchen erhielt.[154] Der Kaiser interessierte sich allerdings keineswegs nur für sein churrätisch-alamannisches Stammland; auch nahm er den Mißerfolg vom Sommer 882 nicht zum Anlaß, sich dorthin zurückzuziehen und untätig zu bleiben. Eine derartige Reaktion kennt man erst aus dem Jahre 887, als er nach Alamannien ging und sich für längere Zeit in den Königshof Lustenau zurückzog.[155]

Karl III. beendete seine glücklose Herrschaft in unserem Raum; im Winter 886/87 verschlechterte sich sein Gesundheitszustand in bedrohlicher Weise. In Kirchen am Rhein geschah es, daß der sechsjährige Boso-Sohn Ludwig mit seiner Mutter und wichtigen Leuten kam, den Lehenseid leistete und sich als Adoptivsohn annehmen ließ. Gleichzeitig trennte sich Karl unter schweren Beschuldigungen von seiner langjährigen Gemahlin. Sollten beide Ereignisse miteinander zusammenhängen und den Versuch des Kaisers darstellen, seine Nachfolge gegen Arnulf zu regeln, nachdem 885 der Plan gescheitert war, seinen illegitimen Sohn Bernhard als Nachfolger durchzusetzen? Wenig später stürzte der bisher allmächtige Erzkanzler Liutward, der darauf angeblich zu Arnulf ging. Die Franken, Sachsen und Thüringer, die Bayern und selbst die Alamannen, denen der Kaiser »vornehmlich die Sorge für sein Reich anvertraut hatte«, fielen allesamt von ihm ab. Militärische wie diplomatische Gegenmaßnahmen schienen aussichtslos. Während Arnulf mit einem starken Heer aus Bayern und Slawen nach Frankfurt zog und dort im November 887 zum König erhoben wurde, überlebte Karl III. seine »Verlassung« nur um wenige Monate.[156]

6. Arnulf (887–899)

Der Herrschaftsantritt Arnulfs von Kärnten beweist zweierlei: Erstens muß sich die Machtbasis des bayerischen Ostlandes entscheidend verstärkt haben. Sein Besitz genügte nicht bloß, um – wie zu Zeiten Karlmanns – zunächst Teile und dann ganz Bayern zu gewinnen. Nun konnte der Inhaber des Ostlandes auch Herr des gesamten Erbes Ludwigs des Deutschen werden, sofern er die Zustimmung der Großen des ostfränkischen Reichs erhielt. Zweitens aber lehren die Vorgänge vom Herbst 887, daß die angrenzenden slawischen Gebiete ohne Einschränkung zu diesem ostfränkischen Reich gehörten. So »empfing König Arnulf in Regensburg die Edlen der Bayern, Ostfranken, Sachsen, Thüringer, Alamannen und eine große Schar von Slawen«, als er sich dort zu Weihnachten 887 und nach einem kurzen Umritt in Bayern zu Ostern 888 aufhielt. Dazu paßt die gleichzeitige Verteilungspolitik, die sich in den Diplomen Arnulfs widerspiegelt. Kein Karolinger hatte jemals zuvor so viele weltliche und geistliche Große samt deren Vasallen mit Schenkungen bedacht. Sie saßen überall, besonders aber an den Grenzen, dort, wo das Reich der Mährer begann, ebenso wie in Völs am Schlern »zwischen den Bergen und Almen, die das Gebiet Italiens berühren«. Die Schenkungen galten als Belohnung für »häufige Dienste«, »bevor wir den königlichen Namen erhielten«. Von größter Bedeutung wurde das Privileg an den Salzburger Kleriker Pilgrim. Am 5. Oktober 889 erhielt er vom König freies Eigen im Zillertal. Nach dem Schlachtentod Theotmars 907 folgte Pilgrim als Erzbischof nach; sein Zillertaler Besitz wurde die Keimzelle der Salzburger Herrschaft, die als »atypische« Diözesangrenze bis heute fortlebt.[157]

Wie sich Arnulf um die regionalen Führungsgruppen bis hinunter zur Mittelschicht bemühte, so ging es ihm ganz allgemein um die Erfassung des »Kleinen Raumes«. In bewußter Abwendung von der »großfränkischen Politik« seines gescheiterten Vorgängers beschränkte sich der König auf die Verwirklichung des Möglichen. Seine Vorfahren seien die Könige der Franken und Bayern, heißt es einmal in einer Urkunde, die Arnulf in der bayerischen Königsstadt Regensburg ausstellen ließ. Auch verlor Erzbischof Liutbert von Mainz die Leitung der Hofkapelle und wurde durch Erzbischof Theotmar von Salzburg ersetzt. Dieser war schon unter Arnulfs Vater Karlmann wenig hervorgetreten. Trotzdem akzeptierte ihn der König wieder als Erzkanzler, ohne ihm jedoch einen größeren Aufgabenbereich zu übertragen. »Nach Liutward von Vercelli und Liutbert von Mainz erscheint Theotmar von Salzburg nur noch wie ein Schatten: Mit seiner Amtsführung verwandelt sich das Erzkapellanat endgültig vom höchsten geistlichen Hofamt in eine Ehrenstellung.« Dafür nahm die Bedeutung der königlichen Kapläne und vor allem des Kanzlers zu. Das Urteil des Diplomatikers ist richtig, geht aber zu sehr von der »Pergamentform« aus. Theotmar wollte es nicht anders und begnügte sich mit einer Ehrenstellung, die ihm als bayerischem Metropoliten zustand.[158]

Porträtsiegel König Arnulfs

Noch im Jahre 888 »stiegen viele kleine Könige in Europa, das heißt im Reich von Arnulfs Onkel Karl empor: Berengar, Eberhards Sohn, machte sich zum König in Italien, während der Konrad-Sohn Rudolf entschied, das obere Burgund für sich auf königliche Weise zu erwerben; des weiteren entschlossen sich Ludwig, Bosos Sohn, und Wido, Landberts Sohn, das belgische Gallien und die Provence – als wären sie Könige – in Besitz zu nehmen. Der Robert-Sohn Odo beanspruchte das Land bis zur Loire und Aquitanien. Hier wollte auch Ramnolf als König gelten.« Arnulf versuchte, alle diese Könige, die eine strenge karolingische Tradition als Usurpatoren bezeichnet und bekämpft hätte, zur Anerkennung seiner Oberhoheit zu veranlassen. Solange diese »Fürstenkönige« miteinander konkurrierten, blieb dem Karolinger die Rolle des ranghöheren Schiedsrichters, die er weidlich nützte. So wurden nacheinander die Könige Odo vom Westfrankenreich, Rudolf von Oberburgund und Berengar von Friaul seine Lehensleute. Letzteren traf Arnulf im Herbst 888 zu Trient, ohne daß der ostfränkische König sein starkes Heer eingesetzt hätte. Nach dessen Entlassung zog Arnulf mit kleiner Begleitung über Friaul in die karantanische Karnburg, wo er Weihnachten feierte.

Im alamannischen Stammland Karls III. war nicht aller Widerstand gegen Arnulf erloschen. Noch 891 verzog sich ein gegen die Normannen aufgebotenes Alamannenheer, schützte Krankheit vor und ging heim. Man hoffte anscheinend immer noch auf Bernhard, dem sein Vater Karl III. zwar nicht die Nachfolge, doch offenkundig das alamannische Fiskalgut sichern konnte. Im Juni 890 probte der Friedelsohn des verstorbenen Kaisers den Aufstand; ihn unterstützten der gleichnamige Abt Bernhard von St. Gallen und der mächtige Graf Ulrich. Diesem hatte König Arnulf knapp vorher den Hof Lustenau geschenkt. Das Unternehmen scheiterte; Bernhard fand im Winter 891 auf 892 den Tod, da sich Rudolf I. von Burgund gegen ihn gewandt hatte.[159]

Nach der Befriedung des Bodenseeraums brach ein innerbayerischer Konflikt um die Frage aus, wer der Zweite nach dem König sein solle. Die Sache wurde 895 entschieden. Sie hatte damit begonnen, daß ein Graf Engildeo, bereits 878 genannt, spätestens nach dem Tode Ludwigs des Jüngeren zum mächtigsten Mann Bayerns aufgestiegen war. Die Grafschaft im Nordgau und Donaugau bildete die Machtgrundlage für sein Wirken, das sich im Bereich der Bistümer Eichstätt und Regensburg, der königlichen Hauptstadt Bayerns, entfaltete.[160] Engildeo stand in Verbindung mit Hildigard, der Tochter Ludwigs des Jüngeren. Ursprünglich hatte Hildigard die Erhebung Arnulfs unterstützt; einer ihrer Lehensleute zählte zu den ersten Empfängern königlicher Wohltaten. Das gleiche widerfuhr Engildeo; eineinhalb Jahre später erhielt einer seiner Vasallen in seiner Grafschaft königlichen Besitz zu freiem Eigen. Allerdings fehlt in dieser

Urkunde der sonst übliche Hinweis auf geleistete Dienste. Im Jahre 895 wurde Hildigard gestürzt; die Repräsentanten aller ostfränkischen Stämme verurteilten sie zur Verbannung ins Kloster Frauenchiemsee.[161] Obwohl sie Engildeo nahestand – man will die beiden sogar miteinander verheiraten[162] –, hatte die Königstochter mit dem karantanischen Markgrafen Luitpold eine gemeinsame Wallfahrt unternommen. Bei dieser Reise, die frühestens 893 stattfand, wurden die Reliquien der heiligen Walburg im Frauenkloster Monheim nördlich von Donauwörth besucht.[163] Als nun Engildeo ebenfalls 895 seiner Machtstellung verlustig ging, trat jener Luitpold, der »Verwandte des Königs«, an dessen Stelle.[164] Die Zusammenhänge in diesem »Spiel der Mächtigen« sind im einzelnen nur schwer zu durchschauen. Aber sein Ausgang war klar: Im Kampf um die Entstehung fürstlicher Macht hatte der stärkste Mann im Ostland seinen gleichwertigen, ja zunächst übermächtigen Rivalen im Altland überwunden, wobei die Königsnähe entschied.[165]

Die Lösung der alamannischen wie bayerischen Frage erlaubte nun größere Politik: Im Mai 895 trat zu Tribur eine allgemeine Reichssynode zusammen, an der auch Bischöfe des bayerischen sowie alamannisch-churrätischen Raums teilnahmen; Erzkanzler und Erzbischof von Salzburg Theotmar blieb jedoch zu Hause.[166] Sehr bald nach Tribur traf sich die Reichsversammlung zu Worms, wo vor allem zwei Angelegenheiten zu behandeln waren: Erstens wurde Odo in seinem westfränkischen Reich bestätigt. Zweitens gelang es Arnulf, was Karl III. mit Bernhard vergeblich versucht hatte: Der königliche Vater setzte seinen Friedelsohn als König eines Reichsteils durch. Zwentibold erhielt Lothringen und Burgund.[167]

Im Rücken gestärkt und »im Westen nichts Neues« folgte Arnulf endlich der päpstlichen Einladung, in Rom die Kaiserkrone zu empfangen. Was im Herbst 895 begonnen wurde, artete zu einem regelrechten Kriegszug aus. Die Ewige Stadt mußte erstürmt werden; doch Mitte Februar 896 war es dann soweit, daß Arnulf »gemäß der Sitte seiner Vorfahren« die Kaiserwürde samt dem Treueid der Römer empfing.[168] Aber bereits 14 Tage nach dem Eintreffen in Rom kam die schreckliche Erbkrankheit seines Hauses zum Durchbruch. Wie bei seinem Onkel stellten sich schwere Kopfschmerzen ein, so daß der Kaiser alle Aktivitäten abbrach und fluchtartig über das Etschtal und den Brenner nach Hause zog.[169] Als Schwerkranker versuchte er 898 im Ostland einzugreifen; ja, selbst noch in seinem Todesjahr 899 fuhr der König mit einer Donauflottille gegen das niederösterreichische Mautern. Bald darauf verschlimmerte sich Arnulfs Leiden, das den von seinem Vorgänger bekannten Verlauf nahm. Man munkelte von Vergiftung. Wahrscheinlich mußten deswegen Unschuldige sterben; bekannt sind die Namen eines Mannes und einer Frau, die wegen Giftmischerei verurteilt wurden. Am 8. Dezember 899 ereilte Arnulf zu Regensburg der Tod.[170]

7. Ludwig das Kind (899–907/11)

Ludwig IV. das Kind kam zu Herbstbeginn 893 zur Welt und wurde vom Mainzer Erzbischof Hatto und dem Augsburger Bischof Adalpero aus der Taufe gehoben. Geburtsort des kleinen Prinzen war die Pfalz (Alt-)Ötting am Inn,[171] seit den Tagen Ludwigs des Deutschen ein Lieblingsaufenthalt der ostfränkischen Karolinger, die hier wohl einen tassilonischen Herrschaftssitz übernommen hatten.[172] Auf Wunsch des Vaters leisteten die ostfränkischen Großen dem legitimen Erben bereits 897 den Treueid; am 4. Februar 900 wurde der siebenjährige Bub in Forchheim – wie wohl Arnulf selbst – zum König erhoben.[173] Konsequent die Gunst der Stunde nützend, ergriff Markgraf Luitpold nach Arnulfs Tod die Initiative und verhinderte die Entstehung eines Machtvakuums. Luitpold mußte zwar die Macht mit anderen Großen teilen, stand aber offenkundig an ihrer Spitze. Die sieben Jahre bis zu Luitpolds Schlachtentod bei Preßburg könnte man die »bayerische Zeit« Ludwigs des Kindes nennen.[174]

Luitpold betrieb eigene Politik. Er griff hart und nachdrücklich in die mörderische Babenberger-Fehde ein und übernahm völlig selbständig die Grenzwacht gegen Böhmen, Mähren und die immer gefährlicher werdenden Ungarn. In einer Urkunde für St. Gallen nennt ihn darum sein König 903 *dux Boemanorum.*[175] Als Säben im Spätsommer 901 den Hof Brixen erhielt, beteiligte sich Luitpold maßgeblich an der längst überfälligen Aufwertung des Eisack-Bistums. Er machte kein Hehl daraus, wie sehr er die karolingische Vernachlässigung der Sedes des heiligen Cassian mißbilligte.[176] Schon im Jahr nach Arnulfs Tod begann sich Luitpold mit den Ungarn herumzuschlagen und Befestigungen gegen sie zu errichten. Im Sommer 907 ergriff er die Offensive und verlor Schlacht, Leben und das Bayernheer bei Preßburg. Nach seinem Tod nahm der bayerische Einfluß auf König und Reich schlagartig ab; die Karolingerzeit ging für unseren Raum bereits zu Ende, bevor noch das ostfränkische Königshaus mit dem Tod Ludwigs des Kindes am 24. September 911 erlosch.[177]

V. Klöster und Bistümer im Altsiedelland

1. Arn von Salzburg (785/98–821)

Zwei große Ereignisse beherrschten die Kirchengeschichte der bayerischen Karolingerzeit: Erstens schuf das Machtwort Karls des Großen den bayerischen Metropolitanverband, der in die fränkische Reichskirche einzugliedern war. Zweitens eröffnete die Niederwerfung der Awaren eine bisher unvorstellbare und lange Zeit auch unbegrenzte Ausdehnung der bayerischen Kirchenprovinz nach Osten. Die Bedeutung des Geschehens bestimmte das Interesse der Zeitgenossen wie der Nachwelt. Selbst heute noch entsteht bei der Lektüre moderner Handbücher der Eindruck, die Geschichte des karolingischen Salzburgs und seiner Provinz habe in Rom, zwischen Aachen und Tours oder am Plattensee stattgefunden. Daran ist sicher etwas Wahres; doch lag der Schwerpunkt der Entwicklung weiterhin im bayerischen Altsiedelland, und zwar sowohl nach quantitativen wie qualitativen Kriterien gemessen. Wie zu Zeiten Virgils die karantanischen Missionare bloß eine verschwindende Minderheit des Salzburger Konvents ausmachten, so verfügten auch Arn und seine Nachfolger auf diesem Gebiet über kein wesentlich zahlreicheres Personal. Allerdings war zusätzlich das gesamte bayerische Ostland bis nach Fünfkirchen zu betreuen. Das gleiche galt für Passau und die anderen bayerischen Bistümer, wobei man Zahl und Namen ihrer Leute noch in weitaus geringerem Maße kennt. Die Überlieferung schweigt eben gerade von denjenigen Vorgängen, die als selbstverständlich und unangefochten galten. So weiß die »Geschichte Salzburgs«, deren erster Band das Mittelalter behandelt, auf über 1700 Seiten nichts über die Entstehung der Pfarrorganisation zu berichten.[178] Nicht viel reicher fließen die Quellen zu den Fragen der praktischen Seelsorge und Kirchendisziplin, zu den Konventen und monastischen Gemeinschaften, sei es an den Domkirchen oder »draußen im Lande«. Es ist daher ein höchst lückenhaftes Bild, das man von den bayerischen Hochkirchen entwerfen kann. Und auch dann sind es in erster Linie Personen und nicht Institutionen, denen das Interesse der Überlieferung gilt. Alle diese Beobachtungen treffen selbstverständlich auch für den churrätisch-alamannischen Westen zu.

Arns Werdegang bis 798

Arn war Altersgenosse der feindlichen Vettern Karl und Tassilo und wurde um 740 geboren.[179] Er stammte aus einer Familie, die zu den bayerischen Führungsschichten zählte und der Fagana-Genealogie nahestand.[180] Arns Vater Haholt war von einem seiner Gegner auf den Tod verwundet worden. In dieser Lage sorgte er sich um sein Seelenheil wie um die Zukunft seines Sohnes. Der herbeigeholte Bischof Joseph von Freising gab den Rat zum Bau einer Kirche, die an das Bistum unter der Bedingung gehen sollte, daß Arn daran das lebenslange Nutzungsrecht zustehe. Der Vater erholte sich von seinen schweren Verletzungen. Am 25. Mai 758 traf er samt seiner Gemahlin und dem »gemeinsam geliebten Sohn« den Freisinger Bischof, um in St. Zeno an der Isen die frühere Schenkung zu bestätigen. Am Marienaltar der Klosterkirche wurde Arn von seinen Eltern Bischof Joseph für den geistlichen Dienst übergeben. Arn muß damals schon ein junger Mann gewesen sein, weil er gemeinsam mit dem Vater als Tradent auftrat.[181]

An der Freisinger Domschule ausgebildet, war Arn spätestens 765 ranghoher, wenn nicht ranghöchster Diakon, wurde aber erst 776 Priester.[182] Als Vertreter seines Bischofs und wohl auch im Interesse seines Verwandten, des herzoglichen Kaplans und Abtes Fater, kam Arn im Herbst 777 nach Kremsmünster; hier wirkte er beim Abschluß des Gründungsvorgangs mit. Gemeinsam mit Fater und drei weltlichen Großen schritt der Freisinger Presbyter die noch offenen Grenzen der Slawendekanie ab, die Tassilo seiner Stiftung zuweisen wollte.[183]

Bis gegen 778 ist Arn in Freising nachzuweisen; nachher könnte er als Kanoniker in Saint-Amand-les-Eaux eingetreten sein. Nicht unmöglich, daß Arn am Pfingstsonntag, dem 26. Mai 782, dort zum Abt geweiht wurde und nach dem Tod Bischof Gisalberts die Leitung des Klosters im ehemaligen Hennegau übernahm. Allerdings ist nur bekannt – und noch dazu aus Salzburg –, daß Arn an einem 26. Mai die Abtweihe empfing. Diese Angabe könnte sich grundsätzlich auch auf St. Peter beziehen, zumal es »für Arns Verbindung zu Saint-Amand vor seiner Bischofsweihe keine Quellen gibt«, wird aber doch das Kloster an der Scarpe gemeint haben. Jedenfalls war Arn den Weg mehrerer geistlicher Großer gegangen, die Bayern verließen, um im Frankenreich diesseits wie jenseits des Rheins Karriere zu machen. Inmitten der eigentlichen Francia und nahe dem Aachener Zentrum war dies Arn um so eher möglich, als er Gelegenheit fand, mit Alcuin bekannt und sogar dessen Freund zu werden. Der gelehrte Angelsachse war 781 kurz vor Arns Abtwahl an den Königshof berufen worden.[184] Die erhaltene Korrespondenz zwischen Alcuin und Arn setzt zwar nicht vor Ende 790 ein; doch spricht bereits der erste der vielen Briefe für die tiefe Freundschaft, die beide verband.[185] Aus Alcuins Briefen weiß man, daß Arn auffallend schwarzes Haar trug,[186] daß ihm seine Eltern zu Recht den Namen »Adler«, *Aquila,* gegeben hätten, daß der Salzburger Oberhirte eine Schwester geistlichen Standes[187] und einen Neffen namens Hildegar besaß. Der junge Mann war eine Zeitlang Mitglied des Konvents von St. Peter und sollte bei Alcuin in Saint-Martin-de-Tours studieren. Nach längerem Aufenthalt wurde es aber klar, daß Hildegar nur geringe Eignung für den geistlichen Beruf besaß. So entschied der Onkel, er möge wieder »der Welt dienen«, und fand dafür Alcuins Beifall.[188] Aus der Salzburger Überlieferung weiß man, daß Arns Nachfolger Adalram ebenfalls ein Neffe des ersten bayerischen Erzbischofs war.[189]

Nachdem Bischof Virgil am 27. November 784 gestorben war, fand die Ordination des neuen Salzburger Oberhirten erst am Tag des heiligen Barnabas, am 11. Juni 785, statt.[190] Die Vakanz war eingetreten, nachdem nur wenige Monate zuvor fränkisch-langobardische Truppen die bayerischen Grenzen im Etschtal angegriffen hatten. Das Unternehmen scheiterte; aber der karolingische Zugriff auf Bayern wurde darum kaum schwächer. Auch kannte das bayerische Recht den Satz, wonach der König den Bischof einsetzte oder das Volk ihn wählte.[191] Karl der Große muß daher, wenn vielleicht auch mit Verzögerung, seinen Willen durchgesetzt haben. Arn erklärt auch tatsächlich – freilich nach Tassilos Sturz –, er sei »Bischof aus Gottes Gnade und dank unserem Herrn, dem hervorragenden König Karl«.[192]

Keine 25 Monate nach seiner wahrscheinlichen Einsetzung zum Abt von Saint-Amand war also Arn auch Bischof von Salzburg, ohne auf die Abtei an der Scarpe nahe der heute französisch-belgischen Grenze zu verzichten. Ja, im Gegenteil. Selbst noch als Erzbischof residierte Arn mitunter in seinem fränkischen Kloster.[193] Spätestens im Jahre 808 hatte aber die Abtei einen neuen Abt. Nicht unmöglich, daß Arn resignierte, als er sich aus dem intensiven Reichsdienst zurückgezogen hatte und daher in der Nähe Aachens keines eigenen Hauses mehr bedurfte.[194] Vielleicht stand aber Arns Rücktritt in Verbindung mit den Reformsynoden von 802. Doch sind alle diese Überlegungen bloße Vermutungen.

Arn fand raschen Zugang zu Tassilo III. Der Herzog gewann den weltläufigen Bischof 787 dafür, gemeinsam mit dem Mondseer Abt Hunrich nach Rom zu gehen, um die päpstliche Vermittlung im Konflikt mit Karl dem Großen zu gewinnen. Die Mission scheiterte; trotzdem hatte es sich Arn weder mit dem Frankenkönig noch mit seinem herzoglichen Auftraggeber verdorben.[195] Die Tage Tassilos III. waren aber gezählt; als Karl der Große auch der Herr Bayerns wurde, gehörte Arn zu dessen vornehmsten Vertrauensleuten.

Arn im Königsdienst und seine Erhebung zum Erzbischof

Bereits drei Jahre nach Tassilos Absetzung diente Arn nachweisbar – am 20. September 791 – zum ersten Mal als Königsbote, als *missus dominicus,* wie die persönlichen Beauftragten des Frankenherrschers hießen.[196] Nach seiner Mitwirkung an Pippins Awarenkrieg des Jahres 796[197] begann Arns große Zeit als Diplomat Karls des Großen. Etwas mehr als zehn Jahre, nachdem Arn als Beauftragter des Bayernherzogs seine erste Romfahrt unternommen hatte, brach er abermals zur Reise in die Ewige Stadt auf. Noch Ende 797 ging der Bischof von Salzburg als Mitglied einer Kommission von nicht weniger als zwölf hochrangigen Königsboten nach Italien. Unter ihnen befanden sich Arns Freund Paulinus von Aquileia und Abt Fardulf von Saint-Denis. Der König hatte ihnen mehrere Aufträge erteilt. In Rom ging es vor allem um die Beilegung des Konflikts zwischen Leo III. und dem stadtrömischen Adel; doch sollte auch über die Gründung zweier Klöster, darunter als Karls Herzenswunsch ein Kloster bei St. Paul, verhandelt werden. Ebenso wurde die Errichtung einer bayerischen Metropole mit Salzburg als Sitz des Erzbischofs entschieden. Die Wiedereinführung der spätrömischen Metropolitanverfassung war erst seit etwa zwei Jahrzehnten Ziel der karolingischen Kirchenpolitik. So entstand die bayerische Kirchenprovinz noch vor der von Trier und bloß zwei Jahre nach dem Mainzer Metropolitanverband. Am 20. April 798 überreichte der Papst dem neuen Erzbischof Arn das Pallium, das äußere Zeichen des Oberhirten einer Kirchenprovinz. Der Befehl Karls des Großen hatte den päpstlichen Entschluß bewirkt, die gleichlautenden Wünsche der bayerischen Bischöfe waren rechtzeitig bestellt worden.[198] Offenkundig hielt sich deren Begeisterung darüber in Grenzen. Jedenfalls sah sich der Papst am 11. April 800 veranlaßt, die Behandlung besonderer Fragen mit dem allgemeinen Hinweis zu verbinden, Arn den Gehorsam und die Anerkennung als Erzbischof nicht zu versagen. Schließlich sei ja die Errichtung einer bayerischen Kirchenprovinz »bereits vor vielen Jahren vom Heiligen Stuhl vorbestimmt worden, und bloß die Ereignisse hätten dies bis heute verhindert«.[199] Kein Zweifel, daß die bayerischen Bischöfe den neuen Erzbischof nicht als einen über ihre Gemeinschaft Hinausgehobenen betrachteten. So konnte es weiterhin vorkommen, daß Arn unter ihnen denjenigen Rang einnahm, den ihm das Weihedatum zugestand, und er daher dienstälteren Suffraganen nachgereiht wurde.[200]

In den beiden Jahren 799 und 800 stand der neue Erzbischof Arn unter einer argen Mehrfachbelastung: Seine Diözese war für die Mission der pannonischen Awaren und Slawen zu rüsten.[201] Der bayerische Metropolitanverband mußte organisiert und den fränkischen Normen angeglichen werden. Dazwischen hatte Arn bis Ende 800 noch zweimal als Königsbote nach Rom zu gehen. Wenn er sich damals nördlich der Alpen befand, weilte er eher am Rhein als an Salzach, Inn und Donau. Den Winter 799 auf 800 verbrachte Arn in Rom. Gemeinsam mit dem Erzbischof von Köln leitete er eine hochrangige Gesandtschaft, die den skandalumwitterten Papst Leo III. nach Rom zurückführen und erste Untersuchungen vornehmen sollte. Im Februar 800 kam Arn in die Heimat zurück und zog mit seinem König im Spätsommer 800 wieder über die Alpen. Die Vorgänge in Rom, die mit dem Reinigungseid des Papstes am 23. Dezember formalrechtlich abgeschlossen wurden, bildeten die Voraussetzung, daß der Frankenkönig zwei Tage später am Weihnachtstag des Jahres 800 zum Kaiser gekrönt wurde. Arn war Zeuge aller dieser Ereignisse; aus eigener Anschauung stand er der Person Leos III. mehr als reserviert gegenüber. Was er über das Kaisertum dachte, sagte er nirgends. Wahrscheinlich unterschied sich seine Meinung nicht sehr von der des Freundes Alcuin, der so seine Bedenken hatte.[202]

Auf der Rückkehr von Rom hielt sich Arn, wenn überhaupt, nur kurze Zeit in Salzburg auf. Wahrscheinlich im November 801 nahm er bereits wieder an einer Synode in Aachen teil und dürfte dort im März 802 an einer weiteren Kirchenversammlung mitgewirkt haben.[203] Im letzteren Falle könnte Arn vielleicht sogar entscheidend die kaiserliche Gesetzgebung mitbestimmt haben, die in den Jahren 802/03 diejenigen Mandatsträger systematisierte, »die als Königsboten in die verfassungsgeschichtliche Literatur eingegangen sind«.[204] Der Salzburger Oberhirte hatte spätestens seit 791 zu dieser Gruppe gezählt und wurde nun seiner Verpflichtungen so schnell nicht ledig, obwohl sie ihn schwer drückten.[205] Ja, es könnte durchaus gewesen sein, daß Karl der Große zwischen 802 und 807 Arn die Oberleitung eines ständigen bayerischen Missaticum übertrug.[206] Nach 807 ist Arn nur mehr in einem besonderen Fall als Missus nachzuweisen. Am 9. Juni 813 wurde das Protokoll der Mainzer Synode unterzeichnet. Die Kirchenversammlung hatte unter dem Vorsitz von vier geistlichen Königsboten getagt, unter denen Arn nach den Erzbischöfen von Köln und Mainz genannt wurde.[207] Daß der Salzburger Erzbischof jemals der Königsbote Ludwigs des Frommen gewesen wäre, steht nirgends und ist auch sehr unwahrscheinlich.

Arns Zusammentreffen mit den Königen

Sicher begegnete Arn öfter seinen Herren, als dies die Quellen berichten. Schon die Umstände, die zur Verleihung des Bistums Salzburg führten, setzen die persönliche Bekanntschaft mit Karl dem Großen voraus.[208] Die erste überlieferte Begegnung fand 787 in Rom statt, wohin Arn als Gesandter Tassilos III. gekommen war. Auf dieses Treffen mit dem Frankenkönig hätte der Salzburger Bischof sicher verzichten können; ohne Zweifel erlebte er damals die unangenehmsten Stunden in Karls Gegenwart.[209] Vier Jahre später folgte Arn dem Heereszug des Königs gegen die Awaren. Wie weit er das Unternehmen mitmachte, bleibt ungewiß. Am 20. September 791 ist er jedenfalls im königlichen Feldlager zu Lorch bezeugt.[210]

Zwischen Herbst 797, der Kaiserkrönung Karls des Großen am Weihnachtstag 800 und den Aachener Synoden von 801/02 muß Arn mehrmals mit seinem Herrn zusammengetroffen sein. Er überbrachte persönliche Botschaften des Frankenkönigs an den Papst und umgekehrt; auch nahm er an der Kaiserkrönung am 25. Dezember 800 teil.[211] Im Oktober 803 konnte der Erzbischof seinen Kaiser in Salzburg begrüßen, wohin Karl zusammen mit einer Gesandtschaft orientalischer Christen gekommen war. Bei dieser Gelegenheit wurden Fragen der Awaren- und Slawenmission besprochen.[212] Bedenkt man die Bedeutung, die der Reichsteilungsplan von 806 gerade für Bayern und seinen Metropolitanverband besaß, so müßte Arn im Februar des Jahres die Reichsversammlung zu Diedenhofen aufgesucht haben.[213] Sicher sprach der Erzbischof seinen Kaiser am 14. Juni 811, da in Aachen die Diözesangrenze zwischen Salzburg und Aquileia festgelegt wurde.[214] Es wird wohl um diese Zeit gewesen sein, daß Karl sein Testament verfaßte, worin er auch Salzburg reich bedachte. Hinter den Kölner und Mainzer Erzbischöfen unterschrieb Arn als Dritter von dreißig Zeugen. Von ihnen hat man nicht zu Unrecht gesagt, sie hätten sich »als der ganze oder eigentliche Adel« des Frankenreichs verstanden.[215] Zum letzten Mal könnte der Erzbischof den Kaiser 813 gesehen haben, wenn Arn tatsächlich an der Reichsversammlung vom September teilgenommen hat. Damals wurden die Beschlüsse der Mainzer Synode vom Juni 813 vorgelegt und zugleich die Nachfolgeordnung gutgeheißen.[216]

Von den Söhnen Karls des Großen hatte Arn sicher mit Pippin von Italien und Ludwig dem Frommen zu tun. Letzterem muß er erstmals 791 begegnet sein; auch hatte der junge aquitanische König in diesem Jahr in der Umgebung Salzburgs ein Placitum abgehalten, das zugunsten der Sedes des heiligen Rupert entschied.[217] Pippin lernte Arn spätestens auf dem Awarenfeldzug 796 kennen;[218] wenn der Salzburger Erzbischof anläßlich der Divisio regnorum in Diedenhofen war, dann sah er die beiden jungen Könige, aber auch ihren älteren Bruder Karl im Februar 806.[219] Nicht unmöglich, daß Arn am 11. September 813 die Kaisererhebung Ludwigs des Frommen erlebte.[220] Nach dem Tode Karls des Großen traf der Salzburger Oberhirte mit dem neuen Frankenherrscher nur noch zweimal zusammen, und zwar 815 auf der Reichsversammlung zu Paderborn und im Februar 816 in Aachen. Beide Begegnungen sind deshalb überliefert, weil Arn jeweils Diplome zugunsten der Salzburger Kirche, Bestätigungen von Tauschgeschäften wie eines Vergleichs mit Freising erwirkte. Auch könnte es damals gewesen sein, daß

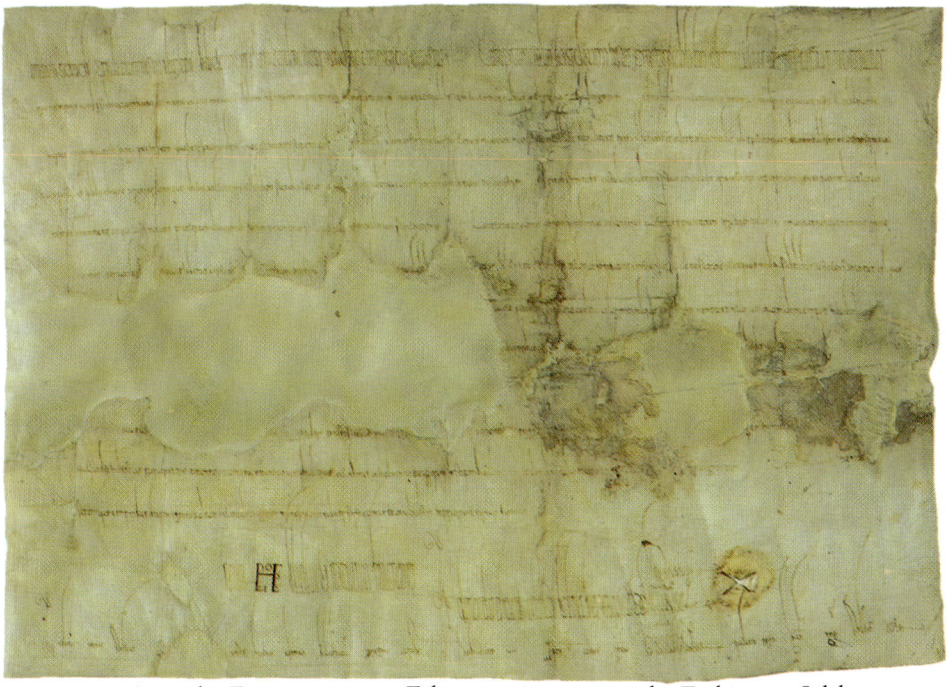

Urkunde Ludwigs des Frommen vom 5. Februar 816 zugunsten des Erzbistums Salzburg

der Erzbischof von seinem Kaiser eine Stiftung für die Salzburger Domkirche empfing.[221] Karl, dem ältesten der erbberechtigten Söhne Karls des Großen, begegnete Arn sicher Ende 800 in Rom, als dieser am Tag der Kaiserkrönung des Vaters zum König gesalbt wurde.[222]

Arns kirchliches Wirken und synodale Tätigkeit

Die neue Erzdiözese Salzburg galt zunächst als Fortsetzung einer Bischofsstadt Petena, womit anscheinend ein altnorischer Rechtstitel aufgefrischt werden sollte, um die Erhebung Salzburgs zur bayerischen Metropole zu legitimieren.[223] Im Jahre 799 fanden unter Arns Vorsitz Synoden in Reisbach, Freising und Salzburg statt. Ihre Einberufung hatte der Kaiser gewünscht; er ließ auch durch den Neuburger Bischof Sintpert die Beschlüsse der jüngsten fränkischen Reichssynode überbringen. Vor allem ging es um die Durchsetzung der fränkischen Kirchenverfassung und der römischen Gottesdienstordnung. Die unrechtmäßige Vermehrung des Kirchengutes sollte verhindert werden; die Mönche hätten ihren Dienst in den bischöflichen Kirchen aufzugeben und – entsprechend den Synodalbeschlüssen von Neuching 771 – in die Klöster zurückzukehren.

Wahrscheinlich tagte im niederösterreichischen Traismauer um den 20. Juni 799 eine Synode, der Arn vorsaß.[224] Die karolingischen Reformen griffen die kanonische Verpflichtung wieder auf, wonach die Diözesane jährlich zwei Synoden abzuhalten hatten.[225] Wie weit diese Forderung tatsächlich erfüllt wurde, kann man am ehesten in Freising beobachten.[226]

Im Jahre 803 kamen mit dem Kaiser einige kirchliche Gesandte aus Jerusalem nach Salzburg. Möglicherweise traf Arn vier Jahre später mit einer zweiten Gesandtschaft aus Jerusalem zusammen. Jedenfalls finden sich die Namen des Patriarchen Thomas und seiner Gesandten von 807, Georg und Felix, im Verbrüderungsbuch von St. Peter. Die beiden Mönche – Georg hieß eigentlich Egilbald und stammte aus der Germania, dem Ostfrankenreich – könnten über Salzburg nach Italien gegangen sein.[227]

Wahrscheinlich besuchte Arn die Synode 792 zu Regensburg. Bezeugt ist Arns Anwesenheit aber erst auf den Aachener Synoden des Winterhalbjahrs 801/02. Und auf der Kirchenversammlung, die im Mai und Juni 813 zu Mainz stattfand, führte er zusammen mit den beiden anderen »ostfränkischen« Erzbischöfen den Vorsitz.[228]

Sicher nahmen Arn und wohl auch andere bayerische Bischöfe im Sommer 796 an einer »interregnalen« Versammlung teil. Bevor König Pippin von Italien die Donau überquerte, um der awarischen Eigenständigkeit den Todesstoß zu versetzen, hatte er eine Bischofsversammlung am Ufer des Stroms einberufen. Man beriet im unteren Slawonien die Vorgangsweise, wie die bekehrungswilligen Awaren und Slawen zu behandeln seien.[229] Im Jahre 796 hatte Arns kirchliche Tätigkeit außerhalb der Diözese Salzburg begonnen; fast zwei Jahrzehnte stellte er sich diesen Aufgaben. Jedoch fehlte er auf der großen Reformsynode des Jahres 816; ihre Beschlüsse ließ er sich vom neuen Kaiser, Ludwig dem Frommen, zusenden.[230]

Grenzen: Metropole, Diözesen, Pfarren

Erfolglos sind alle Versuche, die kirchlichen Grenzen des 8. Jahrhunderts festzustellen.[231] Gregor II. hatte zwar bereits 716 die Errichtung von bayerischen Bistümern mit genau abgegrenzten Sprengeln angeordnet. Aber der päpstlichen Weisung stand ein Formular Pate, das aus dem spätantiken Afrika stammte und römische Vorstellungen auf das frühmittelalterliche Bayern übertrug.[232] Kein Wunder, daß sie hier nicht verwirklicht werden konnten. Als Bonifatius 739 die bayerischen Diözesen errichtete, war seine erste Sorge, geeignete Personen für die vorgegebenen vier Bischofssitze zu finden; von Diözesangrenzen war nicht die Rede.[233]

Unzulässig ist aber auch der Umkehrschluß, es habe überhaupt keine Vorstellungen über die Diözesanzugehörigkeit gegeben. Im Gegenteil. Schon 763 begründete der Stifter von Scharnitz die Zinspflicht seiner Kirche sowie die Abteinsetzung durch den Bischof mit dem Umstand, der Ort gehöre zur Diözese Freising. Um 810 bat der Mondseer Konvent den Freisinger Bischof, er möge deswegen einen Rechtsfall an sich ziehen, weil das umstrittene Gut in seiner Diözese, *in sua parrochia,* liege. Ebenso wußte man 901, daß sich das Kloster St. Florian in einem Teil der Diözese Passau befand.[234] Genaue Grenzen wurden aber – selbst entlang von Flüssen – nur dort und dann gezogen, wo und wann Streit entstand. Für dessen Schlichtung war der Herrscher zuständig. So erfolgten die ältesten Festlegungen des Salzburger Jurisdiktionsgebiets im bayerischen Ostland. Karl der Große bestätigte die Entscheidung seines Sohnes von 796, als er 803

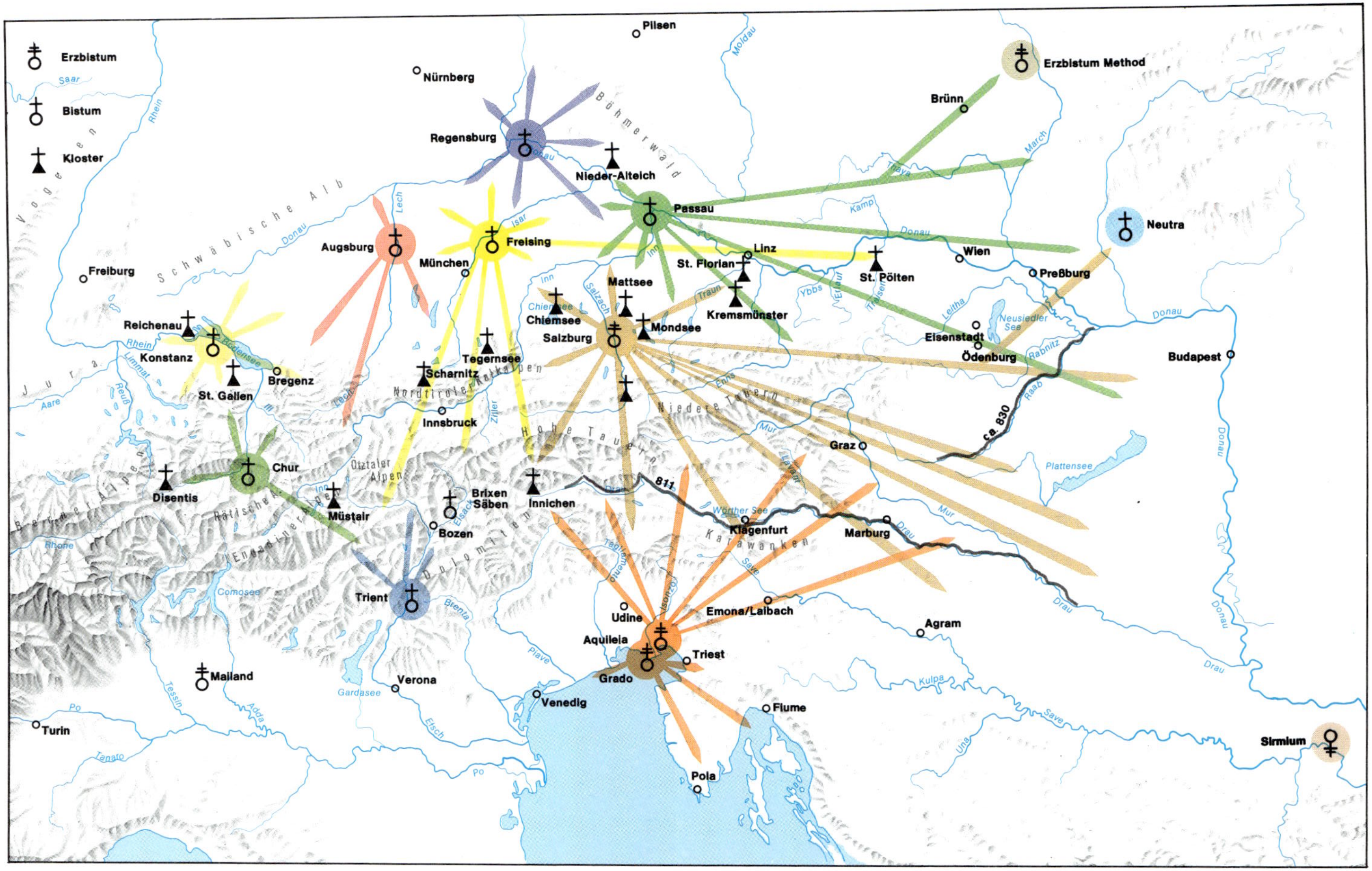

Bistümer und Klöster

Arn in Salzburg besuchte. Demnach entschied Karl erst als Kaiser über die alte Römerprovinz Pannonien, wo nach römischem Brauch wieder »nasse Grenzen« entstanden.[235] Im Juni 811 machte der Kaiser die karantanische Drau zu einer Grenze, die sowohl Salzburg von Aquileia wie den bayerischen vom friulanischen Metropolitanverband schied. Auch diese Regelung betraf das bayerische Ostland, schuf eine »nasse Grenze« und befaßte sich mit einer ehemaligen Römerprovinz, mit dem, wenn auch nun Karantanien genannten, Norikum. Als kirchliche Grenze überdauerte die Draulinie alle Wechselfälle der mittelalterlichen Geschichte und lebte bis weit in die Neuzeit fort.[236] Die dritte karolingerzeitliche Diözesanregelung behandelte das Jurisdiktionsgebiet von Salzburg und Passau östlich des Wienerwalds. Die auf den Namen Ludwigs des Deutschen lautende Urkunde ist zwar eine Fälschung; das Spurium dürfte jedoch einen echten Kern besitzen, wonach der junge König der Bayern zwischen 828 und 830 einen Grenzstreit schlichtete. Und zwar mit dem Ergebnis, daß die *parrochia* bis zum linken Ufer von Spratzbach, Rabnitz und Raab dem Bistum Passau zufiel, während der Raum südlich und östlich davon bei Salzburg blieb. Wieder wurde eine »nasse Grenze« gezogen.[237]

Das gleiche galt für frühkarolingische Grafschaftsgrenzen, die ebenfalls »naß« waren und zum erstenmal im Ostland erwähnt wurden.[238] Dagegen schweigen die Quellen über ähnliche Vorgänge innerhalb Bayerns. Ja, das Schweigen ist so vollständig, daß eines der bayerischen Bistümer aufgehoben werden konnte, ohne jemanden nachweisbar zu beunruhigen. Die Diözese Neuburg-Staffelsee bestand aus dem bayerischen Teil des Bistums Augsburg; ihr Inhaber war seit 798 ein Suffragan Arns. Kurz nach 800 machte Karl der Große den Neuburger zum Bischof von Augsburg. Gleichzeitig ließ man die agilolfingische Gründung auf und vereinigte ihr Gebiet wieder mit dem Lech-Bistum, das der Erzdiözese Mainz angehörte. Somit büßte die bayerische Kirchenprovinz ein ganzes Bistum und damit Gebiete an ihrer Westgrenze ein, ohne daß Arn oder seine Suffragane protestiert oder eine neue Grenzziehung verlangt hätten.[239]

Schiedsgerichte im Altsiedelland, die unter dem Vorsitz Arns stattfanden, erwirkten die Herausgabe von *ecclesiae parrochiales,* die sich Klöster angeeignet hatten. Obwohl diese Kirchen die Seelsorge ausübten, waren sie noch keine Pfarren im vollen Sinn des Wortes; manche von ihnen haben es später bloß zu Filialkirchen gebracht. Die *ecclesiae parrochiales* sind daher als bischöfliche Kirchen mit Taufrecht zu verstehen, aus denen Pfarren entstehen können. Den Weg dazu markiert folgende Bestimmung: Auch wenn diese Kirchen als Benefizien ausgetan waren, stand dem Ordinarius der Zehent zu, »so wie er ihn von seinen *parrochiani presbyteri* zu empfangen gewohnt war«. Aber erst die Durchsetzung der Zehentpflicht, wie sie die karolingische Gesetzgebung ab etwa 800 energisch betrieb, führte notwendig zur Abgrenzung von Kirchensprengeln und damit zur Entstehung von Territorialpfarren. Solche Kirchen sollten daher von keinen Mönchspriestern versehen werden. Kein Wunder, daß große monastische Gemeinschaften und ihre Klosterbezirke das Ziel bischöflicher Rekuperationen bildeten, nachdem der »Klosterfreund« Tassilo III. sein Herzogtum verloren und Erzbischof Arn energisch »die Aufsicht über das Ganze« übernommen hatte.[240]

Arns Sorge um Salzburg

Verleihungen und Bestätigungen von Besitz und Immunität betonen das personale Element. Es geht in erster Linie um die Menschen, die – samt ihren Produktionsmitteln – von einer geistlichen Institution abhängig und innerhalb eines vom Herrscher geschaffenen Immunitätsbezirks dem gräflichen Zugriff entzogen sind. Dies gilt für Gericht, Steuereinhebung und Heeresaufgebot.[241]

Arn hatte 785 das reichste Bistum Bayerns übernommen. Er mußte daher vornehmlich darauf bedacht sein, bedrohten Besitz zu sichern und entfremdetes Gut wiederzugewinnen. Im – modern gesprochen – Salzburger Diözesanverband sind mindestens 80 Kirchen samt ihrem Besitz bekannt; doch waren dies bei weitem nicht alle Gotteshäuser, die St. Peter gehörten. Außerdem regierte Arn über sechs Klöster und vier oder fünf Wirtschaftszellen, »wo unsere Brüder von ihrer Hände Arbeit leben«.[242] Der Salzburger Erzbischof verfolgte aber seine Politik nicht um jeden Preis und mit allen Mitteln; er konnte um des lieben Friedens willen auch nachgeben. So verzichtete Arn am selben 5. Februar 816, als er zu Aachen die kaiserliche Bestätigung des Salzburger Besitzes samt Verleihung von Immunität und Königsschutz erwirkte, auf das Pustertaler Kloster Innichen. Aus Gründen, die mit beredtem Schweigen übergangen wurden, hatte das Isar-Bistum die einstige Tassilo-Gründung an Arn verloren, der sie persönlich zu Lehen erhielt. Urheber dieser Entscheidung war offenkundig Karl der Große. Nun bittet Arn, den ursprünglichen Zustand wiederherzustellen und Freising in seine alten Rechte einzusetzen. Wahrscheinlich mußte Arn den Verzicht leisten, damit Ludwig der Fromme die Privilegierung Salzburgs durch den Vater erneuerte. Vorgänge dieser Art dürften es gewesen sein, die den Kaiser dazu bestimmten, sofort nach Regierungsantritt Ordnung zu machen. Forderte er doch alle Kirchen auf, ihre Besitztitel bestätigen und damit überprüfen zu lassen.[243]

Arn hatte einen Neffen, der sich eher für den Transport von Handschriften als zu deren Studium eignete. Tiefergehende Gelehrsamkeit war allerdings auch Arns Sache nicht, obwohl er die zahlreichen Bücher gelesen haben soll, die er besaß.[244] Noch im 12. Jahrhundert meinte man zu wissen, der Salzburger Erzbischof habe mehr als 150 Handschriften anfertigen lassen. Ein geistiger Schatz, der nicht bloß für das hohe intellektuelle Niveau des arnonischen Salzburgs spricht, sondern auch einen enormen materiellen Wert darstellte.[245] Arns Stellung in Saint-Amand hatte dazu wesentlich beigetragen. Von den dort entstandenen Handschriften blieb mehr als die Hälfte in der Salzburger Überlieferung erhalten. Sie besitzen mit Salzburger Codices eine derart ausgeprägte Gemeinsamkeit, daß man von einem »Arn-Stil« sowohl an der Scarpe wie an der Salzach sprechen konnte. Saint-Amand und Salzburg tauschten auch Personal aus, wobei das westfränkische Kloster meist der gebende Partner war. Auf diese Weise kam der »Arn-Stil« an die Salzach. Noch während Arns Bischofszeit erfolgte die Gebetsverbrüderung zwischen Saint-Amand und St. Peter.[246] Bis vor kurzem nahm man an, die heute Würzburger Beda-Handschrift habe damals ihren Weg nach St. Peter gefunden und hier die Entstehung einer wichtigen Salzburger Annalen-Gruppe bewirkt. Tatsächlich erfolgte der Transfer von Saint-Amand in die bayerische Metropole erst unter Arns

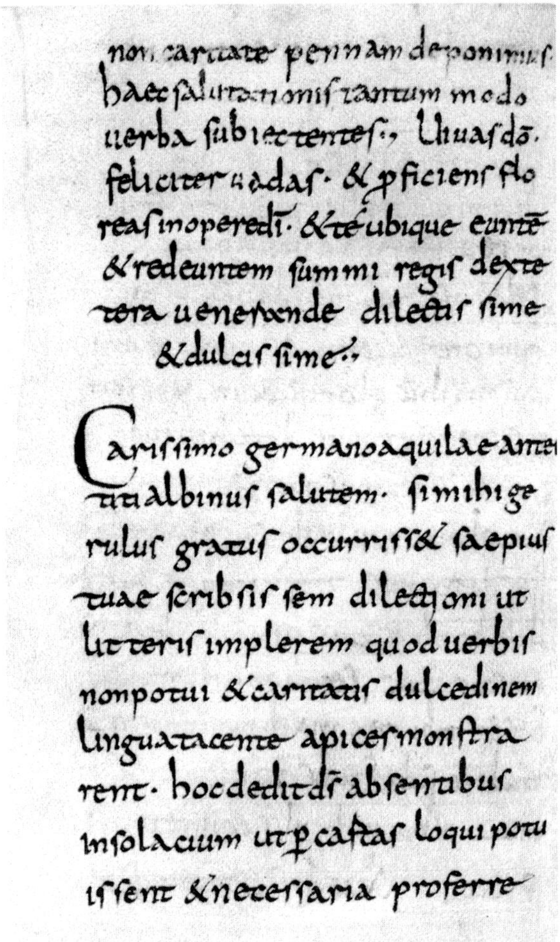
non caritate pennam deponimus.
haec salutationis tantum modo
uerba subiecientes. Uuas do.
feliciter uadas. & proficiens flo
reas in opere dei. & te ubique euntem
& redeuntem summi regis dexte
tera ueneranda dilectissime
& dulcissime.

Carissimo germano aquilae amanti
tissimo Albinus salutem. Si mihi ge
rulus gratus occurrisset saepius
tuae scribsissem dilectioni ut
litteris implerem quod uerbis
non potui & caritatis dulcedinem
lingua tacente apices monstra
rent. hoc dedit deus absentibus
in solacium ut per cartas loqui potu
issent & necessaria proferre

Brief Alcuins an Erzbischof Arn (= Adler), um 802/04, erhalten in der zweiten Salzburger Briefsammlung. Alcuin spricht Arn mit *carissimus germanus Aquila,* »liebster Bruder Adler«, an und bezeichnet sich selbst als *Albinus,* »der Weiße«.

Nachfolger Adalram. Leute aus Saint-Martin-de-Tours, wie der Alcuin-Schüler Wizo-Candidus, kamen in das arnonische Salzburg, während Angehörige St. Peters zu Alcuin gingen. Arn wurde als Lehrer gepriesen und hatte sich als großer Bauherr in Saint-Amand betätigt. Ungewiß bleibt dagegen, was er auf diesem Gebiet in Salzburg vollbrachte. Wesentlich klarer treten Arns Leistungen für die Dokumentation seines Kirchenbesitzes hervor. Ohne die beiden Güterverzeichnisse, die entweder auf Arns Befehl abgefaßt wurden oder unter ihm ihre heute bekannte Form erhielten, gäbe es keine Salzburger Frühgeschichte, noch könnte man über das 8. Jahrhundert unseres Raums forschen und schreiben.[247]

Arn starb am 24. Januar 821 im Alter von etwa achtzig Jahren, nachdem er fast 36 Jahre lang Bischof und 23 Jahre Erzbischof gewesen war. Nur wenige Monate vor seinem Tod hatten aufständische Karantanen die Bischofshofener Maximilianszelle niedergebrannt; das einzige aufregende Ereignis in den letzten Jahren Arns. Mit ihm verlor Salzburg einen bedeutenden Oberhirten. Auf Jahrhunderte hinaus sollte es Kloster wie Bistum nicht mehr vergönnt sein, ähnlich glänzende Gestalten an der Spitze zu sehen, wie sie das frühe Salzburg in Rupert, Virgil und Arn besaß. Von diesem »großen Dreigestirn« blieb bloß Arn die Ehre der Altäre versagt; er hätte sie wahrlich auch verdient. In Salzburg zehrte man noch eine Generation lang vom Erbe Virgils und Arns; dann beschränkte man sich auf den »Kleinen Raum« und wurde im guten wie im schlechten Sinne provinziell, und das für geraume Zeit.[248]

2. Die Salzburger Erzbischöfe Adalram (821–836), Liupram (836–859) und Adalwin (859–873)

Die Salzburger Blütezeit ging mit Arns Tod nicht sofort zu Ende. Vielmehr suchten seine Nachfolger Adalram, Liupram und Adalwin an die Tradition anzuknüpfen. Ab der Jahrhundertmitte verflachte zunächst das internationale Niveau der Schreib- und Buchkunst. Hatte sich noch unter Adalram ein besonderer Schreibtypus, eine »neue Kalligraphie«, ausgebildet und konnte der Erzbischof auch begabte Leute, wie den hervorragenden Magister Baldo, an Salzburg binden, so stagnierte die Buchproduktion unter seinem Nachfolger und verlor an Qualität wie Quantität. Vielleicht gerade deshalb ließ Liupram seine Sorge um die Entstehung von Büchern preisen; drei Gedichte sprechen ausdrücklich davon.[249]

Der »Adler« Arn war die *Aquila* des Freundes Alcuin gewesen.[250] Auch Arbeo von Freising hatte seinen Namen, der »Erbe« bedeutet, in Urkunden als *Heres* wiedergegeben.[251] Eine derartige spielerische Begegnung der eigenen Sprache mit dem traditionellen Latein kennzeichnet die »humanistische« Entdeckerfreude der schmalen karolingischen Bildungsschicht. Noch nicht Erzbischof geworden, dürfte auch Adalram von einem »Krählein« als *Corvus nobilis,* »edler Rabe«, bedankt worden sein.[252] Und ein andermal meinte man, das Grundwort des Bischofsnamens bedeute den Widder und der ganze Adalram den edlen Hüter der Herde.[253] Adalram war auch des Slawischen mächtig, was als Besonderheit hervorgehoben wurde und für das missionarische wie sprachliche Interesse des Erzbischofs spricht. Er war der erste Salzburger Oberhirte, der tatsächlich das Ostland bereiste, und blieb wohl der einzige, der jemals ins Land nördlich der Donau kam, wo er im slowakischen Neutra eine Kirche weihte.[254]

Schon als Archidiakon und Beauftragter Arns war dessen Neffe Adalram 819 an den Kaiserhof gegangen, um die Bestätigung des Karls-Diploms zu erwirken, das die Drau als Diözesangrenze festgelegt hatte.[255] Am 1. Dezember, zugleich der erste Adventsonntag des Jahres 821, empfing Adalram die Bischofsweihe. Für die verhältnismäßig lange Sedisvakanz erfand die spätere Salzburger Überlieferung den Abt Ammilo, der St. Peter weniger als ein halbes Jahr regiert haben soll. Auch wird seit Aventin behauptet, Adalram sei am 5. Juni 821 von Ludwig dem Frommen auf dem Reichstag von Nymwegen eingesetzt worden; die Überlieferung der Zeit weiß davon nichts. Am 13. November 824 verlieh Papst Eugen II. im Beisein Kaiser Lothars I. das Pallium an den Salzburger Oberhirten. Am 4. Januar 836 starb Adalram. Sein Nachfolger wurde noch im selben Jahr Erzbischof Liupram, der am 31. Mai 837 von Papst Gregor IV. das Pallium erhielt. Liupram starb am 14. Oktober 859; sein Zögling Adalwin trat unmittelbar darauf die Regierung an, ging nach Rom und bekam das Pallium von Nikolaus I. im Mai 860 verliehen. Gestorben ist Adalwin am 14. Mai 873; auf ihn folgte Theotmar.[256]

Die karolingische Oberschicht bevorzugte die Namenvariation vor der Nachbenennung.[257] Allein schon deswegen könnten die Träger von Namen wie Adalram, Liupram und Adalwin miteinander verwandt gewesen sein. Zwar gibt es dafür keine eindeutigen Belege; aber einige Hinweise machen die Annahme so wahrscheinlich, daß man nicht bloß auf Analogieschlüsse aus späteren Jahrhunderten angewiesen ist. Adalram war sicher der Neffe Arns, so daß die Nachfolger des ersten bayerischen Metropoliten wohl alle aus dessen »Freundschaft« kamen.[258] Eine heute Pariser Handschrift des Arn-Stils enthält eine Namenliste, die sich mit größter Wahrscheinlichkeit auf das Kloster Mattsee bezieht. Darin findet sich an zweiter Stelle der Name Adalrams und an letzter der Liuprams. Darauf folgt der Zusatz *praepositus noster,* der sich auf Liupram beziehen könnte und ihn damit zum Träger eines benediktinischen Klosteramtes machen würde. Darüber hinaus spräche das gemeinsame Auftreten der beiden für deren Verwandtschaft, weil ihre Namen sonst auffallend selten vorkommen. Selbst die so zahlreichen Freisinger Urkunden enthalten keinen Hinweis auf die beiden späteren Metropoliten.[259]

Adalram wurde nach seinen möglichen Mattseer Anfängen Angehöriger der Salzburger Stiftsgeistlichkeit und brachte es dabei bis zum Archidiakon. Wahrscheinlich nicht erst als Erzbischof besaß er die besten Beziehungen zum Regensburger Hof: Dem Königsknaben Ludwig, dem *summus puer,* hatte er – zwischen 821 und 827 – einen pseudoaugustinischen Traktat gewidmet. Am 19. Juni 831 erhielt Salzburg die ersten Schenkungen von karantanischem Königsgut.[260] Liupram trat hingegen mit dem Hochstift wohl erst als Kaplan Ludwigs des Deutschen in Verbindung. Als Angehöriger der bayerischen »Kanzlei« der ersten Stunde veranlaßte der spätere Erzbischof seinen König, der Salzburger Kirche Chiemgauer Güter zu schenken, die er selbst von ihm zu Lehen hatte. Die Übergabe erfolgte am 27. März 832 unter dem Vorbehalt der lebenslangen Nutzung durch den bisherigen Inhaber. Aus diesem Anlaß überbrachte der amtierende Erzbischof Adalram den Beurkundungsbefehl und wurde dabei von zwei hochrangigen bayerischen Grafen unterstützt. Liuprams Geste – und mehr als eine solche war die Schenkung nicht – wurde von Ludwig dem Deutschen nachdrücklich unterstützt; das Rechtsgeschäft wirkt wie das Einkaufen Liuprams in die Salzburger Erbschaft.[261] Erzbischof geworden, brachte Liupram seinen zukünftigen Nachfolger Adalwin nach Salzburg, wo er »ihn selbst erzog«.[262]

Die bemerkenswerten Leistungen der drei nacharnonischen Erzbischöfe lagen zweifellos auf dem Gebiet der Mission wie der Kirchenorganisation im bayerischen Ostland.[263] Aber das Interesse der Überlieferung verzerrt die einstige Wirklichkeit: Den größten Teil ihrer Zeit und Energie widmeten die Salzburger Erzbischöfe sicher den Problemen vor ihrer Haustür. Die Nachrichten darüber sind jedoch so spärlich und auf das Außergewöhnliche und Katastrophale abgestimmt, daß man nur eine höchst lückenhafte Geschichte erzählen kann. Lange Winter, Trockenheit, Hungersnot, Überschwemmungen, Erdbeben und Sonnenfinsternis werden berichtet. Wohl erst am Maximilianstag des Jahres 822 weihte Adalram die wiederaufgebaute Maximilianszelle zu Bischofshofen. Im Frühjahr 822 hatte er an einem Placitum mitgewirkt, das dem Freisinger Bistum die Kirche von Oberföhring bei München zusprach.[264] Liupram besaß als ehemaliger Angehöriger der bayerischen »Kanzlei« sowohl Verständnis für den Wert von Diplomen wie die entsprechende Königsnähe, sie zu erwirken: Im Jahr nach seinem Regierungsantritt bekam er nicht weniger als vier Königsurkunden, von denen drei am 23. bzw. 24. Februar 837 ausgestellt wurden. Das erste Diplom bestätigte einen Tausch; am nächsten Tag ließ sich der Erzbischof in zwei verschiedenen Urkunden die Immunitätsverleihungen durch Ludwig den Frommen wie Karl den Großen und getrennt davon die Besitzbestätigung der beiden Vorgänger Ludwigs des Deutschen erneuern. Ebenso penibel wie konsequent erwirkte Liupram ein Diplom, das Salzburg die Rupert-Kirche, die Erzbischof Adalram mit königlicher Zustimmung zu Winklarn an der Ybbs erbaut hatte, am 23. September 837 bestätigte.[265] Auch erreichte Liupram, daß der König ihm und der Salzburger Kirche den freien Tausch mit weltlichen Grundbesitzern gestattete. Benötigte der Erzbischof am Beginn seiner Amtszeit noch die königliche Zustimmung für jedes einzelne Tauschgeschäft, so erhielt er mit 15. November 851 die nötige Bewegungsfreiheit; sie entsprach der Verfassungsentwicklung der Zeit und wurde unter der üblichen Auflage verliehen, jeglichen Substanzverlust der Kirchengüter zu vermeiden.[266]

Liupram dürfte sehr interessiert an Rechtsfragen gewesen sein; jedenfalls hatte er bei deren Lösung eine glückliche Hand: Im Streit um die Jagd- und Fischereigrenzen im und um den heutigen Wolfgangsee hatten sein methodisches Vorgehen und seine große Beharrlichkeit schließlich den gewünschten Erfolg. Am 3. August 843 einigte sich der Salzburger Erzbischof zunächst mit dem Regensburger Amtsbruder, dem Eigenkirchenherrn von Mondsee, über den Verlauf der Grenzen, die sogar mit dem Schiff abgefahren wurden. Einige Zeit später, am 9. Juli 849, traf man in Mondsee zusammen. Und obwohl diesmal ein neuer Regensburger Bischof der Verhandlungspartner war, kam man rasch weiter. Die beiden Bischöfe einigten sich nach dem Urteilsspruch eines ausgewiesenen Fachmanns, der die Fangquoten für Lachse und Weißfische unter Berücksichtigung der jeweiligen Laichzeiten einvernehmlich festlegte und St. Peter, Nonnberg und Mondsee zumaß. Der Anteil Salzburgs wurde dabei erhöht. Gleichzeitig einigte man sich wegen der Jagd, die man von nun an gemeinsam ausüben wollte.[267] Ebenso ausführlich wirken Liuprams Verträge und vertragsähnliche Abmachungen mit dem Herrn der pannonischen Moosburg. Dabei anerkannte der Erzbischof sogar Priwinas fürstengleichen Rang, indem er 850 die Salzburger den slawischen Zeugen nachreihen ließ.[268]

An der Spitze des gesamten bayerischen Episkopats hatte Adalram an der Mainzer Synode von 829 teilgenommen.[269] Hingegen sah die Mainzer Kirchenversammlung von Anfang Oktober 847 ebensowenig einen bayerischen Vertreter wie diejenige, die genau ein Jahr danach abgehalten wurde.[270] Allerdings hatte sich – mit Ausnahme des Bischofs von Säben – der gesamte bayerische Episkopat spätestens am 12. Oktober 848 in Regensburg versammelt. Ebenso waren damals der König, seine beiden älteren Söhne und neben anderen die Grafen Ernst, Ratpot, Werner, Pabo und Tutilo gekommen. Sie alle bezeugten den königlichen Gerichtsspruch, der Priwina sein Lehen als freies Eigen zusprach.[271] Unter Führung ihres Erzbischofs Liupram nahmen die Bayern an dem Reichstag und der Synode von Mainz teil, die 852 – abermals Anfang Oktober – auf Befehl Ludwigs des Deutschen stattfand. Ihr Vorsitzender war ordnungsgemäß der Mainzer Erzbischof Hrabanus Maurus (847–856); doch schon an zweiter Stelle wird der Salzburger Oberhirte genannt.[272] In ähnlicher Weise wirkte Adalwin an der Wormser Synode vom 16. Mai 868 mit, wo die Vorwürfe der Griechischen Kirche zurückgewiesen und Papst Nikolaus I. nachdrücklich unterstützt wurde.[273]

Adalram, Liupram und Adalwin waren nach Rom gekommen, um sich persönlich das

Pallium abzuholen.[274] Liupram ging sogar ein zweites Mal in die Ewige Stadt, um dort zu beten und wertvolle Reliquien zu erwerben. Seinem Wunsch wurde entsprochen, und er zog mit dem *corpusculum* des heiligen Märtyrers Hermes nach Hause. Aus Anlaß dieser »Übertragung« entstand bald darauf eine anspruchslose Schrift, deren Verfasser jedoch die genauen Reisedaten des Erzbischofs verzeichnete. Demnach verließ Liupram am 31. März seinen Bischofssitz, erhielt am 23. Mai die gewünschten Reliquien, trat am nächsten Tag die Heimreise an und wurde am 1. Juli 851 feierlich in Salzburg empfangen.[275] Anlaß dieser Pilgerreise mit Reliquien-Erwerb war wohl die Wiederherstellung des Doms, der 845 und 847 gebrannt hatte. Beim Wiederaufbau scheint Liupram den Dom um eine Kapelle erweitert und diese schließlich für den heiligen Hermes bestimmt zu haben. Dabei war das Grab Virgils überbaut worden; das erste Zeugnis, daß man ihn zu vergessen begann.[276]

In Salzburg saß der bayerische Metropolit. Die Erzbischöfe standen daher in enger Verbindung mit der *civitas regia,*[277] mit dem Königshof zu Regensburg. An die Salzach kamen die Könige aber nur selten; zweimal ist hier Ludwig der Deutsche bezeugt, einmal auf der Durchreise Arnulf von Kärnten. Schwer wurden die Erzbischöfe von dem Streit betroffen, der fast ein Jahrzehnt zwischen Ludwig dem Deutschen und seinem Sohn Karlmann tobte. Bereits der Ausgang des Liupram-Episkopats war davon überschattet, und Adalwin hatte sofort nach Regierungsantritt Partei zu ergreifen. Dabei schien das Salzach-Bistum zunächst durchaus zu gewinnen. Kaum ein Jahr im Amt, erhielt Adalwin eine reiche Königsschenkung: Aus nicht weniger als 24 großen Lehen an der niederösterreichischen Donau, in Karantanien und Pannonien wurden mit 20. November 860 Salzburger Eigengüter und damit königliche Stützpunkte im Lande des widerspenstigen Sohns.[278] Sowohl 861 wie 863 konnte Adalwin den König in Salzburg begrüßen, der hier 861 Martini (11. November), 863 Ostern (11. April) feierte.[279]

Aus den sechziger Jahren stammen auch verhältnismäßig zahlreiche Zeugnisse einer Korrespondenz zwischen Papst und Erzbischof. Beginnend mit der Pallium-Verleihung im Mai 860, erhielt Adalwin mehrere Schreiben, in denen Nikolaus I. Fragen der kirchlichen Disziplin behandelte. Zumeist erfolgten die Antworten in Form von päpstlichen Responsa, wodurch individuelle Anliegen im Einklang mit den Canones allgemein entschieden wurden. Dabei ging es um die Enthebung der amtsunfähigen Bischöfe von Regensburg und Passau, um die Wiederverheiratung einer Witwe, die den Schleier genommen hatte, aber auch um eine so gefährliche Frage wie die Tötung einer Ehebrecherin durch ihren Mann. Des weiteren griff der Papst die Beschwerden über den Säbener Bischof Lantfrid auf; er weist Adalwin an, die Anschuldigungen von einer Synode prüfen zu lassen. Gegen Ende seines Lebens geriet Adalwin mit dem Papst in einen schweren Konflikt. Der Skandal um den Slawenlehrer Methodios führte zu einer scharfen Maßregelung Adalwins, der zumindest auf Zeit suspendiert und dann nach Rom vorgeladen werden sollte. Ob auch die gleiche Bestrafung wie für Ermenrich vorgesehen war, bleibt unklar. Die päpstlichen Briefe und Instruktionen hatten aber vielleicht nicht einmal Rom verlassen, da war Adalwin bereits tot.[280]

3. Theotmar von Salzburg (873–907)

Der Amtsantritt Theotmars stand unter den besten Auspizien für einen nach innen wie außen glanzvollen Episkopat: Der fünfte Salzburger Erzbischof stammte wohl – wie seine Vorgänger – aus einem bayerischen Geschlecht, dürfte in der Kanzlei Ludwigs des Deutschen gedient und dabei auf sich aufmerksam gemacht haben. Auf der Rückreise von einer allgemeinen Reichsversammlung, die der König soeben in Metz abgehalten hatte, ernannte er Theotmar am 26. August 873 in Straßburg zum bayerischen Erzbischof. Am 13. September empfing dieser zu Regensburg – ebenfalls in Anwesenheit des Königs – die Weihe. Hier wartete auf Ludwig den Deutschen schon eine byzantinische Gesandtschaft, mit deren ehrenvoller Aufnahme der König ein Zeichen setzen wollte, und zugleich kamen die Verhandlungen mit den Mährern voran.[281] Es schien, als ob man auf dem besten Weg war, die Methodios-Krise zu überwinden. Und tatsächlich konnte Theotmar bereits im darauffolgenden Jahr 874 eine vom Priwina-Sohn Chozil erbaute Kirche zu Pettau weihen.[282] Es gab zwar auch üble Vorzeichen, wie Heuschreckenplage, Mißernten, einen strengen Winter und große Hungersnot. Aber die Naturkatastrophen der Jahre 873 und 874 fielen nicht aus dem Rahmen des Üblichen, wie eine erschütternde »Chronik der elementaren Ereignisse« lehrt.[283]

Königsnähe und die Verbesserung der allgemeinen politischen Lage – im Jahre 874 kam es zur Friedensinitiative von Forchheim – schienen die Anfänge Theotmars außerordentlich zu begünstigen.[284] Dann starb Ludwig der Deutsche, und sein Sohn Karlmann wurde ostfränkisch-bayerischer König mit begründeten Aussichten auf die Kaiserkrone. Noch vor seinem zweiten Italienzug machte Karlmann den Metropoliten seines angestammten Reichs zum Erzkaplan. Aber Theotmar blieb offenkundig zu Hause, als sein König »mit einem starken Heer aus Bayern und verschiedenen Slawen« während des Sommers 877 in Italien eingriff. Der Tod hielt reiche Ernte unter Freund und Feind: Während Karl der Kahle auf dem Rückzug starb, mußte der zunächst siegreiche Karlmann sein Unternehmen abbrechen und kehrte todkrank in die Heimat zurück. Im November 877 benachrichtigte ihn Johann VIII. vom Ableben des Kaisers und westfränkischen Königs und suchte Karlmann für eine – vertraglich abgesicherte – Italienpolitik zu gewinnen. Gleichzeitig drückte der Papst seine Bereitschaft aus, Theotmar das Pallium zu verleihen, wofür dieser die Erträge der bayerischen Güter des heiligen Petrus einsammeln und nach Rom bringen solle. Theotmar, der ein ähnliches Schreiben erhielt, nahm zwar das Pallium in Empfang, dachte aber offenkundig nicht im Traum daran, die Auflagen des Papstes zu erfüllen. Weder war er bereit, bei seinem König »täglich für die römische Kirche zu intervenieren«, noch sandte er das Geld. Rom hatte allerdings schon lange Schwierigkeiten, seine Einkünfte aus den alamannisch-bayerischen *patrimonia ecclesiae sancti Petri* zu erhalten. Und noch 23 Jahre nach der Pallium-Verleihung teilte Theotmar dem damaligen Papst Johann IX. »untertänigst« mit, er habe die Abgaben der von ihm in Bayern verwalteten päpstlichen Güter »wegen des ständigen Wütens der Heiden weder selbst noch durch andere übersenden können«.[285]

Theotmar hat Rom offenkundig bloß einmal aufgesucht, und auch dann nicht, als es

König und Papst dringend von ihm forderten. Vergeblich wartete Johann VIII. im Juni 879 auf die Erfüllung der Zusage Karlmanns, Theotmar als Sonderbotschafter nach Rom zu senden. Und noch weniger sah der Erzbischof eine Notwendigkeit, im Oktober desselben Jahres das gegenstandslos gewordene Versprechen seines Königs einzulösen. Bereits im Sommer 879 hatte Karlmann zugunsten Karls III. auf Italien verzichtet, wie ja auch der Papst nicht mehr wußte, mit welchem der Söhne Ludwigs des Deutschen er es nun tatsächlich zu tun hatte. Und im Herbst hatte Theotmar längst schon seinen sterbenskranken Herrn verlassen und war zu Ludwig dem Jüngeren übergegangen: Als er das päpstliche Schreiben erhielt, dürfte er bereits mit dem neuen Herrn einen vorteilhaften Tausch vollzogen und die Urkunde darüber in der Tasche gehabt haben. Allerdings ging er im Jahr darauf nach Rom; doch berichtet die Überlieferung zu 880 allein von der Gewinnung der Reliquien des heiligen Vinzenz.[286]

Theotmar trat ausschließlich für die Salzburger Interessen und die seines Metropolitanverbandes ein. Die hohe interregnale Politik überließ er anderen; ihm ging es um die Stärkung seiner Provinz. Nach dem »fränkischen« Ludwig dem Jüngeren[287] und dem »alamannischen« Karl III., von dem der Salzburger Erzbischof offenkundig gar nichts wollte, kam das ostfränkische Königtum wieder an die bayerische Linie. Trotzdem änderte Theotmar seine Haltung kaum, obwohl er vom ersten Tag an Arnulfs Erzkaplan war und als solcher bis zu seinem Tod im Sommer 907 auch Ludwig dem Kinde diente. Kam einmal ein König, wie Arnulf im April 892 auf der Durchreise von Karantanien nach Regensburg, in Salzburg vorbei, dann erwirkte Theotmar eine Schenkung für einen seiner Vasallen. Das scheint aber auch schon alles gewesen zu sein, was damals zwischen König und Erzbischof geschah. So bemühte sich der Salzburger um die Begünstigung seiner Leute wie seines Hochstifts und vermehrte die Wirtschaftskraft seiner Kirche in Altbayern wie im Kolonisationsgebiet. Unter den Privilegierten findet man 891 auch »Brüder, die Gott an der Metropolitankirche dienen«. Man hat in ihnen wohl zu Recht die »kanonische Gemeinschaft am Salzburger Dom« vermutet, obwohl sie erst am Beginn des 10. Jahrhunderts klar bezeugt wird.[288]

Als in Mainz eine allgemeine Kirchenversammlung zusammentrat, um im Sommer 888 den neuen König zu begrüßen und auf die Besserung der kirchlichen Zustände festzulegen, war Theotmar als geistliches Oberhaupt der siegreichen Bayern noch anwesend.[289] In Tribur 895 fehlte er,[290] und knapp vor Arnulfs Tod berief er eine bayerische Landessynode ein, um eine Personalentscheidung seines Königs zu durchkreuzen. Hatten die ersten Provinzialkonzilien, die ein Salzburger Erzbischof abhielt, die Eingliederung des bayerischen Metropolitanverbandes in die fränkische Reichskirche zum Ziel, so verhinderte Theotmar im Jahr 899, daß Kanzler Wiching, der vertriebene oder geflüchtete Bischof von Neutra, die Passauer Sedes behielt. Gegen den Wunsch des Königs setzte ihn der bayerische Episkopat ab und bestellte auf kanonische Weise einen neuen Bischof.[291] Ein Ereignis, das den Wandel nicht besser veranschaulichen könnte. Die persönliche Schwäche der kranken Könige der karolingischen Spätzeit übertrug sich auf die Bedeutung des Reichs für die regionale Entwicklung. Der großflächige Einsatz lohnte sich kaum; ein Großer wie der Salzburger Erzbischof richtete sich im »Kleinen Raum« ein und versuchte, diesen zu ordnen und zu gestalten, auch wenn es dabei gegen König und Papst gehen sollte. Für letzteres steht der Brief, den Theotmar und der bayerische Episkopat im Jahre 900 an Johann IX. sandten, um die päpstliche Mährenpolitik anzuprangern. Das Schreiben läßt das hohe Niveau der Salzburger Kanonistik erkennen; die karolingischen Sammlungen werden geschickt zitiert. Wahrscheinlich wurde das Dokument auf der Synode abgefaßt, die im Juli 900 als *conventus et colloquium principum* im alten Tagungsort Reisbach stattfand.[292] Am Raffelstettener Zollweistum von 903/06 wirkte Theotmar als Königsbote mit.[293] War aber ein Arn von Salzburg mit den siegreichen Karolingerheeren gegen die Awaren gezogen, so fand Theotmar den Tod, als er sich für den Schutz des bayerischen Ostlandes einsetzte. Am 4. Juli 907 fiel er in der Ungarn-Schlacht bei Preßburg, als der bayerische Heerbann samt seiner Führung zugrunde ging. Unter den Toten lag aber kein Karolingerkönig – Ludwig das Kind hatte sich vom Heer wohl in St. Florian getrennt –, sondern der bayerische Fürst Luitpold.[294]

4. Passau und das karolingische Donauland zwischen Inn und Enns

Vor der Haustür des Donau-Inn-Bistums erstreckte sich der Rottachgau, dessen rechtsufriger Anteil den Norden des heutigen Innviertels bildete. In diesem Bereich lagen die Anfänge der Passauer Grundherrschaft, und von hier aus breitete sich die kirchliche Organisation des einstigen Ufernorikums aus. Die Errichtung einer Passauer Diözese, die den Enns-Fluß hinter sich ließ, über den Wienerwald hinweg bis an die Raab reichte und selbst Ansprüche auf Mähren sowie Neutra erhob, benötigte freilich einige Zeit.[295] Die frühesten Zeugnisse für ein Vorrücken des Bistums in den Traungau stammen erst vom Ende der tassilonischen Herrschaft. Und auch dann lagen diese Stützpunkte an der Trattnach und am Innbach, das heißt am äußersten Nordwestrand der oberösterreichischen Zentrallandschaft. Im Vergleich zu Salzburg oder dem noch ferneren Freising trat hier Passau eindeutig verspätet auf. Allerdings waren die Agilolfinger entweder nicht willens oder nicht imstande, ihre Bischöfe im grenznahen Traungau stärker zu engagieren. Gegenüber den Grundherrschaften Mondsees oder des jüngeren Kremsmünsters nimmt sich selbst der frühe Traungauer Besitz Salzburgs bescheiden aus.[296]

Mit Bischof Waltrich und seinen »allerhöchsten« Beziehungen hatte Passau zwar das Ende Tassilos III. gut überstanden.[297] Das Jahr 788 bewirkte aber auf diesem Gebiet eine Änderung der bisherigen Politik: Der Traungau diente zunächst als Aufmarschgebiet gegen die Awaren und bildete danach das Rückgrat der Verwaltung des bayerischen Ostlands. Nun benötigte man jeden, der sich interessierte, und fand deren genug. So erhielt Bischof Waltrich von Karl dem Großen die Linzer Martinskirche samt der dazugehörigen Burg, *castrum*; eine Besitzeinheit, die sicher agilolfingisches Fiskalgut gewesen war. Die Schenkung muß zwischen 788 und dem 20. Juni 799 erfolgt sein. Da aber zwischen Karls bayerischer Besitzergreifung und der Übertragung an Waltrich noch ein königlicher Kapellan Rodland mit der Martinskirche belehnt war, setzte sich Passau wohl erst in den neunziger Jahren »mit Bewilligung des Königs«, *ex cessione regis,* in

Linz fest. Obwohl nicht bezeugt, nahm Waltrich mit großer Wahrscheinlichkeit am Awarenfeldzug des Jahres 791 teil. Damals könnte der Bischof die königliche Schenkung erwirkt haben. Am 20. Juni 799 mußte er hingegen seine wertvolle Erwerbung weitergeben: Graf Gerold I., Schwager Karls des Großen und Bayernpräfekt, nahm die Martinskirche samt dem Linzer Castrum vom Bischof zu Lehen. Und obwohl er seinen Besitz keine drei Monate lang nützen konnte, machte sein Beispiel Schule.[298] Auch nach dem Tode Gerolds I. konnte Passau kaum die Vertragsbestimmung vollinhaltlich durchsetzen, wonach die verliehene Martinskirche hätte heimfallen sollen. Eine gewisse Präsenz der Passauer Bischöfe ist zwar im Linz der ersten Hälfte des 9. Jahrhunderts bezeugt; doch mußten sie wohl ihre Stellung mit dem Traungauer Grafen Wilhelm I. teilen.[299]

Als Waltrich vor dem 7. April 805 starb, war er mehr als ein Vierteljahrhundert Bischof von Passau gewesen.[300] Unter ihm erfolgte der Ausbau der Passauer Grundherrschaft in den Gauen der Rott und der Mattig, und zwar vor allem in deren oberösterreichischem Anteil. Außerdem ließ der Bischof am Beginn der Karolingerzeit eine Bestandsaufnahme über frühe Agilolfingerschenkungen anfertigen.[301] Einige Jahre vor oder nach 800 übergab ein Vater seinen Besitz im Mattiggauer Gurten und zwei Söhne unter der Auflage, sie mögen in Passau »in Freiheit dienen«, dort ihren Lebensunterhalt bekommen und »die Buchstaben lernen«. Diese beiden Buben waren die ersten Innviertler, die nachweisbar Unterricht erhielten. Zugleich bezeugt diese Urkunde auch den Bestand einer Art von Domschule, wofür es sonst bloß mittelbare Hinweise gibt.[302] So werden die bischöflichen Urkundenschreiber, deren Namen man seit der Mitte des 8. Jahrhunderts kennt, ihre Ausbildung wohl zumeist in Passau erfahren haben. »Die Überlieferung setzt freilich erst viel später als in den anderen bayerischen Bischofsstädten ein und ist für das 9. Jahrhundert auf das älteste Traditionsbuch beschränkt.«[303] Die Verluste an Passauer Kulturgut müssen außerordentlich hoch veranschlagt werden. So lehrt das Beispiel des Passauer Chorbischofs Madalwin, der 903 seinem Ordinarius nicht weniger als 56 Handschriften liturgischen, kanonistischen, volksrechtlichen und historiographischen Inhalts übergab, daß die Leistungen der Passauer Domschule nicht unterschätzt werden dürfen.[304]

Trotz allem dürfte Passau im karolingischen 9. Jahrhundert etwas in den Hintergrund getreten sein. Bereits Ludwig der Fromme hatte die Nachlässigkeit eines Bischofs zu rügen.[305] Den Passauer Bischöfen war jeweils nur eine kurze Regierungszeit vergönnt. Während es bis 907 bloß sechs Freisinger Ordinarien gab und die Sedes des heiligen Rupert gar nur fünf verschiedene Inhaber sah, zählte Passau doppelt soviel Bischöfe wie Salzburg, und keiner von ihnen besaß das Format eines Arn.[306] Selbst so bedeutende Bischöfe wie Hartwig (ca. 840–866) und Ermenrich (866–874) waren vom Unglück verfolgt. Hartwig erhielt am 16. Januar 852 – bloß zwei Monate nach dem gleichlautenden Privileg für Salzburg – die allgemeine königliche Erlaubnis, mit weltlichen Grundbesitzern Tauschgeschäfte abzuschließen.[307] Lag diese Begünstigung in der Verfassungsentwicklung der Zeit, so zeigt ein anderes Beispiel, wie sehr Hartwig tatsächlich in der Gunst Ludwigs des Deutschen stand. Der Passauer Bischof erhielt nämlich die königliche Abtei Tegernsee.[308] Mehr als ein halbes Jahrzehnt vor seinem Tode siechte Hartwig dahin, ohne sein Amt ausüben zu können. Versuche von König und Metropoliten, den unhaltbaren Zustand zu beenden und Hartwig abzusetzen, scheiterten am Einspruch des Papstes Nikolaus I., der dagegen die Canones ins Treffen führte.[309]

Hartwigs Nachfolger Ermenrich war zweifellos ein gelehrtes Haus, ein tatkräftiger Mann und zu jedem Einsatz für die Sache des Evangeliums bereit. Ja, selbst die Mission bei den Bulgaren nahm er gerne auf sich. Gerade hier wurde er jedoch nicht gebraucht, da bereits päpstliche Missionare im Lande wirkten; er erlebte eine herbe Enttäuschung, die er niemals verwinden konnte. Diese Grundstimmung kam zum Ausdruck, als Ermenrich – von Methods Überheblichkeit zusätzlich gereizt – auf der Regensburger Synode 870 die Beherrschung verlor und mit der Reitpeitsche auf den Griechen losgehen wollte. Nicht zuletzt dafür wurde der Passauer Bischof von Rom auf Zeit seines Amtes enthoben und sogar der »Eucharistiegemeinschaft und der Gemeinschaft mit seinen Mitbischöfen« beraubt. Bereits am 26. Dezember 874 starb Ermenrich. Die ältesten erhaltenen Immunitätsprivilegien wurden Passau von Karl III. im Januar 886 verliehen; doch gab es wohl vergleichbare Urkunden Ludwigs des Frommen, wenn nicht Karls des Großen.[310]

St. Florian

Wohl von Passau gegründet, besaß St. Florian nahe der *civitas* Lorch den Status einer bischöflichen Eigenkirche, soweit sich die urkundliche Überlieferung zurückverfolgen läßt. Die Schenkungen an St. Florian, das anscheinend erst am Ende des 9. Jahrhunderts als ein »wirkliches« Kloster gilt, beginnen mit Karls des Großen Herrschaft in Bayern; sie stammen alle aus der Passauer Überlieferung und beziehen sich mittelbar oder unmittelbar auf das Bistum. Nicht aus einer Urkunde, sondern aus dem Schreibervermerk einer Handschrift kennt man die älteste Erwähnung St. Florians, die sich einwandfrei datieren läßt. So vermerkte ein Schreiber, der Ellanhart aus Regensburg gewesen sein dürfte, er habe am 12. September 819 zu St. Florian ein Buch beendet, das er mehr als drei Monate zuvor auf einem Kriegszug »im Hunnenland« begonnen hatte. Wahrscheinlich war er aber nicht erst wenige Tage zuvor nach St. Florian gekommen, so daß er hier schon am 22. August 819 bei der Ausstellung einer Urkunde mitgewirkt haben könnte: Ein Priester trug damals bestimmte Besitztümer dem Bistum Passau als Prekarie auf. Das Rechtsgeschäft stellte die Wiederholung einer früheren Schenkung dar; die betreffenden Liegenschaften befanden sich in den Traungauer Ortschaften Hörsching und Traun. Der Schenker wandte sich aber nicht an den Passauer Ordinarius, sondern verhandelte mit einem *vocatus episcopus* Erchanfrid. Einige Jahre später kommt es zu einer vergleichbaren Transaktion, die diesmal zweifelsfrei in Puch-St. Florian stattfindet. Es ist wieder von der Erneuerung einer Schenkung die Rede, die ursprünglich noch Bischof Erchanfrid entgegengenommen hatte und die nun ein *vocatus episcopus* Otkar beurkundet.[311]

Im allgemeinen gelten diese »genannten Bischöfe« als Chorbischöfe. Passau setzte nachweisbar seit 833 Chorbischöfe östlich der Enns ein, die auch so hießen; hingegen waren westlich des Flusses die *vocati episcopi* tätig. Offenkundig waren solche Bischöfe, wie Erchanfrid und Otkar, eine Art Auxiliarbischöfe für das Gebiet westlich der Enns; sie vertraten einen amtierenden Ordinarius oder verwalteten zeitweise die vakante Passauer Sedes. Jedenfalls fällt ihr Wirken in St. Florian auf. Sie zogen mit einem ganzen Stab von Leuten, *fideles,* umher und verwendeten das »Klösterlein«, *cellula,* wohl als Passauer Verwaltungsstützpunkt im Traungau.[312] Spätestens am Beginn der dreißiger Jahre wurde Passau für das Donauland zwischen Enns und Raab zuständig. Nun traten hier Chorbischöfe auf, die den Schwerpunkt ihrer Tätigkeit in den Osten verlagerten. Dies hatte zur Folge, daß St. Florian mehr als zwei Generationen aus den Quellen verschwindet, während man von den »genannten Bischöfen« überhaupt nichts mehr hört.[313]

Erst in der Zeit der späten Karolinger ist von St. Florian wieder die Rede; es ist ein Kloster, *monasterium,* und keine *cellula* mehr. Ja, selbst ein König kann hier Aufenthalt nehmen. So stellt Arnulf am 1. April 888 im Kloster eine Urkunde zugunsten Kremsmünsters aus und schenkt St. Florian vier Jahre später verwirkten Besitz im Traungauer Rohrbach. Eine Adelsschenkung aus der Zeit um 900 bezieht sich auf Gebiete bis zur niederösterreichischen Erlauf und bezeichnet St. Florian als Kanonikerstift. Am 19. Januar 901 übergibt König Ludwig das Kind die neuerrichtete Ennsburg an das Stift, um die Ungarneinfälle abzuwehren. Alle Urkunden bezeugen die unverminderte Abhängigkeit St. Florians vom Passauer Bischof, der hier und in Lorch zusammen mit der weltlichen Gewalt die Verteidigung des bayerischen Altsiedellandes organisiert. Die »Verwüstung durch die Heiden, die – o Schmerz – den Teil der [Passauer] Diözese heimgesucht hatten, in dem das Kloster des heiligen Märtyrers Florian liegt«, vermehrte die Bedeutung des Stiftes für das gesamte Gebiet zwischen Enns und Inn.[314] Wahrscheinlich waren hier am 17. Juni 907 die Spitzen des bayerischen Heeres versammelt, bevor der schicksalsschwere Marsch gegen die Ungarn begann. Bis St. Florian war Ludwig das Kind mitgezogen; die Enns dürfte er nicht mehr überschritten haben.[315]

Von den karolingischen Handschriften und Fragmenten, die heute noch im Stift aufbewahrt werden, läßt sich kein Stück auf ein frühes St. Florianer Skriptorium zurückführen. Die Not der späten Karolingerzeit bestimmte die Mächtigen, die Wirtschaftskraft des Stiftes für die Verteidigung der neu-alten Ennsgrenze heranzuziehen, indem man die Ennsburg teils auf St. Florianer Besitz, teils auf markgräflichem Boden errichtete.[316]

5. Die Klöster zwischen Salzach und Enns

Mondsee

Die qualitätvollsten Erzeugnisse der karolingischen Schreib- und Buchkunst stammen aus Mondsee. Das Skriptorium des 9. Jahrhunderts schloß nahtlos an die vorhergehenden Hochleistungen an. Als Erzbischof Hildebald von Köln im Jahre 803 die Abtei übernahm, kam es zwar zu bestimmten Formänderungen, jedoch zu keinem Substanzverlust. Um 820 arbeitete ein Mondseer Schreiber in Salzburg, nach 833, als Mond-

Evangelist Matthäus aus dem Cutpercht-Evangeliar, um 784

see den Besitzer wechselte, ging ein solcher nach Regensburg. Von besonderer Bedeutung sind die Mondseer lateinisch-althochdeutschen Fragmente, darunter Teile des »althochdeutschen Isidor«. Nicht unmöglich, daß der Kremsmünsterer Codex millenarius maior in Mondsee entstand. Ein sicheres Erzeugnis ist die hauptsächlich Münchener Prachthandschrift der »Vier Evangelien«, die noch vor 800 im Kloster angefertigt wurde; sie steht dem agilolfingerzeitlichen Psalter von Montpellier textlich wie kunsthistorisch am nächsten. Dazu kommen Fragmente einer Evangelienhandschrift, die »zusammen mit dem Cutpercht-Codex und dem Codex Millenarius den Salzburger Sondertext vertreten«.[317]

Die Stärke der künstlerischen Kontinuität spiegelt das politisch-ökonomische Überleben Mondsees wider, eines Klosters, das eine der vornehmsten Agilolfinger-Stiftungen gewesen war. Dafür gab es sicher mehrere Gründe, deren wichtigster wohl in der Person Hunrichs, des Abts der Übergangszeit, lag. Im Frühjahr 799 oder 800 ertauschte er von Erzbischof Arn umfangreichen Besitz im Salzburger Flachgau gegen Halsbach an der bayerischen Alz und das Unterinntaler Langkampfen zwischen Kufstein und Wörgl. Das bemerkenswerte Tauschgeschäft von 799 oder 800 wurde zugleich in Salzburg und in Mondsee ratifiziert; es spricht für ein gutes Verhältnis der beiden Nachbarn, von denen Hunrich bald darauf gestorben sein muß.[318]

Die nächste erhalten gebliebene Mondseer Schenkungsurkunde ist drei oder höchstens vier Jahre jünger; sie dokumentiert eine bedeutsame Veränderung in der Leitung des Klosters. Am 18. März 803 befindet sich Hildebald von Köln, Erzbischof und Erzkapellan am Hofe Karls des Großen, im Besitz von Mondsee. Wie sein Vorgänger, der Metzer Bischof Angilram, bereits 788 das Männerkloster Chiemsee erhalten hatte, so wurde nun auch Hildebald im Osten Bayerns versorgt. Allerdings geschah dies weder nach dem Tod Angilrams auf dem Awarenfeldzug 791 noch gar unmittelbar im Anschluß an Tassilos Sturz. Vielleicht wartete Karl der Große sogar noch den Tod von Hunrichs Nachfolger ab, bis er Hildebald persönlich das Kloster Mondsee verlieh.[319] Ansehen und Bedeutung der Agilolfinger-Stiftung wurden dadurch stark aufgewertet:

Die kulturellen Leistungen Mondsees verloren nichts an Qualität. Der regionale Adel blieb an dem Kloster unverändert interessiert und fand sich weiterhin zu bedingungslosen Schenkungen bereit.[320] Ein gutes Indiz dafür, daß sich Mondsee weder der Umwelt entfremdet noch an Klosterzucht eingebüßt hatte. Ja, im Gegenteil. Hildebald dürfte die Einführung der Benediktinerregel nicht bloß gefordert, sondern auch durchgesetzt haben. Am 6. September 803 geht eine Schenkung an Mondsee, »wo der Bischof Hildebald Vorsteher ist und eine große Schar von Mönchen gemäß der Regel des heiligen Benedikt lebt«.[321] Auch gibt es mittelbare Zeugnisse für die Ernsthaftigkeit der Bemühungen Hildebalds. Das Kloster besaß im Jahre 805 den von der Regel vorgesehenen »Propst«, *monachus praepositus,* der den Abt – besonders in wirtschaftlichen Belangen – vertreten konnte. Neben dem Inhaber dieses Klosteramts wirkte damals auch ein Beauftragter Hildebalds, und zwar »sein« Diakon Lantpert. Der »Propst« gehörte wohl der Mönchsgemeinschaft an, während Lantpert von außen gekommen sein könnte. Jedenfalls war der Diakon so sehr der Vertraute Hildebalds, daß ihn sein Herr 816 zum Abt von Mondsee machte, bevor er sich selbst in Übereinstimmung mit den Beschlüssen der Aachener Reformsynode von der Leitung des Klosters zurückzog.[322] Zweifellos stand diese Entscheidung, die vielleicht am 18. Januar 817 getroffen wurde, im Zusammenhang mit den Reformen, die Benedikt von Aniane 816 bei Ludwig dem Frommen durchgesetzt hatte.[323]

Nicht unwichtig war die Tatsache, daß Hildebald schon Herr von Mondsee wurde, bevor noch Karl der Große nach Bayern kommen mußte, um neue Maßnahmen zur Überwindung der awarischen Krise zu ergreifen.[324] Hildebalds Anfänge in Mondsee blieben so vom Odium »staatlicher« Eingriffe verschont. Spiritualität, Klosterzucht und geordnete Wirtschaftsführung schlossen freilich den herkömmlichen Herrendienst nicht aus; hatte man früher dem Agilolfingerherzog gezinst, so gab man nun, was des Karolingerkönigs war. Das Aachener Klosterverzeichnis von 819 reihte Mondsee aufgrund seiner reichen Grundherrschaft in die erste Leistungsgruppe ein. Neben Tegernsee war Mondsee das einzige bayerische Kloster, das Abgaben und Kriegsdienste schuldete. Letzteres setzte voraus, daß Mondsee eine kleine Armee aus freien Vasallen und unfreien Dienstleuten unterhielt.[325]

Lantper(h)t wurde 816 Abt des Benediktinerklosters Mondsee. Zehn Jahre lang richten sich die Schenkungen für den heiligen Erzengel Michael allein an Lantpert; am 16. März 829 wird er zum letzten Mal in einer datierten Urkunde erwähnt.[326] Noch zu Lebzeiten Hildebalds – so verkündet ein Schreibervermerk – ließ Lantpert ein Homiliar zu Ehren Gottes und des Erzbischofs sowie für ein eigenes langes Leben schreiben. Daran schließen sich Mondseer Codices an, deren ausgeprägte Form von einem »Landperht-Stil« sprechen läßt.[327] Mit dem Ende dieses bedeutenden Mannes scheint eine Art Interregnum eingetreten zu sein, das auffallend mit der letzten Phase von Ludwigs des Deutschen bayerischem Königtum zusammenfällt.[328] So entschied der junge König noch 829 auf Bitten Lantperts in der alten Frage, wo die Grenze im Waldgebiet des heutigen Salzkammerguts verlaufen solle. Ohne eine formale Königsurkunde erhalten zu haben, fertigte man darüber im Kloster eine Notitia an. Darin sind jedoch, was die Grenzen gegenüber Salzburg betrifft, Bestimmungen enthalten, die bis auf die Hucbert-

Schenkungen der dreißiger Jahre des 8. Jahrhunderts zurückgehen. Bloß die Ostgrenze des Mondseer Forstgebiets entlang der Ischler Ache, der Traun, der beiden Weißenbäche und am Südufer des Attersees dürfte damals neu festgelegt worden sein.[329]

Am 19. Oktober 833 stellte Ludwig der Deutsche zugunsten St. Gallens eine Urkunde aus, die den Bruch mit der bisherigen Politik verkündete. Zugleich änderte Ludwig der Deutsche seinen Mitarbeiterstab: Abt Grimald von Weißenburg verdrängte Abt Gozbald von Niederalteich als Leiter der Kanzlei, während der Abtbischof Baturich von Regensburg denselben Gozbald auch als Erzkaplan ablöste. Darauf übertrug der König – zu einem unbekannten Zeitpunkt zwischen Herbst 833 und 5. März 837 – die Abtei Mondsee an »seinen« Erzkaplan.[330] Auf diese Weise wurde Mondsee regensburgisch und blieb es, bis der Bischofsneffe Hitto zum Abt des Klosters aufstieg und sich in den siebziger und achtziger Jahren vom Einfluß Regensburgs vorübergehend lösen konnte.[331]

In den wenigen Eintragungen, die das älteste Mondseer Traditionsbuch nach 837 enthält, kommt kein Regensburger Bischof mehr vor. Außerhalb dieser Überlieferung hielten die Salzburger eine Vereinbarung in der alten Streitfrage fest, wie die Besitzgrenzen im wald- und seenreichen Salzkammergut verliefen und im besonderen die Jagd- und Fischfangrechte im Bereich des Wolfgangsees zu verteilen seien. Baturich legte sich dabei mit seinem Erzbischof Liupram ernstlich an, so daß am 3. August 843 ein Gerichtstag nötig wurde, der wieder einmal in dieser Causa »auf ewige Zeiten« entschied. Die einheimischen Notabeln kamen in großer Zahl und fuhren zu Schiff den herkömmlichen Grenzverlauf ab, um die Gemarkung neu festzulegen, *ad ipsa signa et confinia adsignanda.* Allerdings wurde kein neues Recht gefunden, sondern bloß der mehr als hundert Jahre geltende Zustand bestätigt. Man hört wieder vom Zinkenbach und Dietlbach, die an der Engstelle des Wolfgangsees, der eine vom Süden und der andere vom Norden, einmünden. Der Dietlbach, der vom Schafberg kommt, bildet heute noch die Grenze zwischen Salzburg und Oberösterreich. Auch 843 wurde das Gebiet westlich davon Salzburg zugesprochen, und zwar bis hinauf zur Spitze des Schafbergs, dessen Name damals zum ersten Mal vorkommt.[332]

Das Mondseer Skriptorium war auch dann noch eine Zeitlang der gebende Teil, als das Kloster unter die Herrschaft Regensburgs gekommen war. Selbst die Annales s. Emmerammi maiores wurden von einem Mondseer Schreiber in einem eigenen Codex des Klosters St. Emmeram eingetragen. Erst mit dem Tode Baturichs brach die handschriftliche Überlieferung im Jahre 847 ab.[333] Unter seinem Nachfolger Erchanfrid, der am 19. Juli 849 mit Erzbischof Liupram die Fangquoten auf dem Wolfgangsee festlegte,[334] endete 854 auch das älteste Mondseer Traditionsbuch. Die vorletzte Urkunde vom 24. April des Jahres nimmt der Priester und »Propst« Perhtram entgegen; sein bischöflicher Herr wird nicht genannt. Perhtram könnte erst ein Vierteljahrhundert später gestorben sein; damals war es wohl er, der von Abt Hitto mit Zustimmung der Mondseer Mönche beerbt werden sollte. Der Presbyter scheint jedoch wie Hitto außerhalb der Kongregation gestanden zu sein, da er von ihr Lehen hatte und Eigengut besaß. Seine Besitzungen reichten vom oberbayerisch-Nordtiroler Sundergau bis an die niederösterreichische Erlauf bei Petzenkirchen(?). Sehr benediktinisch hat Perhtram jedenfalls nicht gelebt.[335]

Die Hausüberlieferung nennt die Namen von nicht weniger als sieben Äbten, die Mondsee zwischen dem Tode Lantperts und dem urkundlich einwandfrei bezeugten Hitto regiert haben sollen. Sie dürften jedoch ihre Existenz dem Wunsch des Mondseer Konvents verdankt haben, auch für die Frühzeit eine lückenlose Abtliste zu besitzen.[336] Hitto gelang es, nicht bloß Mondseer Abt, sondern sogar Eigentümer des Klosters zu werden. Um dieses Ziel zu erreichen, besaß Hitto die richtigen Verwandten und die Bereitschaft zu konsequentem, investitionsfreudigem Vorgehen: Er war der »Neffe«, *nepos,* des Regensburger Bischofs Ambricho (863–891). Am 20. September 878 wird Hitto zum ersten Mal als Abt von Mondsee genannt. An diesem Tag vollzieht er mit seinem Onkel ein für Regensburg günstiges Geschäft. Rund ein halbes Jahr später gibt Hitto an sein eigenes Kloster; die Bedingungen sind ebenfalls zum Vorteil des Empfängers. Mondsee erhält Teile von Hittos Eigengut im Künziggauer Sulzbach, wo das Kloster schon seit 817 Besitz erworben und die einzige Baturich-Begünstigung erwirkt hatte.[337] Dafür bekommt Hitto am 5. April 883 auf Lebenszeit die Abtei Mondsee. Als Gegenleistung gibt er seinem Onkel dreißig Hufen »im Ostland an der Raab«. Im Unterschied zur klösterlichen Grundherrschaft, deren östlichste Einheiten an der niederösterreichischen Erlauf lagen, besaß der Mondseer Abt ein beachtliches Eigengut in Pannonien.[338] Mehrmals war Hitto gemeinsam mit Ambricho oder an dessen Stelle für Regensburg tätig. Unverändert blieb sein Engagement im Ostland; so empfing Hitto – sicher nach der Erwerbung Mondsees – für Regensburg eine Schenkung, die ein Diakon Gundpad von seinen Besitzungen am Plattensee machte. Bei diesem Rechtsgeschäft war Arnulf, der spätere König, anwesend.[339] Hittos letztes Auftreten dürfte in die Zeit knapp vor 890 fallen, als er – wieder aus seinem reichen Besitz im Künziggauer Sulzbach – an den Regensburger-Mondseer Herrschaftskomplex gab und dafür gleichwertige Güter erhielt.[340]

Hitto kann gut mit Lantpert verglichen werden, was Bedeutung und Einsatz für die Grundherrschaft Mondsees betrifft. Seine Zeit hatte aber offenkundig keinen Sinn für künstlerische Spitzenleistungen. Man überließ das *philosophari* anderen und wandte sich mehr dem *vivere* zu. Offen muß die Frage bleiben, ob es Hitto war, der das Mondseer Traditionsbuch in Auftrag gab. »Im Vordergrund steht bei der Anlage des Werkes der wirtschaftliche Zweck und damit die Ordnung nach Gauen und Ortschaften«.[341] Die Mondseer Grundherrschaft ist im besonderen Maße durch Schaffung von Schwerpunkten gekennzeichnet: Das Gebiet um das Kloster bildet sehr bald schon die Vorstufe zum späteren »Mondseeland«. Darüber hinaus werden alle Gaue des heutigen Oberösterreichs und der Salzburger Flachgau erfaßt. Weitere Besitzkonzentrationen finden sich in den bayerischen Gauen an Donau und Inn bis in den Raum von Kufstein.[342]

Nach Hittos Tod fiel Mondsee wieder an Regensburg, wie Tauschgeschäfte aus der Zeit der Bischöfe Aspert (891–893) und Tuto (894–930) lehren. Mondsee betreffende Rechtshandlungen werden alle mit dem Regensburger Bischof vollzogen; sei es, daß sich ein adeliger Diakon den Eintritt ins – offenkundig unvermindert attraktive – Kloster überlegt; sei es, daß ein Ehemann für den Unterhalt seiner Frau Sorge trägt, sollte sie ihn überleben.[343]

Ludwig der Deutsche hatte als ostfränkischer König seinem Erzkapellan das Kloster Mondsee verliehen. Nach Baturich erlangte dessen Neffe Erchanfrid den Bischofsstuhl von Regensburg; auch er war ein Kapellan des Königs gewesen. Erchanfrids Nachfolger Ambricho gehörte hingegen niemals der Hofkapelle an, und unter ihm lockerte sich die Bindung Mondsees an Regensburg. Nach dem Tode Ambrichos ernannte König Arnulf seinen Kanzler, den Regensburger Diakon Aspert, im Juli 891 zum Bischof der Hauptstadt. Mondsee war wieder eng mit Regensburg verbunden. Nach Asperts baldigem Tod im Jahre 893 übernahm der Neutraer Bischof Wiching das Kanzleramt, während der Regensburger Mönch Tuto die Sedes des heiligen Emmeram bestieg.[344] Inhaltlich glaubwürdig wirkt eine Nachricht, die ein Regensburger Humanist hinterließ, wonach Wiching Anspruch auf Mondsee erhob und die lebenslange Übertragung des Klosters gegen 40 Hufen an der Erlauf erhielt.[345] Demnach muß Mondsee gleichsam wie eine Pertinenz von Kapellanat und Kanzleramt gegolten haben. Wichings Scheitern in Passau machte anscheinend auch dieses seiner zahlreichen Geschäfte zunichte.[346] Mondsee blieb Regensburg verbunden, fast tausend Jahre unterstand es der Oberhoheit seines Bischofs. Ja, die Mondseer Abhängigkeit reichte noch über die Aufhebung des Klosters am 20. Oktober 1791 hinaus. Erst durch die kaiserliche Hofresolution vom 28. Juni 1808 wurde die Lehensherrlichkeit von Regensburg über Mondsee für erloschen erklärt.[347]

Kremsmünster

Im Jahre 1777 feierte Kremsmünster sein tausendjähriges Bestehen. Bei dieser Gelegenheit besuchte der Apostolische Nuntius Garampi, der ehemalige Präfekt des Vatikanischen Archivs, das Kloster. Als man ihm die berühmte Evangelienhandschrift vorlegte, rief er aus: »Hicce vere codex millenarius. Dies ist wahrlich eine tausendjährige Handschrift.« Davon trägt der Codex bis heute seinen Namen. Zum Unterschied vom kleineren und jüngeren Minor, der ein Geschenk König Arnulfs aus der Zeit um 890 gewesen sein könnte, wird er Maior genannt. Dieser Codex millenarius entstammt der Schreibschule von Mondsee im engeren oder weiteren Sinn und wurde um oder wenig nach 800 angefertigt. Er ist die jüngste von drei berühmten Handschriften, die formal zusammengehören, aber auch inhaltlich gemeinsam auf oberitalienischen Vorlagen beruhen und dabei »antiquierte«, wenn nicht »häretische« Texte bringen. Der Codex millenarius ist ein ungekürztes Evangeliar, das blattgroße Evangelistenbilder enthält, denen die entsprechenden Symboldarstellungen gegenüberstehen. Ist schon die Unziale der Handschrift ein ästhetischer Genuß, so sind die Bilder von auserlesener Schönheit und Kraft.

Matthäus-Engel (Mensch), Markus-Löwe, Lukas-Stier und Johannes-Adler: Die vier Symbole, die vier »Wesen«, sollen die Wirkweise des Gottmenschen verkörpern. So sagt Papst Gregor der Große, Christus sei in seiner Geburt Mensch geworden, im Tod Opfertier, in der Auferstehung Löwe und in seiner Himmelfahrt Adler. Allerdings ist die Zuordnung der vier Wesen zu den einzelnen Evangelisten erst durch den heiligen Hieronymus, den Verfasser der maßgeblichen Bibel-Übersetzung, in einer Weise er-

Der Evangelist Johannes und sein Symbol, der Adler, aus dem Codex millenarius maior von Kremsmünster, um 800

folgt, die für Gegenwart und Zukunft bestimmend wurde. Da Matthäus sein Evangelium mit der dreimal vierzehngliedrigen Geschlechterfolge »von Jesus Christus, dem Sohn Davids, dem Sohn Abrahams« beginnt und somit die menschliche Seite des Heilands betont, wird ihm der Engel oder Mensch zugeordnet. Der Anfang des Markus-Evangeliums handelt von der »Stimme des Rufers in der Wüste«; ein Bild, das die Verbindung mit dem Löwen nahelegt. Lukas, der menschenfreundliche Arzt, der allein die Weihnachtsgeschichte bringt, eröffnet seinen »wahrheitsgetreuen Bericht« mit dem Opfer des Zacharias, des Gemahls der Elisabeth, im Tempel. Das vornehmste Opfertier aber war der Stier. Johannes, dessen philosophische Betrachtung ihn von den drei übrigen Evangelisten, den Synoptikern, abhebt, gilt als der Adler, der zu den Höhen des Logos, des göttlichen Wortes, emporsteigt.[348]

Die Frage, wie diese wundervolle Handschrift nach Kremsmünster kam, läßt verschiedene Antworten zu. Zunächst ist die Möglichkeit nicht auszuschließen, daß Mondsee, das wahrscheinliche Mutterkloster Kremsmünsters, sich weiterhin mit der Tochter verbunden fühlte. Ein Mondseer Schreiber oder ein in Mondsee ausgebildeter Mann könnte die Handschrift in Kremsmünster verfaßt haben. Denkbar wäre aber auch, daß man die Handschrift von Mondsee käuflich erwarb, und zwar um so eher, als dort seit 803 Karls Erzkapellan, Erzbischof Hildebald, regierte. Damit war ein Mann aus dem

Zentrum der karolingischen »Moderne« nach Mondsee gekommen, der sich vielleicht gern des wunderschön geschriebenen und prächtig illustrierten, aber theologisch doch nicht unbedenklichen Textes entäußerte.[349]

Kremsmünster überlebte den Sturz Tassilos und wurde karolingisches Reichskloster. Sehr früh anerkannte Karl der Große die agilolfingische Stiftung und bewahrte damit die Existenz wie den damals zwar nicht überragenden, doch beachtlichen Wohlstand des Hauses. Das Aachener Verzeichnis von 819 reihte das Kloster in die zweite Leistungsgruppe, der Kriegsdienste erlassen waren.[350] Kremsmünster engagierte sich – seiner geographischen Lage gemäß – auch im bayerischen Ostland. Bereits 828 erhielt das Kloster umfangreichen Besitz im Grunzwitigau zwischen dem Dunkelsteiner Wald und der Traisen. Das Gebiet schloß unmittelbar an Passauer Güter an und wurde dem Stift von Ludwig dem Frommen verliehen. Das in Aachen ausgestellte Diplom verdankte jedoch seine Entstehung der Intervention Ludwigs des Deutschen und seines Grenzlandpräfekten Gerold II.; Empfänger des Privilegs war Abt Sigehard.[351] Als selbständiger Herrscher beschenkte der Ostfrankenkönig das Stift in der Buckligen Welt und an der niederösterreichischen Schmida, worüber jedoch erst sein Sohn Karlmann am 28. Juni 877 ein Privileg ausstellte. Die Leute aus Kremsmünster, die sich das Diplom in Ranshofen abholten, müssen das Privileg Ludwigs des Frommen von 828 vorgelegt haben, weil es als Vorurkunde diente. In den nächsten Jahren, ja Monaten beschenkte Karlmann das Kloster im bayerischen Altsiedelland und bestätigte einen für Kremsmünster günstigen Vergleich. Es fällt auf, daß dabei kein Abt mit Namen genannt wird.[352] Noch mehr geschah nach des Königs Tod: Der ganz große Wohltäter des Stiftes wurde der Karlmann-Sohn Arnulf. Nicht weniger als fünf echte Diplome empfing Abt Snello-Snelpero von seinem König. Dieser stattete das Kloster besonders 893 mit reichem Besitz aus und übergab ihm die Reliquien des heiligen Agapitus, der das bisher alleinige Salvator-Patrozinium ergänzte. Dabei empfing Kremsmünster verwirkten wilhelminischen Besitz im Zentrum Niederösterreichs.[353] Zumindest bis über die Schlacht bei Preßburg hinaus konnte das Kloster seine Selbständigkeit behaupten. Irgendwann nach 907 muß Kremsmünster aber in die Abhängigkeit Passaus geraten sein. Und 975 legte der große Fälscher Bischof Pilgrim angebliche Urkunden Arnulfs und Ludwigs des Kindes vor, worauf Otto III. die Übernahme Kremsmünsters als Passauer Eigenkloster absegnete; ein Zustand, der jedoch kaum zwei Generationen mehr dauerte.[354]

Mattsee

Wie Kremsmünster, so fiel auch das Mattiggauer Reichskloster Mattsee in die zweite »Steuerkategorie«. Noch vor der großen Rechts- und Güterverleihung, wodurch Ludwig der Deutsche 860 Salzburg begünstigte, stattete der König das Kloster Mattsee mit beachtlichem Besitz in der oberpannonischen Grafschaft um Steinamanger aus. Dadurch könnte das Stift in Gegensatz zu Karlmann geraten sein. Jedenfalls schenkte dieser das Kloster 877, das heißt im Jahr nach des Vaters Tod, an seine Neugründung (Alt-)Ötting. Als Eigenkloster des Pfalzstiftes ging Mattsee gemeinsam mit Altötting in den Besitz Passaus über. Spuren eines frühkarolingischen Skriptoriums konnten gesichert werden.[355]

Traunsee-Altmünster

Erst nach der Katastrophe von 907 wird eine königliche Abtei *Trunseo* genannt, die aber lange zuvor, wenn nicht schon in der Agilolfingerzeit, entstanden sein muß. Am 19. Februar 909 schenkte Ludwig das Kind den – offenkundig bereits säkularisierten – Besitzkomplex zu gleichen Teilen an den Grafen Arbo und den Salzburger Erzbischof Pilgrim. Nach dem Tod der beiden sollte die *abbatia iuris nostri,* bei der es sich wohl um das später abgekommene Kloster Altmünster am Traunsee handelte, an Salzburg fallen. Die Vorbesitzer waren zwei weltliche Große; die Königsurkunde erwähnt keinen Abt noch einen Konvent, der die Zustimmung zur Übertragung gegeben hätte. Wahrscheinlich war die Kommunität von Altmünster spätestens dem Ungarnsturm zum Opfer gefallen.[356]

Michaelbeuern

Heute an der Flachgauer-Innviertler Grenze gelegen, gilt das Kloster als Nachfolge-Institution des 749 gegründeten Ottings am Waginger See. Das Totengedenkbuch von Michaelbeuern erwähnt jedoch keinen Salzburger Oberhirten des 8. Jahrhunderts mit Ausnahme des Abtbischofs Flobaquardus-Flobrigis, der bereits mindestens ein Jahrzehnt vor der Entstehung Ottings wirkte. Im Jahre 791 war wohl Ludwig der Fromme in Michaelbeuern; doch erfährt man nichts über den institutionellen Charakter des Ortes. Die älteste urkundliche Erwähnung des Klosters stammt aus 977; kurz zuvor war seine »eigentliche« Gründung erfolgt. Vorstufen sind jedoch nicht auszuschließen.[357]

6. Freising im Tiroler Raum

Freising konnte das im 8. Jahrhundert erreichte Niveau nicht bloß halten, sondern sogar verbessern. Allein die Leistung Cozrohs, der unter Bischof Hitto (811–835) das richtungweisende Freisinger Traditionsbuch anlegte, spricht für den hohen Stand einer schriftlichen Verwaltung. Außerdem blieben aus der Zeit desselben Bischofs mehr als 40 Handschriften erhalten. Kein Wunder, daß Freisings kultureller Einfluß auch auf das Tiroler Alpenland ausstrahlte. So scheinen nicht bloß das Eigenkloster Innichen, sondern selbst das »Langobardenbistum« Trient Anregungen, wenn nicht Produkte des Freisinger Skriptoriums bekommen zu haben.[358]

Der Schwerpunkt der Freisinger Aktivitäten lag freilich im politisch-kolonisatorischen Bereich. Die bischöfliche Grundherrschaft war nördlich wie südlich des Brenners außerordentlich stark und konzentrierte sich vor allem im Bereich von Innichen.[359] Trotzdem umfaßte der Tiroler Diözesananteil schließlich nur mehr das Gebiet um Scharnitz samt dem nördlichen Karwendelgebirge sowie das linksufrige Inntal östlich des Achensees.[360] Die vornehmste Aufgabe Innichens bestand in der Slawenmission; der Stützpunkt im obersten Drautal sollte den Vorstoß Freisings flußabwärts nach Karantanien ermöglichen.[361] Hier hatten die so erfolgreichen Salzburger wohl ältere Rechte des Isar-Bistums zurückgedrängt. Innichen mußte daher als doppelt lästige Konkurrenz gelten, die es auszuschalten galt. Der Sturz Tassilos III. bot dazu die Gelegenheit. Der Salzburger Erzbischof Arn erreichte von seinem Kaiser die persönliche Belehnung mit dem Pustertaler »Klösterlein«. Die Enteignung Freisings könnte unmittelbar nach dem Tod Attos, der am 27. September 811 starb, erfolgt sein und wäre dann wohl im Zusammenhang mit der Diözesanregulierung vom 14. Juni desselben Jahres zu sehen. Wurde an diesem Tag die Grenze zwischen Salzburg und Aquileia entlang der Drau festgelegt, so hätte Arn mit Innichen eine Art Entschädigung erhalten. Allerdings verzichtete der Salzburger Erzbischof 816 auf seine Erwerbung, worauf Ludwig der Fromme sowohl Salzburg die Immunität bestätigte wie die alten Besitzrechte Freisings wiederherstellte.[362]

Freising nützte den Stützpunkt Innichen, um lokale und regionale Grundbesitzer an sich zu binden. Bereits sechs Jahre später, am 10. Juli 822, schenkte der erste »karantanische« Bayer seinen Besitz zwischen Trixen und Griffen an Innichen.[363] Ebenso wurde das Freisinger Eigenkloster vom breonischen Nurihtaler Quarti 827/28 begünstigt. Die Schenkung bestand aus Gütern im Sterzinger und Bozener Bereich, in der Umgebung des Klosters selbst, in Wilten und im Raum von Hall.[364] Bis gegen 900 schenkten einheimische Große nördlich wie südlich des Brenners nur an Freising.[365] Das Isar-Bistum sicherte das Pustertal an der Ostgrenze der Diözese Säben wie des bayerischen Altsiedellands, die Wege über den Brenner und Ritten, Meran, Wilten und den Raum von Hall in Tirol.[366]

Als Folge all dieser Herrschaftsaufgaben mußte auch der Streit zwischen Freising und Trient um Bozener Weingärten hochpolitische, interregnale Dimensionen annehmen. Was zunächst nach einem Besitzstreit zweier Bischöfe aussah, wuchs sich sehr rasch zu einer Staatsaffäre aus, die nur vor und von den Königen der betroffenen Reiche geschlichtet werden konnte. Bereits im Spätwinter 855 kamen höchstrangige Beauftragte Kaiser Ludwigs II. nach Bad Aibling, um dort die Interessen des Tridentiner Bischofs zu vertreten. In Anwesenheit Ludwigs des Deutschen und unter Vorsitz des Grafen Ernst, der eben von einem Böhmenfeldzug zurückgekehrt war, entschied das Gericht für den Bischof von Freising. Damit war die Angelegenheit jedoch noch nicht beigelegt. Zwei Jahre später trafen einander König Ludwig der Deutsche und sein gleichnamiger kaiserlicher Neffe in Trient. Grund des »Gipfels« ist der Abschluß eines militärischen Bündnisses als Antwort auf die Allianz, die Lothar II., der Bruder Ludwigs II., gerade mit Karl dem Kahlen eingegangen war. Als sichtbares Zeichen für das gegenseitige Einvernehmen, das die »Völker« der beiden Ludwige als den Anbruch eines neuen »augusteischen Zeitalters« zu bewundern hatten, wurde nochmals der Streit zwischen Freising und Trient behandelt und diesmal endgültig zugunsten des bayerischen Bistums entschieden. Dieser Rückzug veranschaulicht die Bedrängnis, in der sich Ludwig II. befand, der auch sonst die Anlehnung an den mächtigeren Onkel suchte. Obwohl längst zum Kaiser gekrönt, begnügte er sich mit der Titulatur eines »Langobardenkönigs«, die dementsprechend der des »Bayernkönigs« Ludwig des Deutschen nachgereiht wurde.[367]

Auch nordöstlich von Bozen dürfte Freising an der Verfestigung der bayerisch-italienischen Grenze mitgewirkt haben. Im Jahre 888 erhielt Engilger, ein Vasall des Grafen Iezo, beachtlichen Besitz in Völs am Schlern, »im Gebiet Bayerns zwischen Bergen und Almen, die das Gebiet Italiens berühren«. Iezo besaß eine Grafschaft im geteilten Zillertal-Gau. Er war aber so stark mit Freising verbunden, daß Schenkungen an die Hochkirche nicht bloß vor dem Bischof, sondern auch vor ihm vollzogen wurden.[368]

7. Säben

Das Bistum Säben wurde in der zweiten Hälfte des 10. Jahrhunderts nach Brixen verlegt, nachdem der dortige Königshof am 13. September 901 an das Hochstift gekommen war,[369] und erstreckte sich im Hochmittelalter über die Kerngebiete des heutigen Tirols nördlich wie südlich des Brenners. Auf dem Klosterfelsen am rechten Eisack-Ufer errichtet, lag die Sedes knapp nördlich der alten rätisch-italischen Grenze. Im Hochmittelalter schob sich die Tridentiner Diözese bis an den Säbener Klosterfelsen heran, als die Grenze zwischen den beiden Bistümern entlang des Tinnebachs bei Klausen in Ost-West-Richtung festgelegt wurde. Bis in den Raum von Bozen bildete der Eisack die

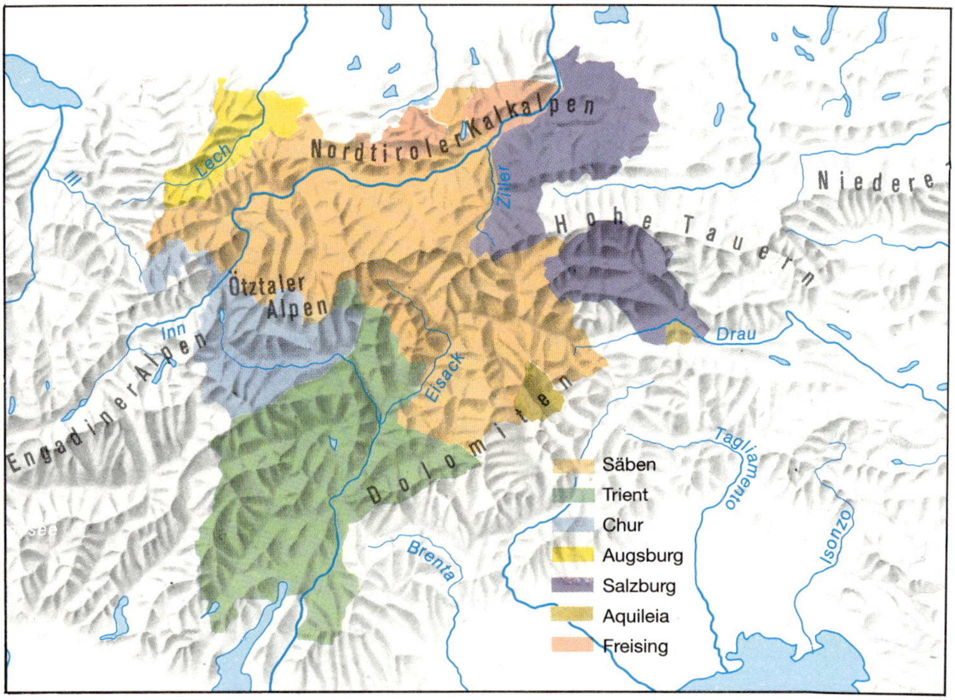

Diözesaneinteilung Tirols (vereinfacht nach F. Dörrer)

Grenze zwischen Trient am rechten und Säben am linken Ufer des Flusses. Die älteste bekannte Südgrenze Säbens legte Konrad II. 1027 am Breibach fest; doch wurde der Grenzverlauf bald danach vom Tierser-Tal zum Kardaunbach verlegt, wobei es blieb.[370]

Wieweit die hochmittelalterliche Grenzziehung schon für das 9. oder gar 8. Jahrhundert galt, läßt sich schwer sagen. Wahrscheinlich sind die Brixener Diözesangrenzen das Ergebnis einer längeren Entwicklung, die zwar im frühmittelalterlichen Säben begann, aber erst nach der Übersiedlung ins Tal zu einem festlegbaren Abschluß kam. Nur allmählich bildeten sich lineare Grenzen mit den Nachbarbistümern. Daran erinnern die Mitte(n)wald-Ortsnamen im Außerfern gegenüber Augsburg, im Gebiet von Scharnitz gegenüber Freising und an der Einmündung des Kristein-Bachs in die Drau gegenüber Salzburg und Aquileia. Nördlich des Brenners umfaßte das Bistum im wesentlichen das Inntal bis zum Ziller. Das alamannische Lechtal gehörte zum Bistum Augsburg, aber der Fernpaß selbst war bayerisch und damit Säbener Diözesangebiet. Im Südwesten des heutigen Nordtirols und bei Meran grenzte das Bistum Säben an Chur.[371]

Trotz seiner späteren Ausdehnung über die meisten Tiroler Talschaften war Säben lange Zeit ein armes Bistum. An der bayerischen Südgrenze »im Norikertal« gelegen, schien das Hochstift zwar den Brenner- und Rittenweg zu beherrschen; doch dominierte hier zunächst, wie auch sonst im bayerischen Tirol westlich des Zillertals, das Bistum Freising. Die erste erhaltene Königsurkunde Säbens stammt von Ludwig dem Deutschen. Das Diplom verbriefte – wohl im Jahre 848 – dem Hochstift Immunität und königlichen Schutz, ohne jedoch irgendwelche Besitzungen zu nennen. Ausdrücklich ist aber von »bösen Menschen« die Rede, die das Bistum bedrängen.[372] Dann gab es den Skandal um Bischof Lantfrid: Seine Jagdleidenschaft mache ihn zum »dummen Buben«, während die Liebe des Bischofs zu seiner Tochter bedenkliche Formen annehme. Mit diesen Worten reagierte Papst Nikolaus I. offenkundig auf eine Beschwerde Ludwigs des Deutschen und teilte 864 dem Salzburger Erzbischof mit, er möge die Vorwürfe untersuchen. Allerdings gibt das päpstliche Mahnschreiben an Adalwin zu, solche jagdlichen Exzesse seien leider bei den fränkischen Bischöfen links wie rechts des Rheins an der Tagesordnung. Darüber hatte schon der heilige Bonifatius zu klagen, und die fränkischen Synoden kamen – den Canones der alten Kirche folgend – immer wieder auf das Ärgernis jagender Kirchenfürsten zurück.[373]

Tatsächlich handelte die einzige Königsschenkung, die Säben vor 900 erhielt, von Jagd und Wald. Mit 31. Mai 893 restituierte König Arnulf dem Bischof Zacharias Jagdrechte im Lüsener Forst. Das Waldgebiet östlich des Eisacks und südlich der Rienz, das außerhalb des gräflichen Mandatsgebiets lag, wurde ausdrücklich als bischöflicher Immunitätsbezirk anerkannt. Wie die allgemeine Immunitätsverleihung Ludwigs des Deutschen, so rechnet auch die Lüsener Forstschenkung Arnulfs mit Entfremdung und ständiger Bedrohung Säbener Besitzes. Gegeben wurde das Privileg nicht zuletzt wegen der treuen Dienste des Bischofs.[374]

Erst die dritte erhaltene Königsurkunde verbriefte eine substantielle Besitzerweiterung. Am 13. September 901 erhielt Bischof Zacharias den Königshof Brixen samt allem Zubehör. Als Intervenienten des Diploms Ludwigs des Kindes werden genannt: der

Salzburger Erzbischof Theotmar, die Bischöfe von Augsburg, Eichstätt, Freising und Regensburg sowie der königliche Verwandte und tatsächliche Herr Bayerns, Markgraf Luitpold. Brixen ging aus königlichem Besitz – die Mutter Ludwigs hatte ihn von ihrem Gemahl Arnulf erhalten und bis zu ihrem Tode besessen – in den von Säben über. Die Narratio der Königsurkunde bemerkt atypisch, weder hätten die Vorfahren des Königs das Bistum beschenkt, noch hätten die früheren Bischöfe wegen ihrer Sorglosigkeit verhindert, daß Säben in äußerste Armut geraten sei.[375] Die Schenkung des letzten ostfränkischen Karolingers muß wie eine Initialzündung gewirkt haben; erst danach gibt auch der einheimische Adel an das Hochstift.[376] Als im Sommer 828 der Sterzinger Quarti das Freisinger Eigenkloster Innichen beschenkte, durfte der Säbener Bischof bloß seine »Kanzlei« zur Verfügung stellen.[377] Mehr ist über die Schriftlichkeit im Bereich des Eisack-Bistums nicht bekannt; ebensowenig Sicheres weiß man von anderen kulturellen Aktivitäten des frühmittelalterlichen Säbens.[378] Erst mit Zacharias hatte das Hochstift einen Bischof erhalten, der auch außerhalb seiner Tallandschaften politisch in Erscheinung trat. Er leistete Arnulf treue Dienste, wirkte am Regiment für Ludwig das Kind mit und befand sich im bayerischen Heer, das 907 gegen die Ungarn marschierte. So kam es, daß auf der Verlustliste der Schlacht von Preßburg auch der Name des Säbener Oberhirten stand.[379]

8. Trient

Trient blieb – zum Unterschied von den bayerisch-alamannischen Bischofssitzen unter Einschluß Churs – eine spätantike Stadt, eine *civitas,* in der weltliche und kirchliche Gewalthaber nebeneinander residierten. Daher gab es sowohl das frühmittelalterliche Bistum wie das gleichnamige langobardische Herzogtum Trient. Letzteres wurde nach 774 von einer fränkisch-karolingischen Grafschaft abgelöst.[380] Da die Tridentiner Überlieferung bis um 1100 so gut wie verloren ist, fehlen auch Nachrichten über die Herausbildung der nördlichen Bistumsgrenzen. Diese umschlossen im Hochmittelalter das Ultental, das Passeiertal, das Sarn-Penser-Tal bis Rabenstein und das Durnholz bis unterhalb von Großreinswald. Dieses Gebiet umfaßte neben seinen Seitentälern das Etschtal zwischen Meran und Bozen, das in den karolingerzeitlichen Quellen den sprechenden Namen »Tridentinertal«, *vallis Tridentina,* führte. Churer Besitzungen, die in diesem Tal rechts der Etsch lagen, befanden sich bereits *in Italia.*[381] Östlich der Talfer lag hingegen das spätestens seit 680 bayerische Bozen;[382] hier wurde 769 die Innicher Gründungsurkunde ausgestellt, die der Säbener Bischof und nicht der von Trient unterschrieb.[383] Im großen und ganzen folgte also die frühmittelalterliche Nordgrenze Trients der Grenze des antiken ebenso wie des langobardisch-fränkischen Italiens.[384]

Diente das eben erst fränkisch gewordene Trient 784 noch dazu, um das agilolfingische Bayern in die Zange zu nehmen,[385] so vergrößerte sich das politische Gewicht des karolingischen Bayerns in dem Maße, als Italien unter Lothar I. und Ludwig II. an äußerer wie innerer Stärke einbüßte. In Trient trafen einander 838 der Kaiser und Italienkönig Lothar I. und der »König in Ostfranken« Ludwig der Deutsche, um gegen den alten Kaiser zu konspirieren.[386] Hier gab Ludwig II. gegen Ludwig den Deutschen im Streit zwischen Freising und Trient nach,[387] wohl auch weil hier schon so viele Bayern eingewandert waren, die im Jahre 845 erstmals *Teutisci* genannt wurden.[388] Im Jahre 888 wurde Berengar I. in Trient der Lehensmann Arnulfs, um eine drohende bayerische Invasion abzuwehren. Damals kam der italische König noch mit der Anerkennung der ostfränkischen Oberhoheit und mit geringfügigen Gebietsverlusten davon.[389] Als Herzog Arnulf von Bayern um die Jahreswende 934/35 in Italien einrückte, durchzog er »die Mark Trient, die erste Italiens auf dieser Seite, und kam nach Verona«. Der Franke Milo, Markgraf von Verona, und Rather, der Bischof der Stadt, hatten den nördlichen Nachbarn gerufen; doch scheiterte dessen Vorstoß binnen kurzem. Schließlich kam Trient 952 zwar nicht an Bayern, aber an den Bayernherzog; Otto I. verlangte als Gegenleistung für die Anerkennung Berengars II. und Adalberts die Abtretung der Marken Verona und Friaul an seinen Bruder Heinrich. Die politische Zugehörigkeit zum Norden – kirchlich unterstand Trient weiterhin Aquileia – bildete die Voraussetzung für die Entscheidung Kaiser Konrads II., die Grafschaften Bozen und Trient 1027 dem Bischof der Stadt zu verleihen. So gut wie gleichzeitig erhielt Säben-Brixen die nördlich davon gelegenen Grafschaften, wobei ausdrücklich die Identität der geistlichen und weltlichen Grenzen festgestellt wurde.[390]

Reisetragaltar mit Ziborium aus dem Besitz Arnulfs von Kärnten, um 870

Aus dem frühmittelalterlichen Trient blieben bloß wenige Handschriften erhalten. Darunter nimmt das Sakramentar von Trient, das den Namen des Gründerheiligen Vigilius trägt, einen besonderen Platz ein. Der Codex enthält stilistische Merkmale, die an Lyon, Freising, aber auch an Salzburg erinnern. Außerdem wurde darin St. Peters *missa s. Hrodperti* ebenso aufgenommen wie die Votivmesse für Vigilius selbst. Der Prachteinband der Handschrift, die noch vor der Mitte des 9. Jahrhunderts entstanden sein muß, läßt vermuten, daß sie für eine Bischofskirche bestimmt war.[391]

9. Chur

In der ersten Hälfte des 9. Jahrhunderts wurden die spätantiken Institutionen des churrätischen Kirchenstaates durch fränkische Einrichtungen ersetzt. Der Bischof verlor den Großteil seiner wirtschaftlichen Macht an die für Rätien zuständigen Grafen; die einheimischen Romanen wurden auf allen Ebenen des öffentlichen Lebens zurückgedrängt. Der variantenreiche Kampf um das Erbe Ludwigs des Frommen vergrößerte die Unsicherheit des Gebiets, das zwischen Alamannien, Bayern und Italien lag. Die Auseinandersetzungen endeten auch hier mit dem Sieg des Nordens über den Süden. Fast 400 Jahre lang, nämlich zwischen 451 und 842, ließ sich Chur als Suffragan Mailands nachweisen. Die Verbindung zur Lombardei war mitunter unterbrochen, riß aber niemals ab; ja, sie wurde durch die karolingische Eroberung des Langobardenreichs eher verstärkt als aufgehoben. Im Ostfrankenreich Ludwigs des Deutschen erfolgte nun die große Neuordnung; sie legte die Zugehörigkeit Churs zu Mainz fest und sollte vom Vertrag von Verdun 843 bis 1802, das heißt fast ein Jahrtausend, gelten. Erstmals ist die Teilnahme eines Churer Bischofs an der Mainzer Synode von 852 bezeugt. Gleichzeitig beginnt die Reihe derjenigen Churer Bischöfe, die von außen kommen und germanische Namen tragen.[392]

Aber auch auf mittlerer Ebene kamen neue Leute. In dem Walgauer Ort mit dem sprechenden Namen Ferraires wurde Eisen gewonnen; die vornehmste und als einzige steuerfreie Unternehmergruppe waren die »Familie und Leute eines Wanzo«; sie benannten sich mitten im Romanenland nach einem Grundbesitzer mit germanischem Namen. Die Neuankömmlinge wurden aber sehr bald im Lande heimisch und gute Churräter, wie sich dies sowohl für den Slawen Isuan als auch für einen Wanzo der Zeit um 890 nachweisen läßt.[393]

Wahrscheinlich wäre die churrätische Geschichte anders verlaufen, hätte der Kaiser und Italienkönig Lothar I. den Teilungsplan von 839 verwirklichen können. Noch am Beginn der vierziger Jahre erhielt Chur kaiserliche Gunstbeweise, die auch die Bindung des Hochstifts an Italien versinnbildlichen. Danach trat die große Wende ein. Der bischöfliche Empfänger des Privilegs hieß Verendarius und war wohl ein einheimischer Romane. Im Jahre 842 unterfertigte der Bischof ein Mailänder Synodaldekret.[394] Sein Nachfolger mit dem germanischen Namen Esso nahm bereits an der Mainzer Synode vom Oktober 852 teil. Der Bischof war auch 868 in Worms dabei. Ebenso erfüllte sein mittelbarer Nachfolger Theodulf die Verpflichtung eines Mainzer Suffragans, indem er 888 nach Mainz kam und 895 die Synode von Tribur aufsuchte.[395] Esso war auch der erste Churer Bischof, der Verbindung mit Ludwig dem Deutschen aufnahm, um wenigstens die Bestätigung des Restitutionsprivilegs von 831 zu erwirken. Während aber die bayerischen Bistümer längst schon die Vertragsfreiheit besaßen, mußte Esso noch 857 um die Bestätigung einer Prekarie nachsuchen.[396]

Fraglich muß bleiben, ob sich das churrätische Reichskloster Pfäfers darum bemühte, von Ludwig II. die Verleihung von Immunität und Königsschutz zu erhalten. Empfänger des unverdächtigen Privilegs war ein Vasall Ludwigs, der jedenfalls in den älteren Äbtelisten des Klosters fehlt. Die Hinwendung nach Italien und der kaiserliche Gunstbeweis können daher nicht viel bedeutet haben, sofern er überhaupt Pfäfers und nicht Massino am Lago Maggiore betraf. Wie die St. Galler Überlieferungsgeschichte lehrt, hat man den Sinn des Diploms sehr bald nicht mehr verstanden.[397] Chur war Teil des Ostfränkischen Reichs geworden und blieb auf dessen Herrscher angewiesen. Allerdings fand sich erst Karl III. bereit, substantielle Verbesserungen des churrätischen Besitzstandes zu gewähren. Nicht ohne Gegenleistung seitens des Bischofs restituierte der König das Kloster Müstair samt einigen Vorarlberger Pfarren, als er sich Anfang 881 auf dem Weg zur Kaiserkrönung in Reggio Emilia aufhielt. Das Privileg, das sein Neffe und Nachfolger Arnulf schon Anfang 888 bestätigte, könnte für den Malser Künstler den Anlaß geboten haben, das Porträt eines lebenden Karolingers darzustellen, wenn die Fresken von St. Benedikt nicht vom Jahrhundertbeginn stammen.[398]

Die Karolinger schufen eine politische Ordnung, die den einstigen churrätischen Kirchenstaat in engste Verbindung zu Alamannien setzte. Dies beweisen die »Beschreibungen der Königreiche«, die man für geplante und durchgeführte Teilungen anlegte. Sprach Karl der Große 806 noch von einem *ducatus Curiensis* und gebrauchte damit eine Terminologie, die für die halb selbständigen Tributärfürstentümer an den Grenzen des Reichs verwendet wurde, so galt Churrätien, *Curwala id est comitatus Cornu-Galliae,* 865 als Grafschaft, die Ludwig der Deutsche seinem Sohn Karl dem Dicken versprach. Diese Grafschaft, von deren Inhabern nur wenige namentlich bekannt sind, lag – vom Standpunkt des Nordens aus betrachtet – im Neuland. Sie entwickelte sich weiter und bildete an der Wende vom 9. zum 10. Jahrhundert die Grundlage, auf der das alamannische Fürstentum entstand. Wenn Burchard, der erste Herzog von Schwaben, in der so bedeutsamen Königsurkunde vom 24. Juni 903 als *marchio Curiensis Raetiae* neben den anderen Fürsten der ostfränkischen Reiche auftritt, dann entsprechen Terminologie wie Sachverhalt der allgemeinen Verfassungsentwicklung östlich wie westlich des Rheins.[399]

Sucht man nach den üblichen Zeugnissen eines frühmittelalterlichen Kulturlebens, so enttäuscht Chur. Handschriften sind so gut wie keine erhalten geblieben, und wenn, so liegen sie samt den rätischen Urkunden zum größten Teil in St. Gallen.[400] Von außerordentlicher Bedeutung ist hingegen das – kopial überlieferte – Urbar des Reichsguts in Rätien.[401]

10. Konstanz-St. Gallen

Der Besitz St. Gallens befand sich im allgemeinen innerhalb der Konstanzer Diözesangrenzen.[402] Die Sedes war daher auf der ihr gegenüberliegenden Seite des Bodensees, im Argengau, vor allem durch das Kloster präsent. Eine Ausnahme davon machten nur die St. Galler Besitzungen im Raum von Rankweil und Röthis, die auf churrätischem Gebiet lagen. Während aber Argengauer Schenkungen schon aus der Zeit um 800 bekannt sind,[403] setzen die urkundlichen Zeugnisse aus Unterrätien erst rund ein halbes Jahrhundert später ein. Wie deren Rechtsinhalt lehrt, hatte St. Gallen jedoch nicht erst damals begonnen, hier einen grundherrschaftlichen Schwerpunkt zu bilden. So nennt die älteste Urkunde das Kloster als Anrainer des geschenkten Gutes; und ziemlich gleichzeitig nimmt eine andere rätische Carta von einer rigorosen Veräußerungsbeschränkung wie selbstverständlich nur St. Gallen aus.[404] Darauf folgen weitere Schenkungen durch romanische wie alamannische »Vorarlberger«; deutlich steigt die Zahl der Tauschgeschäfte, wie es im Zuge der Zeit liegt.[405]

Besonders stark vermehrten die späteren Karolinger den unterrätischen Klosterbesitz; die Konzentration der Königsschenkungen an St. Gallen erreichte nirgend anderswo diese Dichte.[406] Das erste Diplom, das Ludwig der Deutsche als König im Ostfrankenreich ausstellte und worin er erstmals seinen neuen Oberkanzler Grimald nannte, war am 19. Oktober 833 an St. Gallen gegangen. Das Privileg bestätigte verschiedene Sachverhalte, die einander in der Realität widersprachen. Nach dem Tode Otmars hatten Bischof Sidonius von Konstanz und Abt Johannes von St. Gallen 759/60 einen Vertrag geschlossen, der die institutionelle Stellung der Mönchsgemeinschaft für alle Zukunft regeln sollte: Zum ersten wurde das Kloster als Eigentum des Bistums erklärt. Zum zweiten erhielten die Mönche von St. Gallen gegen einen Jahreszins freie Verfügungsgewalt über den Klosterbesitz. Zum dritten blieb St. Gallen sein eigener Abt. Dieses Abkommen bestätigte Karl der Große am 8. März 780, worauf Ludwig der Fromme am 3. Juni 818 dem Kloster, »das einst dem Bistum der heiligen Kirche von Konstanz unterworfen war«, Immunität und Königsschutz verlieh. Mit der Bestätigung der Urkunden seiner beiden Vorgänger anerkannte Ludwig der Deutsche 833 den Status quo, prolongierte aber zugleich die institutionelle Unsicherheit auf weitere 21 Jahre. Der ostfränkische Erzkaplan und Oberkanzler Grimald, noch während der Erbfolgekämpfe Abt von St. Gallen geworden, erreichte 854 die endgültige Aufhebung der Zinspflicht. Nachdem er sich mit Bischof Salomon I. von Konstanz geeinigt hatte, erwirkte er von seinem König die »endliche Loslösung aus der weltlichen Herrschaft des Bistums, dessen geistliche Jurisdiktion freilich nicht in Frage gestellt wurde«.[407]

Wie Karl III. als erster Karolinger das Bistum Chur beschenkte, so war er auch der erste Frankenkönig, der St. Gallen nicht bloß, wenn auch noch so wichtige, Rechte verlieh, sondern handfesten Besitz gab. Allerdings hatte dafür ein »fremder« Inkluse die Voraussetzungen geschaffen. Um 850 muß es gewesen sein, daß sich ein Ire mit dem – wohl latinisierten – Namen Eusebius auf einem »in Churrätien gelegenen Berg« niederließ. Hier stand eine Viktorskirche mit den Reliquien des Märtyrers, nach der die Anhöhe nordöstlich von Röthis bis heute Viktorsberg heißt. Obwohl selbst Einsiedler, lebte Eusebius nicht allein auf dem Viktorsberg, sondern war offenkundig einer klösterlichen Gemeinschaft von Iren zugeordnet. Angelehnt an den Westabfall des Bregenzer Waldes führte in hochwassersicherer Lage die alte Römerstraße vom Bodensee nach Italien, die nun von irischen Pilgern beschritten wurde. Auf dem Viktorsberg war für sie vorgesorgt; hier erhielten bis zu zwölf Personen zur selben Zeit Obdach und Verpflegung. Um die offenkundig aus wilder Wurzel entstandene Gründung zu sichern, erwirkte Eusebius bei Karl III. am 23. September 882 die Übertragung des Viktorsbergs an St. Gallen. Dabei kam Königsland im Umkreis der Stiftung sowie in Rankweil an das Steinachtal-Kloster. Außerdem fügte der Kaiser noch einen Weinberg in Röthis neben der dortigen Martinskirche samt Obstgärten hinzu. Nachdem Karl der Dicke ein halbes Jahr später St. Gallen die Privilegien seines Vaters und Großvaters bestätigt hatte, ergänzte er am 15. April 885 seine Viktorsberg-Schenkung um den königlichen Hof Röthis samt der erwähnten Martinskirche. Damals wurde auch die Zwölfzahl der zu beherbergenden Pilger – Eusebius war im Jahr zuvor gestorben – für die Zukunft festgelegt.[408]

Am Ende seiner glücklosen Herrschaft zog sich der Kaiser in den Königshof Lustenau zurück, wo er seine Gunst an die letzten Anhänger verteilte. Auf dem Weg dorthin hatte auch St. Gallen eine neuerliche Bestätigung seiner Rechte erhalten.[409] Während sein Nachfolger Arnulf das Churer Diplom Karls III. bereits im Januar 888 bestätigte,[410] wurde St. Gallen vom neuen König zunächst deshalb übergangen, weil sich das Kloster unter Abt Bernhard der alamannischen Opposition angeschlossen hatte, die Karls III. illegitimen Sohn Bernhard unterstützte. Einer der Führer des Widerstandes war der mit den Karolingern verwandte und in den östlichen Bodensee-Gauen übermächtige Graf Ulrich. Der Aufstandsversuch vom Juni 890 wurde im Keime erstickt, da der Königssohn seine wichtigsten Verbündeten rasch verloren hatte.[411] Spätestens im August 890 hatte Arnulf den Zögling von St. Gallen und Konstanzer Bischof Salomo (III.), seinen Kanzler und Kaplan, zum Abt von St. Gallen gemacht. Graf Ulrich, dem der König kurz nach seinem Regierungsantritt den Hof Lustenau geschenkt hatte, konnte sich gerade noch halten, bevor er im Herbst 890 Arnulfs Gnade samt seinem Besitz verlor. Darauf müssen der Argengauer und Linzgauer Graf sowie seine Gemahlin rasch die Seiten gewechselt und die königliche Gunst mit allen Mitteln gesucht haben, die ihnen noch vor Ablauf des Jahres wieder zuteil wurde. Der illegitime Sohn Karls war damit ausgeschaltet.[412]

Mitten in diese bewegte Zeit fällt die Beilegung eines Rechtsstreits, der zwischen St. Gallen und dem Grafen Ulrich als frischgebackenem Besitzer Lustenaus ausgebrochen war. Arnulf hatte diesen mächtigen Herrn im Bodenseegebiet für sich gewinnen wollen und ihm den Königshof geschenkt, worauf Ulrich die damit verbundenen Rechte so intensiv nutzte, daß die klösterliche Grundherrschaft im Rheingau schwer darunter litt. Sofort nach seiner Amtsübernahme griff Salomo die Causa auf und zwang den offenkundig kompromittierten Grafen Ulrich zum Nachgeben. Bereits am 30. August 890 versammelten sich Kläger und Beklagter, der Churer Bischof und die Vornehmen der drei Grafschaften Thurgau, Linzgau und Churrätien, um die Rechte St. Gallens ein für allemal festzustellen. Die Versammlung fand an der Mündung des Alpenrheins in den Bodensee statt; die namentlich genannten Großen sagten unter Eid zugunsten des Klosters aus. Im Stiftsarchiv St. Gallen liegen zwei Originalmandate Ludwigs des Deutschen und dazu ein Originalprivileg Karls III., die das Inquisitionsrecht unter Einschluß des »erzwungenen Eides«, *coactum iuramentum,* zugestanden; das ältere Mandat war pikanterweise an Ulrichs gleichnamigen Vater gerichtet. Ein Menschenalter später dürfte der Sohn dessen Inhalt »hörend« gelesen haben; seine Freude darüber wird sich in Grenzen gehalten haben.[413]

Arnulfs »Großer Freiheitsbrief« für St. Gallen betont das im Falle Salomos gröblich verletzte Recht der Abtwahl, stammt aber erst aus dem Sommer 892. Der Konstanzer Bischof und Abt von St. Gallen hatte die Urkunde entweder selbst entworfen oder dabei maßgebend mitgewirkt. Noch heute besitzt man Konzept wie Original. Auffallend der Unterschied zwischen der konzipierten freien Abtwahl und der ins Original übertragenen Formel. Für die allgemeine Politik interessant auch der einmalige Sondertitel Arnulfs, der mit *Ordinante sancta et individua trinitate Arnolfus rex, ecclesiae catholicae filius et defensor,* »auf Anordnung der heiligen und ungeteilten Dreifaltigkeit Arnulf König, Sohn und Verteidiger der katholischen Kirche«, sicher die Interpretation wiedergibt, die der Bischof und Abt dem Herrschertum des Königs gab. Formal wurde der Platz an der Spitze des Protokolls genommen, um eine »Über-Formel« zu schaffen, die sich auch in anderen Urkunden Salomos findet. Damit sollte Arnulf wohl als »Anwärter auf das Kaisertum« beschrieben werden. Bereits auf der Forchheimer Synode von 890 trat der König als *devotissimus adiutor* und *pius ecclesiarum defensor* auf, als »ergebenster Helfer« und »frommer Verteidiger der Kirchen«. Notker von St. Gallen, dessen Nahverhältnis zu Salomo bekannt ist, schrieb über Karl den Großen, der Papst habe diesen zum *imperator defensorque ecclesie Romane* gemacht. Während man sonst im Briefverkehr mit dem Papsttum gerade diese Verbindung tunlichst zu nennen vermied, hatte ein »Meinungsmacher« der ostfränkischen Kirche die seit Karl dem Großen aufgegebene Einheit von Kaisertum und kirchlicher Schutzherrschaft erneut zu verkünden gesucht. Es war also ein »eingereichter« Sondertitel, der den Urkundenaussteller aufforderte, dem Vorbild Karls des Großen zu folgen. Und der Anstoß dazu kam aus dem St. Gallen Salomos, während das Stück selbst in der Mattiggauer Pfalz Ranshofen entstand.[414]

Die Leitnamen der Personengruppen alamannischer wie romanischer Herkunft fanden ihren Niederschlag sowohl in den Ortsnamen wie in den Verbrüderungsbüchern St. Gallens, der Reichenau und selbst von Pfäfers. Das Alamannische war in jeder Hinsicht im Vormarsch, sei es in der Sprache, in der Namengebung oder im Recht. So wandte sich 867 eine Gruppe von Männern aus dem Argengau an den königlichen Verwandten und zuständigen Grafen Ulrich sowie an einen Königsboten. Die beiden wurden gebeten, bei Ludwig dem Deutschen die Verleihung des vollen Alamannen-Rechts, *plena lex, quae vulgo dicitur phaath,* für ihre Mandanten zu erwirken. Der König stimmte der Bitte zu, befreite die Antragsteller von ihrer bisherigen Zinspflicht und nahm dafür die beachtliche Summe von nicht weniger als neun besetzten Vollhufen. Sehr wahrscheinlich wirkt die Überlegung, wonach diese Leute – trotz ihrer ausschließlich alamannischen Namen – dem König zinspflichtige Walchen gewesen seien, die nun einen enormen Betrag für die volle Alamannen-Freiheit boten, aber auch bieten konnten. Sie und ihresgleichen im Rheingau oder in den Gauen Churrätiens bildeten die Spitze des einheimischen Elements, die *principes* oder *primores populi.* Allerdings beschränkte sich diese Oberschicht, wenn auch an mehreren Orten begütert, dennoch auf das Land und hatte keine interregnale Bedeutung, wie etwa ein Graf Ulrich.[415]

Bestimmten Chur und St. Gallen die politischen wie sozioökonomischen Ordnungen des westlichen Österreichs, so überragte das Kloster als geistiges wie geistliches Zentrum alle benachbarten Institutionen. Seine besondere Bedeutung bestand auf folgenden Gebieten:

Erstens bereinigte und vereinheitlichte St. Gallen die Überlieferung von Bibel, Liturgie und Kirchengesang. Dafür legt das älteste Exemplar der sogenannten Alcuin-Bibel Zeugnis ab. In gleicher Weise besitzen »zahlreiche andere zeitgenössische St. Galler Handschriften fundamentale Bedeutung für Liturgie und Musikgeschichte«.

Zum zweiten liegen St. Gallens Verdienste auf dem Gebiet der »Bereinigung der Benediktinerregel und der Vereinheitlichung des Mönchtums und Klosterwesens«; hier blieben die grundlegenden Regel-Handschriften erhalten.

Des weiteren überliefert die Klosterbibliothek die Handschriften, die das Vaterunser und das Glaubensbekenntnis, dazu aber auch die Alltagswörter der Monate und Winde in der Volkssprache wiedergeben. Sowohl der »Abrogans« wie die »Handbücher« des Kanzler-Abtes Grimald und Walahfrids sind in St. Gallen erhalten geblieben.

Viertens besitzt das Steinachtal-Kloster die wichtigsten Handschriften der Capitularien und Stammesrechte, darunter das einzige Exemplar der Lex Romana Curiensis, wie immer auch die Aktualität dieser Rechtssammlung zu sehen ist.

Das fünfte Verdienst St. Gallens besteht in der »Sammlung und schriftlichen Niederlegung der Heldenlieder und damit der eigenen Vergangenheit«.

Sechstens wirkte das Kloster für die »Verbesserung des Lateins und der Schrift, die anstelle der Sonderschriften die bis heute grundlegend gebliebene klassische karolingische Minuskel hervorbrachte«.

Zum siebenten und letzten steht St. Gallen für die »kraftvolle Förderung des Schulwesens mit den drei Typen Hofschule, Klosterschule und Domschule; noch heute besitzt die Stiftsbibliothek die zeitgenössischen Schulbücher der *artes liberales,* aber auch der höheren Wissenschaften, wie Exegese, Patristik, Pastoral, Jurisprudenz, Medizin«. Wenn irgendwo in unserem Raum der Begriff »Karolingische Renaissance« mit Leben erfüllt wurde, dann in St. Gallen.[416]

11. Augsburg

In Zusammenhang mit der Diözesanregulierung von 739 dürfte Bonifatius in Augsburg zumindest eine Synode geplant, wenn nicht abgehalten haben.[417] Der aus irgendeinem Grund nicht in Augsburg residierende Bischof Wikterp von Epfach hatte sich bald danach das allerhöchste Mißfallen des Angelsachsen zugezogen. Obwohl er noch an der Spitze der bayerisch-alamannischen Bischöfe stand, die Gregor III. um 738 zur Zusammenarbeit mit Bonifatius aufforderte, dürfte Wikterp dennoch dessen Reformeifer erlegen sein. Sicher, der Angehörige einer Bischofssippe, die den Agilolfingern nahestand, lebte noch durchaus in der merowingischen Tradition. Er hatte von Epfach aus den heiligen Magnus zur Mission ins Allgäu gesandt. Bezeichnenderweise war aber Magnus vorher vom Augsburger Priester Tazzo aus St. Gallen geholt worden. Dabei ging die Reise über Bregenz nach Kempten, von dort nach Epfach am Lech und schließlich nach Füssen. Die alamannische Orientierung Augsburgs unterstreicht auch die Gründung Kemptens im Jahre 752, wobei das Kloster noch Besitz auf beiden Ufern der Iller erhielt. Die Grenzen zwischen Augsburg und Konstanz-St. Gallen verfestigten sich an diesem Fluß wohl erst nach der Mitte des 8. Jahrhunderts.[418] Von Bayern aus gesehen, lag Augsburg äußerst exponiert und tendierte auch eindeutig nach dem alamannischen Westen. Überdies dürfte die Tradition der *Augusta civitas* doch nicht ausgereicht haben, daß Bonifatius hier eine Bistumsgründung erwog.[419] Den Ersatz für die alte Römerstadt fand Herzog Odilo – offenkundig mit Unterstützung des Papstes Zacharias – in Neuburg an der Donau oder »im Staffelsee«. Die damit verbundenen Probleme sind mangels Überlieferung kaum zu lösen. Nur so viel steht fest: Am Beginn des 9. Jahrhunderts hob Karl der Große das Neuburger Bistum auf, indem er dessen letzten Inhaber Sintpert zum Bischof von Augsburg machte. In dieser Eigenschaft vereinigte der neue Oberhirte »seine Diözese auf beiden Ufern des Lechs« und in den »beiden Reichen« Alamannien und Bayern. Die Zusammenlegung stützte die Autorität des Papstes wie des bereits zum Kaiser erhobenen Karolingers. Gleich den Bistümern Konstanz und – seit 843 – Chur zählte Augsburg, dessen österreichischer Anteil aus dem Vorarlberger und Tiroler Lechtal bestand, zur Mainzer Kirchenprovinz.[420]

Das karolingische Ostland (788/91–907)

Die Awaren waren nicht bloß die Nachfolger der Hunnen, sondern wurden diesen auch nachbenannt: Wie ihre Vorgänger hatten sie ihren Herrschaftsmittelpunkt im Alföld zwischen Donau und Theiß, während ihr Anteil am römischen Reichsgebiet im wesentlichen aus Pannonien bestand. Das Hunnenland wie die Avaria wurden so sehr mit Pannonien gleichgesetzt, daß der antike Provinzname auch einstiges norisches Gebiet bis zu den Fischbacher Alpen und an die Enns, ja sogar das außerrömische Zwischenstromland bezeichnen konnte.[1] Aus diesem Grund waren die meisten fränkischen Beobachter davon überzeugt, Karl der Große habe mit der Zerstörung des Awarenreichs die (beiden) pannonischen Provinzen erobert.[2] Allerdings war besonderen Experten bewußt, daß selbst die »beiden Pannonien« durch das rechte Ufer der Donau begrenzt wurden, so daß ein Awarenreich, das sich auch über die andere Seite des Stromes erstreckte, notwendigerweise andere Länder umfassen mußte. Ein wenig die antike Wirklichkeit manipulierend, läßt etwa Einhard die römische Provinz Dakien bereits jenseits der Donau beginnen, jedoch ebenfalls Teil der karolingischen Eroberungen sein.[3] Mit der Zerstörung des Awarenreichs fiel den Karolingern daher die Aufgabe zu, ein Gebiet zu organisieren, das theoretisch von der Enns und den Fischbacher Alpen bis zu den Karpaten reichte. Die Wirklichkeit sah freilich anders aus; schon jenseits der Theiß befanden sich die Awaren außerhalb der Reichweite der fränkischen Truppen, als diese 796 die Residenz des Khagans im Alföld plünderten.[4] Nach dem Ende dieses so außerordentlich erfolgreichen Feldzuges haben die Franken die Donau niemals mehr überschritten, ja, wegen des Vordringens der Bulgaren selbst das rechte Flußufer nicht überall halten können.[5] Der östlichste Ort, der um die Mitte des 9. Jahrhunderts die Oberhoheit des Westens anerkannte, war Fünfkirchen.[6]

I. Die Erfassung der Grenzen und Räume

1. Die Organisation der Außengrenzen des Reichsgebiets

Noch im Herbst 788 kam Karl der Große nach Regensburg, wohl um die nötigen Maßnahmen nach dem Sturz Tassilos III. zu ergreifen. Allerdings blieb als einzige Entscheidung in Erinnerung, der Frankenkönig habe in der bayerischen Hauptstadt »die Grenzen und Marken, *fines vel marcae,* der Bayern bestimmt, wie sie mit des Herrn Schutz sicher gegen die bereits genannten Awaren sein können«.[7] Dieser scheinbar so selbstverständliche Satz ist jedoch erklärungsbedürftiger, als es zunächst den Anschein hat. Das Begriffspaar *fines vel marcae* bezeugt nämlich keine Marken im landläufigen wie verfassungsgeschichtlichen Sinn. Vielmehr handelt es sich dabei um ein Hendiadyoin, um ein »Eins-durch-Zwei«, weil *marca* zunächst ein Synonym für die traditionellen lateinischen Grenzbegriffe war. Das gemeingermanische Wort *marka* für Grenze und Grenzland, das in der Hochsprache erst durch Luthers Bibelübersetzung von der slawischen *granica* verdrängt wurde, ist bereits im Gotischen bezeugt. Erstmals in einem langobardischen Königsgesetz von 746 als Bezeichnung für die Reichsgrenze und deren Verteidigung nachzuweisen, wird der Ausdruck nicht zuletzt von der karolingischen Reichsgesetzgebung vornehmlich in der Bedeutung »Reichsgrenze« angewendet, dürfte aber in Einzelfällen von knapp vor 800 an auch eine eigenständige Grenzorganisation gemeint haben.[8] Allerdings wird für beide Einrichtungen, für die Reichsgrenze und ihre Verteidigung wie für die eigenständige Grenzorganisation, derselbe Ausdruck verwendet. Und das hat seinen guten Grund, da die beiden Ordnungen grundsätzlich identisch waren.

Die fränkischen Außengrenzen wurden fast überall nach dem gleichen Muster verteidigt. Am besten ist – neben der bretonischen – die institutionelle Entwicklung im karantanisch-pannonischen Raum überliefert. Bereits 788 zeichneten sich die Verwaltungsstrukturen ab, die für die offensive Grenzverteidigung von der Donau bis zur Save vorgesehen waren. An der Donau führten zwei Grafen und Königsboten, *comites et missi,* das Heer, den *comitatus,* wörtlich: die Grafschaft gegen den Feind.[9] Als Königsboten waren die beiden Männer persönliche Beauftragte des Frankenkönigs, als Grafen waren sie für grenznahe Bereiche zuständig. So war der zuerst genannte und daher höherrangige Graman der Graf des an das Awarenreich grenzenden Traungaus.[10] Und sein Gefährte, Graf Otachar, gilt als Stifter von St. Pölten, das von Tegernsee aus gegründet wurde.[11]

Drei Jahre nach den ersten fränkisch-awarischen Auseinandersetzungen eröffnete Karl der Große die Offensive an der gesamten Front; an der Donau führte er 791 selbst den Oberbefehl, während von Friaul ein fränkisch-langobardisches Heer angriff. Diese Truppen standen nominell unter der Führung des Langobardenkönigs Pippin; tatsächlich zählte dieser damals 14 Jahre und übernahm erst 796 persönlich das Kommando gegen die Awaren, als der langjährige Krieg bereits »mehr einer Staatsaktion als einer Kampfhandlung« glich.[12]

Als Teilnehmer des fränkisch-langobardischen Vorstoßes gegen die Awaren in der Krain werden 791 der Reihe nach genannt: ein Bischof, möglicherweise der in Cividale sitzende Patriarch von Aquileia, mit größter Wahrscheinlichkeit Herzog Erich von Friaul, zwei Grafen, der Erich unterstellte Dux von Istrien mit seinen Leuten sowie eine unbestimmte Anzahl von Königsvasallen.[13] Die Aufzählung deutet die Kommandostruktur mit ihren Über- und Unterordnungen zwar nur an, doch lassen sich die Grundzüge klar erkennen. Der fränkische Graf Erich wurde mit dem langobardischen Dukat Friaul beauftragt, worauf er im allgemeinen den Herzogstitel führte. Erich war der Vorgesetzte mehrerer Grafen, der Königsvasallen, ja selbst des Dux von Istrien. In seinem Heer ritt auch ein, wenn nicht der oberste Bischof seines Mandatsgebiets. Im Jahre 795 organisierte Erich von Friaul den Entscheidungsschlag gegen den awarischen Khaganat, wobei er anscheinend die Truppen nicht selbst ins Alföld führte, sondern sie dem Kommando eines von ihm abhängigen Slawenfürsten unterstellte.[14]

Nördlich der Alpen vollzog sich eine vergleichbare institutionelle Entwicklung: An dem Feldzug von 791 nahm Karls Schwager, Graf Gerold I., offenkundig als Befehlshaber der Bayern teil.[15] Aus anderen Quellen erfährt man, daß nicht nur die weltlichen, sondern auch die geistlichen Würdenträger, Bischöfe und Äbte, für den Grenzschutz verantwortlich waren.[16] Die weltlichen Herrschaftsträger waren die Grafen und Königsvasallen. Ihnen folgten die zum Heeresdienst verpflichteten Freien und Unfreien.[17] Die Freien waren dort, wo es eine Gauverfassung gab, zunächst **Gaugenossen, pagenses.**

Der österreichische Raum wurde entlang der Enns, den oberösterreichisch-salzburgischen Kalkalpen und dem Alpenhauptkamm in ein bayerisch-alamannisches Altsiedelland und das eroberte norisch-pannonische Kolonisationsgebiet geteilt.[18] Die Gliederung in **Gaue, pagi,** blieb jedoch auf das Altsiedelland beschränkt. Daher kommen »echte« Gaue in unserem Gebiet nur nördlich des Alpenhauptkammes vom Bodensee bis zur Enns vor. Verhältnismäßig spät bezeugte Ausnahmen waren offenkundige Analogiebildungen, und zwar der churrätische Vinschgau sowie die beiden karantanischen Pagi, der Kärntner Kroatengau und der Salzburger Lungau, während der niederösterreichische Grunzwitigau als einziger Pagus östlich der Enns der herkömmlichen Ordnung westlich des Flusses folgte.

Die Gaue waren sowohl Siedlungs- wie Organisationsräume, in denen einander herrschaftliche wie genossenschaftliche Ordnungen begegneten. Ausdrücklich ist aber auch von einem »Ödgau« die Rede. An der Tiroler Nordgrenze oberhalb des bayerischen Isarfalls lag ein *pagus desertus,* »den wir (Bayern) Uualhogoi nennen«. Der »Walchengau«, heute Wal(l)gau, kann also nicht menschenleer gewesen sein, sonst wäre er nicht ethnisch zu bestimmen gewesen. Vielmehr hatte der Gau seinen bayerischen Namen von der romanischen Bevölkerung, die ihn bewohnte. Er bildete nach wie vor eine geographische Einheit, aber anscheinend ohne eigene Organisationsform.[19] Gaue bildeten sich um Altsiedelkerne und deren hydrogeographisches Einzugsgebiet. In allen Gauen bis hin zu den Neubildungen Grunzwitigau und Lustenauer Rheingau läßt sich der Wille zu einer politisch-wirtschaftlichen Raumordnung erkennen. Die Träger dieser Ordnung waren Grafen als Vertreter der Herrschaft und die genossenschaftlich organisierte Oberschicht der »Gaugenossen«, *pagenses,* der gerichts- und heerbannpflichtigen freien Bewohner des Gaus. Soweit und sobald ein Gau bestimmten Grafschaften gleichgesetzt oder als Teil zugeordnet wurde, waren die »Gaugenossen« die freien und vollberechtigten Grafschaftsleute.[20]

Die überwiegende Mehrheit der Gaue war im gesamten Frankenreich nach Gewässern benannt. Eine Sonderform bildet etwa die Bezeichnung des Salzburggaus, dessen »romanisch« anmutende Form *pagus Iobaocensium* sich auf einen Ort wie auf dessen Bewohner bezieht: Dieser Ort stand auf dem Boden und in der Tradition der alten Römerstadt Iuvavum und bildete nicht nur den Mittelpunkt einer Grundherrschaft, sondern war Gerichtsplatz und zugleich befestigtes Zentrum einer schon vorbayerischen Heeresorganisation. Er gab seinen Namen einem Gau, der zwar wie die übrigen Gaue erst in bayerischer Zeit entstanden war, zugleich aber auch erkennbare Vorstufen besaß. Der Salzburggau oder »Gau der Leute von Iuvavum« wuchs wohl nach 550 aus zwei Einheiten zusammen, die vorher politisch getrennt waren. Davon zeugen eine Romania im Süden sowie ein überwiegend bayerischer Ortsnamenbefund im Norden der Stadt. Das nächstgelegene Gegenstück zum Salzburggau bildeten der niederbayerische Künzinggau, der an das Severin-Kastell Quintanis anknüpfte, sowie der Augstgau, der mit Augsburg in Verbindung stand. Die Gaunamen bezogen sich auf geschlossene Siedlungslandschaften, die von Ödland mannigfacher Art umgeben waren. Ausgedehnte Wälder bildeten ab einer Hochlage von 500 bis 700 Metern die Gaugrenzen.[21] Daher begann bereits in den bewaldeten Hügeln, die den Salzburggau vom Chiemgau und Mattiggau schieden, eine siedlungsarme, wenn nicht siedlungsleere Zone. Hob sich also schon der Flachgauer Norden deutlich von den benachbarten Gauen ab, so besaß die Salzburggauer Romania eine um so eindrucksvollere Begrenzung: im Westen den Untersberg und den Göll, im Süden die Kalkklötze des Hagen- und Tennengebirges und im Osten die Osterhorngruppe bis zum Gaisberg.

In Gauen, die wie der Traungau Außengrenzen besaßen, wurden die *pagenses* gleich den Grenzbewohnern ohne Gauverfassung rein funktionell als **Grenzer, confin(i)ales** bezeichnet.[22] Die *confin(i)ales* sollten sich in der Grenzverteidigung wie in der Ordnung der *marca* durch Eigeninitiative auszeichnen.[23] Mit ihren Grafen mußten die Grenzer in den Krieg ziehen und auch in Friedenszeiten entsprechende Wacht- und Aufklärungsdienste, *wactae,* leisten.[24] Kein Wunder, daß die militärischen Belastungen den Grenzern auch zu viel werden konnten, so daß sie sich gegen diejenigen zur Wehr setzten, die die Mark gewaltsam erweitern wollten.[25] Den Gegenstand des mitunter tödlichen Grolls konnten selbst Held Roland oder ein Gerold I., der Schwager Karls des Großen, bilden.[26] Interessiert an einer aktiven Grenzpolitik war hingegen die in der *marca* begüterte Oberschicht der Grenzer, die in den Quellen des frühen 9. Jahrhunderts die zukunftsträchtige Bezeichnung **marchiones** führt. Solange dieses Wort im Plural verwendet wurde und eine anonyme Gruppe meinte, waren die *marchiones* vor allem die nichtgräflichen Führungskräfte, wohl in erster Linie die im Grenzbereich lebenden Königsvasallen. Der Begriff war aber offen und bezeichnete auch das gesamte Grenzheer.[27]

An dessen Spitze standen ein oder mehrere **Grafen, comites,** die regionalen Vertreter

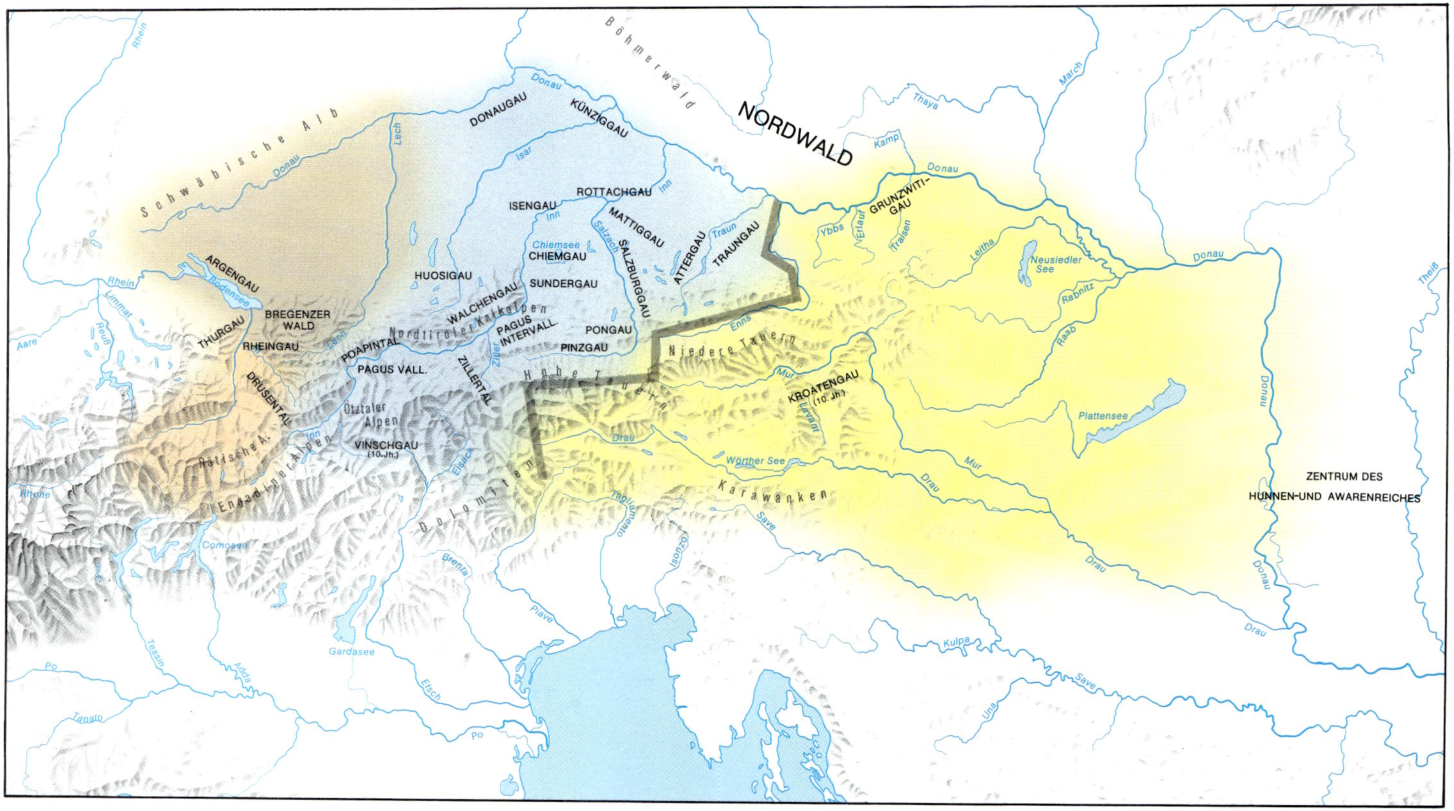

Frühmittelalterliche Gaue

des Königs. »Österreichische« Grafen gab es schon in der Agilolfingerzeit, und zwar besonders in der Umgebung von Salzburg, in den beiden Gauen am unteren Inn und im grenznahen Traungau.[28] Ob der spätantik-fränkische *comes* und der fränkische *grafio* zunächst zwei verschiedene Mandatsträger waren oder nicht, im 8. Jahrhundert ist jedenfalls ihre Gleichsetzung vollzogen. Ausdrücklich wird überliefert, daß die Bayern den *comes* als »Grafen« bezeichnen. Ein Graf stand zwar an der Spitze eines militärischen Aufgebots, das sich als Personenverband darstellte. Da aber diese Menschen in einem bestimmten Gebiet wohnten, war die Beauftragung des Grafen regional begrenzt. So heißt es von einem bayerischen Grafen für die Zeit um 680, er habe »Bozen und die übrigen Kastelle (dieses Gebiets)« verwaltet.[29] Beides, sowohl die regionale Zuordnung wie die Leitung eines Personenverbands, wird in den urkundlichen wie normativen Quellen der Zeit belegt. Nach der bayerischen Lex besaß der Graf folgende Aufgaben: Er hat nach dem Herzog die richterliche Gewalt und ist für seinen Comitatus, für das Aufgebot seines Gebiets, innerhalb des Bayernheeres verantwortlich. Er übt Befehlsgewalt über die Unterführer seines Aufgebots aus. Reicht aber seine Macht nicht aus, um der »Großkopferten«, der Mächtigen, die seinem Comitatus zugeordnet sind, Herr zu werden, so muß er den Rechtsfall an den Herzog abtreten. Alle Freien, auch die Vasallen des Königs oder Herzogs, »die in einem bestimmten Comitatus wohnen«, haben das Grafengericht, *mallus publicus/mallum publicum,* zu besuchen, das zu bestimmten Zeiten am herkömmlichen Gerichtsort tagte. Folgerichtig hat der Graf »für sein Heer zu sorgen, damit dessen Angehörige in seinem Herrschaftsbereich nichts gegen das Gesetz tun«.[30]

An diese Ordnung schloß die karolingische Grafschaft nahtlos an. Der Graf übte nun ein königliches Mandat aus; sein Aufgabenbereich galt wie der des Bischofs als *ministerium*; ein Wort, in dem trotz aller Veränderungen der antike Amtsbegriff fortlebte. Der karolingische Graf konnte seine Funktion daher weder erben noch sonstwie aus eigener Machtvollkommenheit erhalten. Die Entscheidung, ob jemand für ein *ministerium comitis,* das heißt zur Dienstleistung als Graf, in Frage komme, lag beim König, von dem der Graf eingesetzt wurde. Das *ministerium comitis* bedeutete aber nicht bloß die Funktion des Grafen, sondern ebenso seinen Erfüllungsstab, seine Mitarbeiter und Untergebenen unter Einschluß der ihm zugeordneten Richter; und schließlich bildete das Ministerium auch das Gut eines Grafen.[31] Die wirtschaftliche Macht der Grafen beruhte auf keiner einheitlichen Rechtsgrundlage. Es gab reiche, mittlere und ärmere Grafen. Man hat diese Einteilung auf Grundbesitz umgelegt und ungefähr ein Verhältnis von 400 : 200 : 100 Höfen für die drei Grafengruppen berechnet.[32]

Bei der Benennung von Grafschaften herrschte das personale Prinzip vor, und zwar trotz der im 9. Jahrhundert wachsenden Tendenz zur Territorialisierung und Zuordnung zu bestimmten Landschaften, wie etwa einzelnen Gauen. Es gibt aber bei uns erst um 890 ein Beispiel, daß Grafschaften die Namen von Gauen trugen. Selbst Wilhelm I., den man wie seinen Vorgänger Graman noch am ehesten als Traungau-Grafen bezeichnen könnte, hinterließ dafür kein einziges zweifelsfreies Zeugnis.[33] Fielen die Grenzen einer Grafschaft, wie dies in unserem Raum besonders um Bozen[34] und im

Traungau[35] der Fall war, mit Außengrenzen zusammen, übernahmen die Comites die Funktion von **Grenzgrafen, confinii comites,** ohne daß sich dadurch eine grundsätzliche Änderung ihrer Stellung ergeben hätte.[36] Bekannt ist die angebliche »Umsicht« Karls des Großen, nur besonderen Grafen mehr als eine Grafschaft zuzuteilen. Außerdem wurden diese Ausnahmen mit dem Schutz der Grenzen gegen die »Barbaren« begründet, was zu Machtkonzentrationen und über die vorgegebenen wirtschaftlichen Unterschiede hinaus zu starken Differenzierungen in der Stellung einzelner Grafen führte. Genau dies war aber auch schon zu Karls Zeiten im Binnenland möglich, wenn der eine Bruder der Königin Hildegard eine Reihe von Grafschaften vom Breisgau bis zum Thurgau in seiner Hand vereinte, und der andere Bruder, Gerold I., nicht bloß ein reicher alamannischer Graf blieb, sondern der Herr des bayerischen und danach des awarischen Reichs wurde.[37] Solchen Obergrafen waren andere Grafen als *comites socii* zugeordnet.[38]

Comites, die, wie Gerold I. oder sein Zeitgenosse Erich, der das alte langobardische Herzogtum Friaul fortsetzte und zugleich Oberherr des istrischen Dux wurde,[39] für ganze Reiche zuständig waren, können in literarischen Texten auch **Präfekten** heißen. Die militärischen Befehlshaber, die gemeinsam mit Pippin von Italien den Awarenkrieg 796 offiziell beendeten,[40] hießen *praefecti provinciarum, comites etiam atque legati* (sc. *missi*).[41] Das Wort *praefectus* stammt aus der Antike, und die Vorliebe für den klassischen Sprachgebrauch dürfte seine Wiederbelebung vor allem durch die Reichsannalen und den Karl-Biographen Einhard bewirkt haben. Die Bezeichnung wurde aber niemals offiziell und fehlt auch in Urkunden.[42]

Mit der Zeit wird die Stellung der obergräflichen Präfekten durch den Fachausdruck **marchio** verdrängt. Der Begriff konnte aber nicht vor der Mitte des 9. Jahrhunderts seine, die anderen Grafen überragende Bedeutung erreichen. Obwohl diese Titulatur, die schließlich selbst zum Urkundentitel wurde, auch im Binnenland vorkam, dürfte ihre Entstehung doch die karolingische Markenorganisation voraussetzen. Im bayerischen Ostland dauerte es daher bis zum Ende des 9. Jahrhunderts, bis ganz wenige Große auch als Markgrafen tituliert wurden. In urkundlichen Quellen ist dies nur Arbo und Luitpold geglückt.[43]

Grenzgrafen und Markgrafen verbanden wie die zugeordneten Comites ihr Mandat mit den Aufgaben eines **Königsboten, missus (dominicus, regis),** eine Bezeichnung, die die unmittelbare Beauftragung durch den Frankenherrscher ausdrückt. Der Königsbote war seinem Herrn persönlich verantwortlich.[44]

Unter der Leitung, *cura,* des Präfekten, des obersten *comes et missus,* standen aber nicht bloß fränkische Grafen, *comites et missi,* sondern auch **Stammesfürsten, duces.** Wie das klassische Imperium Romanum außerhalb seiner Grenzen Föderatenreiche besaß, so wurde das Karolingerreich von allen Seiten durch abhängige Fürstentümer umgeben. Die Texte nennen Basken, Bretonen, Slawen aller Art sowie die unterworfenen Awaren, ja sogar die fürstlichen Langobarden Benevents. An der Spitze eines derartigen Fürstentums stand ein Herrscher, den fränkische und fränkisch beeinflußte Quellen gewöhnlich als »Stammesfürsten«, *dux gentis,* bezeichnen. Trotzdem war ein gentiler Dux oder Fürst grundsätzlich nicht weniger als ein König, so daß für ihn mitunter auch der

Königsname vorkommt. Die deutsche Übersetzung mit »Herzog« ist hingegen quellenfremd und daher falsch. Die Slawen werden einen solchen Fürsten wohl *knez-kn(j)az* genannt haben. Die politische Willensbildung innerhalb eines solchen Fürstentums, der *ritus gentis,* ging von seinem Inhaber und dessen Sippe, der *stirps regalis,* aus, beruhte aber zugleich auch auf der Entscheidung der politisch Handlungsberechtigten, des *populus.* Ein auf diese Weise gefaßter Beschluß bedurfte der fränkischen Zustimmung, die königliche Beauftragte zunächst in ihrer eigenen Machtvollkommenheit erteilten. In Sonderfällen, wie etwa bei einer Beschwerde gegen einen solchen Königsboten oder bei Thronwechsel, wurde der Frankenherrscher unmittelbar angerufen. Stand die Erhebung eines neuen Fürsten an, ergriffen die politisch Handlungsberechtigten die Initiative und holten den Konsens des karolingischen Kaisers oder Königs ein. Die Erhebung erfolgte *petente populo et consentiente imperatore,* »auf Bitten des Volkes und mit Zustimmung des Kaisers«, eine Formel, die der institutionellen Struktur eines gentilen Fürstentums entsprach, das die fränkische Oberhoheit anerkannte.[45] Schon bei der Umwandlung eines klassischen Föderatenreichs in eine römische Provinz wurde die gentile Führungsschicht durch den kaiserlichen Statthalter und dessen Verwaltung ersetzt. Ebenso löste ein fränkischer Comes den gentilen Dux oder Rex ab, sobald ein karolingisches Klientelfürstentum in eine Grafschaft umgewandelt wurde.[46]

2. Die Mark des bayerischen Ostlandes: vom norischen Karantanien und awarischen Pannonien zum bayerischen Ostarrîchi

Solange das Frankenreich expandierte, waren die an den Außengrenzen liegenden politischen Regna und Dukate für ihren eigenen wie für den Schutz des ganzen Reichs zuständig, eine Maßnahme, die in den meisten Fällen als Vorwärtsverteidigung durchgeführt wurde. Die Beauftragten dieser Einheiten bildeten eine hierarchisch gegliederte Gruppe von Grafen und Königsboten, an deren Spitze ein Obergraf oder Dux stand, den offiziöse Quellen auch als Präfekten beschrieben. Entsprechend dieser Ordnung entwickelte sich während und nach dem Zusammenbruch des Awarenreichs eine Gewalten- und Aufgabenteilung zwischen dem Norden und dem Süden, wonach Gerold I. von Regensburg aus die bayerische Ostgrenze unter Einschluß Karantaniens und Pannoniens kontrollierte, während Erich von Friaul in Cividale saß und die seinem Herzogtum vorgelagerten Gebiete, nämlich Istrien mit dem oberen dalmatinischen Küstenland, Krain und Slawonien, zu verwalten hatte.[47] Nach Osten hin blieb Erichs Sprengel offen; vielleicht beanspruchte der Herzog sogar Gebiete an der serbischen Morava in Mösien. Die Südgrenze des friulanischen Ostlandes bildete im wesentlichen die Save; doch scheint Erich auch im Raum oberhalb der Ku(l)pa, das heißt entlang der Linie Siscia-Sisak und Tharsatica-Trsat (Rijeka), befehligt zu haben.[48] Die karolingische Verwaltungssprache schloß terminologisch, wenn auch nicht sachlich, an die trajanische *Pannonia superior* und *Pannonia inferior* an. Abweichend von der im 2. Jahrhundert festgelegten Zweiteilung bildete zunächst die Drau die Grenze zwischen den beiden

Einheiten. Erst die Neuordnung von 828/30 stellte mit der Raab-Grenze die kaiserzeitliche Gliederung annähernd wieder her. Von da an trennte die Raab das fränkisch-bayerische Oberpannonien vom nun auch fränkisch-bayerischen Unterpannonien.[49]

Während der »Sommersaison« 799 fielen beide Präfekten unter nicht ganz geklärten Umständen an den Grenzen ihres Herrschafts- und Mandatsgebiets.[50] Während der Nachfolger Erichs in Friaul die bisherige Ordnung unverändert fortsetzte, wurde in Bayern ein Modell übernommen, das bereits gegen die Bretagne seine Bewährungsprobe bestanden hatte: Eine grenznahe Grafschaft des Altsiedellandes, in unserem Fall der Traungau, wurde einem eigenen Obergrafen übertragen, um von hier aus das eroberte Land als eigene politisch-militärische Einheit zu organisieren. In Regensburg und für ganz Bayern mit Ausnahme des Traungaus wurde ebenfalls ein Obergraf mit dem Vorort in Regensburg eingesetzt, der in herkömmlicher Weise die bayerische Außengrenze vornehmlich gegen Böhmen zu schützen hatte. Da in beiden Fällen eine fränkisch-bayerische Grafschaft die Grundlage dieser Ordnung bildete, war auch die zu organisierende Außengrenze in beiden Fällen eine *marca.* Zum Unterschied von der bayerischen Mark gegenüber Böhmen erfaßte jedoch die Mark östlich von Traun und Enns das gesamte Awarenreich nördlich der Drau und wurde überdies mit Karantanien verbunden. In diesen riesigen Räumen, die eine Quelle des Jahres 870 das »Ostland«, *plaga orientalis,* nennt, wurde die Mark als Grenzgebiet zur Mark als regionale politisch-militärische Organisationsform. Es fällt auf, daß sich diese neue Ordnung in derselben Zeit entwickelte, als die Expansion des Frankenreichs aufhörte und man auf Konsolidierung, Verteidigung und Schutz der Außengrenzen zu setzen begann.

Der eine Nachfolger Gerolds I. verwaltete wie dieser als Graf ganz Bayern.[51] Daher galt sein Mandat als Comitatus, obwohl diesem eine Mehrzahl von einzelnen *comitatus* untergeordnet war. Das gleiche traf auch für den anderen, mit dem Ostland betrauten Grafen zu, der im Altsiedelland allein den grenznahen Traungau befehligte. Obwohl die »Obergrafschaft Bayern« und die »Grafschaft Traungau« quantitativ mehr als verschieden waren, weshalb man Bayern auch als Präfektur oder Regnum bezeichnete, bestand doch qualitativ kein Unterschied zwischen den beiden Grafschaften, da jeder Comitatus der Theorie nach eine regional bestimmte, gleichrangige und unmittelbare Vertretung der Königsherrschaft darstellte. Weil aber kein theoretisch-institutioneller Unterschied zwischen einer Grafschaft mit Außengrenzen und einer Grafschaft an und in den Außengrenzen bestand, machte man keinen terminologischen Unterschied zwischen einer abhängigen und einer eigenständig organisierten Grenzform. Beide hießen *marca,* weil beide ihre Basis im Altsiedelland hatten. Der entscheidende Unterschied zwischen diesen Organisationsformen lag in der Tendenz, ja dem Auftrag der Grenzgrafschaft einer regional zu organisierenden Mark, sich in das Neuland auszudehnen und in diesem den Ansatz für die Bildung weiterer Grafschaften zu bieten. Auf diese Weise wurde die Traungauer Grafschaft des Ostlandpräfekten – nachweisbar spätestens in den dreißiger Jahren des 9. Jahrhunderts – über die Enns hinweg bis zur Raab erweitert, während in Karantanien und der Krain wohl bereits 828 und im Gebiet von Steinamanger spätestens in den vierziger Jahren weitere Grafschaften entstanden. Das Ensemble von Grenzgrafschaft und zu gestaltendem Ostland wurde jedoch schon an seinem Beginn von einem obergräflichen Präfekten geleitet. Die Teilung Bayerns in zwei Comitatus-Präfekturen dürfte bereits vor 802 erfolgt sein, ist jedenfalls 805 eindeutig bezeugt.[52]

Die Entwicklungsgeschichte der Mark im bayerischen Ostland spiegelt ihre Benennung wider: In ihrer ersten Phase wurde sie nach demjenigen Volk benannt, wogegen sie sich richtete. Dieses Gebiet ist daher zunächst das Land oder das Reich der Hunnen (Awaren) gewesen. Mit der Verdrängung der Awaren wurde der Raum ein Slawenland. Die organisierte Konsolidierung bewirkte, daß man den alten Provinznamen suchte und von der klassischen Pannonia sprach. Erst nach zwei Generationen entwickelte sich, 870 nachweisbar, der Begriff eines bayerischen Ostlandes, *plaga orientalis,* dessen volkssprachige Form mit größter Wahrscheinlichkeit bereits Ostarrîchi war.[53] Dieses bayerische Ostland/Ostarrîchi war das Ergebnis des Zusammenwachsens zweier Räume mit alten, aber dauerhaften Grenzen und antiken Traditionen, des awarisch-slawischen Pannoniens und des norischen Karantaniens.[54] Neben Karantanien, das auch in der entstehenden Mark zunächst ein gentiles Fürstentum blieb, wurde 805 östlich der Linie Hainburg/Steinamanger ein awarisches Fürstentum eingerichtet, ein Tributärkhaganat, den Karl der Große »nach altem Brauch der Hunnen als Oberherrschaft über ihr gesamtes Gebiet« anerkannte. Wie weit das awarische Fürstentum nach Osten reichte und welche Teile Pannoniens es tatsächlich umfaßte, wird nicht berichtet. So lassen sich nach 800 »awarische Wohnsitze«, *loca Avarorum,* nur an der genannten Linie nachweisen. Die abhängigen Awaren hatten sich deswegen unter fränkischen Schutz gestellt, weil sie von feindlichen Slawen aus ihren ursprünglichen Siedlungsgebieten verdrängt wurden.[55] Mit größter Wahrscheinlichkeit wurde der abhängige Khaganat bei der großen Flurbereinigung des Jahres 828 aufgelöst; erst einige Jahre später füllte das neuerrichtete pannonische Fürstentum von Moosburg das dadurch entstandene politisch-gentile Vakuum.[56]

Zwischen 799/vor 802 und spätestens 826 gab es vier bayerische Ostlandpräfekten, von denen aber kaum mehr als die Namen bekannt sind. Auf sie folgte Gerold II., der im Jahre 826 mit seinem Neffen Ludwig dem Deutschen nach Bayern kam. Die wichtigste Aufgabe Gerolds dürfte die Wiederherstellung des bayerischen Ostlandes gewesen sein, das zu einem nicht geringen Teil an den Friulaner Herzog Balderich verlorengegangen war.[57]

Bis 828 wurden weder im karolingischen Pannonien, das östlich der Enns und der Fischbacher Alpen begann,[58] noch in Karantanien fränkisch-bayerische Grafschaften eingerichtet. Das Jahr 828 brachte eine entscheidende, bis in unser Jahrhundert nachwirkende Änderung der Verfassung des Ostlandes: In Karantanien wurden die gentilen Fürsten durch fränkisch-bayerische Grafen abgelöst; das gleiche geschah in der Krain, die aus dem friulanischen Markensystem herausgelöst und dem bayerischen Ostland zugeteilt wurde. Ebenso wurde das slawonische Fürstentum von Siscia-Sisak Teil der bayerischen Ostlandpräfektur Gerolds II. Dieser war nachweisbar Obergraf im Traungau und galt als Präfekt des awarisch-pannonischen Limes. Aber erst sein Nachfolger Ratpot besaß eine Grafschaft, die vom Traungau über die Enns bis zur Raab reichte.[59] Ratpot war – zusätzlich zu seiner eigenen Grafschaft zwischen Enns und Raab – der Vor-

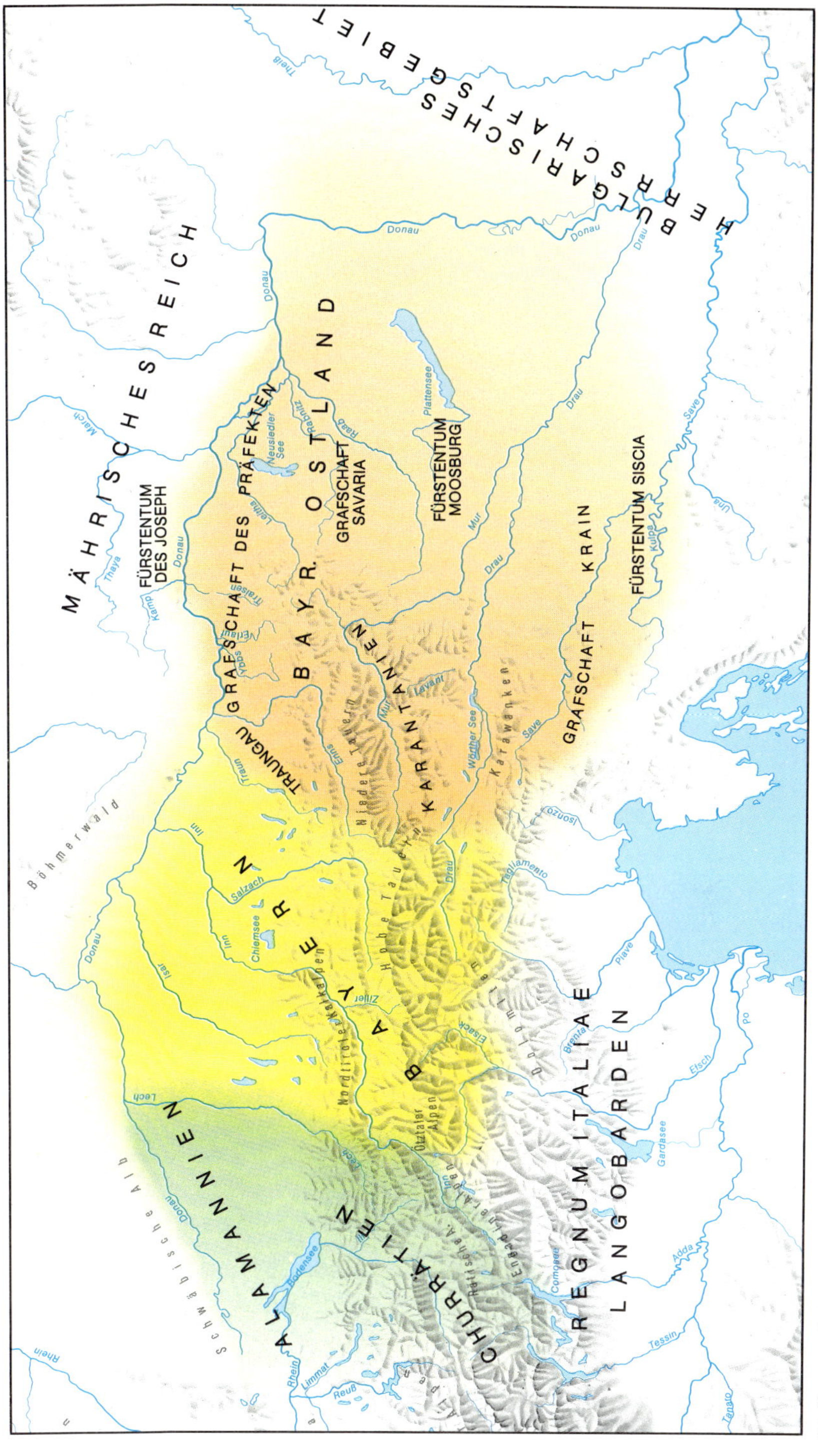

Völker und Räume im 8. und 9. Jahrhundert

gesetzte eines zugeordneten Grafen im Traungau, der Grafen von Steinamanger, von Karantanien, von der Krain und der gentilen Fürsten von der Moosburg westlich des Plattensees, von Siscia-Sisak an der Mündung der Kupa in die Save sowie theoretisch der königgleichen mährischen Fürsten.[60]

Wie viele seinesgleichen wurde Ratpot dem König zu mächtig und eigenmächtig, so daß der Huldverlust Ludwigs des Deutschen die Karriere des Grenzgrafen beendete. Gefährlich war nämlich die Wanderung über den schmalen Grat zwischen Versagen und Überschreiten der Kompetenz, zwischen *ignavia* und *infidelitas.* Wahrscheinlich hatte sich Ratpot allzugut mit dem mährischen Feind vertragen. Im Jahre 854 wurde er vom König abgesetzt – Grund: Treubruch.[61] Nach dem Sturz Ratpots übernahm der Königssohn Karlmann die Herrschaft über das bayerische Ostland, die er bis 871 ungeteilt, wenn auch nicht unangefochten, innehatte. Karlmanns Schwierigkeiten lagen vor allem in Differenzen mit seinem Vater und seinen Brüdern. Im Zuge dieser innerfamiliären Auseinandersetzungen beauftragte Ludwig der Deutsche 871 den Grafen Arbo mit dem Traungau, der Donaugrafschaft und der Grafschaft Steinamanger, während die beiden Grafschaften Karantanien und Krain sowie die Fürstentümer von Moosburg und Siscia in der Verwaltung der Königssöhne blieben, und zwar bis 876 in der Karlmanns und von 876 bis 887/93 in der von dessen Nachfolger und Sohn Arnulf. Damit war eine folgenschwere Spaltung des bayerischen Ostlandes herbeigeführt, die auch dann nicht behoben wurde, als Graf Luitpold 893 das Erbe Arnulfs antrat. Im Frühsommer 907 verlor Luitpold Leben und Schlacht gegen die Ungarn bei Preßburg; es ist sehr fraglich, ob Arbo, zu dessen Grafschaft der Schlachtort mittelbar oder unmittelbar gehörte, an der Auseinandersetzung persönlich beteiligt war.[62] Diese Schlacht bewirkte nicht bloß den Untergang der Oberschicht Bayerns und des Ostlandes, sondern auch den Verlust des Großteils der Mark selbst. Die Grenzen bildeten wieder die Enns und die Fischbacher Alpen. Aber der Name Ostland und Ostarrîchi für das niederösterreichische Donauland, die Steiermark und Kärnten und vielleicht auch die Krain überdauerte die karolingische Mark, bis in der zweiten Hälfte des 10. Jahrhunderts die Reichspolitik bewirkte, daß die Bedeutung des Ostarrîchi-Begriffs auf das Gebiet östlich der Enns eingeengt wurde.[63]

Die fränkisch-bayerischen Großen sowie die Bistümer und Abteien des Altsiedellandes fanden nach 800 im Neuland so viel herrenloses, obgleich nicht menschenleeres Gebiet, daß sie auf eine mündliche Zusage Karls des Großen hin Eigengut »absteckten« und darüber erst viel später – selbst für Weinberge in der Wachau – Königsurkunden erbaten.[64] Es war nämlich die bayerische Kolonisation keineswegs »in den Grundzügen bereits abgeschlossen«,[65] als die Frankenheere 791 die Enns überschritten. Die Schenkungsurkunden an die Hochstifte Salzburg,[66] Passau,[67] Regensburg,[68] Freising[69] sowie für die Klöster Tegernsee,[70] Niederalteich,[71] Kremsmünster,[72] Herrieden,[73] Mattsee[74] und das bayerische Stift Moosburg[75] nennen hauptsächlich Orte zwischen der Mündung der Ybbs und der Pielach, in der Wachau und vor allem an beiden Ufern der Traisen von St. Pölten bis zur Donau. Diese Räume waren offenkundig niemals völlig zerstört worden. Obwohl oder gerade weil im eroberten Land das »Königsrecht«, *ius regium,* galt, wurden freien Slawen ausdrücklich ihre Rechte verbrieft.[76] Gemeinsam mit

Das Werden des bayerischen Ostlandes 796/99–907

I. 796–799

Bayern		*Königreich Italien*
Karantanien →	Pannonien	*Friaul*
	nördlich/südlich der Donau ←	Istrien, Krain

II. 799/802–828

Königreich Bayern seit 814/17		*Friaul*
Bayern	*Bayerisches Ostland*	
	Traungau, Karantanien, Pannonien nördlich der Drau	Istrien, Krain, Pannonien südlich der Drau
		820–828: Balderich Herzog v. Friaul

III. 828–854

Königreich Bayern		
Bayern	*Bayerisches Ostland*	*Friaul*
826/30–833 König Ludwig (der Deutsche) im Land	Wiederherstellung und Erweiterung ab 826/28	Istrien
	Traungau, Donaugrafschaft bis zur Raab, Gft. Steinamanger, Gft. Karantanien, Gft. Krain, Fürstentümer von Mähren, Moosburg und Siscia	

IV. 856/65–871 Königssohn Karlmann mit Markgrafen

Bayern	865	*Bayerisches Ostland*
Bayern östlich des Inns	→	Traungau, Donaugrafschaft bis zur Raab, Gft. von Steinamanger, Gft. Karantanien, Fürstentümer von Mähren, Moosburg und Siscia, ab 865 Böhmen

V. 871–907 Spaltung des Ostlandes

Traungau, Donaugrafschaft, Gft. Steinamanger	*Gft. Karantanien, Gft. Krain, Fürstentümer von Moosburg, Siscia und des Joseph im Kamptal*
871–nach 909: Arbo	871–876: Karlmann mit Markgrafen 876–887/93: Arnulf mit Markgrafen 893–907: Luitpold mit Grafen und 896–900: Brazlavo von Moosburg

ihnen bauten vor allem bayerische Kolonisten das niederösterreichische Kerngebiet in einer Weise aus, daß es nicht bloß die ganze Karolingerzeit hindurch im Ostland seinen Vorsprung behielt, sondern auch über den Einbruch der Ungarn hinweg bis zur Ankunft der Babenberger in der Mark als Ostarrîchi überlebte. Und noch 1986 wurde dieser Raum gewählt, als man St. Pölten zur niederösterreichischen Landeshauptstadt erklärte.[77]

3. Die kirchliche Organisation und Mission der eroberten Räume

In der Mitte der neunziger Jahre übertrug Karl der Große die Weiterführung des Awarenkriegs zumindest in die nominelle Kompetenz Pippins, des zweiten Sohns aus seiner Ehe mit Hildegard. Der durchschlagende Erfolg, den die Truppen Herzog Erichs von Friaul Ende 795 errangen, bestätigte glänzend den neuen Angriffsplan. Unter der Leitung des etwa neunzehnjährigen Langobardenkönigs wurde 796 dem Khaganat der Todesstoß versetzt. Wieder stellten die fränkisch-langobardischen Truppen das Hauptkontingent; doch nahmen auch das bayerische und ein Teil des alamannischen Aufgebots den Donauweg, um sich in Pannonien mit dem königlichen Heer aus Italien zu vereinigen.[78] Darauf rückte das vereinigte Frankenheer bis an die Donau vor, wo am rechten Ufer des Stroms ein befestigtes Lager errichtet wurde. Hier kam es sehr bald zur Unterwerfung des Khagans und seiner Großen, der Tarkhane, in einer ausführlich beschriebenen Zeremonie. Diese bekundete auch die Bereitschaft der Awaren, den christlichen Glauben anzunehmen. Daher ließ der junge König im Lager an der Donau eine Bischofssynode zusammentreten, die unter dem Vorsitz des Patriarchen Paulinus von Aquileia tagte. Die Bischöfe im Gefolge Pippins berieten ausführlich die Frage der Awarenmission und der dabei anzuwendenden Methoden. Behandelt wurden Fragen des Taufritus und der Glaubensunterweisung eines »rohen Volkes«, bei dem mit schriftunkundigen Geistlichen, *clerici inlitterati,* zu rechnen war, die Taufwillige ohne Ablegung des Glaubensbekenntnisses nur ins Wasser tauchten und es dabei bewenden ließen. In diesem Fall wurde eine neuerliche Taufe vorgeschrieben.[79] Man war unter dem Einfluß Alcuins bereit, sich für die Bekehrung der Awaren besser vorzubereiten, als dies im Falle der Sachsen geschehen war. Vor allem waren die Fehler zu vermeiden, die bei deren Mission begangen wurden. Nicht Zehente, sondern Seelen sollten gewonnen werden.[80] Die *decima Sclavorum,* der Slawenzehent, stellte gegenüber dem kanonischen Vollzehent eine beachtliche Erleichterung der Abgabenpflicht dar. Im Salzburger Missionsgebiet hielt sich dieser verminderte Zehent bis ins Hochmittelalter hinein.[81] Auch schien es, als ob sich die Awaren tatsächlich zum Christentum bekehren wollten, nicht zuletzt um ihre ethnisch-politische Identität zu behaupten.[82]

Die Synodalprotokolle nennen bloß Paulinus. Aus dem Briefwechsel zwischen Alcuin und Arn geht jedoch hervor, daß der Salzburger Bischof nicht bloß im Lager an der Donau dabei, sondern auch einer der Anführer des nordalpinen Aufgebots war.[83] Pippins Beratungen mit den Bischöfen waren einige Zeit vor dem 10. August 796 abgeschlossen worden.[84] Vor der Überquerung der Donau wurden noch keine Missionssprengel festgelegt. Am Ende des Feldzugs übergab der Langobardenkönig dem Salzburger Oberhirten »das Gebiet Pannoniens um den Plattensee« sowie den gesamten Raum, der von Raab, Donau und Drau begrenzt wurde. Diese Ordnung bedurfte der Zustimmung Karls des Großen, der sie zwar erst im Oktober 803 zu Salzburg, möglicherweise urkundlich, verbriefte,[85] aber schon vorher ihre faktische Gültigkeit anerkannt hatte. Dies lehren die Anfänge der bayerischen Missionstätigkeit östlich der Enns: Am 20. Januar 799 hatte Arn die erste bayerische Provinzialsynode in Reisbach abgehalten, worauf anscheinend am 20. Juni 799 in Traismauer an der Donau eine bayerische Nachfolgesynode der friulanisch-bayerischen Bischofsversammlung vom Sommer 796 stattfand. Was die bayerischen Bischöfe in Traismauer im einzelnen verhandelten – bezeugt ist nur die Anwesenheit des Passauer Diözesanen –, ist nicht bekannt. Allerdings könnte damals Theoderich, der auf Befehl Karls des Großen von Arn ausgewählte und geweihte Bischof des Ostlandes, in seinen Amtsbereich eingeführt worden sein.[86] Solange Karl der Große herrschte, beschränkte er seinen geistlichen Königsboten Arn in keiner Weise; ja, er drängte den aus mehreren Gründen Widerstrebenden, die gesamte Slawenmission im Neuland zu übernehmen. So hatte er dem – stets kränkelnden – Salzburger als einzigem der beteiligten Bischöfe 796 erlaubt, seine Kirche dürfe ein namhaftes Seelgerät für den Fall stiften, daß er den Feldzug ins Awarenland nicht überlebe.[87]

Bereits 796 hatte Alcuin einen eindringlichen Appell an Paulinus von Aquileia gerichtet, sich ganz besonders um die Awarenmission zu kümmern. Der Angelsachse besaß ausgezeichnete Kenntnisse über die Möglichkeiten des Patriarchats, da anscheinend kein Geringerer als Erich von Friaul soeben sein Gast gewesen war.[88] Man kennt zwar keine gemeinsamen Aktionen, die Herzog und Patriarch in ähnlicher Weise wie der Bayernpräfekt und der Salzburger Erzbischof, wenn schon nicht im Awarenland, so doch in ihrer *Sclavinia* durchgeführt hätten. Aber Paulinus von Aquileia widmete zwischen 796 und 799 dem Herzog Erich einen Fürstenspiegel und verfaßte nach dessen Tod ein tief empfundenes Klagegedicht. Außerdem blieb Erichs Förderung der Kirche von Aquileia »jahrhundertelang in Erinnerung«.[89] Nachweisbar belehnten erst Cadolah von Friaul und sein Nachfolger Balderich die Kirche von Aquileia mit Gütern »im Slawenland an einem Ort, der Zellia heißt«.[90]

Im friulanischen Patriarchat mochte man Alcuins Aufforderung, die Awaren zu bekehren, wohl ebenso wie der Salzburger Nachbar aufgefaßt und die Mission weiterhin ins weit weniger gefährliche Slawenland, zu den Krainern wie nach Karantanien, gelenkt haben.[91] Nicht unmöglich, daß einer der Alcuin-Schüler – frühestens nach 801 – daran teilnahm, ob nun im Dienste Aquileias oder Salzburgs. In einem Brief an jüngere Freunde beklagt ein Blancidius sein Exil fern von seinen Landsleuten »in den Schlupfwinkeln an der Donau, in den Bergen der Slawen und im dichten Tannenwald«. Er versteht die Landessprache nicht, kann statt Feigen Bucheckern rupfen, sitzt wie ein Frosch im Sumpf und läßt die Italiker als *Noricus* grüßen. Übrigens eine der letzten Verwendungen des Landes- und Volksnamens im antiken Sinn.[92]

Mögen auch derartige Überlieferungssplitter die Wirklichkeit bloß blitzartig beleuchten, Aquileia muß an »seinem« Binnennorikum, das ganz und gar das salzburgische Karantanien zu werden drohte, lebhaftes Interesse bekundet haben. Anders wäre Karls Schiedsspruch von 811 nicht zu erklären. An ihrem pannonischen Unterlauf schied die Drau das bayerische vom friulanischen Mandatsgebiet und damit auch die Ansprüche Salzburgs von denen Aquileias. Im Bereich Karantaniens muß jedoch die Grenze den Fluß verlassen haben, da das Fürstentum darüber hinaus nach Süden reichte. Aquileia konnte aus alten Synodalprotokollen beweisen, daß Norikum zu seiner Diözese gehörte. Hingegen besaß Salzburg ein zwar jüngeres, aber nicht weniger gutes Recht an seinem Missionsland, wie dies drei Päpste des 8. Jahrhunderts verbrieft hatten. Das Problem der Diözesangrenze, das sicher schon den Freunden Paulinus und Arn bewußt war, das Ursus von Aquileia vergeblich zu bereinigen suchte, wurde erst unter dessen Nachfolger gelöst. Am 14. Juni 811 beurkundete Karl der Große zu Aachen seinen Schiedsspruch, der »den nicht geringen Streit« dahingehend schlichtete, daß die Drau nun auch in Karantanien die Grenze zwischen den Diözesen und Metropolitanverbänden Salzburg und Aquileia bildete. Die kaiserliche Entscheidung gilt als Ende einer langen Auseinandersetzung, mag auch die Teilung eines Landes, *provincia,* zwischen zwei Metropoliten kein kleines Ärgernis erregt haben. Dabei wurde festgestellt, die Drau fließe mitten durch Karantanien, so daß tatsächlich ein beträchtlicher Teil des Landes südlich des Flusses gelegen sein muß, sollte der Patriarch von Aquileia auf seine Rechnung kommen. Daß dieser an der Drau präsent war, zeigt der Lienzer Ortsname Patriasdorf, das ein »Dorf des Patriarchen« ist. Die Vorgängerbauten der heutigen Pfarrkirche St. Andrä belegen hier eine fast lückenlose Kontinuität von der Spätantike bis zur Gotik.[93]

Der Tod Pippins von Italien im Sommer 810 hatte die von der Divisio regnorum vorgesehene politische Einheit der Metropolitanverbände Salzburg und Aquileia in Frage gestellt. Nach dem Teilungsplan hätte zwar Karl der Jüngere Italien bis zum Po erhalten sollen, aber Pippin hinterließ einen erbberechtigten Sohn namens Bernhard, dessen Anspruch auf das italisch-langobardische Königreich in den Grenzen von 810 der kaiserliche Großvater ausdrücklich anerkannt hatte. Im Spätfrühling 811 lebte noch Karl der Jüngere, weshalb zu erwarten war, daß eine politische Grenze Salzburg von Aquileia trennen werde. In dieser Situation mußte man in beiden Metropolen auf möglichste Klarheit der Rechtsverhältnisse drängen.[94] Und man blieb daran auch in Zukunft interessiert. Noch in seinem Todesjahr schickte Arn seinen Archidiakon und präsumtiven Nachfolger nach Aachen, um von Ludwig dem Frommen die Bestätigung des Karls-Diploms zu erwirken.[95]

4. Salzburg und Passau

In der salzburgisch-aquileischen Frage entschied Karls Machtwort. Hingegen ist weit weniger klar, welche Rolle im Ostland für Passau vorgesehen war: Der Frankenkönig übertrug den wichtigen Linzer Stützpunkt St. Martin an das Donaubistum; doch bald darauf mußte die Kirche samt Castrum an den Karl-Schwager und Bayernpräfekten Gerold übergeben werden.[96] Karl der Große beschenkte mehrere Passauer Bischöfe – in

Die Martinskirche in Linz, 799 erstmals erwähnt, gilt als ältester erhaltener Kirchenbau Österreichs.

Frage kämen Waltrich, Urolf sowie Hatto – mit Gütern diesseits wie jenseits der Enns. Aber es war die »Trägheit«, *ignavia,* wahrscheinlich des zuletzt genannten Bischofs, die von der »Gier« der Ostlandpräfekten, *comites eiusdem provinciae,* ausgenützt wurde, um sich auf Kosten Passaus zu bereichern. Als Bischof Reginhar (817/18–838) sich dagegen zur Wehr setzte, dauerte es ein halbes Jahrzehnt, bis er 823 die kaiserliche Anerkennung seiner Rechte fand.[97]

Erst unter Gerold II. wurde jener Teil seines Mandatsgebiets, der in der unmittelbaren Verwaltung des Ostlandpräfekten stand, zur Gänze der Passauer Diözese zugeteilt. Diese Entscheidung steht zwar nur in einem – auf den Namen Ludwigs des Deutschen – gefälschten Diplom von angeblich 828/30, das bezeichnenderweise die Karls-Urkunde zum Vorbild nahm, die die Diözesanregulierung zwischen Salzburg und Aquileia verbriefte; doch dürfte der junge König tatsächlich zu dieser Zeit die Bistumsgrenzen zwischen Salzburg und Passau festgelegt haben. Wieder wurde eine »nasse« Grenze bestimmt, und zwar entlang von Raab, Rabnitz und Spratzbach in der Buckligen Welt. Das linke Ufer wurde passauisch, das rechte blieb bei Salzburg.[98] Die Grenze steckte ungefähr ein Gebiet ab, innerhalb dessen sich gleichzeitig auch die territoriale Grafschaft des Ostlandpräfekten entwickelte.[99] Sehr bald versuchte Passau östlich des Wienerwalds Fuß zu fassen, um Stützpunkte für seine Chorbischöfe zu schaffen. Dabei könnte vielleicht ehemaliger Salzburger Besitz den Herrn gewechselt haben.[100] Salzburg zog sich jedenfalls aus seinem einstigen Missionsgebiet, »wo Arn immer wieder gepredigt hatte«, ohne erkennbaren Widerstand zurück.[101] Die königliche Entscheidung hatte große Bedeutung für die Zukunft, da Passau für die mährische Mission unmittelbar zuständig wurde. So war man im spätmittelalterlichen Kremsmünster davon überzeugt, Bischof Reginhar habe 831 »alle Mährer getauft«.[102] Noch 903 wirkte ein Passauer Chorbischof in der Donaugrafschaft.[103]

5. Salzburg und sein karantanisches Diözesangebiet

Zu Jahresbeginn 864 wurde die Beisteuer, der *coniectus,* abgeschafft, die dem Salzburger Erzbischof zusätzlich zum Slawenzehent zustand, wenn er Karantanien persönlich aufsuchte. Wann diese Abgabe eingeführt wurde, steht nicht fest. Es fällt nur auf, daß der Conversio-Autor von 870 mehrmals darauf hinweist, daß Virgil nie ins Land kam. Vielleicht könnte man daraus schließen, daß die Beisteuer frühestens unter Arn eingehoben wurde. Auch dürfte die Anwesenheit eines Chorbischofs in Karantanien die Einforderung der Steuer ausgesetzt haben.[104]

Schon Virgil hatte die Karantanenmission mit der Entsendung eines – modern gesprochen – Auxiliarbischofs, eines *episcopus missus,* begonnen. Obwohl erst das jüngere Salzburger Verbrüderungsbuch von 1004 von karantanischen Chorbischöfen spricht, ist es nicht anachronistisch, diesen Ausdruck schon für die zweite Hälfte des 8. und das 9. Jahrhundert zu verwenden.[105] Der von Arn auf Befehl Karls des Großen für das gesamte slawische Missionsgebiet geweihte Bischof Theoderich dürfte hauptsächlich in Karantanien gewirkt haben.[106] Der Slawenbischof Theoderich überlebte seinen Ordinarius Arn, der am 24. Januar 821 starb. Arns Nachfolger Adalram setzte nach dem Tod Theoderichs einen Bischof Otto für Karantanien ein. Von ihm weiß man bloß den Namen; wahrscheinlich hat er seinerseits Adalram überlebt, so daß er über den 4. oder 8. Januar 836 hinaus in seinem Sprengel tätig war. Unter den Erzbischöfen Liupram (836–859) und Adalwin (859–873) »leitete der Bischof Osbald das Volk der Slawen«.[107] Osbald wandte sich – unter Umgehung seines Erzbischofs – direkt an Rom. Für zwei schriftliche Anfragen, die er wohl erst unter Adalwin an Papst Nikolaus I. (858–867) richtete, sind dessen Antworten bekannt. »Sie geben ein drastisches Bild von den Problemen im Missionsgebiet und von den rauhen Sitten jener Zeit. So entschied der Papst, daß Kleriker, die in Notwehr einen Heiden getötet hatten, auf die Erreichung der Priesterwürde verzichten sollten, da kein Priester Menschenblut vergießen dürfe. In seinem zweiten Schreiben bestimmte der Papst, daß ein Raufhandel, wobei ein Priester einen Diakon erschlagen hatte, von einer Kommission unter dem Vorsitz des Salzburger Erzbischofs zu untersuchen sei. Wenn die Schläge zum Tode beigetragen hätten, sollte der Priester seiner Würde verlustig gehen; falls nur der Sturz vom Pferde die Todesursache des Diakons war, sollte der Priester mit einer Kirchenbuße davonkommen.«[108] Osbald setzte aber auch noch ein anderes Zeichen seiner Selbständigkeit. Keiner der älteren karantanischen Chorbischöfe, von Modestus angefangen über Theoderich und Otto bis zu Osbald, wurde in das Salzburger Verbrüderungsbuch eingetragen. Man findet aber ihre Namen auch nicht in den anderen »Büchern des Lebens«; eine Ausnahme davon macht Osbald, der im Reichenauer Verbrüderungsbuch die Liste der »Priester aus Karantanien« anführt.[109]

Die spätere Überlieferung berichtet ganz allgemein von Streitigkeiten zwischen den karantanischen Bischöfen und ihren Salzburger Ordinarien.[110] Das Verhalten Osbalds dürfte hingegen den Anlaß geboten haben, daß ihn Adalwin wohl vor dem 6. Januar 864 entweder absetzte oder damals nach dessen Tod den Slawen-Episkopat sistierte.[111] Osbalds Name ist der des angelsächsischen Märtyrerkönigs des 7. Jahrhunderts, der Missionare unterstützte, ja sogar ihre Predigt verdolmetschte. König Oswalds Andenken lebte nicht bloß auf den Britischen Inseln fort, sondern wurde auch Teil der sakralen Folklore des Kontinents. Das Interesse des Angelsachsen Alcuin an der Awaren- und Slawenmission war Bildungsgut seiner Heimat; schon Beda Venerabilis trat dafür ein. Wenn Bischof Osbald nicht selbst von der Insel kam, so könnte er in der angelsächsischen Missionstradition gestanden sein. Diese hinterließ anscheinend auch andere Spuren im Lande; der letzte Karantanenfürst führte den angelsächsischen Namen Etgar.[112]

In dem Jahrfünft zwischen 874 und 879 wich Erzbischof Methodios schrittweise aus dem Salzburger Pannonien zurück, bis er hier seine Stellung zur Gänze aufgeben mußte. Es könnte in dieser Zeit gewesen sein, daß Erzbischof Theotmar den karantanischen Chorepiskopat in der Person Salomons erneuerte. Bischof Salomon hatte vier Nachfolger, Engilfried, Alarich, Dietrich und Gotabert. Nur vom letzten weiß man mehr als den Namen, daß er von Erzbischof Pilgrim (907–923) eingesetzt wurde und noch unter Odalbert (923–935) wirkte.[113] Diese fünf karantanischen Bischöfe sind die ersten Salzburger Chorbischöfe, die in den Quellen auch so heißen.[114] Nicht Salzburg, sondern Freising war aber das erste Bistum, das im Lande ein Eigenkloster errichtete, und zwar das Klerikerstift Maria Wörth. Die Kirche war den Heiligen Primus und Felicianus geweiht, deren Reliquien wahrscheinlich unter Bischof Waldo (884–906) an den Wörthersee kamen.[115]

6. Salzburg und sein pannonisches Diözesangebiet

Unbeschadet der um 830 erfolgten Diözesanregulierung zwischen Passau und Salzburg, behielt das einstige Römerkastell Traismauer seine Bedeutung als einer der wichtigsten Stützpunkte Salzburgs im Donauland. Dies zeigte sich, als Priwina von Neutra vom Mährerfürsten Moimir I. vertrieben wurde und mit ansehnlichem Gefolge sowie seinem Sohn Chozil (und Unzat?) zum Ostlandpräfekten Ratpot floh. Dieser stellte ihn – wohl in der ersten Hälfte 833 – in Regensburg seinem König vor. Ludwig der Deutsche gab darauf Befehl, Priwina im christlichen Glauben zu unterrichten, worauf er in der Martinskirche des Salzburger Hofes Traismauer getauft wurde. Allerdings hatten die Salzburger schon vorher eine nachweisbar gute Beziehung zum einstigen Herrn von

Neutra unterhalten. Noch vor dessen Flucht weihte der Salzburger Erzbischof Adalram vielleicht 827/828 eine Kirche zu Neutra. Adalram besaß, was ausdrücklich hervorgehoben wurde, slawische Sprachkenntnisse. Möglicherweise hatte Priwina eine Dame aus dem bayerischen Grafengeschlecht der Wilhelminer geehelicht und für sie das Gotteshaus gebaut, obwohl er selbst noch Heide war.[116] Bald danach muß es jedoch zum Zerwürfnis zwischen Priwina und dem Ostlandpräfekten gekommen sein, was eine mehrjährige, vielleicht eine halbe Dekade dauernde Beunruhigung des karolingischen Ostlandes bewirkte. Um 840, vielleicht auch etwas früher gelang der Ausgleich: Priwina wurde mit dem zentralpannonischen Raum um die Moosburg an der Zala belehnt und beherrschte von hier aus ein gentiles Fürstentum, *ducatus,* das der kirchlichen Jurisdiktion Salzburgs unterstand.[117]

Nachdem Priwina die Moosburg errichtet hatte, baute er darin eine Marienkirche, die Erzbischof Liupram, »da er in diesem Gebiet das Bischofsamt ausübte«, am 24. Januar 850 weihte. Aus diesem Anlaß ließ der Salzburger Oberhirte eine Urkunde ausstellen, die folgendes Rechtsgeschäft verbriefte: »Priwina gab seinen Presbyter Dominicus in die Hände und in die Gewalt des Erzbischofs Liupram. Liupram aber gab jenem Presbyter die Erlaubnis, in seiner Diözese die Messe zu singen, indem er ihm jene (Marien-)Kirche und das Volk in Obsorge gab, wie es der Priesterstand verlangte.«[118] Dominicus war wohl ein Bayer; er stammte aus der Regensburger Diözese und unterstand Priwina nach Eigenkirchenrecht. Wahrscheinlich hatte Dominicus in den Jahren 840/41 als Notar der Kanzlei Ludwigs des Deutschen gewirkt. Der König verlieh ihm 844/45 Besitz zu Lebenbrunn am Zöbernbach nordwestlich von Güns. Die Güter des Dominicus lagen dort, »wo die Grafschaften Ratpots und Rihharis zusammenstoßen«, und damit noch außerhalb der Herrschaftsgrenzen Priwinas, obgleich nicht weit von der Moosburg entfernt. Vielleicht wurde der Empfänger durch die Schenkung bedankt, als er aus den Diensten des Königs in jene des Slawenfürsten wechselte.[119] Priwina dürfte den Regensburger Dominicus zunächst gegen den Willen des Salzburger Erzbischofs eingesetzt haben. Spätestens beim Abschluß des Vertrags zwischen Priwina und Liupram muß aber Dominicus sein »Entlaßschreiben«, die *epistola dimissoria,* vorgewiesen haben. Dieses Dokument bestätigte sein Ausscheiden aus der Regensburger Jurisdiktion, so daß ihn Liupram ordnungsgemäß in den Salzburger Klerus übernehmen und ihm die Erlaubnis zur Meßfeier in seiner Diözese erteilen konnte.[120] Gleichzeitig erhielt Dominicus die Eigenkirche Priwinas als Salzburger Prekarie auf Lebenszeit. Den komplizierten Fall löste die *complacitatio* vom 24. Januar 850, worunter man ein gütliches Übereinkommen zur Beilegung eines Rechtsstreits zugunsten eines Dritten verstand.[121]

Als Dominicus einige Jahre später starb, kamen nur mehr »gestandene« Salzburger als Presbyter oder Archipresbyter in die Moosburg. Auf Bitten Priwinas sandte Erzbischof Liupram auch verschiedene Handwerker, und zwar Maurer, Maler, Schmiede und Zimmerleute. Sie erbauten in seinem Auftrag eine Kirche, die er dem Märtyrer Hadrian weihte und mit den entsprechenden Reliquien versah. Diese Kirche wurde noch in späteren Urkunden erwähnt. Mögen auch einige dieser Dokumente nicht zweifelsfrei sein, so scheinen sie doch eine Art Klosterkirche oder Kollegiatstift zu bezeugen. Hier dürften Liupram und sein Nachfolger Adalwin das Chorgebet verrichtet und Priester ordiniert haben.[122] Die technische Entwicklungshilfe Salzburgs gleicht der weit weniger friedlichen Unterstützung Liudewits durch den Patriarchen Fortunatus von Grado.[123] Wahrscheinlich wurden aber auch die Spezialisten aus Salzburg an der Zala nicht bloß zur Errichtung von Sakralbauten verwendet, da Priwina ausdrücklich um ihre Sendung bat.

Die älteste Moosburger Kirche war dem heiligen Johannes dem Täufer geweiht. Die Archäologen nennen sie die Kirche von Zalavár-Récéskut. Die Holz-Stein-Konstruktion diente wohl als Taufkirche; sie war jedenfalls der dritte Sakralbau der Moosburg, zumal ihr eine Holzkirche vorausging, die wahrscheinlich noch aus der Zeit *vor* der Niederlassung Priwinas stammte. Der Conversio-Autor erwähnt die Johannes-Kirche bloß nebenbei. Reicht ihr Vorgängerbau tatsächlich in die Jahrzehnte vor Priwinas Niederlassung zurück, dann könnte dieses, wenn auch noch so bescheidene, christliche Zentrum einen zusätzlichen Grund für die Niederlassung des Slawenfürsten gebildet haben. Die alten, wohl ungebrochen christlich gebliebenen Orte Pettau und Fünfkirchen zählten jedenfalls zu seinem Herrschaftsbereich.[124]

Zwischen 850 und dem Tod Priwinas 860/61 weihten die Salzburger Erzbischöfe außerhalb der pannonischen Moosburg weitere 16 Kirchen, die im Eigentum oder Obereigentum Priwinas und seines Sohnes Chozil standen. Nicht wenige dieser Kirchen wurden nach ihren Presbytern genannt, die Namen wie Sandrat, Ermperht, Otachar oder Paldmunt trugen und wohl bayerische Gefolgsleute des Moosburger Fürsten waren. Die Lokalisierung dieser Kirchenorte bereitet größte Schwierigkeiten, da sie alle der ungarischen Landnahme zum Opfer fielen. Es ist daher in den meisten Fällen vergebliche Liebesmühe, mit Hilfe einer nicht existierenden Kontinuität zu operieren und aus heutigen Ortsnamen auf die Kirchenorte der Conversio rückzuschließen. Hingegen blieben die Namen der beiden alten pannonischen Orte Pettau und Fünfkirchen bis heute erhalten; und das gleiche gilt für die topographische Eigenheit der *Salapiuga,* »Salabeuge«, die im Bereich des heutigen Zalabér lag. Hier stand die einzige bezeugte Rupert-Kirche Pannoniens. Nördlich von Pettau-Ptuj im Raum von Straß-Mureck dürfte sich der Ort *in Dudleipin* befunden haben. Ohne Zweifel gab es aber die meisten Kirchenorte rund um den Plattensee.

Von den insgesamt 19 bekannten Kirchen des Moosburger Fürstentums, die man eindeutig der Zeit Priwinas zuordnen kann, weihte die beiden letzten wohl bereits Liuprams Nachfolger Adalwin (859–873).[125] Dazu kommt wahrscheinlich als zwanzigstes Gotteshaus vor 860/61 die Peterskirche von *Weride.*[126] Adalwin nahm unter dem Priwina-Sohn Chozil weitere elf Kirchweihen vor, und zwar noch 864/65, als Pannonien der bayerischen Kirche zu entgleiten drohte.[127] Damit endet der Bericht der »Bekehrungsgeschichte«; eine versprengte Nachricht weiß noch zu erzählen, Erzbischof Theotmar habe 874 eine Kirche zu Pettau konsekriert. Insgesamt sind also 32 unterpannonischen Kirchen bezeugt, von denen wohl jede einen eigenen Priester hatte.[128]

Nachdem Dominicus gestorben war, bestellte Liupram den Priester Swarnagal, der als berühmter Gelehrter galt, zusammen mit Diakonen und Klerikern zu dessen Nachfolger. Nach ihm kam der Priester Altfrid, »ein Meister in jeglicher Kunst«. Da es im Priwina-Fürstentum keine Chorbischöfe gab, hatten die Erzbischöfe selbst für die Kirchweihe zu sorgen. So kam Liupram in den Jahren 850 und 852/53 sowie zwischen 854 und 859 und Adalwin wohl vor 860/61 sowie sicher 864/65 ins unterpannonische Missionsgebiet.[129]

II. Die Ereignisse bis 828

1. Die Awarenkriege (788–796/811)

Am 5. Juni 774 war Karl der Große auch König der Langobarden geworden; der rechtmäßige König Desiderius wurde gefangengenommen und ins Frankenreich verbannt. Sein ältester Sohn und Mitkönig Adelchis floh nach Byzanz und unterstützte von dort aus den langobardischen Widerstand. Bis 776, als die »Rebellion« des friulanischen Hrodgaud zusammenbrach, kämpfte Karl der Große um Italien und die Sicherung seiner Grenzen, die in Friaul das Awarenreich berührten. Zwölf Jahre später, als Tassilo III. 788 abgesetzt wurde, war das Karolingerreich auf der ganzen Linie zum Nachbarn der Awaren geworden.[130] Hochrangige langobardische Dissidenten hatten zwar Aufnahme in der Umgebung des Khagans gefunden; trotzdem sahen die Awaren im Verlust der langobardischen Selbständigkeit weder eine Bedrohung noch gar das Ende der friedlichen Koexistenz, die seit langem zwischen ihnen und Italien geherrscht hatte.[131]

Auch die letzten beiden awarisch-bayerischen Kriege lagen 788 weit zurück. Auf den lokalen Konflikt an der Enns, der wohl um 712 stattgefunden hatte,[132] folgte entweder im Sommer des Jahres 741 oder 742 die bayerische Intervention zugunsten des Karantanenfürsten Boruth. Damals scheiterte der Versuch der Awaren, ihre Herrschaft über das Gebiet an der mittleren Mur und Drau wiederherzustellen.[133] Darauf schweigen die Quellen von jeglicher Bedrohung der bayerisch-karantanisch-friulanischen Grenze durch die Awaren; rund 40 Jahre hört man nichts mehr von ihnen.

Im Jahre 782, jedoch noch vor dem sächsischen Blutgericht von Verden, das deshalb nicht die awarische Politik beeinflußt haben kann, hielt Karl der Große zu Sommerbeginn eine Reichsversammlung in Lippspringe ab. Hier empfing er unter anderem auch die erste von den Reichsannalen erwähnte awarische Abordnung, die der Khagan und der Iugurrus »des Friedens wegen« gesandt hatten. Wohl zur selben Zeit tauchten awarische Reiter in großer Zahl an der Enns auf, ohne jedoch, wie man in Salzburg und Regensburg erleichtert feststellte, »zu schaden«.[134] Beide Unternehmungen hatten den Sinn, die Folgen zu erkunden, die aus dem verstärkten fränkischen Druck auf Tassilo III. zu erwarten waren, und zugleich die Grenze an der Enns demonstrativ zu behaupten. Im Jahre 781 hatte nämlich der Bayernherzog seinen Vetter Karl den Großen in Worms getroffen, wozu Aventins Fassung eines »verlorenen bairischen Geschichtswerk des 8. Jahrhunderts« vielleicht zu Recht bemerkt: *si stiessen ainen ewigen frid miteinander an.* Dadurch sei der Frankenkönig der Sorge behoben worden: (*herzog Thessel) war mit den Saxen, Winden und Haunen wol ains.*[135]

Die Awaren reagierten sensibel auf die politischen Veränderungen an ihrer donauländischen Westgrenze. Um so eher waren sie zu Aktionen bereit, als der Agilolfingerherzog abgesetzt wurde, zumal in den letzten Jahren Tassilos eine aktive Bündnispolitik die bisherige friedliche Koexistenz abgelöst hatte. Die Ereignisse und die Mo-

Darstellung heidnischer Reiterkrieger aus dem Utrecht-Psalter, 9. Jahrhundert

tive des Herzogs und seiner »bösen« Gemahlin Liutpirc kennt man zwar bloß aus der Überlieferung des karolingischen Siegers; dennoch läßt sich daran erkennen, daß die langobardische Königstochter mit Hilfe der Awaren auch das Schicksal ihres Vaters Desiderius zu rächen hoffte.[136]

Noch im Jahre 788 kam es auf der gesamten Front, an der niederösterreichischen Donau wie an der heute slowenisch-italienischen Grenze, zu den erwarteten Kämpfen. Zunächst dürften die Awaren aus der Krain gegen Italien, möglicherweise sogar bis Verona vorgestoßen sein; sie erlitten jedoch eine Niederlage und kehrten um. Gleichzeitig oder wenig später rückten die bayerisch-fränkischen Grafen Graman und Otachar mit einem Heer ins Awarenland ein und führten auf dem Ybbsfeld östlich des heutigen Amstetten einen Präventivschlag gegen die aus dem Gebiet jenseits des Wienerwalds anrückenden Verteidiger. Auch an der Ybbs wurden die Awaren geschlagen. Darauf unternahmen sie noch im selben Jahr einen Rachefeldzug gegen die Bayern, der aber – Graman und Otachar waren offenkundig wieder zur Stelle – ebenfalls unter großen Verlusten scheiterte. Diese Kämpfe fanden in der Nähe der Donau – möglicherweise im Tullnerfeld – statt. Nach der Absetzung Tassilos III. und den drei Siegen über die Awaren kam Karl der Große noch 788 nach Regensburg, wobei es vor allem um die expansive Sicherung der Awarengrenze ging. Im Klartext dürfte dies bedeutet haben, daß der Frankenkönig und »seine« Bayern ihre Erfolge sehr rasch für das Vordringen in die Avaria, das heißt in den niederösterreichischen Donauraum, nützten.[137]

Die bedrohten Awaren errichteten Befestigungen, um noch vor ihren eigentlichen Siedlungsgebieten Widerstand leisten zu können. Auch versuchten sie, durch diplomatische Initiativen eine fränkische Invasion zu verhindern. Im Jahre 790 wurden Gesandte zwischen dem Frankenkönig und den Awaren ausgetauscht. Den Gegenstand bildete die Neufestlegung der Grenzen. Die Verhandlungen scheiterten, da Karl offenkundig zu hohe Gebietsforderungen stellte, und weniger wegen einer allzu starren Haltung der Awaren. Der Frankenkönig suchte den *casus belli*; er wollte den Awarenkrieg, für den er stärker gerüstet hatte und noch zu rüsten bereit war als für jeden anderen seiner vielen Kriege. Die Entschlossenheit Karls dürfte seiner Umgebung bekannt gewesen sein. So erkundigte sich Alcuin schon Mitte 789, »was der Herr König bezüglich des Heeres (= Volkes) der Hunnen zu tun gedenke«.[138]

Im Spätsommer 791 eröffneten die Franken die Offensive; an der Donau und wohl im Bereich des Birnbaumer Waldes überschritten die Krieger Karls des Großen die Reichsgrenzen.[139] Während Friaul diesmal nur als Nebenkriegsschauplatz diente, begab sich der Frankenkönig in eigener Person nach Bayern und sammelte dort ein großes Heer. Es kamen Franken, Sachsen, Friesen, Bayern, Alamannen und möglicherweise sogar slawische Kontingente.[140] Der König nahm von Regensburg aus die rechte Donaustraße, während vor allem die Truppen aus dem Norden die linksufrige Route wählten. Für den Nachschub sorgte eine auch für Kriegszwecke verwendbare Donauflottille, die von kundigen Bayern bemannt wurde. Zum ersten Mal hielt das Frankenheer bei Lorch an der Enns, wo zwischen 5. und 7. September 791 dreitägige Fasten abgehalten wurden, um Gott für den Sieg über die Awaren zu bitten.[141] Alle Abteilungen waren vereinigt worden, hatten ihre Zelte bei der Lorcher Burg aufgeschlagen und warteten einige Wochen auf den Angriffsbefehl. Der Schrecken, den der Name der Awaren, der Hunnen, wie sie dem Volk Attilas nachbenannt wurden, jahrhundertelang verbreitet hatte, übte immer noch seine Wirkung aus. Jedermann im Frankenheer wußte, daß mit dem Überschreiten der Enns der Awarenkrieg begann.

Noch am 20. September befanden sich hochrangige geistliche und weltliche Würdenträger im Lager von Lorch: Karls Schwager und Bayernpräfekt Gerold I., die Bischöfe Atto von Freising und Arn von Salzburg sowie der Kämmerer Meginfrid, einer der Kommandanten der Nordarmee. Wenn der Frankenkönig nicht alle diese hohen Herren zur Sicherung des Hinterlandes an der Enns zurückgelassen hatte, was sehr unwahrscheinlich wirkt, dann wurde der Krieg gegen die Awaren nicht vor dem 20. September 791 begonnen.[142]

Wohl nicht vor diesem Datum setzte das dreigeteilte Frankenheer seinen Weg in der bisherigen Ordnung fort. Die ersten Tagesmärsche im Feindesland verliefen auf beiden Seiten der Donau ruhig, und die Bayern hatten auf dem Fluß mit Stromschnellen und Niederwasser, aber nicht mit den Awaren zu kämpfen. Man hatte offenkundig zunächst mit geringem Widerstand gerechnet; der spätere Kaiser Ludwig durfte sich nämlich im niederösterreichischen Mostviertel seine ersten Sporen verdienen und sollte bis zum Wienerwald beim Heer bleiben. Es war der erste Feldzug des etwa dreizehnjährigen Königssohns, dem der Vater vorher in Regensburg ein Schwert umgebunden hatte, da er »an der Schwelle zum Mannesalter stand«.[143] Regensburg, wo Königin Fastrada die Rückkehr ihres Gemahls erwartete, war auch das Ziel Ludwigs nach seiner Pflichttour im Awarenland. Später kam er niemals wieder in unseren Raum. Hier verbrachte Ludwig der Fromme nur die Monate September und Oktober 791; sein Jugenderlebnis dürfte ihm gereicht haben.

Noch vor der Überschreitung der Enns, aber nach dem 7. September fand der Frankenkönig Zeit, einen Brief an Fastrada zu schreiben. Die Mitteilung diktierte die Freude über einen Sieg gegen die Awaren, den die Truppen seines Sohnes Pippin soeben errungen hatten. Am 23. August 791 war es fränkisch-langobardischen Truppen gelungen, eine awarische Grenzfestung wohl im Bereich des Birnbaumer Waldes einzunehmen und dabei Beute wie auch 150 Gefangene zu machen. Nach dreitägiger Besetzung des Platzes waren die Sieger glücklich heimgekehrt.[144]

Die Niederlage an ihrer Südwestgrenze dürfte die Awaren noch zusätzlich bestimmt haben, ihre Taktik an der Donau gegen das fränkische Riesenheer zu ändern. Anders als 788 unternahmen sie nämlich nicht den geringsten Versuch einer Vorwärtsverteidigung, sondern zogen sich hinter die befestigten Linien am Nord- und Ostrand des Tullnerfeldes zurück. Ja, sie gaben selbst diese kampflos auf, als die Franken heranrückten. Nach der Räumung und Zerstörung der awarischen Verhaue an der Kampmündung wie am Ausläufer des Wienerwalds bei St. Andrä-Wördern marschierten die Angreifer bis an die Mündung der Raab, ohne irgendwelchen weiteren Widerstand zu finden. Dort zwang sie der herannahende Winter zur Umkehr. Nach angeblich 52 Kriegstagen war das Frankenheer – es muß bereits gegen Mitte November gewesen sein – wieder an der Enns.[145] Die Ungunst der Witterung hatte noch eine Pferdeseuche verstärkt, welche die Einsatzfähigkeit eines Frankenheeres schwer beeinträchtigte. Um so erstaunlicher wirkt die Tatsache, daß die Awaren selbst diese Schwierigkeit ihrer Feinde – es sollen neun von zehn Pferden verendet sein – ungenützt ließen. In aller Ruhe ging die fränkische Nordarmee auf ihrem linksufrigen Anmarschweg zurück, während Karl der Große – die Boote und Flöße waren flußaufwärts nicht einzusetzen – über Savaria-Steinamanger-Szombathely heimkehrte. Die beiden Frankenheere trafen einander wieder an ihrem Ausgangspunkt Regensburg, von wo die Stammeskontingente aus dem Norden über Böhmen nach Hause zogen.[146]

Die Zusammensetzung der Frankenheere, die 791 aufgeboten wurden, sowie ihre Aufmarschwege lassen zweierlei erkennen: Karl muß vorher wichtige Gebiete an der oberen Adria erworben und zugleich seinen Einfluß in Böhmen verstärkt haben, bevor er den Awarenkrieg begann. So war der Dux Istriens einer der Anführer des Feldzugs, den die friulanischen Truppen im August 791 gegen die awarische Grenze unternahmen. Ein Johannes hatte knapp zuvor den byzantinischen Magister militum Istriens abgelöst, als der romanisch besiedelte Küstenstreifen mit der Hauptstadt Pola um 790 den Besitzer wechselte. Vielleicht bot der awarische Einfall von 788 Anlaß wie Gelegenheit, die möglicherweise mit dem Khagan kollaborierenden Byzantiner, die gleichzeitig Unteritalien angegriffen hatten, um Istrien zu erleichtern und das Gebiet dem Herzog Erich von Friaul zu unterstellen.[147] Die nördlichen Stammeskontingente, die Karl der Große nach Regensburg beorderte, nahmen den Weg durch den westlichen Sudetenraum und kehrten auf derselben Route wieder heim. Die damals zum ersten Mal genannten Böhmen müssen den Durchmarsch durch ihr Gebiet zumindest toleriert haben. Allerdings waren sie weder vollständig befriedet noch gar fränkisch geworden, wie die schweren Kämpfe der Jahre 805 und 806 lehren sollten.[148]

Der geringe Widerstand, den die Awaren an der Donau geleistet hatten, war keine Erfindung der karolingischen Hofpropaganda, sondern eine Wirklichkeit, die man allerorten erleichtert zur Kenntnis nahm. Der Feldzug hatte zwar drei hohe kirchliche Würdenträger, die Bischöfe von Regensburg, Trier und Metz, das Leben gekostet; sie waren jedoch an Krankheiten gestorben, der Metzer Oberhirte wahrscheinlich Ende Oktober im Bereich des Wienerwaldes. Aber alles in allem konnte man von einem »fast unblutigen Krieg« sprechen, der reiche Beute gebracht hatte und noch reichere versprach.[149] Karl der Große ließ eine mobile Ponton-Brücke anfertigen, die der Überwindung des sumpfigen und wasserreichen Geländes an der Donau dienen sollte, schickte Ludwig in sein aquitanisches Königreich, damit er von dort möglichst viele Truppen zu seinem Bruder nach Italien bringe, und stellte den Versuch an, einen Rhein-Main-Donau-Kanal für den Nachschub zu bauen. Aber die aquitanischen Krieger wurden zusammen mit dem ganzen italischen Heer in Benevent gebraucht. Die Fertigstellung des Rhein-Main-Donau-Kanals ließ sich bis heute Zeit. Die Awaren konnten ausgezeichnete diplomatische Beziehungen zu Sachsen und Sarazenen knüpfen. Die Armee, die Karl der Große an die Donau senden wollte, ging im Kampf gegen heidnische Sachsen zugrunde. Ein sarazenischer Überfall auf Südfrankreich verwüstete das Land. Zu allem Überdruß brach die gefährliche Verschwörung des ältesten Königssohns Pippin des Buckligen aus.[150] So unterblieb die unmittelbare Fortsetzung des Awarenkriegs, obwohl Karl der Große die Jahre 792 und 793 in Bayern verbrachte. Damals ergriffen fränkische Truppen bestenfalls Sicherungsmaßnahmen unmittelbar östlich der Enns.[151]

Die Erfolge der awarischen Diplomatie konnten Zeit gewinnen, die gentile Katastrophe jedoch nicht verhindern. Der fränkische Druck bewirkte sehr bald die Spaltung der Awaren und führte damit zu schweren inneren Auseinandersetzungen. Derartige Vorgänge entsprechen den Mechanismen einer gentilen Verfassung. Mit einem Male werden zahlreiche awarische Würdenträger namentlich faßbar, da sie als Führer ihrer Gruppen unabhängig vom – früher – allmächtigen Khagan handelten. Bereits 795 erschienen Gesandte des »Tudun, der im Volk und Reich der Awaren große Macht besaß«, und boten Karl dem Großen die Unterwerfung ihres Herrn »samt dessen Land und Leuten« an. Gleichzeitig erklärten sie sich in seinem Namen bereit, Christen zu werden. Die Entscheidung des hohen Würdenträgers folgte dem innerawarischen Krieg, in dessen Verlauf sowohl der Khagan, das Oberhaupt des Volks, wie der Iugurrus, der Zweite im Lande, den Tod gefunden hatten.[152]

Uneinig und in sich gespalten brach das Awarenreich auseinander: Der Abfall der Tudun-Gruppe, die am ehesten im ostösterreichisch-westungarischen Donauland zu lokalisieren wäre,[153] und die Führungslosigkeit der im Alföld anzusetzenden Scharen des Khagans und des Iugurrus mußten wie eine Einladung an die Franken wirken, den entscheidenden Schlag zu wagen und bis ins awarische Kerngebiet vorzustoßen. Herzog Erich von Friaul schickte »seine Leute mit dem Slawen Wonomyr« nach Pannonien, die von dort 795 über die Donau gingen, den *hring,* den awarischen Herrschaftsmittelpunkt, plünderten und mit reicher Beute heimkehrten. Wonomyr war sicher kein Karantanenfürst, sondern am ehesten ein Dux friulanischer Slawen; auch eine norddalmatinische Herkunft wäre nicht auszuschließen, wirkt aber eher unwahrscheinlich.[154] Die Awaren-Beute brachte Erich nach Aachen. Hier verteilte der Frankenkönig die Schätze großzügig unter seine Leute, schenkte davon an die Kirchen des Reichs und selbst ins Ausland. Dem angelsächsischen König Offa sandte er ein Wehrgehänge samt

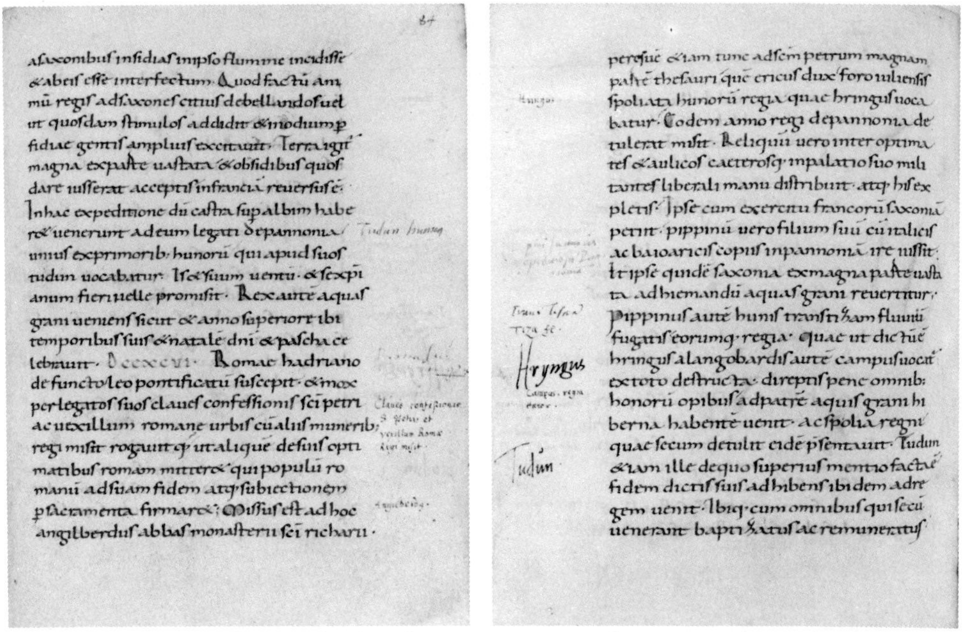

Die Eintragung zum Jahre 796 der Annales regni Francorum beginnt mit der Nachricht vom Tod Papst Hadrians I. und beschreibt dann die Unterwerfung des Khagans, die Zerstörung des Hrings und die Erbeutung des Goldschatzes der Awaren.

»hunnischem Schwert«, *gladius Huniscus,* sowie zwei Seidengewänder. Auch dem Papst gab Karl der Große einen reichen Anteil an der Awarenbeute. Als Empfänger war noch Hadrian I. vorgesehen. Da dieser aber am Weihnachtstag 795 starb, müssen die Schätze spätestens Anfang 796 in Aachen gewesen sein; nachher wäre man dort über den Tod Hadrians bereits informiert gewesen und hätte sie nicht mehr an ihn adressiert.[155]

Im Frühjahr 796 war der Tudun mit großem Gefolge in Aachen erschienen und hatte sich vereinbarungsgemäß Karl dem Großen unterworfen, wobei »er und sein Volk getauft wurden«. Im Sommer 796 übernahm der fränkische Langobardenkönig Pippin sein erstes selbständiges Kommando und führte ein Heer gegen die Awaren. Noch vor der Überschreitung der Donau ließ König Pippin am rechten Ufer des Stroms ein befestigtes Lager errichten. Hier nahm er die Unterwerfung des neuen Khagans und seiner Großen entgegen und ließ danach eine Bischofssynode abhalten; dabei wurden erste Maßnahmen zur Awarenmission beraten.[156] Ungeachtet dieser Vorgänge griff Pippin trotzdem an und vollzog mit der abermaligen Einnahme und Verwüstung des Hrings die symbolische Zerstörung der awarischen Eigenstaatlichkeit. Reste freier Awaren zogen sich über die Theiß und ins obere Zwischenstromland zurück. Pippin kehrte mit seinen Truppen nach Italien zurück und ging dann zu seinem Vater nach Aachen, wo er ehrenvoll empfangen wurde.[157] Der eroberte Hring gab dazu Anlaß, von »Awarenringen« zu sprechen und jede beliebige Befestigung des Volkes so zu nennen.

Tatsächlich handelte es sich aber bei dem Hring, der in den zeitgenössischen Quellen auch »Feld« oder »Königssitz« heißt, um den awarischen Herrschaftsmittelpunkt zwischen Donau und Theiß. Dieses politisch-religiöse Zentrum steckte ein bestimmtes Gebiet ringförmig ab; es ist funktionell wie räumlich mit der Residenz Attilas zu vergleichen.[158]

Der awarische Krieg endete 796 in seinem achten Jahr mit der zweiten Einnahme der königlichen Residenz des Khagans, der *regia kagani,* und der Erbeutung des Restes der dort aufgehäuften Schätze. In keinen seiner Kriege hatte Karl mehr investiert als in dieses Unternehmen, das sich in höchstem Maße rentierte. Obwohl als Präventivkrieg unternommen, galt das *bellum Avaricum* als Verteidigung der Christenheit. »Seit Menschengedenken gab es keinen Krieg, der gegen die Franken begonnen wurde, wodurch sie größere Schätze und mehr Reichtum gewannen«, bemerkt der Biograph Karls des Großen als Rechtfertigung der Aggression.[159]

Im Sommer 799 unternahmen awarische Gruppen eine breit angelegte, wenn auch kaum koordinierte Gegenoffensive. Beide Präfekten der Ostgrenze fielen, der den Nordabschnitt und Bayern befehligende Gerold I. ebenso wie der Awarensieger Erich von Friaul. Gerold starb irgendwo »in Pannonien«, Erich in Dalmatien. Die geschlagenen Awaren hatten Unterstützung bei anderen Randvölkern des Frankenreichs und vielleicht sogar bei den Byzantinern gefunden. Ja, das Ende Gerolds I., der zusammen mit zweien seiner Begleiter, »man weiß nicht von wem«, am 1. September 799 getötet wurde, könnten sogar die eigenen Leute verschuldet haben. Hingegen starb Erich bei der Stadt Tharsatica-Trsat (Rijeka) im liburnisch-dalmatinischen Küstenland.[160]

Kryptabestattung des Grenzgrafen Goteram oder Cadaloc in Traismauer

Damit waren aber die Rückschläge bei der Eroberung oder, besser, bei der militärisch-administrativen Beherrschung des Awarenreichs nicht zu Ende. So fielen 802 die beiden königlichen Beauftragten, der Obergraf Goteram und Graf Cadaloc, »mit vielen anderen gegen die Awaren«. Die Auseinandersetzung fand *ad castellum Guntionis* statt, das heißt bei einer burgartigen Ansiedlung, deren Identifizierung mit Güns-Kőszeg bloß scheinbar naheliegt, jedoch von der Namenkunde mit Recht abgelehnt wird.[161] Die Niederlage von 802 bewirkte, daß im folgenden Jahr 803 wieder ein Frankenheer in Pannonien eingriff. Dem Kaiser selbst schien die Sache so wichtig zu sein, daß er nach Bayern ging und in Regensburg die Rückkehr des Heeres erwartete. In Begleitung der Heimkehrer kamen wieder ein Tudun sowie Awaren und Slawen, die sich Karl unterwarfen. Anscheinend waren die militärischen Maßnahmen derart erfolgreich, daß auch die Pannonien »benachbarten Reiche« die fränkische Herrschaft anerkannten. Ein bayerisches Kapitulare hielt jedenfalls fest, daß die Anordnungen Karls bezüglich der Mark unveränderte Gültigkeit behalten sollten.[162]

Für einige Zeit gelang es 805, eine awarische Gentilformation unter fränkischer Oberhoheit zu konsolidieren. Ein bereits als Christ bezeichneter Khapkan namens Theodor erreichte von Karl dem Großen die Anerkennung eines awarischen Tributärfürstentums zwischen Carnuntum und Sabaria. Der Khapkan kam mit seinen Leuten aus »früheren Sitzen«, die er vor feindlichen Slawen räumen mußte. Er erwartete im ostösterreichisch-westungarischen Donauland besseren und sicheren Siedlungsraum, der von keinen Slawen beansprucht wurde. Theodor überlebte die Erfüllung seiner Bitten nicht lange. Sofort kam ein anderer Awarenfürst darauf zurück, ließ sich am 21. September 805 an der niederösterreichischen Fischa auf den Namen Abraham taufen und bat den Kaiser, die Khagan-Würde in ihrem vollen Umfang, wenn auch unter fränkischer Oberhoheit, zu erneuern. Damit war – zumindest theoretisch – die Zuständigkeit Abrahams und seiner Nachfolger für alle Awaren verbunden. Bis 822 wird dieses awarische Tributärfürstentum in den Quellen erwähnt, kommen seine Vertreter zu den fränkischen Reichstagen, bleibt die awarische Eigenstaatlichkeit zu einem gewissen Grade erhalten.[163] Der donauländische Tributärkhaganat bildete freilich für die fränkische Verwaltung – gleich den vielen anderen abhängigen Fürstentümern entlang der Reichsgrenzen – sowohl einen Gegenstand des Argwohns wie der Sorge. So verbot Karl der Große noch 805 den Waffenhandel mit Slawen und Awaren; hochwertiges Gerät durfte die Enns nach Osten nicht überschreiten.[164] Andrerseits hatten die Awaren ihre militärische Bedeutung weitgehend eingebüßt. Bereits 806 galt den Sachsen ein Einsatz im Awarenland nur mehr für ebenso wichtig wie im fernen Spanien: Sollte hier wie dort Hilfe benötigt werden, so mußte auf Befehl des Kaisers bloß jeder sechste Mann kommen, jedoch hatte jeder dritte gegen die Böhmen und alle hatten gegen die Sorben zu ziehen.[165] Kein Wunder, daß die pannonischen Awaren schwer unter slawischem Druck litten. So griffen fränkische Truppen 811 wieder in Pannonien ein, um awarisch-slawische Kämpfe zu beenden. Sie nahmen dabei den Canizauci, den »Groß-Khan« der Awaren, den Tudun und andere Große sowie auch Fürsten der donauländischen Slawen mit und brachten sie nach Aachen, um sie dem Kaiser vorzuführen. Zumindest dem Namen nach existierte noch die vielfältige Stammesverfassung der Awaren.[166] Zum letzten Mal hört man von der Awarengrenze, als 826/27 die Bulgaren das fränkische Pannonien angriffen. Damals versuchten diese neuen »Hunnen«, ins karolingische Pannonien vorzudringen und dabei eigene politische Strukturen zu errichten. Hier wurden jedoch nirgends mehr awarische, sondern überall bereits slawische Fürsten verdrängt. Nur wenig

Sicherheit konnte das awarische Tributärfürstentum bieten, so daß es um 828 aufgelöst wurde.[167] Als das Regnum der Awaren in den Pergamenten der fränkischen Reichsteilung von 843 erwähnt wurde, waren von dem einst so mächtigen Reich außer ein paar zinspflichtigen Bauern nur mehr dürftige Erinnerungen geblieben.[168]

2. Das friulanische Neuland vom Tod Erichs bis zum Sturz Balderichs (799–828)

Als Erich 799 am liburnischen Laurentus-Berg nahe dem heutigen Rijeka fiel, »umfaßte« sein Mandatsgebiet »die wildesten barbarischen Völker, die die Drau umgürtet, die Donau einschließt, die Maeotischen Sümpfe im Schilf verbergen, die die Woge des salzigen Meeres bezwingt, denen die Grenze Dalmatiens entgegensteht«. In diesem Bereich »trauerten« zahlreiche pannonische Flüsse, die illyrische Hauptstadt Sirmium und Pola, das *caput Histriae,* über den Toten. Diese Mischung von Wirklichkeit und ethnographischer Tradition, die Erich selbst das Asowsche Meer, Skythien, Thrakien, ja sogar die Kaspische Pforte zuteilt, zeigt doch die Struktur des gewonnenen Neulands. Es schloß im Westen an Friaul an, wurde gegenüber dem bayerischen Norden durch die Drau begrenzt und blieb auch gegenüber dem slawisch-byzantinischen Dalmatien, obgleich nicht unbestritten, so doch nicht unbestimmt.[169] Hingegen war der Osten offen, und schon Sirmium, eine alte *sedes imperii,* bildete eher eine literarische Reminiszenz als einen Stützpunkt Erichs.[170] Sein Nachfolger wurde der alamannische Grafensohn Cadolah, dessen gleichnamiger Verwandter 802 gegen die Awaren fallen sollte.[171]

Im Jahre 803 wurde das friulanische Ostland – zumindest dem Anspruch nach – erweitert. Damals griffen die fränkischen Heere in Pannonien ein, um zwischen Awaren und Slawen Frieden zu stiften. Gleichzeitig sollte die Unterwerfung des Tuduns gesichert werden. In einer etwas abgelegenen Quelle ist davon die Rede, daß sich Pannonien mit den benachbarten Regna dem Kaiser unterworfen habe. Wie immer man auch diese Nachricht versteht, die Anfänge sowohl der westdalmatinisch-liburnischen Fürstentümer wie des Dukats von Siscia dürften in dieser Zeit liegen.[172] Byzanz hatte in den fränkisch-awarischen Krieg nicht eingegriffen. Aber die Ausbreitung der karolingischen Herrschaft über das adriatische Küstengebiet von Venedig über Grado bis Istrien verletzte seit 788/90 byzantinische Interessen aufs schwerste. Karl der Große wurde von byzantinischen Gesandten 812 erst dann als Basileus akklamiert, nachdem er vorher auf Venetien und die dalmatinischen Städte verzichtet hatte. Die Verständigung war aber nicht zuletzt auch die Folge der Siege des Bulgarenkhans Krum über die byzantinischen Armeen. Grado und sein istrisches Diözesangebiet blieben fränkisch und damit der mittelbaren Verwaltung Friauls unterstellt.[173]

Während der Auseinandersetzung um Venetien und Dalmatien bestand Gefahr, daß auch Istrien unruhig würde und die Rückkehr der Byzantiner betreiben könnte. Anlaß zu Unzufriedenheit gab das Regime des Dux Johannes, der in rücksichtsloser Weise seine eigene und die Stellung seiner Familie im Lande zu sichern suchte. Angesichts der byzantinischen Flottenaktivitäten in der Adria hatten die Beschwerden der einheimischen Notabeln Erfolg. Karl der Große sandte seine Königsboten, die in dem Gerichtsentscheid, *placitum,* von Risano bei Capo d'Istria (Koper) um 804 die Übergriffe des allzu tüchtigen Johannes abstellten. Der Spruch wurde in einer Urkunde niedergelegt, die ein hervorragendes Zeugnis für den Übergang von der byzantinischen auf die fränkische Reichsverwaltung darstellt. Das Dokument gibt Aufschluß über die institutionellen, sozioökonomischen und ethnischen Verhältnisse im istrischen Küstenland. Die romanische Stadtbevölkerung fühlte sich nicht bloß durch Johannes und seine Familie ausgebeutet, sondern auch von dessen Leuten, landhungrigen Slawen, bedroht. Hingegen profilierte sich als Helfer und Vertreter seines istrischen Sprengels der Patriarch Fortunatus von Grado, der sich damals noch der besten Beziehungen zu Aachen erfreute. Die weltlichen Königsboten hießen Cadolah und Aio: Der eine war der friulanische Dux, der andere der langobardische Flüchtling, den die Truppen Pippins 796 im awarischen Hring »gefunden« hatten und der schließlich doch die Huld Karls des Großen zurückgewann. Der Kaiser muß die Entscheidung seiner Beauftragten voll und ganz unterstützt haben. Auch sein Sohn und Nachfolger Ludwig der Fromme bestätigte sofort nach Regierungsantritt das ihm vorgelegte Placitum und kümmerte sich zu einem späteren Zeitpunkt nochmals um Istrien, als wahrscheinlich schon der Liudewit-Krieg tobte.[174]

Ursachen und Anfänge des Liudewit-Kriegs

Im winterlichen Aachen des Jahres 817 erschienen byzantinische Gesandte, um für die romanische Bevölkerung des dalmatinisch-istrischen Küstenlandes einzutreten. Slawische Verbände und ihre Fürsten, unter denen Borna den ersten Platz einnahm, hatten in Liburnien und im angrenzenden Dalmatien ein Gemeinwesen gebildet, das sich der fränkischen Oberhoheit unterstellte. Dieses entwickelte eine starke Anziehungskraft, so daß sich Borna auch die *Guduscani* anschlossen. Diese Gens wurde nach dem Karstfluß Gacka zwischen der Küste und der Mala Kapela benannt. Selbst die weit entfernten *Timociani* verließen ihre Sitze am Timok, der im heutigen Ostserbien in die Donau fließt, wobei sie »die Gemeinschaft mit den Bulgaren aufkündigten«. Ludwig dem Frommen war die Beschwerde über Cadolahs slawenfreundliche Politik so wichtig, daß er nicht ohne den Dux sowie die Betroffenen entscheiden wollte. Er stellte eine hochrangige Kommission zusammen und verlegte die Verhandlungen an Ort und Stelle.[175] Allerdings traten bei der Schlichtung des Streits zumindest Verzögerungen, wenn nicht offener Widerstand auf. Eine zweite byzantinische Gesandtschaft sprach noch im Hochsommer 817 erfolglos beim Kaiser vor.[176] Dann kamen im Herbst 818 die Boten des befreundeten Dux Borna wie die seines Gegners Liudewit von Siscia. Mitte Oktober 818 war Ludwig der Fromme aus dem Westen seines Reichs unterwegs nach Aachen, wo er wieder den Winter verbringen wollte. In Herstal erwarteten ihn die Gesandten der nördlichen Abodriten sowie mehrerer Völker, die vom Königreich Italien abhängig waren. Der Aufstand des Pippin-Sohns Bernhard hatte im Frühjahr 818 seine Sühne gefunden. Darauf war der Kaiser mit Kämpfen in der Bretagne beschäftigt, so daß die beneventanischen Langobarden und die Friaul zugeordneten Slawen erst im Herbst des Jahres ihre Botmäßigkeit bekunden konnten. Dabei beschwerten sich die Liudewit-Boten über Cadolah wegen dessen »Grausamkeit und Unduldsamkeit«. Die Vorwürfe Liudewits schlossen sich nahtlos an die dalmatinischen Beschwerden an, blieben aber sonst allgemein. Vielleicht versuchte Cadolah eine Verdichtung der Herrschaftsstruktur im friulanischen Neuland, so daß er Maßnahmen ergriff, die auf die Einführung der Grafschaftsverfassung abzielten.[177]

Nachdem Liudewits Gesandtschaft ohne Erfolg heimgekehrt war, schlug der *dux Pannoniae inferioris* spätestens zu Frühjahrsbeginn 819 los. Liudewit muß bis dahin die fränkische Oberhoheit anerkannt haben, da seine kriegerischen Handlungen damals noch nicht als *bellum,* sondern ebenso wie der Widerstand des Pippin-Sohnes Bernhard als »Aufstand«, *carmula,* galten.[178] Im Juli 819 gab Ludwig der Fromme den Befehl, Cadolah möge Liudewit von Italien aus angreifen.[179] Aber auch die Bayern wurden 819 gegen Liudewit mobilisiert. So war bereits am 8. Mai in Freising bekannt, daß man mit Heeresmacht in den Osten ziehen müsse, und am 4. Juli standen bayerische Truppen tief in Pannonien. Allerdings bewegte sich das Heer damals schon über einen Monat durchs Awarenland. Das nicht gerade überstürzte Angriffstempo diktierte ein gesundes Maß bayerischer Gemütlichkeit; daher fand ein Regensburger Kleriker am 2. Juni 819 Zeit genug, *in Hunia in exercitu* eine Handschrift zu beginnen, übrigens die älteste datierte Handschrift Österreichs. Keine 15 Wochen später, am 12. September 819, beendete der Schreiber sein Werk zu St. Florian, das aus diesem Anlaß zum ersten Mal zweifelsfrei bezeugt wird. Zwei Freisinger Urkunden waren Seelgerät-Stiftungen für den Fall, daß ihre Aussteller im Liudewit-Krieg blieben. Der Buchschreiber kam mit Sicherheit, die beiden vorsichtigen Stifter mit großer Wahrscheinlichkeit in die Heimat zurück. In der Zwischenzeit war es der italischen Armee wesentlich schlechter ergangen. Auf der Heimkehr von ihrem erfolglosen Zug hatte sie ihren Anführer noch vor der Überschreitung der friulanischen Grenze verloren; Cadolah war hier am 31. Juli 819 einem Fieberanfall erlegen.[180]

Obwohl über die Angreifer triumphierend, brach Liudewit seine diplomatischen Beziehungen mit Aachen nicht ab. Ja, im Gegenteil. Er ließ am Kaiserhof ausrichten, unter welchen Bedingungen er die fränkische Oberhoheit wieder anerkennen wolle. Der Kaiser wies Liudewits Vorschläge zurück und fertigte seinerseits eine Gegengesandtschaft nach Siscia ab, die ebenso erfolglos blieb. Mittlerweile fand Liudewit, der eine im wahrsten Sinne des Wortes mitreißende Persönlichkeit gewesen sein muß, starke Unterstützung bei den »benachbarten Gentes«. So änderten selbst die Timociani, die im Begriffe waren, von den Bulgaren zum frankenfreundlichen Borna überzugehen, ihren Plan und schlossen sich Liudewit an. Die gentile Formation des Fürsten von Siscia, die an die Anfänge des Mährerreichs erinnert, erfaßte aber auch die Krainer und einen Teil der Karantanen. Selbst Fortunatus, der Patriarch von Grado, sandte ihm Handwerker zur Errichtung der Burg Siscia-Sisak. Noch im Spätsommer 819 wurde an der karantanischen Drau gekämpft, um der machtvollen Ausbreitung des Liudewit-Heeres zu begegnen. Nur wenige Wochen oder Monate später änderte der Slawenfürst seine Stoßrichtung und marschierte noch 819 in Dalmatien ein.[181]

Der Liudewit-Krieg unter Balderich (819–828)

Die Bekämpfung der weiträumigen Abfallbewegung lag in den nächsten Jahren so gut wie ausschließlich auf den Schultern Balderichs, der im Sommer 819 Cadolah als Herzog von Friaul nachgefolgt war und dabei auch die Verwaltung Karantaniens übernommen hatte. Offenkundig war Balderich der oberste Mandatsträger im gesamten Aufmarschgebiet gegen Liudewit. Das Fehlen eines gleichrangigen bayerischen Machthabers hatte seine Gründe: Im Jahre 818 starb der mächtige Bayernpräfekt Audulf, dessen Position so stark war, daß sie nicht wiederbesetzt werden konnte.[182] Im Ostland mußte der Kaiser 823 seinen Präfekten Gotafrid nach anscheinend weit zurückliegenden Auseinandersetzungen mit Passau maßregeln.[183] Daher war Balderich von Friaul der einzige, dessen Aktivitäten niemand lähmte und dessen Mandat uneingeschränkt galt. Mit einem kleinen Kontingent gelang es ihm, Liudewit an der Drau zu stellen und noch im Spätsommer 819 aus Karantanien zu vertreiben.[184] Weniger glücklich war Balderichs Verbündeter Borna. Nachdem ihm Liudewit die Timociani abspenstig gemacht hatte, rüstete der liburnische Fürst zum Krieg. Neben seinen Kerntruppen hatte Borna die dalmatinischen Guduscani aufgeboten. Dazu kam eine Gruppe aus Siscia selbst, die unter der Führung des Liudewit-Schwiegervaters Dragamosus stand. An der Kupa, unweit der Festung Siscia, wurden die Dalmatiner und ihre Bundesgenossen geschlagen; Dragamosus fiel. Beim ersten Zusammenstoß liefen die guduscanischen Kontingente davon. Die eigenen Leute hieben zwar ihren Fürsten heraus, aber Borna hatte eine schwere Niederlage erlitten und mußte alle Eroberungen aufgeben. Im Gegenstoß griff Liudewit noch im Dezember 819 Westdalmatien an, scheiterte aber ebenso kläglich. Borna hatte die Guduscani in seinem »Hinterhof« wieder unterworfen und führte – gestützt auf die befestigten Plätze seines Herrschaftsgebiets – einen höchst erfolgreichen Abnützungs- und Partisanenkrieg gegen den Feind. Liudewit mußte sich schließlich fluchtartig aus Westdalmatien zurückziehen, nachdem er 300 Rosse und zahlreiches Gerät sowie Waffen verloren hatte. Außerdem waren 3 000 seiner Leute gefallen; eine typische Zahlenangabe, die wohl nichts anderes bedeutet als den Verlust eines gentilen Heeres.[185]

Konnte der dalmatinische Krieg von überwiegend unberittenen Truppen im Winter geführt werden, so blieben die fränkischen Reiterheere auf jene Zeit des Jahres angewiesen, da genug Futter wuchs.[186] Im Frühsommer 820 begannen die Franken wieder den Krieg gegen Siscia. Die kaiserliche Entscheidung hatte eine Vorgeschichte: Als Ludwig der Fromme im Januar 820 seinen üblichen Reichstag zu Aachen abhielt, kamen zuerst Gesandte Bornas und dann er selbst, um Ratschläge für das weitere Vorgehen gegen Liudewit zu erteilen. Die Westdalmatiner hatten aus begreiflichen Gründen genug und verzichteten auf ein militärisches Vorgehen gegen Siscia. Daher wurde beschlossen, entsprechend der fränkischen Taktik drei Heere konzentrisch auf den Gegner loszulassen.[187] Aufgeboten wurden Truppen aus Sachsen, Ostfranken, Alamannien, Bayern und Italien. Das italische Heer unter dem unmittelbaren Befehl Balderichs rückte wohl über den Birnbaumer Sattel ins Savetal vor. Diejenige Truppe, die durch Karantanien an die Drau zog, stieß noch vor der Erreichung des Flusses dreimal auf Widerstand. Der Liu-

Die Miniatur »Der Feldzug des Joab« aus dem Psalterium Aureum (vor 883) gibt die biblischen Krieger mit karolingischer Ausrüstung – Kettenhemden, Helmen – wieder.

dewit-Krieg hatte nicht bloß auf das angrenzende Karantanien übergegriffen, sondern selbst nördlich des Tauernhauptkamms ein starkes Echo gefunden. Noch im selben Jahr 820 zündeten »gottlose Slawen« wieder einmal die Salzburger Maximilianszelle in Bischofshofen an. Das »mittlere Heer« hatte aber trotz der Kämpfe mit den Karantanen als erstes den Bestimmungsort im Zwischenstromland erreicht. Vor Siscia kam es dann zur Vereinigung mit den friulanischen Truppen und der pannonischen Armee. Letztere war wohl über die alte Römerstraße Vindobona-Scarabantia-Savaria nach Unterpannonien gezogen. Das starke fränkische Aufgebot richtete jedoch abermals nichts gegen die von Sümpfen umgebene Höhenfestung Siscia aus und mußte sich mit einem bloßen Verwüstungsfeldzug begnügen. Auf dem Heimweg hatte die pannonische Armee als einzige größere Verluste zu beklagen, da zahlreiche ihrer Angehörigen einer Krankheit zum Opfer fielen. Obwohl das Frankenreich allgemein von Naturkatastrophen und Seuchen heimgesucht wurde, bewirkte der Feldzug des Jahres 820, daß sich nicht bloß »die Krainer, die an der Save wohnen und beinahe an Friaul grenzen«, sondern auch »der Teil der Karantanen, die von uns zu Liudewit abgefallen waren«, Balderich wieder unterwarfen. Wenige Jahre später, 828, wurde in beiden Gebieten die fränkische Grafschaftsverfassung eingeführt.[188]

Der jährliche Aachener Reichstag fand 821 im Februar statt; man beschloß, erneut drei Heere gegen Liudewit zu senden. Das pannonische Unternehmen, das mehrere Grafen kommandierten, dauerte offiziell von Ostern bis Mitte Oktober. Das Ergebnis war nicht viel besser als im Vorjahr. Gleichzeitig flog der Skandal des Patriarchen von Grado auf; man klagte den bisher frankentreuen Fortunatus der Kollaboration mit

Liudewit an, worauf jener über Zara-Zadar nach Konstantinopel floh. Im dalmatinisch-liburnischen Fürstentum war nach Bornas Tod sein Neffe Ladasclavus aufgrund einer »Volkswahl« und mit Zustimmung des Kaisers zur Herrschaft gelangt. Neben Ladasclavus scheint auch noch der Onkel Bornas namens Liudemuhsl fürstliche Gewalt ausgeübt zu haben.[189]

Das weitere Schicksal Liudewits ist rasch erzählt: Zum dritten Mal beauftragte der Kaiser 822 seinen Friulanerpräfekten, Siscia anzugreifen. Obwohl man diesmal weder bayerische noch andere ostfränkische Kontingente einsetzte und ebenso auf die Hilfe slawischer Truppen verzichtete, muß der Vorstoß Balderichs mehr Wirkung als bisher gezeigt haben. Liudewit räumte nämlich seine Festung Siscia und wich zu den dalmatinischen Soraben aus, die nicht unter fränkischer Oberhoheit standen. Für die Veränderung im Verhalten Liudewits könnten verschiedene Gründe maßgebend gewesen sein: Die fränkische Taktik ging doch auf; der dreijährige Krieg hatte derartige Verwüstungen angerichtet, daß der Widerstand der Leute von Siscia erlahmte. Zum anderen war das slawonische Zwischenstromland auf alten Römerstraßen von allen Seiten leicht zugänglich. Im Osten drohte die bulgarische Großmacht. Die Truppen Balderichs könnten entsprechendes Gerät mitgeführt haben, die eine erfolgreiche Belagerung von Siscia erwarten ließen. Vielleicht besaßen die Friulaner auch Informationen, die sie der Aufdeckung des Fortunatus-Skandals verdankten. Schließlich bedeutete die Flucht des Patriarchen, daß Konstantinopel jegliche Art von Unterstützung einstellte.[190]

Liudewit verließ mit seinem Heer die Stadt und ging zu einem ungenannten Sorabenfürsten. Der freundliche Helfer wurde vom Gast aus dem Weg geräumt, worauf sich Liudewit in den Besitz seines Herrschaftsgebiets setzte. Von hier aus bot er zum Erstaunen der Franken an, die seit 819 unterbrochenen und hartnäckig verweigerten Verhandlungen wiederaufzunehmen, ja persönlich vor dem Kaiser zu erscheinen. Hätte Ludwig der Fromme dieses Angebot angenommen, dann wäre die fränkische Oberherrschaft bis ins innere Dalmatien, das heutige Bosnien, ausgedehnt worden. Liudewit erhielt jedoch keine Antwort: Vielleicht war der Kaiser allzusehr in der Bretagne beschäftigt. Auch könnte Aachen das Verlassen Siscias als Liudewits Eingeständnis verstanden haben, am Ende zu sein. Auf dem Frankfurter Reichstag vom Spätherbst 822 erschienen Gesandte von allen »Ostslawen«, darunter Mährer, Awaren sowie Donau-Abodriten. Die *Praedenecenti* waren »Nachbarn der Bulgaren und bewohnten das an der Donau angrenzende Dakien«. Wie die Timociani auf der Südseite des Stromes, aber zeitlich nach ihnen, hatten sie sich der bulgarischen Oberhoheit entzogen und den Franken zu unterstellen gesucht. Noch war nicht abzusehen, wie die Bulgaren auf diese – jeder »skythischen Politik« zuwiderlaufende – Handlung reagieren würden. Liudewit mußte aber doppelt isoliert wirken. So konnte er die sorabische Position nicht halten und versuchte zum letzten Mal sein Glück in Westdalmatien. Hier fand er bei Liudemuhsl, einem älteren Verwandten und Nachbarn des Borna-Nachfolgers Ladasclavus, zunächst Aufnahme und dann den Tod. Sein Gastgeber, der die fränkische Karte spielte, ließ den slawonischen Hannibal 823 beseitigen.[191]

Balderichs Sturz

Im Jahre 824 waren die Bulgaren aktiv geworden und hatten beim Kaiser nicht zuletzt wegen der »Rückgabe« der Praedenecenti vorgesprochen. Die Franken dürften sich weder über die Absichten der Bulgaren noch über das Ausmaß ihrer Gefährlichkeit im klaren gewesen sein. Ludwig der Fromme betrieb eine dilatorische Behandlung ihrer Forderungen. Zugleich reagierte Aachen auf das bayerische Dilemma. Ludwig der Deutsche, der 817 Bayernkönig geworden war, kam wohl 826 zum ersten Mal in sein Königreich. Ihn begleitete als neuer Ostlandpräfekt der äußerst fähige und auch in Bayern mächtige Gerold II., der Onkel des jungen Königs. Beide mußten in der Folgezeit versuchen, das in den letzten Jahren für Bayern zugunsten Friauls verlorengegangene Terrain wiederzugewinnen. Balderich regierte nämlich in Karantanien sowie – spätestens seit dem Ende des Liudewit-Aufstands – in Oberpannonien, das heißt tief innerhalb der bayerischen Mark. Ein drohender Kompetenzkonflikt zeichnete sich ab.[192]

Im Jahre 827 stießen die sirmiensischen Bulgaren zu Schiff die Drau aufwärts ins obere Pannonien vor, »vertrieben die Fürsten der Slawen und setzten bulgarische Herren über sie«. Die Schuld an diesem schweren Rückschlag wurde allein Balderich zugeschrieben, obwohl nicht bloß der Friulaner, sondern auch Gerold II. eine bevorstehende bulgarische Invasion noch 826 ausgeschlossen hatten. Balderich mußte gehen, sein Mandatsgebiet wurde unter vier Comites aufgeteilt. Wahrscheinlich ist diese Nachricht so zu deuten, daß je ein Graf für die Karantanen und die Krainer eingesetzt und Gerold II. unterstellt wurde. Die beiden anderen Comites könnten das auf sein Kerngebiet verkleinerte Friaul und Istrien übernommen haben und wären mit ihren Grafschaften bei Italien geblieben. Die Maßregelung Balderichs, die auch gegen seinen Herrn, den ältesten Kaisersohn Lothar (I.), gerichtet war, verfügte Ludwig der Fromme im Jahre 828. Anwesend waren dabei Ludwig der Deutsche und Gerold II., die noch im Sommer 828 den Bulgarenkrieg begannen. Der letzte friulanische Herzog und Lothar aber fehlten in Aachen. So wurde das Herzogtum Friaul aufgelöst und Italien zugleich von Pannonien abgeschnitten.[193] Allerdings war die Bedeutung Friauls dadurch auf Dauer kaum vermindert worden.[194]

III. Das bayerische Ostland von 828 bis zum Sturz Ratpots 854

Im Jahre 828 wurden Karantanien und die Krain bayerischen Grafen unterstellt. Gleichzeitig löste der Kaiser den awarischen Tributärkhaganat auf und übertrug das Gebiet in die unmittelbare Verwaltung des Ostlandpräfekten. Bald sollte es sich zeigen, daß damit dessen Möglichkeiten überfordert waren. Nur in Siscia experimentierte man nicht; dort blieb der gentile Dux, wurde aber ebenfalls dem bayerischen Ostlandpräfekten verantwortlich. So hatte Ludwig der Fromme 828 noch selbst die Weichen für eine lange Zukunft gestellt: Die Eroberungen, die die Franken im Awarenkrieg gemacht hatten, wurden Teil des bayerischen Regnum Ludwigs des Deutschen.[195] Gerold II., dem die Bewältigung dieser Aufgabe als erstem zugefallen wäre, scheint sich aber kaum im Ostland aufgehalten zu haben. So baten er und sein König den Kaiser, aus dem gräflichen Amtsgut im Grunzwitigau an Kremsmünster zu schenken. Aber das Rechtsgeschäft wurde am 22. März 828 in Aachen vollzogen.[196] Auch im Jahr zuvor hatte der Traungau-Graf Wilhelm I. in Gerolds Auftrag einen Streit im Ostland geschlichtet.[197] Kein Zufall, daß sich Gerolds II. letzte Nennung 831/32 auf ein Wirken weit außerhalb seines Amtsgebiets bezieht.[198]

1. Ratpot und Priwina

Spätestens 833 übernahm der Präfekt Ratpot »die Verteidigung der Grenzen«.[199] Er soll bayerisch-huosischer, fränkischer, ja friesischer Herkunft oder vielleicht ein wenig von allem gewesen sein; wahrscheinlich war Ratpot mit seinem Vorgänger Gerold II. verwandt.[200]

Ratpot war der erste Ostlandpräfekt, der mit dem slawischen Gemeinwesen der Mährer zu tun hatte, das sich nördlich der Donau konsolidierte und schließlich auch große Teile des heute niederösterreichischen Weinviertels umfassen sollte. Nicht vor dem Jahre 822 traten die Mährer in Erscheinung; damals sprach ihre Gesandtschaft ebenso wie die der Awaren – sie sollte die letzte ihrer Art bleiben – am Hofe Ludwigs des Frommen vor.[201] Um 830 muß sich bei den Mährern ein Dux namens Moimir (I.) als »Monarch« durchgesetzt haben. Die Konsolidierung des Mährerreichs bedingte, daß Leute wie Priwina von Neutra zur Abwanderung ins bayerische Ostland gezwungen wurden. Der Flüchtling kam mit mehr als bloß ansehnlichem Gefolge; seine Gruppe wird einen ganzen Stammesteil mit mehreren hundert Kriegern umfaßt haben. Zunächst begab sich der ehemalige Fürst von Neutra – wohl in der ersten Hälfte 833 – samt seinem Sohn Chozil zum Ostlandpräfekten Ratpot. Eine von dessen ersten Amtshandlungen war es, den Slawenfürsten dem König zu Regensburg vorzustellen. Ludwig der Deutsche ordnete an, Priwina im christlichen Glauben zu unterrichten, worauf der Fürst in der Martinskirche des Salzburger Hofes Traismauer die Taufe empfing. Der Slawenfürst war vielleicht mit einer bayerischen Adeligen, einer Wilhelminerin, verheiratet, weshalb auch sein Sohn Chozil hieß, wie eine Kurzform des fränkisch-bayerischen Namens Cadolah lautete. Priwina könnte einen zweiten Sohn namens Unzat gehabt haben.[202]

Das Einvernehmen zwischen dem Ostlandpräfekten Ratpot und Priwina hielt nicht lange. Der Slawenfürst wollte seinen Status halten und drängte nach einer eigenen Herrschaftsbildung; eine Absicht, die Ratpot zunächst nicht dulden wollte oder durfte. Darauf gingen die Leute aus Neutra zu den Bulgaren ins slawonische Zwischenstromland, wohl in das Gebiet östlich des »Frankengebirges«, der *Fruška gora.* Aber auch hier blieb Priwina nicht lange. Nach kurzer Zeit kehrte er auf fränkisches Reichsgebiet zurück und verband sich mit dem Slawenfürsten Ratimar von Siscia. Damit hatte Priwina wieder das Mandatsgebiet Ratpots betreten und den Tatbestand der Rebellion gesetzt. Im Jahre 838 rückte Ratpot im Auftrag Ludwigs des Deutschen verheerend ins untere Pannonien ein. Wie sein vermutlicher Vorgänger Liudewit wich Ratimar vor den Angreifern nach Dalmatien aus. Priwina aber packte den Stier bei den Hörnern und ging zu Salacho, dem bayerischen Grafen der Krain. Dieser war sowohl bereit wie in der Lage, Priwina mit seinem Vorgesetzten Ratpot zu versöhnen. Wahrscheinlich hatte dieser Salacho die Möglichkeit erkannt, Priwina für die Konsolidierung Zentralpannoniens einzusetzen.[203] Nun schlossen sich alle Beteiligten der Einsicht an, mit Hilfe Priwinas könne das pannonische Machtvakuum beseitigt werden, das die Auflösung des Tributärkhaganats geschaffen und die Grafschaft des Ostlandpräfekten seither nicht gefüllt hatte. Ludwig der Deutsche belehnte Priwina zwischen 838 und 840 mit »einem Gebiet Unterpannoniens, das am Flusse Zala liegt«.[204]

»Darauf siedelte sich Priwina dort an, baute eine Festung in der sumpfigen Waldlandschaft der Zala, scharte von überall Völker um sich und wurde in jenem Land ein großer Herr.«[205] Seine Residenz errichtete er in der Moosburg-Mosapurc,[206] in einem Sumpfgebiet vor der Zalamündung in den Plattensee nahe dem heutigen Zalavár. Priwina erfüllte die in ihn gesetzten Erwartungen in hohem Maße. Der König belohnte ihn mit einer umfangreichen Schenkung und gab dem Slawenfürsten 846 hundert Mansen zu eigen. Kurz darauf wandelte Ludwig der Deutsche am 12. Oktober 848 auch das ursprüngliche Priwina-Lehen in ein Allod um.[207] Bereits die Einbindung Priwinas in das fränkische Lehenswesen bedeutete dessen Anerkennung als Dux seiner Leute.[208] Dafür leistete der Slawenfürst den ostfränkischen Bayern wertvolle Dienste: Die Salzburger Kirche konnte erst nach Priwinas Einsetzung ihre Jurisdiktion über den zentralpannonischen Raum ausdehnen. Das Moosburger Fürstentum bildete ein Bollwerk gegen Mährer und Bulgaren, erlaubte das Ausgreifen der Kolonisation bis über die Raab und förderte zugleich die Territorialisierung der gräflichen Mandatsgebiete in der Mark.

2. Die oberpannonischen Grafschaften von Ratpot und Rihhari

Ratpot war nicht bloß der erste Ostlandpräfekt, der es mit den Mährern zu tun bekam, sondern auch der erste, der östlich der Enns eine territoriale Grafschaft verwaltete und in Tulln einen königlichen Fiskus als Herrschaftsmittelpunkt besaß.

Entweder 844 oder im Jahr danach wurde eine Königsurkunde ausgestellt, die im Ostland zum ersten Mal zwei Grafschaften nannte; die Trennlinie bildete ein Fluß, der Zöbernbach in der niederösterreichischen Buckligen Welt. Das Diplom bezeugt diejenige Grafschaft, die in der unmittelbaren Verwaltung des Ostlandpräfekten stand und seit etwa 828 von der Traun bis an die Raab reichte. Zugleich erfährt man erstmals von der Existenz der wesentlich kleineren Grafschaft eines Rihhari, der Ratpot unterstand und in Savaria-Steinamanger-Szombathely seinen Vorort besaß. Diese Grafschaft wurde im Osten vom Moosburger Fürstentum und im Westen von der Grafschaft Karantanien begrenzt.[209]

Seit der Jahrhundertmitte begannen sich bayerisch-ostfränkische Grundbesitzer, weltliche Große wie geistliche Institutionen, auch für das Gebiet zwischen Neusiedler See und Raab zu interessieren.[210] Die wertvollste und am besten organisierte Landschaft der einstigen Avaria lag zwischen Enns und Wienerwald, wo schon der Ostlandpräfekt Gotafrid versucht hatte, Schwerpunkte in der Wachau, an Erlauf, Pielach und Traisen zu bilden.[211] Kein Wunder, daß auch Gotafrids mittelbarer Nachfolger Ratpot im Raum von Tulln über beträchtliche Wirtschaftskraft verfügte. Er besaß hier die Hälfte des königlichen Fiskus.[212] An der unteren Traisen und am Fladnitzbach östlich des Dunkelsteiner Waldes erstreckte sich der Grunzwitigau. Deutlich läßt sich die bayerisch-ostfränkische Kolonisation mit handelnden Personen verbinden; ebenso gab es hier »freie Slawen«, deren Rechte gewahrt wurden.[213]

Ortsnamen erinnern an kirchliche wie weltliche Würdenträger. Ein Wachauer Arnsdorf ist sicher nach dem Salzburger Erzbischof benannt.[214] Gerolding im südwestlichen Dunkelsteiner Wald hat wohl mit einem der beiden Gerolde zu tun.[215] Orte zwischen Ybbs und Tulln haben »Ratpot« in ihrem Namen, wovon Rappoltenkirchen mit seinem Ortsteil Penzing als Besitz des Grenzgrafen so gut wie sicher ist.[216] »Auf eine schon bei der Gründung von Tegernsee und St. Pölten tätige Familie, die am Chiemsee ansässig war, deutet die auffallende Übereinstimmung von Ortsnamen im Chiemgau und in der Umgebung von Wien hin. Den Ortsnamen Otterkring, Siffering und Hitzing am Chiemsee entsprechen die gleichfalls benachbarten Ortschaften Ottakring, Sievering und Hietzing in Wien. Aber auch andere Ortsnamen in wie außerhalb Wiens, wie Hacking und Penzing, stammen aus Altbayern. In diesen Fällen sind wohl Schlüsse auf die örtliche Herkunft der Siedler gestattet.«[217] Eine Reihe von Ortsnamen an der Traisen, im Tullnerfeld, aber auch östlich des Wienerwalds dürfte auf die »Wilhelminer« zurückgehen, auf ein adeliges Geschlecht, das man – im guten wie im schlechten – die Kennedys des karolingerzeitlichen Niederösterreichs nennen könnte.[218] Wohl außerhalb der Grafschaft des Ostlandpräfekten, aber im Bereich des Ostlandes muß – spätestens zu Ratpots Zeiten – das slawische Fürstentum entstanden sein, dessen Herrschaftszentrum in Gars-Thunau lag.[219]

IV. Das Regime der Königssöhne Karlmann und Arnulf (854/56–887)

1. Karlmann (856–876)

Im Jahre 854 kam der Ostlandpräfekt Ratpot unter die Räder; gleichzeitig mit einer »Rebellion« des Mährerfürsten wurde ihm das Mandat entzogen, so daß wohl ein Zusammenhang zwischen den beiden Ereignissen bestand.[220] Allerdings könnten auch Verwicklungen mit den Bulgaren Anlaß für seine Absetzung gewesen sein. In diesem Falle gliche Ratpots Schicksal dem des Friulaner Herzogs Balderich. Westfränkisches Geld hatte jedenfalls eine bulgarisch-slawische Koalition zum Angriff gegen Ludwig den Deutschen »eingeladen«. Die Gefahr, von der bezeichnenderweise keine ostfränkische Quelle spricht, war rasch abgewehrt.[221] Aber noch 859, da sich der König an Ratpots Treubruch erinnert, tut er dies in ungewöhnlicher Schärfe. Der Grund für die – niemals widerrufene – Absetzung des Präfekten kann daher kein geringer gewesen sein.[222]

Im Jahre 855 versuchte es Ludwig der Deutsche in eigener Person, konnte aber nichts gegen die Mährer ausrichten. Ja, er kam selbst in große Bedrängnis. Nachdem er erfolglos mährisches Gebiet mit Raub und Brand verheert hatte, waren ihm auf dem Rückzug die Krieger Rastislavs gefolgt, hatten ungehindert die oberpannonische Donau überquert und viele Grenzorte geplündert. Auf dem Rückzug mußte der König alle Kraft einsetzen, um sein Lager gegen die in Massen anstürmenden Mährer zu verteidigen.[223]

Zwei Jahre nach der Absetzung Ratpots übertrug der König – im Zuge einer ersten Nachfolgeregelung – 856 seinem ältesten Sohn Karlmann die Verwaltung des Ostlandes.[224] Gestützt auf sein Mandatsgebiet, entwickelte Karlmann eine eigene Politik. So brach er 858 den Feldzug gegen die Mährer, den ihm der Vater aufgetragen hatte, eigenmächtig ab, schloß mit dem Fürsten Rastislav Frieden und verband sich ihm durch Eidesschwur.[225] Vier Jahre nach der Absetzung Ratpots war genau das eingetreten, was 854 gerade noch vermieden werden konnte. Diesmal mußte Ludwig der Deutsche den Ostland-Ereignissen schon deswegen tatenlos zusehen, da er sich vom Sommer 858 bis zum Frühjahrsanfang 859 im Westen engagierte, in das Reich seines Halbbruders Karl des Kahlen einrückte und hier mit Hilfe einer unzufriedenen Adelspartei König werden wollte. Der Versuch scheiterte; aber es war so viel Zeit vertan, daß die Zentrale keine raschen Gegenmaßnahmen im Ostland ergreifen konnte.[226] Karlmann hatte durch den Frieden mit den Mährern den Rücken freibekommen und ging nun in verstärktem Maße gegen die Leute seines Vaters vor. In den Jahren von 857 bis 861[227] wurden die Grafen Ludwigs des Deutschen aus dem gesamten Markengebiet verdrängt, so daß der Königssohn den *limes Pannonicus et Carantanus,* »die pannonische und karantanische Grenze«, vollständig mit seinen Getreuen besetzen konnte.[228] Wer von der alten Garde Widerstand leistete, galt als Rebell und mußte das Land verlassen, das schwer unter den kämpfenden Parteien litt. In erster Linie fielen dieser Politik der karantanische Graf

Pabo samt seinen *socii comites* zum Opfer. Darunter befanden sich Graf Rihhari von Steinamanger sowie Witigowo, der ebenfalls in Karantanien gewirkt hatte.[229]

Im Gegenzug versuchte Ludwig der Deutsche bedrohtes Terrain zu halten, vielleicht sogar verlorenes wiederzugewinnen, indem er große Landschenkungen im Herrschaftsgebiet seines widerspenstigen Sohnes an die bayerische Kirche, aber auch an weltliche Große vornahm. Im Jahre 859 bekam Regensburg die Hälfte des Tullner Königsguts; außerdem schenkte der Priwina-Sohn Chozil, einer der treuesten Anhänger des Königs, aus seinem Traungauer Erbgut an St. Emmeram.[230] Der Passauer Chorbischof Albrich erhielt eine beachtliche Ausstattung im Raum von Ödenburg und am Ostabfall des Rosaliengebirges.[231] Graf Witigowo empfing am 1. Oktober 859 auf Bitten seines Vorgesetzten, des Grafen Pabo, eine große Schenkung im karantanischen Admonttal.[232] Der König bestätigte aber auch Priwinas Besitzübertragung in Zalabér an Niederalteich,[233] gab dem Reichskloster Mattsee 20 Hufen am Ostabfall der Buckligen Welt[234] und verbriefte schließlich am 20. November 860 dem Erzstift Salzburg »jene überaus reiche Schenkung«, die zum ersten Mal den Osten des heutigen Österreichs mit dem Westen verband. Salzburg erhielt Steinamanger-Szombathely und Postrum-Szentpéterfa, und gleichzeitig wurden 24 Lehenhöfe in Eigengut umgewandelt. Darunter sind zu nennen: Melk, Arnsdorf in der Wachau, Loiben, Hollenburg und Traismauer; zum Teil enorme Besitzeinheiten im südöstlichen Niederösterreich, im Burgenland und im angrenzenden Ungarn bis zum Plattensee; zahlreiche Güter quer durch die Oststeiermark bis ins Klagenfurter Becken, Bruck an der Mur, St. Lorenzen im Mürztal,

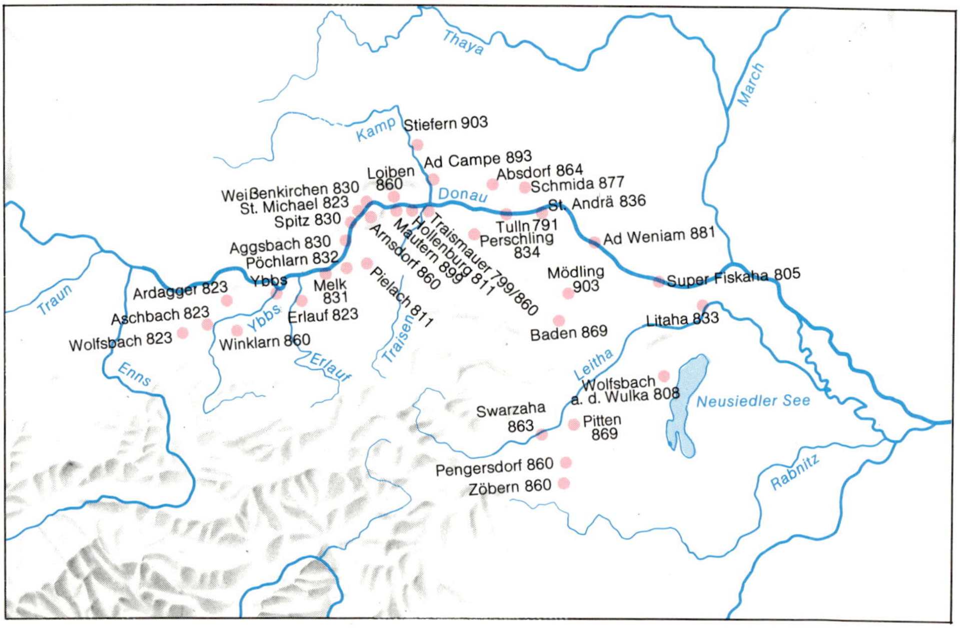

Besitzungen bayerischer Klöster im Ostland (nach K. Mühlberger)

St. Michael an der Liesing, Pöls, Friesach, Osterwitz, an der Sulm bei Leibnitz, bei Mureck, im Lavanttal um St. Andrä und nicht zuletzt Maria Saal.[235]

Die Schenkung von Eigengütern und die Umwandlung der Salzburger Lehen in Allodbesitz stellten eine klare Kampfansage Ludwigs des Deutschen an seinen Sohn dar. Der König verminderte das Reichsgut, das Karlmann zustand, nützte es mittels seiner bayerischen Reichskirche und sicherte zugleich deren Besitztitel. Aber nicht genug damit: Ludwig der Deutsche hielt im April 861 einen Reichstag zu Regensburg ab, dessen Zweck vor allem die Säuberung des ostfränkisch-bayerischen Adels war. Dabei stürzte kein Geringerer als der allmächtige Graf Ernst, der Schwiegervater Karlmanns. Er und andere der »Untreue« überführten Großen verloren ihre Lehen; viele mußten sogar das Land verlassen. »Die übrigen blieben daheim auf ihren Eigengütern sitzen.« Darauf rebellierte der Königssohn erstmals offen gegen den Vater, vertrieb dessen Mandatsträger im Ostland und ersetzte sie durch eigene Leute.[236] Kein Wunder, daß der Karantanengraf Pabo und seinesgleichen 861 in Salzburg Zuflucht suchten und fanden.[237] Schlimmeres widerfuhr dem pannonischen Slawenfürsten Priwina; er »wurde von den Mährern getötet«, sei es, daß ihn die Rache seiner alten Gegner erreichte oder daß er auf einem Feldzug fiel, den er im königlichen Auftrag gegen seine ehemaligen Landsleute geführt hatte.[238] Jedenfalls verbündete sich Karlmann noch 861 mit Rastislav und besetzte mit dessen Hilfe Bayern bis zum Inn; eine Aktion, die kriegerische Auseinandersetzungen im Ostland wahrscheinlich macht.[239]

Zwischen 861 und 865 wechselten einander Aussöhnungen und neuerliche Erhebungen gegen den König ab. Es ging um das Erbe Ludwigs des Deutschen und nicht bloß um die Stellung des ältesten Sohnes. Daher waren auch dessen beide jüngeren Brüder in die Kämpfe verwickelt. Vom Frühjahr 863 bis Herbst 864 verlor Karlmann sogar seine Bewegungsfreiheit und wurde in ehrenvoller Haft zu Regensburg festgehalten.[240] Dazu war es gekommen, weil Ludwig der Deutsche zur Gegenoffensive überging und sich wieder stärker im Ostland engagierte. Sowohl das Martinsfest (11. November) 861 wie Ostern 863 feierte der König in Salzburg.[241] Aus der Zeit, da Karlmann ausgeschaltet war, stammen auch die letzten Privilegien, die Ludwig der Deutsche an geistliche Grundbesitzer im Ostland verlieh: Begünstigt wurden Niederalteich mit Schenkungen im »pannonischen Ennswald« zwischen Donau, Ybbs und Url sowie Salzburg in Karantanien und in der ebenfalls pannonischen Oststeiermark.[242] In Karantanien ging es um die Ablöse der »Beisteuer«, *coniectus*: Jedesmal, wenn der Salzburger Erzbischof »zur Predigt« ins Land kam, waren Graf und Volk verpflichtet, den Aufenthalt durch eine besondere Abgabe zu finanzieren. Adalwin hatte Anfang der sechziger Jahre das Bistum in Karantanien sistiert und nahm die bischöflichen Aufgaben nun in eigener Person wahr. Nachdem der »Verräter« Gundakar sich in Karantanien durchgesetzt hatte, plante er langfristig für die Zukunft und suchte sich der ständigen Belastung durch eine einmalige Zahlung zu entledigen. Die Regelung vom Januar 861 hatte Bestand – im Unterschied zu Gundakars Herrschaft.[243]

Um Karlmann zu besiegen, mußte der König versuchen, das mit ihm verbündete Mährerreich auszuschalten. Dazu nahm Ludwig der Deutsche Verbindung mit dem Bulgarenkhan Bogoris-Boris auf. Dieser kam eher 863 als 864 ins niederösterreichische

Tulln, wo er mit dem König zusammentraf, gemeinsame Aktionen gegen die Mährer beriet und sogar seine Bereitschaft erkennen ließ, die Taufe zu empfangen. Damit sollte auch ein Schlußstrich unter die Feindseligkeiten gesetzt werden, die 853 nochmals ausgebrochen waren. In seiner Jugend hatte Ludwig als König der Bayern die Bulgaren, die ihr Reich über die Theißebene und das untere Slawonien ausgedehnt hatten, lange Zeit bekämpft; jetzt suchte er sie als Freunde, um den gefährlichsten Verbündeten seines Sohnes einzukreisen. Die politische Allianz sollte von einer Mission begleitet werden.[244]

Die bulgarische Unterstützung nutzte Ludwig der Deutsche 863, um seinen Sohn Karlmann in die Knie zu zwingen. Dieser hatte als Nachfolger Pabos den Grafen Gundakar eingesetzt, der 863 die karantanischen Truppen an die niederösterreichische Schwarza bei Neunkirchen führte. Hier an der Grenze Karantaniens wollte er angeblich den Angriff Ludwigs des Deutschen abwehren. Tatsächlich verriet er seinen Herrn, fiel von Karlmann ab und ging mitsamt den Karantanen zum König über. Dieser hatte einen Angriff auf das Mährerreich vorgetäuscht und war im Wiener Becken nach Süden abgebogen, um das karantanische Kernland seines Sohnes zu bedrohen. Was für 863 geplant war, wurde 864 nachgeholt, als Bayern und Bulgaren gemeinsam Rastislav in seiner Burg *Dovina* belagerten, während Karlmann als Gefangener des Königs in Regensburg festsaß und Gundakar mit Karantanien belohnt wurde. Allerdings büßte er bald für seinen Verrat und wurde der neuerlichen Annäherung zwischen Vater und Sohn geopfert.[245] Im Spätherbst 864 gelang Karlmann die Flucht; bloß wenige Monate danach kam es im Frühjahr 865 zur Aussöhnung und Teilung des Reichs.[246] Ab nun wußte jeder der drei Königssöhne, was er nach des Vaters Tod erben solle. Unzufriedene Leute aus dem Ostland brachten freilich Ludwig den Jüngeren dazu, daß er 866 offen gegen den Vater rebellierte und seinerseits Rastislav als Verbündeten zu gewinnen suchte.[247]

Gemäß der – spätestens seit Gerold II. und Ratpot – gültigen Ordnung war die Ostlandpräfektur auch für Mähren zuständig. Böhmen wiederum »gehörte« zu Bayern. So nahmen die 14 böhmischen Fürsten, die mit ihren Gefolgsleuten 845 zu Ludwig dem Deutschen gekommen waren, die Taufe in Regensburg.[248] Hingegen wurde der mährische Fürst Priwina, obwohl er zunächst dem König in Regensburg präsentiert wurde, in Traismauer getauft, das in der Ratpot-Präfektur lag.[249] Diese Ordnung änderte der König zugunsten Karlmanns, der wohl schon 865 auch Böhmen erhielt.[250] Eine solche Regelung mußte Ludwig dem Deutschen um so leichter fallen, als Böhmen immer mehr in die mährische Einflußsphäre geriet. Die Wiedergewinnung des fränkisch-bayerischen Herrschaftsanspruchs war daher nur über die Durchsetzung der westlichen Oberhoheit in den Machtzentren an der March möglich.

Der karolingische Herrschaftsanspruch über Böhmen und Mähren gründete auf den Vorstellungen des fränkisch-bayerischen Lehenswesens, dessen Bruch die Bayern »Rebellion«, *carmula,* nannten und das erst durch die Annahme des westlichen Christentums voll wirksam wurde. Kein Wunder, daß der Mährerfürst wenig Wert darauf legte, ein *fidelis Dei et regis,* ein »Getreuer Gottes und Lehensmann des (fränkischen) Königs« zu sein. Gegen Ende des 8. Jahrhunderts hatte das fränkische Lehenswesen einen bisher unbekannten Grad der Anwendbarkeit erreicht, da es nun die Mittel zur Herstellung interregnaler – man würde heute sagen internationaler – Beziehungen bot. Indem der gentile Dux eines fränkischen Tributärfürstentums dazu gebracht wurde, den Lehenseid zu leisten, band er sich persönlich an den fränkischen Großkönig. Widerstand gegen den Frankenkönig und seine Beauftragten, die Comites und Missi, galt nun als Verletzung der vasallitischen Treue, als Bruch des Lehensverhältnisses und Rebellion. Dieses »Verbrechens« machte sich ausdrücklich der Rastislav-Nachfolger Zwentibald I. schuldig, der sich 870 Karlmann als seinem Lehensherrn verpflichtete und die Treue im Jahr darauf wieder brach.[251]

Karlmann und die Wilhelminer

Im Jahre 870 schien Karlmann und seinen Leuten die vollständige Unterwerfung des Mährerreichs gelungen zu sein. Die Bayern des Ostlandes triumphierten; sogar der Schatz des Mährerfürsten geriet in ihre Hände. Nun war Rastislavs Ende auch politisch besiegelt; es schien nur mehr eine Frage der Zeit, bis das Mährerreich eine weitere fränkisch-bayerische Grafschaft sein würde.[252] An der Spitze der bayerischen Eroberer standen die beiden Brüder Wilhelm II. und Engilschalk I.; sie waren Anhänger Karlmanns und von ihm als Grenzgrafen eingesetzt worden. Die Brüder gelten als Söhne des Traungau-Grafen Wilhelm I., dessen letztes Lebenszeichen vom 18. Januar 853 datiert.[253] Die beiden Wilhelminer dürften – entsprechend den Vertragsbestimmungen von 865 – von Ludwig dem Deutschen, aber im Sinne Karlmanns als Markgrafen eingesetzt worden sein. Möglicherweise war zumindest schon Wilhelm II. nach dem Tod seines Vaters Graf im Traungau geworden.[254] Wilhelm und Engilschalk hielten erfolgreich die 870 eroberten mährischen Burgen, als sie der zum Fürsten erhobene Priester Sclagamar angriff. Gleichzeitig gingen sie gegen Zwentibald, den Fürsten von Neutra und Mann ihres eigenen Lehensherrn Karlmann, vor. Sie nahmen ihn kurzerhand fest und schickten ihn Karlmann unter der Anschuldigung, der Mährerfürst habe »das Verbrechen der Treulosigkeit« begangen. In diesem Augenblick brach die Verständigung zwischen dem Königssohn und seinen Markgrafen so völlig zusammen, daß Karlmann nicht recht wußte, was er mit dem Mährer, der sich glänzend rechtfertigte, anfangen solle. Durch königliche Geschenke geehrt, kehrte Zwentibald an der Spitze des »Heeres Karlmanns« in sein Reich zurück, scheinbar um Sclagamar gemeinsam mit den Wilhelminern zu bekämpfen. Auf dem Marsch gegen das mährische Zentrum müssen sich die frischen bayerischen Truppen mit denen vereinigt haben, die unter dem Befehl Wilhelms II. und Engilschalks I. bereits im Lande standen. Daher fand niemand etwas dabei, als sich Zwentibald in den Besitz der Königsburg Rastislavs setzte, während die Bayern außerhalb des befestigten mährischen Vororts ihr eigenes Lager absteckten. Und nun schlug Zwentibald überraschend zu, vernichtete das bayerische Heer und richtete ein Blutbad an, von dem sich nur ganz wenige retten konnten. Obwohl eher ein »Lateiner«, ließ Zwentibald damals sogar die ostfränkischen Geistlichen vertreiben; eine Maßnahme, die er offenkundig nie mehr wiederholte. Karlmann sammelte alle mährischen Geiseln, um sie gegen die Gefangenen auszutauschen, erhielt aber von Zwentibald »kaum einen einzigen Halbtoten«. Wilhelm II. und Engilschalk I. waren unter denen, die 871 nicht zurückkehrten.[255] Als man im darauffolgenden Jahr 872 die schwere Scharte auszuwetzen suchte, erlitten die Bayern Karlmanns abermals eine verheerende Niederlage. Sogar die Schiffe, mit denen sie die niederösterreichische Donau abwärts ins Mährerreich gefahren waren und die ihren Rückzug decken sollten, gingen verloren.[256]

Die Spaltung des Ostlandes: Arbo und die Wilhelminer (871–884/85)

Wilhelm II. und Engilschalk I. hinterließen sechs unmündige Söhne, die ihren Vätern 871 nicht nachfolgen konnten. Hatte Ludwig der Deutsche – sicher im Einvernehmen mit Karlmann – die beiden Wilhelminer als Grenzgrafen eingesetzt, übergab er nun »die Grenze des Reichs der Bayern im Osten« 871 an Ar(i)bo, ohne seinen Sohn oder das einheimische Establishment lange zu fragen.[257] Arbo kommandierte im Traungau, in der Donaugrafschaft zwischen Enns und Raab und besaß die Aufsicht über die Grafschaft Steinamanger, wo ihm ein Comes Ernst unterstellt war.[258] Arbo überlebte – trotz zweimaliger Amtsenthebung – alle Wirren der Zeit und selbst die Katastrophe von Preßburg; mag auch seine Grafschaft nach 907 auf den Traungau geschrumpft sein, so war er darin noch im Februar 909 tätig. Es fehlte nicht viel auf 40 Jahre, die Arbo in Amt und Würden verbrachte. Grund genug, daß man über ihn Lieder sang, als er – trotz seines hohen Alters – den Tod auf der Jagd fand; ein Wisent durchbohrte ihn.[259] Arbo war ein Fremder im Land; er stammte aus einer fränkischen Adelsfamilie, die mit den Fuldaer Otacharen verwandt war; daneben bestanden Verbindungen zur alamannischen Führungsschicht. In Bayern selbst wurde erst Arbo heimisch; seine Gemahlin könnte die Schwester des Salzburger Erzbischofs Pilgrim, des unmittelbaren Nachfolgers Theotmars, gewesen sein. Arbo gilt als Stammvater der Aribonen.[260]

In den Jahren 871 und 872 hatte die Führungsschicht des bayerischen Ostlandes einen schweren Aderlaß erlitten; fast eine ganze Generation war buchstäblich ausgerottet worden. Zugleich sank Karlmanns Reputation, und Ludwig der Deutsche bestimmte, wer die Donaufront kommandieren sollte. Dann kam es 874 zum Frieden von Forchheim, der vom Status quo ausging und damit Arbos Stellung weiter absicherte.[261] So vergingen gut ein Dutzend Jahre und mehrmalige Regierungswechsel, bis die wilhelminische Opposition – im wahrsten Sinne des Wortes – nachgewachsen war. Der Tod Ludwigs des Deutschen hatte Arbo nicht geschadet; Karlmann anerkannte die Stellung des Grafen vom Traungau bis Oberpannonien.[262] Am 22. März 880 starb der König, am 20. Januar 882 wurde Ludwig der Jüngere auch König von Bayern, und nach dessen baldigem Tod sammelte der jüngste Bruder Karl III. überhaupt das Erbe des großen Karl ein. Da sahen die Söhne Wilhelms II. und Engilschalks I. ihre Zeit für gekommen und schlugen 882 los. Wie in einer nordischen Saga heißt es: »Eins von beiden müsse geschehen; entweder wird Arbo, falls er die Grafschaft ihrer Väter nicht aufgebe, oder sie selbst werden von der Schärfe des Schwertes sterben.«[263]

Arbo hatte das Jahrzehnt seiner ruhigen Amtstätigkeit genützt und ein gutes Verhältnis zu den Mährern hergestellt. So konnte er den Wilhelminern und ihrem mächtigen einheimischen Anhang ein Bündnis mit Zwentibald entgegensetzen. Allerdings mußte der Graf damals noch seinen Sohn Isanrih vergeiseln, um dem Mährerfürsten die entsprechende Sicherheit zu bieten und ihn für sich zu gewinnen. Zunächst war jedoch die Gegenseite schneller; Arbo mußte weichen. Aus seiner Grafschaft vertrieben, wandte sich der Getreue Ludwigs des Deutschen an Karl III., der die väterliche Politik fortsetzte und zu Arbo stand. Formell vom König bestätigt und an der Donaugrenze wiedereingesetzt, erhielt Arbo von Zwentibald die entscheidende militärische Unterstützung. Der Krieg an der Donau dauerte von 882 bis 884. Dann trafen einander Karl III. und Zwentibald I. am Westabfall des Wienerwaldes und schlossen 884 an der Kleinen Tulln einen Friedensvertrag. Der Mährerfürst, der Method möglicherweise mit sich hatte, wurde der Lehensmann des Kaisers. Gleichzeitig erschien hier Fürst Brazlavo von Siscia und leistete auch den Lehenseid. Danach verließ Karl III. Niederösterreich und ging über Karantanien nach Italien.[264]

Die Katastrophe des Jahres 884 – man beklagte den Untergang der »glücklichen Pannonia«[265] – war die Folge der Niederlagen, die Karlmann 871 und 872 hinnehmen mußte. Der Königssohn hatte das Ostland im vollen Umfang der einstigen Präfektur Ratpots erhalten. Diese Ordnung wurde 871 durch die Bestellung Arbos gesprengt. Die Spaltung des karolingischen Ostlandes konnte bis zu dessen Untergang in der Schlacht von Preßburg 907 nicht mehr geheilt werden. Der erste, der damit fertig zu werden hatte, war der Königssohn Arnulf.

2. Arnulf (876–887)

Spätestens nach dem Tod des Großvaters hatte Arnulf 876 die karantanisch-pannonische Herrschaft seines Vaters ohne Arbos Grafschaften übernommen. Er besaß dafür nicht zuletzt deswegen die besten Voraussetzungen, weil er ein gutes Verhältnis zum Mährerfürsten Zwentibald I. unterhielt. Eher 870 als nach dem Frieden von Forchheim 874 hatte der Mährer, der Karlmanns Lehensmann geworden war, dessen Enkel, den Arnulf-Sohn Zwentibold, aus der Taufe gehoben, so daß beim Herrschaftsantritt, 876, zwischen dem neuen Herrn des Ostlandes und dem benachbarten Mährerfürsten das Band der *compaternitas,* der Gevatterschaft, bestand. Noch am Beginn des 10. Jahrhunderts erinnerte man sich daran und begründete die Abtretung Böhmens an Zwentibald I. mit der »vertrauten Freundschaft, *familiaritas,* mit der ihm (Arnulf), bevor er auf den Thron des Reichs erhoben wurde, verbunden war«.[266] Zu Arnulfs *regnum* zählte das einstige Priwina-Fürstentum von Moosburg-Zalavár, das Karlmann nach Chozils Tod um 875 in seine unmittelbare Verwaltung übernommen hatte.[267]

Karantanien

Karantanien war Arnulfs Heimat und Machtbasis; hier wuchs er auf, bewährte sich als königlicher Dux und konnte von hier aus nicht bloß die Herrschaft über Bayern, sondern das ganze ostfränkische Königtum erringen. Noch heute nennt ihn die Nachwelt »Arnulf von Kärnten«. In Karantanien hielt sich Arnulf auch nach 887 öfter auf, und zwar sowohl im steirischen[268] wie im Kärntner Bereich. Weihnachten 888 feierte er in der Karnburg am Fuße des Ulrichsbergs.[269] Von der Mitte des 9. Jahrhunderts an nahm

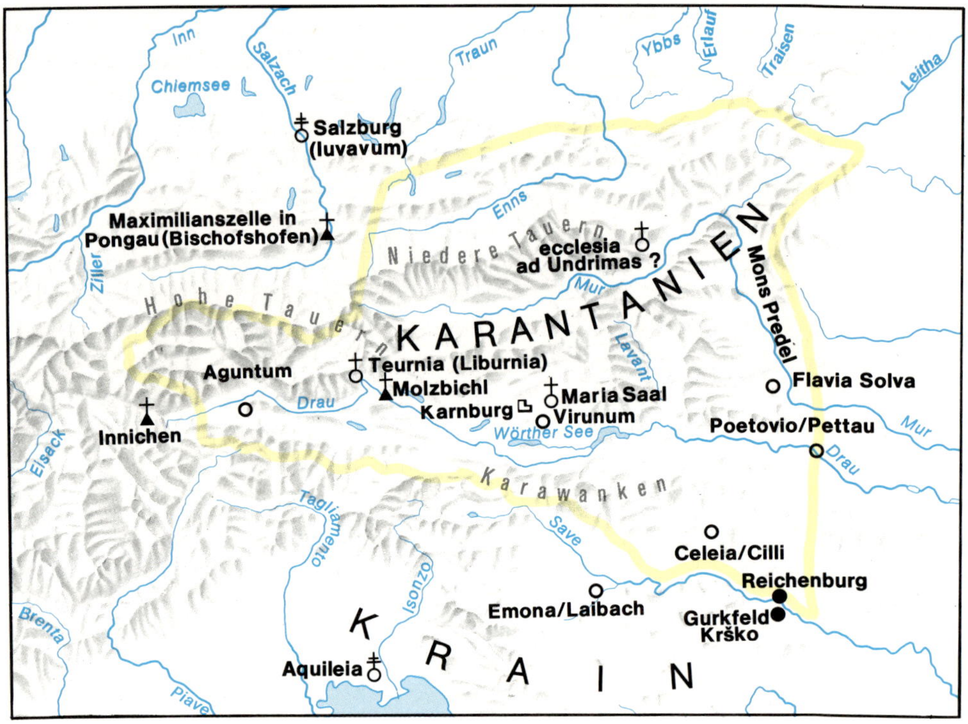

Karantanien im 8./9. Jahrhundert (nach H. Dopsch)

die Bedeutung Karantaniens ständig zu, wurde seine Infrastruktur ausgebaut und der Reichtum des Landes vermehrt. Zeugnisse dafür sind die zahlreichen Schenkungen an die bayerischen Hochkirchen, worunter freilich Salzburgs »Magna Charta« von 860 an Umfang und Inhalt unerreicht blieb. Das allgemeine Interesse beschränkte sich nicht bloß auf geistliche Grundbesitzer, wie das Beispiel Witigowos lehrt. Man bekannte sich als Karantane, wenn man *in praesentia Arnolfi ducis* Zeugnis ablegte.[270] Der Aufstieg Karantaniens zum Königsland erklärt auch seine Bezeichnung als »Grafschaft« und »Reich«, wie dies vor 893 die etwas umständliche Ortsangabe *in comitatu Ruodperti in regno Carantano* ausdrückt. Eleganter heißt es dann schon unter »unserem geliebtesten Verwandten und illustren Markgrafen Luitpold«, der Hof Gurk liege *in Charentariche in comitatu ipsius.*[271]

Pannonien

Von 882 bis 884 wurde drei Sommer lang an der Donau gekämpft. Nach seiner gewaltsamen Vertreibung muß Arbo 882 zu Karl III. gegangen sein. Zur gleichen Zeit eröffnete Zwentibald I. die Offensive und griff aus dem Weinviertel das linksseitige Tullnerfeld an. Mit entsetzlicher Grausamkeit wurde der Kampf gegen die Wilhelminer geführt. Der Mährerfürst begrüßte die Gelegenheit, an der Familie seiner einstigen Widersacher bittere Rache zu nehmen. Der mittlere Engilschalk-Sohn und einer seiner verbündeten Grafen gerieten noch nördlich der Donau in mährische Gefangenschaft, die sie nur schwer verstümmelt überlebten. Darauf überquerten Zwentibalds Spezialtruppen den Strom und verwüsteten auch hier gezielt die wilhelminischen Güter.[272]

Das Ergebnis des ersten Kriegsjahres war: Die Wilhelminer zogen sich aus dem niederösterreichischen Kernland der Donaugrafschaft zurück, wichen nach Osten aus und wurden die Lehensleute Arnulfs, »der damals Pannonien besaß«. Zwentibald reagierte auf die Wendung mit zwei Gesandtschaften, die seinem einstigen Verbündeten schwere Vorwürfe machten und die Trennung von den Wilhelminern verlangten. Anscheinend hatten diese noch 882 Verbindung mit den Bulgaren aufgenommen, die darauf in Mähren eingefallen waren. Diese Entlastungsoffensive hatte Schlimmeres an der Donau verhindert. Arnulf lehnte die Forderungen Zwentibalds ab, worauf die Mährer ins arnulfingische Pannonien einfielen. Dies dürfte 883 geschehen sein. Jedenfalls griff Zwentibald 884 nochmals an, rückte in Pannonien ein und verwüstete »das Reich Arnulfs«. Nach zwölftägigen Kämpfen kehrte Zwentibald »glücklich heim, ließ aber auch danach noch einen Teil seines Heeres an der Donau«. Die mährischen Abteilungen müssen südlich des Stroms, und zwar im Bereich der Raab-Mündung, gestanden sein, da sie hier von den Wilhelminern und Kriegern aus dem arnulfingischen Pannonien angegriffen wurden. Auch diese Begegnung endete mit einem Desaster und kostete zwei Wilhelminer das Leben. Abschließend lokalisiert der bayerische Chronist die Verwüstungen im pannonischen Reich Arnulfs: »Durch einen Zeitraum von nun ununterbrochen zweieinhalb Jahren wurde Pannonien von der Raab an nach Osten völlig zugrunde gerichtet.«[273]

Im Jahre 884 schlossen Karl III. und Zwentibald I. Frieden, der nur für das Reich und die Lebenszeit des Kaisers galt. Arnulfs Herrschaftsbereich blieb noch ausgeschlossen, bis sich der Königssohn im Herbst 885 – unter Beteiligung bayerischer Großer – mit dem Mährerfürsten versöhnte. Da so gut wie keine Friedensbedingungen genannt werden, bleibt die Frage offen, ob den Mährern Gebiete – etwa in Pannonien – abgetreten wurden.[274] Im Jahre 892 war allerdings die Landverbindung zwischen der Moosburg und dem Bulgarenreich »durch Nachstellungen Zwentibalds« unterbrochen;[275] eine Formulierung, die zwar die Fähigkeit Zwentibalds bedeutet, die einstige Valeria militärisch zu kontrollieren, aber kaum auf eine ständige Inbesitznahme von Gebieten südlich der Donau schließen läßt. Wie dem auch sei, der Frieden von 885 stärkte Arnulf den Rücken. Zwei Jahre später konnte der Königssohn mit einer »starken Schar von Bayern und Slawen« der Einladung des ostfränkischen Adels folgen, anstelle seines Onkels König zu werden.[276]

3. Methodios (863/69–885)

Als sich im Herbst 885 Arnulf und Zwentibald miteinander aussöhnten, lebte der »Slawenapostel« Methodios nicht mehr; er war am 6. April des Jahres gestorben. Begonnen hatte die griechische Mission unter den Slawen in der Nachbarschaft und im

Osten unseres Landes damit, daß im Jahre 862 die beiden Mährerfürsten Rastislav und sein Neffe Zwentibald Gesandte nach Konstantinopel schickten, die dort deren – griechisch geschriebenen – Brief überreichten: Darin sprachen die Mährer den Kaiser Michael III. als Gebieter an und baten um einen Bischof und Lehrer. Des weiteren erklärten sie, die Mährer hätten sich vom Heidentum abgewandt, auch seien zahlreiche Missionare italienischer, griechischer und fränkischer Herkunft im Lande.[277] Wie es sich mit den griechischen Vorläufern der Slawenapostel in Wahrheit verhielt, ist schwer zu sagen. Sicher waren italienische (aquileische) Missionare nach Mähren gekommen und hatten dort begonnen, den Vertretern der ostfränkisch-bayerischen Kirche Konkurrenz zu machen. Nicht unmöglich, daß die italienische Mission mit der Bitte »um einen Lehrer« zusammenhängt, die Rastislav noch vor der Gesandtschaft nach Konstantinopel in Rom vorgebracht hatte. Tatsächlich war man in Mähren weniger an einem »Lehrer« interessiert; man wollte einen Bischof haben, der eine eigene Landeskirche aufbauen sollte. Weder Rom noch Konstantinopel erfüllten Rastislav seinen Wunsch.[278]

Schon 827/28 hatte Erzbischof Adalram eine Kirche zu Neutra geweiht.[279] Eine späte Quelle berichtet, 831 habe der Passauer Bischof Reginhar »alle Mährer getauft«.[280] Aber erst 852 bescheinigte die Mainzer Synode den reichsangehörigen Mährern ein »rohes Christentum«.[281] An dessen Entstehung hatten Leute mitgewirkt, die vor allem aus dem angrenzenden Bayern kamen und harte Knochenarbeit leisteten. Den Weg eines solchen Missionars lassen Bodenfunde verfolgen. So sind vier gleicharmige Bleikreuze derselben Gußform bekannt, die aus slawischen Siedlungs- und Herrschaftszentren des 9. Jahrhunderts stammen. Je zwei von ihnen liegen in Niederösterreich und in Mähren. Die unscheinbaren Anhänger zeigen den Gekreuzigten und wurden neugetauften Slawen gegeben. Eines der Kreuze stammt aus dem mährischen Mikulčice, das andere aus Dolní Věstonice-Unterwisternitz am Fuße des Berges Děvín, wo Rastislavs Dovina gestanden sein könnte. Die niederösterreichischen Stücke wurden im alten Kulturgebiet von Bernhardsthal sowie in der Burg des Slawen Joseph von Gars-Thunau am Kamp gefunden. Hier war der Herrschaftssitz mehrerer Generationen von Sla-

Vier Bleikreuze, die aus derselben Gußform hergestellt wurden, gefunden in Bernhardsthal, Gars-Thunau, Dolní Věstonice und Mikulčice

wenfürsten, die den fränkisch-bayerischen Königen und ihrer Kirche stets treu geblieben waren.[282]

Im Jahre 863 kamen die in Thessalonike aufgewachsenen Brüder Konstantinos-Kyrillos und Methodios gut vorbereitet nach Mähren; sie brachten eine slawische Schrift mit, die Glagolica, die auf einem vornehmlich aus dem Griechischen abgeleiteten Alphabet beruhte und sich für die Einführung einer slawischen Liturgie ausgezeichnet eignete. Mit der slawischen Volkssprache des Umlandes ihrer Vaterstadt bestens vertraut – Methodios hatte auf kaiserlichen Befehl sogar ein slawisches Fürstentum verwaltet –, waren die Brüder zugleich hochgebildete griechische Gelehrte und Administratoren; Method, Hegumenos-Abt des wohl bithynischen Olymp-Klosters Polychron, empfing erst in Rom die Priesterweihe. Der jüngere Bruder Konstantinos könnte Priester gewesen sein; doch ist die Überlieferung keineswegs eindeutig. Beide hatten sich soeben in der Ukraine als Khazaren-Missionare hervorragend bewährt; sie gingen auch nach Mähren als »Lehrer«, als *philosophi,* worauf selbst die Salzburger Conversio entsprechend hinweist. In Mähren wirkten die Brüder – nach ihren Viten – entweder drei Jahre oder 40 Monate. Sehr früh erhob sich Widerstand von seiten der »lateinischen und fränkischen Bischöfe mit ihren Priestern und Schülern«, die sich gegen die Feier der Liturgie in slawischer Sprache wandten. Sie duldeten dafür nur Hebräisch, Griechisch und Latein, so als hätte Pilatus, der Christus verurteilte, mit seinem dreisprachigen Kreuz-Titulus den Kanon der heiligen Sprachen festgelegt; eine Ansicht, die selbstverständlich nur Dummköpfe und Häretiker vertreten konnten. Konstantinos griff sie deswegen als »Pilatianer« an und brachte sie zum Schweigen. Auch lehrten die Gegner Konstantins anderes krauses Zeug und duldeten die absonderlichsten Mischformen und Synkretismen.[283]

Methodios, Chozil und Pannonien

Ende 866 oder Anfang 867 verließen die beiden Slawenapostel das Land der Mährer; Konstantinos »ging dann hin, um seine Schüler weihen zu lassen«. Eine sonderbare Aussage. Wohin wollte Konstantinos gehen? War Konstantinopel sein Ziel, obwohl hier »von Anfang an kein Interesse an einer Missionierung in Mähren bestand«? Jedenfalls zogen die beiden Brüder zunächst in das Land südlich der Donau und nahmen unterwegs Aufenthalt in der pannonischen Moosburg. Hier herrschte Chozil, der seinem Vater seit etwa einem halben Jahrzehnt nachgefolgt war. Chozils Interessen trafen sich mit einer neuen Ostpolitik des Papstes. Rom beanspruchte die uneingeschränkte Jurisdiktionsgewalt über Pannonien sowie die Loslösung eines pannonischen Erzbistums von der norisch-bayerischen Metropole Salzburg.[284]

Im Winter 864 auf 865 hatte sich Erzbischof Adalwin längere Zeit in Pannonien aufgehalten und versucht, das Übergreifen der griechischen Mission auf das östliche Salzburger Diözesangebiet zu verhindern. Nachdem der Salzburger Oberhirte Weihnachten 864 in der Moosburg verbracht hatte, blieb er einige Zeit in Chozils Fürstentum, weihte zahlreiche Kirchen und gab jeder von ihnen einen eigenen Priester. Etwas später, aber noch 865, kam Adalwin ein zweites Mal nach Unterpannonien, um zu predigen und weitere Kirchen zu weihen. Der Erzbischof war durchaus bereit, den eigenkirchlichen Vorstellungen Chozils und seiner Leute sehr weit entgegenzukommen. Dies galt jedoch nicht für Fragen der Jurisdiktion und Kirchensprache. Seit 859 besaß der Salzburger Repräsentant zu Zalavár-Moosburg zwar den Rang eines Archipresbyters. Damit waren aber auch die Grenzen der Selbständigkeit erreicht, die man in der Salzburger Zentrale für den unterpannonischen Diözesananteil vorgesehen hatte.[285]

Mitte 867 dürften die Slawenapostel die Moosburg wieder verlassen haben. Sie gingen nach Venedig, um dort einer Versammlung von »lateinischen Bischöfen, Priestern und Mönchen« wegen der slawischen Kirchensprache Rede und Antwort zu stehen. Die Szene wirkt wie eine ausführlichere Wiederholung des Streitgesprächs in Mähren, so daß ein Zusammenhang bestehen könnte. Ging vielleicht der Widerstand in erster Linie von den »welschen« Slawenmissionaren aus, in deren Zentrale sich die Griechen rechtfertigen sollten oder wollten? Jedenfalls erhielten die Brüder in Venedig die Einladung, nach Rom zu kommen, wo die slawische Liturgie anerkannt wurde und ihre Schüler die Weihe empfingen.[286] Die Einladung hatte noch Nikolaus I. ausgesprochen; Konstantinos und Methodios trafen jedoch erst nach dem 14. Dezember 867 in der Ewigen Stadt ein. An diesem Tag war Hadrian II. der Nachfolger seines am 11. November verstorbenen Vorgängers geworden. In Rom erkrankte Konstantinos schwer, wurde Mönch, nahm den Namen Kyrillos an und starb »nach kurzer Zeit«. Überliefert ist die symbolische Zahl von 50 Tagen nach seiner Ankunft in Rom, was schon deswegen nicht stimmen kann, da Cyrill erst am 14. Februar 869 im Geruche der Heiligkeit verschied. Obwohl letzteres der Sache seines überlebenden Bruders und dessen Leuten später nützte, fehlte Cyrill zunächst so sehr, daß sein Werk völlig in Frage gestellt war. Da entschied eine direkte Intervention Chozils für dessen Fortsetzung. Noch im selben Jahr 869 wurde Method zum päpstlichen Legaten für die Christianisierung der pannonisch-mährischen Slawen ernannt und dem Mährerfürsten Rastislav, seinem Neffen Zwentibald und selbstverständlich auch Chozil empfohlen. Die alten Feinde hatten einander in der Frage einer slawischen Kirche gefunden. Jedenfalls verfolgten alle drei das gleiche Ziel: die Unabhängigkeit von Salzburg und der bayerischen Kirche. Für Pannonien besaßen weder der Erzbischof noch einer seiner Suffragane von Rom verliehene Rechte. Darum mußten die Slawenfürsten die Wiederherstellung der pannonischen Kirche unter Einschluß Mährens betreiben.

Method kam nur bis zur Moosburg, wo ihn Chozil freundlich aufnahm und nach kurzer Zeit wieder – in Begleitung von 20 slawischen Adeligen – nach Rom zurücksandte. Hadrian II. ernannte Method zum Erzbischof von Sirmium-Sremska Mitrovica, das heißt nicht bloß zum Metropoliten der ehemaligen westillyrischen Hauptstadt, die 582 an die Awaren verlorengegangen war, sondern auch zum Nachfolger des »heiligen Andronikos, eines der 70 Apostel«. Abgesehen davon, daß die apostolische Gründung von Sirmium unhistorisch ist, hätte Method, obwohl ihn keine Quelle so nennt, den Rang eines Patriarchen beanspruchen können. Er hat dies nicht getan, und es ist auch nicht bekannt, daß sich der Patriarch von Aquileia, einst für Sirmium zuständig, durch das Auftreten Methods je bedroht gefühlt hätte. Es waren also weder Mähren noch das slawonische Zwischenstromland, sondern das fränkische Tributärfürstentum der pannonischen Moosburg, das die griechische Slawenmission am Leben erhielt.[287] Und Chozil, der »Knjaz Pannoniens«,[288] konnte für das westillyrische Kernland nur dann ein Erzbistum erhalten, wenn sich dieses auf einen spätantiken Ursprung berief. Wie Salzburg die altnorische *ecclesia Petena* fortsetzte, so schloß Methods Sedes an die Tradition der pannonisch-westillyrischen Hauptstadt an, mag sich dieses Sirmium auch in bulgarischer Hand befunden haben.[289] Die bayerischen Bischöfe erkannten sehr schnell die Konsequenzen aus Chozils Vorgehen; er aber ignorierte ihre Drohungen.[290]

Als Rastislav und Zwentibald Gesandte zum Kaiser schickten, bestimmten ihr Vorgehen nicht bloß taktisch-kirchenpolitische Überlegungen. Eine Verbindung mit Konstantinopel bedeutete keineswegs die Abkehr von Rom, obwohl der Papst auf die mährischen Vorstellungen nicht eingegangen war. Abgesehen von den Fragen der Kirchenordnung, gewannen die Völker an der Donau auch die Legitimierung ihrer Herrschaften und Reiche seit Jahrhunderten aus der Berufung auf die pannonisch-illyrische Vergangenheit.[291] Konstantinopel hatte es allerdings abgelehnt, Mähren als ehemaliges Reichsgebiet zu behandeln: Sowohl die vom Kaiser einberufene Synode wie seine weltlichen Ratgeber betrachteten das Fürstentum Rastislavs als Ausland und rieten Michael III. dringend davon ab, sich in die kirchlich-hierarchischen wie politischen Angelegenheiten Mährens einzumischen.[292] Es spricht aber für die außerordentlich gute Unterrichtung wie große Aufgeschlossenheit der drei Päpste Nikolaus I., Hadrian II. und Johannes VIII., die geschichtliche und aktuelle Bedeutung der pannonisch-illyrischen Identität sowie deren verpflichtende Tradition erkannt und sofort danach gehandelt zu haben.[293]

Der neue Erzbischof von Sirmium ging folgerichtig wieder zu Chozil, wo er noch vor Ende 869 eintraf und wahrscheinlich die nächste Zeit über blieb. Es mußte der Eindruck entstehen, als würde sich Method auf Dauer in der Moosburg niederlassen. Daher gab der Salzburger Repräsentant am Hofe Chozils seine Sache für verloren und kehrte 870 nach Salzburg zurück.[294] Die bayerische Kirche ließ es aber nicht dabei bewenden; im Zuge der bayerisch-mährischen Kämpfe geriet Method in die Gewalt seiner Feinde und mußte sich – Chozils Reaktion bleibt unbekannt – noch 870 vor einer Synode in Regensburg rechtfertigen. Die bayerischen Bischöfe verurteilten den Slawenapostel als Eindringling in eine fremde Diözese, »schickten ihn nach Schwaben und hielten ihn zweieinhalb Jahre lang fest«. Aus dieser Stelle schloß man auf Ellwangen oder die Reichenau als Verbannungsklöster. Nun beschuldigte aber der päpstliche Legat den Freisinger Bischof Anno, er habe stets verhindert, daß Methodios aus seiner Gefangenschaft nach Rom appelliere; ein Vorwurf, der weder dem Salzburger noch dem Passauer Oberhirten gegenüber erhoben wurde. Der Schluß, Methodios habe seine Klosterhaft im Jurisdiktionsgebiet Annos, das heißt in der Freisinger Diözese, verbracht, liegt daher nahe. Wenn der Freisinger Ordinarius der Passauer Chorbischof von 833/36 oder dessen gleichnamiger Verwandter war, dann würde man sein Interesse für das Ostland um so besser verstehen. Beide verfügten über reichen Besitz an der Leitha.[295] Nach der Vita Methodii trug Ludwig der Deutsche die Hauptverantwortung für Methods Regensburger Verurteilung; damit dürfte die Lebensbeschreibung die Wahrheit nicht weit verfehlt haben.[296] Wahrscheinlich hatten die Salzburger ihrem König mit der »Bekehrungsgeschichte« die entsprechende Rechtsgrundlage für sein Vorgehen geliefert.[297]

Aufgrund einer scharfen päpstlichen Intervention erhielt Method 873 wieder die Freiheit. Johannes VIII., der im Vorjahr den Stuhl Petri bestiegen hatte, war nicht der Mann, der einen päpstlichen Legaten fallengelassen hätte. Allerdings untersagte er ihm ausdrücklich den Gebrauch der slawischen Meßsprache. Nach seiner Freilassung im ersten Halbjahr 873 sollte Method ursprünglich nach Mähren gehen; der päpstliche Legat, Bischof Paulus von Ancona, war beauftragt, Method zu Zwentibald zu bringen. Chozil, der sich wenig um die Warnung der bayerischen Bischöfe kümmerte, den Slawenapostel nicht mehr zu unterstützen, muß freilich erreicht haben, daß »sein« Erzbischof aus der Haft unmittelbar in die pannonische Moosburg übersiedelte. Es war der frankentreue Chozil, der abermals die Fortsetzung der Slawenmission erreichte. Dafür blieb Method innerhalb der gesicherten fränkischen Einflußsphäre. Bayern und Mährer befanden sich im Kriegszustand; erst nach dem Forchheimer Friedensschluß, als Ludwig der Deutsche und Zwentibald I. 874 zu einem *modus vivendi* fanden, beruhigte sich das Land nördlich der Donau so weit, daß Method hier sein Werk wiederaufnahm.[298]

Methodios in Mähren (880–885)

Hatte der Papst noch 873 dem dalmatinischen Slawenfürsten Mutimir geraten, sich »nach dem Vorbild seiner Vorfahren, sofern er dazu imstande ist, der Diözese der Pannonier« anzuschließen und dem vom Apostolischen Stuhl eingesetzten Bischof zu unterstellen,[299] mußte Method seine pannonische Stellung seit 874 in zunehmendem Maße räumen. Bereits in diesem Jahr ist Salzburg wieder in einem der Vororte Unterpannoniens präsent; der neue Erzbischof Theotmar weiht eine Kirche in Pettau.[300] Bald darauf ist Chozil tot,[301] wodurch Method seinen politischen Rückhalt im Lande verliert. Sein Rückzug, von späteren Quellen als »Flucht nach Mähren« gedeutet,[302] spiegelt sich auch in der päpstlichen Korrespondenz wider. Hier wird er nur bis 879 als Erzbischof von Pannonien tituliert. Hingegen nennt das Privilegium *Industriae tuae,* das Johannes VIII. im Juni 880 an den Mährerfürsten Zwentibald sendet, Method zum ersten Mal Erzbischof der »Mährischen Kirche«.[303] Zwischen den beiden päpstlichen Schreiben war vieles geschehen: Ein vielbeschäftigter Priester Johannes – wohl identisch mit dem mährischen Verhandlungsleiter von 874[304] – war im Auftrag Zwentibalds in Rom gewesen und hatte Method der Häresie bezichtigt. Darauf forderte der Papst den mährischen Erzbischof auf, nach Rom zu kommen.[305] Method ging zusammen mit einem mährischen Großen und Vertreter Zwentibalds 880 in die Ewige Stadt und wurde glänzend rehabilitiert. Sogar die Liturgie in slawischer Sprache, die ihm bereits zweimal untersagt worden war,[306] wurde nun ausdrücklich gestattet. Zwentibald und seine Großen unterstützten dagegen die lateinische Richtung und wollten auch die Messe in dieser Sprache hören. Vor allem wollte der Mährerfürst sein Herrschaftsgebiet unter päpstlichen Schutz stellen; eine Bitte, die gewährt wurde. Unter den mährischen Gesandten, die 880 nach Rom kamen, befand sich auch der Alamanne Wiching, dem Zwentibald in »seiner« Stadt Neutra das Bischofsamt verschaffte. Method akzeptierte die päpstliche Entscheidung, Wiching zum Bischof zu weihen.[307]

Mit 880 begann ein Jahrfünft harter Arbeit, scheinbarer Erfolge und schwerer Rückschläge. Schien Methods Reise nach Konstantinopel im Winter 882/83 einem Triumphzug zu gleichen,[308] so mußte er in Mähren mit den »Lateinern« und vor allem mit Wiching auskommen, mit einem Mann, der eigene Ziele verfolgte und ständig gegen seinen Oberhirten intrigierte. Beklagte sich Method in Rom, wurde er mit halbherzigem Trost bedacht.[309] Als Gegenstand des Streits gilt bis heute Methods slawische Liturgie. Weniger bekannt, aber der Zeit noch wichtiger war die Frage des *Filioque.* Das Erste Ökumenische Konzil von Nikaia hatte 325 festgelegt, daß der Heilige Geist vom Vater ausgehe. Am Ende des 6. Jahrhunderts hatte die spanische Kirche dem nicänischen Glaubensbekenntnis das Wort *Filioque,* »und vom Sohne«, hinzugefügt. Während die fränkische Kirche diesen Zusatz annahm, blieben sowohl Rom wie Konstantinopel auf dem Boden des Konzils von Nikaia; der Osten vor allem aus der Überlegung heraus, daß Veränderungen von dieser Bedeutung nur auf einem anderen ökumenischen Konzil zu entscheiden wären. Method war Grieche und folgte der griechischen Tradition. Aber jedesmal, wenn er von seinen Gegnern, die der fränkischen Auffassung huldigten, einer trinitarischen Häresie angeklagt wurde, trat Rom an seine Seite. Mit römischer Unterstützung gingen Method und seine Schüler ihrerseits zum Angriff über und beschuldigten die Franken konsequenterweise einer dualistischen Häresie, so als würden die »Lateiner« das »Ausgehen des Heiligen Geistes« nicht von zwei verschiedenen Personen, sondern von zwei voneinander unabhängigen Wesen behaupten. In das Jahrfünft seiner ausschließlich mährischen Tätigkeit fällt auch Methods Übersetzung der Bibel, des Nomokanons, eines Gesetzbuches, und patristischer Schriften. Damit ergänzte der Erzbischof die frühere Übersetzungstätigkeit, die er noch mit seinem Bruder gemeinsam durchgeführt hatte.[310] Ebenfalls in dieser Zeit traf Method mit Karl III. zusammen. Vielleicht war der Erzbischof 884 mit Zwentibald zum Friedensschluß an die Tulln gekommen.[311]

Schon todkrank, bezeichnete Method den vornehmen Mährer Gorazd als seinen Nachfolger, konnte ihn aber – wegen der Gegnerschaft Wichings – nicht mehr konsekrieren. Allerdings standen in diesem Fall die Canones gegen den mährischen Erzbischof, dem es auch in einer Notlage nicht gestattet war, zu Lebzeiten einen Nachfolger zu bestimmen. Vor seinem Tod am 6. April 885 fungierte er am Palmsonntag (4. April) des Jahres zum letzten Mal als Bischof. Er segnete zuerst den Kaiser in Konstantinopel, danach die Kirche der »Stadt«, schließlich den Fürsten Zwentibald und alle Gläubigen.[312] Der Begräbnisritus wurde in lateinischer, griechischer und slawischer Sprache gehalten. Bestattet wurde der Heilige in seiner Metropolitankirche, die eine alte Legende in Staré Město, heute Stadtteil von Ungarisch-Hradisch-Uherské Hradiště, lokalisiert. Aufgrund der archäologischen Entdeckungen der Nachkriegszeit würde man allerdings als Sitz des Methodios eher Mikulčice an der March annehmen.[313]

Das Werk Methods lebte vor allem in der bulgarischen Kirche fort; in Istrien, Mähren und Pannonien hielten sich nur Spuren seines Erbes. Seine Schüler wurden von Wiching verfolgt und schließlich vertrieben.[314] Wer sich heute des Griechen Method erin-

Vorder- und Rückseite von Riemenzungen aus den mährischen Fürstengräbern von Mikulčice; die Rückseiten sind mit christlichen Symbolen verziert.

nert, kann ihn nicht als Zeugen der Auseinandersetzung zwischen West und Ost zitieren. Vielmehr steht Method für eine Mission, die eine ungeteilte, im Wortsinn katholische Kirche trug, und zwar sowohl in Rom wie in Konstantinopel. Methods Gegner behielten die Oberhand und damit Spaltung und Entfremdung zwischen den beiden Zentren der Christenheit. Methods Scheitern hatte aber auch schwerwiegende Folgen für den pannonischen Raum, zu dem der Osten des heutigen Österreichs zählte. Um 875 verlor Pannonien seine eigenständige Herrschaft,[315] mit 879 sein Erzbistum.[316] Die Schwächung der *Pannonia felix,* wie sie Zeitgenossen nannten,[317] machte den Raum so lange zum Spielball und Zankapfel zwischen Franken, Mährern und Bulgaren, bis die Ungarn die Erben aller wurden. Ihr Christentum sollte dann ein Rom bestimmen, in dem ein Otto III. als neuer Konstantin mit einem zweiten Silvester die *Renovatio Romani Imperii* versuchte. Der byzantinische Einfluß auf Ungarn und das hochmittelalterliche »Oberpannonien« Österreich[318] darf nicht unterschätzt oder gar geleugnet werden. Aber das Lateinische – groß in seiner uniformierenden Kraft wie Unduldsamkeit – hatte gesiegt.

Nachspiel

Stephan V. (VI.) verhalf den Lateinern in Mähren zum Sieg. Das Verhältnis zwischen Papst und »König« Zwentibald war gut. Noch 885 verbot Stephan endgültig die slawische Kirchensprache.[319] Wiching konnte sich aber seines Sieges über den »toten und schon riechenden« Method nicht lange erfreuen.[320] Als Arnulf 892 den Krieg gegen

Zwentibald erneuerte, ließ Wiching seine Bischofsstadt im Stich und floh zum Frankenkönig. Er hatte seine Beziehungen zum Westen niemals abreißen lassen und nahm nun Dienst in der königlichen Kanzlei. Als aber Arnulf versuchte, seinen Protegé als Bischof von Passau unterzubringen, da protestierte der bayerische Episkopat mit Erzbischof Theotmar an der Spitze gegen das angeblich unkanonische Vorgehen; man wollte mit diesem »Ostgoten« nichts zu tun haben. Wiching konnte sich in Passau nicht halten und verschwindet nach 899/900 aus der Geschichte.[321] Ebensowenig Erfolg hatte aber der Versuch von Johannes IX., das mährische Erzbistum mit seinen Suffraganen wiederherzustellen. Erneut protestierten die bayerischen Bischöfe; unter der Federführung Theotmars erfolgte eine scharfe Demarche in Rom, das sich unerbetenen Nachhilfeunterricht in Kanonistik anhören mußte. Allerdings haben die Frage einer mährischen Kirche, die das Bistum Passau zerrissen hätte und von der bayerischen Kirche abgefallen wäre,[322] weder Theotmar noch seine Bischöfe, sondern die Ungarn auf ihre Weise gelöst.

4. Passau und die Bulgarenmission

Eine Episode am Rande des Streits um Mähren bildete der Passauer Versuch, die Bulgaren zu missionieren. Angeblich wollte der Bulgarenkhan Boris bereits 863/64 im niederösterreichischen Tulln die Taufe nehmen; doch wurden anläßlich seines »Gipfelgesprächs« mit Ludwig dem Deutschen bloß militärische Fragen behandelt. Nachdem aber die Bayern 864 gemeinsam mit bulgarischen Kriegern die Mährer angegriffen hatten, hielt der König die Zeit für reif, um Missionare an die untere Donau zu senden, zumal der Khan 866 ausdrücklich um »geeignete Prediger der christlichen Religion« gebeten hatte.[323] Als jedoch sein Beauftragter, der Passauer Bischof Ermenrich, »mit Priestern und Diakonen« bei den Bulgaren erschien, fand er dort den Platz bereits besetzt. Der Papst hatte seinerseits Bischöfe mit der Bulgarenmission beauftragt, und diese waren so erfolgreich, daß Boris 866 Christ wurde, obwohl er und sein Volk bald der Westkirche verlorengingen. Aber Ermenrich, ehemaliger Mönch aus Ellwangen und begabter Gelehrter, kam sicher nicht als Romfreund in sein Bistum zurück. Den engagierten und temperamentvollen Mann muß die bulgarische Enttäuschung zutiefst getroffen haben. Vielleicht glaubte er an eine Art von römisch-griechisch-slawischer Verschwörung gegen ihn und sein Bistum.[324] In diesem Falle könnte man verstehen, wieso gerade er es war, der Method auf der Synode von Regensburg 870 mit der Reitpeitsche bedrohte. Gott hat ihn dafür – wie die anderen Method-Gegner auch – prompt bestraft. In den Jahren 873 bis 875 starben vier bayerische Bischöfe, die Oberhirten von Säben, Salzburg und Freising – und Ermenrich von Passau.[325]

V. Das Ende des Ostlandes und die Entstehung fürstlicher Macht (887–907)

1. Arbo und Heimo

Arbo war einer der ersten, den urkundliche Quellen einen Grenzgrafen, *comes terminalis,* oder gar Markgrafen, *marchio,* nennen.[326] Arbo bildete das größte Hindernis für die Entstehung eines bayerischen Fürstentums. Solange er im Vollbesitz seiner großflächigen Grafschaften war, gab es keinen »von Gottes Gnaden Herzog der Bayern und der anschließenden Gebiete«.[327] Mit dieser Tatsache mußte sich auch König und Kaiser Arnulf abfinden, obwohl er zunächst Arbos Machtfülle zu beschneiden trachtete. Bereits 888 verlieh Arnulf seinem Vertrauten namens Heimo für dessen Grunzwitigauer Allod die weltliche Immunität mit besonderer Berücksichtigung der Gerichtsbarkeit. Damit wurde Heimos Erbbesitz, der auf eine Königsschenkung an seinen Vater Witigowo zurückging, aus der unmittelbaren Verfügungsgewalt Arbos herausgenommen. Das Privileg beruft sich allerdings auf die Zustimmung des Grenzgrafen, der überdies entscheidende Rechte behielt. So sollte Heimo dort eine Fluchtburg errichten, wo sie Arbo bestimmte. Des weiteren mußte der Begünstigte zum Grafengericht kommen, um hier »Recht zu nehmen und zu geben«. Heimo hatte auch »Prozesse aus dem Mährerreich« zu behandeln; doch blieb die Blutgerichtsbarkeit Arbo vorbehalten. Von den Abgaben aus dem Immunitätsbezirk sollte der Grenzgraf freilich nichts bekommen. Überdies stand Heimo ein Drittel der Banngelder aus seiner Gerichtsbarkeit zu.[328] Arbo und sein Vertreter Heimo sprachen also – je nach Maßgabe ihrer Kompetenz – für Leute aus dem Mährerreich Recht, woraus Erzbischof Theotmar in seinem Schreiben an den Papst die Abhaltung von Gerichtstagen und die Einhebung von Tributen machte, um damit die bayerische Oberhoheit über die Nachbarn zu beweisen.[329]

Heimo zählte zu einer der führenden Adelsfamilien Bayerns und des Ostlandes; seine Angehörigen waren germanischer, slawischer und romanischer Herkunft. Heimos Gemahlin Miltrud war so bedeutend, daß sie für sich allein eine Königsurkunde erhielt: Arnulf gab ihr im mittleren Pinzgau nicht weniger als neun Königshufen mit 15 Hörigen zu freiem Eigen. Heimos Schwester Tunza heiratete den karantanischen Edlen Georg und wurde dafür von ihrem Bruder mit Heiratsgut ausgestattet, das südlich des Wörthersees lag. So war Heimo – in der Nachfolge seines Vaters – auch in Karantanien begütert,[330] von wo Arbo wenig Gutes erhoffen durfte.[331] Trotzdem überstand der Markgraf alle Versuche, in seinem Gebiet eine Fünfte Kolonne aufzubauen. Das Raffelstettener Zollweistum nennt jedenfalls Heimo als einen von 41 »Richtern der östlichen Gebiete«, *iudices orientalium (partium),* die den »gerechten Zoll« festzulegen hatten. Offenkundig waren unter Arnulf verderbliche Sitten eingerissen, da man nun zu der Übung zurückkehren wollte, die zu Zeiten Ludwigs des Deutschen und Karlmanns herrschte.[332]

Der Vertrag von Omuntesperch und der Krieg von 892

Im niederösterreichischen *Omuntesperch,* vielleicht in Klosterneuburg, schlossen Arnulf und Zwentibald I. 890 einen Vertrag, der dem Mährer die Oberhoheit über Böhmen garantierte. Zu den Agenda des »Gipfelgesprächs« zählte auch die Botschaft des Papstes an Arnulf, nach Rom zu kommen, um dort und »im italischen Reich« nach dem Rechten zu sehen. Überbringer des Hilferufs war Zwentibald,[333] der zu Stephan V. (VI.) die besten Beziehungen hatte, seit dieser 885 Papst geworden war. Arnulf war jedoch noch nicht bereit, die Alpen zu überqueren; vielmehr galt es, die Normannen zu bekriegen. Um dafür den Rücken freizubekommen, erneuerte der König 891 den Frieden mit Zwentibald; von den damit beauftragten beiden Gesandten war der eine höchstwahrscheinlich Bischof Wiching von Neutra. Seine Mission soll so erfolgreich gewesen sein, daß sich die Mährer zum Königsdienst bereit fanden, »wie dies Eigenleute zu tun schuldig sind«. So steht es wenigstens in einem Schreiben zu lesen, das »der demütige Graf« Arbo an seinen König sandte; ein Brief, der auf der Reichenau als Original erhalten blieb und zu den ganz wenigen Specimina seiner Art und Zeit zählt.[334]

Nach den erfolgreich abgeschlossenen Friedensverhandlungen zog Arnulf gegen Westen und errang 891 den großen Sieg über die Normannen.[335] Als erfolgreicher Heerkönig kehrte er zurück und beabsichtigte, sich noch im Spätwinter 892 wieder mit Zwentibald zu treffen. »In gewohnter Weise« lehnte der Mährerfürst die entsprechende Einladung ab, worauf Arnulf und der Sisak-Fürst Brazlavo auf dem Hengstfeld in der Nähe des steirischen Wildon darüber berieten, wie Mähren am besten anzugreifen sei: Aus den Stammeskontingenten der Franken, Bayern und Alamannen sollten drei Heere gebildet werden, die im Stile karolingischer Großoffensiven den Gegner von drei Seiten anzugreifen hätten. Den ganzen Juli 892 stand König Arnulf mit seinen Truppen in Mähren und ließ das Land verwüsten; ungarische Reiter halfen ihm dabei. Das Ergebnis des Kriegszuges war mager; nicht einmal die Verbindung mit den Bulgaren konnte auf dem Landweg, geschweige denn auf der Donau gesichert werden. Was aus dem Plan wurde, gemeinsam mit den Bulgaren die Salzlieferungen nach Mähren einzustellen, erfährt man nicht.[336] Und der Krieg ging weiter.

2. Der Untergang der letzten Wilhelminer 893

Das Jahr 893 brachte den Untergang der letzten Wilhelminer, die nun endgültig zwischen den Machtblöcken zerrieben wurden. Engilschalk II. hatte einige Zeit zuvor eine illegitime Tochter Arnulfs geraubt und war mit ihr ins mährische Exil gegangen. Bald darauf schien seine Rechnung aufzugehen; der König ermöglichte ihm die Rückkehr, nahm ihn wieder in Gnaden auf und machte ihn zu einem »Markgrafen im Osten«, *marchensis in oriente.* Wann dies alles geschah, wird nicht genau gesagt; doch muß sich die Romanze mit politischem Hintergrund vor dem Ausbruch der schweren Kämpfe von 892 ereignet haben.[337] Vielleicht folgte die Mandatsverleihung an Engilschalk II. der Übertragung Karantaniens an seinen Vetter Ruodpert, den eine Königsurkunde bereits

889 als Grenzgrafen bezeugt. Da dessen Gebiet das *regnum Carantanum* war, könnte Engilschalk II. seine »Markgrafschaft im Osten« im angrenzenden Unterpannonien erhalten haben.[338] Demnach hätte Arnulf bald nach seiner Königserhebung die beiden Vettern mit den zwei Großeinheiten seines bisherigen karantanisch-pannonischen Herrschaftsgebietes betraut. Engilschalk II. sah wohl im Wiederausbruch der Kämpfe an der Donau die Gelegenheit, auch mit Arbo abzurechnen. Sein Vorgehen erregte aber die Mißbilligung weiter Kreise, worauf der König seinen Schwiegersohn fallenließ oder fallenlassen mußte. Als Engilschalk II. nach Regensburg kam, wurde er von seinen Gegnern festgenommen und zur Blendung verurteilt, ohne daß Arnulf einschreiten konnte. Der Versuch des Engilschalk-Vetters Wilhelm III., mit Hilfe Zwentibalds das Blatt zu wenden, scheiterte völlig; Wilhelm wurde als Majestätsverbrecher verurteilt und geköpft, wobei man ihm zum Vorwurf machte, er habe mit den Mährern durch Gesandte verhandelt. Ein Arbo meldete das gleiche »Vergehen« pflichtschuldigst seinem König, da Gesandtenaustausch offenkundig zu den Pflichten eines Markgrafen zählte.[339] Wenn aber Wilhelm zu den Mährern sandte, dann galt die Botschaft nicht bloß Zwentibald, sondern auch einem anderen »Majestätsverbrecher«. Damals war anscheinend Wilhelms letzter Bruder Ruodpert fahnenflüchtig geworden und hatte das mährische Exil aufgesucht. Warum der karantanische Grenzgraf sein Mandatsgebiet verließ, wird nicht gesagt. Der Druck der antiwilhelminischen Adelsgruppe muß wohl zu stark geworden sein. Jedenfalls war der Wilhelminer Ruodpert dem Mährerfürsten 893 so wertlos, daß er seiner alten Rache freien Lauf und den Flüchtling samt dessen Gefolge umbringen ließ.[340] Unmittelbar darauf griff Arnulf wieder das Mährerreich an. Wollte der König nur Rache für den letzten seiner wilhelminischen Lehensleute nehmen? Die Frage muß offen bleiben. Aber der Nutznießer des Schlußakts der wilhelminischen Tragödie war nicht Arbo, sondern der Königsverwandte Luitpold, der 893 die erste Stufe seines unaufhaltsamen Aufstiegs erklomm.[341]

3. Luitpold und Arbo

Die letzten eineinhalb Jahrzehnte des karolingischen Bayerns und seines Ostlandes standen ganz im Zeichen Luitpolds, des Vaters Herzog Arnulfs von Bayern. Seine fürstliche Stellung anerkannte selbst der König; sogar in Diplomen heißt Luitpold »Markgraf«, *marchio.* Den Grafentitel verdankte Luitpold seiner Bestellung in Karantanien, wo er wohl 893 den Wilhelminer Ruodpert abgelöst hatte.[342]

Von dieser Basis aus griff Luitpold ins bayerische Altland über, als er hier 895 der Nachfolger Engildeos wurde.[343] Zu Luitpolds Entlastung dienten 896 die Übertragung der pannonischen Moosburg an Brazlavo sowie die Einsetzung eines Ratold wahrscheinlich in der Grafschaft an der oberen Save.[344] Dagegen war Arbo nicht in die Knie zu zwingen, und zwar selbst dann nicht, als er – auf Betreiben seines Sohnes Isanrih – im mährischen Bruderkrieg von 898 die Gegenpartei unterstützte und dabei gegen die offizielle Politik Regensburgs und die Interessen Luitpolds handelte. Sogar ein Flottenunternehmen gegen Mautern, wo Isanrih sich 899 verschanzt hatte, blieb ohne Erfolg; der schon schwerkranke Kaiser Arnulf saß selbst in einem der Kriegsschiffe.[345]

Aus der Retrospektive wirkt es immer sonderbar, wenn man das Leben vor einer Katastrophe betrachtet und darin nichts Aufregendes, Zukunftsweisendes erkennt. Und dennoch wäre es falsch, würde der Historiker im Handeln und in der Haltung der Menschen vor der Schlacht von Preßburg irgendeine Vorahnung erkennen wollen. Vor feindlichen Angriffen war man im Ostland niemals sicher; die Ungarn, die »neuen Awaren«,[346] waren bloß eine Plage wie alle anderen: Man hatte mit ihnen 881 bei Wien gekämpft, das aus diesem Anlaß zum ersten Mal erwähnt wurde; und im selben Jahr fand eine zweite Schlacht mit ihren kabarischen Verbündeten wahrscheinlich in der Nähe Pöchlarns statt.[347] Im Jahre 900 überquerten die Ungarn erstmals die Enns; eine versprengte Abteilung wurde im November von Luitpold abgefangen und aufgerieben. Darauf ließ der Markgraf – mitten in Arbos Herrschaftsbereich – wohl noch im Spätherbst 900 die Ennsburg errichten.[348] Trotz der anschließenden Kämpfe ging das Leben weiter: Joseph, der »Rugierfürst« von Gars-Thunau, erneuerte 902/03 dem Bistum Freising die Schenkungen seiner Vorfahren zu Stiefern.[349] Im September 908 fand in Passau eine Diözesansynode statt. Bei dieser Gelegenheit empfing Madalwin, Passauer Chorbischof und wahrscheinlich ehemaliger Notar König Karlmanns, von seinem Ordinarius bisherige Lehen in Bayern und Niederösterreich zu eigen und gab dafür Besitzungen östlich der Enns, liturgische Gewänder sowie mehr als ein halbes Hundert wertvollster Handschriften. Obwohl er sich auf seine Eigengüter am Inn zurückgezogen haben könnte, behielt Madalwin doch das – hier zum ersten Mal genannte – Mödling und andere Orte östlich des Wienerwalds.[350] Unsicherheit und Zerstörung hielten sich also noch in Grenzen.

Zwischen etwa 903 und 906 wurde das berühmte Zollweistum von Raffelstetten bei St. Florian an der Donau aufgenommen. Bayerische Große hatten über Zollbedrückung Beschwerde geführt, und König Ludwig das Kind beauftragte den Grafen Arbo und seine Richter aus dem Ostland, die früheren Zustände wiederherzustellen. Außerdem traten als Königsboten Theotmar von Salzburg, Burchard von Passau und der »steirische« Graf Otachar auf. Die Zollordnung wirkt »wie ein Schlußstein am Ende der Ka-

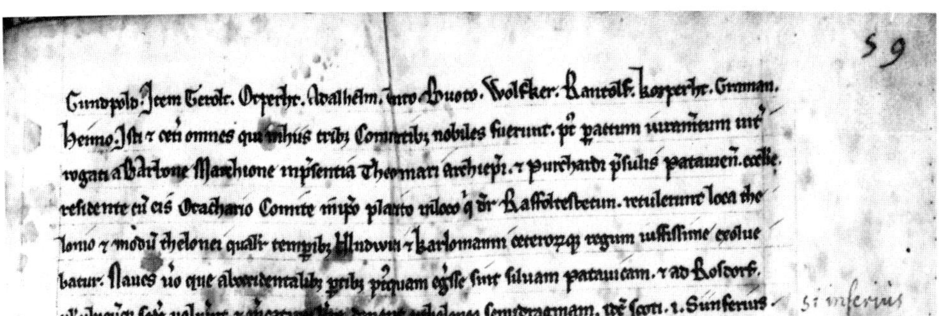

Ausschnitt der Raffelstettener Zollordnung von 903/906 in der einzigen erhaltenen Abschrift aus dem 13. Jahrhundert

rolingerperiode, von dem aus uns ein Blick über die Kulturerrungenschaften derselben geboten wird«. Man erfährt etwas über Verkehrswege, Handelstätigkeit, Landwirtschaft und Geldwesen, über die Salzverschiffung donauabwärts und über den Handel mit den Nachbarn wie mit den meist jüdischen Fernhändlern.[351]

Des weiteren heißt es, daß Arbo über drei Grafschaften gebot; eine verfassungsgeschichtliche Aussage, die bis heute Rätsel aufgibt.[352] Arbo regierte tatsächlich einige Zeit noch die drei herkömmlichen Großeinheiten, *comitatus,* nämlich den Traungau, den niederösterreichischen Donauraum bis zur Raab und die Grafschaft um Steinamanger.[353] Dagegen beschreiben die in der Raffelstettener Zollordnung genannten Orte nur mehr ein Gebiet, das vom Traungau im Westen bis nach Mautern im Osten reicht und einen nicht näher lokalisierten »Markt der Mährer«, *mercatus Marahorum,* einschließt.[354] Daran ließe sich eine tatsächliche Verkürzung der Arbo-Grafschaften ablesen. Die Raffelstettener Zollordnung verwendet überdies die Begriffe in der üblichen Unschärfe des Mittellateins: Sie nennt drei *vicarii,* drei »Stellvertreter«, die für die Durchführung des Weistums in den drei Grafschaften Arbos zuständig seien. Zugleich aber werden diese *tres comitatus* auch der *comitatus Arbonis* genannt. Handelte es sich dabei doch nur mehr um eine Erinnerung an die drei Grafschaften, mit denen Arbo ursprünglich betraut war, so als sollte der Anspruch darauf nicht aufgegeben werden? Oder spiegelte die Nennung von *tres comitatus* eine territoriale Neugliederung des noch bayerischen Donaulandes wider, die den Verlusten bereits Rechnung trug?[355]

4. Preßburg 907

Mit Entsetzen und Kritik wurde der Untergang des bayerischen Heerbannes kommentiert. Markgraf Luitpold, Erzbischof Theotmar von Salzburg, die Bischöfe Udo von Freising und Zacharias von Säben sowie zahlreiche Grafen fielen am 4. Juli 907 in der Ungarnschlacht an der Donau. Schon die Zeitgenossen deuteten Luitpolds Feldzug als Provokation der »Hunnen«, mit deren Besetzung Pannoniens man sich offenkundig abgefunden hatte. Nun kann aber der bayerische Aufmarsch bis Preßburg, selbst wenn die Schlacht am rechten, pannonischen Donauufer stattfand,[356] keine Offensive gewesen sein, sondern diente der Verteidigung der March-Leitha-Linie und nicht der Wiedergewinnung der Raab-Grenze oder gar des karolingischen Unterpannoniens. Die Katastrophe verhinderte jedoch selbst die Erreichung des eingeschränkten strategischen Ziels, woran anscheinend weder Arbo noch sein Sohn Isanrih mitgewirkt hatten. Ganz Oberpannonien bis zur Enns ging an die Ungarn verloren; der Fluß, vor dessen Überschreitung Ludwig das Kind noch rechtzeitig kehrtgemacht hatte, wurde wieder die befestigte Ostgrenze Bayerns.[357]

Der Einfall der Ungarn kostete Bayern zwar mehr als die Hälfte des Ostlandes, beendete zugleich aber auch den inneren Gegensatz zwischen Luitpold und Arbo. Nun konnte das königgleiche Fürstentum Arnulfs des Bösen entstehen.[358] Ganz selbstverständlich trat er die Nachfolge seines Vaters an und leistete den Ungarn wirksamen Widerstand; kein ostfränkischer Stamm außer den Bayern war dazu imstande. Nach einem

Sieg über die Ungarn machten die Bayern wohl 913 ihren Anführer mit dem beziehungsreichen Namen Arnulf zu ihrem Herzog.[359] Keineswegs gab das bayerische Regnum alle seine Rechte östlich der Enns auf. Arnulf floh zweimal »zu den Ungarn« ins Exil, das heißt in ein »Ausland«, das wohl schon im niederösterreichischen Donauraum begann.[360] Die Gestalt Rüdigers von Bechelaren-Pöchlarn könnte daran erinnern, so wenig dieser selbst historisch gewesen ist.[361] Auch die bayerische Kirche gab das Ostland nicht auf, wie das Unglück des Freisinger Bischofs Drakolf lehrt, der 926 im Donaustrudel bei Grein ertrank.[362]

Bayerisch blieben die Krain und Karantanien bis zu seiner alten Grenze am *mons Predel,*[363] das heißt unter Ausschluß der Oststeiermark. Was immer aber der königgleiche Herzog der Bayern im Ostland halten konnte und was er politisch verlor, wurde endgültig erst 955 durch die Schlacht auf dem Lechfeld militärisch gesichert. Darauf folgte die allmähliche, durch Rückschläge immer wieder unterbrochene Wiedergewinnung von Teilen der beiden oberpannonischen Grafschaften bis zur Linie Leitha–Lafnitz. So waren erst im 11. Jahrhundert diejenigen Grenzen wieder erreicht, die schon die bayerische Kolonisation der Karolingerzeit abgesteckt hatte.[364]

Völker und frühmittelalterliche Räume

Hätte ein traditioneller Autor frühmittelalterliche Ethnogenesen auf österreichischem Boden beschrieben, würde er sie als eine Auseinandersetzung keltisch-germanischer mit skythisch-getischen Völkern dargestellt haben.[1] Im Verlaufe dieser Ereignisse hätten die westlichen Barbaren, genauer die »Germanen, die jetzt Franken heißen«,[2] schließlich die Oberhand gewonnen und ihre Sprache, ihre Lebensordnungen und Kampfformen durchgesetzt. Dabei sei am Ende etwas Sonderbares, Atypisches, ja Epochales eingetreten: Die letzten Skythen, die Ungarn,[3] übernahmen die westliche Art, wurden seßhaft und verloren dennoch weder ihre Sprache noch ihre politische Identität, wie dies allen ihren Vorgängern widerfahren war.[4] Während die Awaren »weder Sippen noch Nachkommenschaft« hinterließen, sind Name und Sprache der Ungarn bis heute nicht verklungen.[5]

Nun, für unseren Raum – einmal zur *Germania* gezählt, dann als Bayern neben sie gestellt und mit ihr verbunden[6] – gibt es keine Ethnographie der frühmittelalterlichen Stammesbildungen. Aber das angenommene System läßt sich aus schriftlichen wie bildlichen Quellen der Zeit zusammenstellen. Die traditionellen Klassifikationen galten nämlich so lange, als die Kriterien der herkömmlichen Ethnographie immer wieder bestätigt wurden: Es gäbe gar keine neuen Barbaren, konnte schon Synesios von Kyrene seinem Kaiser Arcadius sagen. Sie erfänden zwar immer wieder neue Namen und verstellten ihr Äußeres, um die Römer, die zivilisierte Welt, zu täuschen; im Grunde seien aber die »Skythen« seit den Tagen Herodots die gleichen geblieben. Noch ein Regino von Prüm stand in dieser Tradition, wenn er die Ungarn nach Iustinus darstellte, der seinerseits den Skythen-Logos Herodots nachgeschrieben hatte.[7]

Nahezu zehn Kilo schwer sind die 23 goldenen Gefäße, die 1799 in Nagyszentmiklós, heute Sînnicolau Mare, Rumänien, gefunden wurden und seither zu den erstrangigen Schätzen des Wiener Kunsthistorischen Museums zählen. Die Lohengrin-Frage, »wes Geschlechts« der Fürst gewesen sei, der solche Kostbarkeiten in Auftrag gab, hat bis heute viele bühnenreife Antworten erfahren.

Der Fund vermittelt eine bestechende Einheitlichkeit; doch geht dieser Eindruck auf die Werkstatt zurück, deren Goldschmiede über eine traditionsreiche Technik verfüg-

Der Goldschatz von Nagyszentmiklós (8./9. Jahrhundert?) besteht aus 23 Goldgefäßen mit einem Gesamtgewicht von fast zehn Kilogramm.

ten. Sie müssen byzantinische Künstler gewesen sein, wenn man auch schwer entscheiden kann, ob sie diesseits oder jenseits der Reichsgrenzen wirkten. Tatsächlich verarbeiteten die Hersteller Motive mannigfacher Art; die Einflüsse sind »skythisch« im Sinne eben der griechischen Ethnographie, die damit – losgelöst von den eigentlichen Trägern des Namens – alle nachkommenden Völker der osteuropäisch-asiatischen Steppen bezeichnete. Skythisch meinte seit jeher Offenheit gegenüber der persischen wie der griechisch-römischen Welt, aber auch die Vereinigung jener Traditionen mit dem Kunstwollen der Steppenvölker. Zu dieser dreifachen Überlieferung zählt auch die naturalistische Darstellung wirklicher wie phantastischer Lebewesen, von Menschen, Tieren und kunstreicher Dekoration.[8]

Der Fund von Nagyszentmiklós wird zumeist den Donau-Theiß-Bulgaren vor 850 zugeschrieben. Es könnte sich aber auch um einen Schatz gehandelt haben, den Awaren auf der Flucht vor den fränkischen Truppen ins Land östlich der Theiß mitgebracht hatten, dort aber vor den Bulgaren vergraben mußten. Der Historiker wird sich mit seinem Urteil zurückhalten, zumal dieser Schatz – trotz oder gerade wegen seiner zahlreichen Inschriften – viele Rätsel aufgibt. Aber wer den Jubel der Franken über die Awarenbeute begreifen will, denkt unwillkürlich an die Goldgefäße von Nagyszentmiklós. Sagt doch der Karl-Biograph Einhard: »Es gibt keinen gegen die Franken begonnenen Krieg, der ihnen, so weit Menschengedenken reicht, jemals mehr Reichtum und Schätze gebracht hätte. Während sie nämlich bis dahin beinahe als arm gelten konnten, fanden sie nun in der awarischen Königsburg eine solche Menge an Gold und Silber, machten sie

»Der siegreiche Fürst« und »Himmelsraubszene« auf dem Medaillonkrug Nr. 2 aus dem Schatz von Nagyszentmiklós

in den Schlachten so kostbare Beute, daß man mit Recht glauben durfte, die Franken hätten gerechterweise den Awaren das abgenommen, was diese früher anderen Völkern geraubt hatten.«[9]

Die vier Medaillons des Krugs Nr. 2 von Nagyszentmiklós bieten dafür einen hervorragenden Anschauungsunterricht. Eines der Bilder zeigt den »Siegreichen Fürsten«. Er trägt einen sorgfältig geschmiedeten Ringelpanzer, eine kurze Ärmeljacke und Schöße, die den Körper gegen Pfeile schützen. Unterhalb des Halses verläuft ein Ring, an dem die Brünne ansetzt, die in derselben Machart wie der Panzer den Hals- und Nackenschutz besorgt und die Verbindung mit einem konischen Spangenhelm herstellt, an dem zwei Bänder flattern. Die Unterschenkel stecken in Beinschienen, die bei den Knöcheln von Schuhen abgesetzt werden. Übergroße Lederhandschuhe bedecken Hände und Unterarme. Der Krieger trägt einen Leibgurt und schultert eine schwere Lanze, an deren Spitze Wimpel und Feldzeichen hängen. Seine Linke faßt die Haare eines langbärtigen Westlers in langem Hemdpanzer, den er als Gefangenen heimführt, während der Kopf eines anderen am Sattelknauf baumelt. Der »Siegreiche Fürst« reitet ein Tier derjenigen frühmittelalterlichen Rasse, in der sich noch kein westliches von einem östlichen Pferd abgesondert hat. Er führt weder die schlaff herabhängenden Zügel noch braucht er irgendeine Stütze für die Füße, obwohl man zum Zeitpunkt der Entstehung des Krugs längst schon den Steigbügel kannte. Im Kampf hätte daher dieser Krieger ebenso gewirkt wie die Lanzenreiter früherer Steppenvölker. Er besitzt Vorfahren in dem galoppierenden Sarmaten auf dem Grabstein von Tanais, in den gotischen Reitern bei Gualdo Tadino und in den Darstellungen langobardischer Schildverzierungen.

Langobardischer Lanzenreiter, Schildverzierung aus Stabio/Tessin

Alle diese Lanzenreiter führten mit beiden Händen die überlange Stoßlanze, saßen auf gepanzerten oder ungepanzerten Pferden und galoppierten »mit langen Lanzen dicht gedrängt beisammen« gegen den Feind. Die Blitzattacke, unter Kriegsgeschrei aus dem Hinterhalt vorgetragen, Umgehungsmanöver, um die feindliche Infanterie im Rücken anzugreifen, Reiten bis zur Erschöpfung der Pferde in der Hoffnung, vorher schlachtentscheidend gewirkt zu haben, schneller Rückzug hinter die Linien der eigenen Fußkrieger, falls die Attacke fehlschlägt, und Sammeln neuer Kräfte für ein abermaliges Vorpreschen, womöglich durch Reserven verstärkt, sind die Kennzeichen dieser Taktik. In ihrer Einseitigkeit liegen Stärke wie Schwäche der Lanzenreiter. Demgegenüber mußte der »hunnische« Fernkämpfer, der wohlgepanzert mit Reflexbogen, Schwert, Schild und Lanze ausgerüstet war und in der Awarenzeit auch den Steigbügel erhielt, gleichsam wie eine Wunderwaffe wirken. Der Reflexbogen erzielte durch seine doppelt gebogenen Arme eine enorme Schußweite wie Durchschlagskraft und konnte wegen seiner geringeren Größe vom Pferd aus bedient werden. Er war mit Knochenplatten verstärkt und stammte aus Asien. Diese Waffe wurde erstmals von gotisch-hunnischen Föderaten nach Pannonien und damit in unser Gebiet gebracht. Der »Siegreiche Fürst« von Nagyszentmiklós war daher zur Zeit seiner Entstehung bereits Vergangenheit; er idealisierte eine verlorene Welt der Heroen.[10]

Diejenigen Ethnographen, die nomadische Steppenvölker behandelten, verzichteten oft auf die Sprache unter den Kriterien einer ethnischen Zuordnung. Sie kamen über die Feststellung einer verwirrenden Polyglossie ihrer »Objekte« kaum hinaus. So beschränkte sich ein Ammianus Marcellinus in seinem »skythischen« Alanenexkurs auf die Fragen nach den »Sitten, die wilde Art des Lebens und die Bewaffnung«. Diese Kriterien waren allein in Erfahrung zu bringen und mußten für die gentile Einteilung genügen.

Priskos, der um 450 als Gesandter Konstantinopels an den Hof Attilas kam, beschreibt in seiner byzantinischen Geschichte die Hunnen und stellt in traditioneller Weise fest, die Skythen seien alle »zusammengespült«, ein buntes Völkergemisch. Aus einem besonderen Anlaß wird Priskos auch die hunnische Sprache zum Problem. Es kommt dabei zu der aufschlußreichen, obgleich redundanten Aussage, die Skythen sprächen außer ihrem eigenen Idiom noch Skythisch, das heißt die Sprache der eigentlichen Hunnen, sowie Gotisch und Latein. Obwohl Priskos das Gotische als eine *lingua franca* des Hunnenreichs kannte, beschreibt er alle gotischen Völker unter hunnischer Herrschaft als Skythen und nennt keinen Stammesnamen. Eine solche Auffassung stützen sowohl der archäologische Befund wie die schriftlichen Quellen. Die außerrömischen Goten-Völker bleiben zwischen 400 und 450 gesichtslos, wenn nicht geschichtslos.[11]

Skythendarstellung auf einem goldenen Becher der zweiten Hälfte des 4. Jahrhunderts v. Chr.: Ein Bogenschütze spannt einen Reflexbogen.

Skythen gelten aber nicht bloß als nomadische Reiterkrieger und gemischte Völkerverbände; unter ihnen herrscht auch eine starke soziale Differenzierung, gibt es Herrenvölker und Unterworfene. Allerdings erlauben der notorische Menschenmangel und die hohe gentile Mobilität keine soziale Abschließung. In einem skythisch-gotischen Volk kann der Gefangene, der Sklave, zum Herrn aufsteigen, wenn er die Chance des Kriegers nützt. Überschichtungen kommen zwar auch im Westen vor, wie etwa die Entstehung des Sachsenstammes lehrt. Da aber hier das territoriale Moment stets bestimmend blieb, wurde in der kleinräumigen Landschaft des Westens die ethnische Differenz sehr rasch zur sozialen Unterscheidung.[12]

Zwischen dem 6. und 10. Jahrhundert hatten Stammesbildungen in unserem Raum nur dann Erfolg, wenn sie das »skythische« Erbe überwanden.[13] Die Versuche des Rugiers Friderich im Etschtal und die des Erulers und *rex Brentorum* Sinduald sind ebenso Beispiele für »skythische« Mißerfolge wie das ungleich größere Ereignis des awarischen Untergangs.[14] Slawische und bulgarische Gruppen, die den Ennsfluß westwärts überschritten, wurden zu Bayern, wenn man sie nicht vorher aus Sicherheitsgründen umbrachte.[15] Östlich der Enns lebten Romanen und Germanen im awarisch-slawischen Herrschaftsbereich.[16] Hier fanden westliche Überläufer unterschiedlich sicheres Exil: Langobardische Große, unter ihnen sogar Kronprätendenten, flohen ins Awarenland des 7. und 8. Jahrhunderts. Ostfranken und Bayern gingen im 9. Jahrhundert zu den Mährern, Herzog Arnulf der Böse und sein Gefolge 914 und 916 zu den Ungarn.[17] Die Ennsgrenze wirkte freilich nicht als »Eiserner Vorhang«. Vielmehr wohnten zu beiden Seiten des Flusses Menschen, die einander »durch Eidesbande« verpflichtet waren. Der letzte awarische Vorstoß störte um 712 diesen Zustand, so daß die Nachbarn einander feind wurden und »eher an Hinterlist als an die gegenseitig erwiesene Güte« dachten.

Rückblickend aus der zweiten Hälfte des 8. Jahrhunderts galt jedoch die Friedlosigkeit an der Enns als kurzfristige Anomalie.[18]

Regino von Prüm folgt in seiner »Chronik« der klassischen Tradition der Lateiner, wenn er die Sprache als gentiles Unterscheidungsmerkmal hervorhebt. Auch stimmt dieses Urteil mit seiner Erfahrung überein, die er als Angehöriger einer westlichen Gens, nämlich der seßhaften, zweisprachigen Franken, besaß.[19] Im Donau- und Ostalpenraum wurde hingegen die Sprache erst im Hochmittelalter dafür herangezogen, um Völker voneinander zu unterscheiden. Die Bayern hatten aber ihre Vielsprachigkeit nicht erst als Erben der Awaren erworben, sondern verdankten sie bereits vorrömischen und vorwanderzeitlichen Reliktvölkern, die in den kleinräumigen Landschaften der Ostalpen überdauerten. Im Grunde zählt es hier erst zu den zweifelhaften Errungenschaften des modernen Nationalstaates, die Monoglossie aller Staatsbürger als Wert zu begreifen und dementsprechend durchzusetzen.[20]

I. Die Bayern, die Agilolfinger und die Genealogien

1. Die Entstehung der Bayern

Das erste Ereignis einer bayerischen Geschichte ist die politische Heirat des Agilolfingerherzogs Garibald mit einer Tochter des Langobardenkönigs Wacho. Der Glückliche hatte seine Gemahlin nicht unmittelbar vom Schwiegervater, sondern vom Frankenkönig Chlothar I. »geerbt«. Ausgerechnet die langobardische Überlieferung kommentiert jedoch die Ereignisse von 555 oder wenig später mit den Worten, Garibald sei »einer der Seinen« des Merowingers gewesen.[21] Die Tochter des agilolfingisch-lethingischen Paares war die berühmte Theudelinde; ihr schrieb Fredegar fränkische Herkunft zu.[22] Wie hätte aber der fränkische Autor die Prinzessin bezeichnen sollen, wenn er die Bayern bloß als Bulgaren-Töter kannte und die Agilolfinger, die ihm sehr wohl ein Begriff waren, nicht als Bayern verstand?[23] Herkunft und Stammesbildung sind eben Fragen der Verfassung und werden von politischen Faktoren bestimmt. So waren es die Merowingerkönige, die den Bayern das Recht gaben und damit die Agilolfinger in Bayern anerkannten. Der agilolfingische Ahnenstab, den Tassilo III. seinem König und Vetter Karl dem Großen ausliefern mußte,[24] mag ein Zeichen eigenständigen Herrschaftsrechts gewesen sein. Auch kann die Bayern-Lex den Führungsanspruch des Geschlechts vertraglich bestätigt und nicht erst aufgrund der Initiative des königlichen Gesetzgebers geschaffen haben. Aber die Lex selbst geht auf eine merowingische Entscheidung des 7. Jahrhunderts zurück; ihre Verleihung markiert den Abschluß der bayerischen Ethnogenese. Kein Wunder, daß von diesem Zeitpunkt an die Agilolfinger und die Bayern auch für die Franken zusammengehörten, daß es seither die Bayern »gab«.[25]

Die Frage nach der Herkunft der Bayern erhitzt seit langem streitbare Gemüter und hat bis heute – für die historische Zunft wie für das Publikum – nichts an Interesse verloren. Je nach Neigung und regionaler Zugehörigkeit läßt man die Bayern von Markomannen, Donausueben, Alamannen, Thüringern, Goten oder keltischen Boiern abstammen.[26] Da der menschlichen Phantasie keine Grenzen gesetzt sind, werden die Grundthemen vielfach abgewandelt und mitunter auch um höchst abenteuerliche Varianten »bereichert«.[27]

Das gleiche gilt für die Herkunft des agilolfingischen Herzogsgeschlechts sowie für die bayerischen Adelsgeschlechter, die *genealogiae.* So sagt die Bayern-Lex in der Fassung der Mitte des 8. Jahrhunderts: »Der Herzog aber, der dem [Bayern-]Volk voransteht, jener war und soll immer aus dem Geschlecht der Agilolfinger sein, weil es ihnen so die [Franken-]Könige, unsere Vorfahren, zugestanden haben.«[28] Wie die Bayern die Ableger der verschiedensten Völker sein sollen, so stammen auch die Agilolfinger aus aller Herren Länder. Die moderne Forschung bedenkt für sie thüringische, langobardische, warnische, fränkische, burgundische und erulische Ursprünge.[29] Daß die Geschichte eines Volkes und seiner führenden Geschlechter gleiche Probleme stellt, entspricht den Abläufen einer Stammesbildung: Die Überlieferung macht zwischen beiden Erscheinungsformen des ethnisch-politischen Lebens keinen Unterschied; die Quellen bezeichnen sowohl das Volk wie seine Traditionskerne als *gens, genus, genealogia* u.ä., sofern man sie mit einem eigenen Namen benennen kann.[30] Das Bayern-Problem und das der Agilolfinger wie der Genealogien sind daher nicht voneinander zu trennen.[31] Die Antworten auf die Herkunftsfrage sind allesamt ebensowenig befriedigend wie neu; im Grunde dreht sich die Diskussion schon lange im Kreise. Man sollte vielleicht weniger nach der Herkunft der Bayern und Agilolfinger suchen als die Entstehung der beiden Gentes behandeln. Damit ist zwar die leidige Herkunftsfrage nicht völlig auszuschalten, aber sie würde ihre dominierende, ja blockierende Position verlieren. Für ein solches Vorgehen sprechen zumindest zwei Gründe: Die Erörterung der historischen Herkunft der Bayern bedürfte erstens einmal einer *origo,* einer Stammesgeschichte, nach Art der Goten oder Langobarden. Bezeichnenderweise fehlt aber jede Überlieferung dieser Art. Wie Franken und Alamannen waren die Bayern kein kaiserzeitliches *nomen antiquum,* kein »altes benennbares Volk«, und besaßen daher auch keine Stammesgeschichte.[32] Zum zweiten spricht für den Vorrang der bayerischen Entstehungsgeschichte der derzeitige Erkenntnisstand. Die endlose Diskussion hatte nämlich ein Gutes: Alle beteiligten Wissenschaften, die Historie, die Philologien wie die Archäologie, sind sich heute darüber einig, daß kein Volk namens Bayern in Bayern eingewandert sein kann. Vielmehr gelang die politische Formierung eines Bayernstammes erst im Lande selbst. Und das gleiche gilt von der Namengebung.[33]

Bereits die frühesten Nennungen erwähnen die Bayern als ethnisch-politische Größe in ihren seither als Bayern geltenden Gebieten.[34] Dazu steht in auffallendem Gegensatz die Tatsache, daß dieses Volk – von höchstens zwei möglichen Ausnahmen abgesehen – nicht vor der Mitte des 6. Jahrhunderts als ethnographische Neuheit registriert wird. Aber auch nach 550 nehmen die Bayern bloß bestimmte Kreise Italiens und wohl auch Konstantinopels zur Kenntnis. Herr über die Bayern muß der Merowingerkönig Theudebert (534–548) gewesen sein, als er dem Kaiser »die Ausdehnung seiner Herrschaft von der Donau und der Grenze Pannoniens bis zum Ozean« mitteilte; trotzdem erwähnte »das berühmte, selbstbewußte Schreiben« keine Bayern.[35] Und so hielt es die fränkische Überlieferung auch in den nächsten Generationen: Gregor von Tours kennt einen *Garivaldus dux,* der von seinem König Chlothar I. (511–561) eine Waldarada zur Gemahlin erhält, weiß aber nichts von den Bayern,[36] während die langobardische Überlieferung Garibald klar als Bayernfürsten einordnet.[37] König Dagobert I. (623–639) aktivierte die Völker an der Slawen- und Awarengrenze und griff um 630 den »Staat« Samos an. Dazu hatte der Merowingerkönig die Hilfe der Alamannen und selbst der Langobarden gewonnen. Für den fränkischen Berichterstatter mußten die Alliierten jedoch ohne die Bayern auskommen.[38] Er kannte aber die Agilolfinger und spricht erst dann von den Bayern, wenn er den Befehl Dagoberts von 631/32 erwähnt, die Bayern mögen die geflüchteten Bulgaren töten. Die gesamte fränkische Historiographie besitzt kein älteres Zeugnis über die Bayern.[39] Demgegenüber kannte man in Italien den nördlichen Nachbarn viel früher beim Namen wie aus eigener Anschauung. Allerdings nennen die hier entstandenen Quellen wiederum keine Agilolfinger.[40]

Als erste Erwähnung der Bayern gilt allgemein eine Stelle der Gotengeschichte, die Jordanes im Jahre 551 zu Konstantinopel beendete. Man liest, daß »jenes Land der Suaven im Osten die Bayern, im Westen die Franken, im Süden die Burgunder und im Norden die Thüringer hat«. Dabei handelt es sich zwar um eine anachronistische Bemerkung zum gotisch-suebischen Krieg von 469/70; doch stammt sie mit größter Wahrscheinlichkeit von Cassiodor. Trotzdem muß die Stelle nicht viel älter sein. Die Bayern der Getica stehen anscheinend in Verbindung mit der zweiten Gruppe der angeblich »Fränkischen Völkertafel«. Ihr unbekannter Autor ordnete den göttlichen Spitzenahnen der taciteischen Germania diejenigen Völker zu, die seiner Zeit entsprachen. So werden nun als Nachkommen Inguos die Burgunder, Thüringer, Langobarden und Bayern genannt. Die »Völkertafel« entstand wahrscheinlich zwischen 510 und 530 in Konstantinopel. Zu dieser Zeit war die byzantinische Politik an der aktualisierten Inguo-Völkergruppe als einer Einheit interessiert.[41] Solange ihre Angehörigen gegenüber Franken und Goten ein gewisses Maß an Selbständigkeit behaupteten, konnten sie der kaiserlichen Diplomatie dienen: Die burgundischen Könige waren bis zum Ende ihres Reichs die Föderaten Konstantinopels.[42] Den Thüringern, so meinte Prokopios, hatte einst schon Kaiser Augustus ihr Land gegeben.[43] Die pannonischen Wacho-Langobarden hatten sich seit dem Tod Theoderichs 526 als eine Macht erwiesen, mit der es in jedem Falle lohnte, ein Bündnis zu schließen.[44] Und die Bayern waren für die kaiserliche Politik so lange von Bedeutung, als sie ein weitgehend unabhängiges Bindeglied zwischen Thüringern und Langobarden herstellten. Dies galt um so mehr nach dem Ende Theoderichs, als Italien seine nordalpinen Positionen aufgeben mußte. Bereits wenige Jahre nach 526 hatte sich die geopolitische Lage völlig geändert: In der ersten Hälfte der dreißiger Jahre verloren Thüringer, Bayern und Burgunder ihre Eigenständigkeit. Die politische Geographie der Inguo-Gruppe besaß für Konstantinopel schon kurz nach 530 wenig oder keinen Sinn mehr.[45] Beabsichtigte der Verfasser in der Gruppe II der »Völkertafel« diejenigen Gentes aufzuzählen, die Goten und Franken voneinander trennten oder ihnen gar Widerpart bieten konnten, dann wäre die Quelle wohl zwischen 526 und 531 entstanden. Ihr anonymer Autor und Cassiodor dürften einander gekannt haben. Wie letzterer verwendete die »Völkertafel«, deren älteste Handschrift bezeichnenderweise aus Unteritalien stammt, die Germania des Tacitus.[46]

Art und Alter der Überlieferung sprechen jedenfalls dafür, daß die Bayern zusammen mit Thüringern, Langobarden und Burgundern in den Gesichtskreis der Mittelmeerwelt traten, und noch bevor die Franken ihre Herrschaft im rätisch-norischen Alpenvorland auf Dauer einrichten konnten. Die Bayern gelten als die »Findelkinder« der Völkerwanderung, und die Frage, wer sie wo und wann weggelegt hat, blieb bis heute das bayerische Problem mit unvermindertem Unterhaltungswert. Obwohl einige Zeit hart bekämpft, dürfte es nun doch wieder salonfähig werden, die bayerische Kindesweglegung bereits Theoderich dem Großen anzulasten.[47] Zweifellos sind die Bayern das Produkt einer *colluvies gentium,*[48] der Vereinigung zahlreicher Ethnika germanischen wie nichtgermanischen Ursprungs, von Zuwanderern und germanisch-romanischen Einheimischen. Naristische, skirische, erulische, donausuebische und ganz besonders alamannische Elemente haben neben Thüringern und Langobarden an der bayerischen

Ethnogenese in Rätien mitgewirkt. Die Romanen hielten sich an der Donau, vornehmlich aber an den Nordausläufern der Alpen und im inneralpinen Bereich.[49] Die bayerischen Agilolfinger verkörperten in ihren Familienbeziehungen die bayerische Polyethnie, die auch die Genealogien kennzeichnete.[50] Auf ein Volk wie die Bayern würde die Beschreibung der Alamannen passen, »sie seien – ihrem Namen gemäß – zusammengewürfelte und vermischte Menschen gewesen.«[51] Nun heißen aber die Bayern Bayern, und wenn man ihren Namen zu erklären sucht, muß man sich doch – trotz aller guten Vorsätze – mit Herkunft und Bedeutung des Namens beschäftigen.

Nach allem, was man von gentilen Namengebungen weiß, können es nicht die von den Franken vertriebenen und von den Ostgoten unterworfenen Alamannen gewesen sein, die sich selbst Bayern nannten. Vielmehr stellt der Name *Bai(o)varii* eine Fremdbezeichnung dar, ein kollektives Appellativum, womit eine germanisch sprechende, bodenständige Mehrheit – wohl überwiegend alamannischer Herkunft – eine fremde Minderheit territorialer Zugehörigkeit und besonderen Ansehens benannte.[52] Das Prestige muß derart groß gewesen sein, daß die benennende Mehrheit in der benannten Minderheit aufging. Für den Bayern-Namen bieten sich vor allem die drei Völkerbezeichnungen *Raetobarii, Beovinidi* und *Vidivarii* als lexikalisch-sachliche Gegenstücke an:

Der römische Staatsschematismus bezeichnet schon vor 400 eine aus Rätien stammende alamannische Truppeneinheit als *Raetobarii,* »rätische Männer, Männer aus Rätien (aus dem Ries)«.[53]

Die *Beovinidi* bildeten einen Volksnamen, der das entscheidende Bestimmungswort *Bai(o)-* enthält und eindeutig Böhmen zuordnet. Eine Überlieferung, die bezeichnenderweise von den Langobarden stammt, erinnert an ihre voritalische Wanderung. Dabei seien sie in das Land jener *Beovinidi* eingedrungen, eines Volkes, das dieselbe Quelle auf lateinisch als *Boemani* bestimmt. Daraus folgt die Auflösung der *Beovinidi* als »böhmische Wenden«. Des weiteren berichtet die langobardische Überlieferung, bei jenen *Beovinidi* habe es noch 805, da Karl der Jüngere die Frankenheere nach Böhmen führte, »das Haus und die Wohnung des [Langobarden-]Königs Wacho« gegeben.[54] Den philologischen Urvätern war die Lokalisierung des *Baia*-Landes in Böhmen kein Problem. Sie stritten bis aufs Messer um die Silbenzahl des Bayern-Namens. Spätere Generationen hielten diesen Streit für töricht, schickten dafür das Baia-Land auf Reisen und vergaßen die langobardische Überlieferung, die trotz ihrer späten Niederschrift gut und echt ist. So kehrt man nach großen Umwegen wieder dorthin zurück, wo die Erklärung der bayerischen Herkunft ihren Ausgang nahm, und darf die Bayern als »böhmische Männer« bezeichnen. Und das gleiche Ergebnis bietet heute die archäologische Forschung, die in diesem Zusammenhang auch die Bedeutung Regensburgs hervorhebt.[55]

Bloß ein scheinbarer Widerspruch besteht zwischen der Annahme, die Bayern seien in Bayern entstanden, und der Herleitung ihres Namens aus Böhmen. Die »böhmischen Männer« erhielten – wie das Appellativum lehrt – ihren Namen erst außerhalb Böhmens, wohl erst südlich der Donau. Das Überschreiten des gewaltigen Stroms galt allgemein als »primordiale Tat«, als das entscheidende Ereignis einer Ethnogenese. Die dauernde Niederlassung südlich der Donau löste allerorten neue Stammesbildungen aus. Dabei verloren die Völker ihre alten Namen und nahmen neue an.[56] Da die »böhmischen Männer« nicht aus einer einzigen ethnischen Gruppe bestanden, konnten die ursprünglichen Stammesnamen um so schneller untergehen. Wahrscheinlich setzten sich die Zuwanderer mehrheitlich aus Langobarden und Thüringern zusammen. Die langobardische Überlieferung konnte sich besonders für die Zeit, als der Stamm im Sudeten- und Donauraum lebte, auf keine »offizielle« Königsliste einigen. So wird das Königtum Peros nur im Codex Gothanus erwähnt, der auch allein von der böhmischen Wacho-Memoria berichtet. Vielleicht war jener Pero der Repräsentant böhmischer Langobarden, die außerhalb der erulischen Herrschaft geblieben waren. Böhmische Langobarden könnten zu solchen *Bai(o)varii* geworden sein, als sie in die voralpine Raetia II auswichen, während der Großteil ihrer Stammesgenossen von den siegreichen Erulern ins Rugiland verpflanzt wurde.[57]

Ohne die bekannten langobardisch-thüringisch-bayerischen Gemeinsamkeiten über Gebühr zu bemühen, seien doch zwei Eigenheiten besonders hervorgehoben: Erstens gibt es auf dem frühmittelalterlichen Kontinent bloß bei den Langobarden und Bayern gentile Gruppen, die sich als Adelsfamilien darstellen und zugleich echte Namen tragen.[58] Zweitens würden für eine langobardische Initialzündung der bayerischen Ethnogenese das hohe Prestige und die attraktive Besonderheit sprechen, die das Volk der Langobarden trotz der Kleinheit seiner Kerngruppen stets auszeichneten. Schon Tacitus sagte von ihnen: *paucitas nobilitat Langobardos,* »ihre geringe Zahl adelt die Langobarden«. Und dann berichtet der Autor, wie sich diese wenigen Langobarden durch ihre hervorragende kriegerische Organisation gegenüber zahlenmäßig stärkeren und wilderen Völkern durchsetzen konnten, ohne jemals in Abhängigkeit zu geraten. Es müssen daher nicht viele Langobarden gewesen sein, die ihre Unabhängigkeit bewahrten, den Erulern entkamen und südlich der Donau eine neue Stammesbildung auslösten.[59] Über die Gründe für ihre Anziehungskraft kann man viele Vermutungen anstellen. Tatsache ist jedenfalls, daß auch die sächsische Stammesbildung von einer verhältnismäßig kleinen Gruppe nordalbingischer »Ur-Sachsen« ausgelöst wurde. Die zugewanderte Minderheit setzte sich im Raum südlich der Elbe gegenüber einer bodenständigen Mehrheit durch, da sie offenkundig höheres Ansehen und bessere militärische Führung besaß.[60]

Es ist des weiteren ein bekanntes ethnogenetisches Phänomen, daß beim Zusammenschluß von abgespaltenen Gruppen alter Stämme neue Einheiten entstehen, die Namen eines wesentlich jüngeren Typus annehmen. Solche Namen sind, wie im Falle der Bayern und Karantanen, regional bestimmt. Es war kein Geringerer als Cassiodor, der ein gotisch-gepidisch-baltisches Mischvolk als neue Stammesbildung seiner Zeit registrierte und dafür den Namen *Vidivarii,* »Waldleute«, überlieferte. Diese Gens sei in den »Gepidenauen« an der Weichselmündung entstanden, wobei die einzelnen Gruppen die eigenen Stammesnamen zugunsten einer neuen, territorial bestimmten Fremdbezeichnung aufgegeben hätten. Die langobardisch-thüringischen »böhmischen Männer« besitzen demnach eine überzeugende Analogie in den »Waldleuten« von der Weichsel. Allerdings blieben die *Vidivarii* in den sie benennenden Gebieten, während die Zuwanderer aus Böhmen eine Herkunftsbezeichnung erhielten, wie ja auch die fern der Heimat dienenden *Raetobarii* nach ihr benannt wurden.[61]

2. Die fünf und andere Genealogien

Bayerische Rechtsquellen und Urkunden nennen sieben Geschlechter, *genealogiae*; für eine achte Gruppe wird zwar diese Bezeichnung nicht ausdrücklich überliefert, dürfte aber zu erschließen sein. Der Gesetzgeber der Bayern-Lex anerkennt die Fünfer-Gruppe der *Huosi, Draozza, Fagana, Hahilinga, Anniona* als »Erste nach den Agilolfingern, die aus dem Herzogsgeschlecht sind«.[62] Davon bezeugen einzig und allein Freisinger Urkunden bloß die *Huosi* und die *Fagana.* Die Auswahl mag mit der Besonderheit der bayerischen Urkundenüberlieferung zusammenhängen. Bedenkt man jedoch die breite geographische Streuung des Freisinger Besitzes, so kann die alleinige Nennung der beiden Geschlechter kein Zufall sein. Die *Huosi* werden vom Ende des 8. bis zur Mitte des 9. Jahrhunderts erwähnt;[63] bedeutende Persönlichkeiten, wie Poapo, der Namengeber des Tiroler Gaus *Poapintal,* sind als Huosi wahrscheinlich gemacht, und ein westbayerischer Gau trägt ihren Namen.[64] Aus der Frühzeit Tassilos III. stammt die einzige urkundliche Nennung der *Fagana.* Dabei wirkte der kleine Bayernherzog auch als Sippenoberhaupt einer *Feringa*-Genealogie, die deshalb als »Zweig der Agilolfinger« gilt. Ihre Erwähnung in der Freisinger Urkunde vom Sommer 750 bleibt ohne Gegenstück.[65] Vom Ende des 8. Jahrhunderts stammt die Niederschrift über Vorgänge, die sich bereits unter Rupert und Virgil von Salzburg zutrugen. Dabei trat das »Geschlecht der Männer von Oberalm«, die *genealogia hominum de Albina,* als handelnde Personengruppe auf. Ihr Herrschaftsmittelpunkt lag im Raum Hallein. Sie bildeten – trotz oder gerade wegen ihrer Abhängigkeit vom Herzog – die romanische Oberschicht des Salzburggaus. Bis zum Ende Virgils werden ihre Namen von der Salzburger Überlieferung genannt.[66] Schließlich wären noch die »Männer von (Feld-) Moching«, die *viri qui vocantur Mohingara,* zu nennen. Sie werden von der Freisinger Urkunde, die sie nachweist, nicht als Genealogie bezeichnet, dürften aber eine solche gewesen sein.[67]

Grabmedaillon einer Frau in keltischer Tracht, Ende 1. Jahrhundert n. Chr., an der Außenmauer der romanischen Kirche von Lendorf, Kärnten

Im Frühmittelalter sind es für gewöhnlich »bekannte« Familien, *nobiles,* die als *genealogiae* bezeichnet werden.[68] Die bayerischen Genealogien verschwinden völlig in der Karolingerzeit, sind aber nicht erst ihr zum Opfer gefallen. So bleiben drei von den sieben oder acht Genealogien bereits unter den letzten

Agilolfingern unauffindbar, obwohl die Bayern-Lex diese drei fehlenden Geschlechter anerkannt hatte. Die Auflösung der Genealogien muß daher schon vor 788 begonnen haben, etwa aufgrund von Auseinandersetzungen mit dem Herzog.[69] Die Tatsache ihres Verschwindens steht allerdings in auffallendem Gegensatz zu einer Besonderheit der bayerischen Adelsgruppen, die man nicht genug betonen kann: Die Genealogien nennen sich entweder wie die Agilolfinger nach einem Spitzenahnen, heißen nach einem Ort oder Gebiet wie die Bayern selbst oder erinnern in ihren Namen an mythische Anfänge. Die gesamte frühmittelalterliche Überlieferung des Kontinents kennt außer den bayerischen Genealogien nur noch die langobardischen Adelsgeschlechter als Träger solcher Namen. Sonst kam diese Hervorhebung allein bei den frühmittelalterlichen Königssippen vor, bei den gotischen Amalern und Balthen, den vandalischen Hasdingen oder den fränkischen Merowingern. Es hatten also nicht bloß die intergentilen, königgleichen Agilolfinger, sondern auch die bayerischen Genealogien einen »alten« Namen.[70]

Einige langobardische Geschlechternamen sind eindeutig ethnisch bestimmt; man findet Gausen, Thüringer und Haruden.[71] Ähnlich wollte man auch die bayerischen Genealogien oder zumindest einige von ihnen als ursprünglich selbständige Stämme oder Stammesgruppen begreifen.[72] Ein solcher Analogieschluß dürfte freilich nicht im gewünschten Ausmaß halten. Diejenigen bayerischen Genealogien, die sich von einem Ort in Bayern als Ursprung ihrer Identität herleiten, scheiden als eigene, womöglich eingewanderte Stämme von vornherein aus. Das gleiche gilt für Agilolfinger, Hahilinga und Feringa; sie waren niemals vorbayerische Gentileinheiten gewesen, mögen auch die Namen der Spitzenahnen Agilulf, Hahilo oder Fera-Fara bestimmte gentile Verbindungen widerspiegeln. Einst versuchte man, die Huosi von den pannonischen Osi der taciteischen Germania herzuleiten. Die dagegen vorgebrachten Argumente sind von etatistisch-statischen Vorstellungen geprägt und berücksichtigen nicht die Offenheit ethnogenetischer Vorgänge. Aber die huosische Tradition dürfte wirklich nicht aus Pannonien stammen.[73] Hingegen soll – mit aller gebotenen Vorsicht – eine andere Möglichkeit bedacht werden: Die *Fagana* könnten »Buchenleute« gewesen sein und damit einen lateinisch-keltischen Namen tragen. Ebenso scheinen *Huosi* und *Draozza* sich von Baumnamen herzuleiten, die im Alpenraum –

Keltenkopf – die sogenannte »Riesin« – von St. Donat/Zollfeld

bereits vor dessen Romanisierung – gebraucht wurden. In diesem Fall hätten jene drei Genealogien in ihren Namen Traditionen verkörpert, deren Ursprünge einerseits im vegetabil-mythischen Bereich und andrerseits in vorrömischer Zeit wurzeln. Damit ist nicht gesagt, daß diese Genealogien noch im 8. Jahrhundert das vorgermanische Element repräsentierten. Tatsächlich waren sie etwa gegenüber den romanischen »Männern von Oberalm« ungleich früher und stärker germanisiert.[74] Eher wären *Huosi, Draozza* und *Fagana* wie die slawischen Karantanen zu erklären. Auch diese machten sich einen Namen zu eigen, dessen Anfänge über die Römerzeit hinweg bis in keltische Sprachschichten zurückreichten.[75]

3. Der Raum

Als Kern der bayerischen Stammesbildung gilt derzeit wieder der Raum um Regensburg und Straubing. Um 565 ist der Lech als bayerischer Fluß bezeugt. Wie es zur Herausbildung der donauländischen Ostgrenze an der Enns kam, bleibt umstritten; doch dürfte die Kontroverse eher das Ergebnis verschiedener Fragestellungen als ein wirkliches Problem sein: So stießen die Bayern noch vor 600 ins westliche Binnennorikum vor, ohne sich in den Alpentälern oder gar südlich des Brenners niederzulassen. Ähnlich entstand die bayerische Siedlungsgrenze an der Enns wohl erst während des 7. Jahrhunderts, nachdem der Fluß einige Generationen lang eine Art Demarkationslinie gegenüber dem awarisch-slawischen Osten gebildet hatte. Das eigentliche Bayernland des 6. Jahrhunderts war jedenfalls die voralpine Raetia II. Hier gab es genügend Raum; während sich an der Donau einige romanische Inseln hielten, war die großflächige romanische Dauerbesiedlung schon im 5. Jahrhundert an die Nordausläufer der Alpen

Romanenköpfe auf dem »Walchenstein« aus St. Georgen im Attergau

zurückgegangen. Daher endete auch der bayerische Sundergau – wohl der Südgau und nicht ein »Sondergau« – im Raum von Wörgl.[76] Analog dazu gilt noch 763 der Wal(l)gau oberhalb des Isarfalls als »verlassener Gau«, *pagus desertus*; und ausdrücklich heißt es, daß die Bayern das Gebiet »Walchengau« nennen. Deshalb kann der Gau nicht völlig menschenleer gewesen sein, obgleich er seine politische Organisationsform verloren hatte.[77]

Ebenfalls am Nordrand der Alpen verlief weiter östlich eine Grenze, die – nach Aussage der Ortsnamen – die Stadt Salzburg von West nach Ost durchschneidet. Die Linie zieht sich vom Untersberg über einst schwer passierbare Moore und die Salzburger Hausberge bis zu den Ausläufern der Osterhorngruppe. Nördlich davon herrscht die bayerische Toponymie, gibt es die Orte der Walchen, wie eine germanisch sprechende Mehrheit die Romanen nannte, und bloß eine Minderheit romanischer Namen. Hingegen wirkt der Süden des einstigen Salzburggaues bis zum Paß Lueg so einheitlich vorbayerisch, daß man von einer Salzburger Romania sprechen konnte. Diese Namengrenze dürfte auf eine politische Grenzlinie zurückgehen; bis hierher konnten sich die frühen Siedlungen der bayerischen Föderaten ausbreiten, weil südlich davon das gotische Norikum und damit das Italien Theoderichs des Großen begann. In der Frankenzeit verlor die Grenze bald ihre politische Bedeutung. Der zweisprachige »Gau der Salzburger« nahm darauf keine Rücksicht, da er erst nach 550 entstanden ist.[78]

Das Königreich, das Ludwig der Deutsche 817 von seinem Vater erhielt, umfaßte vor den slawisch-awarischen Völkerschaften an erster Stelle die *Baioaria.*[79] Das Land der Bayern, *Peigirolant,* besaß »sichere« Grenzen,[80] die sich seit dem Beginn des 7. Jahrhunderts herausgebildet hatten. Sie reichten im Osten von der voralpinen Enns bis zur obersten Drau bei Innichen. Dazwischen lag das Salzachtal, das bei Bischofshofen Grenzgebiet geblieben war; die beiden karantanischen Brandschatzungen der Maximilianszelle um 730 und 820 sprechen eine klare Sprache.[81] Die Konzentration von Agilolfingernamen läßt auf eine stärkere bayerische Siedlung im Pustertal schließen. Noch vor 680 ist Bozen bayerisch geworden und kaum wieder verlorengegangen.[82] An diesem Ort stellte Tassilo III. im Jahre 769 seine Gründungsurkunde für Innichen aus, und der Säbener Bischof Alim war prominenter Schlußzeuge.[83] Im frühen 8. Jahrhundert übte der Bayernherzog seine Herrschaftsrechte sowohl am Zusammenfluß von Eisack und Etsch wie im Vinschgau aus. Dazu kam das Gebiet der »Inntaler«, wohl eher das Tal oberhalb von Landeck als das eigentliche Engadin. Kleinräumigen Veränderungen war die langobardisch-bayerische Grenze zwischen Meran und Bozen unterworfen. Als der heilige Corbinian von Rom nach Bayern zurückkehrte, lag das Kastell Mais innerhalb der Grenzen des Herzogtums. Als ihn aber seine Leute hier 725 bestatten wollten, benötigten sie die Erlaubnis des Langobardenkönigs Liutprand. Ebenso mußten die Langobarden zustimmen, als der heilige Valentinus um 764 nach Bayern überführt wurde. Hingegen bedurfte die Translatio des heiligen Corbinian, die nur wenig später erfolgte, dieser Erlaubnis nicht mehr.[84]

Im 8. Jahrhundert galt der Lech als westlicher Grenzfluß Bayerns; hier kam es 743 zur Auseinandersetzung Karlmanns und Pippins mit ihrem ungeliebten Schwager Odilo, und hier kapitulierte 44 Jahre später dessen Sohn Tassilo III. vor seinem Vetter

Karl dem Großen.[85] Der Nordgau gehörte zum Bayern Ludwigs des Deutschen. Einst durch Karl Martell von Bayern abgetrennt, dann zur Vernichtung Tassilos III. »gebraucht«, sollte das Gebiet jenseits der Donau nach dem Willen Karls des Großen erneut fränkisch werden, als er für den Fall seines Todes 806 die Divisio regnorum erließ: Pippin von Italien wäre der Herr Bayerns bis zur Donau geworden, sein älterer Bruder Karl hätte den Nordgau bekommen. Beide starben noch vor dem Vater, und Bayern blieb ungeteilt, als es 814 zum ersten Mal und 817 endgültig die königliche Apanage eines der Söhne Ludwigs des Frommen wurde.[86]

II. Die Alamannen

Die Alamannen führen den – trotz aller Einwände – leicht deutbaren Namen »alle Männer« oder »alle Menschen insgesamt«. Sie bestanden aus »vielen Völkern«. Eine Quelle des 6. Jahrhunderts, die sich auf eine 300 Jahre ältere Vorlage stützt, stellt einen Bezug her zwischen dem Namen und der Polyethnie der Alamannen.[87] Noch am Beginn des 7. Jahrhunderts sprach man wie selbstverständlich von den *nationes Suevorum,* von »den Völkern der Sueben«. Damals brauten alamannische Heiden ihr Bier zu Ehren Wodans. Dies geschah in der Nachbarschaft von Bregenz, während am Ort selbst das romanische Element überwog.[88] Die Gleichsetzung von Sueben und Alamannen wird freilich nicht vor dem 5. Jahrhundert bezeugt. Trotzdem könnte man an eine Verbindung zwischen der Entstehung des Alamannen-Namens und den viel älteren, ebenfalls aus vielen Völkern bestehenden Sueben denken, blieb doch diese Verbindung im Schwabenlande bis heute geschichtsmächtig. Die Erstnennung und Bedeutung des Namens lassen daher vermuten, daß die Alamannen ein spätestens um die Mitte des 3. Jahrhunderts neu gebildeter Verband von Heerhaufen nicht zuletzt suebischer Herkunft waren, die sich jedoch entweder nicht selbst als Alamannen bezeichneten, sondern von ihren germanischen Nachbarn so benannt wurden, oder deren Selbstbezeichnung »alle Menschen insgesamt« pejorativ von jenen als »Mischlinge« umgedeutet wurde. Für die letztere Erklärung würde der Umstand sprechen, daß die Juthungen, als sie um 270 zum ersten Mal auftraten, sich energisch dagegen verwahrten, »Mischlinge« und keine »Reine, Echte« zu sein. Damals waren die Juthungen zwar Sueben, aber noch keine Alamannen.[89]

Lange Zeit waren Völkerschaften mit den Namen Hermunduren und Naristen die Nachbarn der Römer am obergermanisch-rätischen Limes gewesen. Deren alamannisch-juthungische Nachfolger waren sicher nicht alte Barbaren unter neuen Namen, sondern im wesentlichen elbgermanische Zuwanderer, die den Hermunduren-Namen verdrängten, ohne jeden einzelnen Hermunduren vertrieben oder gar niedergemetzelt zu haben. Daher wird so mancher Hermundure und Nariste ein Alamanne oder Juthunge geworden sein, während ihre alten Namen in veränderter Form und außerhalb der herkömmlichen Siedlungsgebiete weiterlebten.[90] Man hat »bisher das Werden der Neustämme des 3. Jahrhunderts zu einseitig aus germanischer Wurzel zu erklären versucht«. »Im Krieg wie im Frieden hatten die Franken hauptsächlich mit den niedergermanischen Kommandostäben in Köln« zu tun, während sich die Alamannen auf Mainz bezogen und die Juthungen in der Nachfolge der Hermunduren ein enges Verhältnis zu Augsburg und damit zur rätischen Provinzverwaltung entwickelten.« »Häufige Treffen bestimmter germanischer Häuptlinge in Köln, Mainz oder Augsburg mögen zu gemeinsamem Vorgehen und schließlich zum Bund geführt haben. Da die Alamannen immer mehr nach Süden abgedrängt wurden, besetzten sie allmählich auch rätische Gebiete, womit eine alamannisch-juthungische Interessengemeinschaft entstand, die schließlich zum Aufgehen der Juthungen im alamannischen Stammesverband führte.«[91] Mit diesem Befund stimmt die Tatsache überein, daß die Römer nach der Aufgabe des Limes die Germanen des Oberrheins als Alamannen und die des Niederrheins als Franken bezeichneten.[92]

Wie die Goten das trajanische Dakien nicht gewaltsam besetzten, so war auch der Verlust des Dekumatenlandes – im wesentlichen das Gebiet des heutigen Baden-Württembergs, Südhessens und Nordwestbayerns – nicht die Folge einer planvollen Eroberung durch die Alamannen. Vielmehr handelte es sich dabei um das Ergebnis innerrömischer Auseinandersetzungen, in deren Verlauf die Reichsregierung die rechtsrheinischen Abschnitte der Provinzen Obergermanien und Rätien aufgab. Der Name der Alamannen läßt sich zwar nicht sicher vor dem Jahre 289 nachweisen; doch dürften bereits diejenigen Germanen, die um die Mitte des 3. Jahrhunderts den Limes an mehreren Stellen durchbrachen, Alamannen gewesen sein.[93] Es gelang ihnen, im Westen über den Rhein bis gegen Trier und im Süden über die Donau bis zu den Nordausläufern der Alpen vorzustoßen. Die Reichsgrenze war ungeschützt, weil die besten Truppen Roms wieder einmal zu einem Perserkrieg abkommandiert waren. Sobald die römische Armee – um Einheiten aus dem Osten verstärkt – in den Westen zurückgekommen war, gelang es ihr aber sehr rasch, die Alamannen wieder über den Limes zurückzudrängen. Alle fünf Jahre erfolgte darauf ein alamannischer Plünderungszug, bis die römische Reichsverteidigung um 260 auf die Linie Rhein, Bodensee, Iller und Donau zurückgenommen wurde.

Alamannen und Goten waren die ersten Germanen, denen die Gewinnung römischen Reichsgebiets gelang. Allerdings ist ihnen der Erfolg eher »passiert«, als daß sie ihn nachdrücklich angestrebt hätten. Während die Goten in der nächsten Zeit – von einzelnen Gefolgschaftsunternehmen abgesehen – weitgehend Ruhe hielten, haben die Alamannen ihre groß angelegten Vorstöße in das Imperium Romanum auch nach ihrem Eindringen ins Dekumatenland nicht eingestellt. Das dürfte nicht zuletzt mit der unterschiedlichen Verfassungsstruktur der beiden Großvölker zu tun gehabt haben. Bis zu ihren schweren Niederlagen gegen Claudius II. und Aurelian hatten die Goten ein starkes Königtum, das über das Gebiet vom rumänischen Donauland bis zur Krim gebot. Danach rangen die Goten als gespaltene und ihres allgemeinen Königtums beraubte Gens ums Überleben. Dagegen kannten die Alamannen keine vergleichbare Institution, besaßen keine alten Traditionskerne, die gentile Organisationsformen ebenso leicht errichten wie in ihren Untergang verstricken können. Auch nach 260 setzten – offenbar gefolgschaftlich organisierte – alamannische Raubscharen ihre Plünderungszüge ins Römerreich fort, während die alamannischen Gentes selbst nur zögernd und schrittweise das aufgegebene Reichsgebiet besiedelten. Sieht man von den um 350 zu Alamannen gewordenen Juthungen ab, so brachte keine gentile Gruppe einen alten Namen mit. Obwohl viele Könige und Anführer namentlich bekannt sind, gibt es niemanden, von dem man weiß, daß er »(eine alte) Familie hatte«. Das alamannische Vorrücken gleicht in gewisser Hinsicht der viel späteren slawischen Niederlassung zwischen Baltikum und Mittelmeer. Hier wie dort traten die Neuankömmlinge in zahlreichen Gruppen ohne monarchische Spitze auf, bewahrten zäh den allgemeinen Volksnamen und erhielten ihre Sondernamen aus den gewonnenen Ländern. Daher sind die ersten alamannischen Sondernamen – wie nicht anders zu erwarten – erst etwa ein Jahrhundert nach der »sogenannten Landnahme«[94] überliefert. So gibt es erst um die Mitte des 4. Jahrhunderts die Bewohner des Linzgaus, die *Lentienses* am Nordufer des Bodensees, die *Bucinobantes* am rechten Rheinufer gegenüber von Mainz, die *Brisigavi* im Breisgau und schließlich die *Raetobarii,* die »Leute aus Rätien«, das heißt aus dem Ries um Nördlingen.[95]

Diese Territorialnamen, die man bezeichnenderweise größtenteils als Namen römischer Eliteeinheiten kennt, lassen sich häufig einzelnen oder mehreren nichtmonarchischen Königen zuordnen, die die Führungsschicht der Stämme bildeten. Allerdings sind mehr als dreimal so viele Reges mit eindeutig bestimmbaren Herrschaftsbereichen wie Territorialnamen bekannt. Diese Könige schlossen sowohl untereinander als auch mit den Römern Verträge; sie befanden sich nie alle gemeinsam im Kampf mit den Römern, und doch waren sie anscheinend alle miteinander verwandt und besuchten mehr oder weniger regelmäßige Zusammenkünfte. »Eine übergreifende Organisation unter einem gemeinsamen, von allen anerkannten Heerkönig läßt sich für die Zeit von der sogenannten Landnahme um 260 bis zu den Auseinandersetzungen mit den Franken nicht nachweisen. Zeugnisse für die verbindende Idee eines alamannischen Gemeinschaftsgefühls fehlen.«[96] Die verschiedenen alamannischen Stammesgruppen ordneten sich bestimmten Territorien mit romanisch-keltischen Namen zu.[97]

Eine dauernde Niederlassung alamannischer Gruppen auf heute österreichischem Boden erfolgte nicht vor Beginn des 6. Jahrhunderts. Vorher wurde der rätisch-norische Raum durch die Beutezüge verschiedener alamannischer Gruppen heimgesucht, die sogar über den Tauernhauptkamm bis nach Binnennorikum vorstießen.[98] Die Wiederherstellung des italischen Reichs durch den Gotenkönig Theoderich den Großen verhinderte zunächst die Fortsetzung alamannischer Übergriffe. Als die Alamannen aber 506 von den Franken geschlagen und verfolgt wurden, nahm die Bedrohung Italiens wieder zu; die Grenzen Rätiens und damit Italiens schienen gefährdet. Theoderich verlangte 507 von Chlodwig die Respektierung des gotischen Herrschaftsbereichs und wollte seinerseits dafür sorgen, daß der alamannische Druck auf die fränkischen Grenzen nachließ. Darauf teilte Theoderich »seine« Alamannen in drei Gruppen, mögen diese auch nur »den Rest« der vom Frankenkönig unterworfenen »riesigen Völkerschaft« gebildet haben. Während das Gros des Stammes nördlich des Bodensees zurückblieb und mit Ravenna einen Vertrag schloß, wurden andere Kontingente wohl im heutigen Oberschwaben wie auch südlich des Bodensees im Thurgau und im nördlichen Vorarlberg angesiedelt. Eine dritte Gruppe wurde nachweisbar durch Norikum hinweg, wohl nach Venetien und in die Savia, in Marsch gesetzt. Die zuletzt genannten Alamannen wirken wie »Unterworfene« und nicht wie Föderaten.

Als die Ostgoten 536/37 auf die rätisch-norischen Gebiete verzichteten, wurden auch die dort sitzenden Alamannen fränkisch. Dies bewirkte jedoch keine weitere Ausbreitung nach Süden ins inneralpine Rätien.[99] Der Ortsnamenbefund an Inn und Salzach gleicht nämlich dem am unterrätischen Rhein beim Hirschensprung und Kummenberg. Hier bestand eine politisch-rechtliche Grenze zwischen Romanen und Alamannen, verlief die Bistumsgrenze zwischen Chur und Konstanz, und hier will man heute noch eine deutliche Brauchtumsgrenze erkennen.[100] Bis ins 8. Jahrhundert kann man südlich des

Bodensees »mit einer gewissen Zweisprachigkeit und einem Nachleben des Romanischen« rechnen.[101]

Inmitten einer romanischen Toponymie finden sich im Tiroler Oberinntal Orte wie Polling und Flauerling, Pfaffenhofen und Oberhofen. Sie liegen in einem 799, nach dem vornehmen Bayern Poapo genannten Poapintal. Diese germanischen Ortsnamen können nur auf eine westbayerische Zuwanderung, nicht jedoch auf eine frühe alamannische Niederlassung zurückgehen.[102] Erst am Beginn des 9. Jahrhunderts kam es zu einer gezielten Verdrängung der Romanen im unterrätischen Drusental. Jedenfalls erreichten bereits die frühmittelalterlichen Alamannen das Außerfern und überschritten die churrätische Grenze bei Rankweil, mag auch die vollständige Alamannisierung Vorarlbergs und des westlichen Tirols erst das Ergebnis der spätmittelalterlichen Wanderbewegung der Walser und der neuzeitlichen Gegenreformation gewesen sein.[103]

Während die Alamannen tiefer in das Gebiet südlich des Bodensees vordrangen, wurden Angehörige ihrer Oberschicht zur Verwaltung des fränkischen Langobardenreichs wie Bayerns und seines Ostlandes in hervorragender Weise herangezogen. Die Karolinger, die den alamannischen Großen eher vertrauten als den erst jüngst »erworbenen Bayern«,[104] übertrugen ihnen die Spitzenpositionen in unserem Raum. In dieser Eigenschaft wirkten, kämpften und starben sie für »Kaiser und Reich«. Herzog Erich von Friaul und der erste Bayernpräfekt Gerold I. waren ebenso Alamannen wie Graf Cadaloc und sein jüngerer Namensvetter Cadolah, der Erich als Herzog von Friaul nachfolgte. Sie alle fielen im Kampf gegen Slawen und Awaren.[105] Gerolds Neffe Gerold II., der fünfte Ostlandpräfekt, setzte durch, daß der gesamte Raum, den die fränkischen Heere im Awarenkrieg erobert hatten, 828 als bayerisches Ostland organisiert wurde.[106] Wer im Ostland ein Mandat ausübte, benötigte nicht nur die fränkischen und bayerischen Stammesrechte, sondern auch das der Alamannen.[107] Ein Alamanne Bertram diente 873 als Gesandter Zwentibalds I., nachdem er im Jahr zuvor in mährische Gefangenschaft geraten war.[108] Der Alamanne Wiching wurde unter Methodios sogar Bischof von Neutra und hätte danach um ein Haar die Passauer Sedes erhalten.[109]

III. Die Romanen

1. Romanen an Salzach und Inn

Die Aufspaltung der *res publica,* der allgemeinen Staatlichkeit des Römerreichs, hatte allerorten ethnogenetische Vorgänge in Bewegung gesetzt.[110] Im Gegensatz zum »inneren wie äußeren Proletariat« [111] umfaßte der Romanenname entweder die Reichsbevölkerung als Ganzes oder bloß die Lateiner des Westens. In den germanischen Königreichen arianischer Observanz waren die Römer die Bekenner des katholischen Glaubens schlechthin. Sie bildeten eine Rechts- und Sprachgemeinschaft auch in denjenigen Regna, deren Könige und Oberschichten ebenfalls Katholiken waren. So wurden die Römer als Romanen eine Gens unter anderen.[112] Den benachbarten Alamannen, Bayern und slawischen Karantanen galten die Alpenromanen als *Latini* und *Romani,* die sie in ihrer eigenen Sprache Walchen oder Vlahi nannten.[113] Eine Person, die Urkunden oder Rechtsquellen so bezeichnen, gehört niederrangigeren Organisationsformen an als der vollfreie Franke, Bayer, Alamanne oder Karantane. Die ethnische Bereichsbezeichnung bedeutete in diesem Fall eine sozioökonomische wie rechtliche Diskriminierung.[114] Anders die Churräter, die ein eigenes Recht besaßen und als politische Einheit grundsätzlich anerkannt waren: Ihr Romanenname blieb lange Zeit vor einer Rangminderung geschützt. Allerdings kam es im alamannisch-churrätischen Grenzbereich zu harten wirtschaftlichen Auseinandersetzungen, die zu Lasten der romanischen Minderheit gingen. Ethnozentrische Fehlleistungen bezeugen eine aus Neid und Minderwertigkeitsgefühl geborene Abneigung, die Alamannen und Bayern gegenüber Romanen entwickelten: So preisen die vielzitierten Kasseler Glossen auf gut bayerisch, aber in schlechtem Latein die Weisheit der Bayern und verspotten die Dummheit der Romanen.[115] Eine bezeichnende Ausnahme bildete der »Südtiroler« Arbeo von Freising, der zumindest seine Erziehung im Etschtaler Romanenland erhalten hatte. Er lobt an dem Oberinntaler Breonen Dominicus nicht bloß die schöne, für einen Romanen typische Gestalt, sondern auch dessen Nobilität. Neben Arbeo gibt es keinen zweiten bayerisch-alamannischen Autor, der die Begriffe *Romanus* und *vir nobilis* miteinander verbunden hätte. So belegt der Freisinger Bischof die Romanitas der Breonen wie auch deren Wertschätzung.[116]

Im Rang weit unter einem *nobilis Dominicus* stand der *Romanus tributalis.* Der Begriff bildet eine Besonderheit der Salzburger und Niederalteicher Überlieferung. Die Urkunden anderer bayerischer Hochkirchen sowie die Lex Baiwariorum verwenden dafür den Ausdruck *colonus,* von dem es heißt, daß er ebenfalls das *tributum* leistet. Die persönlich freien, aber wirtschaftlich abhängigen romanischen Grundbesitzer wurden ursprünglich ethnisch unterschieden; die auf zweifache Weise benannte Gruppe ging nach der Mitte des 8. Jahrhunderts unter den Nichtromanen gleicher Rechtsqualität und sozialer Funktion auf. Sowohl die *Romani tributales* wie die *coloni* saßen auf der *causa dominica,* auf dem herzoglichen Fiskalland. Davon erhielt die Kirche seit Herzog

Möglicherweise eine Darstellung von Romanen auf den Fresken von St. Proculus, Naturns (Südtirol)

Theodo reichen Besitz, der selbstverständlich nicht bloß aus Grund und Boden, sondern auch aus den »das Land bebauenden Menschen« bestand.

Das gleiche gilt für die *servi ducis (principis),* die *barscalci* und die *exercitales.* Die Exercitales des Salzburger *castrum superius,* die dem in der Oberburg erbauten Nonnberger Konvent zinsten, waren Angehörige einer grundherrschaftlichen Einheit, die sich von einem militärischen Zentrum herleitete.[117] Anderswo hießen ihresgleichen Milites. Diese Milites waren die Nachkommen der römischen Grenzsoldaten, die unter die Herrschaft der germanischen Großen gerieten. So hatte der Rugierfürst Ferderuch einen Miles, der seinem Herrn bedingungslosen Gehorsam schuldete, solange er in dessen Umgebung blieb. Der Miles besaß aber die persönliche Freizügigkeit und konnte seinen Herrn verlassen, wenn er dessen Regime ablehnte.[118] Gab aber ein solcher Miles das römische Fiskalland, auf dem er saß, nicht auf, so verlor er seine volle Freiheit und wurde zinspflichtig. Dementsprechend teilen fränkische Königsgesetze des 6. Jahrhunderts dem Miles das gleiche Wergeld wie dem freien, aber tributpflichtigen Römer zu. Der Miles war Angehöriger einer sozial wie wirtschaftlich bedingten Gruppe mit bestimmtem Rechtsstatus geworden. Er bildete mit seinen Angehörigen einen Stand römischer Herkunft. Dies beweist die barbarisch-lateinische Form *militunia* für die Frau eines Miles. Sie stand nach derselben Rechtsquelle auf der gleichen Rangstufe wie die Römerin oder barbarische Halbfreie, die Laetin. Die Verbindung zum militärischen Bereich, das *servitium militiae,* schützte den Miles vor einer radikalen Minderung seines sozialen und rechtlichen Status.[119] Noch am Beginn des 8. Jahrhunderts trat ein romanischer Miles als Zeuge auf, und der Gau, in dem die Urkunde ausgestellt wurde, besaß im »romanischen« Passau seinen Mittelpunkt.[120] Ähnliche Nennungen enthalten die Urkunden wie Rechtsquellen der churrätischen Romania, wo es zahlreiche Milites gab.[121]

Herzogsnähe und das entstehende Lehenswesen erlaubten es manchen romanischen Gruppen, ihren Status sogar zu verbessern. Von dieser Chance machten die »Männer des Geschlechts von Oberalm« erfolgreich Gebrauch.[122] Möglicherweise waren die »Männer von Oberalm« Nachkommen römischer Milites oder Exercitales gewesen, die der Herzog zum Kriegsdienst verpflichtete. Am Beginn des 8. Jahrhunderts waren die »Oberalmer« jedenfalls *servi* des Herzogs, der einen von ihnen an Bischof Rupert weitergegeben hatte. Diese Standesqualität war noch um 750 bekannt und rechtsverbindlich.[123] Nun spricht die tassilonische Gesetzgebung 776/77 ausdrücklich von den »Knechten des fürstlichen Herzogs, die Knechte des Edlen heißen«, *servi principis qui dicuntur adalscalhae*; eine Formulierung, die auf die Oberalmer Genealogie trefflich paßt.[124] Aus dieser Genealogie stammen vielleicht der erste bayerische Herzogskanzler und sicher der erste Herzogskaplan, deren Namen bekannt sind.[125] Die »Oberalmer« konnten es sich erlauben, einen *episcopus vacans* gegen Virgil einzusetzen;[126] sie stellten aber zugleich die wichtigsten Missionare in dessen Dienst bei der Bekehrung der Karantanen.[127] Erhaltung, ja Verbesserung ihres Status bewirkten während des 8. Jahrhunderts eine zunehmende Bajuwarisierung. Bereits in der Zeit Ruperts hieß der eine Albina-Bruder Cissimo-Dulcissimus und der andere Wurmhari-Wernharius.[128] Die »Leute von Oberalm« waren selbstverständlich testierfähig, und zwar ganz im Sinne der Dingolfinger Synode, wonach Urkunden durch drei »glaubwürdige und edle Zeugen«, *testes fideles et nobiles,* zu bezeugen wären.[129] Dasselbe Recht übten die handelnden Personen des »Rottachgau-Fragments«, das aus der romanischen Tradition des Passauer Umlandes stammte. Auch unter diesen Romanen befand sich der erwähnte Miles.[130] Weder die romanische Führungsschicht des Salzburggaus noch die Romanen an der Innmündung entwickelten freilich einen regionalen Sondernamen; ganz zum Unterschied von Tiroler Romanengruppen.

2. Die Tiroler Romanengruppen der Breonen und Noriker

Wie die Salzburger Romanen so wurden auch die Tiroler Breonen und Noriker zu Bayern. Die Breonen wohnten im oberen Inntal – vielleicht bis hinunter zur Zillermündung – und gehörten zur gotisch-italischen Raetia II, als ihr Name am Beginn des 6. Jahrhunderts wieder auftauchte. Von da an bis ins 9. Jahrhundert bildeten die Breonen eine benennbare gentile Einheit. Bereits die klassische Ethnographie hatte sie in ihren Sitzen gekannt. Die moderne Forschung nennt die Breonen eine alpine Restgruppe indogermanischer Prägung, jedoch kaum von Kelten berührt. Während des 5. Jahrhunderts wurden die Breonen anscheinend als Gens der Raetia II anerkannt und müssen demnach noch mit dem kaiserlichen Ravenna ein Bündnis geschlossen haben. Jedenfalls waren sie Föderaten des Ostgotenkönigs Theoderich. Als eigenes Ethnikon

Schrankenplatte aus der Laurentiuskapelle in Imst, Tirol

im vollen Sinne des Wortes und gleichen Ranges mit den Bayern, so beschrieb sie Venantius Fortunatus in den siebziger Jahren des 6. Jahrhunderts. Gregor von Tours berichtete zwar von einer Laurentiuskirche *apud Brionas Italiae castrum*; doch für den Zeitgenossen Venantius Fortunatus, der das Land aus eigener Anschauung kannte, zählte der inneralpine Raum nicht mehr zu Italien. Der breonische Vorort war wohl das *op(p)idum Humiste,* die befestigte Siedlung Imst.

Über die Zeit zwischen dem 6. und dem 8. Jahrhundert schweigen die Quellen, so daß sich die Erzählung der Möglichkeitsform bedienen muß. Vorstellbar wäre folgender Ablauf: erstens ein Foedus mit Ravenna, das vom 5. Jahrhundert bis 536/37 galt, als das Ostgotenreich zugunsten der Franken auf den alpinen Raum verzichtete. Zweitens Abmachungen irgendwelcher Art mit den Franken, wodurch das breonische Gemeinwesen zwischen 536/37 und dem fränkisch-langobardischen Ausgleichsfrieden von 591 anerkannt wurde. Weder vorher noch nachher nehmen die Breonen eine derart selbständige Stellung ein. Drittens der Beginn der Bayernzeit mit Tassilo I., den die Franken 591 offenkundig mit dem Auftrag einsetzten, den Tiroler Raum nördlich wie südlich des Brenners gegen Langobarden und Slawen zu halten und womöglich Binnennorikum wieder zu erobern.

Die Führungsschicht der bayerischen Romanen verlor im Tiroler Raum weder an Macht noch Status. Noch am Beginn des 9. Jahrhunderts gab es hier bayerische Romanen, die sich sowohl zu ihrer norischen wie breonischen Herkunft und gentilen Gemeinschaft bekannten. Die Probe aufs Exempel liefern die Quarti(nus)-Urkunden aus 827/28, die im Kastell und Dorf Sterzing und an anderen Orten innerhalb der Diözese Säben, aber zugunsten Freisings und Innichens ausgestellt wurden. Quarti war Romane, dessen Vorfahren möglicherweise schon im kaiserzeitlichen Vipitenum nachzuweisen sind; er wußte um seine Herkunft vom »Volk der Noriker und Pregnarier«. Die *natio Noricorum* steht für die Romanen der *vallis Noricana,* des alten Wipptals (oberes Eisacktal und Silltal) und (?) Eisacktals, die Bezeichnung *natio Pregnariorum* für die Inntaler Romanen. Unter den zahlreichen Zeugen, die das dreimal vollzogene Rechtsgeschäft bekräftigen, befinden sich Träger germanischer wie romanischer Namen. Mehrere von ihnen hießen Urso und Dominicus-Minigo; einzelne Seuiro, Passiuus und Curentius. Quartis Eideshelfer Aurelius-Orilius und der Aussteller führen Namen, die schon auf dem kaiserzeitlichen Grabstein von Mauls zu lesen sind. Quartis Mutter heißt

Clauza, wie die romanische Form für Claudia lautet. Auf welchen Namen aber auch die Zeugen hören mochten, sie wurden nach bayerischem Recht »an den Ohren gezogen«. Die Güter, die Quarti schenkte, lagen nicht bloß im Raum von Sterzing, sondern in Bozen ebenso wie im Inntal oberhalb der Zillermündung. Mit seiner doppelten Herkunftsbezeichnung muß der Sterzinger Walche seine Zugehörigkeit zum Romanentum bayerischen Rechts südlich wie nördlich des Brenners bekannt haben. Gemessen an der Besitzverteilung und an der Reihung der Stammesnamen, kommt der *natio Noricorum* das größere Gewicht zu; Quarti war in erster Linie ein »Wipptaler« Noriker.[131]

3. Die Churräter und Venosten

Vielleicht führten die Romanen der *vallis Tridentina,* die Bewohner des rechtsufrigen Etschtals von Meran bis Bozen, noch im 8. Jahrhundert den alten Venosten-Namen. Zwischen Bayern, Langobarden und Churrätern eingezwängt, mußten sie ihre ethnische Identität aber bald verlieren. Von allen Romanen unseres Raums gelang es bloß den Churrätern oder Churwalchen, während des Frühmittelalters eine politisch-rechtliche Einheit zu bilden und zu bleiben. Eine Entwicklung, deren Anfänge die Vita Severini bezeugte und die in Gallien vergleichbare Gegenstücke besaß, ließ in der alpinen Raetia I mit dem Vorort Chur einen Kirchenstaat entstehen, der die Römerzeit verfassungsrechtlich erst unter Karl dem Großen beendete.

Auf die Schutzherrschaft der Ostgoten folgte 536/37 die der merowingischen Franken. Dürfte auch das führende churrätische Geschlecht der Victoriden einen fränkischen Ahnherrn gehabt haben, so galten sie doch ganz als Einheimische, die es verstanden, die churrätische Selbständigkeit selbst oder gerade als merowingische Mandatsträger zu wahren.[132] Erst unter den Karolingern begann die allmähliche Gleichschaltung der romanischen Sonderstellung. Die Lex Romana Curiensis war eine Privatarbeit der Mitte des 8. Jahrhunderts; sie vereinigte geltendes Recht und gelehrte Tradition. Ein eigenes Romanenrecht besaß auf vielen Gebieten Aktualität, und zwar sowohl was überkommene Einrichtungen wie Neueinführungen der Karolingerzeit betraf. Gewiß war die Tradition vom Untergang bedroht oder bereits todgeweiht. Trotzdem spiegeln Urkunden wie Gesetze noch lange das Leben in einem spätantiken Kirchenstaat wider.[133]

Die Gesellschaft war gegliedert in Freie, *ingenui,* Unfreie, *servi,* Freigelassene, *liberti,* und in die an die Scholle gebundenen, persönlich freien Kolonen.[134] Als letzte Quellen erwähnen die Lex Romana Curiensis und das Tello-Testament den spätrömischen Kurialen wie sein kriegerisches Gegenstück, den Miles.[135] Die Kurialen besaßen Funktionen im Steuer- und Urkundenwesen, die sich aus dem »Vulgarrecht« herleiteten.[136] Der churrätische Miles hatte ebensowenig an Freiheit verloren wie der römische Freie, der ohne Standeseinbuße Abgaben, *tributum vel census,* leistete.[137] Allerdings waren diese Milites nicht mehr ohne Herren denkbar, wofür die spätantiken Kaiserreskripte der Lex ausreichende personen- wie sachenrechtliche Grundlagen boten. So brauchte man bloß den kaiserlichen Princeps durch einen Mächtigen der Zeit ersetzen, sei es nun der König selbst oder der churrätische Praeses, um den Herrn eines Miles zu nennen.[138] Bezeichnend für dessen Rolle als abhängiger Gefolgs- oder Dienstmann wirkt das Verbot, richterliche Funktionen wahrzunehmen.[139] Kein Wunder, daß auch von Ministerialen als Dienstleuten unterschiedlichen Ranges wie ungleicher Standesqualität die Rede ist.[140]

Die romantische Verherrlichung der churrätischen »Freiheit« zählt nicht zu den Aufgaben des Historikers. Allerdings bildeten die politisch Handlungsberechtigten, der churrätische *populus,* einen verhältnismäßig großen Teil der Gesamtbevölkerung. So geht die Königsurkunde Karls des Großen 772/74 von der Mitwirkung des Populus und der freien Bischofswahl des churrätischen Kirchenvolkes aus. Und ebenso hielt es Kaiser Lothar I. im Jahre 841, als er Volk und Bischof von Chur wie seine Vorfahren privilegierte.[141] Die Karolinger – von Karl dem Großen bis Lothar I. – empfingen nicht bloß die Gesandten des churrätischen Bischofs, sondern auch die des Volkes und verhandelten mit beiden über die Verleihung des Königsschutzes wie die Garantie der herkömmlichen Rechte. Eine derartige Vorgangsweise war aber keine churrätische Besonderheit: Wählte ein gentiler Verband, der die Oberhoheit des Frankenreichs anerkannte, seine Repräsentanten, so bedurfte diese »Volkswahl« der Zustimmung des Frankenherrschers. Was aber für die slawischen Völkerschaften des bayerisch-friulanischen Ostlandes oder die Breonen bloß dem Herkommen nach galt,[142] wurde den Churrätern urkundlich verbrieft, und noch im 10. Jahrhundert urteilte man *secundum legem Romana* (sic), wenn es um churrätische Belange ging.[143] Eine derartige Anerkennung der Eigenständigkeit bewirkte ein starkes Selbstbewußtsein und verhinderte die Abwertung des Romanennamens im Geltungsbereich des churrätischen Rechts. Mag der hier überlieferte *civis Romanus* auch nur literarisch fortgelebt haben, so blieben sich doch die Churräter ihrer Romanitas bewußt, wenn sie sich von den Alamannen als den Barbaren unterschieden. Noch in der ersten Hälfte des 9. Jahrhunderts und dabei ausgerechnet in einer Folcwin-Urkunde hieß die Straße, die von Rankweil in den alamannischen Norden führte, die *via barbaresca,* der »Weg zu den Barbaren«.[144]

Das rätische Reichsguturbar nennt neue Leute, darunter selbst slawische Lehensträger, die im Vorarlberger Oberland Fuß gefaßt hatten. Diese Quelle von wohl 842/43 bezeugt auch mitten im Romanenland den Walgauer Ort Thüringen, der kaum anders als ethnisch verstanden werden kann.[145] Um 850 war es in Rankweil denkbar, daß romanische Besitzer ihre Güter nicht bloß an ihresgleichen, sondern auch an Alamannen verkauften.[146] Im Walgauer »Eisenort« *Ferraires* lockten gutgehende Erzgruben; die vornehmste und zugleich steuerfreie Gruppe führte als *Wanzaninga genealogia,* als »Familie und Leute des Wanzo«, bereits einen germanischen Namen. Tatsächlich ist ein Wanzo um 890/91 mehrmals als rätischer Großer bezeugt.[147] Sie alle, ob nun Slawen, Thüringer oder Alamannen, sind gute Räter geworden, wie dies einst schon die Victoriden vorgelebt hatten.

IV. Die Karantanen

Das polyethnische Fürstentum der Karantanen ist für die österreichische Geschichte von enormer Bedeutung gewesen, handelte es sich doch dabei um eine in unserem Raum entstandene staatliche Ordnung, die zeitlich weit an der Spitze stand. Die Karantanen entwickelten auf mehr als 35 Prozent des heute österreichischen und etwa 10 bis 15 Prozent des slowenischen Staatsgebiets nicht bloß die älteste frühmittelalterliche Staatlichkeit des Raums, sondern waren überhaupt die erste slawisch bestimmte Gens, die nicht bloß einen einheimischen Sondernamen annahm, sondern auch eine Herrschersippe mit monarchischer Spitze besaß und das bis heute älteste bekannte Herrschaftszeichen hinterließ, das weder in Mitteleuropa noch darüber hinaus ein erhaltenes Gegenstück besitzt. Die karantanische stellte demnach die älteste frühmittelalterliche Stammesbildung dar, die den ältesten bis heute lebendigen Volksnamen hervorbrachte. Entsprechend ihrer, an den westlichen Vorbildern orientierten Herrschaftsordnung waren die Karantanen auch das erste slawische Volk, das erfolgreich, weil »von oben nach unten«, missioniert und christianisiert wurde. Die Karantanen waren nachweisbar auch die einzigen, die ihre Identität gegen die Awaren errangen und bewahrten. Ihr Herrschaftsgebiet umfaßte das heutige Bundesland Kärnten, in dem ihre Traditionen namengebend blieben, Osttirol, den Salzburger Lungau und Enns-Pongau, die Steiermark ohne die Oststeiermark, den Süden von Ober- und Niederösterreich bis zum Austritt der Flüsse ins Alpenvorland. Dazu kam die heute slowenische Untersteiermark bis ins Savetal, jedoch ohne Pettau. Dieses Gebiet wurde wohl 828 als fränkisch-bayerische Grafschaft eingerichtet. Es gibt keine Grafschaft auf dem Boden des heutigen Österreichs östlich der Enns, die älter ist als die Grafschaft Karantanien.[148]

Indem ich die Liste der karantanischen Urspünge und ihrer einmaligen Bedeutung zusammenstelle, wundere ich mich, sie noch niemals zuvor in dieser Konzentration gelesen zu haben. Kein Wunder, daß davon selbst die in Kärnten und in der Steiermark approbierten Schulbücher nichts wissen.

Die Vorfahren der Karantanen waren in das alte Binnennorikum eingewandert und hatten es zum »Land der Slawen«[149] gemacht. Wahrscheinlich schon 592 und 595, spätestens aber 610 befand sich fast das gesamte Drautal in den Händen von slawischen Kriegerverbänden, die bei der Verteidigung ihrer Eroberungen auf awarische Hilfe zählen konnten.[150] Nach der großen awarischen Niederlage vor Konstantinopel dürften die Alpenslawen um 630 den Khagan gegen einen neuen Herrn eingetauscht haben. Samo nützte die Abfallbewegungen, die im Westen wie im Osten die Awaren schwächten, und schwang sich zum Herrscher eines mitteleuropäischen Slawenreichs empor. Dieses besaß zwar seinen Schwerpunkt im Sudeten- und Donauraum, muß im Süden aber an die Langobarden gegrenzt und damit das Gebiet des späteren Karantaniens umfaßt haben. Im Jahre 630 versuchte nämlich König Dagobert I., Samos Herrschaftsbildung zu zerstören. Er stützte sich dabei nicht bloß auf seine fränkischen, alamannischen und wohl auch bayerischen Truppen, sondern gewann selbst die Mitwirkung der Langobarden. Bevor diese jedoch die Donau oder gar den Sudetenraum erreichten, mußten sie zunächst die alpenslawischen Nachbarn angreifen, die daher in irgendeiner Weise zu Samos Reich gehörten.[151]

Der Tod Samos, der mit 659 errechnet wird,[152] erlaubte die Wiederherstellung der awarischen Herrschaft über weite Teile des slawischen Mitteleuropas. Die Alpenslawen scheinen hingegen ihre Selbständigkeit behauptet zu haben. So konnte ein Wallucus, ein Fürst »des Grenzlands der Wenden«, sowohl den Franken wie den Awaren gegenüber auf seine Unabhängigkeit pochen. Er nahm die von beiden Mächten geächteten und verfolgten Alzeco-Bulgaren frühestens 631/32 auf. Die Flüchtlinge hatten die Seiten gewechselt und waren von den Awaren zu den Bayern übergegangen; von ihnen sollten sie aber auf Befehl Dagoberts I. zu Tausenden massakriert werden. Unter der Führung eines Alzeco-Alciocus entkam eine bulgarische Gruppe zu Wallucus und ließ sich in dessen Herrschaftsbereich ein Menschenalter lang nieder. Erst zwischen 656 und 671 verließen die Bulgaren – »unbekannt aus welchem Grund« – das werdende Karantanien, gingen zum Langobardenkönig und wurden schließlich zum Großteil in Benevent angesiedelt.[153] Paulus Diaconus, der darüber berichtet, erwähnt knapp vorher, der Sohn des um 665 verstorbenen Friulanerherzogs Lupus sei zu »einer Gens der Slawen« nach *Carantanum* geflohen. Der friulanische Autor kannte also noch vier Menschenalter später den Orts- oder Regionalnamen, von dem die Karantanen ihren Namen herleiteten.[154]

Wie alle slawischen Völker des Raums, so führen auch die Karantanen einen nichtslawischen Namen. Seine Ursprünge reichen wie der Breonenname in vorrömische Zeit zurück. Er kommt aus dem Lande und muß von einer einheimischen, vorslawischen Bevölkerung überliefert worden sein. Die Karantanen sind wahrscheinlich »Stein- und Felsenleute«. Der politisch führende Traditionskern der Karantanen bestimmte einen polyethnischen Verband.[155] Darin sind Kroaten als eine sozial-gentile Gruppe nachzuweisen. Sie trugen ebenfalls einen nichtslawischen Namen. Nicht unmöglich, daß die frühmittelalterlichen Kroaten Innerösterreichs eine Schicht von Hirtenkriegern waren, die ursprünglich den awarischen Herren als Sondereinheit dienten und später das Zentrum des Widerstands gegen sie bildeten. Vorgänge solcher Art könnten vielleicht hinter dem personalisierten sagenhaften Bericht Fredegars stehen, wonach die awarisch-slawischen Mischlinge gegen ihre Erzeuger revoltiert und sich dabei der Hilfe Samos versichert hätten. Im Raum von St. Veit an der Glan wird – verhältnismäßig spät – ein Kroatengau bezeugt.[156]

An der mittleren Mur im Raum von Radkersburg kommt 870 der Ortsname *in Dudleipin* vor. Es handelt sich dabei entweder um den Hinweis auf einen einzelnen Dudlěben oder auf eine Kleingruppe des Slawenstammes, der sonst in Südböhmen wie am ukrainischen Bug siedelte und von den Awaren viel zu erleiden hatte.[157]

Eindeutig belegt sind karantanische Walchen-, Vlahi- und Läschitz-Namen. Nahe von Teurnia gibt es im Oberdrautal den Ort Irschen, der einem Ursus nachbenannt wurde. Das – an sich schon eindrucksvolle – Phänomen der Namenübertragung von *Carantanum,* wobei das antike *Noricum* gleichsam übersprungen wurde, bestätigt die romanische Kontinuität im Land. Folgerichtig blieben die Zentren des römischen Kärntens, das Zollfeld und das Lurnfeld, auch karantanische Herrschaftsmittelpunkte.

Ebenso besaß der steirische Vorort *Ad Undrimas* römische Tradition, die allerdings an die von Flavia Solva bei weitem nicht heranreichte. Die alte Civitas der römischen Steiermark war aber – wohl wegen der Grenzlage zu den Awaren – nicht zu halten.[158]

Bayern sind als karantanische Grundbesitzer erst seit etwa 820 nachzuweisen. Unter Bischof Virgil und dessen Nachfolger Arn kamen sie als Missionare ins Land, wobei sie von Alamannen, dem einen oder anderen Angelsachsen und einem vereinzelten Iren unterstützt wurden.[159]

Die ersten drei bekannten Karantanenfürsten waren alle miteinander verwandt: Boruth, »der Kämpfer«, herrschte von vor 740 bis um 750. Zwischen dem Frühjahr 741 und vor dem Sommer 743 versuchten die wiedererstarkten Awaren, die Karantanen zu unterwerfen. Diese versicherten sich der Hilfe der Bayern, schlugen die Angreifer gemeinsam zurück, gerieten aber dabei selbst unter die Oberhoheit der »hilfreichen« Nachbarn. Aus dem Süden war – entgegen den traditionellen Bindungen – keine Unterstützung zu erhoffen, und zwar weder von den Krainern, die unverändert von den Awaren abhingen, noch von den Langobarden, da die alpenslawische Selbständigkeit auch auf deren Kosten errungen wurde. Kaum mehr als ein Jahrzehnt war vergangen, daß karantanische Streifscharen aus dem Enns-Pongau an die Salzach vorstießen und die Bischofshofener Maximilianszelle niederbrannten. Trotzdem unterstellte sich Boruth dem Agilolfingerherzog Odilo; bereits im Sommer 743 marschierten karantanische Truppen im Bayernheer gegen die Franken. Die Vergeiselung des Sohnes Cacatius und des Brudersohns Cheitmar bildete das Unterpfand für Boruths Treue.[160]

Nach dem Tod des Vaters kam Cacatius aus Bayern zurück, wurde von den Karantanen zum Knez erhoben und herrschte von etwa 750 bis 752. Nach dessen kurzer Regierung »baten« die Karantanen den fränkischen König Pippin I., ihnen den Cacatius-Vetter zu senden. Dieser Cheitmar wurde nach seiner Ankunft im Lande 752 zum Fürsten erhoben.[161]

Mit besonderer Vorliebe befaßt sich die verfassungsgeschichtliche Interpretation mit dem Anteil der Karantanen an der Erhebung ihrer Fürsten. Die aus dem späteren und späten Mittelalter überlieferten Berichte über die Kärntner Herzogseinsetzung werden dafür herangezogen. Ohne die Möglichkeit grundsätzlich zu bestreiten, daß sich alte Traditionen über lange Zeiträume hinweg erhalten – so ist auf dem Zollfeld auch der höchst altertümlich anmutende Vierbergelauf beheimatet –, muß doch der Historiker vor einer Überschätzung der mündlichen Überlieferung warnen, was ihre Verbindlichkeit, Wirksamkeit und zeitliche Dauer betrifft. Wenn Abt Johann von Viktring im 14. Jahrhundert weiß, daß der Kärntner Herzog vor seiner feierlichen Einsetzung durch einen Bauern als Vertreter des Volkes in slawischer Sprache auf seine Eignung und im besonderen auch auf seinen christlichen Glauben überprüft wurde, so widersprechen diese kurzen Andeutungen allerdings keineswegs der frühmittelalterlichen Überlieferung. Eine wortwörtliche Tradition hat sich aber wohl kaum aus dem 8. Jahrhundert bis ins Spätmittelalter erhalten. Sicher ist jedenfalls: Die politisch handlungsberechtigten Karantanen führten die Fürsteneinsetzung in der Karnburg durch und verwendeten dabei den »Fürstenstein«, die umgedrehte ionische Basis einer römischen Säule. Das heute im Kärntner Landesmuseum zu Klagenfurt aufbewahrte Stück bildet das älteste Herr-

Der Fürstenstein der Karantanen von der Karnburg (?), das älteste erhaltene nachrömische Herrschaftszeichen des österreichischen Raums

schaftszeichen, das auf österreichischem Boden verwendet wurde und erhalten blieb. Die karantanische Thronsetzung erinnert an die Erhebung der etwas jüngeren Přemysliden.[162]

Cheitmar regierte von etwa 752 bis gegen 769; seine von den Bayern gestützte, christliche Herrschaft war zweimal schweren Erschütterungen ausgesetzt. Sowohl um 763 wie um 765 erhoben sich die heidnischen Karantanen gegen ihren Fürsten und den bayerischen Herzog; sie machten eine *carmula,* »wie die Bayern dazu sagten«. Die Aufstände wurden mit Waffengewalt niedergeworfen, brachen aber erneut 769 nach Cheitmars Tod aus. Die im selben Jahr ausgestellte Innicher Gründungsurkunde spricht daher auch von der *incredula generatio,* vom »ungläubigen Geschlecht«, der karantanischen Slawen. Drei Jahre dauerte der bayerisch-karantanische Krieg, der mit großer Erbitterung geführt wurde. Mit dem Sieg Tassilos endeten 772 sowohl die Unterbrechung der Salzburger Mission wie das karantanische Interregnum. Danach wirkte der Bayernherzog bei der Einsetzung eines Karantanenfürsten wohl in der Weise mit, wie dies bei den Nachfolgern Boruths der Fall gewesen war. Genannt wird ein Fürst Waltunc, der aber kaum ein bloßer Beauftragter Tassilos, sondern ein karantanischer Knez wie seine Vorgänger war.[163]

Ungefähr drei Generationen lang blieb Karantanien ein gentiles Fürstentum innerhalb Bayerns, und zwar zuerst des Reichs der Herzöge Odilo und Tassilo III. und danach der Karolingerkönige.[164] Nach dem Sturz Tassilos, spätestens aber seit der Errichtung der Ostland-Präfektur gab es nacheinander die vier Fürsten Priwizlauga, Cemicas, Ztoimar und Etgar.[165] Ludwig der Fromme führte 828 die fränkische Grafschaftsverfassung in Karantanien ein, wodurch das bayerische Recht auf die meisten, obgleich nicht alle Bewohner des Landes ausgedehnt wurde.[166]

V. Die Krainer

Bereits die ersten Erwähnungen unterscheiden klar zwischen der Carniola, der kleinen Carnia, und Karantanien. Zum Jahre 820 werden auch die Bewohner der Carniola als Carniolenses erwähnt und sowohl als Anwohner der Save wie als mittelbare Nachbarn der Friulaner lokalisiert. Mit großer Wahrscheinlichkeit wurde 828 auch bei den Carniolenses die Grafschaftsverfassung eingeführt, was die Ersetzung einer wie immer gearteten, jedoch in keiner Weise bekannten gentilen Verfassung voraussetzt. Wohl zu Recht wird ein Salacho als erster bekannter Graf der Krain bezeichnet. Allerdings ist die slawische Bezeichnung Krajna, Grenze, Grenzland, erst in zwei Urkunden Ottos II. aus dem Jahre 973 erwähnt und in einer von ihnen eindeutig als volkssprachlicher Ausdruck für Carniola bezeugt. Wenn aber die Krain ein Grenzland oder gar eine Mark war, dann fragt man sich, wovon und wogegen. Die erste Frage läßt sich leicht beantworten: Die Krain ist eine Mark oder ein Grenzland Bayerns des 10., aber auch schon des 9. Jahrhunderts gewesen. Fragt man, wogegen die Krain als Grenze und Mark gegolten hat, dann kann sie diese Funktion nur gegen Friaul und Italien ausgeübt haben. Dafür sprechen das erste Auftreten des volkssprachlichen Namens in der Oberkrain, der Hinweis, Karlmann habe von seinem Vater Ludwig dem Deutschen 865 »die Marken gegen die Slawen und Langobarden« erhalten, und schließlich die Angabe von 820, die Carniolenses seien »fast« die Nachbarn der Friulaner gewesen. Wie immer aber auch die Anfänge waren, die Krain wurde jedenfalls das reichsabhängige Grenzland gegenüber den Kroaten und gehörte noch bis 1867 zum Deutschen Bund.[167]

VI. Die Awaren und Slawen (ohne Sondernamen) östlich Bayerns

Das Königreich, das Kaiser Ludwig der Fromme 817 seinem gleichnamigen Sohn übertrug, bestand aus vier Einheiten. An letzter Stelle wurden aufgezählt: »die Awaren und Slawen östlich Bayerns«, *Avari atque Sclavi qui ab orientali parte Baioariae sunt.* Demnach galten die allgemeinen Bezeichnungen für Awaren und Slawen im Osten des Bayernlandes, während nördlich wie südlich davon die Böhmen und Karantanen als Träger bodenständiger Sondernamen existierten.[168]

1. Die Awaren

Unbestritten steht die awarische Westwanderung im Zusammenhang mit der türkischen Expansion; stets betrachteten die Türken die Awaren als entlaufene Sklaven. Tatsächlich wurde das Juan-juan-Reich, das als awarisch gilt, 552/55 von den Türken zerstört.[169]

Die erste awarische Gesandtschaft erschien 558/59 im Konstantinopel Justinians I. Kurze Zeit später sind die Gentes der pontischen Steppenzone unterworfen. Bereits 562 stehen die Awaren an der unteren Donau und verlangen die Scythia minor als »römische« Avaria. Justinian bietet ihnen dafür die ehemals erulische Osthälfte der Pannonia II an. Einen Augenblick schien es, als würde es zum Krieg kommen, dann griffen die Awaren noch 562 und abermals 566 das Frankenreich an. Wahrscheinlich war es nicht die byzantinische Diplomatie, die Bajan auf die Idee brachte, sondern der Khagan suchte sich als monarchischer Heerkönig zu bestätigen und benötigte dafür den entsprechenden militärischen Erfolg. Bereits 567/68 gelang die Zerstörung des Gepidenreichs, worauf die langobardischen Verbündeten abwanderten.[170] Die awarische Niederlassung in Pannonien fand ihren Abschluß, als Bajan 582 die alte pannonisch-westillyrische Hauptstadt Sirmium einnahm.[171]

Awarische Steigbügel, gefunden in Wien, Unter-St. Veit

Die Awaren bildeten einen polyethnischen Verband, der ständig neuen Zuwanderern offenstand und Gepiden, Bulgaren, Kutriguren und vor allem Slawen neben den anderen Gentes des Karpatenbeckens umfaßte. Selbst radikale Änderungen der awarischen Kultur wie Staatlichkeit sind daraus zu erklären. Ungewöhnlich stark ist der Awarenname an die Verfassung des Khaganats gebunden. Kaum daß ein »verstreuter« Aware bekannt ist, sei es im Dienste Konstantinopels oder einer »westlichen« Macht. Fast immer ist der Khagan der Heerführer; seine Frau, die *catuna,* der Iugurrus, Kapkhan und Tudun sowie schließlich der »bulgarische« Canizauci werden erst am Ende des Awarenreichs genannt. Ihrer aller Rolle bleibt aber im einzelnen ebenso unklar wie die gentile Verfassung der frühen Awaren, die freilich den Župan als bleibenden Würdenamen zu den Slawen brachten. Letzterer hatte in dem »Sechspfeiler«, dem Alzeco-Alciocus, einen Vorläufer, der im 7. Jahrhundert an der Spitze einer bulgarischen Wandergruppe stand, die die Awaren verlassen hatte.[172]

Bereits um 600 hatte eine erfolgreiche Offensive des Kaisers Maurikios innere Konflikte des Awarenreichs bloßgelegt.[173] Dann scheiterte die großangelegte awarisch-persische Belagerung Konstantinopels, und der donauländische Khaganat war dem Untergang nahe. In den Jahrzehnten nach der Katastrophe von 626, der Niederlage vor Konstantinopel, die der Samo-Aufstand wesentlich verstärkte, liegen die Anfänge der karantanischen Ethnogenese unter Walluc.[174]

Awarische Goldschnalle mit dem Gesicht eines bärtigen Mannes mit langem Haar, Hajdudorog, Komitat Hajdu-Bihar, zweite Hälfte 7. Jahrhundert

Dürftig sind die Nachrichten über das »awarische Österreich« vor dem karolingischen Angriffskrieg. Bereits am Ende des 6. Jahrhunderts standen die Awaren den Slawen bei, um die Bayern an der obersten Drau zu besiegen. Nicht unmöglich, daß die Niederlage, die Garibald II. um 610 bei Aguntum erlitt, auch dadurch verschuldet wurde, daß die Frankenkönigin Brunichilde die Awaren gegen das Reich Theudeberts II. hetzte.[175] Von Dagobert I. erhoffte man die Unterwerfung von Awaren und Slawen; die Erwartungen wurden enttäuscht.[176] Um 711/12 könnte es gewesen sein, daß die Awaren die Enns überschritten und Lorch wie sein Umland zerstörten. Der bayerische Beobachter sah darin einen unvermuteten Übergriff, der gegen Treu und Glauben erfolgte.[177] Nach diesem Vorstoß über die Enns versuchten die Awaren um 740 die karantanische Selbständigkeit zu brechen und erlitten dabei gegen die vereinigten bayerisch-alpenslawischen Heere eine entscheidende Niederlage.[178] Von nun an hatten sie aufgehört, Angreifer zu sein; so fielen sie schließlich selbst der karolingischen Aggression zum Opfer, bis das altrussische Sprichwort Wahrheit wurde: »Sie verschwanden wie der Obor-Awar, der weder Sippen noch Nachkommenschaft kennt.«[179]

Das Ende der Awaren kündigte sich in einem selbstmörderischen Krieg aller gegen alle an, während die fränkischen Armeen die Offensive ergriffen. In der Folge kam es zum spurlosen Verschwinden und damit zum typischen Ende einer heidnischen Gens. Man war so lange Aware, als man Herr sein konnte, gleichgültig, ob man Türkisch, Slawisch, Germanisch oder Romanisch sprach oder sonst ein Idiom verwendete. Hörte das Herrendasein auf, wurde man christlicher Slawe, Bayer, Walche oder abhängiger awarischer Bauer, *tributarius,*[180] obwohl diese Existenz die geringste Aussicht auf Dauer hatte. Wer aber sein Herrendasein retten wollte, gab sein Awarentum auf und ging rechtzeitig zum äußeren Feind über.

Das Gedicht über den Sieg König Pippins von Italien nennt zum Jahre 796 einen *Unguimeri nobilis Avarorum genere.* Sein Name – offenkundig Inguomer – wird, wie immer, wenn in unserem Raum von Verrätern die Rede ist, gerne gepidisch gedeutet, war aber eher bei Sueben und Elbgermanen üblich. Der Onkel des Cheruskers Arminius hieß so. Als sich nun die fränkisch-langobardischen Truppen Pippins dem Awaren-Hring auf dem Alföld näherten, pflanzte sich Unguimeri vor dem Awarenkhagan und seiner Gemahlin, der *catuna,* auf, höhnte die beiden und prophezeite ihnen alles Schlimme. Die Schadenfreude des »germanischen« Adeligen – er ist übrigens der einzige Aware, dessen Eigennamen man sicher kennt – ist nicht zu überhören. Er hatte offenkundig für das Ende des Awarenreichs vorgesorgt und wird als Herr überlebt haben.[181] Vielleicht war auch Guntio, bei dessen Burg die fränkische Armee 802 eine schwere Niederlage erlitt, ein germanischer Aware gewesen.[182] Das gleiche galt wohl von den drei »Burgenländern« Wirut, Gisilmar und Wentilmar, die 808 für sich und ihren Vater Elis ein Seelgerät stifteten. Von den Brüdern führt der älteste einen ungermanischen, die beiden anderen wie der Vater germanische Namen. Der Knecht, den sie an Regensburg schenkten, folgt der Namenmode seiner beiden jüngeren Herren. Ihr Besitz grenzt unmittelbar an awarisches Gebiet; die Urkunde ist die einzige, die *loca Avarorum* nennt. Außerdem dienen *tumuli,* wohl vorgeschichtliche Grabhügel, als Grenzmarkierungen.[183]

Bis tief zurück in die Awarenzeit reichen die Verhältnisse, die eine Königsurkunde des Jahres 832 an der niederösterreichischen Erlauf beschreibt. Hier lebten Slawen, die jedoch abweichend vom Kanzleistil auch Wenden genannt werden. Sie kommen an jener Stelle des Diploms vor, welche die Antworten germanisch sprechender Auskunftspersonen wiedergibt. Genannt werden nämlich unter anderen eine *colomezza,* ein Hügel, »den die Wenden« so bezeichnen, aber auch ein Platz, »der seit alters Harlungenburg« heißt. Dieser Name, noch dazu in unmittelbarer Nähe zu Pöchlarn-Bechelaren, wo 853 ein Harlungenfeld bezeugt wird, wirkt bemerkenswert. Die Harlungen gehören zum gotisch-erulischen Sagenkreis um König Ermanarich, dem sie in tragischer Weise zum Opfer fallen. Harlungenberge gibt es im gesamten deutschen Sprachraum, an der Erlaufmündung aber liegt die älteste Erwähnung. Sie galt ihrerseits jedoch schon »seit alters«, stammte also aus der Awarenzeit. Tatsächlich übernahmen die Bayern auch andere niederösterreichische Orts- und Gewässernamen, die noch vor dem Abzug der Langobarden entstanden waren, ohne daß eine slawische Vermittlung festzustellen wäre. Die Völkerwanderungszeit dürfte in Ostösterreich durch die Awarenherrschaft gleichsam konserviert worden sein. Dies gilt für die kleinräumige Landschaft des niederösterreichischen Donautals und im besonderen für die Wachau.[184] Es gibt das – bezüglich seiner Lokalisierung – umstrittene, rein germanische *Omundesthorf,* die Fischa, *Fiskaha,* und Schwarza sowie die slawisch-germanische Pielach, *Biel-aha,* den »Weißenfluß«. Zum Unterschied von einer alten »Slavia« zwischen Erlauf, Donau und Traisen erkennt man eine jüngere slawische Besiedlung an den kleineren Flußnamen im niederösterreichischen Voralpenland oberhalb wie unterhalb des Wienerwalds. Sie erinnern an die Zuwanderer, die nach dem Ende der Awarenherrschaft mit und ohne Bayern den Raum besiedelten.[185]

Die stromabwärts marschierenden Frankenheere durchzogen das »Hunnenreich« bis zur Raab, aber die Berichterstattung zu 791 bis 811 nennt hier keinen einzigen awarisch-slawischen Orts- oder Gewässernamen. Vielmehr liest man zunächst von der *Comagenos civitas*-Tulln, der *Arrabo-Raba*-Raab und von *Sabaria*-Steinamanger. Wenig später

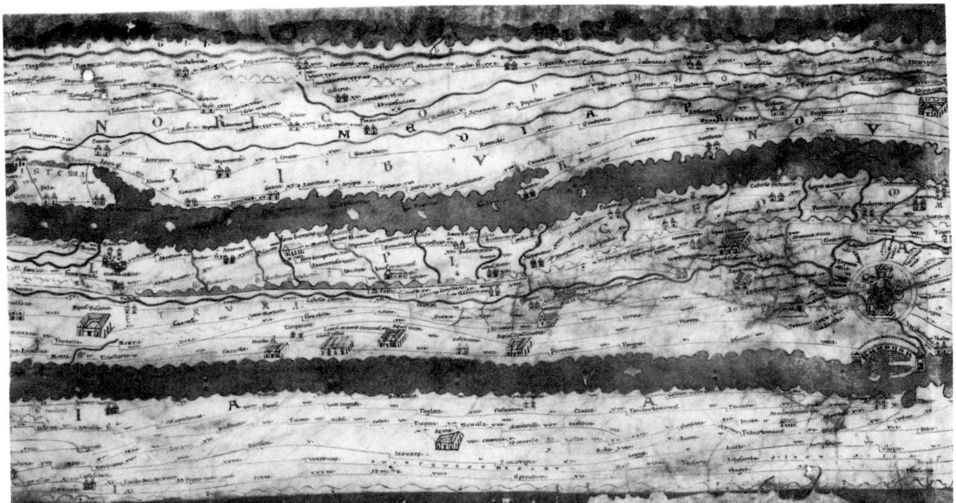

Ausschnitt aus der Tabula Peutingeriana, einer spätantiken Straßenkarte, die in einer Kopie aus dem 12./13. Jahrhundert erhalten geblieben ist: oben Norikum und Pannonien, unten Italien zwischen Verona und Rom

ist von *Carnuntum* die Rede. Neben den römerzeitlichen Namen, die mit größter Wahrscheinlichkeit auf ein Kartenwerk nach Art der Tabula Peutingeriana oder auf sie selbst zurückgehen, sind auch Zeugnisse bodenständiger Kontinuität überliefert. Ein bereits 799 *Treisma* genanntes Traismauer erscheint 860 in einem Originaldiplom Ludwigs des Deutschen als *Trigisama* »rearchaisiert«. Dazu kommt die hybride Bildung *Cumeoberg,* der Name für den Wienerwald, der bald auch den Ostabfall der Alpen unter Einschluß des Wechsels bezeichnen kann.[186]

2. Die Slawen ohne Sondernamen

Physso und Techilinus

Die *descriptio regni,* die Beschreibung des Herrschaftsbereichs Ludwigs des Deutschen, endete 817 mit den Slawen, die sowohl im Osten Bayerns wie östlich von Bayern lebten. Schon unter den agilolfingischen Herzögen gab es Slawen im heutigen Oberösterreich, genauer im Traungau. Hier wurde 777 die Gründungsurkunde von Kremsmünster ausgestellt; in ihrem echten Teil kommt die älteste bekannte Jopan-Župan-Nennung vor, und zwar lange vor der Erwähnung der Župane im Werk des Konstantinos Porphyrogennetos. Der in der bayerischen Carta genannte Physso führte diesen turksprachlichen Würdenamen und war für eine slawische Gruppe zuständig, die wahrscheinlich vor den Awaren geflohen und um 750 auf bayerisches Gebiet übergetreten war. Es bildet selbst Handbuchwissen, daß Kremsmünster zur Heidenbekehrung gegründet worden sei. War davon 769 bei der Stiftung von Innichen an der Karantanengrenze ausdrücklich die Rede, so fand man es hingegen 777 im bayerischen Traungau offenkundig nicht nötig, heidnische Slawen zu bekehren; zumindest wurde nicht gesagt, Abt Fater und sein Konvent hätten sich dieser Aufgabe anzunehmen. Ebensowenig läßt die zeitlich wie räumlich nächste Quelle slawisches Heidentum erkennen.[187]

Am 21. August 827 verfügte der Traungauer Graf Wilhelm I. im Auftrag seines Vorgesetzten Gerolds II. einen Vergleich zwischen dem Freisinger Bischof Hitto und einem Techilinus. Dieser war zusammen mit seinen Söhnen und mehr als zwanzig Leuten gekommen, um die Grenze zwischen dem Siedlungsgebiet seiner Gruppe und dem der Freisinger Grundherrschaft schiedsgerichtlich festlegen zu lassen. Dabei ging es um den Freisinger Stützpunkt Puchenau am linken Donauufer oberhalb von Linz. Durchgeführt wurde ein Inquisitionsverfahren, wofür die abschließend genannten Zeugen bayerischer wie slawischer Herkunft befragt wurden. Die Angehörigen beider Ethnika gelten als *nobiles,* »Edle«. Techilinus trägt keine wie immer geartete Funktionsbezeichnung, könnte aber ein Župan gewesen sein.[188]

Wie im Traungau so gab es auch östlich der Enns freie slawische Siedler, die sich – gemeinsam mit den Bayern und ohne sie – in der niederösterreichischen *Avaria* oder *Sclavinia* niedergelassen hatten. Innerhalb der eigentlichen Grafschaft des Ostlandpräfekten treten aber keine namentlich benannten Personen noch gar Verbände auf. Nördlich der Donau bestanden dafür wesentlich günstigere Bedingungen.[189]

Der »Rugier« Joseph

Das niederösterreichische Kamptal und wohl auch Teile des Weinviertels bildeten die Grundlage eines kleinen slawischen Fürstentums, dessen Herren sich wie Priwina gegen die Mährer und für die Bayern entschieden hatten. Es muß 902 oder 903 gewesen sein, daß ein *venerabilis vir Ioseph* von einer Freisinger Urkunde als großartiger Schenker genannt wurde. Seine Titulatur ist herzogsgleich; seine Gefolgsleute führen slawische oder – wie er selbst – biblische Namen und werden nicht an den Ohren gezogen, wenn sie Zeugnis ablegen. Sie waren also rechtlich keine Bayern. In der Raffelstettener Zollordnung von 904/06 sind diese Joseph-Slawen gemeint, wenn von den *Sclavi vero, qui de Rugis ... exeunt,* die Rede ist. Der Passauer Überlieferung, die die Zollordnung enthielt, stand nämlich gleichzeitig die Vita Severini zur Verfügung, um das Ostland an der Donau zu beschreiben. Obwohl die literarische Reminiszenz ein Einzelfall blieb und diese Slawen sich kaum selbst Rugier nannten, war die Erinnerung an das Rugiland lebendig geblieben. Joseph war ein Knez, ein Fürst, der Herr der Schanze von Gars-Thunau.[190]

Hoch über dem Kamp thront am rechten Ufer des Flusses eine ausgedehnte Befestigungsanlage. Sie schützte eine Siedlung, die am Beginn des 9. Jahrhunderts in mehreren Abschnitten entstanden war und bis zur Mitte des 10., wenn nicht bis zum Anfang des 11. Jahrhunderts bewohnt wurde, bevor sie in einem Furioso zugrunde ging. Wenn nicht die Ungarn der Siedlung spätestens um 950 ein schreckliches Ende bereiteten, wofür allerdings die Mehrzahl der Funde spricht, dann bleiben als Zerstörer der Joseph-Burg nur die Babenberger übrig.[191] Die Befestigungswerke schließen einen Großteil der etwa 20 Hektar umfassenden besiedelten Fläche ein, wobei mehrfache Umbauten nachweisbar sind. Frisch geschlägerte Eichenstämme wurden ohne Nagelung zu großen rechteckigen Holzkästen verbunden, nebeneinander gereiht und mit Erde gefüllt. Die so entstandene Holz-Erde-Mauer schützte man zur Feindseite durch eine ohne Mörtelbindung errichtete Granulitplattenmauer. Als obere Bekrönung und zusätzlichen Schutz brachte man eine Holzpalisade an. Die notwendigen Eingänge wurden mittels großer zweistöckiger Türme, die auf sechs Eichenpfosten ruhten, in den Wallkörper eingebunden. Die darunter durchführende Tor-

Rekonstruktion der slawischen Befestigungsanlage von Gars-Thunau

gasse versperrten zwei Tore; bei einem lagen die Überreste eines jungen Mädchens. Niemand hatte ihr Beigaben auf die Reise ins Jenseits mitgegeben. Vielmehr hatten sie die Burgleute als Bauopfer dargebracht und in die Ostflanke der Torkonstruktion eingemauert. Als dies um 880 geschah, waren die Bewohner der Schanze längst getauft. Viele von ihnen hörten auf biblische Namen, trugen Bleikreuze mit Kruzifixen um den Hals und gingen sonntags in ihre Kirche, die sie hart am Absturz des Schimmelsprungs und daher weithin sichtbar errichtet hatten. Trotzdem opferte man den alten Göttern des Rugilands und seiner Urwälder, wenn der alles schützende Wall an seiner empfindlichsten Stelle gesichert werden sollte.[192]

3. Priwina, Chozil und Liudewit

Priwinas Herrschaftsbildung mit dem Zentrum Moosburg und Liudewits Fürstentum von Siscia-Sisak blieben außerhalb der fränkischen Grafschaftsverfassung.[193] Priwinas Niederlassung in der Moosburg in der Nähe des Plattensees löste eine typische *colluvies gentium,* ein Zusammenströmen der verschiedensten Ethnika, aus, die sich ihm als ihrem Fürsten anschlossen: Slawen aus dem Gebiet nördlich der Donau und aus Karantanien, die Dudlěben an der Mur sowie Bayern und selbst vereinzelte Alamannen sind in seiner Umgebung nachzuweisen. Allerdings darf man das karantanische Element nicht überschätzen; auch der ostfränkische Anteil an der Priwina-Gruppe – von der älteren Forschung als »deutsche Kolonisten« ebenso mißverständlich bezeichnet wie der Zahl nach übertrieben – muß verhältnismäßig gering gewesen sein. Andernfalls hätten hier Cyrill, Method und ihre kirchenslawische Liturgie nicht eine derart große Anziehungskraft ausgeübt. Der Namenbefund aus dem Evangeliar von Cividale, in das sich auch die hohen Herren des Ostlandes eintragen ließen, stimmt mit der Auffassung der »Bekehrungsgeschichte« überein, wonach die Führungsschicht der Priwina-Gruppe vornehmlich aus Slawen und Bayern bestand.[194] Eine Generation vor Priwina war Liudewit die Gründung eines vergleichbaren Fürstentums in Siscia-Sisak geglückt. Er kämpfte zwischen 819 und 822 gegen fränkische Heere und endete 823 durch Verrat.[195]

Man ordnet Liudewit wie Priwina slawische Sondernamen zu, spricht vom ersten als Kroaten und nennt den zweiten – wohl mit weit mehr Recht – einen Mährer. Wer aber der ethnographischen Betrachtungsweise folgt und nach »Stammesbildung und Verfassung« fragt, bleibt davor gefeit, anachronistische Maßstäbe auf ethnogenetische Vorgänge anzulegen. So verbieten es methodische Gründe, Stammesnamen zu verwenden, die sich in den Quellen bestimmter Räume und Zeiten nicht finden. Um beim Fall Liudewits zu bleiben, so besteht kein Zweifel, daß Konstantinos Porphyrogennetos die Slawen Dalmatiens wie die von Teilen Slawoniens als Kroaten kennt.[196] Aber dieser Autor schrieb hundert Jahre nach den Reichsannalen, die zwar eine reiche Kenntnis slawischer Stammesnamen verraten, nirgends jedoch den Kroatennamen verwenden. Daß Konstantinos Porphyrogennetos sagenhafte Berichte in seine Darstellung aufnahm, ist bekannt. Auch meinte er, wenn er von Dalmatien spricht, eher das Küstenland. Und tatsächlich hat es den Anschein, als ob die kroatische Ethnogenese etwa eine Generation nach Liudewit einerseits um Klis und andrerseits um Bihać und nicht an der Save oder im Raum von Rijeka-Tharsatica ihren Ausgang genommen habe.[197]

Die Gegenüberstellung von Liudewit und Priwina sollte die Ähnlichkeit ihrer Herrschaftsbildung veranschaulichen. Beide sind Anführer polyethnischer, überwiegend slawischer Verbände, von militärischen Formationen, die eine hohe Mobilität auszeichnet und deren Kern fürstliche Gefolgschaften, *praetoriani,* bilden.[198] Beide fielen slawischen Konkurrenten zum Opfer, von denen die einen für und die anderen gegen die Franken kämpften.[199] Beide waren Duces unter fränkischer Oberhoheit. Während aber Liudewit dagegen rebellierte, ordnete sich Priwina in das fränkische Lehenswesen ein, um es als Schutz und Legitimierung sowohl gegenüber den fränkischen Mandatsträgern wie gegenüber seinen eigenen Leuten zu gebrauchen.[200] Hingegen war Priwinas Position niemals die eines fränkischen Mandatsträgers im Comes-Rang.

Um 860 wurde Priwina von den Mährern getötet; sein Sohn Chozil folgte ihm nach. Dieser unterschied sich von seinem Vater in einem wichtigen Punkt. Chozil besaß neben seiner vom Vater ererbten Herrschaft über eigenen Grund und Boden sowie neben seiner ebenfalls ererbten Stellung als Dux-Knjaz-Knez auch ein gräfliches Mandat.[201] Dadurch hatte Chozil zwar eine bessere Legitimierung für sein Fürstentum erworben, doch war auch dieser Ordnung keine Zukunft beschieden.

Der Untergang Liudewits wie der Verzicht Karlmanns und seines Sohnes Arnulf, das Priwina-Fürstentum zu erhalten, hatten weitreichende Folgen. Das Scheitern Liudewits leitete die äußere Schwächung Italiens und Friauls zugunsten Bayerns ein und öffnete den Bulgaren den Weg in das slawonische Zwischenstromland. Der um 838 wirkende Sisak-Fürst Ratimar, ein mittelbarer oder unmittelbarer Nachfolger Liudewits, wird ein einziges Mal und da nur in einem bezeichnenden Zusammenhang erwähnt: Er nimmt Priwina, der von den Bulgaren auf fränkisches Einflußgebiet übertritt, in sein Territorium auf. Darin sieht sein Vorgesetzter, der bayerische Ostlandpräfekt, eine Rebellion und überzieht ihn mit Heeresmacht. Schließlich kommt es zur Niederlassung Priwinas und seiner Leute im pannonischen Zentralraum. Als aber Regensburg das Priwina-Experiment nach Chozils Tod nicht mehr fortsetzte, verlor Pannonien seine eigenständige Herrschaft; das bayerische Ostland begann sich aufzulösen. Daran konnte selbst der verzweifelte Versuch nichts ändern, den Sisak-Fürsten Brazlavo 884 zum fränkischen Vasallen zu machen und ihn immer stärker zur Verteidigung Pannoniens heranzuziehen.

Fast ein halbes Jahrhundert lang hatte man von dem »Reich zwischen Drau und Save«, das im Westen bis in den Raum von Zagreb reichte, nichts mehr gehört. Nun sollte im einstigen Herrschaftsbereich Liudewits von Siscia das »letzte Aufgebot« im Kampf um ein fränkisch-bayerisches Pannonien rekrutiert werden. Man versuchte zu retten, was zu retten ging. Es war wenig genug: Als 892 wieder Krieg an der Donau geführt wurde, bot Brazlavo dem Ostfrankenkönig Rat und Hilfe. Und 896 wurde ihm der »Schutz von Pannonien mit der Moosburg« übertragen. Damals empfing der treue Brazlavo den einstigen Sitz Priwinas, Chozils und Arnulfs, nachdem Sisak wohl schon vorher an die Ungarn verlorengegangen war. Um 900 muß auch die Moosburg den Ungarn zum Opfer gefallen sein; gegen die Verbündeten von 892, die bereits 894 Pannonien »bis zur Vernichtung verheert« hatten, besaß die spätkarolingische Ordnung Pannoniens keine Chance. Die gentilen Fürstentümer gingen unter und wurden auch dann nicht erneuert, als die Ottonen Teile des Donau- und Ostalpenraums wiedergewannen. Die Völkerwanderung hatte damit im 10. Jahrhundert – spät, aber doch – auch bei uns ihr Ende gefunden.[202]

VII. Die Mährer

Die vornehmsten Erben der Awaren wurden die Slawen.[203] Als einzigen von ihnen gelang es den Mährern, innerhalb des fränkischen »Hunnenreichs« eine namenbildende Ethnogenese abzuschließen und eine eigene staatliche Ordnung zu gründen. Im selben Jahr 822 nennen die fränkischen Quellen die Mährer zum ersten und die Awaren zum letzten Mal.[204] Auf den Awarensieg Karls des Großen gründeten dessen Nachfolger ihren Anspruch, das Gebiet der Mährer als Teil des Ostfrankenreichs und davon abhängiges Tributärfürstentum zu betrachten, wo ihnen das Recht zur Einsetzung der Herrscher zustand.[205]

Allerdings anerkannte die fränkische Politik die Bedeutung des östlichen Nachbarn. So galt das umfangreiche und erstaunlich widerstandsfähige Herrschaftsgebilde als »Reich der Marav(an)en«. Nach einer Generation der Konsolidierung nahmen die kriegerischen Auseinandersetzungen ab der Jahrhundertmitte an Zahl und Härte zu. Bayern und Mährer führten Krieg miteinander, unterstützten jeweils die Opposition des Gegners und nahmen die Flüchtlinge der anderen Seite auf. Ging die Frau eines vornehmen Franken mit ihrem Liebhaber durch, dann fand das Paar Sicherheit und Schutz bei den Mährern »im äußersten Winkel des Reichs«. Und wenn der Wilhelminer Engilschalk eine Arnulf-Tochter entführte und ehelichte, dann suchte er das mährische Exil in der Hoffnung auf, über die Sache Gras wachsen zu lassen.[206] Mochte sich das »Reich der Maraven« auch in den bedrohlichen Weiten des »Wilden Ostens« verlieren, so war das Fürstentum doch der unmittelbare Nachbar des bayerischen Ostlands und besaß seine Zentren einerseits an der March, wohl in den heute mährischen Orten Mikulčiće und Staré Město, andrerseits im slowakischen Neutra.[207]

1. Moimir I. (um 830–846) und Rastislav (846–870)

Zur Konsolidierung gentiler Einheiten zählen sowohl die Verdrängung von Konkurrenten um die Herrschaft wie die Ausschaltung peripherer Machtzentren. Mit Moimir I. setzte sich spätestens 830 der Repräsentant einer noch heidnischen Herrschersippe durch, die – nach ihrer Christianisierung spätestens um 850[208] – bis zum Ende des Mährerreichs regieren sollte. Die Bayern nahmen nachweisbar von Moimir Notiz, als er am Beginn der dreißiger Jahre den jedenfalls noch nicht getauften Priwina von Neutra aus der Heimat vertrieb. Diese Vorgänge müssen im Zusammenhang eines ausgedehnten Kriegs gesehen werden, wovon neben anderen vor allem der zerstörte Burgwall im Waagtaler Pobedim Zeugnis ablegt.[209]

In die Nachfolgekämpfe verstrickt und auf den reicheren Westen angewiesen, mußte Ludwig der Deutsche bis zur Mitte der vierziger Jahre darauf verzichten, die Politik des Ostlandes selbst zu bestimmen. Erst 846 – drei Jahre nach dem Vertrag von Verdun – griff der ostfränkische König persönlich in Mähren ein. Im Jahr zuvor waren 14 böhmische Fürsten mit ihren Leuten nach Regensburg gekommen und hatten dort am 13. Ja-

Silberne Taufkreuze aus Mikulčice

nuar – in vielsagender Weise eine Woche nach Epiphanie[210] – die Taufe genommen. Im August 846 marschierte Ludwig der Deutsche an der Spitze eines Heeres gegen die Mährer, »die einen Abfall planten«. Der König setzte Rastislav, einen Verwandten Moimirs, als Fürsten ein. Ob Moimir bereits tot war oder als Strafe für den geplanten Aufstand abgesetzt wurde, bleibt ungewiß. Das gleiche gilt für die Frage, ob Rastislav bereits Christ war. Der Rückzug der ostfränkischen Truppen gestaltete sich schwierig; nur unter großen Verlusten – die Westfranken sprachen sogar von einem »Sieg der Feinde« – konnte das königliche Heer über Böhmen die Heimat erreichen.[211] Nach der Absetzung Ratpots, der 854 mit Rastislav paktiert hatte, versuchte sich der König 855 nochmals als Heerführer gegen die Mährer. Die völlig glücklose Invasion hätte um ein Haar in einer Katastrophe geendet. Der König rettete nur mit knapper Not sein Leben. Vielleicht erinnert daran sogar eine Schenkung von Tullner Königsgut an St. Emmeram. Jedenfalls ließ sich Ludwig der Deutsche viel Zeit, bevor er das nächste Mal an Donau, March und Thaya den Feldherrn spielte; und ins Innere Mährens ist der König niemals mehr gekommen.[212]

Mit Karlmanns Ernennung zum Herrn des Ostlandes wäre dem ältesten Königssohn die Aufgabe zugefallen, die fränkische Oberhoheit bei den Mährern durchzusetzen. Bereits 858 sollte er deshalb – nach dem Wunsch des Vaters – einen Kriegszug gegen Rastislav führen. Tatsächlich gingen die beiden ein Bündnis ein, das Rastislav fast ein Jahrzehnt lang ungehindert schalten und walten ließ. Erst 863 verlautete aus Regensburg, der König werde mit Hilfe der Bulgaren gegen die Mährer marschieren. In Wirklichkeit war jedoch das Kriegsziel die Niederringung Karlmanns. Erst im folgenden Jahre 864 ging »König Ludwig im Monat August mit Heeresmacht über die Donau« und belagerte Rastislav in der Burg Dovina. Wo immer man den Ort lokalisiert, ob im slowakischen Devín an der Marchmündung, auf dem niederösterreichischen Leiserberg oder dem Děvín-Maydenberg der mährischen Pollauer Berge, der großangelegte fränkische Angriff fraß sich hier fest; Ludwig der Deutsche begnügte sich mit der Stellung von Geiseln und der Erneuerung des Treueschwurs, bevor er den Rückzug antrat.[213] Damals wirkten bereits die Brüder Konstantin und Method im Mährerreich. Nun gab auch Rom zu, den Namen Rastislav zu kennen, obwohl er sich bereits zwischen 852 und 862 an den Papst gewandt haben muß,[214] um mit dessen Hilfe eine unabhängige Kirchenorganisation aufzubauen.[215] Auf der Mainzer Synode von 852 sprach man vom »primitiven

Christentum« der Mährer, denen man kein schlechtes Beispiel geben dürfe.[216] Die verstärkten Unabhängigkeitsbestrebungen Rastislavs führten 869 zum Bruch mit Karlmann. Während der jüngste Bruder, der spätere Karl III., in Vertretung des kranken Vaters gegen das mährische Zentrum vorrückte, griff Karlmann aus dem östlichen Niederösterreich die Slowakei an. Dabei diente ihm als Basis die erstmals genannte Pfalz von Baden bei Wien, die der älteste Königssohn »mit einer nicht geringen Schar aufsuchte«.[217]

2. Zwentibald I. (871–894)

Die ostfränkisch-bayerischen Heere dürften 869 einigen Erfolg errungen haben, worauf sich Zwentibald I. im folgenden Jahr Karlmann kommendierte und damit den Sturz Rastislavs einleitete. Der Mährerfürst wurde 870 vom eigenen Verwandten überlistet, Karlmann ausgeliefert und von diesem nach Regensburg gebracht. Dort ließ ihn Ludwig der Deutsche blenden, nachdem eine Gerichtsversammlung aus Franken, Bayern und Slawen den Mährerfürsten zum Tode verurteilt hatte. Der Treubruch an seinem Onkel brachte Zwentibald die Herrschaft über alle Mährer.[218]

Im Jahre 870 schloß Zwentibald Frieden mit dem äußeren Feind und gewann die Herrschaft im Inneren. Damals wurde der Fürst Taufpate des Karlmann-Enkels und Arnulf-Sohnes Zwentibold.[219] Kein Zweifel, Zwentibald war ein ebenso geschickter Politiker wie erfolgreicher Feldherr. Selbst Niederlagen und Rückschläge nützte er zu seinem Vorteil und führte Mähren auf den Gipfel seiner Macht. Trotzdem wird man gut daran tun, nicht von einem »Großmährischen Reich« zu sprechen. Der Ausdruck, den vor allem die nationalistische Geschichtsschreibung liebt, besitzt keine zeitgenössische Entsprechung, sondern leitet sich von der »Großen Moravia« des Konstantinos Porphyrogennetos her. Der über die »Verwaltung des Reichs« schreibende Kaiser meinte jedoch mit »groß«, daß ein Orts- oder Ländername entweder »älter« sei oder »ausländisch« zum Unterschied von »klein« im Sinne von »reichsangehörig«.[220] Am kaiserlichen Hof war man sich bewußt, daß die »Große Moravia« außerhalb des Reichs lag.[221]

Rastislavs Sturz schien Karlmann 870 dessen Land zu öffnen; niemals zuvor und danach machten die fränkisch-bayerischen Truppen so viele Eroberungen in Mähren. Selbst der fürstliche Schatz fiel in die Hände des Königssohns. Als aber Karlmann und seine wilhelminischen Helfer auch Zwentibald auszuschalten und aus Mähren fränkische Grafschaften zu machen suchten, da war der Bogen überspannt; der bereits festgenommene Fürst mußte freigelassen werden und stellte seine Herrschaft im gesamten Mährerreich glanzvoll wieder her. Ein während Zwentibalds Gefangenschaft erhobener Mährerfürst, der zuvor Priester gewesen war, wurde offenkundig ohne Blutvergießen kaltgestellt. Gleichzeitig erlitten die bayerischen und ostfränkischen Heere eine Niederlage nach der anderen. Als Ludwig der Deutsche im Jahre 872 Thüringer und Sachsen gegen die Mährer sandte, wurde der Haufen durch die Abwesenheit des Königs derart demoralisiert, daß alle Hals über Kopf davonliefen. Ja, man erzählte sich sogar, alte Weiber hätten fliehende Grafen mit Holzknüppeln vom Pferd geschlagen. Ebenso übel erging es den an der Donau operierenden Bayern; »und keiner entrann von dort außer Bischof Embricho von Regensburg und noch einige wenige andere«.[222]

Darauf trat eine Atempause ein; Ludwig der Deutsche und seine Söhne hatten andere Sorgen, und Karlmann versuchte außerdem Langobardenkönig und womöglich Kaiser zu werden. Im Frühjahr 874 hielt Ludwig der Deutsche mit seinem Sohn ein Treffen zu Forchheim ab. Dabei erschien Zwentibalds Gesandter, der Priester Johannes von Venedig, und unterbreitete im wesentlichen die Friedensbedingungen, die im Vorjahr der Alamanne Bertram zu Bürstadt vergeblich vorgetragen hatte. Bertram war einer der wenigen, die 872 die Gefangennahme durch die Mährer überlebt hatten. Seine Mission scheiterte; der Venezianer Johannes hatte Erfolg. Erreicht wurde die Wiederherstellung des Zustandes vor 870: Mähren wurde gegen eidliche Treueverpflichtung Zwentibalds, die Johannes in dessen Vertretung leistete, erneut ein abhängiges Tributärfürstentum mit völliger Handlungsfreiheit im Inneren.[223] Zwentibald war nun mehr als ein Jahrzehnt Zeit gegeben, um seine Herrschaft auszubauen. Er hatte dabei weitgehend Erfolg; doch mußte er kirchenpolitische Kompromisse insofern schließen, als der Alamanne Wiching Bischof von Neutra wurde. Dies bedeutete nicht bloß die Stärkung der lateinischen Richtung, wogegen Zwentibald weniger gehabt hätte, sondern auch die des fränkisch-bayerischen Elements, das gefährlich werden konnte.[224]

Die Unentschiedenheit Karls III. förderte den Streit, den Markgraf Arbo gegen die »letzten Wilhelminer« ausfocht. Die Geschichte dieser »niederösterreichischen« Kolonisatoren-Familie endete in einer Tragödie. Zwentibald schloß mit Markgraf Arbo ein Bündnis, besiegte in den Jahren 882 bis 884 die Wilhelminer und verwüstete weite Gebiete Pannoniens südlich der Donau bis zur Raab.[225] Noch vor dem Tod Methods im Frühjahr 885 muß ein slawisches Weichsel-Fürstentum, dessen Mittelpunkt wohl der Krakauer Wawel war, die mährische Oberhoheit anerkannt haben; im Jahre 890 verzichtete Arnulf zugunsten Zwentibalds auf Böhmen.[226] Nach den Erfolgen des Jahres 884 fand an der Tulln der Friedensschluß zwischen Karl III. und Zwentibald I. statt. Der Mährerfürst wurde, »wie es der Brauch ist«, der Lehensmann des Kaisers; eine Zeremonie, die seine Eroberungen legitimierte und zugleich aller Welt seinen besonderen Rang vor Augen führte.[227]

Zwentibald I. ist 894 gestorben. Noch in den letzten Jahren vor seinem Tod konnte er sich erfolgreich einer fränkisch-bulgarischen Koalition widersetzen. Er war der erste, aber auch letzte mährische Fürst, dem leibliche Söhne nachfolgen sollten. Offenkundig sah Zwentibald die drohende Gefahr eines Bruderkriegs voraus. Schon die Zeitgenossen wußten von seinen Ermahnungen zur Einigkeit, die aber nichts fruchten sollten: Der Niedergang der Schöpfung Rastislavs und Zwentibalds I. nahm unaufhaltsam seinen Lauf. Noch vor Zwentibalds Tod tauchten die Ungarn als neue Feinde im Osten auf.[228]

Zwentibald ist der erste Mährer, über dessen Persönlichkeit und Charakter ausführlicher geschrieben wird. Allerdings trägt sein Bild die Züge des typischen Barbaren; dahinter verschwinden weitgehend die Motive des Fürsten: Selbstverständlich ist Zwentibald – so will es die traditionelle Ethnographie – hinterlistig und treulos; er betrügt den eigenen Onkel ebenso wie die fränkischen Herrscher. Vor allem Stammesfremden gegenüber ist ein Barbar keine Treue schuldig. Zwentibalds Religion ist verdorbenes Chri-

Mährischer Schmuck: filigranverzierte Ohrringe und Anhänger aus Frauengräbern von Mikulčice, Anfang 9. Jahrhundert

stentum und Häresie. Barbaren besitzen eben nicht die intellektuellen Fähigkeiten, christologische Probleme zu sehen oder gar zu lösen. Als die Methodios-Schüler ihre Sache Zwentibald vortrugen, »verstand der Fürst kaum einen kleinen Teil des Gesagten, denn er war völlig unfähig, etwas von den göttlichen Dingen zu erfassen; einerseits war er nämlich ganz nach Barbarenart, und um es einfach zu sagen, ganz wie ein unvernünftiges Tier erzogen, andrerseits hatte er, wie schon gesagt, sein Denkvermögen unter dem Einfluß der unreinen Lust eingebüßt«. Er bekennt auch seine Unwissenheit und will den Streit dann auf »sportliche« Weise lösen: Er verspricht derjenigen Partei den Sieg, die zuerst vortritt und schwört, die Wahrheit zu sagen.[229]

Nach Barbarenart ist Zwentibald furchtbar in seinem Zorn und entsetzlich in seiner Grausamkeit. Gefangene werden an Händen, Zunge und Genitalien verstümmelt heimgeschickt, und zwar, wie der rechtskundige Chronist präzise vermerkt, ohne daß ihnen die kleinste Spur davon übrigblieb. Für gewöhnlich werden aber überhaupt keine Gefangenen gemacht.[230]

Die Bayern haßten Zwentibald, weil er nicht zu fassen war und sich zu wehren wußte. Die vertriebenen Methodios-Schüler lehnten ihn ab, weil er die lateinische Kirche unterstützte und sich in ihren Augen gegen die lateinischen Franken weder durchsetzen konnte noch wollte. So verteufelten ihn beide Gegner als skythischen Barbaren. Tatsächlich war der Mährer – nach den Maßstäben der Zeit – ein sehr erfolgreicher Fürst. Einmal sprach ihn Papst Stephan V. sogar als »König der Slawen« an, obwohl ihn Rom sonst höchstens »Fürst des Landes« nannte. Zwentibald I. regierte keinen modernen Nationalstaat, sondern herrschte über ein gentiles Fürstentum. Gestützt auf die Machtzentren in den March-Auen – hier lag »die alte Burg« Rastislavs – setzte er seine Macht im gesamten Sudetenraum durch, erfaßte die heutige Slowakei und Südpolen sowie Teile Ungarns und Niederösterreichs. So bestand sein Reich aus einer Kette abhängiger Fürstensitze, die bloß ein moderner Kartograph als Fläche darzustellen wagt. Zu Zwentibalds Erfüllungsstab zählten auch Stammesfremde, wie Graf Gundakar, der Gesandte Johannes von Venedig oder fränkische Krieger.[231] Die Quellen berichten von zahlreichen Mährer-Burgen, die so lange uneinnehmbar bleiben, als die Verteidiger wissen, wofür und für wen sie kämpfen. War es jedoch noch Rastislavs ausschließliche Taktik gewesen, sich hinter diese Befestigungen zurückzuziehen, um die fränkischen Angriffe zu überstehen und den Feind auf dem Rückzug zu überfallen, so ging Zwentibald selbst zum Angriff über.[232]

Unter den mährischen Kriegern werden einmal Pfeilschützen als »Renner und Brenner« erwähnt; in Neutra waren Ostfranken stationiert, die wohl zur militärischen Gefolgschaft Wichings zählten, über die aber Zwentibald ebenfalls Befehlsgewalt ausgeübt haben muß. Auch gab es zahlreiche ostfränkisch-bayerische Flüchtlinge und Überläufer in der Umgebung der mährischen Fürsten. Keiner von ihnen erregte so großes Aufsehen wie der einstige Karantanen-Graf Gundakar, der 869 noch unter Rastislav eine mährische Abteilung »nach Art Catilinas«, *more Catilino,* gegen die eigenen Landsleute führte. Im Angesicht des Kampfes konnte er jedoch weder Schild noch Lanze halten, da der heilige Emmeram seinen Abfall bestrafte. Selbstverständlich ereilte Gundakar der verdiente Tod. König Ludwig der Deutsche ließ alle Glocken in Regensburg läuten, als er davon erfuhr. Die mährischen Vornehmen waren gut beritten und benützten Schilde als Schutzwaffen, wie man aus einer tragikomischen Episode weiß, die an Smetanas »Verkaufte Braut« erinnert: Eine ansehnliche mährische Hochzeitsgesellschaft, die eine böhmische Prinzessin heimführen wollte, geriet unbeabsichtigt in einen künstlichen Engpaß, den die böhmischen Schwäger gegen die Bayern angelegt hatten. Dabei wurden die Mährer von den Bayern überrascht. Hals über Kopf fliehend, ließen sie ihre Ausrüstung zurück; die Bayern erbeuteten 644 aufgezäumte und gesattelte Pferde und die gleiche Anzahl Schilde, die wohl von den Sätteln herabhingen. Zur vollen Ausrüstung zählten auch Lanze und Schwert, letzteres aus der eigenen oder – trotz des karolingischen Embargos – fränkischen Produktion.[233]

3. Das Ende des Mährerreichs (894–906)

In der Nachfolge ihres Vaters traten Moimir II. und Zwentibald II. die Samtherrschaft an. Der ältere Bruder trug den Namen des Gründers der mährischen Fürstensippe, der jüngere den des Vaters. Schreckliche Verheerungen der Ungarn führten wohl im Herbst 894 zu einem bayerisch-mährischen Friedensschluß. Bereits im Sommer 895 kamen »aus dem Slawenland alle Fürsten der Böhmen«, nahmen an der Reichsversammlung teil und erklärten, sie hätten die mährische Oberhoheit abgeschüttelt und würden sich nun wieder der Herrschaft des Königs wie der Bayern unterwerfen. Auf den Abfall der Böhmen erfolgte keine mährische Reaktion; und auch die Übertragung der Moosburg an Brazlavo richtete sich 896 nicht gegen die Mährer, sondern gegen die Ungarn. Erst 897 meldeten die Böhmen nach Regensburg, sie litten schwer unter mährischen Rekuperationen, und baten um Hilfe. Vier Jahre nach dem Tode Zwentibalds I. brach 898 der Krieg zwischen Moimir II. und Zwentibald II. aus. Der Kaiser schickte seine Markgrafen Luitpold und Arbo, um die Partei des jüngeren Fürsten zu ergreifen. Tatsächlich hatte Arbos Sohn Isanrih den Bruderkrieg angestiftet und seinen Vater für die Unterstützung des älteren Zwentibald-Sohnes, Moimir II., gewonnen. Im Jahre 884 hatte der Markgraf den Sohn als Geisel gestellt, worauf Isanrih eine unbestimmt lange Zeit bei Zwentibald I. verbrachte. Damals dürfte der vornehme bayerische Gefangene Verbindung mit Moimir geknüpft haben. Die Ereignisse der Jahre 898 und 899 zeigen nämlich, daß Zwentibald II. die kaiserliche Hilfe erbat, weil ihn sein älterer Bruder von der Herrschaft verdrängte. Als nun ruchbar wurde, daß Arbo und Isanrih hinter den mährischen Wirren standen und entgegen dem kaiserlichen Auftrag handelten, richtete sich der Zorn Arnulfs gegen die beiden. Der Erfolg der Maßnahmen, die der todkranke Kaiser ergriff, hielt sich jedoch in Grenzen. Der Versuch, Arbo abzusetzen, blieb undurchführbar; der in Mautern festgenommene Isanrih konnte entkommen und floh zu Moimir II. Der einzige Erfolg des Mährerzugs von 899 war die Befreiung Zwentibalds II. und seiner Getreuen, die bayerischen Truppen nach der Erstürmung einer mährischen Festung gelang.[234]

Der mährische Bruderkrieg – potenziert durch die bayerische Intervention – mußte auf die Ungarn wie eine Einladung zum Angriff wirken. Bayern und Mährer waren zu sehr an die alte Feindschaft und das gegenseitige Abschlachten gewöhnt, um rechtzeitig die Zeichen an der Wand zu erkennen. So bestritt noch 900 der bayerische Episkopat das Recht des Papstes, die mährische Kirche entsprechend den Wünschen Moimirs II. zu ordnen, und erhob schwere Vorwürfe gegen die Nachbarn. Nicht bloß, daß Mährer bereit seien, ungarische Haartracht anzulegen und damit Ungarn zu werden, hätten sie die Feinde auch gegen die Bayern aufgestachelt. Endlich wurde 901 aber doch Frieden zwischen Ludwig dem Kind und Moimir II. geschlossen. Vermittler des Friedens, der auch für Isanrih galt, war unter anderen der Passauer Bischof Richar, der noch im Jahre zuvor so heftig gegen die päpstliche Mährenpolitik protestiert hatte. Nun war man doch zu einer Änderung der Politik gegenüber Mähren bereit. Als die Ungarn 902 angriffen, wurden sie von Mährern und Bayern gemeinsam zurückgeschlagen. Dieser Sieg hielt nicht lange an; als Regino von Prüm 907 oder 908 seine Chronik schrieb, war der Untergang des Mährerreichs und seiner glücklosen Herrscher Moimir II. und Zwentibald II. besiegelt.[235]

VIII. Die »Deutschen«

Im letzten Viertel des 9. Jahrhunderts war in der bayerisch-slawischen Kontaktzone des Mährerreichs die Němci-Bezeichnung für diejenigen Leute entstanden, die hier bis dahin Franken geheißen hatten. Diese Leute waren aber hauptsächlich von Franken regierte und von Alamannen verwaltete Bayern gewesen. Wer im bayerischen Ostland im Auftrag eines Karolingerkönigs und seiner Großen eine Funktion ausüben wollte, bedurfte dazu eines fränkischen, alamannischen und bayerischen Rechtsbuchs.[236] Bayern besaß jedoch als einziges ostfränkisches Regnum nicht nur eine slawische Kontaktzone, sondern auch eine solche zu romanischen Sprachgemeinschaften. Auch für letztere waren die »Deutschen« zunächst – räumlich wie zeitlich – die Bayern. Die Bedeutungsgeschichte von *teutonicus* und seinem älteren Synonym *theotiscus* lehrt nämlich, daß die beiden Ausdrücke, die ursprünglich bloß der Sprachunterscheidung dienten, in der ersten Hälfte des 9. Jahrhunderts von Romanen erstmals als Volksnamen eingeführt wurden. Niemand zweifelt, daß Němci eine Fremdbezeichnung war, als die slawischen Nachbarn vornehmlich die Bayern meinten, und bis heute geblieben ist, seitdem so die Deutschen von den Slawen insgesamt benannt werden. Für den althochdeutschen oder, besser, altfränkischen Volksbegriff *theotiscus,* »zum Volk gehörig«, scheint dagegen die Qualifizierung als Fremdbezeichnung gegen alle etymologische Evidenz. Tatsächlich war »das Wort *theodiscus* im Zusammenhang mit der Rompolitik Karls des Großen vermutlich im Jahre 774 geschaffen worden«. Die *theoda Frankono,* das Volk der Franken, sprach die *lingua theodisca* im Unterschied zur *lingua Latina* oder *lingua Romana* der Romanen. So gelangte das Wort nach Italien, auch ins päpstliche Rom und in den langobardischen Süden, von wo es – mit geänderter Bedeutung – alsbald wieder den Weg nach Norden antrat. Klar zeigen nämlich Chronologie und Topographie der ersten Belege für die substantivische Verwendung von *theotiscus* und dem jüngeren (klassischen) *teutonicus* als Völkernamen, daß diese Bezeichnungen von außen zu den Stämmen des ostfränkischen Reichs gekommen sind und daher inhaltlich als Fremdbezeichnungen gelten müssen. Allerdings ist es – im Unterschied zur slawischen Fremdbezeichnung – dabei nicht geblieben. Die Ausweitung des deutschen Volksnamens als Selbstbezeichnung zunächst auf Alamannen und Franken und später auch auf die Sachsen ist jedoch erst während des 11. Jahrhunderts und auch dann sehr langsam erfolgt. So konnte man noch um 1170 im oberbayerischen Kloster Tegernsee dagegen polemisieren, daß Alamannen und Alamannien für alle Deutschen und ganz Deutschland verwendet wird, wo doch von den aus dem Osten eingewanderten Bayern »die übrigen Völker Alamanniens die *teutonica lingua* übernommen hätten«.[237] Die Tatsache, daß der latinisierte germanische wie der slawische Name der Deutschen sowohl im 9. wie im 10. Jahrhundert die Bayern meinte und sich erst danach über das gesamte ostfränkische Reich ausbreitete, steht tatsächlich in Analogie wie in Konkurrenz zum Namen der Alamannen, von denen die westromanischen Sprachen ihre Fremdbezeichnung für die Deutschen ableiteten. Daß jedoch *theodiscus* zur Selbstbezeichnung »deutsch« wurde, könnte damit zusammenhängen, daß die Wortbedeutung »zum Volk gehörig« nicht vergessen wurde und damit gentil offen blieb. Die Entstehung von Völkernamen als Fremd- wie Selbstbezeichnungen gibt jedenfalls reichen Aufschluß über die Geschichte des Zusammenlebens der Völker.[238]

Die ursprünglichen »Deutschen« waren für Romanen wie Slawen die Bayern. Germanien hatte zu diesen und den späteren Deutschen eine nicht ungebrochene Beziehung. Der große Kirchenreformer Bonifatius unterschied Germanien von dem südlich der Donau gelegenen Bayern, das auf dem Boden der ehemaligen römischen Provinz Rätien entstanden war. Dafür zählte der klassisch gebildete Angelsachse im Einklang mit der antiken Überlieferung auch diejenigen slawischen Völker zur Germania, die westlich der Weichsel siedelten.[239]

Dagegen stand es für Alamannen und Bayern fest, wie etwa für den »Südtiroler« Arbeo von Freising, daß auch ihre Länder Teil der Germania waren.[240] Der allgemein als »Ludwig der Deutsche« bezeichnete Enkel Karls des Großen erhielt seinen Beinamen im 19. Jahrhundert und verdankt ihn dem seit dem Hochmittelalter üblichen Verständnis von *germanicus* als »deutsch«. Als aber Ludwig schon bald nach seinem Tode *Germanicus* genannt wurde, da hatte sich das Wort noch auf die alte Germania und nicht auf Deutschland bezogen. Damit war gemeint, daß er derjenige der Söhne Ludwigs des Frommen war, der das im wesentlichen rechtsrheinische Teilreich des karolingischen Imperiums beherrschte. Sein »Reich im östlichen Franken«, das Ostfrankenreich, bestand daher nicht nur aus Alamannen, Bayern, Mainfranken, Sachsen und Thüringern, sondern auch aus den verschiedensten slawischen Stämmen vom Baltikum bis zur Adria, ja selbst noch aus den Nachkommen der pannonischen Awaren.[241]

Während des 11. Jahrhunderts vollzog sich die Volkwerdung der Deutschen größtenteils östlich des Rheins, zwischen den Meeren im Norden und der Donau im Süden, also in einem Raum, der traditionell die Germania geheißen hatte. Die eindeutige Gleichsetzung von Germanen und Deutschen ist ein weniger bekanntes Ergebnis des Investiturstreits, geboren aus der Defensive und von den Kaiserlichen als Mittel gebraucht, um im Kampf zwischen Kirche und Reich die eigene Unsicherheit zu kompensieren und auf Angriffe von außen mit Gegenangriffen zu antworten. Dieses schwere Erbe ist dem Germanismus bis zum Ende geblieben.[242]

IX. Die Juden

Die Raffelstettener Zollordnung, die 903/06 in einem heute kleinen oberösterreichischen Dorf an der Donau westlich von Enns aufgenommen wurde, schließt mit der Bestimmung, »die Kaufleute, das heißt die Juden und die sonstigen Kaufleute, müssen, woher sie auch kommen, aus diesem oder einem anderen Land, den rechtmäßigen Zoll sowohl von Sklaven wie anderen Gütern zahlen«. Entsprechend der Bedeutung des Sklavenhandels spricht das Zoll-Weistum ausdrücklich davon; sonst bleibt der Warenkatalog allgemein.[243] Die menschliche Ware bestand hauptsächlich aus Slawen, wie die Route der Händler und das Wort »Sklave« lehren.[244] Christliche und jüdische Kaufleute waren einander gleichgestellt, während die Juden im westlichen Frankenreich manchmal mehr zu zahlen hatten als die Christen.[245] Um 850 hatte der Perser Ibn-Khordadbeh die großräumigen Reisewege jüdischer Kaufleute sowie ihre hervorragenden Sprachkenntnisse erwähnt. An den bayerischen Zollstätten werden vor allem solche Juden vorbeigekommen sein, die griechisch, slawisch und arabisch sprachen.[246]

Die Reisbacher Synode, die 799 unter dem Vorsitz des neuen Erzbischofs Arn zusammentrat, folgte dem römischen Brauch, wonach Bischöfe und Priester verpflichtet waren, am Karfreitag für die Juden zu beten.[247] Wohl nicht Arn, sondern erst sein mittelbarer Nachfolger Liupram (836–859) bat einen ungenannten Grafen, der möglicherweise im bayerischen Ostland amtierte, um die Erfüllung mehrerer Wünsche. Dabei ging es auch um einen jüdischen Arzt, der offenkundig unter den Slawen des Ostlandes lebte. Dieser Mann hatte schon früher einen Suffragan des bayerischen Metropoliten, vielleicht den Passauer Bischof, erfolgreich behandelt. Als der Salzburger Erzbischof den Grafen zum letzten Mal persönlich traf, bat er ihn, den kunstfertigen Arzt zu senden. Nun wird die Aufforderung schriftlich wiederholt; der ärztlichen Hilfe bedürfen sowohl der Salzburger Oberhirte wie abermals der bereits behandelte Bischof.[248]

X. Die Ungarn

Wie in anderen Fällen, so zeigt sich Hinkmar von Reims auch im Falle der Ungarn besser informiert als ostfränkische Quellen. Während diese schweigen, berichten seine Annales Bertiniani zu 862, in diesem Jahr hätten »bisher jenen [ostfränkischen] Völkern unbekannte Feinde, Ungarn genannt, [Ludwigs des Deutschen] Reich verheert«. Erst ein Jahr später vermerken die alamannischen Annalen, »ein Volk der Hunnen habe die Christenheit angegriffen«.[249] Noch aber hinterließ das Vordringen der Ungarn keinen bleibenden Eindruck. Ort ihrer Ethnogenesen blieb bis zum Ausgang des Jahrhunderts die Steppenzone am Schwarzen Meer, wo sie gegen 830 auftraten. Zu Zeiten des Kaisers Theophilos (829–842) erbauten byzantinische Fachleute die Don-Festung Sarkel; die beiden Khazaren-Fürsten hatten um diese Entwicklungshilfe gebeten, da ihr Reich von Nomaden bedroht werde. Wahrscheinlich waren die Angreifer ungarische Streifscharen.[250] Nicht viel später erreichten die Ungarn erstmals die untere Donau, wo sie in eine Rebellion makedonischer Kriegsgefangener eingriffen, die nördlich der Donau angesiedelt worden waren.[251]

Woher die Ungarn kamen und wer sie waren, ist wie jede Herkunftsgeschichte nicht mit einem Satz zu beantworten. Wer solches fordert, überfordert formal das Genus der Origo gentis und stellt inhaltlich falsche Fragen. Die Vielfalt ihrer Namen – den Byzantinern waren sie Türken, sich selbst Magyaren, dem lateinischen Westen Ungarn – weist auf den polyethnischen Ursprung des Volkes hin. Der Kern war wohl ein finnisch-ugrischer Stamm aus dem Gebiet der mittleren Wolga. Die Träger des Magyarennamens traten im Laufe des 7. und 8. Jahrhunderts mit den Wolgabulgaren in Verbindung. Während sich die werdende Völkerlawine durch den Steppengürtel bewegte, schlossen sich nomadische Turkvölker an; doch bleibt ungewiß, ob es diese »Ungarn« waren, die ihren Namen von den bulgarisch-türkischen Onoguren entlehnten.[252] Die Magyaren paßten sich in der Lebedia des Konstantinos Porphyrogennetos an ihre nomadische Umwelt an, wurden aber von dort durch die Petschenegen vertrieben.[253] Die Flüchtlinge fanden Aufnahme im Etelköz zwischen Dnepr, Karpaten und Donaudelta, wo sie unter die Oberhoheit der Khazaren gerieten und viel von deren Herrschafts- und Lebensformen annahmen: Bis kurz nach 900 gab es einen ungarischen Sakralfürsten, der Kende hieß und damit den Namen des dritthöchsten khazarischen Würdenträgers besaß.[254] Damit stimmt die Nachricht überein, wonach Árpád von den Khazaren als Herrscher der Ungarn eingesetzt wurde.[255] Auf dem Weg von der Krim zu den Khazaren wurde der spätere Slawenapostel Konstantin-Cyrill von einer Schar von *Ugri* überfallen, die wie die Wölfe heulten.[256] Unterwerfungen und Überschichtungen sind ethnogenetische Vorgänge, die stets Reaktionen hervorrufen; es kommt zu Aufständen und Spaltungen. Der khazarische Teilstamm der Kabaren fällt vom Khagan ab und schließt sich den Magyaren an.[257]

Die Bedeutung der beiden Gruppen zeigt sich bereits im Jahre 881, als es zunächst im Raum von Wien zu einem Kampf mit den Ungarn und danach bei Pöchlarn zu einer zweiten Begegnung mit den Kabaren kommt. Diese Nachricht der Salzburger Annalen enthält nicht bloß die älteste Nennung Wiens, sondern auch die früheste Erwähnung der Ungarn durch einen bayerischen Beobachter. Wien und die Ungarn traten also gemeinsam in die Geschichte ein; eine Verbindung, die trotz des stürmischen Beginns bis heute anhält. Und noch eins: Die halboffiziellen und sonst sehr genauen Annales Fuldenses lassen sich bis zum Anfang der neunziger Jahre Zeit, ehe sie von den Ungarn berichten.[258]

Die strategischen Planungen der Reichsregierungen in Ost und West machten sehr bald von den »neuen Feinden« Gebrauch; oder sie meinten zumindest, das »skythische« Volk der »Awaren, die nun Ungarn heißen«, gegen unbotmäßige Nachbarn kontrolliert einsetzen zu können.[259] Als König Arnulf im Jahre 892 daran dachte, Zwentibalds Vasallenpflicht einzumahnen, erlebte er eine deutliche Abfuhr. Der Mährerfürst weigerte sich, vor dem König zu erscheinen. Darauf traf sich Arnulf mit Brazlavo und beriet mit ihm eine Strafexpedition gegen die Mährer. Ein beachtliches Aufgebot stand den ganzen Juli über im Feindesland und richtete großen Schaden an. Am allgemeinen Sengen und Brennen während des Erntemonats beteiligten sich zum ersten Mal ungarische Reiter.[260] Ihr Ziel war wohl das mährische Pannonien. Dabei dürften die Ungarn auf den Geschmack gekommen sein, weil sie 894 »ganz Pannonien« verheerten und daher auch das Gebiet ihrer Verbündeten von 892 heimsuchten. Bald darauf vermerkten die Bayern mit ausführlicher Genugtuung, daß die Ungarn schwerste Verluste erlitten, als sie die Bulgaren angriffen. Man wußte sogar, daß es abermals die Petschenegen waren, die das verstärkte Ausweichen der Ungarn nach Westen bewirkt hatten. Auch erhielt der Sisak-Fürst Brazlavo 896 die Moosburg wegen der Ungarngefahr und nicht wegen einer Bedrohung aus Mähren.[261]

Der Ungarnsturm und seine verheerenden Folgen wurden sehr bald König Arnulf und seinen Großen zum Vorwurf gemacht. So rechtfertigte sich Erzbischof Theotmar bereits im Jahre 900 gegen die Anschuldigung der Mährer, er habe mit den Ungarn nach heidnischer Sitte Frieden geschlossen und sie für den Einfall nach Italien mit Geld bestochen. Allgemein werteten die späteren Autoren Arnulfs Mährer-Krieg von 892 als Versuch des Königs, den Teufel mit dem Beelzebub auszutreiben, und schon Theotmar bezeichnete das Bündnis mit den Ungarn als »einmaligen Irrtum«.[262] Man hatte nämlich in Bayern wenig Grund, sich über die Verwüstungen in der Nachbarschaft zu freuen. Als die Ungarn 899/900 in großem Stil die Poebene plünderten, da führte sie ihr Rückweg durch Pannonien. Von hier aus griffen sie noch im Herbst 900 über die Enns aus und verwüsteten »fünfzig Meilen weit« den Traungau. Am 20. November 900 vernichtete Luitpold eine versprengte ungarische Abteilung bei Linz, worauf die Ennsburg errichtet wurde. Im Jahre 901 erlitten die Ungarn eine Niederlage, als sie einen Plünderungszug nach Karantanien unternahmen. Frühestens 902, spätestens aber zwei Jahre später, luden die Bayern den obersten Herrscher der Ungarn, den Kende Kurszán-Cussal, zu einem Gastmahl an die Fischa. Als man sich zu Tische setzte, wurden die Ungarn heimtückisch umgebracht. Alle Mittel schienen gegen sie erlaubt und nötig. Selbst der mährisch-bayerische Gegensatz wurde begraben, und 902 kämpften die alten Feinde miteinander gegen die Heiden.[263]

Blutrünstige, schreckliche Skythen waren diese Ungarn, die rohes Fleisch fraßen, Blut tranken und »die in Stücke zerteilten Herzen ihrer Gefangenen« als Medizin einnahmen. Sie brachten alle Männer und alten Frauen um, trieben die jungen Frauen wie das Vieh zusammen und schleppten sie mit sich fort. Sie waren hervorragende Pfeilschützen und handhabten mit großer Kunst ihre Hornbogen. Kahl geschoren, saßen sie zu allen Zeiten auf ihren Pferden; ihre Weiber waren ebenso wild wie sie selbst. Wer zu ihnen gehören wollte, mußte ihre Haartracht annehmen, was sich offenkundig auch einige Mährer einreden ließen. Die Ungarn heulten wie die Wölfe und verwendeten Wolf oder Hund als Totem, über dem sie Eide schworen. Sie waren die wiederauferstandenen Awaren oder Hunnen. Wenn sie aber Hunnen waren, dann wußte man um ihre Herkunft Bescheid. Widukind von Corvey las im Jordanes, daß die Mütter der Hunnen gotische Hexen, ihre Väter aber die Geister der Steppe seien.[264]

Bereits im Jahre 900 bemerkt ein bayerischer Beobachter, die Ungarn seien von ihrem Traungauer Plünderungszug »beutebeladen nach Pannonien [wohl südlich der Donau], woher sie gekommen waren, heimgekehrt«.[265] Die Landnahme in Pannonien, das die Ungarn bis heute – gegen die europäische Tradition, aber als logisches Gegenstück zum Gebiet jenseits der Theiß – Transdanubien nennen, muß demnach noch der Kende Kurszán-Cussal begonnen haben. Seine Ermordung verschaffte den Bayern eine kurzfristige Atempause. Die Ausschaltung des Kende ebnete aber den Weg für den zweiten Herrscher Árpád und dessen Nachfolger, die ihr Heerkönigtum in den großen Siegen des 10. Jahrhunderts festigten und – trotz der Niederlage von 955 – glänzend behaupteten.[266]

Lebensordnungen

I. Was macht den Menschen?

Auch wenn er einen Hundskopf hätte, den Menschen kennzeichnen im wesentlichen fünf Kriterien: erstens Abstammung von Adam; zweitens runder Kopf und Blick zum Himmel im Unterschied zu einem langgezogenen Schädel, der zur Erde blickt, sowie Sprache und Vernunft im Unterschied zum Bellen und der Instinkthaftigkeit des Tieres; drittens Ackerbau und Viehzucht, Aktivitäten, die Vernunft voraussetzen; viertens Scham, so daß der Mensch sich mit Kleidern bedeckt, deren Herstellung ebenfalls Vernunft verrät; fünftens aber und in ganz besonderem Sinn die Kenntnis von *societatis iura,* das heißt die Beobachtung einer für das Zusammenleben in Dörfern geeigneten sozialen Rechtsordnung. Mit diesen Worten beantwortet der Mönch Ratramnus des nordfranzösischen Klosters Corbie eine zweimal gestellte Anfrage Rimberts bezüglich der Cynocephali, der Hundsköpfigen, die er in seinem Missionsgebiet vermutete. Da Rimbert 865 Erzbischof von Bremen wurde, im Brief jedoch noch als Presbyter angesprochen wird, kann man das Schreiben auf vor 865 datieren.[1]

Den Menschen machen also in erster Linie Recht und Gesetz, *ius et lex,* das heißt sowohl die von einer Allgemeinheit bestimmten Regeln menschlichen Zusammenlebens als auch – in römischer Weise – das religiöse Bekenntnis. Wenn dieses Bekenntnis für Christus abgelegt wird, hat sich der Mensch als Christ entschieden und unterscheidet sich dadurch von den Juden[2] und den Heiden, den Barbaren.[3] Diese großteilige Ordnung sah jedoch in der Theorie die Einheit des Menschengeschlechts in Christus vor, da alle, wie er uns gelehrt hat, beten: »Vater unser, der Du bist im Himmel, geheiligt werde Dein Name.« Diese Einheit umfaßt Menschen aus den verschiedensten Völkern, den verschiedensten Lebensumständen, Mann und Frau, den Edlen wie den Knecht. Sie erwächst aus der Ordnung eines christlichen Reiches, in dem es keinen Unterschied zwischen Heiden und Juden, zwischen Beschneidung und Vorhaut, zwischen Barbaren und Skythen, zwischen Aquitaniern und Langobarden, Burgundern und Alamannen, frei und unfrei gibt, sondern alles und in allen Christus ist. Gestützt auf das Matthäus-Evangelium und den 1. Korintherbrief, beschwor Agobard von Lyon um 817 den

Kaiser, die Einheit des Reiches und die Einheit des Gesetzes für Zeit und Ewigkeit herzustellen und zu bewahren.[4] Die Wirklichkeit sah freilich anders aus. Das frühmittelalterliche Recht beruht auf einer prinzipiellen Ungleichheit. Es unterschied rigoros zwischen Christen und Nichtchristen, zwischen den Angehörigen der einzelnen Völker, zwischen Mann und Frau, die sich so lange doppelten Schutzes erfreute, als sie sich nicht wie ein Mann mit Waffen wehrte,[5] zwischen verheirateter Frau und Jungfrau, zwischen Bub und Mädchen, zwischen Ungeborenem und eben Geborenem, zwischen diesem und dem bereits getauften Kind.[6]

Die religiöse wie ethnische Verschiedenheit drückten Tracht und Brauchtum, Lebensformen und Bestattungssitten aus. Vor allem Haar- und Barttracht konnten, wie bei den Langobarden, geradezu rechtskonstitutiven Charakter annehmen. Des weiteren machte den Unterschied die Herkunft, die besonders in der Fremde thematisiert wurde: Von Bischof Aldrich von Le Mans wird im Westfrankenreich gesagt, er sei vom Vater fränkisch-sächsischer, von der Mutter alamannisch-bayerischer Abstammung gewesen. Seinen Ausdruck fand dieser Unterschied im Recht, das jeder persönlich besaß, das er vor Gericht bekennen mußte und das lange Zeit unbeschadet der regionalen Ordnungen in unserem Raum für jeden Bayern, Alamannen, Churräter, Langobarden, Franken, aber auch Slawen galt. Allerdings hätte sich Aldrich auch im bayerischen Raum für das fränkische Recht seines Vaters entschieden, weil es höheres Ansehen besaß, ein Franke zu sein.[7] Zwischen Bodensee und Plattensee waren daher – neben erschließbaren slawischen Gewohnheitsrechten – vor allem fünf Rechtsbücher, *leges scriptae,* in Gebrauch: überall das fränkische Recht, die alamannischen Rechte und die churrätische Lex besonders im Westen, das Bayerngesetz, die *lex vel eoa Baiuvariorum,* in der Mitte des Raums und das langobardische Recht an seinem Südrand.[8] Wer nach bayerischem Recht lebte, legte Zeugnis als *testis per aures tractus* ab, das heißt, er wurde symbolisch am Ohr gezogen.[9] Sobald Romanen, aber auch Slawen im bayerischen Altsiedelland diesem Ritus unterworfen wurden,[10] waren sie Bayern. Eine karantanische Rechtsgemeinschaft ist mit Sicherheit anzunehmen, jedoch nicht bezeugt. Karantanen könnten rechtlich frühestens nach 828 Bayern geworden sein; doch belegt erst eine Urkunde vom Beginn des 11. Jahrhunderts das Nebeneinander einer bayerischen und einer slawischen Rechtsgemeinschaft im Lande.[11] Diese beruhte auf dem Gewohnheitsrecht, das jedoch niemals aufgeschrieben wurde; und das gleiche gilt für das der Mährer, der Krainer, der slawischen Fürstentümer von Siscia und der pannonischen Moosburg. Auch die Angehörigen des slawischen Kamptal-Fürstentums unterschieden sich noch am Beginn des 10. Jahrhunderts rechtlich klar von den Bayern; sie wurden nicht an den Ohren gezogen.[12]

Den Kern der frühmittelalterlichen Rechtsbücher bildeten Bußtaxenkataloge, die Strafe und Ersatz für materielle Schädigung wie immaterielle Kränkung mischten; eine Rechtsordnung, die als Kompositionensystem bezeichnet wird. Mit der Buße soll dem Geschädigten das grundsätzliche Recht auf Rache, das heißt die Fehde, gleichsam »abgekauft« werden. Allerdings bleiben Leistung wie Annahme der Buße keine bloße Privatsache: Man begnügt sich nicht mit der Wiedergutmachung und Aussöhnung zwischen den Geschädigten und den Schädigern, sondern verlangt auch eine Fiskalbuße,

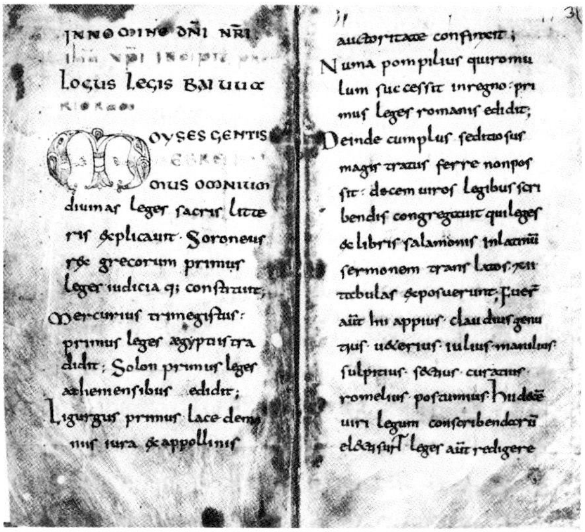
Prolog aus der Lex Baiwariorum in der ältesten erhaltenen Fassung, erstes Viertel 9. Jahrhundert

die der Obrigkeit und dem Richter zusteht. Daher fördert der Gesetzgeber alle Ansätze, die neben dem Schadenersatz die Vorstellung von Sühne und Strafe betonen. So kommt es zur Festsetzung einer Buße, die das Mehrfache des Schadens beträgt. Dazu muß die Obrigkeit versuchen, die Annahme der Buße und damit den Fehdeverzicht zu erzwingen. Grundlage der Buße bildet das »Manngeld«, Wergeld, das den Wert einer Person je nach Rechtsqualität, Alter und Geschlecht festsetzt. Die Kasuistik der Bußkataloge belehrt jedermann schon von vornherein, was er für ein ausgestoßenes Auge und einen abgeschlagenen Zeigefinger einem Freien, einem Freigelassenen oder Knecht zu zahlen habe. Vielfältig sind die Fachausdrücke für Obszönitäten, wie das Betasten von Frauenspersonen. Unter besonderem Schutz steht das Haus des freien wie des unfreien Besitzers; schon das Abbrennen von Badehaus, Backofen und Kochhaus muß geringer gebüßt werden.[13]

Die Rechte der Bayern und Alamannen gliedern sich in drei Teile: Kirchensachen, Herzogssachen und Volkssachen. Nur unwesentlich stört diesen Aufbau der bayerische Titulus III, der die Bußsätze für den Herzog und die Herzogsfamilie gemeinsam mit denen der »Fünf Geschlechter« behandelt.[14]

Mit dem Sturz Tassilos III. verloren die Bayern weder ihre politische Einheit noch das eigene Recht. Vielmehr gingen sowohl die karolingische Gesetzgebung wie die tägliche Praxis von der Lex aus.[15] Allerdings hielt man es noch unmittelbar nach 788 für nötig, das Bayernrecht um die Bestimmung zu erweitern, daß der Herzog bei Befehlsverweigerung gegenüber dem König Herzogtum und Seelenheil verlieren solle; Karl der Große und seine Beauftragten wollten offenkundig ganz sichergehen. Nach Tassilos Sturz war die Garantie des agilolfingischen Herzogtums gegenstandslos geworden. Auch die »Herzogssachen« des Alamannenrechts fielen der karolingischen Restauration zum Opfer.[16] Was immer auch von der überlieferten Lex Romana Curiensis geltendes Recht war,[17] die *lex scripta* der Churräter konnte sich zwar dem fränkischen Einfluß nicht verschließen, behielt jedoch viel von ihrer herkömmlichen Eigenständigkeit. Die Capitula, die Bischof Remedius von Chur gegen 802 zusammenstellen ließ, verwendeten fränkische Rechtswörter und versuchten das »unrömische« Kompositionensystem sowie neue Strafnormen einzuführen; trotzdem bezogen sie sich auf Bestimmungen, die »in unserem Recht niedergeschrieben sind«.[18]

II. Wie frei ist der Mensch?

Nach der normativen Rechtsordnung der bayerischen Lex gab es eine eher fünf- als vierfache Gliederung der Gesellschaft; jede Stufe setzte sich von der anderen durch ein bestimmtes Wergeld ab: An der Spitze stand der Herzog mit seiner Familie; darauf folgten die »Fünf Geschlechter«, von denen im 9. Jahrhundert nur noch die Huosier nachzuweisen sind. Im Zentrum der Gesetzgebung standen jedoch die Freien und Unfreien, **liber, libera et servus, ancilla**; beide waren – abweichend von landläufigen Vorstellungen – sowohl Subjekte wie Objekte des täglichen Rechtslebens. Zwischen die Freien und Unfreien schoben sich als eigene Gruppe an vierter Stelle die Freigelassenen, *frilatz*.

Solange es den Alamannenherzog gab, stand auch er an der Spitze der alamannischen Rechtsordnung. Den nächsten Rang nahm bereits eine dreifach gegliederte Gruppe der Freien ein, die nach wirtschaftlicher Potenz unterschieden wurde. Unter den Freien stehen wie bei den Bayern die Halbfreien und Freigelassenen, darunter die Unfreien. Die Gesellschaft des churrätischen Kirchenstaates gliederte sich in Freie, Freigelassene und Unfreie.

Die Gesetze der Bayern und Alamannen sichern den Freien das Leben, die Freiheit, das Erbgut, ein in der Grundstufe gleich hohes Wergeld, Gerichtsstand und grundsätzliche Verfügungsgewalt zu. Die bayerische Lex garantiert dem »armen (Freien)«, *pauper,* Freiheit, Schutz und Eigentum. Die Verschiedenheit der alamannischen Freien läßt sich am Wergeld deutlich ablesen, wobei das Gesetz der Alamannen für den »Minderen«, »Mittleren« und »Ersten« eine Steigerung im Verhältnis von 160 : 200 : 240 Solidi vorsieht. Beide Leges lassen so gut wie keinen Platz für die *nobiles,* die Edlen, das heißt für eine Gruppe, die sich von den Freien abzuheben begann. Dieser Prozeß wird einmal unter Tassilo III. um 776/77 erkennbar; aber ausgerechnet in diesem Zusammenhang kommt ein bayerischer Fachausdruck vor, der eindeutig zeigt, daß der Herzog der Edle schlichthin ist.[19]

Der Freie besaß »Gewalt über sich«.[20] Er konnte gehen und kommen, wohin, woher und wann er wollte.[21] Der Unfreie durfte dies nicht[22] und war bei seiner Eheschließung vom Willen des Herrn abhängig. Er konnte verkauft werden, sogar – obwohl verboten – außer Landes, zu Heiden und Götzendienern, und mußte womöglich als deren Opfer dienen.[23] Frei und unfrei war man von Geburt; doch konnte die Freiheit verlorengehen oder gewonnen werden. Selbstübergabe an einen Mächtigen oder an die Kirche konnte die Freiheit mindern oder gänzlich aufheben.[24] Wer seine Freiheit nicht verteidigen oder nicht ganz erringen konnte, besaß eine bloß eingeschränkte, ständig bedrohte Freiheit. Sie stand stets dort zur Diskussion, wo sie der Unfreiheit nahekam und daher von ihr unterschieden werden mußte, oder umgekehrt, wo ein bisher Unfreier in die Freiheit entlassen wurde. Gerade in diesem Augenblick zeigt sich die Schutzbedürftigkeit des abhängigen Menschen. Er kann für gewöhnlich auch nach der Freilassung zu den verschiedensten Diensten, ja selbst zur Leistung unfreier Arbeit, zum *opus servile,* gezwungen werden. Auch konnte die Freiheit »auf Bewährung« verliehen werden. Ludwig der Fromme wies Erzbischof Adalram 823 an, keine Hörigen mehr zu Priestern zu weihen. Geeignete Personen sollten vorher mit Zustimmung ihrer Herren vor Klerus und Volk freigelassen werden. Es sollte ihnen aber bewußt sein, daß sie ihre Freiheit wieder verlieren, wenn sie sich als unwürdig erwiesen.[25]

Schließlich gab es die Möglichkeit, daß durch den »Schatzwurf«, die *denariatio* vor dem König, eine Standeserhebung erfolgte, die nicht bloß eine eingeschränkte Freiheit schuf, sondern über die Vollfreiheit hinaus selbst den Zugang zur freien Oberschicht eröffnete. Dafür wurden mitunter große Opfer gebracht.[26] Die Grenzen waren also fließend: Der freie Alamanne, freie Bayer oder freie Churräter waren in gleicher Weise »relative Begriffe« wie ihre unfreien Gegenstücke. Der einzelne Unfreie konnte aufgrund seiner Wirtschaftskraft und Funktionen ebenso verschiedenen Rang besitzen wie ein Freier. Der Chiemgauer Graf Gunther und Gründer Ottings wurde in Salzburger Quellen als »freier Bayer« bezeichnet, besaß also theoretisch dieselbe Rechtsqualität wie der freie Imker, der zusammen mit seiner unfreien Frau und einem anderen, gänzlich unfreien Ehepaar an Mondsee geschenkt wurde. Oder wie ein Schmied im oberbayerischen Ilmtal, der zwar eine unfreie Frau und zwei unfreie Kinder besaß, zugleich aber über 37 Eigenleute, *mancipia,* gebot.[27]

Weil Freiheit und Unfreiheit nicht selten wenig mit den tatsächlichen Lebensverhältnissen des einzelnen zu tun hatten, konnte es sehr wohl geschehen, daß man »draußen im Lande« Entscheidungshilfen benötigte. »Man ist entweder ein Freier oder ein Unfreier; dazwischen gibt es keine dritte Möglichkeit.« Mit diesem Satz läßt Karl der Große eine erbetene Rechtsauskunft begründen. Der Gegensatz frei – unfrei stammte aus der Antike; diese Rechtstheorie lebte als Prinzip in der churrätischen Lex fort, beherrschte das bayerische Recht und die alamannischen Kodifikationen.[28]

Gewiß, die Mehrheit der frühmittelalterlichen Bevölkerung verharrte in der leibeigenen Unfreiheit. Der leibeigene Mann und die leibeigene Frau waren ein **mancipium,** besaßen also eine Rechtsqualität, die schon vom Wort her das Gegenteil von Emanzipation meint. *Mancipium* war grammatikalisch ein Neutrum, eine Sache ohne personales Geschlecht, so daß man in den Quellen von *mancipia utriusque sexus* liest. Aber diese Gruppe bildete weder einen abgeschlossenen Stand, noch war ihr jede Aufstiegsmöglichkeit verwehrt. Zwischen ihr und den Freien kannte die Rechtswirklichkeit eine Mittelschicht, die sich aus Gruppen verschiedenster frühmittelalterlicher Herkunft, grundsätzlicher Abhängigkeit und beiderlei Rechts, aus Freien wie Unfreien, rekrutierte. Aus diesen Gruppen entwickelte sich das hochmittelalterliche Bauerntum, das sich freilich in den Texten und Glossen des 8. und 9. Jahrhunderts bloß in Ansätzen findet.[29]

Die Fülle der Begriffe und Wortgleichungen läßt jedoch den **colonus** als einen besonderen Typus des bäuerlichen Menschen klar erkennen, mögen die normativen Aussagen über ihn auch sehr verschieden bis widersprüchlich sein. Die churrätische Lex erwähnt – noch ganz im spätantiken Sinne – den persönlich freien, jedoch an die Scholle gebundenen Kolonen.[30] Der alamannische Kolone gilt als »Kirchenfreier«, *liber ecclesiae*; sein Wergeld ist nach wie vor die Grundstufe des Freien, steht ihm und den Seinen aber nicht mehr zur Gänze zu. Der alamannische Kolone zahlt das *tributum*; das gleiche gilt auch von dem bayerischen Kolonen, der aber als »Kirchenknecht«, *servus* *ecclesiae,* eingestuft wird. In einem umfangreichen Kolonenstatut sagt die bayerische Lex anscheinend ganz genau, was man von den Kolonen erwartet: Sie geben jeden zehnten Scheffel Korns, zahlen Weidezins nach Landesbrauch, pflügen, säen, machen Heu, gehen, wo dies möglich ist, in den Weinberg, bereiten den Honig und sorgen für den Transport wie die Aufrechterhaltung des Verkehrs. Im Auftrag ihres Herrn reiten sie oder gehen sie zu Fuß, fahren mit dem Wagen bis zu einer Entfernung von etwa 75 Kilometer im Umkreis ihrer Hofstätte. Sie halten die Herrenhäuser in Ordnung, bauen Heuschober, Kornspeicher und Kalköfen. Verfügt der Kolone über eigene Produktionsmittel, so arbeitet er drei Tage für sich und drei Tage für seinen Herrn, der Sonntag gehört Gott. »Hat er allerdings Vieh und Gerät vom Herrn geliehen, dann diene er soviel, wie ihm nach Können auferlegt ist.« Ungerechte Bedrückung aber ist verboten.[31]

Den Kolonen der Leges wie der Urkunden der meisten bayerischen Hochkirchen entsprechen die Salzburger und Niederalteicher **tributarii, tributales**, die schon im Namen die Verpflichtung zur Leistung des *tributum* tragen. Bis gegen 750 werden sie als *Romani tributales* auch ethnisch bestimmt. Je nach Überlieferungsart, ob in der Notitia Arnonis oder in den Breves Notitiae erwähnt, sind entweder ihre Hufen, *mansus,* oder sie selbst zur Zinszahlung verpflichtet. Es stellt sich daher die Frage, welcher Zusammenhang zwischen der Leistung des frühmittelalterlichen und der des spätantiken Tributum, der allgemeinen römischen Reichssteuer, besteht.[32]

Eine weitere Sondergruppe der Abhängigen, die zwischen Freiheit und Unfreiheit stehen, bilden die **Barschalken**. Sie können so reich werden, daß sie nicht bloß über Reichenhaller Produktionsstätten zur Salzgewinnung verfügen, sondern davon auch großzügige Schenkungen machen. Ein andermal sind sie ihrem Besitzer so wenig wert, daß er sie für Unfreie eintauscht. Wie die alamannischen Kolonen gelten sie als Freie, haben aber, »ob Mann oder Frau«, den gleichen Dienst zu leisten »wie die übrigen Unfreien«. Die Wertungsvielfalt mag um so schwerer zu verstehen sein, als es ein eigenes »Barschalken-Recht« gab, das aktueller, häufiger und länger im Gebrauch stand als das der Kolonen. Als letztere bereits in der Masse der Unfreien aufgegangen waren, hebt ein eigenes *ius* die Barschalken immer noch als besondere Gruppe von Abhängigen hervor.[33]

Eine Salzburggauer Spezialität scheinen schließlich die **exercitales** gewesen zu sein, die im Rottachgau und auch anderswo **milites** hießen. Ihre Verbindung mit dem Kriegsdienst ist vom Wort her offenkundig. Sie dürften die institutionellen Nachfahren der persönlich freien, aber an die Scholle gebundenen einstigen römischen Grenzsoldaten gewesen sein. Daher war auch ihre Freiheit gemindert.[34]

Freiheit und Unfreiheit hatte besondere Bedeutung für das Familienleben, für **Eheleute, Eltern und Kinder**. Auch bei der Eheschließung von Unfreien fehlte nicht die Zeremonie der Verhüllung der Braut, wofür der Herr der abhängigen Eheleute zuständig war.[35] Bei ungleicher Ehe folgten die Kinder der »ärgeren Hand«, war die Freiheit der Frau bedroht, während sie der freie Mann nicht verlor. Mann und Frau konnten verschiedenen Herren gehören.[36] In Zeiten, da man sich ehrlich bemühte, die Unauflösbarkeit der Ehe zu vertreten,[37] bildete die Unfreiheit des Mannes einen legitimen Scheidungsgrund. Unter den Unfreien gab es wirtschaftlich starke Personen und Familien:

So wurden Ehen zwischen ihnen und »edlen (freien) Frauen«, *nobiles (liberae),* geschlossen, ohne daß man nach der Rechtsqualität des Mannes lange gefragt hätte. Erst nach der Hochzeit konnte dessen »Knechtschaft« zum Problem werden. Sollte eine bayerische Freie nach der Hochzeit entdecken, daß ihr Mann ein Unfreier sei, »dann möge sie den Unfreien verlassen, und sie wird nachher nicht in Knechtschaft gebracht, sondern ist frei«. Die Alamannen setzten dafür die Frist von bis zu drei Jahren, erlaubten aber selbst dann die Auflösung der Ehe von seiten der Frau, wenn daraus schon Kinder geboren waren.[38] Das sind normative Sätze, die selbstverständlich nichts über die Gewissenskonflikte, das Leid und die Not der davon Betroffenen aussagen. Aber es muß dafür ein Bedürfnis bestanden haben, wenn die Bayern, der Herzog und seine Großen, noch auf der Synode von Dingolfing den entsprechenden Zusatz zu ihrer Lex beschlossen. Soweit die Norm. Im Einzelfall konnte entschieden werden, eine Frau möge samt ihren Kindern frei bleiben und dennoch nicht die Ehegemeinschaft mit ihrem unfreien Mann lösen. Vielmehr konnte sie weiterhin »zu ihm hineingehen, als wäre er ein Freier«.[39]

Die Rechtswirklichkeit spiegeln die Urkunden; daher wirkt ihre Aussage persönlicher, sie kommt uns menschlich näher. Behandelt wird freilich ausschließlich die Frage der unfreien Frau und ihrer Kinder mit einem Freien. Den Herren war das Problem mitunter peinlich: Seine Söhne seien wegen ihrer Mutter dem Freisinger Bischof »ein klein wenig gnädige Knechtschaft« schuldig, so windet sich der Edle Walaram bei der Begründung einer ansehnlichen Schenkung, mit der er seine Kinder freikauft.[40] Einem Mann namens Tenil war die Frau gestorben; der offenkundig kinderlose Witwer »hängte sich von Notwendigkeit getrieben« an eine »unfreie Angehörige des Freisinger Frauenhauses«, *genitialis femina,* und hatte mit ihr einen Sohn. Diesen Buben liebte er so sehr, daß er ihn vom Makel der Geburt befreien und zu seinem vollgültigen Erben machen wollte. Dazu benötigte Tenil die Zustimmung seiner weitverzweigten Verwandtschaft wie die des Freisinger Oberhirten. Während die Sippe offenkundig Tenils Friedelsohn, aber auch seine *amica* aufnahm, mußte die Friedel selbst erst vom Freisinger Bischof freigekauft werden. Der Handel verlief zur Zufriedenheit aller Beteiligten; zwei Jahre später, als Tenil aus Dankbarkeit der Freisinger Kirche eine weitere Schenkung verbriefte, sprach er nicht mehr von seiner Freundin, sondern von seiner Ehefrau. Das Gut, mit dem diese *coniux* (sic) freigekauft wurde, sollte ihr und ihrem Sohn – nach dem Tod des Mannes – »im Dienste der heiligen Maria«, *in servitium sanctae Mariae,* zur lebenslangen Nutzung gehören.[41]

Einen solchen Dienst zu leisten vertrug sich mit der Ehre eines Freien. Ein edler Vasall Mondsees hatte anscheinend das gleiche Problem mit seinen Söhnen; sie gehörten zu den Unfreien des Klosters. Von ihrer Mutter, der die Söhne die Abhängigkeit verdankten, ist nicht die Rede. Mit Hilfe einer großen Schenkung gelang es dem Vater, der Söhne »Lösung von der Knechtschaft« zu erreichen. Wieder wurde bestimmt, daß die Söhne nach dem Tod des Vaters das Freikaufsgut im Dienste Mondsees behalten sollten; doch bestand dieser Dienst bloß darin, »daß sie keine Getreideabgaben noch irgendeinen anderen (rangmindernden) Zins zu zahlen hätten, sondern mit Ehre ehrenhafte Dienste zu tun und von niemandem anders zu tun gezwungen würden«. Die Söhne einer unfreien Mutter sollten also adelige Vasallen wie ihr Vater sein. Ehrenhafter Dienst war wie der Zins aus Lehensgut; beides minderte nicht den Rang des Zinspflichtigen, der selbst ein Graf wie Gerold I. oder Wilhelm I. sein konnte.[42]

Die Frage der Geburt trennte mitunter Blutsverwandte in einer für uns unvorstellbaren Schärfe. Da ist der Fall des Edlen Ratolt, der den Bischof von Freising in sein Haus beorderte, um dort eine gewaltige Schenkung mit nicht weniger als 35 namentlich genannten Hörigen vorzunehmen. Der Edle zählte zur Führungsschicht Bayerns; sein Neffe war Bischof im »Ausland«. Aber Ratolt hat von einer seiner Mägde einen Sohn, den er dem Freisinger Oberhirten und dessen Vogt übergibt, um ihn freizulassen. Ganz am Ende der Carta handelt ein einziger Satz vom »Sohn der Kebse«; eine einfache Freilassung durch die Kirche, keine wirtschaftliche Sicherstellung, keine Verwendungszusage für die spätere Versorgung. Zum Unterschied von Tenil hat Ratolt seinen Sohn offenkundig nicht »mit ungeheurer Kraft in seinem Herzen geliebt«.[43]

III. Wozu ist der Mensch verpflichtet?

In dem von Gott verliehenen Aufgabenbereich ist es die Pflicht des Herrn, zu herrschen. Dabei darf der Herr allerdings niemals auf die Forderung vergessen: *prodesse magis quam praeesse,* mehr zu nützen als an der Spitze zu stehen, wie man es etwa im Kapitel 64 der Benediktinerregel liest; eine Formel, die viele Vorläufer und Nachfolger besitzt.[44] Demgegenüber ist es die Pflicht eines noch so hoch stehenden, aber in irgendeiner Form abhängigen Mannes, zu dienen. Erfolgreiches und rechtschaffenes Dienen verleiht Anspruch auf Belohnung in Zeit und Ewigkeit.[45] Ob die Beziehung zwischen einem Herrn und dem zu einem Dienst verpflichteten Mann durch das Lehensrecht geregelt war oder nicht, das Verhältnis war bestimmt durch die Treue, die zumeist durch den Treueid begründet wurde. Dabei entsprach die Pflicht des Abhängigen der des Herrn und umgekehrt.[46] Verstieß der Abhängige gegen die Treue, beging er die Missetat der Felonie, und wäre die Treuewahrung auch gegen sein eigenes Interesse gewesen.[47] Ebensowenig war der Herr frei, sich von der Treueverpflichtung gegenüber seinem Mann zu lösen, selbst wenn er dadurch Unglück über sich und seine Herrschaft brachte. Ein geradezu antik-tragisches Beispiel dafür bietet das unheilvolle Handeln der Wilhelminer, die zwei Generationen hintereinander ihre Lehensherren Karlmann und Arnulf in einen interessenwidrigen Kampf mit Zwentibald I. verwickelten und dem bayerischen Ostland enormen Schaden zufügten.[48]

Zahlreich waren die Pflichten der Herren wie ihrer Leute, wovon drei Bereiche im besonderen zu nennen sind.

1. Gerichtspflicht

Die Alamannen hatten jeden Samstag ihren ordentlichen Gerichtstag; sollten aber der Graf oder der ihm unterstellte Schultheiß, *centenarius,* es anders bestimmen, dann jedenfalls wöchentlich, wenn »der Friede im Land klein ist«. Waren aber die Verhältnisse besser, dann genügte es, in jeder *centena* alle 14 Tage einen Gerichtstag abzuhalten. Wahrscheinlich umfaßte der Amtsbereich des Grafen mehrere solcher Zentenen. Der Gerichtsort war nicht festgelegt.[49] Hingegen hielten die Bayern nichts von wöchentlichen Sitzungen; sie wollten ihre Gerichtstage, die wohl in den Zentren der Gaue zusammentraten, an jedem Ersten und Fünfzehnten eines Monats haben.[50] Oberster Richter und Vorsitzender des Gerichts war, solange es ihn gab, der Herzog, danach der König. Von ihnen eingesetzte Grafen übten für gewöhnlich den regionalen Gerichtsvorsitz aus und durften die Gerichtstage, *placita,* nicht »wegen der Jagd und anderen Unterhaltungen« versäumen. Allerdings lag in Bayern »die eigentliche Rechtsprechung in den Händen eines besonderen Richters«, der zwar dem Grafen unterstand, sein Mandat aber vom Herzog, später vom König erhielt. Der Iudex bekam ein Neuntel des Streitwerts; er sollte unbestechlich sein und »die Gerechtigkeit mehr als das Geld lieben«. Schwer wurde der ungerechte Richter bestraft. Die Bayern hielten es auch für möglich, daß ein Richter nicht nur aus unlauteren Gründen, sondern irrtümlich falsch urteile. In diesem Fall war er straffrei, sein Gerichtsspruch aber null und nichtig.[51] Der »öffentliche Richter«, *iudex publicus,* mußte, wie es das Gesetz verlangte, rechtskundig sein und seine Sprüche mit der bayerischen Lex begründen.[52]

Das Inquisitionsverfahren mit Zeugenbeweis und Schwur war die wichtigste Form der Rechtsfindung. Allerdings verlangte der Gesetzgeber, der Richter möge »seinen Fall gut kennen und vorher sachgemäß fragen, damit niemand die Wahrheit verheimlichen könne«, bevor die Eidesleistung zugelassen werde. Es sollte nicht vorschnell geschworen werden. »Das aber wollen wir unter den Bayern auf ewige Zeiten streng beachten, daß eine untersuchte und wahrheitsgemäß befundene Rechtssache vom Richter entschieden werde.« Wurde allerdings der Eid zugelassen, dann benötigten Kläger oder Beklagte ihre Eideshelfer.[53] Vor Gericht galt neben dem Zeugenbeweis auch die Urkunde, sofern sie Jahr und Tag genau angab und – wie die Bayern verlangten – die Namen von wenigstens sechs Zeugen trug.[54] Genau legten die Bayern fest, wie eine Verkaufsverhandlung vor sich zu gehen habe, welche Worte zu wählen seien, welche Gesten und Symbole gebraucht wurden.[55] Und wenn im Streitfall Befragung durch den Richter und Eid nichts halfen, dann kam es zum Zweikampf, zum Gottesurteil.[56]

Das Gericht zu besuchen war eine der wichtigsten Verpflichtungen des Freien. Schwer waren die Strafen für den, der sich diesem Zwang entzog.[57] Und das war auch gut so: Wurden König oder Herzog für gewöhnlich bloß in den *causae maiores,* bei todeswürdigen Verbrechen, angerufen, so diente das Grafengericht der täglichen Praxis. Hier wurde die gesamte Bußengerichtsbarkeit, wurden die Streitfälle um Standeszugehörigkeit, Eigentum und Erbe, ja selbst Vergehen gegen die Sonntagsheiligung verhandelt. Solche Fragen gingen alle Freien an, weshalb sie zu kommen hatten, bis die Gerichtspflicht auf zwei- bis dreimal im Jahr eingeschränkt wurde.[58]

2. Heeresdienst

Einen wichtigen Grund für die Verringerung der Gerichtspflicht bildete die Dienstpflicht der wirtschaftlich schwächeren Angehörigen des Heeres. Dieses ist das »Volk in Waffen«.[59] Als 595 zweitausend Bayern gegen Slawen und Awaren fielen, da muß ein ganzes Stammesheer zugrunde gegangen sein,[60] wenn das Bayernrecht bereits 42 »Schilde« einen Heerzug nennt.[61] Eine solche »Armee« konnte schon das nächste Dorf oder einen alleinstehenden Hof überfallen, wie überhaupt die militärische Disziplin, *disciplina hostilis,* im Inland ein größeres Problem bildete als jenseits der Grenzen im Kampf mit dem äußeren Feind.[62] Grundsätzlich war jeder Freie wehrpflichtig; doch befanden sich Unfreie und Minderfreie ebenso in jedem gentilen Heer und auch im karolingischen Lehensaufgebot.[63] So leitet die Gruppe der zum Salzburger Castrum gehörigen *exercitales* ihren Namen ausdrücklich vom Heerdienst ab; und das gleiche gilt von den bayerisch-churrätischen *milites,* wie sie in nichtsalzburgischen Quellen heißen.[64]

Die Ausrüstung des vollbewaffneten Kriegers bestand aus dem Helm, dem doppelt so teuren Panzerhemd, der Brünne, ferner aus Schild, Lanze, Schwert, Kurzschwert, Pfeil und Bogen sowie einem Pferd. Wollte der Krieger dazu auch noch Beinschienen anlegen, so mußte er noch einmal soviel zahlen wie für einen Helm. Schild und Lanze machten davon bloß ein Drittel aus. Die Vollbewaffnung kostete enorme Summen und stellte den Gegenwert von ganzen Rinderherden oder einem Dutzend Höfen dar. Die Folge war eine starke Differenzierung und Ungleichheit der Bewaffnung. Schild, Lanze und Schwert bildeten eine Art »Standard-Bewaffnung« der Völker des Frankenreichs.[65] Im Salzburggau gab Mondsee für einen Grundtausch neben Vieh auch zwei Pferde, einen Schild und eine Lanze.[66] Der Freisinger Bischof überließ seinen Vertragspartnern neben Feldern und Wiesen »ein Pferd mit Schild und Lanze«.[67] Ein Kriegspferd sollte ein »edles Roß«, ein *caballus honestus,* sein; nicht jeder Ackergaul eignete sich dazu, »gegen den Feind zu ziehen«.[68] Die Mährer, die einmal im unwegsamen Gelände zu Fuß fliehen mußten, ließen Pferde und Sättel zurück.[69] Von einem Mann wie Graf Ratolt durfte man erwarten, daß er »männlich mit dem Schwert gegürtet« unter die Leute trat.[70] Die Höfe des Königs wie die der Reichskirche produzierten die meisten und besten Waffen. So kennt der Klosterplan von St. Gallen die Werkstätten der Schwertfeger, Schildmacher und Eisenschmiede. Waffen wurden aber auch von Klöstern erworben. Ein Mann aus dem Salzburggau bekräftigte eine Schenkung an Mondsee mit der Übergabe eines goldverzierten Sattels und eines Panzers. Dagegen war es verboten, eine Brünne in Nonnenklöstern zu deponieren.[71]

Die Katastrophe, die der bayerische Heerbann 595 erlitt, ereignete sich – nach Anfangserfolgen gegen die Slawen – »durch das Eingreifen des Khagans«; offenkundig waren die bayerischen Fußkrieger zwar imstande, mit den slawischen Fußkriegern fertig zu werden, konnten aber den awarischen Reitern keinen Widerstand bieten.[72] Über die Gründe der mindestens gleich großen Niederlage, die 907 die Bayern zu Preßburg erlitten, fehlen jegliche Angaben. Das bayerische Aufgebot bestand damals längst nicht mehr nur aus Fußkriegern, sondern muß wie ein fränkisches Reiterheer ausgesehen haben. Auch waren die Ungarn vorher von den Bayern geschlagen worden.[73] Mehrfach ist von bayerischen Donauflottillen die Rede; die Schiffe wurden vornehmlich flußabwärts eingesetzt, um Truppen und Material zu transportieren. Allerdings ist auch ein Fall bekannt, daß man von den Booten aus ein Uferkastell angriff.[74]

Karolingisches Schwert (um 800), gefunden in Niederösterreich

Das polyethnische Heer der Freien samt ihren unfreien Gefolgsleuten konnte mit der gewaltigen Ausweitung der Kriegsschauplätze – Bayern kämpften in Aquitanien, Sachsen, Franken und Alamannen an der Donau und Drau, Alamannen im Alföld[75] – und mit der enormen Verteuerung der Kriegstechnik nicht Schritt halten. Immer größer wurden die Zahlen derjenigen Freien, die man nur bei Landesnot aufbot, sonst aber zur Ausrüstung eines Kriegers heranzog.[76] Dazu kam, daß der Reiterkampf so lange ein tägliches Training erforderte, als der betreffende Krieger, ausgerüstet mit Schild, Lanze und Schwert, zum Einsatz kam.[77] Der minderbewaffnete Freie mochte in den Fluchtburgen, deren Zahl sich am Ende der Karolingerzeit vermehrte,[78] gute Dienste tun. Das Heer wurde aber in zunehmendem Maße von den Großen und ihren Leuten, ihren freien wie unfreien Vasallen gebildet. Dem Aufgebot der Reichskirche kam dabei eine immer größere Bedeutung zu. Die Stellung, die nun Lehensabhängigkeit und Funktion des einzelnen im gesellschaftlichen Leben besaßen, hatte viel vom Gegensatz frei – unfrei aufgehoben.[79]

3. Lehensdienst

Die Elite der freien wie der unfreien Bevölkerung stand im Dienste des Herrschers, war seiner Muntgewalt unterworfen. Dies galt für die Herzogszeit ebenso wie für die karolingische Epoche. In Dingolfing wurde 776/77 verfügt: Wer einen von den Herzogsleuten tötete, verlor sein Eigengut, so als hätte er eine der drei Untaten – Angriff gegen den Herzog, Landesverrat, Auslieferung einer Burg an Fremde – begangen, die dafür bisher in der Lex festgeschrieben waren.[80] Für eine besondere Gruppe der Unfreien im Herzogsdienst gab es sogar einen bayerischen Fachausdruck: Die *servi principis* hießen in der Volkssprache *adalscalhae,* sie waren die Knechte des Edlen, des fürstlichen Herzogs.[81] Wenn die karolingische Reichsbevölkerung vereidigt werden sollte, waren alle männlichen Personen ab dem zwölften Lebensjahr dazu aufgerufen, und zwar alle Leute freier und abhängiger Rechtsqualität bis hinunter zu den ins Lehenswesen als schwerbewaffnete Reiterkrieger eingebauten Unfreien.[82]

In der zweiten Hälfte des 8. Jahrhunderts war die Entwicklung des karolingischen Lehenswesen aus vielfachen Wurzeln zu einem ersten Abschluß gekommen. Dabei wurden nicht nur die wirtschaftlichen Grundlagen der Institution, sondern auch das Verhältnis von Herrschaft und Abhängigkeit geregelt. Das Kapitulare, das Karl der Große 779 in Herstal erließ, legte fest, daß diejenigen Lehensträger, darunter vor allem seine eigenen Königsvasallen, die ihre Lehen auf Kosten der Kirche erhalten hatten, 20 Prozent der Einkünfte an die Eigentümer zu erstatten hätten. Bei aller Anerkennung der Kluft, die zwischen normativen Quellen und der Rechtswirklichkeit bestehen kann, markiert doch das Kapitulare von Herstal die Ablösung des älteren merowingischen Benefizialwesens, das im bayerischen Agilolfingerherzogtum eine Spätblüte erlebte, durch das Lehenswesen der Karolinger. Der Kirche blieben die Eigentumsrechte gewahrt, auf die sie im Falle echter Not pochen konnte, um ihre Güter oder Teile davon zurückzuerhalten. Oder mit anderen Worten, ein lehensrechtliches *ius in re aliena* wurde nicht als Entfremdung angesehen, da dieses Recht nur einen Besitzanspruch (*possessio*) verlieh, die Eigentumsverhältnisse (*dominium, dominatio*) aber unberührt ließ. Eine derartige Differenzierung ist zweifelsfrei römisch-rechtlichen Ursprungs. Als Trägerin eines solchen Rechtsdenkens kam nur die Kirche selbst in Frage. Davon konnten aber auch die weltlichen Lehensgeber profitieren.

Das ältere Benefizialwesen der Merowinger und Agilolfinger kannte die Schenkung zu beschränktem Eigentum. Solche Schenkungen wurden im agilolfingischen Bayern aus der *causa dominica,* aus dem Herzogsgut, vorgenommen und hießen ebenfalls Benefizien, Wohltaten. Der Herzog behielt sich bei Veränderung der Besitzverhältnisse das Konsensrecht vor. Damit hatte er ein wirksames Herrschaftsinstrument in Händen. Minderfreie, Freie, Grafen, ja sogar einzelne Bischöfe hatten bei Schenkungen aus dem herzoglichen Benefizialgut die Erlaubnis des Herzogs zu erwirken. Andrerseits hatte Tassilo III. auf der Synode von Dingolfing jene eigentumsbegründenden Benefizien mit Treuevorbehalt für erblich erklärt. Als nach dem Sturz Tassilos III. Bayern unmittelbar in die Herrschaft Karls des Großen überging, setzte sich das klassische Lehenswesen fränkischer Prägung daher nicht völlig durch. Mit einen Schlag verschwinden zwar die Konsensschenkungen aus agilolfingischen Benefizien. Aber bis ins 10. Jahrhundert kommen Landschenkungen vor, die beschränktes Eigentum begründen, indem der Begünstigte die Schenkung nur auf Lebenszeit und dementsprechend unter der Auflage der Unveräußerlichkeit und der Unvererbbarkeit erhielt.[83]

Das Verhältnis von Herrschaft und Abhängigkeit, von Herr und Gefolgsmann, wurde zwar im wesentlichen durch das fränkische Lehenswesen dargestellt. Je mehr man sich jedoch vom Rhein gegen Osten entfernte, desto lückenhafter blieb dieses System und ließ Raum für andere, weniger deutlich faßbare Formen, die erst zwei Jahrhunderte später bei der Entstehung der Ministerialität zum Ausdruck kommen sollten.[84]

IV. Wie kann sich der Mensch ändern?

1. Heidnische Überlieferung und Magie

Um 400 hört man zum letzten Mal vom aggressiven Heidentum einheimischer »Hinterwäldler«,[85] während heidnische Praktiken zu Severins Zeiten unter den Römern bereits als Normbruch galten.[86] Der heilige Columban kam zu den »Völkern der Sueben« und fand unter ihnen Christen, Wodansverehrer und »getaufte Heiden«, das heißt Leute, die nur dem Namen nach Christen waren.[87] Ebenso hielten es die Bayern: Noch Bonifatius mußte den Eindruck gewinnen, als ob bei den »Völkern dieser Gens«[88] jeder nur denkbare Mißwuchs am Stamm der römischen Kirche gedieh, als ob alles, was der gestrenge Angelsachse verabscheute, hier fröhliche Urständ feierte. Für ihn galten Alamannen und Bayern als – im besten Fall – »ungebildete, dem Fleische nach lebende Menschen«, *carnales homines idiotae,* die man vor Heiden, Häretikern und nicht zuletzt vor wandernden Iren schützen müsse. Bonifatius hatte mit Priestern zu tun, die den Heidengöttern opferten, Opferfleisch aßen und dennoch die Taufe spendeten.[89]

Tatsächlich war man im nachbonifatianischen Bayern der Meinung, die eigenen Vorfahren seien erst in der Zeit Herzog Theodos dem Heidentum entrissen worden;[90] eine Überzeugung, an welche die noch vor 800 entstandene Legende von Ruperts Theodo-Taufe anknüpfen konnte.[91] Die Wirklichkeit sah differenzierter aus: Das Heidentum wurde weder ausgerottet noch gar verfolgt; es verlor allerdings schon im 6. Jahrhundert seine soziale und politische Verbindlichkeit. Damit verschwand die Überlieferung von der göttlichen Abstammung der Gens der Bayern und der Agilolfinger, die Vorstellung von einer im Kult immer wieder erneuerten Rechts- und Religionsgemeinschaft der Lebenden und Toten. Vielleicht enthielt das Szepter Tassilos III., »ein Stab, an dessen Spitze das Bild eines Menschen war«, die Erinnerung an göttliche Ahnen. Jedenfalls mußte die Insignie 787 ausgeliefert werden, als sich der Herzog dem Frankenkönig unterwarf.[92] Heidnische Überzeugungen gab es im Boruth-Karantanien bis in die zweite Hälfte des 8. Jahrhunderts,[93] bei den Awaren noch um 800,[94] im Mähren Moimirs I.[95] und – über das Ende des Frühmittelalters hinaus – bei den Ungarn Pannoniens.[96] Die Agilolfinger wurden dagegen bereits im 6. Jahrhundert samt ihrer Tradition verchristlicht. Dafür spricht – neben dem Zeugnis über die katholische Herzogstochter Theodelinde – auch der Prolog der Bayern-Lex, ein Zeugnis des 8. Jahrhunderts, das zumindest unter starker agilolfingischer Mitwirkung entstand. Hier heißt es, der Merowingerkönig Theuderich I. (511–534) habe mit der Verbesserung des heidnischen Gewohnheitsrechts der Alamannen und Bayern begonnen, Childebert II. (575–595) sei ihm darin gefolgt, und Chlothar II. (584–629) habe das Unternehmen beendet.[97]

Nun ist ein »Theuderich I. als Gesetzgeber für Bayern nach unserem Wissen schlecht vorstellbar«;[98] die geschichtliche Aussage des Prologs ist historisch daher so zu verstehen: Im Gegensatz zur kirchlichen Überlieferung bewahrten die Leges die Erinnerung, daß die alamannisch-bayerische Christianisierung bereits im 6. Jahrhundert begann. Allerdings müssen das Bayernrecht und seine Ergänzungen noch in der zweiten Hälfte des 8. Jahrhunderts heidnische Praktiken bei Begräbnissen und Eidesleistungen als Mißbrauch anprangern: Falsche Richter hätten solche Gesetze aufgestellt, und im Sprechen bestimmter Eidesformeln bei der Anklageerhebung, *stapsaken,* »finden wir aus alter heidnischer Gewohnheit heidnischen Gottesdienst«.[99]

Das Christentum bekämpfte die heidnischen Mächte, sprach ihnen aber ihre Realität nicht ab, sondern verurteilte sie als Dämonen und ihr Wirken als magische Kräfte. Auf der Reise,[100] zur Erntezeit, bei Krankheit und im blutigen Kampf fühlte sich der Mensch ganz besonders bedroht und ausgesetzt, mehr als sonst des Schutzes bedürftig. Dann bediente er sich mitunter magischer Praktiken von solcher Gefährlichkeit, daß die Öffentlichkeit dagegen einschreiten mußte. Schwer wurde das zauberische Verderben der Ernte, *aranscarti,* bestraft. Auch sollte beim gerichtlichen Zweikampf, *uuehadinc,* das Los nicht eher gezogen werden, als beide Kämpen, *campiones,* gerüstet waren, »damit nicht vielleicht durch Lieder oder teuflische Machenschaften oder magische Künste ein Hinterhalt gelegt werde«.[101]

Früh schon haben Konzilien und kirchliche Bücher die Anwendung von Beschwörungen und zauberischen Mitteln bei der Behandlung von Kranken verboten. Auch stand zu befürchten, daß man mit Chrisam, mit heiligem Öl, medizinische Kuren, Gegenzauber, ja Schadenzauber betreibe.[102] Die Kirche auf der Holzwiese von Gars-Thunau wurde zerstört, als die Slawenburg wohl um die Mitte des 10. Jahrhunderts in Flammen aufging. Aber die Frauen begruben ihre ungetauften, ihre »Unschuldigen Kinder«, weiterhin bei den Ruinen der »Slawenkirche« im Wald.[103] Das ältere Alamannenrecht setzt die *herbaria,* die kräuterkundige Frau, der

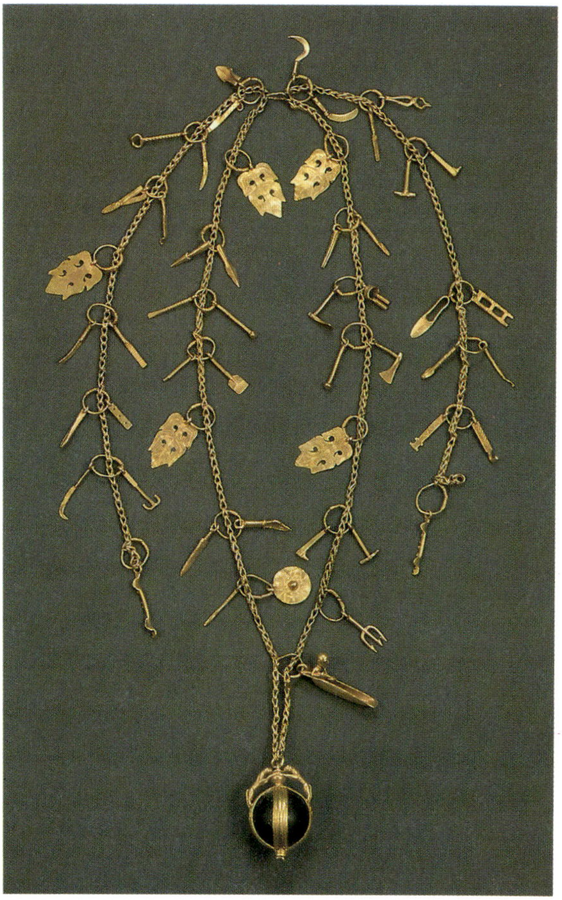

Goldene Ehrenkette mit 52 Anhängern, Szilágy Somlyó, um 400. Der zentrale Brustschmuck, eine Rauchtopaskugel, auf der zwei Panther stehen, und der Anhänger in Form eines Kahnfahrers weisen auf den magisch-religiösen Charakter der Kette hin.

Merowingische Hiebschwerter und Goldblattkreuz aus Grab 97 in Linz-Zizlau, 7. Jahrhundert

Hexe gleich. Die Volksmedizin und ihre heidnischen Überlieferungen wurden gesellschaftlich geächtet und als Kulturgut der Unterschicht abgewertet, mag sich selbst eine bayerische Herzogin darauf verlassen haben: Corbinian verprügelte ein altes Bauernweib, das den Sohn Grimoalds und der Pilitrud mit »verdammenswerten Zaubersprüchen und betrügerischen Künsten« wieder gesund machte. Obwohl die Frau im Rufe der Zauberei stand, traf sie der Heilige in Begleitung mehrerer Männer, die ihr wertvolle Lebensmittel, Fleisch und andere Geschenke sowie ein Stück Vieh nachführten. Der Zusammenstoß mit dem bayerischen »Kräuterweib« führte zur Entzweiung zwischen dem Heiligen und dem Herzogspaar, und selbstverständlich war des kleinen Herzogssohns Heilung bloß eine scheinbare. Die Zauberkünste konnten ihm sein Leben nicht retten.[104] Als Kaiser Arnulf 899 vom Schlag getroffen wurde, machte man dafür zwei Männer und eine Frau verantwortlich und beschuldigte sie der Giftmischerei. Die Frau wurde als »Anstifterin des Verbrechens« überführt und gehenkt.[105] Zur gleichen Zeit hörte man von den Ungarn, sie nähmen menschliche Herzen als Medizin ein.[106]

Alamannisch-bayerisches Heidentum bezeugen die Missionen Columbans und des Eustasius aus Luxeuil. Darin unterschied sich aber die Situation der rechtsrheinischen »Außendukate« in nichts von der neustrischen Francia, wo während des 7. Jahrhunderts noch zahlreiche Heiden lebten.[107] Die alamannischen Krieger, die 539 gotische Frauen und Kinder dem Flußgott Po opferten, waren ebenso aggressive Heiden wie die erulischen Eroberer von Ioviaco.[108] Im allgemeinen herrschte aber bis zum Ende des 7. Jahrhunderts ein eher toleranter, wenn nicht indifferenter bayerisch-alamannischer Synkretismus. Eine solche Haltung galt den Franken als typisch »gotisch«; demnach wurde ein Westgote nicht bestraft, wenn er beim Vorbeigehen sowohl heidnischen Altären wie christlichen Gotteshäusern seine Reverenz erwies.[109] Einen ähnlichen Synkretismus erlebte Columban im alamannischen Bregenz des beginnenden 7. und Emmeram

Riemenzunge aus Silberblech mit Fruchtbarkeitssymbolen, Grab 7, Linz-Zizlau, 7. Jahrhundert

Verschlungenes Menschenpaar auf einer bronzenen Zierscheibe aus Grab 139, Linz-Zizlau, 7. Jahrhundert

in Bayern am Anfang des 8. Jahrhunderts; »denn wie ihre Väter tranken sie mit ihren Kindern aus demselben Kelch die Minne Christi und der Dämonen«.[110] Grabbeigaben sind Zeugen für diesen Synkretismus. Dort, wo heute die Vereinigten Österreichischen Eisen- und Stahlwerke stehen, lag früher das Dorf Zizlau bei Linz. Als hier die Betriebe errichtet wurden, entdeckte man ein bayerisches Reihengräberfeld, das zu den wichtigsten seiner Art auf heute österreichischem Boden zählt. Sein Inventar belegt für das 7. Jahrhundert die Siedlungen der Bayern an ihrer Ostgrenze und illustriert deren intensive Beziehungen zum fränkischen Westen, zum langobardischen Süden und zum awarisch-slawisch-byzantinischen Osten. Ein Grab (97) barg die Überreste und Beigaben eines Kriegers, dem neben anderen Kostbarkeiten sowohl ein merowingisches Hiebschwert wie ein langobardisches Goldblattkreuz auf die letzte Reise mitgegeben wurden. Das aus zwei Blattstreifen zusammengesetzte Kreuz – das einzige, das bisher in unserem Land gefunden wurde – war ursprünglich auf einem Gesichts- oder Leichentuch aufgenäht gewesen. Es kennzeichnet seinen Träger als Mitglied einer bereits christlichen Oberschicht, die jedoch noch immer die heidnische Grabbeigabensitte übte. Auch wirkten die Vorstellungen der alten Religion nach. So sind die Riemenzunge und die Krötenschnalle aus einem anderen Grab (7) oder das Menschenpaar auf einer durchbrochenen Zierscheibe (Grab 139) ganz von heidnischen Fruchtbarkeitssymbolen bedeckt oder stellen solche dar.[111]

2. Erziehung

Unbeeindruckt von allen Enttäuschungen blieb der sokratische Optimismus erhalten, lebte die Hoffnung fort, der Mensch könne durch Erziehung verändert, ja verbessert werden. Tatsächlich bildete die schärfste Waffe im Kampf gegen Heidentum, Synkretismus und Häresien das Angebot der Kirche, die Kinder der Oberschicht als Christen zu erziehen, ob diese nun Geistliche wurden oder nicht. Schon zu Ruperts Zeiten gingen junge »Oberalmer« in die Schule von St. Peter.[112] Die beiden Karantanenprinzen Cacatius und Cheitmar wurden in Bayern von Salzburger Geistlichen erzogen.[113] Der spätere Salzburger Oberhirte Arn erfuhr seine Grundausbildung zu Freising;[114] und um 800 schickte ein Innviertler Vater seine beiden Buben nach Passau, »um dort die Buchstaben zu lernen«.[115] Die Bemühungen, vor allem den zukünftigen Klerus besser zu erziehen, hatten erst nach Generationen Erfolg. Bonifatius machte aus den schlechten Lateinkenntnissen eines bayerischen Priesters eine große Affäre,[116] und am Beginn der Awarenmission war klar, daß man bei den Völkern Pannoniens mit schriftunkundigen Geistlichen, *inlitterati clerici,* zu rechnen habe.[117]

Die Hebung des geistlichen Bildungsstandes mußte daher die vornehmste Aufgabe der nächsten Jahrzehnte sein. Was Männer wie Virgil in Salzburg begannen,[118] versuchte um 800 die karolingische Kirchenpolitik allerorten durchzusetzen. So wurden als »Lernziele der Priesterausbildung« formuliert: Vor der Priesterweihe war ein Minimum an theologischem Wissen zu prüfen, und Unwissenheit galt wie Unsittlichkeit als Grund für den Ausschluß aus dem Priesterstand. Der zukünftige Priester sollte das Credo und das Vaterunser verstehen, die Bußbücher und die Vorschriften für den Gottesdienst anwenden sowie das Evangelium lesen und erläutern können. Die Taufe war ordentlich an den beiden »rechtmäßigen Tagen«, Ostern und Pfingsten, zu spenden. Man hatte die Canones zu kennen, aber auch die Kunst zu verstehen, Urkunden und Briefe zu schreiben. Nicht zuletzt aber bestand die Verpflichtung, verständlich in der Volkssprache zu predigen; ein Punkt, der die Kenntnis der entsprechenden lateinischen Literatur voraussetzte.[119] Große Bedeutung besaß die Beherrschung des Kalenders, *computus,* für die korrekte Berechnung des Ostertermins und der davon abhängigen Einteilung des Kirchenjahres in Fastenzeiten und Feste. Leicht konnte dabei selbst der Frömmste fehlen, wenn ihm die Mathematik einen Streich spielte.[120] Die Leistungen kultureller Zentren, wie der Schulen von Salzburg, Passau, Mondsee, Kremsmünster, Freising und St. Gallen, bewirkten in unserem Raum die Erreichung wie die Erhaltung eines hohen spirituellen, intellektuellen wie künstlerischen Niveaus.

Das gleiche gilt von der »wissenschaftlichen« Medizin, die sich deutlich von den magischen Praktiken und ihren vornehmlich weiblichen Adepten[121] absetzte. Allerdings waren gelehrte Ärzte selten und teuer. In der ersten Hälfte des 9. Jahrhunderts ordinierte im bayerischen Ostland ein hervorragender jüdischer Arzt, den die Spitzen des bayerischen Episkopats zu konsultieren pflegten.[122] Die letzten Karolinger erfreuten sich nicht gerade einer guten Gesundheit. Kein Wunder, daß selbst die Diplome Karls III. und Arnulfs von den Leibärzten der Herrscher und Herrscherinnen sprechen. Der Arzt Karls III. stand mit St. Gallen in Verbindung, die Kaiserin Angilberga suchte ärztlichen Rat bei einem *abbas et medicus,* und der Leibarzt Arnulfs war ein Priester der Kirche von Metz.[123] Die Ärzte wußten nicht nur, daß Alkoholexzesse der Gesundheit schaden,[124] sondern wagten sich sogar an Schädeloperationen.[125]

Die karolingische »Renaissance« war keine Renaissance. Trotzdem barg die von ihr angestrebte formale wie inhaltliche Verbesserung, *emendatio, correctio,* des traditionellen Wissensgutes eine große Hoffnung. Der Mensch wußte sich bedroht von den Mächten der Unterwelt und ausgesetzt den Kräften der Verwirrung und Magie, ungeschützt gegenüber Friedlosigkeit, Gewalt, Hunger, Krankheit und Tod. Heilung konnte man davon nur in der Reinigung der Überlieferung finden, in ihrer Aufbereitung als lehrbare und lernbare Weisheit. Damit ausgerüstet, durfte man auch die Errichtung eines christlichen Reichs hier auf Erden erwarten, in dem Ordnung herrschte und die Zersplitterung des Rechts aufgehoben war. Ein Problem, an dem selbst ein Karl der Große nach seiner Kaiserkrönung gescheitert war, wollte nun eine besser gebildete Generation mit Hilfe der Schrift und der guten Tradition lösen.[126]

3. Monastische Reform

Die Gründungsurkunde Innichens nennt als Stiftungszweck die Heidenmission.[127] Obwohl nur in diesem Fall ausdrücklich erwähnt, galt diese Verpflichtung für alle Klöster des Raums, waren sie nun Sitz eines Bistums oder nicht. Nahm man die Mission ernst, blieb die benediktinische *stabilitas loci* eine unerfüllbare Forderung. Virgil sandte seine Brüder, hauptsächlich Mönche, dazu den einen oder anderen Kleriker, zu den Kirchen und abhängigen Klöstern in einem Raum, der sich vom Inn im Westen bis zur Drau und Mur im Osten erstreckte. Mag auch der Widerstand gegen die Annahme der reinen Benediktinerregel allgemein fränkisch und keineswegs auf unser Gebiet beschränkt gewesen sein, so hatte hier die Verzögerung nicht zuletzt praktische

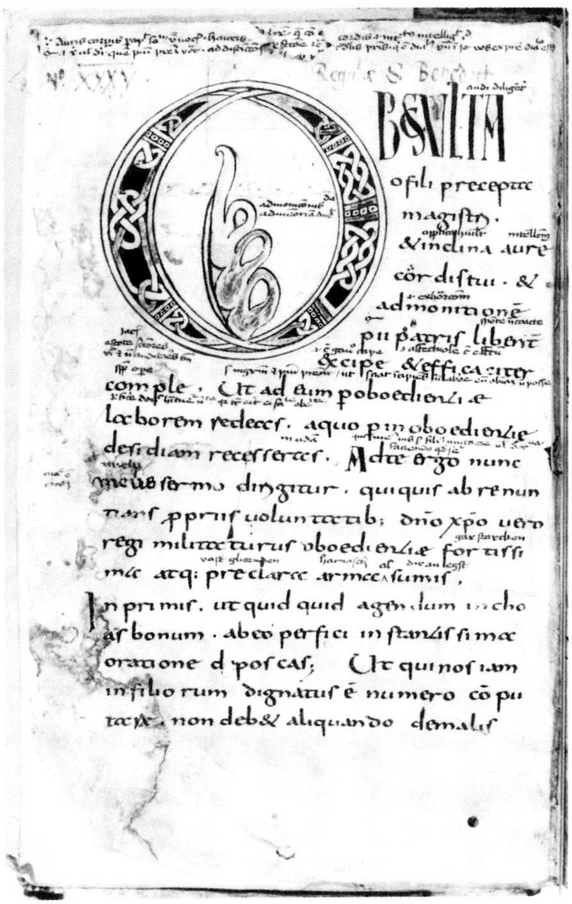

Beginn der Benediktregel in einer Handschrift aus einem südostdeutschen Skriptorium, vor 810

Gründe.[128] Dazu kam die mangelnde Bereitschaft der adeligen »Wohltäter«, ihre Kinder bedingungslos und ohne Eigentumsvorbehalt den Klöstern zu übergeben. Danach gemessen, kann selbst St. Gallen noch um 800 nicht nach der Benediktinerregel gelebt haben.[129] Erst die Aachener Reformsynode von 816 dürfte insofern Wirkung gezeigt haben, als Erzbischof Hildebald im Januar 817 von der Leitung Mondsees zurücktrat und dem schon im Vorjahr bestellten Abt Lantpert die volle Verantwortung für das Kloster übertrug.[130] Auch in Freising und Regensburg machte man mit der Durchsetzung der Benediktinerregel ernst, was vor allem auf eine klare Trennung zwischen Mönchen und Kanonikern hinauslief. Hingegen scheint sich der alternde Erzbischof Arn bei der Durchsetzung der Reform nicht übereilt zu haben, obwohl allerhöchster Druck auf ihn ausgeübt wurde. Versteht man die Klosterliste von 818/19 richtig, dann wären zu diesem Zeitpunkt Mondsee, Kremsmünster und Mattsee bereits eindeutig benediktinische Gemeinschaften gewesen. In Salzburg blieb jedoch die monastisch-kanonische Mischform erhalten, und auch der Nonnberger Frauenkonvent »entzog sich der ludowizianischen Reform«. Erst unter Erzbischof Theotmar werden zwei geistliche Kommunitäten, Kanoniker und Mönche, voneinander abgesetzt. Aber von einer Trennung der beiden Einheiten kann keine Rede sein. Nicht unmöglich, daß Nonnberg überhaupt ein Kanonissenstift war.[131] Nicht von Salzburg, sondern von Freising wurde unter Bischof Waldo (884–906) das »reine« Kanonikerstift Maria Wörth in Kärnten gegründet.[132]

V. Wie lebt der Mensch?

»Wie die bäuerliche Bevölkerung ihr Dasein verbrachte, davon hat man in den lateinischen Quellen dieser Zeit nur selten Notiz genommen. Aus Abbildungen kennen wir den Mann, der im Hemd und barfuß auf dem Acker steht und ihn bearbeitet. Was tat er im Winter? Da trat die Hacke an die Stelle von Harke und Pflug, denn es gab viel Holzarbeit zu leisten: Man brauchte immer wieder Brennstoff, Zäune waren zu erneuern, vielleicht mußte das Dach der Holzhütte repariert werden, in der das Vieh untergebracht war, oder es gab in der Wohnhütte ähnliche Arbeiten. Diese Wohnung bestand aus einem einzigen Raum oder doch Wohnraum, fensterlos, mit hohem Dach, in dem eine überdachte Öffnung etwas Licht einließ und den Rauch der offenen Feuerstelle nach außen ableiten sollte.« Von einem armen Bauern erfährt man, er besitze nur ein einziges Rind und lebe in einem »raucherfüllten Haus«. In einer Ecke war Stroh aufgeschüttet, wo er zu schlafen, ja sich zu verstecken pflegte. Hier zeugte der Häusler mit seinem Weib »den Stand der Knechte«, ohne sich viel um die kirchlichen Gebote der Enthaltsamkeit zu kümmern. Nur die »besseren« Herrschaften beachteten »die Zeit für die Umarmung«, *tempus amplexandi,* und nahmen davon die heiligen Tage der Woche wie des Kirchenjahres aus. Wer sich daran hielt, befolgte die – kirchlich abgesegnete – Geburtenkontrolle; ein Luxus, den sich der einfache Mann schon wegen der hohen Kindersterblichkeit nicht leisten konnte. Klein waren die Familien, selbst samt dem

Modellzeichnung eines bayerischen Dorfes mit Herrenhof und bäuerlichen Hofstellen aus dem 7./8. Jahrhundert

Modellzeichnungen eines Wohn- und eines Grubenhauses aus dem 7./8. Jahrhundert

Gesinde. Fünf gleichzeitig lebende Kinder hatten wenige. Witwen führten nicht selten die Wirtschaft. Der arme Bauer schlief auch nicht in einem Bett. »Betten brauchten Bettzeug, und das konnte er nicht in seinem Haushalt herstellen. Auf dem Herrenhof und in Gutshöfen betrieb man die Textilerzeugung, es gab dort aber kaum mehr Komfort für das Dienstpersonal.« [133]

Auch der Herrenhof war nicht wesentlich besser eingerichtet, nur größer. Ausgrabungen lassen vor allem den »Typus des durch fünf Säulenreihen gebildeten vierschiffigen Gebäudes feststellen«,[134] wohl das *aedificium interius,*[135] das ein schmaler, umgangartiger Raum umgab. Das »innere Haus« war weder durch massive Wände unterteilt noch hatte es einen Abschluß gegen den Dachraum. Der Fußboden bestand aus geglättetem Lehm. Im Raum zwischen Traufenwand und eigentlicher Hauswand stapelte man Heu, Futter und Brennholz. Die Wirtschaftsräume hatten hingegen einen »durch drei parallele Säulenreihen gebildeten zweischiffigen Grundriß«. Für gewöhnlich war der Stall mit Wänden umschlossen und hatte Schloß und Riegel; doch gab es auch Schuppen ohne Wände. Zur Sicherung des Getreides vor Feuchtigkeit, Ungeziefer und Mäusefraß verwendete man aufgestelzte Bauten, denen noch die österreichischen »Troadkästen« verwandt sind.[136] Eingetiefte Bauten dienten nicht bloß der Vorratshaltung, wie etwa als »Kaskeller«, sondern auch als Webhäuser,[137] ja selbst als Grubenhütten, die in strengen Wintern leichter warm zu halten und in heißen Sommern kühler waren.[138]

1. Haus, Hof und Leute

Wohl im Jahre 885 bestätigte Karl III. seinem Getreuen Witigowo eine Schenkung, die der König früher gemacht hatte, »und zwar den Hof, *curtis,* der Grünz heißt und aus 15 Mansen besteht, und mit allem, was nach Recht und Gesetz zu diesen Mansen

Abbildung eines »Frauenhauses«, *gynaeceum,* mit webenden Frauen aus dem Utrecht-Psalter, 9. Jahrhundert

gehört, mit Häusern, unfreien Knechten und Mägden, mit Grund und Boden, mit Äckern, Weingärten, Feldern, Wiesen und Weiden, mit Wäldern, mit stehenden und fließenden Gewässern, mit Mühlen, Wegen und Zuwegen, Eingängen und Ausgängen, mit bebautem und unbebautem Land«.[139] Diese Pertinenzformel, wie sie die Urkundenlehre nennt,[140] beschreibt ausführlich, aber keineswegs vollständig eine grundherrschaftliche Besitzeinheit, die mehrere hundert Hektar umfaßte.[141] Ihren Mittelpunkt bildete der Herrenhof, *curtis (dominicata)* oder *casa cum curte,* »Haus und Hof«, genannt. Der Hof enthielt das Herrenhaus, die Wohnungen für die Dienstleute, die *mancipia infra curtem,* die Wirtschaftsgebäude, die Scheunen, Stadel, Schober, Kornspeicher und die Ställe für die verschiedenen Vieharten. Frei standen innerhalb des Hofes mitunter ein Preßhaus, ein Badhaus, ein Backhaus und ein Kochhaus für den Sommer; im Winter war man um jedes Bißchen Wärme dankbar und kochte im Haus. Häufig liest man von einem eigenen »Frauenhaus«, das nach antikem Vorbild *gynaeceum, genicium,* heißt; hier wurde vor allem gesponnen und gewebt.[142] Umgeben war der Hof von einem Zaun, der nur dort fehlte, wo der Besitzer eines Einzelhofes seinen gesamten Grund und Boden durch einen Außenzaun umfing. Der Hofzaun schloß ein Areal von etlichen tausend Quadratmetern ein, das *curtile* oder *curtifer* hieß und als Garten diente. Ein gesetzmäßig errichteter Zaun sollte so hoch sein, daß er einem mittelgroßen Mann bis zur Brust reichte. Kam es in der Dorfsiedlung zum Streit, dann sollte der Hofbesitzer eine so und so teure Axt nehmen, sie vom Haus aus nach Westen, Süden und Osten werfen und um die so markierten Stellen seinen Zaun errichten. Im Norden sollte der Zaun dem Hausschatten folgen.[143] Mit der Aufstellung des Zauns beendete der Besitzer im Dorf die rechtmäßige Errichtung von Haus und Hof und in der Einzelsiedlung die Einfriedung seines Eigentums. Demnach bildeten Außenzaun, Hofzaun sowie das Haus selbst besonders geschützte Bezirke, in denen Friedensbruch in zunehmendem Maße, und zwar im Verhältnis 1 : 3 : 6, gebüßt werden mußte.[144]

Der Hof oder das königliche Dorf Grünz, *Grunzwita,* das Karl III. verlieh, ging wohl auf eine Gründung Herriedens zurück. Das fränkische Kloster hatte hier bereits unter Karl dem Großen Fuß gefaßt und ließ sich 828 den Besitz von Melk, Pielach und *Grunauita* vom jungen Bayernkönig Ludwig dem Deutschen bestätigen. Offenkundig konnte aber Herrieden das Dorf Grünz nicht halten und verlor den Ort wieder an den König.[145] Ganz zum Unterschied von Kremsmünster, das seinen Grunzwitigauer Besitz sehr wohl behauptete. Allerdings hatte man im obderennsischen Kloster dafür eine kaiserliche Bestätigung und erhob keinen Anspruch auf das Zentrum des Gebiets.[146] Der Name des Hofes Grunzwita läßt nämlich erkennen, daß die Witigowo-Curtis der Vorort des Grunzwitigaus war. Wieviel dem Eigentümer hier noch gehörte, erfährt man nicht. Jedenfalls war Witigowos Hinterlassenschaft groß genug, daß darauf sein Sohn und Erbe Heimo drei Jahre später eine Burg errichtete und dafür von König Arnulf das Privileg der Immunität und niederen Gerichtsbarkeit erhielt.[147]

2. Pfalzen und Burgen

Vom Herrenhof Witigowos unterschied sich die herzogliche oder königliche Curtis, die nicht selten als *-burg* bezeichnet wurde,[148] durch ihre Funktion als Residenz, als Pfalz. Alle bayerischen Bischofssitze sind auch nach 739 herzogliche Herrschaftszentren geblieben und wurden häufig vom Dux und seiner Umgebung aufgesucht, weil der Inhaber der öffentlichen Gewalt weiterhin Herrschaftsrechte über das von ihm geschaffene Kirchengut ausübte. So spricht man von einem agilolfingischen »Pfalzbezirk um St. Michael in Salzburg«. Und noch Ende 898 kann Kaiser Arnulf der Passauer Kirche *in eadem urbe Pattauiensi media,* inmitten ebenderselben Burg von Passau, eine *dominicalis area* schenken, ein Königsland, das wohl einst den Agilolfingern gehört hatte.[149]

Als Regel darf gelten, daß die karolingischen Pfalzen an agilolfingische Vorgängerbauten anschlossen, mögen diese vielfach auch nur herzogliche Wirtschaftshöfe gewesen sein.[150] Der herzogliche Besitz, *causa dominica,* und sein Hof standen unter besonderem Frieden. Wer diesen brach, wurde schwer bestraft; der Unfreie verlor sogar seine Hände. Sehr bayerisch mutet die Bestimmung an, wonach es keinen Unterschied mache, ob auf dem Herzogshof jemand den Frieden »aus Übermut oder im Suff«, *per superbiam suam vel per ebrietatem,* breche.[151] Allein im heutigen Oberösterreich waren Ranshofen, Ostermiething, Mattighofen, Alkoven und wohl auch Atterhofen/Attersee solche agilolfingischen Herzogshöfe.[152] In Verbindung mit Burgen und zumeist auch mit Kirchen gab es Pfalzen an der Ennsgrenze in Lorch[153] und möglicherweise in Linz.[154] Daneben wurden im Salzburggau je ein *castellum* auf dem St. Georgenberg bei Kuchl[155] und zu Laufen bezeugt. Bischof Virgil kaufte die Laufener Burg von einem Mann, der vielleicht zur Spitze der bayerischen Oberschicht zählte und Odilo sehr nahestand. Nicht unmöglich, daß der Mann die Burg vom Herzog erhalten hatte.[156] Ähnlich dürften die Besitzverhältnisse im Traungauer Wels, *in castro quae nuncupatur Uueles,* gewesen sein. Hier urkundete am 8. September 776 der mächtige Graf Machelm; er war zumindest mit den Agilolfingern verwandt und nannte Herzog Odilo seinen Herrn, der ihm Erbgut übertragen habe. Wels könnte auf diese Weise in den Besitz Machelms gekommen sein; jedenfalls galt es 776 nicht als *castrum publicum.*[157] Wohl niemals im unmittelbaren Besitz des Herzogs waren befestigte Plätze, die als Vororte inneralpiner Romanengruppen dienten. Ein hoher bayerischer Herr konnte 763 einen »Anteil«, *portio,* im breonischen Imst sein Eigen nennen. Auch war das »norische« Sterzing noch am Beginn des 9. Jahrhunderts fest in der Hand einer einheimischen Familie.[158]

Als oberster Heerführer war der Herzog für die Grenzsicherung zuständig. Ein Gegenstück zum befestigten Ort Lorch an der Enns bildeten die Kastelle Mais bei Meran und Bozen links der Talfer. Darüber hinaus muß es von Meran bis Bozen, in einem Raum, der zwischen den Bayern und den Langobarden lange Zeit umstritten blieb, noch andere burgartige Befestigungen gegeben haben, die grundsätzlich dem Herzog unterstanden.[159]

Zentren der königlichen Macht waren die Pfalzen und Königshöfe, die im Altsiedelland auf herzoglichen Besitz zurückgehen. Von besonderer Bedeutung war das Innviertler Ranshofen, das sogar ein Wildgehege, einen Brühl, besaß. Damit in Verbindung stand der nahegelegene Königshof an der Mattig. Auch Mattighofen »lag an einer alten Römerstraße und in agilolfingischer Zeit inmitten Fiskalgutes in der Nähe der Forste Weilhart und Höhnhart«. Sowohl 860, 862 und 864 dürfte sich hier Ludwig der Deutsche deswegen aufgehalten haben, um Truppen zu sammeln und von hier aus Kriegszüge ins Ostland zu unternehmen. Für derartige Aufgaben waren auch Linz und Lorch von außerordentlicher Bedeutung. Einfache Königshöfe scheinen hingegen Mining, Ostermiething, Hochburg, Wels, Alkoven, Kronsdorf und Neuhofen gewesen und geblieben zu sein. Vielleicht verwendete König Arnulf den Hof am Attersee auch als Pfalz. Allerdings ist die Rolle der »oberösterreichischen« Pfalzen und Höfe nur in Verbindung mit der von Ötting und Aibling zu verstehen.[160]

Wo immer auch das 802 bezeugte *castellum Guntionis*[161] lag und wem es tatsächlich gehörte, die älteste »niederösterreichische« Pfalz war wohl Baden bei Wien. Im Jahre 869 besaß das *palatium ad Padun* eine Funktion, die der von Ranshofen am Beginn der sechziger Jahre glich: Karlmann kam *cum caterva non modica,* »mit einem nicht geringen Heerhaufen«, nach Baden, um von hier aus in die heutige Slowakei vorzustoßen.[162] Die bereits 832 genannte Harlungenburg bei Pöchlarn war hingegen eine alte, obgleich markante Ruine; zwei Jahrzehnte später heißt derselbe Ort »Harlungenfeld«.[163] Spätestens Arnulf verwendete die Karnburg und die Kärntner Moosburg als königliche Pfalzen; einer seiner Königshöfe lag in Brixen.[164]

Ein Gegenstück zur Durchdringung und Erfassung des Ostlandes bildete die Eingliederung Churrätiens, wofür der alamannische Teil Vorarlbergs als Operationsbasis diente. Der damit 806 beauftragte Graf wirkte in Rankweil, das bis dahin ein churrätischer Stützpunkt gewesen war. Nun gab es hier die gräfliche Curtis, einen Hof, den wohl der König seinem Mandatsträger als Amtsgut gegeben hatte.[165] Ungleich länger im königlichen Besitz blieb der Rheingauer Königshof Lustenau: Hier hatte sich Karl III. im Jahr seiner Absetzung einige Zeit aufgehalten. Es muß kurz nach 887/88 gewesen sein, daß Arnulf den Königshof an einen bedeutenden schwäbischen Grafen verlieh.[166]

3. Hufe, *mansus, hoba*

Zum Hof Witigowos gehörten 15 Mansen. Schon die Frage, was ein *mansus* ist, läßt sich nur schwer beantworten, geschweige denn die nach Größe und Umfang. Kein Zweifel besteht, daß für Witigowo und seine Zeitgenossen *mansus* und *hoba* bereits Synonyme waren und dasselbe im Sinne von Hufe bedeuteten. Für die Systematiker in

Vergangenheit und Gegenwart ist eine Hufe das Stück Land, von dem ein Bauer mit seiner Familie leben konnte. Da dies jedoch von der Güte und Beschaffenheit des Bodens abhing, setzte selbst der »Idealtypus« die unterschiedliche Größe der Hufe voraus.[167] So reichte mitunter ein Joch Weinberg aus, um fünf Winzern mit ihren Familien Arbeit und Brot und seinem Eigentümer den Weinzins zu geben.[168] Dazu kam die Differenzierung der Hufengrößen nach der sozial-rechtlichen Stellung ihrer Besitzer und Eigentümer: Es gab die Unfreienhufe mit ungefähr zwölf Hektar zu 36 Tagwerk oder Joch, *iugera, iornales,* die etwas größere Freienhufe zu 15 Hektar oder 45 Tagwerk und die Königshufe von 20 bis 30 Hektar oder 60 bis 90 Tagwerk.[169] Witigowos Schwiegertochter Miltrud bekam neun Königshufen mit 15 Hörigen und deren Kindern als freies Eigen.[170] Die Erwähnung von Königshufen sind in den Diplomen der ostfränkischen Könige selten: acht *mansi integri,* die – außer dem Wald – je 90 Tagwerke umfaßten und daher wohl als Königshufen zu gelten haben, schenkte Ludwig der Deutsche der Salzburger Kirche an der Lafnitz *in Pannonia.*[171]

Zumeist bedeuten *mansus* und *hoba* dasselbe und können gegeneinander ausgetauscht werden. Wie den Verfassern der beiden Salzburger Güterverzeichnisse noch bewußt war, leitet sich *mansus* von den Menschen, *manentes,* her, die darauf wohnen und deren Eigentum oder Besitz die Betriebseinheit ist. Ursprünglich setzte der *mansus* die Rolle des spätantiken *caput* als Steuereinheit fort. Und auch die »grundherrschaftliche Hofstelle, *colonia,* die mit ihren Diensten und Abgaben eng an die Bewirtschaftungseinheit des Herrenlandes gebunden ist«, kann *mansus* heißen und ist dann »eine Einheit der Bodenbesteuerung«. Ob man aber nun von einer – grundsätzlich gleichen – Besteuerung oder von den Bedürfnissen einer bäuerlichen Familie ausgeht, beides richtet sich nach dem Ertrag und bedingt unterschiedliche Betriebsgrößen.[172] Als aber die Hufe, ob nun *mansus* oder *hoba,* nach Tagwerken gemessen wurde, begann sie eine Wirtschaftseinheit zu bilden. Sie wurde bearbeitet, gemäht und abgeerntet, mitunter sogar gedüngt. Eine solche Hufe ist keine Bemessungsgrundlage für eine Steuervorschreibung. Man kann, wenn einem danach ist, mit einer Steuervorschreibung düngen, nicht jedoch diese selbst.[173]

4. Salland und Kolonien

Grünz war der Mittelpunkt einer Grundherrschaft, die ab 888 sogar einen der seltenen weltlichen Immunitätsbezirke bildete. Das heißt, daß die vom Herrscher geschenkten 15 Hufen außer für Blutfälle der gräflichen Gerichtsbarkeit und Steuereinhebung entzogen wurden. Wahrscheinlich waren diese Mansen arrondiert und lagen nicht als Streubesitz weit auseinander. Trotzdem ist kaum anzunehmen, daß der gesamte Komplex von 300 bis 450 Hektar als Herrenland, »Salland«, *terra salaricia,* vom Herrenhof aus bewirtschaftet wurde. Vielmehr war Grünz das Zentrum einer Villikation, das heißt eines »klar abgegrenzten Bezirkes«, in dem der gesamte Grunzwitigauer Besitz Witigowos und Heimos, das Salland wie die davon abhängigen Hofstellen, *coloniae, mansus, hobae,* zusammengefaßt waren.[174] Daher dürften auf einigen der 15 Mansen abhängige Freie, *ingenui,* wie Unfreie, *servi, mancipia,* gelebt haben, die mit ihren eigenen Unfreien, *mancipia, peculium,* das ihnen aufgetragene Land bewirtschafteten. Je nach Vermögen des einzelnen Inhabers saß er mit seiner Familie entweder allein auf einer Hofstelle oder mußte sie mit mehreren abhängigen Ehepaaren teilen. Die sozial-rechtliche Stellung des Inhabers spielte dabei eine eher geringe Rolle; es gab sowohl freie wie unfreie Vollhufner, Halbhufner und Viertelhufner.[175]

5. Acker und Feld, Wiese und Weide

Die Pertinenzformel des Diploms für Witigowo nennt nach Haus, Hof und Leuten als wichtigsten Teil des Grundbesitzes das Ackerland, *terra(e) (et) agri, terra arabilis.*[176] Oftmals wird bloß das Ackerland nach Tagwerken oder Jochen gemessen; ein Wortgebrauch, der schon aus der Bedeutung folgt: Die Einheit ist die Ackerfläche, die ein Paar, eben ein Joch, Ochsen an einem Tage pflügt.[177] Allerdings werden auch Hofgärten und Obstgärten in Jochen angegeben.[178] Eine Wiese beschrieb man hingegen oft nach der Zahl der Wagenladungen, *carradae,* die davon jährlich an Heu eingefahren wurden.[179] Das Ackerland wurde – wenn nach den Grundsätzen der Dreifelderwirtschaft bebaut – in drei Gewanne eingeteilt, an denen in der Gemenglage verschiedene Eigentümer und Besitzer Anteil hatten. Im regelmäßigen Wechsel wurde ein Drittel des Ackerlandes mit Wintergetreide, ein Drittel mit Sommergetreide bestellt, während das letzte Drittel brach lag oder durch den Anbau von Futterpflanzen und Hülsenfrüchten genutzt und verbessert wurde. Dementsprechend hatten die abhängigen Leute auch dreimal jährlich Dienste zu leisten, und zwar im Frühjahr, Sommer und Herbst.[180] Während für das Ackerland durchwegs Sondereigentum bezeugt ist, kann sich die Mark oder Allmende, der gemeinsame Besitz, nicht bloß auf Wald, Weide und Wasser, sondern auch auf Wiesen mit ihren leicht teilbaren Erträgen erstrecken.[181] Im Grunzwitigau gab es keine Almen; dort jedoch, wo sie – wie im Salzburgischen – vorkamen, hat man sie mitunter als eigene Pertinenz erwähnt.[182]

6. Weingärten

Der Grünzer Wirtschaftskomplex war und ist ein Weinbaugebiet. Daher nennt die Pertinenzformel, die als roter Faden die Darstellung durchzieht, auch Weingärten, *vinea.* Ihrer Bedeutung gemäß werden sie unmittelbar nach der Erwähnung des Ackerlandes genannt und trennen diesen Punkt von Feldern, Wiesen und Weiden.[183] Wein wurde an allen möglichen und unmöglichen Orten gezogen; seine Qualität wird dementsprechend gewesen sein. Unter den Schenkungen an das Salzburg des heiligen Rupert befanden sich zwei Joch Weinberge bei Regensburg.[184] Schon die odilonische Gründungsschenkung an Mondsee nennt einen Winzer. Mondseer Weinberge standen im Rottachgau, in Aschach an der Donau und bei St. Florian.[185] Weinberge gehören auch zur Erstausstattung Kremsmünsters, das seinen Rebensaft von der Rodl nördlich der Donau bezog.[186] Häufig sind Schenkungen von Weingärten an das Bistum Freising, wo sehr wohl zwischen dem »östlichen« Wein, *vinum orientale,* dem »Osterwein« späterer Zeiten, und dem Bozener Wein, *vinum Bauzanum,* unterschieden wurde.[187] Hatte doch das Isarbistum mit Trient um Bozener Weinberge gestritten und dabei selbst interregnale Verwicklungen nicht gescheut.[188] Ein gutes Weinbaugebiet war trotz allem die Wachau, wo etwa Salzburg und Niederalteich Besitzungen hatten.[189] Große Mühe gab sich die karolingische Güterverwaltung, um einen anständigen Wein auf den Tisch ihres Herrn zu bringen. Die Meier und Pfleger wurden angewiesen, bei der Herstellung des kostbaren Gutes mit äußerster Sorgfalt und größter Sauberkeit vorzugehen. Wenn nötig, sollte guter Wein zugekauft werden. Jedenfalls waren erstklassige Fachleute anzustellen und die Preßhäuser, *torcularia,* in Schuß zu halten. Keineswegs sollten die Weinbeeren mit den Füßen getreten werden, »sondern alles sei ordentlich und nett«.[190] Die fünf Winzerfamilien, die von einem Joch Weingarten leben und davon noch einem Regensburger Geistlichen zinsen mußten, wurden von solchen Anordnungen wohl kaum berührt; sie werden weiterhin ihre Kinder und Knechte in die Bottiche geschickt haben, um den Wein mit den Füßen zu keltern.[191]

VI. Wovon lebt der Mensch?

Der Mensch lebte – gleichsam in Tuchfühlung – mit dem Vieh, dem wertvollsten Besitz. Die Urkunden sprechen nur selten davon und kaum von größeren Mengen: Die Schenkung von vier Rindern, 30 Schafen und 20 Schweinen oder gar von drei Pferden, acht Rindern, zwölf Schafen, 33 Ziegen und 14 Schweinen stellte einen beachtlichen Wert dar, und ganz besonders dann, wenn die Viehhalter mitgegeben wurden.[192] Die alamannischen und bayerischen Gesetze gehen von Herden mit verhältnismäßig großer Kopfzahl aus: sieben bis zwölf Pferde, zwölf bis 25 Rinder, 25 bis 50 Schweine, 40 bis 60 Schafe wurden je einem Hirten anvertraut. Trotzdem konnte man von der Viehhaltung allein nicht leben. Das Vieh war erheblich kleiner als heute; von einem ausgewachsenen Rind bekam man bestenfalls 100 Kilogramm Fleisch. Zusammen mit der Milch deckte der viehhaltende Hof nur etwa die Hälfte des Nahrungsmittelbedarfs seiner Bewohner. Da war der »Körndlbauer« schon besser dran, der wenigstens drei Fünftel seiner Nahrung aus Garten, Acker und Feld gewann. Die Jagd brachte auf Dauer so gut wie keine Verbesserung des Nahrungshaushalts, eher schon der Fischfang und das konsequente Sammeln von Eßbarem überall dort, wo man es fand. Allerdings gab es regionale Verschiedenheiten. Zwischen Elbe und Oder konnte der Wildtieranteil am frühmittelalterlichen Fleischverbrauch bis zu 58 Prozent betragen.[193]

Das Verhältnis von Saatgut und Ernteertrag war unvorstellbar niedrig. Das »dreifache Korn« bedeutete schon eine Spitzenernte; das biblische Gleichnis vom Sämann, der hundertfache Frucht gewinnt, wird erst aus dieser Welt verständlich. Mitunter erntete der Bauer nur so viel, wie er der Erde anvertraut hatte.[194] Verständlich, daß Hungersnöte an der Tagesordnung waren und in schrecklicher Regelmäßigkeit das Karolingerreich und ganz Europa heimsuchten. In solchen Zeiten unterblieb der jährliche Kriegszug des Frankenheeres; eine Konsequenz, die wahrscheinlich 763 Tassilo III. das bayerische Herzogtum rettete. Der vermehrte Landesausbau und der verstärkte Einsatz der Dreifelderwirtschaft brachten kaum mittelfristige, geschweige denn kurzfristige Verbesserungen.[195] Brot, Wein oder Bier, dann Erbsen, Linsen und Bohnen, Bohnen, Bohnen bildeten die Basis der Ernährung und waren nicht selten die einzigen »Überlebensmittel« unserer Vorfahren. Schwer vorstellbar, daß diese wenig attraktive Diät dafür verantwortlich war, wenn sich die Bevölkerung jenseits der Alpen vermehrte, die Städte wuchsen und sich ihre Zahl vervielfachte, die Produktivität anstieg und ein neuer geistiger Aufschwung allgemein und allerorten einsetzte.

Von Vorteil war es, mehr als andere vom Handwerk zu verstehen, und nicht bloß, wenn man als Bayer zu den halbheidnischen Thüringern verkauft wurde. So konnte man – den Umständen gemäß – als »Zuerwerbsbauer« oder als »Zuerwerbshandwerker« leben. Beliebt waren alle Arten von Schmieden, *fabri,* aber auch Köche, Bäcker, Hirten und Aufseher über das Gesinde, *seniscalci,* oder die Pferde, *mariscalci.*[196] Salzburger Maurermeister, Maler, Schmiede und Zimmerleute gingen als Entwicklungshelfer an den Plattensee; ein ähnlich zusammengestelltes Team aus friulanischen Handwerkern half beim Aufbau der Slawenburg Siscia an der Save.[197]

Monatsbilder mit Darstellungen des bäuerlichen Jahreszyklus aus einer Salzburger Handschrift, um 818

Oben: Pflügender Bauer aus einem Bilderpsalter des 9. Jahrhunderts
Unten: Darstellung einer Kummetanspannung aus der Trierer Apokalypse, um 800

Für gewöhnlich waren Äcker und Felder klein, die Düngung eher mangelhaft, das Gerät spärlich, einfach und vornehmlich aus Holz. Als Pflüge dienten der uralte Haken, *aratrum,* aber mitunter auch schon die schwere *carruca,* die mit Schar und Sech und einem bodenwendenden Brett ausgerüstet war. Dieser schwere Pflug ritzt nicht nur eine Rinne in den Oberboden, in die dann die gelockerte Erde zum großen Teil wieder zurückfällt, sondern zerschneidet ihn in zerkrümelnde Streifen und geht in die Tiefe. Dieses »Wunderwerk der Agrartechnik« war teuer, weil man dazu Eisen und zumeist das – mit einem Kummet geschirrte und mit Hufeisen beschlagene – Pferd als Zugtier brauchte. Auch kostete ein Pferd soviel wie zwei Rinder oder gar vier Schweine.[198] Alles in allem konnte der Mensch nicht allein von der Landwirtschaft leben. Er brauchte den Wald, das stehende Wasser wie die Ströme, Flüsse und Sturzbäche, um das Nahrungsmittelangebot zu vermehren und den Energiebedarf zu decken.

1. Wald und Wasser

Neben Feldern, Wiesen und Weiden schenkte Karl III. seinem Getreuen Witigowo »Wälder, stehende und fließende Gewässer sowie Mühlen«. Die Urkundenformel sagt daher, die 15 Mansen seien *(cum) silvis aquis aquarumque decursibus molendinis* gegeben worden.[199]

Der Wald umgibt wie ein grünes Meer das inselgleiche Kulturland, das bloß an großen Flüssen, an Seen und alten Straßen liegt. Von hier aus kann man den Wald benennen, nutzen und äußerlich in Besitz nehmen, jedoch »ohne Festlegung der Grenzen«.[200] So muß es gegen 730 gewesen sein, als man der Abtei St. Peter zu Salzburg die »Wildnis«, den *heremus,* im Osten der Stadt zumaß. Dazu stellte man sich an der alten Römerstraße bei Thalgau auf, und zwar ungefähr dort, wo heute die Autobahn verläuft, und nannte die Orte, die als äußerste Vorposten das Land vom Unland schieden. Die Verbindung der Punkte ergab eine gedachte Linie, die über den Fuschlsee nach Zinkenbach am Abersee, heute auch Wolfgangsee genannt, verlief. Alles Gebiet südlich davon gehörte nun der Kirche von Salzburg; aber wo die anderen Grenzlinien verliefen, die erst nach unseren Begriffen ein Gebiet abgegrenzt hätten, hielt niemand für erwähnenswert. Am Horizont verliefen Bergketten um Bergketten, die nur an ihren Rändern zugänglich waren.[201] Vom Salzburger Gaisberg bis zur Lammer erstreckt sich der zur Salzach offene Abfall der Osterhorngruppe, auf deren baumfreien Höhen zahlreiche Almen aus der Römerzeit überdauert hatten.[202] Jenseits des Tennengebirges gab es schon um 700 eine kleine Siedlungsinsel mitten im Urwald, geeignet als Stützpunkt für Jagd und Goldwaschen.[203]

Das riesige Waldgebiet, das als kontinentale Wasserscheide die Täler der Donau und der Moldau voneinander trennte, heißt in den Diplomen der Karolingerzeit bis zu denen der frühen Staufer der Nordwald.[204] Den Namen gaben die Menschen bayerisch-fränkischer Zunge, die von der Donau aus die Täler aufwärts ins Innere vordrangen. Aber noch war dieser Wald »grenzenlos«, wie es um 850 dem Bistum Regensburg an Naarn und Aist verbrieft wurde. Hier hatte man sich um keine Nachbarn zu sorgen.[205] Der »endlose« Wald fand aber bereits im Hochmittelalter seine Grenzen. Wenn der König nun im Nordwald schenkte, dann nur »bis zur Slawengrenze«.[206] Und im Jahre 1179 war es soweit, daß Kaiser Friedrich Barbarossa die Grenze zwischen Böhmen und Österreich quer durch den Nordwald sowohl festlegen mußte wie auch konnte.[207]

Wald und Wildnis waren Unland und standen unter der Herrschaft der Könige und königgleichen Fürsten. In der Nachfolge der römischen Imperatoren übten sie das *ius (h)eremi* aus und nutzten die *causa regis in (h)eremo.* Wenn sie sich dieses Recht vorbehalten wollten, erklärten sie den Raum, der »außerhalb«, *foris,* der allgemeinen Besiedlung lag, zum »Bannwald«, zur *forestis* oder *silva defensa.*[208] Die ältesten Forste der Bayernherzoge werden um 730 und vor 748 erwähnt: Hucbert schenkte das »forestrierte«

Waldgebiet zwischen Thalgau und dem Wolfgangsee an Salzburg, und Odilo gab das nordöstlich daran anschließende Schafberg-Massiv unter gleichen Bedingungen an Mondsee.[209] Möglicherweise lag das Bregenz des heiligen Columban in einem Forst, da die Iren den Ort deswegen verlassen mußten, weil sie die »herzogliche Jagd« störten.[210] Der hinter dem Pfänder beginnende Bregenzer Wald galt hingegen noch am Beginn des 9. Jahrhunderts als »ausgedehnter Urwald«.[211] Konnte der einzelne eher auf Nutzung und Rodung der Wildnis verzichten, weil sie ohnehin seine Kräfte überstieg, so benötigte er doch den »guten Wald«, den er allein oder mit anderen besaß. Allerdings suchten die Großen die Waldrechte der kleinen Leute zu beschneiden. Ausdrücklich betont die Bestätigungsurkunde Karls des Großen für Kremsmünster, das Kloster liege »in unserem Forst«, *infra waldo nostro.*[212] Der Lüsener Forst östlich des Eisacks und südlich der Rienz bildete die bei weitem wertvollste Königsschenkung an Säben, bevor das Bistum den Königshof Brixen erhielt.[213] Ja, die Herren gingen so weit, aus dem Wald einen Tiergarten, »einen mit Mauern umgebenen Brühl«, zu machen. Ludwig der Fromme verlangte die Auflassung aller neu eingerichteten Forste und anerkannte nur diejenigen, die auf Befehl oder mit Erlaubnis Karls des Großen angelegt wurden. Ausgenommen von dieser Bestimmung waren freilich die königlichen Forste, über die sich der Herrscher die Entscheidung vorbehielt.[214]

Das positive Forstrecht kam dem Naturrecht all derer in die Quere, die aus und von dem Wald lebten, ja auf ihn so sehr angewiesen waren, daß sie ohne ihn nicht überlebt hätten. Die hohe Jagd auf das »Schwarzwild«, auf Bären und Eber, Rothirsche, »Schelche und Elche«, Wisent und Ur, wurde in verstärktem Maße vom König und denjenigen beansprucht, denen der Herrscher Forstrecht und Wildbann verliehen hatte. Wildfrevel galt nicht als Diebstahl, sondern als Missetat, um so mehr, wenn im Bannwald des Königs begangen.[215] Auch Fischfang und Biberfang wurden grundherrschaftlich geregelt und unter besondere Aufsicht gestellt. Wer Fische und Getreide hatte, lebte gut. Nach Arbeo gingen Bayerns Seen und Flüsse von Fischen über. Die Fische, die an der königlichen Tafel zu Ravenna gereicht wurden, vermerkte der Beobachter genau. Heute will man mit ihren Namen ihr einstiges Vorkommen bestimmen und so die Grenzen des italischen Gotenreichs abstecken.[216] Die Jagd zählte zu den Vergnügungen, *ioca,* um derentwillen die Grafen auf die Abhaltung des Gerichtstages und selbst Bischöfe auf ihre geistlichen Pflichten vergaßen.[217] Kein Wunder, daß der Jagdunfall eine der häufigsten Todesursachen der großen Herren war: Graf Arbo wurde von einem Wisent gefällt;[218] Ludwig der Deutsche wäre 864 beinahe an einem Sturz vom Pferd gestorben, den er bei der Verfolgung eines Hirsches getan hatte. Einer seiner westfränkischen Großneffen fand den Tod auf der Eberjagd; ein König von Asturien wurde durch einen Auerochsen getötet, und Kaiser Lambert starb 898 durch einen Sturz vom Pferd, als er die Spur eines Großwilds verfolgte.[219] Kein herrschaftliches Vorrecht war hingegen die Wolfsjagd; sie wurde allen zur Pflicht gemacht, da die Wolfsplage eine ständige Bedrohung von Mensch und Vieh darstellte. Die Leute vom Königshof sollten im Mai die Welpen mit Gift, Fallgruben und Hunden vertilgen. Und der Hirtenhund, der Wölfe vertrieb, hatte immerhin die Hälfte des Wertes der Tiere, die das »Schwarzwild« jagten.[220]

Der Wald mochte in den französisch-deutschen Niederungen vielleicht zu mehr als

80 Prozent aus Laubholz bestanden haben; im österreichischen Raum ergaben jüngste Pollenuntersuchungen das Verhältnis 68 : 32 zugunsten der Nadelhölzer,[221] was jedoch immer noch einen gegenüber heute starken Bestand an Laubwald bedeutet.

Die großen Herren nutzten den Wald auch für die eigene Wirtschaft. Karl der Große ordnete an, am 1. September die Schweine in den Wald zu treiben, und verlangte selbst von den eigenen Meiern und Verwaltern, den Schweinezins zu zahlen, wenn sie ihr Vieh in den Königswald sandten. Aber Weidegang, Schweinemast, Imkerei, Holzschlag und Brennholzsammeln bildeten unaufgebbare Bestandteile des bäuerlichen Wirtschaftens.[222]

Im Wald »wuchs« der einzige Süßstoff, den die Zeit kannte, der Honig, aus dem man Met gewinnen konnte. Die bayerische Lex schließt mit den rechtlichen Bestimmungen über die Bienen.[223] In Arbeos Lob des Bayernlandes heißt es: »Honig und Bienen waren wahrlich in reicher Menge vorhanden«,[224] und das königliche Capitulare de villis kümmert sich um Wachs, Honig und Met.[225] Für ein auf Lebenszeit verliehenes Gut erklärt sich ein Graf im oberösterreichischen Traungau bereit, den Mondseer Mönchen jährlich je eine Fuhre Wein und Honig als Zins zu zahlen.[226] Wertvoll waren diejenigen Leute, die mit den Bienen umgehen konnten, seien diese Imker oder Zeidler nun freien oder unfreien Standes gewesen. Abweichend von Vorlage und traditioneller Form spricht die Pertinenzformel der Ostarrîchi-Urkunde von den *zidalweidun,* den »Bienenweiden«.[227]

Das Wichtigste, was der nutzbare Wald lieferte, war das Futter für die Schweine. Die Größe eines Waldes wurde oft nach der Menge der Schweine bestimmt, die man darin von Eicheln und Bucheckern ernähren konnte. Heute macht man sich keinen Begriff von der Bedeutung des Schweins. Die frühmittelalterlichen Volksrechte übertreffen an Reichtum und Vielfalt der Ausdrücke bei weitem unsere »Schweineterminologie«, selbst wenn wir den Dialekt zu Hilfe rufen. Schon bei den Römern war es keine Schande, »Scrofula«, Zuchtsau, zu heißen. Und die liebliche Königstochter, die dem Schweinehirten des Märchens ihre Hand reichte, hat sicher eine bessere Partie gemacht, als sich dies die Gebrüder Grimm träumen ließen. Die Schweinehirten mußten starke Männer sein, wenn man sie selbst bis an den Rand der Hölle sandte, um in den umliegenden Urwäldern Gelegenheit für reiche Schweinemast zu finden.[228]

Harz und Pech gab der Wald und das Holz, den am leichtesten zu bearbeitenden Baustoff. Riesige Mengen wurden davon gebraucht, um Häuser, aber auch Befestigungsanlagen, ja selbst Burgen zu errichten. Bereits für ein mittelgroßes Haus benötigte man ein Dutzend Eichen. Der Bau eines jütländischen Wikingerlagers forderte 8 000 große Bäume. Allein die Toranlage der Joseph-Burg bei Gars-Thunau, die als Beispiel einer »experimentellen Archäologie« rekonstruiert wurde, benötigte 100 mittlere Eichenstämme. Trotz dieses großen Materialaufwandes stand der Bedarf an Bauholz in keinem Verhältnis zu den enormen Mengen, die man für Hausbrand, Metallgewinnung und für die Salzerzeugung verfeuerte. So benötigte das Kloster Prüm jährlich nur 96 Fuhren Bauholz gegenüber ungefähr 15 000 Fuhren Brennholz.[229]

Zur Verleihung des Rechtes am Wald gehört auch die Übertragung der Wasser- und Mühlrechte. Die Formel *cum aquis aquarumve decursibus* zählt zum festen Formenbestand aller Arten von Urkunden. Wahrscheinlich lebt hier eine spätantike Tradition fort, die auf die römische Landwirtschaft mit ihrer Bewässerung von Äckern, Gärten und Wiesen zurückgeht. Obwohl dies am Ostrand des Dunkelsteiner Waldes sicher nicht der Brauch war, benötigte man Wasser für Mensch und Vieh. Sollte das Mühlrecht genutzt werden, dann waren bestimmte Vorarbeiten zu leisten, die tief in den natürlichen Verlauf der Bäche eingriffen.[230]

Mühlen wechselten den Besitzer nie ohne den Müller. Er war für gewöhnlich ein Unfreier, *servus,* der jedoch über Sonderkenntnisse verfügen mußte. Deswegen und weil er abgeschieden von Hof und Dorf allein oder mit anderen Müllern lebte, erfreute er sich einer gewissen Selbständigkeit. Er hatte ein paar Joch Grund »dabei« und »sah«, *custodiebat,* auf seine Mühle, zu der Wege und Wegrechte gehörten.[231] Die Fähigkeit, Mühlen zu errichten oder zu verbessern, war den Bayern eher gegeben als den halbheidnischen Thüringern, darf man Arbeo Glauben schenken.[232]

2. Eisen und Gold

Ein »Rennofen«, ein kleines Schmelzöfchen zur Eisenerzeugung, war zwar rasch erbaut und einfach bedient, aber man mußte zehn Kilogramm Eisenerz und gar 20 Kilogramm Holzkohle daransetzen, um bestenfalls ein Dreiviertelkilo Schmiedeeisen zu erhalten. Kein Wunder, daß Eisengeräte selten waren. So gab es auf einem großen karolingischen Königshof bloß zwei Sensen, zwei Sicheln, zwei eiserne Schaufeln, zwei Äxte und ein Beil. Damit mußten Leute des Königs ihr Auslangen finden, die jährlich rund 2500 Hektoliter Feldfrüchte ernteten.[233] Die Eisenproduktion war hoch besteuert; rund 17 Prozent waren zu zahlen, sofern der Erzeuger nicht Abgabenfreiheit erhalten hatte.[234] Da der König diese zumeist an geistliche Grundherren verlieh, wurden in Klöstern und Bistümern nicht selten auch eiserne Waffen erzeugt. Diese Geräte besaßen einen enormen Wert. So griff man selbst zur Bewaffnung wieder auf Holz zurück und verwendete im Feuer gehärtete Keulen. Noch Karl der Große sah sich veranlaßt, solche Art von Waffen eigens zu verbieten, was für das zähe Fortleben der primitiven Gerätschaft wie ihrer ökonomischen Voraussetzung spricht. Es versteht sich von selbst, daß die Königshöfe auch als Waffenfabriken dienten, und zwar von der Grundstoffproduktion bis zur Anfertigung von Kriegsgerät aller Art.[235] Die erste Königsschenkung, die Salzburg in Kärnten erhielt, diente der Eisengewinnung.[236] Um das Jahr 820 wurde ein *ingenuus faber* an Regensburg geschenkt. Dieser »freie Schmied« beschäftigte und besaß 14 männliche Eigenleute, *mancipia,* in seiner Werkstatt, *intra domum,* und verfügte über nicht weniger als 23 Mägde für den Vertrieb und wohl auch die Rohstoffbeschaffung, *de negotio.* Der Mann war also ein »freier« Unternehmer und dennoch persönlich abhängig. Wie seine unfreie Frau und die deshalb auch unfreien Kinder wurde er von dem einen geistlichen Grundherrn einem anderen und mächtigeren geschenkt.[237]

Die »Leute von Oberalm« gingen schon zu Ruperts Zeiten in die Pongauer Wildnis hinauf, um in der Salzach Gold zu waschen. Sonst gibt es anscheinend keine Nachricht über die frühmittelalterliche Goldgewinnung in unserem Raum.[238]

3. Das Salz

Ein unverzichtbares Lebensmittel war das Salz, das in unserem Raum vor allem in Reichenhall, *Salinae* oder *Salina maior,*[239] gewonnen wurde. Die dort bestehenden Betriebseinheiten hießen *patellae,* Pfannen.[240] Die aus dem Untersberg austretende Sole war zu etwa 7 Prozent gesättigt und wurde mit »Galgen«,[241] mit Geräten, die den vertrauten Puszta-Brunnen ähnlich sahen, in Pfannen im eigentlichen Sinn, *patellae, loca patellae, sartagines,* gepumpt.[242] Hier reicherte man die Sole bis weit über 20 Prozent an, um sie dann in Öfen, *fornaces,*[243] zu versieden. Der Arbeitsvorgang folgte den Erfahrungen bei der Meersalz-Gewinnung und dürfte von den Römern um Christi Geburt ins Land gebracht worden sein, da damals der Dürrnberger Bergbau aufhörte.[244] Die Produktion lief von Mitte Mai bis zum Martinstag am 11. November[245] und bedurfte ungeheurer Holzmengen, die die Saalach heruntergeschwemmt und auf eigenen Plätzen gestapelt wurden. Schon die ältesten Salzburger Quellen lassen eine gut eingespielte Organisation erkennen. Die Salzarbeiter, *censales,* waren bevorzugte Spezialisten; sie und ihre unfreien Helfer, *mancipia,* bleiben weitgehend anonym. Die einzige Ausnahme bildet die Nachricht, Herzog Odilo habe an Bischofshofen einen Lanto und dessen Brüder und einen Vitalis samt Öfen und Pfannen gegeben. Der erste Name ist germanischer, der zweite romanischer Herkunft. Obwohl die beiden Nennungen keine großartigen Verallgemeinerungen erlauben, stimmen sie doch mit den Ergebnissen der Archäologie überein, wonach im Raum von Reichenhall beide Volkselemente früh schon in engem Kontakt miteinander lebten.[246] Wer immer nur konnte, suchte einen Anteil an der Reichenhaller Salzproduktion zu gewinnen. Neben den Salzburger Konventen war dabei Mondsee erfolgreich, während Kremsmünster bloß vorübergehend Fuß fassen konnte. Die Mönche an der oberösterreichischen Krems hatten schon 777 drei Salzkocher in Sulzbach-Bad Hall erhalten, und dabei wird es wohl für lange Zeit geblieben sein.[247]

Die frühmittelalterlichen Quellen übergehen die Einzelheiten des Salzhandels. Die Tatsache jedoch, daß in unserem Raum die Salzach als einziger Fluß dieser Größe einen germanischen und noch dazu sprechenden Namen besitzt, beweist ihre Bedeutung für den Salztransport. Daran würde auch die Möglichkeit nichts ändern, daß der Name Salzach zunächst nur den Unterlauf ab der Mündung der Saalach und vielleicht diese selbst bis Reichenhall meinte.[248]

Am Ausgang der Karolingerzeit steht das Raffelstettener Zollweistum, das zwischen dem Salztransport zur Selbstversorgung und dem kommerziellen Transport unterscheidet. Dazu dienen Salzschiffe und Salzkarren. Während der Straßentransport »auf dem rechtmäßigen Handelsweg durch die Furt der Enns«, *per stratam legittimam Anesim fluvium (transeuns),* zu gehen hatte, waren die »rechtmäßigen Schiffe für den Salztransport«, *naves legittimae,* auf der Donau unterwegs. Ihre Besatzung bestand aus drei Männern. Daneben rechnete man in Raffelstetten, nahe der Traunmündung, mit Schiffen aus dem Traungau, die völlig von Zoll befreit waren, obwohl sie anscheinend ebenfalls Salz führen konnten. Schwer vorstellbar, daß die Salzkocher im Alpenvorland Überschuß für den Handel erzeugten. Den Bergbau des Salzkammerguts gab es jedenfalls noch nicht. Auf der Donau verkehrten die eigentlichen Salzschiffe; sie kamen von oberhalb des Sauwalds und fuhren vollbeladen nur flußabwärts. Vielleicht verwendete man kleinere, bloß zwei Karren fassende Boote, die ab Passau auf dem Oberlauf der Donau getreidelt wurden. Die *naves legittimae* des Zollweistums brachten jedenfalls das Reichenhaller Salz, das für gewöhnlich in Mautern bei Krems verkauft wurde. Andere Salzmärkte waren aber auch möglich. Die Salzhändler fuhren selbst bis »zum Markt der Mährer«, *ad mercatum Marahorum;* ihre Waren wurden nur auf dem Hinweg, nicht jedoch bei der Rückkehr verzollt. Salz war bei den Mährern so sehr Mangelware, daß man damit nicht nur gute Geschäfte machen konnte.[249] Im Jahre 892 versuchte Arnulf, die Mährer mit einem Salzembargo in die Knie zu zwingen.[250]

4. Wege und Stege

Die »rechtmäßige Straße«, *strata legittima,*[251] meidet *daz vinstir tann,* den Urwald.[252] Eine solche Straße – nach alamannischem Recht mindestens 24 Fuß breit – ist die *via publica,* »auf der der Herzog fährt« und die kein Mensch schließen oder mit einem Zaun absperren darf.[253] Der König verlieh Witigowo aber Wegrechte, die das geschenkte Gut betrafen, darunter selbst die Fernstraßen, die über dessen Besitz liefen. Der freie Zugang von den Höfen zu den Fluren und außerhalb der Siedlungen gelegenen Wirtschaftseinheiten, wie vor allem den Mühlen, mußte unbedingt gesichert sein.[254] Nun bildete aber das »System der spätantiken Straßen das Grundmuster auch des frühmittelalterlichen Verkehrsnetzes der Romania«. Die kaiserliche Gesetzgebung hatte die allgemeine Baupflicht für die Reichsstraßen und Brücken nicht unter die *munera sordida,* die von der Allgemeinheit verlangten »schmutzigen Steuerleistungen«, gereiht, so daß sich niemand, auch nicht die Kirche, davon ausnehmen konnte. Die karolingischen Kapitularien setzten diese Tradition fort. Dabei kümmerte man sich vor allem um die Erhaltung der Brücken und die Sicherung der Furten, wie dies etwa für die »Salzstraße« durch die Enns zu vermuten ist. Die Straßen waren in keinem guten Zustand. Daß die Tötung eines auf »ihnen reisenden Fremden« mit einer hohen Summe gesühnt werden mußte, spricht nicht für ihre Sicherheit. Für Erhaltung und Friedenswahrung reichten die Mittel der Zentralgewalt so wenig, daß man auf das probate Mittel der »Entstaatlichung« zurückgriff. Lokale und regionale Große erhielten oder nahmen sich das Recht, Brücken und Wege in Ordnung zu halten und den Reisenden einen gewissen Schutz zu gewähren, wofür sie Maut und Zoll kassierten. Der Wege-Paragraph in der Witigowo-Schenkung meinte auch solche Straßen.[255]

Wenn irgendwie möglich, fuhr man zu Schiff, weshalb auch Karl der Große die Altmühl und die Rednitz schiffbar machen und miteinander verbinden wollte, um zwischen Regensburg, Würzburg und Frankfurt ein *navale iter* ohne Unterbrechung zu haben.[256] Als Ludwig der Deutsche dem Abt von Kempten das Privileg verlieh, drei Schiffe Salz zollfrei aus Reichenhall zu holen, da konnten diese Boote nur bis Passau flußabwärts gefahren sein. Von dort muß man sie die Donau und die Iller hinaufgezogen, getreidelt, haben. Und das gleiche gilt von den Salzschiffen, die vom »Mährer Markt«

zurückkehrten.[257] Auf der Donau fuhren der heilige Severin[258] und der heilige Rupert,[259] brachte man die Leiche des heiligen Emmeram nach Regensburg,[260] schwamm die bayerische Flotte 791 gegen die Awaren[261] und 872 gegen die Mährer, griff der schon todkranke Kaiser Arnulf 899 Isanrih, den Sohn des Markgrafen Arbo, im niederösterreichischen Mautern an.[262]

5. Land und Unland

Als letztes Zubehör nennt die kaiserliche Schenkungsurkunde das Gegensatzpaar »Land und Unland«, *culta et inculta.*[263] Alle vorher aufgezählten Pertinenzen bildeten das Land, und zwar einschließlich des »guten« Waldes, den man nutzen konnte.[264] Selbst der hochmittelalterliche Held mußte noch durch einen tiefen Urwald, wenn er auf Abenteuer ausritt. Kam er jedoch zu den Menschen, dann »war der Wald nicht mehr so dicht. Hier sah man ein einzelnes Waldstück, dort freies Feld, manchmal kaum groß genug, daß man darauf ein Zelt aufschlagen könnte. Er sah sich um und erkannte bebautes Land.«[265] Alles andere war Unland, die *terra inculta,* Ort der Gefährdung allen menschlichen Lebens, aber auch Hoffnungsgebiet, das durch Rodungen zu gewinnen war.

Dort, wo der »gute Wald« zu Ende geht, beginnt der Urwald, die dämonische Wildnis.[266] Sie ist heimatlos, gesetzlos, heillos, gestaltlos und geistlos. Hier liegt das Territorium der Asozialität. In der Wildnis fanden die Ausgebürgerten Zuflucht. Dort hausten diejenigen, die sich entweder keinem Gesetz unterwerfen wollten oder auf andere Weise die »Heimat«,[267] das Erbgut im Dorf, verloren hatten: Wegelagerer und Räuber, die zum Waldgang verurteilten politischen Verbannten, die wirtschaftlich und politisch Ruinierten, die seit jeher die »Flucht in den Wald«[268] als Zeichen der Verweigerung wie des Widerstandes gesetzt hatten, religiöse Einzelgänger wie ganze Gruppen, von den Sektierern bis zu radikalen Kloster- und Ordensgründern. »Nach dem Gesetz der Wildnis« zu leben bedeutete: gesetzlos leben. Sammler und Viehzüchter, halbnomadische Jäger und Hirten bildeten die »Dritte Welt« des Mittelalters. Sie waren »unterentwickelte«, im Urzustand zurückgebliebene Menschen. So konnte es geschehen, daß die hochmittelalterlichen Iren, die frühchristianisierten Söhne des heiligen Patrick, als Wilde und Barbaren verspottet wie gehaßt wurden, weil sie ihrer alten Hirtenkultur treu geblieben waren. Wie die Gewohnheit dem Wohnen und der Seßhaftigkeit verwandt ist, so können sich Recht und Gesetz nur dort entwickeln, wo Beständigkeit herrscht. »Wo Stabilität ist, dort ist Religion.«

Bevor der heilige Pirmin auf der Insel Reichenau sein Werk beginnen konnte, mußte er zunächst die Ungeheuer vertreiben, die den Bodensee und seine Wasserwildnis bevölkerten. Wenn auch nächtliche Lichterscheinungen die Gründung eines Klosters mitten im Wald befahlen, so war es zuvor doch nötig, den Ort »von Faunen und Monstern« zu säubern. In die Unterwelt, zu Patricks Fegefeuer ebenso wie in die Hölle, führte der Weg durch dichte Wälder. Wenn die Wildnis den Heiden göttergleich war, so bevölkerten sie die Christen mit Dämonen und Teufeln und fanden die Gottesnähe darin bloß

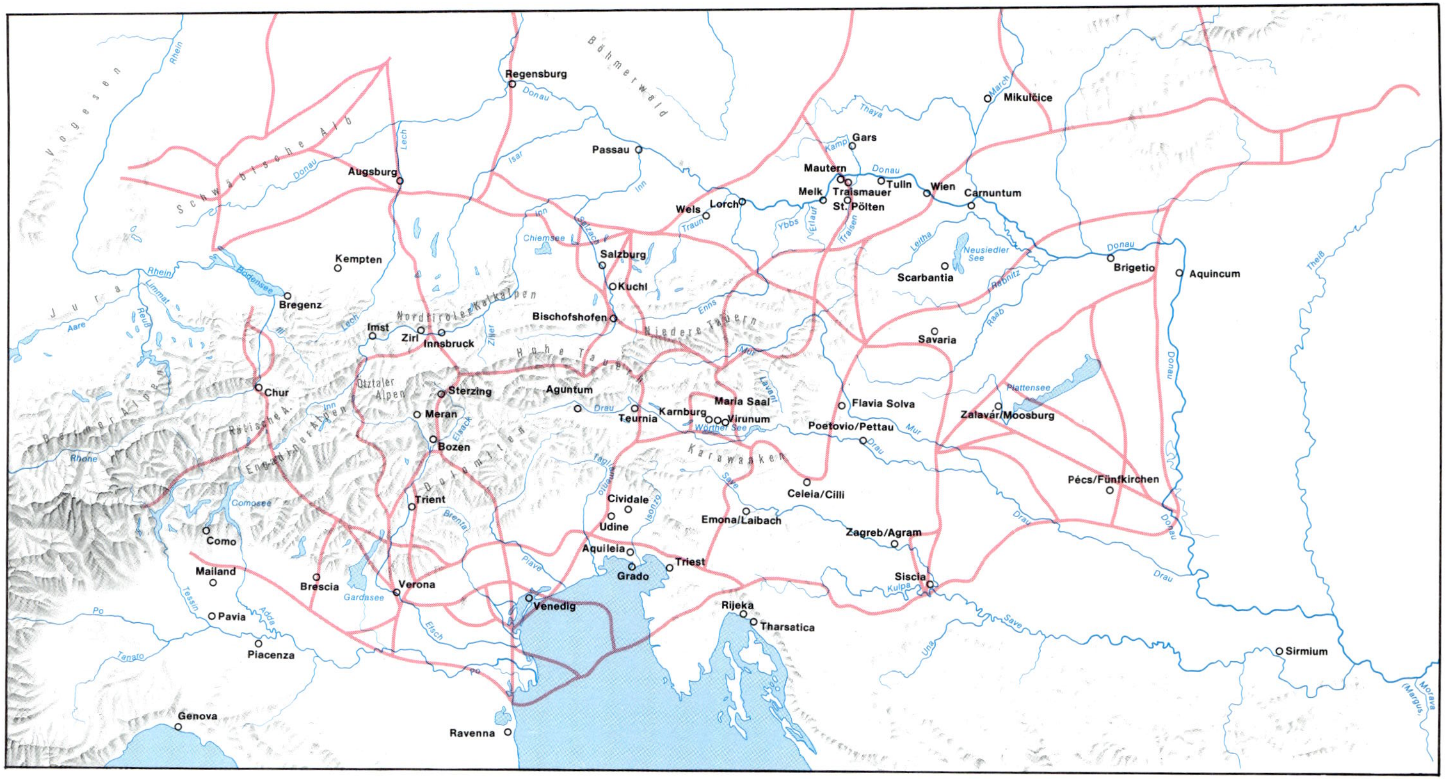

Spätantikes Straßennetz

in Ausnahmefällen. Da die Heiden die Natur anbeteten, galten sie dem christlichen Mittelalter als Barbaren, denen eigentlich die zweite, die menschliche Natur fehlte. Sie befanden sich in der Wildnis des Geistes und der Seele.

Im Bregenz des Jahres 610 erhielt der Ire Columban rechtzeitig die göttliche Weisung, die geplante Slawenmission zu unterlassen. Der Engel des Herrn entfaltete vor den Augen des Heiligen eine Weltkarte und gab ihm zu verstehen, daß die heidnische Wildnis der Slawen noch unmissionierbar sei. Erst der Untergang des Awarenreiches öffnete die Sclavinia der christlichen Mission; nun wurden die herkömmlichen Vorstellungen positiv gedeutet. So sagte man im ehrwürdigen Missionskloster Fulda: »Wald bedeutet allegorisch die Unfruchtbarkeit der Heiden.« Wenn aber Waldbäume, die nur bittere Frucht tragen, veredelt werden, so darf man reiche Ernte erwarten. Das gleiche gelte von den Heiden. Im selben 9. Jahrhundert, da man in dieser Hoffnung lebte, entstand der *Heliand*; dem altsächsischen Dichter des Heilandlebens war die Wüste, in der Jesus fastete und dem Versucher begegnete, der »tiefe Wald seiner Heimat«.

Den Urstoff verstanden die Griechen und nach ihnen die Lateiner als Wald, Hyle, *silva*. »Man assoziierte das ungeformte Chaos des Weltanfangs mit dem dschungelhaften und doch baustoffreichen Wald, wie man ihn kannte.« Der Enzyklopädist Isidor von Sevilla gab am Anfang des Mittelalters der Epoche das Wissen der Antike weiter. Zum Gegenstand sagte er: »Wald nennen die Griechen eine bestimmte erste Materie, die noch völlig ungeformt, jedoch aller körperlichen Formen fähig ist und woraus alle sichtbaren Elemente geformt wurden.« Allerdings bestand die Gefahr des Dualismus, daß man zwei Weltseelen annahm, von denen die eine, die böse, aus dem Wald, die andere, die gute, aus Gott kam. Der Kirchenvater Ambrosius war sich der Gefahr bewußt, die weniger philosophisch bemühte Poeten gern in Kauf nahmen. Silva waren auch die »rohen Hinterwäldler«, die Christus als seine Jünger berief, die Urmaterie, die zu allem Körperhaften den Stoff liefert; Stoff zu allen Bauten, die Heidenschaft, die Heiligen, das Mittel zu guten und bösen Werken.[269]

6. Freund und Feind

Ein Vasall und Verwandter Herzog Tassilos III. ritt ungeschickt, fiel vom Pferd und erlitt einen so schweren Schädelbruch, daß ihn die Ärzte aufgaben. Schuld an dem Mißgeschick hatten seine Sünden. In seiner Not schenkte der Todkranke an die Freisinger Kirche, und zwar einen Besitz, der einst einem Mann gehörte, der ihn »nach dem Recht und Gesetz der Bayern verloren hatte«. Dieser Unbekannte muß irgendeine Art von Hochverrat oder einen kriminalisierten Totschlag verübt haben. Alle anderen »Feindschaften« wären – mit Hilfe der »Freundschaft« – zu sühnen gewesen.[270]

Hunger und Not, Krankheit und Tod bedrohten ständig die menschliche Existenz. Krieg und Friedlosigkeit sind die Regel; der Feind war nicht bloß der Stamm, der jenseits einer breiten Grenzzone hauste, sondern bereits das Nachbardorf, der nächste Clan oder die andere Sippe.[271] Gerne vermied man weite Reisen, selbst wenn das Ziel der heilige Emmeram zu Regensburg war. Lieber errichtete man ihm in der Heimatdiözese eine Kirche und Gedenkstätte.[272] Kein Wunder, war schon der »Weg zwischen zwei Dörfern« unsicher genug. Man mochte unter die Räuber fallen und wurde von ihnen ins Ausland verkauft. Was hier einer Frauensperson alles passieren konnte – von der obszönen Entblößung bis zur Vergewaltigung –, entfaltet der Gesetzgeber in bezeichnenden Details.[273] Der Vater Arns wurde von einem seiner Gegner auf den Tod verwundet, worauf er seinen Sohn der Kirche von Freising übergab. Ein blutiger Streit war der Anlaß für die Gründung von Scharnitz, ein anderer stand am Beginn einer Laufbahn, die bis zur Erhebung Arns zum ersten Erzbischof von Salzburg führte.[274] Daß man vor dem Beginn eines Kriegszuges ein Seelgerät stiftete, um gut wieder heimzukehren,[275] wirkt verständlich. Aber auch eine Fahrt an den Kaiserhof oder eine Pilgerreise nach Rom schienen so gefährlich, daß man die gleiche Rückversicherung einging. Drei Monate mußte man in der guten Jahreszeit dafür veranschlagen, reiste man von der Salzach an den Tiber und wieder zurück.[276]

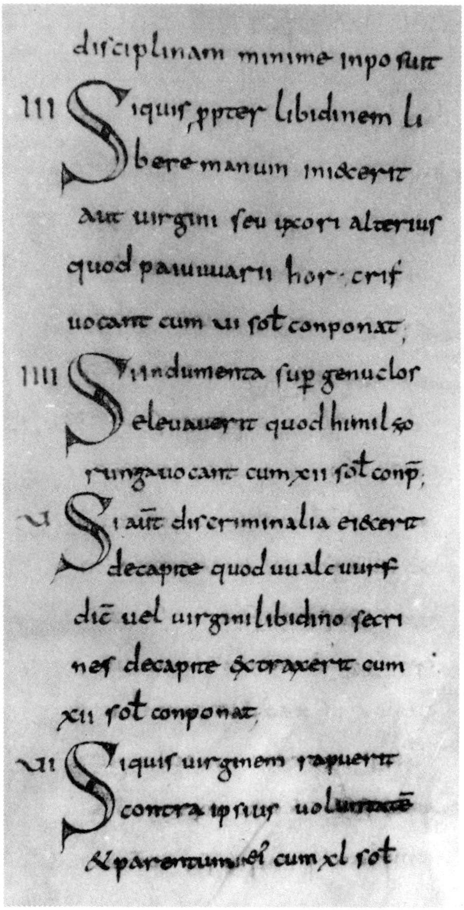
disciplinam minime inposuit
III Siquis propter libidinem li
bere manum inmiserit
aut uirgini seu uxori alterius
quod paiuuarii horcrif
uocant cum VI sol conponat.
IIII Si uindumenta sup genuclo
eleuauerit quod himilzo
runga uocant cum XII sol conp.
V Si aut discriminalia eiecerit
decapite quod uualcuurf
dic uel uirgini libidino secri
nes decapite extraxerit cum
XII sol conponat.
VI Siquis uirginem rapuerit
contra ipsius uoluntate
et parentum ... cum XL sol

Aus den Bestimmungen zum Schutz der weiblichen Ehre der Lex Baiwariorum:
»3. Wenn einer aus böser Lust an eine Freie Hand anlegt, sie sei eine Jungfrau oder die Frau eines andern, was die Bayern ›unzüchtigen Griff‹ *(horcrif)* nennen, der büße es mit 6 Schillingen.
4. Wenn er ihr die Kleider über die Knie aufhebt, was sie ›Kleidzerrung‹ *(himilzorunga)* nennen, der büße es mit 12 Schillingen.
5. Wenn er ihr aber die Kopfbedeckung vom Haupte reißt, was sie *walcvurf* nennen, oder wenn er einer Jungfrau in Geilheit Haare vom Kopf reißt, der büße es mit 12 Schillingen …«

»Als ich mich mit einer Frau namens Otpirga einließ, war sie eine Freie«, bekennt ein mittlerer Grundbesitzer im heutigen Württemberg. In der Zwischenzeit stellte sich jedoch heraus, daß die Frau eine Unfreie St. Gallens war; der Vogt des Klosters hatte einen längst vergessenen Rechtsanspruch durchgesetzt.[277] Unsicherheit über den eigenen Status mit weitreichenden Folgen für die Kinder war weit verbreitet; viele wußten nicht, ob sie »Gewalt über sich hatten« oder anderen ausgeliefert waren.[278] So setzte man denn die Hoffnung auf ein christliches Reich, »in dem alles und in allem Christus ist«. Es war ein praktisches Problem, zu dessen Lösung man die paulinische Autorität bemühte.[279] Aber es gab so viele praktische Probleme, die man hier und jetzt auf Erden zu lösen hatte. Der

Himmel mochte noch ein wenig warten, Schenkungen – der Sünden wegen – sollten ihn von Zeit zu Zeit und besonders in der Todesstunde besänftigen.[280] Und dann gab es immer noch die »Freunde«, mit deren Hilfe man Zeit und Ewigkeit zu meistern suchte. Man erbte Feindschaften und Freundschaften; aber die Hoffnung lag in der Aussöhnung mit dem Feind und in der Gewinnung des Friedens.[281]

Schlußwort

Eine ausgewogene Darstellung des Gegenstandes hat große Schwierigkeiten zu überwinden. Dürre annalistische Eintragungen stehen neben der historiographischen Hochleistung eines Prokopios von Kaisareia. Die Heiligenlegenden für sich, aber auch in Verbindung mit nüchternen Güterverzeichnissen sind zu verstehen und in eine Narratio umzusetzen. Zeugenlisten und Verbrüderungsbücher liefern ein sprödes Material, das man nur mühsam und unsicher zum Sprechen bringt. Dazu kommt die Interpretation von Orts- und Gewässernamen, kommen kunstgeschichtliche und dingliche Quellen, die nicht selten Unikate sind, unvergleichliche und daher unvergleichbare Denkmäler. So war ein weiter Weg zurückzulegen, bevor die Erzählung beginnen konnte, und auch dann mußte nur allzuoft auf den Indikativ verzichtet werden. Allerdings schließt die Wirklichkeit der Geschichte stets auch die Möglichkeit menschlichen Handelns ein.

Die geopolitisch-historischen Gegebenheiten verlangten eine fünffache Gliederung der Darstellung:

Den Westen des Raums bildete eine alamannisch-romanische Einheit, die aus den Tallandschaften Vorarlbergs und des westlichen Tirols bestand und einerseits nach St. Gallen-Konstanz und andrerseits nach Chur hin orientiert war.

Daran schloß als zweites Gebiet der alpine Bereich Freisings an, das sich in besonderer Weise der Erfassung des Tiroler Berglandes an Inn, Eisack und Etsch sowie des Pustertals widmete. Hinter den Möglichkeiten des außeralpinen Isar-Bistums blieb die einheimische Diözese Säben zunächst weit zurück, erlangte aber bald nach dem Ende unserer Epoche so viel an Bedeutung, daß die Sedes den Königshof Brixen erwarb und so die Grundausstattung erhielt, um sich schließlich als Tiroler Bistum nördlich wie südlich des Brenners durchzusetzen.

Sowohl im geographischen Zentrum wie zeitlich an der Spitze der Entwicklung stand drittens Salzburg. Dieses einzige bayerische Bistum auf altnorischem Boden wurde noch vor seiner Erhebung zur bayerischen Metropole der Mittelpunkt des kirchlichen Lebens an Salzach und Inn. Salzburg entwickelte starke Ausstrahlung in das benachbarte Oberbayern sowie in die heutigen Bundesländer Tirol, Oberösterreich, Steiermark, Kärnten, Niederösterreich und Burgenland, ja selbst bis nach Ungarn hinein. Von Salzburg aus erfolgte die Mission des Ostalpenraums und der anschließenden Gebiete.

Viertens war das alpenslawisch-karantanische Fürstentum zu behandeln, das in agilolfingischer Zeit dem Einfluß Salzburgs und Bayerns geöffnet und Teil dieses königlichen Herzogtums wurde. Das karantanische Kärnten bewahrte diese Zugehörigkeit nur bis ins 10. Jahrhundert. Die Steiermark löste sich endgültig erst 1180 von Bayern, als die alte Patria ihre Rolle als Stammesherzogtum bereits ausgespielt hatte.

Zusammen mit Karantanien und dem altbayerischen Traungau bildete fünftens das awarisch-slawische Gebiet unterhalb der Ennsmündung das bayerische Ostland der Karolingerzeit. Dieses verhältnismäßig große Gebiet wurde als fränkisch-bayerische Mark organisiert, konnte aber dem Ungarnsturm nicht standhalten. Erst nach dem Ungarnsieg Ottos I. wurden Teile davon durch die karantanische Mark im Süden und die Mark der Babenberger östlich der Enns in verkleinerter Form neu gestaltet. Hier begann die österreichische Geschichte im engeren Sinn, und zwar spätestens 1156 mit der Trennung von Bayern und der Umwandlung der Mark in ein Herzogtum.[1] Schon sehr früh setzte sich im österreichischen Donauland der Passauer Diözesan als zuständiger Oberhirte durch; seinem Bistum war es beschieden, die Kirchenordnung diesseits wie jenseits der Enns zu gestalten.

Vier der fünf geopolitisch-historischen Gliederungen bildeten Teile des bayerischen Herzogtums. Die westlichste Einheit zählte zum alamannisch-churrätischen Bereich. Alle fünf Gebiete stehen in der österreichischen Geschichte nach Rang und Bedeutung gleichberechtigt nebeneinander, um so mehr dann, wenn man eine »Geschichte Österreichs vor seiner Entstehung« zu schreiben sucht. Art und Umfang der Überlieferung verhindern allerdings eine quantitativ gleiche Darstellung. Der Vorrang, den das Salzburger Kirchen- und Missionszentrum im 8. und 9. Jahrhundert besaß, fand seinen Niederschlag in einer unverhältnismäßig reichen Schriftlichkeit. Erst nach der Niederlage der Awaren erweckten das niederösterreichische Donauland und die burgenländische Nachbarschaft annähernd gleich starkes Interesse. In diesem Kolonisationsgebiet waren viele Neuregelungen zu treffen, es stand aber auch als Grenze gegenüber Mähren und Pannonien im Mittelpunkt schwerer Auseinandersetzungen und damit der allgemeinen Aufmerksamkeit. Daher war die quellenbedingte Gewichtung etwas auszugleichen, um den Eindruck zu vermeiden, die anderen Räume hätten geringere Bedeutung besessen.

Nach der Narratio der ersten vier Kapitel wurden die frühmittelalterlichen Stammesbildungen in den fünf Gebieten untersucht. Zum Abschluß war ein Überblick darüber zu geben, was Heinrich Fichtenau in seinem Buch »Lebensordnungen des 10. Jahrhunderts« so meisterhaft und viel ausführlicher dargestellt hat. Dabei ging es um fünf Fragen des Menschen: Was macht ihn dazu? Wie frei ist er? Wozu ist er verpflichtet? Wie kann er sich ändern? Wie und wovon lebt der Mensch? Die Antworten sind bloß beispielhaft gegeben worden, andeutungsweise und nicht vollständig. Andernfalls wäre ein eigenes Buch entstanden.

Viel war in diesem Buch von Bayern und den Bayern die Rede. Daher könnte mancher erwartet haben, daß Regensburg, »die – aus behauenen Steinen erbaute – feste Hauptstadt dieses Volkes« der Agilolfingerzeit[2] und die »Königsstadt« der Karolinger,[3] ausführlicher gewürdigt worden wäre. Aber beschönigt nicht Arbeos Lob der *metropolis huius gentis* ein wenig die Tatsache, daß Regensburg – wohl seit 743 – Grenzstadt war, da im linksufrigen Nordgau die Franken standen?[4] Ohne Zweifel gab es eine agilolfingische Pfalz; jedoch machten erst die »bayerischen« Karolingerkönige – allen voran Ludwig der Deutsche und Arnulf von Kärnten – Regensburg zum Zentrum ihrer Herrschaft,[5] die freilich weit über Bayern hinausreichte. Wie Regensburg seine Lage an einer gefährdeten Peripherie erst in der Karolingerzeit überwand und zur zeitweise vornehmsten Königsstadt des Ostfrankenreichs wurde, so geschah es nicht vor der Mitte des 9. Jahrhunderts, daß Emmeram zum bayerischen Stammesheiligen aufstieg. Zum Jahre 869 erfährt man von seinem ersten »nationalbayerischen« Wunder,[6] und »Arnulf erwählte den heiligen Emmeram für Reich und Leben zum Schutzpatron«.[7] So wichtig also Regensburg für Bayern und das ostfränkische Reich auch war, für unseren Raum waren Salzburg, Freising und Passau wichtiger. Diese bischöflichen Sedes und herzoglichen Residenzen lagen im Innern des agilolfingischen Bayernreichs. Sie konnten den Vorsprung, den sie im 8. Jahrhundert bei der Entwicklung unseres Gebiets erworben hatten, im 9. Jahrhundert nicht bloß erhalten, sondern kräftig ausbauen. Nicht zu vergessen, daß Regensburg mit der Errichtung der Ostlandpräfektur als Verwaltungszentrum für weite Gebiete unseres Raums ausschied. So wurden böhmische Fürsten in Regensburg getauft, während der Khagan Abraham und Priwina von Neutra in Niederösterreich die Taufe nahmen.

Seit der Schlacht von Adrianopel 378 erlebte Mitteleuropa bis an die Schwelle des 10. Jahrhunderts eine starke, obgleich gegen das rätische Bergland abnehmende, ethnische Mobilität. Innerhalb dieser rund 550 Jahre scheiterten alle Versuche, den Raum aus sich heraus zu organisieren und zu erhalten. Es waren im Frühmittelalter stets die auswärtigen Mächte, die ihn auf ihre Weise zu gestalten suchten, wobei es zu Spaltungen und Aufteilungen kam. Die anfänglich vom italischen Süden getragene Organisation und Verteidigung des Gebiets wich im 6. Jahrhundert zunächst einer von Westen nach Osten gerichteten Erfassung durch die Franken und schließlich um 600 der Aufteilung des Raums zwischen Franken und Bayern sowie Awaren und Slawen. Der fremde Einfluß blieb jedoch zumeist auf eine nominelle Oberhoheit beschränkt.

Die Kleinräumigkeit Mitteleuropas erlaubte eine ebenso starke Eigenständigkeit wie Vielfalt kleiner ethnischer Gruppen, die vieles vom Erbe der ausgehenden Antike und der Völkerwanderungszeit bewahrten. Namengebungen, aber auch Verfassungsformen bewiesen mitunter eine erstaunliche Kontinuität. Stets besaß das territoriale, regionale, ja lokale Element die Entscheidung über Stammesbildung und Organisationsform. Dieses Element konnte um so unbeschränkter wirken, als die hier entstehenden und sich immer wieder neu bildenden Völker – mit Ausnahme der bald abziehenden Langobarden – keine alten Gentes waren. Dies beweist das Fehlen echter Herkunftsgeschichten. Die Bayern hatten bei ihrer Kindesweglegung keine Stammesgeschichte, keine *origo gentis,* mitbekommen; aber auch den Alamannen und Churrätern, Breonen und Karantanen blieb ein solches Angebinde versagt. Ganz zu schweigen davon, daß sich jemand gefunden hätte, die Traditionen bayerischer Genealogien, eines Dominicus oder Quarti, Physso, Techilinus, eines Joseph von Stiefern oder des pannonischen Priwina aufzuzeichnen. Die bayerische Stammessage des Hochmittelalters ist Literatur, wie sehr auch manche Einzelheiten einstige Wirklichkeiten zu spiegeln scheinen. Die Geschichte von der »Rückkehr« der Noriker-Bayern, die die späte Stammessage annimmt, setzt das Land, die *patria,* voraus. Es ist also die Geschichte des Landes, die *origo patriae,* aus der in unserem Raum Identitätsgefühl und Legitimität gewonnen wurden. Vom Fortleben der Vita Severini über Arbeos Preis des Bayernlandes und der Kärntner Chronik des Jacob Unrest bis zu Ludwig Thomas Tacitus-Ulk »Agricola« reicht dafür die Reihe unterschiedlich ernst gemeinter, aber bezeichnender Zeugnisse.[8]

Anhang

Zeittafel

von Brigitte Merta

bis 537/68	**Römerzeit**
377/78	Alamanneneinfall in Rätien
9. 8. 378	Schlacht bei Adrianopel
380	Ansiedlung von ostrogothisch-alanisch-hunnischen Föderaten in Pannonien
Januar 395	Tod des Theodosius I. und Teilung in West- und Ostreich
vor 397	Markomannische Föderaten in Pannonia I angesiedelt
401	Zug donauländischer Völker aus Pannonien an den Rhein
405	Radagaisus-Einfall über die Donau nach Italien
408/09	Alarich-Goten im norisch-westpannonischen Raum; Heermeisteramt des Generidus an rätisch-norisch-pannonischer Grenze
430/31	Niederwerfung eines Aufstandes in Norikum durch Aetius
433	Foedus mit den Hunnen, die Pannonien besetzen
445–453	Attila hunnischer Alleinherrscher
451	Durchzug der Hunnen von Pannonien nach Gallien
454/55	Schlacht am Nedao
454/55–487/88	»Kremser« Rugierreich
455/67–482	Wirken Severins in Ufernorikum
vor 457	ostgotische Ansiedlung in Pannonien
Herbst 473	Abzug der Ostgoten aus Pannonien
476	Machtergreifung Odoakers, Ende der regulären Verteidigung des norischen Donau-Limes
480/90–508	Erulerreich an March und Donau
8. 1. 482	Tod des heiligen Severin
487/88	Rugierkriege Odoakers und Abzug eines Teiles der romanischen Bevölkerung Norikums nach Italien
493	Sieg Theoderichs d. Gr. über Odoaker
um 510–540	Wacho Langobardenkönig
533–547/48	Theudebert Frankenkönig
536/37	Ostgoten treten rätisch-westnorisches Gebiet an Franken ab
540/47–560/61	Audoin Langobardenkönig
547/48	südostnorisch-westpannonischer Raum vom Kaiser offiziell an die Langobarden übertragen

vor 555–788/94	**Zeit der Agilolfinger**
um 555	Heirat Garibalds I. mit Waldarada
2. Hälfte 6. Jh.	mehrmalige Vorstöße der Franken über Churrätien nach Italien
560/61–568/72	Alboin Langobardenkönig
568	Abzug der Langobarden aus Pannonien nach Italien
584–590	Authari Langobardenkönig
589	Heirat Autharis mit Theudelinde
592	Slawensieg der Bayern
595 und um 610	bayerische Niederlagen gegen Slawen und Awaren im Tiroler Drautal
610/11	Columban in Bregenz
623–639	Dagobert I. Frankenkönig
623/24–659	Samo Slawenkönig
626	Niederlage der Awaren vor Konstantinopel
vor 695/96–717/18	Theodo I. Bayernherzog
695/96–715	Wirken Bischof Ruperts in Bayern

709–730	Lantfrid I. Alamannenherzog
711/12	letzter awarischer Vorstoß über die Enns, Zerstörung Lorchs; Bischofshofener Maximilianszelle erstmals gegründet
712–715	Bischof Emmeram wirkt in Bayern
714–741	Karl Martell fränkischer Hausmeier
715/16	Romreise Theodos
um 716–nach 725/28	Wirken Bischof Corbinians in Bayern
724/25	Lex Alamannorum
736/37–748	Odilo Bayernherzog
739	Bistumsorganisation Bayerns durch Bonifatius
741/751–768	Pippin III.(I.) fränkischer Hausmeier/König
741	Heirat Odilos mit Hiltrud, Tochter Karl Martells, und Geburt Tassilos III.
741/42	Karantanen geraten unter bayerische Botmäßigkeit
743	bayerisch-fränkische Kämpfe
746/47–784	Virgil Bischof von Salzburg
748–788/94	Tassilo III. Bayernherzog
749	Niederlage Grifos und der Bayern gegen Pippin
um 752–um 769	Cheitmar Karantanenfürst
755/57	Tassilo aus Vormundschaft entlassen
763	Tassilos Bruch mit Pippin I.
764–783	Arbeo Bischof von Freising
765(?)	Überführung des Leichnams des heiligen Corbinian nach Freising
zw. 765 und 768/69	Heirat Tassilos mit Liutpirc
768–814	Karl der Große König/Kaiser
769	Gründung Innichens
772	Karantanenzug Tassilos, Taufe seines Sohnes Theodo in Rom
774	Karl der Große erobert das Langobardenreich; Weihe des Virgildomes in Salzburg und Überführung des Leichnams des heiligen Rupert nach Salzburg
777	Gründung von Kremsmünster
785/98–821	Arn Bischof von Salzburg
787	Lehensauftragung Bayerns an den Frankenkönig
788	Absetzung Tassilos auf Reichsversammlung zu Ingelheim, Ausschaltung der Agilolfinger, erste Kämpfe zwischen Franken und Awaren

788/94–907	**Zeit der Karolinger**
791	Awarenkrieg Karls des Großen
794	Tassilo verzichtet für sich und seine Kinder auf bayerisches Herzogtum
795/96	Awarenkriege der Franken von Italien aus
798	Salzburg Erzbistum
799	Awarischer Gegenangriff; Tod des Bayernpräfekten Gerolds I. und Herzog Erichs von Friaul
799/vor 802	Errichtung der bayerischen Ostlandpräfektur
25. 12. 800	Kaiserkrönung Karls des Großen
802/03	Kämpfe mit den Awaren
805–822	Awarisches Tributärfürstentum östlich der Linie Carnuntum-Savaria
806	Divisio regnorum
806/07	Einführung der Grafschaftsverfassung in Churrätien
811	Festlegung der Diözesangrenzen zwischen Salzburg und Aquileia
814–840	Ludwig der Fromme
817	Ordinatio imperii, Ludwig der Deutsche Bayernkönig
818	Tod des Bayernpräfekten Audulf
819–823	Liudewit-Aufstand
819–828	Balderich Herzog von Friaul
821–836	Adalram Erzbischof von Salzburg
826	Ludwig der Deutsche kommt nach Bayern
828	Neuordnung des Ostlandes
um 830–846	Moimir I. Mährerfürst
833–876	Ludwig der Deutsche ostfränkischer König

833–854	Ratpot Ostlandpräfekt
833/47–860/61	Priwina von Neutra Fürst in Pannonien
836–859	Liupram Erzbischof von Salzburg
843	Vertrag von Verdun
846–870	Rastislav I. Mährerfürst
859–873	Adalwin Erzbischof von Salzburg
860/61–um 875	Priwinas Sohn Chozil Fürst in Pannonien
861–865	Streit um die Herrschaft über Bayern und das Ostland zwischen Ludwig dem Deutschen und seinem Sohn Karlmann
863	Cyrill und Method kommen nach Mähren
869	Tod Cyrills in Rom
870	Conversio Bagoariorum et Carantanorum
871–909	Ar(i)bo bayerisch-pannonischer Grenzgraf
871–894	Zwentibald I. Mährerfürst
871/72	schwere bayerische Niederlagen gegen die Mährer
873–907	Theotmar Erzbischof von Salzburg
876–879/80	Karlmann, ostfränkischer König, in Bayern
876–882	Ludwig III. der Jüngere, ostfränkischer König, 879/80–882 in Bayern
876/82–887	Karl III. der Dicke König/Kaiser
881	Kampf gegen die Ungarn bei Wien
885	Tod des Methodios
887–899	Arnulf von Kärnten König/Kaiser
892/93	Kampf Arnulfs gegen die Mährer, Untergang der letzten Wilhelminer
895	Markgraf Luitpold wird in Bayern mächtigster Mann nach dem König
899–911	Ludwig IV. das Kind ostfränkischer König
900	Ungarn überqueren erstmals die Enns, Errichtung der Ennsburg
903/06	Raffelstettener Zollweistum
907	Schlacht bei Preßburg: Tod Luitpolds und Theotmars, vernichtende Niederlage des bayerischen Heeres, Ende der Karolingerzeit in unserem Raum

Glossar

Abschichtung ist die Verselbständigung jedes Abhängigen, im besonderen die des Herren(Herrscher-)sohnes in wirtschaftlicher, sozial-rechtlicher (Eheschluß) und politischer Hinsicht unter Oberaufsicht des Vaters oder älteren Bruders.

Abt und Äbtissin sind Vorsteher bzw. Vorsteherin eines Benediktiner(innen)klosters. Sie werden vom **Konvent,** der Gemeinschaft der Mönche bzw. Nonnen, gewählt.

Acht bedeutet Friedlosigkeit und Ausschluß aus der Gesellschaft aufgrund schwerer Vergehen; wer mit Geächteten umgeht, verfällt selbst der Acht.

Adel beruht auf Erbbesitz und damit verbunden besonderer Abstammung, muß aber durch erfolgreiche Herrschaftsausübung in Krieg und in Frieden glaubhaft vertreten werden.

Agnatisch nennt man den Erbgang über die Männer, **cognatisch,** wenn die Rechts- und Traditionszusammenhänge auch die weiblichen Verwandten einbeziehen.

Allod ist Eigengut.

Amaler sind das erste gotische Königsgeschlecht, dem Theoderich der Große († 526) angehört; → Balthen.

Anathem (Exkommunikation) ist der feierlich verkündete Ausschluß aus der Kirchengemeinschaft.

Archipresbyter, Erzpriester, waren Vorgesetzte einer Gruppe von Priestern im Auftrag des Bischofs. Sie saßen am Bischofshof selbst oder an wichtigen Kirchen der Diözese und waren für ein bestimmtes Gebiet zuständig.

Arianer sind – nach Arius benannte – Vertreter der Ansicht, Gott-Sohn sei – entgegen der Trinitätslehre von der Wesenseinheit der göttlichen Personen – ein vom Vater geschaffener Gott, während dem Heiligen Geist die Göttlichkeit fehle. Der Arianismus gilt der sich seit dem Konzil von Nicaea 325 mehr und mehr durchsetzenden Orthodoxie als Häresie.

Austrasien, Austrien wird sowohl der Ostteil des Franken- wie des Langobardenreichs genannt; → Neustrien.

Bagauden waren vor allen im Gallien des 5. Jahrhunderts Angehörige einer gegen die römische Oberschicht gerichteten Bewegung.

Balthen sind das zweite gotische Königsgeschlecht, dem Alarich I. († 410) nachweisbar angehört; → Amaler.

Bann ist die Gewalt bei Strafe zu gebieten und zu verbieten.

Barschalken galten sowohl als frei wie als unfrei, lebten nach einem eigenen Recht, zahlten Abgaben, durften aber Waffen tragen. Trotz ihres germanischen Namens werden sie von der römischen Restbevölkerung hergeleitet.

Benefizialwesen nennt man das System, in dem ein vermögender Herr einen Mann durch eine »Wohltat«, *beneficium* (→ Lehen), an sich bindet und dafür dessen Dienste in Anspruch nehmen kann. Frühmittelalterliche Benefizien bestehen zumeist aus Land (und Leuten), deren Übertragung sowohl beschränktes Eigentum wie auch grundsätzlich davon zu unterscheidenden Lehensbesitz konstituieren kann.

Bischof ist – mit Sitz in einer → Civitas – der Leiter eines Bistums, das in Mitteleuropa im Verlaufe des 8. Jahrhunderts territorial festgelegte Grenzen erhält. Er hat die Aufsicht (daher gr. *episkopos*) über religiöse Lehre (Predigt), Verwaltung und kirchliche Rechtsprechung. Der Bischof wird nach dem Kirchenrecht von »Klerus und Volk« gewählt.

Chorbischof ist ein für das städtelose Land, *chóra,* zuständiger, von einem Ortsbischof abhängiger Bischof.

Civitas, antike Stadt; im Frühmittelalter oft befestigter Platz, Burg.

Cognatisch → agnatisch.

Colonus ist ein persönlich freier, an die Scholle gebundener bäuerlicher Mensch, dessen Rechte und Pflichten aufgeschrieben waren, so daß er der Rechtstheorie nach nicht der Willkür seines Herrn ausgeliefert war. Nach dem Frühmittelalter Bedeutungswandel zu Höriger.

Comes, »Begleiter«: In der Umgebung des spätantiken Kaisers findet der Comes Gelegenheit zur Bewährung und wird nach dem Hofdienst für Aufgaben »in der Provinz« eingesetzt. Im Frühmittelalter ist der Comes grundsätzlich der regionale Vertreter des Herrschers (Königs) und ausdrücklich für die Einhebung von Abgaben, die Rechtsprechung und das Heer zuständig. Um 700 verschmilzt im Frankenreich die Aufgabenstellung des Comes mit der des *grafio,* so daß seit dem 8. Jahrhundert die Gleichsetzung von Comes und Graf sinnvoll ist.

Comitatus ist der Aufgabenbereich des Comes, insbesondere das militärische Aufgebot, und erst seit der Mitte des 9. Jahrhunderts eine territorial begrenzte Einheit, die Grafschaft.

Con(n)ubium: Völker und soziale Schichten oder Gruppen leben im Connubium miteinander, wenn sie ihre Angehörigen miteinander rechtmäßige Ehen eingehen lassen.

Consularverzeichnis: Da die übliche römische Jahreszählung nach den beiden das Jahr benennenden Konsuln erfolgte, waren Verzeichnisse notwendig, um den Überblick zu behalten.

Divisio regnorum von 806 ist das Reichsteilungsgesetz Karls des Großen für den Fall seines Todes.

Dux leitet sich grundsätzlich von der Führung des Heeres ab und kann daher ebenso jeden Heerführer, → gentilen Fürsten wie den Herzog, ja selbst den König meinen.

Ehe heißt Recht, Gesetz und meint den Vertrag, der einer rechtmäßigen Eheschließung mit Übertragung der Muntgewalt (vgl. Mündel, Vormund) vom Vater der Braut auf den Mann vorausgeht.

Eigen ist der Erbbesitz, über den der jeweilige Inhaber frei verfügen kann.

Eigenkirchen sind Kirchen, die von einem Herrn zur seelsorgerischen Versorgung seiner → Familia errichtet wurden und in seiner Verfügungsgewalt blieben. Dort angestellte Geistliche gehören zu seinem Haushalt, obwohl sie theoretisch frei sein müssen. Dem → Bischof ist die Weihe des Gebäudes und der Priester vorbehalten.

Eigenleute gehören einem Herrn.

Exercitales siehe S. 334.

Freie und **Unfreie** siehe S. 332.

Familia ist die Gemeinschaft von Herrschenden, Gefolgsleuten und Abhängigen in einem adeligen oder kirchlichen Haushalt.

Fiskus ist der Besitz des Königs, im Bayern des 8. Jahrhunderts des Herzogs.

Forste waren größtenteils bewaldete Gebiete (→ Wald), die unter einem besonderen, meist vom König verliehenen Rechtsschutz (Forst → Bann) standen.

Friedelsohn ist der Sohn einer Frau, die nicht in Muntehe geheiratet wurde.

Gau siehe S. 213.

Gaugenossen, pagenses siehe S. 213.

Gebetsverbrüderung: Der christliche Jenseitsglaube (Fegefeuer) schließt den Gedanken an Gebetshilfe für Lebende und Verstorbene ein. Dazu verbünden sich geistliche Institutionen, insbesondere Bistümer und Klöster; sie schließen auch weltliche Personen in ihr Gebetsgedenken, **memoria,** ein.

Genealogie ist die Wissenschaft von jenen sozialen Zusammenhängen unter den Menschen, besonders des → Adels, die sich vordergründig als Abstammungsgemeinschaft darstellen. Mittelalterliche Genealogien sind wichtige Quellen für soziale und politische Netze, die durch wirkliche oder virtuelle Verwandtschaften geknüpft wurden. Zu den bayerischen Genealogien siehe S. 286 ff..

Gens ist grundsätzlich ein barbarisches Volk zum Unterschied vom römischen Populus. Obwohl das Wort eine Abstammungsgemeinschaft bedeutet, ist eine Gens »das Volk in Waffen«, der frühmittelalterliche polyethische Volksverband.

Graf → Comes

Grenze, slaw. **granica,** verdrängt seit dem 16. Jahrhundert die → Mark und verkörpert – zum Unterschied von dieser – eine lineare Grenzvorstellung.

Grenzgraf: grundsätzlich jeder Graf an der Grenze, sehr oft aber ein Obergraf, dem andere Grafen zugeordnet sind; → Präfekt, Marchio.

Heerbann ist zunächst die Befehlsgewalt, ein Heer aufzubieten, dann auch dieses selbst.

Herrenhof ist ein vom Grundbesitzer selbst bewirtschaftetes Zentrum einer Grundherrschaft.

Hofkapelle ist die Gemeinschaft der an einem Herren(Herrscher-)hof tätigen Geistlichen, die hier für den Gottesdienst, aber auch für administrative Aufgaben, wie Urkundenherstellung und diplomatische Korrespondenz, zuständig sind.

Hring ist der zentrale awarische Herrschersitz im Alföld (Land zwischen Donau und Theiß).

Hufen sind Wirtschaftseinheiten von einer Größe, die eine Kernfamilie samt Gesinde (nach Abzug der Abgaben) ernähren kann.

Illustrat ist die erste Rangklasse der spätrömischen Beamten *(viri illustres).*

Iugurrus ist der zweithöchste Rang- und Würdenträger der Awaren.

Kaiser ist im Mittelalter der seit 800 vom Papst in Rom gekrönte fränkisch-deutsche König.

Kapitularien sind die in Kapitel *(capitula)* gegliederten karolingischen Herrschergesetze.

Kapkhan ist ein awarischer Würdenträger.

Khagan ist der höchste Rang- und Würdenträger der Awaren.

Kirchenbann → Anathem.

Knez ist die aus dem germanischen **kuningaz* abgeleitete slawische Fürstenbezeichnung.

Königshufen sind um 50 Prozent größere → Hufen, die der König verlieh. Häufig war damit die Legitimation für den Ausbau von unentwickeltem Land, das als Königsland galt, verbunden.

Lehen: Um freien Gefolgsleuten und Funktionsträgern die Ausübung ihres Dienstes zu ermöglichen und zu honorieren, werden ihnen vom König oder von geistlichen und weltlichen Herren seit der Karolingerzeit Güter (→ Benefizialwesen) und nutzbare Rechte (wie etwa Zölle) zur Leihe gegeben. Der darüber mündlich geschlossene Vertrag wird durch den Lehenseid abgesichert. Die beiden Vertragspartner schulden einander Treue, das heißt Hilfe durch Rat und Tat.

Leitnamen lassen familiäre und politische Verbindungen erkennen. Im Frühmittelalter herrschte die Namensvariation vor (Muster: Hilde/*brand,* Hadu/*brand,* Heri/*brand*).

Magister militum, Heermeister, ist der Befehlshaber des spätrömischen Heeres oder großer Teile davon. Im Frühmittelalter ist er Befehlshaber byzantinischer Militärbezirke und entspricht dem westlichen Dux oder Grenzgrafen.

Mancipium ist ein leibeigener Unfreier.

Marchio ist seit etwa 850 der Obergraf (→ Grenzgraf, Präfekt), der nicht bloß an den Grenzen fürstliche Macht auszuüben beginnt. Die um 800 erstmals auftretenden **Marchiones** werden dagegen nur im Plural erwähnt und waren unter den einzelnen Grafen stehende Grenzwächter.

Mark ist das gemeingermanische Wort für den Grenzraum. Im Landesinneren bezeichnet das Wort **Gemarkung** häufig einen Landstrich um Siedlungen, der gemeinsam (zum Beispiel als Weide oder zur Brennholzgewinnung) genutzt wird. An den Außengrenzen entstanden seit der Karolingerzeit Marken zur Reichsverteidigung.

Memoria → Gebetsverbrüderung.

Miles ist grundsätzlich der römische Soldat; in den frühmittelalterlichen Reichen kann es zur Umwandlung dieser Gruppe in eine soziale Schicht unter Beibehaltung der militärischen Funktion, aber Verlust der Vollfreiheit kommen.

Missaticum ist zunächst die Beauftragung des Betreffenden durch einen Herrn, vornehmlich durch den König, seine »Dienstreise« durch ein bestimmtes Gebiet oder überhaupt ganz allgemein die Gesandtschaft, dann aber der Herrschaftsauftrag bis hin zur Verwaltung einer territorialen Großeinheit anstelle eines Königs.

Missus ist ein mit einem Missaticum Beauftragter.

Munt: Alle nicht Waffen tragenden Menschen waren im Mittelalter vor Gericht auf den Schutz, die Munt, eines freien Kriegers angewiesen. So konnten etwa Frauen unter dem Schutz des Vaters, Bruders, Ehemannes und unter bestimmten Umständen des Königs stehen.

Neustrien ist der Westen sowohl des Franken- wie Langobardenreichs; → Austrasien.

Ordinatio imperii ist das Reichsteilungsgesetz Ludwigs des Frommen von 817.

Origo gentis ist eine Stammes- und Herkunftsgeschichte, die im Idealfall den Weg eines ursprünglich heidnischen Volkes zur Bekehrung und Aufnahme in die römische Heilsgeschichte darstellen soll.

Pagenses siehe S. 213.

Pallium war in der Antike ein Mantel, im Mittelalter ein Wollstreifen, der am liturgischen Gewand eines Erzbischofs dessen Rang symbolisierte und nur vom Papst verliehen wurde.

Patricius ist zunächst die Bezeichnung für die römische Oberschicht, dann der höchste Ehren- und Funktionstitel des spätantiken Beamten und über das Frühmittelalter hinweg bis ins 11. Jahrhundert die Bezeichnung für den fränkisch-deutschen Herrscher als Schutzherr der Kirche, insbesondere des römischen Papsttums.

Pertinenzformeln bezeichnen in Urkunden den Umfang des zur Disposition stehenden Objekts durch Aufzählung all dessen, was dazugehört *(pertinet).* Obwohl sie sehr stark formalisiert sind, enthalten sie doch häufig charakteristische Elemente (zum Beispiel Almen im Gebirge, Mühlen an Wasserläufen, Bienenweiden in Wäldern).

Pfalz, *palatium,* ist der Hof des Herrschers.

Placitum ist die Gerichtsversammlung, dann das Gerichtsurteil und schließlich die darüber ausgestellte Gerichtsurkunde.

Praeses ist der rangniedere spätantike Provinzgouverneur.

Präfekt ist ein von einem Oberherrn einer Gruppe vorgesetzter Herrschaftsträger. Um 800 bezeichnen die klassisch gebildeten Autoren mit diesem Wort den vornehmlich an den fränkischen Außengrenzen tätigen Obergrafen (Grenzgrafen).

Prekarie ist die von einem Mann erbetene (Grund-)Leihe, die zumeist ein geistlicher Großer nach allfälliger Intervention weltlicher Großer an jenen Mann gibt. Die Prekarie ist eine der Grundlagen des klassischen → Lehenswesens.

Regnum bedeutet erstens das karolingische Gesamtreich, zweitens ein fränkisches oder das langobardisch-italische Teilreich und drittens die von einer namengebenden, nach gemeinsamem Recht lebenden Völkerschaft getragene politisch-regionale Einheit.

Reskript ist die schriftliche Antwort des römischen Kaisers auf eine Rechtsauskunft, die ein hoher Würdenträger erbeten hat. Da die Reskripte allgemeingültige Rechtskraft besitzen, bilden sie – gesammelt und gesichtet – die Grundlage des spätantiken Kaiserrechts.

Salland ist das Herrenland.

Skamaren sind die »Verhüllten« (Schemen); sie sind Gesetzlose römisch-barbarischer Herkunft, die vor allem an der mittleren Donau auftreten.

Suffragan ist ein Bischof, der im Rahmen eines Metropolitanverbandes einem Erzbischof untersteht.

Tributales sind bäuerliche Menschen, die das *tributum* zahlen, das heißt, eine Abgabe leisten, die ursprünglich die allgemeine römische Reichssteuer war. In den Quellen unseres Raums werden sie oft auch als Romanen bezeichnet.

Vasallen nennt man (freie) Abhängige, → Lehensträger, in einem Personenverband.

Vogt (lat. *advocatus*) ist ein Vertreter kirchlicher Institutionen in weltlichen Dingen, vor allem bei Gericht.

Vorort ist in einer vorstädtischen Gesellschaft das Zentrum einer Region.

Wald: Im Frühmittelalter gibt es verschiedene Erscheinungsformen des Waldes, die auch verschiedene Bezeichnungen tragen: Der Urwald, *nemus, saltus,* wird nur mit Furcht betreten, der Nutzwald, *silva bona,* dient vor allem der Energieversorgung, der Waldweide und der Bienenzucht. Der → Forst ist Reservatgebiet, in dem sich, mit genau vereinbarten Ausnahmen, eine Herrschaft die Nutzung und die Jagd vorbehält.

Wildpark, Brühl, kam in der Nähe von Pfalzen und Zentralorten vor und erleichterte schon im frühen Mittelalter die herrschaftliche Jagd. Der **Wildbann,** der Vorbehalt der Jagd für einen Herrn, bezog sich vornehmlich auf Hochwild.

Wipptal ist bis 1918 das nach Vipitenum-Sterzing benannte obere Eisacktal südlich und das Silltal nördlich des Brenners gewesen.

Zehent ist eine Abgabe an die Kirche in der Person des Bischofs, die auf alttestamentarischen Bestimmungen beruht (ein Zehntel dessen, was Gott wachsen läßt) und seit Karl dem Großen verpflichtend vorgeschrieben ist. Ein Teil wird für die Armenversorgung, ein Teil für die Erhaltung der Kirchengebäude, ein Teil für die Kirchenorganisation verwendet. In unserem Raum zahlten die Slawen nur 50 Prozent des Zehents.

Anmerkungen

Einleitung
Seite 11–15

1 Hahn, Fundmünzen 235–251.
2 Lhotsky, Staatsgedanke 366, nach Otto von Freising, Historia de duabus civitatibus II prologus.
3 Historiographie im frühen Mittelalter (hg. von Anton Scharer/Georg Scheibelreiter, VIÖG 32, Wien 1994) 544 S.

Die Umgestaltung der römischen Staatlichkeit (378–536/68)
Seite 17

1 Es kann *res publica* das römische Imperium unter Einschluß des italischen Gotenreichs bedeuten – siehe Suerbaum, Staatsbegriff bes. 247 ff. und s.v. 359 ff. –, während die Franken des 6. Jahrhunderts, die nicht mehr dem Imperium angehören, dieses als *res publica* von ihrem *regnum* unterscheiden: siehe Gregor von Tours, Historia Francorum S. 629 s.v. Zum Verhältnis von *res publica* als unvergängliches Reich zum *imperium* als dessen militärisch-territoriale, jedoch keineswegs unveränderliche Formgebung siehe Wolfram, Reich 271–273, bes. nach Iustinianus, Novellae 47, praef.; S. 283, und Procopius, De bello Gothico III (VII) 1, 4.
2 Zum gotisch-fränkischen Vertrag von 536/37 siehe Wolfram, Goten 318 mit Anm. 76 und 343 mit Anm. 19.
3 Zum Vertrag Justinians I. mit den Langobarden von 547/48 siehe Procopius, De bello Gothico III (VII) 33, 7–14. Den langobardisch-awarischen Vertrag erwähnen sowohl Historia Langobardorum codicis Gothani c. 5; S. 9, wie Paulus Diaconus, Historia Langobardorum I 27 und II 7; S. 69 und 76. Vgl. Pohl, Awaren 57.
4 Zum Fortleben der romanisch-barbarischen Bevölkerung unter awarischer Herrschaft siehe Pohl, Awaren 232 ff., und ders., Gepiden 280 ff. Daß Norikum und das rätische Breonenland um 565 nicht mehr zu Italien zählten, bezeugt der »Italiener« Venantius Fortunatus, Praefatio 4; S. 2, sowie Vita s. Martini IV vv. 642–644; S. 368.

I. Die schriftlichen Quellen
Seite 17–20

5 Demandt, Spätantike 8. Rosen, Ammianus Marcellinus 31–35: Die für unsere Geschichte wichtigsten letzten Bücher dürfte der Autor zwischen 395 und 397 geschrieben haben. – Vgl. zum folgenden Abschnitt S. Haider, Quellen 26 ff.
6 Demandt, Spätantike 12. Cameron, Claudian 1 ff. und 409–418. Matthews, Aristocracies 262 ff.
7 Demandt, Spätantike 25. Matthews, Aristocracies 319 mit Anm. 2.
8 Hunger, Profane Literatur 1, 282–284 (Priskos) und 285–289 (Zosimos). Demandt, Spätantike 28 und 33. Zu den norischen Amtsträgern am Attila-Hof siehe WS 107 f. mit Anm. 29 ff.
9 Demandt, Spätantike 30 (Sidonius Apollinaris). Wolfram, Goten 474 mit Anm. 14 sowie 476 f. mit Anm. 32 f. und Anm. 40. Siehe Lotter, Lauriacum-Lorch 40 f., zu den Consularia Italica a. 487; S. 312 f., die Odoakers Rugierkrieg kommentieren.
10 Lhotsky, Quellenkunde 135.
11 Demandt, Spätantike 16. Lotter, Historische Daten 27 ff., Wirth, Anmerkungen 217 ff. Noll, Neuere Forschung 61 ff. Lotter, Severinus von Noricum bes. 21 ff. Im besonderen ist die zweisprachige Ausgabe von Noll, Leben 41 ff., zu erwähnen. Zu Ennodius siehe Demandt, Spätantike 15, Rohr, Theoderich-Panegyricus bes. 160 ff., und Wattenbach/Levison/Löwe, Geschichtsquellen 1, 73 f., vgl. 1, 46 mit Anm. 27, sowie Lotter, Severinus von Noricum 43 mit Anm. 80 (Antonius-Vita).
12 Wolfram, Goten 306 ff., bes. 343 mit Anm. 18 f. Hauptfeld, Gentes 121 ff., und ders., Eroberung 37 ff. Pohl, Awaren 52 ff.
13 Hunger, Profane Literatur 1, 291 ff., bes. 295. Demandt, Spätantike 28.
14 Hunger, Profane Literatur 1, 303 ff. (Agathias) und 309 ff. (Menandros Protektor). Demandt, Spätantike 8 und 24. Pohl, Awaren 57 ff.
15 Vgl. Wolfram, Origo et religio 19 ff.

16 Iordanes, Getica 280; S. 130. WS 22 mit Anm. 50 f.
17 Cassiodor, Variae IX 25, 5; S. 292.
18 Demandt, Spätantike 11 f. und 20. Weißensteiner, Geschichtsschreiber 315 f. Anton, Origo gentis 262 ff. Wattenbach/Levison/Löwe, Geschichtsquellen 1, 73 ff.
19 Demandt, Spätantike 27. Wattenbach/Levison/Löwe, Geschichtsquellen 2, 205 f.: Secund(in)us von Trient, 207 f.: Historia Langobardorum codicis Gothani, und 212 ff., bes. 212–224: Paulus Diaconus. Vgl. Pohl, Paulus Diaconus 375 ff., bes. 376 mit Anm. 5 (796 Terminus ante quem).
20 Zum Bündner Urkundenbuch siehe Quellenverzeichnis. Zu CIL III vgl. Lhotsky, Quellenkunde 131.
21 Zu Codex Theodosianus und Corpus iuris civilis (Codex Iustinianus) siehe Demandt, Spätantike 12 f. und 13 f., sowie Quellenverzeichnis.
22 Santifaller, Urkunde 1 ff. Wolfram, Intitulatio I. 59 f. Vgl. Eugippius, Vita Severini c. 44, 4 f.
23 Demandt, Spätantike 24 (ND) und 32 (Tabula Peutingeriana). Das grundlegende Werk zur Notitia dignitatum (siehe auch Quellenverzeichnis) verfaßte Hoffmann, Das spätrömische Bewegungsheer Bd. 1 und 2. Zum Itinerarium Antonini siehe Demandt, Spätantike 20, und Kubitschek, Itinerarien col. 2320–2344.

II. Vom Hunnensturm (375) bis zur Mitte des 5. Jahrhunderts
Seite 21–32

24 Demandt, Spätantike 34 f.
25 Demandt, Spätantike 39 ff.
26 Demandt, Spätantike 54 ff., 249 ff. und 255 ff.
27 Siehe etwa Anonymus Valesianus II 60.
28 Demandt, Spätantike 231 ff. und 255 ff., bes. 271 f.
29 Kritisch betrachtet diese Förderung der Barbaren Konstantins Neffe Julian: siehe Demandt, Spätantike 79; vgl. Ammianus Marcellinus XXI 10, 8.
30 Demandt, Spätantike 71 ff.
31 Die besten Beispiele sind die Alamannenschlacht von Straßburg, die Julian 357 mit nur 13 000 Mann gewann, und die Ansiedlung föderierter Salfranken im linksufrigen Toxiandrien: siehe Demandt, Spätantike 96 f., bes. nach Ammianus Marcellinus XVI 12 und XVII 8.
32 Jobst, Römische Mosaiken 103 ff. Heger, Salzburg in römischer Zeit bes. 50–55. Langmann, Grabungskampagnen 1975/78 in Bruckneudorf 66 ff. Über Pannonien und die Raetia II als Kornkammern Roms an der Donau äußert sich Ambrosius, Epistula LXXIII 21; S. 46; vgl. Eugippius, Vita Severini c. 3, 3. Allgemein zu den *villae rusticae* siehe Winkler, Noricum und Rom 234 mit Anm. 256, zu den Getreidespeichern, *horrea,* und ihrer Keramik siehe Christlein, Boiotro 111–115. Vgl. Eugippius, Vita Severini c. 3, 1–3 (Procula und ihr großer übervoller Getreidespeicher).
33 Demandt, Spätantike 256.
34 Wolfram, Reich 105.
35 Demandt, Magister militum col. 566 sowie col. 622–626.
36 Sidonius Apollinaris, Epistulae II 1, 3; S. 21.
37 Salvianus von Marseille, De gubernatione Dei V 5, 22, und 6, 24–26; S. 59 f. Vgl. Courcelle, Histoire litteraire 146 ff., bes. 149 f. Zu den Skamaren siehe WS 29 f. mit Anm. 82.
38 Vergil, Aeneis 6, 853. Ammianus Marcellinus XIV 6, 3.
39 Demandt, Spätantike 77 und 244 ff.
40 Hoffmann, Bewegungsheer 2, 207–215.
41 Ensslin, Praefectus praetorio col. 2439–2443. Kornemann, Diocesis col. 727–732. Mommsen, Ostgothische Studien 461 f.
42 Notitia dignitatum occ. 2, 5–8, nennt nur drei Diözesen (Italien, Illyrien und Afrika), die dem italischen Prätorianerpräfekten unterstanden.
43 Notitia dignitatum occ. 1, 31 und 5, 127, sowie 24 (*comes Italiae*). 7, 4 (*comes Illyrici*). WS 106 mit Anm. 21–23.
44 Notitia dignitatum occ. 2, 5–8.
45 Heuberger, Rätien bes. 97 ff. P. W. Haider, Antike 244 f. (mit Karten).
46 WS 71 ff. mit Anm. 17 ff.
47 WS 68 mit Anm. 1 und 105 f. mit Anm. 19 f.
48 Demandt, Spätantike 105 f. und 109 f. Wolfram, Goten 73 f. Hoffmann, Bewegungsheer 1, 382 ff. Zur Kritik an Julian siehe Ammianus Marcellinus XXIX 6, 2.
49 Ammianus Marcellinus XXIX 6, 1–16. XXX 5, 1–3 (Bemerkung über Carnuntum). XXX 5, 11–6, 1–6 (Quadenkrieg und Tod des Kaisers). PLRE 1, 933 f. Nagl, Valentinianus I. col. 2182–2187. Zur gleichen

Lebensart wie Bewaffnung von Sarmaten und Quaden siehe Ammianus Marcellinus XXVII 12, 1–3. Zur valentinianischen Bautätigkeit in Carnuntum siehe Kandler, Baugeschichte 84 ff.

50 Wolfram, Goten 76–78.

51 Wolfram, Goten 79 ff., 98, 124 ff. und 251 ff. Zum Don als Ostgrenze Europas siehe etwa Orosius, Adversum paganos I 2, 51 f. und 40; S. 21 und 30.

52 Wolfram, Goten 133 ff.

53 PLRE 1, 905. Wolfram, Goten 132 ff. und 138 ff.

54 Demandt, Spätantike 135–137.

55 Wolfram, Goten 142 ff.

56 Wolfram, Goten bes. 138–141.

57 Demandt, Spätantike 124 ff. PLRE 1, 904 f. (Theodosius) und 855 f. (Stilicho).

58 Schwarcz, Föderaten. Siehe etwa Priscus frag. 30, 1 (Blockley 2, 331).

59 Zur Frage des Zeitpunkts der Königserhebung Alarichs I. siehe Wolfram, Goten 143 und 151–154.

60 Wolfram, Goten 145 ff.

61 Ammianus Marcellinus XXXI 16, 7. Kosmograph von Ravenna IV 21.

62 Hieronymus, Epistula 60, 16, 2; S. 570, geschrieben 396.

63 Hieronymus, Epistula 123, 15, 1; S. 92 (Bezugnahme auf den Vandalen-Alanen-Sueben-Einfall 406/07), und 123, 16, 1; S. 93 (dreißigjähriger Krieg zwischen Schwarzem Meer und Julischen Alpen). Vgl. Hoffmann, Bewegungsheer 1, 325 mit Anm. 228.

64 Ammianus Marcellinus XXXI 16, 7.

65 Wolfram, Goten 131 ff., nach Ammianus Marcellinus XXXI 4, 2–6.

66 Marcellinus Comes, Chronicon a. 427; S. 76.

67 Siehe etwa Schmidt, Westgermanen 184 mit Anm. 4.

68 Hieronymus, Epistula 60, 16, 2; S. 570 (vgl. oben Anm. 62).

69 Labourt, Saint Jérôme, Lettres 3, 225 zu p. 106 l. 24.

70 In Rufinum II v. 45; S. 35.

71 Siehe dagegen Hudeczek, Flavia Solva 467 mit Anm. 280, der mit Recht vom »fiktiven Charakter« der Zeitangabe 395 für den Untergang der Stadt spricht.

72 Notitia dignitatum occ. 34, 24: *tribunus gentis Marcomannorum.* Obwohl diese Markomannen theoretisch auch im ufernorischen Bereich gesessen sein könnten, weist die Stelle der Notitia dignitatum eher auf eine Garnison in der Pannonia I.

73 Notitia dignitatum occ. 5, 198 f. (vgl. die verderbte Eintragung 7, 38): *Honoriani Marcomanni seniores, Honoriani Marcomanni iuniores.* Diese Einheiten können nicht vor dem Regierungsantritt des Kaisers Honorius aufgestellt worden sein; man nimmt daher ihre Rekrutierung zwischen 395 und 398 an. Älter dürften die in Afrika stationierten – siehe Notitia dignitatum occ. 6, 65, und 7, 183 – *Equites Marcomanni* gewesen sein, die Synesios, Epistula 110, erwähnt: siehe dazu Hoffmann, Bewegungsheer 1, 198 f. mit Anm. 723.

74 Ambrosius, Epistula LXXIII 21; S. 46 (geschrieben im Sommer 384). Zu Rätien vgl. Eugippius, Vita Severini c. 3, 3.

75 Wolfram, Goten 251 f., nach Hieronymus, Epistula 66, 14; S. 665.

76 Egger, Historisch-epigraphische Studien 57–67, (Inschrift aus Aquileia) 59: Text, 61: Übersetzung. Nach Notitia dignitatum occ. 2, 28–34, ist die Valeria um 425/30 (Demandt, Spätantike 24) nicht mehr Teil der römischen Reichsverfassung gewesen.

77 Lotter, Donausueben 281 mit Anm. 21, nach Paulinus, Vita Ambrosii c. 36; S. 102.

78 Pohl, Gepiden 274–276. Zum Abzug der Sueben aus Pannonien mit den Langobarden siehe Paulus Diaconus, Historia Langobardorum II 26; S. 87, der zwischen den Pannoniern und Norikern die *Suavi* nennt.

79 Hieronymus, Epistula 123, 15, 2; S. 92.

80 Castritius, Grenzverteidigung 18 mit Anm. 7, vermutet, die Völkerlawine habe Norikum und Rätien zum größten Teil im Norden umgangen. Die wichtigste Quelle für die norisch-rätischen Zustände ist Claudianus, De bello Pollentino sive Gothico vv. 363–365; S. 232, wo es heißt, die wilden Völker hätten die *foedera* gebrochen und besäßen nun die *Vindelici saltus* wie die *Norica rura,* sowie Claudianus ebendort vv. 414 f.; S. 274, wo von den vandalischen *spolia* in Stilichos rätischem Heer die Rede ist.

81 Wolfram, Goten 158 ff.

82 Wolfram, Goten 175 f. (Radagaisus). Zu den archäologischen Fragen siehe Kandler, Baugeschichte 92 (Zitat). Iordanes, Getica 264; S. 126, nennt noch zu 456/57 Vindomina-Vindobona als westlichste Stadt Pannoniens und stellt ihr Sirmium als die östlichste gegenüber, was in beiden Fällen nicht auf einen verlassenen Trümmerhaufen schließen läßt.

83 Zosimos V 29, 1 und 4 ff. (Alarich rückt 408 von Emona ins südliche Norikum nahe der pannonischen Grenze ein), V 36, 1 f. (Alarich bietet den Rückzug nach Pannonien an), V 37, 1 (Athaulf im oberen Pan-

nonien), V 45, 5 (Athaulf zieht ab), V 48, 3 (Alarich fordert Venetien, Norikum und Dalmatien) und V 50, 3 (Alarich fordert nur die beiden pannonischen Provinzen, die ohnehin der Reichsregierung kaum Steuern bringen). Im besonderen siehe PLRE 2, 46 f. (Alarich), und 176 f. (Athaulf).

84 Zosimos V 45 f. (Athaulf zieht ab, Generidus wird eingesetzt). PLRE 1, 500 f. (Generidus). Vgl. Castritius, Grenzverteidigung 18 mit Anm. 6, und Demandt, Magister militum col. 646 f.

85 Zur Abhängigkeit Alarichs von Gainas siehe Wolfram, Goten 144 f., sowie PLRE 1, 379 f. (Gainas).

86 Hoffmann, Bewegungsheer 2, 213 f., versteht bereits Generidus als Inhaber der *comitiva Illyrici.* Vgl. dazu ebendort 1, 51 mit Anm. 145.

87 CIL III 13529. Ruprechtsberger, Grabstein der Christin Vrsa 9–23. Noll, Frühes Christentum 45 ff. Winkler, Römer 159.

III. Vom Ende des Attilareichs bis zum zweiten Rugierkrieg Odoakers (453/56–488)

Seite 33–57

88 WS 103–105 mit Anm. 1–14. Maenchen-Helfen, Hunnen 43 ff. Wolfram, Goten 157 f. und 175 f. Zum Aufstand der Noriker von 430/31 siehe Hydatius 93 und 95; aa. 430 f. Sidonius Apollinaris, Carmina VII vv. 233 ff.; S. 209: *Nam post Iuthungos et Norica bella subacto/victor Vindelico ...* zieht die Ereignisse der beiden Jahre zusammen, läßt aber vermuten, daß die Operation des Aetius sowohl in der Raetia II wie in (Ufer-)Norikum stattfand. Vgl. Loyen, Recherches historiques 43. PLRE 2, 21–25 (Aetius).

89 Maenchen-Helfen, Hunnen 56 ff. und 77 f. (Bleda). Zur möglichen Interpretation von Marcellinus Comes, Chronicon a. 427; S. 76, siehe Wolfram, Goten 257 f.

90 WS 107 ff. mit Anm. 29 ff.

91 Wolfram, Goten 182 f. und 258 f. Mit Recht macht Lotter, Severinus von Noricum 67 f., auf den Beginn von Eugippius, Vita Severini c. 1, der Handschriften der Klasse II aufmerksam, wo der Tod Attilas als Beginn neuer Unruhen dargestellt wird. Vgl. Castritius, Grenzverteidigung 18 mit Anm. 7 und 26.

92 Wolfram, Goten 259 ff. Pohl, Gepiden 240 ff., bes. 273 f. (Skiren), 274 ff. (Sueben; dagegen Lotter, Stammesverbände 46 f.), 276 f. (Sarmaten), 277 f. (Eruler), 278 ff. (Rugier), 280 ff. (Romanen). Zur Schlacht am Nedao siehe ebendort 252 ff., bes. 259 (Lokalisierung); wahrscheinlich hat Maenchen-Helfen, Hunnen 111, recht, wenn er den Nedao in der Pannonia II lokalisiert.

93 WS 105 ff. mit Anm. 15 ff. Wolfram, Goten 184 ff. und 261 f. mit Anm. 14 f. Lotter, Endphase 72 f. Sidonius Apollinaris, Carmina VII vv. 588 ff.; S. 217 *(revocatio Pannoniarum).*

94 Seibt, Zwei Bleisiegel 61 ff. Vgl. eine andere, jedoch unhaltbare Interpretation bei Wolfram, Conversio 92 mit Anm. 14.

95 WS 106–109 mit Anm. 24–40. Lotter, Endphase 73 mit Anm. 219. Ders., Severinus von Noricum 242 ff. Wolfram, Goten 264 f.

96 Der *illustrissimus vir Severinus* des Ennodius, Vita Antonii c. 9; S. 186, diente Lotter für die Konstruktion eines *cursus honorum* Severins vor dessen Bekehrung. Allerdings bemerkte Lotter, Endphase 29 Anm. 13: »Zu unterscheiden bleibt freilich das nach Ausweis des Sprachgebrauchs gesicherte Rangprädikat des *vir illustris* von der nur hypothetischen Identifizierung des Heiligen mit dem Konsul des Jahres 461 und dem *magister militum* des Maiorian aus dem Jahre 458.« Vgl. dazu Wirth, Anmerkungen bes. 251 ff., und Wolff, Kritische Bemerkungen bes. 30–36, der sich gegen die Illustrat-Interpretation Lotters wendet: siehe Lotter, Illustrissimus vir 281 ff., bes. 288 ff. Zu den Trägern des Namens Severinus, die der Familie des Boethius und des Symmachus angehören, siehe PLRE 2, 1000 f. und 1322 (Stemma 22).

97 PLRE 2, 96–98 (Anthemius 3) und 942 ff., bes. 944 f. (Ricimer 2). Wolfram, Goten 188 f. und 263 ff. Wirth, Anmerkungen 255 ff. Lotter, Endphase 28 f. mit Anm. 8. Zu den Goldsolidi siehe Hahn, Fundmünzen 236 und 242 f. Castritius, Grenzverteidigung 26. WS 19 mit Anm. 33. Das Erscheinen der Goten vor Teurnia-Tiburnia, das Eugippius, Vita Severini c. 17, 4, berichtet, wird im allgemeinen auf 472/73 datiert: siehe etwa Lotter, Endphase 71 mit Anm. 209. Die Nachricht von der glücklichen Verteidigung Norikums enthält der am 1. Januar 468 in Rom gehaltene Panegyricus des Sidonius Apollinaris, Carmina II v. 377; S. 182; vgl. Wolfram, Goten 262 mit Anm. 16 und 264 mit Anm. 38. Die Datierung der Teurnia-Belagerung auf 467 läßt der chronologische Aufbau der Vita Severini zu. Wie Lotter, Severinus von Noricum 73–76, bemerkt, wird der »chronologische Faden« mitunter durch sachliche Zusammenhänge unterbrochen. Die Gotenkapitel bei Eugippius, Vita Severini cc. 5 und 17, 4, könnten daher durchaus gleichzeitige Ereignisse meinen. Bereits Polaschek, Noricum col. 1013, setzte die Belagerung Teurnias durch die Goten ins Jahr 467.

98 Eugippius, Vita Severini c. 5, 1–4. PLRE 2, 473 (Flaccitheus).

99 Wolfram, Goten 264–267. PLRE 2, 791–793 (Odoaker).

100 Auf die Identität der beiden Hunimunde-Hunumunde machte nachdrücklich Lotter, Severinus von No-

ricum 202 f., nach Forschungen von Löwe, Herkunft 38 f., aufmerksam. Vgl. PLRE 2, 574. Der Überfall Hunimunds auf Passau wird zwischen 476 und 480 angenommen und dürfte bereits aus westlicher Richtung erfolgt sein: siehe Eugippius, Vita Severini c. 22, 4 f., sowie Lotter, Severinus von Noricum 210, zur Datierung der cc. 20–32.

101 Wolfram, Goten 188 f. und 267 mit Anm. 50.

102 Nach Godłowski, Aufhören 229 f., sowie ders., Slawen im 5. und 6. Jahrhundert 146 mit Anm. 47, kann ein suebisches Zentrum in der Slowakei noch 470 bestanden haben. Procopius, De bello Gothico II (VI) 14, 8 ff.: Die Eruler unterwerfen als letzte ihrer Nachbarn die Langobarden, aber auch diese noch vor dem Regierungsantritt des Anastasius 491. Eugippius, Vita Severini c. 24, 3. Ennodius, Vita Antonii c. 13; S. 187, nennt um 500 die Eruler zusammen mit Franken und Sachsen im Besitz des Donaulandes: siehe Lotter, Endphase 75 mit Anm. 231.

103 Wolfram, Goten 267 f. Lotter, Stammesverbände 48 f., hat allerdings recht, daß Giso nicht ausdrücklich eine Amalerin genannt wird.

104 Eugippius, Vita Severini cc. 20–24. WS 111 mit Anm. 45. Keller, Spätantike und Frühmittelalter 9, schildert eine ähnliche Situation zwischen Genfer See und Hochrhein.

105 Eugippius, Vita Severini cc. 17, 4 (Goten), 25, 3 (Alamannen). Vgl. Wolfram, Goten 262 und 268.

106 Hydatius 93 und 95; aa. 430 f. Sidonius Apollinaris, Carmina VII vv. 233 f.; S. 209.

107 Eugippius, Vita Severini c. 19, 1. Vita Lupi episcopi Trecensis c. 10; S. 300 f. Zur Gleichsetzung von Gibuld und Gebavult siehe Lotter, Stammesverbände 52 f. Vgl. Keller, Alamannen und Sueben 98 und 107. Siehe Lotter, Endphase 75, sowie ders., Severinus von Noricum 210, zur Datierung der Gibuld-Geschichte sowie der Einfälle der Alamannen und Thüringer. Zum alamannischen Vorstoß nach Binnennorikum siehe Eugippius, Vita Severini c. 25, 3. – Zur Bedeutung des Jahres 476 für das Ende der regulären Limes-Verteidigung an der Donau siehe Wolfram, Reich 272 f., und Lotter, Endphase 78 f., bes. nach Eugippius, Vita Severini c. 20, 1.

108 Eugippius, Vita Severini c. 22, 4 f.

109 Eugippius, Vita Severini c. 27, 1–3. Lotter, Endphase 75 ff. WS 38 mit Anm. 138 f. Christlein, Boiotro 94 ff. und 122 f. Schmidt, Westgermanen 323 mit Anm. 2.

110 Eugippius, Vita Severini cc. 30, 1–31, 6.

111 Bündner Urkundenbuch n. 2; S. 3.

112 Siehe Clavadetscher, Churrätien 17 f., nach Concilia 3, 240 n. 26.

113 Reindel, Bistumsorganisation 285 ff. Zibermayr, Noricum 30 ff.

114 Hefele/Leclercq, Conciles 2, 1, 49 ff. Lippold/Kirsten, Donauprovinzen col. 173 f. Lanzoni, Diocesi 2, 1015–1017. Zu Iulianus Valens von Poetovio siehe Egger, Zerstörung 36 ff., nach Ambrosius, Gesta Concilii Aquileiensis, Epistula 2, 9 ff.; S. 322. Vgl. Wolfram, Goten 115 mit Anm. 105.

115 Ambrosius, Epistula 19, 1 (62); col. 1024.

116 Vilotta-Rossi, Formazione 100 ff. Lanzoni, Diocesi 938. Schmidinger, Patriarch 2 ff. Passio Vigilii S. 15 f.: *... rogatus episcopus urbis Aquileiensis beatum Vigilium foris civitate Tridentina consecravit episcopum.*

117 Siehe oben Anm. 113 f.

118 Zibermayr, Noricum 37 mit Anm. 2, nach Mansi, Conciliorum collectio 3, 604. Vgl. Hefele/Leclercq, Conciles 2, 1, 50 Anm. 2.

119 WS 106 mit Anm. 21. Bratož, Einfluß 37.

120 Reindel, Bistumsorganisation 294 f. Eugippius, Vita Severini cc. 21, 1, und 25, 1 (Paulinus), sowie 30, 2 (Constantius); zum letzteren siehe auch Ennodius, Vita Antonii cc. 10–15; S. 186 f. Zur Datierung siehe Lotter, Severinus von Noricum 204, und ders., Endphase 59 mit Anm. 145. Zum administrativen Rückzug Roms aus der nordostpannonischen Valeria siehe Notitia dignitatum occ. 2, 28–34, wo nur mehr sechs illyrische Provinzen aufgezählt werden und die Valeria fehlt.

121 Eugippius, Vita Severini c. 4, 2–4. Jones, Later Roman Empire 2, 924, nennt Mamertinus den einzigen bekannten Militär, der später Bischof wurde. Zur militärischen Situation in Favianis siehe Notitia dignitatum occ. 34, 40: *Praefectus legionis liburnariorum primorum Noricorum, Fafianae.* Vgl. Lotter, Antonius 276 mit Anm. 33. Vgl. WS 108 mit Anm. 34.

122 Lotter, Endphase 58 f. mit Anm. 145 und 76 ff. Vgl. Eugippius, Vita Severini cc. 9, 4 (Severin wird die Bischofswürde angetragen), mit 41, 1 (zum Jahre 480 wird der Räter-Bischof Valentinus als längst Verstorbener erwähnt).

123 Codex Iustinianus I 3, 35, 2; S. 24. WS 109 f. mit Anm. 41.

124 Priscus frag. 7; S. 76 = 11, 1; S. 242 (Blockley).

125 Eugippius, Vita Severini cc. 4, 2–4 (Mamertinus), 21, 1, und 25, 1 (Paulinus), sowie 30, 2 (Constantius). Scheuermann, Diözese col. 1054 und 1060. Kaiser, Bischofsherrschaft 66 ff. Lotter, Severinus von Noricum 256 f.

126 Lhotsky, Quellenkunde 135.

127 Mittelbar wie unmittelbar werden als barbarische Söldner oder Föderaten (vgl. unten Anm. 139) ge-

nannt: Teile der Garnison von Comagenis-Tulln (Eugippius, Vita Severini c. 2, 1 f.), die »Kremser« Rugier (Eugippius, Vita Severini c. 31, 6) und die pannonischen Goten (Eugippius, Vita Severini c. 17, 4), die Skiren und Eruler (Eugippius, Vita Severini cc. 7 und 24, 3) sowie die Breonen von Zirl (?): vgl. Cassiodor, Variae I 11; S. 20 mit Notitia dignitatum occ. 35, 13, 22 f., 27 f., bes. 31 f. Siehe auch WS 33 mit Anm. 109.

128 Siehe WS 68 ff. mit Anm. 1 ff., 71 ff. mit Anm. 17 ff. und 86 f. mit Anm. 92 ff. zur Verwendung der Begriffe Pannonien, Norikum und Rätien. Eugippius, Vita Severini c. 15, 1 (secundae Raetiae, pl.).

129 Pohl, Gepiden 280 ff. Lotter, Severinus von Noricum 173 ff., und ders., Endphase 63.

130 Eugippius, Epistola 9, und Ennodius, Vita Antonii c. 15; S. 167: *famuli* des Bischofs Constantius. Vgl. Eugippius, Vita Severini bes. c. 14, 3 (Arbeit auf dem Feld). Auch ist häufig von »Armen« und »ganz und gar Verarmten« die Rede: siehe Lotter, Endphase 70 f.

131 Siehe etwa Winkler, Noricum und Rom 234 mit Anm. 256.

132 Lotter, Endphase 69 f. mit Anm. 197 f. Eugippius, Epistola 8; ders., Vita Severini c. 3, 1–3 (Procula-Geschichte). Zur Bedrohung der *nobiles* siehe Ennodius, Vita Antonii c. 12; S. 186 f., zu den italischen Flüchtlingen siehe Eugippius, Epistola 8; ders., Vita Severini c. 32, 1.

133 Ennodius, Vita Antonii cc. 7; S. 186 f. (*splendor natalium – fulgor stirpis*). Wolfram, Splendor 108 ff.

134 Ennodius, Vita Antonii c. 9; S. 186.

135 Eugippius, Epistola 9 (Severin ein entlaufener Sklave als ironische Antwort auf Herkunftsfrage). Ennodius, Vita Antonii c. 15; S. 167: *famuli* des Bischofs Constantius.

136 Wolfram, Goten 202. Siehe bes. Eugippius, Vita Severini cc. 25 und 30.

137 Eugippius, Epistola 10. Noll, Leben 18.

138 Lotter, Endphase 63 mit Anm. 167. Wiesinger, Probleme 322 und 362.

139 Zu den gotischen Sprachen siehe allgemein WS 17 mit Anm. 17. Eugippius, Vita Severini cc. 19, 1; 25, 3; 27, 1 und 2; 31, 4 (Alamannen); 27, 3 und 31, 4 (Thüringer); 24, 3 (Eruler); 5, 1 und 3; 6, 1 und 5; 22, 2; 31, 1 f. und 6; 40, 1; 42, 1; 44, 4 (Rugier); 5, 1 f. und 17, 4 (Goten); 7 (Skiren). Die in c. 2, 1 f., genannten Barbaren *(qui cum Romanis foedus inierant)* versteht Lotter, Endphase 73 f., als föderierte Donausueben, während Castritius, Grenzverteidigung 27 f., sie als ein Kontingent bezeichnet, das Anthemius aus dem Bewegungsheer an die Donau gesandt hatte.

140 Eugippius, Vita Severini c. 19, 1–4. Der *internuntius* übte eine Funktion aus, die der des Orestes bei Attila glich: siehe PLRE 2, 811, bes. nach Priscus frag. 8; S. 78 = 11, 2; S. 248. (Blockley), und Excerpta Valesiana c. 38.

141 Eugippius, Vita Severini cc. 5; 8, 2 f.; 42, 1–3.

142 Zu den aus Kappadokien stammenden Nonsberger Missionaren und Märtyrern Sisinnius, Martyrius und Alexander siehe Acta Sanctorum, Mai VII, S. 40 f. Zum Martyrium des Vigilius nach Passio Vigilii S. 23 f. siehe Berg, Bischöfe 77.

143 CIL III 13529. Ruprechtsberger, Grabstein der Christin Vrsa 9–23. Noll, Frühes Christentum 45 ff. (Zitat). Eckhart, Ausgrabungen 381–383. Vgl. Ruprechtsberger, Herakles 96. Eugippius, Vita Severini c. 11, 2 (heidnischer Opferdienst). Vgl. Noll, Leben 12, und Lotter, Endphase 63 f.

144 Wolfram, Goten 84 ff. (gotische Bekehrung) und 262 f. (pannonische Ostgoten) sowie bes. 234 mit Anm. 8, nach Gregor von Tours, Liber in gloria martyrum c. 24; S. 502: *Romanos vocitant (Gothi) nostrae homines relegionis* (sic). Eugippius, Vita Severini cc. 4, 12; 5, 2 (Severin bezeichnet den Rugierkönig Flaccitheus als Nichtkatholiken). Schäferdiek, Gotisch-arianische Mission 249 Anm. 47, sieht in dieser Stelle keinen Hinweis auf das Bekenntnis des Rugierkönigs. Dieses läßt sich aber für Giso (Eugippius, Vita Severini c. 8, 1) nachweisen.

145 Eugippius, Vita Severini cc. 8, 1 (Giso), und 44, 1 f. (Ferderuch). Zu den vandalischen Verhältnissen siehe Diesner, Vandalen col. 985–988.

146 Lotter, Endphase 75, nach Eugippius, Vita Severini c. 27, 3. Ebendort c. 31, 4, bezeichnet der Rugierkönig die Alamannen wie die Thüringer als Totschläger und Versklaver. Zur Möglichkeit homöischen Christentums bei Alamannen und Thüringern äußert sich sehr kritisch Schäferdiek, Germanenmission col. 519–522.

147 Paulinus, Vita Ambrosii c. 36; S. 102.

148 Lotter, Severinus von Noricum 210, und ders., Endphase 75 mit Anm. 234, nach Eugippius, Vita Severini c. 22, 4 f.

149 Lotter, Endphase 75 mit Anm. 231 f., nach Eugippius, Vita Severini c. 24, 3, und Ennodius, Vita Antonii c. 13; S. 187. Vgl. Procopius, De bello Gothico II (VI) 14, 6: Eine erulische Witwe mußte sich nach dem Tod ihres Mannes erhängen, wenn sie ihre Ehre wahren wollte.

150 Eugippius, Vita Severini c. 10. WS 29 mit Anm. 82. Pohl, Gepiden 292 ff.

151 PLRE 2, 96 ff. (Anthemius), 2, 196 ff. (Avitus) und 500 f. (Generidus).

152 *Quondam milites Romani* (Iordanes, Getica 191; S. 108) dienten im Heer, das Aetius gegen Attila auf-

stellte. Procopius, De bello Gothico I (V) 12, 9 und 13–19 (die Entwicklung in Gallien). Vgl. WS 30 mit Anm. 86.

153 Eugippius, Vita Severini cc. 4, 2 *(milites),* und 20, 1 *(milites, militares turmae, numerus)*. Ebendort bringt das Ende des Römischen Reichs mit der Bezahlung der Grenztruppen in ursächliche Verbindung. Vgl. c. 11, 1. Lotter, Endphase 79. Castritius, Grenzverteidigung 26 ff.

154 Eugippius, Vita Severini c. 20, 1–2. Nach Notitia dignitatum occ. 34, 44, befehligte in Boiotro-Boiodoro-Passauer Innstadt ein *tribunus cohortis.* Wirth, Anmerkungen 232 Anm. 25. Castritius, Grenzverteidigung 26.

155 Die Gemeinschaft der *commanentes,* die aus *cives oppidi Lauriaci et superiorum transfugae castellorum* bestand, worunter sich auch Grenzsoldaten befanden, befehligte der Bischof Constantius, obgleich beraten von Severin: siehe Eugippius, Vita Severini c. 30, 1–5. Ebendort c. 25, 1–3, zeigt, daß der Bischof von Teurnia für die Provinzverteidigung zuständig ist.

156 Eugippius, Vita Severini c. 44, 1 f. Zum Verwalter Ferderuchs, *vilicus,* siehe Schmidt, Ostgermanen 124 mit Anm. 4. Vgl. Wolfram, Goten 456 mit Anm. 111.

157 WS 154 mit Anm. 320.

158 WS 18 ff. mit Anm. 27 ff. Eugippius, Vita Severini cc. 30, 1 ff. (ungenannte Barbaren), und 31, 1 ff. (alamannisch-thüringische Bedrohung und rugische Gegenmaßnahme).

159 Die in der Vita Severini erwähnten Orte verzeichnet Lotter, Endphase 89.

160 Eugippius, Vita Severini cc. 2, 1 f.; 17, 4 (die »Bürger von Teurnia« schließen mit den Goten ein Bündnis); 19, 1 (möglicher Vertrag Severins mit dem Alamannenkönig Gibuld); 31, 6 (Vertrag zwischen den Severinus-Romanen und dem König Feletheus, den der Heilige vermittelte). Vgl. allgemein Wirth, Anmerkungen 232.

161 Eugippius, Vita Severini c. 1, 1 ff.

162 Lotter, Severinus von Noricum 184 f., zu Excerpta Valesiana 10, 45, sowie Eugippius, Vita Severini c. 23, 2 (angebliche Kirchenweihe durch Severin).

163 Eugippius, Vita Severini cc. 4; 27; 30 (taktische Anweisungen); 27, 1, bis 28, 1, sowie 31 (Strategie der Abwanderung); 19, 3, und 31, 6. Vgl. 17, 4 (Vertrag zwischen den Bürgern von Teurnia und den Goten). Eugippius, Vita Severini cc. 6, 6 und 7 (Barbaren bei Severin, darunter Odoaker); Wirth, Anmerkungen 232 und 234 (Chronologie). Zur Stadtverteidigung siehe Lotter, Severinus von Noricum 194 f. Eugippius, Vita Severini c. 22, 2 f. (vertragliche Abmachung: Handelserlaubnis zwischen den Provinzialen von Passau und dem Rugierkönig).

164 Die Arbeiten von Friedrich Lotter, insbesondere das Buch »Severinus von Noricum«, vertreten – nach Zöllner, Zusammenfassung 257 f. – den »Maximal-Severin« und verstehen diesen als Reorganisator Pannoniens nach 454, der danach als donauländischer Magister militum des Kaisers Maiorianus um 457 hier gewirkt hat, Konsul des Jahres 461 wurde, im selben Jahr aber noch, in den Sturz seines Kaisers verwickelt, in irgendeine östliche Wüste floh, schließlich aber mit 467 als »Gottesmann« nach Norikum zurückkehrte. Von hier aus soll der ehemalige Obergeneral noch im Jahre 471/72 in die hohe Politik eingegriffen und die Vidimir-Goten nach Italien geschickt haben, um dem bedrängten Kaiser Anthemius gegen Rikimer zu helfen. Demgegenüber steht Rudolf Nolls »Minimal-Severin«, »der schlichte Mönch, über dessen Herkunft man nichts Wesentliches weiß, über den man nur die Vita hat« (Zöllner). Auch Thompson, Noricum 113 ff., hat sich im Sinne Nolls geäußert, sieht man von den bayerischen Arbeiten zum Severinsjahr 1982, etwa von Wolff, Kritische Bemerkungen 24 ff., ab. Darauf replizierte Lotter, Illustrissimus vir 281 ff. Zu den Thesen siehe die referierende Darstellung von Bratož, Severinus 1 ff.

165 Eugippius, Epistola 10 (Aufenthalt im Osten; Entschluß, nach Ufernorikum zu gehen); Vita Severini c. 1, 1 (Zeitpunkt der Ankunft).

166 Wirth, Anmerkungen 234 (Forschungsergebnisse Lotters hinsichtlich der Chronologie). Wirths positiver Beurteilung schließe ich mich gegen Thompson, Noricum 115 ff., an. Zu den Ereignissen zwischen 455 und 467 könnte das Erdbeben zählen, das am 7. September 456 die Stadt Savaria-Steinamanger zerstörte und möglicherweise ein Ereignis in Comagenis datiert (Eugippius, Vita Severini c. 2): siehe Wolfram, Goten 474 Anm. 14. Denkbar wäre auch, daß Eugippius, Vita Severini c. 7 (Odoaker bei Severin), vor 467 anzusetzen ist, was aus cc. 6 f. hervorgehen dürfte. Vgl. Thompson, Noricum 117.

167 Wirth, Anmerkungen 236–244. Wolfram, Goten 264. Zu *regimen* siehe Eugippius, Vita Severini c. 22, 2 f.

168 PLRE 2, 708–710 n. 6.

169 PLRE 2, 945 (Riothamus) und 1041 f. (Syagrius); vgl. Wolfram, Intitulatio I. 270 s.v.

170 Eugippius, Vita Severini c. 9, 4.

171 Eugippius, Vita Severini c. 19, 2; c. 10, 2 (die Skamaren erfüllen Severins Forderung *cuius venerandam praesentiam non ferentes supplices*). Vgl. Wolfram, Fortuna 13 ff.

172 Eugippius, Vita Severini cc. 5, 2; 8; 31, 2 (Feletheus erschrickt beim Kommen Severins); 42, 2 (Ferderuch erschrickt über Severins Worte); 8, 1–6 (Giso wird bestraft); 31, 3 (Flaccitheus tut nichts ohne Rat Severins).

173 Eugippius, Vita Severini c. 40, 3.
174 Vgl. Eugippius, Vita Severini cc. 28, 3, mit 40, 2.
175 Eugippius, Epistola 9 f. Ennodius, Vita Antonii cc. 9 f., drückt die Verbindung von (einstigem) politischen Rang und aktuellem heiligmäßigen Leben sowohl in der Bezeichnung Severins als *vir illustrissimus* wie als *vir beatus* aus. Auch weiß Ennodius über die Tätigkeit Severins Bescheid, in die der Zögling Antonius eingeführt werden soll, um dessen Nachfolger zu werden.
176 Lotter, Severinus von Noricum 1–177, also etwa zwei Drittel des Buches, sind der Phänomenologie und Kritik der hagiographischen Quellen gewidmet. Auf die dabei gewonnenen Ergebnisse weist Kusternig, Neue Forschungen 36 ff., in einer ebenso ausführlichen wie ausgewogenen Rezension hin.
177 Lotter, Severinus von Noricum 196 ff. Eugippius, Vita Severini c. 25 (Kuriere); c. 19, 1–4 (Dolmetscher, Unterhändler); cc. 4, 6; 9, 3; 22, 4; 13, 1 f.; 22, 1; 28, 2. (Klostergründungen in Favianis, Iuvavum, Boiotro, Lauriacum); cc. 18, 1 f., und 29 f. (Transportleiter und Zehent); cc. 1, 2 f.; 24, 1; 30, 2 (hierarchischer Widerstand).
178 Kusternig, Neue Forschungen 38–41, listet diesbezügliche Versuche Lotters kritisch auf und zeigt, wo dieser zu weit geht.
179 Lotter, Endphase 58 mit Anm. 138, nach Eugippius, Vita Severini cc. 11, 1 f., und 17, 1.
180 Lotter, Endphase 89 (Aufstellung). Zum Kuchler Kastell des 8. Jahrhunderts siehe WS 245 mit Anm. 266.
181 Eugippius, Vita Severini c. 22, 2.
182 Eugippius, Vita Severini cc. 4, 6 (ad Vineas); 10, 1 (Obstgarten); 12, 4; 14, 3; 18, 1; 22, 4 (Äcker und Felder); 4, 1 und 30, 4 (Viehherden). Lotter, Endphase 67 f.
183 Eugippius, Vita Severini c. 22, 4; Lotter, Endphase 65 und 67. Vgl. die Terminologie (*cives – milites*) bei Eugippius, Vita Severini c. 30, 1–5.
184 Eugippius, Vita Severini c. 8, 2.
185 Eugippius, Vita Severini c. 22, 1 (Boiotro), und 15, 1 (Künzing). Lotter, Endphase 67.
186 Eugippius, Vita Severini c. 3, 3. Lotter, Severinus von Noricum 204 (Datierung).
187 Eugippius, Vita Severini c. 28, 1–5. Dieses Ereignis liegt knapp vor 480: Lotter, Severinus von Noricum 204, sowie ders., Endphase 72.
188 Eugippius, Vita Severini cc. 6, 4, und 9, 1 (Wochenmarkt) und 22, 2 (Handelserlaubnis; siehe oben Anm. 181). Zur Handels- und Personenschiffahrt auf der Donau siehe ebendort cc. 3, 3, und 22, 4. Noll, Leben 122 und 134. Lotter, Endphase 72. Claude, Aspekte 47 f.
189 Vgl. Wolfram, Goten 262 mit Anm. 266.
190 Eugippius, Vita Severini c. 8, 3 ff.
191 Notitia dignitatum occ. 34, 41 (Favianis), 43 (Flottenstützpunkt Lauriacum), 9, 21 (Schildfabrik von Lauriacum).
192 WS 114 f. mit Anm. 76–82.
193 WS 110 mit Anm. 42.
194 Zum Nachleben der Vita Severini in Passau siehe Lhotsky, Quellenkunde 167 ff., und K. Brunner, Herzogtümer 90 ff., zur Verbreitung der Handschriften siehe Rehberger, Handschriften 21 ff.
195 Noll, Leben 129.
196 Noll, Leben 132 und 136, nach Eugippius, Vita Severini c. 28, 2. Vetters, Lauriacum 366 mit Anm. 79 *(valetudinarium)* und 374 ff.
197 Lotter, Endphase 61 mit Anm. 151, nach Eugippius, Vita Severini cc. 4, 6; 9, 3; 22, 4 (Favianis); 13, 1 f. (Iuvavum); 22, 1 (Boiotro); 28, 2 (Lauriacum).
198 Lotter, Endphase 60 f. mit Anm. 149 f., nach Eugippius, Vita Severini cc. 1, 2 (Asturis); 11, 2 f.; vgl. 12, 1–4 (Cucullis); 16, 1–6; vgl. 15, 1–4 (Quintanis); 1, 4 f. und 2, 1 (Comagenis); 22, 1, 3 und 5 (Batavis); 24, 2 f. (Ioviaco). – Zu den Ausgrabungen in Binnennorikum und in der Raetia II siehe Pirkmajer, Rifnik bes. 46 ff., Glaser, Doppelkirchenanlagen 165 ff., ders., Bischofskirche 109 ff., und ders., Römerstadt 12 (Karte) und 81 ff., 94 ff., 136, 157 ff., und P. W. Haider, Antike 221–233 sowie Tafel XIV verso vor S. 213. Zur Kirche von Nenzing siehe Sydow, Ausgrabungen 93 ff., und Schallert, Zeugnisse 149 ff., vor allem aber Sydow, Christentum 25 ff., über die Nord- und Osttiroler Ausgrabungen.
199 Eugippius, Vita Severini c. 16, 1–4. Lotter, Endphase 78.
200 Eugippius, Vita Severini c. 1, 2 und 4. Vgl. Noll, Leben 121 und 148 s.v. »Fasten«.
201 Eugippius, Vita Severini bes. cc. 1, 2 und 12, 3 f.; vgl. Noll, Leben 121 und 129: Die Messe wurde in der Regel als Abendgottesdienst gefeiert.
202 Eugippius, Vita Severini cc. 9, 5; 24, 2; 43, 1; vgl. Noll, Leben 20 und 127 f.
203 Eugippius, Vita Severini cc. 9, 3; 22, 1; 23, 2; vgl. Noll, Leben 126 f. Eugippius, Vita Severini c. 36, 1–4, berichtet von Severins therapeutischer Anwendung des Teufels, wie dies der Tradition entspricht.
204 Eugippius, Vita Severini cc. 22, 3–5 (der »verrückte« und »unverschämte« Presbyter von Passau), und 24, 2 f. (der freundliche, aber ungläubige Presbyter von Ioviaco).
205 Eugippius, Vita Severini cc. 21, 2 (Kennzeichnung der Bischofswürde); 24, 2; 25, 1; 41, 2.

206 Eugippius, Vita Severini c. 21, 2; vgl. Noll, Leben 134.
207 Siehe oben Anm. 201.
208 Eugippius, Vita Severini c. 41, 1 f.
209 Noll, Leben 121 und 148 s.v. »Fasten«.
210 Eugippius, Vita Severini cc. 11, 3, und 16, 1; vgl. Noll, Leben 129.
211 Eugippius, Epistola 8, unterscheidet Weltgeistliche, *sacerdotes,* von Mönchen, *spiritales viri*; vgl. ders., Vita Severini cc. 9, 4 *(monachi),* und 13, 2 *(spiritales).* Noll, Leben 129. Lotter, Severinus von Noricum 180 f. mit Anm. 10.
212 Berg, Bischöfe 70 mit Anm. 82, nach Eugippius, Vita Severini cc. 41, 1 f. Der Klostervorsteher heißt bei Eugippius stets Presbyter: siehe Lotter, Severinus von Noricum 182 f.
213 Siehe oben Anm. 212.
214 Eugippius, Vita Severini cc. 9, 4, und 43, 3. Noll, Leben 127 und 142. Lotter, Severinus von Noricum 181. Eugippius, Vita Severini cc. 4, 7 (*burgus*; vgl. Noll, Leben 123), und 39, 1 (gemeinsame Gebetszeiten; vgl. Noll, Leben 140).
215 Lotter, Endphase 89.
216 Noll, Leben 20 und 126. Lotter, Severinus von Noricum 196–199 und 276–279. Ders., Endphase 71 f. Eugippius, Vita Severini cc. 9, 1, und 17, 1 (Freikauf von Gefangenen); 17, 2–4 (Zehent und Kleidersammlungen); 18, 1 f. (Zehent; vgl. Jones, Later Roman Empire 2, 796 f.: Steuerwesen); 29, 1 ff. (Transport der binnennorischen Kleidersammlung); 1, 2 f.; 24, 1; 30, 2 (Widerstand der geistlichen Hierarchie).
217 Eugippius, Vita Severini c. 21.
218 Eugippius, Epistola 8; Vita Severini cc. 6 f. (Odoaker und andere Barbaren); 26, 1 (vgl. Noll, Leben 136); 34 (ein Aussätziger namens Teio »aus fernen Gebieten«; dem westgermanischen Teio entspricht gotisch Teja); 35 (der barbarische Mönch Bonosus; Noll, Leben 139).
219 Eugippius, Epistola 8 (Orestes-Anhänger Primenius u. a.); Vita Severini c. 32, 2 (Anhänger Odoakers). Lotter, Severinus von Noricum 191 und 200.
220 Eugippius, Vita Severini cc. 7 und 32, 1.
221 Zu Bonosus siehe Eugippius, Vita Severini c. 35.
222 Eugippius, Epistola 10; Vita Severini cc. 4, 6 ff.; 9, 4; 39, 1. Lotter, Severinus von Noricum 81 ff.
223 Eugippius, Vita Severini c. 43, 9.
224 Eugippius, Vita Severini c. 44, 5.
225 Eugippius, Vita Severini c. 44, 5–7.
226 Lotter, Endphase 88.
227 Dazu und zum folgenden siehe Lotter, Stammesverbände 47–50. Pohl, Gepiden 278–280. Schmidt, Ostgermanen 117 ff. – Den Rugier-Namen erwähnt zuerst Tacitus, Germania c. 44, 1; zum Nachleben des Namens im nördlichen Niederösterreich siehe Paulus Diaconus, Historia Langobardorum I 19; S. 57 (Rugiland), sowie WS 37 f. mit Anm. 135, nach Raffelstettener Zollordnung c. 6; S. 251, oder Regesten Passau n. 189; S. 51 (slawische Rugier).
228 Die Angaben über die im Gang befindlichen Ausgrabungen auf dem Oberleiserberg und in Niederleis werden Herwig Friesinger verdankt. Vgl. Kandler/Vetters, Limes 231 ff., bes. 238 ff. Die Südgrenze des Rugierreichs ergibt sich aus Eugippius, Vita Severini cc. 8, 2, und 33.
229 Pohl, Gepiden 266 f. und 278 ff. Wolfram, Goten 265–267.
230 Wolfram, Goten 268.
231 Eugippius, Vita Severini c. 5, 1–4.
232 Regierungsantritt des Feletheus: Eugippius, Vita Severini c. 5, 4. Noll, Leben 125 f. Vgl. PLRE 2, 457 (vor 482). Lotter, Stammesverbände 48.
233 Eugippius, Vita Severini cc. 31 (Machterweiterung durch Umsiedlung von obderennsischen Romanen ins Tullnerfeld); 31, 4; 42, 1, und 44, 1 (römische Städte im Besitz der rugischen Königsfamilie); 30, 1 ff. (*superiora castella*; ungenannte Barbaren bedrohen Lauriacum), und 31, 4 (alamannisch-thüringische Bedrohung). Vgl. Lotter, Severinus von Noricum 204, und ders., Endphase 80 mit Anm. 259 f.
234 PLRE 2, 457 und 513.
235 Odoaker wird auch als Rugierkönig bezeichnet: siehe PLRE 2, 791–793. Rugier wollen zu ihm nach Italien: siehe Eugippius, Vita Severini c. 5, 1.
236 Untergang des Rugierreichs: Lotter, Lauriacum-Lorch 40 f., und ders., Severinus von Noricum 279. Eugippius, Vita Severini c. 44, 1–7. Fasti Vindobonenses priores 635; a. 487; S. 312, und Auctarium Havniense a. 487 n. 1 (2); S. 313.
237 Wolfram, Goten 278 ff. Zur letzten italischen Armee in Gallien siehe ebendort 181 f.
238 Wolfram, Goten 351.
239 Wolfram, Goten 300, nach Procopius, De bello Gothico III (VII) 2, 1 ff.
240 Pohl, Gepiden 280. Wolfram, Goten 262 mit Anm. 18. Eugippius, Vita Severini c. 5, 1 f. (zahlenmäßige Überlegenheit der pannonischen Goten).

241 Vgl. Wolfram, Goten bes. 41 ff.
242 PLRE 2, 457 (Feletheus), 465 (Ferderuch), 484 f. (Friderich), 513 (Giso).
243 Eugippius, Vita Severini c. 8, 1.
244 Eugippius, Vita Severini c. 33, 1.
245 Eugippius, Vita Severini c. 6.
246 Eugippius, Vita Severini cc. 8, 2 (Giso behandelt die Römer als Knechte); 8, 3 (barbarische Knechte); 8, 4 (berittene rugische Gefolgsleute); 44, 2 (römischer *vilicus* und römischer *miles* Ferderuchs).
247 Eugippius, Vita Severini cc. 8, 9; 31, 1, 4 und 6 *(oppida tributaria);* 33, 1; 44, 3 (Rugier leben von den Provinzialen südlich der Donau); 6, 4; 9, 1; 22, 2 (Wochenmärkte der Rugier und Handel zwischen ihnen und den Provinzialen). Pohl, Gepiden 285 ff.
248 Eugippius, Vita Severini cc. 8, 3 ff. (barbarische Goldschmiede), und 40, 2 (Goldliebe Gisos). Vgl. Wolfram, Goten 18 f. Zum Grab von Untersiebenbrunn siehe Friesinger/Adler, Völkerwanderung 26 ff. Zur Rugierbeute siehe Lippold, Zenon col. 191.
249 Eugippius, Vita Severini cc. 4, 12; 5, 2; 8, 1.
250 Eugippius, Vita Severini cc. 5, 1; 6, 6. Vgl. PLRE 2, 791–793 (Bezeichnung Odoakers als Rugierkönig setzt einen entsprechenden rugischen Anteil der italischen Armee voraus).
251 WS 37 f. mit Anm. 135 und 59 Anm. 299.

IV. Das italische Ostgotenreich (490/93–536/37)
Seite 58–65

252 Eugippius, Vita Severini c. 32, 2, nennt 13 oder 14 Jahre als Dauer von Odoakers *integrum regnum*; die kürzere Zeitangabe reicht bis zur ersten Schlacht, die Odoaker am 28. August 489 am Isonzo gegen Theoderich verlor. Dazu und zum Kampf um Italien siehe Wolfram, Goten 278 ff.
253 Wolfram, Goten 307 (Vandalen), 308 (Westgoten), 311 (Burgunder).
254 Wolfram, Goten 319 ff. WS 105 mit Anm. 17.
255 Pohl, Gepiden 277 f. Vgl. Schmidt, Ostgermanen 550 ff.
256 Zur Bezeichnung Odoakers als Erulerkönig siehe PLRE 2, 791–793.
257 Eugippius, Vita Severini c. 24.
258 Zur Unterwerfung der Langobarden als letzte Nachbarn bis zum Regierungsantritt des Kaisers Anastasius 491 siehe Procopius, De bello Gothico II (VI) 14, 8 ff. Origo gentis Langobardorum cc. 3; S. 3. Paulus Diaconus, Historia Langobardorum I 19 f.; S. 56 f. WS 20 f. mit Anm. 43 ff. Zur Deutung des archäologischen Materials und zur Lokalisierung von *feld* siehe Friesinger/Adler, Völkerwanderung 37 ff. und 63 (Literaturverzeichnis b). Zur älteren Lokalisierung, die bis heute nicht aus der Literatur verschwunden ist, siehe Schmidt, Ostgermanen 578, oder Jarnut, Langobarden 19.
259 Wolfram, Goten 318 und 321 f.
260 Wolfram, Goten 318, nach Cassiodor, Variae IV 2; S. 114 f. Vgl. Procopius, De bello Persico I 11, 10–30, bes. 22.
261 Pohl, Gepiden 297 f. Wolfram, Goten 318. WS 20 mit Anm. 43–45. Jarnut, Langobarden 20. Fröhlich, Thronfolge 1, 48. Mitscha-Märheim, Goldene Spuren 113 ff. Cassiodor, Variae IV 45; S. 134 f., erwähnt flüchtige Eruler in Italien. Daß die Eruler ins langobardenfreie Rugiland auswichen und dort – für ihre Verhältnisse – eine »Einöde« antrafen, berichtet Procopius, De bello Gothico II (VI) 14, 23–25. Vgl. hingegen Paulus Diaconus, Historia Langobardorum I 19; S. 57, der das Rugiland ausdrücklich als »fruchtbar«, *fertilis,* bezeichnet. Nach Ennodius, Vita Antonii c. 13; S. 187, ziehen »jetzt«, das heißt spätestens im September 506, Franken, Eruler und Sachsen in den Donauländern umher; zur nachträglichen Prophezeiung Severins siehe Eugippius, Vita Severini c. 42, 5. Zum archäologischen Befund – vgl. zum Grabraub Claude, Aspekte 11 mit Anm. 12 f. – der Langobardengräber siehe Friesinger/Adler, Völkerwanderung 56 f., doch ist die dort gebotene historische Interpretation deswegen unvollständig, weil weder Eugippius noch Procopius zur Kenntnis genommen werden.
262 WS 109 mit Anm. 40. Wolfram, Goten 319 f.
263 Wolfram, Goten 321–323. PLRE 2, 305 (Colosseus). Cassiodor, Variae III 23 f.; IV 13; S. 91 f. und 120. Die stärkere Barbarisierung der Pannonia Sirmiensis gegenüber der Savia könnte daraus hervorgehen, daß die Adresse in Cassiodor, Variae IV 49; S. 136, zunächst die savischen Provinzialen und danach die Barbaren, *capillati,* nennt, während das entsprechende Gegenstück für die Pannonia Sirmiensis – ebendort III 24; S. 91 – die Reihenfolge umkehrt. Zur Verwaltung Westillyriens siehe Jones, Later Roman Empire 3, 48 f. nn. 44–46.
264 Procopius, De bello Gothico III (VII) 33, 8. Pohl, Gepiden 288 ff. und 299 mit Anm. 93. Ders., Awaren 770–776. Wolfram, Goten 320–324. Cassiodor, Variae XI 1, 9 f.; S. 328 f. Procopius, De bello Gothico I (V) 16, 8–18, sagt zwar nicht ausdrücklich, daß die gotischen Truppen trotz ihrer Niederlagen die Be-

lagerung von Salona aufgaben. Weil aber Procopius bis 549 – siehe De bello Gothico III (VII) 35, 23 ff. – keine gotischen Aktivitäten in Dalmatien erwähnt, dürfte Vitigis sein Expeditionskorps entweder sehr bald zurückgezogen haben, oder es ergab sich den kaiserlichen Truppen.

265 Für die Drau als Nordgrenze der gotischen Provinzen Savia und Pannonia spricht auch die Verteilung der Münzfund-Orte, die nirgends nördlich des Flusses liegen: siehe Demo, Novac (Münzen) 454 ff. (469 ff.), bes. 463 (Karte).

266 WS 25 f. mit Anm. 66 ff.

267 Notitia dignitatum occ. 1, 88 f.

268 Wolfram, Goten 316.

269 Glaser, Doppelkirchenanlagen 165 ff., bes. 180 ff.

270 Cassiodor, Variae III 50; S. 104 f. (Schreiben an die Noriker). Glaser, Münster 117 f. (Nonnosus-Stein). Zur Auflösung der angegebenen Daten ist zu bedenken: Zunächst wird der Todestag mit 2. September angegeben. Darauf folgt der Hinweis auf die Bestattung am 20. Juli 533 »auf diesem Platz«. Das Jahr ergibt sich aus der Datierung im »3. Jahr nach dem Konsulat des Lampadius und Orestes«: siehe Fasti Vindobonenses posteriores 687–690, aa. 530–533; S. 332. Die Auflösung stimmt mit der ebenfalls angegebenen 11. Indiktion überein. – Zu Molzbichl siehe Karpf, Kloster 125 ff.

271 Wolfram, Goten 315 und 343. Procopius, De bello Gothico I (V) 3, 14–29. Agathias I 6, 4 f. Clavadetscher, Churrätien 7 f. Zur alamannischen »Aufsiedlung« donauabwärts sowie östlich der Iller siehe Christlein, Alamannen 23 (Karten d, e).

272 WS 27–29 mit Anm. 73 ff. und 113 mit Anm. 64 und Anm. 67. Wolfram, Goten 318 f. und 497 Anm. 62 (Residenz des Servatus). Cassiodor, Variae VII 4, 2; S. 203 (Schutzwall Italiens). Notitia dignitatum occ. 1, 43, 5, 139 und bes. 35, 1 ff. (Augsburg). Die Quelle für Servatus und die Breonen ist Cassiodor, Variae I 11 und VII 4; S. 20 und 203.

273 Clavadetscher, Churrätien 2 f., sowie Zöllner, Zusammenfassung 263, nach Cassiodor, Variae XII 4, 1; S. 362.

274 Wolfram, Goten 315–324. WS 33 mit bes. Anm. 109–111.

V. Die Langobarden von Wacho bis Alboin (um 510–568/72)

Seite 66–70

275 Hauptfeld, Völker und Institutionen 99 f. Origo gentis Langobardorum cc. 2–4; S. 3. Historia Langobardorum codicis Gothani cc. 3 f.; S. 8 f. Paulus Diaconus, Historia Langobardorum I 19 f.; S. 57 (ebendort I 20 und 27; S. 59 und 69: Langobardenkönige als Erben des erulischen wie gepidischen Königtums). Edictus Rothari, Prologus S. 6, nennt Godeoch (vgl. Fröhlich, Thronfolge 1, 42 f.), den Enkel von Leth, als fünften Langobardenkönig. Zur Bedeutung des fünften Königs bei »vielen Nomadenvölkern« siehe Pohl, Awaren 261 ff.; bes. 265; doch finden sich Anklänge daran auch bei Iordanes, Getica 26; S. 60, und Tacitus, Germania c. 2, 2 (der letzte der drei Söhne im Tuisto-Mannus-Schema ist ein fünfter König). Zur Unterwerfung der Langobarden siehe auch Procopius, De bello Gothico II (VI) 14, 8 ff., bes. 23–25 (Einöde). Die Schlacht an der March kann ungefähr aus Cassiodor, Variae IV 35; S. 134 f., datiert werden, während ihre Lokalisierung nur das Ergebnis möglicher Schlüsse ist. Ebendort weiß auch von der großen Not, die die Eruler in ihrer Heimat gelitten hätten.

276 Vgl. Wolfram, Intitulatio I. 43 f.

277 WS 20 f. mit Anm. 46. Historia Langobardorum codicis Gothani c. 2; S. 8: Auf dem Böhmenfeldzug Karls des Jüngeren zeigten einheimische Slawen noch 805 »die Wohnung und den Palast Wachos«. Da zu diesem Zeitpunkt der Böhmen-Name bereits gut bekannt war (siehe Chronicon Moissiacense a. 805; S. 258), während die Mährer in fränkischen Quellen erst ab 822 vorkommen (siehe Annales regni Francorum a. 822; S. 159 oder 130), könnte am Beginn des Jahrhunderts, noch dazu in einer langobardischen Überlieferung, Böhmen auch mährisches Gebiet bedeutet haben. – Origo gentis Langobardorum c. 4; S. 3 f., und Paulus Diaconus, Historia Langobardorum I 21; S. 59 (Unterwerfung der Sueben). Zu Wacho, dessen Neubewertung Mitscha-Mährheim, Goldene Spuren 116 f., verdankt wird, siehe auch Hauptfeld, Völker und Institutionen 102 ff. Fröhlich, Thronfolge 1, 49 ff. Schneider, Königswahl 14 ff.

278 Origo gentis Langobardorum c. 5; S. 4, und danach Paulus Diaconus, Historia Langobardorum II 7; S. 76: Langobarden wohnten 42 Jahre in Pannonien; ein Zeitraum, der 526 beginnt. Historia Langobardorum codicis Gothani c. 2; S. 8, bemißt den langobardischen Aufenthalt mit 22 Jahren, was zeitlich mit der Überlassung der »Stadt Norikum und der pannonischen Befestigungen« – Procopius, De bello Gothico III (VII) 33, 10 f. – korrespondiert. Damals (547/48) hätten die Langobarden den *Ister* überschritten und die Heimat verlassen. Nach Paulus Diaconus I 22; S. 60, führt erst Audoin um 547 die Langobarden nach Pannonien.

279 Wolfram, Goten 323 mit Anm. 109. WS 20 f. mit Anm. 46.

280 Procopius, De bello Gothico II (VI) 22, 11 f.
281 WS 21 mit Anm. 47 f. Zöllner, Franken 82 f., 85–90 (Heiratspolitik Wachos und ihre Daten), 101 f. und 107 f. (Königsliste). Reindel, Agilolfinger 138. Origo gentis Langobardorum c. 4; S. 4. Paulus Diaconus, Historia Langobardorum I 21; S. 60. Gregor von Tours, Historia Francorum III 21 f.; S. 121 f. (Theudebert lernt Deoteria 532 kennen), und 26 f.; S. 123 f. (Verstoßung Deoterias und Heirat mit Wisigarda).
282 Procopius, De bello Gothico III (VII) 35, 17 f. Paulus Diaconus, Historia Langobardorum I 22; S. 60 (Zitat).
283 Wolfram, Goten 323 f. Zöllner, Franken 91–97. Werner, Herkunft 36–38. Zu den Zitaten siehe Procopius, De bello Gothico III (VII) 33, 7 (Venetien), 8 (Gepiden in Sirmium, das der Kaiser gerade den Goten genommen hatte), 10 (Übertragung des pannonisch-norischen Gebiets an die Langobarden), 11 (Langobarden erstmals südlich der Donau), 12 (Vorstoß der Langobarden nach Dalmatien).
284 Wolfram, Goten 358 f.
285 Pohl, Gepiden 299. Procopius, De bello Gothico III (VII) 34, 1 (Langobarden und Gepiden werden als Nachbarn spinnefeind), 3 (zahlenmäßige Stärke der Gepiden, Langobarden suchen Bündnis mit dem Kaiser), 4 ff. (gepidische und langobardische Gesandtschaften in Konstantinopel), 40 ff. (Justinian entscheidet sich für die Langobarden und sendet militärische Unterstützung, die jedoch nicht eingreift); vgl. IV (VIII) 25, 7–15 (Kämpfe bis 552, langobardischer Sieg, Vorwurf an den Kaiser wegen mangelhafter Unterstützung, obwohl selbst ein großes Heer nach Italien gesandt); IV (VIII) 25, 12 (Audoin heiratet thüringische Königstochter); vgl. Wolfram, Goten 319 mit Anm. 89 f.
286 Anschluß oder Unterwerfung von norisch-pannonischen Provinzialen und Sarmaten gehen mittelbar aus Paulus Diaconus, Historia Langobardorum II 26; S. 87, sowie aus Procopius, De bello Gothico III (VII) 33, 10, hervor. Vgl. die Völkerliste bei Hauptfeld, Eroberung 44. – Die Nachricht, die Langobarden seien ursprünglich ein kleines Volk gewesen, ist kein Topos; vielmehr reicht die entsprechende Überlieferung von Tacitus, Germania c. 40, 1, über Ptolemaios II 11, 9, und Procopius, De bello Gothico III (VII) 34, 3 und 28, bis Origo gentis Langobardorum c. 1; S. 2, und Paulus Diaconus I 7 und 11; S. 52 f., sowie I 13; S. 54 (Massenfreilassung von Sklaven). Vgl. Wenskus, Stammesbildung 490–492.
287 Schneider, Königswahl 19 f. Fröhlich, Thronfolge 1, 63 f. Zur wiederaufgenommenen Heiratspolitik siehe bes. Paulus Diaconus, Historia Langobardorum I 21; S. 60.
288 Jarnut, Langobarden in Italien 173 ff. Pohl, Gepiden 299 f. WS 21 mit Anm. 47 (Thüringer) und WS 44 f. mit Anm. 169–173 (Bulgaren). Die Beteiligung sächsischer Kontingente berichten Paulus Diaconus, Historia Langobardorum II 6 und III 5–7; S. 75 f. und 94 f., sowie Gregor von Tours, Historia Francorum IV 42 und V 15; S. 175–177 und 213 f. Hauptfeld, Gentes 131 f., und ders., Eroberung 40 ff.; vgl. 44 (sonstige Völker). Zu hohen pannonischen Geistlichen unter den abziehenden Langobarden siehe Paulus Diaconus, Historia Langobardorum II 26; S. 87, Berg, Bischöfe 85, und Hageneder, Organisation 213.
289 Paulus Diaconus, Historia Langobardorum I 27 und II 28; S. 70 und 89.
290 Paulus Diaconus, Historia Langobardorum I 27 und II 6 f.; S. 69 und 75 f. (sächsischer Zuzug und zweiter Vertrag mit den Awaren). Historia Langobardorum codicis Gothani c. 5; S. 9, überliefert die Zweihundert-Jahr-Klausel. Vgl. Procopius, De bello Vandalico I (III) 22, 1–15 (Rechte der afrikanischen Vandalen in Pannonien). Hauptfeld, Gentes 130 mit Anm. 82, und Pohl, Awaren 57.
291 Vielleicht steht dieser Sachverhalt hinter der Geschichte von der Einladung der Langobarden durch Narses: Paulus Diaconus, Historia Langobardorum II 5; S. 75.
292 Wolfram, Goten 339.
293 Hauptfeld, Eroberung 37 ff., 92 ff. (Zusammenfassung).
294 WS 72 mit Anm. 20 f. (Norikum) und 86 f. mit Anm. 93–101 (Rätien).

Die Zeit der Agilolfinger (vor 555–788/94)

I. Die schriftlichen Quellen

Seite 71–75

1 Zeiß, Quellensammlung 7, 38 ff., und 8, 43 ff., sowie Dirlmeier/Gottlieb/Sprigade, Quellen zur Geschichte der Alamannen I-IV. Vgl. zum folgenden Abschnitt S. Haider, Quellen 27 ff.
2 Siehe oben 19 mit Anm. 14.
3 Siehe oben 20 mit Anm. 19.
4 Wattenbach/Levison/Löwe, Geschichtsquellen 1, 96 f. WS 33 f. mit Anm. 113 ff. Brennan, Career 49 ff., bes. 54 ff.
5 Wattenbach/Levison/Löwe, Geschichtsquellen 1, 99 ff. (Gregor von Tours) und 109 ff. (Fredegar).

Heinzelmann, Gregor von Tours 1 ff., sowie ders., Franken 326 ff. Wood, Fredegar's Fables 359 ff. Kusternig, Einleitung zu Fredegar (Ausgewählte Quellen) 3 ff.

6 Wattenbach/Levison/Löwe, Geschichtsquellen 2, 161 ff.

7 Wattenbach/Levison/Löwe, Geschichtsquellen 1, 114 ff. (Liber Historiae Francorum), vgl. Haupt, Einleitung zu Liber Historiae Francorum (Quellenausgabe) 329 ff. Zu den frühkarolingischen Annalen siehe Wattenbach/Levison/Löwe, Geschichtsquellen 2, 180 ff., sowie zu den Metzer Annalen ebendort 260 ff.; zu letzteren vgl. Haselbach, Aufstieg und Herrschaft bes. 106 ff. und 139 ff.

8 Wattenbach/Levison/Löwe 1, 119 ff., bes. 131–133 (Ionas). Haupt, Einleitung zu Ionas (Ausgewählte Quellen) 395 ff.

9 Wattenbach/Levison/Löwe, Geschichtsquellen 1, 144 f., und 2, 198. Jahn, DB 391 mit Anm. 50 f.

10 Forstner, Verbrüderungsbuch 17–19. WS 213 und 226 mit Anm. 150–160.

11 Lošek, NA 9 und 31–34. WS 197–213 mit Anm. 30 ff.

12 WS 200 ff. mit Anm. 53 ff. und 227 ff. mit Anm. 161 ff., bes. 229 mit 163.

13 Lošek, NA 9 und 34–42.

14 WS 252 ff. mit Anm. 310 ff. und 275 ff. mit Anm. 454 ff.

15 Lhotsky, Quellenkunde 149 f.

16 Bischoff, Süddeutsche Schreibschulen 2, 56 ff. und 83 f. Forstner, Verbrüderungsbuch 17 ff. (Datierung des Grundstocks – H 1). Forstner, Schreibschule 182 f. Schmid, Probleme 175 ff., der auch bessere Lesungen bringt.

17 Zum Reichenauer Verbrüderungsbuch siehe Verbrüderungsbuch Reichenau bes. S. LXIII ff. und LXV ff. (Zeitpunkt der Anlage).

18 Lošek, NA 42.

19 WS 210–212 mit Anm. 121–135. Annales Iuvavenses maximi a. 793; S. 736.

20 Lošek, NA 36 f. (Datierungsfragen). WS 199 ff. mit Anm. 43 ff.

21 WS 227 ff. mit Anm. 161 ff.

22 Lhotsky, Quellenkunde 155.

23 Siehe Wolfram, Conversio, Untertitel.

24 WS 193–197 mit Anm. 1 ff.; vgl. WS 80 f. Den erwähnten Schiedsspruch Karls des Großen enthält D.Kar.I. 211.

25 Siehe bes. Fichtenau, Urkundenwesen 11 ff., 38 ff. (rätische und alamannische Urkunde). Allerdings gehören die ältesten Urkunden, die das heutige Vorarlberg betreffen, bereits der Karolingerzeit an: Fichtenau, Urkundenwesen 53 ff. Zu Freising siehe Fichtenau, Urkundenwesen 73 ff. Zu Mondsee siehe die neue Edition: Traditionen Mondsee (Erich Reiter).

26 WS 356 ff. mit Anm. 158 ff.

27 Concilium Mantuanum S. 588. Chronica Patriarcharum Gradensium c. 1; S. 393. Krahwinkler, Friaul 73 f.

28 Epistula ad Mauricium S. 135 oder 20 f. Krahwinkler, Friaul 74–76.

29 Catalogus episcoporum Brixinensium S. 49. Lanzoni, Le diocesi 2, 940 (Trient).

30 Pelagii I. Epistula n. 57; S. 149–152.

31 Jahn, DB 73 ff., nach Gregor II., Litterae decretales cc. 1 ff.; S. 451–455, bes. c. 3; S. 452, sowie Wattenbach/Levison/Löwe, Geschichtsquellen 2, 175 f. mit Anm. 32 f. (Bonifatius).

32 Jahn, DB 344 ff., 475 ff. und 512 ff. (Synoden), und Schott, Lex Alamannorum col. 1879–1886. Leges Alamannorum S. 4 ff. Kottje, Lex Baiuvariorum 1–23. Siems, Lex Baiuvariorum col. 1887–1901. Lex Baiwariorum, Praefatio S. 179 ff. Meyer-Marthaler, Lex Romana Curiensis col. 1935–1940. Lex Romana Curiensis S. XI ff. Siehe dazu Soliva, Lex Romana Curiensis 73 ff. Schlosser, Decreta Tassilonis col. 665 f. Zum gotischen Einfluß vgl. Nehlsen, Codex Euricianus 46.

II. Die agilolfingischen Bayernherzoge (vor 555–788/94)

Seite 76–93

33 Jahn, DB 9 ff. Paulus Diaconus, Historia Langobardorum I 21; S. 60 (*unus ex suis*). Ders. III 10 und 30; S. 97 und 109, zum Königtum Garibalds I.

34 Mit ihrem Abzug aus Pannonien brachen die Langobarden das Foedus von 547/48: siehe Procopius, De bello Gothico III (VII) 33, 10. Zu den langobardisch-sächsischen Einfällen in Südfrankreich siehe Paulus Diaconus, Historia Langobardorum III 1–8; S. 93–97, sowie Gregor von Tours, Historia Francorum IV 42; S. 175 f.

35 Hartmann, Geschichte Italiens 2, 1, 56 ff. Jarnut, Prosopographische Studien 350, nach Paulus Diaconus, Historia Langobardorum II 32; S. 90 (Interregnum und erste Erwähnung Eoins), sowie III 9 f.; S. 97 (Sieg über die Franken und Heirat Eoins). Hauptfeld, Gentes 133 mit Anm. 107, setzt die Heirat Eoins

»um 580« an und versteht sie als Anlaß für den Franken-Einfall. Vgl. dagegen Ewig, Merowinger und das Imperium 29–33, bes. 30 Anm. 116.

36 Ewig, Merowinger und das Imperium 37 f. (fränkischer Angriff von 584), nach Paulus Diaconus, Historia Langobardorum III 16–22; S. 100–104.

37 Ewig, Merowinger und das Imperium 45–48, nach Paulus Diaconus, Historia Langobardorum III 29–31; S. 108–112. Jahn, DB 15–17. Paulus Diaconus III 30; S. 110: Theodelinde und Gundoald (vgl. Jarnut, Prosopographische Studien 359) fliehen nach Italien, *cum propter Francorum adventum perturbatio Garibaldo regi advenisset.* Hochzeit Autharis mit Theodelinde vor den Toren Veronas. Fredegar, Chronicae IV 34; S. 133 oder 188, erwähnt Grimoald und Gundoald als Brüder Theodelindes, sagt aber bloß von Gundoald, er sei mit seiner Schwester *cum omnibus rebus* nach Italien gegangen. Paulus Diaconus III 31; S. 111 (Intervention der Bischöfe Ingenuinus von Säben und Agnellus von Trient); IV 1; S. 116 (Agnellus geht ins Frankenreich; Eoin erreicht dort den Friedensschluß; vgl. WS 39 mit Anm. 146). Vermutlich war der Münzschatzfund von Aldrans bei Innsbruck als Lösegeld gedacht gewesen: siehe Hahn/Luegmeyer, Münzschatzfund bes. 35 ff. Zum Brief der norditalischen Bischöfe siehe Epistula ad Mauricium S. 135 oder 20 f. Krahwinkler, Friaul 74–76.

38 Paulus Diaconus, Historia Langobardorum III 35 und IV 1; S. 113–116.

39 Zu den Brüdern Theodelindes siehe oben Anm. 37.

40 Vgl. Hauptfeld, Gentes 133 mit Anm. 113 ff., nach Paulus Diaconus, Historia Langobardorum IV 7; S. 118. Ebendort IV 39; S. 133, heißt Tassilo »Herzog der Bayern«.

41 Jahn, DB 17. Paulus Diaconus, Historia Langobardorum IV 39; S. 133, sagt, daß »zu jener Zeit« Tassilo starb und sein Sohn Garibald (II.) besiegt wurde.

42 Paulus Diaconus, Historia Langobardorum IV 10 und 39; S. 120 und 133. Zur Größe von Stammesheeren siehe Wolfram, Goten 106 ff.

43 Siehe Krahwinkler, Friaul 39 f. mit Anm. 56, und Pohl, Awaren 238 ff., zu bes. Paulus Diaconus, Historia Langobardorum IV 39; S. 133.

44 WS 39 mit Anm. 147. Heuberger, Rätien 87 und 92. P. W. Haider, Antike 242 ff. mit Tafeln XV f. (Karten).

45 Pohl, Awaren 238 ff., und Krahwinkler, Friaul 39 ff. Paulus Diaconus, Historia Langobardorum V 36–40; S. 128–133.

46 Ionas, Vita Columbani I 27 f.; S. 101–105 oder 480–491. Büttner, Christentum und fränkischer Staat 14 f. Zu Columbans und seiner Schüler Aufenthalt im Bodenseegebiet siehe auch die Fassungen der Vita Galli vetustissima c. 5; S. 253 f., sowie Walahfrid Strabo, Vita Galli, Prologus; S. 282, I 5 ff.; S. 288 ff. – Awarischer Angriff auf das Reich Theudeberts II.: siehe Epistolae Wisigoticae nn. 11 f.; S. 677–679. Zum Briefverfasser Bulgar siehe Pohl, Awaren 239.

47 WS 42 mit Anm. 161.

48 Paulus Diaconus, Historia Langobardorum IV 37; S. 130 f. Jahn, DB 11.

49 Pohl, Awaren 248 ff. und 256 ff. WS 43 mit Anm. 167 f. Vgl. Oettinger, Werden Wiens bes. 52 ff. Die Grundlage aller Kenntnisse bietet Fredegar, Chronicae IV 48, 68 und 75 f.; S. 144 f., 154 f. und 158 f. oder 206 ff., 234 ff. und 244 ff.

50 WS 44 f. mit Anm. 169–173. Ewig, Merowinger und Imperium 50–53. Zöllner, Awarisches Namengut 252 (ON Pulgarn) und 265 mit Anm. 151 f. (PN Pulgar, Bulgar unter Mönchen von St. Peter, Mattsee und der Reichenau; dazu vgl. Houben, Mönchslisten 456 mit Anm. 32). Zu den Slawen, die sich gegen die Übergriffe der Awaren erheben, siehe Fredegar, Chronicae IV 48; S. 144 f. oder 206 ff. Fredegar, Chronicae IV 58; S. 150 oder 224, bringt die Erwartung, Dagobert möge alle Völker bis zum Römischen Reich unterwerfen. Ebendort IV 72; S. 157 oder 242, und Paulus Diaconus, Historia Langobardorum V 29; S. 154, haben die Bulgaren-Geschichte. Schwierigkeiten bereitet die Datierung dieser Geschichte. Dazu siehe Pohl, Awaren 268 ff.

51 Jahn, DB 30 mit Anm. 18, nach Paulus Diaconus, Historia Langobardorum V 36; S. 156.

52 Jahn, DB 30 mit Anm. 19, nach Annales Mettenses aa. 688 und 691; S. 4 und 12 f.

53 Jahn, DB 29 ff., nach Gesta Hrodberti c. 1; S. 157. Zur Todeszeit Theodos um 717/18 siehe Klebel, Theodo 175, nach Auctarium Garstense a. 717; S. 563, und Annales s. Rudberti Salisburgensis a. 718; S. 768.

54 Jahn, DB 35 ff., 37 f. (Erhard) und 72 f. (Corbinian). Liber confraternitatum 63, 4; S. 26, oder 20 Ba 4 (Forstner): Vivolus und Einhard sind nebeneinander eingetragen.

55 Jahn, DB 76 ff. Vgl. Paulus Diaconus, Historia Langobardorum VI 17–22, 35 und 43; S. 171 f., 176 und 179 f., mit BN 3, 8; S. 106.

56 BN 3, 8; S. 106, behaupten die Übertragung des gesamten Herzogtums an Theotpert. Die Datierung ergibt sich aus dem Vergleich der BN mit Paulus Diaconus, Historia Langobardorum VI 21 und 35; S. 172 und 176. Hingegen überliefern die Vierteilung Bayerns Arbeo, Vita Corbiniani c. 15, sowie Gregor II., Litterae decretales S. 451–454, eine Maßnahme, die einige Zeit nach 711/12 zu datieren ist und daher

nach der vorübergehenden Herrschaftsübertragung an Theotpert erfolgte: siehe Jahn, DB 98 f. Zum awarischen Überfall siehe Arbeo, Vita Haimhrammi c. 5.

57 Zu Theodos Romreise siehe Jahn, DB 73 ff., nach Paulus Diaconus, Historia Langobardorum VI 44; S. 180, und Liber pontificalis 91; S. 398. Aus Gregor II., Litterae decretales S. 451–454, geht der Wunsch Theodos nach Errichtung einer bayerischen Kirchenprovinz hervor.

58 Jahn, DB 26 ff. Die Namen der vor 784 verstorbenen Agilolfinger zwischen Theodo und Odilo überliefert Liber confraternitatum 62; S. 26, oder 20 A cd (Forstner). Aus dieser Quelle und aus Arbeo, Vita Corbiniani c. 24, könnte man auf zwei Ehen Theodolts schließen. Ebendort spricht auch von der freisingischen Pfalz, *palatium,* Grimoalds; doch ist die gesamte Corbinian-Vita, bes. c. 27, Zeuge dafür, daß Grimoalds Herrschaftsbereich, *partes,* seinen Mittelpunkt in Freising hatte, obwohl in c. 30 der Herzog und seine Umgebung in eine andere *villa,* Pfalz, ziehen. Die Zuordnung Theotperts zu Salzburg bezeugen NA 2, 1–7; S. 82, sowie BN 3–5; S. 104 ff. – NA 3, 1 f.; S. 82, sowie BN 6 f.; S. 110 ff., belegen Hucbert in Salzburg. Zur Bezeichnung Grimoalds als *totius princeps* siehe Arbeo, Vita Corbiniani c. 23, was man wohl zu Recht mit »Fürst des ganzen Volkes oder Landes« übersetzt, obwohl es nicht dasteht. Am nächsten kommt der Ausdruck der Bezeichnung des Langobardenkönigs als *totius princeps genti* (sic) ebendort c. 33. Zu Tassilo II. siehe Jarnut, Herkunft Swanahilds 246 f. (Tassilo als älterer Bruder Hucberts und Vater Swanahilds angenommen).

59 Gregor II., Litterae decretales S. 451–454.

60 Jahn, DB 98–110. WS 48 f. mit Anm. 206. Jarnut, Beziehungen 349 f. (Katastrophe Grimoalds 725). Arbeo, Vita Corbiniani cc. 23 f., 31–33 und 37. Continuationes Chronicarum Fredegarii c. 12; S. 175 oder 284.

61 Jahn, DB 116–122. NA 4, 1 f.; S. 82 ff., und BN 7; S. 112. Arbeo, Vita Corbiniani cc. 31 f., spricht ausdrücklich von einer männlichen Nachkommenschaft Grimoalds, die aber »nie zur Herrschaft kam«, während sich aus der Tauf-Gevatterschaft zwischen Hucbert und Corbinian auf Kinder Hucberts schließen läßt.

62 Jahn, DB 123 ff. WS 337 f. mit Anm. 1–8 (Odilos Ära).

63 Annales Mettenses priores a. 743; S. 33, spricht vom Herzogtum Odilos, *quod largiente olim Carolo principe habuerat.* Vgl. damit ebendort a. 742; S. 33, über den aquitanischen Fürsten Hunoald. Ebendort a. 741; S. 31, nennt die geteilten Gebiete, unter denen sowohl Aquitanien wie Bayern fehlen. Siehe Continuationes Chronicarum Fredegarii c. 23; S. 179 oder 293. Haselbach, Aufstieg und Herrschaft 106 ff.

64 Vgl. bes. Continuationes Chronicarum Fredegarii c. 12; S. 175 oder 284, mit Annales regni Francorum a. 741; S. 2 oder S. 10. Jahn, DB 125–132. Die Verwandtschaftsbezeichnungen Swanahilds verzeichnet Reindel, Agilolfinger 164 mit Anm. 99–101; vgl. Jarnut, Herkunft Swanahilds 245 ff. Annales Mettenses a. 749; S. 41, bezeichnen Odilo als *avunculus eius* (sc. *Grifonis*).

65 Jahn, DB 123.

66 Jarnut, Studien 283 (Zeitpunkt des Odilo-Aufenthalts am Hofe Karl Martells), bes. nach BN c. 7 f.; S. 112 ff. Zum Tod Karl Martells siehe BM^2 43 a. Zum Geburtsjahr Tassilos siehe bes. Annales Iuvavenses maximi a. 741; S. 732. Zur Nachwirkung des Skandals bis in die Zeit Ludwigs des Frommen siehe Anonymus, Vita Hludowici c. 21; S. 618 oder 290. Becher, Geburtsjahr 3–12, hält die Nachricht von Continuationes Chronicarum Fredegarii c. 25; S. 180 oder 294, wonach Hiltrud (vgl. Schieffer, Töchter 128) nach dem Tod des Vaters und gegen den Willen der Brüder zu Odilo geflohen sei, für tendenziös und unglaubwürdig. Seine Argumentation, die auf der Linie von Becher, Eid 21 ff., vgl. WS 339 f. mit Anm. 15 ff., liegt, kann jedoch in diesem Fall, weil zu abstrakt, nicht ganz überzeugen. Ausgewogener stellt die Situation Jahn, DB 176 f., dar.

67 Jarnut, Studien 283 f., stellt zu Recht diese Frage.

68 Bonifatius, Epistolae n. 48; S. 77 f. oder 138. Jahn, DB 139 ff. und 277–282.

69 Annales Mettenses a. 743; S. 33–35.

70 Zur frühagilolfingischen Expansionspolitik siehe WS 39–42 mit Anm. 148–160.

71 Annales Mettenses priores aa. 741–743; S. 30–35. Continuationes Chronicarum Fredegarii cc. 21–26; S. 178–180 oder 292–296. Jahn, DB 186 ff.

72 Continuationes Chronicarum Fredegarii c. 32; S. 181 f. oder 298. Jahn, DB 191 f.

73 Annales Mettenses priores a. 743; S. 34 f. Zu Virgil in Salzburg siehe WS 252 f. mit Anm. 310 ff.

74 Zum Tod Odilos siehe WS 337 f. mit Anm. 1–8. Jahn, DB 278 f.; vgl. 221 ff.

75 WS 338 mit Anm. 9 ff. TF 1, S. LV, und BM^2 57 e und 96 d. Siehe bes. TF 2 f.; 1, 28 f.

76 BN 7, 5; S. 112. Jahn, DB 172 ff.

77 BM^2 56 e und 96 d. Siehe bes. Annales regni Francorum a. 748; S. 5 ff. oder 12. Annales Mettenses priores a. 749; S. 41 f. Continuationes Chronicarum Fredegarii c. 32; S. 181 f. oder 298. WS 341–343 mit Anm. 33 ff.

78 BM^2 76 i. WS 340 f. mit Anm. 27–32.

79 Lex Baiwariorum II 4 und 8 f.; S. 295 ff. BM^2 81 a. Continuationes Chronicarum Fredegarii c. 38; S. 185 oder 306.

80 Lex Baiwariorum II 9; S. 303.
81 Annales regni Francorum a. 757; S. 14 ff. oder 16 ff.
82 BM[2] 96 d. Annales regni Francorum a. 763; S. 20 ff. oder 20.
83 WS 340 f. mit Anm. 27–32 und 343 f. mit Anm. 49–54.
84 Wolfram, Intitulatio I. 179 mit Anm. 138, nach TF 19; 1, 48. Vgl. Jahn, DB 349 ff.
85 Annales regni Francorum a. 764; S. 22 f. oder 20.
86 Wolfram, Tassilo III. 163, nach bes. Annales Iuvavenses maximi a. 763; S. 732, und Annales regni Francorum a. 763; S. 22 f. oder 20. WS 344 mit Anm. 51.
87 Codex Carolinus n. 36; S. 545 f., ein Schreiben, das nach Jahn, DB 374, für das »Maifeld« 764 bestimmt war, schließt noch eine bayerisch-langobardische Verbindung aus, da es Desiderius abfangen ließ; ein Vorgehen, das auch gegen Tassilo gerichtet war. Vgl. WS 48 mit Anm. 206. Dagegen setzt Tassilos Italienreise 768/69 seine Ehe mit Liutpirc voraus: siehe Jahn, DB 390 ff.
88 Jahn, DB 390 ff.
89 Wolfram, Intitulatio I. 181 ff., bes. nach TF 34; 1, 62.
90 Jahn, DB 344 ff., 475 ff. und 512 ff., zu Concilia 1, 56 ff., und 93 ff. nn. 10 und 15 f. Vgl. Schlosser, Decreta Tassilonis col. 665 f., mit der – wie in der Edition – um ein Jahr zu späten Datierung von Neuching. Die Datierung von Aschheim auf 756 ist nicht belegt; sie wird allein durch Compiègne 757 (WS 340 f. mit Anm. 27–32) als Terminus ante quem bestimmt. Vgl. Berg, Studien 5 ff. Zur Neudatierung von Dingolfing auf 776/77 siehe Jahn, DB 512 ff.
91 Jahn, DB 503.
92 Jahn, DB 428 f. und 467, nach Eigil, Vita Sturmi c. 22; S. 157 f. Jahn, DB 471 mit Anm. 25: die Taufe besiegelt die *compaternitas* zwischen Papst und Herzog.
93 Jahn, DB 471 ff. Annales Iuvavenses maximi a. 772 und Annales s. Emmerammi maiores a. 772; S. 732 f. Ewig, Constantin 91 mit Anm. 123, nach Epistolae variorum n. 1; S. 497.
94 Abel/Simson, Jahrbücher 1, 98 ff. BM[2] 128 a, 130 a, 142 ab und 158 c–167 a. Nach Liber confraternitatum 62; S. 26, oder 20 Aa (Forstner), vgl. Forstner, Verbrüderungsbuch 18 f., muß Desiderius bereits Mitte 784 tot gewesen sein.
95 Jahn, DB 468, 471 (neben Freundschaftsvertrag auch Karls Ehe mit der Agilolfingerin Hildegard und die wechselseitige päpstlich-karolingisch-agilolfingische *compaternitas* wirksam) und 473 ff. BM[2] 158 a–h.
96 Wolfram, Intitulatio I. 217 ff. BM[2] 163 a–165.
97 WS 268 mit Anm. 400–402.
98 WS 361 mit Anm. 190 ff.
99 Annales regni Francorum a. 778; S. 50 oder 36. Lex Baiwariorum II 4 und 8 f.; S. 295 ff. Jahn, DB 522.
100 Jahn, DB 524–526. Becher, Eid 52–58.
101 WS 48 f. mit Anm. 206. Annales regni Francorum a. 787; S. 78 oder 54. Annales Iuvavenses maximi a. 784; S. 734, und Annales s. Emmerammi maiores a. 785 (recte 784); S. 735.
102 Jahn, DB 533 ff. WS 339 mit Anm. 21 f. Annales regni Francorum a. 787; S. 72 ff. oder 50 ff. Zur Reihenfolge der Ereignisse siehe BM[2] 82 a und c, 286 b, 290 a, e–h sowie l. Zum Thüringer- oder Hardrat-Aufstand von 786 siehe K. Brunner, Oppositionelle Gruppen bes. 47 ff., bes. nach Annales Nazariani a. 786–788; S. 41–44 oder 159–165; eine Quelle, die auch zu den Ereignissen von 787/88 Nachrichten bringt, die die offiziösen Reichsannalen unterdrücken. Dieselbe Quellengruppe – Annales Alamannici a. 787; S. 163 – enthält auch die Nachricht *et reddidit* (sc. *Tassilo) ei cum baculo ipsam patriam in cuius capite similitudo hominis erat et effectus est vassus eius* (sc. *Caroli).*
103 Jahn, DB 540 ff.
104 Jahn, DB 524–526.
105 Lex Baiwariorum II 1; S. 292 f. Vgl. Kolmer, Kommendation 323. Isidor von Sevilla, Etymologiae V 26, 25, versteht Landesverrat als Majestätsverbrechen.
106 Arbeo, Vita Haimhrammi c. 5.
107 Annales regni Francorum a. 788; S. 80 oder 54.
108 Annales regni Francorum a. 788; S. 80 ff. oder 54 ff. Becher, Eid 64–71. Vgl. Kolmer, Kommendation 311–327.
109 Zum verbrieften Recht der Agilolfinger auf das bayerische Herzogtum siehe Lex Baiwariorum III 1; S. 313.
110 Kolmer, Kommendation 314 ff.
111 Annales regni Francorum a. 788; S. 82 oder 56.
112 Es fällt auf, daß Liutpirc in der Verzichtserklärung Tassilos von 794 nicht mehr erwähnt wird; hingegen dürften seine Söhne Theodo und Theodebert sowie seine Töchter Cotani und Hrodrud damals noch gelebt haben: Concilium Francofurtensis a. 794, c. 3; S. 74. Annales Laureshamenses a. 794; S. 36. BM[2] 324 a. Zur Familie Tassilos III. siehe Annales Alamannici a. 788; S. 163 ff. Liber confraternitatum

30; S. 12, oder 10 Ba (Forstner), verzeichnet neben Tassilo und Liutpirc den ältesten Sohn Theodo und die beiden Schwestern. Demnach wäre Theodebert 784 noch nicht geboren gewesen. Wenn die Annahme stimmt, daß Liutpirc 794 bereits tot war, dann würde die Frankfurter Synode der Terminus ante quem für die Datierung der Eintragung ihres Namens im Ordo der toten Herzoge sein: siehe Liber confraternitatum 62; S. 26, oder 20 Ad (Forstner). Das gleiche gilt aber auch für die Corbie-Eintragung – ebendort 15; S. 9, oder 7 Bb (Forstner) –, wo offenkundig dieselbe Hand nicht bloß den Namen der Mutter, sondern auch die Namen der beiden Töchter niederschrieb, was immer das auch mit den überlieferten Verbannungsorten der drei Agilolfingerinnen zu tun hat. Vgl. Becher, Eid 72–77, Störmer, Adelsgruppen 28 ff., und Bischoff, Formelbücher n. 20; S. 55.

113 Lex Baiwariorum II 8 a; S. 302.

III. Die frühmittelalterlichen Alamannenherzoge (nach 600–749)

Seite 94–95

114 Sonderegger, Siedlungsverhältnisse 253.

115 Paulus Diaconus, Historia Langobardorum IV 37; S. 131. Keller, Herrschaft 1 ff., bes. 27–30. Geuenich/Keller, Alamannen 150 f. (mit Aufstellung).

116 Jarnut, Agilolfingerstudien 1 Anm. 1. Zöllner, Geschlecht der Agilolfinger 213 ff.

117 Geuenich/Keller, Alamannen 150 f.

118 Ionas, Vita Columbani I 27; S. 211 f. oder 480 ff.

119 Geuenich/Keller, Alamannen 150. Keller, Herrschaft 14 ff., bes. 27 ff., nach Walahfrid Strabo, Vita Galli I 8, 16–21, 23–25; S. 290 ff.

120 Columban fuhr – an Mainz vorbei – zu Schiff nach Bregenz: siehe Ionas, Vita Columbani I 27; S. 211 f. oder 480 ff.

121 Wolfram, Intitulatio I. 143 f. und 161, nach Urkundenbuch St. Gallen n. 1; I, 1. Zur Bedeutung Gotfrids für die antikarolingische Opposition siehe Erchanbert, Breviarium regum Francorum S. 328. Vgl. Behr, Alamannisches Herzogtum 175 ff. Zum Todesjahr Gotfrids und zum anschließenden Krieg siehe etwa Annales Alamannici a. 709 (710); S. 146.

122 Feger, Alemannisches Herzogtum 164. Keller, Herrschaft 12 f. Schott, Lex Alamannorum col. 1880–1883. Zum alamannischen Regnum siehe Leges Alamannorum XXXV 1; S. 92 f.

123 BM^2 1 b (Tod Pippins des Mittleren), 30 l ff. (krisenhafte Anfänge Karl Martells), 38 c (Niederlage und Tod Lantfrids), 42 a (Reichsteilung von 741), 49 b (Blutgericht von 746); vgl. 55 a (Pippins Heerfahrt gegen den Gotfrid-Sohn Theudobald 744) und 57 e (749, Gefangennahme von Lantfrid II. und Grifo).

IV. Das Christentum, seine Einbußen und sein Wiedererstarken (536/37–739)

Seite 96–111

124 Bratož, Einfluß 29 ff. (allgemein zu Aquileia). Reindel, Agilolfinger 134 und 189 f., nach Venantius Fortunatus, Vita s. Martini IV vv. 643 und 647; S. 368, sowie nach NA 8, 1 ff.; S. 94, BN 3; S. 104 ff. (Maximilian), und Noll, Frühes Christentum 26 ff. (Florian).

125 Der Einbruch der Langobarden 568 erlaubte es den schismatischen Bischöfen Norditaliens, ihre Position gegenüber Rom zu behaupten: vgl. Hauptfeld, Eroberung 48 ff., und Schieffer, Beurteilung 167 ff., bes. 170 ff. Im besonderen siehe Gregor I., Registrum IV 37; 1, 273. Zum ungehorsamen Mönch aus Luxeuil siehe Ionas, Vita Columbani II 9; S. 246 ff.

126 Bonifatius, Epistolae n. 50; S. 84 oder 146.

127 Wiesinger, Lehnwörter 191–193 und 200.

128 Wiesinger, Lehnwörter 158 ff. und 200. Zum Donauweg der arianischen Mission siehe Stutz, Germanistische These 207 ff., bes. 214 f. (Wochentage). Skeptisch gegenüber der Bedeutung des »Donauwegs« ist Schäferdiek, Gotisch-arianische Mission 239 ff., bes. 240 ff. (Kennwörter), 251 ff. (alamannischer Runenlöffel) und 257 (langobardische Vermittlung).

129 Hauptfeld, Eroberung 48 ff.

130 Berg, Bischöfe 78 ff. Hageneder, Organisation 212 ff.

131 Berg, Bischöfe 78 f. und 108.

132 Berg, Bischöfe 85. Hageneder, Organisation 213. Zu den Pannoniern und Norikern als Angehörige des Exercitus Langobardorum siehe Paulus Diaconus, Historia Langobardorum II 26; S. 87.

133 Berg, Bischöfe 85–88, bes. mit Anm. 204.

134 Berg, Bischöfe 79, 84 f. und 88 mit Anm. 220. Brennan, Career 53 (Vitalis).

135 Berg, Bischöfe 79–82, bes. 92 f.

136 Berg, Bischöfe 82. Hageneder, Organisation 216.
137 Berg, Bischöfe 83. Hageneder, Organisation 216 f.
138 Krahwinkler, Friaul 75 ff. Hageneder, Organisation 217 ff., vgl. Berg, Bischöfe 83 mit Anm. 179.
139 Berg, Bischöfe 93 f. Hageneder, Organisation 205 f. Zum fränkisch-langobardischen Krieg siehe Paulus Diaconus, Historia Langobardorum III 31; S. 111.
140 Zu den bayerisch-slawischen Auseinandersetzungen siehe Paulus Diaconus, Historia Langobardorum IV 10 und 39; S. 120 und 133.
141 Berg, Bischöfe 74 f. und 104 f. (Trient) sowie 91 ff. (Säben). Hageneder, Organisation 214 mit Anm. 62 und 227 (Trient) sowie 204 ff. und 226 f. (Säben).
142 Berg, Bischöfe 90–93. Hageneder, Organisation 204–210 (mit lesenswerter Darlegung der mit Säben verbundenen Problematik). Bierbrauer/Nothdurfter, Ausgrabungen 243 ff., bes. 299 f. (Zusammenfassung, 300: Zitat).
143 Berg, Bischöfe 93 f. Hageneder, Organisation 205–207. Paulus Diaconus, Historia Langobardorum III 26 und 31; S. 105 ff. Zu den Ereignissen von 590/91 siehe ebendort III 31; S. 111. Zum Drei-Kapitel-Streit siehe Schieffer, Beurteilung 167 ff., und Krahwinkler, Friaul 69 ff.
144 TF 34; 1, 61 f.
145 Vgl. Berg, Bischöfe 94 f.
146 Bierbrauer, Aufsiedlung bes. 36 ff. (mit Bild- und Kartenmaterial), sowie Bierbrauer/Nothdurfter, Ausgrabungen 299 ff.
147 Berg, Bischöfe 93 mit Anm. 259 f.
148 Krahwinkler, Friaul 73 f. Berg, Bischöfe 104. – Aus der Chronologie des gemeinsamen Auftretens der Bischöfe Ingenuinus und Agnellus dürfte sich die Synode von Grado auf 572/vor 577 datieren lassen. Bischöfe unterschreiben Urkunden und urkundenartige Dokumente in einer Reihenfolge, die ihr persönlicher Rang festlegt. Dieser ergibt sich aus dem Weihedatum: siehe WS 258–262 mit Anm. 341–372. Sowohl die Epistula ad Mauricium S. 135 oder 20 f. wie Paulus Diaconus, Historia Langobardorum III 26; S. 107, nennen Ingenuinus vor Agnellus. Nach Secundinus von Trient (Paulus Diaconus, Historia Langobardorum S. 25 Anm. 3) hatte Agnellus im Juni 580 sein drittes Jahr vollendet und war daher bereits im Juni 577 Bischof von Trient. Da die Unterschriftenliste der Epistula ad Mauricium nach Ingenuinus und vor Agnellus drei Bischöfe nennt, wird Ingenuinus schon vor 577 geweiht worden sein. An der Synode von Grado nahm nämlich noch der Säbener Bischof Materninus teil, so daß die Kirchenversammlung noch früher und nicht erst vor 577 stattgefunden haben muß.
149 Paulus Diaconus, Historia Langobardorum III 31 und IV 1; S. 111 und 116. Vita Ingenuini cc. 9–13 und 21–24; S. 240 ff. Heuberger, Ingenuinus 17 ff. Berg, Bischöfe 104 f. Hauptfeld, Eroberung 37 ff., bes. 87 ff.
150 Berg, Bischöfe 82 mit Anm. 173. Hageneder, Organisation 216 f. mit Anm. 73.
151 Rogger, La basilica paleocristiana VII. 27–29.
152 Paulus Diaconus, Historia Langobardorum S. 25 Anm. 3. III 9 und IV 27; S. 97 und 125. Gregor I., Registrum XIV 12; S. 431. Epistolae Langobardicae n. 2; S. 694. Berg, Bischöfe 104 f. Hauptfeld, Eroberung 92.
153 Berg, Bischöfe 105. Hageneder, Organisation 214 mit Anm. 62 und 227.
154 Berg, Bischöfe 74. Hageneder, Organisation 202.
155 WS 31 mit Anm. 100 f., nach Clavadetscher, Churrätien 13 ff.
156 WS 27 mit Anm. 72 f.
157 Clavadetscher, Verfassungsgeschichte 33 ff. Berg, Bischöfe 99 mit Anm. 323. Bündner UB nn. 11 f.; S. 8 f. Im 8. Jahrhundert bezeichneten sich die *praesides* – entsprechend der Übung der Zeit – als *viri illustres*: WS 31 f. mit Anm. 100 f.
158 Berg, Bischöfe 101.
159 Berg, Bischöfe 99 und 101.
160 Berg, Bischöfe 97, nach Bündner UB n. 5; S. 5 f.
161 Berg, Bischöfe 98. Gregor I., Registrum IX 232 und XIII 33; 2, 215 und 396. Bündner UB n. 6; S. 6.
162 Schäferdiek, Columbans Wirken 194 mit Anm. 169. Büttner, Churer Bistumsgrenzen 148. Ionas, Vita Columbani I 27; S. 211 oder 480.
163 Keller, Herrschaft bes. 21 f. Büttner, Churer Bistumsgrenzen bes. 146 ff. Berg, Bischöfe 99 f.
164 Concilium Parisiense S. 192 oder 282.
165 Ewig, Bischofslisten 434 und 447 Anm. 78. Berg, Bischöfe 100.
166 Ionas, Vita Columbani I 27; S. 211 oder 480.
167 Bündner UB nn. 11 f.; S. 8 f.
168 Clavadetscher, Verfassungsgeschichte 39–42, dürfte das Ende der fränkischen Macht im churrätischen Raum mit 600 um wenigstens eine Generation zu früh ansetzen. Bündner UB nn. 7 f.; S. 6 f.
169 D.F.I. 128 und Bündner UB n. 8; S. 7, sowie Anhang S. 375 ff. (Reichsguturbar). Vgl. Hageneder, Organisation 235.

170 Büttner, Churer Bistumsgrenzen 133 ff.
171 Heuberger, Rätien 97 ff.
172 Keller, Herrschaft 19–23. Berg, Bischöfe 101 f.
173 Büttner, Konstanzer Diözesangrenzen 97 ff., und ders., Christentum und fränkischer Staat 16. Keller, Herrschaft 19–23. Maurer, Anfänge 126 ff. (127: Bischofsliste). Berschin, Gallus 257 ff.
174 Berg, Bischöfe 100 f.
175 Prinz, Augsburg im Frankenreich bes. 389 f. mit Anm. 67, und ders., Bayern, Salzburg und die Frage der Kontinuität bes. 32 ff., sowie ders., Frühes Mönchtum 359. Zoepfl, Augsburg 42.
176 Schäferdiek, Columbans Wirken bes. 194 ff. Ionas, Vita Columbani I 27; S. 211 ff. oder 480 ff. Walahfrid Strabo, Vita Galli I 4 ff.; S. 287 ff. Zur Germania-Terminologie siehe Ewig, Beobachtungen 327 mit Anm. 18. Die Kessel-Geschichte besitzt ein Gegenstück in der Vita Vedastis episcopi c. 7; S. 410 f.; vgl. Grönbech, Kultur 2, 148 f. Berschin, Gallus bes. 261 ff.
177 Ionas, Vita Columbani I 27; S. 215 oder 486.
178 Ionas, Vita Columbani II 8; S. 243–245. Jarnut, Agilolfingerstudien bes. 41 ff. Zöllner, Herkunft der Agilulfinger 119 f. (Eustasius und Agilus). Prinz, Mönchtum 127, 330 und 334. Wattenbach/Levison/Löwe, Geschichtsquellen 1, 41 f.
179 Ionas, Vita Columbani II 9; S. 246 ff. Vgl. I 27; S. 214 oder 484 (Feindschaft Theuderichs gegen Columban). Der Bayern-Aufenthalt des Agrestius vor 626 ergibt sich aus folgender Beobachtung: Aus Bayern kommend, trat er mit einem Notar des Langobardenkönigs Adaloald in Verbindung (Ionas, Vita Columbani II 9; S. 247). Adaloald verlor aber die Herrschaft, nachdem er zehn Jahre nach seinem Vater Agilulf, der 616 starb, zusammen mit seiner Mutter regiert hatte. Demnach muß die Absetzung Adaloalds 626 erfolgt sein: siehe Paulus Diaconus, Historia Langobardorum IV 41; S. 133.
180 Vgl. Wolfram, Agilolfinger 126.
181 Hauck, Kirchengeschichte 1, 304 f. Anm. 4. (Amandus zwischen 625 und 629 zu den Slawen). Vita Amandi cc. 1 (Herkunft) und 16 (Slawenmission); S. 431 f. und 439 f. Riedmann, Handschriftenfragmente 281 ff. Vgl. Fritze, Universalis gentium confessio 98 mit Anm. 83, sowie Prinz, Mönchtum 359 f. (Amandus und Augsburg).
182 Ionas, Vita Columbani I 27; S. 216 f. oder 488.
183 Ionas, Vita Columbani, Praefatio, S. 145 f. Hauck, Kirchengeschichte 1, 303 Anm. 2. Fritze, Universalis gentium confessio 84 ff. und 91 sowie 95–98.
184 Dopsch, Karolinger und Ottonen 158.
185 Hauck, Kirchengeschichte 1, 349.
186 WS 232–234 mit Anm. 191–199. Jahn, DB 33 ff. Zur Reihenfolge Rupert – Emmeram siehe Mayr, Todeszeit 358 ff., bes. 361 ff., und ders., Neuerliche Anmerkungen 199 ff. Ebendort 210 ff. äußert sich zu Erhard von Regensburg, siehe Liber confraternitatum 63, 4; S. 26, und 20 Ba 5 (Forstner).
187 Arbeo, Vita Haimhrammi cc. 1 ff., und ders., Vita Corbiniani cc. 1 ff.
188 Gesta Hrodberti cc. 3 f.; S. 158.
189 NA 1, 1 ff.; S. 80 ff., und 7 f.; S. 92 ff. BN 1 ff.; S. 102 ff.
190 Freising war noch zu Beginn des Episkopats von Bischof Joseph (748–764) arm: siehe Jahn, DB 152 f. mit Anm. 131, nach TF 5; 1, 31.
191 Jahn, DB 33 ff.
192 WS 229–232 mit Anm. 167–189 und 245 mit Anm. 264 f.
193 WS 245 f. mit Anm. 266. NA 1, 1; S. 80 (Schenkung der Salzburg). BN 7, 1; S. 110 (Martinskirche). Ewig, Martinskult 386.
194 WS 245 f. mit Anm. 266. Siehe Randglosse x) zu BN 2, 7; S. 104 bzw. 140. Zum Aufenthalt Severins im spätantiken Kuchl siehe Eugippius, Vita Severini cc. 11 f.
195 WS 248–250 mit Anm. 286–297.
196 NA 6, 1 ff.; S. 84 ff. *(causa dominica).* Vgl. WS 250 f. mit Anm. 298–307.
197 Klein, Salzburg an der Slawengrenze 6 mit Anm. 21.
198 WS 246 f. mit Anm. 271–273.
199 Jahn, DB 76 ff.
200 Paulus Diaconus, Historia Langobardorum IV 10 und 39; S. 120 und 133.
201 Vgl. Gesta Hrodberti c. 3; S. 158, mit c. 9; S. 161. WS 237 mit Anm. 221–225.
202 Gesta Hrodberti c. 9; S. 161 mit Anm. 2.
203 Vgl. Conversio c. 1 mit c. 2. WS 242 f. mit Anm. 248–257 und bes. 252 mit Anm. 310.
204 Bonifatius, Epistolae n. 51; S. 89 oder 154 (Zacharias lehnt den Wunsch des Bonifatius nach einem Nachfolger mit Hinweis auf entsprechende Konzilsentscheidungen ab).
205 Zu den tatsächlichen und geplanten Romreisen Emmerams und Corbinians siehe Löwe, Romreisen 409 ff., und Reindel, Agilolfinger 196 und 203, nach Arbeo, Vita Haimhrammi cc. 8 und 15, sowie ders., Vita Corbiniani cc. 6 und 14 (1. Romfahrt und 2. Romfahrt), sowie c. 8 (Bischofsweihe).

206 WS 132–134 mit Anm. 188–192 und 248 f. mit Anm. 286 f. Jahn, DB 79 ff. und 203 ff. BN 3 und 8; S. 104–108 und 112–116. Vgl. NA 8, 1–7; S. 94.
207 Gesta Hrodberti c. 9; S. 161; doch muß der Zusatz der Vita C, wonach Chunïald und Giselhari erst damals aus Worms kamen, deswegen ein Anachronismus sein, weil die Zeugeneinvernahme von BN 8, 13; S. 114, deren Anwesenheit bei der Gründung der Maximilianszelle voraussetzt. Siehe allgemein Semmler, Geistliches Leben 364.
208 WS 200 mit Anm. 49 f. und 246 mit Anm. 266–268. Gesta Hrodberti c. 9; S. 161. Hasdenteufel, Erentrudis-Kloster 2 ff. und 15 ff. Schmid, Probleme 195 Anm. 116. NA 7, 1–14; S. 92 ff., und BN 4; S. 108 ff., sowie Liber confraternitatum 70; S. 29 oder 21 Cab (Forstner).
209 Jahn, DB 33 ff. und 54 ff. WS 237–239 mit Anm. 221–230.
210 Liber confraternitatum 41, 1; S. 18, oder 14 Aa 4 (Forstner).
211 WS 234 mit Anm. 200–203.
212 BN 3, 9; S. 106: ... *et ipsum locum nominavit* (sc. *Rudbertus) Pongö*; doch kann es sich dabei nur um einen aitiologischen Topos handeln. So heißt es ebendort 3, 1; S. 104, der Ort werde nun Pongau genannt. Hat Rupert kaum diesen »einheimischen« Namen gegeben, so ist die Benennung der Salzburg durch ihn noch unwahrscheinlicher: vgl. BN, praefatio; S. 102 ... *Iuuauo quod vulgo dicitur Salzburg,* mit NA 7, 1 (recte: Vorrede zur Gründung Nonnbergs); S. 92: ... *que et Salzburc appellavit* (sc. *Hrodbertus).*
213 Gesta Hrodberti cc. 7 f.; S. 160. Conversio c. 1. BN 3, 7; S. 106.
214 Zu Ruperts Bautätigkeit siehe Gesta Hrodberti c. 8; S. 160, sowie Conversio c. 1. Alcuin, Carmina 109, 1–3; S. 335 f. – diese Gedichte sind auch in Verbrüderungsbuch 16 f. (Forstner) überliefert –, weiß, daß der *pater egregius Hrodperctus* eine Peterskirche bauen ließ, und bezeichnete 110, 4 und 8; S. 341, die monastische Gemeinschaft, der sein Freund Arn vorstand, als Kloster des heiligen Rupert. Semmler, Geistliches Leben 364 f. Sennhauser, Salzburger Dombauten 326. Vetters, Dome Salzburgs 286 ff.
215 Arbeo, Vita Haimhrammi cc. 8 und 15–24.
216 Lex Baiwariorum I 10; S. 281–283, wo unter den Vergehen, wofür ein Bischof abzusetzen und auszuweisen sei, auch die *fornicatio,* also Emmerams angebliche Untat, aufgezählt wird. WS 235 mit Anm. 206. Jahn, DB 47 f. und 73 f. Mayr, Todeszeit 358 ff., bes. 361 ff., und ders., Neuerliche Anmerkungen 199 ff. Reindel, Agilolfinger 197 mit Anm. 75 (Bußfahrt Theodos).
217 Paulus Diaconus, Historia Langobardorum VI 44; S. 180, und Liber pontificalis 91; S. 398.
218 Gregor II., Litterae decretales cc. 1 f.; S. 451–455, bes. c. 3; S. 452. Jahn, DB 73 ff.
219 Jahn, DB 98 ff.
220 Arbeo, Vita Corbiniani cc. 6 und 14 (1. und 2. Romfahrt); 8 (Bischofsweihe in Rom); 24 und 30 (Streit mit dem Herzogspaar und Flucht nach Mais/Meran). Löwe, Romreisen 409 ff. Jahn, DB 100 f. mit Anm. 13 f. Die bayerische Tätigkeit Corbinians bis 725/28 wird zeitlich dadurch gegliedert, daß er noch mit Theodo (Arbeo, Vita Corbiniani c. 15) zu tun hatte, der 717/18 starb (Klebel, Theodo 175), und daß Karl Martells Einfälle in Bayern frühestens 725, spätestens 728 die Katastrophe Grimoalds bewirkten. Jahn, DB 73 und 107: Theodo und Karl Martell.
221 Jahn, DB 139 ff. Willibald, Vita Bonifatii c. 5; S. 22. Bonifatius, Epistolae n. 12; S. 17 f. oder 44 ff. Schieffer, Winfried-Bonifatius 113. Zur Germania-Terminologie vgl. Bonifatius, Epistolae n. 45 und 58; S. 72 und 108 oder 129 f. und 172 oder Ewig, Beobachtungen 327 f. Siehe Ionas, Vita Columbani I 27; S. 211 ff. oder 480 ff., sowie TF 7; 1, 33 f. von 754 VI 24, von Arbeo verfaßt, und ders., Vita Corbiniani c. 15; alle drei Quellen erstrecken den Germania-Begriff auf Alamannien und Bayern.
222 Willibald, Vita Bonifatii c. 6; S. 35 f. oder 498 ff. (Bonifatius bei Hucbert; zu dessen Tod vor Mitte Februar 736/37 siehe WS 337 mit Anm. 1 ff.). Bonifatius, Epistolae n. 28; S. 49 ff. oder 96 ff. (Palliumverleihung von 732). Schieffer, Winfried-Bonifatius 156 ff. und 170 (Eremwulf).
223 Willibald, Vita Bonifatii c. 7; S. 36–39 oder 500 ff. (Initiative Odilos). Bonifatius, Epistolae n. 45; S. 71–73 oder 128 ff. (Antwort des Papstes). Reindel, Agilolfinger 229 f. Heinemeyer, Fulda 19 f. Schieffer, Winfried-Bonifatius 171 ff.
224 Jahn, DB 157 ff. Bonifatius, Epistolae n. 45; S. 72 oder 128 ff. TP 2; S. 2. Zur Datierung der Urkunde auf 738, wenn nicht 737, siehe WS 338 mit Anm. 8.
225 Heinemeyer, Fulda 20 f. mit Anm. 99, nach Bonifatius, Epistolae n. 45; S. 73 oder 132.
226 Vgl. Bonifatius, Epistolae n. 45; S. 72 oder 128, mit ebendort 44; S. 70 oder 126. Siehe Willibald, Vita Bonifatii c. 7; S. 37 oder 502: ... *quorum alii falso se episcopatus gradu praetulerunt.*
227 Liber confraternitatum 63, 7 (II); S. 26, oder 20 Ba 7 (Forstner). *Liudinus ep.* steht über Beatus (Jahn, DB 158 mit Anm. 163) und in der Zeile nach Erembert († 748). Libellus Virgilii: BN 8, 10; S. 114. Jahn, DB 149 ff. Allerdings ist *episcopus vacans* nicht als *vagans* zu deuten oder gar »auszubessern«. Liuti war kein »Wanderbischof«, sondern ein »überzähliger« ohne festen Amtssitz.

V. Bistümer und Klöster im bayerischen Altsiedelland
Seite 112–138

228 Reindel, Agilolfinger 204 ff. Schieffer, Domkapitel 192 ff. Prinz, Mönchtum 382 (Regensburg), 393 (Freising), 395 und 407 (Salzburg). Frank, Klosterbischöfe 150 ff. Zu Passau siehe Schieffer, Domkapitel 202 f.: Erst 796 ist von einem *monasterium* St. Stephan des Bischofs die Rede, aber nicht von Mönchen. Die gegenüber Bonifatius eigenständigen Anfänge mögen für die Entwicklung eine Rolle gespielt haben: Zur Aufhebung der traditionellen Ordnung in Regensburg und Salzburg am Ende des 10. Jahrhunderts siehe Dopsch, Karolinger und Ottonen 210 f.

229 Liber confraternitatum 41; S. 18, oder 14 Aa (Forstner). Conversio c. 2. WS 252 mit Anm. 310 f. Vgl. Dopsch, Äbte, Bischöfe und Erzbischöfe 1145.

230 Wolfram, Agilolfinger 136 mit Anm. 95 f.

231 BN 8, 13, S. 115. WS 252 f. mit Anm. 312 und WS 345 f. mit Anm. 63. Vgl. Willibald, Vita Bonifatii c. 7, S. 38 oder 502.

232 WS 252 f. mit Anm. 311 f. Dopsch, Abtei Michaelbeuern 26 f. mit Anm. 5 f. Allerdings bildet Necrologium Michaelburanum, Februarius XII; S. 213, wo sich die Eintragung *Flobarquardus* findet, eine Kontamination aus einem Exzerpt eines angeblich alten Codex, das im frühen 19. Jahrhundert gedruckt wurde, und aus einem handschriftlichen Nekrolog des 17. Jahrhunderts, dem Herzberg ihm wichtig scheinende Namen entnommen hat. – Zur Hucbert-Schenkung siehe BN 6 f.; S. 110 ff.

233 Siehe oben Anm. 227.

234 Dazu und zum folgenden siehe WS 253 mit Anm. 312–315.

235 Conversio c. 2.

236 Liber confraternitatum 42, 30, 32 und 37; S. 18 f., und 14 Bd 5 sowie Cd 7 und e 2 (Forstner).

237 Conversio c. 5.

238 O'Dwyer, Célí Dé 30 ff.; vgl. 210, sowie 57 f. und 111 ff. *(peregrinatio).*

239 Conversio c. 2. O'Dwyer, Célí Dé 14 f.

240 NA 8, 7; S. 94 ff. TF 3; 1, 29. Zu beiden Stellen siehe WS 254 mit Anm. 320.

241 Conversio c. 2.

242 Bezeichnet Bonifatius, Epistolae n. 68; S. 141 oder 210, die beiden Iren noch höchst unverbindlich als *religiosi viri,* so geht aus n. 80; S. 179 oder 268 (S. 178 oder 266 für Virgil rhetorisch in Frage gestellt), eindeutig hervor, daß beide *presbyteri* waren.

243 Liber confraternitatum 64, 2–19; S. 27, und 20 Ca 2–c 2 (Forstner). WS 254 f. mit Anm. 321–323.

244 WS 255 mit Anm. 324.

245 Dazu und zu folgendem siehe WS 253 ff. mit Anm. 316 ff.

246 Bonifatius, Epistolae n. 68; S. 141 oder 210. Vgl. Tangl, Studien II. 70 n. 89.

247 Bonifatius, Epistolae n. 58; S. 107 f. oder 172.

248 Löwe, Bonifatius 279.

249 Siehe unten Anm. 252.

250 Bonifatius, Epistolae n. 45; S. 73 oder 130, von 739 X 29: päpstliches Responsum auf die Mitteilung von der Einführung der bayerischen Diözesanordnung; vgl. Tangl, Studien II. 51 n. 10.

251 Bonifatius, Epistolae n. 12; S. 18 oder 46, von 719 V 15 (allgemeine Richtlinien; Aufforderung zur Anfrage in speziellen Fällen) – n. 26; S. 46 oder 92, von 726 XI 22 (Verbot der Wiedertaufe) – n. 28; S. 51 oder 100, von ca. 732 (Wiedertaufe bei von Heiden Getauften, »Sicherheitstaufe« bei Unsicherheit und Wiedertaufe für den Fall, der Taufpriester opfere noch den Heidengöttern und esse vom Opferfleisch) – n. 80; S. 174 f. und 177 oder 260 und 264 (zunächst Wiederholung von n. 28, dann Hinweis auf n. 26). Vgl. ebendort S. 302 s.v. sowie Tangl, Studien I. 763 f.

252 Vgl. die Bestimmung des Concilium Germanicum a. 743, c. 3; S. 3 f., oder Bonifatius, Epistolae n. 56; S. 100 oder 378 ff., wonach der Priester jährlich seinem Bischof einen Rechenschaftsbericht schuldig ist, darunter auch über die ordnungsgemäße Durchführung der Taufe. Diese Bestimmung wiederholt Bonifatius, Epistolae n. 78; S. 163 oder 242, von ca. 747 als Mitteilung des Bonifatius an Erzbischof Cudberht von Canterbury. Die Weisungsgebundenheit des Priesters in der Tauffrage gegenüber seinem bischöflichen Vorgesetzten geht daraus eindeutig hervor.

253 O'Dwyer, Célí Dé 126.

254 Bonifatius, Epistolae n. 80; S. 173 f. oder 258 ff. Vgl. Tangl, Studien II. 54 f. n. 24.

255 Tangl, Studien II. 54 f. nn. 22–26.

256 Bonifatius, Epistolae n. 80; S. 178 oder 266 ff. Tangl, Studien II. 61 nn. 46 f.

257 WS 257 mit Anm. 338–340. Conversio c. 2; vgl. Lex Baiwariorum I 10; S. 281. BN 8, 5; S. 112. Bonifatius, Epistolae n. 80; S. 178 oder 266 ff. Zur bayerischen Niederlage von 743 siehe Jahn, DB 186 ff.

258 WS 257 mit Anm. 310 ff.

259 WS 296 mit Anm. 552–554.

260 WS 258–263 mit Anm. 341–374 (Bischofsweihe Virgils) und 264 f. mit Anm. 385 f.
261 O'Dwyer, Célí Dé 125.
262 WS 263 f. mit Anm. 375–377. Zur Unveräußerlichkeit irischen Familienbesitzes und zu den Folgen für die davon gestifteten Klöster siehe Hughes, Church bes. 75 ff. – Zum Auftreten Columbans siehe Ionas, Vita Columbani I 18 f.; S. 187 f. oder 450 ff.
263 WS 264 mit Anm. 378. BN (Libellus Virgilii III) 13; S. 120 ff. Dopsch, Klöster 1020 ff.
264 WS 347 f. mit Anm. 77–80, und 345–348 mit Anm. 55–88.
265 WS 346 mit Anm. 73 f.
266 WS 280–285. Conversio cc. 3–5.
267 WS 265 mit Anm. 385 und 387.
268 WS 265 mit Anm. 388 f. und 377 Z. 9.
269 WS 265–267 mit Anm. 390–393.
270 WS 267 mit Anm. 394.
271 WS 267 f. mit Anm. 395–399.
272 WS 268 mit Anm. 400–402.
273 WS 268 f. mit Anm. 403–406.
274 WS 269 f. mit Anm. 407 f. Bischoff, Schreibschulen 2, 58 (Zitat).
275 WS 269–272 mit Anm. 409–430.
276 Messerer, Kunst 646.
277 WS 272–274 mit Anm. 431–443.
278 WS 274 mit Anm. 444.
279 WS 274 mit Anm. 445 f.
280 WS 274 f. mit Anm. 448–452.
281 WS 277 mit Anm. 466. Conversio c. 4.
282 D.Kar.I. 211.
283 WS 277 f. und 282 f. Conversio cc. 4 f.
284 WS 283 mit Anm. 489 und 343 f. mit Anm. 49–52.
285 WS 281 f. mit Anm. 481–488. Die Verbindung der *Liburnia civitas* mit Teurnia kann kaum eine örtliche Kontinuität meinen, da im Bereich von Teurnia »die frühmittelalterlichen Funde bisher fehlen«: siehe Glaser, Münster 119.
286 WS 282–284 mit Anm. 488–493. Vgl. 214–216.
287 WS 288 f. mit Anm. 512–516.
288 WS 293 mit Anm. 540. Conversio c. 8.
289 Kahl, Aquileja und Salzburg 40 und 50 ff.
290 Glaser, Münster 99 ff. Karpf, Molzbichl 125 ff.
291 Arbeo, Vita Corbiniani c. 15. WS 48 f. mit Anm. 206.
292 Arbeo, Vita Corbiniani c. 23.
293 Arbeo, Vita Corbiniani cc. 24–30 (Flucht nach Mais), cc. 32 (von Hucbert zurückgerufen) und cc. 33–39 (Tod Corbinians und Rückkehr seines Leichnams in das nun langobardische Mais). WS 48 f. mit Anm. 206.
294 Arbeo, Vita Corbiniani c. 24.
295 Vgl. Arbeo, Vita Corbiniani c. 23 (Corbinian kommt von Rom nach Mais, wird hier festgehalten und kann die Zeit »nutzbringend« im Gebet am Grabe des Valentinus verbringen) mit c. 25.
296 Arbeo, Vita Corbiniani cc. 29 und 34. Schieffer, Domkapitel 196 mit Anm. 384. Zur Freisinger Burg, *palatium,* wo Grimoald den Heiligen stets um sich haben wollte, siehe Jahn, DB 107 ff., nach Arbeo, Vita Corbiniani c. 24.
297 Arbeo, Vita Corbiniani c. 27.
298 Arbeo, Vita Corbiniani cc. 26 und 29–32.
299 Arbeo, Vita Corbiniani cc. 33–39.
300 Arbeo, Vita Corbiniani c. 26.
301 Jahn, DB 152 ff.
302 Siehe oben Anm. 296.
303 Jahn, DB 149 ff. Eine alte Streitfrage ist die Übersetzung von Arbeo, Vita Corbiniani cc. 30 und 33, wo Erembert als *frater suus (carnalis)* Corbinians bezeichnet wird. Nun heißt es ebendort c. 1, Corbinian, der als Postumus auf die Welt kam, sei der *unigenitus* seiner Mutter gewesen.
304 Jahn, DB 408 ff. TF 19 (Gründung) und 53 (Verlegung); 1, 46–48 und 81. TF 19; 1, 47 f., berichtet, ein Mitgründer habe von Arbeo das *corone signum* erhalten. Störmer, Adelsgruppen 94 ff. und 111 (Schaubild). Prinz, Mönchtum 271 ff., macht darauf aufmerksam, daß Scharnitz-Schlehdorf mit dem älteren Schäftlarn das Dionysius-Patrozinium gemeinsam hat »und diese Verbindung keineswegs zufällig ist«.
305 TF 28; 1, 56, von 768 IV 26 (erste Erwähnung Attos als Abt). Jahn, DB 419 f.

306 TF 34; 1, 61 f. Zu den Lokalisierungen siehe die alten, jedoch in keiner Weise entwerteten Arbeiten von Steinberger, Topographie 135 ff., und Unterforcher, Namenforschung 203–206. Vgl. Stolz, Ausbreitung 4, 137 f. In der Urkunde ist vom *rivus Tesido* die Rede (Huter, Innichen 452). Seine Identifizierung mit dem Gsies(s)erbach oder dem Pidingbach ist deswegen möglich, weil Tesido-Taisten der ursprüngliche Flußname war. Heute gibt es das Dorf Taisten »zu beiden Seiten des Taistnerbachls kurz vor dessen Mündung in den Gsiesserbach«. Zur Gründungsgeschichte siehe Jahn, DB 423 ff. Eine der grundlegenden Arbeiten verfaßte Zöllner, Gründung von Innichen 135 ff.

307 TF 19; 1, 47. Jahn, DB 411 f.

308 Jahn, DB 424. Zöllner, Gründung von Innichen 139 ff. und 145 ff. Mitterauer, Agilolfingisches Herzogtum 432. Zu Alim siehe Riedmann, Alim 7–17.

309 Jahn, DB 426 ff. Berg, Studien 165 f. Von den TF 2, 616 f. (Petrus) und 676 (Tertulinus), verzeichneten Stellen siehe bes. TF 34 (Petrus), 45 ab, 75 ff., 472, 550; 1, 62, 73, 100–101, 404 (Mahtheri) und 472 (Quarti).

310 TF 53; 1, 81.

311 TF 177; 1, 170 f. Zöllner, Gründung von Innichen 144 f. mit Anm. 31.

312 Störmer, Adelsgruppen 42 ff. Fichtenau, Urkundenwesen 28 ff. Trinks, Wels 25 ff., bes. 30 (Aufstellung der Machelm-Nennungen). TF 74; 1, 98 f. Vgl. WS 351 f. mit Anm. 116 ff.

313 Splett, »Abrogans-deutsch« 12–15. Wunder, Arbeo 414 ff. Glaser, Wissenschaft und Bildung 524 f., und ders., Bischof Arbeo 11 ff. Reiffenstein, Althochdeutsche Literatur 612. Bischoff, Schreibschulen 1, 60 ff. WS 30 mit Anm. 95 (Herkunft Arbeos).

314 Glaser, Bischof Arbeo 76.

315 Riedmann, Alim 7–17. Berg, Studien 49 ff. und 72 f. TF 34; 1, 61 f.

316 Riedmann, Alim 7. Berg, Studien 55 ff. De ordine conprovincialium pontificum I 5 vv. 1 ff.; S. 639. Die Bischofsweihe Virgils – siehe WS 258–263 mit Anm. 341 ff. – ist deswegen der Terminus ante quem, da Alim stets Virgil vorangereiht wurde und daher der ranghöhere, weil früher geweihte Bischof war.

317 Die Erwähnungen Alims sind: TF 34; 1, 61 f. (Bozen 769), und 39; 1, 68 (Freising 770 IX 26). Concilium Dingolfingense (776/77) S. 97. Liber confraternitatum 29, 11; S. 12, und 10 Ac 1 (Forstner, a. 784). Eintragung inmitten des Gedächtnisses an Karl den Großen, Fastrada, Pippin von Italien, Ludwig von Aquitanien und mehrere bayerische Bischöfe, Regensburg 792/94: siehe Riedmann, Alim 12 (mit Bild). Concilium Rispacense a. 800 (recte 799: siehe Berg, Studien 43 ff.); S. 215. JE 2495 und 2503 und SUB 2, 5 ff. (Papstbriefe an die bayerischen Bischöfe von 798 und 800).

318 Riedmann, Alim 11. Trinks, Wels 30 n. 12: WS 339 f. mit Anm. 21 f. Die heute verlorene Immunitätsverleihung durch Karl den Großen wird aus D.Ko.I. 30 von 916 VII 16 erschlossen. Allerdings hat die Vorurkunde des Diploms – D.LK. 66 von 909 I 20 – keinen derartigen Hinweis: siehe Riedmann, Alim 13 f.

319 Alcuin, Epistolae nn. 193 und 208; S. 321 und 346.

320 WS 277 f. mit Anm. 466–486, nach Conversio c. 4. Jahn, DB 144 ff.

321 WS 207–212.

322 D.Kar.I. 162. Jahn, DB 146.

323 WS 338 f. mit Anm. 11 ff.

324 Conversio c. 2.

325 TF 193; 1, 182–185.

326 TF 368; 1, 313 f.

327 Jahn, Virgil 231–233.

328 Jahn, DB 147 f. Verbrüderungsbuch der Reichenau 32[ab 1,3]. Im besonderen siehe Notitia de pacto fraternitatis 97 sowie WS 377 Z. 11. Zum angeblichen Berthold von Chiemsee (769/70) siehe Berg, Studien 12 Anm. 25.

329 Berg, Studien 191 und 229 f. TF 276, 278 b und 284; 1, 243, 245 und 248. Zu den sonstigen Nennungen Liutfrids siehe Atsma, Quellen 49 Anm. 41 und 51 Anm. 58 ff.

330 D. Arnolf 90. D.LK. 85. Zum Salzburger »Eigenbistum« Chiemsee von 1215/18 siehe Dopsch, Salzburg im Hochmittelalter 312. Vgl. Dörrer, Wandel 52 mit Anm. 72 ff.

331 Neumüller/Holter, Codex Millenarius 65. Vgl. Angenendt, Primin und Bonifatius 257 f. Concilium Germanicum c. 3; S. 3, verlangte die Unterordnung aller Geistlichen, *presbiteri,* unter den Bischof.

332 Jahn, DB 212 ff. Reindel, Agilolfinger 210 f. Fichtenau, Urkundenwesen 15 ff. Prinz, Mönchtum 420 ff. Pfaff, Scriptorium 11 ff. Steinböck, Klostergründungen 497 ff. Heilingsetzer, Mondseeland 10 ff. – Zur Gleichrangigkeit der Bistumsklöster mit den »gewöhnlichen« Klöstern siehe TM 7; S. 105 ff., oder SUB 1, 898 f. n. 3: Abschluß eines Vertrags zwischen dem *venerabilis vir Arno, archiepiscopus de monasterio Salzpurgiensi,* wo der heilige Rupert begraben ist, und dem *venerabilis vir Hunricus, abbas de monasterio Maninseo,* das zu Ehren des heiligen Michael erbaut wurde.

333 Fichtenau, Urkundenwesen 15. Wolfram, Intitulatio I. 163 ff.

334 TM S. 35 sowie TM 1 ff.; S. 97 ff. Vgl. die Aufstellung in SUB 1, 895 f., sowie WS 160–165.
335 Wolfram, Intitulatio I. 163 ff. und 194 ff. Fichtenau, Urkundenwesen 16 f.
336 Prinz, Mönchtum 599 s.v., bes. 434.
337 Zur möglichen Verwendung der Apparitio Michaelis in den Gesta s. Hrodberti siehe Levison, Lebensbeschreibung 296.
338 Annales regni Francorum a. 787; S. 72 oder 50. Prinz, Mönchtum 421. Das Mondseer Gebet zum heiligen Benedikt muß als Argument für eine Verbindung zu Monte Cassino deswegen ausfallen, weil der Gebetstext nicht vor 803 zu datieren ist: siehe Semmler, Mönchtum 204. Vgl. Jahn, DB 213.
339 Holter, Buchkunst 186 ff., und Neumüller/Holter, Codex Millenarius 32 ff., 41 ff., 57 ff. und 65. Vgl. Bischoff, Schreibschulen 2, 9 ff. und 16 ff. Pfaff, Scriptorium 13 f. – Die Zuordnung Mondsees zur Diözese Salzburg widerlegt NA 6, 26–28; S. 90: Keine einzige der bischöflichen Kirchen liegt im Mattiggau. Vgl. ebendort 7, 4; S. 92, wonach über Thalgau hinaus das dem Ort zugewandte Ufer des Mondsees im Salzburggau lag.
340 Pfaff, Scriptorium 15. Prinz, Mönchtum 422 f. – Die ersten Nennungen des Mondseer Petrus-Patroziniums sind TM 123; S. 227 f. (1. Jahr Tassilos III.); 31; S. 130 f. (2. Jahr); 29; S. 128 f. (767).
341 TM S. 68 und 73.
342 Verbrüderungsbuch der Reichenau 26[B3]. Concilium Dingolfingense S. 97. TM S. 67 f. WS 377 Z. 10. SUB 1, 897 n. 1 (Vorbemerkung): Daher hat die Haustradition viel für sich, wonach – siehe Gründungsgedicht V. 26; S. 103 – Oportunus der erste Mondseer Abt und schon vor 748 im Amt gewesen war. TM S. 248 s.v. enthält seine urkundlichen Nennungen. Liber confraternitatum 64, 26; S. 27, oder 20 Cd 2 (Forstner) erwähnt Oportunus zwischen 784 V 4 und VII 16 unter den toten Äbten (vgl. Forstner, Verbrüderungsbuch 19). TM 123; S. 227 f., wurde 748 VII 10 für Oportunus ausgestellt. Hingegen kommt sein Name in »jenem an Rätseln reichen Dokument« (Fichtenau, Urkunden 63) nicht vor, das noch Odilo zugeschrieben wird.
343 TM S. 68. Die urkundlichen Nennungen Hunrichs verzeichnet ebendort S. 247 s.v.; sein Auftreten 784 – TF 118; 1, 131 – ist ohne Tages- und Monatsdatum erwähnt. Die Aachener Klosterliste von 819 enthält von den »österreichischen« Klöstern in der ersten Gruppe nur Mondsee: siehe Notitia de servitio monasteriorum S. 494 oder 1, 350.
344 Bischoff, Schreibschulen 2, 9 f., und ders., Formelbücher 22 f. sowie III 20; S. 55.
345 TM 39; S. 138 ff. Wolfram, Intitulatio I. 163–166. Vgl. Fichtenau, Urkunden 63 ff.
346 TM 27; S. 126 f. Wolfram, Intitulatio I. 182 f. Fichtenau, Urkunden 67 Anm. 24.
347 Wolfram, Intitulatio I. 161. Der Titel von 772 wurde auch 769 in Innichen und 777 in Kremsmünster verwendet: siehe TF 34; 1, 62, und WS 374 und 377.
348 WS 361–363 mit Anm. 187–199. Für das Weihedatum am 9. November könnte – mit aller Vorsicht – auch die Anbringung des TM-Medaillons auf dem Tassilo-Kelch sprechen, sofern die Auflösung der Initialen mit Theodoros Martyr das Richtige trifft. Der Jahrestag dieses Theodors wurde am 9. November begangen: siehe WS 272 f. mit Anm. 433 f. Hingegen wurde in Kremsmünster die Kirchweih »stets« am 16. August begangen.
349 Reindel, Agilolfinger 209 f. Prinz, Mönchtum 425 f. Neumüller/Holter, Codex Millenarius 57 ff.
350 Zu Fater, wohl mit dem *Fater presbiter capellanus domni Tassiloni ducis Baiouuariorum* von 769/77 – siehe TF 37; 1, 64 – identisch, siehe Fichtenau, Urkunden 77.
351 WS 361–363 mit Anm. 190–199. Zum Traungauer Ufgau siehe TM S. 169 f.
352 WS 363–365 mit Anm. 200–213.
353 WS 366–368 mit Anm. 215–231.
354 WS 368 f. mit Anm. 232–238.
355 TF 34; 1, 62.
356 WS 370 mit Anm. 241.
357 Die festlichen Gottesdienste bestehen aus der sogenannten »Gunther-Vesper« am Abend des Vortags sowie aus dem Requiem am Stiftertag selbst. Bei dieser Totenmesse finden Tassilo-Kelch, Codex millenarius und der sogenannte Tassilo-Leuchter Verwendung: Holter, Kunstschätze 111 ff. Zur *memoria* in Kremsmünster siehe Wolfram, Tassilo III. 157 Anm. 2.
358 Bischoff, Formelbücher 22–26 sowie III 19–23; S. 54–57.
359 Siehe oben 89 mit Anm. 87.
360 Vogel, Les rites 430 ff., bes. 450.
361 Houben, Mönchslisten 451 ff., nach Concilium Dingolfingense S. 97. Liber confraternitatum 30, 24; S. 12, und 10 Bc 4; vgl. 64, 27; S. 27, und 20 Cd 3 (*Albuinus abbas* als erste Eintragung nach H1 unter den Toten). Verbrüderungsbuch Reichenau 29[B2]. Jahn, DB 515. Reindel, Agilolfinger 210. Prinz, Mönchtum 426 f. Heuwieser, Passau 293 f. Steinböck, Klostergründungen 516 ff. Spatzenegger, Mattsee 285 ff. Das Michaels-Patrozinium wird erst durch D.LD. 101 von 860 V 8 bezeugt.
362 WS 112 mit Anm. 58–61. Jahn, DB 99.

363 Jarnut, Agilolfingerstudien 118 n. 15. Jahn, DB 26 ff. Liber confraternitatum 62; S. 26, oder 20 Ac–d (Forstner).
364 Gregor II., Litterae decretales S. 451–454. Regesten Passau n. 1; S. 1 f., vgl. n. 3; S. 2.
365 WS 337 f. mit Anm. 1–8.
366 TP 3; S. 3. Zu Hucbert in Salzburg siehe NA 3; S. 82, und BN 6 f.; S. 110 und 112.
367 TP 2 ff.; S. 2 ff.; siehe auch TP 33; S. 28 ff.
368 TP 6 und 9 f.; S. 6 ff. Zur Überführung Valentins von Mais über Trient nach Passau siehe Arbeo, Vita Corbiniani c. 41, sowie WS 48 f. mit Anm. 206. Zur »Heimkehr« Valentins siehe Prinz, Mönchtum 328 ff.
369 Bonifatius, Epistolae n. 44 f.; S. 70 und S. 72 f. Regesten Passau nn. 4 f.; S. 3.
370 TP 2; S. 2. Regesten Passau n. 2; S. 2.
371 Nach Regesten Passau nn. 7 f.; S. 3 f., wären eine Schenkung Vivilos für Fulda (744–746/47) und sein Tod 746/47 anzusetzen. Sein Todestag am 20./21. Februar ist dagegen gut überliefert.
372 Regesten Passau n. 9; S. 4. Liber confraternitatum 63, 4 und 6; S. 26 oder 20 Ba 4 und 6 (Forstner). De ordine conprovincialium pontificum IV vv. 1 ff.; S. 639. Zum Rottachgau-Fragment siehe Fichtenau, Urkundenwesen 12 ff., nach TP 1; 1 f.
373 Liber confraternitatum 63, 9; S. 26 oder 20 Bb 2 (Forstner). De ordine conprovincialium pontificum IV vv. 1 ff.; S. 639. TP 5; S. 5 f. Regesten Passau nn. 10 f.; S. 4 f.
374 Regesten Passau nn. 12 f.; S. 5 f.
375 Regesten Passau nn. 14–20. Zur Neudatierung von Dingolfing auf 776/77 siehe Jahn, DB 512 ff. TF 39; 1, 66–68. TP 6 f.; S. 26 f. Die TP 6 wurde wie die Machelm-Urkunde für Mondsee, an der Wisurich als Zeuge mitwirkte (TM 1; S. 97 ff.), im 30. Regierungsjahr Tassilos III. ausgestellt. Dieses Jahr reichte vom Januar 777 bis Januar 778; doch ist Wisurichs Nachfolger bereits im Herbst 777 in Kremsmünster dabei: siehe Fichtenau, Urkunden 81 Anm. 102 und 92. Concilium Dingolfingense a. 770; S. 97. Vgl. TP 3; S. 3. Liber confraternitatum 63, 14; S. 26 oder 20 Bb 7 (Forstner), und De ordine conprovincialium pontificum IV vv. 1 ff.; S. 639.
376 WS 370 mit Anm. 241 und 377 Z. 10. Regesten Passau n. 21; S. 8 f.
377 Vgl. Semmler, Bayerisch-westfränkische Beziehungen 372 ff., mit Störmer, Adel 322 ff., und ders., Adelsgruppen 99 ff. Die von Störmer – nach älteren Forschungen – erwähnten »Passauer Formulare in den Schäftlarner Urkunden« haben deshalb als Argument der Identifizierung auszuscheiden, da es sich dabei um Verbindungen handelte, die die herzogliche »Kanzlei« unter Snelhart herstellte: siehe Fichtenau, Urkundenwesen 23 ff., bes. 27, und ders., Urkunden Tassilos III. 75 f.
378 Regesten Passau n. 79; S. 20. Heuwieser, Passau 135, gibt den 21. (22.) August 804 (805) an. Er stützt sich aber dabei auf nicht ganz verläßliche Daten, zumal er TP 57 b; S. 49 f., emendieren muß, um Waltrichs letzte Nennung »mit sicherem Datum« zu erhalten. Dieses Datum ist vielmehr TP 55; S. 46, Salzburg, 802 X 3. Hingegen löst man TP 59; S. 50 f., mit 804 IV 7 auf; die Urkunde nennt aber bereits Waltrichs Nachfolger Urolf.
379 Regesten Passau nn. 27 f.; S. 10. TP 15 f; S. 13 ff.
380 Regesten Passau n. 65; S. 18. TP 55; S. 46 ff.
381 Arbeo, Vita Corbiniani c. 41.
382 Jahn, DB 218–220. Regesten Passau nn. 39 und 50; S. 2 und 15. TP 33 und 57: S. 28 ff. und 48 ff. D.Kar.I. 170.
383 Regesten Passau n. 2; S. 2, und TP 2; S. 2 f. Jahn, DB 125.
384 Prinz, Mönchtum 411 f. Heuwieser, Passau 277 ff.
385 Zu Adalburga siehe Berg, Studien 255 f. Breviarius Urolfi III 2; S. 90 f.

Die Karolingerzeit westlich von Traun und Enns (744/88–907/11)

I. Die schriftlichen Quellen

Seite 139–142

1 S. Haider, Quellen bes. 32 ff. Büttner, Christentum und fränkischer Staat 36 ff. Siehe Jarnut, Untersuchungen 21 f., nach Continuationes Chronicarum Fredegarii c. 23; S. 179 oder S. 292. Vgl. BM[2] 49 b und 55 a. Zur St. Galler Urkunden-Tätigkeit siehe Fichtenau, Urkundenwesen 67 ff., bes. 68 mit Anm. 49, und Sprandel, St. Gallen 13 ff.
2 DD.Kar.I. 78 (Chur) und 130 (St. Gallen).
3 NA 8, 8; S. 96. BM[2] 294 a.
4 Fichtenau, Urkundenwesen 88 ff. Die ersten Königsurkunden sind: DD.Kar.I. 78, 168 f. und 211. BM[2] 588, 606, 607 (Restitution Innichens), 707, 774 (vgl. 674, 736 f.: Dekret in Briefform), 790 (kaiserliches

Empfehlungsschreiben an den Papst), 850. Mit Ludwig dem Deutschen nimmt dann die Zahl der für unseren Raum ausgestellten Königsurkunden sprunghaft zu: siehe Fichtenau, Urkundenwesen 91 ff.

5 Von besonderer Bedeutung, vor allem für Bayern sind: 1) Anerkennung des Besitzes der bayerischen Kirchen; überliefert durch Annales Iuvavenses maximi a. 793; S. 736. Vgl. Bresslau, Salzburger Annalistik 43, und WS 210–212 mit Anm. 121–141. – 2) Verzichtserklärung Tassilos III. auf der Synode von Frankfurt 794: siehe Capitularia 1, 74 n. 28 c. 3, oder Concilia 2, 165 f. c. 3. – 3) Die Gesetzgebung von 803, Capitulare legibus additum, Capitula ad legem Baiwariorum addita und Capitulare Baiwaricum: siehe Capitularia 1, 111 ff. sowie 157 ff. nn. 39 und 68 f. Zur Datierung siehe Ganshof, Kapitularien 165 f. – 4) Bestimmungen über den Slawenhandel, insbesondere Ausfuhrverbot von 805 für Waffen östlich der Enns: siehe Capitularia 1, 122 ff. n. 44 c. 7. Vgl. K. Brunner, Diedenhofener Kapitular 407 f. – 5) Divisio regnorum von 806: siehe BM² 416 und Capitularia 1, 126 ff. n. 45. Classen, Karl der Große und die Thronfolge 216 ff. oder 121 ff. Hägermann, Reichseinheit 278 ff. – 6) Reichstag zu Aachen (814 VIII 1): Lothar I. wird König der Bayern. BM² 528 a und bes. Annales regni Francorum a. 814; S. 141 oder S. 106. – 7) Ordinatio imperii von 817: siehe Capitularia 1, 271 n. 136 c. 2. Hägermann, Reichseinheit 278 ff., und Bauer, Ordinatio imperii von 817 bes. 7–14. – 8) Aachener Klosterliste von 819; Notitia de servitio monasteriorum: siehe Becker 483 ff. oder Capitularia 1, 350 n. 171 (mit veralteter Datierung). – 9) Zuteilung von Rätien, Alamannien und Teilen Burgunds 829 an Karl den Kahlen: BM² 868 a. Reichsteilungsplan von 831, sowohl für Bayern wie Alamannien wichtig: siehe Capitularia 2, 24 n. 194. Vgl. BM² 881 b. Reichsteilungsplan von 839 V 30, Ludwig der Deutsche auf Bayern beschränkt. Lothar I. Herr auch über Alamannien und Churrätien: siehe BM² 993 c. – 10) Vertrag von Verdun 843: siehe BM² 1103 a; vgl. Classen, Verträge 1 ff. oder 249 ff. Anm. 1 (Literatur). – 11) Concilium Moguntinum 847 X Anfang: siehe Concilia 3, 150 ff., bes. 159 (Anwesenheitsliste) – 12) Bayerischer Reichstag (mit Synode?) zwischen mindestens 848 X 12 und 14, Regensburg, siehe WS 327–330 mit Anm. 687–698, nach Conversio c. 11 und Continuatio altera Annalium Iuvavensium maximorum a. 848; S. 741. – 13) Synode und Reichstag von Mainz 852 X 3: siehe Concilia 3, 235 ff., bes. 240 f. (Nennung der anwesenden Bischöfe und Äbte). Vgl. Capitularia 2, 184 ff. n. 249, und BM² 1401 a. – 14) Reichsteilung von 865, Karlmann wird König der Bayern: siehe BM² 1459 a. – 15) Synode und Reichsversammlung zu Tribur 895 V 5: siehe Capitularia 2, 196 ff. n. 252, bes. c. 39; S. 235 f. Vgl. BM² 1905 b und Hefele/Leclercq, Conciles 4, 2, 698, sowie Fleckenstein, Hofkapelle 1, 199 mit Anm. 236. – 16) Raffelstettener Zollordnung von 903/06: siehe Capitularia 2, 249 ff. n. 253, oder Weinrich 14 ff. n. 4. Regesten Passau n. 189; S. 51. Johanek, Zollordnung 87 ff.

6 Wattenbach/Levison/Löwe, Geschichtsquellen 2, 245 ff. (Zitat). Zu den Metzer Annalen siehe ebendort 2, 260 ff., und Haselbach, Aufstieg und Herrschaft bes. 106 ff. und 139 ff.

7 Wattenbach/Levison/Löwe, Geschichtsquellen 6, 671–687.

8 Wattenbach/Levison/Löwe, Geschichtsquellen 2, 266 ff. Anm. 9.

9 Wattenbach/Levison/Löwe, Geschichtsquellen 3, 329 ff.

10 Wattenbach/Levison/Löwe, Geschichtsquellen 2, 235 mit Anm. 229 (Überlieferung). Berg, Studien 98 ff.

11 Paulinus, Versus de Herico duce vv. 1 ff.; S. 131 ff. Ebenbauer, Carmen historicum 30 ff. Pohl, Awaren 319. Krahwinkler, Friaul 151–158.

12 Berg, Studien 28 ff. Folgende bayerische Synoden sind bes. wichtig: 1) Salzburger Provinzialsynode im Ostland (?), um 799 VI 20, Traismauer: siehe TP 46; S. 40 f., Regesten Passau n. 48; S. 14 f., und zu deren Kritik WS 290 f. mit Anm. 524–528. Vgl. den Conventus episcoporum ad ripas Danubii von 796. Concilia 2, 172–176 n. 20. – 2) Concilia Rispacense, Frisingense, Salisburgense a. 800 (recte: 799) beginnend mit I 20; S. 205 ff. – 3) Concilium in monasterio Tegernsee habitum a. 804 VI 16; S. 231 ff. oder TF 197; 1, 187 ff. – 4) Concilium Baiuwaricum a. 805 V; S. 233. – 5) Concilium Salisburgense a. 807 I 16; S. 234; vgl. TF 248; 1, 224 f. – 6) Die letzte bekannte Provinzsynode Arns läßt sich aus TF 299; 1, 258 f., erschließen. – Unter Theotmar sind bekannt 7) bayerische Synode 899: Annales Fuldenses a. 899; S. 133 oder 174. – 8) bayerischer »Fürstentag« (Synode) um 900 VII 8: siehe Dümmler, Ostfränkisches Reich 3, 511, nach TR 178; S. 133 f. – 9) Passauer *publica synodus* um 903 IX 8: siehe UB Oberösterreich 2, 49 n. 36. Regesten Passau n. 187; S. 50. – Von den allgemeinen Reichssynoden sind bes. zu erwähnen: 1) Mainz, Reichsversammlung und Synode a. 813; BM² 476 b und Concilia aevi Karolini 1, 1, 259. – 2) Synodalprotokolle von Aachen a. 816 werden Erzbischof Arn nachweislich zugesandt: siehe Concilia 1, 1, 457 f. n. 39, und Capitularia 1, 338 ff. n. 169 (BM² 678 datiert den Kaiserbrief noch auf 819). Vgl. Semmler, Mönchtum 206 Anm. 177 f. – 3) Teilnahme des gesamten bayerischen Episkopats an der Mainzer Synode von 829: siehe Concilia 1, 2, 604. – 4) Päpstliche Aufforderung an Adalwin, 864 eine – allerdings nicht bezeugte – Synode abzuhalten: siehe Brackmann, Germania pontificia 1, 11 f. n. 19, oder Nicolaus I., Epistolae n. 116; 6, 631 ff. – 5) Wormser Synode von 868 V 16; Teilnahme Adalwins von Salzburg: siehe BM² 1468 a und Hefele/Leclercq, Conciles 4, 1, 461. – 6) Verurteilung des Methodios auf der Regensburger Reichsversammlung und Synode von 870 XII: siehe Dopsch, Salzburg und der Süd-

osten 20 f., und Dümmler, Ostfränkisches Reich 2, 376 f. Vgl. BM[2] 1484 a. – 7) Reichssynode zu Mainz 888 VI: siehe Mansi 17, 61 ff., und – bezüglich der vollständigen Teilnehmerliste – Dümmler, Ostfränkisches Reich 3, 306 Anm. 3.

13 D.LD. 7 von 832 III 27. Fleckenstein, Hofkapelle 1, 179.

14 Fleckenstein, Hofkapelle 1, 187 ff. und 198 f.

15 Ewig, Constantin 91 mit Anm. 123, nach Epistolae variorum n. 1; S. 97.

16 Ebenbauer, Carmen historicum 18 ff., nach Hibernicus exul, Carmina II vv. 1 ff.; S. 396 ff.

17 WS 197 ff. D.Kar.I. 169 von 791 I 3.

18 Fichtenau, Urkundenwesen 15 ff., 34 ff. und 83 ff., und TM S. 33 ff.

19 Fichtenau, Urkundenwesen 38 ff.

20 Metz, Güterverzeichnisse 205 mit Anm. 109, und Clavadetscher, Reichsguturbar 48 ff. und 61 ff., nach Urbar des Reichsgutes in Churrätien 375 ff.

21 Bilgeri, Geschichte Vorarlbergs 1, 75 und 261 f.

22 Lhotsky, Quellenkunde 145–147. S. Haider, Quellen 33 ff. Wattenbach/Levison/Löwe, Geschichtsquellen 2, 186 ff. Zur Conversio Bagoariorum et Carantanorum siehe WS 193–197. Zu den Salzburger Annalen siehe auch Bischoff, Schreibschulen 2, 133 f., gegen Dopsch, Karolinger und Ottonen 172 f.

23 Forstner, Lateinische Literatur 1089 ff. Carmina Salisburgensia I ff.; S. 637 ff. Bischoff, Formelbücher bes. 10 f. (Neudatierung). Fichtenau, Urkundenwesen 36 f., vgl. 33 f.: Formulae Salicae Lindenbrogianae und Formulae Salzburgenses.

24 Siehe oben 407 Anm. 5 n. 16. Zum Zitat siehe Zibermayr, Noricum 304.

25 WS 37 f. mit Anm. 135.

26 Zu nennen sind bes. Brackmann, Germania pontificia 1, 8–13 nn. 7 ff., und 263 n. 4. Vgl. Aufstellung ebendort S. XII f.

27 Capitula Remedii S. LVIII f. und S. 645 ff. Zur Neuordnung nach 843 siehe Bündner UB nn. 62 und 68; S. 54 f. und 59.

28 Hannick, Missionen 285 ff. Bujnoch, Zwischen Rom und Byzanz 19 ff., bes. 24 ff. und 102 ff.: Vita Constantini, Vita Methodii und Vita Clementis.

29 Geuenich, Volkssprachige Überlieferung 117 f.

30 Reiffenstein, Althochdeutsche Literatur 610 ff. Düwel, Hildebrandslied 1240 ff., bes. 1250 f. Geuenich, Volkssprachige Überlieferung 115 f.

II. Churrätien bis zur Immunitätsverleihung von 831

Seite 143–153

31 Büttner, Christentum bes. 50 ff. Siehe Borgolte, Grafschaften 219, nach Clavadetscher und Bilgeri sowie Bündner UB nn. 11–17; 1, 8–23.

32 Lex Romana Curiensis VIII 4; S. 235; vgl. S. LI.

33 D.Kar.I. 78. Bündner UB n. 19; 1, 23 ff. Clavadetscher, Grafschaftsverfassung 76–85 bes. 83 (Zitate). WS 32 mit Anm. 103 f. Zu den Bestätigungen des Karl-Diploms siehe Clavadetscher, Grafschaftsverfassung 77 f. und 81 f., nach D.Lo.I. 55.

34 Divisio regnorum c. 2 f.; S. 127.

35 Schmid, Zur historischen Bestimmung 525. Daß Karl seinen Sohn Pippin 806 nicht zum Mitherrscher gemacht hat, betonte mit Recht Hägermann, Reichseinheit 286 Anm. 37, im Anschluß an Walter Schlesinger und Peter Classen.

36 TF 193 a; 1, 184.

37 Schmid, Zur historischen Bestimmung 522–524 mit bes. Anm. 71. UB St. Gallen nn. 191, 197, 199, 201 f.; 1, 182, 187, 190, 192 f.; ausgestellt zwischen 807 X 1 und 809 IX 14. Vgl. Borgolte, Grafschaften 225 mit Anm. 58, sowie ders., Studien 162–165. Clavadetscher, Grafschaftsverfassung 75 und 89, hat zwar sicher recht, daß keine der Klageschriften auf die Reichsteilung Bezug nahm. Das kann aber nicht heißen, daß Reichsteilung und Einführung der Grafschaftsverfassung nichts miteinander zu tun hatten.

38 Divisio regnorum c. 2; S. 127. WS 168 f.

39 Borgolte, Grafschaften 219–221. Ders., Buchhorn 68 f. n. 12. Hlawitschka, Franken 206 f. n. 95 (Prosopographie Hunfrids I.). Bilgeri, Geschichte Vorarlbergs 1, 63 f. – D.Lo.I. 2 oder Bündner UB n. 44; 1, 37 f., wurde *Uenomnia villa Unfredi comitis* ausgestellt. Zur Person Hunfrids (II.) siehe unten Anm. 43.

40 Bündner UB n. 35; 1, 34 f. Die ebendort 34 Anm. 1 zur Person Hunfrids (I.) zusammengestellten Angaben sind nach Hlawitschka und Borgolte (wie Anm. 39) zu korrigieren. – K. Brunner, Fürstentitel 316 f. Was die Datierung der Urkunde – siehe UB St. Gallen n. 187; 1, 177 – auf den 7. Februar 807 betrifft, so ist zwar von Borgolte, Grafschaften 221 mit Anm. 19, zu Recht auf die bereits von Wartmann beobachtete Tatsache verwiesen worden, daß die erwähnten Herrscherjahre sowohl 806, 807 wie 808 erge-

ben. Wenn dennoch der zuletzt von Perret vorgeschlagenen Datierung der Vorzug gegeben wird, so hängt dies einerseits mit der wahrscheinlichen Annahme zusammen, die Einführung der Grafschaftsverfassung setze die Divisio regnorum sachlich wie terminologisch voraus, sowie andrerseits mit der Tatsache, daß Hunfrid bereits im März/April 808 in Italien gewesen sein muß (Borgolte 221 mit Anm. 20). Allerdings sei nicht bestritten, daß eine Spätdatierung grundsätzlich möglich ist, obwohl man dann mit einer Alpenüberquerung Hunfrids im Hochwinter zu rechnen hat. Ohler, Reisen 30 ff. und 165 ff.

41 Krahwinkler, Friaul 211 ff. und 294 f.

42 D.Lo.I. 2.

43 Krahwinkler, Friaul 295 f. Borgolte, Grafschaften 221 mit Anm. 20–23 und 226 mit Anm. 66. Schmid, Zur historischen Bestimmung 517 ff. Vgl. Hlawitschka, Franken 206 ff. nn. 95 f.

44 Fichtenau, Urkundenwesen 38 ff. Niederstätter, Klosterbesitz 4 f. Die 27 Urkunden sind: Helbok n. 13; S. 8 f. n. 15; S. 10. n. 17; S. 11. nn. 19–34; S. 12–20. nn. 39–42; S. 21–23. nn. 44–46; S. 24–26. Chartae Latinae antiquiores 2, 134 n. 178 (Fragment). Vgl. Borgolte, Grafschaften 226 Anm. 61 (Aufstellung nach Urkundenbuch St. Gallen), sowie Schulze, Grafschaftsverfassung 70 f. und 139 f., zur Stellung des *centenarius*.

45 Vgl. Helbok, I. Exkurs S. 16 ff., mit den in oben Anm. 44 angegebenen Urkunden sowie mit Helbok n. 43; S. 23.

46 Verbrüderungsbuch St. Gallen 23, 2–7; S. 15; Faksimile bei Autenrieth, Das St. Galler Verbrüderungsbuch, Tafel XXXI. Schmid, Zur historischen Bestimmung 505 f. Borgolte, Grafschaften 227 f. mit Anm. 71–73 (Literatur- und Quellenbelege). Fichtenau, Urkundenwesen 41 mit Anm. 19 f. Der Reichenauer Eintrag ist gegen den aus St. Gallen auszutauschen.

47 Allerdings wird die Kolumne des Verbrüderungsbuchs von St. Gallen (wie oben Anm. 46) von einem *Ruadpreht* eingeleitet. Vgl. Borgolte, Grafschaften 226.

48 Siehe oben Anm. 43 sowie unten Anm. 54.

49 Auf der Grundlage von Stutz, Karls des Großen divisio 101 ff., entwickelte Clavadetscher, Grafschaftsverfassung 44 ff., seinen Vorgänger korrigierend und ergänzend sowie die bisherige Forschung ausführlich berücksichtigend, eine in sich geschlossene Darstellung der Ereignisse. Vgl. Borgolte, Grafschaften 219 ff., der aber einen, wenn nicht den wesentlichsten, Punkt des Entwurfs von Clavadetscher, die Neudatierung der beiden ersten Klageschriften Victors III. – siehe Borgolte 219 Anm. 9 zu Clavadetscher 57 ff. –, bloß am Rande erwähnt.

50 Clavadetscher, Grafschaftsverfassung 75 mit Anm. 121 und 87 mit Anm. 171 f. Vgl. dazu Borgolte, Grafschaften 220 mit Anm. 10 f., nach Christian Wilsdorf. Zum Machtwort Karls des Großen bei der Einführung der Grafschaftsverfassung siehe Victor III. an Kaiser Ludwig, Epistolae variorum n. 7; S. 309, oder Bündner UB n. 46; S. 39: *... post illam divisionem, quam bonae memoriae genitor vester inter episcopatum et comitatum fieri praecepit.*

51 Freundlicher Hinweis von Volker Huth auf Schmid, Von Hunfrid zu Burkard 200 ff., bes. 204 f.

52 Clavadetscher, Grafschaftsverfassung bes. 106 ff.

53 Epistolae variorum n. 7; S. 309 ff., und bes. Bündner UB nn. 45–47, 49 und 54; 1, 38–42 und 45 f. Clavadetscher, Grafschaftsverfassung 48 ff., 56 ff. und 96 ff. Bilgeri, Geschichte Vorarlbergs 1, 69 ff. Schmid, Von Hunfrid zu Burkard 204–207.

54 Zum Zitat aus der zweiten Klageschrift – siehe Bündner UB n. 46; S. 39 – siehe Clavadetscher, Grafschaftsverfassung 48 f. und 55 f. Zur möglichen Gleichsetzung von Herloin und Harlekin vgl. Ordericus Vitalis, Historia aecclesiastica VIII 17; 4, 236 ff., und S. XXXVIII ff. In den Satzteilen – *a Roderico et suo pravo socio Herloino post acceptum comitatum facta est ... Nulla ratio nostra ab eis fuit suscepta. Nullum scriptum nostrum saltim audire dignati sunt* – wird die Zuordnung Herloins allein durch *socius* ausgedrückt. Vgl. WS 173 mit Anm. 416, nach Annales regni Francorum a. 799; S. 108 oder S. 70: *Wido comes, qui in marcam Brittaniae praesidebat, una cum sociis comitibus.* Oder Excerpta Aventini a. 857 (recte a. 860); S. 744: *Seditio Pabonis cum sociis comitibus.*

55 Clavadetscher, Grafschaftsverfassung 49 und 106 f. Bündner UB n. 46; S. 39 mit Anm. 4 f.

56 Clavadetscher, Verkehrsorganisation bes. 284 ff. und 293 ff., bes. 296, und ders., Churrätien 7 mit Anm. 39–42.

57 Müller, Zur Raetia Curiensis 316 ff., sowie ders., Karl der Große und Müstair bes. 273–278. Fichtenau, Karl der Große und das Kaisertum 332 mit Anm. 35. Riedmann, Mittelalter 317 und 320 f.

58 Müller, Karl der Große und Müstair bes. 276–278, der auf die stilistische Verbindung von Malerei, Stukkatur wie Architektur mit Italien und nicht mit dem Norden hinweist. Siehe zuletzt Spada-Pintarelli, Pittura carolingia 27–35 (Müstair).

59 Spada-Pintarelli, Pittura carolingia 9–17; vgl. Müller, Zur Raetia Curiensis 323. Acta s. Proculi S. 452.

60 Müller, Karl der Große und Müstair 281 f. Vgl. ders., Zur Raetia Curiensis 320 ff.

61 Spada-Pintarelli, Pittura carolingia 18–26.

62 TF 634; 1, 538–540. Vgl. Müller, Zur Raetia Curiensis 316 ff., bes. 323 f.

63 Divisio regnorum cc. 2 f.; S. 127. Die Alpenübergänge Pippins werden *per Alpes Noricas atque Curiam* festgelegt. Daß mit den *Alpes Noricae* der Brenner gemeint ist, geht aus Annales Fuldenses a. 874; S. 82 oder 94, hervor. Zu den Paßübergängen *per Curiam* siehe Clavadetscher, Verkehrsorganisation 281 ff. und 293 ff.

64 Siehe oben Anm. 35–37.

65 Spada-Pintarelli, Pittura carolingia 9–17. Müller, Zur Raetia Curiensis 316 ff., und ders., Karl der Große und Müstair bes. 273–278.

66 BM[2] 515 a. Vgl. Krahwinkler, Friaul 180 f.

67 D.K.III. 30 von 881 I 4 und D.Arnolf 9 von 888 I 22. Müller, Karl der Große und Müstair 281 f.

68 Das Zitat ist gekürzt aus Einhard, Vita Karoli c. 23; S. 27 f. oder 194, sowie aus Notker, Gesta Karoli I 34; S. 46 f. oder 372 ff., zusammengestellt.

69 Bündner UB nn. 24–29; 1, 26–31. Müller, Karl der Große und Müstair 280 mit Anm. 34, bes. nach Clavadetscher, Reichsguturbar 159 f.

70 Bischoff, Panorama 244 f. Capitula Remedii S. 645 ff.

71 Müller, Karl der Große und Müstair 278 ff. Vgl. Bischoff, Panorama 244 f. mit Anm. 85–87.

72 UB St. Gallen n. 58; 1, 58; vgl. Bilgeri, Geschichte Vorarlbergs 1, 250 Anm. 18, sowie Helbok n. 4; S. 2. Zu der von Bilgeri S. 61 mitgeteilten Karte siehe unten Anm. 73.

73 D.Arnolf 81 mit Vorbemerkung. Helbok nn. 102 f.; S. 53–56. BM[2] 1851. UB St. Gallen n. 680; 2, 281 ff.: Diese Notitia legt 890 VIII 30 sowohl die St. Galler Rechte im Rheingau wie die Grenze zwischen Rheingau und Thurgau fest und ist zugleich die erste Nennung des Bodenseer Rheingaus.

74 Helbok nn. 3 f.; S. 1 f. UB St. Gallen n. 164; 1, 154 f.

75 Walahfrid Strabo, Vita Galli I 5; S. 288; vgl. Bilgeri, Geschichte Vorarlbergs 1, 49.

76 Niederstätter, Klosterbesitz 1 ff., 3 (Karte). Sprandel, St. Gallen 15 ff. mit Karte (30). Fichtenau, Urkundenwesen 44 mit Anm. 38.

77 Büttner, Christentum 40 ff. Die Grundlage für die Kenntnis der Ereignisse bietet Vita Otmari cc. 1–6; S. 22 ff. oder 68 ff. Siehe dazu Duft, Sankt Otmar 69 ff. Mayer, Konstanz und St. Gallen 494 ff. Sprandel, St. Gallen 12 ff. und 23 ff. Borgolte, Grafschaften bes. 81 ff., 189 ff., und 247 ff. Berschin, Gallus 277. K. Brunner, Fürstentitel 311 ff. Vgl. Fleckenstein, Fulrad von St. Denis 25 ff., ders., Herkunft der Welfen 97 ff., und Schmid, Königtum, Adel und Klöster 243 ff. Der Ausdruck *cura (provinciae)* gehört der karolingischen Fachsprache an; vgl. etwa Annales regni Francorum a. 819; S. 151 oder 118.

78 Berschin, Gallus 269 f. UB St. Gallen n. 52; 1, 52 f. Borgolte, Grafschaften 241 (Aufstellung). Duft, Irische Einflüsse 17 f. Bilgeri, Geschichte Vorarlbergs 1, 60 und 250 mit Anm. 11 ff. Allerdings wird Bilgeri weder Ruthard noch den übrigen fränkischen Beauftragten in Alamannien gerecht, weil er die Ereignisse des 8. Jahrhunderts nach anachronistischen Kriterien mißt. Der Autor sei daran erinnert, daß diese Grafen *nicht* von Wien eingesetzt wurden.

79 UB St. Gallen n. 164; 1, 154 f. Zur Urkunde selbst siehe Fichtenau, Urkundenwesen 53 f. Borgolte, Grafschaften bes. 62, 91 mit Anm. 98 f. *(ministerium)* und 241. Helbok n. 4; 1 f.

80 Clavadetscher, Verkehrsorganisation 285 ff., bes. 289 f. mit Anm. 86 und 91. Bilgeri, Geschichte Vorarlbergs 1, 62 und 250 Anm. 19 ff.

81 Fichtenau, Urkundenwesen 53 f. (Zitate). Zur Lage des Castrum Bregenz siehe Pradel, Bregenz 92 f. sowie Karte I. Daß die beiden Aussteller der Urkunde (wie oben Anm. 79) Priester waren, geht aus dem Vergleich zwischen der Intitulatio und dem Schreibervermerk hervor.

82 Borgolte, Grafschaften 69 mit Anm. 264 und 167 Anm. 306, zu UB St. Gallen n. 198 und 242; 1, 188 f. und 232 f. Vgl. hingegen Fichtenau, Urkundenwesen 54 f., gestützt auf Helbok nn. 8 und 16; S. 5 und 10 f.

83 UB St. Gallen n. 198; 1, 188; vgl. Borgolte (wie Anm. 82). Die in der Urkunde erwähnte *regula* kann nicht die reine Benedikt-Regel gewesen sein. Dazu passen nicht die Zulassung zum Refektorium und die Bedingungen für die Aufnahme in die *congregatio monachorum.* Vgl. Capitula ad lectionem canonum et regulae s. Benedicti pertinentia cc. 23 f.; 1, 108, nach Benedicti regula cc. 58 f. und 63; S. 133 ff. und 145 ff. Siehe auch ebendort cc. 33 und 54 ff.; S. 98 ff. und 139 ff. Semmler, Karl der Große und das fränkische Mönchtum 211 und 223 ff. Semmler stellte dankenswerterweise brieflich eine Reihe entsprechender Bestimmungen von der Regula Magistri bis zu Iustinian, Nov. V 5; S. 32, zusammen, woraus die Forderung hervorgeht, daß der Mönch auf Besitz und Eigentum zu verzichten habe. – Zum römischen Übereignungsakt siehe Classen, Urkundenwesen 34 f. mit Anm. 114.

84 UB St. Gallen n. 242; 1, 232 f.

85 UB St. Gallen n. 215; 1, 204 f. Helbok n. 12; S. 7. Fichtenau, Urkundenwesen 55.

III. Die Erwerbung des Volkes der Bayern
Seite 154–157

86 BM[2] 94 a. Jahn, DB 540 ff.

87 Zur Regnum-Bezeichnung für Bayern siehe Wolfram, Intitulatio I. 166 f. DD.Kar.I. 162 (788 X 25) und 212 (811 XI 26): *ducatus Baioariorum*; ebenso Protokoll der Frankfurter Synode 794 Capitularia 1, 74 n. 28 c. 3, oder Concilia 2, 165 f. c. 3. Lex Baiwariorum II 8a; S. 302: *Si quis autem dux de provincia illa, quem rex ordinaverit, tam audax aut contumax aut levitate stimulatus seu protervus et elatus vel superbus atque rebellis fuerit, qui decretum regis contempserit: donatum dignitatis ipsius ducatui careat.* Bezüglich der Datierung des Lex-Zusatzes zwischen 788 und 794 siehe Kolmer, Kommendation 317 und 327. Fichtenau, Datierungen 503 mit Anm. 9, nach TP 18–20; S. 16–18, und 32; S. 28.

88 Fichtenau, Datierungen 503 mit Anm. 7, nach TP 23 und 27; S. 20 und 22. Vgl. die Datierung nach Tassilos 42. Herrscherjahr in TF 125; 1, 136; ebendort 121 b; 1, 134: *anno gloriosi ducis regni Tassiloni* (sic) für die Zeit 788 bis 791.

89 TF 127 ab; 1, 138: a) *anno secundo quod* (sic) *domnus rex Carolus Baiuariam adquesivit ad* (für *et*) *Tassilonem clericavit*; b) *anno secundo (quo) translatus est Tassilo dux de regno suo.* Fichtenau, Datierungen 503 mit Anm. 8, nach NA 8, 8; S. 96.

90 Annales regni Francorum a. 788; S. 82 f. oder 56; vgl. K. Brunner, Oppositionelle Gruppen 60 f., und Bischoff, Formelbücher 22 ff. und III 19 ff.; S. 54 ff.

91 Pohl, Awaren 314.

92 Annales regni Francorum a. 788; S. 82 f. oder 56.

93 D.Kar.I. 162. WS 338 mit Anm. 11–13. Jahn, DB 146–148. Zu erwähnen ist, daß Hildebald von Köln, als »Hofbischof« der Nachfolger des 791 verstorbenen Angilram, in Analogie zu dessen Erwerbung von Chiemsee die Agilolfingerstiftung Mondsee erhielt und daß beide Männer in der Tradition Fulrads von St-Denis standen: siehe Fleckenstein, Hofkapelle 1, 51. TM 11; S. 110 f., von 803 III 18 ist die älteste Erwähnung Hildebalds in Mondsee. Auch hier wartete Karl der Große offenkundig den Tod des Abtes ab, bis er über Mondsee verfügte.

94 DD.Kar.I. 134 (für Sesto, 781 VI 11, vgl. Krahwinkler, Friaul 89 ff., bes. 108 mit Anm. 148) und 169 (für Kremsmünster, Worms 791 I 3, vgl. WS 378 f.).

95 TF 142; 1, 146 f. Hingegen gehört TF 143 b; 1, 148 f., einem späteren Zeitpunkt an. K. Brunner, Fürstentitel 235 ff., bes. 236 mit Anm. 9–11. Vgl. Annales regni Francorum a. 788; S. 82 f. oder 56. Zum Zitat siehe Einhard, Vita Karoli c. 11; S. 14 oder 180.

96 Zu TF 166 a; 1, 161 ff., siehe Störmer, Adelsgruppen 49–60, bes. 55 mit Anm. 43. Vgl. K. Brunner, Oppositionelle Gruppen 55 mit Anm. 100 f. und 65 mit Anm. 174. Zu anderen Bayern, die 788 Schwierigkeiten hatten, siehe Bischoff, Formelbücher 25 f.

97 Siehe BM[2] 316 e bis BM[2] 320 a–g (318 a – Reichskonzil von 792: Annales Iuvavenses maximi etc. a. 792/93; S. 736 f.). Vgl. Wanderwitz, Studien 52 f. K. Brunner, Oppositionelle Gruppen 62 f. Kolmer, Kommendation 316 f. Letzterer sieht einen möglichen Zusammenhang zwischen dem Aufstand von 792 und einer agilolfingischen Partei.

98 Jahn, DB 548 f. Notitia de servitio monasteriorum S. 494 ff. Zum Kloster Berg siehe BM[2] 598 (815 XII 13) und BM[2] Verlorene Urkunden 58. Zu Wolchanhard siehe WS 220 n. 1 sowie Jahn, DB 514–516.

99 Jahn, DB 514 f.

100 Weißensteiner, Tegernsee 35 ff.

101 Weißensteiner, Tegernsee 69 ff.

102 WS 207 ff. Jahn, DB 547 f. Ein Beispiel, wie ein Gerold I. 799 kirchlichen Besitz »erwarb«, bietet TP 46; S. 40 f.; vgl. BM[2] 788 oder Regesten Passau n. 105; S. 26 f.

103 BM[2] 320 l–n. Jahn, DB 549 (Zugeständnisse).

104 Jahn, DB 549 f. Liber confraternitatum 62, 25; S. 26, oder 20 Ad 5 (Forstner). Zu den Vorgängen auf der Synode zu Frankfurt 794 siehe Concilium Francofurtensis a. 794 c. 3; S. 74 oder 165 f.

105 Schon Abel/Simson, Karl der Große 2, 138, hat die Errichtung der bayerischen Kirchenprovinz als »gleichsam den Schlußstein« der Einverleibung Bayerns gesehen. Gegen den Einwand, die Metropolitanverfassung sei auch anderswo erst allmählich entstanden, sei auf den päpstlichen Plan von 716 verwiesen, der eine solche Ordnung ausdrücklich vorsah: siehe Gregor II., Litterae decretales S. 451–454, und worauf JE 2503 oder SUB 2, 8 n. 2d: Leo III. an die bayerischen Bischöfe, 800 IV 11, hinweist: Es sei die Politik Roms, *constituere metropolim et ordinare archiepiscopum, ... Tamen a multis iam temporibus ab ista sancta sede fuit praeordinata, sed diversarum rerum eventu impediebatur usque temporibus nostris.* Zu Karls Einflußnahme bei der Bestellung Arns siehe JE 2495 f., 2498 und 2503. SUB 2, 2–10. Zu Tassilos Auftreten als Haupt der bayerischen Kirche siehe bes. Synoden von Dingolfing und Neuching: Concilia 1, 93 ff. nn. 15 f.; vgl. Jahn, DB 505.

IV. Reichsteilungen, geteilte Reiche, Ostfrankenreich (806–907/11)

Seite 158–169

106 Divisio regnorum c. 2; S. 127.
107 BM² 333 c und 338 b.
108 Wolfram, Goten 315 ff. Classen, Karl der Große 216 ff. oder 121 ff.
109 Zum Tod Karls d. J. und Pippins siehe BM² 467 a und 515 a.
110 UB St. Gallen nn. 191, 197, 199, 201 f.; 1, 182, 187, 190, 192 f.
111 TF 193 a; 1, 184.
112 Demandt, Ungeschehene Geschichte 9 ff.
113 D.Kar.I. 211.
114 Krahwinkler, Friaul 184 f. und 192 ff.
115 Capitularia 1, 271 n. 136 c. 2. Hägermann, Reichseinheit 278 ff.
116 TF 333 b–335; 1, 285 f. Die letzte datierte Zählung nach Lothars bayerischen Königsjahren ist TF 372; 1, 316 f. von 817 IV 15. Vgl. 389; 1, 330. Siehe auch BM² 528 a und Fichtenau, Datierungen 503 mit Anm. 11.
117 TF 397 c; 1, 338 (819 XII 30). Vgl. K. Brunner, Fürstentitel 237 Anm. 20, und BM² 707 ff.
118 WS 181 f. mit Anm. 460 und 186–188.
119 Alcuin, Epistolae n. 107; S. 153.
120 BM² 587 a–588. Siehe bes. SUB 2, 13 n. 4 (D.LF., Paderborn 815 VII 16).
121 Capitulare von Diedenhofen c. 7; 1, 123. Chronicon Moissiacense a. 805; S. 258. TF 227; 1, 211 (Audulf und Werner *missi comites*). Vgl. WS 181 f.
122 WS 47 ff. und 49 ff. BM² 648 b. Capitularia 1, 271 n. 136 c. 2.
123 BM² 1338 bcd.
124 Krahwinkler, Friaul 183 ff. BM² 515 l–p (Bernhard von Italien). Zur Datierung nach Ludwigs Königsjahren siehe die Aufstellung TM 2, 766 s.v.
125 Schieffer, Karolinger 120. BM² 1338 f.
126 BM² 773 a, 868 a und 1019. Schieffer, Karolinger 139 ff. Zu Lothars Rankweiler Aufenthalt siehe D.Lo.I. 2.
127 UB St. Gallen nn. 330, 337 und 343; 1, 304, 311 und 317. DD.LD. 2–12; vgl. Wolfram, Intitulatio II. 105 mit Anm. 18.
128 Wolfram, Intitulatio II. 104–113, bes. nach DD.LD. 13–15; vgl. Fichtenau, Datierungen 274 ff.
129 Dümmler, Ostfränkisches Reich 2, 430 f. Vgl. D.LD. 13 (Erstes Auftreten Grimalds und freies Abtwahlrecht für St. Gallen). Fleckenstein, Hofkapelle 1, 89 und 170 mit Anm. 31 f. (Grimald). DD.Lo.I. 55 und 63. Bündner UB nn. 57–63; 1, 49–55. Clavadetscher, Churrätien 174–176. Dümmler, Ostfränkisches Reich 1, 208 ff. – Reichsteilungsplan 839: BM² 993 c; vgl. Bündner UB n. 58; 1, 51. Diesmal sollte Ludwig der Deutsche – auf Bayern beschränkt – leer ausgehen.
130 BM² 1103 a. TF 661; 1, 556 ff. Schieffer, Karolinger 137 und 142.
131 D.LD. 13.
132 Hludowici et Karoli pactiones Mettenses (a. 867); S. 168; Von den zahlreichen Versuchen einer Reichserweiterung ist bes. der des Jahres 858 zu nennen: siehe BM² 1435 a; vgl. Wolfram, Intitulatio II. 112 mit Anm. 47 f.
133 Vgl. DD.LD. 73 mit 85. Dümmler, Ostfränkisches Reich 2, 442 mit Anm. 1, hätte als Vorsitzenden des Schiedsgerichts von Bad Aibling den Pfalzgrafen und nicht den »Markgrafen« Ernst erwartet. Er übersieht dabei aber den zwischenstaatlichen Charakter des Schiedsgerichts. Zu Karlmanns Verschwägerung mit Ernst siehe Dümmler, Ostfränkisches Reich 2, 23 mit Anm. 3; vgl. BM² 1448 a. Reindel, Karolinger 264 f. K. Brunner, Oppositionelle Gruppen 27 ff., bes. 33 und 142 f., und ders., Fürstentitel 239 mit Anm. 37 (Stellenverzeichnis). Schieffer, Karolinger 149 f.
134 Borgolte, Karl III. und Neudingen bes. 23 ff. und 50. Schieffer, Karolinger 155 f.
135 BM² 1448 a (Besetzung bis zum Inn) und 1459 a; vgl. das Nachspiel Ludwigs d. J. 1462 a–d; siehe auch BM² 1449 a, 1450 c und e, 1456 a, 1458 a und 1462 a.
136 Dümmler, Ostfränkisches Reich 2, 119 f. Siehe die Mitunterzeichnungen der väterlichen Urkunden DD.LD. 116 (Karlmann für Niederalteich), 105 und 110 (Karl für St. Gallen bzw. Zürich). Vgl. DD.LD. 83 und 163 f. (Mitunterzeichnung aller Brüder; DD. 163 f. enthalten nachgetragen auch *signum Arnolfi serenissimi regis*).
137 D.LD. 115 von 864 X 2, Mattighofen, ist die letzte Erwähnung Ludwigs des Deutschen auf heute österreichischem Boden.
138 Fichtenau, Urkundenwesen 91. Zu D.LD. 115 von 864 siehe oben Anm. 137. Zu Ludwigs des Deutschen Tod am 28. August 876 siehe BM² 1519 b.
139 DD.LD. 124, 144, 146, 158–161, 165.

140 Annales Fuldenses a. 872; S. 75 oder 84.
141 Annales Fuldenses a. 876; S. 89 oder 104. BM[2] 1520 a. Brühl, Deutschland – Frankreich 207 f.
142 BM[2] 1765 de. Reindel, Bayern im Karolingerreich 272 mit Anm. 180.
143 BM[2] 1519 e.
144 BM[2] 1522 a–1529 a. Dümmler, Ostfränkisches Reich 3, 64–67. Vgl. Annales Fuldenses a. 877; S. 90 oder 106.
145 BM2 1538 a.
146 Schieffer, Karl III. und Arnolf 136 ff. BM[2] 1547 ab und 1564 a. Siehe bes. Annales Fuldenses a. 879; S. 93 oder 110. Zur Bezeichnung der Herrschaft Arnulfs als *regnum* siehe Annales Fuldenses a. 884; S. 112 oder 140. Zum Verhältnis Theotmars zu seinem König siehe Fleckenstein, Hofkapelle 1, 189.
147 BM[2] 1576 a.
148 Fichtenau, Datierungen 269 f. Vgl. BM[2] 1547 a und 1588 a. Zur Bedeutung Lothringens als fränkisches Kernland vgl. Wolfram, Intitulatio II. 89 ff., 116 ff. und 133 ff.
149 BM[2] 1609 a und 1627 a. Vgl. BM[2] 1576 a.
150 D.K.III. 59 von 882 VII 19. BM[2] 1638 a–c, 1639 a–c. Zum Tod Ludwigs III. siehe Schieffer, Karolinger 180, nach Annales Vedastini a. 882; S. 52 oder 302.
151 Zum Versagen Karls III. siehe bes. Annales Bertiniani a. 882; S. 153 oder 284, sowie die Mainzer Fassung der Annales Fuldenses a. 882; S. 98 ff. oder 116 ff. Zur Interpretation der Überlieferung siehe Keller, Karl III. 340 ff.
152 D.K.III. 59.
153 D.K.III. 60. Niederstätter, Klosterbesitz 5 f. und 8.
154 D.K.III. 30.
155 BM[2] 1743 a–1760. Vgl. DD.K.III. 164–169.
156 Schieffer, Karl III. und Arnolf 139 f. Keller, Karl III. 347 ff., 358 ff. und 379 ff. (Exkurs über Nachfolgeregelungen Karls III.). Fried, Boso 193 ff. Annales Fuldenses (Alt.) a. 887; S. 115 f. oder 144 f. BM[2] 1765 a–d, k, l. Zum Karl-Sohn Bernhard siehe Dümmler, Ostfränkisches Reich 3, 243 ff. und 341 ff. Zu Karls späterer Impotenz siehe BM[2] 1754 a.
157 Fichtenau, Urkundenwesen 94 f.: Von 172 bekannten DD.K.III. sind 10 an bayerische Empfänger gerichtet. Von 168 erhaltenen DD.Arnolf »für ostfränkische Empfänger fallen 73 auf Bayern und unter diesen betreffen 18 Empfänger in Österreich. Relativ hoch ist dabei der Anteil der weltlichen, er umfaßt ein Drittel dieser Stücke.« Annales Fuldenses (Alt.) a. 888; S. 116 oder 146. Vgl. Dümmler, Ostfränkisches Reich 3, 305 f. Zu den genannten Diplomen siehe bes. DD.Arnolf 17, 32, 42 und 61. D. 61 ging an Pilgrim; siehe Dopsch, Salzburg im Hochmittelalter 338 mit Anm. 11. Zu Heimo und Miltrud – durch DD. 32 und 42 privilegiert – vgl. Mitterauer, Adel 699 f.
158 D. Arnolf 117 von 893 VI 23. Fleckenstein, Hofkapelle 1, 198 f. Anm. 48. Reindel, Herzog Arnulf 233 f.
159 Annales Fuldenses a. 888; S. 115 f. oder S. 146 ff. BM[2] 1799 a, 1800 a, 1802 a, 1804 a, b, 1806 a–1809, 1847 a (Aufstandsversuch; genaue Chronologie). Dümmler, Ostfränkisches Reich 3, 341 ff., bes. nach D. Arnolf 81 (Vorbemerkung hat 891 für Lustenauer Placitum) und DD.LK. 20 und 34. UB St. Gallen n. 680; 2, 281 ff. Helbok, Regesten nn. 99 f. und 102; S. 52 ff.: am 30. August 890 ist Ulrich noch im Besitz von Lustenau, während Abt Bernhard, der UB St. Gallen n. 677; 2, 279, von 890 V 14 zum letzten Mal bezeugt ist, vor einem Samstag im August 890 bereits von Salomo abgelöst war: siehe ebendort n. 679; 2, 280 f., sowie D.Arnolf 103. Zum Jahresdatum des Rheingauer Zeugenverhörs siehe unten Anm. 413. Zum Einsatz des Lehenswesens zur Herstellung interregionaler Beziehungen siehe WS 145.
160 Zur ältesten Ortsnennung *in comitatu Engildeonis* siehe das nicht ganz unverdächtige D. Karlmann 18 von 878 XII 3. Zu den späteren Nennungen siehe die Aufstellungen bei Störmer, Adel 2, 403 Anm. 61. Reindel, Luitpoldinger n. 2; S. 2–4. K. Brunner, Fürstentitel 241 Anm. 49. Das sowohl bei Reindel wie Störmer zitierte D.Arnolf 75 enthält zwar ebenfalls eine wichtige Nennung Engildeos; doch ist in den jeweiligen Aufstellungen damit D.Arnolf 52 gemeint. Sehr anschaulich ist die von Störmer, Adel 2, 404 gebotene Karte des Grafschaftsbereichs Engildeos.
161 Siehe bes. DD.Arnolf 14, 52 und 132 (895 V 5) und Annales Fuldenses a. 895; S. 125 f. oder 160 ff.
162 Dümmler, Ostfränkisches Reich 3, 394.
163 Reindel, Luitpoldinger n. 1; S. 1 f. Vgl. ders., Herzog Arnulf 236 f.
164 Reindel, Luitpoldinger n. 2; S. 2 ff. Annales Fuldenses a. 895; S. 125 f. oder 160 und 162.
165 Vgl. K. Brunner, Fürstentitel 240 f.
166 BM[2] 1905 b; Fleckenstein, Hofkapelle 1, 199 mit Anm. 236.
167 BM[2] 1908 a.
168 BM[2] 1911 a–1913 i.
169 Annales Fuldenses a. 896; S. 127 ff. oder 164 ff.
170 Annales Fuldenses a. 898 f.; S. 131 ff. oder 170 ff. BM[2] 1954 a–1955 b.
171 Annales Fuldenses a. 893; S. 122 oder 156. Schieffer, Karolinger 205 ff.

172 DD.LD. S. 394 s.v. Otinga. D.K.III. 128. DD.Arnolf S. 325 s.v. Otinga. Vgl. Prinz, Karolinger 363.
173 BM[2] 1929 a und 1983 d. Annales Fuldenses a. 900; S. 134 oder 174. Zur Erhebung in Forchheim siehe Keller, Karl III. 372 und 378.
174 Reindel, Luitpoldinger n. 19; S. 23 ff., und ders., Herzog Arnulf 237 ff. Bezeichnend sind die Zeugenliste wie die Datierung einer Regensburger Tauschurkunde, die am 8. Juli 900 zu Reisbach *in conventu et colloquio principum* ausgestellt wurde. An der Spitze der Zeugen steht Graf Luitpold.
175 Zu den Bezeichnungen Luitpolds siehe K. Brunner, Fürstentitel 241–244 und 307 sowie 317; vgl. Reindel, Luitpoldinger nn. 19 und 29; S. 23 ff. und 41 ff. Allerdings enthält D.LK. 20 (903 VI 24) nicht bloß die im Text erwähnte Bezeichnung Luitpolds, sondern, und zwar vorangereiht, auch *Kebehart dux regni quod a multis Hlotharii dicitur, Purchart marchio Thuringionum, ..., Purchart marchio Curiensis Raetiae.*
176 D.LK. 12 (901 IX 13).
177 Reindel, Herzog Arnulf 238 f. und 241 f. BM[2] 2070 b. Die nach 907 mittelbar wie unmittelbar für Salzburg ausgestellten Urkunden DD.LK. 64 und 67 sieht Wanderwitz, Salzwesen 184–187, als Zeichen für den Versuch der neuen Leute um Ludwig das Kind, Luitpolds Nachfolger und Sohn Arnulf zurückzudrängen. DD.LK. 65 f. privilegiert St. Gallen bzw. Säben in traditioneller Weise.

V. Klöster und Bistümer im Altsiedelland
Seite 170–210

178 Hermann, Die Salzburger Kirche 988, berührt auf einer halben Seite die »Pfarrentwicklung«, ohne das Thema zu behandeln. Hingegen entwerfen Hageneder, Kirchliche Organisation 231 ff., und S. Haider, Niederkirchenwesen 325 ff., bes. 386–388 (Zusammenfassung), ein wesentlich differenzierteres Bild von der Entstehung der Niederkirchen. – Zu Virgils Missionaren in Karantanien siehe WS 214 ff.
179 Zu den Geburtsjahren 741 für Tassilo III. siehe Becher, Geburtsjahr 3–12, und 747 für Karl den Großen siehe Schieffer, Karolinger 70, nach Forschungen von Karl Ferdinand Werner. Das mit 740/41 errechnete Geburtsjahr Arns ergibt sich aus der Tatsache, daß er 765 Diakon war – TF 23; 1, 52 –, ein Diakon aber wenigstens 24 Jahre alt sein mußte: siehe Sturm, Preysing 98. Vgl. Dopsch, Karolinger und Ottonen 157.
180 Sturm, Preysing bes. 223 ff.
181 TF 11; 1, 38 f. Arns Vater dürfte die Verwundung nicht bei einem gesetzmäßigen Zweikampf erlitten haben. Einmal spricht die Narratio der Urkunde eine andere Sprache, und zum andern hätten dafür *campiones*, »Kämpen«, eingesetzt werden können: siehe Lex Baiwariorum S. 475 s.v. *campio.* Der im Text hergestellte kausale Zusammenhang zwischen der Verwundung des Vaters und dem Beginn der geistlichen Laufbahn Arns wird auch durch die Tatsache gestützt, daß Arn bereits ein gewisses Alter hatte, als er dem Freisinger Bischof übergeben wurde. Offenkundig war er – als einziger Sohn seiner Eltern – zunächst für einen anderen Lebensweg bestimmt gewesen.
182 TF 23; 1, 52: Arn wird als erster nach Bischof Arbeo *in publico* (sic) *synodo* genannt. Während TF 68; 1, 94 von 755 XI 8, Arn noch als Diakon kennt, steht er TF 72 a; 1, 98 von 776 VIII 12, bereits unter den priesterlichen Zeugen.
183 D.Kar.I. 169. WS 362 mit Anm. 195 sowie 378.
184 Berg, Studien 67 ff. Semmler, Bayerisch-westfränkische Beziehungen bes. 372 ff., 391 ff. (Arn) und 397 (Leidrad von Lyon u. a.). Dopsch, Karolinger und Ottonen 158. TF 80 und 105 a; 1, 103 und 121, enthalten die letzten Nennungen Arns in Freising, sind jedoch nicht genau zu datieren. Vgl. Hauck, Kirchengeschichte 2, 430 f.
185 Alcuin, Epistolae n. 10; S. 35 ff., und ebendort S. 618 s.v.
186 Alcuin, Epistolae nn. 194 und 239; S. 321 und 384.
187 Ebendort nn. 113 und 265; S. 163 und 424.
188 Alcuin, Epistolae S. 623 s.v., bes. nn. 156 und 193; S. 253 und 320. Im älteren Brief von 798 IX wird Hildegar *frater et nepos tuus* genannt, wovon die erste Bezeichnung seine Zugehörigkeit zu St. Peter meint. Außerdem schlägt Alcuin in diesem Brief vor, der junge Mann möge entweder in der Umgebung Arns bleiben, wo er seine *beneficia* hat, oder am Hof des Königs dienen. Der jüngere Brief von Anfang 800 bezeichnet Hildegar als Überbringer von Büchern und lobt die Entscheidung Arns über dessen weiteres Schicksal.
189 Annales Iuvavenses maximi a. 822; S. 740, müßte die Nachricht *Adalhramnus paterno successit* haben, wenn nicht der Editor Bresslau *paterno* ohne Angabe von Gründen unterdrückt hätte: siehe Berg, Studien 89 Anm. 107.
190 Das Tagesdatum überliefern: Necrologia 2, 138 Anm. 3, nach dem zeitgenössischen cvp 387, und Annales Iuvavenses maiores a. 785; S. 734. Vgl. Berg, Studien 134 ff.
191 Lex Baiwariorum I 10; S. 281. Zum Krieg des Jahres 784 siehe Annales Iuvavenses maximi a. 784 und Annales s. Emmerammi a. 785 (recte 784); S. 734 f.

192 NA, Praefatio; S. 80.
193 Semmler, Bayerisch-westfränkische Beziehungen 393–396.
194 Semmler, Bayerisch-westfränkische Beziehungen 397. Zu 802 siehe ders., Mönchtum 223 ff. oder 266 ff.
195 Jahn, DB 535 f.
196 TF 142; 1, 146 f.
197 WS 285–287.
198 Büttner, Mission und Kirchenorganisation 482–485. Alcuin, Epistolae n. 107; S. 153. Classen, Karl der Große 568 f. Die päpstlichen Schriftstücke des Jahres 798 findet man am besten in SUB 2, 2–7; nn. 2 a–c. WS 290 mit Anm. 523 und 292 ff.
199 SUB 2, 8; n. 2 d.
200 Vgl. etwa Notitia concilii Rispacensis S. 215 (Arn nach Alim von Säben). TF 181; 1, 173 (Waltrich von Passau vor Arn). Die Urkunde wurde auf der Synode von Reisbach ausgestellt. Vgl. WS 258 ff.
201 Conversio c. 8. WS 292 f. mit Anm. 531 und 540.
202 WS 292 f. mit Anm. 532–539. Berg, Studien 80 ff. Classen, Karl der Große 578 ff. und 590 f. (Reaktion Alcuins). Dopsch, Karolinger und Ottonen 164 f. Abel/Simson, Karl der Große 2, 217 f. Die von Dopsch behauptete Teilnahme Arns am Mainzer Reichstag dürfte eine alte Verwechslung mit der Synode von Mainz 813 sein; jedenfalls gibt es keinen Beleg dafür, daß Arn im Sommer 800 tatsächlich in Mainz war.
203 WS 186 mit Anm. 482.
204 Zu MGH Capitularia 1, 91 ff. nn. 33 ff., siehe zuletzt Hannig, Pauperiores vassi 309 ff., bes. 363 ff., und WS 185 ff.
205 Alcuin, Epistolae n. 265; S. 422 f., ist ein Trostbrief aus Anlaß der Klage Arns über seine Belastung mit weltlichen Aufgaben.
206 WS 180 mit Anm. 454 und 185–188.
207 Annales regni Francorum a. 813; S. 138 oder 102. Concilium Moguntinense a. 813; S. 259. Vgl. BM^2 476 b, 478, 479 a, 480.
208 WS 290 ff. mit Anm. 523 ff.
209 Jahn, DB 535 f. Annales regni Francorum a. 787; S. 74 ff. oder 52.
210 TF 142; 1, 146 f.
211 WS 186 mit Anm. 482 (wahrscheinliche Teilnahme Arns an der Aachener Herbstsynode 801 und der Frühjahrssynode 802). WS 291–293 mit Anm. 529–539. Liber pontificalis 373; 2, 6 (Arn am 25. Dezember 800 in Rom).
212 BM^2 404 a. Annales Iuvavenses maiores a. 803; S. 736.
213 BM^2 416.
214 D.Kar.I. 211.
215 Einhard, Vita Karoli c. 33; S. 37 ff. oder 204 ff. K. Brunner, Oppositionelle Gruppen 71 ff., bes. 95.
216 Siehe oben Anm. 207.
217 TF 142; 1, 146 f. (September 791, Lorch). WS 204 f. mit Anm. 82, nach BN 13, 13; S. 122.
218 WS 286 f. mit Anm. 564 ff.
219 BM^2 416.
220 Siehe oben Anm. 207.
221 Dopsch, Karolinger und Ottonen 167 Anm. 86–88. Semmler, Geistliches Leben 367 mit Anm. 196, nach Registra fratrum S. 81.
222 BM^2 370 c.
223 WS 72 f.
224 Außer den umfangreichen Texten der Synoden von Reisbach, Freising und Salzburg 799 blieben erhalten: Aufzeichnungen des Tegernseer Schiedsgerichts vom 16. Juni 804, Texte des Concilium Baiuwaricum, das im Mai 805 wahrscheinlich in Freising getagt hatte, und Protokolle der Salzburger Synode vom 16. Januar 807. Zu erschließen ist eine Synode zu Regensburg, die frühestens 806, spätestens aber 810 zusammentrat. In der Literatur wird mitunter eine Regensburger Synode des Jahres 804 erwähnt; doch fand die »Zusammenkunft« in St. Emmeram vor 796 statt. Nicht unmöglich, daß diese Convenientia gar keinen ausschließlich bayerischen Anlaß hatte, sondern am Rande des großen Reichskonzils vom Sommer 792 tagte und den Adoptianismus verurteilte. Die letzte bekannte Provinzialsynode Arns fand frühestens 809, spätestens aber vor dem 27. September 811 in Freising statt. Die oftmals behauptete Reisbacher Synode vom August 798 hat hingegen nicht stattgefunden: siehe WS 290 f. mit Anm. 524 ff. Berg, Studien 43 ff. (Reisbach), bes. 54 ff. (Treisma). Zu Neuching siehe Stutz, Kirchliches Benefizialwesen 206 f. Zum Reichskonzil von 792 siehe BM^2 318 a. Zu Regensburg 806(?) und Freising 809–811 IX 27 siehe TF 231 und 299; 1, 213 f. und 258 f. Zum Regensburger Tag vor 796 (statt 804, wie etwa Dopsch, Karolinger und Ottonen 168 mit Anm. 99) siehe TF 197; 1, 188. Zu den genannten Bischöfen und Äbten, insbesondere zu Abt *Ihteri* (Hitherius von Saint-Martin de Tours, † 796: Fleckenstein, Hofkapelle 1, 76 f.) siehe Berg, Studien 21.

225 Zu Concilium Rispacense a. 798 c. 13; S. 200, siehe Berg, Studien 43 ff.
226 Siehe TF 2, 939 s.v.
227 Annales Iuvavenses maiores a. 803; S. 736. Zu Liber confraternitatum 30, 33–38; S. 12, oder 10 B de (Forstner), siehe Annales regni Francorum a. 807; S. 123 f. oder 84 ff., und Forstner, Verbrüderungsbuch 27 (H 10).
228 BM² 318 a (792, Regensburg). WS 186 mit Anm. 482 (Aachen 801/02). Concilium Moguntinense a. 813; S. 259.
229 Conventus episcoporum S. 172 ff. Pohl, Awaren 319.
230 Concilium Aquisgranense a. 816 VIII/IX S. 456–464; vgl. Dopsch, Karolinger und Ottonen 167.
231 Jahn, DB bes. 167 ff. Daran scheiterte Klebel, Grenzen 184 ff.
232 Gregor II., Litterae decretales c. 3; S. 452; vgl. Jahn, DB 73 ff., und Stutz, Kirchliches Benefizialwesen 204.
233 Jahn, DB bes. 167 ff.
234 TF 19; 1, 47. TM 131; S. 237 f. D.LK. 9.
235 Conversio c. 6. Annales Iuvavenses maiores a. 803; S. 736.
236 D.Kar.I. 211. Wenn Ursus aus Synodalprotokollen nachweisen konnte, daß – vor der langobardischen Invasion Italiens – die *Karantane provincie civitates* zu Aquileia gehörten, dann muß in diesen Dokumenten statt Karantanien der Name Noricum (mediterraneum) gestanden sein.
237 D.LD. 173. UB Burgenland n. 3; 1, 3. Fichtenau, Urkundenwesen 129. Dopsch, Karolinger und Ottonen 175 mit Anm. 148, nach Lechner, Diözesanregulierung bes. 54 f.
238 D.LD. 38.
239 Dopsch, Karolinger und Ottonen 168 f.
240 Semmler, Zehntgebot und Pfarrtermination 33 ff. Zur Übersetzung von *ecclesiae parrochiales* nicht als Pfarren, sondern als bischöfliche Kirchen mit Taufrecht siehe WS 345 mit Anm. 550 sowie im bes. Notitia de Concilio Neuchingensi S. 104 und Concilium etc. Tegernsee habitum S. 232 oder 189. – TF 181, 193 a und 197; 1, 172 f., 183 ff. und 187–190 (Zitat). Einen *presbyter illius parrochie* im Sinne von Kirche bezeugt TF 238; 1, 218 f. Daß vornehmlich – zu Neuching siehe Stutz, Kirchliches Benefizialwesen 206 f. – Freisinger Urkunden zu zitieren sind, ist die Schuld der Überlieferung. So kommt *parrochia* innerhalb der Passauer Überlieferung des 9. Jahrhunderts überhaupt nicht (vgl. D.LK. 9 und D.LD. 173 wie oben Anm. 234 und 237) und in Regensburg bloß in der, allerdings äußerst wichtigen Carta: TR 86; S. 78 f., vor. Siehe auch TM 131; S. 237 f., von 811/18, für die Diözese Freising.
241 Vgl. etwa Ludwig der Fromme für Salzburg, Aachen, 816 II 5, BM² 606 oder SUB 2, 14 ff. n. 5, wo von der *sedes* der Heiligen Petrus und Rupert, von den *cellulae sibi subiectae,* dem Besitz und den Menschen, die dazugehören, die Rede ist.
242 WS 345–348 mit Anm. 55–81.
243 BM² 606 f., SUB 2, 14 ff. n. 5 (Immunitätsverleihung und Innichen). Vgl. Thegan, Vita Hludowici c. 10; S. 593 oder 222 (Ludwig der Fromme »macht Ordnung«).
244 Alcuin, Epistolae n. 113; S. 166; vgl. Hauck, Kirchengeschichte 2, 431. Dopsch, Karolinger und Ottonen 173 mit Anm. 130 f.
245 Bischoff, Schreibschulen 2, 61 mit Anm. 31. Zum Umfang und Wert von Bibliotheken siehe Fichtenau, Lebensordnungen 2, 379 f.
246 Bischoff, Schreibschulen 2, 61–73, 98 ff., 132 ff. und 135 ff. Zur Gebetsverbrüderung siehe Forstner, Verbrüderungsbuch 24 f. (H 5) und 7 A.
247 Bischoff, Schreibschulen 2, 133 f., vgl. 81, gegen zuletzt Dopsch, Karolinger und Ottonen 172 f. Zu Wizo-Candidus siehe Bischoff 2, 61 Anm. 32, und Liber confraternitatum 41, 10; S. 18 (mit falscher Auflösung, da tironische Noten übersehen), und 14 Ab 3 (Forstner). Zu den angeblich arnonischen Umbauten des Doms siehe Sennhauser, Mausoleen, Krypten etc. bes. 75 ff. Zu den Salzburger Güterverzeichnissen siehe Lošek, NA 8 ff., und WS 197 ff.
248 Annales Elnonenses a. 821; S. 144. Annales Iuvavenses maximi et maiores a. 821; S. 740; vgl. Bischoff, Schreibschulen 2, 81 mit Anm. 89. Forstner, Verbrüderungsbuch 26 (H 8). Liber confraternitatum 41, 18; S. 18, und 14 Ab 10 (Forstner). Dopsch, Karolinger und Ottonen 173. Zur Brandschatzung von Bischofshofen siehe Bischoff, Formelbücher I 2; S. 28. Vgl. Jahn, DB 211 mit Anm. 362.
249 Bischoff, Schreibschulen 2, 73–83. Ders., Formelbücher bes. 10 ff. Carmina Salisburgensia XV vv. 3–5; S. 647 f.
250 Alcuin, Epistolae n. 113; S. 163.
251 TF 9 b; 1, 36. Vgl. TF 2, 603 s.v. Arbeo.
252 Bischoff, Schreibschulen 2, 35 und 73.
253 Carmina Salisburgensia VIII vv. 1 f.; S. 643.
254 Carmina Salisburgensia VII vv. 18–21; S. 642. Conversio c. 11. WS 322 f.
255 BM² 707 von 819 XII 27. SUB 2, 16 ff. n. 6. – Zur Verwandtschaft Adalrams mit Arn siehe oben Anm. 189.
256 WS 294–296 mit Anm. 544–561 nach Conversio c. 9.

257 Störmer, Adel 1, 38 und 92.
258 Vgl. Dopsch, Der bayerische Adel 125 ff. – Adalwin wurde von Liupram erzogen (wie Conversio c. 9), was ebenfalls für Verwandtschaft spricht.
259 Bischoff, Schreibschulen 2, 73 mit Anm. 62 f. und 110 f. Spatzenegger, 1200 Jahre Mattsee 287. TF n. 463; 1, 394 f., von 822 IV 3, erwähnt Adalram als einen der Vorsitzenden eines Placitums. Vgl. Houben, Mönchslisten 456 f.
260 D.LD. 4 von 831 VI 19. Bischoff, Schreibschulen 2, 76 f. und 151 n. 143. Carmina Salisburgensia XV 1, vv. 1–4; S. 647 (Widmung Adalrams).
261 Fleckenstein, Hofkapelle 1, 179 und 183 f.: DD.LD. 7 und 21. Vgl. D.LD. 60 von 851 XI 15, wo Liupram – längst schon Erzbischof geworden – immer noch *familiaris* genannt wird.
262 Conversio c. 9.
263 Siehe bes. Conversio cc. 9 ff.
264 Bischoff, Formelbücher 28 n. 2: Die Weihe kann aber nicht am 12. Oktober 821, sondern frühestens 822 erfolgt sein, da Adalram erst am 1. Dezember 821 die Bischofsweihe empfing. Die von Frobenius Forster überlieferte Notiz dürfte daher bloß die Weiheinschrift der Maximilianszelle interpretieren, ohne vom richtigen Weihedatum auszugehen. Heinrich Berg wird für diese Überlegung gedankt. Zum Placitum von 822 IV 3 siehe TF 463; 1, 394 f. Zu den Naturkatastrophen siehe Annales s. Emmerammi maiores a. 823; Continuatio altera Annalium Iuvavensium maximorum aa. 867 und 881; S. 741 f. Excerpta Aventini aa. 849 und 867; S. 744.
265 DD.LD. 21–23 und 25. Zur Lokalisierung der Adalram-Kirche siehe Dopsch, Karolinger und Ottonen 175 mit Anm. 149. Vgl. WS 326.
266 D.LD. 60 von 851 XI 15. Vgl. D.LD. 47 zu BM[2] 1388. Zur zunehmenden Bedeutung von Tauschgeschäften siehe Fichtenau, Urkundenwesen bes. 99 ff.
267 SUB 1, 907 f. n. 16 und 914 f. Anhang. Vgl. Dopsch, Karolinger und Ottonen 178 mit Anm. 172.
268 WS 324 mit Anm. 680 nach Conversio c. 11.
269 Concilia 2, 604 n. 50 C.
270 Concilia 3, 150 ff. n. 14, und 179 ff. n. 16.
271 WS 325 ff.
272 Canon Hludowici regis, praef. Concilia 3, 240 f. n. 26.
273 BM[2] 1468 a und Hefele/Leclercq, Conciles 1, 2, 604. Löwe, Ermenrich 228.
274 WS 296, nach bes. Conversio c. 9.
275 Translatio sancti Hermetis S. 410. Vgl. Wattenbach/Levison/Löwe, Geschichtsquellen 6, 709 mit Anm. 176. Lhotsky, Quellenkunde 154 f. Annales s. Rudberti Salisburgenses a. 859; S. 770, behaupten die Übertragung der heiligen Chrysanthus und Daria. Tatsächlich kamen deren Reliquien 844 nach Prüm: siehe Acta Sanctorum, October XI (Neudruck Brüssel 1970) 490 ff. Die falsche Zuordnung dürfte c. 20; S. 493, verursacht haben, wo ein Wunder berichtet wird, das sich an einer Frau *ex familia sancti Petri* vollzogen hat.
276 Continuatio altera Annalium Iuvavensium maximorum aa. 845 und 847; S. 741, hat folgende Eintragungen: *Combustio ecclesię sancti Rudperti* bzw. *Item alia combustio ecclesię sancti Petri.* Die Möglichkeit einer Doublette ist nicht auszuschließen, obwohl die spätere Überlieferung beide Brände übernimmt. Auch liest man häufig in der Literatur, der Dom habe 845 und 847 St. Peter gebrannt. Tatsächlich handelt es sich jedoch um ein und dieselbe Kirche, wie das – grammatikalisch nicht ganz korrekte – *alia* der zweiten Eintragung (vgl. Annales s. Emmerammi maiores a. 821; S. 741: *alia hoste*) und die Tatsache lehren, daß der Dom sowohl als Peterskirche wie als Kirche des heiligen Rupert galt, und zwar getrennt wie gemeinsam genannt: siehe etwa DD.LD. S. 390 s.v. *Iuuauensis ecclesia* oder Translatio sancti Hermetis S. 410; vgl. WS 274 mit Anm. 449–451. Zur Liupram-Kapelle siehe Vetters, Das Grab in der Mauer 71 ff., und ders., Die mittelalterlichen Dome 222 und 225.
277 Zum Ausdruck *civitas regia* für Regensburg siehe etwa DD.LD 87 f. (or.) und S. 407 s.v. *civitas.*
278 D.LD. 102.
279 Continuatio altera Annalium Iuvavensium maximorum aa. 861 und 863; S. 742.
280 Zur Korrespondenz zwischen Papst und Erzbischof siehe Brackmann, Germania pontificia 1, 11 f. nn. 17–21. Nicolaus I., Epistolae nn. 115 f.; S. 630 ff., und n. 146; S. 663 f. Zu n. 116 vgl. n. 26; S. 292. WS 296 f. mit Anm. 560, nach bes. SUB 1, 35 f. n. 19 (Palliumverleihung). Löwe, Ermenrich 236 ff. (Suspension und Tod). Johannes VIII., Registrum nn. 15 ff.; S. 280 ff., bes. n. 20; S. 283. Allerdings erfolgte die Datierung der Papstbriefe nach dem Tod Adalwins, so daß vor einem Zirkelschluß in der Datierungsfrage zu warnen ist.
281 Continuatio altera Annalium Iuvavensium maximorum a. 873; S. 742. Bresslau, Annalistik 50 f. BM[2] 1498 a–e. Annales Bertiniani a. 873; S. 124 oder 230 f., und Annales Fuldenses a. 873; S. 81 oder 92.
282 Mitterauer, Markgrafen 162 f., nach Continuatio altera Annalium Iuvavensium maximorum a. 874; S. 742.

283 Curschmann, Hungersnöte 87 ff. (Chronik der elementaren Ereignisse), bes. 100–102.
284 BM[2] 1504 c.
285 Die erste Nennung Theotmars als Erzkaplan enthält D.Karlmann 3 (877 VI 28, Ranshofen). Zu den beiden Papstbriefen siehe Johannes VIII., Registrum nn. 64 f.; S. 57 f.; JE 3114 f. SUB 2, 43–45; n. 24. Vgl. Dopsch, Karolinger und Ottonen 192. Zu den päpstlichen Patrimonien in Bayern und Alamannien siehe Perels, Patrimonien 483 ff., bes. 484–487, nach Annales Bertiniani a. 865; S. 78, und Nicolaus I., Epistolae nn. 11 und 51; S. 225 f. und 338, JE 2884, sowie nach Johannes VIII., Fragmenta registri nn. 23 f.; S. 286 f. (vgl. 286 Anm. 4 und 287 Anm. 3), JE 2979 f. Vgl. MMFH 3, 232 ff. n. 109 (Epistola Theotmari). Dümmler, Ostfränkisches Reich 2, 136 Anm. 2, und 3, 511–514 (verkürzte Übersetzung des Theotmar-Briefs an Johannes IX.), bes. 514 Anm. 1 (Hinweis Theotmars auf die päpstlichen Güter). Zum Brief Theotmars und der bayerischen Bischöfe an Johannes IX. und zur Frage bezüglich der Echtheit dieses Schreibens siehe UB Burgenland 1, 11 f. n. 20, sowie Fritz Lošek in seiner geplanten MGH-Edition der Conversio, wobei vor allem zu der Auffassung von Egon Boshof Stellung zu nehmen ist, daß dieser Brief eine Fälschung sei.
286 Johannes VIII., Registrum nn. 186 und 240; S. 148 f. und 211, JE 3250 und 3296. Der zuletzt genannte Brief ist direkt an Theotmar gerichtet, erwähnt jedoch mit keinem Wort dessen Beauftragung als Verwalter der päpstlichen Güter in Niederbayern. Zur politischen Situation des Jahres 879 siehe BM[2] 1538 a. Vgl. D.LdJ. 13 (879 XI 22). Zur Gewinnung der Vinzenz-Reliquien siehe Auctarium Garstense a. 880; S. 565, und Annales s. Rudperti a. 880; S. 770. Vgl. Dopsch, Karolinger und Ottonen 192.
287 D.LdJ. 13 ist die einzige erhaltene Begünstigung Salzburgs durch einen Sohn Ludwigs des Deutschen.
288 Zum Verhältnis Theotmars zu den Karolingerkönigen und zu seiner Rolle als nominelles Oberhaupt der königlichen Kanzlei, mit deren tatsächlichem Leiter es sogar zum Gegensatz kommen konnte, siehe Dümmler, Ostfränkisches Reich 3, 480 f., und Fleckenstein, Hofkapelle 1, 187–189 und 198–205 sowie 210. Zur Bedeutung des arnulfingischen Kanzleititels *archicancellarius* siehe Fleckenstein 1, 199–202 mit Anm. 233. Begünstigungen Salzburgs durch Arnulf waren DD.Arnolf 16, 20, 32 und 42; vgl. 181 sp. (spätere Erwerbung), 61, 87 (»Kanoniker«; vgl. Schieffer, Domkapitel 194 f. mit Anm. 371, und Dopsch, Klöster 1003 mit Anm. 156. Arnulf gibt Salzburg ehemaliges Lehen der eigenen Mutter zu eigen), 90 (Umwandlung des Theotmar-Lehens Chiemsee in freies Eigen), 98 (Arnulf in Salzburg; vgl. BM[2] 1869 b und D.Arnolf 99) und 109. Vgl. DD. 184 sp. und 193 sp. sowie D.LK. 85 sp. Zu den Urkunden siehe SUB 2, 48–73; nn. 28–39, sowie Dopsch, Karolinger und Ottonen 192 f.
289 Dümmler, Ostfränkisches Reich 3, 306 f. mit Anm. 3.
290 BM[2] 1905 b.
291 Annales Fuldenses a. 899; S. 133 oder 174. Fleckenstein, Hofkapelle 1, 204 f.
292 Theotmar, Epistola S. 22 ff. oder 233 ff., könnte auf dem Reisbacher Fürstentag um den 8. Juli 900 entstanden sein: siehe Dümmler, Ostfränkisches Reich 3, 511, nach TR 178; S. 133 f., sowie oben Anm. 285 (Echtheitsfrage).
293 Capitularia 2, 249 ff. n. 253, oder Weinrich 14 ff. n. 4. Regesten Passau n. 189; S. 51.
294 D.LK. 84 sp. von 907 VI 17 ist unecht, siehe aber Vorbemerkung und Reindel, Luitpoldinger n. 45; S. 61 ff.
295 TP 1 ff.; S. 1 ff. Regesten Passau nn. 1 ff., S. 1 ff.
296 TP 12; S. 11. Regesten Passau n. 25; S. 10. Siehe dagegen TF 74 und 548; 1, 99 und 469 f. Vgl. WS 348 ff. und 356 ff.
297 Regesten Passau n. 21; S. 8 f. (Waltrich).
298 Regesten Passau n. 48; S. 14 f. TP 46; S. 40 f. WS 290 mit Anm. 524–528.
299 TP 78 und 80; S. 65–67. Regesten Passau n. 105; S. 26 f. Vgl. Erkens, Urkunde für Passau 103, S. Haider, Pfalzen 28 mit Anm. 130, und Zauner, Oberösterreich zur Babenbergerzeit 211.
300 Vgl. Regesten Passau nn. 79 und 81; S. 20 f.
301 Heuwieser, Passau 134, nach TP 8–58; S. 8 ff. Allerdings dürfte TP 3; S. 3 f., eine Art »Breviarius Waltrici« gewesen sein: siehe Fichtenau, Urkundenwesen 74 f., und WS 197 f.
302 TP 38; S. 34 f. Regesten Passau n. 74; S. 19.
303 Zur Passauer Überlieferung und den Urkundenschreibern siehe Bischoff, Schreibschulen 2, 1 ff.
304 Zu UB Oberösterreich 2, 49–51 n. 36, siehe Regesten Passau 187; S. 50. Brunhölzl, Lateinische Literatur 588 f. mit Anm. 30.
305 BM[2] 778. Erkens, Urkunde für Passau 110 und 113 f. (Text).
306 Vgl. TF 1, S. 259, 522, 616, 711, 733, mit Dopsch, Äbte, Bischöfe und Erzbischöfe 1145, und Heuwieser, Passau 126 ff. bis 186 ff.
307 DD.LD. 60 und 62.
308 TR 31; S. 38 f. (Tauschurkunde, datiert zwischen 847 und 860, zwischen Erchanfrid von Regensburg und Hartwig von Passau, woraus letzterer als im Besitz von Tegernsee hervorgeht); vgl. Weißensteiner, Tegernsee 69 ff. Sollte D.LD. 62 auch für diesen Fall heranzuziehen sein (der Tausch der beiden Bischöfe

erfolgt unter Hinzuziehung der Vögte), dann wäre der Zeitpunkt der Ausstellung von TR 31 auf zwischen 847 und vor 852 I 16 einzuengen, da die Urkunde noch die Zustimmung Ludwigs des Deutschen erwähnt.

309 Nicolaus I., Epistolae n. 26; S. 292 cc. III f. Brackmann, Germania pontificia 1, 11 n. 18. Löwe, Ermenrich 227.

310 Zu DD.K.III. 134 f. vgl. Hollnsteiner, St. Florian 45. Löwe, Ermenrich 221 ff., bietet ein Beispiel dafür, wie man eine frühmittelalterliche Biographie schreiben kann. Siehe bes. 228–233 und 236–238. Dopsch, Passau bes. 13 ff. Zu Ermenrichs Herkunft aus der Kanzlei Ludwigs des Deutschen siehe Fleckenstein, Hofkapelle 1, 179 f.

311 Siehe WS 116 mit Anm. 87; vgl. Regesten Passau nn. 112 und 180; S. 29 und 48. Zu den Urkunden der späten Karolingerzeit siehe unten Anm. 314 f.

312 Regesten Passau nn. 106 und 112; S. 27 und 29, zu Berg, Studien 173–189.

313 DD.LD. 9, 18 und 98.

314 DD.Arnolf 21 und 97. TP 89; S. 76, Regesten Passau n. 180; S. 48 (Schenkung für St. Florian und St. Laurentius von Lorch). D.LK. 9.

315 D.LK. 84. Das Stück ist eine Fälschung des 10. Jahrhunderts. »Doch darf – wenn auch nicht ohne Vorbehalte – der Aufenthalt des Königs und der drei Intervenienten (Theotmar von Salzburg, Markgraf Luitpold und Graf Isangrim) in St. Florian am 17. Juni 907 als historisches Faktum unterstellt werden« (Vorbemerkung).

316 Bischoff, Schreibschulen 2, 37–39. Zur Ennsburg siehe D.LK. 9.

317 Bischoff, Schreibschulen 2, 9 ff., bes. 18–21. Zu Hildebald siehe TM S. 68 ff. und TM 11; S. 110 f.

318 SUB 1, 898 f. n. 3, oder TM 7; S. 105 ff., von 799 (800) IV 11, ist die letzte Erwähnung Hunrichs. Straßwalchen lag im Mattiggau: TM 6 f.; S. 104 ff. Straß gehörte zum Salzburggau: NA 6, 5; S. 86. Die hier genannte Schenkung kann jedoch nur zu einem kleinen Teil den Salzburger Besitz zu Straß (170 Joch) ausgemacht haben. Die Herkunft des Kirchenortes Straßwalchen ist unbekannt; der Mondseer Besitz stammt hier aus TM 132 und 134; S. 238 ff.

319 TM 11; S. 110 f.; vgl. S. 247 (Personen- und Schenkungsverzeichnis) sowie Fleckenstein, Hofkapelle 1, 49 ff. und 106. Allerdings verlieh D.Kar.I. 162 das Kloster Chiemsee der Metzer Kirche, während Mondsee persönlich Hildebald übergeben wurde, wie etwa Arn das Kloster Innichen erhielt (vgl. BM[2] 606 f.). Zum Inhalt der Schenkungen unter Hildebald siehe das Verzeichnis TM S. 247.

320 Zur Bedeutung der Schenkungen durch den regionalen Adel siehe Fichtenau, Urkundenwesen 98 ff.

321 TM 99; S. 203 f. Vgl. Semmler, Mönchtum 204. Zur Mondseer »Form« siehe Zatschek, Benutzung 224 ff., und Fichtenau, Urkundenwesen bes. 14 ff., 60 ff. und 80 ff. Es genügte offensichtlich der Hinweis auf die *turba (norma) plurima monachorum.*

322 TM 115 und 52/2; S. 219 f. und 155 f., von 805 und 816. Zur ersten Urkunde vgl. Regula s. Benedicti cc. 21, 7 und 85, 1 ff. Vgl. S. 288 (Stellenverzeichnis). Das Amt des *praepositus* läßt sich auch in der »Regensburger Zeit« nachweisen: siehe TM 60; S. 161 f. Vgl. Decreta synodi Aquisgranensis I. (a. 816) cc. 29 f.; S. 466: Bestimmungen über den *praepositus,* der ein Mönch sein muß. – TM 36; S. 135, enthält einen undatierten Befehl Hildebalds an Lantpert. Während die beiden TM 23; S. 122 f., am 18. Januar 817 (von Hauthaler, Mondseer Codex traditionum 234, wegen Annahme einer falschen Ära auf 818 gesetzt) noch gemeinsam auftreten, kommt Lantpert ab dem nächsten Tag, TM 35; S. 134, von 817 I 19, nur mehr als Abt vor. Siehe die nächste Erwähnung ebendort 19; S. 117 f., von 817 III 28.

323 Zu den mit 816 beginnenden Reformsynoden siehe Semmler, Mönchtum 206.

324 WS 181 mit Anm. 459. Capitularia 1, 157 ff. nn. 68 f. Zur Datierung auf 803 siehe Ganshof, Kapitularien 142. Vgl. BM[2] 402 a–404 b.

325 Notitia de servitio monasteriorum a. 819; S. 483 ff.; vgl. Capitularia 1, 349 ff. n. 171.

326 Zwischen TM 75 (820 VI 13) und 24 (829 III 16); S. 178 f. und 123 f. (vgl. S. 247) fallen die ununterbrochenen (vgl. oben Anm. 322) selbständigen Erwähnungen Lantperts. Zum Todesdatum Hildebalds siehe Fleckenstein, Hofkapelle 1, 51 f. mit Anm. 52.

327 Bischoff, Schreibschulen 2, 10 f. und 22 f. (cvp 1014).

328 Versteht man TM 113; S. 217 f. von nach 817/29, und die daran anschließende mehrjährige Schenkungslücke richtig, dann gab es nach Lantperts Tod keinen Abt. Die zuerst genannte Urkunde erwähnt ihn als einstigen Urheber einer Complacitatio; doch 113 selbst findet *in presentia totius congregationis beati Michahelis archangeli* statt, ohne daß ein Abt genannt wird; vgl. hingegen die Nennung von Konvent und Abt in TM 19; S. 117 f. Das bayerische Königtum Ludwigs des Deutschen, wovon richtige Urkunden zwischen 830 und 833 vorhanden sind – DD.LD. 2–12 –, entbehrt der vollen Verfügungsgewalt, obwohl in der letzten Phase zwischen 830 und Frühherbst 833 bereits Ansätze zur Selbständigkeit zu erkennen sind: siehe Wolfram, Intitulatio II. 65 ff. und 105 ff. Die Mondseer Vakanz könnte auch die Folge einer Pattstellung zwischen Ludwig dem Frommen und seinem gleichnamigen Sohn gewesen sein.

329 D.LD. 1. Vgl. SUB 1, 905 f. und 911 ff. nn. 13 und 25. Zur Hucbert-Schenkung siehe BN 7; S. 110 und 112.

330 TM S. 73. Fleckenstein, Hofkapelle 1, 167–169. Wolfram, Intitulatio II. 110 f. Das Spurium D.LD. 174 sp. von (833) II 14 (?), dessen Inhalt BM² 1349 und SUB 1, 905 n. 13, noch »keinen Bedenken« unterlag, ist tatsächlich wertlos: »So macht die Urkunde mehr den Eindruck einer Schulübung als einer Fälschung« (Vorbemerkung zu D.LD. 174 sp.). Damit bleibt TM 20; S. 119 f., von 837 III 5 der älteste Beleg für Baturichs Mondseer »Regentschaft«.

331 Siehe unten Anm. 338 f.; vgl. unten Anm. 345

332 SUB 1, 907 f. n. 16; vgl. TM S. 37.

333 Bischoff, Schreibschulen 2, 11 ff.

334 SUB 1, 914 f. Anhang. Vgl. TM S. 37.

335 TM 60; S. 161 f. D.Karlmann 20 von 879 IV 9 dürfte die letzte Nennung Perthrams gewesen sein, wozu TM 124; S. 229 f. zu vergleichen ist. Zur »unbenediktinischen« Besitzfähigkeit vgl. D.Arnolf 7; zur Lage der Güter an der Erlauf (Petzenkirchen?) siehe unten Anm. 345 (Wiching).

336 TM S. 67 ff. (Reiter). Hauthaler, Mondseer Codex traditionum 235 f.

337 DD.Karlmann 15 und 20; vgl. zu D. 20 auch TM 19 f.; S. 117 ff., sowie TM 60; S. 161 f.

338 D.K.III. 75. Das Kopfregest, das *in oriente iuxta fluvium qui vocatur Raba* mit »östlich der Raab« wiedergibt, ist im Sinne des Text-Zitats zu verbessern. Zur Größe des Tauschwerts vgl. unten Anm. 345.

339 TR 88, 89 und 102 (Gundbat); S. 80 f. und 91.

340 TR 131; S. 107. Für die immer wieder nachgeschriebene Klostertradition, wonach Hitto bis 894 regiert habe, gibt es keine zeitgenössischen Belege.

341 TM S. 36–38. Fichtenau, Urkundenwesen 15.

342 Siehe TM S. 34 f. und die Aufstellung bei Hauthaler, Mondseer Codex traditionum 225 ff.

343 TR 164, 178 und 190; S. 125 f., 133 f. und 141 ff. Die Urheber der beiden zuletzt genannten Urkunden waren Namensvettern.

344 Fleckenstein, Hofkapelle 1, 179, 202 f.: »Aspert nimmt als Kanzler eine höhere Stellung ein, als sie die *cancellarii* vor ihm besessen haben«, 207 mit Anm. 301. Vgl. DD.Arnolf S. XVI f.

345 Klebel, Zur Kritik 320 mit Anm. 12. Regesten Passau nn. 170–173; S. 44 f. Der Regensburger Humanist irrt jedoch, wenn er Wiching bereits zu 893 Bischof von Passau nennt. Wiching wurde erst 899 für einige Monate Passauer Bischof, während Arnulf im Februar 896 die Kaiserkrone empfing (BM² 1913 h). Ohne daß Klebel diese Schwierigkeit bedenkt, dürfte aber sein Zeitansatz für das Tauschgeschäft – »zwischen Februar und September, wahrscheinlich im Juli 895« – das Richtige treffen.

346 Fleckenstein, Hofkapelle 1, 204 f.

347 O. Schmid, Beiträge 325 f.

348 Bischoff, Schreibschulen 2, 28 f. (Maior) und 30 f. (Minor). Neumüller/Holter, Codex Millenarius 41 ff., 78 ff., 132 ff. und 170 ff. Neumüller, Schatzkammer 108 f. Gregor I., In Ezechielem I 4; S. 47 ff. (Evangelisten-Symbole). Vgl. Hermann Hold, Revue d'Histoire ecclésiastique (1993) 513.

349 TM S. 70.

350 Notitia de servitio monasteriorum S. 483 ff. oder Capitularia 1, 349 ff. n. 171.

351 BM² 850 von 828 III 22.

352 DD.Karlmann 3, 11 und 19.

353 DD.Arnolf 7 f., 21, 44 und 120.

354 D.O.III. 112. Regesten Passau n. 253; S. 76. Vgl. D.O.II. 111. Fichtenau, Urkundenwesen 123 ff. (Pilgrims Fälschungen) und 131 ff. Heuwieser, Passau 289 ff. – Die Übernahme des Reichsklosters Kremsmünster durch Passau war sicher ein längerer Prozeß. Eine wichtige Rolle könnte dabei der Altöttinger und Mattseer Abt Burchard, ein ehemaliger Hofkaplan (vgl. Fleckenstein, Hofkapelle 1, 206, 210 und 220 f.), gespielt haben, als er 903 Bischof von Passau wurde. Fraglich ist, ob Burchard auch Abt von Kremsmünster war. Dopsch, Klöster 1060 mit Anm. 265, nimmt dies als sicher an, wobei er sich auf Klebel, Eigenklosterrechte 267 mit Anm. 23, stützt. Klebel bedachte jedoch Kremsmünsters Vereinigung mit Altötting und Mattsee bloß als eine Möglichkeit, die überdies aus den von ihm angegebenen Quellen nicht zwingend hervorgeht. Es gibt allerdings einen königlichen Vasallen Purchard, der in Kremsmünster zusammen mit dessen Abt Snello in D.Arnolf 7 vorkommt – vgl. die Vorbemerkung zur Fälschung D.Arnolf 178 – und gemeinsam mit Snello in D.Arnolf 72 a auftreten dürfte. Das zuletzt genannte Urkundenfragment könnte eine Verbindung zwischen Altötting und Kremsmünster bereits für 890 I 9 nahelegen. Siehe auch Regesten Passau n. 183; S. 49.

355 Notitia de servitio monasteriorum S. 483 ff. oder Capitularia 1, 349 ff. n. 171. DD.LD. 101 f. und D.Karlmann 2. Vgl. Heuwieser, Passau 293 f. Zum frühkarolingischen Skriptorium siehe Forstner, Verbrüderungsbuch 20 f. Einen Überblick über die mittelalterliche Geschichte von Mattsee bietet Dopsch, Klöster 1015–1017.

356 Dopsch, Klöster 1029 f. D.LK. 67.

357 WS 204 f. mit Anm. 80–84, nach BN 13, 13; S. 122. Dopsch, Klöster 1018 ff. Semmler, Geistliches Leben 365 mit Anm. 121 f.

358 Bischoff, Schreibschulen 1, 65 ff., und 2, 180 f. TF 1, 1 ff.

359 Zur Entwicklung der Innicher Grundherrschaft siehe Störmer, Slawenmission 212 ff., und Huter, Innichen 450 ff., bes. 467 ff. (mit Literatur- und Quellenangaben).

360 Riedmann, Mittelalter 318–320.

361 TF 34; 1, 62.

362 BM[2] 607 (Restitution Innichens an Freising). SUB 2, 14–16 n. 5 (Immunität für Salzburg). D.Kar.I. 211 (Diözesanregulierung an der Drau). Zum gesamten Fragenkomplex siehe Dopsch, Karolinger und Ottonen 167 mit Anm. 87 f. Zum Todesdatum Attos siehe Hauck, Kirchengeschichte 2, 436 f.

363 TF 472; 1, 403 f.

364 TF 550 a–c; 1, 471–474.

365 TF 784, 888, 909, 914; 1, 639 f., 696 f., 708, 711.

366 Zum Freisinger Besitzerwerb 871/75 auf dem Ritten siehe Tiroler UB n. 17; 1, 13 f., gegen TF 912; 1, 709 f.

367 DD.LD. 72 und 85; vgl. BM[2] 1201, 1212 a, 1411 und 1427 a. Dümmler, Ostfränkisches Reich 1, 418 f.

368 DD.Arnolf 17 und 61 sowie TF 858; 1, 679 f.; vgl. 1003; 1, 757 f. (Tausch Iezos mit Freising; der Graf gibt ein nach ihm benanntes Dorf und empfängt dafür mit Zustimmung König Arnulfs den Ort Schrobenhausen).

369 D.LK. 12 von 901 IX 13. Riedmann, Mittelalter 306 mit Anm. 40, nach DD.O.II. 14 und 163.

370 DD.Ko.II. 101–103 von 1027 V 31 – VI 7. Riedmann, Mittelalter 326 ff. Vgl. Dörrer, Wandel 47 ff. Zur alten italisch-rätischen Grenze siehe Heuberger, Rätien bes. 87, und Gleirscher, Vallis Norica 1 ff.

371 Dörrer, Wandel 49 ff., bes. mit Anm. 55 f.

372 D.LD. 50 von 848 (?) IX 4. Riedmann, Mittelalter 299. Das Diplom gilt als »wohl wörtliche Wiederholung einer nicht erhaltenen Immunitätsverleihung Ludwigs des Frommen«, obwohl es davon nichts erwähnt. D.LK. 66 von 909 I 20 verwendet D.LD. 50 als Vorurkunde und behauptet eine Immunitätsverleihung durch Ludwig den Frommen.

373 Nicolaus I., Epistolae nn. 26 und 116; S. 292 und 631 ff. Der im ersten Brief genannte *episcopus iuvenis,* über den sich Ludwig der Deutsche offenkundig beschwert hatte, war mit größter Wahrscheinlichkeit Lantfrid von Säben, der auch im zweiten Brief als *iuvenis* bezeichnet wird. Wie der Vorwurf der allzu großen *familiaritas* zu einer seiner Töchter mit dem jugendlichen Alter Lantfrids zusammengeht, sei der Phantasie des Lesers überlassen. Vgl. Riedmann, Mittelalter 300. Zum Ärgernis jagender Kirchenfürsten siehe Bonifatius, Epistolae nn. 50, 56, 78 und 83; S. 83, 100, 163 und 186 oder 144, 242 und 278, sowie MGH Concilia 2, 1004 ss.vv. *venari, venatio.*

374 D.Arnolf 115.

375 D.LK. 12.

376 Zu den Schenkungen ab 907 siehe Acta Tirolensia 1, 1 ff. nn. 1 ff.

377 TF 550 c; 1, 473.

378 Zur kulturellen Situation in Säben-Brixen siehe Bischoff, Schreibschulen 2, 180 ff.

379 Zur Belohnung der treuen Dienste des Bischofs siehe D.Arnolf 115. Zu seinen Aktivitäten unter Ludwig dem Kind siehe Reindel, Luitpoldinger S. 274 s.v.; zu den Verlusten der Schlacht von Preßburg siehe ebendort n. 45; S. 64 f.

380 Riedmann, Mittelalter 293 ff. WS 48 f. mit Anm. 206.

381 Tiroler UB S. VL (Tridentiner Überlieferung); vgl. Bischoff, Schreibschulen 2, 180 und 183: Zu den hochmittelalterlichen Bistumsgrenzen siehe Dörrer, Wandel 51 f. Vgl. D.LD. 84 von 857 VI 2 *(vallis Tridentina)* und Urbar des Reichsgutes in Churrätien S. 388, 24: *Nalles*-Nals liegt *in Italia.*

382 WS 47 f. mit Anm. 204–206.

383 TF 34; 1, 62.

384 Heuberger, Rätien bes. 87, und Gleirscher, Vallis Norica 1 ff.

385 Annales s. Emmerammi a. 785 (recte 784); S. 735.

386 Zum Treffen von 838 siehe BM[2] 971 d und 972 a.

387 DD.LD. 72 und 85.

388 WS 62 ff. mit Anm. 311 ff. I placiti n. 49; S. 160 ff., oder Tiroler UB n. 11; 1, 4 f. von 845 II 26.

389 BM[2] 1806 b sowie Annales Fuldenses a. 888; S. 117 oder 146 ff.

390 Hlawitschka, Franken 238, und Reindel, Luitpoldinger 163 ff. Hofmeister, Markgrafen 384 f. Zu 952 siehe auch BO[2] 17 a. Zu den Grafschaftsverleihungen siehe Riedmann, Mittelalter 305 ff. und 325 ff.

391 Bischoff, Schreibschulen 2, 180 und 183.

392 Clavadetscher, Churrätien 16 ff., siehe bes. Concilia 3, 240 n. 26.

393 Urbar des Reichsgutes in Churrätien 378–381, bes. 378, 21, 379, 6, und 380, 1 (Thüringen); 379, 8: *beneficium Isuani Sclaui*; 381, 1–4: *Wanzaninga genealogia.* Um 890 wird ein Wanzo, einmal ausdrücklich

als Zeuge *de Raetia,* erwähnt: siehe Helbok, Regesten 103 f.; S. 53 ff.; vgl. Vorbemerkung zu D.Arnolf 81, sowie Bündner UB nn. 82 f.; 1, 69 ff.

394 Bündner UB nn. 58 ff.; 1, 51 ff.; D.Lo.I. 55 von 841 (!) I 21. Vgl. Helbok, Regesten nn. 53 ff.; S. 28 ff., sowie BM[2] 993 c.

395 Bündner UB nn. 68, 73, 80 und 84; S. 59, 63, 69 und 71. Zu 852 siehe Concilia 3, 240 n. 26.

396 DD.LD. 56 (verunechtet) und 84; vgl. Bündner UB nn. 67 und 69; 1, 57 ff. Zum Privileg Ludwigs des Frommen siehe BM[2] 893. Zur Tauschfreiheit Salzburgs und Passaus siehe DD.LD. 60 und 62.

397 D.Lu.II. 36.

398 D.K.III. 30 und D.Arnolf 9 sowie BM[2] 1609 f. Spada-Pintarelli, Pittura carolingia 9–17.

399 Bündner UB nn. 33 *(ducatus Curiensis),* 52 (Karl der Kahle als *dux* von Elsaß, Alamannien und Rätien), 58 (nach dem *ducatus Alemanniae* keine nähere Bezeichnung von *Curia*), 71 *(comitatus);* 1, 33, 43, 51 und 62. Zu D.LK. 20 von 903 VI 24 siehe Wolfram, Principality 48 ff., und Maurer, Herzog 129 ff., sowie K. Brunner, Fürstentitel 208 mit Anm. 11 und 316 f.

400 Fichtenau, Urkundenwesen 67 ff.

401 Clavadetscher, Reichsgutsurbar 114 ff.

402 Büttner, Lorsch und St. Gallen 13.

403 Fichtenau, Urkundenwesen 53 ff. UB St. Gallen nn. 164, 198 und 215; 1, 154 f., 188 f. und 204 f. Helbok, Regesten nn. 3 f., 8 und 12; S. 1 f., 5 und 7 (Argengauer Schenkungen).

404 Niederstätter, Klosterbesitz 5 f. und bes. 9 ff. UB St. Gallen nn. 391 und 415; 2, 12 und 35 f. Helbok, Regesten nn. 58 f.; S. 30 ff.

405 Helbok, Regesten nn. 60 f., 64–68, 71, 73–76, 80, 84–86, 89–91, 93, 97, 101, 104 f., 108–110, 112–114. Zur Verdrängung der freien Schenkung durch das Tauschgeschäft siehe Fichtenau, Urkundenwesen 98 ff.

406 Niederstätter, Klosterbesitz 5 ff. Meyer von Knonau, Geschichtsquellen 96 f.

407 D.LD. 13. Zu D.Kar.I. 130, BM[2] 663, DD.LD. 13 und 69–71, siehe Fleckenstein, Hofkapelle 1, 168 ff., Ganahl, Studien 15 ff., 31 ff. und 50 ff. Vgl. Ratpert, Casus s. Galli cc. 6, 14 f. und 18 ff., bes. 25 (Stelle über Urkundenentstehung); S. 7–45.

408 DD.K.III. 60, 67 und 98. Vgl. Bilgeri, Geschichte Vorarlbergs 1, 87. Zum irischen Inklusen Eusebius siehe Duft, Handschriftenüberlieferung 917, sowie ders., Irische Einflüsse 21 f. Ders., Eusebius 5 mit Anm. 7 f., nennt Beispiele für die Latinisierung nachweisbar irischer Namen. Zu Eusebius siehe auch Ratpert, Casus s. Galli c. 31; S. 57 f.

409 DD.K.III. 159 (für St. Gallen), 164 (für einen Vasallen des Abtes von St. Gallen bereits in Lustenau) und 169. Vgl. Helbok, Regesten nn. 95–95d; S. 50 f.

410 D.Arnolf 9.

411 Siehe oben Anm. 159.

412 Zu Salomo (III.) siehe Fleckenstein, Hofkapelle 1, 193 ff. Vgl. 249 s.v.

413 Die im Text gegebene Interpretation hängt nicht unwesentlich vom Jahresdatum des Rheingauer Inquisitionsverfahrens ab. UB St. Gallen n. 680; 2, 281 ff., und Helbok, Regesten n. 103; S. 54 f., entscheiden sich wie BM[2] 1847 a für 890. – D.Arnolf 81 (Vorbemerkung), Bündner UB n. 83; 1, 70 f., oder Bilgeri, Geschichte Vorarlbergs 1, 89 mit Anm. 126, folgen hingegen der Tschudi-Überlieferung, die 891 hat. Tatsächlich ergibt die Datierung des bloß kopial überlieferten Zeugenverhörs die Schwierigkeit, daß die Jahreszahl 890 nicht mit der angegebenen 7. Indiktion übereinstimmt, die um eine Zahl höher sein müßte. Abgesehen davon, daß es sicher bedenklich ist, eine falsche Indiktion gegen eine überlieferte Jahreszahl auszuspielen, läßt sich die Frühdatierung 890 auch durch sachliche Argumente erhärten, wie dies durch BM[2] 1847 a bereits erfolgreich versucht wurde. Dazu kommt, daß die Narratio des Zeugenverhörs keine wie immer geartete Unterbrechung der Stellung Ulrichs – etwa durch Huldverlust – erkennen läßt. Des weiteren hätte Salomo die Zeit des Huldverlustes für die Wiederherstellung seiner Rechte verwenden und vom König eine Regelung erwirken können. Schließlich paßt das Zurückweichen Ulrichs in eine Zeit, da er durch seine Teilnahme am Bernhard-Komplott ohnehin kompromittiert war und gegenüber dem königlichen Kaplan Salomo die eindeutig schwächere Position einnahm. Nach der Wiedergewinnung der königlichen Huld (D.Arnolf 81 von Ende 890) war das Gleichgewicht zwischen den Kontrahenten wiederhergestellt. Da Helbok gegen Mühlbachers Deutung der allgemeinen Ereignisse ungerechtfertigt polemisiert, reiht er D.Arnolf 81 in Regesten n. 102; S. 53 f., unrichtig »vor August 30« ein. – Zur Verleihung des Rechts »des erzwungenen Eides« siehe DD.LD. 71 und 146 sowie D.K.III. 159.

414 Zu D.Arnolf 103 von 892 VII 2 siehe Merta, Propaganda 154 ff., und Wolfram, Intitulatio II. 76 mit Anm. 84 und bes. 150 f. Zur Mattiggauer Pfalz Ranshofen siehe S. Haider, Pfalzen 14 f.

415 D.LD. 124 von 867 VIII 17. Siehe dazu und allgemein Bilgeri, Geschichte Vorarlbergs 1, 83 ff. Die Ausdrücke *principes* und *primores populi* belegt UB St. Gallen n. 680; 2, 282, oder D.Ko.I. 11 von 912 IX 25.

416 Duft, Klosterbibliotheken 21 ff., bes. 25 f. Vgl. Subsidia Sangallensia I mit den ausgezeichneten Beiträgen des Herausgebers.

417 Zu Bonifatius, Epistolae nn. 44 f.; S. 71 und 73 oder 128 und 130, vgl. Schmid, Wikterp 126 ff.
418 Schmid, Wikterp 126 ff. Bonifatius, Epistolae nn. 44 und 58; S. 70 und 107 oder 126 und 170. Büttner, Konstanzer Diözesangrenzen 98 ff. Jahn, DB 136 ff. und 449 ff.
419 Bonifatius, Epistolae nn. 44 f.; S. 71 und 73 oder 126 und 130 (Papstbriefe) sowie Schmid, Wikterp 132 ff.
420 Reindel, Agilolfinger 230 f., und ders., Bistumsorganisation 307–310, bes. 308 mit Anm. 174. Prinz, Augsburg im Frankenreich 375 ff., bes. 390 mit Anm. 67 und 392 f. mit Anm. 8, sowie ders., Frühes Mönchtum 434 mit Anm. 375. Jahn, DB 136 ff.

Das karolingische Ostland (788/91–907)

Seite 211

1 Pohl, Awaren bes. 306 ff. (der »Ring«). WS 70 mit Anm. 13 und 103 ff. mit Anm. 1 ff.
2 Siehe etwa Annales regni Francorum a. 796; S. 98 f. oder 64.
3 Vgl. Einhard, Vita Karoli c. 13 (der Awarenkrieg findet in Pannonien statt) mit c. 15 (beide Pannonien und ein bereits linksufriges Dakien als Teil der Eroberungen Karls); S. 15 f. oder 180 und 18 oder 184.
4 Annales regni Francorum (Einh.) a. 796; S. 99. Vgl. Pohl, Awaren 319 f.
5 WS 313–316.
6 Conversio c. 11.

I. Die Erfassung der Grenzen und Räume

Seite 212–232

7 Pohl, Awaren 314 f. Annales regni Francorum a. 788; S. 84 oder 56.
8 WS 175–177.
9 Annales regni Francorum a. 788; S. 82–84 oder 56. Zur Bezeichnung des von Grafen geführten Heeres als *comitatus* siehe etwa TF 415 und 419; S. 1, 356 und 359 f.
10 Siehe WS 352 mit Anm. 122 und 354 mit Anm. 144–146. Vgl. Mitterauer, Markgrafen 26 ff. und 43 ff. Störmer, Adelsgruppen 42 ff., bes. 53.
11 Mitterauer, Markgrafen 50 ff., sowie Weißensteiner, Tegernsee bes. 41 ff. (Otachar) und 63 ff. (Gründung St. Pöltens). Berg, Studien 161 ff., bes. 171 f. Die Legende datiert zwar die Entstehung des Klosters noch in die Agilolfingerzeit; doch ist eine monastische Niederlassung östlich der Enns erst denkbar, nachdem die Awaren das Land politisch-militärisch aufgegeben hatten.
12 Pohl, Awaren 319 f. Krahwinkler, Friaul 151 f. Schieffer, Karolinger 79, 81 und 113: Lebensdaten Pippins von Italien.
13 Epistolae variorum n. 20; S. 528 f. Vgl. Krahwinkler, Friaul 148 f. mit Anm. 170 ff.
14 Krahwinkler, Friaul 150 f. Annales regni Francorum a. 796 (recte 795); S. 98 oder 64.
15 TF 142; 1, 146 f.
16 Epistolae variorum n. 20; S. 528 f., nennt an der Spitze des friulanischen Feldzugs vom Sommer 791 einen Bischof. Am Feldzug Karls des Großen gegen die Awaren 791 nahmen mindestens fünf Bischöfe teil: TF 142; 1, 146 f., nennt Arn von Salzburg und Atto von Freising. Außerdem starben die Bischöfe von Regensburg, Trier und Metz während des Marsches: siehe BM^2 316 d. Alcuin, Epistolae n. 107; S. 153, schreibt nach dem 25. Mai 796 in Hinblick auf Arn: *exercitus, qui tecum vadit.* Ebenso zogen Bischöfe aus dem Langobardenreich in diesem Jahr 796 unter Pippins Führung gegen die Awaren, darunter der Patriarch Paulinus von Aquileia, der vor dem Überschreiten der Donau am rechten Ufer des Stromes eine Bischofssynode abhielt: siehe Conventus episcoporum S. 142 f.; vgl. Rhythmus de Pippini regis victoria Avarica 5 ff.; S. 116 f. In den Slawenkämpfen der Jahre 871/72 wurden neben dem Grafen des bayerischen Nordgaus der Würzburger Bischof und der Abt von Fulda eingesetzt, während der Erzbischof von Mainz über einen Heereszug die Oberleitung besaß: siehe Annales Fuldenses aa. 871 f.; S. 74 f. oder 82 und 76 oder 84. Vgl. WS 182 mit Anm. 462.
17 WS 183 mit Anm. 466, nach Capitularia n. 132 praef. c. 1; 1, 261 f. (Grafen und Freie). Zu den unfreien Waffenträgern siehe WS 154 mit Anm. 320 und 165 mit Anm. 372, nach Capitularia n. 25 c. 4; 1, 67.
18 WS 42. Zum Abschnitt »Gaugenossen« siehe WS 160–165.
19 TF 19; 1, 47.
20 WS 163 mit Anm. 363 und 164 f.
21 WS 162.
22 WS 180 mit Anm. 452, nach Annales regni Francorum a. 773; S. 36 oder 28.
23 Capitularia nn. 99 c. 3–5 und 8 sowie 101 c. 3; 1, 206 und 208. Vgl. WS 183 mit Anm. 465.
24 Capitularia n. 132 praef. c. 1; 1, 261 f.

25 Capitularia n. 101 c. 3; S. 208. WS 183 mit Anm. 465.
26 Annales regni Francorum a. 799; S. 108 oder 70.
27 WS 189.
28 WS 156 f.
29 Paulus Diaconus, Historia Langobardorum V 36; S. 156. Zur Gleichsetzung von *comes* und *grafio* noch vor 700 siehe Claude, comes 66 f. Vgl. Murray, The *Grafio* 787 ff.
30 Lex Baiwariorum II 4–6; S. 297–300, sowie II 14; S. 308.
31 Capitulare Baiwaricum c. 4. Capitularia n. 69; 1, 158. TF 313; 1, 268 f. BN 13, 1; S. 120.
32 Schulze, Grafschaftsverfassung 334, nach Capitularia n. 21; 1, 52. Ein Graf verfügte neben seinem eigenen Besitz über das Grafschaftsgut und über Lehen, die aber nicht allein vom König stammten.
33 Dazu und zum gesamten Abschnitt »Graf und Grafschaft« siehe WS 155–165.
34 Paulus Diaconus, Historia Langobardorum V 36; S. 156: bayerischer Graf von Bozen und umliegenden Kastellen. Annales Iuvavenses maximi a. 784; S. 734, und Annales s. Emmerammi a. 785 (recte 784); S. 735: fränkisch-langobardischer Graf von Trient greift Bozen, das heißt wohl den hier kommandierenden bayerischen Grafen, an.
35 Der im Traungau kommandierende Graf Graman (WS 352 mit Anm. 122. Lošek, NA 170 s.v.) war der Befehlshaber des Heeres, das im Sommer 788 den Awaren zwei Niederlagen beibrachte: siehe Annales regni Francorum a. 788; S. 82–84 oder 56.
36 Zum Ausdruck siehe Conversio c. 10, zu diesen und ähnlichen Bezeichnungen siehe K. Brunner, Fürstentitel 194 mit Anm. 24–27.
37 WS 173 mit Anm. 414 f. und 188 mit Anm. 500 f. Zur »Umsicht« Karls des Großen siehe Notker, Gesta Karoli I 13; S. 17 oder 338.
38 WS 173 mit Anm. 416, nach etwa Annales regni Francorum a. 799; S. 108 oder 70, und Excerpta Aventini a. 857 (wohl richtig a. 860/61); S. 744.
39 Epistolae variorum n. 20; S. 528 f. Krahwinkler, Friaul 148–158.
40 Einhard, Vita Karoli c. 13; S. 16 oder 180 läßt den Awarenkrieg im 8. Jahr enden. Eine Angabe, die insofern auf 796 zu beziehen ist, da der Ausbruch der Kämpfe 788 anzusetzen ist: Annales regni Francorum a. 788; S. 82–84 oder 56.
41 Einhard, Vita Karoli c. 13; S. 15 f. oder 180. Ebendort c. 6; S. 8 oder 172, nennt einen Vorgänger Erichs *Foroiuliani ducatus praefectus.* Vgl. Annales regni Francorum a. 826; S. 170 oder 144, wo Balderich und Gerold II. *comites ac Pannonici limitis praefecti* heißen. Siehe K. Brunner, Fürstentitel 194 ff. und 235 f.
42 WS 188 mit Anm. 503.
43 WS 189 mit Anm. 504.
44 WS 169 mit Anm. 391, 185–188 und 191 mit Anm. 521.
45 Annales regni Francorum a. 821; S. 155 oder 124.
46 WS 165–175, bes. 168 f., 171 f., 174 und 278 (*ritus gentis*).
47 WS 179 und 191 f. Krahwinkler, Friaul 150–158, bes. 154 ff.: Das Klagegedicht des Paulinus über Erichs Tod enthält keinen Hinweis, daß des Herzogs Mandatsgebiet irgendwo über die Drau nach Norden gereicht hätte. Dieser Sachverhalt erlaubt wohl den Umkehrschluß, daß Gerold I. für alles Gebiet links des Flusses zuständig war.
48 Krahwinkler, Friaul 154–158.
49 WS 68–71 (Pannonia-Terminologie). Annales regni Francorum a. 818; S. 149 oder 116 (Liudewit von Sisak ist *dux Pannoniae inferioris*). Ebendort a. 820; S. 153 oder 122 (das Gebiet nördlich der Drau ist die *Pannonia superior*). Ebendort aa. 827 und 828; S. 173 f. oder 150 (*Pannonia superior* am linken Ufer der Drau). Einhard, Vita Karoli c. 15; S. 18 oder 184 *(utraque Pannonia).* WS 306–310.
50 Pohl, Awaren 315 ff., bes. 321 mit Anm. 111 f. Krahwinkler, Friaul 154 ff. WS 300 mit Anm. 567 (Gerold I.).
51 Einhard, Vita Karoli c. 11; S. 14 oder 180 (Schlußsatz).
52 WS 181 f. und 300. Siehe bes. Capitularia n. 44 c. 7; 1, 123. WS 310 Anm. 614 (Grafschaft zwischen Enns und Raab).
53 WS 70 mit Anm. 13, 84–86 und 183 f.
54 Zur norischen Identität Karantaniens siehe WS 71 f. mit Anm. 19. Die Vermischung der beiden Identitäten durch den Autor der Conversio (wie WS 78–81) hängt auch mit der gleichen verfassungsgeschichtlichen Struktur der beiden Gebiete zusammen: Unter der Leitung des Ostlandpräfekten wurden Karantanien wie Pannonien von gentilen Tributärfürsten beherrscht. WS bes. 167 f. und 304–306.
55 Annales regni Francorum a. 805; S. 119 f. oder 80 ff. TR 10; S. 8 f., oder UB Burgenland n. 1; S. 1 f. WS 53 mit Anm. 252. Pohl, Awaren 310 f.
56 Pohl, Awaren 323 mit Anm. 133. Zum Fürstentum von Moosburg siehe WS 321–325 und 325–334.
57 WS 308–310.
58 Siehe dazu DD.LD. 96, 109 und 115 sowie WS 70 Anm. 13.

59 Siehe die Aufstellung WS 310 f. Anm. 614. Zur Bezeichnung Gerolds II. als Grafen, Grenzhüter und Grenzpräfekten des awarisch-pannonischen Limes siehe Annales regni Francorum a. 826; S. 169 f. oder 144.
60 WS 310–314.
61 K. Brunner, Oppositionelle Gruppen 142 mit Anm. 130, bes. nach D.LD. 96.
62 WS 317–321; zur Schlacht von Preßburg am 4. Juli 907 siehe Reindel, Luitpoldinger n. 45; S. 62 ff.
63 WS 84–86.
64 DD.LD. 2 f. und 109 von 830 X 6, 831 I 5 und 863 (?) VI 16.
65 Zöllner, Bevölkerung 131 Anm. 46, kann sich Lechner, Grundzüge 333, »allerdings nicht anschließen«. Pohl, Awaren 309–312.
66 DD.LD. 25, (38), 64, 102. D.Arnolf 98.
67 BM[2] 778 (Erkens, Urkunde für Passau 113 ff.), DD.LD. 9, 18, sowie UB Burgenland n. 21; 1, 12. Siehe auch Regesten Passau n. 105; S. 26.
68 DD.LD. 8 und 96.
69 TF 1007; 1, 760 f.
70 Weißensteiner, Tegernsee 69 ff.
71 D.Kar.I. 212. DD.LD. 2, 80, 109, 116.
72 BM[2] 850. D.Karlmann 3 (Bestätigung einer Schenkung Ludwigs des Deutschen ohne Urkundenausstellung). D.Arnolf 120.
73 D.LD. 3.
74 D.LD. 101.
75 TF 1007; 1, 760 f.
76 D.LD. 2 von 830 X 6. BM[2] 850 (Rechte der freien Slawen).
77 Vgl. aber D.O.II. 204, wo der Raum von Wieselburg an der Erlauf als *desertum* bezeichnet wird.
78 BM[2] 328 l (795), BM[2] 333 c und f sowie 508 d–g und 513 a, c und d. Krahwinkler, Friaul 150 f. Pohl, Awaren 319.
79 Krahwinkler, Friaul 196 f. Pohl, Awaren 319 f. Rhythmus de Pippini regis victoria Avarica 5 ff.; S. 116 f., erwähnt das »Lager an der weißen Donau«, das am rechten Ufer des Stroms errichtet wurde. Dieses Lager ist identisch mit den *castra,* wo Pippin die Bischofssynode abhalten ließ: siehe Conventus episcoporum S. 172 f. Die zeitliche Abfolge – Unterwerfung des Khagans, Abhaltung der Bischofssynode, Überquerung der Donau und Eroberung des Hrings – bestätigen auch Annales regni Francorum a. 796; S. 98 ff. oder 64 ff., wo es heißt: Pippin fertigte zwei Gesandtschaften an seinen Vater ab; die erste meldete, der Khagan und seine Großen seien dem jungen König entgegengekommen und hätten sich ihm unterworfen; die zweite berichtete, Pippin habe den awarischen Königssitz im Alföld eingenommen. WS 286 f. Vgl. Abel/Simson, Jahrbücher 2, 121 f., sowie Hauck, Kirchengeschichte 2, 475–477.
80 Alcuin, Epistolae n. 107; S. 153 f.
81 Zum Slawenzehent siehe Dopsch, Geschichte Salzburgs 1, 163 mit Anm. 47. Noch Berthold von Kremsmünster war die *decima Sclavorum* so vertraut, daß er die *decania Sclavorum* der Gründungsurkunde zur *decima Sclavorum* »schlimmbesserte«: siehe WS 375 mit Note wx.
82 Pohl, Awaren 318 mit Anm. 83, bes. nach Annales regni Francorum aa. 795 und 796; S. 96 ff. oder 64 ff.
83 Nach dem 25. Mai 796 schrieb Alcuin, Epistolae n. 107; S. 153, wo es im Hinblick auf Arn heißt: *exercitus, qui tecum vadit.*
84 Alcuin, Epistolae nn. 110–113; S. 157–166, bilden eine Einheit und beginnen mit einem Gratulationsschreiben an Karl den Großen wegen des Awarensiegs. Alcuin, Epistolae n. 112; S. 162 mit Anm. 3, erwähnt den Tod des Erzbischofs Eanbald von York, der am 10. August 796 starb. Die eben genannten Briefe sind daher einige Zeit nach diesem Datum entstanden. Allerdings dürften der Tod des angelsächsischen Erzbischofs und die Heimkehr des siegreichen Frankenheeres ziemlich gleichzeitig erfolgt sein. So bestätigt Alcuin, Epistolae n. 112; S. 162, einen Brief Arns, den dieser schon in Salzburg geschrieben hatte.
85 WS 286 Anm. 503 zu Conversio c. 6.
86 WS 290–294. Siehe bes. Conversio c. 8 und TP 46; S. 40 f. Regesten Passau n. 48; S. 14 f.
87 Alcuin, Epistolae n. 107; S. 154, deutet Hauck, Kirchengeschichte 2, 477 mit Anm. 1, als »Steuernachlaß« für Salzburgs Verdienste um die Awarenmission. Hingegen erkannte Berg, Studien 103, die im Text vorgetragene Bedeutung der Stelle.
88 Alcuin, Epistolae n. 99; S. 143 ff. Ist Alcuin, Epistolae n. 98; S. 142, so zu verstehen, daß Erich den Absender in seiner Aachener *mansiuncula,* in seinem »Häuschen«, aufsuchte, dann muß der friulanische Herzog 796 die für Alcuin bestimmten Awarenschätze in eigener Person abgeliefert haben. Vgl. Krahwinkler, Friaul 151 Anm. 187.
89 Krahwinkler, Friaul 153 f. mit Anm. 204.
90 Zu BM[2] 785 von 824 I 21 siehe Krahwinkler, Friaul 170 f. mit Anm. 288 und 192 f.

91 Krahwinkler, Friaul 164.
92 Zu Alcuin (Appendix), Epistolae n. 2; S. 484 ff., siehe Krahwinkler, Friaul 164 mit Anm. 259, und WS 72 mit Anm. 21.
93 D.Kar.I. 211 von 811 VI 14. Krahwinkler, Friaul 166–168.
94 Divisio regnorum cc. 2 f.; Capitularia 1, 126 ff. n. 45; vgl. BM² 467 a und 515 a (Tod Pippins am 8. Juli 810).
95 BM² 707 von 819 XII 27. SUB 2, 16 ff. n. 6.
96 TP 46; S. 40 f. Regesten Passau n. 48; S. 14 f.
97 BM² 778. Erkens, Urkunde für Passau 110 und 113 f. (Text). Regesten Passau n. 105; S. 26 f.
98 D.LD. sp. 173: *Adalrammus archiepiscopus dicebat Arnonem ... ipsam parrochiam* (Gebiet westlich der Raab) *habuisse et ibi predicasse atque predicasse*; vgl. Dopsch, Karolinger und Ottonen 175 mit Anm. 148.
99 Ein Unterschied besteht nur in der Buckligen Welt, wo der südlich vom Spratzbach fließende Zöbernbach die Grenze der Grafschaften bildete: siehe D.LD. 38 oder UB Burgenland n. 5; 1, 4.
100 DD.LD. 9, 18 und 98.
101 D.LD. sp. 173.
102 Notae de epicopis Pataviensibus S. 623. Regesten Passau n. 111; S. 29.
103 WS 37 Anm. 135 nach UB Oberösterreich 2, 49 n. 36. Regesten Passau n. 187; S. 50.
104 D.LD. 112. Vgl. WS 297 mit Anm. 562. Siehe Conversio c. 5.
105 WS 280 f.
106 WS 296. Conversio c. 8.
107 WS 296. Conversio c. 9.
108 Fichtenau, Urkundenwesen 97 und 212 (Zitat). WS 297 mit Anm. 563 f. Dopsch, Karolinger und Ottonen 184 mit Anm. 204. MC 3, 9–11 nn. 18 und 23 f., bes. Excerptum de Karentanis c. 1.
109 Verbrüderungsbuch Reichenau 108^C1. An die Salzburger Priester im Herrschaftsgebiet Priwinas erinnert der ebendort 108^C2 erwähnte Paldmunt; vgl. Conversio c. 11: *Paldmunteschirichun.*
110 Vita Gebehardi c. 2; S. 26 (11. Jahrhundert: Lhotsky, Quellenkunde 215).
111 WS 297 Anm. 562.
112 WS 297 f.
113 Dopsch, Karolinger und Ottonen 202.
114 Liber confraternitatum rec. 2; S. 46, oder 29 Bc (Forstner).
115 MC 3, 11 ff. nn. 25 ff. D.Arnolf 91 von 891 VII 21 (erste Nennung der heiligen Primus und Felicianus in Maria Wörth) sowie TF 1036; 1, 780 f.; vgl. TF 932; 1, 720 f.
116 WS 311 f. Conversio cc. 10 f. Zu Adalrams Sprachkenntnissen siehe De ordine conprovincialium pontificum VII vv. 18–21; S. 642.
117 WS 322. Conversio c. 11. D.LD. 100 (Priwinas *ducatus*).
118 Conversio c. 11 (beide Zitate). Dazu und zum folgenden siehe WS 322–325.
119 D.LD. 38. UB Burgenland n. 5; S. 4. Fichtenau, Urkundenwesen 92 f. Fleckenstein, Hofkapelle 1, 180.
120 WS 323 mit Anm. 678. Concilium Meldense cc. 50 f.; S. 393 und 410.
121 WS 323 f.
122 WS 324 f. Conversio c. 11. Nach Conversio c. 12 sind *diaconi et clerici* an die Zala gekommen. Vgl. Semmler, Mönchtum 201 und 205.
123 WS 324 f. mit Anm. 681. Annales regni Francorum a. 821; S. 155 f. oder 126.
124 Conversio c. 11. Sós, Bevölkerung 95 ff. und 100–105, sowie von Bogyay, Mosapurc und Zalavár 382 ff. Vgl. Pohl, Awaren 323 f.
125 WS 324 f. Conversio c. 11.
126 Conversio c. 13.
127 WS 331 f. Conversio c. 13
128 Annales Iuvavenses maximi a. 874; S. 742.
129 WS 323–325 und 331. Conversio c. 12; vgl. cc. 11 und 13.

II. Die Ereignisse bis 828
Seite233–247

130 Pohl, Awaren 312 ff. Wolfram, Intitulatio I. 217 ff.; vgl. ders., Intitulatio II. 49 mit Anm. 157 (Pavia 774). K. Brunner, Oppositionelle Gruppen 43 ff. Krahwinkler, Friaul 119 ff. (Hrodgaud-Aufstand). Zu 788 siehe Jahn, DB 540 ff.
131 Krahwinkler, Friaul 137 ff. Pohl, Awaren 308 und 313.
132 WS 45 mit Anm. 174 f. und 236 mit Anm. 214 nach Arbeo, Vita Haimhrammi c. 5.
133 WS 45 mit Anm. 179. Pohl, Awaren 309.

134 Pohl, Awaren 293 ff. (Khagan und Iugurrus) und 308 ff. (Ennsgrenze), bes. nach Annales regni Francorum a. 782; S. 60 f. oder 42 ff. Die Awaren werden 782 zum ersten Mal in den Reichsannalen erwähnt. Zur regionalen Berichterstattung über das Auftauchen der Awaren an der Enns siehe Pohl, Awaren 314, nach Annales Iuvavenses maximi a. 782; S. 734, sowie Annales s. Emmerammi maiores a. 783 (recte 782); S. 735.

135 Becher, Eid 56 f. Riezler, Geschichtswerk 272 f.

136 Becher, Eid 64, zu Annales regni Francorum a. 788; S. 80 oder 54.

137 Pohl, Awaren 314 f. Annales regni Francorum a. 788; S. 82–84 oder 56. Während die awarische Reichsgrenze an der Enns lag, reichten die awarischen Siedlungen nur bis zum Wienerwald: siehe Daim, Awaren 28 f.

138 Pohl, Awaren 315 f. Annales regni Francorum aa. 790 f; S. 87 ff. oder 58 ff.; vgl. BM[2] 305 b (awarische Gesandte in Worms). Zu den Kriegsvorbereitungen Karls siehe Annales regni Francorum a. 792; S. 92 f. oder 60, sowie bes. Einhard, Vita Karoli c. 13; S. 15 oder 180. Zu Alcuins Anfrage Mitte 789 siehe ders., Epistolae n. 6; S. 31; vgl. n. 7; S. 32. Zur Gleichung Heer = Volk siehe Wolfram, Goten 17.

139 BM[2] 311 c–d, 314 a–c, 315 und 315 a, 316 a–e. Annales regni Francorum und (Einh.) a. 791; S. 86–91 bes. 89 (*certus limes* zwischen Bayernreich und Hunnenreich) oder 58 ff. Annales Laureshamenses a. 791; S. 34 f., wo auch der »illyrischen« Nebenfront gedacht wird.

140 Zur möglichen Beteiligung slawischer Kontingente bereits 791 siehe Annales Alamannici a. 790 (recte 791); S. 164 f.

141 Epistolae variorum n. 20; S. 528 f., datiert die in den Annalen genannten *letaniae* auf Montag bis Mittwoch, den 5. bis 7. September 791. Da der Frankenkönig in diesem Brief seine Gemahlin Fastrada bittet, ihrerseits in Regensburg Bittgottesdienste für das Gelingen des Awarenkriegs abzuhalten, scheinen die Franken nicht unmittelbar nach dem 7. September die Ennsgrenze überschritten zu haben. Jedenfalls war Bischof Sindbert, der auf dem Feldzug starb (BM[2] 316 d), noch am 1. September 791 in seiner Stadt Regensburg: siehe TR 6; S. 5.

142 Nach TF 142; 1, 146 f., wurde am 20. September 791 in Lorch ein Gerichtstag abgehalten, an dem neben Atto von Freising, Arn von Salzburg und Gerold I. auch ein Meginfrid teilnahmen. Abel/Simson, Jahrbücher 2, 21 Anm. 3, wendet sich gegen dessen Gleichsetzung mit *Meginfredus camerarius,* der zusammen mit dem Grafen Theoderich die Nordarmee kommandierte: siehe Annales regni Francorum (Einh.) a. 791; S. 89. Hingegen identifiziert Störmer, Adel 1, 220 f., die beiden Meginfride mit guten Gründen. Dafür spricht auch, daß Gerold I. und Meginfrid als *missi domni regis* zu einem späteren Zeitpunkt einen Fall abermals zu verhandeln hatten, der bereits im Heerlager zu Lorch beraten wurde: siehe TF 143 ab; 1, 148 f.

143 Zur Teilnahme Ludwigs des Frommen siehe Anonymus, Vita Hludowici c. 6; S. 609 f. oder 266.

144 Siehe oben Anm. 142 und Krahwinkler, Friaul 148.

145 Pohl, Awaren 317 mit Anm. 64 f., und Krahwinkler, Friaul 149. BM[2] 316 c.

146 Annales regni Francorum (Einh.) a. 791; S. 91.

147 Krahwinkler, Friaul 149–151 und 211 ff.

148 Annales regni Francorum (Einh.) a. 791; S. 89. Annales regni Francorum aa. 805 und 806; S. 120 und 122 oder 80 und 82 Vgl. BM[2] 411 b und 422 b.

149 Siehe bes. Einhard, Vita Karoli c. 13; S. 16 oder 180 ff. Vgl. Annales regni Francorum a. 791; S. 89 oder 58 ff. Zum Tod der drei geistlichen Würdenträger siehe BM[2] 316 d und Pohl, Awaren 316.

150 Annales regni Francorum aa. 792 und 793; S. 90 ff. oder 60 ff. Vgl. Capitulare Aquisgranense c. 10; 1, 171: *Et unusquisque comis duas partes de herba in suo comitatu defendat ad opus illius hostis, et habeat pontes bonos, naves bonas.* Anonymus, Vita Hludowici c. 6; S. 610 oder 266 ff. (Ludwigs des Frommen Hilfe für Pippin in Italien). Zu den weitreichenden Verbindungen der Awaren mit Sachsen und Sarazenen sowie zum Aufstand Pippins des Buckligen und zum beneventanischen Feldzug 792/93 siehe bes. Annales Laureshamenses aa. 792 und 793; S. 35. Vgl. BM[2] 317 b und 320 b, d–l.

151 Annales Alamannici a. 793; S. 169.

152 Annales regni Francorum aa. 795 (Tudun) und 796 (awarischer Bürgerkrieg); S. 96–99 oder 64–66. Auch Suda, Lexicon 1, 483, spricht von einem inneren Zwist, dem die »Tüchtigeren und Klügeren« zum Opfer gefallen seien, so daß der awarische »Archon und das ganze Volk« zugrunde gingen. Die anderen dafür genannten Gründe – Rechtlosigkeit, Trunksucht, Krämergeist – sind »Stehsätze« der Ethnographie und finden sich schon bei Caesar, De bello Gallico IV 2. Zur gentilen Verfassung der Awaren siehe Pohl, Awaren 292 ff.

153 Pohl, Awaren 318–320, Krahwinkler, Friaul 148 ff. Váczy, Der fränkische Krieg 407 ff., läßt die Tudun-Gruppe nicht an der Donau, sondern gegen Italien zu siedeln, wodurch erst das Unternehmen der Friulaner 795 möglich geworden sei. Diese Überlegung scheint wenig wahrscheinlich; wäre nämlich ein Frankenheer durch friedensbereites Gebiet marschiert, hätte es dieses sehr bald zum Widerstand gereizt. Tatsächlich geht aus Annales regni Francorum aa. 795 f.; S. 96 ff. oder 64 ff., klar hervor, daß der Tudun

nach dem Erich-Unternehmen und vor dem Pippin-Angriff die Anfang 795 eingegangenen Verpflichtungen persönlich in Aachen erfüllte. Die Schonung der Tudun-Gruppe könnte vielleicht auch ein Grund gewesen sein, daß Karl der Große seine Strategie änderte und das Awarenreich vom Südwesten her angreifen ließ. Dazu würde passen, daß der Tudun sehr bald nach dem Aachen-Besuch rebellierte – siehe Annales regni Francorum a. 796; S. 101 –, da bayerisch-alamannische Truppen am Pippin-Krieg teilnahmen – siehe Annales Laureshamenses a. 796; S. 37 – und sich dementsprechend benahmen. Wahrscheinlich waren die Erben der Tudun-Gruppe diejenigen Kräfte, die 805 die Errichtung eines Tributärkhaganats mit der Westgrenze Hainburg–Steinamanger erreichten. Da sich diese Awaren hierher vor den Slawen zurückzogen – siehe Annales regni Francorum a. 805; S. 119 f. oder 80 –, könnte der Raum überwiegend awarisch gewesen sein. So liegen hier die einzigen urkundlich erwähnten *loca Avarorum*: siehe TR 10; S. 8 f., oder UB Burgenland n. 1; S. 19. Vgl. WS 53 mit Anm. 252.

154 Annales regni Francorum a. 796; S. 98 oder 64. Zum *hringus gentis Avarorum* siehe Pohl, Awaren 306 ff. Zu Wonomyr siehe WS 82, Krahwinkler, Friaul 150, und Pohl, Awaren 319.

155 Annales regni Francorum a. 796; S. 98 f. oder 64 ff. BM² 328 k–l. Alcuin, Epistolae n. 98; S. 142. Zum Geschenk an die *metropolitanae civitates* sowie an Offa siehe ebendort n. 100; S. 146. Krahwinkler, Friaul 151 Anm. 187.

156 Conventus episcoporum 172 f. Krahwinkler, Friaul 196 f. Pohl, Awaren 319 f.

157 Annales regni Francorum a. 796; S. 98 ff. oder 64 ff. (Zusatz *Hunis trans Tizam fluvium fugatis*). So gibt es in Tiszafüred – etwa 75 Kilometer westlich von Debrecen – ein großes Gräberfeld, das bruchlos in der Karolingerzeit weiterbelegt wurde. Váczy, Der fränkische Krieg 416 f., leugnet die Bedeutung der Feldzüge von 795/96 und erklärt die awarische Unterwerfung als »Folge des unerwarteten Angriffes Krum Khans«. Dieser erfolgte jedoch erst 803 und war keineswegs unerwartet: siehe Pohl, Awaren 320. Vgl. Schaller, Pippins Heimkehr bes. 64 f. und 73 f.

158 Pohl, Awaren 306 ff. Annales regni Francorum a. 796; S. 99. Annales Laureshamenses a. 796; S. 37. Vgl. BM² 333 c und Csendes, Awarenkriege 102 ff. Zur Residenz Attilas siehe Priscus frag. 8; S. 84 ff. = 11, 2; S. 262 ff. (Blockley).

159 Einhard, Vita Karoli c. 13; S. 15 f. oder 180 ff. Alcuin, Epistolae n. 185; S. 310 (Brief an Arn zum Tode Gerolds und Erichs von Friaul): *viri fortissimi, qui terminos custodierunt etiam et dilataverunt Christiani imperii.*

160 Krahwinkler, Friaul 152 ff. Pohl, Awaren 321. WS 300 mit Anm. 567 f. Siehe Alcuin (wie oben Anm. 159).

161 Annales s. Emmerammi maiores a. 802; S. 737. Pohl, Awaren 321 f. WS 181 mit Anm. 459 und 302 mit Anm. 575–577. Zur Unmöglichkeit, *castellum* Guntionis mit Güns gleichzusetzen, siehe Endre Tóth, Magyar Nyelv 70 (1974) 469–473, sowie Steinhauser, Ortsnamen des Burgenlandes 319 f. Dazu bemerkte brieflich Peter Wiesinger, daß ein Zusammenhang zwischen den beiden Namen deshalb unwahrscheinlich sei, weil es im 8. und 9. Jahrhundert keine genetivischen Ortsnamen als Ellipsen gibt.

162 WS 181–183. Pohl, Awaren 321 f. Annales Mettenses priores a. 803; S. 90. BM² 402 b, 404 und 404 b. Annales regni Francorum a. 803; S. 118 oder 78 *(Pannoniarum causae).* Capitulare Baiwaricum c. 9; 1, 159. Annales Lobienses a. 803; S. 195.

163 Pohl, Awaren 322 f. Annales regni Francorum a. 805; S. 119 f. oder 80 ff. Zur letzten Nennung der Awaren bzw. der Awarengrenze siehe Annales regni Francorum aa. 822 und 826; S. 159 und 169 oder 130 und 144.

164 Capitulare von Diedenhofen c. 7; 1, 123. WS 182 f.

165 Capitularia n. 49 c. 2; 1, 136. Ganshof, Kapitularien 23 f. mit Anm. 26 und 165, datiert dieses Kapitulare auf 806.

166 Annales regni Francorum a. 811; S. 135 oder 98. WS 167. Pohl, Awaren 304 ff. und 323 mit Anm. 132.

167 Annales regni Francorum aa. 826 und 827; S. 168 f. oder 142 sowie 144 und 170 oder 150. WS 306 mit Anm. 594, 309 mit Anm. 610 f. und 313.

168 Vgl. Erchanbert, Breviarium S. 324, mit Conversio c. 3.

169 Krahwinkler, Friaul 154–158. Paulinus, Versus de Herico duce 1; S. 131, erwähnt die Gewässer, die über den Tod Erichs klagen. Darunter befinden sich die drei ostfriulanischen Flüsse Timavo, Isonzo und Natissa sowie die eindeutig pannonischen Flüsse Save, Ku(l)pa, die krainische Gurk-Krka sowie die Donau, während die Drau st. 6 genannt wird. Außerdem hört man von der »dakischen« Theiß und von der *Marua,* die wohl mit der mösischen Morava (Margus) zu identifizieren ist. Während die Erwähnung der Theiß aus Erichs Vorstoß bis zum awarischen Hring (Pohl, Awaren 307 und 319) folgt, gibt es keinen Beleg, daß fränkische Heere je den mösischen Margus erreicht hätten. Vielmehr war nach Annales regni Francorum aa. 812 und 813; S. 136 und 139 oder 100 und 104, Mösien byzantinisch oder zwischen Bulgaren und Konstantinopel umstritten. Zur Zuständigkeit Erichs für das liburnisch-dalmatinische Grenzgebiet siehe Paulinus, Versus de Herico duce 6; S. 131. Ebendort 2, 2; S. 131, erwähnt unter den Städten, die um Herzog Erich trauern, als einzige Stadt Pannoniens dessen alte Kapitale Sirmium. Concilium Mantuanum a. 827; 2, 586, bezeichnet Pola als *caput Histriae.*

170 Sirmium war eine der *sedes imperii,* deren Besitz in Italien, Gallien und Germanien den Frankenkönig Karl 800 zur Annahme der Kaiserkrone qualifizierte: siehe Fichtenau, Karl der Große 320. Eine reale Existenz der Stadt als Herrschaftsmittelpunkt und Zentralort ist deswegen nicht anzunehmen, weil auch Constantinus Porphyrogenitus, De administrando imperio c. 40, 31; 1, 176, von dem »berühmten Sirmium« nur in einem historisierenden Zusammenhang spricht. Mit dem historiographischen Befund deckt sich das Ergebnis der archäologischen Ausgrabungen, die eine Wiederbesiedlung oder einen Wiederaufbau Sirmiums im 9. Jahrhundert ausschließen: siehe Mirković, Sirmium 58 f.

171 Krahwinkler, Friaul 223–225.

172 Annales Lobienses a. 803; S. 195: *Pannonia cum finitimis regnis sub ditione imperatoris redacta est.* Zum Dukat von Siscia siehe WS 310 f. Anm. 614 und 335.

173 Classen, Karl der Große 64–67 oder 600–603. Krahwinkler, Friaul 179–183. Annales regni Francorum aa. 806–810; S. 120 ff. oder 90 ff. DD.Kar.I. 200 f. BM[2] dep.189 f.; S. 851. Constantinus Porphyrogenitus, De administrando imperio cc. 28–30; 1, 118 ff. und 2, 92 f.

174 Krahwinkler, Friaul 199 ff., nach I placiti n. 17; S. 48 ff. Im besonderen siehe Krahwinkler 211 ff. (Johannes), 215 ff. (Fortunatus) und 223 ff. (Cadolah und Aio). Zu Aio siehe auch DD.Kar.I. 187 und 209. Vgl. Mayer, Municipalverfassung 259 ff. Zu Ludwigs des Frommen Bestätigungen siehe BM[2] 732 von vor 821.

175 Dazu und zum folgenden siehe Krahwinkler, Friaul 186–192, und WS 312 ff. Annales regni Francorum aa. 817 und 818; S. 145 oder 110 und 149 oder 116; Anonymus, Vita Hludowici c. 27; S. 621 oder 298. Vgl. BM[2] 642 b und 672 f.

176 Annales regni Francorum a. 817; S. 146 oder 112.

177 Annales regni Francorum a. 818; S. 148 f. oder 114 ff. BM[2] 672 a–f; zum Bernhard-Aufstand siehe BM[2] 515 l–p und 661 a.

178 Annales Iuvavenses maximi a. 818 und Annales s. Emmerammi maiores aa. 818 und 819; S. 738 f.; vgl. Auctarium Garstense a. 838; S. 564 (Ratimar von Siscia); vgl. K. Brunner, Oppositionelle Gruppen 20 mit Anm. 46 f.

179 Annales regni Francorum a. 819; S. 150 oder 118. BM[2] 622 a nimmt für Juli bereits die Nachricht von der erfolglosen Rückkehr des Cadolah-Heeres an, was jedoch (siehe unten Anm. 180) nicht stimmen kann.

180 Auch die bayerischen Annalen dürften erst 820 als Kriegsbeginn registriert haben: siehe Annales s. Emmerammi maiores a. 820; S. 741; auch die Excerpta Aventini a. 819; S. 743, meinen offenkundig dasselbe Unternehmen. Von den 819 gegen Liudewit aufgebotenen Bayern berichten nur TF 415 und 419; 1, 356 und 359 f. (819 V 8 und 819 VII 4). Zum Schreiber in St. Florian: siehe Bischoff, Schreibschulen 1, 199 f., und 2, 238. Die hier gebotene Jahreszahl 818 ist – laut freundlichem Hinweis Bischoffs auf die Faksimile-Ausgabe (2, 238) – ein Druckfehler für 819. Zum Todestag Cadolahs siehe Libri anniversariorum et necrologium Sancti Galli, Iulius II Kal.; 1, 478. Über Ort und Art des Todes Cadolahs siehe Annales regni Francorum a. 819; S. 151 oder 118.

181 Annales regni Francorum a. 819; S. 150 f. oder 118 ff. Anonymus, Vita Hludowici c. 32; S. 624 f. Krahwinkler, Friaul 215 ff. (Fortunatus), nach Annales regni Francorum a. 821; S. 155 oder 127.

182 WS 182 mit Anm. 460 und 308 mit Anm. 607.

183 WS 301 mit Anm. 572 und 308 mit Anm. 607.

184 Annales regni Francorum a. 819; S. 151 oder 118. BM[2] 692 a. WS 308.

185 Annales regni Francorum a. 819; S. 151 f. oder 118 ff. Šišić, Kroaten 63. Zur Zahl 3000 vgl. Wolfram, Goten 106 mit Anm. 59.

186 Vgl. Verbruggen, L'armée 420 mit Anm. 4 f. und 435 mit Anm. 113. Capitulare Aquisgranense c. 10; 1, 171.

187 Verbruggen, L'armée 433.

188 Krahwinkler, Friaul 190 und 195 f. WS 306 ff. Annales regni Francorum a. 820; S. 152 f. oder 120 ff. Anonymus, Vita Hludowici c. 33; S. 625 oder 310. BM[2] 709 a und 721 a. Zum Anmarschweg des pannonischen Heeres siehe Sós, Bevölkerung 191 (Karte).

189 Annales regni Francorum a. 821; S. 154 ff. oder 124 ff; vgl. a. 823; S. 161 oder 132 und 134. Zu Fortunatus siehe Krahwinkler, Friaul 215 ff. Vgl. BM[2] 733 a, 740 c–d.

190 Annales regni Francorum a. 822; S. 158 oder 128 ff.; vgl. BM[2] 762 a. Bezüglich der entsprechenden Belagerungsgeräte vgl. oben Anm. 186 und Annales Laurissenses a. 769; S. 148. Zum Fortunatus-Skandal siehe Krahwinkler, Friaul 190 und 215 ff. Zu den alten Römerstraßen im Zwischenstromland siehe Mócsy, Pannonia col. 659 f.

191 WS 312 f. Annales regni Francorum a. 822; S. 158 f. oder 128 ff., und Annales regni Francorum a. 824; S. 164 f. oder 136 ff., sowie Herrmann, Byzanz und die Slawen 310 mit Anm. 6 f., und ders., Welt der Slawen 50 (Karte). Zum Tod Liudewits siehe Annales regni Francorum a. 823; S. 161 oder 132. Vgl. BM[2] 766 a und 778 a. Zur »skythischen Politik«, Sklavenvölker zu schaffen und ihnen die Freizügigkeit zu nehmen, vgl. Pohl, Awaren 21 ff.

192 WS 300 f. mit Anm. 571 und 308 f. Annales regni Francorum aa. 824 und 825; S. 161 ff. oder 132 ff., und a. 826; S. 168–170 oder 142–144. Annales Iuvavenses maximi a. 825; S. 740. Wolfram, Conversio 123 f. bes. mit Anm. 37 f. Daß Balderich nicht bloß 819 und 820 (Annales regni Francorum a. 819; S. 151 oder 118, sowie a. 820; S. 152 f. oder 120 und 122), sondern auch noch nach Ludwigs des Deutschen Eintreffen in Bayern in Karantanien und in Pannonien nördlich der Drau kommandierte, zeigen Annales regni Francorum aa. 826 und 828; S. 169 f. oder 144 und 174 oder 150.

193 WS 308–310. Wolfram, Conversio 124 f., nach Annales regni Francorum a. 826; S. 170 oder 144, a. 827; S. 173 oder 150, und a. 828; S. 174 oder 150. Vgl. Annales Fuldenses aa. 828 und 829; S. 25 f. oder 18 ff.; vgl. BM[2] 841 b und 852 a. Krahwinkler, Friaul 192–197. Ein Balderich, der über reichen Besitz in Bayern verfügte, war beim Teilungsvertrag von Verdun im Sommer 843 anwesend: siehe TF 661; 1, 556 f.

194 Krahwinkler, Friaul 245 ff.

III. Das bayerische Ostland von 828 bis zum Sturz Ratpots (854)

Seite 248–250

195 WS 309 f.

196 BM[2] 850.

197 WS 300 mit Anm. 570. TF 568; 1, 469.

198 Mitterauer, Markgrafen 18 mit Anm. 71.

199 Conversio c. 10. WS 191 mit Anm. 519, 310 f. mit Anm. 614 und 317 mit Anm. 636. TR 26; S. 33 von 833 (erste Nennung Ratpots). D.LD. 96 von 859 V 1 (letzte Nennung). Die von Mitterauer, Markgrafen 92 mit Anm. 9, angenommene Nennung von Juni 860 ist unwahrscheinlich. Damals unterschrieb ein *Ratbodus* unter den weltlichen Zeugen den Koblenzer Friedensschluß zwischen Ludwig dem Deutschen, Karl dem Kahlen und Lothar II. Von der Bedeutung Ratpots her wäre eine solche Mitwirkung in der internationalen Politik durchaus denkbar. Allerdings müßte der 854 abgesetzte – siehe Excerpta Aventini a. 854; S. 744 – und am 1. Mai 859 (D.LD. 96) noch der Felonie bezichtigte Ratpot binnen Jahresfrist die Huld seines Herrn wiedererlangt haben, um in Koblenz eine derartige Rolle spielen zu können: siehe Capitulare n. 242; 1, 154; vgl. BM[2] 1443 a und b. Viel eher könnte der *Ratbodus* von 860 der *Ratbodus infestor* (Truchseß) gewesen sein, der durch D.LD. 96 unmittelbar begünstigt wurde.

200 Mühlberger, Ostland 96 f. Anm. 4. Mitterauer, Markgrafen 91 ff. K. Brunner, Oppositionelle Gruppen 121, 142 und 164.

201 Annales regni Francorum a. 822; S. 159 oder 130.

202 WS 57 f., 311 ff. und 321 ff. Conversio cc. 10–13. Zum Namen Chozil siehe WS 312 mit Anm. 618 und 315 mit Anm. 633.

203 WS 332 mit Anm. 709, bes. nach Conversio cc. 11 und 13.

204 WS 312 ff. Auctarium Garstense a. 838; S. 564, sowie BM[2] 1365 a. Continuatio Annalium Iuvavensium maximorum a. 838; S. 740. Conversio cc. 10 f. Zu Siscia siehe WS 121 f.

205 WS 322 f. Conversio c. 11 (Zitat).

206 Conversio c. 13: *in castro Chezilonis noviter Mosapurc vocato.* Sós, Bevölkerung 29 ff. und 84 ff.

207 WS 325–330. DD.LD. 45 f. Conversio c. 12.

208 WS 145 mit Anm. 249 und 165 ff.

209 WS 118 f. (Tulln). D.LD. 38 oder UB Burgenland n. 5; 1, 4; vgl. DD.LD. 101 f. sowie WS 120 und 310 mit Anm. 614.

210 DD.LD. 9, 18, 38, 45 f., 98, 100–102, 115. TF 887 und 898 f.; 1, 696 und 702. Der älteste Nachweis eines »bayerischen« Grundbesitzers östlich des Wienerwalds dürfte vorliegen in TR 10; S. 9, oder UB Burgenland n. 1; 1, 1 f.; vgl. MMFH 3, 19 n. 3. Des weiteren siehe TR 86 und 102; S. 78 f. und 91. D.Karlmann 3. D.K.III. 75. UB Burgenland n. 21; 1, 12. Erkens, Bischofsurkunden 504–507. Regesten Passau n. 187; S. 50 (Madalwin). D.LK. 42. Außer TR 10; S. 9 von 808 ist keine der genannten Urkunden vor 833, dem Jahr der Taufe Priwinas, ausgestellt worden.

211 BM[2] 778. Erkens, Urkunde für Passau 110 und 113 f. (Text), Regesten Passau n. 105; S. 26 f.

212 TR 29; S. 36, und D.LD. 96: Ratpots Gut dürfte den Wert von 200 Solidi gehabt haben; vgl. WS 118 f. und 311.

213 BM[2] 850; MMFH 3, 20 ff. n. 7 (Druck).

214 Schuster, Etymologie 1, 191 A 220. Weigl, Ortsnamenbuch 1, 69. Dopsch, Virgil 58 Anm. 166.

215 Schuster, Etymologie 2, 103 f. G 114. Weigl, Ortsnamenbuch 2, 300. Mühlberger, Ostland 87 Anm. 5.

216 Schuster, Etymologie 1, 236 B 99 f. Weigl, Ortsnamenbuch 5, 141 (Rappoltenkirchen); vgl. 1, 123 (Penzing).

217 Zöllner, Geschichte Österreichs 57.

218 WS 91 mit Anm. 122. Wilhelm I. wird urkundlich bezeugt: TP 78; S. 65 (821 I 1). TF 548; 1, 469 f. (827 VIII 21). TR 26 f.; S. 32 ff. (833 und 834). D.LD. 64 (853 I 18). TF 784 a, b; 1, 640 (857 IV 5).
219 WS 37 mit Anm. 135 und 58 f. mit Anm. 299.

IV. Das Regime der Königssöhne Karlmann und Arnulf (854/56–887)

Seite 251–267

220 Excerpta Aventini a. 854; S. 744. Auctarium Garstense a. 854; S. 565.
221 Annales Bertiniani a. 853; S. 43 oder 86. Ebendort a. 866; S. 84 oder 160, zeigt, daß eine »westfränkische Partei« selbst mit Ludwig d. J. und Rastislav zusammen gegen Ludwig den Deutschen konspirierte.
222 D.LD. 96 erwähnt Untreue Ratpots und Rettung Ludwigs des Deutschen, was sich vielleicht auf 855 (siehe unten Anm. 223) bezieht. Vgl. Mühlberger, Ostland 95–97.
223 Annales Fuldenses a. 855; S. 45 f. oder 48.
224 WS 100–102, 178 mit Anm. 446 und 317 mit Anm. 637. Excerpta Aventini a. 856; S. 744. Auctarium Garstense a. 856; S. 565. Annales Fuldenses a. 858; S. 49 ff. oder 51 ff.
225 Excerpta Aventini a. 859; S. 744.
226 BM[2] 1435 a–f.
227 WS 317 Anm. 639 (Datierungsfrage).
228 Annales Fuldenses a. 861; S. 55 oder 62.
229 WS 317 Anm. 639.
230 D.LD. 96 von 859 V 1. TR 37; S. 43 von vor 854, da die Urkunde den Grafen Ratpot als Spitzenzeugen nennt.
231 D.LD. 98 von 859 IX 24. UB Burgenland n. 7; 1, 4. Regesten Passau n. 132; S. 34.
232 D.LD. 99.
233 D.LD. 100 von 860 II 20; vgl. WS 328 und 332–334.
234 D.LD. 101 von 860 V 8.
235 Zu D.LD. 102 siehe Dopsch, Karolinger und Ottonen 179–181.
236 Annales Fuldenses a. 861; S. 55 oder 60 und 62.
237 Excerpta Aventini aa. 857 (recte 860/61?); S. 744. Auctarium Garstense a. 861; S. 565. Annales s. Rudberti Salisburgensis a. 861; S. 770.
238 Conversio c. 13. WS 325 mit Anm. 682 (Priwinas Tod zwischen 860 II 20 und 861 III 21).
239 Annales Bertiniani a. 861; S. 55 oder 104.
240 BM[2] 1450 e und 1456 a. Annales Fuldenses a. 863; S. 56 f. oder 62 und 64. Annales Bertiniani a. 863; S. 62 oder 118, sowie a. 864; S. 73 oder 140.
241 Continuatio altera Annalium Iuvavensium aa. 861 und 863; S. 741.
242 D.LD. 112.
243 DD.LD. 109 von 863 (?) VI 16 (Niederalteich) sowie 112 und 115 von 864 I 6 (Karantanien) und 864 X 2 (Lafnitz): siehe Dopsch, Karolinger und Ottonen 184 f. mit Anm. 204 f. und Anm. 212.
244 Der Vergleich von Annales Fuldenses a. 863; S. 57 oder 62, mit Annales Bertiniani a. 864; S. 72 oder 138, sowie die Abfolge der Ereignisse datieren das ostfränkisch-bulgarische Treffen eher 863 als 864. Den Ort des Treffens überliefert Nicolaus I., Epistolae n. 26 c. 9; S. 293. Zu den Kämpfen Ludwigs des Deutschen mit den Bulgaren von 838 bis 853 siehe WS 314.
245 BM[2] 1450 e. Annales Fuldenses aa. 863 f.; S. 56 ff. oder 62 ff. WS 317 f.
246 Siehe oben 164 f. mit Anm. 134–139 sowie oben Anm. 240.
247 Annales Bertiniani a. 866; S. 84 oder 160. WS 318 mit Anm. 645 f.
248 Annales Fuldenses a. 845; S. 35 oder 32.
249 Conversio c. 10. WS 311 f.
250 Vgl. Regino, Chronica a. 876; S. 112 oder 252, mit Erchanbert, Breviarium S. 329.
251 Allgemein siehe WS 145 und 168 ff. Vgl. Einhard, Vita Karoli c. 11; S. 14 oder 178 (Tassilos Ende). Zu *carmula/um* siehe Lex Baiwariorum II 3; S. 294, und WS 280 mit Anm. 477. Annales Fuldenses a. 870; S. 70 oder 76: *Zwentibald ... se Carlmanno una cum regno, quod tenebat, tradidit.*
252 Annales Fuldenses a. 870; S. 70 f. oder 76.
253 D.LD. 64.
254 WS 319 mit Anm. 650–652.
255 Annales Fuldenses a. 871; S. 73 f. oder 80 und 82. Vgl. WS 319. Zur Vertreibung der fränkischen Geistlichen siehe Vita Methodii c. 10; vgl. Richter, Orientierung 287 f. Die von Hannick, Missionen 287 mit Anm. 29, angeführte Vertreibung der ostfränkischen Missionare »um 860« ist nicht zu belegen.
256 Annales Fuldenses a. 872; S. 76 oder 84 und 86.
257 Annales Fuldenses a. 884; S. 110 oder 136.

258 Da Ludwig der Deutsche nach 865 keine Privilegien mehr für das Ostland ausstellte und Karlmann erst nach dem Tod des Vaters dieses königliche Recht ausübte, kann der Umfang der Beauftragung Arbos nicht vor 876 in Königsurkunden nachgewiesen werden: D.Karlmann 1 von 876 XI 3 bestätigt Arbos Zuständigkeit für den Traungau, DD.Arnolf 32 und 98 die für das Land östlich der Enns. Für beide Gebiete gibt es auch das Zeugnis der Raffelstettener Zollordnung S. 250 oder 14. – D.Karlmann 3 von 877 VI 28 nennt im Bereich von Steinamanger einen Grafen *Arathotus* als Nachfolger eines Grafen Wilhelm (!) und zusammen mit einem Grafen Ernst. Nach einer sehr ansprechenden Überlegung von Mitterauer, Markgrafen 164 mit Anm. 21 f., handelt es sich dabei um eine Verschreibung für Arbo.

259 WS 319 f. DD.LK. 24, 27 (ein Vasall Luitpolds erhält mit Arbos Zustimmung Besitzungen in des letzteren Grafschaft im Taungau), 31 und 67 von 909 II 19. Mitterauer, Markgrafen 188 ff., bes. 191: Ende Arbos nach Ekkehard, Chronica a. 1104; S. 186. Zur zweimaligen Amtsenthebung Arbos siehe Annales Fuldenses a. 884; S. 110 f. oder 136 und a. 898; S. 132 oder 170.

260 Mühlberger, Ostland 129 f. mit Anm. 1. Störmer, Adel 1, 227 ff. Dopsch, Bayerischer Adel 125 ff.

261 Dümmler, Ostfränkisches Reich 2, 375 f.

262 D.Karlmann 1.

263 Annales Fuldenses (Cont. Alt.) aa. 884 f.; S. 110 ff. oder 136. Zum Ableben Karlmanns und Ludwigs des Jüngeren siehe Schieffer, Karolinger 177 und 179.

264 Annales Fuldenses (Cont. Alt.) aa. 884 f.; S. 110 ff. oder 136 ff. Vgl. Mühlberger, Ostland 134–138. Zu Method siehe Vita Methodii c. 16.

265 Annales Fuldenses (Cont. Alt.) a. 884; S. 111 oder 138.

266 BM² 1765 e. Vgl. WS 320 f. (Übernahme des Ostlandes 876). Zur Verbindung Arnulfs mit Zwentibald I. siehe bes. Regino, Chronica a. 890; S. 134 oder 288. BM² 1485 b. Vgl. Althoff, Bedeutung 14 ff. Angenendt, Kaiserherrschaft 121 ff. *(pactum compaternitatis)* und 238 ff., bes. 243 (datiert Taufe auf 874, Frieden von Forchheim).

267 Zu TR 86 und 102; S. 78 f. und 91, siehe auch Annales Fuldenses (Cont. Alt.) a. 884; S. 112 oder 138: *(Arnolfus), qui tunc Pannoniam tenuit,* und S. 112 oder 140: Zwentibald fällt in Pannonien ein und plündert zwölf Tage lang *in regno Arnolfi.* Zum Zeitpunkt von Chozils Tod siehe WS 315 mit Anm. 633.

268 Zu den Beinamen der Karolingerkönige als Mittel der Verständigung vgl. Schieffer, Karolinger 9. Annales Fuldenses (Cont. Alt.) a. 892; S. 121 oder 154 (Hengstfeld bei Wildon).

269 BM² 1765 d ff. Arnulfs Bezeichnung als *dux* bezeugt TR 102; S. 91. Der Aufenthalt in der Karnburg anläßlich des Weihnachtsfestes 888 ist durch Annales Fuldenses a. 888; S. 117 oder 148, und D.Arnolf 42 gesichert. Daraus folgt, daß D. 43 in der Kärntner Moosburg ausgestellt wurde.

270 Zu Witigowo 859 und zur großen Landschenkung an Salzburg 860 siehe DD.LD. 96 und 102. Zum Karantanen Framrih in Arnulfs Umgebung siehe TR 102; S. 91.

271 DD.Arnolf 109 und 162. Zu den anderen Nachweisen Luitpolds in Karantanien siehe Reindel, Luitpoldinger nn. 3 f.; S. 5 ff.

272 WS 91 mit Anm. 122. Die Kämpfe der Jahre 882 bis 884 berichten die Annales Fuldenses (Cont. Alt.) a. 884; S. 110 ff. oder 138 ff.

273 Annales Fuldenses (Cont. Alt.) a. 884; S. 112 f. oder 138 ff. Zur Angabe der zwölftägigen Kämpfe vgl. jedoch ebendort a. 882; S. 108 oder 132, wo ein ebenso langer Zeitraum für eine Belagerung von Wikingern genannt wird.

274 Annales Fuldenses (Cont. Alt.) aa. 884 f.; S. 113 f. oder 140 ff.

275 Annales Fuldenses (Cont. Alt.) a. 892; S. 121 f. oder 154.

276 Annales Fuldenses (Cont. Vind.) a. 887; S. 106 oder 130.

277 Vgl. Vita Constantini c. 14 mit Vita Methodii c. 5. Damit stimmen etwa folgende Angaben überein: a) kirchenslawische Fachausdrücke aus dem Lateinischen: siehe Bujnoch, Zwischen Rom und Byzanz 17; b) Vita Constantini c. 15: lateinische Geistliche in Mähren; c) Vita Methodii c. 10: Vertreibung der fränkischen Priester 871/72 – Method tritt in deren Rechte ein; d) Sclagamar, Angehöriger des fürstlichen Clans und Priester: siehe Annales Fuldenses a. 871; S. 73 f. oder 80 und 82.

278 Hannick, Missionen 287 ff. Krahwinkler, Friaul 268 f. Richter, Orientierung 282 f. Vita Methodii c. 8. Außer dieser Nachricht sprechen für italienische Aktivitäten in Mähren folgende Beobachtungen: a) Die Reise der Slawenapostel nach Venedig, um sich dort zu rechtfertigen (Vita Constantini c. 16); b) hochrangige Kleriker, wie der Priester Johannes von Venedig, im Dienste Zwentibalds (Annales Fuldenses a. 874; S. 83 oder 94) sowie c) die stillschweigende Duldung der Erhebung Methods zum Erzbischof von Sirmium durch Aquileia (Vita Methodii c. 8).

279 Conversio c. 11.

280 Zu Reginhars Tauftätigkeit siehe Notae de Episcopis Pataviensibus S. 623 oder Regesten Passau n. 111; S. 29; Löwe, Ermenrich 227 f. Lhotsky, Quellenkunde 285.

281 Canon Hludowici regis c. 11 (Mainzer Synode von 852 X 3); S. 248 f.

282 Friesinger, Alpenslawen und Bayern 116 (Abb. 8) und 121 f. Vgl. hingegen die Form der griechischen

Kreuze bei Dvornik, Byzantine Missions fig. 17. Zum Joseph von Gars-Thunau siehe WS 37 f. mit Anm. 135 und 59 mit Anm. 299, zur Burg Dovina siehe Annales Fuldenses a. 864; S. 58 oder 64. Zu den Burgen siehe Staňa, Burgwälle 157 ff., 169 f. (Gars-Thunau), 185 ff. (Verzeichnis).

283 Hannick, Missionen 292 ff. Conversio cc. 12 und 14. Bernhard, Rechtgläubigkeit 36 f. Vgl. Löwe, Cyrill und Method 635 f. mit Anm. 14. Vita Constantini cc. 8–12 (Khazaren-Mission) und cc. 14 f. (Mähren-Mission, mit mitgebrachter Schrift, Anwesenheit von lateinischen Geistlichen im Lande). Vita Methodii cc. 2–4 (Herkunft, weltliche Verwaltungstätigkeit, Bekehrung zum Mönch, Abt, da er nicht Erzbischof werden wollte), c. 5 (Erfindung der Schrift und Wirken in Mähren). Zur Glagolica, die Konstantin zugeschrieben wird, siehe Peri, Note 31 ff., bes. 36–48.

284 Hannick, Missionen 298 f. Vita Constantini c. 15 (erster Aufenthalt bei Chozil, Fürst von Pannonien).

285 WS 330–332. Conversio c. 13.

286 Vita Constantini cc. 16 f. und Vita Methodii cc. 6 f. Vgl. Bernhard, Rechtgläubigkeit 36 f.

287 Löwe, Cyrill und Method 659 ff., bes. 664 mit Anm. 143. Richter, Orientierung 284, zu *Gloria in excelsis*: Vita Methodii c. 8; vgl. Vita Constantini c. 15. JE 2924 sowie Hadrian II., Epistolae n. 43; S. 763 f., und MMFH 3, 154 f. n. 39. Vita Methodii c. 8: Papst läßt Chozil sagen, daß Method nicht bloß für ihn, sondern für alle slawischen Völker wirken solle. Zum Verhältnis zwischen Aquileia und Sirmium siehe Berg, Bischöfe 105 ff.

288 Vita Constantini c. 15: Chozil als Fürst Pannoniens.

289 Zur *ecclesia Petena* siehe WS 72 f.; zum bulgarischen Sirmium siehe WS 314 f. mit Anm. 632 und 316.

290 Vita Constantini c. 10: Bayerische Bischöfe drohen Chozil.

291 Vgl. WS 77 mit Anm. 50–52. Šašel, Ethnographie 16 f.

292 Hannick, Missionen 290–292.

293 Johannes VIII., Fragmenta registri nn. 15 f. und 21; S. 280 f. und 284: Der Papst stützt sich auf Dokumente der spätantiken Kirche, die er in gleicher Weise für Dalmatien wie auch als Argumentation für die päpstliche Jurisdiktion über die Bulgaren zitiert: siehe ebendort nn. 68 und 71; S. 62 und 66, nach Mansi 3, col. 455 ff. Rom geht also von der pannonisch-illyrischen Identität aus und stützt sich dabei auf das in seinen Archiven (vgl. Bresslau, Urkundenlehre 1, 150 ff.) gefundene Material.

294 Conversio c. 12 (Schlußsatz).

295 Löwe, Ermenrich 233–236. Zu den Methodios-Einträgen im Reichenauer Verbrüderungsbuch siehe Schmid, Zeugnis 201 ff. Richter, Orientierung 287 mit Anm. 32. Dopsch, Passau 15. Johannes VIII., Fragmenta registri nn. 15 und 20 f.; S. 281 und 283 ff. Ebendort n. 20 nennt allerdings – kanonisch korrekt – den Erzbischof Adalwin als *eius (Methodii) auctor deiectionis*. Vgl. ebendort nn. 22 f.; S. 285 f. Zu Anno und seine mögliche Vorgeschichte siehe Störmer, Problem 208–210, nach DD.LD. 9 und 18.

296 Vita Methodii c. 9.

297 WS 193 mit Anm. 1 f.

298 Johannes VIII., Epistolae n. 201; S. 161 mit Anm. 2 (Wiederholung des bereits ausgesprochenen Verbots der slawischen Kirchensprache). Ders., Fragmenta registri nn. 15 f.; S. 280 f. (Protest an Ludwig den Deutschen und Karlmann); nn. 20–23; S. 283–288 (an Adalwin von Salzburg, Instruktion für Paulus von Ancona, an Ermenrich von Passau und Anno von Freising). Richter, Orientierung 287. Annales Fuldenses a. 874; S. 82 f. oder 94. Dümmler, Ostfränkisches Reich 2, 375 f.

299 Johannes VIII., Fragmenta registri n. 18; S. 282; von 873 V an Mutimir.

300 Annales Iuvavenses maximi a. 874; S. 742 (wahrscheinlich letzte Erwähnung Chozils).

301 WS 315 mit Anm. 633.

302 Excerptum de Karentanis c. 1.

303 Johannes VIII., Epistolae n. 201; S. 160 f. (hier ist auch ein Hinweis auf das Verbot der slawischen Kirchensprache, das ein nicht überlieferter Brief enthielt) von 879 VI/VII, und ebendort n. 255; S. 222–224; von 880 VI.

304 Johannes VIII., Epistolae S. 450 s.v. *Iohannes presbyter Venetus*. Annales Fuldenses a. 874; S. 82 f. oder 94.

305 Johannes VIII., Epistolae n. 200; S. 160.

306 Johannes VIII., Epistolae n. 201; S. 161 mit Anm. 2.

307 Johannes VIII., Epistolae n. 255; S. 222–224, siehe Richter, Orientierung 288 f., und Fried, Formen päpstlichen Schutzes bes. 346 f.

308 Vita Methodii c. 13. Hannick, Missionen 300, datiert die Byzanzreise Methods auf 881/82; doch setzt *Pastoralis sollicitudinis* von 881 III 23 (siehe unten Anm. 309) die Anwesenheit Methods in Mähren im Winter 881/82 voraus.

309 Johannes VIII., Epistolae n. 276; S. 243 f. von 881 III 23. Vgl. Richter, Orientierung 290.

310 Vita Methodii c. 15. Vita Clementis cc. 5 und 7 ff. (Wiching und Streit um das *Filioque*). Bernhard, Rechtgläubigkeit 42 ff. Löwe, Cyrill und Method 678 ff. Vgl. Dvornik, Byzantine Missions bes. 162 ff.

311 Vita Methodii c. 16 (der ungenannte Karl III. wird in der späteren Überlieferung zum ungarischen König) mit Annales Fuldenses c. 884; S. 113 oder 140. Siehe Dvornik, Byzantine Missions 184 f.

312 Vita Methodii c. 17. Vita Clementis c. 6. Dvornik, Byzantine Missions 186 ff. Stephan V., Epistolae n. 1; S. 357 f. mit Anm. 2 ff., von 885 Ende (Interpolation Wichings). Vgl. Vita Clementis c. 7 (Bannung Wichings durch Method). Zur unkanonischen Einsetzung eines Nachfolgers durch seinen Vorgänger siehe Bonifatius, Epistolae n. 51; S. 89 oder 154, und Dvornik, Byzantine Missions 189 mit Anm. 61.
313 Dvornik, Byzantine Missions 188 f.
314 Vita Clementis cc. 8 ff. Dvornik, Byzantine Missions 195 ff., 231 ff.
315 WS 315 mit Anm. 633.
316 Johannes VIII., Epistolae n. 201; S. 160, letzte Erwähnung Pannoniens als Amtsbereich Methods.
317 Annales Fuldenses (Cont. Alt.) a. 884; S. 111 oder 138.
318 Siehe etwa Otto von Freising, Chronica VI 15; S. 275 oder 454.
319 Die Wende zugunsten der lateinischen Richtung brachte 885 die Entscheidung von Stephan V., Epistolae n. 1; S. 354 ff., überdies von Wiching zu seinen Gunsten interpoliert.
320 Vgl. Vita Clementis c. 8: »riechende und tote Worte Methods«.
321 Wattenbach/Levison/Löwe, Geschichtsquellen 683 f. mit Anm. 94. Annales Fuldenses (Cont. Alt.) a. 892; S. 121 oder 154 sowie a. 899; S. 133 oder 174. Fleckenstein, Hofkapelle 1, 204. Regesten Passau nn. 170–173; S. 44 f. Zu Bischof Wiching von Neutra siehe den Versuch einer ausgewogenen Darstellung durch Herrmann, Beziehungen 209 ff. Vgl. ebendort 209 mit Anm. 1: Wiching *natione Ostrogotus.*
322 Theotmar, Epistola S. 22 ff. oder 232 ff., bes. 23 oder 234 und 236. Dümmler, Ostfränkisches Reich 3, 511–514, übersetzte große Teile des Theotmar-Briefs. Vgl. Schwarzmaier, Brief 61 und 63 f.
323 Siehe oben Anm. 244 f. (Tulln). Annales Fuldenses a. 866; S. 65 oder 70.
324 Annales Fuldenses aa. 867; S. 65 f. oder 70 (Mission Ermenrichs). Zum vergeblichen Kampf Roms um die Bulgaren vgl. Johannes VIII., Fragmenta registri n. 7; S. 277, und Johannes VIII., Epistolae nn. 68 und 71; S. 62 f. und 66 f.
325 Zum Ableben von vier bayerischen Bischöfen als Strafe Gottes nach Vita Methodii c. 10 siehe Löwe, Ermenrich 238 Anm. 92. Johannes VIII., Fragmenta registri n. 22; S. 285 f.

V. Das Ende des Ostlandes und die Entstehung fürstlicher Macht (887–907)

Seite 268–274

326 Zur Bedeutung der Terminologie siehe WS 189 f. mit Anm. 505 und K. Brunner, Fürstentitel 207 ff. und 239–242. Arbos Erwähnung als *comes terminalis* in D.Arnolf 32 von 888 V 16/VI 13 ist älter als dieselbe Bezeichnung für den karantanischen Ruodpert: D.Arnolf 63 von 889 X 15. Die erste Bezeichnung Arbos als *marchio* in der Raffelstettener Zollordnung S. 250 oder 14 ist nur wenige Jahre jünger als die Luitpolds: D.Arnolf 162 von 898 VIII 31. Vgl. DD.LK. 27 und 42 sowie Annales Fuldenses a. 898; S. 132 oder 170: *... marchiones suos (sc. Arnolfi), Liutbaldum scilicet et Arbonem comitem ...*
327 Zu diesem Titel Herzog Arnulfs siehe Reindel, Luitpoldinger n. 48; S. 77 ff., sowie K. Brunner, Fürstentitel 243 ff. mit Anm. 64.
328 Vgl. D.Arnolf 32 mit D.K.III. 113. Weinrich, Quellen n. 2; S. 4 ff. WS 95 f. Man sucht diese Burg – Zöllner, Baiern 386 mit Anm. 8 – in Obritzberg am Ostrand des Dunkelsteiner Waldes: siehe Mühlberger, Ostland 139 Anm. 4.
329 Theotmar, Epistola S. 23 f. oder 235. WS 96 f.
330 D.Arnolf 42 (D.Arnolf sp. 181 ist eine Fälschung) und TF 1036; 1, 780 f. Mitterauer, Adel 693 ff., und ders., Markgrafen 144 ff.
331 In Karantanien kommandierte bis 893 ein Wilhelminer, dann Luitpold: siehe WS 321.
332 Raffelstettener Zollordnung S. 250 oder 14. Die Ergänzung ergibt sich sprachlich aus den vorher genannten *orientales partes.* Weltin, Vom »östlichen Baiern« 24 f., löst die *iudices orientalium* personal als »Richter der Östlichen« auf, was sachlich ebenso richtig ist.
333 Zu *Omuntesperch* siehe Mühlberger, Ostland 140 f. Anm. 2, bes. nach Annales Fuldenses (Cont. Alt.) a. 890; S. 118 oder 150.
334 Zu den Friedensverhandlungen von 891 siehe Schwarzmaier, Brief 56–63. Seine sehr vorsichtig geäußerte Vermutung, Wiching und »der andere Bote« des Arbo-Briefes seien mit den *legati* der Annales Fuldenses (Cont. Alt.) a. 891; S. 119 oder 150, identisch, halte ich für erwiesen.
335 Annales Fuldenses (Cont. Alt.) a. 891; S. 119–121 oder 150, 152 und 154.
336 Annales Fuldenses (Cont. Alt.) a. 892; S. 121 f. oder 154.
337 Dazu und zum gesamten Abschnitt siehe Annales Fuldenses a. 893; S. 122 oder 154 und 156. Annales Alamannici a. 893; S. 184 f.
338 DD.Arnolf 63 und 109 (auch Graf Engilschalk erwähnt).
339 Schwarzmaier, Brief 57 und 63 Anm. 34 (Arbos Gesandtenwechsel mit den Mährern). Vgl. Hinkmar, De ordine palatii V (c. 30).

340 DD.Arnolf 63 und 109. WS 321 mit Anm. 666 f.
341 Reindel, Luitpoldinger 1 ff. nn. 1 ff., beginnt Luitpolds Aufstieg mit 893.
342 WS 310 f.
343 Reindel, Luitpoldinger n. 2; S. 2–4.
344 Zur Einsetzung Brazlavos und Ratolds siehe Reindel, Luitpoldinger n. 5; S. 8 f. und 259 s.v. Brazlavo. WS 91 f.
345 Annales Fuldenses a. 899; S. 133 oder 172 und 174. Vgl. Wolfram, Donau 28, und WS 119.
346 Erstmals Annales Fuldenses (Cont. Alt.) a. 894; S. 125 oder 160.
347 Annales Iuvavenses maximi a. 881; S. 742. WS 123.
348 Annales Fuldenses (Cont. Alt.) a. 900; S. 134 f. oder 174 und 176. D.LK. 9 von 901 I 19. WS 115.
349 TF 1037; 1, 781 f. WS 37 f. mit Anm. 135 und 58 f. mit Anm. 299.
350 UB Burgenland n. 21; 1, 12. Erkens, Bischofsurkunden 504–507. Regesten Passau n. 187; S. 50. Kottje, Lex Baiuvariorum 23 Anm. 35, datiert auf 902 IX 8 nach Regierungsjahren Ludwig des Kindes.
351 Raffelstettener Zollordnung S. 249 ff. oder 14 ff. Regesten Passau n. 189; S. 51. Johanek, Raffelstetter Zollordnung 87 ff. Ausführliche inhaltliche Interpretationen stammen von Mitterauer, Zollfreiheit 115 ff., und ders., Wirtschaft und Verfassung 344 ff. Zum Zitat im Text siehe Vancsa, Geschichte 1, 156. Zu Otachar siehe D.LK. 31 von 904 III 10 sowie Mühlberger, Ostland 150 f.
352 Weltin, Die »tres comitatus« bes. 38 ff. Hageneder, Problem 229 ff.
353 WS 319 f.
354 Raffelstettener Zollordnung cc. 1 ff., bes. 7 f.; S. 250–252 oder 14–18.
355 Mitterauer, Wirtschaft und Verfassung bes. 357–367. Mühlberger, Ostland bes. 167 ff.
356 D.F.I. 1006 von 1189 V 27 wurde ausgestellt *Apud Brezburc in cam[po Firfelt]*. Das Vierfeld liegt aber zwischen dem burgenländischen Kittsee und dem slowakischen Engerau-Petržalka auf dem rechten Ufer der Donau, wo das Heer Barbarossas auf dem Weg in den Orient haltmachte. Hier, in »Pannonien«, könnte auch 907 die Schlacht stattgefunden haben (freundlicher Hinweis von Richard Marsina).
357 Annales Iuvavenses maximi a. 907; S. 742. Unter den von Reindel, Luitpoldinger n. 45; S. 62 ff., zusammengestellten Quellen fallen die Annales Alamannici aa. 907/08; S. 186 f., wegen ihrer negativen Berichterstattung auf. Zu Ludwig dem Kind siehe D.LK. sp. 84 (Vorbemerkung).
358 Reindel, Luitpoldinger nn. 46 und 48 ff.; S. 71 ff. und 77 ff. WS 386 ff.
359 Reindel, Luitpoldinger nn. 50 f., 54 und 66; S. 93 ff., 103 ff. und 138. WS 386–389.
360 Reindel, Luitpoldinger nn. 55 f.; S. 107–114 (914 und 916). WS 384.
361 Weltin, Markgraf Rüdiger 181 ff. K. Brunner, Herzogtümer 58 und 170 f.
362 Conradus sacrista, Liber traditionum Frisingensium S. 320. K. Brunner, Herzogtümer 58.
363 Siehe Purkarthofer, Mons Predel 1 ff.
364 Zu den Folgen von 907 vgl. etwa Hiestand, Preßburg 1 ff., mit WS 386 ff.

Völker und frühmittelalterliche Räume

Seite 275–280

1 WS 15 ff. mit Anm. 3–26.
2 Procopius, De bello Gothico I (V) 12, 8; vgl. 11, 29.
3 Regino, Chronica a. 889; S. 131 f. oder 282 ff.
4 Vgl. Pohl, Gepiden 285 ff. und 297 ff. Vita Clementis c. 4: Bulgaren als Skythen.
5 WS 16 mit Anm. 8 f.: zur Auffassung der Ungarn als neue Awaren.
6 Zur Germania-Terminologie siehe Ewig, Beobachtungen 327 f. Vgl. Ionas, Vita Columbani I 27; S. 211 ff. oder 480 ff., Bonifatius, Epistolae nn. 45 und 58; S. 72 und 108 oder 130 und 172, Willibald, Vita Bonifatii c. 5; S. 22 oder 482, TF 7; 1, 33 f., von Arbeo verfaßt, und ders., Vita Corbiniani c. 15 (Bayern und Alamannen sind Teil der Germania) und Theotmar, Epistola S. 26 oder 243 *(Germania et tota Norica)*.
7 WS 16 mit Anm. 10–13.
8 Noll, Vom Altertum 84 ff. Vgl. unten Anm. 10 (László).
9 Einhard, Vita Karoli c. 13; S. 15 f. oder S. 182 f.
10 Róna-Tas, Inschrift 15 ff. László, Goldschatz 51 ff. Bökönyi, History 267 ff., bes. 271. Wolfram, Goten 302–304.
11 Ammianus Marcellinus XXXI 2, 17. WS 16–18 mit Anm. 14–23.
12 WS 18 mit Anm. 23.
13 Benennungen wie *hoba Slavanisca, mansus Latinus* oder *mansus Bavvaricus* drückten aber eine ethnische Bestimmung ihrer Inhaber – siehe Redlich, Acta Tirolensia 1, 340 s.v. *colonia,* 344 s.v. *hoba,* 347 s.v. *mansus* – und keine soziale oder wirtschaftliche Differenzierung aus, wie die »flämischen« und »fränkischen

Hufen« der spätmittelalterlichen Ostkolonisation: vgl. Kellenbenz/Philipp, Hufe col. 249 ff., mit Dollinger, Bauernstand 255.

14 WS 16 mit Anm. 14 und 18 mit Anm. 24 f. Zieger, Storia 37, leitet die ethnische Bereichsbezeichnung Sindualds vom Brenta-Fluß her.

15 WS 42 mit Anm. 162 f. und 44 mit Anm. 169–173.

16 WS 42 f. mit Anm. 164 f. und 53 f. mit Anm. 250–258.

17 Zu Perctarit, der im 7. Jahrhundert zeitweise Langobardenkönig war, siehe Fröhlich, Thronfolge 146 ff. und 155 ff. Zu Aio am Ende des 8. Jahrhunderts siehe Krahwinkler, Friaul 137 ff. mit Anm. 109 ff., und K. Brunner, Oppositionelle Gruppen 15. Zu den vergleichbaren Ereignissen des 9. Jahrhunderts siehe Canon Hludowici regis c. 11; S. 248 f. Annales Fuldenses aa. 869 und 893; S. 69 f. und 122 oder 72, 154 und 156 (mährisches Exil). Reindel, Luitpoldinger nn. 55 f.; S. 107–114 (Arnulf der Böse bei den Ungarn).

18 Arbeo, Vita Haimhrammi c. 5.

19 WS 16 mit Anm. 14.

20 WS 18 mit Anm. 26.

I. Die Bayern, die Agilolfinger und die Genealogien

Seite 281–290

21 Paulus Diaconus, Historia Langobardorum I 21; S. 60.

22 Fredegar, Chronicae IV 34; S. 133 oder 188.

23 Siehe unten Anm. 39.

24 Annales Alamannici a. 787; S. 163. Becher, Eid 63.

25 Lex Baiwariorum III 1; S. 312–315. Siems, Lex Baiuvariorum col. 1887–1901.

26 Reindel, Bajuwaren 451 ff., und ders., Agilolfinger 101 ff., vermittelt eine gediegene Darstellung der Forschungsgeschichte, wobei er die Grenzen des Wißbaren aufzeigt und jede Einseitigkeit vermeidet. Neben Reindel wären Lotter, Stammesverbände 54 ff., Zöllner, Bevölkerung 122 ff., und Popelka, Streitfrage 160 ff., zu berücksichtigen, wobei letzterer das Schwergewicht auf die Wissenschaftsgeschichte legt. Nach den Veröffentlichungen Reindels erschien Hartung, Süddeutschland bes. 166 ff., der wieder von *einer* Herkunft spricht und die Alamannen-These revitalisiert. Siehe die zutreffende Charakterisierung der Arbeit Hartungs durch Schieffer, Literaturbericht (1985) 525, und Kraus, Besprechung 525 ff.

27 Reiffenstein, Baiern und der Pagus Iobaocensium 96 ff., wendet sich gegen derartige Versuche. Vgl. Jarnut, Agilolfingerstudien 46.

28 Lex Baiwariorum III 1; S. 313. Zur Datierung und zum Rechtssatz selbst siehe Siems, Lex Baiuvariorum col. 1887 f. und 1894 f. Jahn, DB 1 ff., und Jarnut, Agilolfingerstudien 44 ff.

29 Jarnut, Agilolfingerstudien 5 ff.

30 Zum Problem allgemein siehe Wolfram, Origo 20 ff., sowie Iordanes, Getica S. 188 s.v. *gens.* Wenskus, Stammesbildung 653 s.v. »Traditionskern«. Lex Baiwariorum, Prologus S. 202, gebraucht den Begriff *gens* nur für Alamannen und Bayern, während sie III 1; S. 312 f., die fünf bayerischen Adelsgeschlechter *genealogiae* und die Agilolfinger *genus* nennt. Hingegen sagt Fredegar, Chronicae IV 52; S. 146 oder 214, von Chrodoald, er sei *de gente nobile Ayglolfingam* gewesen. Vgl. Jarnut, Agilolfingerstudien 114 s.v. *Chrodoald.*

31 Krahwinkler, Beiträge 217 ff.

32 Wolfram, Origo 34 f. Zum Ausdruck *nomen antiquum* siehe Plinius d. Ä., Historia naturalis IV 99.

33 Reindel, Bajuwaren bes. 460 ff. Ders., Agilolfinger 108 ff. (Beiträge der beteiligten Wissenschaften).

34 Iordanes, Getica 280; S. 120, sowie Venantius Fortunatus, Vita s. Martini IV V. 646; S. 368. Der in den besseren Jordanes-Handschriften überlieferte Name *Baibari* – bloß die jüngeren Codices haben *Baiobari* – findet im Landschaftsnamen *Baiuuaria* bei Venantius Fortunatus, Praefatio; S. 2, seine Entsprechung. Vgl. Zeiß, Quellensammlung 41 f., sowie WS 22 mit Anm. 51, zur Datierung der Getica-Stelle. Nach Goffart, »Frankish« Table of Nations bes. 115 ff. mit Anm. 90 und Anm. 127, enthält die sogenannte »Fränkische Völkertafel« mit *Baioarii* die älteste oder zweitälteste Nennung.

35 Zöllner, Franken 92, nach Epistolae Austrasicae n. 20, S. 133; vgl. n. 19; S. 132.

36 Zöllner, Franken 102, nach Gregor von Tours, Historia Francorum IV 9; S. 141.

37 Paulus Diaconus, Historia Langobardorum I 21; S. 60. Die wohl 642 entstandene Columban-Vita erwähnt zweimal die Bayern: siehe Ionas, Vita Columbani cc. 8 f.; S. 244 und 246 oder 122 f. Ihr Autor ist Piemontese und kannte die nordalpinen Verhältnisse aus eigener Anschauung. Jonas setzte die *Baioarii* mit den *Boiae* gleich.

38 Fredegar, Chronicae IV 68; S. 155 oder 237, auch IV 58; S. 150 oder 224, erwähnt unter den Völkern, »die an der Grenze zu den Awaren und Slawen leben«, keine Bayern.

39 Fredegar, Chronicae IV 52; S. 146 oder 214 (Agilolfinger), und IV 72; S. 157 oder 242 (erste fränkische Bayern-Nennung).
40 Zeiß, Quellensammlung nn. 5–17; S. 41–46, enthält ausschließlich italische Quellen.
41 WS 22 mit Anm. 51.
42 Wolfram, Intitulatio I. 51 und 89.
43 Procopius, De bello Gothico I (V) 12, 10.
44 Procopius, De bello Gothico II (VI) 22, 12. Wacho war schon vor 539 Föderat Konstantinopels: siehe Wolfram, Goten 346 mit Anm. 57.
45 Goffart, »Frankish« Table of Nations 117 f. und 122 f. mit Anm. 104.
46 Goffart, »Frankish« Table of Nations 105 ff. und 113 (handschriftlicher Befund) und 99, 115 und 118 ff. Cassiodor, Variae V 2; S. 143 f., beweist seine Kenntnis der taciteischen Germania. Die erste Gruppe der Völkertafel unterscheidet Goten und *Walagothi,* wofür im Original wohl *Visigothi* stand: siehe Goffart 115 und 120 f., der auch feststellt, daß Procopius, De bello Vandalico I (III) 2, 2, die gotischen Völker »Goten, Vandalen, Visigothen und Gepiden« in der gleichen Reihenfolge wie die Völkertafel nennt. Cassiodor spricht in seinen Variae (vgl. III 1 und 3; S. 78 f., und Wolfram, Intitulatio I. 78 f.) von den italischen Goten als den Goten schlechthin, während er das gallisch-spanische Brudervolk die »Westgoten« nennt.
47 WS 22 mit Anm. 50.
48 Wenskus, Stammesbildung 449 f., bes. nach Iordanes, Getica 96 f.; S. 82 f.; vgl. 36; S. 63. Zum Ausdruck siehe Demandt, Metaphern 169, nach Iustinus II 6, 4, und Orosius, Adversum paganos II 16, 14.
49 WS 24 f. mit Anm. 58–60. Reindel, Bajuwaren 460 ff., und ders., Agilolfinger 112 f. Die quantitative Bedeutung der Alamannen für die bayerische Ethnogenese muß aufgrund des archäologischen Befunds (Aufsiedlung) sehr hoch angesetzt werden: siehe Christlein, Alamannen 22 ff., bes. 23 (Karten).
50 Jarnut, Agilolfingerstudien 5 ff.
51 Agathias I 6, 3. Zur Kritik siehe Wenskus, Stammesbildung bes. 505 f.
52 WS 24 f. mit Anm. 58–60.
53 Notitia dignitatum or. 5, 58 (17); vgl. WS 23 mit Anm. 55 und 87 mit Anm. 99 f.
54 Historia Langobardorum codicis Gothani c. 2; S. 8. Vgl. die Bezeichnungen der Böhmen im Chronicon Moissiacense a. 805; S. 258, sowie Annales Xantenses a. 846; S. 15. Siehe Reindel, Bajuwaren 472 mit Anm. 106, und bes. Much, Baiwarii 393. Laut freundlicher Mitteilung von Peter Wiesinger, der Much zustimmt, entsprechen einander *Baio-* und *Beo-*: Das überlieferte *Beovinidi* des Codex Gothanus zeigt einerseits die langobardische Monophthongierung und andrerseits mit *ov* wohl die Wiedergabe des bilabialen *w*. – Wenskus, Stammesbildung 61: »Die umfangreichste Gruppe im germanischen Bereich sind die mit *varii* ... zusammengesetzten Namen«. Ebendort 228–234: Wenden ist der germanische Name für die Slawen. – Zum Böhmenkrieg von 805/06 siehe BM[2] 411 b. Zum Anachronismus des Eindringens der Langobarden in ein bereits slawisches Böhmen siehe Jarnut, Frühgeschichte 12 mit Anm. 53–55.
55 Wolfram, Donau 27.
56 WS 20 f. mit Anm. 43–47 und 23 ff. mit Anm. 54–62.
57 Jarnut, Agilolfingerstudien 9 f.
58 Zum Philologenstreit siehe Much, Baiwarii 393. Beck, Bajuwaren 602 1. Neumann, baias 600. Wenskus, Bainaib 600 f. Reindel, Bajuwaren 471–473. Ders., Agilolfinger bes. 106 ff. WS 23 f. mit Anm. 57. Christlein, Bayern col. 1696–1698, und Springer, Germanenfunde bes. 241 mit Anm. 38 f.; vgl. Fischer, Übergang 236 ff., sowie ders., Funde bes. 354 f. (Archäologie). Siehe auch die Beiträge von Reindel, Fischer, Geisler und Menke im Bajuwaren-Katalog 1988.
59 WS 23 mit Anm. 54.
60 Zum sächsischen Vergleich siehe Wenskus, Sachsen – Angelsachsen – Thüringer bes. 488 ff.
61 Zu den *Vidivarii* siehe Iordanes, Getica 36 und 96; S. 63 und 82 f. Vgl. WS 24 mit Anm. 58.
62 Lex Baiwariorum III 1; S. 312 f. Jahn, DB 232 ff. Krahwinkler, Beiträge 217 ff.
63 Wenskus, Stammesadel 470 ff. und 516 ff. TF 142, 703 a und 736 b; 1, 146 f., 589 und 612. Vgl. Störmer, Adelsgruppen 92.
64 TF 23 und 177; 1, 51 f. und 177 f. (a. 765 und a. 799). D.LD. 35 von 844 IV 4: *in pago Huosi.*
65 TF 5; 1, 30 f. Vgl. Störmer, Adel 1, 48 f.
66 BN 8; S. 112 ff. WS 132–134 mit Anm. 188 ff.
67 TF 235; 1, 217. Störmer, Adel 1, 49 f.
68 Isidor, Etymologiae X 184: *nobilis, non vilis, cuius et nomen et genus scitur.* Der Ausdruck *genealogia* kommt etwa vor in D.Kar.I. 51 für die Vorfahren eines Pfalzgrafen, in D.Kar.I. 89 für die Karolinger selbst. Formulae imperiales n. 51; S. 324 f., spricht von einer *genealogia,* die ungerechterweise *in servicium* gebracht wurde. Formulae Patavienses n. 5; S. 459, klingt wie eine Anmerkung zu TF 5; 1, 31, oder zu Leges Alamannorum c. 81 (84); S. 145. In allen genannten Fällen handelt es sich um den Erbbesitz einer Genealogie. Lex Baiwariorum I 8; S. 279, verwendet den Begriff im Sinn von »Geburtsstand« für ei-

nen Mönch, der zumindest der Theorie nach kein Unfreier sein kann. Das gleiche gilt für ebendort II 4, VIII 14 und XV 9; S. 295, 359 und 428, sowie für den Helden der Vita Pardulfi abbatis Waractensis cc. 1–4; S. 25 ff., der aus einem »gläubigen Geschlecht« von *agricolarum cultores* stammt. Urbar des Reichsgutes in Churrätien 381, 1–4, erwähnt die *Wanzaninga genealogia* als »steuerbefreite« Eisenproduzenten.

69 Jahn, DB 238.

70 Jarnut, Agilolfingerstudien 9 f. Störmer, Adel 1, 46–51, diskutiert – vor allem auf germanistischer Grundlage – die Bedeutung der Geschlechternamen. Zumindest für die Fagana, Dr(a)ozza und H(u)osi schlägt Krahwinkler, Beiträge 217 ff., lateinische und vorrömische Etymologien vor.

71 Die langobardischen Adelsgeschlechter sind verzeichnet im Edictus Rothari, Prologus S. 4. Die Origo gentis Langobardorum c. 4; S. 4, nennt *Lethinges* (vgl. Paulus Diaconus, Historia Langobardorum I 21; S. 60: *Lithingi*) sowie c. 6; S. 5, (Cleph) *de Beleos*.

72 Störmer, Adel 1, 45 f. Siehe die Übersicht der Erklärungen bei Krahwinkler, Beiträge 217 ff.

73 Tacitus, Germania c. 43. Krahwinkler, Beiträge 217 ff.

74 Krahwinkler, Beiträge 223 ff.

75 WS 49 f. und 75 mit Anm. 37.

76 WS 25 f.

77 TF 19; 1, 47. Vgl. 1, LXXXI.

78 WS 25 f.

79 Ordinatio imperii c. 2; S. 271. BM^2 650; vgl. WS 45 mit Anm. 182 und 47 mit Anm. 195.

80 WS 47 mit Anm. 201 *(Peigirolant)*. Zum Ausdruck *certus limes* siehe Annales regni Francorum (Einh.) a. 791; S. 89.

81 BN 3; S. 104 ff. Bischoff, Formelbücher n. 2; S. 28.

82 WS 47 f. mit Anm. 203 ff. Vgl. Riedmann, Alim 16 Anm. 35, zu den Gebietsveränderungen im Raum von Bozen. Siehe bes. Paulus Diaconus, Historia Langobardorum V 36; S. 156.

83 WS 48 mit Anm. 205, nach TF 34; 1, 61 f.

84 WS 48 f. mit Anm. 206. Vgl. Hageneder, Organisation 203 mit Anm. 6.

85 Continuationes Chronicarum Fredegarii c. 26; S. 180 oder 294 ff. Annales Mettenses priores a. 843; S. 33. Annales regni Francorum a. 787; S. 78 oder 54.

86 WS 45 f. mit Anm. 182, 47 mit Anm. 195 ff. und 49 mit Anm. 208–211.

II. Die Alamannen

Seite 291–294

87 Agathias I 6, 3.

88 Ionas, Vita Columbani I 27; S. 213 oder 482 ff.

89 Keller, Alamannen und Sueben 89 ff., und ders., Probleme 83 ff. Vgl. Ammianus Marcellinus XVI 10, 20 (einzige Sueben-Nennung des Autors, wohl für die Juthungen) und XVII 6, 1 (Erstnennung der Juthungen als *gens Alamannica*). Dexippos frag. 6: Die Juthungen »beflecken« nicht die »Unüberwindlichkeit ihres Heeres durch Zumischung von Fremden«.

90 Wenskus, Stammesbildung 553 ff.

91 Jänichen, Alemannen 138 f.

92 Wenskus, Stammesbildung 110 und 502.

93 Castritius, Vielfalt 74 mit Anm. 26.

94 Geuenich/Keller, Alamannen 142.

95 Ammianus Marcellinus XV 4, 1 ff., und XIX 4, 7. Notitia dignitatum or. 5, 58 (17).

96 Geuenich/Keller, Alamannen 141 f. Keller, Alamannen und Sueben, bes. 105 ff.

97 Siehe zu diesem Abschnitt Wolfram, Reich 80 ff. und 88 ff.

98 Eugippius, Vita Severini c. 25, 3. Siehe oben 38 f. mit Anm. 104–109.

99 Wolfram, Goten 317 f.

100 WS 25 f. mit Anm. 69.

101 Sonderegger, Siedlungsverhältnisse 253.

102 TF 177; 1, 170 f. Finsterwalder, Sprachraum 6, und ders., Statik 23.

103 Zur Alamannisierung Vorarlbergs und des westlichen Tirols siehe Riedmann, Mittelalter 393–396 (mit Karte), sowie Bilgeri, Geschichte Vorarlbergs 2, 28–32 (Walsersiedlung).

104 Vgl. die Datumformeln in TP 18–20; S. 16–18, und TP 32; S. 28.

105 Krahwinkler, Friaul 151 ff. (Erich und Gerold I.), 223–225 (Cadolah) mit Anm. 130. Mitterauer, Markgrafen 80 (Gerold I. und II. sowie Cadolah).

106 WS 300 f. mit Anm. 570 und 310 f. mit Anm. 614–616.
107 UB Oberösterreich 2, 49–51 n. 36.
108 Annales Fuldenses a. 873; S. 78 oder 88.
109 Fleckenstein, Hofkapelle 1, 204.

III. Die Romanen

Seite 295–300

110 WS 29 f. mit Anm. 81–90.
111 Vgl. Toynbee, A Study of History 41.
112 WS 30 mit Anm. 91.
113 WS 30 mit Anm. 92–95 und 51 mit Anm. 226–228.
114 Lex Ribvaria S. 214, Lex Salica S. 252 und Pactus legis Salicae S. 315. Die Gesetze der Bayern und Alamannen erwähnen die Romanen nicht.
115 WS 30 mit Anm. 93 f.
116 WS 30 mit Anm. 95, nach Arbeo, Vita Corbiniani c. 37.
117 WS 153 f. mit Anm. 309–320.
118 Eugippius, Vita Severini c. 44, 1 f.
119 Pactus legis Salicae III 100, 4, und 104, 9; S. 257 und 261 *(militunia),* sowie III 117, 2; S. 263 *(miles).* Bezeichnenderweise wird *servitium* im Althochdeutschen nicht als Sklaverei, sondern als Dienst glossiert: siehe Splett, Abrogans-Studien 281 f. Zum *servitium militiae* siehe TF 519 und 599; 1, 443 und 513. Dieses Servitium können auch geistliche *nobiles* leisten.
120 Fichtenau, Urkundenwesen 12 f. Christlein, Kastell Boiotro 123. TP 1; S. 2.
121 Bündner UB n. 17; S. 22 f. Lex Romana Curiensis II 1, 2 und 7. 10, 3. 10, 21 und 26. III 5, 4. V 4; S. 45, 49, 73, 93, 99, 119 und 213. Siehe bes. S. 45 Anm. 2. Zur persönlichen Freiheit des churrätischen *miles* siehe bes. IV 8, 4; S. 145. Vgl. Meyer-Marthaler, Römisches Recht 96 Anm. 180, 99 mit Anm. 188, 113 mit Anm. 242.
122 WS 132–134 mit Anm. 188–192.
123 BN (Libellus Virgilii) 3, 1; S. 104. Vgl. NA 5, 6; S. 84: Ein Reginbert *servus nec non et presbiter* wird vom Herzog an St. Peter »mit seinem ganzen Haus und all seinem Besitz« übergeben. NA 6, 13; S. 86, schenkt ein *Iohannis servus* mit Zustimmung Tassilos eine Hufe aus der *causa dominica.* Störmer, Adel 1, 159 f., bringt weitere Beispiele für bayerische *milites*-Nennungen. Vgl. H. Brunner, Rechtsgeschichte 1, 372–374 mit Anm. 24 f. und 35.
124 WS 148–150 mit Anm. 286–297.
125 BN 8, 14; S. 114, und 8, 1; S. 112.
126 BN 8, 10; S. 114.
127 Vgl. die Namen der handelnden Personen in BN 3, 1–11; S. 104 und 106, und 8, 6; S. 114, mit den Namen der Zeugenliste BN 8, 13 f.; S. 114, und den Namen der karantanischen Missionare in Conversio c. 5 (siehe WS 214–216).
128 NA 8, 4 f.; S. 94, und BN 3, 11; S. 106.
129 Concilium Dingolfingense c. 2; S. 94.
130 WS 38 mit Anm. 138 f. TP 1; S. 1 f.
131 WS 33–38. Die Lokalisierung der Laurentius-Kirche *apud Brionas Italiae castrum* im Pustertaler St. Lorenzen (vgl. Hageneder, Organisation 210) stößt auf die Schwierigkeit, daß die Breonen Inntaler sind, was sowohl Gregors Zeitgenosse Venantius Fortunatus wie die Quarti-Urkunden bezeugen. – CIL V 1, 5083, setzte ein Aelius Quartinus seiner Mutter Aurelia Rufina. Zur Romanitas des Gebiets siehe noch Redlich, Acta Tirolensia 1, 6 n. 12 (a. 985/93), wo von *mansus Latini* die Rede ist und Mancipia-Namen so lauten: Noiro, Noira, Minigo (viermal), Urso, Ursa, Racco, Racca (zweimal), Suluan und Sundina. – Auf eine frühe Verbindung der Familie Quartis mit Freising könnte TF 1; 1, 28 (a. 744) hinweisen, eine Urkunde, die ein zur *familia s. Mariae* gehöriger *Quartinus presbiter* bezeugt.
132 WS 30 f. mit Anm. 96.
133 WS 31 f. Clavadetscher, Churrätien 18 ff.
134 Meyer-Marthaler, Römisches Recht 95 ff., bes. 113 f.
135 Beide Funktionsträger gemeinsam nennt Lex Romana Curiensis XVIII 9; S. 391 ff. Siehe auch die Unterschriftenliste des Tello-Testaments: Bündner UB n. 17; 1, 22 f. Die hier als *viri boni* – vgl. zuletzt Nehlsen-von Stryk, Die boni homines – genannten Zeugen sind entweder Geistliche, der Richter oder eben *curiales* (vgl. Clavadetscher, Churrätien 20) und *milites.*
136 Meyer-Marthaler, Römisches Recht 46 ff.
137 Meyer-Marthaler, Römisches Recht 99 mit Anm. 188.

138 Meyer-Marthaler, Römisches Recht 100 f. mit Anm. 194.
139 Lex Romana Curiensis II 1, 7; S. 49.
140 Meyer-Marthaler, Römisches Recht 101 Anm. 194, nach Lex Romana Curiensis XXV 9, 4; S. 549, sowie Capitula Remedii c. 3; S. 646 f.
141 D.Kar.I. 78 und D.Lo.I. 55 (841 I 21). Bilgeri, Geschichte Vorarlbergs 1, 50 ff., sieht viele wichtige Zusammenhänge, übertreibt aber in seiner Verherrlichung der romanischen Freiheit.
142 WS 168–171 mit Anm. 383–403 und 174 f. mit Anm. 421–425.
143 Bündner UB n. 96; S. 79, oder UB St. Gallen n. 779; 3, 1. Vgl. WS 32 mit Anm. 105 f., sowie Fichtenau, Urkundenwesen 113 f.
144 Zur *via barbaresca* siehe UB St. Gallen n. 253; 1, 242, und n. 391; 2, 12. Helbok, Regesten n. 21; S. 13, von (820) V 15, und n. 58; S. 30 f. von 824, 844 oder 851 VI 11. Die verschiedenen Jahresdatierungen hängen davon ab, ob man erstens den in der Datumzeile erwähnten König als Ludwig den Frommen oder als Ludwig den Deutschen versteht, und zweitens, ob man im letzteren Fall die Ära von 833 oder die von 840 ansetzt.
145 Urbar des Reichsgutes in Churrätien S. 379: *beneficium Isuani Sclaui in villa Pludassis*-Bludesch; vgl. Bilgeri, Geschichte Vorarlbergs 1, 66 und 74 f. Urbar des Reichsgutes in Churrätien S. 368–380 (Thüringen).
146 UB St. Gallen n. 415; 2, 35 f. Helbok, Regesten n. 59; S. 31 f.
147 Urbar des Reichsgutes in Churrätien S. 381. Vgl. Bilgeri, Geschichte Vorarlbergs 1, 79.

IV. Die Karantanen
Seite 301–304

148 WS 39 f., 45 ff., 73 ff., 119 f. und 100 ff. zu Anm. 50. WS 309 f. mit Anm. 613 f. (Grafschaften Karantanien und Krain).
149 Paulus Diaconus, der den alten Noriker-Namen sehr wohl kennt – siehe WS 36 mit Anm. 129 –, nennt Historia Langobardorum IV 7; S. 118 (zum Slawenkrieg von 592 siehe unten Anm. 150) den binnennorischen Raum die *Sclaborum provincia.*
150 WS 35 f. mit Anm. 125–129 und 41 f. mit Anm. 157–160.
151 WS 43 f. Pohl, Awaren 256 ff.
152 Fredegar, Chronicae S. 10 (Kusternig).
153 Pohl, Awaren 268 ff.
154 Paulus Diaconus, Historia Langobardorum V 22; S. 152. WS 73 ff.
155 WS 49 f. und 73 ff. mit Anm. 37.
156 WS 50 f. Zu den Belegen für den Kroatengau siehe DD.O.I. 173 und 221 sowie D.O.II. 203. Diese Überlieferung kann nicht als Beleg für die »Margetic-Klaic-These« (vgl. zuletzt Klaic, Problemima 262) dienen, wonach die Kroaten um 800 im fränkischen Auftrag aus Karantanien nach Dalmatien zogen: siehe Katičić, Anfänge 309 ff.
157 WS 51 mit Anm. 229 f.
158 WS 51 mit Anm. 226–228.
159 WS 51 mit Anm. 231–233.
160 Conversio c. 4. WS 276 ff. Vgl. WS 40 f. mit Anm. 153 und 45 f. mit Anm. 177–185 sowie 50 mit Anm. 215 f.
161 Conversio cc. 4 f. WS 278 mit Anm. 468.
162 WS 278 f. mit Anm. 469–473.
163 WS 282 ff.
164 WS 45 mit Anm. 181 f.
165 Nimmt man Conversio c. 10 wörtlich, dann waren die vier genannten Karantanenfürsten den seit etwa 799 – siehe WS 298 ff. – von Karl dem Großen eingesetzten Ostlandpräfekten unterstellt.
166 WS 50 mit Anm. 217 sowie 308–310.

V. Die Krainer
Seite 305

167 WS 82–84. Annales regni Francorum a. 820; S. 153 oder 122.

VI. Die Awaren und Slawen (ohne Sondernamen) östlich Bayerns
Seite 306–314

168 Ordinatio imperii c. 2; S. 271. BM² 650. WS 47 mit Anm. 195–200.
169 Pohl, Awaren 27 ff.
170 Pohl, Awaren 18 ff., 37 ff., 43 ff., 52 ff.
171 Pohl, Awaren 58 ff.
172 Pohl, Awaren 292 ff.
173 Pohl, Awaren 156 ff.
174 Fredegar, Chronicae IV 72; S. 157 oder 242.
175 Pohl, Awaren 238 ff.
176 Fredegar, Chronicae IV 58; S. 150 oder 222 ff.
177 Arbeo, Vita Haimhrammi cc. 4 f. WS 45 mit Anm. 174–176.
178 WS 45 mit Anm. 179 f.
179 Nestor-Chronik S. 193. Vgl. Suda, Lexicon 1, 483 f. Pohl, Awaren 323 ff.
180 Conversio c. 3.
181 Pohl, Awaren 319. WS 52 f. Anm. 247–251. Rhythmus de Pippini regis victoria Avarica cc. 6 ff.; S. 116 f. Ebenbauer, Carmen historicum 30 ff., bes. 31 mit Anm. 207.
182 Zu Guntio siehe Annales s. Emmerammi a. 802; S. 737.
183 WS 53 mit Anm. 252, nach TR 10; S. 8 f., oder Urkundenbuch Burgenland n. 1; S. 1 f. Vgl. MMFH 3, 19 n. 3.
184 WS 53 f. mit Anm. 253–255, bes. nach DD.LD. 8 und 64. Zur »bairischen Integrierung von Gewässernamen germanischer Herkunft« siehe Wiesinger, Probleme 343 ff., bes. 345 (Wachau).
185 WS 54 f.
186 WS 54 f. und 56 mit Anm. 272–276. Pohl, Awaren 232–235. P. magister, Gesta Hungarorum c. 9. MMFH 1, 213: Die Ungarn seien in Pannonien auf *Sclavi, Bulgarii et Blahii ac pastores Romanorum* getroffen. Von den durch Wiesinger, Probleme bes. 323 ff., untersuchten Gewässer- und Siedlungsnamen kamen nicht wenige (18 und 3) »direkt aus dem Vulgärlateinischen und nicht erst durch slawische Vermittlung ins Bairische«.
187 WS 56 mit Anm. 277–279. WS 366 f. mit Anm. 219–221. Zu Innichen vgl. TF 34; 1, 62.
188 Zu Techilinus siehe TF 548; 1, 469 f. WS 56 f. mit Anm. 280–283.
189 WS 57 mit Anm. 284 nach bes. BM² 850.
190 TF 1037; 1, 781 f. WS 58 f. mit Anm. 299. Joseph wiederholte zu Stiefern die Schenkung seiner Vorfahren, die – wie der Plural *antecessores* lehrt – mindestens zwei Generationen gewesen sein müssen und daher spätestens um 850 einem Kamptal-Fürstentum vorstanden, das von Bayern und seiner Kirche abhing. Zur Inquisitio de theloneis Raffelstettensis c. 6; S. 251, siehe WS 37 Anm. 135.
191 Annales Altahenses a. 1041; S. 30 f. Weltin, Pernegg-Drosendorf 11 Anm. 45, erhebt allerdings nach eigenen und Forschungen von Falko Daim Bedenken gegen die Ansicht, die Schanze von Gars-Thunau sei erst von den Babenbergern zerstört worden.
192 Friesinger, Slawen in Niederösterreich 24 ff., sowie ders., Archäologie der Slawen 527 f. Im Jahre 1986 wurde – nach mehr als zwanzigjährigen Ausgrabungen – die karolingerzeitliche Kirche der Schanze gefunden: siehe K. Brunner, Herzogtümer 31 (Abbildung).
193 WS 307–309 mit Anm. 598–609 und 312–316 mit Anm. 617 ff.
194 Conversio c. 10–12. WS 312–317 mit Anm. 619–636, 322–331 mit Anm. 674–702.
195 Krahwinkler, Friaul 186 ff. Annales regni Francorum aa. 818–823; S. 149–162 oder 116–132.
196 Constantinus Porphyrogenitus, De administrando imperio cc. 30 f.; 1, 138 ff.
197 Pohl, Awaren 261 ff. Katičić, Anfänge 307 ff., behandelt die ältesten Kroaten-Nennungen in Herrschaftsbezeichnungen.
198 Annales regni Francorum a. 819; S. 151 oder 120, nennt die Gefolgschaft des Liudewit-Konkurrenten Borna. Derartige Elite-Formationen blieben nicht bloß auf das westdalmatinische Fürstentum beschränkt.
199 Conversio c. 13 (Priwina). Annales regni Francorum a. 823; S. 161 oder 132 (Liudewit).
200 Conversio c. 11. WS 57 f. und 322 mit Anm. 675 ff.
201 Conversio c. 13. WS 333 f. mit Anm. 719 f. (Chozil), 315 mit Anm. 633 (Tod Priwinas und Chozils), 332–334 mit Anm. 709–720 (Fürstentum Chozils), bes. 332–334 Anm. 712–720 (institutionelle Stellung Priwinas und Chozils).
202 WS 57 f., 91 f. (Brazlavo), 121 f. (Sisak), 312 mit Anm. 617 (Ratimar), 312–316 mit Anm. 619–634 (Bulgaren), 316 f. mit Anm. 635 (Ungarn).

VII. Die Mährer
Seite 315–321

203 Vgl. Conversio cc. 6 mit 10; die zweite Stelle nennt nach den Slawen auch die Bayern.
204 Annales regni Francorum a. 822; S. 159 oder 130. Zum fränkischen »Hunnenreich« siehe BM² 778 und WS 56 mit Anm. 274. Zur Frage der Lokalisierung siehe WS 87 ff.
205 Die Zugehörigkeit zum Ostfrankenreich bezeugt Canon Hludowici regis c. 11; 3, 248 f. Bezeugt wird ostfränkischer Anspruch auf Oberhoheit: a) Rastislav *nepos Moimari* – Annales Fuldenses a. 846; S. 36 oder 34. – b) Mährische Krise von 870, ausgelöst durch die Kommendation von Zwentibald I., dem Herrn eines von Regensburg nicht anerkannten mährischen Teilreichs, an Karlmann; Untergang Rastislavs und Verhinderung der eigenmächtigen Erhebung Sclagamars. Anerkennung Zwentibalds – Annales Fuldenses aa. 870 f.; S. 70 ff. oder 76 ff. – c) Annales Fuldenses (Alt.) a. 884; S. 113 oder 140, Zwentibald I. wird auch Karls III. »Mann«. – d) Nach dem Tod Zwentibalds im Jahre 894 Auflösungserscheinungen des Mährerreichs, Moimir II. und Zwentibald II. folgen nach, Eingreifen der Bayern erst 898/99 – Annales Fuldenses (Alt.) aa. 894 und 898 f.; S. 125 und 131 ff. oder 160 und 170 ff. Eine Partei wandte sich an Regensburg.
206 Zur Bezeichnung *Maravorum regnum* siehe D.Arnolf 32. Canon Hludowici regis c. 11; 3, S. 248 f.: Albgis entführt »öffentlich« die Frau des Patrich. Annales Fuldenses a. 893; S. 122 oder 154: Engilschalk II. entführt Arnulf-Tochter.
207 Zu den Fürstensitzen in den March-Thaya-Auen siehe Poulík, Entwicklung bes. 122 ff. (mit zahlreichen Abbildungen). Die Zuordnung Zwentibalds zu Neutra geht eindeutig aus Theotmar, Epistola S. 23 f. oder 237, hervor. Zu Wiching siehe ebendort und Annales Fuldenses a. 899; S. 133 oder 174. Zu weiteren Hinweisen auf Zwentibalds Neutraer Teilherrschaft siehe Richter, Orientierung 284 f.
208 Canon Hludowici regis c. 11; 3, 248 f., von 852 X 3, setzt ein einfaches, noch wenig gefestigtes Christentum in Mähren voraus. Regesten Passau n. 111; S. 29, bespricht die späte Erfindung, wonach der Passauer Bischof Reginhar, *apostolus Maravorum,* 831 Mähren missioniert habe.
209 Conversio c. 10. WS 312 f. mit Anm. 619 f. Dank der Hilfe von Juraj Šedivy wurden die diesbezüglichen Forschungen slowakischen Archäologen zugänglich: siehe Kučera, Großmähren 96 ff., Chropovský/Ruttkay, Erforschung 15 ff. Chropovský, Náleziská 159 ff. (Pobedim), Bialeková, Grabung ... in Pobedim bes. 176 f. Siehe bes. Atlas S. 109 (Karte 12).
210 Die Oktav der Epiphanie (13. Januar) hat die Lectio Is. 60, 1–6: *Et ambulabunt gentes in lumine tuo, et reges in splendore ortus tui,* und das Evangelium nach Ioh. 1, 29–34 (Taufe Christi).
211 Annales Fuldenses aa. 845 f.; S. 35 ff. oder 32 ff. Annales Bertiniani a. 846; S. 34 oder 68, sprechen ausdrücklich von einer *hostium victoria.*
212 WS 191 mit Anm. 519 und 317 mit Anm. 636. Annales Fuldenses a. 855; S. 45 f. oder 48. D.LD. 96 von 859 V 1 erwähnt zweimal als Grund der Schenkung nicht bloß die Erwerbung des ewigen Heils, sondern auch – abweichend vom üblichen Wortlaut – die *salvatio corporis* des Königs. Allerdings könnte sich dieser Hinweis auch auf die Ereignisse vom Januar 859 beziehen, als Ludwig nur mit knapper Not einem überraschenden Überfall Karls des Kahlen entkam: siehe BM² 1436 e.
213 Excerpta Aventini a. 856; S. 744. Annales Fuldenses aa. 858 und 863 f.; S. 49 ff. und 56 ff. oder 51 ff. und 62 ff. Zur Lokalisierung von Dovina siehe Mitscha-Märheim, Oberleis 42, und BM² 1455 c.
214 Hannick, Missionen 287 ff.
215 Nicolaus I., Epistolae n. 26 c. 9; S. 293. Vgl. die Interpretation des Papstbriefs *Gloria in excelsis* (JE 2924) durch Richter, Orientierung 282 ff.
216 Canon Hludowici regis c. 11; 3, 248 f.
217 Annales Fuldenses a. 869; S. 67 ff. oder 72 ff. TF 898 c; 1, 702 f.
218 Annales Fuldenses a. 870; S. 70 ff. oder 76 ff.
219 Zur Patenschaft Zwentibalds I. siehe BM² 1485 b und Regino, Chronica a. 890; S. 134 oder 288. Vgl. Althoff, Bedeutung 13–21.
220 Constantinus Porphyrogenitus, De administrando imperio 1, 303 s.v. Siehe bes. c. 21, 32; 1, 86, für das gegenüber Konstantinopel ältere Rom. Wie Evangelos Chrysos im Gespräch äußerte, drücken die Begriffe *magnus* und *minor* die Unterscheidung zwischen reichsfremden und reichsangehörigen Gebieten und Völkerschaften aus. Siehe etwa Asia minor – Asia magna, Scythia minor – Scythia magna, Gothi minores – Gothi (vgl. Wolfram, Goten 90 mit Anm. 67).
221 Hannick, Missionen 289 ff. mit bes. Anm. 48.
222 Annales Fuldenses aa. 870–872; S. 70–76 oder 76–86. Zur Bedeutung des Schatzes siehe Wolfram, Goten 456 Anm. 114.
223 Zu Annales Fuldenses aa. 873 f.; S. 78 oder 88 und S. 82 f. oder 94, siehe Dümmler, Ostfränkisches Reich 2, 375 f.

224 Vita Methodii cc. 15–17. Vita Clementis cc. 5–7. Stephan V., Epistolae n. 1; S. 357 f. mit Anm. 2 ff., von 885 Ende (Interpolation Wichings).

225 WS 91 mit Anm. 122.

226 Die Ausdehnung Mährens bis an die Weichsel legt Vita Methodii c. 11 nahe. Zur Abhängigkeit Böhmens vgl. Regino, Chronica a. 890; S. 134 oder 288, mit Annales Fuldenses a. 895, S. 126 oder 162.

227 Annales Fuldenses (Alt.) a. 884; S. 110 ff. oder 136 ff. Zum Kontext, in den Zwentibalds Lehenseid zu stellen ist, siehe WS 145 mit Anm. 249 und 169 mit Anm. 385 f.

228 Regino, Chronica a. 894; S. 143 oder 302, verbindet den Tod Zwentibalds I. und die Unfähigkeit seiner Söhne ursächlich mit der Vernichtung des Mährerreichs durch die Ungarn. Vgl. Constantinus Porphyrogenitus, De administrando imperio c. 41; 1, 180, mit Annales Fuldenses a. 894; S. 125 oder 160. Zu den Kämpfen zwischen Arnulf und den Mährern in den neunziger Jahren siehe ebendort aa. 892 f.; S. 121 ff. oder 154 ff. An dem Feldzug von 892 beteiligten sich zum ersten Mal ungarische Reiter.

229 Vita Clementis cc. 10 f.; vgl. c. 5. Allerdings zeichnet die Vita Methodii cc. 10 f., die Zwentibald weniger ablehnt, ein nicht so schlechtes Bild von ihm. Vgl. Richter, Orientierung 285 ff. Zur Treulosigkeit *Sclavisco more* siehe etwa Annales Fuldenses a. 870; S. 70 und 74 oder 76 und 82.

230 Annales Fuldenses (Alt.) a. 884; S. 111–113 oder 136–142. Leges Alamannorum 57, 58 ff.; S. 127: genaue Unterscheidung zwischen Totalamputation der Genitalien und Kastration.

231 Stephan V., Epistolae n. 1; S. 355. Vgl. ders., Fragmenta registri n. 33; S. 352. Siehe die variantenreichen und mitunter phantasievollen Karten, die Sós, Bevölkerung 52–64, in dankenswerter Vollständigkeit wiedergibt. Zur *antiqua urbs* Rastislavs als mährisches Herrschaftszentrum siehe Annales Fuldenses a. 871; S. 74 oder 82.

232 Annales Fuldenses a. 855; S. 45 f. oder 48, a. 869; S. 69 oder 74, a. 871; S. 74 oder 82. Siehe auch Regino, Chronica a. 890; S. 134 oder 288.

233 Annales Fuldenses aa. 869, 871 und 884; S. 67 f. oder 72, 75 oder 84 und 111 oder 138. Zu weiteren ostfränkisch-bayerischen Flüchtlingen siehe oben Anm. 206. Zur Bedeutung der »Fremden« in Heer und Gefolgschaft siehe Wenskus, Stammesbildung 639 s.v. Zu den Franken in der Umgebung Wichings siehe Vita Clementis c. 13. Vgl. Grenz, Bewaffnung 447 ff., der nur die archäologischen Befunde berücksichtigt, sowie Last, Bewaffnung 466 ff. Zu den karolingischen Waffenfunden in der Slavia siehe Vinski, Marginalia bes. 110 ff. Zum karolingischen Waffenembargo siehe Capitulare von Diedenhofen c. 7; 1, 123; vgl. K. Brunner, Diedenhofener Kapitular 407 f. – Herwig Friesingers Ausgrabungen in Gars-Thunau haben hervorragende (damaszierte) Schwerter zutage gebracht.

234 Annales Fuldenses (Alt.) aa. 884 (Vergeiselung Isanrihs), 894 (Tod Zwentibalds I., Ungarn in Pannonien, bayerisch-mährischer Friedensschluß), 895 (Ende der mährischen Oberhoheit über Böhmen), 896 (Brazlavo), 897 (mährische Rekuperationen), 898 f. (mährischer Bruderkrieg); S. 110 f. oder 136, 125 oder 160, 126 oder 162, 130 oder 168, 131 ff. oder 170 ff.

235 Annales Fuldenses (Alt.) aa. 901 f.; S. 135 oder 176. Reindel, Luitpoldinger n. 27, S. 39. Györffy, Landnahme 78 mit Anm. 71, nimmt nach Annales Alamannici a. 902; S. 186, bereits 902 als Datum der ungarischen Zerstörung Mährens an, was aber so nicht in der Quelle steht. Zu Regino, Chronica a. 894; S. 143 oder 302, siehe Dümmler, Ostfränkisches Reich 3, 533 f. Theotmar, Epistola S. 25 f. oder 241 f.

VIII. Die »Deutschen«

Seite 322–323

236 WS 61 mit Anm. 308.

237 WS 62 mit Anm. 310 (1. Zitat nach Thomas, Frenkisk 83 ff.), 65 mit Anm. 328 (2. Zitat).

238 Zum gesamten Abschnitt siehe WS 59–66.

239 Bonifatius, Epistolae nn. 45 und 58; S. 72 und 108 oder 130 und 172. Ewig, Beobachtungen 327 f.

240 Ionas, Vita Columbani I 27; S. 211 oder 480. TF 7; 1, 33 f. von 754 VI 24, von Arbeo verfaßt, und ders., Vita Corbiniani c. 15.

241 WS 47 ff. Schieffer, Karolinger 117 f. und 149.

242 Wolfram, Reich 37.

IX. Die Juden

Seite 324

243 Inquisitio de theloneis Raffelstettensis c. 9; S. 252. Regesten Passau n. 189; S. 51. Vgl. WS 37 f. mit Anm. 135 und Aronius n. 122; S. 52. Lohrmann, Katalog n. 2; S. 287. Allerdings sind die *nobiles Ysac* und *Salaman* keine Juden gewesen. Vielmehr gebrauchten bestimmte bayerische Adelsgruppen des 8. und 9. Jahrhunderts alttestamentarische Namen: siehe im bes. TF 2, 791 (Isaac) und 866 (Salomon); vgl. Stör-

mer, Adelsgruppen 80 ff. – Zum Sklavenhandel vgl. die Bestimmungen von Capitularia n. 293 c. 76; 2, 419. Siehe auch Formulae Imperiales n. 30; S. 309–311, und n. 37; S. 314 f., wovon letzteres Formular ausdrücklich für *Retia, Baioaria et Sclavinia* galt. Die genannten Formulare gehen auf Urkunden zurück, die den Juden nicht zuletzt die Erlaubnis verleihen, *mancipia peregrina emere et infra imperium nostrum vendere.* Ebenso wurden Zwangstaufen der *mancipia Hebreorum* verboten.

244 Zur Bedeutung »Slawe = Sklave« siehe Verlinden, L'origine 121 ff.

245 Vgl. hingegen Capitularia 2, 361 n. 281 c. 31.

246 Aronius n. 113; S. 50. Lohrmann, Katalog n. 1; S. 287.

247 Concilia Rispacense etc. c. 43; 1, 212. Vgl. Aronius n. 69; S. 25.

248 Formulae Salzburgenses n. 38; S. 448. Erwähnt wird ein *medicus Iudaicus vel Slavianiscus N.* Daraus wäre auf einen jüdischen Arzt, der unter Slawen lebt, zu schließen. Wenn ein ostfränkischer Graf diesen Mann schicken kann, dann muß er sich unter seiner Jurisdiktion befinden. Der jüdische Arzt wird sich daher wohl im bayerischen Ostland aufgehalten haben.

X. Die Ungarn

Seite 325–327

249 Dieser Abschnitt folgt einer maschinschriftlichen Zusammenstellung von Walter Pohl. Vgl. Annales Bertiniani a. 862; S. 60 oder 114, mit Annales Alamannici a. 863; S. 180.

250 Zu Constantinus Porphyrogenitus, De administrando imperio c. 42; 1, 183 ff., und Theophanes Continuatus 122 siehe Marquart, Streifzüge 27 und 474; Dunlop, Khazars 186; vgl. Golden, Khazar Studies 1, 67. Zu den Ausgrabungen in Sarkel siehe Pletnewa, Chasaren 122 ff. Daß diese Nomaden Ungarn gewesen seien, geht auf eine Bemerkung von Ibn-Rusta zurück.

251 Theophanes Continuatus 5; vgl. Marquart, Streifzüge 30 f., und Moravcsik, Onoguren 88.

252 Vgl. Moravcsik, Onoguren 81 ff. und Vajay, Stämmebund 12, gegen Marquart, Streifzüge 44 ff., während Golden, Khazar Studies 1, 73 ff., skeptisch bleibt.

253 Constantinus Porphyrogenitus, De administrando imperio c. 38; 1, 170 ff. Regino, Chronica a. 889; S. 132 oder 284. Zur Lokalisierung siehe die Literatur-Diskussion bei Moravcsik, Constantinus Porphyrogenitus 2, 147. Zum Zusammenstoß mit den Petschenegen siehe etwa Moravcsik, Onoguren 89.

254 Golden, Khazar Studies 1, 200 ff.

255 Constantinus Porphyrogenitus, De administrando imperio c. 38; 1, 172; vgl. Marquart, Streifzüge 35 f.

256 Vita Constantini c. 8.

257 Constantinus Porphyrogenitus, De administrando imperio c. 39; 1, 174, und 2, 149.

258 Zu Annales Iuvavenses maximi a. 881; S. 742, siehe Klebel, Salzburger Geschichtsquellen 12, und Wiesinger, Probleme 336 f. Die zweite Begegnung des Jahres 881 fand *ad Culmite* statt, ein Ort, der wohl mit der *Colomezza* von 832 zu identifizieren ist: siehe WS 123 mit Anm. 144–149.

259 WS 16 mit Anm. 6 und Anm. 9. Die Gleichsetzung von Awaren mit Ungarn vollzogen Annales Fuldenses (Alt.) aa. 894, 896, 900; S. 125 oder 160, 129 oder 168, 134 oder 174.

260 Annales Fuldenses (Alt.) a. 892; S. 121 oder 154.

261 Annales Fuldenses aa. 895 f.; S. 126 oder 162 und 129 f. oder 168. Vgl. Regino, Chronica a. 889; S. 131 ff. oder 282 ff. Siehe auch Constantinus Porphyrogenitus, De administrando imperio c. 38; 1, 172 f., und Theophanes Continuatus 357 ff. Zu Brazlavo siehe WS 91 f.

262 Widukind, Res gestae Saxonicae I 18; S. 28 f. Liudprand, Antapodosis I 13; S. 14 f. Theotmar, Epistola S. 25 oder 240.

263 WS 316 f. mit Anm. 635. Annales Fuldenses aa. 900 f.; S. 134 ff. oder 174 ff. Zur Ennsburg siehe D.LK. 9. Zur heimtückischen Ermordung entweder 902 oder 904 siehe Annales Alamannici (Cod. Tur.) a. 902 und (Cod. Mod.) a. 904; S. 186. Zu 902 siehe Reindel, Luitpoldinger n. 27; S. 39. Während ebendort n. 36; S. 51 f., auf 904 datiert wird, tritt Vajay, Stämmebund 35 mit Anm. 96, für 902 ein.

264 Regino, Chronica a. 889; S. 131 ff. oder 282 ff. Annales Fuldenses a. 894; S. 125 oder 160, erwähnen die »viehische Lustbefriedigung« der Ungarn. Ihre Haartracht erwähnt nicht bloß Regino, sondern auch Theotmar, Epistola S. 25 oder 241. Zu ihrem Zauber mit Hunden oder Wölfen siehe Theotmar, Epistola S. 25 oder 240. Ihr wölfisches Geheul erwähnt Vita Constantini c. 8. Zur Beurteilung der Ungarn siehe Widukind, Res gestae Saxonicae I 18; S. 28 f., nach Iordanes, Getica 127 f.; S. 90 f., vgl. Wolfram, Goten 18 und 115.

265 Zu Annales Fuldenses a. 900; S. 134 oder 174, vgl. Reindel, Luitpoldinger n. 22; S. 31 f., sowie WS 316 f. mit Anm. 635.

266 Györffy, Landnahme 67 ff., bes. 78.

Lebensordnungen

I. Was macht den Menschen?

Seite 329–331

1 Wood, Christians and pagans 63–65, nach Epistolae variorum II n. 12; S. 155–157. Der Hinweis auf die Arbeit von Wood wird Maximilian Diesenberger und Helmut Reimitz verdankt.
2 Siehe etwa ThLL 7, col. 1238 ff., bes. 1244–1246. Zu den Juden siehe col. 1245.
3 P. G. Schmidt, barbarus 50. Vgl. etwa Willibald, Vita Bonifatii c. 8; S. 43 oder 506: *barbarum gentium seditio,* Erhebung heidnischer Völker.
4 Agobard von Lyon, Epistolae n. 3; S. 158 f. und 164.
5 Lex Baiwariorum IV 30; S. 335.
6 Zum Unterschied von Bub und Mädchen siehe Leges Alamannorum LXXXVIII 1; S. 150 (gilt schon zum Zeitpunkt der Geburt). Zum Unterschied von geborenem und ungeborenem Kind siehe Lex Baiwariorum VIII 19; S. 382 f. Zum Unterschied von getauftem und nichtgetauftem Säugling vgl. Hrabanus Maurus, Epistolae n. 41; S. 479.
7 Siehe etwa Origo gentis Langobardorum c. 1; S. 2 f., und Paulus Diaconus, Historia Langobardorum I 8 f.; S. 52 f. Vgl. Wolfram, Goten 23 f. (Bestattungssitten) und 28 f. (Tracht). Zu Aldrich von Le Mans siehe Wenskus, Stammesadel 506 mit Anm. 226, nach Gesta Aldrici c. 1; S. 308. Zum Frankennamen als Bezeichnung für alles Land nördlich der Alpen und zum fränkischen Vorrang siehe Notker, Gesta Karoli I 10; S. 13 oder 334.
8 Schott, Lex Alamannorum col. 1879–1886. Leges Alamannorum S. 4 ff. Kottje, Lex Baiuvariorum 1–23. Siems, Lex Baiuvariorum col. 1887–1901. Lex Baiwariorum, Praefatio S. 179 ff. Dilcher, Langobardisches Recht col. 1607 ff. Meyer-Marthaler, Lex Romana Curiensis col. 1935–1940. Lex Romana Curiensis S. XI ff. Siehe dazu Soliva, Lex Romana Curiensis 73 ff. Schlosser, Decreta Tassilonis col. 665 f. Lhotsky, Quellenkunde 162 f. Zu *eoa Baiuvariorum* siehe Capitularia 1, 158 f. n. 69, von wahrscheinlich 803 (Ganshof, Kapitularien 166). Das Bayernrecht als *lex scripta* wird bereits durch Lex Baiwariorum II 14; S. 308, erwiesen: *comes vero secum habeat iudicem qui ibi constitutus est iudicare, et librum legis, ut semper rectum iudicium iudicent.* Siehe auch Concilium Aschheimense c. 12; S. 58, wo auf Lex Baiwariorum II 1 und VII 5; S. 292 f. und 352, verwiesen wird. Capitula Remedii 645 ff. und bes. c. 12; S. 649: *Statuimus enim, ut omnis presbiter habeat brevem istum semper haput se, et in unoquoque mense duas vices legat eum coram omni populo.* Zum Gebrauch des bayerischen, fränkischen und alamannischen Rechtes im bayerischen Ostland siehe Erkens, Bischofsurkunden n. 2; S. 505 f., Regesten Passau n. 187; S. 50, und Kottje, Lex Baiuvariorum 21 n. 35 und 23 Anm. 35. Zum Bekenntnis des Rechtes siehe Capitularia missorum a. 802 c. 6; S. 501: *ut unusquisquam sciat qua lege vivat vel iudicat.*
9 Lex Baiwariorum XVI 2, XVII 3 und 6; S. 432–449 und 451. Vgl. etwa TF 2, 612 s.v. Bayern: *ritus, mos.*
10 Siehe etwa TF 550 a–c; 1, 471–474 (Romanen), und 548; 1, 469 f. (Vereinbarung zwischen Bayern und Traungauer Slawen; die Vertreter beider Gruppen werden *vetustissimi viri* genannt, jedoch nicht an den Ohren gezogen).
11 WS 50 mit Anm. 217 nach MC 3, 87 n. 205. Nach Annales Fuldenses a. 849; S. 38 oder 36, gab es slawische *leges et consuetudines,* mit denen fränkische Grenzgrafen nur in Ausnahmefällen vertraut waren.
12 TF 1037; 1, 782. Zur Unterscheidung von *lex* und *mos* siehe Isidor, Etymologiae V 3, 1–4; vgl. Nehlsen, Aktualität 449 ff.
13 Kaufmann, Buße col. 575–577. Scherner, Kompositionensystem col. 995–997. Siems, Lex Baiuvariorum bes. col. 1896 f. Kaufmann, Fehde col. 1086 ff. H. Brunner, Rechtsgeschichte 2, 736 f. Zu den Bußkatalogen siehe bes. Lex Baiwariorum IV 1 ff.; S. 316 ff.; V 1 ff.; S. 338 ff. (Freigelassene); VI 1 ff.; S. 342 ff. (Unfreie); VIII 1 ff.; S. 353 ff. (»von den Ehefrauen und Sachen, die oft geschehen«); VIII 3–5; S. 355 f. (unzüchtiges Betasten der Frauen). Zum Schutz von Haus und Hof siehe XI 1 ff.; S. 396 f. Ebendort X 1 ff.; S. 384 ff. (Brandfälle).
14 Schott, Lex Alamannorum col. 1882. Siems, Lex Baiuvariorum col. 1893 f.
15 Siems, Lex Baiuvariorum col. 1899.
16 Schott, Lex Alamannorum col. 1885. Kolmer, Kommendation 317 ff., zu Lex Baiwariorum II 8 a; S. 302.
17 Soliva, Lex Romana Curiensis 73 ff. bes. 84.
18 Capitula Remedii S. LVIII f. und S. 645 ff., bes. cc. 9 f.; S. 649.

II. Wie frei ist der Mensch?

Seite 332–336

19 WS 146–150. Niederstätter, Mancipia 71–81 (Churrätien).
20 NA 6, 1, 4 und 12; S. 84 und 86; vgl. BN 14, 2; S. 122.
21 Concilium Dingolfingense c. 10; S. 95. Leges Alamannorum XVII 2; S. 80 f. Formulae Argentinenses n. 1; S. 337.
22 Lex Baiwariorum I 13; S. 288.
23 Vgl. Lex Baiwariorum XIII 9; S. 412 mit Arbeo, Vita Haimhrammi cc. 37 f. Bonifatius, Epistolae n. 28; S. 51 oder 100, vgl. WS 176 mit Anm. 434 (Verkauf von Unfreien an Heiden zu Opferzwecken ist Totschlag).
24 WS 146 mit Anm. 257.
25 BM[2] 774 von 823 VI 19.
26 Schott, Freigelassene 55 ff., 62 ff. und 71 ff. Siehe D.LD. 124 und D.Arnolf 164.
27 Zu Gunther siehe NA 6, 1; S. 84 (Überschrift) und 6, 24; S. 88 (Nennung). Zu den Imkern siehe TM 38; S. 136 f. TR 17; S. 18 (Schmied).
28 WS 147 f. mit Anm. 252–254. Krause, Die liberi 68 ff., nach Capitularia n. 58 c. 1; 1, 145. Schott, Freigelassene und Minderfreie 51 ff. Köbler, Die Freien bes. 40 ff.
29 Wort und Begriff »Bauer« 254 ff. (Orts- und Sachregister).
30 WS 147. Lex Romana Curiensis bes. II 1, 6 f.; S. 49.
31 Leges Alamannorum XXI f.; S. 82 ff., wo die tributpflichtigen *servi ecclesiae* den ebenfalls tributpflichtigen *liberi ecclesiastici, quod colonus* (sic) *vocant,* gegenübergestellt werden. In Leges Alamannorum LV; S. 114 f., heißt es dagegen, ein *colonus regis aut colonus ecclesiae* ist einem *liber* nicht gleichgestellt. Siehe Schott, Freigelassene 56 f. und 69–71, sowie Köbler, Die Freien 44. Zum Kolonenstatut siehe Lex Baiwariorum I 13; S. 286 ff., vgl. Siems, Lex Baiuvariorum col. 1899.
32 Zum spätantiken Tributum siehe Schwahn, Tributum und Tributus col. 70 ff. Wanderwitz, Studien 42 f. WS 153 mit Anm. 310 f. Die letzten *Romani tributales*-Nennungen sind in die Lebenszeit Hiltruds († 754) zu datieren: siehe NA 5, 3; S. 84, und BN 11, 2; S. 118. Allgemein siehe Dollinger, Bauernstand 288 f.
33 Dopsch, Karolinger und Ottonen 217 f. Dollinger, Bauernstand 286–296. Köbler, »Bauer« 234 f. WS 153 f.
34 WS 154 mit Anm. 320. Vgl. oben 295–297 mit Anm. 117–130.
35 Arbeo, Vita Haimhrammi c. 39.
36 Störmer, Adel 74 ff. TR 17; S. 19: *(sc. Heinrici) tamen uxor non est mea,* sagt der schenkende Herr für uns Heutige vielleicht etwas mißverständlich. WS 154 f.
37 Vgl. Penitentiale Vinniani 41; S. 88, und Paenitentiale Cummeani II 28; S. 116, mit Bonifatius, Epistolae n. 26; S. 45 oder 90.
38 Leges Alamannorum XVII 2; S. 80 f.
39 Concilium Dingolfingense c. 10; S. 95. WS 154 mit Anm. 321 nach TP 50; S. 43 f.
40 TF 860; 1, 680 f.
41 Störmer, Adel 75 f., nach TF 450 und 489; 1, 385 f. und 418; zum »Frauenhaus« siehe etwa Capitulare de villis cc. 31, 43 und 49; 1, 86 f. Vgl. Schwind, Klöster 109 mit Anm. 30.
42 Der Vergleich von TM 20; S. 119 f. (Störmer, Adel 1, 160) mit TM 80/2; S. 184 f., und TP 46; S. 40 f., zeigt, daß es rangmindernde und ehrenhafte Zinse und Leistungen gab.
43 Störmer, Adel 74, nach TF 634; 1, 539 f. Daß Ratolt seinen unfreien Sohn von einer eigenen Hörigen hatte, geht aus dessen Bezeichnung als *servus suus et filius* hervor. Zu Tenil siehe TF 680; 1, 680 f. Vgl. UB St. Gallen n. 447; 2, 65.

III. Wozu ist der Mensch verpflichtet?

Seite 337–341

44 Fichtenau, Arenga bes. 80 ff.
45 Siehe etwa TF 49; 1, 77 f.: *servitutis quantitatem compensans* (sc. Tassilo III.). DD.Arnolf 5, 8 und 85.
46 Siehe Ganshof, Lehnswesen 27 ff., bes. 35 ff., 77 ff., 86 ff. und 98 ff.
47 Ganshof, Lehnswesen 104 ff.
48 Siehe oben 255 mit Anm. 253–255 (Karlmann) und 259 mit Anm. 273 (Arnulf).
49 Leges Alamannorum XXXVI 1 f.; S. 94 f. Siehe Schulze, Grafschaftsverfassung 70 f. und 139 f.
50 Lex Baiwariorum II 14; S. 307.
51 Leges Alamannorum XLI 1; S. 100 f. Lex Baiwariorum II 14–18; S. 308. Siehe Schulze, Grafschaftsverfassung 71. Capitula de causis diversis c. 1; 1, 135: Grafen müssen Placita abhalten.

52 Zu Lex Baiwariorum II 14; S. 308 f., siehe TF 466 und 475; 1, 399 und 407. Vgl. H. Brunner, Rechtsgeschichte 1, 204 f.

53 Leges Alamannorum XLII 1; S. 102 f. Lex Baiwariorum IX 18; S. 380 f. Zu den Eideshelfern siehe die beiden (wie oben Anm. 52) genannten Prozesse sowie TM 49; S. 152 f. (*burgiones*). Vgl. auch die Vereidigung, die Bischof Virgil vornehmen ließ, bevor er ein ausführliches Protokoll über die Entfremdung der Güter der Maximilianszelle anlegen ließ: siehe BN 8, 12; S. 144.

54 Leges Alamannorum XLII 2; S. 103. Concilium Dingolfingense c. 2; S. 94. Lex Baiwariorum I 1; S. 268 f., und XVI 15 f.; S. 441 f.

55 Lex Baiwariorum XVI 17; S. 442 ff.

56 Lex Baiwariorum S. 475 s.v. *camp(i)o*. H. Brunner, Rechtsgeschichte 1, 259 ff. (Eid) und 263 ff., sowie 2, 582 f. (Zweikampf). Siehe auch Concilium Neuchingense cc. 4 f.; S. 100. Wanderwitz, Studien 73 ff.

57 Leges Alamannorum XXXVI 3; S. 95 f. Lex Baiwariorum II 14; S. 308. Schulze, Grafschaftsverfassung 71 und 153 f.

58 Schulze, Grafschaftsverfassung 71, 137 und 343 f. Siehe bes. Leges Alamannorum XLII (auch Appellation in *causae minores*) und XLIV; S. 102 ff.

59 Wolfram, Goten 17.

60 Paulus Diaconus, Historia Langobardorum IV 10; S. 120. Zur Größe eines Stammesheeres siehe Wolfram, Goten 106.

61 Lex Baiwariorum IV 23; S. 331. Vgl. H. Brunner, Rechtsgeschichte 2, 746 mit Anm. 39 und 842 mit Anm. 6.

62 Lex Baiwariorum II 4 ff.; S. 295 ff. Leges Alamannorum XXV f.; S. 85 f.

63 WS 154 mit Anm. 320. Zur Waffenfähigkeit des westgotischen Sklaven siehe Nehlsen, Sklavenrecht 171 f. Die Anwesenheit von Unfreien im Bayernheer geht aus Lex Baiwariorum II 5; S. 298 f., hervor. Zur Verpflichtung der Freien siehe Wernli, Gemeinfreie 72 ff.

64 WS 154 mit Anm. 320.

65 Last, Bewaffnung 466–470.

66 TM 5; S. 104.

67 TF 268 a; 1, 238. Vgl. Last, Bewaffnung 467. Dieselbe Ausrüstung, Pferd, Schild und Lanze, wird auch in Fulda übergeben: siehe Schwind, Klöster 115 mit Anm. 60, nach Codex diplomaticus Fuldensis n. 336; S. 162 f.

68 Das Urbar des Reichsgutes in Churrätien S. 380.

69 Annales Fuldenses a. 871; S. 75 oder 82 und 84.

70 TF 634; 1, 539.

71 Schwind, Klöster 115. Last, Bewaffnung 469. Zu den Königshöfen siehe Capitulare de villis cc. 62 und 64; 1, 89, zur Mondseer Schenkung siehe TM 63; S. 165 f., zum Verbot, Waffen in einem Nonnenkloster zu deponieren, siehe Capitularia n. 42 c. 8; 1, 120.

72 Paulus Diaconus, Historia Langobardorum IV 19; S. 120.

73 Siehe bes. die ungarischen Niederlagen nördlich der Donau und in Karantanien: Annales Fuldenses aa. 900 f.; S. 134 f. oder 176. Reindel, Luitpoldinger n. 45; S. 62 ff. (Preßburg). Die Angleichung von Alamannen und Bayern erfolgte normativ durch die Kapitularien-Gesetzgebung (Last, Bewaffnung 467) und tatsächlich durch gemeinsame Kriegszüge wie 791 gegen die Awaren. Obwohl damals Bayern für die flußabwärts eingesetzte Donauflottille verantwortlich waren, zählten sicher auch bayerische Pferde zu jenen, die von der verheerenden Seuche erfaßt wurden: siehe Annales regni Francorum (Einh.) a. 791; S. 89 und 91.

74 Annales regni Francorum (Einh.) a. 791; S. 89. Annales Fuldenses a. 872; S. 76 oder 86, und Annales Fuldenses (Cont. Alt.) a. 899; S. 133 oder 172.

75 Siehe Annales regni Francorum a. 778; S. 50 oder 36 (Bayern 778 in Aquitanien), Annales regni Francorum (Einh.) a. 791; S. 89 (791 Sachsen und Friesen in Pannonien), Annales regni Francorum a. 820; S. 153 oder 122 (Sachsen, Alamannen und Franken an der Drau).

76 Capitularia n. 49 c. 2; 1, 136: Wenn es gegen die spanischen oder awarischen Gebiete geht, dann mögen fünf Sachsen den sechsten ausrüsten, wenn es gegen Böhmen geht, zwei den dritten, wenn aber das Land selbst, *patria defendenda,* gegen die Soraben zu verteidigen ist, müssen alle kommen. Wernli, Gemeinfreie 72 ff. und 83 ff.

77 Last, Bewaffnung 469 f. und 472. White, Medieval Technology 149, nach De procinctu Romanae miliciae, über das lebenslange tägliche Training der fränkischen Reiterkrieger, die »als Knaben und Jünglinge in den Häusern der Fürsten erzogen werden« und vor allem reiten und die *conti praemagni* führen lernen müssen.

78 D.Arnolf 32 (Heimo-Burg) und D.LK. 9 (Ennsburg). Vgl. Annales s. Emmerammi a. 802; S. 737 *(castellum Guntionis).*

79 Auer, Kriegsdienst II 48 ff. Werner, Heeresorganisation bes. 828–831; vgl. die Karten nach S. 828. WS

154 mit Anm. 320, nach Capitularia n. 25 c. 4; 1, 67, von karolingischen *servi,* die als Lehensträger Kriegsdienste leisten.
80 Concilium Dingolfingense cc. 9 f. und 12; S. 95. Lex Baiwariorum II 1; S. 292 f. mit Anm. 4 (Hinweis auf Wiederholungen der Bestimmungen).
81 WS 149 f., nach Concilium Dingolfingense c. 7; S. 95.
82 Capitularia n. 25 c. 4; 1, 67.
83 WS 123–141 und 141–145.
84 K. Brunner, Herzogtümer 406 ff.

IV. Wie kann sich der Mensch ändern?
Seite 342–348

85 Acta Sanctorum, Mai VII, S. 40 f. (Sisinnius etc.). Passio Vigilii S. 23 f. Berg, Bischöfe 77.
86 Eugippius, Vita Severini c. 11, 2–4.
87 Ionas, Vita Columbani I 27; S. 213 oder 482 ff.
88 Eigil, Vita Sturmi c. 2; S. 132: Christen würden durch die Berührung mit den Heiden und ihrer Lehre vom wahren Glauben abgezogen.
89 Bonifatius, Epistolae n. 44; S. 71 oder 128 (Gregor III. an die Bischöfe Bayerns und Alamanniens in Antwort von Vorstellungen des Bonifatius); vgl. n. 45; S. 72 oder 130 (Gregor III. zur bayerischen Kirchenorganisation), und n. 50; S. 84 oder 146 (Bonifatius über die Alamannen, Bayern und auch Franken). Zu den synkretistischen Priestern siehe Bonifatius, Epistolae n. 28; S. 51 oder 100 von um 732.
90 BN (Libellus Virgilii) 3, 16; S. 108. Arbeo, Vita Haimhrammi c. 7 (nach dem Lob des Bayernlandes), und ders., Vita Corbiniani c. 15. Eigil, Vita Sturmi c. 2; S. 132.
91 WS 234. Vgl. Gesta Hrodberti cc. 3 f.; S. 158, mit BN 1, 1; S. 102, und Conversio c. 1.
92 Annales Nazariani a. 787; S. 43. Becher, Eid 63. Zu einem riesenhaften heidnischen Bildstock der Zeit Chlothars II. (584/613–629) siehe Vita Walarici c. 22; S. 168.
93 Conversio c. 4 (Boruth). Karantanisches Heidentum ist 769 zum letzten Mal urkundlich (TF 34; 1, 62) und bis in die Zeit Arns literarisch (BN 3, 15; S. 106 und 108. Conversio c. 7) bezeugt.
94 Pohl, Awaren 319–323.
95 Conversio c. 10 (Geschichte Priwinas).
96 Regino, Chronica a. 889; S. 131–133 oder 282–286. Theotmar, Epistola S. 25 oder 240.
97 Lex Baiwariorum, Praefatio S. 201 f. Zu Theodelinde siehe Gregor I., Registrum 2, 511 s.v. *Theodelinda.*
98 Siems, Lex Baiuvariorum col. 1888 und 1890.
99 Lex Baiwariorum XIX 8; S. 458. Vgl. Concilium Neuchingense c. 6; S. 100 f.
100 Die Seelgerätstiftungen für Heerfahrt und Reise stellen die Verchristlichung heidnischer Praktiken dar: siehe TF 415 und 419; 1, 356 und 359, sowie TM 38 und 95; S. 136 f. und 198 f. (Romfahrt).
101 Lex Baiwariorum XIII 8; S. 410 *(aranscarti).* Concilium Neuchingense c. 4; S. 100; vgl. Lex Baiwariorum XII 8; S. 403, und Concilium Dingolfingense c. 11; S. 96. Siehe Kralik, Bestandteile 619 ff.
102 Capitula e canonibus excerpta c. 17; 1, 174 *(crisma).* Fichtenau, Lebensordnungen 2, 424.
103 Zur Kirche auf der Holzwiese siehe Friesinger, Väter 141–143. Der Untergang der Slawenburg wird jetzt eher den Ungarn als den Babenbergern angelastet: siehe K. Brunner, Herzogtümer 463 f. Anm. 153.
104 Niederhellmann, Heilkundliches 75 f. und 78 f., nach Pactus Alamannorum XIII 1 und XIV 1; S. 24, sowie Arbeo, Vita Corbiniani cc. 29 und 31.
105 Annales Fuldenses a. 899; S. 133 oder 172.
106 Regino, Chronica a. 889; S. 133 oder 286.
107 Zu Columban und Eustasius siehe Ionas, Vita Columbani I 27 und II 8. Zur Situation in Neustrien siehe Ewig, Fränkische Teilungen 165 f., und ders., Fränkische Teilreiche 186–190.
108 Wolfram, Goten 347 mit Anm. 59, nach Procopius, De bello Gothico II (VI) 25, 9 f. Zum erulischen Überfall auf Ioviaco siehe Eugippius, Vita Severini c. 24, 3.
109 Gregor von Tours, Historia Francorum V 43; S. 251 f.
110 Das Zitat stammt aus Arbeo, Vita Haimhrammi c. 7. Zu Columban siehe oben Anm. 107.
111 Ladenbauer-Orel, Siedlungsschwerpunkte 323 f. Anm. 1. Dies., Linz-Zizlau 30–32, 49 f. und 57 f. Baiernzeit in Oberösterreich S. 316–319 nn. 379–424 (Funde).
112 BN 3, 11; S. 106.
113 Conversio c. 4.
114 TF 11, 68 und 72 a; 1, 38 f., 52 und 98 (Übergabe, Diakon- und Priesternennung Arns).
115 TP 38; S. 34 f. Regesten Passau n. 74; S. 19.
116 Bonifatius, Epistolae n. 68; 141 oder 210.
117 Conventus episcoporum S. 176.

118 WS 267 ff.
119 Johanek, Funktion 141. Hauck, Kirchengeschichte 2, 251 ff., bes. nach Capitularia nn. 38 und 116–120; 1, 109 f. und 234 ff. Conventus episcoporum (von 796) S. 173–176, ist fast ausschließlich der Tauffrage gewidmet; ob man etwa – in Anbetracht der großen Zahl von (awarischen) Täuflingen und des Priestermangels – von den *duo legitima tempora* abweichen dürfe.
120 Vgl. Beda Venerabilis, Historia ecclesiastica gentis Anglorum III 17; S. 161 f. (Vorwürfe wegen falscher Berechnung).
121 Vgl. Arbeo, Vita Corbiniani cc. 29 und 31.
122 Formulae Salzburgenses n. 38; S. 448.
123 DD.K.III. 14 und 166 sowie DD.Arnolf 56 und 100; vgl. Dümmler, Ostfränkisches Reich 3, 486.
124 Concilium Turonense c. 48; S. 293.
125 Pactus Alamannorum I 2; S. 21. Leges Alamannorum 67; S. 117. Lex Baiwariorum V 3; S. 339. TF 49; 1, 77.
126 Fichtenau, Imperium 228, und Wolfram, Intitulatio II. 80 und 82, nach Agobard von Lyon, Epistolae n. 3; S. 159. Vgl. 1. Cor 3, 22 f., und 12, 12 f. Curschmann, Hungersnöte 89 ff. Zum Scheitern Karls des Großen bei der Vereinheitlichung des Rechts siehe Einhard, Vita Karoli c. 29; S. 33 oder 200.
127 TF 34; 1, 61 f.
128 WS 269–271.
129 UB St. Gallen n. 198; 1, 188 f.
130 TM S. 70–72.
131 Semmler, Mönchtum 206–209, und ders., Geistliches Leben 367. Schieffer, Domkapitel 194 mit Anm. 371. Dopsch, Klöster und Stifte 1003 mit Anm. 156. D.Arnolf 87 von 891 III 9.
132 MC 3, 11 ff. nn. 25 ff. D.Arnolf 91 von 891 VII 21. TF 1036; 1, 780 f. Vgl. TF 932; 1, 720 f.

V. Wie lebt der Mensch?

Seite 349–356

133 Fichtenau, Lebensordnungen 2, 437 f. Einen ganz seltenen Einblick in die Verhältnisse erlaubt TR 17; S. 17 ff., bes. 21 ff. Vgl. Heinzelmann, Bevölkerungsstruktur 209. Flandrin, Un temps 8 ff., 41 ff. und bes. 149 ff. Siehe etwa Penitentialis Vinniani c. 46; S. 90 ff. Die Vorstellung des *tempus amplexandi* geht auf Eccle 3, 5, zurück, eine biblische Autorität, die immer wieder zitiert wird. Zur Zeugung des »Standes der Knechte« siehe: Das Merkgedicht von Rig 13, 10; S. 115.
134 Dimt, Haus und Hof 163.
135 Lex Baiwariorum X 8; S. 389.
136 Dimt, Haus und Hof 164. Lex Baiwariorum X 2 f.; S. 385 f.
137 Vgl. Schwind, Klöster 109 mit Anm. 30.
138 Dimt, Haus und Hof 164 f.
139 D.K.III. 113. Vgl. D.LD. 99 und D.Arnolf 32. – Das gesamte Kapitel ist Karl Brunners Materialsammlung und erschienenen wie in Vorbereitung befindlichen Arbeiten verpflichtet. Siehe etwa ders., Nachgrabungen 173 ff., oder ders., Wovon lebte der Mensch? 192–197.
140 Schwineköper, Pertinenzformeln 22 ff. Szabó, Verkehrspolitik 138 ff.
141 Dollinger, Bauernstand 107–109 mit Anm. 103 f.
142 D.LD. 30: *curtis dominicata* und *mancipia infra curtem.* TF 1, S. LXXXIV., bes. TF 238; 1, 219. Dimt, Haus und Hof 162 ff. Capitulare de villis cc. 41 und 48 *(torcularia);* zu ebendort cc. 31, 43 und 49; 1, 86 f. *(genicium),* vgl. Schwind, Klöster 109 mit Anm. 30, *(gynaecium)* Notitia dignitatum 11, 46, und Jones, Later Roman Empire 2, 836 f.
143 Zum Unterschied von Außenzaun und Hofzaun siehe Lex Baiwariorum X 16; S. 392, mit XII 10; S. 404 (Axtwurf und Schattengrenze). Zu *curtile* und *curtifer* siehe TF 1, LXXXIV f., Dollinger, Bauernstand 107 und D.LK. 37. Zur rechtmäßigen Höhe eines Zaunes siehe Lex Baiwariorum XIV 1; S. 413.
144 Lex Baiwariorum X 15 f.; S. 392, und XI 1 f.; S. 396 f.
145 Die grundlegende Sichtung des Materials unternahm Vancsa, Melk 525, und ders., Nachträgliches 93.
146 WS 358 und 369 f. mit Anm. 239 nach BM² 850 (D.LF.) von 828 III 22.
147 D.Arnolf 32.
148 WS 117 f. Siehe etwa *curtis publica Salzpurc* nach TP 15 f.; S. 13–15 (788 III 1). Der Streit um die Zuordnung der Ortsangabe zu Salzburg oder zu Salzburghofen (Gemeinde Freilassing) geht deswegen zugunsten Salzburgs aus, da es auch in TP 17; S. 16, – analog zu dem vorher zweimal genannten Ausstellungsort *in curte publica qui dicitur Salzpurc – in curte qui vocatur Rantesdorf* heißt. Des weiteren zeigt die Entwicklung von *Rantesdorf* zum erst hochmittelalterlich bezeugten Ranshofen, daß der Ortsname ursprünglich nicht mit -hofen kombiniert wurde: siehe S. Haider, Pfalzen 14 f. Außerdem hat D.LK. 64 von 908 XII 17 (vgl. D.O.I. 32 von 940 VI 8) *in curte nostra Salzpurchof.*

149 S. Haider, Pfalzen 11 ff., bes. 12 f. (zwei Typen nach Adolf Gauert: Pfalz mit Wirtschaftshof und Pfalz mit Wirtschaftshof und Burg), und 37 f. (Zusammenfassung). Pagitz, Pfalzbezirk 179–181. Zahlreiche Freisinger Cartae bezeugen den Sitz des Bistums *in castro, infra moeniis* etc. TF 43; 1, 71, lokalisiert die *sedes ... infra oppido Frigisingas locum publicum* und ist *in castro publico nuncupante Frigisingas* ausgestellt. Lex Baiwariorum II 12; S. 306: *... quia domus ducis domus publica est,* und X 19; S. 394: *Si quis viam publicam ubi dux egreditur* (mit Varianten *rex vel dux*) zeigen, daß *publicus* im agilolfingischen Bayern nicht bloß »königlich«, sondern in erster Linie »herzoglich« meint. Zu *via publica* vgl. BN 7, 1; S. 110. Zur Glossierung *frôno* siehe Schlesinger, Heerkönigtum 77 (130) Anm. 124. Das gleiche gilt für *dominicus*: siehe NA 1, 3; S. 80: *census dominicus* steht dem Herzog zu, die *causa dominica* ist das Herzogsgut: siehe NA 6, 1; S. 84. – Zum »Reiseherzogtum« der Agilolfinger siehe Arbeo, Vita Corbiniani cc. 29 f.

150 S. Haider, Pfalzen 12 f.

151 Leges Alamannorum cc. 33 f.; S. 90 f. Lex Baiwariorum II 10 und 12; S. 304 ff.

152 S. Haider, Pfalzen 14 ff., bes. 37 (Zusammenfassung).

153 WS 114 f. Nach TF 143 a; 1, 148, war Lorch 791 ein *oppidum*. S. Haider, Pfalzen 32 ff., ist zuzustimmen, wenn er – auf älteren Forschungen aufbauend – eine herzogliche Pfalz im Prätorium des alten Römerlagers annimmt. Vgl. Lošek, NA 65 ff.

154 Zu TP 46; S. 40 f., siehe S. Haider, Pfalzen 20 ff. WS 117.

155 Zum *castrum Chuchil* siehe BN 2, 7 Randglosse x; S. 104 bzw. 140.

156 BN 14, 34; S. 128: *castellum ... ad Lovffi*; vgl. Odilos Besitz (BN 9, 5; S. 116) *tradidit etiam villam vocatam ad Lovfi casam et curtem cum territorio suo.*

157 WS 116. Störmer, Adelsgruppen 42 ff. S. Haider, Pfalzen 29 und 31 f. TF 74; 1, 99. Allerdings kann man die Annahme, Machelm sei im Besitz von Wels gewesen, bloß daraus ableiten, daß der Ausstellungsort nicht als *castrum publicum* bezeichnet wird.

158 TF 19 und 550 a–c; 1, 47 und 471–474.

159 WS 47–49 mit Anm. 204–206, vornehmlich nach Paulus Diaconus, Historia Langobardorum V 36 und VI 35; S. 156 und 176, sowie nach Arbeo, Vita Corbiniani c. 23.

160 S. Haider, Pfalzen 13 ff., bes. 37 f. (Zusammenfassung).

161 Annales s. Emmerammi a. 802; S. 737.

162 TF 989 c; 1, 702.

163 DD.LD. 8 und 64.

164 DD.Arnolf 42 f. (888 XII 26–889 I 20). Die Einwände gegen die im Text vorgenommene Auflösung (vgl. die Vorbemerkungen der beiden DD.) sind wohl unbegründet. WS 119 und 122. Zu Brixen siehe D.LK. 12.

165 WS 113 f.

166 DD.K.III. 164–169 wurden in Lustenau ausgestellt. D.Arnolf 81 (Vorbemerkung).

167 D.K.III. 113. Dollinger, Bauernstand 106 f. bes. mit Anm. 1. Fichtenau, Lebensordnungen 2, 455. A. Dopsch, Wirtschaftsentwicklung 1, 329 ff., bes. 338 ff. Lošek, NA 58 ff.

168 D.LK. 11 von 901 IX 12.

169 Zu den ungefähren Größenangaben nach Dollinger, Bauernstand 109, vgl. etwa D.LD. 103 sowie DD.Arnolf 102 und 106: *ut unusquisque mansus iugera LX habeat in mensura.* Ein *iugerum* oder *iornale* ist ein Tagwerk, »im Prinzip die Menge an Ackerland, die an einem Tag mit einem Paar Ochsen gepflügt werden kann«; es mißt in der Regel 240 auf 120 Fuß, also 34 Ar: Dollinger, Bauernstand 107 mit Anm. 103 f. Abweichend vom modernen Sprachgebrauch, für den ein Joch wenig mehr als ein halbes Hektar ausmacht, maßen *iugerum* und *iornale* ungefähr ein drittel Hektar.

170 D.Arnolf 42. Vgl. D.Arnolf 74 (30 Königshufen gehen an einen sächsischen Grafen).

171 D.LD. 115 von 864 X 2; vgl. D.LK. 35. Capitulare Aquisgranense c. 19; 1, 172, dürfte eine, wenn nicht die erste Erwähnung einer Königshufe, bezeichnenderweise *in forestis* (sic), sein.

172 Durliat, Du *caput* 67 ff., und ders., Le manse 467–507. Vgl. A. Dopsch, Wirtschaftsentwicklung 1, 343 ff., Dollinger, Bauernstand 107 ff., und Wanderwitz, Studien 42 f.

173 Brevium Exempla c. 8; 1, 252: Der Inhaber einer zum Herrenhof gehörenden freien Hufe »düngt vom Herrenhof jährlich ein Joch«. Vgl. Capitulare Aquisgranense c. 19; 1, 172. Zu *hopa* – »wohl identisch mit den Mansen« – siehe TF 1, LXXXVI.

174 Zur Frage des Streubesitzes siehe A. Dopsch, Wirtschaftsentwicklung 1, 344 ff. Zum Ausdruck *terra salaricia* siehe etwa TM 19, 110 und 58; S. 117 f., 213 ff. und 160. Zur Villikationsverfassung und ihrer Gliederung in Salland wie abhängige Hofstellen siehe Dollinger, Bauernstand 112 ff. BN 21, 5; S. 138: *Cecilia dedit ... dimidietatem territorii sui, quod dicitur sellant, et III colonia* (sic) ... *cum servis inibi manentibus.* TF 1, LXXXIV – LXXXVI. Zur Gleichsetzung von *mansus* und *colonia* im Ausbaugebiet siehe D.LD. 115. Bekannt ist die Tatsache, daß die NA den frühen Salzburger Grundbesitz nach *mansus* berechnet, während die BN von *manentes in coloniis* sprechen: siehe Lošek, NA 58 ff.

175 Für die im Text gebotene Differenzierung spricht nicht bloß der Analogieschluß – wie etwa nach Bre-

vium Exempla cc. 8 und 17–22; 1, 252 f. –, sondern auch die – D.Arnolf 32 – verliehene Gerichtsbarkeit *in easdem proprii sui iuris causas aut homines eius tam ingenuos quam servos ibidem habitantes.* D.LD. 30 unterscheidet 22 *mansus serviles* von 12 *mansus sintmannorum* (vgl. Dollinger, Bauernstand 267). – Unfreie und abhängige Freie mit ihren *mancipia* listet bes. TR 17; S. 17 ff., vgl. Heinzelmann, Bevölkerungsstruktur bes. 205 ff., auf. TM 27, 38, 107 und 128; S. 126 f., 136 f., 210 f. und 233 ff.; vgl. n. 134; S. 240 f.: Der Schenker übergibt sein Salland *et duos servos meos cum uxoribus eorum et cum domibus eorum et cum terra eorum vel quicqid habere videntur.* TF 42, 44, 54 und 243; 1, 69 f., 71 f., 82 und 221. Siehe bes. TF 366; 1, 312: Ein Mann schenkt sechs männliche Unfreie (wohl mit ihren Familien) für *duas colonias ..., quarum una cum servo ... ad servitium est parata; in alia vero habitat liber homo et liberum ex ea facit servitium.* Schön kommt die Unterscheidung auch ebendort TF 579; 1, 496, zur Geltung: Es werden geschenkt Haus und Hof und innerhalb des Hofes sechs Unfreie, drei junge Männer und drei junge Frauen, dazu zwölf Stück Vieh, 90 Tagwerk Acker, 40 Fuhren von den Wiesen, eine Mühle und dazu vier *coloniae* mit Häusern und Gärten, mit Land und Wiesen, *sicut servi habent usum plenas colonias tenere.* – Zur Zerstückelung »der grundherrschaftlichen Hofstellen und besonders der Hufen« siehe Dollinger, Bauernstand 110 f. Vgl. etwa TF 1031; 1, 775, wo neben anderen wichtigen Differenzierungen auch die Feststellung getroffen wird, daß zwei Mansen mit vier abhängigen Ehepaaren, *mancipia,* geschenkt wurden. In diesem Fall hätte es sich um Halbhufner gehandelt.

176 D.K.III. 113. TM 121, 68, 75 und 52/2; S. 225 f., 171 f., 178 f. und 155 f. Vgl. Dollinger, Bauernstand 113 f.

177 Siehe oben Anm. 169.

178 D.Arnolf 134 und D.LK. 37.

179 D.LD. 30 nennt einen Herrenhof, zu dem 300 Joch Ackerland und Wiesen gehören, von denen man jährlich 400 Wagenladungen Heu erntet; vgl. TF 2, 928 s.v. *foenum.* D.Arnolf 172 erwähnt das »zweite Heu«, das wesentlich eiweißreichere Grummet. TF 1041; 1, 785, mißt Wiesen nach Jochen.

180 Zu TF 546; 1, 465 f., vgl. ebendort 1, LXXXVI. Kaufmann, Dreifelderwirtschaft 784 f. Werkmüller, Gewann col. 1649 ff.

181 TF 1, LXXII f.

182 NA 1, 1; S. 80.

183 D.K.III. 113.

184 NA 1, 7; S. 80 und 82. Siehe die deutsche Weinbaukarte bei Brunner/Jaritz, Landherr 34.

185 TM 39; S. 138 ff. Siehe auch TM 123, 80/2, 83–85; S. 227 f., 184 f., 186 ff.

186 WS 369 und 376.

187 TF 1, LXXXV, und bes. 1045; 1, 788.

188 DD.LD. 72 und 85.

189 Siehe etwa DD.LD. 2, 102 und 116. Zur Bedeutung des Ortsnamens Wachau siehe Wiesinger, Probleme 345 und 364.

190 Capitulare de villis cc. 8, 41 und 48; 1, 83 und 86 f.

191 D.LK. 11.

VI. Wovon lebt der Mensch?

Seite 357–370

192 TF 8 und 646; 1, 35 und 547.

193 Abel, Geschichte 18 ff. Fichtenau, Lebensordnungen 2, 369 ff. bes. 372 f. Becker, Nutzung 10 ff. (Wildtieranteil am Fleischverbrauch).

194 Fichtenau, Lebensordnungen 2, 453 f.

195 Siehe WS 343 f. und Curschmann, Hungersnöte 82 ff. (Tabellen) und 89 ff. (Chronik). Der Autor verzeichnet im 8. und 9. Jahrhundert rund 80 Hungersnöte mit zum Teil großflächiger Auswirkung, wobei Bayern und Alamannien besonders gegen Ende des 9. Jahrhunderts mehrfach heimgesucht wurden, also zu einem Zeitpunkt, da die »karolingische Dreifelderwirtschaft« bereits in voller Blüte gewesen sein soll. Vgl. dazu Fichtenau, Lebensordnungen 2, 452 f.

196 Siehe Fichtenau, Lebensordnungen 2, 444 (Schmiede) und 451 f.; vgl. dazu und zu den anderen Handwerkern, *artifices,* Leges Alamannorum 72–74; S. 138 f. Arbeo, Vita Haimhrammi c. 37 (ein bayerischer Christ bei den Thüringern).

197 Zu den »Entwicklungshelfern« siehe Conversio c. 11 und Annales regni Francorum a. 821; S. 155 oder 126.

198 Abel, Geschichte 18 f. und 21. Fichtenau, Lebensordnungen 2, 441 f. White, Technology 58 ff. Tiefenbach/Beck/Jäger, Düngung 250–260.

199 D.K.III. 113.

200 Zum Zitat *sine termini conclusione* siehe D.LD. 64.
201 BN 7, 1; S. 110 ff.
202 NA 7, 8; S. 92.
203 BN 3, 1–15; S. 104–106.
204 D.LD. 64. D.K.III. 59. D.H.II. 217. D.Ko.II. 135. D.Ko.III. 36.
205 D.LD. 64.
206 D.Ko.III. 66.
207 D.F.I. 782.
208 Berges, Land 400 ff. und bes. 429 ff. Kaspers, Comitatus nemoris bes. 23 ff. Jarnut, Jagd 776 ff. Siehe etwa D.LF. BM² 517 (807 XII 28): *causa regis in eremo,* und TF 70; 1, 96: *silva defensa.*
209 BN 7, 1; S. 110. TM 39; S. 138 ff.
210 Walahfrid Strabo, Vita Galli I 8; S. 290.
211 Walahfrid Strabo, Vita Galli I 5; S. 288.
212 D.Kar.I. 169. Berges, Land 413 (Schwierigkeiten bei der Rodung). BN 18, 3; S. 136, und TF 817; 1, 658 *(silva bona),* sowie 1, LXXXI ff.
213 D.LK. 12.
214 Siehe etwa D.Arnolf 172 sowie S. Haider, Pfalzen 13 f., bes. 37 f. Hauck, Tiergärten 30 ff. Capitula per se scribenda c. 7; 1, 288.
215 Jarnut, Jagd 773 ff. und 790 ff. Lindner, Jagd 2, 183 ff. und 369 ff. Siehe bes. D.O.I. 62; ein Diplom, das zweimal bestätigt wurde (D.H.II. 112 und D.Ko.II. 44). In den genannten Urkunden kommt auch die Formel *elo aut scelo* für den Elch vor. Zum frühmittelalterlichen Gebrauch von »Schwarzwild«, *ursi vel bubuli id est maiores, quod suuarzuuild dicimus,* siehe Lex Baiwariorum XX 7; S. 463. Jagdfrevel ist Missetat: H. Brunner, Rechtsgeschichte 2, 827; vgl. Einhard, Epistolae n. 47, S. 133 *(furando feramina in dominica foraste).* Capitulare de villis c. 36; 1, 86. Capitulare missorum generale a. 802 c. 39; 1, 98. Capitulare Aquisgranense c. 18; 1, 172.
216 Arbeo, Vita Haimhrammi c. 6. BN 7, 1; S. 110: Fisch- und Biberfang in der Salzach bei Salzburg. WS 369 und 376 (Fischer für Kremsmünster). SUB 1, 907 f. und 914 f. n. 16 und Anhang (Fischereirechte auf dem Aber-Wolfgangsee). Capitulare Aquisgranense c. 18; 1, 172. Zum Lob der Fische und des Getreides siehe Cassiodor, Variae XII 24, 1–7; S. 379 f., zu den »reichsangehörigen« Fischen siehe Clavadetscher, Churrätien 3, oder 161, nach Cassiodor, Variae XII 4, 1; S. 362.
217 Capitula de causis diversis c. 1; 1, 135. Siehe Bonifatius, Epistolae nn. 50, 78 c. 4 und 83; S. 83, 163 und 186 oder 144, 242 und 278. MGH Concilia 2, 1004 ss.vv. *venari, venatio*: Vorwürfe gegen jagende Prälaten.
218 Ekkehard, Chronica a. 1104; S. 186.
219 Lindner, Jagd 2, 401–403.
220 Lindner, Jagd 2, 375 f. Siehe bes. Capitulare de villis c. 69; 1, 89. Zu den Hunden siehe Leges Alamannorum 78; S. 142 ff., und Lex Baiwariorum XX 1 ff.; S. 460 ff.
221 Berges, Land 429 ff. Fichtenau, Lebensordnungen 2, 446 (Mischwald). Kral, Botanische Beiträge 247.
222 Capitulare de villis cc. 25 und 36; 1, 85 f.
223 Lex Baiwariorum XXII 8 ff.; S. 471 ff.
224 Arbeo, Vita Haimhrammi c. 6.
225 Capitulare de villis cc. 59 und 62; 1, 88 f.
226 TM 82/2; S. 184 f. Vgl. D.Arnolf 69: Zinsleistung der Franken und Slawen im heutigen Oberfranken.
227 TM 38 f.; S. 136 ff. (Mondseer Imker). WS 369 und 376 (Kremsmünsterer Imker). D.O.III. 232 (Ostarrîchi-Urkunde).
228 Berges, Land 420 mit Anm. 62. Fichtenau, Lebensordnungen 2, 445 f. und 447 ff. Abel, Geschichte 20, nach Karl Lamprecht (Schweineterminologie). Vgl. Porchi e porcari nel medioevo. Ausstellungskatalog (Bologna 1981). Becker, Nutzung bes. 15 ff.
229 Fichtenau, Lebensordnungen 2, 447. Fichtenau, Wald und Waldnutzung 15. Zur Joseph-Burg siehe Friesinger, Väter 137 ff.
230 Schwineköper, Pertinenzformeln 49 ff.
231 Siehe etwa TF 42 und 292; 1, 70 und 253 (nicht jeder *servus* sollte der Mühle dienen). TM 88 und 92; S. 191 f. und 196 f.
232 Arbeo, Vita Haimhrammi c. 37.
233 Fichtenau, Lebensordnungen 2, 443.
234 Urbar des Reichsgutes in Churrätien S. 381, 1–4.
235 Johanek, Bewaffnung 464 ff. Last, Bewaffnung 467 ff. bes. 470 (Kostenaufstellung und Belastung der Heerpflichtigen). Schwind, Klöster 108 und 115. Vgl. TM 5; S. 104. TF 1, LXXVII. Codex diplomaticus Fuldensis n. 336; S. 162 f. Capitulare de villis cc. 62 und 64; 1, 89 (Anfertigung und Ausrüstung von Kriegswagen mit Lebensmitteln und Waffen).

236 D.LD. 4.
237 Siehe Heinzelmann, Bevölkerungsstruktur 207 f., nach TR 17; S. 18.
238 BN 3, 1; S. 104. Vgl. eine diesbezügliche Interpolation in D.Arnolf 163 für Passau.
239 WS 370 und 376 Z. 21. Wanderwitz, Salzwesen 337 f.
240 Koller, Salzproduzent 160.
241 NA 5, 5; S. 84. BN 11, 3; S. 118. WS 149 mit Anm. 288. Wanderwitz, Salzwesen 18.
242 Zu D.O.I. 431 (ausführliche Beschreibung der Reichenhaller Produktionsstätten) siehe Schwineköper, Pertinenzformeln 42, und Wanderwitz, Salzwesen 197 ff. und 374 f. s.v. »Solebrunnen, Soleverarbeitung«.
243 Siehe BN 2, 5; 4, 5; 9, 6; 14, 50; S. 104, 108, 116, 132; vgl. S. 38 f.
244 Für die Erläuterung des Arbeitsvorganges sei Ernst Penninger, Hallein, herzlichst gedankt.
245 NA 7, 6; S. 92. WS 149 f.
246 Wanderwitz, Salzwesen 5 ff. BN 9, 6; S. 116.
247 Wanderwitz, Salzwesen 12 ff., 31 ff., 102 ff., 148 ff. und 155 ff. Siehe bes. TM 64 f.; S. 166 ff. WS 370 mit Anm. 239 und 376 Z. 21 (Kremsmünster).
248 Koller, Salzschiffahrt 5, bes. zu den frühesten Erwähnungen einer Salzschiffahrt nach DD.LD. 24 und 36 sowie D.Arnolf 47. Wanderwitz, Salzwesen 209. Hörburger, Ortsnamenbuch 48 f.
249 Wanderwitz, Salzwesen 209 ff. Raffelstettener Zollordnung cc. 1 f., 4 f., 7 f.; S. 251 f. oder 14 ff. Die Existenz kleinerer Salzschiffe auf dem Oberlauf der Donau würde D.LD. 36 nahelegen; vgl. Koller, Salzschiffahrt 5 f.
250 Annales Fuldenses a. 892; S. 121 f. oder 154.
251 Raffelstettener Zollordnung c. 5; S. 251 oder 16.
252 Thum, Aufbruch 4 ff. und 208 ff.
253 Lex Baiwariorum X 19; S. 394. Leges Alamannorum 57, 4; S. 116. Szabó, Verkehrspolitik 137 f.
254 Schwineköper, Pertinenzformeln 35 mit Anm. 59 f. und 52 ff. Szabó, Verkehrspolitik 138 ff. Lex Baiwariorum X 20; S. 394. TF 1, LXXXI. Vgl. TM 56; S. 158 f.
255 Szabó, Verkehrspolitik 125 ff. und 138 ff. Störmer, Fernstraße und Kloster 299 ff. Aus der Raffelstettener Zollordnung cc. 1 f., 4 f., 7 f.; S. 250–252 oder 14 ff., könnte man herauslesen, daß für die Zolleistung gewisse Erhaltungs- und Schutzmaßnahmen geboten wurden. Lex Baiwariorum IV 31; S. 335: Schutz der »auf der Straße fahrenden Fremden«.
256 Annales regni Francorum a. 793; S. 92 und 94 oder 60. Annales regni Francorum (Einh.) a. 793; S. 93.
257 D.LD. 36 wiederholt allerdings D.LD. 24, wo von sechs Salzkarren die Rede ist. Ebenso übernimmt D.Arnolf 47 nicht das Schiff-Privileg, sondern das Karren-Privileg. An der Echtheit von D.LD. 36 ist jedoch nicht zu zweifeln. Hat sich das Treideln vielleicht doch nicht rentiert? Vgl. Koller, Salzschiffahrt 5 f. Zur Rückkehr vom »Mährer-Markt« siehe Raffelstettener Zollordnung c. 8; S. 252 oder 16.
258 Eugippius, Vita Severini c. 22, 4.
259 Gesta Hrodberti c. 5; S. 159.
260 Arbeo, Vita Haimhrammi cc. 32–34.
261 Annales regni Francorum (Einh.) a. 791; S. 89.
262 Annales Fuldenses aa. 872 und 800; S. 76 oder 86 und 133 oder 172.
263 D.K.III. 113.
264 Vgl. TF 1, LXXXI f.
265 Thum, Aufbruch 8.
266 Fichtenau, Lebensordnungen 2, 445. Berges, Land 399 ff.
267 Vgl. Wolfram, Goten 111 f. mit Anm. 95.
268 Vgl. Wolfram, Goten 228 mit Anm. 21, nach Sidonius Apollinaris, Epistulae II 1, 3; S. 21.
269 Berges, Land 399 ff., bes. 408 ff. (Isidor, Etymologiae XIII 3, 1), 423 ff., 432 ff. Fichtenau, Wald und Waldnutzung 17, und ders., Lebensordnungen 2, 550 ff. Ionas, Vita Columbani I 27; S. 216 f. oder 489.
270 TF 49; 1, 77. Lex Baiwariorum II 1 und VII 5; S. 292 f. und 351 f. Concilium Ascheimense c. 12; S. 58. Concilium Dingolfingense c. 9; S. 95. Concilium Neuchingense c. 14; S. 102 f. Siehe Fichtenau und Störmer (wie unten Anm. 281) zur Bedeutung der Freundschaft.
271 Wolfram, Goten 19.
272 Arbeo, Vita Haimhrammi c. 45. TF 50; 1, 78 f.
273 Arbeo, Vita Haimhrammi cc. 37 ff. Leges Alamannorum 56, 1 f.; S. 115 f. Lex Baiwariorum VIII 3 ff.; S. 355 f.
274 TF 11; 1, 38 f., und 19; 1, 47 f. Vgl. Jahn, DB 408 ff., bes. 416.
275 TF 415 und 419; 1, 356 und 359 f.
276 TR 14; S. 13 (könnte eine Fahrt zu Ludwig den Frommen nach Aachen betreffen). TM 95; S. 198 f.; vgl. 38; S. 136 f. Zur Dauer einer Romfahrt siehe Translatio s. Hermetis S. 410 und Ohler, Reisen 138 ff.
277 UB St. Gallen n. 447; 2, 65.

278 WS 146 mit Anm. 255 f.
279 Wolfram, Intitulatio II. 80 und 82, nach Agobard von Lyon, Epistolae n. 3; S. 159. Vgl. 1 Cor 3, 22 f., und 12, 12 f.
280 Fichtenau, Arenga 140–146.
281 Fichtenau, Lebensordnungen 2, 596 s.v. »Freunde, Freundschaft«. Störmer, Adel 565 s.v. »Familienbewußtsein«. Vgl. Tacitus, Germania c. 21, 1, und Much, Germania 300 ff.: Erben von »Feindschaft und Freundschaft« und ihre Sühne.

Schlußwort

Seite 371–374

1 Lhotsky, Staatsgedanke 368. Volkert, Bayern 64 ff.
2 Arbeo, Vita Haimhrammi cc. 4 und 6.
3 P. Schmid, Regensburg 187.
4 Reindel, Agilolfinger 163.
5 P. Schmid, Regensburg 42 ff., 48 ff. und 53 ff.
6 Annales Fuldenses a. 869; S. 68 oder 72.
7 P. Schmid, Regensburg 53.
8 WS 66 f.

Abkürzungsverzeichnis

AA = Auctores antiquissimi
Abh. AW Göttingen = Abhandlungen der Akademie der Wissenschaften in Göttingen, philosophisch-historische Klasse
Abh. Bayer. AW = Abhandlungen der Bayerischen Akademie der Wissenschaften, philosophisch-historische Klasse
Abh. Preuß. AW = Abhandlungen der Preußischen Akademie der Wissenschaften, philosophisch-historische Klasse
AD = Archiv für Diplomatik
ANRW = Aufstieg und Niedergang der Römischen Welt
AÖG = Archiv für österreichische Geschichte
AUF = Archiv für Urkundenforschung
Bd., Bde. = Band, Bände
BDLG = Blätter für Deutsche Landesgeschichte
BM² = Johann Friedrich *Böhmer*, Regesta Imperii 1 (751–918). (neubearb. von Engelbert *Mühlbacher*, vollendet von Johann *Lechner*, Innsbruck ²1908. Mit Vorwort, Konkordanztabellen und Ergänzungen von Carlrichard *Brühl* und Hans H. *Kaminsky*, Hildesheim 1966).
BO² = Johann Friedrich *Böhmer*, Regesta Imperii 2, 1: Die Regesten des Kaiserreichs unter Heinrich I. und Otto I., 919–973 (bearb. von Emil von *Ottenthal* mit Ergänzungen von Hans H. *Kaminsky*, Hildesheim 1967).
BN = Breves Notitiae (siehe Quellenverzeichnis)
CC Ser. Lat. = Corpus Christianorum. Series Latina
ChLA = Chartae Latinae antiquiores. Facsimile-edition of the latin charters prior to the 9th century (hg. von Albert *Bruckner*/Robert *Marichal*, Lausanne 1954 ff.).
CIL = Corpus Inscriptionum Latinarum
CSEL = Corpus Scriptorum Ecclesiasticorum Latinorum
D. = Diploma
DA = Deutsches Archiv
D.Arnolf = MGH Diplomata regum Germaniae ex stirpe Karolinorum 3. Die Urkunden Arnolfs (hg. von Paul *Kehr*, Berlin 1940).
DD. = Diplomata
D.F.I. = MGH Diplomata regum et imperatorum Germaniae 10, 1–5. Die Urkunden Friedrichs I. (hg. von Heinrich *Appelt*, Hannover 1975–1990).
D.H.I. = siehe D.O.I.
D.H.II. = MGH Diplomata regum et imperatorum Germaniae 3. Die Urkunden Heinrichs II. und Arduin (hg. von Harry *Bresslau* und H. *Bloch* unter Mitwirkung von M. *Meyer* und Robert *Holtzmann*, Berlin ²1957).
D.H.IV. = MGH Diplomata regum et imperatorum Germaniae 6, 1–3. Die Urkunden Heinrichs IV. (hg. von Dietrich von *Gladiss* und Alfred *Gawlik*, 1: Berlin 1941, 2: 1952, verb. Nachdruck Weimar 1959, 3: Hannover 1978).
Diss. = Dissertation
D.K.III. = MGH Diplomata regum Germaniae ex stirpe Karolinorum 2. Die Urkunden Karls III. (hg. von Paul *Kehr*, Berlin 1937).
D.Kar.I. = MGH Diplomata Karolinorum 1. Die Urkunden Pippins, Karlmanns und Karls des Großen (hg. von Engelbert *Mühlbacher*, Hannover 1906).
D.Karlmann = MGH Diplomata regum Germaniae ex stirpe Karolinorum 1. Die Urkunden Ludwigs des Deutschen, Karlmanns und Ludwigs des Jüngeren (hg. von Paul *Kehr*, Berlin 1934).
D.Ko.I. = siehe D.O.I.
D.Ko.II. = MGH Diplomata regum et imperatorum Germaniae 4. Die Urkunden Konrads II. mit Nachträgen zu den Urkunden Heinrichs II. (hg. von Harry *Bresslau* unter Mitwirkung von H. *Wibel* und A. *Hessel*, Berlin ²1957).
D.Ko.III. = MGH Diplomata regum et imperatorum Germaniae 9. Die Urkunden Konrads III. und seines Sohnes Heinrich (hg. von Friedrich *Hausmann*, Wien/Köln/Graz 1969).
D.LD. = siehe D.Karlmann
D.LF. = siehe BM² (Urkunde Ludwigs des Frommen, noch keine Edition)
D.LK. = MGH Diplomata regum Germaniae ex stirpe Karolinorum 4. Die Urkunden Zwentibolds und Ludwigs des Kindes (hg. von Theodor *Schieffer*, Berlin 1960).

D.LdJ. = siehe D.Karlmann
D.Lo.I. = MGH Diplomata Karolinorum 3. Die Urkunden Lothars I. und Lothars II. (hg. von Theodor *Schieffer*, Berlin 1966).
D.Lo.II. = siehe D.Lo.I.
D.Lu.II. = MGH Diplomata Karolinorum 4. Die Urkunden Ludwigs II. (hg. von Konrad *Wanner*, München 1994).
D.O.I. = MGH Diplomata regum et imperatorum Germaniae 1. Die Urkunden Konrad I., Heinrich I. und Otto I. (hg. von Theodor *Sickel*, Hannover 1879–1884).
D.O.II. = MGH Diplomata regum et imperatorum Germaniae 2, 1. Die Urkunden Otto des II. (hg. von Theodor *Sickel*, Hannover 1888).
D.O.III. = MGH Diplomata regum et imperatorum Germaniae 2, 2. Die Urkunden Otto des III. (hg. von Theodor *Sickel*, Hannover 1893).
Dph = Denkschriften der Österreichischen Akademie der Wissenschaften, philosophisch-historische Klasse
EE = Epistulae
Erg. Bd. = Ergänzungsband
FMSt = Frühmittelalterliche Studien
Forsch. Oberrhein. Lg. = Forschungen zur Oberrheinischen Landesgeschichte
FRA = Fontes rerum Austriacarum
Fs. = Festschrift
GGA = Göttingische Gelehrte Anzeigen
HJ = Historisches Jahrbuch
HRG = Handwörterbuch zur Deutschen Rechtsgeschichte
HZ = Historische Zeitschrift
Jahn, DB = Joachim *Jahn*, Ducatus Baiuvariorum (siehe Literaturverzeichnis)
JE = Regesta Pontificum Romanorum (hg. von Philipp *Jaffé*/Paul *Ewald*).
Jones, LRE = *Jones*, Later Roman Empire (siehe Literaturverzeichnis)
LL = Leges
MC = Monumenta historica ducatus Carinthiae (hg. von August *Jaksch*, Klagenfurt 1896 ff.).
MGH = Monumenta Germaniae historica
MGSL = Mitteilungen der Gesellschaft für Salzburger Landeskunde
Migne PG = J. P. *Migne*, Patrologiae cursus completus, series Graeca (Paris 1857 ff.).
Migne PL = J. P. *Migne*, Patrologiae cursus completus, series Latina etc. (Paris 1844 ff.).
MIÖG = Mitteilungen des Instituts für österreichische Geschichtsforschung
MMFH = Magnae Moraviae fontes historici 1–5 (Prag/Brünn 1966 ff.)
MOÖLA = Mitteilungen des Oberösterreichischen Landesarchivs
NA = Notitia Arnonis (siehe Quellenverzeichnis)
NF = Neue Folge
NS = Nova Series
ÖAW = Österreichische Akademie der Wissenschaften
PLRE = Prosopography of the Later Roman Empire. 1 siehe *Jones*, 2 siehe *Martindale*
QFIAB = Quellen und Forschungen aus italienischen Archiven und Bibliotheken
RE = Realencyclopädie der classischen Altertumswissenschaft
RGA = Reallexikon der Germanischen Altertumskunde
Sbd. = Sonderband
Sb. Bayer. AW = Sitzungsberichte der Bayerischen Akademie der Wissenschaften, philosophisch-historische Klasse
Sb. Heidelb. AW = Sitzungsberichte der Heidelberger Akademie der Wissenschaften, philosophisch-historische Klasse
SS = Scriptores
StMBO = Studien und Mitteilungen zur Geschichte des Benediktinerordens
SUB = Salzburger Urkundenbuch
Suppl. = Supplementband
TF = Die Traditionen des Hochstiftes Freising (siehe Quellenverzeichnis)
ThLL = Thessaurus Linguae Latinae 7, 2 (Leipzig 1956/79).
TM = Traditionen Mondsee (siehe Quellenverzeichnis)
TP = Die Traditionen des Hochstiftes Passau (siehe Quellenverzeichnis)
TR = Die Traditionen des Hochstiftes Regensburg (siehe Quellenverzeichnis)
UB = Urkundenbuch
UH = Unsere Heimat
VIÖG = Veröffentlichungen des Instituts für österreichische Geschichtsforschung

VF = Vorträge und Forschungen
WdF = Wege der Forschung
WS = Herwig *Wolfram*, Salzburg, Bayern, Österreich (siehe Literaturverzeichnis)
ZBLG = Zeitschrift für bayerische Landesgeschichte
ZG Oberrhein = Zeitschrift für Geschichte des Oberrheins
ZRG GA oder KA = Zeitschrift der Savigny-Stiftung für Rechtsgeschichte, Germanistische Abteilung oder Kanonistische Abteilung
ZWLG = Zeitschrift für württembergische Landesgeschichte

Quellenverzeichnis

Acta s. Proculi (ed. Acta Sanctorum. Martii vol. III, Brüssel Nachdruck 1968) 452.
Acta Sanctorum, Mai VII (Nachdruck Brüssel 1969).
Acta Tirolensia siehe *Redlich.*
Agathias von Myrina, Historiarum libri V (hg. von Rudolf *Keydell*, Corpus fontium historiae Byzantinae, Berlin 1967).
Agobard von Lyon, Epistolae (hg. von Ernst *Dümmler,* MGH EE 5, Berlin 1899, Nachdruck München 1978) 150–239.
Alcuin, Carmina (hg. von Ernst *Dümmler,* MGH Poetae Latini aevi Carolini 1, Berlin 1881) 160–351.
Alcuin, Epistulae (hg. von Ernst *Dümmler,* MGH EE 4, Berlin 1895) 1–481.
Ambrosius, Epistulae (hg. von Otto *Faller*/Michaela *Zelzer,* CSEL 82, 1–3, Wien 1968–1990).
Ambrosius, Gesta concilii Aquileiensis, Epistula 2 (Maur. 10) (hg. von Michaela *Zelzer,* CSEL 82, 3, Wien 1982) 316–325.
Ammianus Marcellinus, Römische Geschichte XIV–XXXI (hg. von Wolfgang *Seyfahrt,* Schriften und Quellen der Alten Welt 21, 1–4, Berlin 1969–1971).
Annales Alamannici (hg. von Georg Heinrich *Pertz,* MGH SS 1, Hannover 1826, Nachdruck Stuttgart 1976) 22–60, oder (hg. von Walter *Lendi,* Untersuchungen zur frühalemannischen Annalistik. Scrinium Friburgense 1, Freiburg 1971) 146–192.
Annales Altahenses (hg. von Georg Heinrich *Pertz,* MGH SS rerum Germanicarum, Hannover 1868) oder (hg. von Edmund von *Oefele,* MGH SS rerum Germanicarum, Hannover 1891, Nachdruck Stuttgart 1979).
Annales Bertiniani (hg. von Georg *Waitz,* MGH SS rerum Germanicarum, Hannover 1883) oder (hg. und übers. von Reinhold *Rau,* Ausgewählte Quellen zur deutschen Geschichte des Mittelalters 6, Nachdruck Darmstadt 1992) 11–287.
Annales Elnonenses (hg. von Philip *Grierson,* Les Annales de Saint-Pierre de Gand et de Saint-Amand, Bruxelles 1937).
Annales s. Emmerammi maiores siehe Annales Iuvavenses maximi.
Annales s. Emmerammi minores (hg. von Georg *Waitz,* MGH SS 13, Hannover 1881) 47–48.
Annales Fuldenses (hg. von Friedrich *Kurze*/Heinrich *Haefele,* MGH SS rerum Germanicarum, Hannover ^{2}1891) oder (hg. und übers. von Reinhold *Rau,* Ausgewählte Quellen zur deutschen Geschichte des Mittelalters 7, Nachdruck Darmstadt 1992) 1–177.
Annales regni Francorum (hg. von Friedrich *Kurze,* MGH SS rerum Germanicarum, Hannover 1895) oder (hg. und übers. von Reinhold *Rau,* Ausgewählte Quellen zur deutschen Geschichte des Mittelalters 5, Nachdruck Darmstadt 1993) 1–155.
Annales Iuvavenses maiores siehe Annales Iuvavenses maximi.
Annales Iuvavenses maximi et Continuationes (hg. von Harry *Bresslau,* MGH SS 30, 2, Leipzig 1934) 727–744.
Annales Laureshamenses (hg. von Georg Heinrich *Pertz,* MGH SS 1, Hannover 1826, Nachdruck Stuttgart 1976) 19–39.
Annales Laurissenses (hg. von Georg Heinrich *Pertz,* MGH SS 1, Hannover 1826, Nachdruck Stuttgart 1976) 124–218.
Annales Lobienses (hg. von Georg Heinrich *Pertz,* MGH SS 2, Hannover 1829, Nachdruck Stuttgart 1976) 192–211.
Annales Mettenses priores (hg. von Bernhard von *Simson,* MGH SS rerum Germanicarum, Hannover/Leipzig 1905).
Annales Nazariani (hg. von Georg Heinrich *Pertz,* MGH SS 1, Hannover 1826, Nachdruck Stuttgart 1976) 40–44, oder (hg. von Walter *Lendi,* Untersuchungen zur frühalemannischen Annalistik. Scrinium Friburgense 1, Freiburg 1971) 147–167.
Annales s. Rudberti Salisburgenses (hg. von Wilhelm *Wattenbach,* MGH SS 9, Hannover 1851, Nachdruck Stuttgart 1983) 758–810.
Annales Vedastini (hg. von Bernhard von *Simson,* MGH SS rerum Germanicarum, Hannover/Leipzig 1909) oder (hg. und übers. von Reinhold *Rau,* Ausgewählte Quellen zur deutschen Geschichte des Mittelalters 6, Nachdruck Darmstadt 1992) 289–336.
Annales Xantenses (hg. von Bernhard von *Simson,* MGH SS rerum Germanicarum, Hannover/Leipzig 1909) oder (hg. und übers. von Reinhold *Rau,* Ausgewählte Quellen zur deutschen Geschichte des Mittelalters 6, Nachdruck Darmstadt 1992) 339–371.
Anonymus Valesianus (II) siehe Excerpta Valesiana.

Anonymus, Vita Hludowici imperatoris (hg. von Georg Heinrich *Pertz,* MGH SS 2, Hannover 1829, Nachdruck Stuttgart 1976) 604–648, oder (hg. und übers. von Reinhold *Rau,* Ausgewählte Quellen zur deutschen Geschichte des Mittelalters 5, Nachdruck Darmstadt 1993) 255–381.
Arbeo von Freising, Vita Corbiniani (hg. von Bruno *Krusch,* MGH SS rerum Germanicarum, Hannover 1920) 100–234, oder (hg. von Bruno *Krusch,* MGH SS rerum Merovingicarum 6, Hannover/Leipzig 1913) 560–593, oder (Bischof Arbeo von Freising, Vita Corbiniani – Das Leben des heiligen Korbinian. Hg. u. übers. von Franz *Brunhölzl.* In: Hubert *Glaser*/Franz *Brunhölzl*/Sigmund *Benker,* Vita Corbiniani. Bischof Arbeo von Freising und die Lebensgeschichte des hl. Korbinian (München/Zürich 1983) 84–159.
Arbeo von Freising, Vita Haimhrammi episcopi (hg. von Bruno *Krusch,* MGH SS rerum Germanicarum, Hannover 1920) 1–99, oder (hg. von Bernhard *Bischoff,* Arbeo: Vita et passio sancti Haimhrammi martyris. Leben und Leiden des hl. Emmeram, München 1953).
Auctarium Garstense (hg. von Wilhelm *Wattenbach,* MGH SS 9, Hannover 1851, Nachdruck Stuttgart 1983) 561–569.
Auctarium Havniense siehe Consularia Italica.

Beda Venerabilis, Historia ecclesiastica gentis Anglorum I–V (hg. von Charles *Plummer,* Oxford 1956).
Benedicti regula (hg. von Rudolf *Hanslik,* CSEL 75, Wien 1965).
R. C. *Blockley,* The Fragmentary Classicising Historians of the Later Roman Empire. Eunapius, Olympiodorus, Priscus and Malchus 1 (Arca. Classical and Medieval Texts, Papers and Monographs 6, Liverpool 1981) und 2 (ebendort 10, Liverpool 1983).
Bonifatii et Lulli epistolae (hg. von Michael *Tangl,* MGH EE selectae, Berlin 1916, Nachdruck Stuttgart 1989) oder (hg. und übers. von Reinhold *Rau,* Ausgewählte Quellen zur deutschen Geschichte des Mittelalters 4b, Darmstadt [3]1994) 1–356.
Breves Notitiae (hg. und übers. von Fritz *Lošek,* Notitia Arnonis und Breves Notitiae. MGSL 130, 1990) 5–192, oder (hg. von Willibald *Hauthaler*/Franz *Martin,* Salzburger Urkundenbuch 2, Salzburg 1916) Anhang 1–23 (zitiert wurde nach der neueren Edition).
Breviarius Urolfi (hg. von Karl *Roth,* Beiträge zur deutschen Sprach-, Geschichts- und Ortsforschung 3, Heft 11, München 1854) 17–28, oder (hg. von Heinrich *Tiefenbach,* Die Namen des Breviarius Urolfi. Mit einer Textedition und zwei Karten. Ortsname und Urkunde. Frühmittelalterliche Ortsnamenüberlieferung. Münchener Symposion 10. bis 12. Okt. 1988, hg. von Rudolf *Schützeichel,* Beiträge zur Namenforschung NF Beiheft 29, Heidelberg 1990) 60–96, Edition 86–91.
Brevium exempla ad describendas res ecclesiasticas et fiscales. Capitularia n. 128; 1, 250–256.
Albert *Bruckner,* Regesta Alsatiae aevi Merovingici et Karolini 1: 496–918 (Straßburg/Zürich 1949).
Bündner Urkundenbuch 1 (hg. von Elisabeth *Meyer-Marthaler*/Franz *Perret,* Chur 1955).

Caesar, De bello Gallico libri VII (hg. von Otto *Seel,* C. Iulii Caesaris commentarii 1, Leipzig 1961).
Canon Hludovici regis (hg. von Wilfried *Hartmann,* MGH Concilia 3, Hannover 1984) 235–252, n. 26.
Capitula e canonibus excerpta. Capitularia n. 78; 1, 173–175.
Capitula de causis diversis. Capitularia n. 49; 1, 135 f.
Capitula ad lectionem canonum et regulae s. Benedicti pertinentia a. 802. Capitularia n. 37; 1, 107–109.
Capitula ad legem Baiwariorum addita. Capitularia n. 68; 1, 157 f.
Capitula per se scribenda. Capitularia n. 140; 1, 285–288.
Capitula Remedii siehe Lex Romana Curiensis LVIII f. und 645–649.
Capitulare Aquisgranense. Capitularia n. 77; 1, 170–172.
Capitulare Baiwaricum. Capitularia n. 69; 1, 158–159.
Capitulare von Diedenhofen. Capitularia n. 44; 1, 122–126.
Capitulare de villis. Capitularia n. 32; 1, 82–91.
Capitulare legibus additum. Capitularia n. 39; 1, 111–114.
Capitulare missorum generale. Capitularia n. 33; 1, 91–99.
Capitularia missorum specialia a. 802 (hg. von Wilhelm *Eckhardt,* DA 12, 1956) 500 ff.
Capitularia regum Francorum (hg. von Alfred *Boretius*/Victor *Krause,* MGH Capitularia regum Francorum 1 und 2, Hannover 1883/1897, Nachdruck Stuttgart 1984).
Carmina Salisburgensia (hg. von Ernst *Dümmler,* MGH Poetae Latini 2, Berlin 1884) 637–648.
Cassiodorus, Variae epistolae (hg. von Theodor *Mommsen,* MGH AA 12, Berlin 1894) 1–385.
Catalogus episcoporum Brixinensium siehe *Redlich,* Bischöfe von Brixen 49 (Literaturverzeichnis).
Chartae Latinae antiquiores. Facsimile-edition of the latin charters prior to the 9th century (hg. von Albert *Bruckner*/Robert *Marichal,* Lausanne 1954 ff.).
Chronica Patriarcharum Gradensium (hg. von Georg *Waitz,* MGH SS rerum Langobardicarum, Hannover 1878) 392–397.

Chronicon Moissiacense (hg. von Georg Heinrich *Pertz,* MGH SS 2, Hannover 1829, Nachdruck Stuttgart 1976) 257–259.
Claudius Claudianus, De bello Pollentino sive Gothico (hg. von Theodor *Birt,* MGH AA 10, Berlin 1892) 259–283.
Claudius Claudianus, In Rufinum libri I et II (hg. von Theodor *Birt,* MGH AA 10, Berlin 1892) 17–53.
Codex Carolinus (hg. von Wilhelm *Gundlach,* MGH EE 3, Berlin 1892) 469–657.
Codex diplomaticus Fuldensis (hg. von Ernst Friedrich Johann *Dronke,* Kassel 1850).
Codex Iustinianus (hg. von Paul *Krueger,* Corpus Iuris Civilis 2, Berlin 1900).
Codex Theodosianus (hg. von Theodor *Mommsen,* Berlin ²1954).
Concilia aevi Karolini I. 742–817 (hg. von Albert *Werminghoff,* MGH Concilia 2, 1/1, Hannover/Leipzig 1906, Nachdruck Stuttgart 1979).
Concilia aevi Karolini II. 819–842 (hg. von Albert *Werminghoff,* MGH Concilia 2, 1/2, Hannover/Leipzig 1908).
Concilia aevi Karolini III. 843–859 (hg. von Wilfried *Hartmann,* MGH Concilia 3, Hannover 1984).
Concilia Rispacense, Frisingense, Salisburgense a. 800. Concilia aevi Karolini I. n. 24; 2, 1/1, 205–219. Vgl. Alban *Dold,* Die Texte der bayerischen Synodalstatuten von Reisbach und Freising (nach clm 6333). DA 8 (1951) 364–383.
Concilium Aquisgranense a. 816. Concilia aevi Karolini I. n. 39; 2, 1/1, 307–464.
Concilium Ascheimense. Concilia aevi Karolini I. n. 10; 2, 1/1, 56–58.
Concilium Baiuwaricum a. 805. Concilia aevi Karolini I. n. 31; 2, 1/1, 233.
Concilium Dingolfingense. Concilia aevi Karolini I. n. 15; 2, 1/1, 93–97.
Concilium Francofurtense a. 794. Concilia aevi Karolini I. n. 19; 2, 1/1, 142–171.
Concilium Germanicum = Concilium in Austrasia habitum a. 742. Concilia aevi Karolini I. n. 1; 2, 1/1, 1–4, oder (hg. von Reinhold *Rau,* Quellen zur deutschen Geschichte des Mittelalters 4b, Darmstadt 1968) 376–381.
Concilium Mantuanum a. 827. Concilia aevi Karolini II. n. 47; 2, 1/2, 583–589.
Concilium Meldense a. 845. Capitularia n. 293; 2, 388–421.
Concilium Moguntinense a. 813. Concilia aevi Karolini I. n. 36; 2, 1/1, 258–273.
Concilium Moguntinense a. 847. Concilia aevi Karolini III. n. 14; 3, 150–177.
Concilium in monasterio Tegernsee habitum. 804 VI 16. Concilia aevi Karolini I. n. 30; 2, 1/1, 231–233, oder (besser) TF n. 197; 1, 187–190.
Concilium Neuchingense. Concilia aevi Karolini I. n. 16; 2, 1/1, 98–105.
Concilium Parisiense a. 614 (hg. von Friedrich *Maassen,* MGH Concilia 1, Hannover 1893) 185–192, oder (hg. von Carl *de Clercq,* CC Ser. Lat. 148 A, Turnholt 1963) 274–285.
Concilium Rispacense a. 798. Concilia aevi Karolini I. n. 22; 2, 1/1, 196–201.
Concilium Salisburgense a. 807. Concilia aevi Karolini I. n. 32; 2, 1/1, 234.
Concilium Turonense a. 813. Concilia aevi Karolini I. n. 38; 2, 1/1, 286–293.
Conradus Sacrista, Liber traditionum Frisingensium (hg. von Georg *Waitz,* MGH SS 24, Hannover 1879) 318–331.
Constantinus Porphyrogenitus, De administrando imperio (hg. von Gyula *Moravcsik*/R. J. H. *Jenkins,* Corpus fontium historiae Byzantinae 1 und 2, Dumbarton Oaks ²1967 und 1962).
Consularia Italica (hg. von Theodor *Mommsen,* MGH AA 9, Berlin 1892) 249–336.
Conventus episcoporum ad ripas Danubii (hg. von Albert *Werminghoff,* MGH Concilia 2, 1/1, Hannover/Leipzig 1906) 172–176, n. 20.
Conversio Bagoariorum et Carantanorum (hg. und übers. von Herwig *Wolfram,* Böhlau-Quellenbücher, Wien 1979) 34–59, oder (hg. von Milko *Kos,* Laibach 1936) 126–140.
Corpus Iuris Civilis 1–3 (hg. von Paul *Krueger*/Theodor *Mommsen*/Rudolf *Schoell*/Guilelmus *Kroll,* Berlin 1900–1959).

Decreta synodi Aquisgranensis I. (a. 816) (hg. von Joseph *Semmler,* Corpus consuetudinum monasticarum 1, Siegburg 1963) 451–468.
De ordine conprovincialium pontificum (hg. von Ernst Dümmler, MGH Poetae Latini 2, Berlin 1884) 637–643.
Dexippos (hg. von Felix *Jacoby,* Die Fragmente der griechischen Historiker II A, Berlin 1926).
Camilla *Dirlmeier*/Günther *Gottlieb*/Klaus *Sprigade*/Wolfgang *Kuhoff,* Quellen zur Geschichte der Alamannen I–VI (Heidelb. AW Kommission für Alamannische Altertumskunde, Schriften 1, 1976, 3, 1978, 5, 1979, 6, 1980, 8, 1983 und 9, 1984).
Divisio regnorum a. 806. Capitularia n. 45; 1, 126–130.

Edictus Rothari, Prologus siehe Origo gentis Langobardorum S. 6 oder (hg. von Franz *Beyerle,* Die Gesetze der Langobarden, Weimar 1947) 2–5.

Eigil von Fulda, Vita Sturmi (hg. von Pius *Engelbert,* Veröffentlichungen der Historischen Kommission für Hessen und Waldeck 29, Marburg 1968).

Einhard, Epistolae (hg. von Karl *Hampe,* MGH EE 5, Berlin 1899, Nachdruck Stuttgart 1978) 105–149.

Einhard, Vita Karoli Magni (hg. von Oswald *Holder-Egger,* MGH SS rerum Germanicarum, Hannover [6]1911) oder (hg. und übers. von Reinhold *Rau,* Ausgewählte Quellen zur deutschen Geschichte des Mittelalters 5, Nachdruck Darmstadt 1993) 157–211.

Ekkehard, Chronica (hg. von Georg *Waitz,* MGH SS 6, Hannover 1844, Nachdruck Stuttgart 1980) 33–267, oder (hg. und übers. von Franz Josef *Schmale*/Irene *Schmale-Ott,* Ausgewählte Quellen zur deutschen Geschichte des Mittelalters 15, Darmstadt 1972) 124–209 und 268–377.

Ennodius, Vita Antonii (hg. von Friedrich *Vogel,* MGH AA 7, Berlin 1885) 185–190.

Epistolae Austrasicae (hg. von Wilhelm *Gundlach,* MGH EE 3, Berlin 1892) 110–153.

Epistolae Langobardicae collectae (hg. von Wilhelm *Gundlach,* MGH EE 3, Berlin 1892) 691–715.

Epistula ad Mauritium a. 591 (hg. von Eduard *Schwartz,* Acta Conciliorum oecomenicorum 4, 2, 1914) 132 ff., oder Gregor I., Registrum epistularum I 16a; 1, 17–21.

Epistolae variorum I Carolo Magno regnante scriptae (hg. von Ernst *Dümmler,* MGH EE 4, Berlin 1894) 494–567.

Epistolae variorum II (hg. von Ernst *Dümmler,* MGH EE 6, Berlin 1925, Nachdruck Stuttgart 1978) 127–206.

Epistolae Wisigoticae (hg. von Wilhelm *Gundlach,* MGH EE 3, Berlin 1892) 658–690.

Erchanbert, Breviarium regum Francorum (hg. von Heinrich Georg *Pertz,* MGH SS 2, Hannover 1829, Nachdruck Stuttgart 1976) 327–330.

Eugippius, Epistola siehe Eugippius, Vita sancti Severini.

Eugippius, Vita sancti Severini (hg. von Theodor *Mommsen,* MGH SS rerum Germanicarum, Berlin 1898) oder (hg. u. übers. von Rudolf *Noll,* Eugippius, Das Leben des heiligen Severin, Passau [2]1981).

Excerpta Aventini ex Annalibus Iuvavensibus antiquis derivata (hg. von Harry *Bresslau,* MGH SS 30, 2, Leipzig 1934) 743 f.

Excerpta Valesiana (hg. von Jacques *Moreau*/Velizar *Velkov,* Leipzig 1968) oder Anonymus Valesianus, pars posterior (II) (hg. von Theodor *Mommsen,* MGH AA 9, Berlin 1892) 306–328.

Excerptum de Karentanis (hg. und übers. von Herwig *Wolfram,* Conversio Bagoariorum et Carantanorum, Wien 1979) 58, oder (hg. von Milko *Kos,* Conversio Bagoariorum et Carantanorum, Laibach 1936) 140.

Fasti Vindobonenses priores et posteriores (hg. von Theodor *Mommsen,* MGH AA 9, Berlin 1892) 274–312 und 330–334.

Formulae Argentinenses (hg. von Karl *Zeumer,* MGH Formulae Merowingici et Karolini aevi, Hannover 1882/86, Nachdruck Stuttgart 1963) 337 f.

Formulae imperiales (hg. von Karl *Zeumer,* MGH Formulae Merowingici et Karolini aevi, Hannover 1882/86, Nachdruck Stuttgart 1963) 285–328.

Formulae Marculfi (hg. von Karl *Zeumer,* MGH Formulae Merowingici et Karolini aevi, Hannover 1882/86, Nachdruck Stuttgart 1963) 32–112.

Formulae Patavienses (hg. von Karl *Zeumer,* MGH Formulae Merowingici et Karolini aevi, Hannover 1882/86, Nachdruck Stuttgart 1963) 456–460.

Formulae Salicae Lindenbrogianae (hg. von Karl *Zeumer,* MGH Formulae Merowingici et Karolini aevi, Hannover 1882/86, Nachdruck Stuttgart 1963) 265–281.

Formulae Salzburgenses (hg. von Karl *Zeumer,* MGH Formulae Merowingici et Karolini aevi, Hannover 1882/86, Nachdruck Stuttgart 1963) 438–455.

Fredegar, Chronicae (hg. von Bruno *Krusch,* MGH SS rerum Merovingicarum 2, Hannover 1888, Nachdruck Stuttgart 1984) 1–168, oder (hg. und übers. von Andreas *Kusternig,* Ausgewählte Quellen zur deutschen Geschichte des Mittelalters 4a, Darmstadt [2]1994) 3–271.

Fredegar, Chronicarum Continuationes (hg. von Bruno *Krusch,* MGH SS rerum Merovingicarum 2, Hannover 1888, Nachdruck Stuttgart 1984) 168–193, oder (hg. und übers. von Herbert *Haupt,* Ausgewählte Quellen zur deutschen Geschichte des Mittelalters 4a, Darmstadt [2]1994) 272–325.

Gesta Aldrici episcopi Cenomannensis (hg. von Georg *Waitz,* MGH SS 15, 1, Hannover 1887, Nachdruck Stuttgart 1992) 304–327.

Gesta s. Hrodberti confessoris (hg. von Wilhelm *Levison,* MGH SS rerum Merovingicarum 6, Hannover/Leipzig 1913) 157–162.

Gregor I., Dialogi (hg. von Umberto *Moricca,* Fonti per la storia d'Italia 57, Rom 1924).

Gregor I., In Ezechielem homiliae (hg. von Markus *Adriaen,* CC Ser. Lat. 142, Turnholt 1971).

Gregor I., Registrum epistularum (hg. von Paul *Ewald*/Ludwig *Hartmann,* MGH EE 1 und 2, Berlin 1891/99).

Gregor II., Litterae decretales (hg. von Johann *Merkel,* MGH LL in folio 3, Hannover 1863, Nachdruck Stuttgart 1993) 451–454.
Gregor von Tours, Historia Francorum (hg. von Bruno *Krusch*/Wilhelm *Levison,* MGH SS rerum Merovingicarum 1, 1, Hannover [2]1951) oder (hg. und übers. von Rudolf *Buchner,* Ausgewählte Quellen zur deutschen Geschichte des Mittelalters 2 und 3, Darmstadt [7] und [8]1990).
Gregor von Tours, Liber in gloria martyrum (hg. von Bruno *Krusch,* MGH SS rerum Merovingicarum 1, 2, Hannover 1885, Nachdruck 1969) 484–561 oder 34–111.

Hadrian II., Epistolae (hg. von Ernst *Perels,* MGH EE 6, Berlin 1925, Nachdruck Stuttgart 1978) 691–765.
Hibernicus Exul, Carmina II (hg. von Ernst *Dümmler,* MGH Poetae Latini aevi Carolini 1, Berlin 1881) 396–399.
Hieronymus, Epistulae. 3 Bde. CSEL 54, 55, 56 (hg. von Isidor *Hilberg,* Wien/Leipzig 1910–1918).
Hinkmar, De ordine palatii (hg. und übers. von Thomas *Gross*/Rudolf *Schieffer,* MGH Fontes iuris Germanici antiqui 3, Hannover 1980).
Historia Langobardorum codicis Gothani (hg. von Georg *Waitz,* MGH SS rerum Langobardicarum, Hannover 1878) 7–11.
Hludowici et Karoli pactiones Mettenses (a. 867). Capitularia n. 245; 2, 167 f.
Hrabanus Maurus, Epistolae (hg. von Ernst *Dümmler,* MGH EE 5, Berlin 1899, Nachdruck Stuttgart 1978) 379–516.
Hydatius Lemicus, Continuatio chronicorum Hieronymoniorum (hg. von Theodor *Mommsen,* MGH AA 11, Berlin 1894) 1–36, oder (hg. von Alain *Tranoy,* Sources chrétiennes 218/19, Paris 1974).

Inquisitio de theloneis Raffelstettensis siehe Raffelstettener Zollordnung.

Johannes VIII., Epistolae, siehe Johannes VIII., Registrum.
Johannes VIII., Fragmenta registri (hg. von Erich *Caspar,* MGH EE 7, Berlin 1928, Nachdruck 1978) 273–312.
Johannes VIII., Registrum (hg. von Erich *Caspar,* MGH EE 7, Berlin 1928, Nachdruck 1978) 1–272.
Ionas, Vita Columbani (hg. von Bruno *Krusch,* MGH SS rerum Merovingicarum 4, Hannover/Leipzig 1902) 1–152, oder (hg. und übers. von Herbert *Haupt,* Ausgewählte Quellen zur deutschen Geschichte des Mittelalters 4a, Darmstadt [2]1994) 395–497.
Iordanes, Getica (hg. von Theodor *Mommsen,* MGH AA 5, 1, Berlin 1882) 53–138.
Iordanes, Romana (hg. von Theodor *Mommsen,* MGH AA 5, 1, Berlin 1882) 1–52.
Isidor von Sevilla, Etymologiae. 2 Bde. (hg. von W. M. *Lindsay,* Oxford 1911).
Iustinianus, Novellae (hg. von Rudolf *Schoell*/Wilhelm *Kroll,* Corpus iuris civilis 3, Berlin [2]1899).
Iustinus M. Iunianus, Epitoma historiarum Philippicarum Pompei Trogi (hg. von Otto *Seel,* Stuttgart 1972).

Kosmograph von Ravenna (hg. von Joseph Schnetz, Itineraria Romana 2, Leipzig 1940) 1 ff.

Leges Alamannorum (hg. von Karl August Eckhardt, MGH LL nationum Germanicarum 5, 1, Hannover [2]1966).
Lex Baiwariorum (hg. von Ernst von *Schwind,* MGH LL nationum Germanicarum 5, 2, Hannover 1926).
Lex Ribvaria (hg. von Franz *Beyerle*/Rudolf *Buchner,* MGH LL nationum Germanicarum 3, 2, Hannover 1951).
Lex Romana Curiensis (hg. von Elisabeth *Meyer-Marthaler,* Sammlung schweizerische Rechtsquellen 15, 1, Aarau 1959).
Lex Salica (hg. von Karl August *Eckhardt,* MGH LL nationum Germanicarum 4, 2, Hannover 1969).
Liber confraternitatum s. Petri Salisburgensis vetustior et recentior (hg. von Siegmund *Herzberg-Fränkel,* MGH Necrologia 2, Berlin 1904) 4–44, 45–56, oder (hg. von Karl *Forstner,* Das Verbrüderungsbuch von St. Peter in Salzburg, Codices selecti 51, Graz 1974).
Liber pontificalis (hg. von L. *Duchesne,* Le liber pontificalis 1, Paris 1886).
Libri anniversariorum et necrologium monasterii Sancti Galli (hg. von Franz Ludwig *Baumann,* MGH Necrologia 1, Berlin 1888) 462–487.
Luidprand von Cremona, Antapodosis (hg. von Joseph *Becker,* MGH SS rerum Germanicarum, Hannover/Leipzig [3]1915) oder (hg. und übers. von Albert *Bauer*/Reinhold *Rau,* Ausgewählte Quellen zur deutschen Geschichte des Mittelalters 8, Darmstadt [4]1992) 244–495.

Johannes Dominicus Mansi, Sacrorum Conciliorum nova et amplissima collectio 3 und 17 (Nachdruck Graz 1960).

Marcellinus Comes, Chronicon (hg. von Theodor *Mommsen,* MGH AA 11, Berlin 1894) 37–104.
Das Merkgedicht von Rig. Edda (hg. von Felix *Genzmer,* Nachdruck Düsseldorf 1963) 113 ff.
MGH Formulae Merowingici et Karolini aevi (hg. von Karl *Zeumer,* Hannover 1882/86, Nachdruck Stuttgart 1963).
MGH Poetae Latini aevi Carolini 3 (hg. von Ludwig *Traube,* Berlin 1896).
Mondseer Gründungsgedicht (hg. von Andreas *Meiller,* Urkundenbuch des Landes ob der Enns 1, Wien 1852) 102–110.

Necrologia s. Rudperti Salisburgensis (hg. von Siegmund *Herzberg-Fränkel,* MGH Necrologia 2, Berlin 1904) 91–198.
Necrologium Michaelburanum (hg. von Siegmund *Herzberg-Fränkel,* MGH Necrologia 2, Berlin 1904) 212–216.
Nestor-Chronik (Auszug) (MMFH 1, Prag/Brünn 1966) 190–197.
Nicolaus I., Epistolae (hg. von Ernst *Perels,* MGH EE 6, Berlin 1925) 257–690.
Notae de Episcopis Pataviensibus (hg. von Georg *Waitz,* MGH SS 25, Hannover 1880) 623 f.
Notitia Arnonis (hg. und übers. von Fritz *Lošek,* Notitia Arnonis und Breves Notitiae. MGSL 130, 1990) 5–192, oder (hg. von Willibald *Hauthaler,* Salzburger Urkundenbuch 1, Salzburg 1910) 1–16 (zitiert wurde nach der neueren Edition).
Notitia de Concilio Neuchingensi. Concilia aevi Karolini I. n. 16; 2, 1/1, 104 f.
Notitia concilii Rispacensis. Concilia aevi Karolini I. n. 24; 2, 1/1, 214 f.
Notitia dignitatum (hg. von Otto *Seeck,* Berlin 1876).
Notitia de pacto fraternitatis episcoporum et abbatum Bawaricorum. Concilia aevi Karolini I. n. 15B; 2, 1/1, 96 f.
Notitia de servitio monasteriorum a. 819 (hg. von Petrus *Becker,* Corpus consuetudinum monasticarum 1, Siegburg 1963) 483–499, oder Capitularia n. 171; 1, 349–352 (zu a. 817).
Notker Balbulus, Gesta Caroli Magni imperatoris (hg. von Hans F. *Haefele,* MGH SS rerum Germanicarum NS 12, Berlin 1959) oder (hg. und übers. von Reinhold *Rau,* Ausgewählte Quellen zur deutschen Geschichte des Mittelalters 7, Nachdruck Darmstadt 1992) 321–427.

Ordericus Vitalis, Historia aecclesiastica VII et VIII (hg. von Marjorie *Chibnall,* Oxford Medieval Texts. Orderic Vitalis, The Ecclesiastical History 4, 1973).
Ordinatio imperii a. 817. Capitularia n. 136; 1, 270–273.
Origo gentis Langobardorum (hg. von Georg *Waitz,* MGH SS rerum Langobardicarum, Hannover 1878) 3–6.
Orosius, Historiarum adversum paganos libri VII (hg. von Karl *Zangemeister,* Leipzig 1889).
Otto von Freising, Chronica sive Historia de duabus civitatibus (hg. von Adolf *Hofmeister,* MGH SS rerum Germanicarum, Hannover/Leipzig 1912, Nachdruck Hannover 1984) oder (hg. und übers. von Adolf *Schmidt,* Ausgewählte Quellen zur deutschen Geschichte des Mittelalters 16, Darmstadt [5]1990).
Otto von Freising, Gesta Friderici I imperatoris (hg. von Georg *Waitz,* MGH SS rerum Germanicarum, Hannover/Leipzig [3]1912) oder (hg. und übers. von Franz-Josef *Schmale,* Ausgewählte Quellen zur deutschen Geschichte des Mittelalters 17, Darmstadt [3]1986).

P. magister, qui Anonymus dicitur, Gesta Hungarorum (MMFH 1, Prag/Brünn 1966) 211–237.
Pactus legis Alamannorum (hg. von Karl August *Eckhardt,* MGH LL nationum Germanicarum 5, 1, Hannover [2]1966) 21–34.
Pactus legis Salicae (hg. von Karl August *Eckhardt,* MGH LL nationum Germanicarum 4, 1, Hannover 1962).
Passio sancti Vigilii episcopi et martyris (hg. von L. Cesarini *Sforza,* Scritti di storia e d'arte, Trient 1905) 13 ff.
Paulinus von Aquileia, Versus de Herico duce (hg. von Ernst *Dümmler,* MGH Poetae Latini 1, Berlin 1881) 131–133.
Paulinus, Vita Ambrosii (hg. von Michele *Pellegrino,* Rom 1961).
Paulus Diaconus, Historia Langobardorum (hg. von Georg *Waitz,* MGH SS rerum Langobardicarum, Hannover 1878) 12–187.
Paenitentiale Cummeani (The Irish Penitentials, hg. von Ludwig *Bieler,* Scriptores Latini Hiberniae 5, Dublin 1963) 108–135.
Pelagius I., Epistulae (hg. von Columba M. *Batlle,* Scripta et Documenta 8, Montserrat 1956).
Penitentialis Vinniani (The Irish Penitentials, hg. von Ludwig *Bieler,* Scriptores Latini Hiberniae 5, Dublin 1963) 74–95.
I placiti del »regnum Italiae« (hg. von Cesare *Manaresi,* Fonti per la storia d'Italia 92, Rom 1955).
Plinius der Ältere, Historia naturalis libri XXXVII (hg. von H. *Rackham,* 9 Bde., Cambridge, Mass., 1949–1952).

Priscus, Fragmenta historiae Byzantinae (hg. von Karl *Müller,* Fragmenta historicorum Graecorum 4, Paris 1851) 71 ff., oder Blockley 2, 221 ff.
Procopius, De bellis libri VIII: De bello Persico I–II, De bello Vandalico I–II (III–IV), De bello Gothico I–IV (V–VIII) (hg. von Otto *Veh,* Prokop, Werke 2–4, München 1966–1971).
Ptolemaios, Geographica (hg. von C. F. A. *Nobbe,* Nachdruck Hildesheim 1966).

Raffelstettener Zollordnung oder Zollweistum. Capitularia n. 253; 2, 249–252, oder (hg. und übers. von Lorenz *Weinrich,* Ausgewählte Quellen zur deutschen Geschichte des Mittelalters 32, Darmstadt 1977) 14–18, n. 4.
Ratpert, Casus monasterii s. Galli (hg. von Gerold *Meyer von Knonau,* St. Gallische Geschichtsquellen, Mittheilungen zur Vaterländischen Geschichte 13, St. Gallen 1872) 1–64, oder (hg. von Georg Heinrich *Pertz,* MGH SS 2, Hannover 1829, Nachdruck Stuttgart 1976) 59–74.
Oswald *Redlich,* Acta Tirolensia 1 (Innsbruck 1886).
Die Regesten der Bischöfe von Passau 1: (731–1206) (bearb. von Egon *Boshof.* Regesten zur bayerischen Geschichte 1, München 1992).
Regino von Prüm, Chronicon (hg. von Friedrich *Kurze,* MGH SS rerum Germanicarum, Hannover 1890) oder (hg. und übers. von Reinhold *Rau,* Ausgewählte Quellen zur deutschen Geschichte des Mittelalters 7, Nachdruck Darmstadt 1992) 179–319.
Registra fratrum s. Rudberti Salisburgensis (hg. von Siegmund *Herzberg-Fränkel,* MGH Necrologia Germania 2, Berlin 1904) 80–91.
Registrum Iohannis VIII. papae siehe Johannes VIII., Registrum.
Rhythmus de Pippini regis victoria Avarica (hg. von Ernst *Dümmler,* MGH Poetae Latini 1, Berlin 1881) 116 f.

Salvianus von Marseille, De gubernatione Dei (hg. von Karl *Halm,* MGH AA 1, Berlin 1877) 1–108.
Salzburger Urkundenbuch 1 (hg. von Willibald *Hauthaler,* Salzburg 1910) und 2 (hg. von Willibald *Hauthaler*/Franz *Martin,* Salzburg 1916).
Sidonius Apollinaris, Carmina (hg. von Christian *Luetjohann,* MGH AA 8, Berlin 1887) 173–264.
Sidonius Apollinaris, Epistulae (hg. von Christian *Luetjohann,* MGH AA 8, Berlin 1887) 1–172.
Stephan V., Epistolae (hg. von G. *Laehr,* MGH EE 7, Berlin 1912/1928, Nachdruck München 1978) 354–365.
Stephan V., Fragmenta registri (hg. von Erich *Caspar,* MGH EE 7, Berlin 1912/1928, Nachdruck München 1978) 334–353.
Suda, Lexicon (hg. von Ada *Adler,* Lexicographi Graeci 1, 1–5, Nachdruck Leipzig 1967/71).
Synesios von Kyrene, Epistulae (hg. von Antonio *Garzya,* Rom 1979).

Tacitus, Germania (hg. von Michael *Winterbottom,* Oxford 1975).
Thegan, Vita Hludowici (hg. von Georg Heinrich *Pertz,* MGH SS 2, Hannover 1829, Nachdruck Stuttgart 1976) 590–603, oder (hg. und übers. von Reinhold *Rau,* Ausgewählte Quellen zur deutschen Geschichte des Mittelalters 5, Nachdruck Darmstadt 1993) 216–253.
Theophanes Continuatus (Migne PG 109, col. 15–500).
Theotmar von Salzburg, Epistola ad Iohannem IX. papam (hg. von Harry *Bresslau,* Der angebliche Brief des Erzbischofs Hatto von Mainz an Papst Johann IX. Fs. für Karl Zeumer, Weimar 1910) 9–23, oder (MMFH 3, Brünn 1969) 232–244, n. 109.
Tiroler Urkundenbuch 1 (hg. von Franz *Huter,* Innsbruck 1937).
Die Traditionen des Hochstiftes Freising 1 und 2 (hg. von Theodor *Bitterauf,* Quellen und Erörterungen zur bayerischen Geschichte NF 4 und 5, München 1905/1909).
Traditionen Mondsee – Das älteste Traditionsbuch des Klosters Mondsee (hg. von Gebhard *Rath*/Erich *Reiter,* Forschungen zur Geschichte Oberösterreichs 16, Linz 1989).
Die Traditionen des Hochstiftes Passau (hg. von Max *Heuwieser,* Quellen und Erörterungen zur bayerischen Geschichte NF 6, München 1930).
Die Traditionen des Hochstifts Regensburg und des Klosters S. Emmeram (hg. von Josef *Widemann,* Quellen und Erörterungen zur bayerischen Geschichte NF 8, München 1943).
Translatio sancti Hermetis (hg. von Georg *Waitz,* MGH SS 15, 1, Hannover 1887, Nachdruck Stuttgart 1992) 410.

Urbar des Reichsgutes in Churrätien, siehe Bündner Urkundenbuch 1, 375–396.
Urkundenbuch des Burgenlandes 1 (hg. von Hans *Wagner,* Publikationen des Instituts für österreichische Geschichtsforschung VII 1, Wien 1955).
Urkundenbuch des Landes ob der Enns 1 und 2 (Wien 1852/56).
Urkundenbuch Oberösterreich siehe Urkundenbuch des Landes ob der Enns.
Urkundenbuch der Abtei St. Gallen 1–4 (hg. von Hermann *Wartmann,* Zürich 1863/99).

Venantius Fortunatus, Praefatio (hg. von Friedrich *Leo,* MGH AA 4, Berlin 1881) 1 f.
Venantius Fortunatus, Vita s. Martini (hg. von Friedrich *Leo,* MGH AA 4, Berlin 1881) 293–370.
Das Verbrüderungsbuch der Abtei Reichenau (hg. von Johanne *Autenrieth*/Dieter *Geuenich*/Karl *Schmid,* MGH Libri Memoriales et Necrologia NS 1, Hannover 1979).
Verbrüderungsbuch von St. Gallen – Libri anniversariorum et necrologium monasterii S. Galli (hg. von Franz Ludwig *Baumann,* MGH Necrologia 1, Berlin 1888, Nachdruck Stuttgart 1983) 462–487.
Vita Amandi episcopi (hg. von Bruno *Krusch,* MGH SS rerum Merovingicarum 5, Hannover/Leipzig 1910) 395–485.
Vita Clementis (MMFH 2, Brünn 1967) 200–234.
Vita Constantini = Žitije Konstantina (MMFH 2, Brünn 1967) 57–115.
Vita Galli vetustissima (hg. von Bruno *Krusch,* MGH SS rerum Merovingicarum 4, Hannover/Leipzig 1902) 251–256.
Vita Gebehardi archiepiscopi Salisburgensis (hg. von Wilhelm *Wattenbach,* MGH SS 11, Hannover 1854, Nachdruck Stuttgart 1994) 25–28.
Vita Ingenuini (hg. von Franz Anton *Sinnacher,* Beyträge zur Geschichte der bischöflichen Kirche Säben und Brixen in Tyrol 1, Brixen 1821) 239–247.
Vita Lupi episcopi Trecensis (hg. von Bruno *Krusch,* MGH SS rerum Merovingicarum 7, Hannover/Leipzig 1920) 284–302.
Vita Methodii= Žitije Mefodija (MMFH 2, Brünn 1967) 134–163.
Vita s. Otmari abbatis (hg. von Johannes *Duft,* Bibliotheca Sangallensis 4, Zürich/Lindau/Konstanz 1959) 22–28, oder (hg. von Camilla *Dirlmeier*/Klaus *Sprigade,* Quellen zur Geschichte der Alamannen III, Heidelb. AW Kommission für Alamannische Altertumskunde, Schriften 5, 1979) 68–73.
Vita Pardulfi abbatis Waractensis (hg. von Bruno *Krusch*/Wilhelm *Levison,* MGH SS rerum Merovingicarum 7, Hannover/Leipzig 1920) 19–40.
Vita Vedastis episcopi (hg. von Bruno *Krusch,* MGH SS rerum Merovingicarum 3, Hannover 1896) 399–427.
Vita Walarici (hg. von Bruno *Krusch,* MGH SS rerum Merovingicarum 4, Hannover/Leipzig 1902) 157–175.

Walahfrid Strabo, Vita s. Galli (hg. von Bruno *Krusch,* MGH SS rerum Merovingicarum 4, Hannover/Leipzig 1902) 280–337.
Widukind, Res gestae Saxonicae (hg. von Paul *Hirsch,* MGH SS rerum Germanicarum, Hannover [5]1935) oder (hg. und übers. von Albert *Bauer*/Reinhold *Rau,* Ausgewählte Quellen zur deutschen Geschichte des Mittelalters 8, Darmstadt [4]1992) 1–183.
Willibald, Vita Bonifatii (hg. von Wilhelm *Levison,* MGH SS rerum Germanicarum, Hannover/Leipzig 1905) oder (hg. und übers. von Reinhold *Rau,* Ausgewählte Quellen zur deutschen Geschichte des Mittelalters 4b, Darmstadt [3]1994) 451–525.

Zosimos, Historia Nova (hg. von Ludwig *Mendelssohn,* Leipzig 1887), oder Zosime, Histoire nouvelle (hg. und übers. von François *Paschoud,* Bd. 1, 2, 3,1 und 3,2 (Paris 1971/79/86/89).

Literaturverzeichnis

Sigurd *Abel*/Bernhard *Simson,* Jahrbücher des Fränkischen Reiches unter Karl dem Großen 1: 768–788, und 2: 789–814 (Jahrbücher der Deutschen Geschichte 5, 1 und 2, Berlin ²1888).

Wilhelm *Abel,* Geschichte der deutschen Landwirtschaft vom frühen Mittelalter bis zum 19. Jahrhundert (Deutsche Agrargeschichte 2, hg. von Günther *Franz,* Stuttgart ³1978).

Gerd *Althoff,* Zur Bedeutung der Bündnisse Svatopluks von Mähren mit Franken. Selecta Slavica 13 (Neuried 1988) 13–21.

Arnold *Angenendt,* Kaiserherrschaft und Königstaufe (Arbeiten zur Frühmittelalterforschung 15, Berlin/New York 1984).

Arnold *Angenendt,* Pirmin und Bonifatius. Ihr Verhältnis zu Mönchtum, Bischofsamt und Adel. VF 20 (Sigmaringen 1974) 251–304.

Hans Hubert *Anton,* Origo gentis – Volksgeschichte. Zur Auseinandersetzung mit Walter Goffarts Werk »The Narrators of Barbarian History«. Historiographie im frühen Mittelalter (hg. von Anton *Scharer*/Georg *Scheibelreiter,* VIÖG 32, Wien 1994) 262–307.

Julius *Aronius,* Regesten zur Geschichte der Juden im Fränkischen und Deutschen Reiche bis zum Jahre 1273 (Berlin 1902).

Atlas slovenskej socialistickej republiky (Atlas der Slowakischen sozialistischen Republik) (Bratislava 1979/80).

Hartmut *Atsma,* Die schriftlichen Quellen zur Geschichte der Chiemsee-Klöster bis zur Errichtung des Augustiner-Chorherrenstiftes auf der Herreninsel. Bericht über die Ausgrabungen und Bauuntersuchungen in der Abtei Frauen-Wörth auf der Fraueninsel im Chiemsee 1961–1964 (hg. von Vladimir *Milojčić,* Abh. Bayer. AW NF 65A, 1966) 43–57.

Leopold *Auer,* Der Kriegsdienst des Klerus unter den sächsischen Kaisern II. MIÖG 80 (1972) 48–70.

Johanne *Autenrieth,* Das St. Galler Verbrüderungsbuch. Möglichkeiten und Grenzen paläographischer Bestimmung. FMSt 9 (1975) 215–225.

Baiernzeit in Oberösterreich (OÖ Landesmuseum, Katalog 96, Linz ³1977).

Die Bajuwaren. Von Severin bis Tassilo 488–788. Ausstellung Rosenheim/Mattsee (hg. von Hermann *Dannheimer*/Heinz *Dopsch,* München/Salzburg 1988).

Bauer. Wort und Begriff »Bauer« (hg. von Reinhard *Wenskus*/Herbert *Jankuhn*/Klaus *Grindar.* Abh. AW Göttingen III 89, 1975).

Thomas *Bauer,* Die Ordinatio Imperii von 817, der Vertrag von Verdun 843 und die Herausbildung Lotharingiens. Rheinische Vierteljahrsblätter 58 (Bonn 1994) 1–24.

Matthias *Becher,* Eid und Herrschaft: Untersuchungen zum Herrscherethos Karls des Großen (VF Sdb. 39, Sigmaringen 1993).

Matthias *Becher,* Zum Geburtsjahr Tassilos III. ZBLG 52 (1989) 3–12.

Heinrich *Beck,* Bajuwaren. RGA 1 (Berlin ²1973) 602 f.

Cornelia *Becker,* Die Nutzung von Tieren im Mittelalter zwischen Elbe und Oder. Umwelt in der Geschichte (Kleine Vandenhoek Reihe 1544, Göttingen 1989) 7–25.

Bruno *Behr,* Das alamannische Herzogtum bis 750 (Geist und Werk der Zeiten 41, Bern/Frankfurt a. M. 1975).

Heinrich *Berg,* Bischöfe und Bischofssitze im Ostalpen- und Donauraum vom 4. bis zum 8. Jahrhundert. Die Bayern und ihre Nachbarn 1 (hg. von Herwig *Wolfram*/Andreas *Schwarcz,* Dph 179, 1985) 61–108.

Heinrich *Berg,* Quellenkundliche und prosopographische Studien zur Kirchengeschichte des österreichischen Raums im Frühmittelalter (Masch. phil. Diss. Wien 1986).

Wilhelm *Berges,* Land und Unland in der mittelalterlichen Welt. Fs. für Hermann Heimpel 3 (Göttingen 1972) 399–439.

Ludger *Bernhard,* Die Rechtgläubigkeit der Slawenmissionare aus römischer Sicht. Salzburg und die Slawenmission. Zum 1100. Todestag des hl. Methodius (hg. von Heinz *Dopsch,* Salzburg 1986) 23–49.

Walter *Berschin,* Gallus abbas vindicatus. HJ 95 (1975) 257–277.

Darina *Bialeková,* Výskum a rekonstrukcia fortifikácie na slovanskom hradisku v Pobedime (Erforschung und Rekonstruktion der Fortifikation auf dem slawischen Burgwall in Pobedim). Slovenská archeológia XXVI (1978) 149–177.

Volker *Bierbrauer,* Die germanische Aufsiedlung des östlichen und mittleren Alpengebiets im 6. und 7. Jahrhundert aus archäologischer Sicht. Nationes 5 (hg. von Helmut *Beumann*/Werner *Schröder,* Sigmaringen 1985) 9–48.

Volker *Bierbrauer*/Hans *Nothdurfter,* Die Ausgrabungen im spätantik-frühmittelalterlichen Bischofssitz Sabiona-Säben. Der Schlern 62 (1988) 243–300.

Benedikt *Bilgeri,* Geschichte Vorarlbergs 1 und 2 (Wien 1971).
Bernhard *Bischoff,* Panorama der Handschriftenüberlieferung aus der Zeit Karls des Großen. Karl der Große. Lebenswerk und Nachleben 2 (Düsseldorf 1965) 233–254.
Bernhard *Bischoff,* Salzburger Formelbücher und Briefe aus Tassilonischer und Karolingischer Zeit. (Sb. Bayer. AW Heft 4, 1973).
Bernhard *Bischoff,* Die südostdeutschen Schreibschulen und Bibliotheken der Karolingerzeit 1: Die bayrischen Diözesen (Wiesbaden [3]1974) und 2: Die vorwiegend österreichischen Diözesen (Wiesbaden 1980).
R. C. *Blockley,* The Fragmentary Classicising Historians siehe Quellenverzeichnis.
Sandor *Bökönyi,* History of Domestic Mammals in Central and Eastern Europe (Budapest 1974).
Thomas von *Bogyay,* Mosapurc und Zalavár. Südostforschungen 14 (1955) 349–405.
Michael *Borgolte,* Buchhorn und die Welfen. ZWLG 47 (1988) 39–69.
Michael *Borgolte,* Chronologische Studien an den alemannischen Urkunden des Stiftsarchivs St. Gallen. AD 24 (1978) 54–202.
Michael *Borgolte,* Geschichte der Grafschaften Alemanniens in fränkischer Zeit (VF Sdb. 31, Sigmaringen 1984).
Michael *Borgolte,* Karl III. und Neudingen. Zum Problem der Nachfolgeregelung Ludwigs des Deutschen. Zeitschrift für die Geschichte des Oberrheins 125 (1977) 21–55.
Albert *Brackmann,* Germania Pontificia 1 (Berlin 1911).
Rajko *Bratož,* Der Einfluß Aquileias auf den Alpenraum und das Alpenvorland (von den Anfängen bis um 700). Das Christentum im bairischen Raum. Von den Anfängen bis ins 11. Jahrhundert (hg. von Egon *Boshof*/Hartmut *Wolff,* Passauer Historische Forschungen 8, Köln/Weimar/Wien 1994) 29–61.
Rajko *Bratož,* Severinus von Noricum und seine Zeit (Dph 165, Wien 1983).
Brian *Brennan,* The Career of Venantius Fortunatus. Traditio 41 (1985) 49–78.
Harry *Bresslau,* Die ältere Salzburger Annalistik. Abh. Preuß. AW 2 (1923).
Harry *Bresslau,* Handbuch der Urkundenlehre für Deutschland und Italien 1 (Berlin [3]1958) und 2 (Berlin [2]1958).
Carlrichard *Brühl,* Deutschland – Frankreich. Die Geburt zweier Völker (Köln/Wien 1990).
Franz *Brunhölzl,* Die lateinische Literatur. Handbuch der bayerischen Geschichte 1 (München [2]1981) 582–607.
Heinrich *Brunner,* Deutsche Rechtsgeschichte. 2. Aufl. bearb. von Claudius Freiherr von *Schwerin* 1 und 2 (München/Leipzig 1906 und 1928).
Karl *Brunner,* Diedenhofener Kapitular. RGA 5 (Berlin [2]1984) 407 f.
Karl *Brunner,* Die fränkischen Fürstentitel im neunten und zehnten Jahrhundert. Intitulatio II. Lateinische Herrscher- und Fürstentitel im neunten und zehnten Jahrhundert (hg. von Herwig *Wolfram,* MIÖG Erg. Bd. 24, Wien 1973) 179–340.
Karl *Brunner,* Herzogtümer und Marken. Vom Ungarnsturm bis ins 12. Jahrhundert. Österreichische Geschichte 907–1156 (hg. von Herwig *Wolfram,* Wien 1994).
Karl *Brunner,* Nachgrabungen. Sachkultur und Kontinuitätsfragen am Beispiel der bayerischen Quellen des Frühmittelalters. Typen der Ethnogenese unter besonderer Berücksichtigung der Bayern 1 (hg. von Herwig *Wolfram*/Walter *Pohl,* Dph 201, Wien 1990) 173–180.
Karl *Brunner,* Oppositionelle Gruppen im Karolingerreich (VIÖG 25, Wien 1979).
Karl *Brunner,* Wovon lebte der Mensch? Die Bajuwaren. Von Severin bis Tassilo 488–788. Ausstellung Rosenheim/Mattsee (hg. von Hermann *Dannheimer*/Heinz *Dopsch,* München/Salzburg 1988) 192–197.
Karl *Brunner*/Gerhard *Jaritz,* Landherr, Bauer, Ackerknecht (Wien 1985).
Heinrich *Büttner,* Christentum und fränkischer Staat in Alemannien und Rätien während des 8. Jahrhunderts. *Ders.,* Frühmittelalterliches Christentum und fränkischer Staat zwischen Hochrhein und Alpen (Darmstadt 1961) 9–54.
Heinrich *Büttner,* Die Entstehung der Churer Bistumsgrenzen. *Ders.,* Frühmittelalterliches Christentum und fränkischer Staat zwischen Hochrhein und Alpen (Darmstadt 1961) 107–154.
Heinrich *Büttner,* Die Entstehung der Konstanzer Diözesangrenzen. *Ders.,* Frühmittelalterliches Christentum und fränkischer Staat zwischen Hochrhein und Alpen (Darmstadt 1961) 55–106.
Heinrich *Büttner,* Mission und Kirchenorganisation des Frankenreichs bis zum Tod Karls des Großen. Karl der Große. Lebenswerk und Nachleben 1 (Düsseldorf [3]1967) 454–487.
Heinrich *Büttner*/Johannes *Duft,* Lorsch und St. Gallen in der Frühzeit (Konstanz 1965).
Josef *Bujnoch,* Zwischen Rom und Byzanz (Slavische Geschichtsschreiber 1, Graz/Wien/Köln 1958).

Alan *Cameron,* Claudian. Poetry and Propaganda at the Court of Honorius (Oxford 1970).
Helmut *Castritius,* Die Grenzverteidigung in Rätien und Noricum im 5. Jahrhundert n. Chr. Ein Beitrag zum Ende der Antike. Die Bayern und ihre Nachbarn 1 (hg. von Herwig *Wolfram*/Andreas *Schwarcz,* Dph 179, Wien 1985) 17–28.

Helmut *Castritius,* Von politischer Vielfalt zur Einheit. Zu den Ethnogenesen der Alemannen. Typen der Ethnogenese unter besonderer Berücksichtigung der Bayern 1 (hg. von Herwig *Wolfram*/Walter *Pohl,* Dph 201, Wien 1990) 71–84.

Rainer *Christlein,* Die Alamannen. Archäologie eines lebendigen Volkes (Stuttgart/Aalen 1978).

Rainer *Christlein,* Bayern. Lexikon des Mittelalters 1 (München/Zürich 1980) col. 1696–1698.

Rainer *Christlein,* Das spätrömische Kastell Boiotro zu Passau-Innstadt. VF 25 (Sigmaringen 1979) 91–123.

Bohuslav *Chropovský* (Hg.), Významné slovanské náleziská na Slovensku (Bedeutende slawische Fundorte in der Slowakei) (Bratislava 1978).

Bohuslav *Chropovský*/Alexander *Ruttkay,* Archäologische Erforschung und Genese des slowakischen Ethnikums. Studia historica slovaca 16 (Bratislava 1987) 15–63.

Peter *Classen,* Fortleben und Wandel spätrömischen Urkundenwesens im frühen Mittelalter. VF 23 (Sigmaringen 1977) 13–54.

Peter *Classen,* Karl der Große und die Thronfolge im Frankenreich. Fs. für Hermann Heimpel 3 (Göttingen 1972) 109–134, oder *ders.,* Ausgewählte Aufsätze (VF 28, Sigmaringen 1983) 205–229.

Peter *Classen,* Die Verträge von Verdun und von Coulaines 843 als politische Grundlagen des westfränkischen Reiches. HZ 196 (1963) 1–35, oder *ders.,* Ausgewählte Aufsätze (VF 28, Sigmaringen 1983) 249–277.

Dietrich *Claude,* Aspekte des Binnenhandels im Merowingerreich auf Grund der Schriftquellen. Untersuchungen zu Handel und Verkehr der vor- und frühgeschichtlichen Zeit in Mittel- und Nordeuropa III. Abh. AW Göttingen III 150 (1985) 9–99.

Dietrich *Claude,* Comes. RGA 5 (Berlin/New York ²1984) 65–68.

Otto P. *Clavadetscher,* Churrätien im Übergang von der Spätantike zum Mittelalter nach den Schriftquellen. VF 25 (Sigmaringen 1979) 159–178, oder *ders.,* Rätien im Mittelalter. Ausgewählte Aufsätze (Sigmaringen 1994) 1–20 (danach zitiert).

Otto P. *Clavadetscher,* Das churrätische Reichsgutsurbar als Quelle zur Geschichte des Vertrages von Verdun. ZRG GA 70 (1953) 1–63, oder *ders.,* Rätien im Mittelalter. Ausgewählte Aufsätze (Sigmaringen 1994) 114–176.

Otto P. *Clavadetscher,* Die Einführung der Grafschaftsverfassung in Rätien und die Klageschriften Bischofs Victor III. von Chur. ZRG KA 39 (1953) 46–111, oder *ders.,* Rätien im Mittelalter. Ausgewählte Aufsätze (Sigmaringen 1994) 44–109 (danach zitiert).

Otto P. *Clavadetscher,* Rätien im Mittelalter. Ausgewählte Aufsätze (Sigmaringen 1994).

Otto P. *Clavadetscher,* Zur Verfassungsgeschichte des merowingischen Rätiens. FMSt 8 (1974) 60–70, oder *ders.,* Rätien im Mittelalter. Ausgewählte Aufsätze (Sigmaringen 1994) 32–43 (danach zitiert).

Otto P. *Clavadetscher,* Verkehrsorganisation in Rätien zur Karolingerzeit. Schweizerische Zeitschrift für Geschichte 5 (1955) 1–30, oder *ders.,* Rätien im Mittelalter. Ausgewählte Aufsätze (Sigmaringen 1994) 270–299.

Pierre *Courcelle,* Histoire littéraire des grandes invasions germaniques (Paris ³1964).

Peter *Csendes,* Zu den Awarenkriegen unter Karl dem Großen. UH 41 (1970) 93–107.

Fritz *Curschmann,* Die Hungersnöte im Mittelalter (Leipziger Studien aus dem Gebiet der Geschichte 6, 1, Leipzig 1900).

Falko *Daim,* Die Awaren in Niederösterreich (Wissenschaftliche Schriftenreihe Niederösterreich 28, St. Pölten 1977).

Alexander *Demandt,* Magister militum. RE Suppl. 12 (Stuttgart 1970) col. 553–790.

Alexander *Demandt,* Methaphern für Geschichte (München 1978).

Alexander *Demandt,* Die Spätantike: Römische Geschichte von Diocletian bis Justinian. 284–565 n. Chr. (Handbuch der Altertumswissenschaft 3, 6, München 1989).

Alexander *Demandt,* Ungeschehene Geschichte. Ein Traktat über die Frage: Was wäre geschehen, wenn ...? (Kleine Vandenhoek-Reihe 1501, Göttingen 1984).

Željko *Demo,* Novac germanskih vladara druge pol. 5. do u drugu pol. 6 st. u numizmatičkoj zbirci Arheološkog muzeja u Zagrebu. (Münzen germanischer Herrscher von der zweiten Hälfte des 5. bis zur zweiten Hälfte des 6. Jahrhunderts aus der Numismatischen Sammlung des Archäologischen Museums Zagreb). Arheološki Vestnik 32 (1981) 454 ff.

Hans-Joachim *Diesner,* Vandalen. RE Suppl. 10 (Stuttgart 1965) col. 957–992.

Gerhard *Dilcher,* Langobardisches Recht. HRG 2 (Berlin 1978) col. 1607–1618.

Gunter *Dimt,* Haus und Hof in frühbairischer Zeit. Von Severin zu Tassilo. Baiernzeit in Oberösterreich (OÖ Landesmuseum, Katalog 96, Linz ³1977) 161–176.

Fridolin *Dörrer,* Der Wandel der Diözesaneinteilung Tirols und Vorarlbergs. Tiroler Heimat 17 (1953) 41–74.

Philippe *Dollinger,* Der bayerische Bauernstand vom 9. bis 13. Jahrhundert (hg. von Franz *Irsigler,* München 1982).

Alphons *Dopsch,* Die Wirtschaftsentwicklung der Karolingerzeit vornehmlich in Deutschland 1 und 2 (Darmstadt ³1962).
Heinz *Dopsch,* Aus der Geschichte der Abtei Michaelbeuern von den Anfängen bis zur Grundentlastung (1848). Benediktinerabtei Michaelbeuern (1985) 26–67.
Heinz *Dopsch,* Die Äbte, Bischöfe und Erzbischöfe von Salzburg im Mittelalter. Geschichte Salzburgs 1, 2 (hg. von Heinz *Dopsch,* Salzburg 1983) 1145–1151.
Heinz *Dopsch,* Der bayerische Adel und die Besetzung des Erzbistums Salzburg im zehnten und elften Jahrhundert. MGSL 110/111 (1970/71) 125–151.
Heinz *Dopsch* (Hg.), Geschichte Salzburgs 1, 1 (Salzburg ²1983), 1, 2 (Salzburg 1983), 1, 3 (Salzburg 1984).
Heinz *Dopsch,* Klöster und Stifte. Geschichte Salzburgs 1, 2 (hg. von Heinz *Dopsch,* Salzburg 1983) 1002–1053.
Heinz *Dopsch,* Passau als Zentrum der Slawenmission. Ein Beitrag zur Frage des »Großmährischen Reiches«. Südostdeutsches Archiv 28/29 (1985/86) 5–28.
Heinz *Dopsch,* Salzburg im Hochmittelalter. Geschichte Salzburgs 1, 1 (hg. von Heinz *Dopsch,* Salzburg ²1983) 229–418.
Heinz *Dopsch,* Salzburg und der Südosten. Südostdeutsches Archiv 21 (1978) 5–35.
Heinz *Dopsch,* Virgil von Salzburg (gest. 784). Aus dem Leben und Wirken des Patrons der Rattenberger Pfarrkirche. St. Virgil in Rattenberg (Rattenberg 1983) 15–59.
Heinz *Dopsch,* Die Zeit der Karolinger und Ottonen. Geschichte Salzburgs 1, 1 (hg. von Heinz *Dopsch,* Salzburg ²1983) 157–228 und 1, 3 (Salzburg 1984) 1217–1249.
Ernst *Dümmler,* Geschichte des ostfränkischen Reiches. 3 Bde. (Jahrbücher der Deutschen Geschichte 7, 1–3, Leipzig ²1887/88).
Klaus *Düwel,* »Hildebrandslied«. Verfasserlexikon 3 (Berlin 1981) col. 1240–1256.
Johannes *Duft,* Der Ire Eusebius auf dem Viktorsberg. Montfort 8 (Dornbirn 1956) 3–12.
Johannes *Duft,* Irische Einflüsse auf St. Gallen und Alemannien. VF 20 (Sigmaringen 1974) 9–35.
Johannes *Duft,* Irische Handschriftenüberlieferung in St. Gallen. Die Iren und Europa im früheren Mittelalter 2 (hg. von Heinz *Löwe,* Stuttgart 1982) 916–937.
Johannes *Duft,* Klosterbibliotheken von Lorsch und St. Gallen. Lorsch und St. Gallen in der Frühzeit (Konstanz 1965).
Johannes *Duft,* Sankt Otmar siehe Vita Otmari (Quellenverzeichnis).
D. M. *Dunlop,* The History of the Jewish Khazars (Princeton Oriental Studies 16, 1954).
Jean *Durliat,* Du caput antique au manse médiéval. Pallas 29 (1982) 67–77.
Jean *Durliat,* Le manse dans le polytyque d'Irminon. Beihefte der Francia 16, 1 (Sigmaringen 1989) 467–504.
Francis *Dvornik,* Byzantine Missions among the Slavs (Rutgers University Press, New Jersey 1970).

Alfred *Ebenbauer,* Carmen historicum. Untersuchungen zur historischen Dichtung im karolingischen Europa (Philologica Germanica 4, Wien 1978).
Wilhelm A. *Eckhardt,* Die Capitularia missorum specialia von 802. DA 12 (1956) 498–516.
Lothar *Eckhart,* Die archäologischen Ausgrabungen 1960–1966 in der St. Laurentius-Basilika von Enns-Lorch-Lauriacum. Severin zwischen Römerzeit und Völkerwanderung (Linz 1982) 375–385.
Rudolf *Egger,* Historisch-epigraphische Studien in Venezien. Römische Antike und frühes Christentum 1 (Klagenfurt 1962) 45–69.
Rudolf *Egger,* Die Zerstörung Pettaus durch die Goten. *Ders.,* Römische Antike und Frühes Christentum 1 (Klagenfurt 1962) 36–44.
Wilhelm *Ensslin,* Praefectus praetorio. RE 44 (Stuttgart 1954) col. 2391–2502.
Franz-Reiner *Erkens,* Die ältesten Passauer Bischofsurkunden. ZBLG 46 (1983) 469–514.
Franz-Reiner Erkens, Ludwigs des Frommen Urkunde vom 28. Juni 823 für Passau (BM² 778). DA 42 (1986) 86–117.
Franz-Reiner *Erkens,* Die Ursprünge der Lorcher Tradition im Lichte archäologischer, historiographischer und urkundlicher Zeugnisse. Das Christentum im bairischen Raum. Von den Anfängen bis ins 11. Jahrhundert (hg. von Egon *Boshof*/Hartmut *Wolff,* Passauer Historische Forschungen 8, Köln/Weimar/Wien 1994) 423–459.
Eugen *Ewig,* Beobachtungen zur politisch-geographischen Terminologie des fränkischen Großreichs und der Teilreiche des neunten Jahrhunderts. *Ders.,* Spätantikes und fränkisches Gallien 1 (Beihefte der Francia 3, 1, München 1976) 323–361.
Eugen *Ewig,* Das Bild Constantins des Großen in den ersten Jahrhunderten des abendländischen Mittelalters. *Ders.,* Spätantikes und fränkisches Gallien 1 (Beihefte der Francia 3, 1, München 1976) 72–113.
Eugen *Ewig,* Beobachtungen zu den Bischofslisten der merowingischen Konzilien und Bischofsprivilegien. *Ders.,* Spätantikes und fränkisches Gallien 2 (Beihefte der Francia 3, 2, München 1979) 427–455.

Eugen *Ewig,* Die fränkischen Teilreiche im siebenten Jahrhundert (613–714). *Ders.,* Spätantikes und fränkisches Gallien 1 (Beihefte der Francia 3, 1, München 1976) 172–230.
Eugen *Ewig,* Die fränkischen Teilungen und Teilreiche (511–613). *Ders.,* Spätantikes und fränkisches Gallien 1 (Beihefte der Francia 3, 1, München 1976) 114–171.
Eugen *Ewig,* Der Martinskult im Frühmittelalter. *Ders.,* Spätantikes und fränkisches Gallien 2 (Beihefte der Francia 3, 2, München 1979) 371–392.
Eugen *Ewig,* Die Merowinger und das Imperium. Rheinisch-westfälische Akademie der Wissenschaften, Vorträge G 261 (Opladen 1983).

Otto *Feger,* Zur Geschichte des alemannischen Herzogtums. ZWLG 16 (1957) 41–94.
Heinrich *Fichtenau,* Arenga. Spätantike und Mittelalter im Spiegel von Urkundenformeln (MIÖG Erg. Bd. 18, Wien 1957).
Heinrich *Fichtenau,* Das karolingische Imperium. Soziale und geistige Problematik eines Großreiches (Zürich 1949).
Heinrich *Fichtenau,* Karl der Große und das Kaisertum. MIÖG 61 (1953) 256–334 oder Libelli 230 (Darmstadt 1971).
Heinrich *Fichtenau,* Lebensordnungen des zehnten Jahrhunderts (Monographien zur Geschichte des Mittelalters 30, 1 und 2, Stuttgart 1984).
Heinrich *Fichtenau,* »Politische« Datierungen des frühen Mittelalters. *Ders.,* Beiträge zur Mediävistik 3 (Stuttgart 1986) 186–285.
Heinrich *Fichtenau,* Die Urkunden Herzog Tassilos III. und der »Stiftbrief« von Kremsmünster. *Ders.,* Beiträge zur Mediävistik 2 (Stuttgart 1977) 62–99.
Heinrich *Fichtenau,* Das Urkundenwesen in Österreich vom 8. bis zum frühen 13. Jahrhundert (MIÖG Erg. Bd. 23, Wien 1971).
Heinrich *Fichtenau,* Wald und Waldnutzung im 10. Jahrhundert. Fs. für Fritz Posch (Graz 1981) 13–21.
Karl *Finsterwalder,* Statik und Dynamik – Sprachepochen und geschichtliche Ereignisse im Ortsnamenbild Tirols. Tiroler Ortsnamenkunde I (Schlern-Schriften 285, Innsbruck 1990) 15–28.
Karl *Finterwalder,* Das Werden des deutschen Sprachraumes in Tirol im Lichte der Namenforschung. Tiroler Ortsnamenkunde I (Schlern-Schriften 285, Innsbruck 1990) 1–14.
Thomas H. *Fischer,* Archäologische Funde der römischen Kaiserzeit und der Völkerwanderungszeit aus der Oberpfalz (nördlich der Donau). Verhandlungen des Historischen Vereins für Oberpfalz und Regensburg 121 (1981) 349–388.
Thomas H. *Fischer,* Der Übergang von der Spätantike zum frühen Mittelalter in Ostbayern. Führer zu archäologischen Denkmälern in Deutschland 5 (1984) 236–243.
Thomas *Fischer*/Hans *Geisler,* Herkunft und Stammesbildung der Baiern aus archäologischer Sicht. Die Bajuwaren. Von Severin bis Tassilo 488–788. Ausstellung Rosenheim/Mattsee (hg. von Hermann *Dannheimer*/Heinz *Dopsch,* München/Salzburg 1988) 61–69.
Jean-Louis *Flandrin,* Un temps pour embrasser. Aux origines de la morale sexuelle occidentale. VIe-XIe siècle (Paris 1983).
Josef *Fleckenstein,* Fulrad von Saint-Denis und der fränkische Ausgriff in den süddeutschen Raum. Studien und Vorarbeiten zur Geschichte des großfränkischen und frühdeutschen Adels (hg. von Gerd *Tellenbach,* Forsch. Oberrhein. Lg. 4, Freiburg i. Br. 1957) 9–39.
Josef Fleckenstein, Die Hofkapelle der deutschen Könige 1 und 2 (Schriften der MGH 16, 1 und 2, Stuttgart 1959).
Josef *Fleckenstein,* Über die Herkunft der Welfen und ihre Anfänge in Süddeutschland. Studien und Vorarbeiten zur Geschichte des großfränkischen und frühdeutschen Adels (hg. von Gerd *Tellenbach,* Forsch. Oberrhein. Lg. 4, Freiburg i. Br. 1957) 71–136.
Karl *Forstner,* Die lateinische Literatur. Geschichte Salzburgs 1, 2 (hg. von Heinz *Dopsch,* Salzburg 1983) 1087–1096.
Karl *Forstner,* Die Schreibschule von St. Peter in der Karolingerzeit. St. Peter in Salzburg. Katalog Landesausstellung 1982 (hg. von Heinz *Dopsch*/Roswitha *Juffinger,* Salzburg ^{2}1982) 182–186.
Karl *Forstner,* Das Verbrüderungsbuch von St. Peter in Salzburg (Codices selecti 51, Graz 1974).
Hieronymus *Frank,* Die Klosterbischöfe des Frankenreichs (Beiträge zur Geschichte des alten Mönchtums und des Benediktinerordens 17, Münster/W. 1932).
Johannes *Fried,* Boso von Vienne oder Ludwig der Stammler? Der Kaiserkandidat Johanns VIII. DA 32 (1976) 193–208.
Johannes *Fried,* Formen päpstlichen Schutzes für Laienfürsten (9.–13. Jahrhundert.) Monumenta Iuris Canonici. Series C: Subsidia 6 (Vatikan 1980) 345–359.
Herwig *Friesinger,* Alpenslawen und Bayern. Welt der Slawen. Geschichte, Gesellschaft, Kultur (hg. von Joachim *Herrmann,* Leipzig 1986) 109–122.

Herwig *Friesinger,* Die Slawen in Niederösterreich (Wissenschaftliche Schriftenreihe Niederösterreich 15, St. Pölten ²1978).

Herwig und Ingeborg *Friesinger,* Die Archäologie der Slawen im Waldviertel. Die Kuenringer. Das Werden des Landes Niederösterreich. Katalog Niederösterreichische Landesausstellung Stift Zwettl (Wien ²1981) 521–536.

Herwig *Friesinger*/Horst *Adler,* Die Zeit der Völkerwanderung in Niederösterreich (Wissenschaftliche Schriftenreihe Niederösterreich 41/42, St. Pölten 1979).

Herwig *Friesinger*/Brigitte *Vacha,* Die vielen Väter Österreichs (Wien 1987).

Wolfgang H. *Fritze,* Universalis gentium confessio. FMSt 3 (1969) 78–130.

Hermann *Fröhlich,* Studien zur langobardischen Thronfolge von den Anfängen bis zur Eroberung des italienischen Reichs durch Karl den Großen. 2 Bde. (Diss. Tübingen 1980).

Frühes Mönchtum in Salzburg (hg. von Eberhard *Zwink,* Salzburg Diskussionen 4, 1983).

Horst *Fuhrmann,* Die Synode von Hohenaltheim (916) – quellenkundlich betrachtet. DA 43 (1987) 440–468.

Karl Hans *Ganahl,* Studien zur Verfassungsgeschichte der Klosterherrschaft St. Gallen (Forschungen zur Geschichte Vorarlbergs und Liechtensteins 6, Innsbruck 1931).

François Louis *Ganshof,* Was waren die Kapitularien? (Weimar 1961).

François Louis *Ganshof,* Was ist das Lehnswesen? (Darmstadt ⁶1983).

Dieter *Geuenich,* Die volkssprachige Überlieferung der Karolingerzeit aus der Sicht des Historikers. DA 39 (1983) 104–130.

Dieter *Geuenich*/Hagen *Keller,* Alamannen, Alamannien, Alamannisch im frühen Mittelalter. Möglichkeiten und Schwierigkeiten des Historikers beim Versuch der Eingrenzung. Die Bayern und ihre Nachbarn 1 (hg. von Herwig *Wolfram*/Andreas *Schwarcz,* Dph 179, Wien 1985) 135–157.

Franz *Glaser,* Die frühchristliche Bischofskirche in Teurnia mit einem Vorbericht zur Grabung in Molzbichl. Carinthia I 176 (1986) 109–122.

Franz *Glaser,* Teurnia: Römerstadt und Bischofssitz (Klagenfurt ²1992).

Franz *Glaser,* Eine weitere Doppelkirchenanlage auf dem Hemmaberg und die Frage ihrer Interpretation. Carinthia I 183 (1993) 165–186.

Franz *Glaser*/Kordula *Gostencnik*/Gertrud *Gruber,* Das Münster in Molzbichl, das älteste Kloster Kärntens. Carinthia I 179 (1989) 99–124.

Hubert *Glaser,* Bischof Arbeo von Freising als Gegenstand der neueren Forschung. Hubert *Glaser*/Franz *Brunhölzl*/Sigmund *Benker,* Vita Corbiniani. Bischof Arbeo von Freising und die Lebensgeschichte des hl. Korbinian (München/Zürich 1983) 11–76.

Hubert *Glaser,* Wissenschaft und Bildung. Handbuch der bayerischen Geschichte 1 (München ²1981) 519–582.

Paul *Gleirscher,* Vallis Norica. MIÖG 97 (1989) 1–11.

Kasimierz *Godłowski,* Das Aufhören der germanischen Kulturen an der mittleren Donau und das Problem des Vordringens der Slawen. Die Völker an der mittleren und unteren Donau im fünften und sechsten Jahrhundert (hg. von Herwig *Wolfram*/Falko *Daim,* Dph 145, Wien 1980) 225–232.

Kasimierz *Godłowski,* Die Slawen im 5. und 6. Jahrhundert und die Frage ihrer Expansion gegen Westen. Die Bayern und ihre Nachbarn 2 (hg. von Herwig *Friesinger*/Falko *Daim,* Dph 180, Wien 1985) 137–146.

Hans-Werner *Goetz,* Regnum: Zum politischen Denken der Karolingerzeit. ZRG GA 104 (1987) 110–189.

Walter *Goffart,* The supposedly »Frankish« table of nations: an edition and study. FMSt 17 (1983) 98–130.

Peter B. *Golden,* Khazar Studies. An Historico-Philological Inquiry into the Origins of the Khazars 1 und 2 (Budapest 1980).

R. *Grenz,* Bewaffnung. RGA 2 (Berlin ²1976) 447–450.

Vilhelm *Grönbech,* Kultur und Religion der Germanen. 2 Bde. (Darmstadt, Nachdruck ¹⁰1987).

György *Györffy,* Die Landnahme der Ungarn aus historischer Sicht. VF 41, 2 (Sigmaringen 1994) 67–79.

Dieter *Hägermann,* Reichseinheit und Reichsteilung. Bemerkungen zur Divisio regnorum von 806 und zur Ordinatio Imperii von 817. HJ 95 (1975) 278–307.

Othmar *Hageneder,* Das Problem der »Drei Grafschaften« von 1156 bei Otto von Freising. Ein Lösungsversuch. Regensburg, Bayern und Europa. FS für Kurt Reindel (Regensburg 1995) 229–243.

Othmar *Hageneder,* Die kirchliche Organisation im Zentralalpenraum vom 6. bis 10. Jahrhundert. Nationes 5 (hg. von Helmut *Beumann*/Werner *Schröder,* Sigmaringen 1985) 201–235.

Wolfgang *Hahn,* Die Fundmünzen des 5.–9. Jahrhunderts in Österreich und den unmittelbar angrenzenden Gebieten. Typen der Ethnogenese unter besonderer Berücksichtigung der Bayern 2 (hg. von Herwig *Friesinger*/Falko *Daim,* Dph 204, Wien 1990) 235–251.

Wolfgang *Hahn*/A. *Luegmeyer,* Der langobardenzeitliche Münzschatzfund von Aldrans in Tirol (Veröffentlichungen des Instituts für Numismatik der Universität Wien 1, Wien 1992).

Peter W. *Haider,* Antike und frühestes Mittelalter. Geschichte des Landes Tirol 1 (Bozen/Innsbruck/Wien ²1990) 131–290.
Siegfried *Haider,* Zum Niederkirchenwesen in der Frühzeit des Bistums Passau (8.–11. Jahrhundert). Das Christentum im bairischen Raum. Von den Anfängen bis ins 11. Jahrhundert (hg. von Egon *Boshof*/Hartmut *Wolff,* Passauer Historische Forschungen 8, Köln/Weimar/Wien 1994) 325–388.
Siegfried *Haider,* Zum Problem karolingischer Pfalzen in Oberösterreich. Historisches Jahrbuch der Stadt Linz 1980 (1981) 11–38.
Siegfried *Haider,* Die schriftlichen Quellen zur Geschichte des österreichischen Raumes im frühen und hohen Mittelalter. Die Quellen der Geschichte Österreichs (hg. von Erich *Zöllner,* Schriften des Instituts für Österreichkunde 40, Wien 1982) 26–49.
Christian *Hannick,* Die byzantinischen Missionen. Die Kirche des frühen Mittelalters (hg. von Knut *Schäferdiek,* Kirchengeschichte als Missionsgeschichte 2, 1, München 1978) 279–359.
Jürgen *Hannig,* Pauperiores vassi de infra palatio? Zur Entstehung der karolingischen Königsbotenorganisation. MIÖG 91 (1983) 309–374.
Ludo Moritz *Hartmann,* Geschichte Italiens im Mittelalter 2, 1 und 2 (Gotha 1900/1903).
Wilfried *Hartmann,* Die fränkische Kirche in der Mitte des 8. Jahrhunderts. Virgil von Salzburg. Missionar und Gelehrter (hg. von Heinz *Dopsch*/Roswitha *Juffinger,* Salzburg 1985) 59–65.
Wilfried *Hartmann,* Das Recht. Die Bajuwaren. Von Severin bis Tassilo 488–788. Ausstellung Rosenheim/Mattsee (hg. von Hermann *Dannheimer*/Heinz *Dopsch,* München/Salzburg 1988) 266–272.
Wolfgang *Hartung,* Süddeutschland in der frühen Merowingerzeit. Alemannen und Bajuwaren (VSWG Beihefte 73, Wiesbaden 1983).
Maria *Hasdenteufel,* Das Salzburger Erentrudis-Kloster und die Agilolfinger. MIÖG 93 (1985) 1–30.
Irene *Haselbach,* Aufstieg und Herrschaft der Karolinger in der Darstellung der sogenannten Annales Mettenses priores (Historische Studien 412, Lübeck/Hamburg 1970).
Albert *Hauck,* Kirchengeschichte Deutschlands 1 und 2 (Leipzig ⁸1954).
Karl *Hauck,* Tiergärten im Pfalzbereich. Deutsche Königspfalzen I. Veröffentlichungen des Max-Planck-Instituts für Geschichte 11, 1 (Göttingen 1963) 30–74.
Herbert *Haupt,* Einleitung zu Ionas, Vita Columbani. Ausgewählte Quellen zur deutschen Geschichte des Mittelalters 4a (Darmstadt ²1994) 395–400.
Herbert *Haupt,* Einleitung zu Liber Historiae Francorum. Ausgewählte Quellen zur deutschen Geschichte des Mittelalters 4a (Darmstadt ²1994) 329–334.
Georg *Hauptfeld,* Die Gentes im Vorfeld von Ostgoten und Franken im 6. Jahrhundert. Die Bayern und ihre Nachbarn 1 (hg. von Herwig *Wolfram*/Andreas *Schwarcz,* Dph 179, Wien 1985) 121–134.
Georg *Hauptfeld,* Zur langobardischen Eroberung Italiens. Das Heer und die Bischöfe. MIÖG 91 (1983) 37–94.
Georg *Hauptfeld,* Völker und Institutionen des Exercitus Langobardorum in Italien. 568–680 (Diss. Wien 1982).
Willibald *Hauthaler,* Der Mondseer Codex Traditionum. MIÖG 7 (1886) 223–239.
Karl Joseph *Hefele*/Henry *Leclercq,* Histoire des Conciles 1, 2 und 4 (Paris 1907, 1908 und 1911).
Norbert *Heger,* Die Römerzeit. Geschichte Salzburgs 1, 1 (hg. von Heinz *Dopsch,* Salzburg ²1983) 75–91.
Norbert *Heger,* Salzburg in römischer Zeit. Jahresschrift Salzburger Museum Carolino Augusteum 19 (1973).
Georg *Heilingsetzer,* Das Mondseeland als historische Landschaft und seine Zentren. Katalog Das Mondseeland (Linz 1981) 9–49.
Karl *Heinemeyer,* Die Gründung des Klosters Fulda im Rahmen der bonifatianischen Kirchenorganisation. Hessische Jahrbücher für Landesgeschichte 30 (1980) 1–45.
Martin *Heinzelmann,* Beobachtungen zur Bevölkerungsstruktur einiger grundherrschaftlicher Siedlungen im karolingischen Bayern. FMSt 11 (1977) 202–217.
Martin *Heinzelmann,* Gregor von Tours (538–594) (Darmstadt 1994).
Martin *Heinzelmann,* Die Franken und die fränkische Geschichte in der Perspektive der Historiographie Gregors von Tours. Historiographie im frühen Mittelalter (hg. von Anton *Scharer*/Georg *Scheibelreiter,* VIÖG 32, Wien 1994) 326–344.
Adolf *Helbok,* Regesten von Vorarlberg und Liechtenstein bis zum Jahre 1260 (Quellen zur Geschichte Vorarlbergs und Liechtensteins 1, Innsbruck 1920/25).
Karl Friedrich *Hermann,* Die Salzburger Kirche. Geschichte Salzburgs 1, 2 (hg. von Heinz *Dopsch,* Salzburg 1983) 983–1001.
Erwin *Herrmann,* Slawisch-germanische Beziehungen im südostdeutschen Raum von der Spätantike bis zum Ungarnsturm. Ein Quellenbuch mit Erläuterungen (Veröffentlichungen des Collegium Carolinum 17, München 1965).
Joachim *Herrmann,* Byzanz und die Slawen. Klio 54 (1972) 309–319.
Joachim *Herrmann* (Hg.), Welt der Slawen. Geschichte, Gesellschaft, Kultur (Leipzig 1986).

Richard *Heuberger,* Der heilige Ingenuinus. Fs. für Albert Brackmann (Weimar 1931) 17–39.
Richard *Heuberger,* Rätien im Altertum und Frühmittelalter (Schlern-Schriften 20, Innsbruck 1932).
Max *Heuwieser,* Geschichte des Bistums Passau (Veröffentlichungen des Instituts für ostbairische Heimatforschung in Passau 20, 1939).
Rudolf *Hiestand,* Preßburg 907. Eine Wende in der Geschichte des ostfränkischen Reiches? ZBLG 57 (1994) 1–20.
Historiographie im frühen Mittelalter (hg. von Anton *Scharer*/Georg *Scheibelreiter,* VIÖG 32, Wien 1994).
Eduard *Hlawitschka,* Franken, Alemannen, Bayern und Burgunder in Oberitalien (Forsch. Oberrhein. Lg. 8, Freiburg/Br. 1960).
Franz *Hörburger,* Salzburger Ortsnamenbuch (MGSL Erg. Bd. 9, Salzburg 1982).
Dietrich *Hoffmann,* Das spätrömische Bewegungsheer und die Notitia dignitatum. 2 Bde. (Epigraphische Studien 7, 1 und 2, Düsseldorf 1969/70).
Adolf *Hofmeister,* Markgrafen und Markgrafschaften im italischen Königreich in der Zeit von Karl dem Großen bis auf Otto den Großen (774–962). MIÖG Erg. Bd. 7 (1907) 215–435.
Johannes *Hollnsteiner,* Die Rechtsstellung des Stiftes St. Florian in Österreich bis in die Zeiten Rudolfs von Habsburg. MIÖG 40 (1925) 37–108.
Kurt *Holter,* Die Buchkunst im Kloster Mondsee. Katalog Das Mondseeland (Linz 1981) 185–221.
Kurt *Holter,* Kunstschätze der Gründungszeit. Die Anfänge des Klosters Kremsmünster. MOÖLA Erg. Bd. 2 (1978) 111–143.
Hubert *Houben,* Zu den Mönchslisten des Klosters Mattsee aus der Karolingerzeit. StMBO 90 (1979) 449–457.
Erich *Hudeczek,* Flavia Solva. ANRW 6 (Berlin 1977) 414–471.
Kathleen *Hughes,* The Church in Early Irish Society (Cornell University Press, Ithaca/New York 1966).
Herbert *Hunger,* Die hochsprachliche profane Literatur der Byzantiner. 2 Bde. (Handbuch der Altertumswissenschaft 12, 5, München 1978).
Franz *Huter,* Stift Innichen. Siedlungsleistung und Grundherrschaft. ZBLG 36 (1973) 450–469.

The Irish Penitentials (hg. von Ludwig *Bieler,* Scriptores Latini Hiberniae 5, Dublin 1963).
Hans *Jänichen,* Alemannen. RGA 1 (Berlin/New York ²1973) 138–142.
Joachim *Jahn,* Ducatus Baiuvariorum. Das bairische Herzogtum der Agilolfinger (Monographien zur Geschichte des Mittelalters 35, Stuttgart 1991).
Joachim *Jahn,* Virgil, Arbeo und Cozroh. Verfassungsgeschichtliche Beobachtungen an bairischen Quellen des 8. und 9. Jahrhunderts. MGSL 130 (1990) 201–291.
Jörg *Jarnut,* Agilolfingerstudien. Geschichte einer adligen Familie im 6. und 7. Jahrhundert (Monographien zur Geschichte des Mittelalters 32, Stuttgart 1986).
Jörg *Jarnut,* Beiträge zu den fränkisch-bayerisch-langobardischen Beziehungen im 7. und 8. Jahrhundert (656–728). ZBLG 39 (1976) 331–352.
Jörg *Jarnut,* Zur Frühgeschichte der Langobarden. Studi medievali III 24 (Spoleto 1983) 1–16.
Jörg *Jarnut,* Die frühmittelalterliche Jagd unter rechts- und sozialgeschichtlichen Aspekten. Settimane di studio del centro italiano di studi sull'alto medio evo 31 (Spoleto 1985) 765–798.
Jörg *Jarnut,* Geschichte der Langobarden (Stuttgart 1982).
Jörg *Jarnut,* Die Landnahme der Langobarden in Italien aus historischer Sicht. VF 41 (Sigmaringen 1993) 173–194.
Jörg *Jarnut,* Prosopographische und sozialgeschichtliche Studien zum Langobardenreich in Italien. 568–774 (Bonner Historische Forschungen 38, 1972).
Jörg *Jarnut,* Studien über Herzog Odilo (736–748). MIÖG 85 (1977) 273–284.
Jörg *Jarnut,* Untersuchungen zu den fränkisch-alemannischen Beziehungen in der ersten Hälfte des 8. Jahrhunderts. Schweizerische Zeitschrift für Geschichte 30 (1980) 7–28.
Jörg *Jarnut,* Untersuchungen zur Herkunft Swanahilds, der Gattin Karl Martells. ZBLG 40 (1977) 245–249.
Werner *Jobst,* Römische Mosaiken in Salzburg (Wien 1982).
Peter *Johanek,* Bewaffnung (Merowingerzeit). RGA 2 (Berlin ²1976) 462–466.
Peter *Johanek,* Die Raffelstetter Zollordnung und das Urkundenwesen der Karolingerzeit. Fs. für Berent Schwineköper (Sigmaringen 1982) 87–103.
Peter *Johanek,* Zur rechtlichen Funktion von Traditionsnotiz, Traditionsbuch und früher Siegelurkunde. VF 23 (Sigmaringen 1977) 131–162.
A. H. M. *Jones,* The Later Roman Empire (284–602). A Social Economic and Administrative Survey. 3 Bde. (Oxford 1964).
A. H. M. *Jones,* The Prosopography of the Later Roman Empire (260–395) 1 (Cambridge 1971).

Hans Dietrich *Kahl,* Zwischen Aquileja und Salzburg. Die Völker an der mittleren und unteren Donau im fünften und sechsten Jahrhundert (hg. von Herwig *Wolfram*/Falko *Daim,* Dph 145, Wien 1980) 33–81.

Reinhold *Kaiser,* Bischofsherrschaft zwischen Königtum und Fürstenmacht. Studien zur bischöflichen Stadtherrschaft im westfränkisch-französischen Reich im frühen und hohen Mittelalter (Pariser Historische Studien 17, Bonn 1981).

Manfred *Kandler,* Archäologische Beobachtungen zur Baugeschichte des Legionslagers Carnuntum am Ausgang der Antike. Die Völker an der mittleren und unteren Donau im fünften und sechsten Jahrhundert (hg. von Herwig *Wolfram*/Falko *Daim,* Dph 145, Wien 1980) 83–92.

Manfred *Kandler*/Hermann *Vetters,* Der römische Limes in Österreich. Ein Führer (Wien 1986).

Kurt *Karpf,* Das Kloster Molzbichl – ein Missionszentrum des 8. Jahrhunderts in Karantanien. Carinthia I 179 (1989) 125–140.

Heinrich *Kaspers,* Comitatus nemoris. Die Waldgrafschaft zwischen Maas und Rhein (Beiträge zur Geschichte des Dürener Landes 7, Düren 1957).

Radoslav *Katičić,* Die Anfänge des kroatischen Staates. Die Bayern und ihre Nachbarn 1 (hg. von Herwig *Wolfram*/Andreas *Schwarcz,* Dph 179, Wien 1985) 299–312.

Ekkehard *Kaufmann,* Buße. HRG 1 (Berlin 1971) col. 575–577.

Ekkehard *Kaufmann,* Dreifelderwirtschaft. HRG 1 (Berlin 1971) col. 784 f.

Ekkehard *Kaufmann,* Fehde. HRG 1 (Berlin 1971) col. 1083–1093.

H. *Kellenbenz*/G. *Philip,* Hufe. HRG 2 (Berlin 1978) col. 248–251.

Hagen *Keller,* Alamannen und Sueben. Nach den Schriftquellen des 3. bis 7. Jahrhunderts. FMSt 23 (Berlin 1989) 89–111.

Hagen *Keller,* Fränkische Herrschaft und alamannisches Herzogtum im 6. und 7. Jahrhundert. ZG Oberrhein 124 = NF 85 (1976) 1–30.

Hagen *Keller,* Probleme der frühen Geschichte der Alamannen (»alamannische Landnahme«) aus historischer Sicht. VF 41 (Sigmaringen 1993) 83–102.

Hagen *Keller,* Spätantike und Frühmittelalter zwischen Genfer See und Hochrhein. FMSt 7 (1973) 1–26.

Hagen *Keller,* Zum Sturz Karls III. Über die Rolle Liutwards von Vercelli und Liutberts von Mainz, Arnulfs von Kärnten und der ostfränkischen Großen bei der Absetzung des Kaisers. DA 22 (1966) 333–384.

Nada *Klaić,* O problemima stare domovine, dolaska i pokrštenja dalmatinskih Hrvata. Zgodovinski Časopis 38 (1984) 253 ff.

Ernst *Klebel,* Eigenklosterrechte und Vogteien in Baiern und Deutschösterreich. *Ders.,* Probleme der bayerischen Verfassungsgeschichte. Gesammelte Aufsätze (Schriftenreihe zur Bayerischen Landesgeschichte 57, München 1957) 257–291.

Ernst *Klebel,* Zur Geschichte des Herzogs Theodo. Zur Geschichte der Bayern (hg. von Karl *Bosl,* WdF 60, Darmstadt 1965) 172–224.

Ernst *Klebel,* Kirchliche und weltliche Grenzen in Baiern. *Ders.,* Probleme der bayerischen Verfassungsgeschichte. Gesammelte Aufsätze (Schriftenreihe zur Bayerischen Landesgeschichte 57, München 1957) 184–256.

Ernst *Klebel,* Zur Kritik der Urkunde Ludwigs des Frommen für Passau vom 28. 6. 823. Archivalische Zeitschrift 50/51 (1955) 319–327.

Ernst *Klebel,* Eine neuaufgefundene Salzburger Geschichtsquelle. *Ders.,* Probleme der bayerischen Verfassungsgeschichte. Gesammelte Aufsätze (München 1957) 123–143.

Herbert *Klein,* Salzburg an der Slawengrenze. Südostdeutsches Archiv 11 (1968) 1–14.

Gerhard *Köbler,* »Bauer« (agricola, colonus, rusticus) im Frühmittelalter. Wort und Begriff »Bauer«. Abh. AW Göttingen III 89 (1975) 230 ff.

Gerhard *Köbler,* Die Freien (liberi, ingenui) im alemannischen Recht. Beiträge zum frühalemannischen Recht (hg. von Clausdieter *Schott,* Veröffentlichungen des Alemannischen Instituts Freiburg i. Br. 42, Bühl/Baden 1978) 38–50.

Fritz *Koller,* Die Salzschiffahrt bis zum 16. Jahrhundert. MGSL 123 (1983) 1–126.

Fritz *Koller,* Die Abtei St. Peter als Salzproduzent und Montanunternehmer. StMBO 93 (St. Ottilien 1982) 159–186.

Lothar *Kolmer,* Ehemoral und Herrschaftslegitimation im 8. Jahrhundert. Regensburg, Bayern, Europa. Fs. für Kurt Reindel (Regensburg 1995) 71–89.

Lothar *Kolmer,* Zur Kommendation und Absetzung Tassilos III. ZBLG 43 (1980) 291–327.

Ernst *Kornemann,* Dioecesis. RE 9 (Stuttgart 1903) col. 716–734.

Raimund *Kottje,* Die Lex Baiuvariorum – das Recht der Baiern. Quellen und Forschungen zum Recht im Mittelalter 4 (Sigmaringen 1986) 9–23.

Friedrich *Kral,* Botanische Beiträge zu Fragen der Umwelt im Mittelalter. Beiträge zur Mittelalterarchäologie in Österreich 4/5 (1988/89) 243–250.

Harald *Krahwinkler,* Beiträge zu Namen und Geschichte der bayerischen Genealogiae. Typen der Ethnoge-

nese unter besonderer Berücksichtigung der Bayern 1 (hg. von Herwig *Wolfram*/Walter *Pohl*, Dph 201, Wien 1990) 217–234.
Harald *Krahwinkler*, Friaul im Frühmittelalter. Geschichte einer Region vom Ende des 5. bis zum Ende des 10. Jahrhunderts (VIÖG 30, Wien/Köln/Weimar 1992).
Dietrich *Kralik*, Die deutschen Bestandteile der Lex Baiuvariorum I., II. und III. Neues Archiv 38 (1913) 13–55, 401–449 und 581–624.
Andreas *Kraus*, Besprechung von Hartung, Süddeutschland in der frühen Merowinger-Zeit. ZBLG 48 (1985) 525–527.
Hermann *Krause*, Die liberi in der Lex Baiuvariorum. Fs. für Max Spindler (München 1969) 41–73.
Wilhelm *Kubitschek*, Itinerarien. RE 18 (Stuttgart 1916) col. 2308–2363.
Matúš *Kučera*, Großmähren und die Anfänge unserer nationalen Geschichte. Studia historica slovaca 16 (Bratislava 1987) 65–119.
Andreas *Kusternig*, Einleitung zu Fredegar. Ausgewählte Quellen zur deutschen Geschichte des Mittelalters 4a (Darmstadt ²1994) 3–41.
Andreas *Kusternig*, Neue Forschungen über den heiligen Severin. UH 48 (1977) 36–42.

Jérôme *Labourt* (Hg.), Saint Jérôme, Lettres (Collection des Universités de France, Paris 1953).
Hertha *Ladenbauer-Orel*, Linz-Zizlau. Das baierische Gräberfeld an der Traunmündung (Wien 1960).
Hertha *Ladenbauer-Orel*, Siedlungsschwerpunkte der Ur- und Frühgeschichte im Linzer Becken. Historisches Jahrbuch der Stadt Linz (1985) 323–332.
Gerhard *Langmann*, Bericht über die Grabungskampagnen 1975–1978 in Bruckneudorf, Bezirk Neusiedl am See, Burgenland. Burgenländische Heimatblätter 41 (1979) 66–87.
Francesco *Lanzoni*, Le diocesi d'Italia dalle origini al principio del secolo VII (Studi e Testi 35, 1 und 2, Faenza 1927).
Martin *Last*, Bewaffnung. RGA 2 (Berlin ²1976) 466–473.
Gyula *László*/István *Rácz*, Der Goldschatz von Nagyszentmiklós (Budapest 1977).
Karl *Lechner*, Grundzüge einer Siedlungsgeschichte Niederösterreichs vom 7. bis zum 12. Jahrhundert. Archaeologia Austriaca 50 (1971) 320–373.
Karl *Lechner*, Die salzburgisch-passauische Diözesanregulierung in der Buckligen Welt im Rahmen der Landschaftsgeschichte des neunten Jahrhunderts. MGSL 109 (1969) 41–63.
Wilhelm *Levison*, Die älteste Lebensbeschreibung Ruperts von Salzburg. Neues Archiv 28 (1903) 283–321.
Alphons *Lhotsky*, Quellenkunde zur mittelalterlichen Geschichte Österreichs (MIÖG Erg. Bd. 19, Wien 1963).
Alphons *Lhotsky*, Der österreichische Staatsgedanke. *Ders.*, Aufsätze und Vorträge 1 (Wien 1970) 365–388.
Kurt *Lindner*, Die Jagd im frühen Mittelalter (Geschichte des deutschen Weidwerkes 2, Berlin 1940).
Adolf *Lippold*, Zenon n. 17. RE II 19 (München 1972) col. 149–213.
Adolf *Lippold*/Ernst *Kirsten*, Donauprovinzen. Reallexikon für Antike und Christentum 4 (Stuttgart 1959) col. 147–189.
Heinz *Löwe*, Bonifatius und die bayerisch-fränkische Spannung. Zur Geschichte der Bayern (hg. von Karl *Bosl*, WdF 60, Darmstadt 1965) 264–328.
Heinz *Löwe*, Corbinians Romreisen. ZBLG 16 (1951/52) 409–420.
Heinz *Löwe*, Cyrill und Methodius zwischen Byzanz und Rom. Settimane di studio del centro italiano sull'alto medioevo 30, 2 (Spoleto 1983) 631–686.
Heinz *Löwe*, Ermenrich von Passau, Gegner des Methodius. Versuch eines Persönlichkeitsbildes. Salzburg und die Slawenmission. Zum 1100. Todestag des hl. Methodius (hg. von Heinz *Dopsch*, Salzburg 1986) 221–241.
Heinz *Löwe*, Die Herkunft der Bajuwaren. ZBLG 15 (1949) 5–67.
Klaus *Lohrmann* (Hg.), 1000 Jahre Österreichisches Judentum. Katalog (Eisenstadt 1982).
Fritz *Lošek*, Notitia Arnonis und Breves Notitiae. MGSL 130 (1990) 5–192.
Friedrich *Lotter*, Antonius von Lérins und der Untergang Ufernorikums. HZ 212 (1971) 265–315.
Friedrich *Lotter*, Die germanischen Stammesverbände im Umkreis des Ostalpen-Mitteldonau-Raumes nach der literarischen Überlieferung zum Zeitalter Severins. Die Bayern und ihre Nachbarn 1 (hg. von Herwig *Wolfram*/Andreas *Schwarcz*, Dph 179, Wien 1985) 29–59.
Friedrich *Lotter*, Die historischen Daten zur Endphase römischer Präsenz in Ufernorikum. VF 25 (Sigmaringen 1979) 27–90.
Friedrich *Lotter*, Illustrissimus vir oder »einfacher« Mönch? Ostbairische Grenzmarken 25 (1983) 281–297.
Friedrich *Lotter*, Lauriacum-Lorch zwischen Antike und Mittelalter. MOÖLA 11 (1974) 31–49.
Friedrich *Lotter*, Zur Rolle der Donausueben in der Völkerwanderungszeit. MIÖG 76 (1968) 275–298.
Friedrich *Lotter*, Severinus von Noricum. Legende und historische Wirklichkeit (Monographien zur Geschichte des Mittelalters 12, Stuttgart 1976).

André *Loyen,* Recherches historiques sur les panégyriques de Sidoine Apollinaire (Bibliothèque de l'Ecole des Hautes Etudes. Sciences Historiques et Philologiques 285, Rom, Nachdruck 1967).

Otto J. *Maenchen-Helfen,* Die Welt der Hunnen (Wien 1978).
Josef *Marquart,* Osteuropäische und ostasiatische Streifzüge (Leipzig 1903).
Max *Martin,* Die Alamannen. Die Bajuwaren. Von Severin bis Tassilo 488–788. Ausstellung Rosenheim/Mattsee (hg. von Hermann *Dannheimer*/Heinz *Dopsch,* München/Salzburg 1988) 79–86.
John Robert *Martindale,* The Prosopography of the Later Roman Empire (395–527) 2 (Cambridge 1980).
John *Matthews,* Western Aristocracies and Imperial Court. 364–425 (Oxford 1975).
Helmut *Maurer,* Die Anfänge des Bistums Konstanz und das Land Vorarlberg. Montfort 38 (1986) 126–135.
Helmut *Maurer,* Der Herzog von Schwaben (Sigmaringen 1978).
Ernst *Mayer,* Die dalmatisch-istrische Municipalverfassung im Mittelalter und ihre römischen Grundlagen. ZRG GA 24 (1903) 211–308.
Theodor *Mayer,* Konstanz und St. Gallen in der Frühzeit. Schweizerische Zeitschrift für Geschichte 2 (1952) 473–524.
Gottfried *Mayr,* Neuerliche Anmerkungen zur Todeszeit des hl. Emmeram und zur Kirchenpolitik Herzog Theodos. Typen der Ethnogenese unter besonderer Berücksichtigung der Bayern 1 (hg. von Herwig *Wolfram*/Walter *Pohl,* Dph 201, Wien 1990) 199–215.
Gottfried *Mayr,* Zur Todeszeit des heiligen Emmeram und zur frühen Geschichte des Klosters Herrenchiemsee. Bemerkungen zur Schenkung des Ortlaip in Helfendorf. ZBLG 34 (1971) 358–373.
Manfred *Menke,* Die bairisch besiedelten Landschaften im 6. und 7. Jahrhundert nach den archäologischen Quellen. Die Bajuwaren. Von Severin bis Tassilo 488–788. Ausstellung Rosenheim/Mattsee (hg. von Hermann *Dannheimer*/Heinz *Dopsch,* München/Salzburg 1988) 70–78.
Brigitte *Merta,* Recht und Propaganda in Narrationes karolingischer Herrscherurkunden. Historiographie im frühen Mittelalter (hg. von Anton *Scharer*/Georg *Scheibelreiter,* VIÖG 32, Wien 1994) 141–157.
Wilhelm *Messerer,* Vorromanische und romanische Kunst. Handbuch der Bayerischen Geschichte 1 (München [2]1981) 643–662.
Wolfgang *Metz,* Zur Geschichte und Kritik der frühmittelalterlichen Güterverzeichnisse Deutschlands. AD 4 (1958) 183–206.
Elisabeth *Meyer-Marthaler,* Lex Romana Curiensis. HRG 2 (Berlin 1978) col. 1935–1940.
Elisabeth *Meyer-Marthaler,* Römisches Recht in Rätien im frühen und hohen Mittelalter (Zürich 1968).
Gerold *Meyer von Knonau,* St. Gallische Geschichtsquellen (Mittheilungen zur Vaterländischen Geschichte 13, St. Gallen 1872).
Miroslava *Mirković,* Sirmium. Its History from the 1st Century AD to 582 AD. Sirmium 1 (Belgrad 1977) 5–90.
Herbert *Mitscha-Märheim,* Dunkler Jahrhunderte goldene Spuren. Die Völkerwanderungszeit in Österreich (Wien 1963).
Herbert *Mitscha-Märheim,* Oberleis, Niederleis, von der Urzeit zum Mittelalter. Jahrbuch für Landeskunde von Niederösterreich 32 (1955/56) 25–47.
Michael *Mitterauer,* Das agilolfingische Herzogtum und sein Machtbereich in den Ostalpen. Der Schlern 45 (1971) 419–435.
Michael *Mitterauer,* Karolingische Markgrafen im Südosten. Fränkische Reichsaristokratie und bayerischer Stammesadel im österreichischen Raum (Archiv für österreichische Geschichte 123, Wien 1963).
Michael *Mitterauer,* Slawischer und bayerischer Adel am Ausgang der Karolingerzeit. Carinthia I 150 (1960) 693–726.
Michael *Mitterauer,* Wirtschaft und Verfassung in der Zollordnung von Raffelstetten. MOÖLA 8 (1964) 344–373.
Michael *Mitterauer,* Zollfreiheit und Marktbereich (Forschungen zur Landeskunde von Niederösterreich 19, Wien 1969).
Andreas *Mocsy,* Pannonia. RE Suppl. 9 (Stuttgart 1962) col. 516–776.
Theodor *Mommsen,* Ostgothische Studien I und II. Neues Archiv 14 (1889) 223–249 und 451–544.
Moravcsik, Constantinus Porphyrogenitus siehe Constantinus Porphyrogenitus (Quellenverzeichnis).
Gyula *Moravcsik,* Zur Geschichte der Onoguren. Ungarische Jahrbücher 10 (1930) 53–90.
Rudolf *Much,* Baiwarii. Neues Archiv 46 (1926) 385–394.
Rudolf *Much,* Die Germania des Tacitus (Heidelberg [3]1967).
Kurt *Mühlberger,* Das fränkisch-bayerische Ostland im neunten Jahrhundert (Masch. Diss. Wien 1980).
Iso *Müller,* Karl der Große und Müstair. Schweizerische Zeitschrift für Geschichte 26 (1976) 273–287.
Iso *Müller,* Zur Raetia Curiensis im Frühmittelalter. Schweizerische Zeitschrift für Geschichte 19 (1969) 281–325.
Alexander Callander *Murray,* The Position of the Grafio in the Constitutional History of Merovingian Gaul. Speculum 61 (1986) 787–805.

Assunta *Nagl,* Valentinianus I. RE II 14 (Stuttgart 1948) col. 2158–2204.
Hermann *Nehlsen,* Zur Aktualität und Effektivität germanischer Rechtsaufzeichnungen. VF 23 (Sigmaringen 1977) 449–502.
Hermann *Nehlsen,* Codex Euricianus. RGA 5 (Berlin ²1982) 42–47.
Hermann *Nehlsen,* Sklavenrecht zwischen Antike und Mittelalter (Göttinger Studien zur Rechtsgeschichte 7, Göttingen 1972).
Karin *Nehlsen-von Stryk,* Die boni homines des frühen Mittelalters unter Berücksichtigung der fränkischen Quellen (Freiburger Rechtsgeschichtliche Abhandlungen NF 2, Berlin 1981).
G. *Neumann,* Baias. RGA 1 (Berlin ²1973) 600.
Willibrord *Neumüller,* Schatzkammer. 1200 Jahre Kremsmünster. Stiftsführer (Linz 1977) 101–115.
Willibrord *Neumüller*/Kurt *Holter,* Der Codex Millenarius (Forschungen zur Geschichte Oberösterreichs 6, Linz 1959).
Annette *Niederhellmann,* Heilkundliches in den Leges. Die Schädelverletzungen und ihre Bezeichnungen. Arbeiten zur Frühmittelalterforschung 1 (Berlin 1981) 74–90.
Alois *Niederstätter,* Mancipia, servi, ancillae. Zur Frage der Unterschichten im frühmittelalterlichen Rätien. Montfort 42 (Bregenz 1990) 71–81.
Alois *Niederstätter,* St. Galler Klosterbesitz im heutigen Vorarlberg während des Mittelalters. Schriften des Vereins für Geschichte des Bodensees und seiner Umgebung 103 (1985) 1–32.
Rudolf *Noll,* Vom Altertum zum Mittelalter (Führer durch das Kunsthistorische Museum 8, Wien ²1974).
Rudolf *Noll* (Hg.), Eugippius, Das Leben des heiligen Severin (Passau ²1981).
Rudolf *Noll,* Frühes Christentum in Österreich (Wien 1954).
Rudolf *Noll,* Die Vita Sancti Severini des Eugippius im Lichte der neueren Forschung. Anzeiger der phil.-hist. Klasse der ÖAW 112 (1975) 61–75.

Peter *O'Dwyer,* Céli Dé. Spiritual Reform in Ireland 750–900 (Dublin 1981).
Karl *Oettinger,* Das Werden Wiens (Wien 1951).
Norbert *Ohler,* Reisen im Mittelalter (München 1986).

Franz *Pagitz,* Der Pfalzbezirk um St. Michael in Salzburg. MGSL 115 (1975) 175–241.
Ernst *Perels,* Päpstliche Patrimonien in Deutschland zur Karolinger- und Sachsenzeit. Fs. für Karl Zeumer (Weimar 1910) 483–492.
Vittorio *Peri,* Note preliminari e profane sull'origine paleografia degli alfabeti slavi. Scrittura e Civiltà 8 (Turin 1984) 31–67.
Carl *Pfaff,* Scriptorium und Bibliothek des Klosters Mondsee im Hohen Mittelalter (ÖAW Veröffentlichungen der Kommission für Geschichte Österreichs 2, Wien 1967).
Darja *Pirkmajer,* Rifnik (Regionalmuseum Celje-Cilli 1994).
Swetlana Alexandrowna *Pletnewa,* Die Chasaren. Mittelalterliches Reich an Don und Wolga (Leipzig 1978).
Walter *Pohl,* Die Awaren. Ein Steppenvolk in Mitteleuropa. 567–822 (München 1988).
Walter *Pohl,* Die Gepiden und die Gentes an der mittleren Donau nach dem Zerfall des Attilareiches. Die Völker an der mittleren und unteren Donau im fünften und sechsten Jahrhundert (hg. von Herwig *Wolfram*/Falko *Daim,* Dph 145, Wien 1980) 239–305.
Walter *Pohl,* Paulus Diaconus und die »Historia Langobardorum«: Text und Tradition. Historiographie im frühen Mittelalter (hg. von Anton *Scharer*/Georg *Scheibelreiter,* VIÖG 32, Wien 1994) 375–405.
Erich *Polaschek,* Noricum. RE 17 (Stuttgart 1936) col. 971–1048.
Fritz *Popelka,* Die Streitfrage über die Herkunft der Baiern. Zeitschrift des historischen Vereins für Steiermark 43 (1952) 160–183.
Josef *Poulík,* Die wirtschaftlich-soziale Entwicklung im slawischen Bereich nördlich der mittleren Donau im 6. bis 10. Jahrhundert. Salzburg und die Slawenmission. Zum 1100. Todestag des hl. Methodius (hg. von Heinz *Dopsch,* Salzburg 1986) 119–181.
Johanne *Pradel,* Landeshauptstadt Bregenz. Die Städte Vorarlbergs (hg. von Alfred *Hoffmann,* Österreichisches Städtebuch 3, Wien 1973) 89–109.
Friedrich *Prinz,* Augsburg im Frankenreich. Die Ausgrabungen in St. Ulrich und Afra (hg. von Joachim *Werner,* Münchner Beiträge zur Vor- und Frühgeschichte 23, 1977) 375–398.
Friedrich *Prinz,* Bayern vom Zeitalter der Karolinger bis zum Ende der Welfenherrschaft (788–1180). Handbuch der Bayerischen Geschichte 1 (München ²1981) 350–518.
Friedrich *Prinz,* Bayern, Salzburg und die Frage der Kontinuität zwischen Antike und Mittelalter. Salzburg im 8. Jahrhundert (hg. von Heinrich *Koller*/Heinz *Dopsch,* MGSL 115, 1975) 19–50.
Friedrich *Prinz,* Frühes Mönchtum im Frankenreich. Kultur und Gesellschaft in Gallien, den Rheinlanden und Bayern am Beispiel der monastischen Entwicklung (4.–8. Jahrhundert) (München ²1988).

Heinrich *Purkarthofer,* Mons Predel. Zur Siedlungsgeschichte des Gebietes der Wasserscheide zwischen mittlerer Mur und Raab. Siedlung und Herrschaft (Veröffentlichungen des Steiermärkischen Landesarchivs 9, Graz 1979) 1–91.

Oswald *Redlich,* Zur Geschichte der Bischöfe von Brixen vom 10. bis in das 12. Jahrhundert (907–1125). Zeitschrift des Ferdinandeums für Tirol und Vorarlberg III 28 (1884) 1–52.

Karl *Rehberger,* Die Handschriften der Vita s. Severini. Severin zwischen Römerzeit und Völkerwanderung (Linz 1982) 21–39.

Ingo *Reiffenstein,* Die althochdeutsche Literatur. Handbuch der bayerischen Geschichte 1 (München ²1981) 607–623.

Ingo *Reiffenstein,* Der Name Salzburgs. Entstehung und Frühgeschichte. MGSL 130 (1990) 193–199.

Kurt *Reindel,* Die bayerischen Luitpoldinger. 893–989 (Quellen und Erörterungen zur Bayerischen Geschichte NF 11, München 1953).

Kurt *Reindel,* Bayern im Karolingerreich. Karl der Große. Lebenswerk und Nachleben 1 (Düsseldorf ³1967) 220–246.

Kurt *Reindel,* Bayern vom Zeitalter der Karolinger bis zum Ende der Welfenherrschaft (788–1180). Handbuch der Bayerischen Geschichte 1 (München ²1981) 249–349.

Kurt *Reindel,* Die Bistumsorganisation im Alpen-Donau-Raum in der Spätantike und im Frühmittelalter. MIÖG 72 (1964) 277–310.

Kurt *Reindel,* Herkunft und Stammesbildung der Bajuwaren nach den schriftlichen Quellen. Die Bajuwaren. Von Severin bis Tassilo 488–788. Ausstellung Rosenheim/Mattsee (hg. von Hermann *Dannheimer*/Heinz *Dopsch,* München/Salzburg 1988) 56–60.

Kurt *Reindel,* Herzog Arnulf und das Regnum Bavariae. WdF 1 (Darmstadt 1965) 213–288.

Kurt *Reindel,* Das Zeitalter der Agilolfinger. Handbuch der bayerischen Geschichte 1 (München ²1981) 97–234.

Michael *Richter,* Die politische Orientierung Mährens zur Zeit von Konstantin und Methodius. Die Bayern und ihre Nachbarn 1 (hg. von Herwig *Wolfram*/Andreas *Schwarcz,* Dph 179, Wien 1985) 281–292.

Josef *Riedmann,* Bischof Alim von Säben und die Einbindung des Bistums Säben in die bayerisch-salzburgische Kirchenprovinz. Fs. für Karl Wolfsgruber (Bozen 1987) 7–17.

Josef *Riedmann,* Mittelalter. Geschichte des Landes Tirol 1 (Bozen/Innsbruck/Wien ²1990) 291–698.

Josef *Riedmann,* Unbekannte frühkarolingische Handschriftenfragmente in der Bibliothek des Tiroler Landesmuseums Ferdinandeum. MIÖG 84 (1976) 262–289.

Siegmund *Riezler,* Geschichte Baierns 1, 2 (Stuttgart/Gotha ²1927).

Siegmund *Riezler,* Über ein verlorenes bayrisches Geschichtswerk des 8. Jahrhunderts. Sb. Bayer. AW 1881/1 (München 1881) 247–291.

Iginio *Rogger,* La basilica paleocristiana di S. Vigilio. VII. Studi trentini di scienze storiche 54 (1975) 3 ff.

Christian *Rohr,* Der Theoderich-Panegyricus des Ennodius (Masch.Diss. Wien 1994). Diese Dissertation dient als Grundlage einer zweisprachigen Edition des Theoderich-Panegyricus, die für die MGH vorbereitet wird.

András *Róna-Tas,* Die Inschrift des Nadelbehälters von Szarvas (Ungarn). Ural-altaische Jahrbücher N.F. 9 (Wiesbaden 1990) 1–30.

Klaus *Rosen,* Ammianus Marcellinus (Erträge der Forschung 183, Darmstadt 1982).

Erwin M. *Ruprechtsberger,* Der Grabstein CIL III 13529 der Christin Vrsa aus Ovilava/Wels, Oberösterreich. Eine sprachliche Interpretation. Jahrbuch des oberösterreichischen Musealvereines 122 (1977) 9–23.

Erwin M. *Ruprechtsberger,* Herakles und Orpheus – Ein Beitrag zum frühen Christentum in Lorch. Lorch in der Geschichte (hg. von Rudolf *Zinnhobler,* Linz 1981) 88–97.

Walter *Sage*/Hermann *Dannheimer,* Kirchenbau. Die Bajuwaren. Von Severin bis Tassilo 488–788. Ausstellung Rosenheim/Mattsee (hg. von Hermann *Dannheimer*/Heinz *Dopsch,* München/Salzburg 1988) 293–304.

Salzburg im 8. Jahrhundert (hg. von Heinrich *Koller*/Heinz *Dopsch,* MGSL 115, 1975) 3–174.

Leo *Santifaller,* Die Urkunde des Königs Odovakar von Jahre 489. MIÖG 60 (1952) 1–30.

Jaroslav *Šašel,* Zur historischen Ethnographie des mittleren Donauraumes. Die Völker an der mittleren und unteren Donau im fünften und sechsten Jahrhundert (hg. von Herwig *Wolfram*/Falko *Daim,* Dph 145, Wien 1980) 13–17.

Knut *Schäferdiek,* Columbans Wirken im Frankenreich (591–612). Die Iren und Europa im frühen Mittelalter 1 (hg. von Heinz *Löwe,* Stuttgart 1982) 171–201.

Knut *Schäferdiek,* Gab es eine gotisch-arianische Mission im süddeutschen Raum? ZBLG 45 (1982) 239–257.

Knut *Schäferdiek,* Germanenmission. Reallexikon für Antike und Christentum 10 (Stuttgart 1978) col. 492–548.

Dieter *Schaller,* Pippins Heimkehr vom Avarensieg (Angilbert, carm. 1). Arbor amoena comis (Stuttgart 1990) 61–74.
Elmar *Schallert,* Zeugnisse frühen Christentums im Walgau. Montfort 38 (1986) 149–151.
K. O. *Scherner,* Kompositionensystem. HRG 2 (Berlin 1978) col. 995–997.
Audomar *Scheuermann,* Diözese. Reallexikon für Antike und Christentum 3 (Stuttgart 1975) col. 1053–1062.
Rudolf *Schieffer,* Die Entstehung von Domkapiteln in Deutschland (Bonner Historische Forschungen 43, Bonn 1976).
Rudolf *Schieffer,* Karl III. und Arnolf. Fs. für Eduard Hlawitschka (Münchener historische Studien. Abt. Mittelalterliche Geschichte 5, 1993) 133–149.
Rudolf *Schieffer,* Die Karolinger (Urban-Taschenbücher 411, Stuttgart 1992).
Rudolf *Schieffer,* Karolingische Töchter. Fs. für Friedrich Prinz (Stuttgart 1993) 125–139.
Rudolf *Schieffer,* Literaturbericht Frühes Mittelalter (476–911). Geschichte in Wissenschaft und Unterricht 36 (1985) 510–533.
Theodor *Schieffer,* Winfried-Bonifatius und die christliche Grundlegung Europas (Freiburg i. Br. 1954).
Walter *Schlesinger,* Über germanisches Heerkönigtum. *Ders.,* Beiträge zur deutschen Verfassungsgeschichte des Mittelalters 1 (Göttingen 1963) 53–87, oder VF 3 (Sigmaringen [4]1973) 105–141.
Hans *Schlosser,* Decreta Tassilonis. HRG 1 (Berlin 1971) col. 665 f.
Karl *Schmid,* Bischof Wikterp in Epfach. Studien zu Abodiacum-Epfach (hg. von Joachim *Werner,* Münchener Beiträge zur Vor- und Frühgeschichte 7, 1964) 99–139.
Karl *Schmid,* Zur historischen Bestimmung des ältesten Eintrags im St. Galler Verbrüderungsbuch. Alemannica. Fs. für Bruno Boesch (Bühl 1973/75) 500–532.
Karl *Schmid,* Von Hunfrid zu Burkard. Bemerkungen zur rätischen Geschichte aus der Sicht von Gedenkbucheinträgen. Geschichte und Kultur Churrätiens. Fs. für Iso Müller (Disentis 1986) 181–209.
Karl *Schmid,* Königtum, Adel und Klöster zwischen Bodensee und Schwarzwald. Studien und Vorarbeiten zur Geschichte des großfränkischen und frühdeutschen Adels (hg. von Gerd *Tellenbach,* Forsch. Oberrhein. Lg. 4, Freiburg i. Br. 1957) 225–334.
Karl *Schmid,* Probleme der Erschließung des Salzburger Verbrüderungsbuches. Frühes Mönchtum in Salzburg (hg. von Eberhard *Zwink,* Salzburg Diskussionen 4, 1983) 175–196.
Karl *Schmid,* Das Zeugnis der Verbrüderungsbücher zur Slawenmission. Salzburg und die Slawenmission. Zum 1100. Todestag des hl. Methodius (hg. von Heinz *Dopsch,* Salzburg 1986) 185–205.
Otto *Schmid,* Beiträge zur Geschichte des ehemaligen Benediktiner-Stiftes Mondsee in Oberösterreich. StMBO 3, 2 (1882) 129–139 und 283–296.
Peter *Schmid,* Regensburg. Stadt der Könige und Herzöge im Mittelalter (Regensburger Historische Forschungen 6, Kallmünz 1977).
Heinrich *Schmidinger,* Patriarch und Landesherr. Die weltliche Herrschaft der Patriarchen von Aquileja bis zum Ende der Staufer (Publikationen des Österreichischen Kulturinstituts in Rom I 1, 1954).
Ludwig *Schmidt,* Die Ostgermanen (München [2]1941, Nachdruck 1969).
Ludwig *Schmidt,* Die Westgermanen (München 1938/40, unveränderter Nachdruck 1970).
P. G. *Schmidt,* barbarus. RGA 2 (Berlin/New York [2]1976) 49 f.
Reinhard *Schneider,* Königswahl und Königserhebung im Frühmittelalter (Monographien zur Geschichte des Mittelalters 3, Stuttgart 1972).
Clausdieter *Schott,* Freigelassene und Minderfreie in den alemannischen Rechtsquellen. Beiträge zum frühalemannischen Recht (hg. von *ders.,* Veröffentlichungen des Alemannischen Instituts Freiburg i. Br. 42, Bühl/Baden 1978) 51–72.
Clausdieter *Schott,* Freiheit und Libertas. Zur Genese eines Begriffs. ZRG GA 104 (1987) 84–109.
Clausdieter *Schott,* Lex Alamannorum. HRG 2 (Berlin 1978) col. 1879–1886.
Peter *Schröter,* Zur beabsichtigten künstlichen Kopfumformung im völkerwanderungszeitlichen Mitteleuropa. Die Bajuwaren. Von Severin bis Tassilo 488–788. Ausstellung Rosenheim/Mattsee (hg. von Hermann *Dannheimer*/Heinz *Dopsch,* München/Salzburg 1988) 258–265.
Hans K. *Schulze,* Die Grafschaftsverfassung der Karolingerzeit in den Gebieten östlich des Rheins (Schriften zur Verfassungsgeschichte 19, Berlin 1973).
Elisabeth *Schuster,* Die Etymologie der niederösterreichischen Ortsnamen (Historisches Ortsnamenbuch von Niederösterreich 8, 1–3, Wien 1989/90/94).
Walther *Schwahn,* Tributum und tributus. RE II 13 (Stuttgart 1939) col. 1–78.
Andreas *Schwarcz,* Föderaten. RGA (in Druck).
Hansmartin *Schwarzmaier,* Ein Brief des Markgrafen Aribo an König Arnulf über die Verhältnisse in Mähren. FMSt 6 (1972) 55–66.
Fred *Schwind,* Zu karolingerzeitlichen Klöstern als Wirtschaftsorganismen und Stätten handwerklicher Tätigkeit. Fs. für Josef Fleckenstein (Sigmaringen 1984) 101–123.

Berent *Schwineköper,* Cum aquis aquarumve decursibus. Zu den Pertinenzformeln in Herrscherurkunden bis zur Zeit Ottos I. Fs. für Helmut Beumann (Sigmaringen 1977) 22–56.

Werner *Seibt,* Zwei Bleisiegel Kaiser Markianos (450–457) aus österreichischem Boden. Römisches Österreich 2 (Wien 1974) 61–82.

Josef *Semmler,* Zu den bayerisch-westfränkischen Beziehungen in karolingischer Zeit. ZBLG 29 (1966) 344–424.

Josef *Semmler,* Benediktinisches Mönchtum in Bayern im späten 8. und frühen 9. Jahrhundert. Frühes Mönchtum in Salzburg (hg. von Eberhard *Zwink,* Salzburg Diskussionen 4, 1983) 199–218.

Josef *Semmler,* Geistliches Leben in Salzburgs Frühzeit (5.–10. Jahrhundert). Virgil von Salzburg. Missionar und Gelehrter (hg. von Heinz *Dopsch*/Roswitha *Juffinger,* Salzburg 1985) 362–380.

Josef *Semmler,* Karl der Große und das fränkische Mönchtum. Karl der Große. Lebenswerk und Nachleben 2 (Düsseldorf 1965) 255–289, oder WdF 312 (Darmstadt 1976) 204–264.

Josef *Semmler,* Das Klosterwesen im bayerischen Raum vom 8. bis zum 10. Jahrhundert. Das Christentum im bairischen Raum. Von den Anfängen bis ins 11. Jahrhundert (hg. von Egon *Boshof*/Hartmut *Wolff,* Passauer Historische Forschungen 8, Köln/Weimar/Wien 1994) 291–324.

Josef *Semmler,* Zehntgebot und Pfarrtermination in karolingischer Zeit. Fs. für Friedrich Kempf (Sigmaringen 1983) 33–44.

Hans Rudolf *Sennhauser,* Mausoleen, Krypten, Klosterkirchen und St. Peter I–III in Salzburg. Frühes Mönchtum in Salzburg (hg. von Eberhard *Zwink,* Salzburg Diskussionen 4, 1983) 57–78.

Hans Rudolf *Sennhauser,* Die Salzburger Dombauten im Rahmen der frühmittelalterlichen Baukunst Europas. Virgil von Salzburg. Missionar und Gelehrter (hg. von Heinz *Dopsch*/Roswitha *Juffinger,* Salzburg 1985) 326.

Harald *Siems,* Lex Baiuvariorum. HRG 2 (Berlin 1978) col. 1887–1901.

Franjo *Šišić,* Geschichte der Kroaten 1 (Zagreb 1917).

Claudio *Soliva,* Die Lex Romana Curiensis und die Stammesrechte. Beiträge zum frühalemannischen Recht (hg. von Clausdieter *Schott,* Veröffentlichungen des Alemannischen Instituts Freiburg i. Br. 42, Bühl/Baden 1978) 73–84.

Stefan *Sonderegger,* Die Siedlungsverhältnisse Churrätiens im Lichte der Namenforschung. VF 25 (Sigmaringen 1979) 219–254.

Ágnes Cs. *Sós,* Die slawische Bevölkerung Westungarns im 9. Jahrhundert (Münchener Beiträge zur Vor- u. Frühgeschichte 22, 1973).

Silvia *Spada-Pintarelli,* Pittura carolingia nell'Alto Adige (Bozen 1981).

Hans *Spatzenegger,* 1200 Jahre Mattsee. Die Frühzeit als Benediktinerkloster. StMBO 88 (1977) 285–292.

Jochen *Splett,* »Abrogans deutsch«. Verfasserlexikon 1 (Berlin 1978) col. 12–15.

Jochen *Splett,* Abrogans-Studien (Wiesbaden 1976).

Rolf *Sprandel,* Das Kloster St. Gallen in der Verfassung des Karolingischen Reiches (Forsch. Oberrhein. Lg. 7, Freiburg i. Br. 1958).

Tobias *Springer,* Germanenfunde der Völkerwanderungszeit in Nordbayern. Bemerkungen zur Keramik vom Typ Friedenhain-Přeštovice. Archäologisches Korrespondenzblatt 15 (1985) 235–243.

Čeněk *Staňa,* Mährische Burgwälle im neunten Jahrhundert. Die Bayern und ihre Nachbarn 2 (hg. von Herwig *Friesinger*/Falko *Daim,* Dph 180, Wien 1985) 147–200.

Ludwig *Steinberger,* Zur geschichtlichen Topographie Tirols. Zeitschrift des Ferdinandeums für Tirol und Vorarlberg III 57 (1913) 133–156.

Walter *Steinböck,* Die Klostergründungen von Mondsee und Mattsee durch die Agilolfingerherzöge Odilo und Tassilo. StMBO 85 (1974) 496–530.

Walter *Steinhauser,* Die Ortsnamen des Burgenlandes als siedlungsgeschichtliche Quelle. MIÖG 45 (1931) 281–321.

Wilhelm *Störmer,* Adelsgruppen im früh- und hochmittelalterlichen Bayern (Studien zur bayerischen Verfassungs- und Sozialgeschichte 4, München 1972).

Wilhelm *Störmer,* Fernstraße und Kloster. Zur Verkehrsstruktur des westlichen Altbayern im frühen Mittelalter. ZBLG 29 (1966) 298–343.

Wilhelm *Störmer,* Früher Adel. Studien zur politischen Führungsschicht im fränkisch-deutschen Reich vom 8. bis 11. Jahrhundert (Monographien zur Geschichte des Mittelalters 6, 1 und 2, Stuttgart 1973).

Wilhelm *Störmer,* Zum Problem der Slawenmission des Bistums Freising im neunten Jahrhundert. Salzburg und die Slawenmission. Zum 1100. Todestag des hl. Methodius (hg. von Heinz *Dopsch,* Salzburg 1986) 207–220.

Wilhelm *Störmer*/Hermann *Dannheimer,* Die agilolfingerzeitlichen Klöster. Die Bajuwaren. Von Severin bis Tassilo 488–788. Ausstellung Rosenheim/Mattsee (hg. von Hermann *Dannheimer*/Heinz *Dopsch,* München/Salzburg 1988) 305–317.

Otto *Stolz,* Die Ausbreitung des Deutschtums in Südtirol im Lichte der Urkunden 1 und 4 (München/Berlin 1927, 1934).

Josef *Sturm,* Die Anfänge des Hauses Preysing (Schriftenreihe zur bayerischen Landesgeschichte 8, München 1931).

Elfriede *Stutz,* Die germanistische These vom »Donauweg« gotisch-arianischer Missionare im 5. und 6. Jahrhundert. Die Völker an der mittleren und unteren Donau im fünften und sechsten Jahrhundert (hg. von Herwig *Wolfram*/Falko *Daim,* Dph 145, Wien 1980) 207–223.

Ulrich *Stutz,* Geschichte des kirchlichen Benefizialwesens von seinen Anfängen bis auf die Zeit Alexanders III. 1, 1 (Berlin ³1972).

Ulrich *Stutz,* Karls des Großen divisio von Bistum und Grafschaft Chur. Fs. für Karl Zeumer (Weimar 1910) 101–152.

Subsidia Sangallensia I. Materialien und Untersuchungen zu den Verbrüderungsbüchern und zu den älteren Urkunden des Stiftsarchivs St. Gallen (hg. von Michael *Borgolte*/Dieter *Geuenich*/Karl *Schmid,* St. Galler Kultur und Geschichte 16, St. Gallen 1986).

Werner *Suerbaum,* Vom antiken zum frühmittelalterlichen Staatsbegriff (Münster ²1970).

Wilhelm *Sydow,* Das frühe Christentum in Nord- und Osttirol nach den archäologischen Zeugnissen. Tiroler Heimat 54 (1990) 25–51.

Wilhelm *Sydow,* Ausgrabungen in der Mauritius-Kirche von Nenzing. Jahrbuch des Vorarlberger Landesmuseumsvereins 129 (1985) 93–130.

Thomas *Szabó,* Antikes Erbe und karolingisch-ottonische Verkehrspolitik. Fs. für Josef Fleckenstein (Sigmaringen 1984) 125–145.

Michael *Tangl,* Studien zur Neuausgabe der Bonifatius-Briefe I und II. Neues Archiv 40 (1916) 639–790 und Neues Archiv 41 (1917/19) 23–101.

Heinz *Thomas,* Frenkisk. Zur Geschichte von theotiscus und teutonicus im Frankenreich des 9. Jahrhunderts. Beiträge zur Geschichte des Regnum Francorum (Beihefte der Francia 22, Sigmaringen 1990) 67–95.

Edward Arthur *Thompson,* The End of Noricum. *Ders.,* Romans and Barbarians (The University of Wisconsin Press, Madison 1982) 113–133.

Bernd *Thum,* Aufbruch und Verweigerung. Literatur und Geschichte am Oberrhein im hohen Mittelalter. Aspekte eines geschichtlichen Kulturraums (Waldkirch i. Br. 1980).

Heinrich *Tiefenbach*/Heinrich *Beck*/H. *Jäger,* Düngung und Bodenmelioration. RGA 6 (Berlin ²1986) 250–260.

Arnold *Toynbee,* A Study of History 1 (New York/London 1934).

Erich *Trinks,* Wels im Jahre 776. Jahrbuch des Musealvereines Wels (1954) 25–42.

August *Unterforcher,* Zur tirolischen Namenforschung. Zeitschrift des Ferdinandeums für Tirol und Vorarlberg III 50 (1906) 191–242.

Peter *Váczy,* Der fränkische Krieg und das Volk der Awaren. Acta antiqua Academiae scientiarum Hungaricae 20 (Budapest 1972) 395 ff.

Szabolcs de *Vajay,* Der Eintritt des ungarischen Stämmebundes in die europäische Geschichte (862–933) (Studia Hungarica 4, Budapest 1968).

Max *Vancsa,* Die älteste Erwähnung von Melk und nochmals der Grunzwitigau. Blätter des Vereins für Landeskunde von Niederösterreich NF 34 (1900) 524–542.

Max *Vancsa,* Geschichte Nieder- und Oberöstereichs 1 (Gotha 1905).

Max *Vancsa,* Nachträgliches zum »Grunzwitigau«. Blätter des Vereins für Landeskunde von Niederösterreich NF 35 (1901) 91–93.

Jean François *Verbruggen,* L'armée et la stratégie de Charlemagne. Karl der Große. Lebenswerk und Nachleben 1 (Düsseldorf ³1967) 420–436.

Charles *Verlinden,* L'origine de Sclavus = esclave. Archivum Latinitatis Medii Aevi 17 (1937) 97–128.

Hermann *Vetters,* Das Grab in der Mauer. Österreichische Zeitschrift für Kunst- und Denkmalpflege 12 (1958) 71–75.

Hermann *Vetters,* Lauriacum. ANRW 6 (Berlin 1977) 355–379.

Hermann *Vetters,* Die mittelalterlichen Dome Salzburgs. Virgil von Salzburg. Missionar und Gelehrter (hg. von Heinz *Dopsch*/Roswitha *Juffinger,* Salzburg 1985) 286–316.

Hermann *Vetters,* Virunum. ANRW 6 (Berlin 1977) 302–354.

Ada *Vilotta-Rossi,* Considerazioni intorno alla formazione dei diritti metropolitici ed all'attribuzione del titulo patriarcale della chiesa di Aquileia (sec. IV–VI). Memorie storiche forogiuliesi 43 (1958/59) 61–143.

Zdenko *Vinski,* Marginalia zur Auswahl von karolingischen Waffen in Südosteuropa. Starohrvatska prosvjeta III 15 (1985) 61 ff., bes. 107 ff. (deutsche Zusammenfassung).

Virgil von Salzburg. Missionar und Gelehrter (hg. von Heinz *Dopsch*/Roswitha *Juffinger,* Salzburg 1985).

Cyrille *Vogel,* Les rites de la célébration du marriage: leur signification dans la formation de lien durant le moyen âge. Settimane di studio del centro italiano di studi sull'alto medioevo 24, 1 (Spoleto 1977) 397–465.
Wilhelm *Volkert,* Bayern – Anmerkungen zu Staat und Stamm. BDLG 121 (1985) 49–68.

Heinrich Wanderwitz, Quellenkritische Studien zu den bayerischen Besitzlisten des 8. Jahrhunderts. DA 39 (1983) 27–84.
Heinrich *Wanderwitz,* Studien zum mittelalterlichen Salzwesen in Bayern (Schriftenreihe zur bayerischen Landesgeschichte 73, München 1984).
Wilhelm *Wattenbach*/Wilhelm *Levison*/Heinz *Löwe,* Deutschlands Geschichtsquellen im Mittelalter. Vorzeit und Karolinger 1–6 (Weimar 1952–1990).
Heinrich *Weigl,* Historisches Ortsnamenbuch von Niederösterreich 1–7 (Wien 1964/75).
Lorenz *Weinrich* (Hg.), Quellen zur Deutschen Verfassungs-, Wirtschafts- und Sozialgeschichte bis 1250 (Ausgewählte Quellen zur deutschen Geschichte des Mittelalters 32, Darmstadt 1977).
Johann *Weißensteiner,* Cassiodor/Jordanes als Geschichtsschreiber. Historiographie im frühen Mittelalter (hg. von Anton *Scharer*/Georg *Scheibelreiter,* VIÖG 32, Wien 1994) 308–325.
Johann *Weißensteiner,* Tegernsee, die Bayern und Österreich. Studien zu den Tegernseer Geschichtsquellen und zur bayerischen Stammessage (Archiv für Österreichische Geschichte 133, Wien 1983).
Maximilian G. *Weltin,* Die Grafschaft Pernegg-Drosendorf. Das Waldviertel 44 (1995) 1–22.
Maximilian G. *Weltin,* Markgraf Rüdiger von Bechelaren – eine historische Figur? Philologica Germanica 12 (1990) 181–193.
Max *Weltin,* Vom »östlichen Baiern« zum »Land ob der Enns«. Katalog Tausend Jahre Oberösterreich 1 (Linz 1983) 23–51.
Max *Weltin,* Die »tres comitatus« Ottos von Freising und die Grafschaften der Mark Österreich. MIÖG 84 (1976) 31–59.
Reinhard *Wenskus,* Bainab und Bainochaimai. RGA 1 (Berlin ^{2}1973) 600 f.
Reinhard *Wenskus,* Sachsen – Angelsachsen – Thüringer. Entstehung und Verfassung des Sachsenstammes. WdF 50 (Darmstadt 1967) 483–545.
Reinhard *Wenskus,* Sächsischer Stammesadel und fränkischer Reichsadel (Abh. AW Göttingen III 93, 1976).
Reinhard *Wenskus,* Stammesbildung und Verfassung. Das Werden der frühmittelalterlichen Gentes (Köln/Graz ^{2}1977).
D. *Werkmüller,* Gewann. HRG 1 (Berlin 1971) col. 1649–1652.
Joachim *Werner,* Die Herkunft der Bajuwaren und der »östlich-merowingische« Reihengräberkreis. Zur Geschichte der Bayern (hg. von Karl *Bosl,* WdF 60, Darmstadt 1965) 12–43.
Karl Ferdinand *Werner,* Heeresorganisation und Kriegsführung im deutschen Königreich des 10. und 11. Jahrhunderts. Settimane di studio del centro italiano di studi sull'alto medio evo 15/2 (Spoleto 1968) 791–843.
Fritz *Wernli,* Die Gemeinfreien des Frühmittelalters (Studien zur mittelalterlichen Verfassungsgeschichte 2, Trübbach 1960).
Lynn T. *White,* Medieval Technology and Social Change (Oxford 1962, Oxford Paperbacks 1964, Nachdruck 1965. Deutsche Ausgabe München 1968).
Peter *Wiesinger,* Gotische Lehnwörter im Bairischen. Ein Beitrag zur sprachlichen Frühgeschichte des Bairischen. Nationes 5 (hg. von Helmut *Beumann*/Werner *Schröder,* Sigmaringen 1985) 153–200.
Peter *Wiesinger,* Probleme der bairischen Frühzeit in Niederösterreich aus namenkundlicher Sicht. Die Bayern und ihre Nachbarn 1 (hg. von Herwig *Wolfram*/Andreas *Schwarcz,* Dph 179, Wien 1985) 321–367.
Gerhard *Winkler,* Noricum und Rom. ANRW 6 (Berlin 1977) 183–262.
Gerhard *Winkler,* Die Römer in Oberösterreich (Linz 1975).
Gerhard *Wirth,* Anmerkungen zur Vita des Severin von Noricum. Quaderni Catanesi 1 (1979) 217 ff.
Hartmut *Wolff,* Kritische Bemerkungen zum säkulären Severin. Ostbairische Grenzmarken 24 (1982) 24–51.
Hartmut *Wolff,* Die Kontinuität der Kirchenorganisation in Raetien und Noricum bis an die Schwelle des 7. Jahrhunderts. Das Christentum im bairischen Raum. Von den Anfängen bis ins 11. Jahrhundert (hg. von Egon *Boshof*/Hartmut *Wolff,* Passauer Historische Forschungen 8, Köln/Weimar/Wien 1994) 1–27.
Herwig *Wolfram,* Conversio Bagoariorum et Carantanorum. Das Weißbuch der Salzburger Kirche über die erfolgreiche Mission in Karantanien und Pannonien (Böhlau Quellenbücher, Wien 1979).
Herwig *Wolfram,* Donau. RGA 6 (Berlin ^{2}1985) 26–28.
Herwig *Wolfram,* Fortuna in mittelalterlichen Stammesgeschichten. MIÖG 72 (1964) 1–33.
Herwig *Wolfram,* Das Fürstentum Tassilos III., Herzog der Bayern. MGSL 108 (1968) 157–179.
Herwig *Wolfram,* Die Geburt Mitteleuropas. Geschichte Österreichs vor seiner Entstehung. 378–907 (Wien/Berlin 1987).

Herwig *Wolfram,* Die Goten. Von den Anfängen bis zur Mitte des sechsten Jahrhunderts. Entwurf einer historischen Ethnographie (München [3]1990).
Herwig *Wolfram,* Intitulatio I. Lateinische Königs- und Fürstentitel bis zum Ende des 8. Jahrhunderts (MIÖG Erg. Bd. 21, Wien 1967).
Herwig *Wolfram,* Intitulatio II. Lateinische Herrscher- und Fürstentitel im neunten und zehnten Jahrhundert (MIÖG Erg. Bd. 24, Wien 1973).
Herwig *Wolfram,* Origo et religio. Ethnic traditions and literature in early medieval texts. Early Medieval Europe 3 (1994) 19–38.
Herwig *Wolfram,* Salzburg, Bayern, Österreich. Die Conversio Bagoariorum et Carantanorum und die Quellen ihrer Zeit (MIÖG Erg. Bd. 31, Wien 1995).
Herwig *Wolfram,* The Shaping of the Early Medieval Principality as a Type of Non-Royal Rulership. Viator 2 (1971) 35–51.
Herwig *Wolfram,* Splendor Imperii. Die Epiphanie von Tugend und Heil in Herrschaft und Reich (MIÖG Erg. Bd. 20, 3, Wien 1963).
Herwig *Wolfram,* Das Reich und die Germanen (Berlin [2]1992).
Herwig *Wolfram,* Die Zeit der Agilolfinger – Rupert und Virgil. Geschichte Salzburgs 1, 1 (hg. von Heinz *Dopsch,* Salzburg [2]1983) 121–156 und 1, 3 (Salzburg 1984) 1203–1216.
Ian N. *Wood,* Christians and pagans in ninth-century Scandinavia. The Christianization of Scandinavia (hg. von Birgit *Sawyer*/Peter *Sawyer*/Ian *Wood,* Alingsås 1987) 36–67.
Ian N. *Wood,* Fredegar's Fables. Historiographie im frühen Mittelalter (hg. von Anton *Scharer*/Georg *Scheibelreiter,* VIÖG 32, Wien 1994) 359–366.
Harald *Wunder,* Arbeo von Freising. Verfasserlexikon 1 (Berlin 1978) col. 414–422.

Heinz *Zatschek,* Die Benutzung der Formulae Marculfi und anderer Formularsammlungen in den Privaturkunden des 8. bis 10. Jahrhunderts. MIÖG 42 (1927) 165–267.
Alois *Zauner,* Oberösterreich zur Babenbergerzeit. MOÖLA 7 (1960) 207–251.
Hans *Zeiß,* Quellensammlung für die Geschichte des bairischen Stammesherzogtums bis 750. Der Bayerische Vorgeschichtsfreund 7 (1927/28) 38–66 und 8 (1929) 43–58.
Ignaz *Zibermayr,* Noricum, Baiern und Österreich (Horn [2]1956).
Antonio *Zieger,* Storia della regione tridentina (Trient 1968).
Erich *Zöllner,* Awarisches Namengut in Bayern und Österreich. MIÖG 58 (1950) 244–266.
Erich *Zöllner,* Die Baiern und ihre Nachbarn. Ergebnisse eines Symposions. Die Bayern und ihre Nachbarn 2 (hg. von Herwig *Friesinger*/Falko *Daim,* Dph 180, Wien 1985) 381–389.
Erich *Zöllner,* Der bairische Adel und die Gründung von Innichen. Zur Geschichte der Bayern. WdF 60 (Darmstadt 1965) 135–171 oder MIÖG 68 (1960) 362–387.
Erich Zöllner, Bevölkerung und Siedlung des österreichischen Raumes in der Völkerwanderungszeit. *Ders.,* Probleme und Aufgaben der österreichischen Geschichtsforschung. Ausgewählte Aufsätze (Wien 1984) 118–134.
Erich *Zöllner,* Geschichte der Franken bis zur Mitte des 6. Jahrhunderts (München 1970).
Erich *Zöllner,* Geschichte Österreichs (Wien [8]1990).
Erich *Zöllner,* Das Geschlecht der Agilolfinger. *Ders.,* Probleme und Aufgaben der österreichischen Geschichtsforschung (München 1984) 192–220, oder MOÖLA Erg. Bd. 2 (Linz 1978) 83–110.
Erich *Zöllner,* Die Herkunft der Agilulfinger. MIÖG 59 (1951) 245–264, oder Zur Geschichte der Bayern. WdF 60 (Darmstadt 1965) 107–134 (zitiert wird nach dieser Fassung).
Erich *Zöllner,* Zusammenfassung: Noricum und Raetia I. VF 25 (Sigmaringen 1979) 255–267.
Friedrich *Zoepfl,* Das Bistum Augsburg und seine Bischöfe im Mittelalter (München/Augsburg 1955).

Verzeichnis der Stammtafeln

Verzeichnis der Übersichtskarten

Bildnachweis

Bern, Bernisches Historisches Museum: 278; Bozen, Landesdenkmalamt (Foto Tappeiner): 99; Budapest, Magyár Nemzeti Múzeum: 34, 35, 37; Debrecen, Déri Múzeum: 307; Dublin, National Museum of Ireland: 113; Florenz, Museo Nazionale del Bargello: 80; Kremsmünster, Benediktinerstift (Foto Kunstverlag Hofstetter, Ried/Innkreis): 120; Kremsmünster, Stiftsbibliothek, Cim. 1 (Foto ADEVA, Graz): 196; Linz, Museum der Stadt Linz: 344, 345; Linz, OÖ. Landesmuseum: 36, 44, 288 (Foto Eiersebner); Lorsch, Kloster (Bildarchiv Foto Marburg): 163; Montpellier, Bibliothèque interuniversitaire, Ms. 409: 131; Monza, Museo del Tesoro del Duomo: 18, 96; München, Bayer. Hauptstaatsarchiv, HL Passau 3, fol 59: 271; München, Prähistorische Staatssammlung: 350; München, Schatzkammer der Residenz, Bayer. Verwaltung der staatlichen Schlösser, Gärten und Seen: 203; München, Universitätsbibliothek, Cim 7: 92, 331, 369; Paris, Musée du Louvre (Bildarchiv Foto Marburg): 155; Rom, Museo Nazionale Romano: 60; Salzburg, Archiv St. Peter, Hs 1: 83, 118; St. Gallen, Stiftsarchiv (Foto Regina Kühne): 144; St. Gallen, Stiftsbibliothek, Cod. 22, S. 140-141: 245; St. Petersburg, Staatliche Eremitage: 279; Stuttgart, Württembergische Landesbibliothek, Cod. bibl. 2° 23, fol 124v (Bildarchiv Foto Marburg): 359; Trier, Stadtbibliothek 31, IX, fol 58r: 359; Utrecht, Rijksuniversiteit (Foto ADEVA, Graz): 234, 351; Wels, Stadtmuseum: 43; Wien, Bundesdenkmalamt: 135; Wien, Haus-, Hof- und Staatsarchiv (Foto: Christian Brandstätter): 175; Wien, Kunsthistorisches Museum: 22, 28, 29, 30, 56, 276, 343; Wien, Österreichische Nationalbibliothek, Bildarchiv: 107 (Cod. Ser.nov. 2700, fol 570), 180 (Cod. 808, fol 114v), 191 (Cod. Lat 1224, fol 17v), 309 (cvp 324), 347 (Cod. 2232, fol 37r), 358 (Cod. 387, fol 90v); Wien, Österreichische Nationalbibliothek, Handschriftensammlung: 238 (Cod. 510, fol 84r); Dr. Wolfgang Czycz, Augsburg: 23; Prof. Dr. Falko Daim, Wien: 70; Prof. Dr. Herwig Friesinger, Wien: 239, 260, 266, 306, 311, 316, 319; Doz. Dr. Franz Glaser, Klagenfurt: 41, 50, 62, 63, 124, 286, 287, 304; Prof. Dr. Wolfgang Hahn, Wien: 78; Prof. Dr. Peter W. Haider, Innsbruck: 298; Werner Hölzl, Salzburg: 349; Franz Hubmann, Wien: 122, 148, 149, 227; Mathias Michel, Andechs: 87, 296

Personen- und Ortsregister

Abkürzungen: A./Ä. = Abt/Äbte, Äbtissin, B = Burgenland, Bi. = Bischof, CH = Schweiz, Chorbi. = Chorbischof, Di. = Diakon, Ebi. = Erzbischof, F. = Fürst(in), Fl. = Fluß, Gem. = Gemahl(in), Gf. = Graf, Hg. = Herzog, Hl. = Heilige(r), K = Kärnten, Kg. = König, Kpl. = Kaplan, Ks. = Kaiser, Mfr = Mittelfranken, Mö. = Mönch, Mu. = Mutter, N = Niederösterreich, Ndb = Niederbayern, O = Oberösterreich, Obb = Oberbayern, Ofr = Oberfranken, Opf = Oberpfalz, Pr. = Priester, S = Salzburg, Schw = Schwaben, So. = Sohn, St = Steiermark, T = Tirol, To. = Tochter, V = Vorarlberg, Va. = Vater, W = Wien

Das Register soll gemeinsam mit dem Inhaltsverzeichnis die Erschließung des Textes erleichtern und erhebt keinen Anspruch auf Vollständigkeit. Die Lokalisierung von Orten und Gewässern, die allgemein bekannt sind, unterbleibt.

ÖSTERREICHISCHE GESCHICHTE
IN 10 BÄNDEN

herausgegeben von *Herwig Wolfram*

Herwig Wolfram
Grenzen und Räume
Geschichte Österreichs vor seiner Entstehung
378-907

Karl Brunner
Herzogtümer und Marken
Vom Ungarnsturm bis ins 12. Jahrhundert
907-1156

Heinz Dopsch
Die Länder und das Reich
Der Ostalpenraum im Hochmittelalter
1122-1278
(erscheint 1996)

Winfried Stelzer
Herrschaft und Länder
Das Werden des habsburgischen Österreich
1278-1439
(erscheint 1998)

Alois Niederstätter
Das Jahrhundert der Mitte
An der Wende vom Mittelalter zur Neuzeit
1400-1522
(erscheint 1996)

Franz Quarthal
Der Weg in die Moderne
Vom Ständestaat zur europäischen Monarchie
1522-1699
(erscheint 1997)

Grete Klingenstein
Habsburgs angewandte Aufklärung
Das Vielvölkerreich zwischen Barock und Revolution
1699-1806
(erscheint 1997)

Helmut Rumpler
Eine Chance für Mitteleuropa
Bürgerliche Emanzipation und Staatsverfall der Habsburgermonarchie
1804-1918
(erscheint 1996)

Ernst Hanisch
Der lange Schatten des Staates
Österreichische Gesellschaftsgeschichte im 20. Jahrhundert
1890-1990

Roman Sandgruber
Ökonomie und Politik
Österreichische Wirtschaftsgeschichte vom Mittelalter bis zur Gegenwart

UEBERREUTER

Frankfurt
Mainz
Main
Main
Nürnberg
Saar
Rhein
Regensburg
Donau
Schwäbische Alb
Donau
Lech
Isar
München
Freiburg
Inn
Salzach
Chiemsee
Rhein
Konstanz
Bodensee
Bregenz
Limmat
Reuß
Lech
Nordtiroler Kalkalpen
Ill
Innsbruck
Ziller
Hohe Ta
Chur
Ötztaler Alpen
Inn
Rätische A.
Engadiner Alpen
Meran
Eisack
Bozen
Dolomiten
Comosee
Trient
Brenta
Gardasee
Mailand
Verona
Piave
Venedig
Tessin
Adda
Po
Etsch
Tanaro
Po
urin
hone